故城县政协志

GUCHENGXIANZHENGXIEZHI

（1949—2024）

中国人民政治协商会议故城县委员会　编

中国文联出版社

图书在版编目（CIP）数据

故城县政协志 / 中国人民政治协商会议故城县委员会组织编写. -- 北京 : 中国文联出版社, 2024. 12.
ISBN 978-7-5190-5787-9

Ⅰ. D628. 224

中国国家版本馆 CIP 数据核字第 2024G592Q8 号

编　　者　中国人民政治协商会议故城县委员会
责任编辑　郭　琳
责任校对　卓　越
装帧设计　刘　勇

出版发行　中国文联出版社有限公司
地　　址　北京市朝阳区农展馆南里 10 号　　　邮编　100125
电　　话　010-85923025（发行部）　　　85923091（总编室）
经　　销　全国新华书店等
印　　刷　北京市庆全新光印刷有限公司

开　　本　210 毫米×285 毫米　　1/16
印　　张　49. 5
字　　数　1200 千字
版　　次　2024 年 12月第 1 版第 1 次印刷
定　　价　380. 00 元

《故城县政协志》编纂委员会

名誉主任：王立峰　　邢亚超

顾　　问：张彦恩　　郭居娥　　张海英

主　　任：史立朝

副 主 任：马春章　　杨洪霞　　苑颖康　　刘三林　　李希旺
　　　　　徐长彬　　周德全

委　　员：段志诚　　刁海松　　刘洪勇　　胡玉林　　任宝霞
　　　　　孙胜岗

编　　审：陈砚祥（特邀）　　刘炳才（特邀）

编辑办公室

主　　编：苑颖康

副 主 编：刘洪勇　　段志诚　　刁海松

编　　辑：孙胜岗　　胡玉林　　任宝霞　　胡永峰

编　　务：贾玉绪　　孙丽萍　　陈学强　　钱立平　　秦明阳
　　　　　张金金　　邵沛雨　　王英军　　李海明　　王华军
　　　　　史鸣钰　　褚宗岩

后排左起：史鸣钰、孙胜岗、胡永峰、陈学强、王英军、刁海松、钱立平、邵沛雨、贾玉绪、刘洪勇、王华军、胡玉林、张金金、秦明阳、任宝霞

前排左起：刘炳才、徐长彬、李希旺、周德全、杨洪霞、史立朝、马春章、苑颖康、刘三林、段志诚、陈砚祥

故城县大运河城区段

县城城区

经济开发区（前身衡德工业园）

故城县大运河挑水坝

全国重点文物保护单位——庆林寺塔

故城县甘陵书院

故城县十二里庄教堂

2008 年 11 月 19 日，全国政协文史和学习委员会副主任毛福民、崔占福来故城调研

2022 年 7 月 8 日，全国政协农业和农村委员会副主任陈晓华来故城县调研

2015 年 4 月 15 日，省政协副主席卢晓光来故城调研

2020 年 6 月 9 日，省政协副主席边发吉来故城调研

2020 年 7 月 30 日，省政协副主席曹素华来故城视察

2024 年 3 月 5 日，省政协研究室主任马誉辉来故城视察调研

2016 年 5 月 26 日，市政协主席王金刚来故城视察调研

2020 年 9 月 4 日，市政协主席李洪林来故城视察调研

2024 年 5 月 14 日，市政协主席钮兴辉来故城视察调研

2021 年 5 月 24 日，市政协副主席孙云霞来故城视察调研

2023 年 11 月 9 日，市政协副主席梁君奎来故城视察调研

2024 年 6 月 25 日，市政协副主席贾超绪来故城视察调研

2021 年 10 月，县政协召开第一次双周协商座谈会，县委书记王立峰及县委常委参加

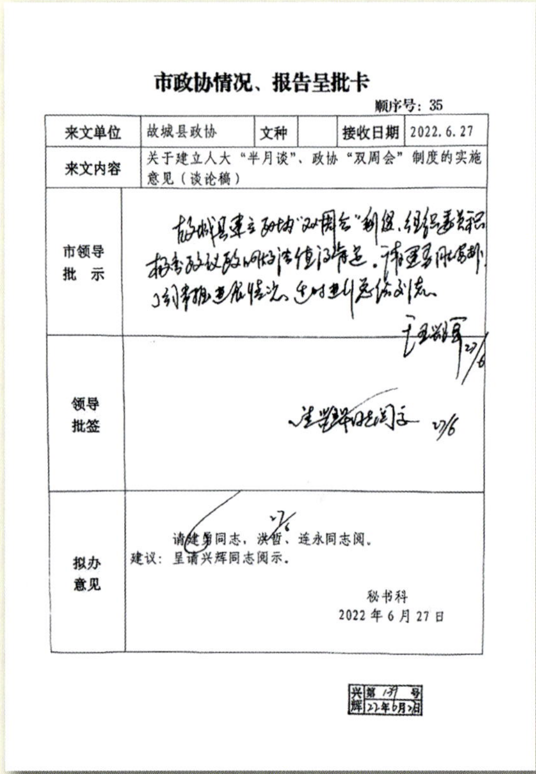

市政协情况、报告呈批卡

顺序号：35

来文单位	故城县政协	文种		接收日期	2022. 6. 27
来文内容	关于建立人大“半月谈”、政协“双周会”制度的实施意见（谈论稿）				
市领导批示					
领导批签					
拟办意见	请建勇同志，洪哲、连永同志阅。 建议：呈请兴辉同志阅示。 秘书科 2022 年 6 月 27 日				

2022 年 6 月 27 日，市政协主席钮兴辉对故城县政协建立“双周会”制度的批示

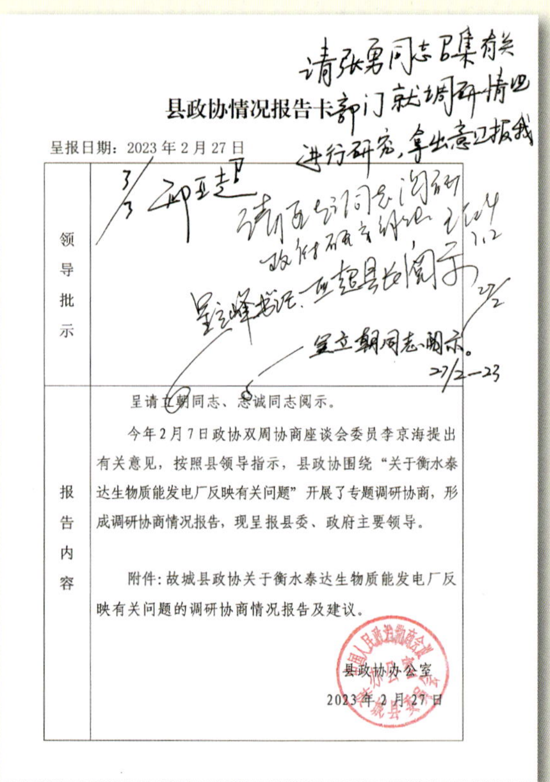

县政协情况报告卡

呈报日期：2023 年 2 月 27 日

领导批示	
报告内容	呈请立朝同志、志诚同志阅示。 今年 2 月 7 日政协双周协商座谈会委员李京海提出有关意见，按照县领导指示，县政协围绕“关于衡水泰达生物质能发电厂反映有关问题”开展了专题调研协商，形成调研协商情况报告，现呈报县委、政府主要领导。 附件：故城县政协关于衡水泰达生物质能发电厂反映有关问题的调研协商情况报告及建议。 县政协办公室 2023 年 2 月 27 日

县委书记王立峰、政府县长邢亚超对双周协商座谈会协商成果的批示

人民政協報

CPPCC DAILY

2022年8月12日 星期五

坚持大团结大联合 共同推进祖国统一进程

——《台湾问题与新时代中国统一事业》白皮书引发强烈反响

“中国式商量”的故城样本

——河北衡水故城县委重视发挥政协协商平台作用记事

石榴花开满壮

——记广西壮族自治区政协建设铸牢中华民族共同体意识示

新时代市县政协的新样子

2022 年 8 月 12 日，故城政协双周座谈会做法被《人民政协报》刊发

2023 年 8 月 2 日，县政协围绕和美乡村建设开展视察调研

1987 年 3 月 22 日，政协故城县第二届委员会常委及机关工作人员合影

1989 年 12 月，政协故城县第三届委员会常委及机关工作人员合影

1993 年 8 月 29 日，欢送县政协副主席尹丕杰同志离休留念

1999 年 3 月 6 日，欢送县政协副主席徐乃起调职留念

2003 年 4 月 25 日，政协故城县第七届委员会第一次会议

2003 年 12 月，县政协第七届领导班子、县政协部分老领导及机关人员合影

2007 年 6 月 1 日，政协故城县第八届委员会领导班子合影

2014 年 2 月 17 日，第九届县政协主席张海英在第三次全体会议上作工作报告

2017 年 2 月 19 日，政协故城县第十届委员会第一次全体会议领导班子合影

2019 年 1 月 29 日，政协故城县第十届委员会第三次全体会议

2020 年 1 月 10 日，政协故城县第十届委员会第四次全体会议县委、县政府主要领导及县政协班子成员合影

2021 年 7 月 26 日，县委书记王立峰、政府代县长邢亚超到委员讨论地点看望委员并参加小组讨论

2021 年 7 月 26 日，政协故城县第十一届委员会第一次全体会议

2021 年 7 月 27 日，县政协第十一届委员会领导班子成员合影

2022 年 1 月 27 日，县政协第十一届第二次会议领导班子合影

2023 年 1 月 13 日，政协故城县第十一届委员会第三次全体会议四大班子主要领导合影

2024 年 1 月 24 日，政协故城县第十一届委员会第四次全体会议会场

2024 年 1 月 24 日，政协故城县第十一届委员会第四次全体会议领导班子成员及机关工作人员合影

2015 年 3 月 1 日，第六届县政协主席张彦恩和第七届县政协主席郭居娥在县政协全体会议上

2007 年 6 月 1 日，第七届县政协主席郭居娥和第八届县政协主席张海英在八届一次会议上合影

2017 年 2 月 19 日，第九届县政协主席张海英和第十届县政协主席史立朝在十届一次会议上合影

2019 年 1 月 29 日，县委书记彭晓明向县政协主席史立朝祝贺县政协十届三次全会召开

2021 年 7 月 27 日，县委书记王立峰向县政协主席史立朝祝贺县政协十一届一次全会召开

2024 年 1 月 24 日，中共故城县委书记王立峰在县政协十一届四次全会上讲话

2024 年 1 月 24 日，政府县长邢亚超在县政协十一届四次会议上

2024 年 1 月 24 日，第十一届县政协主席史立朝向大会作工作报告

1996 年 10 月，住故城县市政协委员在市政协一届一次会议合影

2004 年 2 月 27 日，住故城县市政协委员在市政协三届二次会议合影

2015 年 2 月 5 日，住故城县的市政协五届委员会委员合影

2020 年 1 月 18 日，住故城县市政协委员在市政协六届四次会议合影

2021 年 8 月 25 日，住故城县市政协委员在市政协七届一次会议合影

2024 年 1 月 29 日，住故城县市政协委员在市政协七届四次会议合影

副书记

为国履职
为民尽责
政协委员之家
政治协商
民主监督
参政议政
知情明政
建言献策
服务群众
政协委员
协商议政室

县政协委员协商议政室

县政协机关原址

2024 年县政协机关驻地

序

盛世修志，存史育人。1949年9月，中国人民政治协商会议第一届全体会议在北平（今北京）隆重召开。1949年10月1日，毛泽东主席向全世界庄严宣告：中华人民共和国成立了。75年来，在中国共产党的坚强领导下，中华民族实现了从站起来、富起来到强起来的伟大飞跃。人民政协高举爱国主义、社会主义旗帜，积极投身成立新中国、建设新中国、探索改革路、实现中华民族伟大复兴的壮丽实践，为推进中国特色社会主义伟大事业作出了重要贡献。1949年12月27日，召开了首届故城县各界人民代表会议（故城县政协前身）。1984年3月，故城县政协机关正式建立，至今已40周年。在这个重要的历史时刻，编纂《故城县政协志》，回顾县政协的光辉历程、记述县政协与时俱进的主要业绩，展现历届县政协委员的履职风采，留下珍贵的历史资料，对于承前启后、继往开来，发展县政协事业具有十分重要的意义。

1984年3月4日，经县委研究，上级党委批准，中国人民政治协商会议故城县第二届委员会第一次全体会议胜利召开，选举产生了县政协领导班子，确定了县政协机关驻地和办公场所、配备了专职工作人员，标志着故城县政协开启了一个崭新的征程。截至2024年，故城县政协已经走过40年光辉岁月。

40年来，在中共故城县委的正确领导下，在县政府和社会各界的大力支持下，县政协团结带领广大政协委员，紧紧围绕全县发展中的重大问题和人民群众关心、关注的热点问题，积极履行政治协商、民主监督、参政议政职能，党的领导持续加强，协商议政更加精准，履职创新更具特色，履职为民更加有效，自身建设更加有力，推动政协工作不断开创新局面，促进了全县经济社会的发展和社会各项事业的进步。

《故城县政协志》主要是县政协自1984年3月至2024年9月间工作的主要回顾，以事实为依据，内容翔实，编排得体，图文并茂，重点突出，系统、全面、客观地记述了故城县政协的产生和发展过程以及履职工作，为我们提供了一部比较全面、客观的政协史料。

《故城县政协志》的编纂工作，得到了县委、县政府的高度重视和大力支持；市政协也对志书编纂工作给予了热情的指导和帮助，县政协部分退休老领导、老同志对志书初稿进行了审阅，提出了宝贵的修改意见；全体参与编写的人员做了大量艰苦细致、卓有成效的工作。还邀请了陈砚祥、刘炳才两位同志参与志书编纂工作；在本志书付梓之际，我谨代表《故城县政协志》编纂委员会，向关心、支持本志编修工作的各级领导、政协委员和社会各界朋友们，向所有为政协志编纂工作做出贡献的同志们，表示诚挚的谢意！

在《故城县政协志》编修过程中，我们力求做到准确、客观，努力提高志书质量：参考了《河北省政协志》《吴桥政协志》《清河县政协志》《沅陵县政协志》等地方政协志书，查阅了《故城县志》《中国共产党故城历史》《中国共产党河北省故城县组织史资料》《故城年鉴》和县政协编辑的各类史料，征询了部分县政协老领导、老同志的意见建议。但由于水平所限，本书仍难免存在遗漏、错讹和缺憾之处，敬请广大读者谅解并提出宝贵意见。

中国共产党第二十次全国代表大会科学擘画了全面建成社会主义现代化强国的宏伟蓝图，人民政协也迎来了新的任务、肩负起新的使命。我相信，在习近平新时代中国特色社会主义思想指引下，在中共故城县委的坚强领导下、在县政府的大力支持下，通过《故城县政协志》的出版，我们可以从中收获有益的经验和启示，继承和发扬历届政协优良传统，围绕发展主题主线、聚焦政协主责主业，建言献策、凝心聚力、履职尽责，不断实现政协工作创新，不断巩固扩大爱国统一战线，不断提升协商民主水平，为建设现代化经济强县、美丽故城作出新的贡献，为庆祝中华人民共和国和人民政协成立 75 周年献上一份深情厚礼！

故城县政协主席 史立朝

2024 年 9 月 28 日

凡　例

一、指导思想

坚持以马克思列宁主义、毛泽东思想、邓小平理论、“三个代表”重要思想、科学发展观、习近平新时代中国特色社会主义思想为指导，高举中国特色社会主义伟大旗帜，坚持实事求是，全面、客观、系统地记述中国人民政治协商会议故城县委员会的工作和探索，切实发挥“存史、资政、团结、育人”的作用，为做好新时代政协工作提供参考，为促进全县社会发展做好服务。

二、记述范围

本志主要以故城县行政区划范围为记述的地域范围，以 1984 年 3 月政协故城县委员会机关成立至 2024 年 9 月底为主要的记述的时间范围，以政协故城县委员会工作为记述的内容范围。记述对象为政协故城县委员会以及有关的故城县重要历史事件。

三、结构层次

本志卷首设概述、大事记。专志部分采用编、章、节、目结合条目体例，横分门类，纵述史实，依次设置机构沿革、政协委员、履职工作、政协会议、自身建设、工作报告、调研报告、人物编、附录共 9 编。编下设章、节 2 个层次，节下根据内容分设条目。卷末设后记。

四、体裁形式

本志采用述、传、图（含照片）、表等为主要表述形式，以事归类，以类记事。图与表随文插入相关类部，主要图片置于卷首。

五、语言文体

本志采用规范的现代汉语书面语体文。综述以叙为主，叙议结合。大事记以编年体为主，兼以纪事本末体。语言力求言简文丰、文字通畅。用字以国家语言文字委员会 1986 年 10 月重新公布的《简化字总表》为准。公元纪年的年、月、日，使用阿拉伯数字。

六、人地称谓

本志以第三人称记述。人名，直书其名，必要时冠以职务。地名，以现行标准地名为准。政党、团体、组织、机构、法规制度等名称使用简称，如“中国人民政治协商会议故城县委员会”简称“政协故城县委员会、故城县政协或县政协”。会议、活动、文件等名称使用全称，若名称过长，第一次使用全称，括注简称，后使用简称。

七、资料来源

本志采用资料主要来源于《故城县志》《中国共产党故城历史》《中国共产党河北省故城县组织史资料》《故城年鉴》等，以及县政协编著的历史资料，县委组织部、县工会、县档案馆的档案资料，县政协机关文书和电子档案。本志书文字资料不注明出处。部分采用口碑资料，经甄别后使用。

目　录

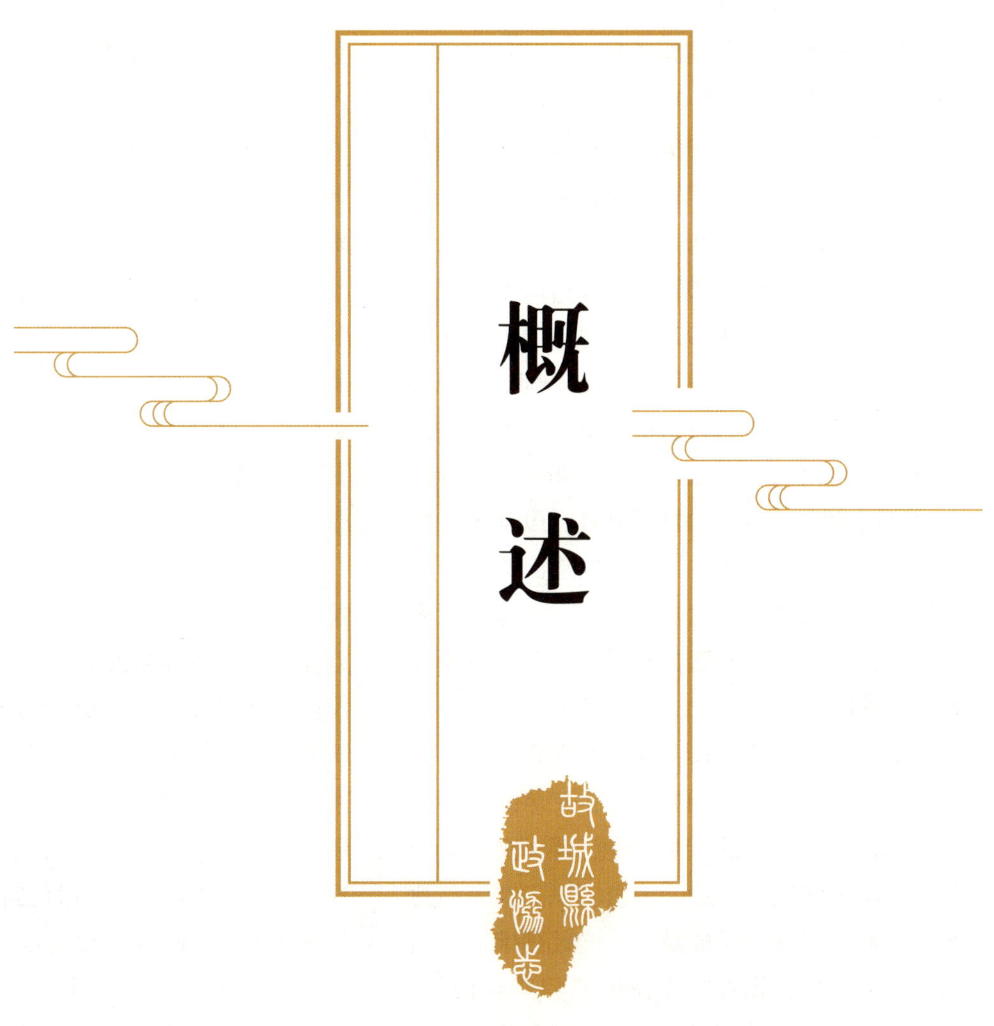

概述

一

故城县位于河北省东南部，北接景州，西邻枣强，南临清河。东部与武城县隔大运河相望。县界东北部与山东省德州市毗邻，全县辖11个镇，2个乡，1个省级经济技术开发区，538个行政村，总人口近53万人，县域面积941平方公里，耕地91万亩。

故城历史悠久。史载：夏、商、西周三代，故城县地属兖州。后几经沧桑，兴废无定，地域沿革归附数经变更。1949年8月11日，河北省人民政府建立，北、南部分属河北省衡水专区故城县、武城县。1952年衡水专区撤，北部属河北省沧州专区故城县，南部属山东省德州专区武城县。1954年，始行人民代表大会，选举产生第一届故城县人民政府。1958年6月，沧州专区并入天津专区。同年10月故城县并入吴桥县，12月天津专区并入天津市。1961年5月18日，沧州专区、故城县复置。1964年，遵照国务院行政区划调整规定，以运河为界，将武城县运河西部地域划归故城县，同时将原属故城县运河南部地域划归武城县，至此故城县行政区域固定。

历史文化源远流长。故城是文化古郡，溯源于夏、建制于宋，历史悠久、文脉绵长。这里有汉代大儒董仲舒下帷讲学、著书立说，明代名臣马中锡铁骨直谏、治世安民，农民领袖窦建德揭竿而起、反抗暴政，抗日英雄节振国浴血奋战、救亡图存，交织融汇的燕赵侠气、齐鲁风韵，孕育了儒家文化、运河文化、名士文化、地名文化、古迹文化、非遗文化、姓氏文化、民俗文化、美食文化、农耕文化、红色文化等多元文化，形成了独具故城县域特色的文化底蕴。

经济社会全面发展。20世纪70年代，随着工业运动的兴起，故城国有集体企业相继兴办。1985年，初步建立社会主义市场经济体制。1995年，初步形成了金属制品、皮毛皮革、建筑建材、白酒酿造、粮棉加工等八个行业为主体的多类生产格局。2008年，逐步实施工业兴县战略，设立工业园区，着力打造"一城三区四基地"经济隆起带。随着农村家庭联产承包责任制的建立和不断完善，县委、县政府及时推进农业结构调整，突破传统种植模式，建立高产、优质、高效农业，推动农业机械化、产业化经营，出台优惠政策，促进农业快速发展。2014年，东大洼现代农业示范区，成功获批"省级农业开发示范区"。近年来，县委、县政府抢抓京津冀协同发展、雄安新区建设、大运河文化保护传承利用、乡村振兴、军民融合发展等国家战略，着力打造雄安—故城产业生态城、现代都市特色农业强县、里老空港物流园，系统推进现代产业体系建设、一流营商环境体系建设、改革创新制度体系建设、城乡融合高质量发展体系建设、生态文明体系建设、平安法治体系建设、民生保障体系建设，努力实现经济行稳致远、社会安定和谐、人民幸福安康，全面开创经济强县、美丽故城建设崭新局面。

城乡面貌逐年提升。20世纪50年代以来，随着经济的恢复和发展，域内交通、邮政、电力等基础设施不断发展完善。特别是交通建设快速发展，2015年，建成衡德高速故城支线，结束了故城不通高速的历史，逐步形成了以高速公路、省道为主干，以"一大环"带"六小环"为骨架，干支衔接，内通外联，高速、省、县、乡、村道路互通贯联的路网新格局。同时，随着县城城乡建设步伐逐步加快，城乡面貌逐年提升。环境保护工作日益加强，治理"三废"，绿化美化，城乡环境明显改善。2015年，故城县成功创建省级园林县城。近年来，县委、县政府以创建国家园林城市、国家卫生县城、省级文明县城为载体，深入推进城市体检和城市更新。北部新城拉开框架。肉鸡、奶牛、生猪、中医药、特色果蔬等五大现代农业产业链投产见效，获评全省农业产业化创新先行县。做好"土特产"文章，大力发展奶牛小镇、金蝉小镇、丹参小镇等乡村特色产业，创新推广农业"五位一体"新型经营模式，538个村集体收入超过10万元，全省发展适度规模经营壮大，农村集体经济现场会等重量级会议在故城举办。清洁乡村、无废乡村实现全覆盖，城乡环境卫生清理整治列入全国优秀案例，成功承办“全省农村人居环境集中整治现场会”。故城获评“全国县域农业农村信息化发展先进县”“全国农业机械化示范县”“全国农作物病虫害绿色防控示范县”，成功创建省级巩固脱贫成果和乡村振兴示范区，入围全国乡村振兴示范县创建名单。

文旅产业繁荣发展。2019 年，县委、县政府将“抢抓大运河文化带保护传承利用”作为“五大战略机遇”之一，将“争创大运河保护传承利用重点节点城市”列为重点打造的“四大引擎”之一。2020 年，成功承办了衡水市第四届旅游产业发展大会，并举办了 2020 故城旅游季。从此，大运河文化带建设作为县级发展战略成为全县的共识，运河带项目建设迅速启动，依托 75.1 公里大运河，把故城的文化元素和点位串联起来，全面建设运河全域旅游文化带。具体就是重点推进“‘一带一路’三城多点”布局，最终形成“以点带面、连线成片”的全域旅游发展业态。随着文旅产业的发展，大运河博物馆、大运河景观带、董子学村、以岭康养庄园、万亩花海、游客集散中心等精品文旅项目相继建成，形成运河风情游、农业休闲游、文化研学游三条特色旅游线路。郑口挑水坝修缮保护、大运河永济渠古道勘探高质量完成。唐宋武城遗址考古勘探加快推进。“盐厂大秧歌”入选省级非物质文化遗产。高规格承办“清风竹韵·曲水流觞”、飞马艺术节、国际儒联“国学与大学德育”研讨会等文旅活动，擦亮了“这么近、那么美，周末到河北，故城有湾运河水”的金字招牌。

二

中国人民政治协商会议是中国人民爱国统一战线的组织，是中国共产党领导的多党合作和政治协商的重要机构，是我国政治生活中发扬社会主义民主、实践全过程人民民主的重要形式，是社会主义协商民主的重要渠道和专门协商机构，是国家治理体系的重要组成部分，是具有中国特色的制度安排。团结和民主是中国人民政治协商会议的两大主题。1949 年 9 月，中国人民政治协商会议第一届全体会议代行全国人民代表大会的职权，代表全国人民的意志，宣告中华人民共和国的成立，发挥了重要的历史作用。1954 年第一届全国人民代表大会召开后，中国人民政治协商会议继续在国家的政治生活和社会生活以及对外友好活动中进行了许多工作，作出了重要的贡献。

中国人民政治协商会议故城县委员会（以下简称“政协故城县委员会”“故城县政协或县政协”）前身是故城县各界人民代表会议。1949 年 12 月 27 日至 30 日，在郑口召开了首届故城县各界人民代表会议。1951 年 3 月，在郑口召开了第二届故城县各界人民代表会议。1952 年 1 月，召开了第三届故城县各界人民代表会议第一次会议。1952 年 3 月，召开第三届故城县各界人民代表会议第二次会议。1953 年 11 月 28 日至 12 月 3 日，召开第三届故城县各界人民代表会议第三次会议。截至 1954 年 5 月，故城县共举行过三届各界人民代表会议，召开 9 次全体会议。故城县各界人民代表会议既代行了人民代表大会的职权，又具有人民政协统一战线组织的性质。1954 年，故城县第一届人民代表大会第一次会议召开，各界人民代表会议代行人民代表大会职权的历史任务结束。

1958 年，故城县、景县、吴桥县合并为吴桥大县。1961 年 1 月，召开了中国人民政治协商会议吴桥县第一届委员会第一次会议。其中，故城出席委员 20 名，5 人当选为常务委员，刘国梁、王宗周 2 人当选为副主席。1961 年 5 月，故城县自吴桥县析置，属故城的政协吴桥县第一届委员会副主席、常务委员、委员返回原籍。此后二十二年，由于历史原因，县政协工作中断。

三

截至 20 世纪 80 年代初期，故城的第一届政协委员仅有 5 人，鉴于这些委员当时已难以行使法律效能和筹建第二届政协组织，工作遵照上级指示，故城县委决定，继吴桥大县召开的政协吴桥县第一届委员会第一次会议，延续召开中国人民政治协商会议故城县第二届第一次会议，并于1982年9月成立政协故城县第二届委员会第一次会议筹备委员会，代行第一届政协常务委员会的职权，着手进行政协故城县第二届委员会第一次会议的筹备工作。经过近两年的筹备，1984年3月4日至7日，在故城县郑口召开了政协故城县第二届委员会第一次会议。故城县政协正式确定了工作机构、办公地点和专职工作人员。至2024年9月，延续至政协故城县第十一届委员会。第二届至第四届政协委员会每届任期三年。自县政协第五届委员会开始，每届任期改为五年。其中，第七届政协委员会任期四年。政协委员界别结构历届有所调整。至2021年，根据原则上不设置民主党派界别，不设“特邀香港人士”“特邀澳门人士”界别，不准搞“特聘政协委员”等变相安排的政策要求，故城县十一届政协设17个界别。机关驻地：1984年3月，在县城康宁东路郑口镇前香坊村原水利局海河建设指挥部；1989年7月，迁至康宁东路县政府机关原址；1992年9月，迁至县城康宁路128号；1995年7月，迁至县城康宁路原生产资料大楼；2002年5月，迁至原县政府招待所南楼；2015年7月，迁至县城康宁路128号至今。

40年来，历届政协领导班子认真贯彻落实中共中央对人民政协工作的重大决策部署，在中共故城县委的坚强领导下，坚持把加强党对政协工作的全面领导作为首要政治原则，把服务发展作为基本工作方向，把履职为民作为工作出发点和落脚点，高举爱国主义、社会主义旗帜，牢牢把握团结和民主两大主题，紧紧围绕全县中心工作，以思想政治建设为统领，认真履行政治协商、民主监督、参政议政职能，充分发挥了协调关系、凝聚力量、建言献策、服务大局的重要作用，通过视察调研、提交提案、会议发言、文史宣传、联谊交流等履职工作，在守正创新中服务发展大局，在履职为民中彰显政协情怀，在团结联谊中汇聚奋进力量，在强基固本中展现政协形象，取得了丰硕成果，展示了情怀风采，形成了独具时代特征的政协记忆，为促进故城经济社会发展作出了积极贡献。

始终坚持中国共产党的领导。习近平总书记在中央政协工作会议暨庆祝中国人民政治协商会议成立70周年大会上发表的重要讲话指出：“中国共产党的领导是包括各民主党派、各团体、各民族、各阶层、各界人士在内的全体中国人民的共同选择，是成立政协时的初心所在，是人民政协事业发展进步的根本保证。”党的十八大以来，中共故城县委进一步加强对县政协工作的领导，坚持每年度至少听取一次县政协党组工作汇报，推动政协工作不断取得新发展、实现新突破、开创新局面。历届县政协始终不渝地坚持中共故城县委的正确领导，不断强化思想政治引领、加强县政协党的建设，筑牢团结奋斗的共同思想政治基础。坚持重要工作、重大事项向县委请示报告，重要会议、重大活动邀请党政领导出席，确保了政协工作与全县工作大局同心同向、同频共振。县政协党组充分发挥“把方向、管大局、保落实”的领导核心作用，紧贴县委决策部署开展工作，自觉把党的领导贯穿于政协会议、视察调研、协商议政、民主监督、凝聚共识等各个环节，逐步实现了党的组织对党员委员的全覆盖、党的工作对政协委员的全覆盖。

始终坚持围绕中心、服务大局。40年来，按照《中国人民政治协商会议章程》的规定，县政协紧紧围绕全县的重大战略部署和阶段性重点工作，开展多形式、多层次的协商议政活动，形成了全体会议广泛协商、常委会议专题协商、主席会议重点协商、专委会议对口协商的良好格局。特别是2021年以来，创新开展了“县政协双周协商座谈会”协商新模式，得到了县委、县政府的高度重视和大力支持，受到了省、市政协领导的充分肯定和好评，并在2022年8月12日《人民政协报》的首版刊发。

1984年以来，县政协团结带领广大政协委员紧紧围绕全县中心工作，充分发挥专门协商机构的作用，通过视察调研、提交提案、会议发言、协商座谈等形式，提出了一批具有前瞻性、可行性的意见建议，引起了县委、县政府领导的高度重视，对许多意见建议作出了重要批示，推动了经济社会各项事业的发展。1984年关于“党的知识分子政策落实情况”的调研；1993年关于“发展县办工业、发展乡镇企业、建立乡村工业小区”的调研；1998年关于“加快企业改制”的调研；2003年关于“全县企业发展环境特别是‘三乱’情况”的调研；2005年关于“推进文明生态村建设，解决空心村问题”的调研；2007年关于“全县劳务输出工作”的调研；2012年关于“打造‘中国北方国际裘皮城’，推动故城裘皮裘革产业健康快速发展”的调研；2015年关于“民政事业发展、低保落实情况”的调研；2017年关于“加快项目建设、推动工业转型升级”的调研；2018年关于“推动故城县商协会建设情况”的考察调研；2019年关于“机场军民合用和航空物流园建设”的考察调研；2020年关于“疫情防控形势下的企业复工复产、项目开工建设情况”的调研；2021年关于“故城文旅项目建设、管理运营情况”的调研；2022年关于“城市基础设施建设及冬季供暖情况”的调研；2023年关于“和美乡村建设”“创建国家级园林城市”的调研；2024年关于“推进全县养老机构高质量发展”的调研；等等，无不紧跟时代脉搏，同服务于全县的工作大局相结合，被县委、县政府吸纳并落实到相关决策、发展规划或部门工作中。

始终坚持履职为民理念。关注民生是人民政协履行职能的根本出发点和落脚点。聚焦事关群众切身利益的教育、就业、社保、医疗、养老、居住、脱贫等基本民生问题，开展了“一季一信”“双四五”“我为农村建设献计出力”等活动，进行了民主监督、反映社情民意信息等工作，促进民生改善，不断提高人民群众的获得感、幸福感、安全感。针对城乡教育均衡发展、医共体建设、中医药健康发展、养老机构高质量发展、新民居建设等开展专项民主监督、走访座谈等活动，推动了民生工程的落地落实，促使一批群众关心关注的急难愁盼问题得到及时有效解决。充分利用各种渠道，倾听群众呼声，反映群众愿望，主动履职尽责，帮助群众解决现实困难和问题。自县政协机关成立以来，积极参与了“科技、教学咨询服务”“厨师技能培训”“抗旱、防汛、植树造林、农田水利基本建设以及‘三夏’‘三秋’工作”“抗击‘非典’工作”“送科技、卫生、文化‘三下乡’活动”“投身疫情防控工作”“聚力打赢脱贫攻坚战工作”“一排双抢”“下基层、解难题、办实事”等活动，帮助群众解决困难、不断提升服务群众的能力，彰显人民政协为人民的真挚情怀。

始终坚持团结、民主两大主题。县政协始终把增进共识、凝聚人心、汇聚力量摆在政协工作重要位置，充分发挥人民政协包容性强、联系面广的优势，协调各方深入合作，加强联谊促进和谐，凝聚起故城建设社会主义现代化的磅礴力量。扎实开展对外联谊工作。加强与“三胞”的联系，积极主动地开展海外联谊联络工作，向台胞和海外侨胞宣传党的方针政策，鼓励他们回家乡投资办企业，激发他们热爱祖国、热爱家乡的情感。同时，还积极协助上级政协做好视察调研的各项接待工作，注重加强与其他市、县政协的联系交流，宣传故城形象、扩大故城影响力。加强与政协委员和界别群众的联系，把县委的决策部署转化为广大政协委员的思想共识和自觉行动。引导广大政协委员深入基层一线，倾听民生民愿，搜集社情民意，协助党和政府做好宣传政策、解疑释惑、化解矛盾、增进共识的工作，为推动全县社会各项事业发展凝聚人心、凝聚智慧、凝聚力量。积极做好文史宣传工作，广泛征集史料、图书资料，共编辑出版了文史资料专辑、专题史料图书和资料汇编400余万字。同时，按照全国政协和省市政协工作要求，积极编辑报送260余篇故城名人、名村、名事等文字、图片、音像资料，为宣传推介故城，推动故城县经济社会建设和文化事业发展作出了积极的贡献。

始终坚持加强自身建设。历届县政协，都把加强自身建设、提高履职能力作为做好政协工作的重要基础性工作狠抓落实。狠抓委员学习、提高委员素质和履职能力。县政协二届一次常委会议，成立了学习委员会，制定了学习制度。之后每届县政协都把学习作为优良传统，不定期开展政协委员专题培训、集中学习讨论等活动。县政协十一届委员会创新开展了“三读书”活动、会前学史，为政协委员开展学习交流搭建了新的平台。通过学习，培养了一支“懂政协、会协商、善议政”和“守纪律、讲规矩、重品行”的委员队伍。切实加强政协机关队伍建设。扎实开展了“三讲”教育、共产党员先进性教育、“三个代表”重要思想学习教育、科学发展观学习、党的群众路线学习教育实践活动、“两学一做”学习教育、“不忘初心、牢记使命”主题教育、党史学习教育、习近平新时代中国特色社会主义思想主题教育和党纪学习教育等。打造了一支高素质、敢担当、善作为的政协机关干部队伍。

切实加强制度建设，积极适应新形势、新任务的要求，制定和完善各项规章制度，不断推进政协履职的规范化、制度化、程序化。先后制定出台和修订完善了《政协委员提案工作实施细则》《关于加强委员管理，发挥委员主体作用的办法》《县政协委员管理办法》《故城县政协常务委员会工作规则》《政协故城县委员会党建工作“四联系”办法》《政协故城县委员会“双周协商座谈会”工作细则》和政协机关工作、学习的一系列规章制度，为政协工作高效、有序运转提供了制度保障。

内设机构进一步健全。第二届县政协内设机构为办公室、学习委员会、文史资料委员会；之后，随着工作职能的细化，内设机构逐步健全完善。2020 年 12 月，经中共衡水市委机构编制委员会办公室批准，县政协机关增设社会法制民族宗教委员会，将教科文卫委员会更名为教科文卫体委员会，政协机关由“三委一室”的人员配备调整为“一室四委”。随着时代发展，政协工作从机制运行上更加顺畅，专委会的职能作用发挥得更加充分、更加有效。

回顾历史、承担使命、步履坚实；展望未来、重任在肩、奋力进取。新时代、新使命，为人民政协事业提供了更广阔的舞台，也对人民政协工作提出了新的更高的要求。在中共故城县委的坚强领导下，县政协将不断认真总结历史经验，继续发扬优良传统，以更加饱满的热情、更加振奋的精神、更加务实的作风、更加自觉的行动，主动担当、勤勉履职、躬身垂范，努力开创故城县政协工作更新更好的局面，为谱写中国式现代化建设的故城篇章贡献智慧和力量。

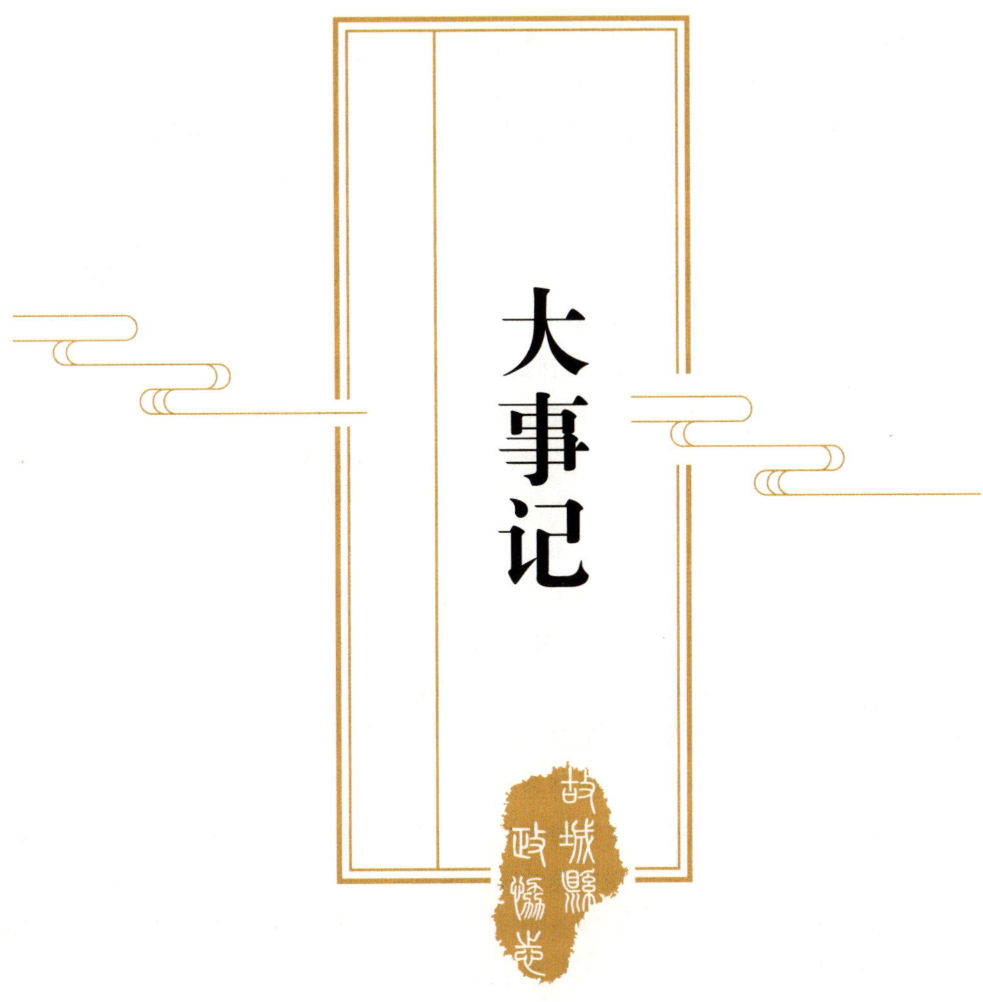

大事记

1949年12月27日至30日，故城县首届各界人民代表会议在郑口召开（故城县各界人民代表会议是中国人民政治协商会议故城县委员会的前身）。

1951年3月，故城县第二届各界人民代表会议在郑口召开。会议选举金曼宇为故城县各界人民代表会议常务委员会主席，王宗周为副主席。

1952年1月，故城县第三届各界人民代表会议第一次会议在郑口召开。选举荆刚为故城县各界人民代表会议常务委员会主席，王力行、张秉洋为副主席。

1952年3月，故城县第三届各界人民代表会议第二次会议在郑口召开。

1953年11月28日至12月3日，故城县第三届各界人民代表会议第三次会议在郑口召开。

1954年7月4日至9日，故城县第一届人民代表大会第一次会议在郑口召开。至此，各界人民代表会议不再代行人民代表大会的职权，只作为统一战线组织。

1961年1月24日，中国人民政治协商会议吴桥县第一届委员会第一次全体会议在桑园召开（1958年10月—1961年5月故城县并入吴桥县）。选举县委书记处书记梁希琴兼任主席，郭宇涵、刘国梁（故城）、王宗周（故城）、李宗和兼任副主席。

1961年5月，撤销吴桥大县，故城县析置，原故城县政协委员、常委返回原籍，至1982年8月政协工作中断。

1982年9月，经县委研究，上级党委批准，决定成立政协故城县第二届委员会第一次全体会议筹备委员会。代行第一届政协常务委员会（原吴桥县政协常务委员会）职权，负责政协故城县第二届委员会第一次全体会议的筹建工作。

1984年

3月4日至7日，政协故城县第二届委员会第一次全体会议在郑口召开，选举田宝庭为主席，国秀梅、石万山、尹丕杰、李作虎为副主席，王金贞、冯圣宝等14人为常务委员。政协内设机构为一室二委：办公室、学习委员会、文史资料委员会。吴炳文任办公室主任，国秀梅兼任学习委员会主任，尹丕杰兼任文史资料委员会主任。

4月，经县委批准，县政协机关单独办公，机关驻地设在郑口镇前香坊村原水利局海河建设指挥部（今县运河区永乐巷6号及以西、以北至康宁路片区）。

5月，为解决厨师人员青黄不接和技术不高的问题，县政协由石万山副主席牵头，举办了两期烹饪技术进修班。

6月，经县委常委会议研究决定：田宝庭任县政协党组书记，国秀梅任党组副书记，石万山任党组成员。

10月27日至11月9日，县政协和统战部组成联合调查组，集中时间，深入十五个单位，对有职称的中、初级知识分子的政策落实情况进行调研。

12月6日至12日，政协故城县第二届委员会第二次全体会议在郑口召开。

1985年

5月11日至13日，政协故城县第二届委员会第三次全体会议在郑口召开，增选孟新平为常务委员。

10月，县政协组成走访学习组，先后到石家庄、廊坊地区政协参观学习。

1986年

4月，县政协创办了《政协简讯》。

5月14日至17日，政协故城县第二届委员会第四次全体会议在郑口召开，增选张洪文为常务委员。

同月，县政协召开故城第一次各界人士为“四化”服务经验交流会。

1987 年

3 月 22 日至 24 日，政协故城县第三届委员会第一次全体会议在郑口召开。选举马端榜为主席，尹丕杰为副主席，刁殿忠、刘廷香等 21 人为常务委员。张洪文任办公室主任，田宝庭兼任学习委员会主任，尹丕杰兼任文史资料委员会主任，增设祖国统一委员会，由马端榜兼任主任。

4 月，经县委常委会议研究决定：马端榜任县政协党组副书记，陈连生、张洪文任党组成员。

10 月，先后召开了庆祝国共合作共同抗战胜利四十二周年座谈会、中秋节各界人士联欢会。

11 月，尹丕杰、陈家珍合编《商震将军》，由省政协文史资料研究委员会出版发行。

1988 年

3 月 6 日，政协故城县第三届委员会常务委员会第六次会议召开，审议通过县政协三届二次全会有关文件。

3 月 24 日至 27 日，政协故城县第三届委员会第二次全体会议在郑口召开。

3 月 31 日，政协故城县第三届委员会常务委员会第七次会议召开，通过有关人事事项。

5 月 27 日，政协故城县第三届委员会常务委员会第八次会议召开，围绕物价、文教、报刊发行情况开展协商议政。

同月，全国政协副主席王任重到故城县视察工作。

8 月 25 日，政协故城县第三届委员会常务委员会第九次会议召开，围绕经济工作开展协商议政。

11 月 25 日至 26 日，政协故城县第三届委员会常务委员会第十次会议召开，听取县政府办公室关于县政协三届二次会议以来提案办理情况的汇报，学习讨论了中共十三届三中全会报告。

本年，先后召开了台归人员座谈会，台属、侨眷为家乡“四化”建设献计献策座谈会等。

1989 年

3 月 7 日，政协故城县第三届委员会常务委员会第十一次会议召开，审议通过县政协三届三次全会有关文件。

3 月 20 日至 22 日，政协故城县第三届委员会第三次全体会议在郑口召开。

5 月 24 日至 25 日，政协故城县第三届委员会常务委员会第十二次会议召开，围绕廉政建设、税务、中学生思想动态情况开展协商议政。

7 月，县政协机关驻地迁至康宁东路县政府机关原址（现县城宏声区长乐东巷 16 号及以东、以南至康宁路片区）。

8 月 10 日至 11 日，政协故城县第三届委员会常务委员会第十三次会议召开，围绕工业生产、惩治腐败和加强廉政建设情况开展协商议政，学习了邓小平和江泽民重要讲话。

11 月，经县委常委会议研究决定：张彦恩任县政协党组书记。

1990 年

3 月 5 日至 9 日，政协故城县第四届委员会第一次全体会议在郑口召开。选举马端榜为主席，张彦恩、陈连生、尹丕杰、姚义珍为副主席，张洪文为秘书长，王留旺、任树生等 23 人为常务委员。张洪文兼任办公室主任，张彦恩兼任学习委员会主任，姚义珍兼任祖国统一委员会主任，尹丕杰兼任文史资料委员会主任。

3月，县政协在各乡镇建立了政协联络组，由一名副乡级干部任组长。

4月，县政协编辑出版《甘陵今古》一书。

本年，县政协副主席尹丕杰被评为衡水地区拔尖人才。

本年，县政协向每位委员印发了《视察证》，下发了《关于政协委员持证视察的暂行规定》。县委、县政府下发了《关于认真接待县政协委员持证视察工作的通知》。

1991年

4月8日至9日，政协故城县第四届委员会第二次全体会议在郑口召开。

9月，县政协第一次组织部分政协委员对部分乡镇企业、村办企业开展了持证视察。

10月22日，省政协副主席徐纯性在地县领导的陪同下来故城视察河北钢丝绳厂，对该厂的发展给予较高评价。

同月，接待和办理孙际洲骨灰回原籍武官寨周楼村安葬事宜。

1992年

3月24日至26日，政协故城县第四届委员会第三次全体会议在郑口召开。

6月，县政协组织乡镇政协联络组长到政协工作先进市县进行考察学习。

9月，县政协机关驻地迁至县农联社原营业大楼（现县城康宁路128号）。

12月，经县委常委会议研究决定：王增义、陈连生任县政协党组副书记，黄凤忠任党组成员。

1993年

1月10日至13日，政协故城县第五届委员会第一次全体会议在郑口召开。选举张彦恩为主席，王增义、姚义珍、黄凤忠为副主席，张洪文为秘书长，田登书、杜希武等24人为常务委员。张洪文兼任办公室主任，马端榜兼任文史资料委员会主任，黄凤忠兼任祖国统一委员会主任，姚义珍兼任学习委员会主任，增设经济委员会、由王增义兼任主任。

4月15日，政协故城县第五届委员会常务委员会第一次会议在县招待所二楼会议室召开，围绕县办工业、乡镇企业发展和棉花备播等情况开展协商议政。

5月，经县委常委会议研究决定：梁春民任县政协办公室主任。

6月29日，政协故城县第五届委员会常务委员会第二次会议在县招待所二楼会议室召开，通过有关人事事项。

1994年

3月15日至17日，政协故城县第五届委员会第二次全体会议在郑口召开。增选梁春民、邓志英为常务委员。

8月，会同县委、人大领导到湖北、湖南两省，慰问故城南下老干部及其家属。

1995年

3月20日至22日，政协故城县第五届委员会第三次全体会议在郑口召开。增选李金栋为常务委员。

4月，刘廷香（县政协第三届常务委员）被国务院授予全国劳动模范称号。

7月，县政协机关驻地迁至县城康宁路原生产资料大楼（现县城体育南街104号）。

本年，省政协、政协衡水地区工委、县政

协合编，由尹丕杰主笔的《冯治安传》，在故城县印刷厂印刷出版。

1996 年

1月22日至24日，政协故城县第五届委员会第四次全体会议在郑口召开。

本年，县政协文史宣传工作获省政协二等奖，被省政协评为先进单位，分别出席了省政协在北戴河和石家庄召开的表彰大会。

本年，县政协领导参加了全国政协在贵州召开的“政协委员为四化建设服务经验交流会”。

1997 年

1月，经县委常委会议研究决定：梁春民任县政协秘书长，苏建华主持办公室工作。

3月24日至26日，政协故城县第五届委员会第五次全体会议在郑口召开。会议增选徐乃起为副主席。

4月，经县委常委会议研究决定：梁春民任县政协党组成员。

1998 年

1月，经县委常委会议研究决定：李庆云任县政协党组成员。

2月15日至17日，政协故城县第六届委员会第一次全体会议在郑口召开。选举张彦恩为主席，李庆云、黄凤忠、徐乃起、张彦秀、张德恩、翟占禹为副主席，梁春民为秘书长，马瑞军、王洁华等31人为常务委员。

同月，经县委常委会议研究决定：苏建华任县政协办公室主任。

3月，经县委常委会议研究决定：张德恩、张彦秀、翟占禹任县政协党组成员。

6月，县政协在武汉召开了故城籍南下老干部座谈会。

9月，县政协同省政协科教文卫委员会一起组织了义诊，同时对县医院的技术力量进行了培训。

本年，县政协共接待回家探亲、观光、考察的台胞和海外侨胞126人次。

1999 年

3月3日至4日，政协故城县第六届委员会第二次全体会议在郑口召开。增选于树海、岳洪军等7人为常务委员。

本年，县政协共接待回家探亲、观光、考察的台胞和海外侨胞86人次。

2000 年

2月21日至22日，政协故城县第六届委员会第三次全体会议在郑口召开。增选田登书为副主席，赵立新、崔彦忠等5人为常务委员。

4月，县政协常务委员王汉贵被国务院授予全国劳动模范称号。

同月，县政协与县宗教界联合开展了全县宗教政策法律法规宣传月活动。

本年，县政协领导班子和党员干部认真开展了“三讲”教育、“三讲”教育“回头看”和警示教育等活动。

2001 年

2月8日至9日，政协故城县第六届委员会第四次全体会议在郑口召开。增选赵瑞昌、张洪德等6人为常务委员。

本年，政协机关开展“三个代表”重要思想学习教育活动。

2002 年

3 月 18 日至 20 日，政协故城县第六届委员会第五次全体会议在郑口召开。增选夏建民为副主席，马兰池、邢兰春等 11 人为常务委员。

5 月，县政协机关驻地迁至原县政府招待所南楼（现县城康宁路 15 号）。

2003 年

4 月 25 日至 28 日，政协故城县第七届委员会第一次全体会议在郑口召开。选举郭居娥为主席，翟占禹、田登书、夏建民为副主席，梁春民为秘书长，于锡钧、王艳荣等 45 人为常务委员。

5 月，经县委常委会议研究决定：郭居娥任县政协党组书记，翟占禹、张彦恩、李庆云任党组副书记，夏建民、张德恩、张彦秀、梁春民任党组成员。

6 月，县政协围绕全县企业发展环境特别是“三乱”情况进行调研。

7 月 24 日，政协故城县第七届委员会常务委员会第二次会议在县招待所后三楼大会议室召开，围绕以工强县和城镇建设整顿治理等情况开展协商议政。

8 月，县政协围绕扩大委员知情面，充分发挥政协职能作用开展视察。

10 月 24 日，政协故城县第七届委员会常务委员会第三次会议在县招待所后三楼大会议室召开，围绕园区和城镇建设情况开展协商议政。

12 月 15 日至 30 日，县政协开展了民主集中制教育活动。

2004 年

2 月 10 日，政协故城县第七届委员会常务委员会第四次会议召开，审议通过县政协七届二次全会有关文件。

2 月 16 日至 18 日，政协故城县第七届委员会第二次全体会议在郑口召开。

6 月 4 日，政协故城县第七届委员会常务委员会第五次会议召开，围绕大外环工程修建和农民增收等情况开展协商议政。

8 月至 10 月，县政协以“政协是什么、干什么、怎么干”为主题，开展“委员学习月”活动。

9 月 17 日，政协故城县第七届委员会常务委员会第六次会议在县委五楼会议室召开。围绕优化全县发展环境开展协商议政。

9 月 21 日，县政协召开庆祝中国人民政治协商会议成立 55 周年座谈会。

11 月 26 日，政协故城县第七届委员会常务委员会第七次会议召开，围绕教育工作情况开展协商议政。

12 月，县政协组织有关人士成立编撰委员会，编辑出版《抗日烽火中诞生的名校——冀南运河中学》一书。

2005 年

2 月 1 日，政协故城县第七届委员会常务委员会第八次会议召开，审议通过县政协七届三次全会有关文件。

2 月 3 日，县政协机关开展了保持先进性教育活动。

2 月 26 日至 28 日，政协故城县第七届委员会第三次全体会议在郑口召开。

4 月 14 日，政协故城县第七届委员会常务委员会第十次会议召开，围绕卫生事业发展情况开展协商议政。

同月，经县委常委会议研究决定：史立朝任县政协党组成员。

4月25日，政协故城县第七届委员会第四次全体会议在郑口召开。增选史立朝为副主席。

8月18日，政协故城县第七届委员会常务委员会第十一次会议在县委五楼会议室召开。围绕加强基层农业科技推广体系建设问题开展协商议政。

9月，县政协编辑出版《铁血狂飙》一书。

11月22日，政协故城县第七届委员会常务委员会第十二次会议召开，围绕交通、城建事业发展情况开展协商议政。

2006年

2月，政协故城县第七届委员会常务委员会第十三次会议召开，审议通过县政协七届五次全会有关文件。

4月8日至10日，政协故城县第七届委员会第五次全体会议在郑口召开。

4月27日，政协故城县第七届委员会常务委员会第十四次会议召开，学习了《中共中央关于加强人民政协工作的意见》。

同月，县政协围绕社会主义新农村建设开展视察调研。

7月4日，政协故城县第七届委员会常务委员会第十五次会议召开，围绕新农村建设情况开展协商议政。

同月，经县委常委会议研究决定：秦立堂任县政协党组成员。

7月5日，政协故城县第七届委员会第六次全体会议在郑口召开。增选秦立堂为副主席。

8月，县政协编辑出版《昨日硝烟》一书。

10月20日，政协故城县第七届委员会常务委员会第十六次会议召开，围绕林业工作开展协商议政，听取县政府办公室关于县政协七届五次会议以来提案办理情况的汇报。

同年，县政协代表衡水市参加全省在邯郸召开的研讨会。

2007年

1月至5月，县政协机关开展了解放思想大讨论活动。

5月28日，政协故城县第七届委员会常务委员会第十七次会议召开，审议通过县政协八届一次全会有关文件。

同月，经县委常委会议研究决定：张海英任县政协党组书记，冯振东、李善群、翟占禹任党组成员。

5月30日至6月1日，政协故城县第八届委员会第一次全体会议在郑口召开。选举张海英为主席，田登书、周德全、冯振东、李善群为副主席，苏建华、贾玉华等38人为常务委员。

7月10日，政协故城县第八届委员会常务委员会第一次会议在县招待所四楼会议室召开，围绕“工业立县”主体战略开展协商议政。

8月，经县委常委会议研究决定：苏敦合任县政协经济委员会主任。

9月21日，政协故城县第八届委员会常务委员会第二次会议在国税局五楼会议室召开，围绕“农业强县”战略开展协商议政。

同月，县政协刘洪勇被省政协授予河北省九届政协文史资料先进工作者光荣称号。

11月14日，县政协围绕劳务输出工作开展视察调研。

2008年

2月20日，政协故城县第八届委员会常务委员会第三次会议在县招待所四楼会议室召开，审议通过县政协八届二次全会有关文件。

2月21日至23日，政协故城县第八届委员会第二次全体会议在郑口召开。增选杨洪霞、张立江、刘伟为常务委员。

4月16日，政协故城县第八届委员会常务委员会第四次会议在县招待所四楼会议室召开，围绕“商贸兴县”战略开展协商议政。

7月3日，市政协主席徐学清一行来故城进行视察调研，开展了义诊活动。

7月18日，政协故城县第八届委员会常务委员会第五次会议在县招待所四楼会议室召开，围绕教育工作和新农村合作医疗工作开展协商议政。

8月27日，县政协围绕工业经济发展情况开展视察调研。

10月9日，县政协围绕农业发展情况开展视察调研。

10月29日，政协故城县第八届委员会常务委员会第六次会议在县招待所四楼会议室召开，围绕“农业强县”战略开展协商议政。

11月19日，全国政协文史和学习委员会副主任毛福民、崔占福一行，围绕大运河保护与申报国家非物质文化遗产工作来故城视察调研。

同月，经县委常委会议研究决定：白振忠任县政协提案委员会主任，王一惠任教科文卫委员会主任。

2009年

1月16日，政协故城县第八届委员会常务委员会第七次会议在县招待所四楼会议室召开，审议通过县政协八届三次全会有关文件。

2月10日至12日，政协故城县第八届委员会第三次全体会议在郑口召开。

2月至8月，县政协机关开展了深入学习实践科学发展观活动。

3月27日，县政协围绕推动民政工作开展视察调研。

4月10日，县政协围绕加快工业经济发展情况开展视察调研。

4月17日，政协故城县第八届委员会常务委员会第八次会议在县招待所四楼会议室召开，围绕加快项目建设，发展工业经济开展协商议政。

5月12日，县政协围绕新农合运行情况开展视察调研。

5月20日，县政协围绕外派劳务情况召开座谈会。

7月16日，县政协围绕提升城建、交通工作水平开展视察调研。

7月24日，政协故城县第八届委员会常务委员会第九次会议在交通局五楼会议室召开，听取县政府办公室关于县政协八届三次会议以来提案办理情况的汇报。

9月18日，政协故城县第八届委员会常务委员会第十次会议在国税局五楼会议室召开，围绕农业产业化和发展特色农业、增加农民收入开展协商议政。

9月23日，县政协召开庆祝新中国成立60周年暨人民政协成立60周年各界人士座谈会。

10月，经县委常委会议研究决定：苏敦合任县政协办公室主任。

11月19日，县政协围绕提高教育工作水平开展视察调研。

2010年

1月19日，政协故城县第八届委员会常务委员会第十一次会议在县招待所四楼会议室召开，审议通过县政协八届四次全会有关文件。

3月2日至4日，政协故城县第八届委员会第四次全体会议在郑口召开。增选苏敦合为秘书长。

4月8日，政协故城县第八届委员会常务委员会第十二次会议在县招待所四楼会议室召开，围绕加快经济发展等开展协商议政。

4月30日，县政协围绕推动工业经济发展开展视察调研。

5月14日，县政协围绕学校规范化管理及校园建设情况开展视察调研。

6月11日，县政协围绕进一步推进县城管

理工作开展视察调研。

6月30日，政协故城县第八届委员会常务委员会第十三次会议在国税局五楼会议室召开，围绕城建、交通发展情况开展协商议政。

同月，县政协参加了市政协组织的外资企业座谈会。

8月，县政协参加了市政协组织的政协机关创先争优经验座谈会。

9月8日，县政协围绕规范新型农村合作医疗工作的管理，完善新农合制度召开座谈会。

10月12日，政协故城县第八届委员会常务委员会第十四次会议在县招待所四楼会议室召开，围绕新农村建设等开展协商议政。

11月10日，县政协围绕食品药品安全监管工作开展视察调研。

11月30日，县政协围绕发挥行业协会作用，促进特色产业升级召开座谈会。

2011年

1月20日，政协故城县第八届委员会常务委员会第十五次会议在县招待所四楼会议室召开，审议通过县政协八届五次全会有关文件。

2月19日，政协故城县第八届委员会常务委员会第十六次会议在县招待所四楼会议室召开，审议通过有关人事事项。

2月19日至21日，政协故城县第八届委员会第五次全体会议在郑口召开。增选傅琦、刘文彬等4人为常务委员。

3月30日，县政协围绕工业经济发展情况开展视察调研。

4月20日，政协故城县第八届委员会常务委员会第十七次会议在电力局四楼会议室召开，围绕加快工业项目建设等开展协商议政。

5月12日，县政协围绕构建平安故城，维护社会和谐稳定召开座谈会。

6月22日，县政协围绕城建、交通以及新民居建设情况开展视察调研。

7月6日，政协故城县第八届委员会常务委员会第十八次会议在县招待所四楼会议室召开，围绕加快新型城镇化建设开展协商议政。

8月10日，县政协围绕大力发展职业教育，盘活故城人才资源市场，进一步缓解当前企业用工荒、用工难问题召开座谈会。

8月22日，市政协主席徐学清一行，围绕工业经济发展以及新民居建设情况来故城视察调研。

同月，经县委常委会议研究决定：刘三林、李希旺任县政协党组成员。

9月22日，政协故城县第八届委员会常务委员会第十九次会议在县招待所四楼会议室召开，围绕发展现代化农业，加快农业产业化进程开展协商议政。

10月，经县委常委会议研究决定：段志诚任县政协办公室主任，李凤展任经济委员会主任。

11月18日，县政协围绕堤口渠景观改造建设情况开展视察调研。

12月26日，政协故城县第八届委员会常务委员会第二十次会议在县招待所四楼会议室召开，审议通过县政协九届一次全会有关文件。

12月31日至2012年1月2日，政协故城县第九届委员会第一次全体会议在郑口召开。选举张海英为主席，周德全、刘三林、李希旺为副主席，刁海松、刘其通等39人为常务委员。

2012年

3月20日，县政协围绕工业经济发展情况开展视察调研。

3月29日，政协故城县第九届委员会常务委员会第一次会议在县招待所四楼会议室召开，围绕加快项目建设等开展协商议政。

4月18日，县政协围绕推动裘皮裘革产业健康快速发展召开座谈会。

5月4日，市政协副主席赵庆云一行，围

绕重点项目建设情况来故城视察调研。

5月11日，县政协围绕加快教育基础设施建设，不断改善办学条件开展视察调研。

5月18日，县政协主席张海英一行，围绕借鉴外地先进管理经验和生产模式，促进故城裘皮裘革产业健康快速发展赴海宁市考察学习。

5月24日，全国政协文史和学习委员会副主任周国富一行，围绕大运河保护与申遗跟踪调研来故城考察调研。

6月21日，县政协围绕饮用水安全、改水降氟工作及农业龙头企业发展情况开展视察调研。

6月28日，政协故城县第九届委员会常务委员会第二次会议在县招待所四楼会议室召开，围绕发展现代农业，加快农业产业化进程开展协商议政。

8月，县政协为故城镇排涝捐献水泵9台、水龙带160米、电缆700米。

同月，县政协段志诚被省政协办公厅评为2012年度政协宣传工作先进个人。

9月19日，县政协围绕促进工业经济又好又快发展，对一城三区工业经济运行情况开展视察调研。

10月17日，县政协围绕城建、交通工作开展情况开展视察调研。

10月31日，政协故城县第九届委员会常务委员会第三次会议在县招待所四楼会议室召开，围绕加快城镇化建设，提升县城品位开展协商议政。

2013年

3月8日，政协故城县第九届委员会常务委员会第四次会议在县招待所四楼会议室召开，审议通过县政协九届二次全会有关文件。

3月11日至13日，政协故城县第九届委员会第二次全体会议在郑口召开。

5月14日，县政协围绕做大做强县域企业，助推园区发展提速，促进工业经济又好又快发展，召开一城三区两园企业负责人专题座谈会。

5月23日，政协故城县第九届委员会常务委员会第五次会议在县招待所四楼会议室召开，围绕加快项目建设等开展协商议政。

6月7日，市政协副主席刘全会一行，围绕“项目立市、工业强市”战略来故城视察调研。

7月3日，县政协围绕农业专业合作社、土地承包大户及畜牧养殖发展情况开展视察调研。

7月19日，政协故城县第九届委员会常务委员会第六次会议在国税局五楼会议室召开，围绕推进农业产业化进程等开展协商议政。

7月23日，江苏省淮安市政协考察组，围绕大运河文化、遗址等专题来故城观摩交流。

10月12日，县政协围绕城建交通事业发展情况开展视察调研。

10月24日，政协故城县第九届委员会常务委员会第七次议在县招待所四楼会议室召开，围绕促进城建交通事业发展开展协商议政。

同月，县政协围绕“全县城乡建设双月攻坚战”活动进行专题调研。

2014年

1月24日，政协故城县第九届委员会常务委员会第八次会议在政务中心二楼会议室召开，审议通过县政协九届三次全会有关文件。

1月至9月，县政协机关开展了党的群众路线教育实践活动。

2月17日至19日，政协故城县第九届委员会第三次全体会议在郑口召开。增选何云林、王宏宇为常务委员。

4月2日，县政协围绕督促全县在建重点项目和工程加快建设，快投产、快出效益，尽快实现政企双赢开展视察调研。

4月16日，政协故城县第九届委员会常务委员会第九次会议在政务中心二楼会议室召开，围绕加快项目建设等开展协商议政。

6月5日，山东省德州市武城县政协主席陈朋金一行，围绕推动武城县临边经济工作来故城观摩交流。

6月17日，县政协围绕种植、养殖专业合作社发展及乡镇土地流转情况开展视察调研。

6月27日，政协故城县第九届委员会常务委员会第十次会议在政务中心二楼会议室召开，围绕创新土地流转形式，加快现代农业发展步伐开展协商议政。

7月31日，省政协农业委员会主任杨玉成一行，围绕农业产业化发展来故城专题调研。

9月12日，县政协围绕教育基础设施建设、新农合运行情况和民营医院发展情况开展视察调研。

10月22日，县政协围绕城建交通发展情况开展视察调研。

11月14日，政协故城县第九届委员会常务委员会第十一次会议在政务中心二楼会议室召开，围绕进一步完善城市功能、提升县城规划建设水平等开展协商议政。

12月4日，县政协围绕农村面貌改造提升工作开展视察调研。

2015年

2月26日，政协故城县第九届委员会常务委员会第十二次会议在政务中心二楼会议室召开，审议通过县政协九届四次全会有关文件。

3月1日至2日，政协故城县第九届委员会第四次全体会议在郑口召开。

4月15日，省政协副主席卢晓光一行，围绕城乡教育公平工作来故城专题调研。

4月17日，县政协围绕工业经济发展情况开展视察调研。

4月24日，政协故城县第九届委员会常务委员会第十三次会议在政务中心二楼会议室召开，围绕加快项目建设等开展协商议政。

5月8日，县政协围绕民政事业发展、低保落实情况开展视察调研。

5月28日，市政协副主席赵新爱一行，围绕建立农村环境长效机制、巩固农村面貌改造成果来故城专题调研。

同月，县政协党组开展了“三严三实”专题教育。

6月24日，县政协围绕东大洼现代农业园规划建设、农田水利基础设施建设、地下水压采情况开展视察调研。

7月9日，政协故城县第九届委员会常务委员会第十四次会议在政协三楼会议室召开，围绕加快农业产业化发展步伐开展协商议政。

同月，县政协机关驻地迁至县城康宁路128号。

8月12日，县政协围绕政务中心运行情况开展视察调研。

8月19日，县政协围绕法院工作情况开展视察调研。

9月17日，县政协围绕加快推进依法治县，维护故城和谐稳定开展视察调研。

10月20日，县政协围绕城建交通发展情况开展视察调研。

10月27日，县政协围绕农村土地、宅基证确权工作开展视察调研。

11月20日，政协故城县第九届委员会常务委员会第十五次会议在政协三楼会议室召开，围绕创建省级园林县城、改善城乡面貌开展协商议政。

12月10日，县政协围绕文教卫生事业发展开展视察调研。

2016年

1月，县政协编辑出版《故城人文轶事集萃》一书。

2月1日，政协故城县第九届委员会常务委员会第十六次会议在政协三楼会议室召开，审议通过县政协九届五次全会有关文件。

2月19日至20日，政协故城县第九届委员会第五次全体会议在郑口召开。增选刘广正为常务委员。

4月19日，县政协围绕提升企业管理水平开展专题视察。

4月26日，政协故城县第九届委员会常务委员会第十七次会议在政协三楼会议室召开，围绕促进经济发展提质增效开展协商议政。

同月，县政协在党员中开展了“两学一做”学习教育。

5月26日，市政协主席王金刚一行，来故城视察调研东大洼现代农业园区、房庄乡董学村建设情况。

同日，县政协围绕现代农业发展中的亮点和农业产业链延伸情况开视察调研。

同月，县政协编辑《马中锡文稿选译》，由中国文史出版社出版发行。

6月，县政协编辑《发展中的故城摄影作品集》，由人民美术出版社出版发行。

7月8日，县政协围绕金融工作开展情况召开座谈会。

7月20日，政协故城县第九届委员会常务委员会第十八次会议在政协三楼会议室召开，围绕加快建设现代农业强县开展协商议政。

8月31日，县政协围绕城建交通发展情况开展视察调研。

9月12日，市政协副主席赵维东一行，围绕推进京津冀协同发展来故城视察调研。

10月18日，县政协围绕加快全县教育工作步伐，推进教育事业健康发展召开座谈会。

10月26日，县政协召开全县卫生工作座谈会。

11月16日，县政协围绕美丽乡村建设、精准扶贫工作和电子商务发展情况开展视察调研。

12月1日，政协故城县第九届委员会常务委员会第十九次会议在政协三楼会议室召开，围绕聚力精准扶贫、美丽乡村建设等开展协商议政。

2017年

1月，经县委常委会议研究决定：史立朝任县政协党组书记，张海英任党组副书记，王连彬任党组成员。

2月8日，政协故城县第九届委员会常务委员会第二十次会议在政协三楼会议室召开，审议通过县政协十届一次全会有关文件。

2月18日至19日，政协故城县第十届委员会第一次全体会议在郑口召开。选举史立朝为主席，周德全、王连彬、关志清为副主席，刘建军、孙金良等26人为常务委员。

5月11日，政协故城县第十届委员会常务委员会第一次会议在政协常委会议室召开，审议通过《政协故城县委员会2017年工作要点》。

6月14日，县政协围绕加快项目建设、推动工业转型升级开展视察调研。

6月23日，云南省政协经济委副主任孙乔宝一行，围绕现代农业产业发展情况来故城观摩交流。

同月，制定了机关学习制度。

7月12日，县政协举办全体县政协委员、住故城县市政协委员、机关干部培训会。

8月8日，政协故城县第十届委员会常务委员会第二次会议在政协常委会议室召开，听取县政府办公室关于县政协十届一次会议以来提案办理情况的汇报，审议通过房庄乡和三朗乡撤乡设镇的报告。

8月15日，县政协组织部分委员赴衡水园博会参观学习。

10月19日，县政协围绕提高现代农业发展水平和农业综合效益开展视察调研。

11月14日，县政协围绕改善城乡面貌、提高城乡居民生活水平开展视察调研。

12月25日，政协故城县第十届委员会常务委员会第三次会议在政协常委会议室召开，围绕教育、卫生和农业经济发展情况开展协商议政。

2018 年

1 月 26 日，政协故城县第十届委员会常务委员会第四次会议在政协常委会议室召开，审议通过县政协十届二次全会有关文件。

2 月 7 日，政协故城县第十届委员会常务委员会第五次会议在县委小会堂小会议室召开，审议通过有关人事事项。

2 月 7 日至 8 日，政协故城县第十届委员会第二次全体会议在郑口召开。增选刁振水为常务委员。

3 月 22 日，政协故城县第十届委员会常务委员会第六次会议在政协常委会议室召开，审议通过《政协故城县委员会 2018 年工作要点》。

3 月 30 日，县政协围绕加快推进项目建设召开座谈会。

3 月至 12 月，县政协开展了“弘扬宪法精神，普及宪法知识”宣传学习活动。

4 月 9 日，县政协围绕扶贫攻坚工作对武官寨镇开展专项民主监督。

4 月 12 日，省政协副主席葛会波一行，来故城慰问退役军人杜振坤。

4 月 19 日，县政协围绕推进工业项目建设开展视察调研。

5 月 11 日，县政协围绕全县扶贫攻坚工作开展第二次专项民主监督。

6 月 1 日，县政协组织全体县政协委员、机关干部开展“发挥政协委员作用，助力打赢脱贫攻坚战”专题培训会。

6 月 14 日，省政协副主席边发吉一行，来故城包联企业考察企业发展情况。

7 月 12 日，政协故城县第十届委员会常务委员会第七次会议在政协常委会议室召开，听取县政府办公室关于县政协十届二次会议以来提案办理情况的汇报，围绕扶贫脱贫和黑臭水体治理工作开展协商议政。

7 月 26 日，省政协副主席曹素华来故城慰问退役军人。

9 月 11 日，全国政协副主席刘奇葆一行，围绕推动大运河文化带建设来故城视察调研。

9 月 29 日，县政协围绕加快推进乡村振兴战略实施召开座谈会。

10 月 8 日，政协故城县第十届委员会常务委员会第八次会议在政协常委会议室召开，围绕城乡建设、乡村振兴工作等开展协商议政。

10 月 9 日至 10 日，县政协主席史立朝、副主席关志清围绕扶贫脱贫工作分别到部分乡镇、村进行监督调研。

11 月 16 日，县政协围绕县法院解决“执行难”、基础建设等工作情况进行视察调研。

11 月 21 日，县政协组织全体县政协委员、住故城县市政协委员、机关干部收听收看了中共中央办公厅印发的《关于加强新时代人民政协党的建设工作的若干意见》精神宣讲解读。

12 月 14 日，政协故城县第十届委员会常务委员会第九次会议在政协常委会议室召开。围绕扶贫脱贫问题整改工作开展协商议政。

12 月 27 日，县政协围绕文教卫生及食品安全工作进行视察调研。

12 月 27 日至 29 日，县政协主席史立朝一行赴北京河北商会，对商协会建设方面的先进经验做法进行学习考察。

同月，县政协编辑《庆祝改革开放 40 周年摄影作品集》，由中国摄影出版社出版。

2019 年

1 月 3 日至 5 日，县政协主席史立朝一行，就机场军民合用和航空物流园建设项目赴浙江省嘉兴市学习考察。

1 月 25 日，政协故城县第十届委员会常务委员会第十次会议在政协常委会议室召开，审议通过县政协十届三次全会有关文件。

1 月 28 日至 29 日，政协故城县第十届委员会第三次全体会议在郑口召开。

同月，经县委常委会议研究决定：刁海松任县政协教科文卫委员会主任，王一惠任经济委员会主任。

3 月 27 日，政协故城县第十届委员会常务委员会第十一次会议在政协常委会议室召开，审议通过《政协故城县委员会2019年工作要点》。

4月12日，市政协副主席贾超绪、姚会亭一行，围绕加快推进民营企业高质量发展工作来故城视察调研。

5月28日，县政协围绕企业发展面临的困难和问题、企业发展方向、对行业协会发展的意见建议召开座谈会。

6月5日，政协故城县第十届委员会常务委员会第十二次会议在政协常委会议室召开。

7月11日，县政协主席史立朝一行，围绕商协会运行发展情况和招商引资工作赴雄县学习考察。

7月24日，省政协副主席边发吉一行，来故城河北青竹画材科技股份有限公司视察调研。

9月5日，县政协围绕土地、房屋征收工作和“双违”整治行动开展情况开展专题民主监督。

9月至12月，县政协党组开展“不忘初心，牢记使命”主题教育。

9月18日，广西壮族自治区玉林市政协副主席周豪一行，围绕养殖业和现代农业废弃物资源化利用情况来故城观摩交流。

9月29日，县政协组织全体县政协委员、住故城县市政协委员、机关干部等收听收看了中共河北省委政协工作会议。

同月，经县委常委会议研究决定：刁海松、段志诚任县政协党组成员。

10月14日，市政协副主席苏振武一行，围绕远程医疗服务发展情况来故城视察调研。

10月29日，县政协组织全体县政协委员、住故城县市政协委员、机关干部收听收看了全省政协系统学习贯彻中央和省委政协工作会议精神暨专题辅导报告会。

11月26日，县政协围绕文教、卫生工作进行视察调研。

同月，经县委常委会议研究决定：刁海松任县政协经济委员会主任、刘洪勇任教科文卫委员会主任。

12月25日，政协故城县第十届委员会常务委员会第十三次会议在政协常委会议室召开，围绕人居环境整治开展协商议政，听取县政府办公室关于县政协十届三次会议以来提案办理情况的汇报。

同月，县政协编辑出版《运河故城2019》一书。

2020年

1月7日，政协故城县第十届委员会常务委员会第十四次会议在政协常委会议室召开，审议通过县政协十届四次全会有关文件。

1月9日至10日，政协故城县第十届委员会第四次全体会议在郑口召开。增选吴健为常务委员。

3月，经县委常委会议研究决定：郝欣兼任县政协党组副书记。

4月10日，政协故城县第十届委员会常务委员会第十五次会议在政协常委会议室召开，围绕做好疫情防控、推动经济社会高质量发展和开展爱国卫生运动等情况进行协商议政，审议通过《政协故城县委员会2020年工作要点》。

同日，县政协开展了“聚力量、防疫情、促发展”活动。

4月14日，县政协围绕疫情防控形式下的企业复工复产、项目开工建设和爱国卫生运动开展情况进行视察监督。

5月27日，省政协副主席苏银增一行，围绕强化投资拉动，推进项目建设和加快数字经济发展情况来故城视察调研。

同月，县政协编辑出版《故城文史》一书，主编刘石营。

6月9日，省政协副主席边发吉一行，围绕促进消费潜力释放来故城河北青竹画材科技股份有限公司视察调研。

6月11日，市政协副主席平荣振一行，围绕推进“聚力量、防疫情、促发展”和“三送一解一增一促”等活动落实情况来故城视察调研。

6月16日，德州市政协副主席崔书强一行，围绕大运河保护利用现状和抢救挖掘运河文化资源方面的经验和做法来故城观摩交流。

同月，政协办驻故城镇霍廖庄村工作队被省委组织部、省扶贫办评为全省扶贫脱贫先进驻村工作队。

7月16日，省政协副主席王宝山一行，围绕互联网+医疗健康来故城视察调研。

7月30日，省政协副主席曹素华一行，来故城三朗镇杨福屯村慰问退役军人张纪坤。

9月1日，县政协围绕加快项目建设，推进故城经济社会高质量快速发展开展视察调研，县委书记彭晓明参加视察活动，这是故城县政协成立以来，首次有县委书记参加的视察活动。

同日，政协故城县第十届委员会常务委员会第十六次会议在政协常委会议室召开，围绕上半年经济运行情况开展协商议政。

9月4日，市政协主席李洪林一行，围绕加快项目建设、推动经济社会高质量发展来故城专题调研。

10月13日，河南省漯河市政协副主席邓武昌一行，围绕返乡入乡人员就业创业的先进经验和做法来故城观摩交流。

10月27日，县政协围绕文化旅游产业发展情况进行视察调研。

10月29日，市政协副主席孙云霞一行，围绕文化项目建设来故城专题调研。

12月4日，清河县政协主席牛洪奎一行，围绕大运河文化建设情况来故城观摩交流。

12月25日，政协故城县第十届委员会常务委员会第十七次会议在政协常委会议室召开，围绕加快推进现代都市农业发展开展协商议政。

12月28日，经中共衡水市委机构编制委员会办公室批准县政协机关增设社会法制民族宗教委员会、教科文卫委员会更名为教科文卫体委员会。

2021年

1月29日，政协故城县第十届委员会常务委员会第十八次会议在政协常委会议室召开，审议通过县政协十届五次全会有关文件。

2月4日至5日，政协故城县第十届委员会第五次全体会议在郑口召开。增选马春章、徐长彬为副主席，段志诚为秘书长，刁海松为常务委员。

2月26日，政协故城县第十届委员会常务委员会第十九次会议在政协常委会议室召开，审议通过《政协故城县委员会2021年工作要点》《政协故城县委员会关于十届县政协提前换届的决定》，通报县政协主席、副主席、秘书长分工及机关内设机构职责。

3月2日，县政协围绕文旅项目建设、管理运营情况开展视察调研。

3月至12月，县政协开展党史学习教育。

5月12日，省政协副主席边发吉一行，来故城河北青竹画材科技股份有限公司、董子园、以岭金蝉馆视察调研。

5月24日，市政协副主席孙云霞一行，围绕加大区域外引水工作来故城专题调研。

同月，县政协编辑出版《运河故城2020》一书。

6月1日，山东省德州市政协主席翟长生一行，围绕运河整体保护开发利用工作来故城观摩交流。

6月10日，市政协副主席姚会亭一行，围绕优化营商环境情况来故城专题调研。

同月，经县委常委会议研究决定：关升兼任县政协党组副书记，马春章、杨洪霞、徐长彬、刘三林、李希旺任党组成员。

7月20日，政协故城县第十届委员会常务委员会第二十次会议在政协常委会议室召开，听取县政府办公室关于县政协十届五次会议以来提案办理情况的汇报，审议通过县政协十一届一次全会有关文件。

7月26日至27日，召开政协故城县第十一届委员会第一次全体会议。选举史立朝为主席，马春章、杨洪霞、苑颖康为副主席，段志诚为秘书长，叶飞、刘洋等37人为常务委员。

9月1日，省政协副主席苏银增一行，围绕强化雨水资源利用，解决河北省地下水漏斗问题来故城视察调研。

9月16日，河北省滦南县政协副主席刘郁红一行，围绕农村生活污水治理新模式来故城观摩交流。

9月10日，县政协主席史立朝参加省政协系统党建工作经验交流会，作了书面发言。

10月9日，县政协创新开展双周协商座谈会，组织经济界别委员围绕推动高质量发展、创造高品质生活进行协商议政，县委书记王立峰参加会议。

10月20日，县政协召开餐饮行业发展及卫生防疫工作协商座谈会。

10月29日，政协故城县第十一届委员会常务委员会第一次会议在政协常委会议室召开，围绕经济运行情况、乡村振兴战略实施开展协商议政。

11月24日，市政协副主席王成宗一行，围绕大运河文化保护利用和董子文化传承来故城专题调研。

同月，县政协段志诚和刘洪勇、钱立平分别被省政协《乡音》杂志社评为2021年度政协新闻宣传工作先进个人和优秀通讯员。

同月，县政协办公室被省政协《乡音》杂志社评为2021年度政协新闻宣传和学刊用刊工作先进单位。

12月31日，县政协围绕乡村公共卫生体系建设情况进行视察调研。

同月，县政协创建政协履职综合信息化平台。

2022年

1月15日，县政协组织中共界别委员，围绕推动高质量发展、创造高品质生活召开双周协商座谈会，县委书记王立峰参加会议。

1月18日，政协故城县第十一届委员会常务委员会第二次会议在政协常委会议室召开，听取县政府办公室关于县政协十一届一次会议以来提案办理情况的汇报，审议通过县政协十一届二次全会有关文件。

1月26日至27日，政协故城县第十一届委员会第二次全体会议在郑口召开。

3月3日，市政协秘书长王建勇一行，围绕政协工作开展情况及机关建设情况来故城视察调研。

3月30日，政协故城县第十一届委员会常务委员会第三次会议在政协常委会议室召开，审议通过《政协故城县委员会2022年工作要点》，协商确定在全县政协委员中深入开展“三读书”活动。

同月，县政协编辑出版《运河故城2021》一书。

4月14日，县政协围绕乡镇方田林网建设和环境整治提升进行视察监督。

4月26日，县政协组织教育、卫生界别委员围绕推动高质量发展、创造高品质生活召开双周协商座谈会，县委书记王立峰参加会议。

6月2日，河北省四院领导专家及投资企业一行，围绕河北故城肿瘤医院项目建设与故城协助发展情况来故城考察调研。

6月27日，市政协主席钮兴辉对故城政协开展双周协商座谈会的做法给予肯定，并作出重要批示。

6月29日，居艳梅（县政协第九届常务委员）被省党代表会议选举为中国共产党第二十次全国代表大会代表。

7月8日，全国政协农业和农村委员会副主任陈晓华一行，围绕小农户与现代农业发展有机衔接来故城专题调研。

7月20日，县政协围绕民生实事项目建设情况开展视察调研。

7月21日，政协故城县第十一届委员会常务委员会第四次会议在政协常委会议室召开，围绕上半年经济运行情况开展协商议政。

同日，创新开展了“会前学史”活动。

7月29日，县政协组织教育领域委员，围绕凝心聚力，推动教育教学高质量发展召开双周协商座谈会，县委书记王立峰参加会议。

8月12日，《人民政协报》首版刊发了《“中国式商量”的故城样本——河北衡水故城县委重视发挥政协协商平台作用记事》。

同月，全市提高提案办理质量协商座谈会在故城召开。

9月29日，县政协围绕乡村振兴战略实施情况进行视察调研。

10月28日，在全省政协刊网宣传信息工作座谈会上，县政协副主席苑颖康做了典型发言。

同月，县政协被省政协办公厅评为2022年度《乡音》和《文史精华》杂志学习宣传工作先进单位。

11月3日，政协故城县第十一届委员会常务委员会第五次会议在政协常委会议室召开，围绕推动乡村振兴战略实施开展协商议政。

11月11日，县政协围绕城市基础设施建设及冬季供暖情况进行视察调研。

11月17日，《人民政协报》刊发题为《河北故城县政协积极参与基层社会治理　促进和谐稳定　尽显履职担当》的文章。

同月，经县委常委会议研究决定：任宝霞任县政协提案委员会主任，胡玉林任社会法制民族宗教委员会主任。

同月，县政协刘洪勇、胡永峰被省政协《乡音》杂志社评为2022年度政协新闻宣传和学刊用刊工作先进个人。

12月，县政协编辑出版《政协故城县第十届委员会重要文件资料汇编》一书。

同月，县政协在机关院内建设了市政协委员协商议政室，同时在各乡镇和3个县直部门建设了16个县政协委员协商议政室。

2023年

1月13日，政协故城县第十一届委员会常务委员会第六次会议在政协常委会议室召开，审议通过县政协十一届三次全会有关文件。

1月13日至14日，政协故城县第十一届委员会第三次全体会议在郑口召开。

2月7日，县政协组织经济界别委员围绕优化营商环境，促进民营经济高质量发展召开双周协商座谈会，县委书记王立峰参加会议。

2月17日，枣强县政协主席李红星一行，围绕乡村振兴工作开展情况来故城观摩交流。

2月27日，县政协组织中共、社会保障界别的委员围绕推动高质量发展、创造高品质生活召开双周协商座谈会，县委书记王立峰参加会议。

3月29日，政协故城县第十一届委员会常务委员会第七次会议在政协常委会议室召开，审议通过《政协故城县委员会2023年工作要点》，集体学习了《中国人民政治协商会议章程（修正案）》。

4月11日，省政协副主席张古江一行，围绕推进企业科技创新来故城专题调研。

5月10日，市政协副主席平荣振、赵学军一行，围绕县域特色产业高质量发展来故城专题调研。

5月11日，市政协副主席葛城一行，围绕推进大运河文化带和加强衡水文物保护利用来故城视察调研。

5月23日，市政协社会法制民族宗教委员会主任李建高一行，围绕养老服务人才队伍素质能力提升情况来故城开展协商式监督。

同月，县政协成立政协委员法律宣讲团，开展政协委员法律宣讲活动。

同月，县政协编辑出版《运河故城2022》一书。

7月25日，景县政协主席李铁带领调研组一行约100人，围绕乡村振兴工作开展情况来故城观摩交流。

8月2日，政协故城县第十一届委员会常务委员会第八次会议在政协常委会议室召开，围绕和美乡村建设、民生工程建设开展协商议政。

9月至2024年1月，县政协组织开展学习贯彻习近平新时代中国特色社会主义思想主题教育。

11月1日，县政协围绕县城园林城市建设情况进行视察监督。

11月7日，《人民政协报》刊发《河北故城县政协在协商"四度"上实现新突破》一文。

11月9日，市政协副主席梁君奎一行，围绕发展中医药健康服务来故城开展协商式监督。

11月10日，县政协围绕全县重点项目建设情况进行视察监督。

同月，县政协刘洪勇、胡永峰被省政协《乡音》杂志社分别评为2023年度政协新闻宣传工作优秀通讯员、学刊用刊工作先进个人。

同月，县政协被省政协办公厅评为2023年度《乡音》杂志学习宣传工作先进单位。

同月，经县委常委会议研究决定：丁艳娜兼任县政协党组副书记。

12月27日，政协故城县第十一届委员会常务委员会第九次会议在政协常委会议室召开，听取县政府办公室关于县政协十一届三次会议以来提案办理情况的汇报，围绕经济运行和国家园林城市创建工作开展协商议政。

2024年

1月20日，政协故城县第十一届委员会常务委员会第十次会议在政协常委会议室召开，审议通过县政协十一届四次全会有关文件。

1月23日至24日，政协故城县第十一届委员会第四次全体会议在郑口召开。

2月29日，县政协围绕推进县域养老机构高质量发展进行视察调研。

3月5日，省政协研究室主任马誉辉一行，来故城调研县政协协商议政、理论研究、社情民意工作，并视察了大运河文化带建设情况。

3月18日，县政协围绕推动康养项目高质量发展赴三河燕郊、北京顺义和泊头学习考察。

同月，经县委常委会议研究决定：王拥军、黄立杰任县政协党组成员。

4月10日，政协故城县第十一届委员会常务委员会第十一次会议在政协常委会议室召开，审议通过《政协故城县委员会2024年工作要点》，学习了习近平总书记重要讲话精神和全国"两会"精神。

4月26日，县政协围绕加快推进故城项目建设工作，随故城县委观摩团先后到衡水市部分县市区考察学习。

同日，县政协围绕委员履职能力提升，组织全体县政协委员、住故城县市政协委员开展学习培训。

同月，县政协编辑出版《运河故城2023》一书。

5月10日，县政协开展党纪学习教育。

5月14日，市政协主席钮兴辉一行，围绕壮大农村集体经济、农村污水治理及和美乡村建设来故城视察调研。

5月21日至24日，县政协围绕学习千万工程经验、推动故城乡村振兴战略实施赴浙江学习考察。

5月23日，市政协副主席赵学军一行，围绕推动企业上市来故城视察调研。

6月5日，省政协社会和法制委员会办公室主任庞彩宏一行，围绕政协法律宣讲工作开展情况来故城视察调研。

6月14日，县政协组织民主党派、经济等界别委员，围绕高质量发展、高品质生活、高效能治理召开双周协商座谈会，县委书记王立峰参加会议。

6月24日，县政协组织教育体育、医药卫生等界别委员，围绕高质量发展、高品质生活、高效能治理召开双周协商座谈会，县委书记王立峰参加会议。

同日，张家口市张北县政协副主席刘芬一行，围绕中医药发展来故城观摩交流。

6月25日，市政协副主席贾超绪一行，围

绕提高政协提案质量来故城组织开展双月专题协商会。

7月1日，县政协组织中共、社会保障等界别委员，围绕高质量发展、高品质生活、高效能治理召开双周协商座谈会，县委书记王立峰参加会议。

7月10日，启动《故城县政协志（1949—2024)》撰稿和正式出版发行工作。

7月25日，市政协副主席平荣振、赵学军一行，围绕改造提升特色商业街区促消费来故城专题调研。

7月28日，全体机关干部收听收看了学习贯彻党的二十届三中全会精神中央宣讲团报告会。

同月，县政协编辑出版《董子与故城文化研究》一书。

8月27日，政协故城县第十一届委员会常务委员会第十二次会议在政协常委会议室召开，围绕乡村振兴暨和美乡村建设、加快项目建设、民生实事开展协商议政。

9月11日，承德市承德县政协副主席李连君一行，围绕和美乡村建设情况来故城观摩学习。

9月24日，山东省德州市武城县政协秘书长王立堂一行，围绕反映社情民意信息工作来故城学习交流，并就大运河文化带建设进行了参观考察。

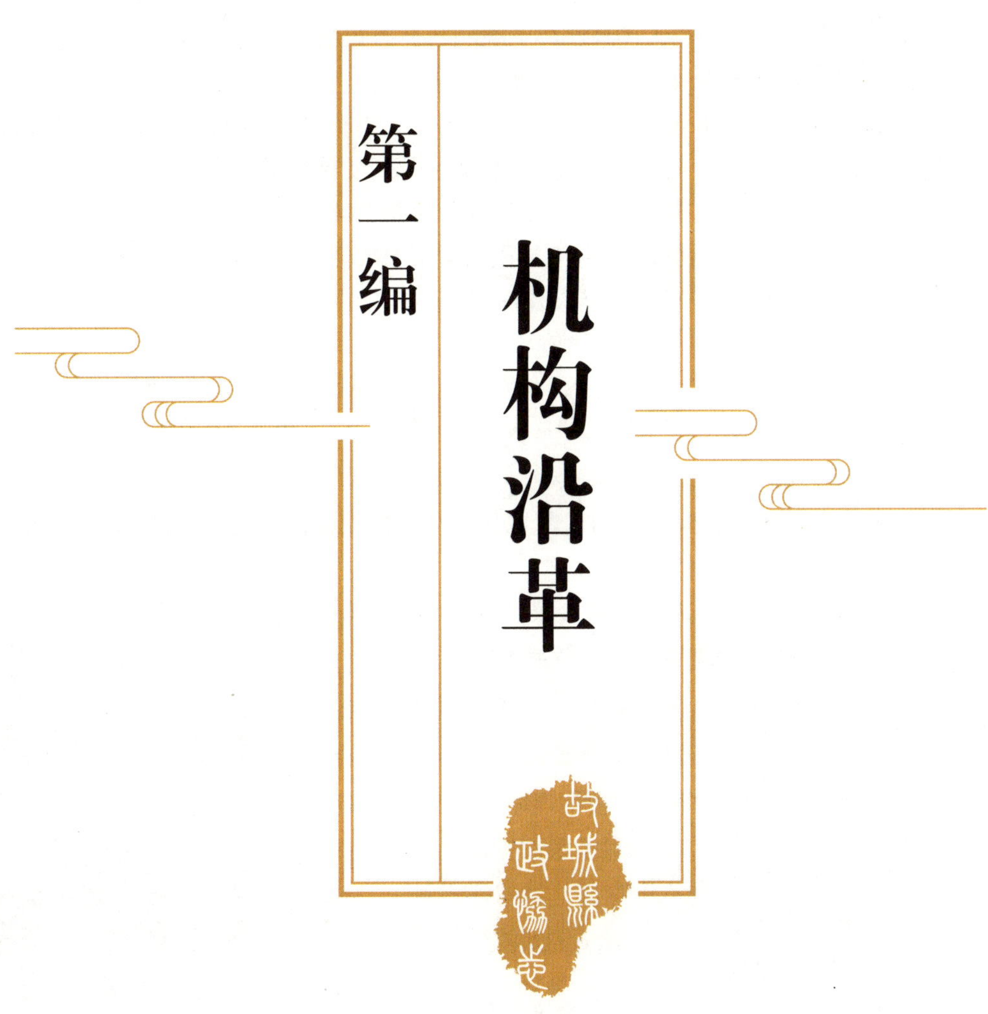

第一编 机构沿革

1949年9月21日，中国人民政治协商会议第一次全体会议召开，会议通过了具有临时宪法性质的《中国人民政治协商会议共同纲领》，依照《共同纲领》的规定，各地方开始实行各界人民代表会议制度。1950年11月，政协河北省委员会的前身——河北省各界人民代表会议协商委员会成立。1949年12月，故城县召开各界人民代表会议，代行人民代表大会职权，同时又是县委领导下人民民主统一战线组织，是多党合作和政治协商机构，是政协故城县委员会的前身。从1949年12月至故城县第一届人民代表大会第一次会议召开，先后召开过三届故城县各界人民代表会议。

根据全国政协和中央人民政府政务院的联合通知精神，县各界人民代表会议常务委员会作为协商机构暂时保留，至县政协成立后再自行终止。

中国人民政治协商会议故城县委员会（以下简称“故城政协”），始建于1961年1月24日（时故城划归吴桥县）。至此，各界人民代表会议历史使命结束。

1961年5月故城县分置，至1982年9月筹备召开新一届政协全会，期间政协工作中断。

1984年3月召开政协故城县第二届委员会第一次会议，恢复了县政协组织，设立了县政协机关。

至2024年10月，中国人民政治协商会议故城县委员会共经历十一届委员会。

第一章　各界人民代表会议

1949年12月至1954年5月，故城县共举行过三届各界人民代表会议，召开9次全体会议（因时间久远，其中有4次档案不详）。

故城县第一届各界人民代表会议　1949年12月27日至30日，故城县首届各界人民代表会议召开，有代表200人，提出了故城县建设的方针和任务。

故城县第二届各界人民代表会议　1951年3月，故城县第二届各界人民代表会议召开，有代表256人。经选举产生常务委员会主席、副主席。

主　席：金曼宇

副主席：王宗周

故城县第三届各界人民代表会议　1952年1月至1953年12月3日，共召开全体会议3次，有代表245人。经第一次全体会议选举，产生常务委员会主席、副主席和委员。

主　席：荆　刚

副主席：王力行　张秉洋

委　员：金曼宇　赵淑英（女）　李忠惠　孙玉峰　李范君　王凡萍（女）　王子千　赵士新（女）　崔润芝　朱福德　王宗周　赵靖域　韩汝镜　赵宝元　于德茂　王世臣　吴奇珍　李永泰　师延勋　马荣林　谢丁昌　王亚东

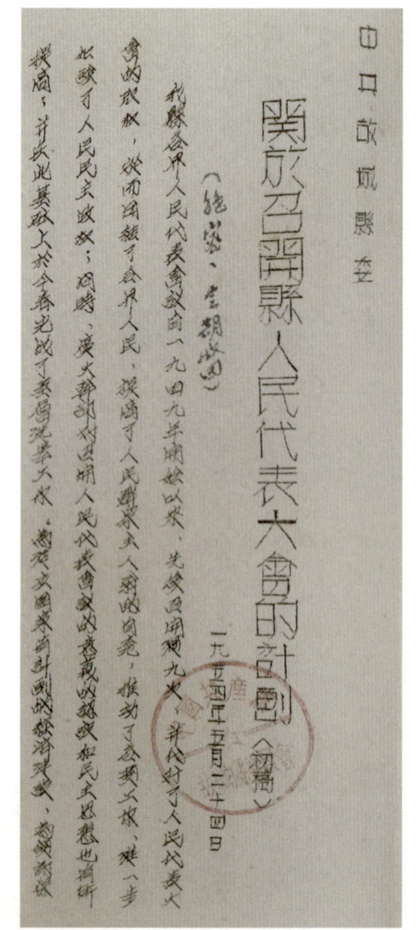
中共故城县委

关於召開縣人民代表大會的計劃（初稿）

一九五四年五月二十四日

1954年5月，中共故城县委关于召开县人民代表大会的计划

第二章 政协委员会

中国人民政治协商会议故城县委员会（以下简称“政协故城县委员会”或“县政协”），一般设主席一名，副主席若干名，秘书长一名，设常务委员会主持会务。常务委员会在全体委员会议闭会期间，行使全体委员会职权，处理全体委员会的重要工作。主席会议由主席、副主席和秘书长组成，处理常务委员会的重要工作。

自1984年3月政协故城县第二届委员会第一次全体会议召开以来，县政协在中共故城县委的领导下，牢牢把握团结和民主两大主题，围绕全县中心工作，通过政协会议、政协提案、考察视察、专题调研等形式，在全县政治经济文化等各个领域发挥重要作用。

第一届委员会　1961年1月24日，政协吴桥县第一届委员会第一次全体会议在吴桥县桑园召开（1958年10月—1961年5月，故城县并入吴桥县），共有委员93人。经选举产生本届县政协主席、副主席和常务委员。

主　席：梁希琴（兼）

副主席：郭宇涵（兼）
刘国梁（兼，故城籍）
王宗周（兼，故城籍）
李宗和（兼）

常务委员：（22人，略）

第二届委员会　1984年3月至1987年3月，共召开了4次全体会议。第一次全体会议，有委员84人，选举产生本届县政协主席、副主席和常务委员。

主　席：田宝庭

副主席：国秀梅（女）　石万山　尹丕杰
李作虎

常务委员：（14人，按姓氏笔画排列）

王金贞　冯圣宝　任桂兰（女）
杨希同　吴炳文　佟海青　张金海
张德恩　陈家珍　郑士义　宛玉洲
郭元奎　翟世善　樊书营

（人员变动：县政协二届三次全会增选孟新平为第二届委员会常务委员；县政协二届四次全会增选张洪文为第二届委员会常务委员）

第三届委员会　1987年3月至1990年3月，共召开了3次全体会议。第一次全体会议，有委员113人，选举产生本届县政协主席、副主席和常务委员。

主　席：马端榜

副主席：尹丕杰

常务委员：（21人，按姓氏笔画排列）

刁殿忠　王金贞　田宝庭　冯圣宝
任桂兰（女）　刘廷香　刘焕章　牟树选
杜声亮（回）　张金海　张洪文　张德恩
陈文岭　陈连生　陈家珍（民革）
宛玉树（回）　孟新平　姚义珍（女）
郭元奎　梁尔诚　樊书营

第四届委员会　1990年3月至1993年1月，共召开了3次全体会议。第一次全体会议，有委员155人，选举产生本届县政协主席、副主席、秘书长和常务委员。

主　席：马端榜

副主席：张彦恩　陈连生　尹丕杰
姚义珍（女）

秘书长：张洪文

常务委员：（23人，按姓氏笔画排列）

刁殿忠　王凤新　王金贞　王留旺
冯圣宝　任树生　刘焕章　许士奇
牟树选　杜声亮（回）　宋金兰
张合义　张德恩　陈文岭
陈家珍（民革）　周木槐　宛玉树（回）
孟新平　姜洪顺　秘锡锌　郭元奎

梁尔诚　翟洪昌

第五届委员会　1993 年 1 月至 1998 年 2 月，共召开了 5 次全体会议。第一次全体会议，有委员 163 人，选举产生本届县政协主席、副主席、秘书长和常务委员。

主　席：张彦恩

副主席：王增义　姚义珍（女）　黄凤忠

秘书长：张洪文

常务委员：（24 人，按姓氏笔画排列）

刁殿忠　马端榜　王风新　王留旺

申文清　田登书（女）　毕瑞田　任树生

刘玉聪　牟文仲　牟英俊　杜声亮（回）

杜希武　李立廷　杨希同　张汉泽

陈连生　邵其臣　孟新平　贾同绪

秘锡锌　徐乃起　高志文　翟洪昌

（人员变动：县政协五届二次全会增选梁春民、邓志英为第五届委员会常务委员；县政协五届三次全会增选李金栋为第五届委员会常务委员；县政协五届五次全会增选徐乃起为副主席）

第六届委员会　1998 年 2 月至 2003 年 4 月，共召开了 5 次全体会议。第一次全体会议，有委员 170 人，选举产生本届县政协主席、副主席、秘书长和常务委员。

主　席：张彦恩

副主席：李庆云　黄凤忠　徐乃起
　　　　张彦秀　张德恩　翟占禹

秘书长：梁春民

常务委员：（31 人，按姓氏笔画排列）

马瑞军　王风新　王洁华（女）

王艳荣（女）　王留旺　王增义　邓志英

申文清　田登书（女）　冯书俊　毕瑞田

任树生　刘　明　刘玉聪　牟文仲

牟英俊　苏　彬　苏建华　杜希武

李立廷　李金栋　张　锷　张长树

张汉泽　张洪文　陈殿林　邵其臣

金林强　郝华军　夏建民　翟洪昌

（人员变动：县政协六届二次全会增选于树海、王汉贵、张殿森、高凤芝、柴振怀、于锡钧、岳洪军 7 人为第六届委员会常务委员；县政协六届三次全会增选田登书为副主席，赵立新、胡立明、李庆柱、崔彦忠、吴东明 5 人为第六届委员会常务委员，徐乃起不再担任副主席职务；县政协六届四次全会增选赵瑞昌、李乃玺、牟世芳、张洪德、李景越 5 人为第六届委员会常务委员；县政协六届五次全会增选夏建民为副主席，马兰池、李秋旺、韩德荣、邢兰春、任玉芳、米学文、苏金涛、陈海福、王淑芳、王洪新、赵立华 11 人为第六届委员会常务委员）

第七届委员会　2003 年 4 月至 2007 年 6 月，共召开了 6 次全体会议。第一次全体会议，有委员 228 人，选举产生本届县政协主席、副主席、秘书长和常务委员。

主　席：郭居娥（女）

副主席：翟占禹　田登书（女）　夏建民

秘书长：梁春民

常务委员：（45 人，按姓氏笔画排列）

于锡钧　王洁华（女）　王洪新

王艳荣（女）　王留旺　王淑芳（女）

邢兰春（女）　邢志平　任玉芳

刘焕英（女）　米学文　孙广军　孙胜林

牟世芳　牟铁汝　苏建华　李凤阁

李立廷　李庆云　李景越　杨献杰（女）

吴东明　张长树　张来玉　张彦秀

张彦恩　张洪德　张殿森　张德恩

陈海福　岳洪军　金林强　孟凡友

赵立华　赵立新　胡立明　袁振学

徐乃旺　徐占华　高凤芝（女）

黄凤忠　崔彦忠　翟凤祥　翟洪昌

（人员变动：县政协七届四次全会增选史立朝为政协副主席，夏建民不再担任副主席职务；县政协七届六次全会增选秦立堂为政协副主席，史立朝不再担任副主席职务）

第八届委员会　2007 年 6 月至 2012 年 1 月，共召开了 5 次全体会议。第一次全体会议，有委员 227 人，选举产生本届县政协主席、副主席和常务委员。

主　席：张海英

副主席：田登书（女）　周德全　冯振东
　　　　李善群

常务委员：（38人，按姓氏笔画排列）

于锡钧　王吉群　王洁华（女）

王艳荣（女）　王留旺　卢宏达　冯希恩

刘建军　刘洪明　孙广军　苏建华

苏敦合　李　冬　李春岭　李景越

吴以池　张松坡　张春红（女）　张洪德

张殿森　陈　萍（女）　武金良　岳洪军

金林强　庞俊芳（女）　庞桂荣（女）

孟凡友　赵光宇　赵新蕾　贾玉华（女）

崔守逊　扈振国　韩文礼　韩明星

韩爱军　焦桂云（女）　翟占禹

（人员变动：县政协八届二次全会增选杨洪霞、张立江、刘伟3人为第八届委员会常务委员；县政协八届三次全会刘洪明不再担任常务委员职务；县政协八届四次全会增选苏敦合为秘书长，王吉群、苏建华不再担任常务委员职务；县政协八届五次全会增选傅琦、刘文彬、王海君3人为第八届委员会常务委员，张福德不再担任常务委员职务）

第九届委员会　2012年1月至2017年2月，共召开了5次全体会议。第一次全体会议，有委员227人，选举产生本届县政协主席、副主席和常务委员。

主　席：张海英

副主席：周德全　刘三林　李希旺

常务委员：（39人，按姓氏笔画排列）

刁振水　刁海松　王书青　王拥军

王树军　王洁华（女）　田少青　史新辉

冯章起　任洪岭　刘文彬　刘其通

刘咏梅（女）　刘建军　刘建春　孙广军

李春岭　李爱茹（女）　李基群　张立江

陈希彬　陈炳升　陈萍（女）　岳洪军

宛闽生　居艳梅（女）　孟繁友　段志诚

宣平侠（女）　桑志武　黄立杰　崔广兴

崔立勇　扈振国　韩文礼　韩爱军

温建华

（人员变动：县政协九届三次全会增选何云林、王宏宇为第九届委员会常务委员；县政协九届五次全会增选刘广正为第九届委员会常务委员，何云林、崔广兴、宛闽生3人不再担任常务委员职务）

第十届委员会　2017年2月至2021年7月，共召开了5次全体会议。第一次全体会议，有委员203人，选举产生本届县政协主席、副主席和常务委员。

主　席：史立朝

副主席：周德全　王连彬　关志清（女）

常务委员：（26人，按姓氏笔画排列）

王志刚　王树军　王洁华（女）　王栓庵

刘　洋　刘广正　刘汉桢　刘咏梅（女）

刘建军　刘荣霞（女）　孙金良　李世文

李志勇　吴希坤　岳洪军　周文君

郑学峰　孟庆莲（女）　胡　冰　段志诚

徐　伟　徐印琦　崔秀敏（女）　彭昌明

韩文礼　温建华

（人员变动情况：县政协十届二次全会增选刁振水为第十届委员会常务委员；县政协十届四次全会增选吴健为第十届委员会常务委员；县政协十届五次全会增选马春章、徐长彬为副主席，段志诚为秘书长，刁海松为常务委员；县政协十届十次常委会岳洪军不再担任常务委员职务；县政协十届十二次常委会王连彬不再担任副主席职务）

第十一届委员会　2021年7月至今，已召开了4次全体会议。第一次全体会议，有委员229人，选举产生本届县政协主席、副主席、秘书长和常务委员。

主　席：史立朝

副主席：马春章、杨洪霞（女）、
苑颖康（女）

秘书长：段志诚

常务委员：（37人，按姓氏笔画排列）

刁海松　刁殿文　于志峰　王世文

王志刚　王连维　王树军　叶　飞

田红灵（女）　刘汉桢　刘建军

刘荣霞（女）　刘　洋　孙金良　李志勇

李京海　杨连文　吴　健　张宁宁（女）

张艳霞（女）　张晓霞（女）　张雪峰

邵　强　周文君　郑光辉　孟月红（女）

赵立国　胡　冰　徐印琦　郭　伟（女）

崔秀敏（女） 崔彦彬 彭昌明 蒋 曼
韩 红（女） 鲁文刚 解海晶
（人员变动：县政协十一届七次常委会郑光辉不再担任常务委员职务；县政协十一届十次常委会张晓霞不再担任常务委员职务）

第三章 乡镇政协组织

1990 年 3 月，为适应统战工作向基层延伸的客观需要，县政协在全县各乡镇建立政协工作联络组，由一名副乡级领导（一般为乡镇党委副书记）兼任组长。1993 年 5 月，县委根据上级有关文件精神并借鉴外地经验，在全县各乡镇设立政协工委主任一职，为正科级领导职务，同时兼任联络组长。1996 年 1 月并乡扩镇，全县 23 个乡镇变为 13 个，县委将 23 个乡镇工委主任调整为 13 个乡镇政协工委主任。1998 年 12 月，县委根据有关文件精神要求，乡镇不再设立政协工委主任一职，时任的政协工委主任全部改任其他职务，恢复乡镇政协联络组。2005 年 2 月，县政协将乡镇政协委员联络组更名为政协委员活动组，由一名副乡级领导（一般为乡镇党委副书记）兼任组长。

乡镇政协活动组长（联络组长、工委主任）主要职责：

1. 组织本乡镇委员及时参加县政协委员会全体会议，列席有关的政协常委会，参加政协开展的有关活动，遵守政协的各项规章制度。

2. 负责本乡镇县政协委员及各界人士的联络工作、牵头组织本乡镇委员按照有关要求，及时提出提案、建议和反映社情民意。

3. 完成县政协交办的各项任务，及时汇报各乡镇县政协委员的履职情况、工作情况，组织委员开展学习活动，在不同岗位上建功立业。

4. 帮助解决本乡镇县政协委员在工作和生活中遇到的问题和困难，将乡镇政协组织建成“委员之家”。

5. 及时推荐委员在发展农村经济、乡村振兴、民生保障中履职的好典型。

第四届委员会（1990.03—1993.01）

故城镇联络组长
田玉德（兼，1990.03—1993.01）
夏庄乡联络组长
田维新（兼，1990.03—1992.12）
苏国玺（1992.12—1993.01）
袁庄乡联络组长
刁玉生（兼，1990.03—1993.01）
小屯乡联络组长
张俊英（兼，1990.03—1993.01）
辛庄乡联络组长
翟瑞岭（兼，1990.03—1993.01）
里老乡联络组长
王俊岭（兼，1990.03—1993.01）
庙灵乡联络组长
陈洪甫（兼，1990.03—1993.01）
房庄乡联络组长
姜立香（兼，1990.03—1993.01）
小庙乡联络组长
王连发（兼，1990.03—1993.01）
梧茂乡联络组长
王长生（兼，1990.03—1993.01）
三朗乡联络组长
王合顺（兼，1990.03—1993.01）
郑口镇联络组长
于保树（兼，1990.03—1993.01）
原西乡联络组长
吕继武（兼，1990.03—1993.01）
杏基乡联络组长

蒋素彩（兼，1990.03—1993.01）
青罕乡联络组长
王子敬（兼，1990.03—1993.01）
饶阳店乡联络组长
崔根臣（兼，1990.03—1992.12）
崔根臣（1992.12—1993.01）
赵行乡联络组长
于步泉（兼，1990.03—1993.01）
武官寨乡联络组长
胡文堂（兼，1990.03—1993.01）
西半屯乡联络组长
靳文生（兼，1990.03—1993.01）
瓦子庄乡联络组长
霍福全（兼，1990.03—1993.01）
军屯乡联络组长
马国富（兼，1990.03—1993.01）
建国镇联络组长
马同坤（兼，1990.03—1993.01）
要庄乡联络组长
赵富宝（兼，1990.03—1993.01）

第五届委员会（1993.01—1998.02）

故城镇联络组长
田玉德（兼，1993.01—1993.05）
郑口镇联络组长
于保树（兼，1993.01—1993.05）
建国镇联络组长
马同坤（兼，1993.01—1993.05）
武官寨镇联络组长
胡文堂（兼，1993.01—1993.05）
青罕镇联络组长
王子敬（兼，1993.01—1993.05）
饶阳店镇联络组长
崔根臣（1993.01—1993.05）
袁庄乡联络组长
文树森（兼，1993.01—1993.05）
夏庄乡联络组长
苏国玺（1993.01—1993.05）
小屯乡联络组长
张俊英（兼，1993.01—1993.05）
里老乡联络组长
王景臣（兼，1993.01—1993.05）
辛庄乡联络组长
王春刚（兼，1993.01—1993.05）
庙灵乡联络组长
陈洪甫（兼，1993.01—1993.05）
房庄乡联络组长
李运华（兼，1993.01—1993.05）
小庙乡联络组长
王连发（兼，1993.01—1993.05）
梧茂乡联络组长
陈同法（兼，1993.01—1993.05）
三朗乡联络组长
王合顺（兼，1993.01—1993.05）
赵行乡联络组长
于步泉（兼，1993.01—1993.05）
杏基乡联络组长
蒋素彩（兼，1993.01—1993.05）
原西乡联络组长
韩庆兰（兼，1993.01—1993.05）
瓦子庄乡联络组长
霍福全（兼，1993.01—1993.05）
西半屯乡联络组长
靳文生（兼，1993.01—1993.05）
要庄乡联络组长
韩振奎（兼，1993.01—1993.05）
军屯乡联络组长
陈英文（兼，1993.01—1993.05）

1993年5月起，各乡镇建立政协工委。

故城镇政协工委主任
化中奇（1993.05—1996.01）
郑口镇政协工委主任
秘际尧（1993.05—1996.01）
建国镇政协工委主任
庚元树（1993.05—1996.01）
武官寨镇政协工委主任
胡文堂（1993.05—1996.01）
青罕镇政协工委主任

王子敬（1993. 05—1996. 01）

饶阳店镇政协工委主任

崔根臣（1993. 05—1996. 01）

袁庄乡政协工委主任

文树森（1993. 05—1996. 01）

夏庄乡政协工委主任

苏国玺（1993. 05—1996. 01）

小屯乡政协工委主任

张俊英（1993. 05—1996. 01）

里老乡政协工委主任

王景臣（1993. 05—1996. 01）

辛庄乡政协工委主任

王春刚（1993. 05—1996. 01）

庙灵乡政协工委主任

陈洪甫（1993. 05—1996. 01）

房庄乡政协工委主任

李运华（1993. 05—1996. 01）

小庙乡政协工委主任

姜立香（1993. 05—1996. 01）

梧茂乡政协工委主任

陈同法（1993. 05—1996. 01）

三朗乡政协工委主任

王合顺（1993. 05—1996. 01）

赵行乡政协工委主任

张荣春（1993. 05—1996. 01）

杏基乡政协工委主任

刘庆臣（1993. 05—1996. 01）

原西乡政协工委主任

韩庆兰（1993. 05—1996. 01）

瓦子庄乡政协工委主任

霍福全（1993. 05—1996. 01）

西半屯乡政协工委主任

贺玉录（1993. 05—1996. 01）

要庄乡政协工委主任

韩振奎（1993. 05—1996. 01）

军屯乡政协工委主任

陈英文（1993. 05—1996. 01）

1996 年 1 月，故城县并乡扩镇，23 个乡镇政协工委调整为 13 个。

郑口镇政协工委主任

张荣春（1996. 01—1998. 02）

青罕镇政协工委主任

王子敬（1996. 01—1998. 02）

故城镇政协工委主任

化中奇（1996. 01—1998. 02）

夏庄乡政协工委主任

苏国玺（1996. 01—1998. 02）

辛庄乡政协工委主任

陈洪甫（1996. 01—1998. 02）

里老乡政协工委主任

王景臣（1996. 01—1998. 02）

房庄乡政协工委主任

姜立香（1996. 01—1998. 02）

三朗乡政协工委主任

韩庆兰（1996. 01—1998. 02）

饶阳店镇政协工委主任

崔根臣（1996. 01—1998. 02）

武官寨镇政协工委主任

胡文堂（1996. 01—1998. 02）

西半屯乡政协工委主任

贺玉录（1996. 01—1998. 02）

建国镇政协工委主任

韩振奎（1996. 01—1996. 12）

军屯乡政协工委主任

陈英文（1996. 01—1998. 02）

第六届委员会（1998. 02—2003. 04）

郑口镇政协

工委主任　张荣春（1998. 03—1998. 12）

联络组长　李兴刚（兼，1998. 12—2003. 04）

青罕镇政协

工委主任　王子敬（1998. 03—1998. 12）

联络组长　陈希利（兼，1998. 12—2003. 04）

故城镇政协

工委主任　化中奇（1998. 03—1998. 12）

联络组长　化中奇（兼，1998. 12—2003. 04）

夏庄镇政协

工委主任　苏国玺（1998. 03—1998. 08）

联络组长　田少青（兼，1998. 08—2003. 04）

辛庄乡政协

工委主任　陈洪甫（1998.03—1998.12）
里老乡政协
工委主任　王景臣（1998.03—1998.12）
联络组长　李风来（兼，1998.12—2003.04）
房庄乡政协
工委主任　姜立香（1998.03—1998.12）
联络组长　邵玉峰（兼，1998.12—2003.04）
三朗乡政协
工委主任　韩庆兰（1998.03—1998.12）
联络组长　张汉泽（兼，1998.12—2003.04）
饶阳店政协
工委主任　崔根臣（1998.03—1998.12）
联络组长　郝金杰（兼，1998.12—2003.04）
武官寨镇政协
工委主任　胡文堂（1998.03—1998.12）
联络组长　徐志清（兼，1998.12—2003.04）
西半屯镇政协
工委主任　贺玉录（1998.03—1998.12）
联络组长　齐印昌（兼，1998.12—2003.04）
建国镇
联络组长　田岭厚（兼，1998.03—2003.04）
军屯镇政协
工委主任　陈英文（1998.03—1998.08）
联络组长　郭金香（兼，1998.12—2003.04）

第七届委员会（2003.04—2007.06）

郑口镇联络组长
李兴刚（兼，2003.04—2005.02）
建国镇联络组长
田岭厚（兼，2003.04—2005.02）
夏庄镇联络组长
李希旺（兼，2003.04—2005.02）
房庄乡联络组长
胡树凯（兼，2003.04—2005.02）
辛庄乡联络组长
刘　生（兼，2003.04—2005.02）
故城镇联络组长
韩振海（兼，2003.04—2005.02）
西半屯镇联络组长
李洪岭（兼，2003.04—2005.02）
饶阳店镇联络组长
徐长彬（兼，2003.04—2005.02）
武官寨镇联络组长
刘丙立（兼，2003.04—2005.02）
军屯镇联络组长
秦立燕（兼，2003.04—2005.02）
青罕镇联络组长
袁运新（兼，2003.04—2005.02）
里老乡联络组长
李展召（兼，2003.04—2005.02）
三朗乡联络组长
张汉泽（兼，2003.04—2005.02）

2005年2月，县政协将各乡镇政协委员联络组更名为政协委员活动组。

郑口镇活动组
组长　　李兴刚（兼，2005.02—2007.06）
副组长　张志敏（兼，2005.02—2007.06）
青罕镇活动组
组长　　王　彬（兼，2005.02—2006.04）
　　　　刘铁军（兼，2006.04—2007.06）
副组长　杨洪彬（兼，2005.02—2007.06）
故城镇活动组
组长　　夏合俊（兼，2005.02—2006.04）
　　　　于文忠（兼，2006.04—2007.06）
副组长　骆合福（兼，2005.02—2007.06）
夏庄镇活动组
组长　　韩晓强（兼，2005.02—2007.06）
副组长　陈景森（兼，2005.02—2007.06）
辛庄乡活动组
组长　　高振华（兼，2005.02—2006.04）
　　　　王石强（兼，2006.04—2007.06）
副组长　王石强（兼，2005.02—2007.06）
里老乡活动组
组长　　秦迎春（兼，2005.02—2007.06）
副组长　刘建军（兼，2005.02—2007.06）
房庄乡活动组
组长　　胡树凯（兼，2005.02—2007.06）
副组长　李凤展（兼，2005.02—2007.06）
三朗乡活动组
组长　　石秀峰（兼，2005.02—2006.04）

吴　强（兼，2006.04—2007.06）
副组长　刘宝星（兼，2005.02—2007.06）
饶阳店活动组
组长　　郝金杰（兼，2005.02—2007.06）
副组长　牛玉红（兼，2005.02—2007.06）
武官寨镇活动组
组长　　刘丙立（兼，2005.02—2007.06）
副组长　王运芳（兼，2005.02—2007.06）
西半屯镇活动组
组长　　李洪岭（兼，2005.02—2007.06）
副组长　周明芹（兼，2005.02—2007.06）
建国镇活动组
组长　　田岭厚（兼，2005.02—2007.06）
副组长　刘玉萍（兼，2005.02—2007.06）
军屯镇活动组
组长　　秦立燕（兼，2005.02—2007.06）
副组长　秦立广（兼，2005.02—2007.06）

第八届委员会（2007.06—2012.01）

郑口镇活动组长
张志敏（兼，2007.06—2008.02）
程发征（兼，2008.02—2010.03）
张志敏（兼，2010.03—2012.01）
青罕镇活动组长
杨洪斌（兼，2007.06—2008.02）
王连峰（兼，2008.02—2009.02）
于树超（兼，2009.02—2012.01）
故城镇活动组长
骆合福（兼，2007.06—2008.02）
于国强（兼，2008.02—2012.01）
夏庄镇活动组长
陈景森（兼，2007.06—2008.02）
林　霖（兼，2008.02—2012.01）
辛庄乡活动组长
王石强（兼，2007.06—2008.02）
翟树起（兼，2008.02—2012.01）
里老乡活动组长
刘建军（兼，2007.06—2008.02）
张艳峰（兼，2008.02—2012.01）
房庄乡活动组长
贾长绪（兼，2007.06—2009.02）
李春才（兼，2009.02—2012.01）
三朗乡活动组长
刘宝星（兼，2007.06—2008.02）
王连彬（兼，2008.02—2009.02）
房志杰（兼，2009.02—2012.01）
饶阳店镇活动组长
牛玉红（兼，2007.06—2008.02）
鲁金铭（兼，2008.02—2012.01）
武官寨镇活动组长
王运芳（兼，2007.06—2008.02）
申兴武（兼，2008.02—2010.03）
牟玉峰（兼，2010.03—2012.01）
西半屯镇活动组长
周明芹（兼，2007.06—2008.02）
王义增（兼，2008.02—2012.01）
建国镇活动组长
刘玉萍（兼，2007.06—2008.02）
薛春彬（兼，2008.02—2012.01）
军屯镇活动组长
秦立广（兼，2007.06—2008.02）
张继明（兼，2008.02—2011.02）
沈　良（兼，2011.02—2012.01）

第九届委员会（2012.01—2017.02）

郑口镇活动组长
李均恒（兼，2012.01—2017.02）
青罕镇活动组长
姜金强（兼，2012.01—2017.02）
故城镇活动组长
孔维峰（兼，2012.01—2017.02）
夏庄镇活动组长
孙立军（兼，2012.01—2013.03）
李明亮（兼，2013.03—2017.02）
辛庄乡活动组长
周　林（兼，2012.01—2017.02）
里老乡活动组长
陈宝路（兼，2012.01—2017.02）
房庄乡活动组长
王　勇（兼，2012.01—2017.02）

三朗乡活动组长

张　勇（兼，2012.01—2017.02）

饶阳店镇活动组长

于宝卫（兼，2012.01—2014.02）

赵　敏（兼，2014.02—2017.02）

武官寨镇活动组长

牟玉峰（兼，2012.01—2014.02）

何春晓（兼，2014.02—2017.02）

西半屯镇活动组长

刘子才（兼，2012.01—2013.03）

王德伟（兼，2013.03—2017.02）

建国镇活动组长

薛纯彬（兼，2012.01—2013.03）

邓晓兵（兼，2013.03—2017.02）

军屯镇活动组长

丁艳辉（兼，2012.01—2017.02）

第十届委员会（2017.02—2021.07）

郑口镇活动组长

张世广（兼，2017.02—2021.07）

青罕镇活动组长

孙厚亮（兼，2017.02—2021.07）

故城镇活动组长

韩石军（兼，2017.02—2021.07）

夏庄镇活动组长

陈占峰（兼，2017.02—2021.01）

田洪刚（兼，2021.01—2021.07）

辛庄乡活动组长

孙晓亮（兼，2017.02—2021.07）

里老乡活动组长

袁焕勇（兼，2017.02—2021.07）

房庄乡（镇）活动组长

张洪峰（兼，2017.02—2021.01）

崔　燕（兼，2021.01—2021.07）

三朗乡活动组长

李光磊（兼，2017.02—2021.07）

饶阳店镇活动组长

赵　敏（兼，2017.02—2019.12）

苑春霞（兼，2019.12—2021.07）

武官寨镇活动组长

康宗志（兼，2017.02—2021.07）

西半屯镇活动组长

于宗利（兼，2017.02—2021.07）

建国镇活动组长

杨来文（兼，2017.02—2021.07）

军屯镇活动组长

陈华亮（兼，2017.02—2021.07）

第十一届委员会（2021.07至今）

郑口镇活动组长

朱广宇（兼，2021.07—2024.04）

刘胜亚（兼，2024.04至今）

青罕镇活动组长

时玉松（兼，2021.07—2024.04）

马建勇（兼，2024.04至今）

故城镇活动组长

吕　帅（兼，2021.07至今）

夏庄镇活动组长

田洪刚（兼，2021.07—2024.04）

王宝达（兼，2024.04至今）

辛庄乡活动组长

刘胜亚（兼，2021.07—2024.04）

陈　欢（兼，2024.04至今）

里老乡活动组长

腾　蛟（兼，2021.07至今）

房庄镇活动组长

郭　瑞（兼，2021.07至今）

三朗镇活动组长

赵晨曦（兼，2021.07—2024.04）

李玉锋（兼，2024.04至今）

饶阳店镇活动组长

杨　瑞（兼，2021.07至今）

武官寨镇活动组长

康宗志（兼，2021.07至今）

西半屯镇活动组长

王延鹏（兼，2021.07至今）

建国镇活动组长

范海伟（兼，2021.07至今）

军屯镇活动组长

王海胜（兼，2021.07至今）

第四章　内设机构

县政协内设机构，指政协内设的办公室和专门委员会等办事机构。起初，内设机构由县委或县政协常委会决定设置。其负责人由县委提名或由县政协常委会协商提名。政协常委会按照《中国人民政治协商会议章程》（以下简称《政协章程》）有关规定任命。后期，逐步变化到现在由县委任命，政协常委会按照《政协章程》有关规定表决通过。

1984 年 3 月，县政协第二届委员会成立后，除县委批准组建的政协办公室以外，县政协按照《政协章程》有关规定，经过协商，成立学习委员会、文史资料委员会两个委员会，并建立：农业、工交、财贸、文教、卫生、科技、民族宗教、侨务台属、宣传学习九个工作组。

1987 年 3 月，设立祖国统一委员会。政协内设机构调整为一室三委：政协办公室、学习委员会、文史资料委员会、祖国统一委员会。

1992 年 12 月，县政协协商决定增设经济委员会。

1998 年 3 月，县政协协商决定，取消祖国统一委员会、学习委员会、文史资料委员会、经济委员会，其职能并入办公室。县政协内设机构调整为一室：办公室。

1984 年 3 月至 2003 年 4 月，每次县政协全体会议期间，设立提案审查委员会。

2003 年 4 月，设立教科文卫委员会、提案委员会，恢复建立经济委员会。县政协内设机构调整为一室三委：办公室、提案委员会、教科文卫委员会、经济委员会。

2020 年 12 月，根据市委机构编制委员会办公室《关于政协故城县委员会机关机构调整的通知》要求，增设社会法制民族和宗教委员会。教科文卫委员会更名为教科文卫体委员会。县政协内设机构调整为一室四委：办公室、提案委员会、经济委员会、教科文卫体委员会、社会法制民族和宗教委员会。

1984 年 3 月，第二届委员会第一次全体会议召开并建立县政协机关。组建之初，县委决定设立县政协办公室，并配备专职工作人员。根据人员编制、科级领导职数实际，参照上级内设机构设置，县政协常委会根据工作需要设立各专门委员会，其负责人一般由主席、副主席、秘书长、不驻会相关政协常委或办公室专职人员兼任。其后几届，县政协作为全县最大统一战线组织职责进一步明确，其相关内设机构的职能进一步细化。几个专门委员会成为常设机构，科级领导职数也相应有所增加，科级领导职务纳入县委管理体系，不再由其他人员兼任。内设机构逐步健全完善，工作人员逐步配备齐全，政协机关建设步入更加正规化轨道。

第一节　机构及职责

办公室

县政协第二届委员会成立后，1984 年 3 月设立。

职责：负责主席会议、常委会议、全体会议的会务组织和筹备，会议决议、决定的落实督查以及委室年度工作计划的督促落实和考核。负责委员日常活动和县政协举办的会务、活动的秘书、服务和具体组织工作。联系县工商联、人民团体有关部门，互相配合，协调工作。负责政协机关的机构编制、人事调配、人员培训、后勤保障、工资福利等具体工作。负责机关经费管理、资产管理、财务审计、接待工作和机关离退休干部服务工作。负责机关文书档案、机要保密、文件收发、文印秘书及印鉴管理等日常工作。负责与市政协办公室的对口联系与工作协作。

学习委员会（1984.03—1998.02）

县政协第二届委员会成立后，设立学习委员会。1998 年 3 月学习委员会职责并入办公室，2003 年 4 月并入教科文卫委员会。

职责：组织和推动委员在自愿的基础上学习马克思列宁主义、毛泽东思想，学习时事政治、法律和业务知识。学习和宣传党的统战理论、方针、政策和实行“一国两制”祖国统一的重要意义，开展爱国主义、爱社会主义等方面宣传教育。根据形势发展的要求和县委的安排，提出学习内容与要求，提供学习材料。了解和掌握委员的学习情况，发现和宣传学习中的好人好事，总结推广。

提案审查委员会（1984.03—2003.04）

县政协第二届委员会成立后，设立提案审查委员会。2003 年 4 月提案委员会成为县政协的常设机构，提案审查委员会的职责转入提案委。每次全会召开期间，仍需临时成立提案审查委员会。

职责：做好全会期间提案收集审查工作，根据提案的内容、性质搞好编号分类，立案工作，并报县委、县政府，做好提案的交办、催办和办理工作，对重要提案负责跟踪调查，提出建议，总结提案工作中的经验。闭会期间，由办公室指定一名专门人员负责委员会的日常工作。

文史资料委员会（1984.03—1998.02）

县政协第二届委员会成立后，设立文史资料委员会。1998 年 3 月职责并入办公室，2003 年 4 月教科文卫委员会成为县政协的常设机构，原文史资料委员会的职能由办公室转入教科文卫委员会。

职责：负责组织有关人员学习贯彻上级有关文史会议精神，学习文史工作的业务知识，交流征集整理工作的经验；做好宣传工作，组织扩大编写队伍，抓好全县重点历史事件及历史人物文史资料的挖掘、征集、整理等“抢救”和审阅编印出版工作；负责将有价值的文稿向上推荐、与兄弟县政协交流。

祖国统一委员会（1987.03—1998.02）

1987 年 3 月设立祖国统一委员会。1998 年 3 月职能并入办公室，2020 年 12 月转入社法民宗委。

职责：负责“三胞”眷属联谊联络和接待工作，宣传党的统战路线，促进祖国统一。

经济委员会

1992 年 12 月，县政协增设经济委员会。1998 年 3 月，取消经济委员会。2003 年 4 月，恢复建立经济委员会，并成为县政协的常设机构。

职责：负责组织委员学习、宣传党和国家有关经济、财政、金融、资源、环境等方面的方针、政策；帮助委员和各界人士了解经济建设的形势，就国家和地方经济生活中的重要问题开展调研视察等协商议政活动，向党委、政府提出有见地的意见建议；加强与相关职能部门的联系与合作，为委员知情出力、履职施政创造条件。负责与财税金融、发改工信、城建交通、农业农村、扶贫开发、环保水利、自然资源、工商联等职能部门的联系、协商；联系上述界别政协委员，组织开展参政议政和民主监督等活动，听取对经济发展、乡村振兴和环境优化等情况的意见。负责与市政协财政经济委员会、人口资源环境委员会、农业和港澳台侨外事委员会的对口联系与工作协作。

提案委员会

2003 年 4 月设立提案委员会，并成为县政协的常设机构。

职责：负责制订政协提案工作方案和年度工作计划。努力创造条件，协助委员围绕全县中心工作及人民群众普遍关心的问题，提出提案。征集提案，审查立案，提出处理意见。会同有关部门，将提案交付承办单位办理。了解掌握提案办理情况，协助和督促承办单位办理提案。选择重点提案进行专题调查，充实提案内容，扩大提案影响。向主席会议或常委会会议报告提案工作情况，起草政协全会提案工作报告。搞好提案归档管理工作。全会期间，集中收集整理委员提案，并做好审查立案工作。负责与市政协提案委员会的对口联系与工作协作。

教科文卫体委员会

2003 年 4 月，县政协增设教科文卫委员会，并成为县政协的常设机构。2020 年 12 月，教科文卫委员会改为教科文卫体委员会。

职责：负责与教育科技、文化卫生、体育、群团组织等方面的联系、协商；联系上述界别政协委员，组织开展专题调研视察和专题座谈等活动，提出意见和建议。根据政协文史工作的性质和特点，负责计划、组织和推动近现代重大历史事件和历史人物回忆资料的撰写、征集、整理、研究、编辑、出版及史料的交流工作，发挥存史、资政、团结、育人的功能和作用，为广泛团结各界爱国人士、促进社会主义物质文明和精神文明建设服务；组织参与文史活动，协商有关文史的重要事项，广泛团结各界人士。组织委员学习培训，宣传党的路线方针政策和统战理论政策以及人民政协理论。负责与市政协教科卫体委员会、文化文史和学习委员会的对口联系与工作协作。

社会法制民族和宗教委员会

2020 年 12 月，县政协增设社会法制民族和宗教委员会，并成为县政协的常设机构。

职责：负责与社保、政法、民族、宗教及群团组织等部门的联系、协商；联系上述界别政协委员，就有关社会事业、法制建设、民族宗教等方面的重点问题开展调查研究和视察工作，提出意见和建议。负责与港澳台侨等方面的联系、协商，联系相关界别政协委员，组织开展调研、视察等履职活动。负责与市政协社会法制民族宗教委员会、农业和港澳台侨外事委员会的对口联系与工作协作。

第二节　历届机构人员组成

第二届委员会工作机构
（1984.03—1987.03）

办公室

主　任：吴炳文（1984.03—1987.03）
副主任：王兴昌（1984.03—1987.03）
　　　　徐玉胜（1984.03—1987.03）
　　　　张洪文（1984.03—1987.03）

学习委员会

主　任：国秀梅（兼，1984.03—1987.03）
副主任：张德恩（兼，1984.03—1987.03）
　　　　郑世义（兼，1984.03—1987.03）

提案审查委员会

主　任：石万山（兼，1984.03—1987.03）
副主任：马洪章（兼，1984.03—1987.03）
　　　　张金海（兼，1984.03—1987.03）

文史资料委员会

主　任：尹丕杰（兼，1984.03—1987.03）
副主任：郭元奎（兼，1984.03—1987.03）
　　　　陈家珍（兼，1984.03—1987.03）

第三届委员会工作机构
（1987.03—1990.03）

办公室

主　任：张洪文（兼，1987.03—1990.03）
副主任：徐玉胜（1987.03—1988.09）
　　　　赵海生（1987.03—1990.03）
　　　　梁春民（1988.09—1990.03）

学习委员会

主　任：田宝庭（兼，1987.03—1990.03）
副主任：梁尔诚（兼，1987.03—1990.03）

文史资料委员会

主　任：尹丕杰（兼，1987.03—1990.03）
副主任：张洪文（兼，1987.03—1990.03）

提案审查委员会

主　任：孟新平（兼，1987.03—1990.03）
副主任：马洪章（兼，1987.03—1990.03）

祖国统一委员会
主　任：马端榜（兼，1987.03—1990.03）
副主任：陈文岭（兼，1987.03—1990.03）

第四届委员会工作机构
（1990.03—1993.01）

办公室
主　任：张洪文（兼，1990.03—1993.01）
副主任：赵海生（1990.03—1993.01）
　　　　梁春民（1990.03—1993.01）
　　　　于传贞（1992.04—1993.01）
学习委员会
主　任：张彦恩（兼，1990.03—1993.01）
副主任：梁尔诚（兼，1990.03—1993.01）
文史资料委员会
主　任：尹丕杰（兼，1990.03—1993.01）
副主任：封朝清（兼，1990.03—1993.01）
祖国统一委员会
主　任：姚义珍（兼，1990.03—1993.01）
副主任：陈文岭（兼，1990.03—1993.01）
提案审查委员会
主　任：陈连生（兼，1990.03—1993.01）
副主任：孟新平（兼，1990.03—1993.01）

第五届委员会工作机构
（1993.01—1998.02）

办公室
主　任：张洪文（1993.01—1993.05）
　　　　梁春民（1993.05—1997.01）
　　　　苏建华（1997.01—1998.02）
副主任：赵海生（1993.01—1993.04）
　　　　于传贞（1993.01—1993.04）
　　　　苏建华（1994.07—1997.01）
　　　　苏敦合（1995.05—1998.02）
文史资料委员会
主　任：马端榜（兼，1993.01—1998.02）
副主任：封朝清（兼，1993.01—1998.02）
祖国统一委员会
主　任：黄凤忠（兼，1993.01—1998.02）
副主任：杜声亮（兼，1993.01—1998.02）
学习委员会
主　任：姚义珍（兼，1993.01—1998.02）
副主任：张洪文（兼，1993.01—1998.02）
经济委员会
主　任：王增义（兼，1993.01—1998.02）
副主任：张汉泽（兼，1993.01—1998.02）
提案审查委员会
主　任：陈连生（兼，1993.01—1998.02）
副主任：孟新平（兼，1993.01—1998.02）

第六届委员会工作机构
（1998.02—2003.04）

办公室
主　任：苏建华（1998.02—2003.04）
副主任：苏敦合（1998.02—2003.04）
提案审查委员会
主　任：翟占禹（兼，1998.03—2003.04）
副主任：梁春民（兼，1998.03—2003.04）
　　　　张长树（兼，1998.03—2003.04）

第七届委员会工作机构
（2003.04—2007.06）

办公室
主　任：苏建华（2003.04—2006.07）
副主任：苏敦合（2003.04—2007.06）
提案委员会
副主任：白振中（2004.12—2007.06）
教科文卫委员会
副主任：王一惠（2004.12—2007.06）
经济委员会
主　任：（空缺）

第八届委员会工作机构
（2007.06—2012.01）

办公室
主　任：苏建华（2006.07—2009.10）
　　　　苏敦合（2009.10—2011.04）
　　　　段志诚（2011.10—2012.01）
副主任：苏敦合（2007.06—2007.08）
　　　　刘洪绪（2007.08—2009.09）
　　　　刘洪勇（2008.11—2012.01）

提案委员会
主　任：白振中（2008.11—2012.01）
副主任：白振中（2007.06—2008.11）
　　　　段志诚（2007.08—2011.10）
　　　　胡立华（2010.01—2012.01）
经济委员会
主　任：苏敦合（2007.08—2009.10）
　　　　李凤展（2011.10—2012.01）
副主任：夏慧敏（2007.08—2010.01）
　　　　范义彬（2010.01—2012.01）
科教文卫委员会
主　任：王一惠（2008.11—2012.01）
副主任：王一惠（2007.06—2008.11）
　　　　贾玉绪（2008.11—2012.01）

第九届委员会工作机构
（2012.01—2017.02）

办公室
主　任：段志诚（2012.01—2017.02）
提案委员会
主　任：白振中（2012.01—2017.02）
经济委员会
主　任：李凤展（2012.01—2017.02）
教科文卫委员会
主　任：王一惠（2012.01—2017.02）
副主任：贾玉绪（2012.01—2016.08）

第十届委员会工作机构
（2017.02—2021.07）

办公室
主　任：段志诚（2017.02—2021.07）
副主任：刘洪勇（2017.02—2019.11）
提案委员会
主　任：白振中（2017.02—2021.07）
副主任：胡立华（2017.02—2018.01）
经济委员会
主　任：李凤展（2017.02—2019.01）
　　　　王一惠（2019.01—2019.11）
　　　　刁海松（2019.11—2021.07）
副主任：孙丽萍（2019.11—2021.07）
科教文卫委员会（2020 年 10 月，改为教科文卫体委员会）
主　任：王一惠（2017.02—2019.01）
　　　　刁海松（2019.01—2019.11）
　　　　刘洪勇（2019.11—2021.07）
副主任：于冠浩（2017.02—2021.07）

第十一届委员会工作机构
（2021.07 至今）

办公室
主　任：段志诚（2021.07 至今）
副主任：胡永峰（2022.11 至今）
提案委员会
主　任：白振中（2021.07—2022.11）
　　　　任宝霞（2022.11 至今）
副主任：任宝霞（2021.10—2022.11）
经济委员会
主　任：刁海松（2021.07 至今）
副主任：孙丽萍（2021.07 至今）
社会法制民族和宗教委员会
主　任：胡玉林（2022.11 至今）
副主任：胡玉林（2021.10—2022.11）
教科文卫体委员会
主　任：刘洪勇（2021.07 至今）
副主任：于冠浩（2021.07 至今）

第三节　政协机关其他科级干部

副科级干部：冯丙才（2011.03—2019.06）
副主任科员：陈学强（2015.01—2019.06）
主任科员：
　　孙胜岗（2015.01—2019.06）
　　贾玉绪（2016.08-2019.06）
一级主任科员：
　　孙胜岗（2020.08 至今）
　　贾玉绪（2020.08 至今）
二级主任科员：
　　孙胜岗（2019.06—2020.08）

贾玉绪（2019.06—2020.08）
冯丙才（2019.06 至今）

三级主任科员：
陈学强（2020.08 至今）

四级主任科员：
陈学强（2019.06—2020.08）
胡永峰（2021.10—2022.11）

第五章 党的组织

县政协作为全县最重要的人民民主统一战线组织。坚持党对政协工作的全面领导，确保在政治立场、政治方向和政治原则上同党中央保持高度一致，是政协工作一贯遵循的重要原则和根本要求。1984 年 3 月县政协召开二届一次全会并建立县政协机关，中共故城县委即在县政协设立了政协党组和机关党支部。

第一节 政协党组

政协党组是党在人民政协中的派出机构，肩负着实现党对人民政协领导的重大责任；肩负着确保党的基本理论、基本路线、基本纲领、基本经验和党对统一战线和人民政协工作的方针政策不折不扣地得到全面贯彻落实的重大责任；肩负着反映民意、集中民智，实现党委科学民主决策的重大责任；肩负着为实现党的总任务、总目标凝心聚力、团结力量的重大责任；肩负着在政协组织和社会各界维护党的领导和形象的重大责任。

1984 年 6 月，按照《党章》规定，经中共故城县委员会批准，设立中国共产党故城县委员会政协党组，设党组书记、副书记、成员。

第二届委员会（1984.03—1987.03）

书　记：田宝庭（1984.06—1987.03）
副书记：国秀梅（女，1984.06—1987.03）
成　员：石万山（1984.06—1987.03）

第三届委员会（1987.03—1990.03）

书　记：田宝庭（1987.03—1989.11）
张彦恩（1989.11—1990.03）
副书记：国秀梅（女，1987.03—1987.04）
马端榜（1987.04—1990.03）
成　员：陈连生（1987.04—1990.03）
张洪文（1987.04—1990.03）
石万山（1987.03—1987.04）

第四届委员会（1990.03—1993.01）

书　记：张彦恩（1990.03—1993.01）
副书记：马端榜（1990.03—1992.12）
王增义（1992.12—1993.01）
陈连生（1992.12—1993.01）
成　员：黄凤忠（1992.12—1993.01）
张洪文（1992.12—1993.01）

第五届委员会（1993.01—1998.02）

书　记：张彦恩（1993.01—1998.02）
副书记：王增义（1993.01—1998.02）
陈连生（1993.01—1998.02）
成　员：黄凤忠（1993.01—1998.02）
张洪文（1993.01—1997.04）
梁春民（1997.04—1998.02）
李庆云（1998.01—1998.02）

第六届委员会（1998.02—2003.04）

书　记：张彦恩（1998.02—2003.04）
副书记：王增义（1998.02—1998.03）
成　员：黄凤忠（1998.02—2003.04）

梁春民（1998.02—2003.04）
李庆云（1998.02—2003.04）
张德恩（1998.03—2003.04）
张彦秀（1998.03—2003.04）
翟占禹（1998.03—2003.04）

第七届委员会（2003.04—2007.06）

书　记：张彦恩（2003.04—2003.05）
郭居娥（2003.05—2007.05）
张海英（2007.05—2007.06）
副书记：翟占禹（2003.05—2007.05）
张彦恩（2003.05—2004.02）
李庆云（2003.05—2006.07）
成　员：李庆云（2003.04—2003.05）
黄凤忠（2003.04—2005.10）
梁春民（2003.05—2004.09）
夏建民（2003.05—2005.04）
张德恩（2003.05—2007.06）
张彦秀（2003.05—2007.06）
史立朝（2005.04—2006.07）
秦立堂（2006.07—2007.06）
冯振东（2007.05—2007.06）
李善群（2007.05—2007.06）
翟占禹（2007.05—2007.06）

第八届委员会（2007.06—2012.01）

书　记：张海英（2007.06—2012.01）
成　员：冯振东（2007.06—2011.11）
李善群（2007.06—2011.10）
刘三林（2011.08—2012.01）
李希旺（2011.08—2012.01）

第九届委员会（2012.01—2017.02）

书　记：张海英（2012.01—2017.01）
史立朝（2017.01—2017.02）
副书记：张海英（2017.01—2017.02）
成　员：王连彬（2017.01—2017.02）
刘三林（2012.01—2017.01）
李希旺（2012.01—2017.01）

第十届委员会（2017.02—2021.07）

书　记：史立朝（2017.02—2021.07）
副书记：张海英（2017.07—2018.08）
郝　欣（兼，2020.03—2021.06）
关　升（兼，2021.06—2021.07）
成　员：王连彬（2017.02—2019.05）
段志诚（2019.09—2021.07）
刁海松（2019.09—2021.06）
马春章（2021.06—2021.07）
杨洪霞（2021.06—2021.07）
徐长彬（2021.06—2021.07）
刘三林（2021.06—2021.07）
李希旺（2021.06—2021.07）

第十一届委员会（2021.07 至今）

书　记：史立朝（2021.07 至今）
副书记：关　升（兼，2021.07—2023.11）
丁艳娜（兼，2023.11 至今）
成　员：马春章（2021.07 至今）
杨洪霞（2021.07 至今）
刘三林（2021.07—2023.05）
李希旺（2021.07—2023.10）
徐长彬（2021.07—2024.04）
段志诚（2021.07 至今）
王拥军（2024.03 至今）
黄立杰（2024.03 至今）

第二节　机关党支部

县政协机关建立之初，就建立了机关党支部。由于前几届机关党支部相关档案缺失，经咨询当年有关人员，依照后来机关党支部书记任职的惯例，对机关党支部书记任职情况，依据政协秘书长或办公室主任任职情况收录，不再收录其他成员。其后几届依据实际任用情况收录。

机关党支部工作职责：

1. 保障党的方针政策贯彻落实。在县政协党组的领导下，认真宣传和贯彻落实党的各项路线方针政策和上级党组织的各项决议决定。围绕中心服务大局，全力保障党的各项路线方针政策及上级党组织决议决定在县政协机关的正确贯彻执行。

2. 全面负责机关党的建设。切实担负党建主体责任，加强县政协机关党的思想、组织、作风、制度和党风廉政建设。监督检查所属各党支部、党员干部落实党建工作责任制及遵守政治纪律和政治规矩情况，并及时向县政协党组报告。

3. 加强所属党支部管理。突出强化党支部政治功能，提升组织力，充分发挥支部的战斗堡垒作用和党员的先锋模范作用。

4. 加强党员教育管理。不断提升党员的理论素养和综合素质，督促党员履行义务，保障党员权利不受侵犯。规范支部组织生活，加强机关党内民主建设，畅通党员行使民主权利。

5. 做好干部培养管理。在县政协党组的领导下，做好干部职工的培养管理，关心干部职工工作、生活情况，及时了解他们的思想状况和动态，帮助他们解决工作和生活中的实际问题，动员、督促机关干部职工改进作风，强化效能，提高工作效率。

6. 指导群团组织工作。指导机关工会、共青团、妇女组织等群团组织开展工作，积极开展干部职工喜闻乐见的文体活动和为困难职工送温暖等活动。加强机关离退休干部工作，服务好老同志。

7. 完成党组交办的其他工作。

历届委员会机关党支部成员

第二届委员会（1984.03—1987.03）

书　记：吴炳文（1984.03—1986.01）
　　　　张洪文（1986.01—1987.03）

第三届委员会（1987.03—1990.03）

书　记：张洪文（1987.03—1990.03）

第四届委员会（1990.03—1993.01）

书　记：张洪文（1990.03—1993.01）

第五届委员会（1993.01—1998.02）

书　记：张洪文（1993.01—1996.12）
　　　　梁春民（1996.12—1998.02）

第六届委员会（1998.02—2003.04）

书　记：梁春民（1998.02—2003.04）
副书记：苏建华（1998.02—2003.04）
支　委：苏敦合（1998.02—2003.04）

第七届委员会（2003.04—2007.06）

书　记：梁春民（2003.04—2007.06）

第八届委员会（2007.06—2012.01）

书　记：苏敦合（2007.06—2011.04）
　　　　段志诚（2011.04—2012.01）

第九届委员会（2012.01—2017.02）

书　记：段志诚（2012.01—2017.02）
支　委：刘洪勇（2016.10—2017.02）
　　　　钱立平（2016.10—2017.02）

第十届委员会（2017.02—2021.07）

书　记：段志诚（2017.02—2021.07）
副书记：刁海松（2019.09—2021.07）
支　委：刘洪勇（2017.02—2021.07）
　　　　钱立平（2017.02—2021.07）

第十一届委员会（2021.07至今）

书　记：段志诚（2021.07至今）
副书记：刁海松（2021.07至今）

支　委：白振中（2021.07—2023.10）
刘洪勇（2021.07 至今）
钱立平（2021.07—2022.11）
任宝霞（2022.11 至今）
胡永峰（2022.11 至今）

第二编

政协委员

政协委员是政协工作的主体。故城县各届政协委员人数及委员界别设置，均由中共故城县委、县政协根据全县经济社会发展需要及各界人士和有关人员的分布状况，采取提名、考察、协商等办法确定。

第一章　政协委员的产生和构成

第一节　政协委员的产生

坚持党管干部的原则，严格委员的产生程序，对于加强党对政协工作的领导，保证委员质量，充分发挥政协组织的优势和作用，具有十分重要的意义。

委员产生的基本程序：

酝酿准备　在中共故城县委的领导下，县委组织部、县委统战部会同县政协党组做好换届调研工作，并建立相应的协调机制。对上一届政协委员的情况进行全面细致的了解，摸清各方面的情况，做好退留情况的分析和测算，对上一届委员是否继续提名提出意见。对新的拟进人选进行了解，掌握一批新的代表人士。

制订方案　根据中央和省、市委有关文件精神和换届工作实施意见，结合故城实际，县委组织部、县委统战部研究提出新一届政协委员的名额分配方案和推荐提名部署方案，征求县政协党组意见后，报县委常委会研究审定。

推荐考察　根据县委批准的实施方案中委员名额分配表，各推荐单位经过充分酝酿，提出拟推荐人选，并进行严格考察。中共党员人选由县委组织部考察，非中共党员人选由县委统战部考察。重点了解委员人选的政治素质、思想品行、履职能力、廉洁自律、群众基础、遵纪守法、社会形象等情况。所有人选必须经过考察并在一定范围内公示，各推荐单位将推荐人选报县委统战部。

建议名单　县委审定新一届政协委员建议名单县委常委会研究确定新一届政协常务委员建议名单　政协中共党员常委建议名单由县委组织部提名，政协非中共党员常委建议名单由县委统战部提名，听取县政协党组和有关部门意见，在充分沟通协商的基础上，形成县政协常委建议名单草案，报县委常委会研究确定。

建议名单　召开县政协常委会，协商决定县政协委员名单　协商决定新一届县政协的参加单位、委员名额、委员人选和界别设置。

第二节　历届委员的构成

中国人民政治协商会议故城县委员会委员由上届委员会协商提名，并经筹备委员会审定后，确认为故城县政协委员。委员来自全县中共党员、工商联、工会、共青团、妇联、科协、农林水利等界别。根据省、市换届工作的相关要求，统筹平衡委员人选结构，在政协换届时党外委员不少于60%，常委中党外常委总数不少于65%；妇女委员、少数民族委员要占一定比例，非公经济人士的比例要适当，适当增加新的社会阶层人士。

历届委员构成

第一届委员会（略）

第二届委员会（1984.03—1987.03）　政协故城县第二届委员会有政协委员84人，其中，中共党员34人，占委员总数的40.5%；非中共党员50人，占委员总数的59.5%。从性别方面看：男委员70人，占委员总数的83.3%，妇女委员14人，占总数的16.7%；从文化程度上看：大中专以上文化程度的37人，占委员总数的44%；从委员代表方面看：党政干部6人，各人民团体4人，工交科技界15人，卫生界7人，文体教育界13人，工商财贸界9人，少数民族3人，宗教界2人，民主党派2人，台湾回归人员1人，侨联1人，在台和侨居国外同胞眷属2人，农业界18人，社会知名人士1人。

第三届委员会（1987.03—1990.03）　政协故城县第三届委员会有政协委员113人，其中，中共党员45人，占委员总数的39.8%；非中共党员68人，占委员总数的60.2%。从文化程度上看：大中专以上文化程度的委员48名，占委员总数的42.5%。从委员代表方面看：党政干部16人，各人民团体3人，工交科技界17人，卫生界7人，文体教育界13人，工商财贸界16人，少数民族3人，宗教界2人，民主党派3人（含台归2人）、侨联1人，在台和侨居国外同胞眷属5人，农业界25人，社会知名人士2人。

第四届委员会（1990.03—1993.01）　政协故城县第四届委员会有政协委员155人，其中，中共党员61人，占委员总数的39.4%；非中共党员94人，占委员总数的60.6%。从文化程度上看：大中专以上文化程度的干部45人，占委员总数的29.0%。从委员代表方面看：党政干部32人，各人民团体7人，工交科技界14人，卫生界6人，文体教育界12人，工商财贸界17人，少数民族3人，宗教界2人，民主党派3人（含台归2人）、侨联2人，在台和侨居国外同胞眷属9人，农业界40人，社会知名人士2人，产业工人6人。

第五届委员会（1993.01—1998.02）　政协故城县第五届委员会有政协委员163人。其中：中共党员65人，占委员总数39.9%；非中共党员98人，占委员总数60.1%。从文化程度上看：大中专以上文化程度的干部36人，占22.1%。从委员代表方面看：党政干部31人，各人民团体3人，工交科技界11人，卫生界7人，文体教育界8人，工商财贸界14人，少数民族3人，宗教界2人。在台和侨居国外同胞眷属5人，农业界55人，产业工人24人。

第六届委员会（1998.02—2003.04）　政协故城县第六届委员会有政协委员170人，设中共、民革、无党派人士、工会、共青团、妇联、工商联、侨联、农林水利、经济、教育体育、文化艺术、交通邮电、科技、医药卫生、新闻、民族宗教、侨胞、特邀等19个界别。其中：中共党员80人，占委员总数的47.1%；非中共党员90人，占委员总数的52.9%；妇女委员17人，占委员总数的10.0%；大中专以上文化程度的88人，占委员总数的51.8%。

第七届委员会（2003.04—2007.06）　政协故城县第七届委员会有政协委员228人。设界别21个，分别是：中共、无党派人士、工商联、工会、共青团、妇联、科协、农林水利、经济界、教育体育、文化艺术、工业交通、科技、医药卫生、新闻界、社会科学、侨联、民族宗教、社会福利、“三胞”眷属和特邀人士。其中：中共党员92人，占委员总数的40.4%；非中共党员136人，占委员总数的59.6%；妇女委员42人，占委员总数的18.4%；大中专以上文化程度的176人，占委员总数的77.2%。

第八届委员会（2007.06—2012.01）　政协故城县第八届委员会有政协委员227人，设界别20个，分别是：中共、无党派人士、工商联、工会、共青团、妇联、科协、农林水利、经济、教育体育、文化艺术、工业交通、科技、医药卫生、新闻界、社会科学、民族宗教、社会福利、“三胞”眷属和特邀人士。其中：中共党员 91 人，占委员总数的 40.1%；非中共党员 136 人，占委员总数的 59.9%；妇女委员 38 人，占委员总数的 16.7%；大中专以上文化程度的 155 人，占委员总数的 68.3%。

第九届委员会（2012.01—2017.02） 政协故城县第九届委员会有政协委员 227 人，设界别 17 个，分别是：中共、无党派人士、共青团、经济、工业交通、农林水利、医药卫生、教育体育、民族宗教、工商联、工会、妇联、文化艺术、社会福利、民主党派、科技、“三胞”眷属和特邀人士。其中：中共党员 91 人，占委员总数的 40.1%；非中共党员 136 人，占委员总数的 59.9%；妇女委员 38 人，占委员总数的 16.7%；大中专以上文化程度的 180 人，占委员总数的 79.3%。

第十届委员会（2017.02—2021.07） 政协故城县第十届委员会有政协委员 203 人。设界别 19 个，分别是：中共、民主党派、工商联、无党派人士、工会、共青团、妇联、科协、农林水利、科技、经济、文化新闻艺术、医药卫生、民族宗教、工业交通、社会福利、教育体育、新闻界、“三胞”眷属和特邀人士。其中：中共党员 78 人，占委员总数的 38.4%；非中共党员 125 人，占委员总数的 61.6%；妇女委员 46 人，占委员总数的 22.7%；大中专以上文化程度的 154 人，占委员总数的 75.9%。

第十一届委员会（2021.07 至今） 政协故城县第十一届委员会有政协委员 229 人，设界别 17 个，分别是：中共、无党派人士、工商联、工会、共青团、妇联、科协、农业、科技、经济、文化艺术、新闻出版、医药卫生、民族宗教、社会福利、教育体育、社会科学。其中：中共党员 86 人，占委员总数的 37.6%；非中共党员 143 人，占委员总数的 62.4%；妇女委员 61 人，占委员总数的 26.6%；大中专以上文化程度的 198 人，占委员总数的 86.5%。

第二章 政协委员的职能

第一节 组织管理

《政协章程》对委员应具备的条件和对委员的基本要求作了明确规定。《政协章程》要求：中国人民政治协商会议全国委员会委员和地方委员会委员应热爱祖国，拥护中国共产党的领导和社会主义事业，维护民族团结和国家统一，遵守国家的宪法和法律，保守国家秘密，廉洁自律，在本界别中有代表性，有社会影响和参政议政能力。

中国人民政治协商会议全国委员会委员和地方委员会委员应当依照本章程积极履行职责，认真行使权利。

中国人民政治协商会议全国委员会委员和地方委员会委员，在本会会议上有表决权、选举权和被选举权；有对本会工作提出意见、批评、建议的权利。

中国人民政治协商会议全国委员会委员和地方委员会委员要密切联系群众，了解和反映他们的愿望和要求，参加本会组织的会议和活动。

中国人民政治协商会议全国委员会委员和地方委员会委员应当正确处理个人职业活动与履行职责的关系，不得利用委员身份牟取个人、小团体和特定关系人的利益。

中国人民政治协商会议全国委员会和地方委员会应当加强委员履职管理，建立委员履职档案，采取适当方式通报履职情况。

对严重损害国家和人民利益的，因严重违纪违法被给予组织处理、处分或被判刑以及涉嫌违纪违法正在接受调查处理的，在身份上弄虚作假的等，不得提名或继续提名为委员人选。

因工作变动或其他原因不宜继续担任委员

的，本人应当辞去委员。对违反社会道德或存在与委员身份不符行为的，应当及时约谈或函询，经提醒仍不改正的，应当责令其辞去委员。

对违纪违法的委员，中国人民政治协商会议全国委员会常务委员会或地方委员会常务委员会应当依照法律和有关规定作出相应处理。

第二节　权利和义务

根据《政协章程》规定，政协全国委员会和地方委员会委员的权利：

1. 在本会会议上有表决权、选举权和被选举权；

2. 有对本会工作提出批评和建议的权利；

3. 有通过本会会议和组织充分发表意见，参加讨论国家大政方针和各该地方重大事务的权利；

4. 有对国家机关和国家工作人员的工作提出建议和批评的权利；

5. 有对违纪违法行为检举揭发的权利，参加有关部门组织的调查和检查活动；

6. 有声明退出政协的自由；

7. 在受到警告或撤销参加资格的处分时，如果不服，有请求复议的权利。

政协全国委员会和地方委员会委员的义务：

1. 遵守和履行政协章程；

2. 遵守和履行本委员会全体委员会议和常务委员会会议决议；

3. 地方政协委员还应遵守和履行政协全国委员会的全国性决议和上级地方委员会的全地区性的决议。

第三章　政协委员名录

政协委员是各行各业的精英和代表，他们有的是专家学者，有的是企业英才，有的是业务骨干。他们在本职岗位上突破创新、奋斗不懈，创造出不平凡的业绩。同时，作为政协委员，履职尽责，以高度的政治责任感和饱满的热情投入调研、协商、议政工作中，通过提案与诤言为故城县的经济发展和民生改善鼓与呼。

政协委员在社会上享有较高的声誉，来自各个行业，依照《政协章程》认真履行职责和义务。强化政治责任担当，落实“懂政协、会协商、善议政，守纪律、讲规矩、重品行”要求，既当好人民政协制度参与者、实践者、推动者，积极参加政协组织的会议和活动，遵守政协会议通过的决议，又切实发挥在政协工作中的主体作用、在本职工作中的带头作用、界别群众中的代表作用。

历届委员会第一次全会委员名单

第一届委员会

梁希琴、郭宇涵、刘国梁、王宗周、李宗和、杨秀普、王长生、李福荫等93人，因档案缺失，其他人员不详。

第二届委员会

（1984.03—1987.03，84人）

刁其海　刁章顺　刁殿忠　马洪章　王九忠
王凡平　王书彬　王印福　王兰芳　王秀勉
王金贞　王相文　王洪波　王福庆　牛元斗
尹丕杰　石万山　田宝庭　冯圣宝　朱凤珍
朱洪智　任东来　任桂兰　刘玉荣　刘其营
刘新水　汤延纯　许士奇　许奎荣　许善合
孙玉博　苏迎坡　苏敦珠　李庆同　李作虎
李树清　李景旺　李新合　杨希同　杨炳坤
吴炳文　佟海青　宋国贞　张子衡　张文英
张文祥　张玉芝　张存柱　张志民　张金海
张宗英　张炳忠　张瑞凤　张德恩　陈文岭
陈宝顺　陈洪彬　陈家珍　陈祥珍　武立文

国秀梅　金家顺　周永刚　周秀莲　郑世义
宛玉州　封朝清　姚义珍　秦树升　袁金岭
袁桂贞　夏海洲　秘立桥　郭元奎　曹经路
龚玉明　崔治平　梁尔诚　董恒发　董景雪
韩振恒　程玉树　翟世善　樊书营

第三届委员会
（1987.03—1990.03，113 人）

刁其海　刁殿忠　于春梅　于保树　马同坤
马洪章　马端榜　王九忠　王凡平　王书彬
王玉璋　王印福　王兴如　王秀勉　王金贞
王建强　王相文　王树峰　王洪波　王振华
牛元斗　尹丕杰　尹容达　田玉梅　田宝庭
冯圣宝　冯志军　吕俊义　朱凤珍　朱洪智
任桂兰　刘汉武　刘廷香　刘会英　刘环英
刘海臻　刘焕章　汤延纯　许士奇　许秀荷
许奎荣　许善合　孙汝温　孙明华　孙金斗
牟树选　苏迎坡　苏菊珍　苏敦珠　杜声亮
李云华　李兰香　李庆同　李泽民　李新合
杨希同　杨炳坤　吴章海　沈其忠　宋国贞
张子恒　张文英　张玉芝　张存柱　张纪岭
张志民　张秀文　张明诚　张金海　张俊英
张炳忠　张洪文　张瑞凤　张德恩　陈文岭
陈宝坤　陈宝顺　陈家珍　陈祥珍　武立文
金家顺　周永刚　周秀莲　郑世义　宛玉树
孟新平　封朝清　赵广福　赵金栋　赵海波
胡文堂　胡鸣一　段国朝　姜文兰　姜文达
姚义珍　秦树升　袁化丰　夏海洲　郭元奎
曹敬陆　崔金福　崔治平　康焕英　梁尔诚
扈长友　董恒发　韩风格　韩振尧　韩振恒
韩德荣　翟世善　樊书营

（人员变动情况：县政协三届七次常委会增补翟瑞岭、高志文为第三届委员会委员）

第四届委员会
（1990.03—1993.01，155 人）

档案缺失。

第五届委员会
（1993.01—1998.02，163 人）

刁玉生　刁殿忠　于怀英　于宝树　于春梅
于德丰　马同坤　马连才　马秀云　马洪章
马端榜　王子敬　王风起　王风新　王文正
王书峰　王玉杰　王玉昌　王立森　王兴如
王连朋　王秀勉　王希荣　王金铮　王建强
王相文　王留旺　王景禹　王增义　牛元斗
牛连坡　文国富　户长友　邓志英　卢建勋
申文清　田玉梅　田玉德　田俊河　田登书
冯志军　冯希恩　毕端田　吕俊义　任树生
刘　冬　刘玉聪　刘立新　刘汉武　刘会英
刘庆臣　刘英杰　刘焕章　刘淑贞　刘德贞
许世奇　许迎坡　许奎荣　许善合　孙凤起
孙志光　孙其芳　孙金斗　孙根生　牟文仲
牟英俊　苏云桥　苏国玺　苏宝华　苏菊珍
杜声亮　杜希武　李立廷　李兰香　李庆同
李如忠　李泽民　李洪芳　李洪君　李景越
杨月英　杨丙坤　杨希同　杨恒基　杨留荣
时红昌　吴金长　沈其忠　沈章良　张子衡
张文英　张书明　张玉芝　张汉泽　张合义
张志民　张明成　张金海　张俊英　张彦恩
张洪文　张登新　张瑞风　张德恩　陈连胜
陈英文　陈宝顺　陈洪甫　陈家珍　邵其臣
武立文　罗延普　金友江　金友香　周秀莲
郑学峰　宛玉树　孟新平　封朝清　赵金栋
胡风标　胡文堂　胡鸣一　胡俊芝　段国朝
姜文兰　姜洪顺　姚义珍　袁化丰　袁振忠
袁铁玲　袁章锁　贾方海　贾玉华　贾同绪
夏海洲　秘运华　秘际尧　秘锡锌　徐乃起
徐彦明　高延森　高会俊　高志文　黄凤忠
崔建章　崔春胜　崔根臣　宿青祥　董恒发
韩风格　韩宝树　韩振奎　韩章义　韩淑贞
韩德荣　靳文生　腾振国　翟世善　翟洪昌
翟瑞岭　樊书营　霍福全

（人员变动：县政协五届二次常委会增补陈同法、姜立香、韩庆兰、张荣春、庚元树、贺玉录、化中奇、文树森、王春刚、王景臣、李运华、贾成绪为第五届委员会委员）

第六届委员会
（1998.02—2003.04，170 人）

刁胜林　于春梅　万成芳　马同坤　马连森
马秀云　马瑞军　王子敬　王风新　王文平

王玉杰　王印明　王廷文　王会臣　王金海
王彦芳　王彦荣　王洁华　王恒义　王振符
王留旺　王敬雨　王增义　王德俊　化仲奇
尹石锁　邓志英　卢建勋　申文清　田石生
田茂军　田玲厚　田登书　冯书俊　毕瑞田
师庆占　吕俊义　任树生　刘　明　刘玉聪
刘立坤　刘立新　刘汉武　刘庆奎　刘其化
刘英杰　刘金岭　刘海明　刘家敏　刘章印
刘淑贞　刘超文　刘德贞　许延明　孙少奇
孙光志　孙其芳　孙明武　孙明昌　孙金钻
孙根生　孙爱民　孙家臣　牟文仲　牟英俊
牟明振　苏　彬　苏旭生　苏国玺　苏建华
苏厚纯　苏菊珍　杜声亮　杜希武　李太岭
李凤臣　李凤勤　李文柯　李立廷　李庆云
李金栋　李洪君　李洪凯　李留锁　李景越
杨月英　杨文良　杨观强　杨建华　肖立春
时洪昌　吴东明　吴金长　吴德元　冷明新
张　锷　张长树　张玉芝　张丙其　张汉泽
张召君　张延安　张秀芳　张金海　张荣春
张彦秀　张彦恩　张洪文　张洪志　张素兰
张振海　张登新　张瑞凤　张殿森　张德恩
陈英文　陈宝顺　陈洪璞　陈章兰　陈殿林
邵玉峰　邵其臣　武文华　武金城　范文山
罗延普　岳洪军　金友江　金友香　金林强
周桂海　庞田伟　庚元树　宛玉树　孟凡友
赵金栋　郝华军　郝金杰　胡文堂　胡顺芝
段国朝　姜立香　袁振岭　袁铁岭　贾风楼
贾玉华　夏建民　徐乃起　高延森　黄凤忠
曹文香　崔延平　崔志强　崔春胜　崔根臣
梁书元　梁春民　屠素贞　董恒发　韩风秋
韩风格　韩庆兰　韩章义　解会来　翟凤祥
翟占禹　翟洪昌　霍福星　魏书栋

第七届委员会

（2003.04—2007.06，228人）

刁其芳　刁其君　刁胜林　于汉云　于学刚
于承顺　于树海　于锡钧　马世振　马石根
马春章　马荣兰　马瑞军　王文平　王庆文
王宝新　王彦芳　王洁华　王洪文　王洪新
王宪礼　王艳荣　王留旺　王清香　王淑芳
王景雨　王增义　邓志英　节洪林　卢建勋
申坤瑞　申建国　田岭厚　田登书　白国华
冯书俊　冯秀满　兰保田　邢兰春　邢志平
师家锋　曲　虎　吕风温　任玉芳　任树生
任桂一　刘　生　刘　刚　刘　黎　刘文强
刘玉萍　刘丙立　刘立新　刘加敏　刘荣宽
刘胜国　刘洪志　刘洪河　刘桂英　刘桂起
刘章印　刘焕英　刘增志　刘德贞　闫洪起
米学文　孙　博　孙广军　孙少奇　孙丽萍
孙秀旺　孙其芳　孙金钻　孙胜林　孙富国
孙富强　牟文仲　牟世芳　牟明振　牟铁汝
苏　彬　苏云桥　苏传生　苏金涛　苏建华
苏敬菊　杜声亮　杜希武　李乃周　李乃玺
李风英　李凤阁　李凤展　李立廷　李立昌
李立柱　李有财　李会来　李庆云　李庆柱
李兴刚　李红增　李希旺　李金刚　李金香
李宝国　李建国　李洪岭　李振庄　李留锁
李效骏　李展召　李培中　李章林　李景越
杨　光　杨玉宝　杨树路　杨铁城　杨献杰
时洪昌　时章彬　吴东明　吴金长　吴保胜
吴景彩　何洪坡　宋国庆　宋家栋　张　锷
张子坤　张长树　张玉芝　张世义　张丙振
张汉泽　张召军　张延安　张会泉　张来玉
张秀清　张宝新　张彦秀　张彦恩　张洪文
张洪洲　张洪德　张振海　张淑兰　张新堂
张殿森　张德恩　陈丙新　陈希彬　陈树生
陈俊华　陈海福　陈殿林　范文山　岳文忠
岳洪军　金友香　金林强　庞俊芳　庞桂荣
郑玉海　郑传武　宛玉树　孟凡友　项东旭
赵　志　赵玉禄　赵立华　赵立新　赵金泉
郝金杰　胡立明　胡树凯　胡顺芝　段国朝
姜金强　骆同武　骆洪喜　秦立波　秦立燕
袁运新　袁振学　袁铁岭　贾玉华　贾丙来
贾同义　贾衍生　夏立元　夏建民　柴振怀
徐乃旺　徐长彬　徐占华　徐洪军　高凤芝
高庆花　高福印　郭念功　郭居娥　黄凤忠
黄立杰　曹子福　曹文香　曹端广　崔立森
崔延平　崔庆贵　崔彦忠　梁春民　宿继顺
扈成彬　韩文礼　韩金长　韩振明　韩振海
韩章义　程发征　谢卫东　翟凤祥　翟占禹
翟洪昌　霍福星

（人员变动：县政协七届八次常委会增补崔

守逊、张希武、王一博、韩爱军、李红军、潘国新、郭炳臣、刘　伟、赵新蕾、焦章根、郭　胜、霍庆云、王　彬、韩晓强、于文忠、秦迎春、吴　强、苏敦合、白振中、王一惠、刘洪绪、王英军、段志诚、冯加庆、刘洪勇 25 人为第七届委员会委员；县政协七届十次常委会增补史立朝为第七届委员会委员；县政协七届十三次常委会增补李善群、温建华、李海军、秘希彬、杨洪斌、张艳峰、牛玉红、秦立广、陈景森、王运芳、刘宝星、骆和福、康玉峰、张敬霞、王志胜、郭金柱、于传勇、朗庆良、徐树森、解会来、彭国柱 21 人为第七届委员会委员；县政协七届十五次常委会增补秦立堂为第七届委员会委员）

第八届委员会
（2007. 06—2012. 01，227 人）

丁春庆　丁洪茂　丁洪霞　刁丰生　刁其芳
于汉云　于金刚　于恩波　于恩洪　于锡钧
马世振　马石根　马东升　马春章　马荣芹
王一博　王一惠　王卫忠　王凤侠　王书行
王石强　王印明　王吉群　王延珂　王守生
王运芳　王志胜　王连胜　王连维　王树军
王彦军　王洁华　王洪新　王艳荣　王桂军
王铎立　王留旺　王清香　王景雨　王翠英
牛玉红　牛立贵　牛孟峰　尹新开　孔维亮
卢宏达　卢宝行　叶桂英　田登书　白国华
白振中　冯月新　冯希恩　冯金英　冯振东
吕风温　吕存泉　朱桂华　任洪岭　刘　刚
刘　伟　刘　根　刘文彬　刘玉萍　刘丙才
刘同林　刘志峰　刘其通　刘宝星　刘建军
刘建军　刘春贵　刘洪志　刘洪明　刘洪河
刘洪绪　刘家敏　刘章印　刘章华　刘增志
齐君申　闫文通　闫洪起　孙　勃　孙广军
孙长起　孙秀梅　孙金良　孙保收　孙胜林
牟文明　苏传升　苏志厚　苏宝信　苏建华
苏敦和　李　冬　李乃玺　李文革　李节贞
李丙超　李有财　李会来　李远涛　李建华
李春岗　李春岭　李洪增　李振锋　李海军
李章林　李景越　李善群　杨　光　杨书路
杨玉宝　杨圣荣　杨洪斌　杨铁城　吴以池
吴双利　吴立芝　吴兰生　吴保胜　吴俊生
吴振荣　何洪波　宋　燕　宋兰顺　张士锐
张子力　张子坤　张长生　张书文　张世义
张立江　张光霞　张红荷　张志敏　张希武
张松坡　张春红　张树恒　张洪德　张恩东
张海英　张新堂　张殿森　张静霞　陈　萍
陈　盛　陈　静　陈希彬　陈洪涛　陈海福
陈景森　武金良　武满忠　苑胜斌　岳洪军
金林强　周明芹　周德全　庞俊芳　庞桂荣
郑传武　郑学锋　孟凡友　孟凡旺　赵玉禄
赵光宇　赵金泉　赵勇强　赵新蕾　郝荷英
胡立明　胡顺芝　柳明珠　宣平侠　骆同武
骆和福　秦立广　袁振春　贾长绪　贾玉华
贾衍生　贾章雪　夏铁成　秘亚力　徐乃旺
徐印琦　徐树森　栾志刚　郭　卫　郭文良
郭金柱　桑志武　黄立杰　曹子福　曹文香
崔立森　崔延忠　崔守逊　崔振涛　康玉峰
康灵娣　梁春行　扈振国　隋宝珠　蒋振平
韩　超　韩文礼　韩明星　韩振明　韩桂红
韩爱军　焦桂云　温建华　谢会元　解会来
臧金录　翟凤祥　翟占禹　翟春燕　翟树志
熊桂营

（人员变动：县政协八届二次常委会增补程法征、王连峰、于国强、林霖、张艳峰、翟树起、申兴武、王连彬、鲁金铭、王义增、薛纯彬、张继明 12 人为第八届委员会委员；县政协八届三次常委会增补杨洪霞、王俊红、牛淑敏、李红军、吴少华、刘焕英、王维芳、李基群 8 人为第八届委员会委员；县政协八届七次常委会撤销刘刚、翟凤祥、李章林、赵勇强、孙胜林、翟树志、张子力、柳明珠、王连峰、贾长绪、王连彬、骆同武、刘丙才、郭金柱 14 人政协委员资格，增补李国庆、张凤强、王福琴、秦迎春、李连成、解观庆、费兰芹、房志杰、于书超、李春才、王明怀、曹端广、石志刚 13 人为第八届委员会委员；县政协八届八次常委会增补张子玉、修朝阳、张文才 3 人为第八届委员会委员；县政协八届十一次常委会撤销李国庆、修朝阳、刘章印、于恩波、王吉群、苏建华 6 人政协委员资格，增补刘建春、姚厚臣、王海君、傅琦、任玉芳、沈良、王吉英、郭丙彦9人为第八届委员会委员；县政协八届十六次常委会增补李树新、黄民意、赵杰、李金刚、王寅瑞、郭建勇、赵阳涛、刘彦明8人为第八届委员会委员，撤销任玉芳、张子玉、马石根、王延珂4人政协委员资格）

第九届委员会

（2012.01—2017.02，227人）

丁洪茂　丁艳辉　刁振水　刁海松　于志峰　于金刚　于宝卫　于恩红　于锡钧　万升国　马清成　王　勇　王一博　王卫忠　王风福　王书青　王东静　王吉英　王关义　王守生　王连维　王佃军　王拥军　王国屯　王明胜　王树军　王俊红　王彦军　王彦志　王洁华　王桂军　王桂春　王栓庵　王铎立　王清香　王寅瑞　王维芳　王福琴　王翠英　牛立贵　牛淑敏　尹万仲　尹金喜　尹新开　孔维亮　孔维锋　田少青　田培彦　史新辉　白振中　冯立山　冯金英　冯章起　邢荣广　吕存泉　朱有印　朱红梅　朱桂华　任洪岭　刘三林　刘子才　刘凤岐　刘文起　刘文彬　刘丙军　刘丙海　刘同林　刘丽芹　刘其通　刘咏梅　刘建军　刘建春　刘建锋　刘春贵　刘树元　刘彦明　刘洪志　刘章起　刘焕英　齐春岭　闫文通　许钢胜　孙　勃　孙　倩　孙广军　孙立军　孙秀梅　孙国强　孙明峰　孙金良　孙振水　牟玉峰　纪伟东　苏志厚　李　伟　李　勇　李　莹　李元财　李凤展　李文革　李丙超　李东升　李占勇　李同旺　李延辉　李会来　李会清　李钧恒　李志勇　李连成　李希旺　李建华　李春岭　李振峰　李桂峰　李爱茹　李海军　李基群　杨圣荣　杨洪斌　吴广海　吴少华　吴玉涛　吴东明　吴立峰　吴兰生　吴俊生　吴振荣　冷俊堂　沈士明　宋　燕　张　永　张　勇　张凤强　张文才　张书芹　张世义　张立江　张永旺　张圣刚　张光霞　张延安　张合德　张红荷　张志敏　张希武　张宗云　张春红　张树恒　张彦合　张艳敏　张恩东　张海英　张聚静　陈　萍　陈文晶　陈庆彬　陈希彬　陈宝路　陈炳升　陈洪涛　武满忠　岳洪军　周　林　周加华　周建中　周德全　庞俊芳　庞桂荣　郑学锋　宛闽生　居艳梅　孟繁友　赵　洁　赵玉禄　赵国正　赵俊骥　赵瑞华　胡　冰　胡玉忠　段志诚　姜金强　宣平侠　费兰芹　骆林瑞　贾方华　夏立元　夏勃森　夏铁成　柴建华　秘亚力　徐乃旺　徐印琦　栾志刚　郭　强　郭炳彦　桑志武　黄立杰　黄立明　黄民毅　崔广兴　崔立勇　崔振涛　崔福义　崇奎玉　康玉峰　康灵娣　商洪勇　梁存成　扈振国　蒋振平　韩　超　韩文礼　韩桂红　韩爱军　鲁文岗　温建华　滑存苍　谢媚南　解观庆　解观霞　臧金录　谭广印　翟春燕　薛纯彬　（人员变动：县政协九届四次常委会撤销李建华、周加华、孙立军、刘子才、庞俊芳、刘丽芹6人政协委员资格，增补李明亮、王德伟、牟玉松、朱广辉、王彬、胡树凯、庚同祥、梅子玉、孟庆兰、解章顺、和俊伟11人为第九届委员会委员；县政协九届八次常委会撤销史新辉、刘彦明、齐春岭、薛纯彬、郭炳彦、王国屯、谭广印、于宝卫、牟玉峰9人政协委员资格，增补孙毅、野东升、曾金旺、陈砚祥、刘冠军、王宏宇、田贵臣、孟庆涛、何云林、吕延臣、朱洪伟、孙章迅、冯贺朋、谢宝荣14人为第九届委员会委员；县政协九届十二次常务委员会增补李强、林勇、代清亭、崔继元、朱有升、郭金祥、张保民、陈兴月、马德录、陈雷10人为第九届委员会委员，撤销和俊伟、李延辉、王桂军、赵玉禄、张树恒、孙国强、李丙超、王东静、商洪勇9人政协委员资格；县政协九届十六次常委会撤销何云林、崔广兴、孙毅、宛闽生、邢荣广、王勇、李伟、马清城、黄立明、赵俊骥10人政协委员资格，增补刘广正、郭长青、崔厚峰、骆云、刘建华5人为第九届委员会委员）

第十届委员会

（2017.02—2021.07，203人）

刁海松　于文虎　于邦峰　于宗利　马立新　马志忠　马根岐　马晓彤　王　林　王　娟　王风福　王文生　王文忠　王书青　王东静　王志刚　王连彬　王佃军　王拥军　王树军

王彦钧　王洁华　王桂春　王栓庵　王海燕
王寅瑞　王维芳　王琳东　王福禄　牛淑敏
田少青　田贵臣　田培彦　史立朝　代清亭
白振中　冯立山　冯保进　冯章起　师庆山
吕世杰　吕延臣　吕国星　吕新静　朱红梅
朱桂华　刘　洋　刘　燕　刘广正　刘文明
刘文彬　刘冬梅　刘汉桢　刘奇文　刘咏梅
刘宝军　刘宝顺　刘建平　刘建军　刘建锋
刘春贵　刘荣霞　刘振杰　刘章起　刘鸿芝
刘鑫垚　闫重林　关志清　许钢胜　孙　倩
孙延庆　孙延胜　孙如莹　孙金良　孙厚亮
孙晓亮　牟惠敏　苏志厚　杜红燕　李　伟
李　进　李　强　李小龙　李元财　李凤展
李世文　李光磊　李会清　李志勇　李春岭
李海军　杨来文　杨连文　杨春燕　吴　祥
吴广海　吴少华　吴玉宁　吴希坤　吴继昆
何　亮　宋延磊　宋庆彬　张　恒　张仁峰
张书芹　张玉志　张仕广　张永宝　张光霞
张合德　张冰雁　张宗云　张春猛　张保民
张彦合　张彦彪　张洪峰　张艳霞　张晓霞
张恩东　张殿广　陈占峰　陈西彬　陈华亮
陈兴月　陈洪伟　陈海峰　武洪刚　范卫卫
林　勇　岳洪军　金有岭　周文君　周建中
周春桥　周德全　郑学峰　孟庆莲　赵　娟
赵　敏　赵子亮　赵西昌　赵艳玲　赵瑞新
胡　冰　胡玉忠　胡树凯　段志诚　姜立国
姜洪胜　宣平侠　费兰芹　骆　云　秦令辉
袁焕勇　贾　鹏　贾方华　贾东利　贾洪顺
夏金杰　夏铁成　柴建华　秘相达　徐　伟
徐印琦　徐红玲　徐宝英　凌建明　高　博
高兰芳　高秀敏　高振华　梅　松　曹春华
崔立勇　崔秀敏　崔厚峰　崔振强　崔留旺
崔继元　康玉峰　康宗志　梁存成　梁景焕
扈振国　隋树利　彭昌明　葛荣站　蒋振平
韩　超　韩文礼　韩石军　韩振海　鲁文刚
温建华　谢媚南　解天营　满恒博　满晓阳
翟春燕　穆　民

（人员变动：县政协十届一次常委会增补刁振水为第十届委员会委员；县政协十届三次常委会撤销李世文政协委员资格；县政协十届四次常委会撤销林勇政协委员资格，增补刘文普、姜道峰、王连才 3 人为第十届委员会委员；县政协十届十次常委会撤销岳洪军、胡树凯政协委员资格；县政协十届十二次常委会撤销王连彬政协委员资格；县政协十届十三次常委会撤销温建华、崔厚峰、蒋振平、马根岐、张恒、张合德、赵敏、张宗云、陈海峰、穆民 10 人政协委员资格；增补吴健、付灵玉、任国星、蒋曼、张晓霞、张志永、赵荣志、苑春霞、闫焕君、迟方学、李保健 11 人为第十届委员会委员；县政协十届十八次常委会撤销张洪峰、陈占峰、冯保进、徐伟、张玉志、徐宝英、梅松 7 人政协委员资格，增补徐长彬、马春章、刘国新、林松陆、宋淑敏、田越、崔燕、田洪刚、张雪峰 9 人为第十届委员会委员）

第十一届委员会

（2021. 07 至今，229 人）

刁成江　刁海松　刁殿文　于　盼　于志峰
马立新　马吉广　马春章　马胜杰　马清艳
王　林　王　勇　王　娟　王　强　王子华
王长生　王仁旭　王文中　王文杰　王世文
王冬君　王延鹏　王志刚　王连才　王连维
王孟举　王树军　王胜杰　王海胜　王景志
王福禄　牛兴涛　方卫卫　方东霞　尹金喜
邓英俊　叶　飞　田　越　田红灵　田洪刚
史立朝　史陆芸　付灵玉　代清亭　冯贺兵
冯海涛　冯章起　吉金金　师庆山　吕　帅
吕国朋　吕春辉　朱广宇　朱红梅　任书彪
任国星　刘　洋　刘　燕　刘三林　刘三敬
刘丙军　刘冬梅　刘汉桢　刘同武　刘国新
刘宝军　刘建军　刘荣霞　刘胜亚　刘洪勇
刘章起　刘鸿芝　刘鸿志　刘鑫垚　闫　路
许砚海　许淑云　孙　倩　孙双栋　孙丽萍
孙国强　孙金良　孙学圣　孙俊霞　牟连喜
牟惠敏　牟献岗　苏月英　苏欣宁　杜红燕
李　云　李　冬　李　明　李　曼　李文新
李会清　李庆良　李红梅　李志勇　李希旺
李京海　李厚廷　李厚禄　李保建　李彦博
李艳君　杨　杰　杨　瑞　杨连文　杨建邦

杨洪霞　时玉松　吴　健　吴广海　吴环洪
吴艳江　吴继昆　何　亮　宋延磊　宋庆彬
宋淑敏　张　洁　张　营　张广彬　张仁峰
张宁宁　张永宝　张延奎　张志永　张彦合
张彦彪　张艳霞　张晓霞　张雪峰　张殿广
陈希增　陈金豹　陈洪志　陈洪泽　邵　强
苑春霞　苑洪荣　苑颖康　范永明　范青林
范爱华　范海伟　金有岭　周文君　周国栋
周新亮　周德全　郑存丰　郑光辉　孟月红
孟祥其　赵　炎　赵子亮　赵允波　赵丙磊
赵立国　赵姗姗　赵晨曦　赵瑞新　郝金杰
胡　冰　胡丽娟　胡述勋　胡晓林　段志诚
姜　静　姜春芝　姜洪胜　姜道峰　宣平侠
骆　勇　秦令辉　袁春峰　贾金绪　贾晓东
夏志超　秘相达　徐长彬　徐印琦　徐红玲
徐鑫森　殷　帅　殷金秋　高　峰　高　博
高秀敏　高振华　高翠翠　郭　伟　郭　瑞
郭修勇　郭爱民　陶留义　桑金鹏　黄　霖
梅石磊　崔秀敏　崔彦彬　崔继元　崔淑芬
康宗志　商付开　隋树利　彭昌明　蒋　曼
韩　红　韩红艳　韩志勇　韩振海　韩桂勇
程发新　程国辉　鲁文刚　谢媚楠　解天营
解海晶　满晓阳　满新灵　褚艳胜　臧国强
滕　蛟　滕素霞　潘　磊　霍红军

（人员变动：县政协十一届七次常委会撤销王强、付灵玉、郑光辉、赵允波 4 人政协委员资格；县政协十一届八次常委会增补边东武、焦庆虹、葛景亮、徐力 4 人为第十一届委员会委员；县政协十一届十一次常委会撤销刘国新、潘磊、吴环洪、朱广宇、时玉松、田洪刚、赵晨曦 7 人政协委员资格，增补高建国、邬志辉、吕彦福、彭琳琳、刘莹、马建勇、王宝达、陈欢、李玉锋 9 人为第十一届委员会委员）

第四章　住故城县的省政协委员和市政协委员

第一节　住故城县的省政协委员

一、政协河北省第六届委员会

（1988.04—1993.05，住故城委员 2 人）
徐乃起　故城县政协副主席
　　　　建设局副局长
曹立功　故城县政府副县长

二、政协河北省第七届委员会

（1993.05—1998.01，住故城委员 1 人）
徐乃起　故城县政协副主席
　　　　建设局副局长

第二节　住故城县的市政协委员

本节收录历届市政协一次会议时住故城县的政协委员，届中调整的，因资料有限，不在收录。

一、政协衡水市第一届委员会

（1996.09—1998.02，住故城委员 14 人）
张彦恩　故城县政协主席
黄凤忠　故城县政协副主席
　　　　县委统战部部长
姚义珍（女）　故城县政协副主席
任树生　故城县政协驻会常委
　　　　地毯厂厂长
苏　彬　县摩托车配件公司经理
贾桐绪　故城县物资局农资公司总经理
毕瑞田　故城县科委副主任（党外）
牟英俊　故城县西半屯皮革公司经理
王艳荣（女）　故城县制鞋厂厂长
田登书（女，非党）　故城县物价局副局长（常委）
胡顺芝　故城县西半屯十二里庄村委会
王留旺　故城县农业宾馆经理
邓志英　故城县建筑公司经理
宛玉树（回）　故城县郑口镇太兴镇村民

二、政协衡水市第二届委员会

（1998.02—2003.02，住故城县 17 人）
张彦恩　故城县政协主席
牟英俊　故城县政府副县长
姚义珍（女）　故城县人大副主任、县医院内科主任
田登书（女）　故城县政协副主席（常委）
黄凤忠　故城县政协副主席　统战部部长
王艳荣（女）　故城县制鞋工业公司经理

王留旺 故城县农业宾馆经理
郑志英 故城县建委城建公司经理
王洁华（女） 故城县供销社化肥农药经营处经理
任树生 故城县政协驻会常委
毕瑞田 故城县科技局副局长
杜希武 原河北甘陵公司总经理
邵其臣 故城县康宁工业公司总经理
苏 彬 故城县西域橡胶制品厂厂长
宛玉树 故城县东阳鞋厂厂长
胡顺芝 故城县西半屯十二里庄村委会
徐印春 故城县总工会主席

三、政协衡水市第三届委员会

（2003.02—2008.02，住故城县15人）
郭居娥（女） 故城县政协主席
周德全 故城县人大副主任（常委）
田登书 故城县政协副主席（常委）
翟占禹 故城县政协副主席、统战部部长
马建光 故城县郑口镇清真寺教长
王洁华（女） 故城县供销社化肥农药经营处经理
申坤瑞 河北星月制动元件有限公司董事长兼总经理、故城县工商联副会长
李章林 故城县高级中学校长
刘焕英（女） 故城县医院妇产科
吴东明 故城县建设局
张殿森 故城县农业局副局长、故城县银田种业有限公司董事长
陈海福 故城县海源种猪场经理、故城县工商联副会长
岳洪军 故城县奥友床具有限公司经理、故城县工商联副会长
赵瑞昌 故城县兆鑫裘革制品有限公司董事长、故城县工商联副会长
胡顺芝 衡水市天主教爱国会副主任、故城县天主教爱国会联络组长、故城县西半屯十二里庄村委会主任

四、政协衡水市第四届委员会

（2008.02—2013.03，住故城县14人）
张海英 故城县政协主席
周德全 故城县政协副主席（常委）
王 琪（女） 故城县综合职业技术学校教师
王洁华（女） 故城县农资公司经理
申坤瑞 故城县星月制动元件公司董事长
刘 伟 故城县县政府招待所经理
刘建军 故城县总工会常务副主席
杜秀玲（女） 故城县郑口镇太兴镇村民
杨洪霞（女） 故城县团委书记
杨献杰（女） 故城县妇联主席
陈海福 故城县海源肉联厂厂长
胡顺芝 故城县西半屯镇十二里庄村委会主任
翟占禹 故城县委统战部部长、政府顾问
赵瑞昌 河北兆鑫裘革制品有限公司董事长（常委）

五、政协衡水市第五届委员会

（2013.03—2017.02，住故城县15人）
张海英 故城县政协主席、党组书记
于建军 故城县政府副县长（常委）
刘素云（女） 故城县委常委、统战部部长
周德全 故城政协副主席（常委）
王 琪（女） 故城县职教中心妇工委主任
王洁华（女） 故城县华普农资种业有限

责任公司总经理
史新辉　共青团故城县委书记
刘　伟　故城县新希望六合福隆养殖有限公司总经理
刘建军　故城县总工会党组书记、常务副主席
李同旺　故城县教育体育局党组书记
宛闽生　故城县邮政储蓄银行行长
赵瑞昌　河北兆鑫裘革制品有限公司董事长
胡连勇　故城县西半屯镇十二里庄天主教会会长
郭　伟　故城县建设局工程师
康玉峰　故城县佳信畜产品有限公司董事长

六、政协衡水市第六届委员会

（2017.02—2021.07，住故城县15人）
史立朝　故城县政协主席
回爱军　故城县委常委、组织部长、统战部部长
关志清（女）　故城县政协副主席
徐红玲（女）　故城县妇联主席
居艳梅（女）　故城县医院院长
马世振　河北中亿电力科技有限公司总经理
李世英　河北同心风机有限公司总经理
周德全　故城县政协副主席
王洁华（女）　河北绿康农业科技有限公司董事长
胡连永　故城县西半屯镇十二里天主教会会长
杜金良（回）　故城县郑口镇太兴镇伊斯兰教会副会长
张静霞（女）　河北同业有限公司总经理
刘鸿芝（女）　故城县工商联副主席
李　杰（女）　故城县农林局技术站站长
孟月红（女）　河北郑口中学教师（常委）

七、政协衡水市第七届委员会

（2021.07至今，住故城县15人）
史立朝　故城县政协党组书记、主席
丁艳娜（女）　故城县委常委、统战部部长
苑颖康（女）　故城县政协副主席
马晓峰　河北中亿电能装备有限公司总经理
刘　洋　故城县行政审批局公共服务中心主任
刘鸿芝（女）　故城县工商联副主席
杜金良　故城县郑口镇太兴镇伊斯兰教会副会长（回族）
李世英　河北同心风机有限公司总经理
李　杰（女）　故城县农业农村局技术站站长
张静霞（女）　河北同业冶金科技有限公司总经理
张　翼　故城县政府副县长（常委）
居艳梅（女）　故城县医院院长
孟月红（女）　故城县郑口中学教师
胡连永　故城县十二里天主教会会长
徐红玲（女）　故城县妇联主席

第三编 履职工作

《中国人民政治协商会议章程》指出：中国人民政治协商会议全国委员会和地方委员会的主要职能是政治协商、民主监督、参政议政，要把加强思想政治引领、广泛凝聚共识贯穿履职工作之中。

1984年3月，政协故城县第二届委员会第一次会议召开以来，县政协在中共故城县委的领导和上级政协的指导下，在县政府及有关部门的支持下，牢牢把握团结、民主两大主题，紧紧围绕县委、县政府的中心工作，切实履行政治协商、民主监督、参政议政职能，扎实开展视察调研、提案办理、团结联谊、会议发言、反映社情民意信息、文史资料编纂等履职工作，创新开展了“一季一信”“双四五”“双周协商座谈会”等特色履职活动，充分发挥出了政协在推进民主、协调发展、促进团结、构建和谐社会等方面的作用，在政治建设上展现了“政协担当”，在建言资政上贡献了“政协力量”，在为民服务上彰显了“政协作为”。

第一章　视察考察和专题调研工作

视察考察和专题调研工作，是人民政协履行职能的重要基础和关键环节，是政协委员深入实际、联系群众、了解党和国家方针政策贯彻落实情况并搜集和反映社情民意的重要途径，是政协委员履行职能做好工作的重要方式，也是人民政协发挥优势、服务大局的具体体现。故城县政协始终把视察调研作为一项基础性工作，紧紧围绕全县中心工作和群众关心关注的问题，深入基层，深入群众，扎实开展视察、调研和考察活动，形成了一大批推动故城经济社会发展、促进民生改善的建议报告，许多意见建议得到县委、县政府及有关部门的重视和采纳，为推动故城经济社会健康发展发挥了积极作用。同时，县政协还把上级政协来故城开展视察调研、兄弟市县政协来故城观摩交流作为宣传故城、推介故城、展示故城的有效载体和重要契机，不断提升故城的知名度、美誉度和吸引力。

第一节　上级政协视察调研及县市政协观摩交流

县政协机关成立至今，数据档案不全，本着实事求是的原则，仅将搜集到的、有事实依据的视察调研、考察交流活动收录其中。

1991年10月22日，省政协副主席徐纯性来故城到河北钢丝绳厂生产车间进行视察。

2008年7月3日，市政协主席徐学清一行14人来故城进行视察调研，并在故城县青罕镇开展了义诊活动。县领导李哲民、陈登泉、张海英、闫文举、师东升、王洪臣、于建军、田登书、周德全、冯振东、李善群陪同。

2008年11月19日，全国政协文史和学习委员会副主任毛福民、崔占福带领考察组一行40余人，围绕“大运河保护与申报国家非物质文化遗产工作”来故城进行视察调研。县领导陈登泉、张海英、周德全陪同。

2011年8月22日上午，市政协主席徐学清一行，围绕“工业经济发展以及新民居建设情况”，先后到故城县西苑工业园海宁大众服装城项目、众成摩擦材料有限公司、同心风机公司以及衡德工业园的永正环保通用设备项目、宏宇保温材料公司、金田创业园、枫尚豪园企业家会所等近十家骨干企业、重点在建项目以及新民居工程进行了视察调研。县领导陈登泉、刘勇、张海英、师东升、田登书陪同。

2012年5月4日，市政协副主席赵庆云、郭镜心、戴存志带领调研组一行18人，围绕“重点项目建设情况”来故城先后视察了西苑工业园的浙江大众裘皮服装城项目、兴弘嘉品牌服装出口加工项目和衡德工业园的华北建材物流项目、汇海橡塑胶项目、降雪儿南瓜系列食品项目、荣林光伏玻璃生产项目、河北奥冠电源有限责任公司、河北青竹美术颜料有限公司的发展情况，并在青竹美术颜料有限公司三楼会议室召开了座谈会。县领导陈登泉、刘勇、张海英、师东升、史立朝、马立俊、周德全、刘三林、李希旺陪同。

2012年5月24日，全国政协文史和学习委员会副主任周国富、刘德旺带领调研组一行17人，围绕“大运河保护与申遗跟踪调研”来故城先后考察了故城镇甘陵书院、郑口龙尾埽、饶阳店庆林寺塔、运河裘都等地，省政协领导段惠军、安云昉、王玉楼和市领导刘可为、杨慧、周金中、徐学清以及县领导刘勇、张海英、左俊勇、刘素云、师东升、周德全陪同。

2013年6月7日，市政协副主席刘全会、马卫及秘书长钮兴军带领调研组一行16人，围绕“‘项目立市、工业强市’战略实施”来故城开展调研，调研组先后到西苑工业园河北同德鼓风机有限公司、河北兆鑫集团、河北兴弘嘉纺织服装有限公司进行了调研，并在金都二楼会议室召开了座谈会。县领导王亚杰、刘勇、张海英、师东升、周德全、刘三林陪同调研。

2013年7月23日，江苏省淮安市政协考察组，围绕“大运河文化遗址”来故城先后观摩考察了故城镇甘陵书院、饶阳店庆林寺塔、郑口挑水坝等。县领导张海英、周德全、刘三林、李希旺陪同。

2013年8月13日，市政协主席带领调研组一行11人，围绕“农村面貌改造提升”来故城先后到三朗乡尹里村、郑口镇大杏基村、前沙岗进行了实地调研，并在金都二楼第二会议室召开了座谈会。县领导王亚杰、刘勇、闫文举、张海英、师东升、秦立堂、刘新营、徐占华、周德全、刘三林、李希旺陪同。

2014年6月5日，山东省德州市武城县政协主席陈朋金带领考察组一行11人，围绕“推动武城县‘临边经济’工作”来故城先后到冠朋胶轮、兴弘嘉公司、兆鑫集团进行了现场观摩，并在县招二楼会议室召开了座谈会。县领导刘勇、张海英、王立峰、周德全、刘三林、李希旺陪同。

2014年7月31日，省政协常委、农业委员会主任杨玉成带领调研组一行10人，围绕“农业产业化发展”来故城先后视察了河北兴泰金银花种植基地、河北宏发皮革有限公司，实地了解了故城农业产业化和龙头企业发展情况。市政协领导马卫和县领导张海英、徐占华、周德全、李希旺陪同。

2015年4月15日，河北省政协副主席、民革河北省委主委卢晓光带领调研组一行9人，围绕“城乡教育公平工作”来故城先后到聚龙小学、郑口镇贾黄村小学、河北郑口中学、郑口镇第二小学进行了考察调研。市政协领导王金刚、牟景山、马卫、高万民和县领导王亚杰、刘勇、张海英、龙红华、周德全陪同。

2015年5月28日，市政协副主席赵新爱带领调研组一行9人，围绕“建立农村环境长效机制、巩固农村面貌改造成果”来故城实地察看了三朗乡尹里村、郑口镇贾黄村两个村的面貌改造情况，并召开了座谈会。县政协主席张海英、副主席李希旺陪同。

2016年5月26日，市政协主席王金刚带领调研组一行，来故城先后视察了东大洼现代农业园区、房庄乡董学村建设情况，并走访慰问了董学村的贫困户。县政协主席张海英陪同。

2016年9月12日，市政协副主席赵维东带领调研组一行8人，围绕“推进京津冀协同发展”来故城先后到北京博得轨道交通设备、青竹美术颜料有限公司、北京弘基泰和压力容器产业园进行了考察调研，并在金都会议室召开了座谈会。县领导王亚杰、马玉来、张海英、徐长彬、周德全、刘三林、李希旺陪同。

2017年6月23日，云南省政协经济委副主任孙乔宝、云南省政协副秘书长丁仕凯带领考察组一行7人，围绕“现代农业产业发展”来故城先后到运河风情公园、东大洼现代农业园区康博莱冷链物流、德国庄园、正大饲料厂、康宏牧业进行了参观考察。省政协领导李志远、孙海青和市政协领导姚会亭、吕树祥以及县领导马玉来、王立峰、史立朝、刘三林、周德全、王连彬、关志清陪同。

2017年6月23日，云南省政协经济委副主任孙乔宝来故城康宏牧业考察调研

2018年6月14日，省政协副主席、民盟省委主委边发吉带领调研组一行6人，来故城包联企业河北青竹画材有限公司考察企业发展，并在青竹公司会议室召开座谈会。市领导王伟、韩克俭和县领导彭晓明、王立峰、史立朝、秦迎春、周德全、关志清陪同。

2018年9月11日，全国政协副主席刘奇葆在国家有关部门专家和省市领导的陪同下，来故城视察大运河文化带建设工作，实地察看了古运河码头、郑口运河险工（挑水坝）、古柳林、运河文化展览馆等。县委书记彭晓明、县长王立峰分别就故城县大运河文化带文化遗址保护利用、文物遗产挖掘梳理和非物质文化遗产研究和传承等工作进行了汇报。

2019年4月12日，市政协副主席贾超绪、姚会亭带领调研组一行11人，围绕“加快推进民营企业高质量发展情况”来故城先后到雄安—故城产业生态城建设现场、青竹画材科技有限公司、奥冠电源有限公司和故城鞋服产业园建设现场进行视察调研。并在金都会议室召开了座谈会。县政协主席史立朝、政府副县长秦迎春陪同。

2019年7月24日，河北省政协副主席边发吉带领调研组一行6人，来故城赴包联重点企业河北青竹画材科技有限公司进行调研，市政协领导牟景山、刘静盼和县领导彭晓明、王立峰、关志清陪同。

2019年9月18日，广西壮族自治区玉林市政协副主席周豪一行7人，围绕“养殖业和现代农业废弃物资源化利用情况”来故城先后到河北认养一头牛乳业有限公司、故城县茂丰农业科技开发有限公司、故城县福隆养殖有限公司进行了考察。市政协领导赵维东、夏国征、赵志华和县领导彭晓明、王立峰、史立朝、王连彬、刘三林、关志清陪同。

2019年10月14日，市政协副主席、农工党衡水市委主委苏振武带领调研组一行 10 人，围绕“远程医疗服务发展情况”来故城先后到故城县医院、三朗镇卫生院进行了调研。县政协主席史立朝、副县长李洪杰、副主席关志清陪同。

2019 年 10 月 14 日，市政协副主席、农工党衡水市委主委苏振武来故城县医院视察调研

2020 年 5 月 27 日，河北省政协副主席苏银增带领调研组一行 8 人，围绕“强化投资拉动、推进项目建设”和“加快数字经济发展”来故城先后到故城县农商通电子商务有限公司、正大食品项目、颐高数字经济产业园项目、沃嘉机器人项目、以岭现代中药产业化项目、青竹画材公司、五大院棚户区改造项目进行了视察调研。市政协领导李洪林、姚会亭、刘世栋和县领导彭晓明、王立峰、史立朝、关志清、刘斌、李晓平陪同。

2020 年 6 月 9 日，省政协副主席边发吉带领调研组一行 8 人，围绕促进消费潜力释放，来故城青竹画材科技有限公司进行实地调研。市政协领导韩克俭、师彦伟和县领导彭晓明、王立峰、史立朝、王洪军、周德全陪同。

2020 年 6 月 11 日，市政协副主席平荣振带领调研组一行 4 人，围绕“学习宣传贯彻全国‘两会’精神”、推进“聚力量、防疫情、促发展”活动和“三送一解一增一促”活动等项工作来故城先后到河北绿康科技有限公司、河北同心风机有限公司进行了调研。县政协主席史立朝和副主席周德全、关志清陪同。

2020 年 6 月 16 日，德州市政协副主席崔书强一行 9 人，围绕“大运河保护利用现状和抢救挖掘运河文化资源”来故城先后到郑口镇运河公园二道街改造现场（大桥牌坊）、甘陵书院、郑口挑水坝、运河博物馆进行了观摩考察。县政协主席史立朝、副主席关志清等陪同。

2020 年 7 月 16 日，河北省政协副主席王宝山带领调研组一行 15 人，围绕“互联网+医疗健康”来故城先后到县医院、三朗卫生院进行了视察调研。市政协领导韩克俭、杨连果和县领导彭晓明、王立峰、史立朝、李洪杰陪同。

2020 年 9 月 4 日，市政协主席李洪林带领调研组一行 13 人，围绕“加快项目建设、推动经济社会高质量发展”来故城先后到奥冠电源有限公司、青竹画材有限公司、雄安全利软包装产业园项目、以岭中医药产业园、正大肉鸡食品加工厂、绿康德国庄园等地进行了调研，并在以岭康养庄园 1 号会议室召开了座谈会。

县领导彭晓明、师东升、史立朝、周德全、关志清陪同。

2020 年 10 月 13 日，河南省漯河市政协副主席邓武昌带领考察组一行 9 人，围绕“故城县返乡入乡人员就业创业的先进经验和做法”来故城先后到故城县创客创业孵化基地、人社局创业指导中心进行了考察观摩。市政协领导赵维东、吕树祥和县领导王洪军、史立朝、周德全等陪同。

2020 年 10 月 29 日，市政协副主席孙云霞带领调研组一行 32 人，围绕“文化项目建设”来故城先后到房庄镇董学村董学园、以岭金蝉主题文化馆、故城县大运河博物馆、正大食品工业旅游园进行了视察调研。县领导彭晓明、史立朝、关志清陪同。

2020 年 12 月 4 日，清河县政协主席牛洪奎带领考察组一行 21 人，围绕“大运河文化建设情况”来故城先后到大运河历史文化街区、县游客集散中心考察、董学园进行观摩考察。县政协主席史立朝和副主席关志清陪同。

2021 年 5 月 12 日，河北省政协副主席边发吉带领调研组一行 7 人，来故城县包联企业河北青竹画材科技有限公司以及董学园、以岭金蝉养殖示范区开展调研。市政协副主席、故城县委书记彭晓明和市政协副主席梁君奎以及县领导王立峰、史立朝、秦立堂、李晓平陪同。

2021 年 5 月 24 日，市政协副主席孙云霞一行 6 人，围绕“加大区域外引水（包括实施河湖水系连通整治和农田水利建设‘大会战’）工作”来故城先后到清凉江三朗镇扬水站、夏庄镇东第三扬水站进行了视察调研。县政协主席史立朝、副县长王连彬、副主席关志清等陪同。

2021 年 6 月 1 日下午，山东省德州市政协主席翟长生一行 15 人，围绕“运河整体保护开发利用”来故城先后到旅游集散中心、运河历史文化街区、运河挑水坝、运河文化展览馆、大运河博物馆、董子学村进行了观摩考察。市政协领导孙云霞、刘世栋、孙智勇和县领导王立峰、邢亚超、史立朝、秦立堂等陪同。

2021 年 6 月 10 日，市政协副主席姚会亭一行 11 人，围绕“优化营商环境情况”来故城进先后到河北全利塑料科技有限公司、以岭药业有限公司现代中药产业化项目、故城县生活垃圾焚烧发电项目进行了专题调研，并在以岭康养庄园 5 号会议室召开了座谈会。县政协主席史立朝、副县长张勇、副主席徐长彬等陪同。

2021 年 9 月 1 日，河北省政协副主席增苏银带领调研组一行 13 人，围绕“强化雨水资源利用解决河北省地下水漏斗问题”来故城先后到郑口镇牟村闸、绿康农业科技有限公司、房庄镇鹿豕湖进行了调研，并在以岭康养园 5 号会议室召开座谈会。市领导钮兴辉、胡克明、葛城、王建勇以及县领导王立峰、邢亚超、史立朝、张翼陪同。

2021 年 9 月 16 日，河北省滦南县政协副主席刘郁红带领调研组一行 8 人，围绕“农村生活污水治理新模式”来故城县房庄镇董学村污水处理站开展观摩考察，并听取了县农业农村局关于农村“生活污水处置系统”，农村生活污水治理新模式情况的汇报。县政协副主席杨洪霞陪同。

2021 年 11 月 24 日上午，市政协副主席王成宗带领调研组一行 5 人，围绕“大运河文化保护利用和董子文化传承”来故城先后到故城县甘陵书院、县旅游集散中心、运河历史文化街区、挑水坝、大运河博物馆、董学园、金蝉博物馆进行了视察调研。县政协领导史立朝、杨洪霞、苑颖康、刘三林、李希旺、徐长彬等陪同。

2022 年 3 月 3 日，市政协秘书长王建勇带领办公室主任许洪哲、研究室主任张光建，围绕“贯彻落实《关于加强和改进新时代市县政协工作的意见》《关于加强和改进新时代市县政协工作的实施意见》以及县政协委员履职和机关建设情况”来故城开展调研。县政协领导史立朝、杨洪霞、苑颖康、刘三林、徐长彬、李希旺陪同。

2022 年 6 月 2 日，河北省四院领导专家及投资企业一行11人，来故城就“河北故城肿瘤医院项目建设与故城协作发展情况”进行考察调研，并在以岭康养庄园5号会议室召开项目汇报会。县领导王立峰、史立朝、郝欣、韩晓强、杨洪霞、苑颖康、徐长彬陪同。

2022年7月8日，全国政协农业和农村委员会副主任，原农业部副部长陈晓华带领调研组一行13人，围绕“小农户和现代农业发展有机衔接”来故城先后考察了康宏牧业示范园区、正大食品衡水全产业链项目。省政协领导徐建培、杨玉成、齐玉东、管慕瑶和市领导钮兴辉、胡克明、平荣振、赵学军、王建勇以及县领导王立峰、史立朝、刘斌、杨洪霞陪同。

2023年2月17日，枣强县政协主席李红星带领调研组一行11人，围绕“乡村振兴工作开展情况”来故城先后到三朗镇韩庄村、西牟村、正大公司、郑口镇刘堂村、康宏牧业、房庄镇董学园、以岭康养庄园等进行了观摩考察。县政协主席史立朝、副主席杨洪霞陪同。

2023年4月11日，河北省政协副主席张古江一行，围绕“推进企业科技创新”来故城先后考察了以岭药业有限公司、大运河历史文化街区、挑水坝、大运河博物馆。市政协领导钮兴辉、王建勇和县领导王立峰、郝欣、苑颖康陪同。

2023年5月10日，市政协副主席平荣振、赵学军一行，围绕“县域特色产业高质量发展”来故城先后考察了星月制动有限公司、河北全利塑胶科技有限公司、以岭药业有限公司。县领导史立朝、张勇、杨洪霞陪同。

2023年5月10日，市政协副主席平荣振、赵学军就县域特色产业高质量发展来故城视察调研

2023年5月11日，市政协副主席葛城一行，围绕“推进大运河文化带（衡水段）保护利用”和“加强衡水文物保护利用”来故城先后到甘陵书院、大运河历史文化街区、挑水坝、庆林寺塔进行了视察调研，县政协主席史立朝、副主席苑颖康等陪同。

2023年5月23日，市政协社会法制民族宗教委员会主任李建高带领调研组一行14人，围绕“养老服务人才队伍素质能力提升情况”来故城先后到故城县中医院医康养老中心、故城县智慧养老综合信息服务平台、星河湾居家养老服务中心进行了视察调研，并在金都1号会议室召开了座谈会，县政协主席史立朝、县政协副主席苑颖康陪同。

2023年7月25日，景县政协主席李铁带领政协领导班子成员、政协常委、政协各委室主任、县直部门及乡镇负责同志、各乡镇政协联络组长、村干部、农业产业园负责人约100人，围绕“乡村振兴工作开展情况”来故城先后到夏庄镇龙凤店村、故城镇南郭庄村、故城正大公司、三朗镇韩庄村进行了观摩考察。县领导史立朝、刘斌、杨洪霞陪同。

2023 年 5 月 11 日，市政协副主席葛城围绕“推进大运河文化带保护利用”和“加强衡水文物保护利用”来故城调研

2023 年 7 月 25 日，景县政协主席李铁带领调研组围绕乡村振兴工作来故城观摩交流

2023 年 11 月 9 日，市政协副主席梁君奎带领调研组一行 16 人，围绕“发展中医药健康服务”来故城实地调研了辛庄乡卫生院、郑口镇西城镇卫生室、故城县中医院、认养一头牛（衡水）乳业有限公司、故城茂丰现代农业园（土元养殖基地、金蝉养殖基地）、以岭康养庄园（络学展厅、金蝉馆）等，在以岭康养庄园 5 号会议室召开了座谈会。县领导史立朝、韩晓强、苑颖康陪同。

2024 年 3 月 5 日，省政协研究室主任马誉辉带领省政协研究室部分工作人员，就加强改进市县政协协商议政、政协理论研究、反映社情民意信息工作来故城调研，并参观了故城县青竹画材有限公司、故城县游客集散中心、大运河历史文化街区、挑水坝、大运河博物馆等地。市政协领导王建勇、张光建和县政协领导史立朝、苑颖康陪同。

2024 年 5 月 14 日，市政协主席钮兴辉带领调研组一行 3 人，围绕“壮大农村集体经济、农村污水治理及和美乡村建设”来故城先后到故城大运河博物馆、三朗镇西牟村、三朗镇韩庄村、认养一头牛（衡水）乳品有限公司、董学村农村生活污水治理工程进行了视察调研。县领导王立峰、李晓平、史立朝、杨洪霞陪同。

2024 年 6 月 5 日，河北省政协社会和法制委员会办公室主任庞彩宏率调研组就“政协法律宣讲工作开展情况”来故城学习调研，并实地参观了郑口镇第二小学、二道街历史文化街区等。市政协领导李建高和县政协领导史立朝、马春章陪同。

2024 年 6 月 5 日，省政协社会和法制委员会办公室主任庞彩宏就法律宣讲工作来故城第二小学调研

2024 年 6 月 24 日，张家口市张北县政协副主席刘芬率张北县政协考察团就“中医药发展”来故城先后到饶阳店丹参种植基地、县中医院和茂丰园区土元养殖基地、金蝉养殖基地等中医药种养殖基地进行了观摩考察。县政协领导史立朝、杨洪霞、苑颖康陪同。

2024 年 6 月 25 日，市政协副主席贾超绪带领市政协调研组一行 16 人，围绕“提高政协提案质量”来故城先后视察了县游客集散中心、二道街历史文化街区、三朗镇西牟村等，并在金都二楼 1 号会议室召开座谈会。县政协主席史立朝、副主席马春章陪同。

2024 年 7 月 25 日，市政协副主席平荣振、赵学军带领调研组一行 9 人，围绕“改造提升特色商业街区促消费”来故城视察大运河历史文化街区建设情况。县政协主席史立朝、副主席苑颖康陪同。

2024 年 9 月 11 日，承德市承德县政协副主席李连君一行 12 人，就“和美乡村建设”来故城考察学习；实地考察了三朗镇西牟村、韩庄村和饶阳店镇黄草洼村、清凉湖、盛树林村建设情况。县政协主席史立朝、副主席苑颖康陪同。

2024 年 9 月 24 日，山东省德州市武城县政协秘书长王立堂一行 7 人，围绕“反映社情民意信息工作”来故城学习交流，并围绕“大运河文化带建设”先后到故城县游客集散中心、大运河历史文化街区、挑水坝、大运河博物馆进行了参观考察。县政协秘书长段志诚陪同。

2024 年 6 月 24 日，张家口市张北县政协副主席刘芬围绕中医药发展来故城观摩交流

第二节 县政协委员视察考察、专题调研活动

1984 年 5 月，县政协在深入饮食服务行业和机关食堂进行调查研究的基础上，为解决厨师青黄不接和技术不高的问题，政协积极建议政府和商业、供销等部门，举办了两期烹饪技术进修班。政协由石万山副主席牵头具体抓，在四十天的时间里培训了近六十名机关工厂和饭店的青年厨师。通过学习培训大部分学员在技术上都有新的提高，效果较好，受到广大干部职工的好评。

1984 年 10 月 27 日至 11 月 9 日，为了更好地落实党的知识分子政策，调动广大知识分子为“四化”建设做贡献的积极性，开创故城知识分子工作的新局面，县政协和统战部组成联合调查组，利用十三天的时间，深入十五个单位，对有职称的中、初级知识分子的政策落实情况进行了调研。把调查落实知识分子政策中存在的几个问题和建议及时向县委、县政府提交了调查报告。

1985 年 10 月，为不断丰富工作经验，活跃故城政协工作，遵照县委意见，县政协组成了走访学习组，先后到了石家庄地区的晋州市和廊坊地区的永清县政协参观学习、通过走访，学到了经验，看到了不足，从而坚定了做好政协工作的信心和决心。

1990 年，首次制发《政协委员视察证》。根据《政协章程》中关于“中国人民政治协商会议全国委员会和地方委员会组织委员视察、参观和调查，了解情况，就各项事业和群众生活的重要问题进行研究，向国家机关和其他有关组织提出建议和批评”的规定，县政协向每位委员印发了《视察证》，并出台了《关于政协委员持证视察的暂行规定》，为保证政协委员持证视察工作的顺利开展，中共故城县委、故城县人民政府还专门下发了《关于认真接待县政协委员持证视察工作的通知》。从而为政协工作的开展创造了更加有利的条件。

1991年9月，县政协组织部分政协委员和监察局、农行、财政局、税务局、乡镇企业局和有关乡镇的领导同志，对部分乡镇企业、村办企业开展了视察活动。一方面初步摸索了县级政协组织如何搞好视察的做法；另一方面对能够帮助解决的问题，就地通过有关部门协助解决。

1992年6月，县政协组织部分乡镇的政协联络组长到河北省政协工作的先进市县进行参观学习，解放了思想、开阔了视野。

1993年，县政协围绕“发展县办工业、发展乡镇企业、建立乡村工业小区、扩大林果生产”等课题进行了专题调查，调查报告及有关建议报送县委、县政府及有关部门，受到了县委、县政府及有关部门的重视。如：县政协“关于一九九四年如何巩固提高县办工业经济效益问题的浅析”，这一调查报告受到地区政协工委的表扬，几次在会上向各市县介绍情况，地区工委还把县政协搞调查的做法印发简报发到全地区各市县。

为了解决如何更快大力发展非公有制经济，县政协先后两次到清河县政协和武城县政协了解情况，并参观了两县的7家个体私营企业，考察结束后，在各乡镇政协工委主任和部分主抓企业的政协委员会上详细介绍了情况，并认真讨论了如何发展故城非公有制经济问题，收到了较好的效果。

1994年，县政协通过深入部分工业战线上的政协委员座谈了解，起草了“关于九四年县办工业企业奖励规定”和“在县办工业中继续推行进档升级目标责任制的实施办法”，两个建议报告经县委常委扩大会通过，形成正式文件，为1994年县办工业能够克服困难，取得继续发展的好成绩起到了一定作用。

1995年，县政协围绕“落实棉花种植面积”，从有关部门抽调12人组成3个调查小组，深入到杏基、赵行、原西、青罕、郑口等乡镇，针对白茬地不足的问题，提出了全部白茬全部棉、增种夏播棉的建议，受到省地政协领导的重视和好评，并在地区行政通讯上予以转发。

县政协围绕“县办工业奖惩办法”利用半个月的时间，分别深入到金宝集团等十二个企业召开座谈会听取意见。整理了《关于九五年在县办工业中继续推行进档升级目标责任的实施办法》的主题报告，呈报县委、县政府，报告经县委常委会通过，形成正式文件，直接转换为县委和政府的重要决策。

1996年，县政协通过视察骨干县办工业，围绕如何盘活企业现有资产提出了将4家资不抵债企业进行破产的意见，县委、县政府主要领导十分重视和支持，研究并成立了故城县政府对资不抵债企业实行破产的工作小组，完成了4家企业的破产任务，盘活了企业资产存量，激发了企业发展活力。

县政协围绕“落实县办工业奖惩办法”组成调研组，利用半个月的时间，分别深入到金宝集团、河北星月制动元件有限公司、皮革工业公司、制鞋工业公司、甘陵工业公司等单位，召开座谈会听取意见。形成了专题报告，为县委、县政府制定县办工业奖励政策，提供了重要依据。

为了充分利用全县的县直坑塘发展养殖业，由各乡镇政协工委主任带队组成调查小组。经过近二十天的工作，把本乡镇闲置坑塘水面的现状做了详细调查并拿出了利用意见，先后写调查报告5份，形成专题议案，送报县委、县政府及有关部门，较好地推动了全县水面养殖事业的发展。

1998年，县政协围绕县委、县政府中心工作，先后组织部分政协委员分若干组搞了几项大的调查。一是关于推进农业产业化的调查；二是关于加快企业改制的调查；三是关于如何大力发展个体私营经济的调查；四是关于加强窗口行业职业道德教育的调查；五是关于加强城镇建设的调查。这些调查报告经主席办公会讨论，以议案形式提出，县委、县政府十分重视，县委书记、县长分别做出批示，不少意见被采纳，取得了很好的效果，对县委、县政府及有关部门的科学决策与组织实施发挥了重要作用。

1999 年，县政协围绕县委、县政府中心工作，先后组织部分政协委员分若干组搞了几项大的调查。一是关于进一步搞好信访工作，稳定全县局势的调查；二是关于大力发展个体私营经济的调查；三是关于提高县办工业运行质量，加快县办工业发展的调查；四是关于抓科技、搞活中小企业的调查；五是关于采取有力措施制止农村中学生流失的调查；六是关于强化青少年法制教育的调查。县委、县政府主要领导十分重视，分别批了具体意见，并责成分管领导研究意见，抓好落实。

2000 年，县政协先后组织委员就城镇建设、农业结构调整、县乡企业改革和农村政务公开、发展个体私营经济等开展了视察活动。同年，县政协组织部分委员和有关人员，围绕“加快对农业结构的战略性调整，迎接加入世贸组织对故城农业发展的挑战”，深入到乡、村和有关部门，进行了调查研究，提交了《关于故城当前农民的种植意向和种植结构调整情况的调查报告》，就故城农业由数量型向质量效益型转变问题提出了一些具有前瞻性的建议。县委、县政府在制订“十五”计划时予以采纳。

2001 年，县政协组织有关委员，针对群众反映强烈的婚丧事大操大办问题，深入到城镇、乡村，对故城城乡婚丧事操办情况进行了调查，提交了《关于故城城乡婚丧事大操大办情况》的调查报告，对狠刹婚丧事大操大办歪风起到了一定的推动作用。同年，县政协组织有关界别委员对故城畜牧产业发展情况进行了调研，提交了《关于故城肉（奶）牛、瘦肉型猪和蛋鸡发展情况的调查报告》。

2003 年 6 月，按照县委部署，县政协联合统战部等有关部门组成调查组，利用十多天的时间，就全县企业发展环境特别是“三乱”情况进行了调查。调查中先后召开了 5 次座谈会，发放调查问卷 106 份，调查走访了 200 多人，涉及大小企业 100 余家。在详细调研、广泛论证的基础上，形成了《关于优化经济发展环境的建议》的调查报告，向县委、县政府提出了十二条建议，引起了县委、县政府领导的高度重视，其中有十一条建议被迅速采纳。据此，县委、县政府成立了企业发展服务联动办公室、经济 110 等组织。企业发展的环境明显改善，经营状况有了很大改变。

2003 年 8 月，县政协组织部分政协委员视察兆鑫裘革制品公司、五户科技园区、西苑工业园区、甘陵大街等。主要目的是扩大委员知情面，充分发挥政协职能作用，开创政协工作新局面。政府县长李哲民，县委副书记宋英璞，政府副县长张相会、张海英，县长助理秦子来参加视察。

2003 年 10 月 24 日，县政协组织部分委员围绕园区建设、城镇建设的有关课题先后深入到冀州区产业园区、长安小区等地进行参观；随后，又视察了故城县夏庄经济开发区，听取了有关负责人的情况介绍。这次参观视察活动把异地参观与本地视察结合起来。通过参观比较，委员们对故城今后的发展有了进一步的了解。同时也使委员们进一步明确了责任，增强了履行职能、发挥自身作用的责任意识。视察结束后，召开了县政协七届三次常委会议。县政协主席郭居娥，副主席翟占禹、田登书、夏建民参加视察。

2004 年，县政协先后派出 8 个调研组，采取个别走访、集中座谈等多种有效形式，深入开展调查研究，形成了《抓规范促发展实现民办教育的新跨越》《关于创建故城环境优势的调查报告》《关于创造故城人才优势的调研与建议》《关于故城摩擦制动行业如何做大做强的调查报告》《强化管理进一步提高教学质量》《关于影响农民增收的原因及对策》等一批有分量、有深度、有决策参考价值的调研报告，提交县委政府，县委主要领导都作出了重要批示，对党政决策的实施起到了促进作用。

为提高调研质量，打造政协精品，县政协把 2005 年确定为“调研年”。在具体工作中，一是切实加强了领导。调研课题确立以后，主席、副主席亲自挂帅，分包课题，一包到底。

同时，依托专委会，组织相关界别的委员开展了深入细致的调查研究。二是在了解掌握大量第一手材料的基础上，反复推敲锤炼。三是围绕协商议题，召开各种专题论证会，组织与课题相关的委员、业内人士开展科学论证活动。先后组成13个调研组，对党委重视、群众关心的“三农”、民营经济、教育卫生、城建交通等工作开展调查研究，并形成调研报告，有的直接以《故城政协》的形式转报县委、县政府，有的在常委会上进行发言，力促成果转化。特别是由政协各委室牵头，利用5、6、7三个月的时间，组织13个部门和单位，组成5个调研组，采取调查问卷、召开座谈会、现场调研等多种有效形式，对党政重视、群众关心的金融与地方经济良性互动、县城文化建设、完善农业科技推广体系建设及解决“空心村”问题进行了专题调研。形成了《关于实现金融与地方经济良性互动的调研报告》《关于构建和谐故城，提高县城文化品位的调研报告》《关于积极推进文明生态村建设，解决空心村问题的调研报告》《关于建立农业科技推广体系的调研报告》。调研报告形成后，县政协主席会议分3次专题听取调研组汇报，对调研报告提出具体修改意见。并决定以“建议案”的形式呈报党政主要领导，为县委、县政府科学决策提供了重要参考依据，受到了县委政府的充分肯定，并以文件的形式给予了答复。

2006年4月，县政协围绕“社会主义新农村建设”这一课题，组成6个调研组，利用一个月的时间，分别就“加强农村教育，提高农民科技素质”“金融机构如何加大改革力度，调整职能定位，拓宽业务范围，加大支农力度”“建设社会主义新农村发展规划”“完善农村基层组织，加强对社会主义新农村建设的领导，完善村务公开和民主建设制度，进一步扩大基层民主，实现村民自治”“繁荣农村文化事业，倡导健康文明新风尚”“加强农村基础设施建设，发展循环农业的主要突破口及政策措施”六个方面，利用一个多月的时间，采取座谈会、到基层了解情况、发放调查问卷等有效方式方法，认真开展了调研活动。形成了《关于加强农村基础设施建设、发展循环农业的调研报告》《关于繁荣农村文化事业、倡导健康文明新风尚的调研报告》等6篇调研报告，为县委、县政府科学决策提供了重要参考依据。

2007年11月14日，县政协组织部分政协常委围绕“全县劳务输出工作”到劳动和社会保障局劳务输出办公室、外贸局外派劳务服务中心开展了视察调研，并在劳动和社会保障局劳务输出办公室召开了座谈会。与会人员就全县劳务输出工作开展了热烈的讨论，提出了10余条有价值的意见建议。

2007年，县政协围绕“工业立县”课题，组织部分政协常委委员组成6个调研小组，由主席、副主席分别带队到园区开展调研视察活动，听取园区负责人的工作汇报。形成调研报告后，主席会议多次进行认真研究和修改。《关于创优企业发展环境的调研报告》《当前故城企业发展面临的问题及对策》《实施名牌战略，促进区域经济发展》《加强企业内部管理，提升工业化水平》等5个调研报告，报送到县委政府主要领导手中，得到了主要领导的肯定。围绕“农业强县”课题，就加快全县农业产业结构调整、做大做强农业龙头企业，实现农业产业结构升级、保护好林木资源，发展林业产业化，促进农民增收以及做好农业产业项目，延长农业产业链条和加强生猪生产，促进农民增收等几个重点方面，进行了专题调研，形成了5个调研报告。

2008年4月2日，县政协围绕“创建和谐银企关系，实现金融与企业共赢发展的格局”组织召开了银企对接座谈会。会议首先视察了春岭钢丝绳厂、汇川达有限公司、青竹颜料公司、奥冠电源有限公司。县人行、农行、工商行、建行、农发行和农村信用联社的主要负责同志参加了会议，部分县重点企业代表与金融部门的负责同志就实现金融与企业互利共赢问题展开了热烈的讨论。政协主席张海英、副主席周德全、冯振东参加座谈。

2008年8月27日，按照县委的工作安排，县政协组织部分经济界的县政协常委、委员以及县工商银行和信用联社的负责同志围绕“故城工业经济发展情况”，先后视察了西苑项目区、保彦羊绒有限公司、正大摩擦材料有限公司、昌利有限公司、青竹美术颜料有限公司、同业高耐磨材料有限公司、山水水泥厂、奥冠电源总厂，在夏庄项目区管委会会议室召开了座谈会。政府副县长王洪臣同志代表政府向大家通报了全县上半年的招商引资和工业经济运行情况，与会人员就推动全县招商引资工作和工业经济发展情况进行了座谈讨论。县政协主席张海英，政府副县长王洪臣、史立朝，政协副主席田登书、周德全、冯振东、李善群参加视察。

2008 年 10 月 9 日，按照县委工作安排，县政协组织部分经济界的县政协常委、委员和农业局、畜牧局、农开办负责同志围绕“故城农业发展情况”，先后到三豆集团、宋庄棉花、土元养殖公司、青罕永星农牧科技有限公司、故城阳光乳业公司等企业开展视察调研，在农业局会议室召开了座谈会，听取了农业局关于近年来全县棉花种植的有关情况，政府副县长徐占华就全县农业产业化工作情况作了详细通报，与会人员就提高故城农业产业化进程进行了座谈讨论。县政协主席张海英，政府副县长徐占华，政协副主席田登书、周德全、冯振东参加视察。

2009 年 3 月 27 日，县政协组织部分政协委员围绕“推动民政工作”开展了视察调研活动，共同视察了民政局几个股室单位，在民政局会议室召开了座谈会，听取了民政局负责人关于近年来故城民政工作发展情况的汇报，与会人员就一些群众关心的民政问题进行了座谈讨论。县政协主席张海英，副主席田登书、周德全、李善群参加视察。

2009 年 4 月 10 日，按照县委部署安排，县政协围绕“加快工业经济发展”先后视察了兴华公司、夏庄项目区（DSD 酸项目、青竹颜料公司、奥冠电源厂、汇川达公司）、西苑项目区（保彦羊绒公司、金良冲压厂），在西苑项目区会议室召开了座谈会，政府副县长王洪臣代表政府向大家通报了全县的招商引资和工业经济运行情况，与会人员就相关工作进行了座谈讨论。县政协主席张海英，政府副县长王洪臣、史立朝，政协副主席田登书、周德全、冯振东、李善群参加视察。

2009 年 5 月 12 日，县政协组织部分政协委员围绕“新农合运行情况”，到医院、中医院、饶阳店镇医院和卫生局新农合管理办公室等医疗单位进行了视察调研，在卫生局会议室召开了座谈会，听取了卫生局负责同志的情况汇报，与会人员就相关工作进行了座谈。县政协主席张海英，政府副县长于建军，政协副主席田登书、周德全、冯振东、李善群参加视察。

2009 年 5 月 20 日，县政协组织部分政协常委、委员，劳动保障局、公安局、工商局的主管该项工作的负责人和外派劳务工作比较突出的万小么村书记及部分外出回国人员，围绕“故城外派劳务情况”，在县招三楼会议室开展座谈会，听取了外贸局关于全县外派劳务工作情况的汇报后，与会人员就推进外派劳务输出工作健康发展进行了座谈讨论。县政协主席张海英，副主席田登书、周德全、冯振东、李善群参加座谈。

2009 年 7 月 16 日，县政协组织部分政协委员、住故城县市政协委员围绕“提升城建、交通工作水平”先后视察了工业路翻修现场、运河大桥引线施工现场、富邦家园施工现场、东阳购物中心拆迁现场、东方香湖美地施工现场、龙海园、浩天建材城、汽车站等地，在交通局会议室召开了座谈会，听取了城建部门、交通部门关于全县工程进展情况的汇报。与会人员就相关工作进行了座谈讨论。县政协主席张海英，政府副县长闫文举，副主席田登书、周德全、冯振东、李善群参加视察。

2009 年 11 月 19 日，按照县委的工作安排，县政协组织部分政协常委、委员围绕“提高教育工作水平”，先后视察了郑口中学、职教中心、聚龙中学、育才中学、第一小学、第二小学六所学校，在教文体局会议室召开了座谈会，听取了教文体局工业教育工作情况的汇报，与会人员进行了座谈讨论。县政协主席张海英，副主席田登书、周德全、冯振东、李善群参加视察。

2010年4月30日，县政协组织部分政协委员围绕“推动工业经济发展”这一课题，到同心风机厂、金良重工厂青竹颜料厂、奥冠电源厂、汇川达化工厂、同业高耐磨材料厂、山水水泥厂等企业开展了视察调研活动，在衡德项目区会议室召开了座谈会，与会人员就加大招商引资力度和促进故城工业经济跨越发展进行了座谈讨论。县政协主席张海英，政府副县长王洪臣，政协副主席田登书、周德全、冯振东参加视察。

2010年5月14日，县政协组织部分政协常委、委员以及各乡镇活动小组组长围绕“学校规范化管理及校园建设情况”，到坛村中学、聚龙小学、青罕中学、第三小学等开展视察调研，听取了学校主要负责同志关于学校规范化管理方面的情况介绍，在教文体局会议室召开了座谈会，教文体局负责同志汇报了相关工作开展情况。与会人员就进一步加强学校规范化管理等方面提出了意见和建议，为推动故城校园管理水平的提高提供了决策依据。县政协主席张海英，县人大副主任马立俊，政府副县长于建军，政协副主席田登书、周德全、冯振东、李善群参加视察。

2010年6月11日，按照县委的工作安排，县政协组织部分政协常委、委员围绕“进一步推进县城管理工作”，到康宁路、青年街、东阳市场、中央商城、广交路、体育街、太兴家园、京杭大街、工业路、扬帆大街、顺达路、迎瑞花园二期、中华街、北环路等地开展了视察调研，在交通局会议室召开了座谈会，城建局、商务局、城区办介绍了工作情况。与会人员就环卫、车辆停放、占道经营、乱摆摊点、市场管理、小区管理等进行了座谈讨论。并就进一步加强故城的县城管理工作提出了16条意见与建议，为县委、县政府推动县城管理工作的建设提供了重要参考依据。县政协主席张海英，副主席田登书、周德全、冯振东、李善群参加视察。

2010年9月8日，按照县委部署安排，县政协组织部分政协委员、各乡镇卫生院的负责同志围绕“规范新型农村合作医疗工作的管理，完善新农合制度”这一课题，在县卫生局二楼会议室召开座谈会，听取了卫生局关于新农合运行情况的工作汇报，与会人员就切实保障参合农民利益，推进新农合工作健康发展进行了座谈讨论。县政协主席张海英，副主席周德全、冯振东、李善群参加座谈。

2010年11月10日，县政协组织部分政协常委、委员围绕“食品药品安全监管工作”，先后视察了建民龙凤贡面、育才中学、衡水甘陵酒业有限公司、益生堂大药房等单位，在食品药品监督管理局会议室召开了座谈会，听取了食品药品监督管理局关于对食品药品安全监管的工作汇报。与会人员就保障人民群众饮食用药安全以及食药监管进行了座谈讨论。县政协主席张海英，副主席田登书、周德全、冯振东、李善群参加视察。

2010年11月30日，县政协组织部分政协委员和皮毛、摩擦制动材料、铸造、种植、养殖五个行业协会及专业合作社负责人围绕“发挥行业协会作用，促进故城特色产业升级”，在政协三楼会议召开特色行业协会座谈会，会议围绕充分发挥行业协会作用，促进故城特色产业调优升级开展座谈讨论。县政协主席张海英、副主席周德全参加座谈会。调研结束后，撰写并提交了《充分发挥行业协会作用、促进县域特色产业调优升级——关于故城县行业协会及专业合作社发展情况的调研报告》。

2011年3月30日，县政协组织部分政协常委、委员和工行、建行、农行主要负责人围绕“工业经济发展情况”开展视察工作，视察组先后视察了营东、西苑、衡德三个工业项目区，并视察了裘皮裘革城会展中心、共创公司、河北兴弘嘉服装纺织有限公司、顺达钢模板厂、故城北新建材有限公司、故城百盛羊绒制品有限公司、河北奥冠有限公司等几家企业，在衡德工业园会议室召开了座谈会，听取了园区负责同志关于项目建设情况的汇报，与会人员就故城工业项目建设、全民创业、招商引资以及优化服务环境等问题进行了座谈讨论。县政协主席张海英，政府副县长史立朝，政协副主席田登书、周德全、冯振东参加视察。

2011 年 5 月 12 日，县政协组织部分政协委员围绕“构建‘平安故城’维护社会和谐稳定”这一课题，在公安局四楼会议室召开政法系统工作座谈会，听取了公安局、检察院、法院工作汇报，与会人员就影响社会治安的各种问题和不利因素进行了座谈讨论。县政协主席张海英，县委副书记、政法委书记李增军，政协副主席田登书、周德全、李善群参加座谈。

2011 年 6 月 22 日，县政协组织部分政协常委、委员围绕“故城城建、交通以及新民居建设情况”开展视察工作，视察组先后视察了衡德工业园区道路加宽工程、邢德线罩面、郑三线改造工程；夏庄镇龙凤居小区、美林水岸居民小区以及堤口渠景观改造六项重点城建、交通在建工程，在交通局三楼会议室召开了座谈会，城建局、交通局以及农工委负责人分别对近期工作做了汇报，与会人员就故城的城镇建设、交通发展以及新民居工程进行了座谈讨论。县政协主席张海英，政府副县长闫文举，政协副主席田登书、周德全、冯振东、李善群参加视察。

2011 年 8 月 10 日，县政协组织部分政协常委、委员围绕“大力发展职业教育，盘活故城人才资源市场，进一步缓解当前企业发展中，较为突出的用工荒、用工难问题”，在职教中心二楼会议室召开了职业教育工作座谈会，职教中心、县人力资源市场负责人作了工作汇报，与会人员就发展职业教育，对接园区经济，盘活人才流动市场，服务企业劳务用工方面进行了座谈讨论。县政协主席张海英，县人大副主任马立俊，政府副县长于建军，政协副主席田登书、周德全、李善群参加座谈。

2011 年 11 月 18 日，按照县委部署安排，县政协组织部分政协委员围绕“堤口渠景观改造建设情况”，到堤口渠景观改造现场开展视察监督活动，在电力局二楼会议室召开了座谈会，工程指挥部汇报工程建设情况，与会人员并就工程质量监管、严格区域规划、加快建设进度等问题，提出了许多宝贵的意见和建议。县政协主席张海英，副主席田登书、周德全参加视察。

2012 年 3 月 20 日，县政协组织部分政协常委、委员围绕“故城工业经济发展情况”开展了视察工作，先后视察了营东项目区（北方国际裘皮城会展中心、天成裘皮制品有限公司）、西苑项目区（河北同德鼓风机有限公司）、金宝产业园（河北株丕特玻璃钢制品有限公司、河北春岭钢丝绳集团），在春岭钢丝绳集团会议室召开了座谈会，听取营东、西苑、衡德、金宝产业园负责人工作汇报，与会人员就故城工业项目建设、招商引资、优化服务环境以及加快园区配套设施建设等问题进行了座谈讨论。县政协主席张海英，政府副县长马立俊，政协副主席周德全、刘三林、李希旺参加视察。

2012 年 4 月 18 日，县政协组织部分政协委员、相关职能部门负责人以及皮毛行业的代表人士围绕“打造‘中国北方国际裘皮城’，推动故城裘皮裘革产业健康快速发展”，在国税局三楼会议室召开了裘皮裘革产业座谈会，国税局负责人介绍当前皮毛行业的税收政策及办理程序，与会人员就裘皮裘革发展中的优势、不足以及急需完善和改进之处进行了座谈讨论。县政协主席张海英、副主席周德全参加座谈。

2012 年 5 月 11 日，县政协围绕“加快故城教育基础设施建设，不断改善办学条件”到城南中学、高级中学、郑口第三完小开展视察调研活动，在教育体育局二楼会议室召开了座谈会，教育体育局负责人做了相关工作汇报，与会人员就加快教育基础设施建设、学校危房改造、加大教育投入、优化育人环境等方面进行了座谈讨论。县政协主席张海英，政府副县长于建军，政协副主席周德全、刘三林、李希旺参加视察。

2012 年 5 月 18 日，县政协主席张海英、副主席周德全带领部分政协委员、皮毛行业人士及国税局等相关部门负责人围绕“借鉴外地先进管理经验和生产模式，促进故城裘皮裘革产业健康快速发展”，赴浙北第一经济强县“中国皮革之都”海宁市进行了实地调研。通过部门、行业协会对接座谈，走访参观了浙江大众皮业有限公司、海宁蒙努有限公司、富升裘革等大型企业。考察结束后，围绕借鉴“海宁皮革城”成功经验，研析和破解故城裘皮产业发展瓶颈和难题，全力促进故城裘皮行业壮大升级，撰写并提交了《借鉴海宁模式、打造运河裘都、全力促进故城裘皮裘革产业转型升级》的调研报告。

2012年6月21日，县政协组织部分政协委员围绕“围绕故城饮用水安全及改水降氟工作”开展视察工作，同时，为开好即将召开的以发展现代农业，推进农业产业化进程为主题的县政协九届二次常委会，对农业龙头企业开展视察。视察组先后视察了青罕水厂、五户水厂、梓航养牛专业合作社、鑫东润蔬菜种植专业合作社、三豆产销专业合作社等企业，在坊庄乡政府会议室召开了座谈会。水务局、农工委分别做了工作汇报，与会人员就相关工作进行了座谈讨论。县政协主席张海英，政府副县长徐占华，政协副主席周德全、李希旺参加视察。

2012年9月19日，根据县委部署安排，县政协组织部分政协常委、委员围绕“促进故城工业经济又好又快发展”，对一城三区工业经济运行情况开展视察，并在青竹美术颜料有限公司三楼会议室召开了座谈会。与会人员共同视察了北方国际裘皮城会展中心、天成公司、毛皮商贸基地、西苑工业园园区展厅、兴弘嘉纺织服装有限公司、衡德工业园园区沙盘、三东钢构、佳豪陶瓷有限公司、青竹美术颜料有限公司等重点企业，听取了各园区负责人的情况介绍，并就加快故城工业项目建设、优化服务环境以及加快园区配套设施建设等问题进行了座谈讨论。县政协主席张海英，副主席周德全、刘三林、李希旺参加视察。

2012年10月17日，县政协组织部分政协委员围绕“城建、交通工作开展情况”到裘都大道、龙湖公园幸福社区、大坛村社区、堤口渠西侧改造、龙湖公园、裘都大道等地进行了考察调研活动，在交通局三楼会议室召开了座谈会，建设局、交通局分别做了相关工作的汇报，与会人员并就加快城镇化建设，不断改善城乡居民的生活生产环境等方面提出了意见与建议，为推动部门工作发挥了积极的作用。县政协主席张海英，政府常务副县长闫文举，政协副主席周德全、刘三林、李希旺参加视察。

2013年5月14日，县政协组织衡德、西苑、营东、金宝产业园的裘皮裘革、服装纺织、摩擦材料、冶金铸造、新能源、新材料以及商贸物流六大产业的27家企业负责人和部分经济界政协委员围绕“做大做强县域企业，助推园区发展提速，促进工业经济又好又快发展”，在县宾馆三楼会议室召开了“一城三区两园”企业负责人专题座谈会。围绕当前制约故城企业发展和园区建设的困难和问题进行了座谈讨论。县政协主席张海英、副主席周德全、李希旺参加座谈。

2013年7月3日，县政协组织部分政协常委、委员及相关职能部门负责人围绕“故城农业专业合作社、土地承包大户及畜牧养殖发展情况”到东盛亿源牧业有限公司、土元养殖专业合作社、梓航养牛专业合作社等企业进行了视察调研，在坊庄乡政府会议室召开了座谈会。会上，坊庄乡就农业产业化发展情况进行了介绍；与会人员围绕大力发展农业专业合作社组织、拓宽农民增收渠道以及加快农业产业化进程等方面进行了座谈讨论。县政协主席张海英，副主席周德全、刘三林参加视察。

2013年10月12日，县政协组织部分政协委员围绕“城建交通事业发展情况”到运河新城旧城改造区、城标广场、龙湖公园北部新区、工业路延伸段、裘都大道等地点开展视察调研活动，在交通局三楼会议室召开了座谈会。会上，建设局、交通局负责人分别介绍了近期工作开展情况；与会人员分别填写了对城建、交通工作的民意调查问卷，并围绕县城卫生环境整治、提升城市管理水平、加快重点交通道路工程进度等方面进行了座谈讨论。县政协主席张海英，副主席周德全、刘三林、李希旺参加视察。

2014年4月2日，县政协组织部分政协委员围绕“督促全县在建重点项目和工程加快建设，快投产、快出效益，尽快实现政企双赢”，到冀中能源河北金宝矿用装备制造基地、服装辅料基地、冠鹏脚轮、污水处理厂、泰达生物质发电厂、裘皮城产业园、企业总部基地、海清皮草公司等企业开展视察调研活动，在营东新区管委会二楼会议室召开了座谈会，会上，金营东工业园、西苑工业园、衡德工业园、金宝产业园负责人介绍园区内重点项目建设情况；环保局介绍全县企业污染治理情况，与会人员就故城工业项目建设、招商引资、优化服务环境及企业污染治理情况等问题进行了座谈讨论。县政协主席张海英，副主席周德全、刘三林、李希旺参加视察。

2014年6月17日，县政协组织部分政协常委、委员及相关职能部门负责人围绕“种植、养殖专业合作社发展情况及乡镇土地流转情况”，对新希望六合福隆养殖公司、光阳牧业进行了实地视察。在县招三楼会议室召开了座谈会，会上，畜牧局汇报了东大洼建设情况，郑口镇和武官寨也就本乡镇土地流转情况做了简要汇报，与会人员围绕今后故城现代农业发展情况和土地流转情况展开了热烈的讨论，提出了许多意见和建议。县政协主席张海英，副主席周德全、刘三林、李希旺参加视察。

2014年9月12日，县政协组织部分政协委员围绕“县教育基础设施建设、新农合运行情况和民营医院发展情况”，先后对县医院、成龙中学、郑口中学、颐和医院、城南中学进行了实地视察，在县教体局会议室召开了座谈会，会上，教育体育局负责人汇报了食堂管理、基础设施建设及教学情况，卫生局负责人汇报了新农合和民营医院运行发展情况，与会人员就相关工作进行了座谈讨论。县政协主席张海英，政府副县长龙红华，副主席周德全、刘三林、李希旺参加了视察。

2014年10月22日，县政协组织部分政协常委、委员围绕“城建交通发展情况”，先后视察了京杭大街与工业路口（绿化、立面改造）、工业路与扬帆大街交叉口（绿化、雨污分流管网改造）、邢德路郑口中学（城区雨污分流管网改造）、衡德高速故城支线二工区、邢德路（南王庄）拓宽升级改造，在交通局三楼会议室召开了座谈会，会上，住建局、城管办、交通局负责人分别介绍了近期工作开展情况；各位委员围绕县城卫生环境整治、提升城市管理水平、加快故城重点交通道路工程进度等方面进行了座谈讨论。政协主席张海英，政府副县长史立朝，副主席周德全、刘三林、李希旺参加视察。

2014年12月4日，县政协组织部分政协常委、委员围绕“农村面貌改造提升工作”到武官寨东孟村、郑口镇前沙岗村和贾黄村等地进行了视察调研，在郑口镇二楼会议室召开了座谈会，会上，郑口镇了汇报农村面貌改造提升工作，农工委介绍了全县农村面貌改造提升工作情况。与会人员就相关工作进行了座谈讨论。县政协主席张海英，县委常委、农工委书记秦立堂，县政协副主席周德全、刘三林、李希旺参加了视察。

2015年4月17日，县政协围绕“工业经济发展情况”到故城县曙光纺织服装有限公司、冀中能源矿用装备制造基地、奥冠电源有限公司、凯门子肥业、青竹文化产业园等企业进行了视察调研，在青竹文化产业园会议室召开了座谈会，与会人员围绕故城工业项目建设、招商引资、优化服务环境及企业管理等方面进行了座谈讨论。县政协主席张海英，副主席周德全、刘三林、李希旺参加调研。

2015 年 4 月 17 日，围绕“工业经济发展情况”到奥冠电源有限公司进行视察调研

2015 年 5 月 8 日，县政协组织部分政协常委、委员围绕“民政事业发展、低保落实情况”到夕阳红老年公寓、县中心敬老院等开展视察调研活动，在政务中心二楼会议室（B 区）召开了座谈会，听取了民政局关于全县民政工作情况的汇报，与会人员围绕增强新时期民政工作的责任感、做好城乡低保工作、确保民政工作健康发展等进行了座谈讨论。县政协主席张海英，政府副县长王洪臣政协副主席周德全、刘三林、李希旺参加调研。

2015 年 5 月 8 日，视察低保工作情况

2015年5月11日至22日，县政协利用两周的时间，深入到郑口镇、建国镇、故城镇三个乡镇，通过听取汇报、座谈了解、深入敬老院和低保户家庭等方式，全面了解故城农村低保及“五保”供养情况，撰写并提交了《关于故城城乡低保工作情况的调研报告》。

2015年5月，故城县政协主席张海英视察青竹画材集团

2015年6月24日，县政协组织部分政协委员围绕“东大洼现代农业园规划建设、农田水利基础设施建设、地下水压采情况”到新希望六合福隆养殖公司、梅颂园科技有限公司、付官屯坑塘、河北绿康蔬菜科技有限公司等企业开展视察调研活动，听取了畜牧局关于东大洼建设情况的汇报、水务局关于地下水压采项目建设情况的汇报，与会人员围绕相关工作进行了座谈讨论。县政协主席张海英，政府副县长徐占华，政协副主席刘三林、李希旺参加视察。

2015年6月24日，视察东大洼园区发展情况

2015年8月12日，县政协组织部分政协委员、乡镇政协活动组组长围绕“故城政务中心运行情况”，先后到政务中心A区、B区各单位服务窗口进行了视察，同时听取政务中心工作

人员介绍，政务中心负责同志汇报。在政务中心A区二楼会议室召开了座谈会。委员们对故城的政务环境进行了深入细致的座谈讨论。县政协主席张海英，县委常委、纪委书记林丰，县委常委、政府常务副县长王立峰，副主席周德全、刘三林、李希旺参加视察。

2015年8月19日，县政协组织部分政协委员围绕“故城法院工作情况”对法院有关庭、室进行视察，在听取了法院工作情况的汇报后，就县人民法院如何在推进法制故城建设中发挥积极作用进行了座谈讨论。县政协主席张海英，副主席周德全、刘三林、李希旺参加视察。

2015年9月17日，县政协部分政协常委、委员围绕“加快推进依法治县，维护故城和谐稳定”先后视察了群众办事大厅、办案区、110指挥中心工作运行情况，各科室负责同志简要介绍了各科室的运行流程，在公安局一楼大厅观看专题片，在公安局五楼会议室召开了座谈会，听取公安局、检察院负责人情况汇报，与会人员围绕相关工作进行了座谈讨论。县政协主席张海英，副主席周德全、刘三林、李希旺参加了视察。

2015年10月20日，县政协组织部分政协常委、委员围绕“故城城建交通发展情况”，先后就堤口渠景观改造项目、小游园、邢德公路景观改造项目、衡德高速故城支线、邢德路升级改造项目等工程进展情况进行了视察监督，在交通局三楼会议室召开了座谈会。会上，城管局、交通局负责人分别介绍了近期工作开展情况；各位委员围绕县城卫生环境整治、园林县城建设、提升管理水平、加强监管力度、加快故城重点交通道路工程配套设施建设等方面开展热烈讨论。政协主席张海英，政府副县长史立朝，副主席周德全、刘三林、李希旺参加了视察。

2015年10月20日，视察衡德高速故城支线建设情况

2015年11月，为认真贯彻落实县委全会精神，促进我县低保、土地确权、宅基地确权等工作的顺利开展，推进我县全面建成小康社会各项事业再上新台阶。按照政协九届四次会议精神和年初确定的工作目标，由政协副主席牵头，部分政协委员和办公室工作人员组成3个调研组，涉及全县13个乡镇、村和相关部门，采取调查问卷、召开座谈会、现场调研等多种有效形式，对党政重视、群众关心的农村低保工作、土地确权工作及宅基地确权工作等问题

进行了专题调研。形成《关于我县农村低保工作的对策及建议》《农村土地确权颁证工作的现状调查及对策建议》《农村宅基地使用权确权登记发证工作的对策及建议》三个调研报告。

2015年12月10日，县政协组织部分政协委员围绕“故城文教卫生事业发展”到县医院、中医院、妇幼保健院、县第二幼儿园、运河中学等进行了视察调研动，在卫计局二楼会议室召开了座谈会，听取了教体局、卫计局负责人2015年工作开展情况的汇报，并就相关工作进行了座谈讨论。政协主席张海英，副主席周德全、刘三林、李希旺参加视察。

2016年4月19日，县政协组织部分政协常委、委员围绕“提升企业管理水平”到奥冠电源厂、博得交通轨道设备公司、青竹文化产业园等企业开展专题视察活动，在青竹文化产业园三楼会议室召开了座谈会，会上，企业负责人就优化企业管理讲了很好的意见建议，农发行负责人介绍了有关政策；与会人员围绕故城工业项目建设、招商引资、优化服务环境及企业管理等方面进行了座谈讨论。县政协主席张海英，副主席周德全、刘三林、李希旺参加视察。

2016年4月19日，视察工业经济发展情况

2016年5月26日，县政协组织部分政协委员围绕“故城现代农业发展中的亮点和农业产业链延伸情况”到康弘牧业有限公司、河北绿康农业科技有限公司、河北梅颂园科技有限公司等企业开展视察调研活动，在东大洼管理办公室会议室召开了座谈会，听取了农林局、畜牧局、东大洼管理办公室工作情况的汇报以及政务中心关于正大养鸡项目的情况介绍。与会人员就相关工作进行了座谈讨论。县政协主席张海英，政府副县长赵光宇，县政协副主席刘三林、李希旺参加视察。

2016年7月8日，县政协组织部分政协委员、各银行和银监局等金融部门的负责同志，县财政局、工信局、发改局、国税局、地税局、金融办等部门负责人，部分企业代表和小额贷款公司代表围绕“当前故城金融工作和企业生产中遇到的困难和问题，如何更好地实现金融部门与企业的合作，促进故城企业与金融事业共同繁荣”，在县政协三楼会议室召开座谈会，首先听取了金融办关于故城“三基金四平台”建设进展情况的汇报，与会人员对故城金融工作进行了热烈的座谈讨论，提出了很多有价值的意见和建议。县政协主席张海英、政府党组副书记王洪臣同志、政府副县长周瑞军，政协副主席周德全、刘三林、李希旺参加座谈。

2016年8月31日，县政协组织部分政协常委、委员对故城县城建设、交通事业发展情况进行了专题视察调研。调研组先后视察了净水厂、城市绿化、运河公园、德商高速等重点城建、交通工程，在交通局三楼会议室召开了座谈会。听取了住建局、城管局、交通局负责人关于近期工作开展情况的汇报，与会人员就相关工作进行了座谈讨论。政协主席张海英，政府副县长史立朝，副主席刘三林、李希旺参加了视察。

2016 年 8 月 31 日，视察德商高速支线建设情况

2016 年 10 月 18 日，县政协组织部分县政协委员和各级学校代表围绕“加快全县教育工作步伐，推进故城教育事业健康发展”召开教育工作座谈会，收看教体局教育纪录片，听取了教体局关于全县教育基本情况的汇报，郑口中学、郑口镇第三小学、原西中学、坊庄小学、成龙学校、蓝天幼儿园也汇报了各自工作开展情况，大家就相关工作进行了座谈讨论。县政协主席张海英，副主席周德全、刘三林、李希旺参加座谈。

2016 年 10 月 26 日，县政协组织部分县政协常委、委员出席会议，县卫计局、人社局及部分医疗单位代表围绕“提高医疗队伍素质和专业技能，提升医疗服务整体水平，促进全县卫生事业持续健康发展”在县政协三楼会议室召开了卫生工作座谈会，听取了听取卫计局负责人关于全县卫生工作基本情况的汇报，人社局负责人关于全县医保工作情况的汇报，县医院、中医院、乡卫生院（室）和私立医院负责人工作情况的汇报，就相关工作进行了座谈讨论。县政协副主席刘三林、李希旺参加了座谈。

2016 年 11 月 16 日，县政协组织部分政协常委、委员对故城美丽乡村建设、精准扶贫工作和电子商务发展情况开展视察活动，先后视察了故城镇周庄、夏庄镇龙凤店和滩头、郑口镇后响沟，在政协三楼会议室召开了座谈会。会上，美丽办汇报全县美丽乡村建设情况，扶贫办汇报全县精准扶贫情况，与会人员围绕相关工作进行了座谈讨论。县政协主席张海英，副主席周德全、刘三林、李希旺参加了视察。

2017 年 6 月 14 日，组织部分政协委员围绕“加快项目建设、推动工业转型升级”先后到高新区（众成摩擦料公司）、衡德工业园（奥冠电源公司、北新建材公司、青竹公司）开展视察监督并在青竹公司三楼会议室召开了座谈会，并就相关工作进行了座谈讨论。活动结束后，提交了《加快产业“深耕”转型、提高项目“招引”实效——关于加快故城工业转型升级的调研报告》。县领导史立朝、秦迎春、王连彬、关志清、刘斌、李晓平参加调研。

2016年11月16日，到夏庄镇龙凤店村视察美丽乡村建设工作

2017年8月15日上午，县政协组织部分县政协委员、各乡镇副书记和驻故城县市政协委员赴衡水考察学习河北省首届园林博览会展园。委员们先后参观了故城园及主展馆等“园博园”展区，通过观看图片、影视片、细致聆听讲解员的讲解，深深被省园林建设取得的巨大成就所鼓舞。县政协主席史立朝，副主席周德全、王连彬、关志清参加考察。

2017年10月19日，组织部分政协常委、委员围绕“提高现代农业发展水平和农业综合效益”先后到绿康公司、盛嘉专业种植合作社、正大公司、康宏牧业、茂丰公司五个企业项目开展了视察调研，并在茂丰公司会议室召开了座谈会，听取了农林局、畜牧局、东大洼现代农业园区办公室就相关工作情况的汇报，并就相关工作进行了座谈讨论。县政协主席史立朝，政府副县长赵光宇，政府党组副书记刘三林，政协副主席周德全、王连彬、关志清参加视察。

2017年11月14日，围绕“改善城乡面貌、提高城乡居民生活水平”先后对县城道路建设、数字化城管平台、平安公园建设、运河公园建设、运河丽景供暖等项目开展了视察活动，并在城管局会议室召开了座谈会，听取了城管局、住建局负责人工作情况的汇报，并就相关工作进行了座谈讨论。县政协主席史立朝，政府党组副书记李希旺、政协副主席周德全、关志清参加视察。

2018年3月30日，县政协组织部分政协委员、重点在建项目和重点企业的负责人、部分乡镇和园区的主管副职21人，召开了“加快推进项目建设”专题协商座谈会。与会人员就加快推进项目建设进行了深入的协商交流。提交了《关于“加快推进项目建设”专题协商的建议》。县政协主席史立朝，副主席王连彬、关志清参加座谈。

2018年4月9日，根据县委部署要求，组织部分县政协委员对武官寨镇扶贫攻坚工作开展专项民主监督活动，先后到柴庄、周楼、军王庙、北半屯等村进行视察监督，并在武官寨镇会议室召开了座谈会，听取了县扶贫办、武官寨镇扶贫脱贫工作开展情况，并就相关工作进行了座谈讨论。活动结束后，向县委政府提交了《关于加快推进贫困村基础设施剩余工程建设的建议》，提出具有针对性和可操作性的意见建议，为推动全县脱贫攻坚工作提供决策参考。县政协主席史立朝，副主席王连彬、关志清参加监督活动。

2018 年 4 月 19 日，组织部分政协委员围绕“推进工业项目建设”先后到河北星月制动元件有限公司、河北泓景印刷有限公司、河北珠峰铁塔有限公司、河北同心风机有限公司四个企业和印刷产业园开展了视察调研活动，了解项目开展情况，提出了许多意见建议，为后期工作的开展提供了重要的参考依据。县政协主席史立朝，副主席周德全、王连彬、关志清参加视察。

2018 年 5 月 11 日，根据县委部署要求，组织部分县政协委员对全县扶贫攻坚工作开展第二次专项民主监督活动，视察组先后深入到郑口镇高中村、高西村和三朗乡张田村施工现场进行了实地督查，详细了解基础设施建设进展情况。在三朗乡召开了座谈会，听取了郑口镇、三朗乡、武官寨镇、故城镇、夏庄镇等五个乡镇主管副职及 5 个标段施工单位负责人的建设情况的汇报，扶贫办汇报扶贫基础设施建设进展情况及存在的问题。县政协主席史立朝，副主席周德全、王连彬参加监督活动。

2018 年 9 月 29 日，在县政协组织相关科局和部分乡镇，围绕“加快推进乡村振兴战略实施”在政协东二楼会议室召开了座谈会。撰写并提交了《关于加快推进乡村振兴战略的调研报告》。

2018 年 10 月 9 日—10 日，县政协主席史立朝、副主席关志清分别到西半屯镇西半屯村、建国镇程村、徐窑村以及军屯镇大辛庄村就扶贫脱贫工作开展督导调研。调研中，政协主席史立朝、副主席关志清认真听取了西半屯镇、建国镇、军屯镇主要负责人扶贫脱贫工作汇报，实地察看了部分村扶贫脱贫工作开展情况，看望了部分贫困群众，并与工作队人员探讨了目前扶贫脱贫工作中面临的问题，并提出对策和建议。

2018 年 11 月 16 日，县政协副主席关志清带领部分政协委员，围绕“县法院解决‘执行难’基础建设等工作情况”进行了视察调研，首先实地查看了县法院诉讼服务中心、执行指挥中心。在座谈会上，先后观看了解决“执行难”情况的专题片、案件审理情况、法院基础建设情况等，听取了县法院工作情况的汇报。

2018 年 12 月 27 日，组织部分政协委员围绕“故城文教卫生及食品安全工作”先后到县医院、信誉楼、职教中心、第五小学、运河中学等地进行了视察，并在县医院会议室召开了座谈会，听取了教体局、卫计局、食市监局负责人工作情况的汇报，并就相关工作进行了座谈讨论。县政协主席史立朝、政府副县长李洪杰以及县政协副主席周德全、王连彬、关志清参加视察。

2018 年 12 月 27 日—29 日，按照县委主要领导意见，县政协主席史立朝、县人大副主任李同旺、工商联和政协办有关同志组成学习考察组，赴北京河北商会进行了学习考察。考察组先后参加了北京河北商会的换届会议和环球华夏冀商技术创新大会，期间，听取了北京河北商会执行秘书长的经验介绍，并与西安河北商会、宁波河北商会、广西河北商会等商会负责人进行了对接交流。考察结束后，撰写并提交了《赴北京河北商会学习考察情况报告》。

2019 年 1 月 3 日—5 日，县政协主席史立朝、副主席周德全、人武部部长李云浩和财政局、里老乡、政协办有关同志组成学习考察组，赴浙江省嘉兴市秀洲区就机场军民合用和航空物流园建设项目进行学习考察活动。考察组先后参观了嘉兴机场的征地拆迁工程建设现场和安置房建设现场，听取了相关负责人对机场改建工程建设的情况介绍。视察结束后召开了座谈会，听取了嘉兴市政协副主席薛家平对嘉兴军民合用机场建设中的有关介绍，嘉服集团机场公司（市属国有企业）关于嘉兴机场改建过程中相关手续跑办的情况和有关注意事项的介绍。考察结束后，撰写并提交了《赴浙江嘉兴学习考察情况的报告》和《关于推进军民合用故城机场和航空物流产业园建设情况的汇报》。

2019 年 5 月 28 日—6 月 5 日，县政协组织部分政协委员、企业代表、协会代表、有关单位负责人和业务骨干组成专题调研组，利用一周的时间，通过实地查看、听取汇报、座谈讨论等方式，针对故城外贸行业的发展情况、企业发展面临的问题、今后的发展思路进行了专题调研，形成了《关于加快推进全县外贸产业发展的建议案》，为县委、县政府科学决策提供了参考，县委书记彭晓明作出了重要批示。县政协主席史立朝、副主席关志清参加调研。

2018 年 12 月 27 日，到故城县职教中心视察职业教育工作开展情况

2018 年 12 月 27 日，到第五小学视察教育工作

2018 年 12 月 27 日，到运河中心视察学校食堂卫生工作

2019 年 1 月 3 日至 5 日围绕机场军民合用和航空物流园建设项目赴浙江省嘉兴市学习考察

2019 年 7 月 11 日，县政协主席史立朝带领相关职能部门负责人、部分企业负责人一行 18 人，到雄县就商会、协会运行发展情况和招商引资工作进行学习考察活动。上午参观了雄县利峰塑业公司、河北华胜机械公司和河北禄巨塑胶公司三个企业；下午，就商会、协会运行和发展情况召开座谈会。考察结束后，撰写并提交了《关于赴雄县开展学习考察的报告》。

2019 年 9 月 5 日，按照县委部署要求，县政协组织部分政协委员对故城土地、房屋征收工作和“双违”整治行动开展情况开展专题民主监督活动，视察了康宁路西延道路建设项目情况、徐庄二期片区改造情况、滨河峰尚棚户区改造情况、幸福路东延道路建设项目情况、前沙岗棚户区改造工程情况，并在政协东一楼会议室召开了座谈会，并就相关工作进行了座谈讨论。县政协主席史立朝、政府党组副书记李希旺、政协副主席关志清参加调研。

2019 年 9 月 5 日，县政协就土地房屋征收工作开展民主监督

2019 年 11 月 26 日，组织部分政协委员对故城文教、卫生工作进行视察调研，视察了县医院、第四小学、饶阳店镇中学、饶阳店卫生院等，并在县政协东一楼会议室召开了座谈会，并就相关工作进行了座谈讨论。县政协主席史立朝、政府副县长李洪杰以及县政协副主席周德全、关志清参加调研。

2019 年 11 月 26 日，县政协调研医疗卫生发展情况

2019 年 12 月 25 日，县政协结合政协故城县第十届十三次常委会议议题，组织全体县政协常委、各乡镇活动组长、机关委室负责人和相关部门，围绕人居环境整治工作，到郑口镇翟庄村开展视察调研。县政协主席史立朝，县委常委、常务副县长王洪军，政协副主席周德全、关志清参加调研。

2019年12月25日，县政协开展人居环境整治工作视察调研活动

2020年4月14日，县政协组织全体县政协常委围绕“疫情防控形势下的企业复工复产、项目开工建设情况”进行视察调研和并就“爱国卫生运动开展情况”进行民主监督。调研组先后到鹏帅乳胶产业园、以岭药业中药产业化项目、全利软包装产业园、夏庄镇龙凤店村、故城镇周庄村进行了视察监督。县政协主席史立朝，县经济开发区常务副主任李晓平，副主席周德全、关志清参加视察。

2020年4月14日，县政协围绕疫情防控形式下的企业复工复产、项目开工建设进行视察监督

2020年9月1日，县政协组织全体县政协常委和部分委员，和县人大一行，围绕“加快项目建设，推进故城经济社会高质量快速发展”，先后视察了以岭中医药产业园项目、上亿

万向城、中医院病房楼建设项目、绿康德国庄园等项目。县委书记彭晓明亲自参加了视察活动，并与大家进行了面对面交流沟通，这是首次有县委书记参加的政协委员视察活动。另外，县委常委、常务副县长王洪军，县人大主任闫文举、县政协主席史立朝等县人大、县政协的县级领导参加本次视察。

2020 年 10 月 27 日，县政协组织部分政协委员对故城文化旅游产业发展开展视察调研活动，对故城县大运河博物馆、董学园、以岭康养庄园（金蝉馆）等地进行考察调研，提交了《关于提升壮大故城文旅产业的调研报告》，推动了部门工作的改进和落实。县政协主席史立朝、副主席关志清参加调研。

2020 年 12 月 25 日，县政协组织全体县政协常委围绕“加快推进现代都市农业发展”到以岭康养庄园（金蝉馆、金蝉养殖示范区）、绿康德国庄园（智慧农业体验馆、蔬菜大棚）进行了视察。县政协主席史立朝、政府副县长王连彬、政协副主席关志清参加视察。

2020 年 12 月 25 日，视察现代都市农业发展情况

2021 年 3 月 2 日，根据县委部署安排，围绕“故城文旅项目建设、管理运营情况”，县政协、县人大联合组织政协委员、人大代表及部分专业人士组成调研组，由县政协副主席关志清、县人大副主任沈崇瑞带队，深入到东大洼园区、运河历史文化街区、游客集散中心、董学园、以岭康养庄园等地进行了走访调研，通过实地查看、召开座谈会等形式，先后与相关项目建设、运营方负责人进行了面对面座谈讨论，详细了解故城文旅产业发展的基本状况，建设运营过程中存在的不足，对下一步的工作提出意见建议，形成了《关于加快文旅项目建设、推动文旅产业健康运营的调研报告》。得到了县委书记彭晓明的高度评价，并亲自做出批示。

2021 年 10 月 20 日，县政协组织部分餐饮单位负责人召开餐饮行业发展及有关卫生防疫工作协商座谈会。提交了《关于建议故城成立餐饮行业协会的调研报告》。

2021 年 10 月 20 日，餐饮行业座谈会

2021 年 12 月 31 日，县政协副主席苑颖康带领部分政协委员，围绕“乡村公共卫生体系建设情况”，到县医院、青罕镇卫生院、三朗镇卫生院、三朗镇南镇村卫生室进行了视察调研，提交了《关于加强乡村公共卫生体系建设的调研报告》。

2022 年 4 月 14 日，按照县委部署安排，县政协组织 15 名政协委员，与县人大一行，围绕“乡镇方田林网建设、环境整治提升”开展了视察监督。上午先后视察了青罕镇、故城镇、夏庄镇、里老乡、辛庄乡、房庄镇的工作开展情况；下午分别到三朗镇、饶阳店镇、武官寨镇、西半屯镇、军屯镇、建国镇、郑口镇进行了视察。

2022 年 7 月 20 日，县政协组织部分县政协委员和住故城县市政协委员围绕“民生实事项目建设情况”先后视察调研了董子中学宿舍楼建设、大坛村棚户区改造、粮食局家属院改造项目开展情况，提出了 10 条有价值的意见建议，为推动部门工作开展提供了重要的参考依据。县政协主席史立朝，副主席马春章、杨洪霞、苑颖康及政协县领导刘三林、李希旺、徐长彬、周德全参加视察。

2022 年 9 月 29 日，县政协组织部分政协委员围绕“乡村振兴战略实施情况”，先后到泰达生物发电厂、三朗镇西牟村、三朗镇韩庄村、万亩花海青罕荷园、故城镇南郭村进行了视察调研。县政协副主席杨洪霞、苑颖康及县政协党组成员刘三林、李希旺、徐长彬参加视察。

2022 年 11 月 11 日，县政协组织部分政协常委、委员和相关部门负责同志，围绕“城市基础设施建设及冬季供暖情况”课题，先后到一道街北口、龙湖公园南门、洲海商贸城、迎瑞路口、迎瑞广场北、幸福小区南口等，就样板街施工、供热泵房运行、供热管道施工、立面改造情况、便道提升、口袋公园建设情况进行了视察调研，形成了《关于故城城市基础设施建设情况的调研报告》，为推动部门工作发挥了积极的作用。县政协主席史立朝，政府副县长张勇，政协副主席马春章、杨洪霞、苑颖康及政协党组成员刘三林、李希旺、徐长彬参加了视察。

2023 年 8 月 2 日，县政协组织全体县政协常委、各乡镇活动组长、机关委室主任围绕“和美乡村建设、民生工程建设”先后到辛堤干渠、饶阳店镇盛树林、王庄村开展了协商式监督活动，结合监督活动，5 名政协常委、委员在县政协常委会议上提交了高质量的会议发言材料。县政协主席史立朝、政府副县长刘斌、县政协副主席杨洪霞参加视察。

2023 年 11 月 1 日，按照县委部署安排，县政协组织部分政协委员，与县人大一起，围绕县城园林城市建设情况，先后到尚书园、澹池、运兴园、风荷园、懿德园、万象游园、聚龙游园、平安公园以及郑口排渠生态修复情况进行了视察监督。县政协主席史立朝、政府副县长张勇，政协副主席马春章、杨洪霞，政协领导徐长彬参加了视察。

2023 年 11 月 1 日，故城县政协围绕县城园林城市建设进行视察监督

2023 年 11 月 10 日，按照县委部署安排，县政协组织部分政协委员，与县人大一行，围绕全县重点项目建设情况，先后到奥冠电源公司、青竹画材公司、光大垃圾焚烧发电项目、认养一头牛（衡水）乳品有限公司、河北冀达机械装备公司进行了视察监督。县政协主席史立朝，政协副主席马春章、苑颖康，政协领导徐长彬参加视察。

2023 年 11 月 10 日，县政协围绕重点项目建设视察监督光大垃圾焚烧发电项目

2024年2月29日，按照县委的工作安排，县政协组织部分政协委员、部门主管领导、养老机构负责人，围绕“推进县域养老机构高质量发展”先后到夏庄镇丁庄村昌宏养老中心、郑口镇五户村县中心敬老院、郑口镇杏基村仁德颐养中心、中医院医康养老中心、县智慧养老综合信息服务平台等地开展了视察调研，并在县政协常委会议室召开了座谈会，与会人员就相关工作进行了座谈讨论。形成了《关于推进全县养老机构高质量发展的调研报告》审议稿。县政协副主席杨洪霞、苑颖康参加调研。

2024年3月18日，按照县委工作安排，县政协组织部分政协委员、养老机构代表、专业人士围绕“推动康养项目高质量发展”，赴三河市燕郊镇燕达养护中心、北京顺义祥云小镇、泊头市福星园进行学习考察。形成了《关于养老机构建设考察情况的报告》，并对《关于推进全县养老机构高质量发展的调研报告》进行了充实完善，报送党政领导和有关部门做决策参考。县政协主席史立朝、副主席苑颖康参加考察。

2024年4月26日，按照县委部署安排，县政协主席史立朝带领20名县政协委员，围绕“加快推进故城项目建设工作”，跟随县委观摩团先后到武强县、饶阳县、安平县、深州市、高新区、桃城区、冀州区、枣强县、武邑县、阜城县、景县和故城的乾诚线缆厂、顺品包装项目进行了观摩。

2024年5月21日—24日，按照县委部署安排，县政协副主席杨洪霞带领县政协考察团围绕“学习千万工程经验、推动故城乡村振兴战略实施”这一课题，赴浙江省湖州市、嘉兴市开展学习考察，结合故城实际，提交了《关于赴浙江考察乡村振兴工作的考察报告》，经县政协常委会议协商通过，以建议案形式报送县委政府主要领导，为故城县和美乡村建设提供了决策依据。

2024年8月27日，县政协组织全体县政协常委、部分政协委员围绕促进和美乡村建设和加快项目建设进行专题视察调研，同时还围绕民生工程落实情况开展民主监督。县政协主席史立朝，政协副主席马春章、杨洪霞、苑颖康，政府副县长刘斌参加活动。

2024年8月27日，县政协围绕和美乡村建设开展视察调研

2024 年 8 月 27 日，县政协围绕“四好公路”建设开展民主监督

第二章　提案工作

提案是指政协委员和参加政协的各人民团体及政协各专门委员会、其他参加单位（以下统称提案者）向政协全体会议或常务委员会提出的、经提案审查委员会或提案委员会审查立案后，交承办单位办理的书面意见和建议。提案是履行人民政协职能的重要方式，是坚持和完善中国共产党领导的多党合作和政治协商制度的重要载体，是社会主义协商民主的重要形式，是协助中国共产党和人民政府实现决策民主化、科学化的重要渠道。历届县政协高度重视提案工作，积极引导广大政协委员，围绕事关全县发展大局的重大事项和人民群众切身利益的热点难点，深入调查研究，运用提案履职建言，40 年来共提交提案 2856 件，经审查立案 2315 件，这些提案，有情况、有分析、有对策，为助推全县经济社会发展和各项事业进步作出了积极的贡献。同时，注重加强政协提案工作制度建设，于 1987 年 8 月制定出台了《中国人民政治协商会议故城县委员会提案工作条例》，并于 2016 年 12 月进行了修订。

第一节　机制和形式

一、提案的提出

（一）提案的提出方式：1. 政协故城县委员会委员，可以个人名义或联名方式提出提案，也可以界别组名义提出提案；2. 参加政协故城县委员会的各人民团体，可以团体名义提出提案，也可几个组织联合提出提案；3. 政协故城县委员会各专门委员会可以本专门委员会名义提出提案。

（二）提案的基本要求：1. 提案应当坚持严肃性、科学性、可行性，围绕中共故城县委、县政府的大政方针、中心工作，经济建设、政治建设、文化建设、社会建设以及生态文明建设中的重要问题，人民群众普遍关心的问题建言献策；2. 提案须一事一案，实事求是，简明扼要，在深入调查研究的基础上，做到有情况、有分析、有具体的建议；3. 提案一般要在网上递交，条件不具备的，也可在提案纸上打印或书写；4. 委员联名提案，发起人作为第一提案人签名列于首位；联名者必须亲自参与提案的调研和撰写。

（三）提案委员会加强政协全会闭会期间的提案征集工作。提案者应当重视在闭会期间提出提案，可将有关调研报告或者在政协全体会议、常务委员会会议和专题协商会议上的发言按照要求转化为提案。

二、提案的审查和处理

（一）政协全体会议期间，按照大会统一安排，大会秘书处设立提案组。提案组受提案审查委员会或提案委员会的委托对收到的提案进行初步审查，并提出处理建议。经提案委员会（每届政协第一次全体会议期间为提案审查委员）审查立案。

（二）有下列情形之一的，不予立案：1. 涉及党和国家秘密的；2. 国家明令禁止的；3. 中共党员对党内有关组织、人事安排等方面有意见的；4. 民主党派成员反映本组织内部问题的；5. 进入民事、刑事、行政诉讼或者行政复议、仲裁程序，尚未结案的；6. 属于学术研讨的；7. 为本人或亲友解决个人问题的；8. 宣传、推介具体作品、产品的；9. 指名或不指名举报的；10. 字迹潦草，无法辨认或内容空泛，没有具体建议的；11. 超出本县职权范围的；12. 其他不宜用提案形式提出的。

未予立案的，应及时通知提案者，所提意见和建议可视不同情况转送有关单位参考或退还本人酌处。

（三）提案委员会对涉及全局问题的重大提案，可以提请主席会议审议通过后以建议案的形式向有关方面提出。

（四）政协全体会议结束后，对确定立案的提案，应根据提案内容和有关单位的职责分工确定承办单位。由县政协会同县委办公室、县政府办公室采取召开提案交办会议等形式，按归口管理的原则，集中送交有关单位办理；政协全体会议闭会期间提出并经审查立案的提案，提案委员会及时交有关单位承办。

三、提案的办理

（一）承办提案的各承办单位，根据国家、省、市和故城的政策、有关法规及规定办理提案，并对提案者作出书面答复。1. 承办单位认真做好提案办理工作，实事求是地解决提案所提问题，努力提高办理质量。收到提案后，提出办理方案，明确任务分工、时限要求和质量标准，并及时向有关业务部门交办，确保每件提案责任到人。凡能够解决的问题，应当采取措施，抓紧解决；对因条件限制，短期内无法解决的问题，应当列入规划，积极创造条件逐步解决；对确实不能解决的问题，应当说明情况，解释清楚。2. 承办单位坚持把政协提案办理工作列入重要议事日程，确定一名领导主管提案办理工作，明确承办机构，建立承办工作网络，完善承办工作制度，规范承办工作程序，保障承办工作经费；确定具体人员负责提案办理工作。3. 对于重点提案，承办单位主要负责同志要加强领导，亲自部署，可通过实地考察、座谈协商、专题调研、开门办案、现场办案等形式进行办理。4. 涉及两个或两个以上单位会同办理的提案，会办单位应当积极配合，在接到提案后两个月内主动将会办意见送达主办单位。主办单位应当主动协商汇总会办单位意见后答复提案者。并按隶属关系分别报送县委办公室或县政府办公室，同时抄报县政协提案委员会。5. 县政协全体会议期间的提案，承办单位应当自交办之日起五个月内以书面形式答复提案者。闭会期间的提案，要在收到提案之日起三个月内以书面形式答复提案者。提案交办时间截止到当年10月1日，之后的提案一般转到下一年度办理。6. 办理复文应当切实回答提案中的问题，文字要精练，格式要规范，由单位领导签发，注明联系人及电话，并加盖单位印章。7. 委员个人提案，办理复文寄送提案人；联名提案，复文寄送第一提案人；政协界别组提案，复文寄送联系人；党派团体、政协专门委员会提案，复文寄送提案单位。向提案者寄送复文时应附《政协提案办理情况征询意见表》。办理复文按照隶属关系在报送县委办公室或县政府办公室的同时，抄报县政协提案委员会。复文内容涉及其他单位的，应同时抄送。8. 承办单位接到提案后，如确实不属于本单位办理的，应在6个工作日内向交办部门说明理由，经研究同意后退回交办部门。交办部门收到退件后，要及时调整承办单位重新交办。9. 承办单位要定期检查提案办理进展情况，协调解决提案办理中的难点问题；进一步健全信息反馈制度，定期向县政协通报办理情况；主动加强与提案者和县政协的沟通，邀请提案者和县政协参与办理工作，共商解决问题的办法，征询对办理复文的意见。提案者对办理结果不满意的提案，承办单位要认真对待，专题研究，及时走访沟通并重新办理和答复。提案者对于承办单位的走访征询意见应当予以支持和配合。

（二）提案者收到承办单位办理提案的答复函后，应认真填写《政协提案办理情况征询意见表》，并在20日内向县政协提案委员会反馈。承办单位当年提案办结后，应当对办理工作进行复查，并积极支持县政协对提案办理工作开展民主评议和民主监督。

四、提案的督办

（一）提案的督办由县政协办公室统筹协调，各专门委员会分工协作，提案委员会组织实施。

（二）对反映人民群众亟待解决和普遍要求改进问题的，对推动重点工作有重要作用并具有较强可行性的，可以选作重点提案，重点提案包括重点督办提案和重点办理提案。重点督办提案由县政协确定；重点办理提案由承办单位确定。

（三）对于重点督办提案，县政协提案委员会可联合县委办公室或县政府办公室督办；也可以采用提案委员会、提案者、承办单位相结合的协商座谈、实地考察、专题调研、走访等方式，推动办理工作，保证办理质量。对提案中近期不能解决的重要问题，要跟踪督办，促进落实。

（四）每年选择一件事关县委县政府工作全局、涉及人民群众切身利益、社会普遍关注、建议措施可行的重点提案，作为本年度县政协1号提案，由政协主席督办；每年选择若干件重点提案，由政协副主席督办，县政协相关专门委员会组织实施。

（五）对于未按时办复的提案，提案委员会应当及时催办；经催办仍未办复的，提案委员会可以通报形式对承办单位提出批评。

（六）县政协常务委员会每年听取一次县政府关于提案办理情况的报告。

第二节　县政协提案办理情况

1984年3月，县政协二届一次会议期间，共收到委员提案38件。经提案审查委员会审查立案29件。其中，文教卫生方面的9件；交通电力方面的7件；发展商品生产方面的3件；工业方面的2件；农业方面的4件；科研方面的1件；加强市场管理，稳定物价方面的3件。提案审查委员会对上述提案及时进行了审查研究，并分别送请有关单位研究办理，截至1984年7月20日，共收到办复的提案29件，已全部办理完毕。对不能立案的9件提案，县政协按人民来信来访及时转有关部门做了处理。这些提案，提出了许多宝贵意见和建议，对振兴故城、促进故城各项事业的发展起到了推动作用。比如：关于“在郑口镇青年路以西建立一所小学和县中学应设初中班”的提案，县文教局接此提案后，积极请示地区文教局和县政府，很快在太兴镇新村建一所小学，并与后油坊合资扩建了油坊小学，基本解决了青年路以西居民儿童就学问题。关于“郑口市场分散、不易收税”的提案，县政府及时召开县长办公会议，专门进行研究，并责成工商局负责，在原煤场新建一处占地37.5亩、总投资142万元的贸易市场，同时，建设一座可容纳80家国营、个体户经营的三层贸易大楼。

1986年，县政协二届四次会议期间，共收到委员提案49件。经提案审查委员会审查立案的49件。其中：涉及教育发展的5件；电力交通方面的8件；要求商业、供销方面的16件；减轻农民负担方面的3件；加强对农村宅基地的管理方面的3件；要水利建设方面的2件；尽快改变郑口居民用水氟中毒等方面的问题10件；政协履职能力建设等方面的2件。这些提案，对促进全县改革和两个文明建设，切实起到了一定的积极作用。

1987年8月25日，县政协根据《政协章程》的有关规定，参考外地的一些好的做法，起草了《政协委员提案工作实施细则》草案，经政协故城县第三届委员会常务委员会第四次会议通过，下发到有关部门执行。

1988年，县政协三届二次会议期间，共收到委员提案43件。经提案审查委员会审查立案的28件。截至1988年11月20日，共收到办复的提案28件。从各部门办理提案的情况来看，大部分提案对促进故城经济建设和改革开放，发展文化教育事业、搞好环境卫生、改善群众生活、帮助有关部门贯彻党的方针政策、改进工作起到了积极的作用。比如：关于“进一步制止和解决售棉中的不正之风”提案，县供销社专门成立了调查小组，深入到有关乡镇基层社，进行深入细致的调查，并针对售棉中查出的问题，举办培训班、对棉检人员进行思想教育和业务培训建立健全定职责、定奖惩的棉花收购制度以及严格执行“一试五定”密码检验的正规收购制度，保证了88年度棉花收购的顺利进行。

1989年，县政协三届三次会议期间，共收到委员提案47件。其中文化教育方面的9件；能源财贸方面的14件；物价方面的3件；农林水方面的9件；城建交通方面的4件；医疗卫生方面的5件；其他方面的3件。这次会议的提案，内容丰富，涉及面广，委员们以饱满的政治热情，本着知无不言、各抒己见的精神，在文化教育、农林水利、能源财贸、城建交通等方面，通过提案，对我县的经济建设、改革开放、两个文明建设以及人民群众关心的重大问题献计献策，坦诚地提出了有益的意见和建议。

1990年，县政协四届一次会议期间，共收到委员提案76件，经提案工作委员会审查确定立案的43件。经县委、县政府批准，印发有关部门办理。在承办单位的积极努力和大力支持下，所有提案按法定期限办复完毕。这些提案，对促进全县的经济建设，改进部门工作，发挥了积极的作用。比如：关于“采取果断措施、严禁赌博”的提案，公安局采取了调查摸底、群众举报等措施，狠抓了几起赌博案件，特别是在春节期间，公安局动员全体干警，不分昼夜，统一行动，对玩钱赌博的赌徒进行了严厉的打击，抓赌场50多场次、200多人次，罚款两万多元，严厉打击了影响社会安定、危害人民的赌博行为，维护了全县的社会治安，受到了广大人民群众的一致好评。

1991年，县政协四届二次会议期间，共收到委员提案53件，经提案工作委员会审查立案的34件，其中，文教、卫生、计划生育方面的10件；工农业生产方面的8件；城建交通方面的6件；人民生活方面的5件；其他方面的5件。到1991年10月底已全部办复完毕。提案委员会对委员提案逐件分析整理，及时送交县政府批转有关部门，县政府为了加强提案办理工作，明确一名办公室副主任专门负责，并配备了专职人员具体抓，县政协积极配合，跟踪办理，使提案办理进度和质量较往年有较大提升，对繁荣故城经济，促进故城城乡建设起到了推动作用。比如：关于“解决工业、企业潜在亏损”的提案，县政府高度重视，多次召开会议，研究解决办法并责成县经委组织人员，深入各工业、企业调查研究，根据各企业的实际情况，因地制宜，采取措施，较好促使了故城工业、企业的顺利发展；关于“重视企业内部管理问题”的提案，县经委接到提案后召开了会议，研究提案内容，商讨解决办法，确实把企业内部管理放在重要位置，加强了对厂长及管理人员的培训，提高管理素质；大力推广钢丝绳厂上等级的经验，并采取科委分包企业的办法，具体帮助提升管理水平。

1992 年，政协故城县四届三次会议期间，共收到委员提案 40 件，其中，工农业生产方面的 22 件；城乡建设方面的 10 件；文教卫生方面的 4 件；社会治安方面的 2 件；其他方面的 2 件。这些提案涉及社会主义物质文明和精神文明建设的各个方面，内容广泛，富有建设性，表明了委员们对故城的各项建设具有高度的政治热情和责任感，反映了故城人民的共同心声。

1993 年，县政协五届一次会议期间，收到委员提案 29 件，经审查立案 24 件。大会闭幕后，收到委员提案 100 件，这些提案内容涉及政治、经济、社会生活等方方面面，既有为振兴故城经济，加大改革力度、解决深层次问题的良策妙计，也有兴利除弊解决群众普遍关心的热点问题的具体意见和建议，得到了县委、县政府的高度重视，并责成提案科及时召开有关部门负责人参加的提案承办会议，逐案提出具体要求，限期给予答复落实。截至年底，所有提案已基本办复完毕，其中 75% 的提案受到了承办单位的采纳，对改进工作，提高效益等发挥了积极作用。比如：关于“严厉打击假冒伪劣商品”的提案。县技术监督局接案后专门召开会议进行研究，采取了三项措施：一、抽调骨干力量，成立了“打假”稽查队；二、利用电台、电视台宣传有关商品知识，提高消费者素质；三、设立举报站。检查了 187 个单位，重点查处假冒伪劣商品四大类 68 个品种，价值达 9800 多元，并进行了曝光和销毁。同时，还加强了集市的计量监督检查工作。先后检查杆秤 2800 支，查处不合格计量器具 210 支，查处缺斤短两案 198 起。通过技术监督局和工商局等有关部门的积极努力，市场上的假冒伪劣商品和缺斤短两现象已明显收敛。关于“建立经济信息反馈网络”的建议案，引起了县政府领导的高度重视，在县物价局附设了“故城县经济信息交流中心”，为故城各有关部门提供供求信息，对外介绍故城的优质产品，为发展经济起到了推动作用。

1994 年，县政协五届二次会议期间共收到委员提案 92 件，经审查立案 47 件。大会闭幕后，收到委员意见和建议 33 件，通过重点提案重点办理，并采取跟踪督办与提案承办单位联合办案等措施，产生了良好的社会效益和经济效益。比如关于“县城建设要有一个完整的市级规划”的建议案，县委、县政府非常重视，开了专门会议，并聘请省测绘局、省设计院进行总体规划、测绘，到 1994 年年底已基本完成。关于“组建故城县刹车片集团，制止刹车片行业自相残杀”的提案，政府主管领导 1994 年 6 月派政府办公室、经委和乡镇企业局有关同志就如何壮大刹车片行业优势进行了调查，并形成了可供参考的文字材料，决定成立故城县汽车配件企业集团。同时，制定了青罕镇汽车配件工业小区的总体规划。

1995 年，政协故城县五届三次会议期间，共收到委员提案 123 件，经提案委员会审查立案 76 件，占提案总数的 62%。在这些提案中，涉及农、林、水方面 14 件，占立案总数的 18%；工交方面的 13 件，占 17%；工商、财贸、金融方面的 11 件，占 14%；科技、教育、医药卫生方面的 9 件，占 12%；反腐倡廉、政法方面的 4 件，占 5%；党群和其他方面的 25 件，占 33%。这些提案通过承办单位的认真办理，得到了采纳或落实，产生了良好的社会效益和经济效益。

1996年，县政协五届四次会议期间，共收到委员提案75件，经审查立案48件。大会闭幕后，收到委员提案和意见建议71件。这些提案办理过程中，采取重点提案重点办，跟踪督办与承办单位携手联办的方法，产生了良好的社会效益和经济效益。对于形不成提案的意见或建议，县政协经过归纳整理，作为信访案件，认真办理。比如：由政协牵头会同县信访科的同志和乡镇政协工委主任，多次深入到军屯、西半屯、青罕、武官寨等乡镇，走访政协委员和相关的农民群众，就人们提到的宅基占地、摊派提留、计生罚款、农村财务、干群矛盾等敏感问题，面对面的征求意见，做了大量疏通和解释工作，使一些难解决的问题得到了妥善解决，对维护全县的安定团结起到了一定作用。关于“实行政务公开”的提案，县委根据上级要求，结合故城情况实行政务公开，要求各村都建立政务公开专栏，定期将农民负担的预决算及收支使用情况实行政务公开，为使这项工作真正落到实处，建立了县政务公开督查小组，由纪委书记任组长，组成政务公开检查办公室，办公室设在县纪委会，此项工作受到广大农民群众的普遍欢迎。

1997年，县政协五届五次会议期间共收到委员提案和建议135件，经提案委员会审查立案42件，占提案总数的31%。提案中涉及农、工、财、贸方面的45件；科技教育、文化、医药卫生方面的25件；精神文明建设、反腐倡廉、城镇建设方面的27件；党、群众统战及其他方面的38件。这些提案通过承办单位的认真办理，得到了采纳或落实，产生了良好的社会效益和经济效益。

1998年，广大政协委员们紧紧围绕故城党委和政府的中心工作，群众普遍关心的热点、难点问题，提出了一些具有重要参考价值的提案。一年来，共收到委员提案86件。经县政协提案委员会审查立案共58件。县委、县政府领导批示重要提案9件，亲自抓重要提案的办理，县政协主席、副主席亲自督办重要提案。截至1998年12月底，共收到办复件58件，按时办复率达100%。这些提案通过承办单位的认真办理，得到了采纳或落实，产生了良好的社会效益和经济效益。比如：关于“必须切实做好下岗待业职工的解困工作，促改革、保稳定”的提案，县劳动人事局多次组织召开解困与再就业工作专门会议，加大力度搞好宣传，全县285名下岗职工，有235名实现了再就业。经县长办公会同意出台了1998年解困工作方案，已发文各有关部门，有力地促进了全县解困工作的高效运转，在促进故城改革开放、经济建设和社会稳定上发挥了重要作用。

1999年，一年来，共收到委员意见和建议89件，经审查立案56件。这些提案经过各承办单位的共同努力，许多提案得到了较好的解决和落实，产生了良好的社会效益和经济效益。比如：关于“发展农村经济的几点建议”的提案，引起县委、县政府的重视。经多次会议研究，出台了“关于1999年大力发展蔬菜生产的实施方案”。成立了县委书记何同恩任政委、县长王辉任总指挥的蔬菜生产指挥部。1999年全县瓜菜种植总面积达到12.2万亩，平均亩收入3000元，人均收入750元。

2000年，县政协通过向委员印发提案征集参考题目、通报委员撰写提案情况、表彰优秀提案等措施，广泛征集提案，努力提高提案质量。一年来，共征集提案66件，经审查立案53件。为加强提案的督办落实，进一步提高提案解决问题的比率，县政协认真执行中共衡水市委提出执行提案“二次反馈”制度的意见和市委办公室、市人大办公室、市政府办公室、市政协办公室联合下发的《关于办理人大代表建议和政协提案工作实行“二次反馈”的意见》。继续坚持重点提案提请县领导批办和政协主席、副主席督办的制度，提升督办层次，提高督办效果；听取了县政府提案情况的通报，有效促进了提案的办理和落实。截至2000年10月底，53件提案已全部办复，其中提案所提问题已经解决和基本解决的42件。比如：关于“优化经济发展环境、治理三乱的建议”的提案，引起县委、县政府的重视，县委、县政府专门召开了全县治理“三乱”优化经济发展环境工作会议，出台了《关于进一步治理“三乱”优化经济发展环境实施意见》，成立了县治理“三乱”优化经济发展环境办公室，设立了“经济 110”举报电话。为实施故城的“8410”工程，对故城的 8 个产业区、4 个商贸区、10 个重点企业实施重点保护，分别颁发了“三证一卡”。为故城营造了一个宽松、健康、向上的经济发展环境。关于“发展个体私营经济的建议”的提案，符合县委、县政府的工作思路，经多次会议研究，出台了《关于进一步加快个体私营经济发展的意见》，成立了发展个体私营经济领导小组，为多种所有制经济公平竞争、共同发展创造了一个良好的政策环境和社会氛围。

2001 年，县政协六届四次会议期间，共收到提案 66 件，经审议立案 53 件，占提案总数的 80. 3%。这些提案交由 35 个单位进行承办。政协提案的办理工作得到县委、县政府及有关部门的高度重视和大力支持，采取有力措施，使政协提案在法定时限内全部按期办复，按时办复率 100%。这些提案通过承办单位的认真办理，得到了采纳或落实，产生了良好的社会效益和经济效益。比如：关于“加强县城街道秩序管理”的提案，县工商局和建设局专门召开会议，研究整治措施。工商局成立了整顿市场领导小组，组织力量，对县城郑口镇的市场进行了一次拉网式普查，解决了商贩、摊点、商品摆放不规范、车辆放置公路影响交通的问题。建立了举报制度，对消费者举报的街霸、村霸及时进行处理，把违法违章行为消灭在萌芽阶段，保证了市场秩序安定、有序的健康发展。建设局采取了集中管理与分区负责相结合、日常管理与临时出击相结合的办法，强化县城管理，专门成立城管巡逻队，在县城街道上全天巡回检查，发现问题及时处理。严格查处违章建设，乱摆乱放等影响市容市貌的现象，为县城居民创造了一个良好的交通秩序和优美的环境。

2002 年，县政协六届五次会议期间，共收到政协提案 86 件（委员提案 78 件，集体提案 8 件），经提案委员会审查立案 75 件。其中涉及发展经济和城镇建设方面的 31 件；教科文卫体方面的 23 件；宣传、统战、政法方面的 21 件。提案的主要内容包括：抓住扩大内需机遇，推进经济结构的战略性调整；集中精力推进故城经济较快发展；应对加入 WTO 新形势，努力扩大故城的对内对外开放；加快科技、教育发展，搞好精神文明建设和廉政建设；加强农业和农村工作、做好社会治安管理、城镇建设和治理环境污染；等等。这些提案，在推进改革开放和经济发展维护社会稳定等方面发挥了积极的作用。

2003 年，县委对提案工作非常重视，专门召开提案交办工作会议，这在故城提案交办史上是第一次。一年来，县政协通过多种形式，广泛征集提案，努力增加提案数量、提高提案质量。县政协七届一次会议以来，共收到委员提案 46 件，经审查立案的 34 件，由 18 个单位进行承办。截至 2003 年底，这些提案已全部办复，按时办复率为 100%。根据县委意见，县政协采取重点提案重点办，跟踪督办与承办单位携手联办等方法，使办理时间提前了，质量提高了，效果明显了，基本上实现了提案人与承办单位双方都满意。对两件不满意的提案，实行了二次反馈并进行重新办理。故城办理提案的做法和经验，得到上级政协机关的充分肯定。县政协撰写的“围绕政协职能做好提案工作”的理论文章在市政协举办的理论研讨会上获得了一等奖。比如：关于“优化经济发展环境，治理三乱”的提案，县委、县政府领导非常重视，经过充分的调查研究，成立了企业发展服务联动办公室和重点企业保护办公室，并印发了“故城县人民政府关于重点企业实行封闭管理、重点保护的实施办法”，18 家企业列入封闭管理、重点保护，为企业创造了良好的外部发展环境。

2004 年，是县政协确定的“提案质量年”。按照“数量与质量并重，征集和督办齐抓”的要求，县政协把提案工作列为开展民主监督的直接有效形式，通过印发提案参考题目、通报撰写情况、个别走访座谈等形式，正确引导委员就全县改革发展中的问题和群众普遍关心的热点、难点问题开展调研，撰写提案，提案的“含金量”和立案采用率明显提高。会前，印发提案参考题目30条。七届二次全会期间，共收到委员提案86件，经审查立案72件。这些提案，涉及经济建设的提案26件；涉及城建环保的提案17件；涉及科教文卫体的提案18件；涉及社会法制、统战、民族宗教及其他方面的提案11件。3月29日，县委召开了提案交办会。截至2004年底，所有提案均在法定期限内办复完毕，办复率100%。不少提案有情况、有分析、有建议、有措施，真正达到了政协运用提案工作、委员运用提案履行职能的目的，在降低决策成本和改进部门工作上发挥了作用。比如：关于“加快故城乡村道路建设”的提案，县委、县政府领导非常重视，依托“村村通”工程，多方筹集资金8000多万元，在不到一年的时间内全县新建公路393.4公里，其中大外环工程途经10个乡镇106个村庄，全长137公里。

2005年，县政协七届三次会议以来，县政协常委会认真贯彻落实科学发展观，紧紧围绕县委、县政府中心工作，积极倡导和鼓励委员运用提案形式参政议政，履行职能，共征集提案87件，经审查立案65件。其中，属于工建交方面的19件；农林水牧方面的9件；财贸、金融方面的11件；教科文卫体方面的12件；党群、统战、政法及其他方面的14件。会后，县政协会同县委、县政府联合召开交办会，将提案分别交付20个县直部门和1个乡镇办理。截至2005年底，所有提案均在法定期限内办复完毕，办复率100%。由于政协提案工作督办力度逐步加大，办理单位切实负责，政协提案在社会上产生了较好的影响，经济效益和社会效益进一步提高。比如：关于“引进、留住人才，促进经济发展”的提案。有关部门积极为科技人员服务，通过各种途径引进人才，落实好知识分子政策，努力做到使人才引得进、留得住、用得上，使现有人才能够人尽其才，才尽其用，在全县范围内营造一个尊重知识、尊重人才的良好的社会氛围。

2006年，县政协七届五次会议召开前，印发提案参考题目36条。大会期间，共收到委员提案89件。经提案委员会审查立案76件。其中属于工建交方面的19件；农林水牧方面的12件；财贸、金融方面的11件；教科文卫体方面的16件；党群、统战、政法及其他方面的18件。未予立案的13件，经与提案者沟通，已分别作了妥善处理。这些提案的办理，对故城各项事业的发展起到了积极的促进作用。比如：“净化校园周边环境保证学生身心健康”的提案。县工商局成立了整顿学校周边环境领导小组，出动执法人员400人次，对学校周边进行了4次拉网式清理整顿，取缔违规经营的黑网吧11家，无证商贩摊点23处。很大程度上改善了校园的周边环境，给学生们创造了一个良好的学习和发展环境。

2007年，县政协八届一次会议期间，共收到委员提案48件，经审查立案34件。在县委召开的提案交办会上，交由15个单位进行承办。截至2007年底，这些提案已经全部按法律程序办结，办结率100%。收到的提案有情况、有分析、有建议，涉及全县工作的各个层面，通过办理，促使一批与群众切身利益相关的热点、难点问题得到解决。比如：关于“加快推进农业产业化发展的几点建议”的提案，县委、县政府领导非常重视，加大对特色农业的支持力度。并列入了乡镇年终考核的一项重要内容，采取不定期召开银企对接会，以增进农业产业化龙头企业与各金融部门的接洽和相互信任，对促进故城农业产业化生产起到了积极的推动作用。关于“故城桥梁涵洞进行普查养护”的提案，水务局选派技术人员历时一个半月跑遍全县所有骨干渠道，对全县300多座桥涵进行了详细的摸底，逐一进行了数码拍照和GPS卫星定位，根据损坏程度进行了建卡立档，存入电脑。并积极向上级申报项目，2007年共争取到上级资金354万元，对故城徐董屯闸桥、碱场店闸桥、杏基湖闸桥、小屯桥等12座桥涵进行了维修改建，大大改善了路桥状况，为故城的经济发展起到了积极的促进作用。

2008年，县政协八届二次会议期间，县政协提案委员会共收到提案58件，经审查立案39件。其中，属于工建交方面的20件；农林水牧方面的6件；教科文卫体方面的5件；党群、统战、政法及其他方面的8件。大会闭幕后，县委常委、组织部部长尹占民亲自主持召开由各承办单位主要领导参加的交办会，将提案分别交付18个县直部门和1个乡镇办理。截至2008年12月末，所有提案均在法定期限内办复完毕，办复率100%。这些提案为县委、县政府创造性地开展工作提供了科学的决策参考，也为招商引资、民营经济、基础设施建设等重点工作进展奠定了坚实的基础。比如：关于"加强对全县面粉厂、馒头房的质量监管力度"的提案，引起了政府部门的高度重视，质检部门及时调整工作部署，利用两个月的时间，对全县40余家面粉厂和18家馒头房进行了严格检查，查封4家小作坊，并制定了食品安全生产责任制，有效地整顿了面粉加工环境，促进了该行业的健康发展。

2009年，县政协八届三次会议召开前，印发提案参考题目45条。大会期间，县政协提案委员会共收到提案61件，经审查立案43件。其中，属于经济建设方面的21件；农林水牧方面的7件；教科文卫体方面的6件；党群、统战、政法及其他方面的9件。大会闭幕后，县政协会同县委、县政府联合召开交办会，将提案分别交付17个县直部门办理。截至2009年12月末，所有提案均在法定期限内办复完毕，办复率100%。这些提案被采纳或吸收到县委、县政府的重大决策和重要政策中，有的则被相关部门付诸实施，对故城经济发展和县城建设起到了积极的推动作用。比如：关于"规范交通秩序，完善交通设施"的提案，引起了政府部门的高度重视，经党政联席会议研究，在京杭大街、工业路、中华街、顺达路等县城交通要道交叉口设立了交通信号灯和路标，并多次组织公安、交通、城管等执法部门，对中华街、广交路转盘至中央商城等主要路段的车辆乱停、商贩占道经营等现象进行了专项治理，明显改善了县城的交通环境，有力地维护了人民群众的生命财产安全。

2010年，县政协八届四次会议召开前，印发提案参考题目45条。大会期间，县政协提案委员会共收到委员提案49件，经审查立案30件。其中，属于经济建设方面的13件；农林水牧方面的6件；教科文卫体方面的5件；党群、统战、政法及其他方面的6件。大会闭幕后，县政协会同县委、县政府联合召开交办会，将提案分别交付13个部门办理。截至2010年12月末，所有提案均在法定期限内办复完毕，办复率100%。这些提案紧扣县委、县政府中心工作，高度关注民生，一些群众关心的热点、难点问题得到有效解决。比如：关于"农村危桥修缮"的提案，引起了县委主要领导的特别关注，并把危桥修建工作纳入了故城的"十二五"规划当中。交由相关部门予以落实，逐年解决。

2011年，县政协八届五次会议召开前，印发提案参考题目42条。大会期间，共收到提案69件，经提案委员会审查立案61件。其中，属于工建交方面的22件；农林水牧方面的11件；财贸、金融方面6件；科教文卫体方面的9件；党建、廉政、政法、统战和精神文明建设方面7件；其他方面6件。未予立案的8件。提案内容主要包括：不断完善加快转变经济发展方式的体制、机制；加大统筹城乡发展力度，把新农村建设与城镇化结合起来；加强县城建设和管理，打造运河文化名城，提高城市化水平；培育壮大农民专业合作经济组织，提高农民组织化水平；加快构建新型农业社会化服务体系，实施基地品牌战略，发展高效特色农业；深化教育体制改革，优化教育资源配置，逐步建立强势学校与弱势学校之间的教师交流制度，缩小校际差距；加强社会治安综合治理，防范和依法打击各类违法犯罪活动，维护社会稳定等。这些提案从不同方面、不同角度、不同层次建诤言、献良策，为促进全县经济社会又好又快发展发挥了积极推动作用。

2012年，县政协九届一次会议期间，共收到提案48件；经审查立案37件。其中，属于经济建设方面的17件；农林水牧方面的7件；教科文卫体方面的6件；党群、统战、政法及其他方面的7件。大会闭幕后，县政协会同县委、县政府联合召开交办会，将提案分别交付15个部门办理。县政协提案委在强化委员提案督办方面，始终坚持“一听、二看、三促、四评”以及“委员是否满意”的工作反馈机制，采取召开提案交办会、定期听取提案办理情况、重点提案跟踪督办等多种方式，确保委员提案件件有落实，案案有回音。截至2012年底，所有提案均在法定期限内办复完毕，办复率100%。比如关于“大力扶持农民专业合作社发展，促进农业增效，农民增收”、关于“加大扶持力度，壮大故城蔬菜产业”等提案，得到了县委、县政府及有关部门的重视和采纳，促进了农业基础设施建设，加速了农村经济发展，推进了新农村建设进程。

2013年，县政协九届二次会议召开前，印发提案参考题目42条。大会期间，共收到提案43件，经审查立案31件。其中，属于经济建设方面的14件；农林水牧方面的5件；教科文卫体方面的7件；党群、统战、政法及其他方面的5件。大会闭幕后，县政协会同县委、县政府联合召开交办会，将提案分别交付22个部门办理。截至2013年底，所有提案均在法定期限内办复完毕，办复率100%。县政协提案委以打造精品提案、重点提案为主抓手，切实抓好委员提案的征集、整理和督办工作。委员提案质量和参政议政水平也得到了进一步提高。比如：关于“改进故城供热方式，实现绿色环保可持续发展”的提案、关于“加强饮水安全工程建设，改善人民群众饮水质量”的提案，受到了县委、县政府领导重视并予以采纳，较好地发挥了提案作为党和政府联系群众，倾听群众呼声的纽带和桥梁作用，在很大程度上避免和减少了社会的不稳定因素，促进了社会和谐。

2014年，县政协九届三次会议召开前，印发提案参考题目38条。大会期间，共收到提案62件，经审查立案38件，合并立案14件。其中，属于经济建设方面的13件；农林水牧方面的10件；教科文卫体方面的9件；党群、统战、政法及其他方面的6件。大会闭幕后，县政协会同县委、县政府联合召开了提案交办会，将提案分别交付18个部门办理。截至2014年底，所有提案均在法定期限内办复完毕，办复率100%。政协提案委坚持组织政协委员开展专题视察调研，使委员们知县情、达民意，为撰写好提案准备充分的资料；同时，坚持为委员们做好联络、咨询、反馈、服务工作，较好地推动了提案办理质量的提高。比如：关于“土地流转的意见和建议”、关于“加强农村水利设施建设，增强抵御洪涝灾害能力”等提案，被县委、县政府及有关部门采纳，促进了农业基础设施建设，加速了农村经济发展，推进了新农村建设进程，使城乡一体化发展上新台阶。

2015年，县政协九届四次会议期间，共收到委员提出的提案65件，经提案审查委员会审查立案48件，合并立案12件，立案率92.3%，5件未予立案，未予立案的经与提案人协商后转化为社情民意向有关部门反映。其中，属于经济建设方面的19件；农林水牧方面的12件；教科文卫体方面的10件；党群、统战、政法及其他方面的7件。大会闭幕后，县政协会同县委、县政府联合召开提案交办会，将提案分别交付26个部门办理。县政协坚持和完善了主席会议督办重点提案、提案委协调督办、委员参与督办等制度，采取民主评议、情况通报、专项视察、协商座谈和办理工作“回头看”等多种方式，不断加大提案督办力度，取得了良好的效果。截至2015年底，所有提案均在法定期限内办复完毕，办复率100%。一大批事关民生的提案，得到了承办单位的高度重视，所提的建议在有关政策文件和部门工作中得到了较好体现。比如：关于“创新招商手段，提高招商引资效率”的提案；关于“抢抓土地流转机遇，发展绿色农业”的提案；关于“治理县城交通秩序混乱”的提案；等等。这些提案从不同的角度、不同的层面，聚焦经济建设、关注民生民情、反映社会热点，突出了提案主题，紧扣了时代脉搏，为促进故城经济社会发展发挥了积极作用。

2016年，县政协九届五次会议召开前，印发提案参考题目35条。大会期间，共收到提案68件。经提案委员会审查立案63件。其中经济建设方面的23件；农林水牧方面的15件；教科文卫体方面的12件；党群、政法统战及其他方面的13件。未予立案的5件，经与提案者协商后，作为意见和建议转有关部门参阅。这些委员提案，既有突出全县中心工作，综合性、全局性和前瞻性强的提案，也有贴近基层、反映民生、体现民意的提案；从不同方面、不同角度、不同层次建诤言、献良策，为促进全县经济社会又好又快发展发挥了积极的推动作用。

2017年，县政协十届一次会议期间，共收到提案60件，经审查立案49件，其中合并立案6件。其中，属于经济建设方面的19件；农林水牧方面的12件；教科文卫体方面的10件；党群、统战、政法及其他方面的8件。大会闭幕后，县政协会同县委、县政府联合召开提案交办会，将提案分别交付20个部门办理。截至2017年底，所有提案均在法定期限内办复完毕，办复率100%。针对换届后新委员较多的实际情况，县政协对全体政协委员进行委员培训，加强委员对提案工作的认识，激发委员撰写提案的积极性。根据政协章程、全国和省市政协提案工作条例，结合故城政协工作实际，通过委员走访、座谈等形式，征求委员对《提案工作条例》的意见和建议，完善了《中国人民政治协商会议故城县委员会提案工作条例》，为提案工作提供了制度保障。为使委员提出高质量的提案。县政协不仅在委员中间征集选题，还组织人员走访基层组织探寻提案素材，通过面向社会广泛征集提案线索，列出提案参考选题，在全会召开之前分发至每个委员手中，便于委员早安排、早调研、早撰写。在提案办理过程中，许多单位采取登门拜访、电话商谈、开会座谈、邀请委员视察调研等方式，加强与委员的沟通联系。

2018年，县政协十届二次会议召开前，印发提案参考题目40条。大会期间，共收到委员提案61件，经审查立案55件。其中，其中经济建设方面的19件；农林水牧方面的14件；教科文卫体方面的15件；党群、政法统战及其他方面的7件。大会闭幕后，县政协会同县委、县政府联合召开提案交办会，分别交给20个承办单位办理，已全部按时办复完毕。在提案办理过程中，县政协多次召开主席会议，对提案工作进行安排部署，并及时开展提案督办活动。组织召开县政协常委会议，听取政协提案办理情况的汇报，对提案办理工作进行总结和督导。承办单位加强与委员的沟通联系，促进了提案工作的落实。这些提案内容丰富、针对性强，许多意见和建议已被吸纳落实或体现到相关政策规划和部门工作中，为推动故城经济社会发展、促进民生改善和社会和谐稳定作出了积极贡献。比如：关于“筑巢引凤，打好高科技人才争夺战”的提案、关于“进一步改善营商环境，助力故城企业发展”的提案，得到了县委、县政府的高度重视和采纳，先后出台了《故城县招商引资优惠政策》《故城县重点项目规范建设办法》《故城县骨干企业发展激励办法》等文件，改善了营商环境，促进了企业转型升级，对故城经济发展起到了积极的推动作用。

2019年，县政协十届三次会议期间，共收到委员提案43件，经审查立案39件。其中合并立案2件，2件未予立案，未予立案的经与提案人协商后转化为社情民意向有关部门反映。大会闭幕后，县政协会同县委、县政府联合召开提案交办会，将提案分别交付18个部门办理。截至2019年底，所有提案均在法定期限内办复完毕。这些提案内容涉及广泛，涵盖了故城经济建设、政治建设、文化建设和社会建设的各个方面，反映了群众普遍关注的热点、难点问题，提出的意见建议具有较强的针对性、可行性，推动了一批民生实事的落地落实，为推动全县经济发展和社会和谐稳定发挥了积极作用。比如：关于“加快学校基础设施建设，解决故城城区学校‘大校额’‘大班额’问题”、关于“解决故城教师编制不足的建议”等提案，县政府在教育基础设施方面谋划了县直三幼新建、第四小学新建、太兴小学改扩建等建设项目。针对教师编制不足、农村教师缺乏等问题，2019 年故城共招录正式在编教师 240 名、人事代理教师 160 名，有效缓解了故城农村教育问题、教师编制不足的问题。

2020 年，县政协十届四次会议召开前，印发提案参考题目 73 条。大会期间，共收到委员提案 53 件，经提案委员会审查立案 49 件。其中合并立案 2 件，2 件未予立案，未予立案的经与提案人协商后转化为社情民意向有关部门反映。四次会议之后，县政协会同县委、县政府联合召开提案交办会，将提案分别交付 19 个部门办理。截至 2020 年底，所有提案均在法定期限内办复完毕。这些提案议题广泛、内容丰富、针对性强，为推动全县经济发展和社会和谐稳定发挥了积极作用。比如：关于“关于发展乡村休闲农业和乡村旅游”的提案，县政府组织相关部门进行了实地调研，召开了专题协商会议，结合故城旅发大会，通过各种途径为休闲农业招商引资，搭建平台，有效推动了故城休闲旅游农业项目的发展。关于“完善故城公共文化服务体系，加快公共文化服务基础设施建设的建议”的提案。县文旅局在县委、县政府的领导下，认真谋划故城公共文化服务体系建设内容，完成 538 个村综合文化服务中心建设，举办新春联欢会、第八届传统文化艺术节等大型文化活动，全面提升了故城公共文化服务体系建设。

2021 年，县政协十一届一次会议期间，共收到委员提案 163 件，经提案审查委员会认真审查，确定立案 156 件。涉及经济金融、农业发展、城市建设、营商环境、文化教育、环境卫生、疫情防控、安全管理、城市交通等各个方面。大会闭幕后，县政协会同县委、县政府联合召开提案交办会，将提案分别交付 36 个部门，各承办单位高度重视、积极联系政协委员认真协商办理，所有提案均在法定期限内办理答复完毕。提案者对办理结果表示满意或基本满意的达 100%。这些提案议题广泛、内容丰富、针对性强，为党委、政府实现决策民主化、科学化，促进故城经济社会各项事业发展起到了积极的推动作用。比如：关于“改善中小企业融资难的建议”，中国人民银行故城县支行积极调研周密部署，进一步落实两项“直达工具”，加强涉农信贷政策导向效果评估结果的运用，全力推动故城银行机构开展“贷动小生意、服务大民生”活动，以实际行动解决小微企业“融资难”问题。关于“进一步增加公办幼儿园的建议”，县委、县政府积极实施学前教育三年行动计划，投资 1370 万元，开展县直一幼改扩建，青罕第什幼儿园、武官寨中心园新建等基础设施建设，增加学位 710 个；同时利用乡镇中小学闲置校舍新办幼儿园，增加学位 3025 个；改扩容农村园，增加学位 930 个，有效改善了学前教育学位不足情况。

2022 年，县政协十一届二次会议期间，共收到委员提案 198 件，经提案审查委员会认真审查，立案 189 件，不予立案 9 件。经与县委、县政府沟通，分别交付 35 个部门，各承办单位高度重视、积极联系政协委员认真协商办理。所有提案均在法定期限内办理答复完毕，提案者对办理结果表示满意或基本满意的达 100%。为服务科学决策、推进各方面工作发挥了积极作用。比如：关于“统筹农村基础设施建设，加快农业生产设施建设，推进乡村振兴持续协调发展”的提案，得到了县委、县政府的高度重视，制定了河湖水系连通治理规划并积极争取到故城县水系连通及水美乡村建设试点项目，最终将实现地表水全覆盖，摆脱农业灌溉对地下水的依赖。关于“居民小区设立充电桩，禁止电动车上楼”的提案，在县公安局、住建局、消防队、社区筹建办等相关单位办理下，打造小区宣传栏、LED 显示屏、条幅等宣传阵地 500 余处，建成并投入使用标准充电桩 60 余处，其他住宅小区充电桩（棚）建设已纳入计划。

同年1月，住故城县的市政协委员活动组提出的关于“进一步优化衡水东南部高速路网、加快推进项目建设的建议”的提案，根据《政协章程》有关规定，由省政协委员、市政协副主席平荣振提交至政协河北省第十二届五次全会。省交通厅高度重视，将该项目列入了河北省“十四五”现代综合交通运输体系规划。

2023年，县政协十一届三次会议期间，共收到委员提案101件，经严格审查，立案89件，不予立案12件。涉及28个承办单位。所有提案均在法定期限内办理答复完毕，办复率和规范率均达100%。这些提案调研充分、分析问题透彻，提出的措施具有针对性和可行性，所提意见的办理落实，在服务经济发展、推动民生改善、助力和美乡村建设、提升城市品位等方面发挥了积极作用。比如：关于“发展壮大农村集体经济、推进农村人居环境整治”的提案。县委组织部、乡村振兴局、农业农村局在巩固拓展脱贫攻坚成果和推进乡村振兴上探索“新型集体化”改革，发展“五位一体”经营模式，截至年底，故城共建设升级美丽乡村50多个，示范效应明显，实现了各方资源共享，为发展农业现代化、规模化、集约化探索了一条可行之路。关于“车辆停放、交通安全、增花密绿、城市排水、河渠治理、垃圾分类”等方面的提案。县委、县政府高度重视，紧紧围绕“高品位、创特色、出精品、惠民生、促发展”的思路，对标先进、正视差距、直面问题、精准发力，实施了28项绿化工程，基本建成了城市、生态、人居和谐发展的城市园林绿地系统。

2024年，县政协十一届四次会议期间，共收到委员提案101件，经审查立案96件，这些提案服务经济发展、推动民生改善、助力和美乡村建设、提升城市品位，凝结了政协委员的智慧和心血，承载了办理单位的责任和担当，对促进全县经济社会各项事业发展起到了重要作用。2024年6月，全市提案工作经验交流会在故城召开。

第三章　文史资料工作

文史资料工作是在时任全国政协主席周恩来的亲自倡导下开展起来的，是一项富有统一战线、政协特点的重要工作，也是人民政协的一项经常性、基础性工作。政协文史资料具有“存史、资政、团结、育人”的重要作用。加强文史资料工作是新形势下人民政协事业发展和社会主义文化建设的客观要求。自1984年故城县成立政协组织以来，坚持把文史工作作为一项全局性工作来抓，成立专门文史资料机构，明确班子成员牵头、组建专题文史工作队伍，广泛征集史料图书资料，共编辑出版了文史资料专辑、专题史料图书和资料汇编19本、400余万字。同时，按照全国政协和省市政协工作安排，积极编辑报送百余篇故城名人、名村、名事等文字、图片、音像资料史料，为宣传推介故城、推动故城县经济社会建设和文化事业发展作出了积极的贡献。

1984年，根据全国第四次文史工作会议精神和省政协的要求，故城县政协重点对原国民党二十九军代军长兼河北省主席冯治安的历史资料进行了“抢救”性的挖掘、整理。一是与冯治安的长子冯丙营取得联系，经过四次通信，从中了解到有关冯治安的重要素材。二是多次走访或邀请跟随冯治安多年的几位老人，用了十几天的时间记录下许多珍贵的资料。三是按照多方提供的线索，我们向外地发函几十封，邀请与冯治安直接间接有关的人给予合作。四是派人几次到北京全国政协、民革中央、北京市民革等单位查找与冯治安有关的历史资料。

另外，根据省政协的要求，政协常委陈家珍同志到保定、石家庄、北京等地找有关知情人士搜集、整理爱国将领商震的有关历史资料。

1987 年 11 月，尹丕杰、陈家珍编著的《河北文史资料第二十三辑——商震将军》一书由中国人民政治协商会议河北省委员会文史资料研究委员会出版发行。同年，县政协还参与了对《国民党三十二军军史》的素材搜集和编写工作。

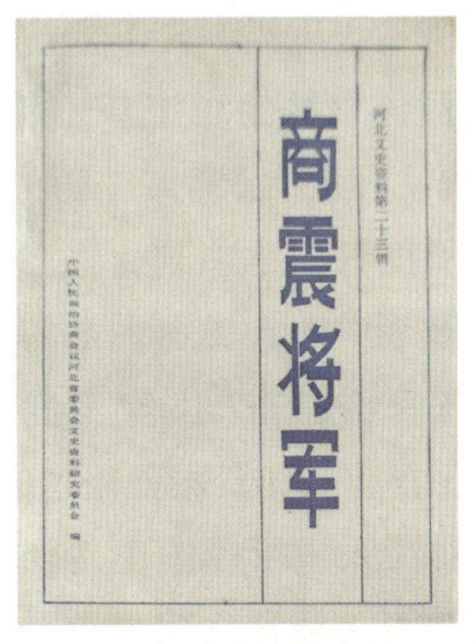

1990 年 4 月，《甘陵今古》一书正式出版。它是一本反映故城历史和现实的书，该书出版后，得到了在全国各地工作的故城籍老干部、在故城县工作过、为故城县的经济发展作出贡献的外籍各级领导以及各乡镇、县直各部门的赞扬和好评。也让一些身在故城却不识故城的青年，通过浏览本书，增进对故城经济社会发展的了解，从而激励起爱乡之情、建乡之志。

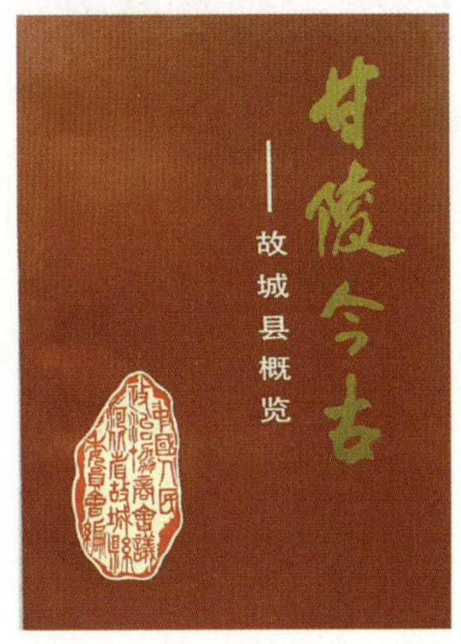

1992 年，县政协撰写的《抗日将军冯治安》和《商震将军》参加了全省文史资料评比，获河北省文史工作十年成果奖。

1995 年，故城县印刷厂印刷出版《冯治安传》一书，该书约 24.3 万字。《冯治安传》由时任县政协副主席的尹丕杰执笔，在广泛访问亲历者的基础上，数易其稿，在叙述冯治安生平的同时，也系统地描绘了冯玉祥及其“西北军”从崛起到溃败的全过程，弥补了有关冯治安资料的匮乏。原河北省政协常务副主席徐纯性指出：“这本传记材料翔实、文笔雅洁，为我省的文史工作作出了新的贡献。”该书被省政协指定为重点书刊，选入河北省政协举办的大型书展。

1996 年，县政协在政协报刊上发表了多篇文章，并向上级政协提供了大量故城史料，县政协文史工作获省政协二等奖，出席了省政协在北戴河召开的表彰大会。文史宣传工作被省政协评为先进单位，出席了省政协在石家庄召开的表彰大会。

1998 年 6 月，县政协组织人员到武汉召开了座谈会，广泛收集整理好故城籍名人资料。分别搜集、整理了窦建德、马中锡、节振国等十五份资料，已入选河北省名人录和衡水市名人录。其中有三篇选入西柏坡纪念馆。

1999—2002 年，按照市政协文史资料征集工作安排，先后整理文史资料 26 篇，包括：隋末农民起义领袖窦建德、农民起义军首领刘黑闼、忠节义士马中锡、抗日名将冯治安、杜锡钧小传、威震敌胆的节振国、李际泰传略、刘振亚传略、龙须贡面、郭庄旋饼、前进中的河北故城地毯工业总公司、故城县八年抗日活动概述、日寇火烧慕庄、巧用哭坟计、“四·二九”反扫荡纪实、老交通黑二嫂、郝诚事略、宁死不屈的梁振芝、胡和道在故城的抗日活动、阎晶昌烈士事略、韩强事略以及抗日英雄徐芳、田宝贵的回忆录等资料，报送市政协后，相继在《衡水历史名人》《衡水近现代名人》《衡水经济史料》《衡水历代作家诗文选注》《衡水古今作家专集》《衡水抗日烽火》等书中出版。

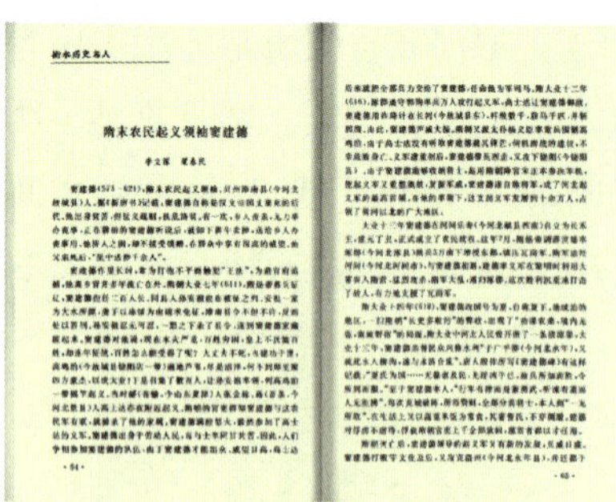
衡水历史名人

隋末农民起义领袖窦建德

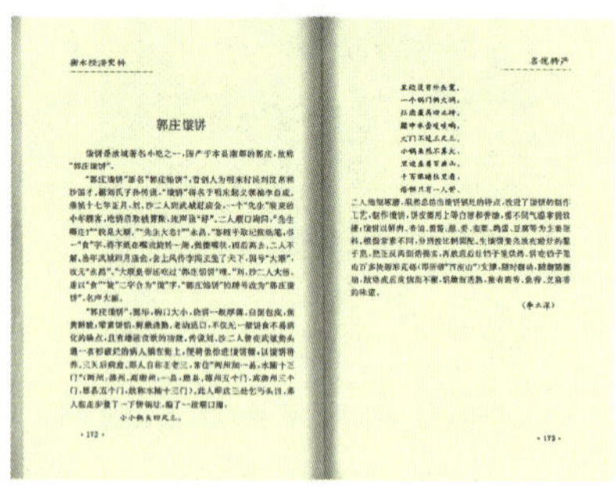
衡水经济史料

名优特产

郭庄馕饼

2004 年 12 月，编辑出版史料《抗日烽火中诞生的名校——冀南运河中学》一书，该书约 22 万字。冀南运河中学，被誉为冀南“小黄埔”、晋冀鲁豫地区“干部摇篮”的盛誉，因遭遇十年“文革”浩劫，所有档案资料荡然无存。时任县政协主席郭居娥，精心组织写作班子，亲赴德州、北京、石家庄等地，通过一些老领导、老教师、老校友的座谈回忆，搜集整理了大量有价值的资料，并聘请县人民银行原行长宫瑞华执笔，于 2004 年底正式编辑出版。2015 年，为弘扬抗战精神，传承“冀南运河中学”抗战文化，县委、县政府决定恢复“运河中学”建制并再版《抗日烽火中诞生的名校——冀南运河中学》一书。

同年，积极配合省政协农委编写《崛起的县域经济》（河北卷）一书，我们筛选“三豆”“瘦肉型猪繁育养殖”“蔬菜种植”等 3 个农业产业发展情况，以图片的形式在该书上进行展示，扩大了故城在全国的影响。

2005 年 9 月，编辑出版史料《铁血狂飙——冀南区“四·二九突围战追记”》一书，该书约 12 万字。县政协聘请县委党史办原主任朱新良执笔，历经一年多的搜集整理，于 2005 年底完成该书的编辑工作。《铁血狂飙》以鲜明的政治立场，以感人肺腑的生动事例，忠实地记录了抗日战争中刻骨铭心的一页。它写出了日寇屠杀中国人民血淋淋的事实，也写出了冀南区军民浴血奋战、突围胜利的英雄气概。无论对于揭露当年日本侵略者的狰狞面目，还是对青少年深入进行爱国主义和革命传统教育，加强社会主义精神文明建设，都具有一定的历史意义和现实意义。

2006 年 8 月，编辑出版史料《昨日硝烟——东高才抗日伏击战钩沉》一书，该书约 6 万字。东高才伏击战，是在“百团大战”期间，我县境内取得的一次全胜大捷。这次战役，取得了冀南战场上第一次缴获日军一门“三八”式野炮的战绩，而这门大炮为解放临清、永年、邯郸等地时屡建战功，后被收藏于中国人民革命军事博物馆内。为抢救故城军民在这次英勇抗击日军中的相关史料，县政协组织编写班子，经多地走访了解，搜集到了大量珍贵的历史资料。《昨日硝烟》以丰富翔实的素材、跌宕的故事情节，描述了故城军民的爱国主义英雄气概和大义凛然的民族气节，再现了当年故城军民英勇抗战的历史画面。

2008 年，根据市政协关于《衡水名村名镇》一书稿件征集的有关要求，搜集、整理、报送郑口镇、故城镇、饶阳店镇、青罕镇、建国镇罗马庄、建国镇霍庄、建国镇郭庄、郑口镇刘堂、故城西南镇、故城镇复立村、武官寨镇周楼、辛庄乡东辛庄、辛庄乡窦堡店、房庄乡董学村、西半屯十二里庄等村镇资料 15 篇近 3 万字。同时，为《再现根治海河》一书的编辑搜集整理资料 2 篇。

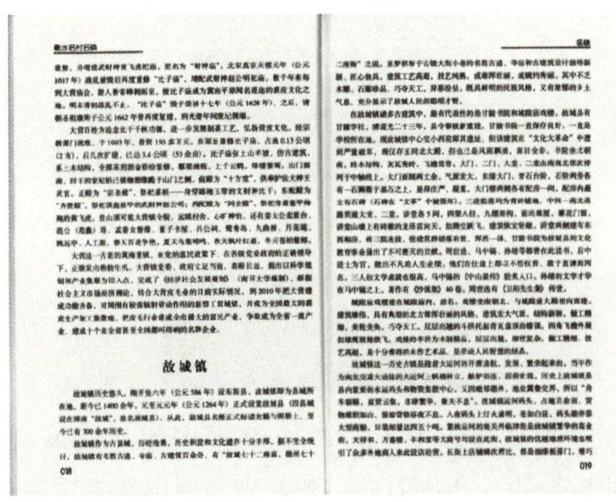
故城镇

2009 年，按照县政协工作安排，搜集整理了 4.7 万字的故城县名人录资料。内容包括：古代故城籍知名人士，近代对社会做出过巨大贡献的故城人士，包括师级以上将领、获得省级以上荣誉奖励的人士、在省级以上刊物多次发表过文章的人士、当代其他在社会上有一定影响的人士、对故城经济社会发展做出突出贡献的人士的等，为编写故城人物志奠定了文字基础。同时，为市政协编写《衡水人物志》报送故城名人资料 4.5 万字。

2012 年，县政协在文史委在人手少、力量弱、搜集难、时间跨度大的情况下，宣传和动员社会一切积极因素，诚邀县内外广大文学爱好者、知名文史专家学者组成了编写班子，秉承“抓重点、创特色、出精品”的工作原则，启动了《东田文集》、《东田漫稿》（马中锡著作）、《故城人物志》、《故城村名民俗文化汇编》四部文史资料的编纂整理工作。各编辑人员在编写过程中广泛搜集线索、精心筛选资料、认真撰写文稿，扎实做好查、访、考、录等各项工作，累计文字达 23 万字，为挖掘整理故城史料，弘扬运河文化付出了艰辛努力和心血。其中，《故城村名民俗文化汇编》史料共搜集、整理村名文化（28 个村镇）、运河拾遗（40 个文物古迹）、传闻逸事（8 篇）、民风民俗（13 类）等方面的文字约 8.5 万，为编辑出版相关史料提供了重要素材。

2013 年，县政协文史委继续做好《马中锡文集选编》《故城名人录》《故城村名文化汇编》三本史料的编写、整理工作。

2015 年，县政协特别组建了特邀文史编撰队伍，系统挖掘整合历史文化资源，开展了《故城人文轶事集萃》《马中锡文集选译》文史资料编撰整理工作。

2016 年 1 月，编辑出版史料《故城人文轶事集萃》一书。该书素材中所涉及的故城村名文化、民风民俗等史料的搜集整理工作，历时三年，后特邀县人大原主任刘石营对本书进行了编修。该书分为“运河回眸”“历史人物”“遗迹寻踪”“村名趣事”四个章节，重点介绍了故城各个地域历史、遗迹、风俗、文化等状况。

2016 年 5 月，由中国文史出版社出版《马中锡文稿选译》一书，该书约 40 万字。马中锡，故城人，系明代两榜进士，累官至正二品左都御史。为了弘扬先贤的风骨精神，继承和发展优秀的故乡人文历史文化，使“运河文化名城”增添更丰厚的底蕴，起到借古鉴今，借古兴今的目的，故城县政协决定出版这本《马中锡文稿选译》。

2016 年 6 月，县政协编辑的《发展中的故城摄影作品集》一书由人民美术出版社出版。为更直接、鲜明地反映故城县城市建设管理的崭新面貌，展示故城经济发展、人文历史和社会事业的变化，县政协通过举办“今日故城摄影大赛”，在全县范围内征集优秀摄影作品，并整理成影集出版。

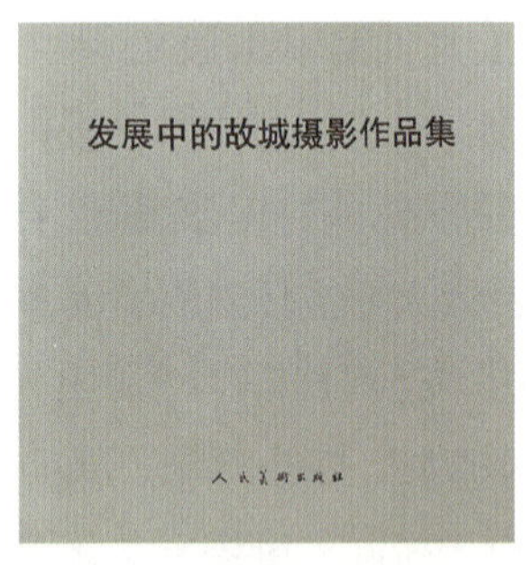

2016 年至 2017 年，搜集编印县政协文史资料 110 多万字。

2018 年 6 月，县政协面向全县征集《衡水记忆（故城部分）》历史照片，并向市政协报送图片 350 张，报送文史书籍 33 册。为纪念改革开放四十周年，向省政协报送参赛作品 3 篇。

2018 年 12 月，县政协编印《庆祝改革开放四十周年摄影作品集》一册，由中国摄影出版社出版。展示了故城改革开放取得的新成就，反映了故城改革开放的新变化。

2019 年 12 月，县政协编辑出版《运河故城 2019》一书。为了让广大政协委员更全面、更具体地了解我县运河文化带建设的基本知识、决策过程、阶段性成果，使政协委员在知情明政的过程中凝聚共识，在宣传推介的过程中汇聚力量，促进了我县大运河文化带的建设，县政协组织编辑了《运河故城 2019》一书，主要内容包括：京杭大运河及故城运河文化、大运河文化带建设的时代背景、故城县大运河文化带建设有力有序推进、有关言论及外地经验四个部分。同时，为纪念人民政协成立 70 周年，积极地向省、市政协报送文史资料 12 篇。

2020 年 5 月，县政协编辑出版《故城文史》一书。由刘石营、朱红梅、周冉 3 人执笔。《故城文史》记录故城的沿革脉络、域内事物的

演变与发展过程，撷取史料中故城县情概述、历史沿革、城镇乡村、运河文化、古今人物等具有代表性经典内容、精彩章节辑录成册，旨在展示故城历史文化内容特色，启迪后人、服务于当代、奠基于未来。更加广泛地弘扬和传承故城传统文化，方便读者了解故城的历史文化精髓，凝聚高质量发展的强大正能量。

同年 10 月，按照省、市政协文史征编工作，报送抗疫人物事迹、书绘画作品、影像资料等 26 篇幅，得到了上级政协的充分肯定。

2021 年 5 月，县政协编辑出版《运河故城 2020》一书，该书约 18.4 万字。为进一步发挥政协文史资料“存史、资政、团结、育人”的独特作用，切实做好知情明政、建言资证和凝聚共识的工作。县政协组织专业人士，精心编辑《运河故城》系列丛书。《运河故城 2020》共分三大部分，分别为知情明政篇、协商议政篇、存史资政篇。该书主旨：一是通过描述故城文化旅游产业发展，展示故城县大运河文化带建设取得的阶段性重要成果，并以此展示故城现代文旅发展的魅力，为委员知情明政、履职尽责搭建新平台；二是通过记录政协协商成效，进一步激发广大政协委员履职尽责的责任感和使命感，为提高委员履职能力、促进委员协商议政成果转化创造新条件；三是通过挖掘故城运河文化底蕴，让大家了解故城的发展历史和辉煌成就，增强新时代高质量快速发展的信心和决心，为建设经济强县、美丽故城增添新助力。

2022 年 3 月，县政协编辑出版《运河故城 2021》一书，该书约 19.1 万字。在党的百年华诞和“十四五”开局的历史节点，县政协编辑出版《运河故城 2021》一书，遵从《运河故城》系列丛书的基本框架结构，共分三个板块：知情明政篇、协商议政篇、文史集萃篇。从不同角度、不同层面，具体、翔实、生动地记录了我县政治、经济、文化、教育、农业等社会各项事业的发展成果，在存史、资政、团结、育人方面发挥独特的作用，也体现了文史工作是一项独具政协特色的长期性、连续性和基础性的工作。该书的出版是县政协围绕中心、服务大局的一项重要举措，是存史资政、凝聚共识的一个重要体现，也是建设“书香政协”、提高委员能力的一个重要阵地。对广大政协委员，特别是新一届政协委员更好地了解县域经济发展状况，更好地履行委员职责，做好凝聚共识的工作具有重要的意义。同年 8 月，组织政协委员李志勇、于盼向上级政协报送文史影像资料两篇。

2023 年 5 月，县政协编辑出版《运河故城 2022》一书，该书约 19 万字。为了实现以史团结人、影响人和教育人，为经济社会发展提供资政借鉴作用，助力广大政协委员和社会各界更好把握党委政府工作中心、更好履行政协委员职责使命，结合当年度县委重大决策部署、县政协重要协商活动和具有乡土特色的文化编辑出版了《运河故城 2022》一书，该书遵从《运

河故城》系列丛书的基本框架结构，共分三个板块：知情明政篇、协商议政篇、文史集萃篇。主要收录了县委政府主要领导在全会上的重要报告，相关部门和乡镇的重要工作和特色亮点，记录了县政协一年来的履职情况和创新工作，整理了部分村庄文化方面的内容，为广大政协委员履行委员职责、提升履职能力提供了方向指引和有益借鉴。同年，将政协故城县第十届委员会重要会议资料汇编成册。

2024 年 4 月，编辑出版《运河故城 2023》一书，该书约 19.3 万字。为社会各界更好地了解故城发展历史和辉煌成就，让政协委员更好地发挥职能作用，进一步统一思想认识、凝聚发展共识，为建设经济强县、美丽故城积极贡献智慧力量，县政协着眼全县发展中的特色亮点工作、受到省市表彰的重要活动、为县域经济发展做出突出贡献的重点企业和优秀企业家等，征编《运河故城 2023》一书。该书主要收录了县委政府主要领导在全会上的重要报告，相关部门和乡镇的重要工作和特色亮点，对县政协一年来的履职情况和创新工作进行了总结性的梳理汇总，同时，为更好地展示我县优秀企业发展过程中的非凡业绩和企业家风采，进一步提升我县企业和品牌的知名度、美誉度和信任度，扩大企业社会影响力，更好发挥骨干企业示范作用，经与相关部门沟通，编辑《运河故城 2023》（企业风采录）。

2024 年 7 月，编辑出版《董子与故城文化研究》一书，该书约 15.2 万字。董仲舒三年不窥园的故事，激励和影响着一代代故城人勤奋好学追求真理，董仲舒撰写的《举贤良对策》与《春秋繁露》，更是历史经典著作，是我国优秀的历史文化遗产。自 2023 年以来，县政协就组织有关人员，在故城县运河文化研究会、董学村文旅公司的大力支持下，对优秀的董子文化资料进行征集和研究，对董仲舒这一历史文化名人在故城的活动进行挖掘和整理，并形成了一批有价值的研究成果，经过一年多的努力，《董子与故城文化研究》文集得以付梓。

第四章　统战联谊工作

人民政协是中国共产党领导的多党合作和政治协商的重要机构，是中国人民爱国统一战线的政治组织。大团结、大联合始终是人民政协的本质特征和政治属性。联谊交友是统战工作的重要内容，也是人民政协发挥统战功能的重要方式。故城县政协始终把增进共识、凝聚人心、汇聚力量摆在政协工作重要位置，充分发挥人民政协代表性广泛、包容性强的优势，坚持以对话求理解，以共识求团结，以包容求和谐，不断加强同各族各界人士的沟通联系，最大限度地做好团结各界、凝聚人心的工作，广泛引导各党派团体、各族各界人士做好协调关系、化解矛盾、理顺情绪的工作，努力维护民主团结、生动活泼、安定和谐的政治局面。凝聚起了故城社会主义现代化建设的磅礴力量。

第一节 对外联谊联络

1984年4月，县政协会同统战部、侨联联合召开了侨眷、台属为“四化”做贡献座谈会，会上12位侨眷、台属发了言，县委、人大、政府、统战、侨联的领导同志参加了会议，县委书记卢汝泽同志介绍了我县的经济形势和县委发展商品生产的指导思想以及参观广东的先进经验。并要求与会人员与海外亲属加强联系，介绍祖国对外开放的政策，动员亲属为振兴家乡经济做贡献，受到全体与会人员的一致好评。

1985年，县政协会同县委统战部、侨办等部门，先后接待了台湾回国探亲的梁德行夫妇和美籍华人范玉林夫妇全家，按照规定，县政协以礼相待，处处提供各种方便，通过谈变化，叙友情，广泛接触彼此增进了解，使他们深受感动，从而激发了他们对祖国、对家乡的热爱心情，同时也宣传了我党对台、对外的一贯立场和政策。春天，一位署名叫李红勋的先生从美国发来书信，恳请政府帮助其寻找分别四十多年的二子李彦彬，县政协了解这一情况后，按照其兄李洪鹏提供的线索，政协亲自写信，终于在河南省滑县找到了其子李彦彬。事后，李彦彬夫妇还亲自到故城政协表示感谢。根据中央的有关文件，县政协还会同县委统战部，对原国民党投诚起义人员进行了摸底登记，经过两个多月的工作，对全县七十多名投诚起义人员的基本情况进行了解，按规定发了投诚起义证明书。会同县委统战部对从台湾回大陆定居的饶阳店乡北仁庄的袁化丰，按照政策进行了妥善安排。

同年，县政协副主席尹丕杰同志，在春秋两季的物资交流大会期间，亲自倡导与县总工会共同组织了“友谊与艺术”座谈会，先后邀请了中国京剧院三、四团的著名演员和省市著名演员到会，两次与我县广大京剧爱好者和业余演员见面，通过艺术交流，增进了友谊，探讨了京剧艺术的发展变化和国内外的重大影响，使所有与会者受到教益，为活跃我县的文化生活增添了新的内容。

1987年，政协副主席尹丕杰同志应邀参加了华北五省市在山西召开的戏剧研讨会，他撰写的论文，曾荣获优秀奖。政协常委陈家珍先生，应邀为河北省纪念七七抗战五十周年一书的负责编辑，并亲自撰写了文章。由于成绩突出，被推荐出席了河北省为“四化”建设服务经验交流会，并被授予荣誉证书。在沟通海峡两岸的信息中，政协常委、台归人员张金海，通过多种方法和渠道传递书信，千方百计牵线搭桥。先后为在大陆的六户家庭找到了在海外失散多年的眷属和亲友，使他们相互之间取得了通信联系。

1988年，先后召开了台归人员座谈会，台属、侨眷为家乡“四化”建设献计献策座谈会等。通过这一系列会议，不仅使原国民党投诚人员和台属、侨眷克服了自卑感，进一步沟通了与共产党和人民政府的感情，而且加深了对党的“爱国不分先后”“只要抗日就光荣”“只要爱国就是团结对象”等政策的理解，自觉地为扩大爱国统一战线服务。如：原国民党爱国将领冯治安的副官、现任政协委员张明诚，在庆祝国共合作共同抗日四十二周年座谈会上说：国共两党有过两次合作的成功经验，第一次合作取得了北伐战争的胜利，第二次合作又取得了抗日战争的胜利。实践证明分裂对谁都是没有好处的。我一定写信奉劝台湾亲友，为和平统一祖国贡献力量。八十多岁高龄的袁化丰先生，是1988年从台湾回大陆定居的。通过目睹家乡的巨大变化，他深有感触地说：流落台湾几十年，无时无刻不在想念自己的家乡，回来后又受到了政府的关心和照顾，感恩不尽。并表示要在有生之年，为祖国的和平统一和海峡两岸人民的早日团聚多做贡献。

原西乡东牟村台胞韩桂增、瓦子庄乡十二里庄台胞吕敬三回家前，怕这怕那，顾虑重重，回来后看到家乡的变化和亲身感受到各级领导的热情接待，消除了顾虑，以肺腑之言倾诉了对党和家乡群众的热恋之情。他们表示，回去后要宣传祖国的巨大变化，倡导在台湾的亲朋好友为祖国统一大业贡献力量。

1988年10月，县政协会同县委统战部，经过多方筹集资金和多次去人实地查看，在冯治安的家乡对其母的墓碑进行了修复。请原中央民革主席屈武为墓碑题了词。这一事例在《团结报》发表后，在国内外都引起了良好反响。接着又会同统战部接待了冯治安在国内的亲属冯新台等人，妥善解决了冯治安之父冯元奎先生及冯治安三弟崇台夫妇的骨灰迁葬家乡等有关墓穴占地问题。还为其主持举行了安葬仪式。对此，他们的亲属一再表示：要将骨灰安葬的情景，通过照片、书信广寄海外，以扩大影响。

在沟通海峡两岸的信息中，政协常委、台归人员张金海，通过多种方法和渠道传递书信八十多封，先后为在大陆的十七位乡亲找到了海外失散多年的眷属和亲友，使他们相互之间取得了联系，有的已回大陆探亲，被地区民革评为模范工作者。

1990年，在会同县委统战部等有关部门接待回国探亲的海外华侨和港澳同胞中，县政协赠送了《甘陵今古》一书，从而使他们了解家乡四十年来的巨大变化，增强了对祖国对家乡的热爱心情。

1991年，县政协会同有关部门接待回国探亲的海外华侨和港澳同胞十多人次。在接待中县政协都主动地向他们介绍祖国的改革和开放政策，动员他们热爱家乡，为我县的经济发展做贡献。10月，认真接待和帮助办理了孙际洲骨灰迁回原籍安葬事宜，使他的亲属很受感动，并多次来信表示感谢。

1993年，县政协会同统战、侨办共接待回家探亲、观光旅游、考察投资的台胞和海外侨胞13起17人次。接待中向他们宣传党和国家的开放政策，鼓励他们回家乡投资办厂，激发了他们热爱家乡的情感。加强与“三胞”的联系，积极主动地开展海外联谊工作。

1994年，县政协共接待回家探亲、观光、旅游、考察投资的台胞和海外侨胞62人次。接待中向他们宣传党和国家的开放政策，鼓励他们回家乡投资经商。激发了他们热爱祖国热爱家乡的情感。8月，县政协会同县委、人大的领导到湖北、湖南两省，慰问我县南下老干部及其家属77人，加强和密切了故乡人民与南下老干部的联系，对促进我县经济发展做了有益的工作。

同年，县政协多次和清河政协、武城政协相互参观学习，交流了情况，增进了友谊，促进了工作。

1996年，县政协开展联谊工作，进一步加强对外联系与交往。当年，引进一家台资企业，建国镇华达汽修厂。并多次和清河、武城、衡水、吴桥、景县、深州等市、县政协加强联系，相互参观学习，交流情况，增进友谊。所有这些，对宣传故城形象，扩大影响，起到一定的促进作用。一年来，共接待回乡探亲的台胞和海外侨胞12人次。接待中，向他们宣传党和国家的开放政策，宣传故城的大好形势，鼓励和提倡他们回乡投资，经商办厂。

1998年，县政协进一步加强对外联系与交往。共接待回家探亲、观光、考察的台胞和海外侨胞126人次。接待中向他们宣传党的方针政策，鼓励他宣传党的方针政策，鼓励他们到家乡投资办企业，激发他们热爱祖国、热爱家乡的情感。县政协还多次和周边市县政协加强联系，相互回到家乡投资办企业，激发他们热爱祖国、热爱家乡的情感。县政协还多次和清河、武城、枣强、阜城、深州等市县政协加强联系，互相参观学习交流情况，增进友谊。对宣传故城形象扩大影响起到一定的促进作用。

1999年，县政协共接待回家探亲、观光、考察的台胞和海外侨胞86人次。接待中向他们参观学习，交流情况，增进友谊。

2000年，常务委员会结合政协自身特点，大力宣传“和平统一，一国两制”方针，多形式、多渠道地开展海外联谊和促进祖国统一工作。国务院台湾事务办公室和国务院新闻办公室《关于一个中国的原则和台湾问题》白皮书发表后，政协与县委统战部、县台办组织部分委员和各民主党派、工商联成员及台胞、台属召开学习座谈会，批驳李登辉的“两国论”，强烈谴责台湾当局妄图分裂祖国的行径。针对台湾地区新领导人上台后，台湾局势的变化和海峡两岸关系的发展趋向，举办了台湾形势报告会。与此同时，加强了与故城籍在台人士的联络工作。

2001 年，为促进祖国统一，积极宣传“和平统一、一国两制”的方针，开展与台湾地区的民间文化交流和人员往来。举办了台湾地区形势报告会，为促进祖国统一做出了积极努力。与此同时，加强了与故城籍在台人士的联络工作，增强他们对祖国统一的认同。

2005 年，进一步加强了与上级政协和兄弟市、县政协之间的联系，积极开展对外联谊，号召县政协的委员在每次外出和接待来访的活动中，都不失时机地宣传我县改革开放的大好形势，宣传我县的招商引资优势，努力提升故城的对外影响力。

2007 年，县政协广泛开展对外联谊交流，积极争取外界支持。县政协通过北京、天津、山东德州、衡水老乡联谊会的平台，加强与在外地工作的故城人的联系，经常向他们通报故城发展的情况，增强他们参与家乡建设、关心家乡发展的信心。特别是发挥像吴以池、王吉群、张凤红等在外地常委、委员的作用，为全县招商引资工作贡献了力量。

2008 年，县政协进一步加强了与上级政协和兄弟市、县政协之间的联系，积极开展对外联谊。政协委员也在每次外出和接待来访的活动中，不失时机地宣传、推介我县改革开放的大好形势，宣传我县招商引资的优惠政策等，努力提升故城的对外影响力。同时，四川汶川大地震之际，广大政协委员和机关工作人员纷纷慷慨解囊，踊跃捐款捐物，充分显示了县政协组织心系灾区、关心同胞的强烈责任感和爱国心。

2010 年，加强了政协系统的沟通联谊工作。分别于 6 月、8 月参加了市政协组织的外资企业座谈会、政协机关创先争优经验座谈会。政协委员也在每次外出和接待来访的活动中，推介我县改革开放的大好形势，宣传我县招商引资的优惠政策，努力提升故城的对外影响力。

2012 年，县政协确定为“联络联谊年”，并着重做好了三方面工作：一是本着“走”出特点，“访”出成效，开展了察民情、知民意、求民智的委员走访活动；二是加强了同景县、阜城、冀州等兄弟政协在提案、文史及工作要点制定等方面的经验交流；三是较好地完成了全国政协文史和学习委员会，对故城段大运河申遗与跟踪调研的接待、筹备以及组织协调工作。

2013 年，县政协先后组织接待了江苏省淮安市政协赴故城考察“大运河文化·遗址”调研活动、衡水市政协“项目立市·工业强市”及“农村面貌改造提升督导”专题调研活动。

2014 年，县政协配合市政协完成了关于开展“企业发展的法治环境”和农村新型社区、农业园区、工业园区“三区同建”在我县的相关专题调研活动，并撰写了《关于改善企业发展法治环境的几点建议》专题调研报告一份；7 月，县政协圆满地完成了省政协农业委员会来故城开展专题调研活动的接待任务，得到了上级政协组织的好评。另外，县政协还加强了同景县、阜城、枣强、德州市德城区、武城等兄弟县政协在各项工作领域的经验交流；通过开展业务交流，密切工作联系，在“学先进、找差距、搞对标、促发展”中，进一步提升了我县政协工作的生机与活力。

2015 年 4 月，县政协圆满地完成了河北省政协关于“城乡教育公平问题”调研组在我县相关调研活动的组织接待工作，得到了省政协副主席卢晓光的高度评价。一年来，县政协还协助衡水市政协圆满完成了关于环境保护、农村面貌改造和文化产业发展等专题调研活动在故城县的组织协调工作，并撰写提交调研报告 3 篇，赢得了市政协的充分肯定。另外，县政协还不断加强与附近市县政协在办公室、提案、文史等工作方面的经验交流，进一步提升了我县政协工作的生机与活力。

2017年，配合市政协专委会就“推进清洁能源供暖、改善大气环境质量”“地下水超采综合治理”等开展视察调研活动，撰写调研报告4篇，被市政协专题调研组采纳，得到了市政协领导的充分肯定。

2018年，承接了省、市政协赴故城考察调研、走访慰问等任务18次，接待其他地区政协学习考察12次，受到了上级政协领导的好评。4月12日，省政协副主席葛会波，来故城走访慰问涉军人员杜振坤。7月26日，省政协副主席曹素华来故城走访慰问退役军人。

2019年，县政协承接了省、市政协以及其他地区政协来故城考察调研、走访慰问等工作任务18次。组织委员参加省政协举办的“庆祝人民政协成立70周年书画摄影展”、市政协举办的“河北衡水文化展”、“董仲舒儒学的历史贡献”专题报告会等活动四次。通过开展对外联谊交流，更好地宣传了故城、推介了故城。

2020年，县政协配合省、市政协就“加快数字化经济发展”“促进消费潜力释放”“加强医共体建设”等开展调研活动13次，撰写调研报告8篇，宣传了故城品牌，提升了故城形象。接受市政协主要领导来我县指导调研8次，接待河南省漯河市政协、德州市政协、清河县政协、雄县政协等来我县学习考察8批150余人次，传递了故城名片、讲好了故城故事。7月30日，省政协副主席曹素华，来故城三朗镇杨福屯村走访慰问退役军人张纪坤。

2021年，换届后承接上级政协来故城视察调研、走访慰问工作任务10次，接待德州市政协、滦南县政协等地方政协学习考察46人次。在外出学习考察中，更加注重把联谊交流与招商引资、推介故城相结合，通过开展联谊交流，讲好故城故事、宣传故城亮点、展示故城形象。

2022年，承接全国和省市政协来故城视察调研、走访慰问工作11次，并积极宣传故城的发展亮点、特色优势。注重加强与人民政协报、人民政协网、乡音等上级媒体的联系交流，报送宣传信息10余篇，被省政协授予“宣传工作先进单位”。通过联谊交流宣传了故城、推介了故城，汇聚了故城发展的强大合力。

2023年，围绕“学习贯彻党的二十大精神、推动政协工作提质增效”，赴重庆、山东、四川等地，学习考察先进市县政协工作的典型经验做法。接待山东省德州市政协、邢台市广宗县政协、衡水市政协以及周边县市区政协来我县学习考察200多人次，大力推介故城优势特色，提升了故城的知名度和美誉度。

2024年，协助省政协研究室就“协商议政、理论研究、社情民意”开展专题调研活动、省政协社法委法律宣讲组开展了“依法护航、守‘未’成长”普法进校园活动；配合市政协在故城组织召开提案工作经验交流会。完成市政协安排的关于“壮大农村集体经济、农村污水治理及和美乡村建设”“推动企业上市”等课题的调研工作。协助协调做好河北省张北县政协关于中医药发展情况来故城考察学习的相关工作。

第二节　对内联系交流

1984年6月底和11月初，县政协两次对全体委员进行了走访，按照委员们所在行业和居住情况，主席、副主席和办公室主任、副主任分片包人，在一个多月的时间里，采取登门访问、小座谈会、下乡开会等多种形式，对家住农村和县直机关的委员进行了走访。通过走访，了解了委员们的工作情况，征求了他们对各方面的意见，体察了他们切身的问题。两次走访，共搜集到委员们提出各方面的建议和意见六十多条。

1985年，按照每年对政协委员进行两次走访的规定，县政协于第一次走访划分了农村、县直两个走访组，用十多天的时间对政协委员普遍进行了走访，重点就政协委员在发展商品生产、做好第三产业、活跃我县经济方面中的经验、问题进行了座谈了解。第二次走访，全县划分了七个片，用七天的时间重点就政协委员在两个文明建设服务中的情况进行了解。在省政协召开了“为振兴经济，现身四化”经验交流会议后，县政协通过不同形式组织和发动委员开展了“出主意、想办法，为振兴故城经济、发展生产进一言、献一策”活动。在统一全体委员思想认识的基础上，主动抓了三项重点工作。一是抓了发展生产的经营大户（五户村）；二是抓了三个不同类型的专业户（王金贞、周秀莲、陈文岭）；三是抓了两个经济联合体（董恒发、扈长友）作为发展生产的骨干和联系点，通过具体帮助和指导，在全县委员中进行了普遍学习和推广，带动和促进了全县经济的发展。

1986 年，县政协组织召开故城县第一次各界人士为“四化”服务经验交流会。

1987 年，县政协利用农闲时间分两次，由主要领导同志带队，对农村委员分六片、县直委员分五个活动组，先后进行了走访。通过同委员们面对面的座谈，及时了解了大家的工作情况，征求了大家对全县各项工作的意见和要求。同时也体察到了大家在开展活动中遇到的困难和问题。通过走访，还联络了感情，加深了友谊，进一步增强了委员们对做好政协工作的责任心和荣誉感。有不少委员当场针对县委、县政府及有关部门工作中存在的问题和需要改进的方面提出了很好的意见和建议，这足以显示出委员们的民主意识和强烈的政治责任感。

1987 年，县政协通过召开国共合作共同抗战胜利四十二周年座谈会、庆祝国共合作共同抗战胜利四十二周年座谈会、党外人士座谈会、中秋节各界人士联欢会等，使各界人士对党和政府的政策有了更加深刻的认识。

1988 年，县政协通过各种形式同全县各界人士广泛进行接触。采取请上来和走下去的方法，广交朋友、联络感情，不断扩大团结面，千方百计地把各行各业的社会知名人士团结起来，为我县经济建设事业的发展贡献力量。先后召开了部分乡村发展商品经济的知名人士座谈会，部分农村带领群众共同致富的知名人士座谈会，部分回乡探亲台胞的亲属座谈会等。

1990 年下半年，在各乡镇建立了政协联络组，由一名副乡级领导同志任组长。同时，把走访委员，广泛征求意见作为政协组织及时了解下情，更好地发挥职能作用的形式。由县政协领导同志带队，对农村委员普遍进行了走访，同委员们进行面对面的座谈，不仅进一步加深了县政协机关和委员们之间的感情，同时也更多地搜集到人民群众对党和政府的意见和建议，为政协组织更好地发挥政治协商、民主监督的职能作用提供了更加可靠的依据。

1991 年下半年以来，由政协领导同志带队，对农村委员普遍进行了走访，这不仅进一步加深了县政协机关和委员们之间的感情，同时也搜集到人民群众对党和政府更多的、更具体、更真实的意见和要求。为政协组织更好的参政议政起到了良好作用。

1993 年，县政协为充分发挥政协委员中厂长、经理和企业家的聪明才智，广泛开展了建功立业评比活动，激发了他们的积极性，为故城县的企业发展起到了积极作用。

1996 年，县政协为便于保持同乡镇政协工委联系，有力地指导下面开展工作，除召开各种会议外，每次常委会都轮流邀请部分工委主任列席听取意见，沟通情况，以便他们更好地协助当地党委、政府开展工作。

1999 年，县政协组织广大政协委员认真学习有关文件，按照县委部署，积极开展揭批“法轮功”的斗争。政协多次召开学习座谈会，学文件，摆事实，论危害，深入揭批。使委员们认清了邪教的性质严重危害和增强了政治辨别力。

2000 年，县政协积极协助党委政府做好社会稳定工作。加强统一战线内部的思想政治工作，引导政协各参加单位和广大委员正确认识形势，时刻保持清醒头脑，坚定正确的理想信念，牢牢把握正确的政治方向。围绕改革中出现的利益关系调整、农民负担、下岗职工再就业等热点、难点问题，组织动员政协各参加单位和广大委员积极做好各自所联系成员和群众的思想政治工作。广大政协委员充分发挥在基层有较大影响的优势，主动排解纠纷，化解矛盾，使一些问题和矛盾在基层得到解决。积极宣传国家的宗教政策，认真做了天主教、伊斯兰教的工作，抵制了梵蒂冈封圣活动。团结了爱国宗教人士，积极引导宗教与社会主义相适应。坚持开展思想政治工作与办实事相结合，继续开展扶贫帮困活动，帮助群众解决生产生活中的一些实际问题。

2001年，加强同民主党派、无党派人士、人民团体和各族各界代表人士的联系，拓宽民主渠道，通过各种形式，沟通思想、增进共识。充分发挥民族宗教界委员的作用，认真学习、宣传和贯彻全国宗教工作会议精神和国家的民族宗教政策，广泛团结信教群众共同致力于建设中国特色社会主义事业，进一步引导宗教与社会主义社会相适应。团结广大政协委员和各界人士，继续同“法轮功”邪教组织做坚决斗争。要广泛了解和反映社情民意，多做协调关系、化解矛盾、增进团结的工作。要积极宣传“和平统一、一国两制”的方针，为实现祖国完全统一作出积极贡献。

2003年，按照政协七届一次全会的工作计划，年终县政协领导和机关人员分成四个组，分别对全县近百名委员进行了走访。通过走访，听取了委员的意见，增强了委员的责任意识和参与意识。2003年12月23日，县政协主席郭居娥到建国镇、军屯镇、西半屯镇走访县政协委员，并组织部分政协委员召开了座谈会。座谈会上，委员们畅所欲言，各自对一年来的工作情况进行了汇报，并对人们关心的热点问题积极建言献策，委员们纷纷表示，要充分发挥政协委员作用、积极参政议政，围绕县委、县政府的中心工作做好本职工作。

2004年1月5日开始，县政协利用一周的时间，分成四个小组对全县的政协委员进行了慰问走访。这次走访采取集体走访和个别走访的形式，共举行座谈会二十一次。同时，还参观了部分经济界委员的企业。通过走访进一步加强了新一届政协委员们之间的联系和沟通，使他们对发挥自身作用有了更明确的认识。走访中，委员们畅所欲言、各抒己见，在对新一届县委的工作给予充分肯定的同时、对今后全县的发展也提出了许多合理化建议和意见。如发改善发展环境、发展特色农业、修建村级公路等。1月12日，故城县政协与县委统战部联合召开了全县各界人士迎新春座谈会。

2004年年初，从委员企业中筛选10家企业作为政协重点联系单位，增强与他们的联系，定期召开研讨会。通过调研10家企业的发展情况，以点带面，采取多种形式，查找问题，搜集整理一些共性的东西，用于指导其他委员创办企业的发展。此外，开展企业结对子活动，帮助同行企业互通有无，取长补短，增强县域行业经济的整体合力。

2004年7月29日，县政协组织召开驻县市政协委员座谈会，会上，围绕“创建环境优势和人才优势”进行了协商讨论。

2004年9月21日，县政协在农业宾馆召开庆祝人民政协成立55周年座谈会，政协各参加单位和各界别委员代表参加座谈会。县政协主席郭居娥，副主席翟占禹、田登书、夏建民出席座谈会。县委副书记宋英璞出席座谈会并讲话。与会人员认真回顾了政协成立55年来走过的风雨历程，回顾故城政协成立20周年来所走过的不平凡历程，大家在座谈中踊跃发言，畅谈人民政协在政治协商、民主监督、参政议政等方面发挥的积极作用。

2004年10月28日，县政协组织召开乡镇政协委员活动组长座谈会，会上宣读了《关于建立县政协委员参政议政情况档案的实施意见》，各个乡镇分管政协工作的领导同志汇报了本乡镇政协工作和委员学习月活动情况，政协主席郭居娥作了讲话。

2005年1月11日至14日，县政协主席郭居娥，副主席翟占禹带领政协机关工作人员对县直各政协委员进行走访慰问。这次走访慰问活动，按照县直政协委员界别划分行政事业、农业、企业、教文体、医药卫生等7个组进行分别走访。首先宣读政协故城县委员会致委员的慰问信，各组委员就2004年全县各项工作和社会各项事业进行了热烈的讨论，政协主席郭居娥就如何进一步发挥委员主体作用、政协委员活动组工作和即将召开的七届三次全会的筹备工作讲了意见，座谈会由常务副主席翟占禹主持。

2006年1月11日至13日，县政协班子成员带领机关工作人员分别在国土资源局、衡荣制线有限公司、粮食局、建设局对四个县直委员组进行了走访慰问，同时，还分把13个乡镇分为四个组进行了走访慰问。发放了《致全县政协委员的慰问信》和《县政协提案委员会致县政协委员和政协参加单位的信》，了解了委员生产生活情况，听取了与会委员的意见建议。

2007年1月10日至12日，县政协班子成员带领机关工作人员，分四组分别在广电局、县招待所、农业局、电力局开展了走访县直委员活动，同时，按地域分四组走访了乡镇政协委员，向广大政协委员发放了《致全县政协委员的慰问信》和《县政协提案委员会致县政协委员和政协参加单位的信》。同年，加强了专委会、委员活动组的建设。县政协根据界别把全县委员分成18个活动组，加强了对活动组开展活动的领导和管理。

2008年12月16日至19日，县政协班子成员分别带领政协机关工作人员分组走访慰问乡镇政协委员。每到一处，县政协走访慰问组向县政协委员发放《致县政协政协委员的慰问信》和《政协提案委致政协委员和有关单位的一封信》，并与政协委员就全县的工作和社会各项事业的发展进行座谈，与会委员也结合自身的工作、生活实际，畅谈2008年全县在中共故城县委的领导下，取得的有目共睹的成绩，全县发生的可喜的变化，对故城的发展前景充满了希望。

2009年9月23日，县政协在县招三楼会议室，组织历届县政协离退休老领导，县委顾问、县政协班子成员、各界人士代表召开故城县庆祝新中国成立60周年暨人民政协成立60周年各界人士座谈会。会议首先对甘陵酒厂、商贸中心进行了视察，座谈会上，县政协主席张海英同志致辞、各位老领导及与会的同志们进行了发言讨论、县委书记李哲民同志发表了讲话。座谈会由县委常委、组织部部长尹占民主持。

2009年11月底，县政协班子成员分别带领政协机关工作人员分组走访慰问县直政协委员。每到一个活动组，县政协走访慰问组首先宣读了县政协《致政协委员的慰问信》和政协提案委《致政协委员和有关单位的一封信》，与会委员也结合自身的工作、生活实际，就人民群众关心的热点、难点问题进行了热烈的讨论。

2010年12月，县政协班子成员分别带领政协机关工作人员，分组走访慰问全县政协委员。走访活动中，县政协向全体政协委员发放了《致政协委员的慰问信》和《政协提案参考题目》，各班子成员与政协委员就全县的工作和社会各项事业的发展进行了座谈。

2012年12月17日至21日，县政协班子成员分别带领政协机关工作人员分组开展走访委员活动。走访过程中，发放了《致全体政协委员的慰问信》和《故城县政协九届二次全会提案参考题目》，县政协领导班子与委员们面对面交流谈心，了解委员们学习、思想、生活、工作及履职情况，积极动员广大政协委员为我县经济社会又好又快发展建言献策、献计出力。与会委员也分别结合自身工作、生活实际，就人民群众关心的热点、难点问题进行了热烈讨论，对故城的发展前景充满了希望和信心。同年，县政协认真贯彻落实省、市、县委关于“两个环境”建设的工作要求，通过在全体委员中开展“五个一”（即：献一策，招一商，扶一企，帮一户，践一诺）活动和在委员企业中开展“比总量、比增幅、比贡献，看亮点、看变化、看后劲”的“三比三看”活动，积极动员和引导广大政协委员在参与发展，服务发展中成为改善环境的排头兵，全民创业的领头雁，以一肩担双责的高度使命感和责任感，在推动全县经济跨越发展的大潮中展现风采，建功立业。

2013年12月17日至20日，县政协班子成员分别带领政协机关工作人员分8组对县直委员和乡镇委员开展走访活动。走访过程中，县政协领导班子与委员们面对面交流谈心，了解委员们一年来学习、思想、生活、工作及履职等情况，积极动员广大政协委员为全县经济社会又好又快发展建言献策，献计出力。座谈会上，发放了《致全体政协委员慰问信》和《故城县政协九届三次全会提案参考题目》，与会委员们也分别结合自身工作、生活实际，就人民群众关心的热点、难点问题进行了热烈讨论。

2014 年，为全面发挥委员的主体作用，在借鉴兄弟市县政协和总结往届政协委员管理经验的基础上，创新了委员管理机制，建立了委员履职档案。将委员参加政协会议、视察调研活动、撰写提交提案和反映社情民意信息等情况记入个人履职情况管理档案，委员履职档案将作为评选优秀政协委员和提名推荐委员连任的重要参考依据。

2016 年 1 月 14 日，县政协在政务中心二楼会议室召开 2015 年度走访委员座谈会，会上，发放了《致全县政协委员的慰问信》《关于征集政协九届五次全体会议提案的通知》，宣读了县政协关于举办 2016 年“今日故城”摄影大赛的通知。各位委员分别结合自身工作实际，围绕推进全县各项社会事业的发展，提出了很好的意见和建议。

2017 年，县政协按照“懂政协、会协商、善议政”的要求，邀请市政协专委会领导对全体政协委员进行专题培训，认真组织学习了《政协章程》《提案工作条例》和其他政协业务知识，使新一届政协委员及时进入了角色、适应了工作。

2018 年 1 月 15 日至 19 日，县政协把县直委员分为三个组、乡镇委员按地域分为三个组，由各位副主席带领机关工作人员，积极开展联系委员活动，联系走访委员 200 多人次。走访活动中，印发了《致全县政协委员的慰问信》和《关于认真撰写政协十届二次会议提案的通知》通过与委员们面对面交流，进一步了解委员们一年来的思想、生活、工作情况，引导广大政协委员认真学习党的十九大精神，不断增强政治意识、大局意识、核心意识、看齐意识，在新时代中找准位置，在新任务前选准角度，积极主动地融入到全县发展大局中来。2018 年 3 月 22 日，县政协十届六次常委会议通过《政协故城县委员会委员管理办法》。

2019 年，为使委员能够更加及时顺畅地履行职责，而且能更加便捷地行使民主权利，县政协创建了网络议政平台，全体县政协委员都加入了议政平台。同年，在机关园内建立了委员活动室、委员阅览室，为加强委员学习交流、发挥委员主体作用、开展履职尽责活动创造了条件。12 月底，由两名县政协副主席带队，积极开展联系委员活动，共走访看望委员 280 多人次，发放了《关于认真撰写政协十届四次会议提案的通知》。委员们围绕促进全县经济社会发展以及身边人民群众关心的工业、农业、城乡建设以及民生等问题展开讨论，提出了意见建议；同时也就各自在生产、生活及工作等情况进行了面对面交流沟通，并表示要认真学习贯彻习近平新时代中国特色社会主义精神。

2020 年，县政协通过政协网络议政平台发出了《关于助力打赢新型冠状病毒性肺炎疫情防控阻击战的倡议书》，号召全县广大政协委员，充分发挥模范带头作用，为打赢疫情防控阻击战贡献政协智慧和力量。广大政协委员积极响应，纷纷立足本职，开展医疗救助、爱心捐助等疫情防控工作。2 月 21 日发出了《政协故城县委员会关于做好疫情防控期间，有序推进复工复产工作的倡议书》。各界别委员发挥自身优势、以实际行动践行了政协委员的初心使命。通过网络议政平台、座谈会、调查问卷等形式，广泛征求社会各界的意见和建议，为企业复工复产找良方、破难题。提出了“分类施策，保障企业物资供应”“精准指导，加强当地工人技能培训”等意见建议 16 条，得到了县委、县政府的采纳，受到了企业的好评。

2020 年 4 月 14 日，经县政协十届十五次常委会议审议通过《政协故城县第十届委员会委员活动组分组办法》。根据《中国人民政治协商会议章程》和县政协工作实际，为充分发挥新形势下政协委员作用，提高人民政协履行职能水平，将政协委员活动组调整划分为13个乡镇活动组和5个县直活动组（经济组、农业农村组、教育文化卫生组、工建交组、社会法制和民族宗教组）。每个委员活动组设组长1名，副组长1名，负责本委员活动组的组织工作。其中组长和一名副组长选取政协委员任期长在该界别影响力较大，社会责任心强的人担任。乡镇政协委员活动组，由各乡镇负责政协工作的主管副职担任联络组组长，负责组织乡镇政协委员开展履职活动。各委员活动组要围绕县委、县政府中心工作，根据县政协主席会议有关要求和县政协工作要点安排，参加视察、调研及民主监督等活动，并组织委员发表意见、交流经验，撰写调研报告及发言材料，为我县经济社会各项事业的发展建言献策。活动组组长、副组长负责本组视察调研、民主监督等各项活动的组织、协调工作。组织委员开展理论学习，传达中央和省市县有关会议精神。

2021年，制定出台了《县政协十一届委员会委员管理办法》，持续完善委员履职档案，建立履职台账，记录委员出席会议、参加视察调研、提交提案、撰写发言材料等履职的情况，坚持一人一档、一事一记，切实加强委员履职管理。同时进一步完善网络议政平台建设，畅通网络议政渠道，使政协委员建言献策、履职尽责更便捷、更高效。

2022年，建立完善了“政协履职综合信息化平台”，进一步提高了对政协委员履职管理的能力和水平。为推动广大政协委员开展学习交流、履行职责，以县直和乡镇活动组为依托，建设17个“政协委员协商议政室”，实现了政协委员履职阵地的“全覆盖”。

2023年，修订了《县政协委员联系界别群众工作暂行办法》《县政协关于强化政协委员责任担当的意见》等制度文件，加强政协委员之间、委员与界别群众之间的联系交流，调动了政协委员履职尽责的主动性、积极性。

第五章　会议发言

会议发言是政协委员和政协各参加单位及政协各专门委员会，在全体会议和常委会议期间，履行政治协商、民主监督、参政议政职能的一种重要形式。会议发言是委员责任感、使命感和履职能力的集中体现，是党委政府了解情况、听取意见的重要渠道。会议发言分口头发言和书面发言两种形式。县政协的会议发言工作始于第六届委员会。二十多年来，县政协充分利用会议发言这一履职形式，紧紧围绕全县经济建设、政治建设、文化建设、社会建设和生态文明建设中的重大问题和人民群众普遍关注的重要问题，以会议发言的形式，积极建言献策，为全县经济社会发展、民生改善提出了许多高质量的意见建议，得到了县委、县政府主要领导高度重视。根据现有档案资料，对政协委员在全体会议和常委会议期间的发言情况作简要记录。

第一节　县政协全体会议发言材料（摘录）

关于紧紧抓住战略机遇期加快我县经济发展的建议

（2004年2月18日）

县政协副主席　田登书

党的十六大报告明确指出："21世纪头二十年，对我国来说，是一个必须紧紧抓住并且可以大有作为的重要战略机遇期。"根据有关专家的科学分析和预测，21世纪头20年内我国有可能获得较长时期较为有利的国际环境，较为充分的内外发展条件，是全面建设小康社会的建设期，是经济结构的重大调整期，是我国发展的战略机遇期。能否抓住这个战略机遇期并实现这期间全面建设小康社会的奋斗目标，直接关系到2050年能否实现将我国建设成为中等发达国家标准的大问题。这不仅是一个经济问题，更是一个重大的政治问题。因此，充分利用这头20年的时间，抓住机遇，加快发展，意义十分重大。那么，如何抓住战略机遇期，我想提以下几点建议。

一、认清形势，增强政治责任感和历史使命感

国际形势方面，世界多极化、经济全球化仍是当今国际格局演变的两个主要趋势。从世界政治形势来看，虽然世界上局部战乱、紧张、动荡时有发生，但国际形势的基本态势仍是总体和平、缓和、稳定。虽然在维护世界和平、促进共同发展方面，世界各国正面临着新的挑战，但我国是主动的，政治形势是有利的。主要表现在，我国与发达国家、周边国家及世界其他各国的关系明显看好，比如，上海经济合作组织的建立和发展，亚太经合组织的建立，东盟十加三，中欧关系的发展，等等，这些都是具体的体现。一个最主要的体现，就是我国顺利加入了WTO，这不仅是经济方面的胜利，更是政治方面的重大胜利，它进一步表明我国在世界政治舞台上将发挥重大作用，国际威望和形象日渐升高。从世界经济形势来看，世界经济逐步回升和结构调整明显加快，对我国经济发展在总体上也是有利的。世界经济的复苏，更加促进了世界资金、项目、人才向中国的进一步流动。2002年起，我国已成为世界第一引资国，制造业在世界各国中名列第四位。中国正在成为"世界工厂""世界制造业中心"。我县外贸加工出口额逐年上升，2003年又有几个合资企业成立，这一切表明，世界各国都在看好中国。目前，我国已经成为新一轮投资热点的地区，国外资本特别是制造业向中国转移的步伐加快。这为我们引进国外资本改造提升传统产业、发展高新技术产业都提供了良好的机遇。国内方面，据专家预测："2004年我国经济风采依然，稳定回升。"中国经济经过了10年从高峰到低谷的过程，将迎来新一轮经济增长。1. 经济增长率，将依然保持高速增长，维持在8%以上的增长不会有问题。2. 税率方面，基本税率不会有太大的变化，但在农业税等某些领域，会体现出国家扶持某些产业发展的意图。3. 通货膨胀率，将温和地上升，也就是老百姓将看到物价指数上扬。4. 失业率，会保持一个动态的稳定。也就是说，我国经济产业结构调整会加速，市场选择的力量会明显地显现

出来。一些新兴行业将在市场资金的推动下出现加速发展势头，从而提供大量新的就业机会，而同时一些老弱病残的企业会被加速淘汰，下岗再就业问题依然突出。5. 利率，可能会出现小幅上升的趋势。一方面因为外资流入中国的势头仍然旺盛，我国基础货币供应量增加；另一方面，政府为了适度控制物价指数和通货膨胀率的上升，可能采取温和的升息手段调控，防止经济过热。6. 汇率方面，我国政府还会坚持人民币汇率长期基本稳定的原则，尽可能避免在经济快速发展的同时出现重大波动综合国际国内形势，如果不出现重大突发事件，2004年的中国，可以说是资金涌动的一年，是机会涌动的一年。中国经济这艘大船，已经加好了油，正在扬帆起航。而机会，总是留给那些有准备的人。这就给我们提出了一个问题：我们应当怎么办？我认为，首先应当增强政治责任感和历史使命感，扎扎实实地解决我们在思想、体制、机制等方面存在的一些具体问题，牢牢把握发展这个第一要务，聚精会神搞建设，一心一意谋发展。

二、总结经验，创新管理体制、管理方式和方法，提高管理水平，推进发展速度

以史为鉴，可以知兴替。总结经验，既要总结历史的经验，又要总结现时的经验；既要总结国外的经验，又要总结国内的经验，更要弘扬自己的成功经验。要在总结经验的过程中找出改革和发展的办法，这是我们立足长远，着眼当前，缩小与发达地区的差距、解决经济社会发展中存在的矛盾和问题的一个重要举措。通过总结经验，找出我们的差距和问题，找出我们落后的根本原因，更要找出我们的努力方向和解决办法，以至不走弯路或少走弯路，加快各项事业的发展速度，实现跨越式发展目标。这是总结经验的根本目的。为达此目的，我认为应做到以下几点。

一是重视成功经验的总结和推广，用他山之石，攻自己之玉。广泛深入地研究各地快速发展的成功经验，结合我县实际，确立具有故城特色的发展思路。远的不必说，就我省我市就有许多成功的范例可资借鉴。比如清河县为把羊铖产业做大做强，专门成立羊绒产业发展局，安平丝网业和枣强大营皮草业也有发展壮大的经验，景县有发展国有企业的经验，冀州区有加快小城镇建设的经验，等等，这些成功的典型，表面情况各异，其实有内在的规律性，只要深刻认识，联系实际，认真学习，必将推动我县经济的快速发展。

二是把研究成果全部交给各级党政领导干部、企业管理干部甚至广大的人民群众，避免工作的盲目性和随意性。目前，在我们的管理体制方面还存在不少问题，管理机构及其职能设置还有待进一步理顺和完善，管理方式方法还比较陈旧落后，有不少的领导干部还不适应飞速发展的形势需要，不知道如何有效地开展工作，工作中存在着不少“瞎子摸象”的问题。这些问题的存在，也是导致我们落后的重要原因之一。我们应把总结经验的过程变成成功解决这些问题的过程。凡事预则立，不预则废。我们的目的就是要把一切先进的管理发展经验为我所用。比如，我们仍然也可以保持利用学习日更多地邀请专家学者给各级领导班子成员讲政治课、经济课、文化课，以提高领导者的素质和决策的水平；也可以实行聘任制，聘请高级顾问，参与我县重大事务的议事和决策；也可以采取一些特殊的改革策略去谋求经济的快速发展；等等。在争相发展、争先恐后的激烈竞争中，我们要加大开拓进取的力度，否则没有特殊的政策，没有特色，没有创新，落后于人的局面将很难改变。

三、理清思路，突出重点，坚持与时俱进，进一步谋划新的经济增长点

现在，在这20年战略机遇期内的努力方向是明确的，就是全面建设小康社会。我们制定了2004年工作纲要，我们确定2004年为加力

提速年，这些思路的提出是符合故城实际的。特别是经过多年发展，我县已形成了制动材料、裘皮手套、玻璃钢等一批具有一定规模和基础的特色产业。这是加快我县工业发展的巨大潜力和优势所在。我们要立足这一优势，谋划实施一批市场前景好、科技含量大、带动作用强的重大龙头项目，并加快我县传统产业的改造升级步伐，使全县特色产业步入快速发展的轨道。

四、创新机制，为切实把握住战略机遇期提供可靠保证

一是要建立科学的民主决策机制。在每一项重大决策出台之前，既要广泛听取专家学者的意见，又要广泛征集人民群众的意见，并把这个过程作为凝聚民心的一个过程做实做细，从而使党和政府的决策更加称民心、合民意，使全县各族各界人民群众事业同心，目标同向。要通过每一项科学的正确决策，把全县人民的思想和行动，凝聚到全面建设小康社会的艰巨任务上来，坚定不移地以经济建设为中心，一切工作都围绕着中心转，干好每一天，抓好每一年，走好每一步，一直干到2020年目标实现。

二是要继续强化民本思想，以民为本。这也是落实“三个代表”重要思想，立党为公，执政为民的本质要求。我们要充分尊重广大劳动人民的发明和创造，要采取科学的办法和措施，最大限度地把人民群众的积极性和创造性引导好、发挥好、保护好，切实维护好、实现好最广大人民群众的根本利益。特别是在深化改革、扩大开放的今天，对一些新鲜事物要加强引导和保护，而尽量不要采取“封杀”的措施。这方面的经验教训也是深刻的。我们应当记取，否则，势必影响某项事业或某个行业的发展。

三是要继续深入扎实地在全县开展好“三创一争”活动。开展此活动，符合我县实际，也是县委正确的决策。关键是不要流于形式，不要走过场，要在“深入扎实”上作文章，真正解决我县在体制、人才、环境等各方面存在的问题。用发展统一思想，以事业凝聚力量，切实抓住战略机遇期，加快发展，争先晋位，尽快改变我县经济基础差、底子薄、总量小、欠发达的现状，这是大势所趋，也是民心所向。

关于注重生态环境保护、促进可持续发展的建议

（2005年2月28日）

县政协秘书长　梁春民

生态环境，是人类生存和发展的基础。优美的生态环境已经成为衡量一个社会文明程度高低的重要标准。改革开放以来，尤其是近几年来，在中共故城县委、县政府的领导下，我县取得了令人瞩目的成绩，经济持续增长，人民物质生活水平显著提高，生态环境保护与建设工作成绩突出。但是，受政府财力十分有限等因素的影响，给现阶段的环境保护工作带来了很大的压力。

一、目前我县生态环境质量现状及其形成原因

1. 大气环境

近年来，县城空气质量总的来看污染程度依然较重，主要污染物为悬浮颗粒和降尘，且季节性变化明显，冬季污染明显重于其他季节。这与我县能源结构以煤为主所产生的煤烟型污染有很大关系，降尘主要来源于燃烧产生的煤

尘、道路交通施工和工地厂房建筑施工的扬尘及汽车尾气的污染。

2. 水环境

地表水水体污染是我县水环境面临的一个大问题。我县的河流污染严重，特别是县城排渠水质污染尤为严重，且呈现加重的趋势。

我县可利用的水资源十分缺乏，无大江大河过境，境内多条河流基本上常年干涸，地面水除武北沟接纳运河上游污水外，几乎无季节性地面水源，河道中水体流动缓慢，自身净化能力差，加上工业污水的违规排放、生活污水大量增加且处理率低，这些原因综合导致了我县河网水体污染严重。随着经济发展对水资源需求的进一步加大，全县水资源的供需矛盾将会更加突出。

改善生态环境质量是全面建设小康社会重要的组成部分。党的十六大在全面建设小康社会的战略目标中明确提出要实现“可持续发展能力不断增强，生态环境得到改善，资源利用效率显著提高，促进人与自然的和谐，推动整个社会走上生产发展、生活富裕、生态良好的文明发展道路”。

二、生态环境保护与建设的建议

1. 建立和完善环境政策体系，加强政府综合决策能力

在制定经济和社会发展规划时，要以整体性、时空性、科学性、民主性原则为指导，充分考虑到环境和资源的承受能力，在确定经济发展目标时，要把“速度快”与“效益好”统一起来；政府及有关部门要不断调整社会发展规划的内容、制定方式和程序，使之更加符合生态建设和环境保护的要求，从而有效地推动我县朝着可持续发展的方向发展。要结合我县经济和社会发展的需要，以利于创造优美人居环境为目标，建立一套生态环境指标体系，为我县生态建设和环境保护战略政策和行动计划的制定提供重要依据。

2. 采取有效措施，开展污染综合治理

加大集中供热面积，推广使用环保锅炉，最大限度地减少烟尘、二氧化硫的污染，从源头上削减污染物排放总量；加强对建筑、道路拆迁等施工工地的监督管理，实行文明施工，围挡作业，减少施工扬尘对城市空气的污染；改善路况，减少交通堵塞，提高行车速度，减少机动车尾气排放污染；实行严格排污许可证制度，进一步削减污染物排放量；提高工业废水和生活污水的处理率，减轻对河流和地下水的压力。

3. 加强环境管理，促进生态环境保护工作

要按照污染防治设施与建设项目“同时设计、同时施工、同时投入运行”的“三同时”原则，严格控制新污染源的产生，对污染严重又难以治理的项目实行“一票否决”；鼓励污染企业采用环保技术，做到“增产不增污”；抓好企业污染治理工程，确保我县工业污染源全面达标，并不断提高工业污染源达标排放水平，在环境管理与污染治理中实现“三个转变”，即：对污染物排放要求要由浓度控制向总量控制转变；对污染物的控制重点要由企业的末端治理向生产全过程控制转变；对污染物的控制方式要由点源治理向集中控制转变。

4. 优化产业结构，推动循环经济发展

当前人类社会的发展已经进入了一个以可持续发展理念为指导的环境经济时代，环境保护已经成为在经济结构调整中重点考虑的因素之一。在今后若干年内，使工业企业基本上从城区退出，向工业园区集中。乡镇工业也要同小城镇建设结合起来，相对集中，连片开发。

要结合产业结构调整和生态环境保护的需要，应采取淘汰一批、提高一批、引入一批的调整措施，来加快产业结构的重组步伐。淘汰一批就是要从经济发展的长期利益出发，坚决关闭一批能耗高、污染重、效益差、污染治理成本高的中小企业；提高一批就是针对那些经济效益较高，但仍有一定污染的企业，加强管理，促使企业尽快提高污染控制水平，实现经济与环境效益的双赢；引进一批效益高、污染少的新兴行业，如生物制药、精细化工、环保产业等。同时，要大力推动循环经济的发展，

按照“资源—产品—再生资源”的反馈式流程的方式发展经济，尽快实现从传统工业化向新型工业化的发展方式转变。

5. 引导企业实现“绿化”要抓好三个方面的工作

第一是要转变传统的设计观念。要以生态需求为导向，掌握绿色产品的技术、安全、环境标准及生产经营管理方面的规范和方法，大力开发绿色产品，包括绿色设计、绿色生产和绿色品牌。在设计时注重易回收、节能耐用、低污染、不影响健康的产品；树立绿色品牌意识，积极申请环保标志，树立起企业及产品的绿色形象；积极改进包装技术、材料，减少废弃物对环境的污染。

第二是树立绿色市场营销观念。在市场营销过程中注重把消费者需要、企业利益和保护生态环境三者有机结合起来，提倡可持续消费，搞好绿色促销，实施绿色管理。设立专门的管理机构，监督和管理绿色营销的实施。

第三是推广清洁生产。对从原材料到产品的工业生产全过程进行综合污染预防和控制，以实现“废物最小量化”的一种新的“源头削减”战略。改变工业污染“末端治理”的传统模式，更加有效地使用原材料和能源，降低生产成本。

6. 抓好生态型城镇建设，创造良好人居环境

要把生态型城镇建设纳入城镇发展议程，并尽快付诸行动。要编制城镇生态规划，指导生态型城镇建设，科学规划城镇的经济和生态活动，合理确定城镇经济功能和生态功能、生态资源配置规模和布局，具体包括城镇生态景观体系、生态型休闲娱乐功能区规划、环境保护规划等，创造绿化充分、植物品种丰富、园林景观浓郁、休闲场所安逸、整体设计合理，各种配套设施齐全的居住环境；要大力整治水环境，切实加强河流治理规划。

7. 注重生态文化培育，提高公众环保意识

生态文化提倡以人为本，人与自然和谐相处的价值观。要培养树立生态文化理念，逐步建立健全促进生态文明的各项规章制度和管理体制，普及生态科学知识，推动生态导向的生产方式和消费行为，促进自然生态系统与现代生态文明的融合，努力建设生态和谐的新型社会。在个人层面，要提倡绿色消费，鼓励生活垃圾分类回收、循环利用等可持续消费理念和行为；在社会层面，制定和实施长期而全面的全民环境教育计划，大力开展生态文化体制建设。要加强环境警示教育，增强公众对环境保护的认同感和参与，提高公众的环境保护意识。

构建和谐故城　提高县城文化品位

（2006 年 4 月 10 日）

县政协委员　刘洪绪

县城是一个地方政治、经济、文化、信息中心，其辐射和带动作用在县域经济发展中居核心地位。一个县城的文化品位如何，在一定程度上反映了这个地方的社会形态和群众素质的状况。看一个县城是否具有吸引力，是否有竞争力，它的文化资源、文化氛围、文化发展水平正逐渐成为诸多因素中重要的一环。可以这样说，随着社会经济的快速发展，文化正逐渐成为一个县城的灵魂。因此，树立科学长远的发展观念，提高县城文化品位，建设一个具有故城特色的“文化县城”，是摆在我们面前的一个课题。

一、目前县城文化建设的状况及存在的问题

我县县城坐落在郑口镇，是以发展食品、机械、传统皮毛加工、纺织工业和流通业为主的工贸城镇。截至 2004 年底，县城规划面积 7.6 平方公里，居住人口 9 万人，占全县城镇人口的 53%，居民文化消费需求群体相对集中。由于受历史和市场经济的影响，从 1995—2000 年，故城县经济发展缓慢，国内生产总值呈负增长的趋势，县城建设几乎处于停滞状态，人口变化不大，其文化建设更无从谈起。2000—2002 年，县域经济缓慢复苏，城建逐步恢复，特别是进入 2003 年以来，县委、县政府加大了招商引资的工业化步伐，经济呈现出良好的发展态势，县城建设迎来了前所未有的发展机遇期，同时也为提高县城文化品位提供了先决条件。一方面，目前我县县城文化建设硬件基础较好，如相继打通了京杭大街和顺达路，路灯及绿化标准较高；青年街改造、娱乐休闲广场的建设。另一方面，县城文化氛围营造已经起步。一是娱乐休闲广场的兴建，给县城居民提供了文化场所。二是深入挖掘了故城历史文化，建设了一些像马中锡塑像等文化景观。三是街道建设体现了故城文化特色，注重了文化冠名。四是通过集中清理街道广告牌匾，既美化了环境，又显示了故城人民的文明程度。但与一些大中城市和先进地区的县城相比，我县县城文化建设还存在着美中不足的地方，主要表现在：一是县城文化设施落后，与人民群众的文化生活需求不相适应。县城内现有文化馆、影剧院各一处，文化馆占地面积为 1960 平方米，馆内房屋年久失修且设备陈旧，使用 40 余年；影剧院 1040 平方米，使用近 30 年，目前已成为危房，冷暖风设备不能接纳更多的观众，难以承受一些大中型文艺演出。图书馆至今未建，是全省仅有的一个无图书馆的县，县城居民没有读书看报的场所。二是文化人才匮乏。原有的文化人才相继退休，新的人才培养跟不上，后继乏人。三是因财政困难，对文化投资较少。四是县城居民的公共活动（晨练、散步、棋艺、垂钓及节庆、商业活动）建设情况还很薄弱。五是群众自发的文化活动还有待规范。

二、加快我县县城文化品位建设是提升县城层次水平的必要补充，且时机成熟，条件具备

文化是一个地域多年来的文明积淀，是一个县城发展的灵魂所在，也是提升其魅力和竞争力的重要支撑。如果文化环境建设滞后，势必降低投资环境质量，甚至会在一定程度上抵消优惠政策的吸引力。因此，经济社会的发展离不开文化，县城提升档次更不能缺少文化建设。从理论上讲：由于我县县城地处衡水、邢台、德州三大城市之间，资本的流动、农村剩余劳动力的转移、土地资源的重新配置过程会给城市集聚区内的城市带来一些潜在的发展机遇，区域资本和外来资本会选择这些地方落户。同时，大城市的文化侵入现象也会随之而来。从一些城市建设的走势我们可以看出，随着国民经济的持续健康发展，城镇化进程的步伐逐渐加快，城市建设者已经不再仅仅停留在基础设施建设上，而更加注重突出文化氛围，体现文化内涵，以提升城市的整体形象。按我县远期规划，县城未来人口将达到 17 万人左右，随着人民群众物质生活水平的提高，对精神生活的追求会愈加强烈，文化建设的相对滞后，势必影响县城的科学协调发展。

目前我县加快县城文化建设具备的条件：一是经济的发展、国家城镇化进程的加快，人民群众的城市化意识逐步增强，有提升县城建设综合水平的要求和愿望。二是县委、县政府在强化硬环境建设的同时，已经注重了文化建设，一些文化工程已经启动并交付使用，县城文化建设有了良好的开端。特别是县委、县政府实施五年发展战略，经济实力增强，为加快县城文化建设的步伐奠定了基础。三是我县位于冀、鲁两省六县市交界处，地处卫运河畔，县城曾是繁荣一时的水陆码头，风土淳厚，群众经商意识强，“码头文化”“运河文明”创造了故城很深的文化底蕴，故城建制虽晚，却具有推重文化

的优良传统。四是两省三地的文化交融渗透也为县城的文化建设提供了良好的发展背景。

三、主要建议

1. 要充分认识县城文化建设的重要意义

县城文化是提升县域综合竞争力的深层支撑。要充分认识到县城文化建设是深入学习贯彻科学发展观、坚持以人为本，构建社会主义和谐社会的客观需要。政府应在城市规划过程中，树立政治、经济、文化三位一体的观念，把突出县城文化品位摆在中心位置，在规划、建设县城的工作中要注重彰显故城文化内涵。合理适当投入资金，兴办公益性文化事业，把文化建设纳入县城总体规划之内统筹考虑。要坚持高起点、高站位，按照“便于操作，注重实效”的原则，着手编制《故城县县城文化发展十年规划》，并分年度制订短期计划。同时，要深入挖掘我县独具特色的“运河文明”“码头文化”“沿边城市”的丰富文化内涵。要眼光放长远，在园区规划、建筑模式和彰显故城特色等方面，借鉴周围市县的一些做法，吸收一些大中城市文化建设规划模式。在文化建设上要超前于周围市县，以增强县城的整体吸引力，提升县城层次。要改变过去政府是城建投资主角的状况，按照“政府投入为主，部门单位民间共建，全民共享”思路，广泛发动群众，广辟筹资渠道，吸收社会各界、企事业单位共同办好县城文化事业。

2. 培养文化人才队伍

可在编制紧张的情况下，政府投入部分资金向社会公开招聘艺术门类人才，组建文化联谊会，人员不纳入财政编制，靠吸收“能人”开展文化活动。也可在现有财政供养人员（特别是教师队伍）中选拔文化人才调剂进入文化馆。同时，要关心社会文艺团体（老年剧协、体协、社区秧歌队等）的发展，政府应提供一些必要的帮助，宣传部门要加强对组织者的组织化管理，关注其发展导向，充分发挥其在社区文化教育建设中的补充作用。

3. 以人为本，创设载体，着力营造县城文化建设整体环境

一是建设一批符合群众需要的文化设施。要把文化基础设施建设项目纳入整个经济项目进行综合规划，高起点、高标准规划建设图书馆、电影城和青少年活动中心等重点项目，逐步形成以标志性文化设施群为特征的现代城市形象。二是引导、鼓励民间资本向县城文化建设方向倾斜，放宽民间兴办文化产业的土地、税收等政策。同时，要统一科学规划，加强监管。三是结合我县教育区建设，规划建设一处功能完善、融教学与社会文体运动于一体的体育场馆。在满足学校正常教学的情况下向社会开放，服务社会群众。四是按照基础和服务设施共建共享的原则，选择合适地点建成一处青少年、老年活动中心。五是建设阅览室、图书馆。可由文化部门牵头，积极向上跑办国家支持资金。同时，政府适当投入启动资金，依托现有资源（文化馆、新华书店的人、场地），挂牌向社会开放。六是由规划区内村委会负责，合理布点，在居民聚居区街道旁边建露天简易活动场所，满足群众日常文化需求。主要街道应设文化长廊，汽车站门前应设书报展窗，方便群众阅览。

4. 整合县城文化

一是要结合创建“和谐故城”，把宣传发扬故城精神纳入县城文化建设之中，确立其在文化建设中的主体地位，以提高居民的道德观念和价值取向。二是要强化群众城市意识和文明程度的教育，突出“以人为本”的发展观念，着手制定《县城居民文明公约》。要利用电视媒体、评选五好家庭活动、文艺宣传等灵活多样的有效形式，广泛开展争做“文明市民”活动。三是用好、管好现有文化设施，充分发挥其效能。四是县政协要发挥文史委的作用，搜集、整理、抢救、编撰故城史料，拿出精品，给群众提供文化产品。

5. 建设人文景观是创新开发文化资源的一条重要途径

要广泛发动群众，开展大讨论，征集代表

故城特点的标志方案，熔铸故城文化产品，丰富人文景观资源，增强县域文化凝聚力。在对外开放、招商引资工作中，加强宣传故城文化产品，增强我县的文化吸引力。在县城文化硬件建设上，建议在运河大桥头建设反映燕赵文化的形象性建筑；结合休闲广场建设，建议建设“甘陵今古纪念园”，为像历史名人董仲舒、窦建德、周世选；抗日英雄节振国、大刀王五、冯治安等历史人物雕像，为近代、当代促进故城发展的人士树碑纪念。园内建设从布局、采料、雕刻，应吸纳业内人士，以业内人士为主，保证园内文化和艺术性。同时，建设部门在规划街道门店要增加建筑的文化色彩，突出文化氛围。

6. 规范文化市场

坚持“一手抓繁荣、一手抓管理”的方针和管而不死、活而不乱的原则，加强文化市场监管，逐步建立公平竞争、健康向上、运行有序的文化市场秩序。建议由宣传、文化部门牵头，广泛开展一些像书法、美术展览，卡拉OK比赛，太极拳、剑团体演练等一些喜闻乐见的文化活动，使健康的文化活动成为县城居民精神生活的主流。要突出民间、民俗文化资源，县电视台要考虑自办文艺板块，发掘故城土生土长的艺术门类（高跷、秧歌等）。同时，文化部门要加强对图书、音像市场监管，净化文化市场，严防一些品位不高、低俗的文化产品冲击县城文化。城建执法大队要加强对街道牌匾和县城“小广告”的治理，特别是对以盈利为目的，一个麦克风、一台电视、两个高音喇叭的露天卡拉OK场所的控制，减少噪声污染。

加强环境保护　优化经济增长方式
促进全县经济又好又快发展

（2009年2月12日）

县政协委员　环境保护局局长　冯希恩

近年来，在县委、县政府的正确领导下，在县人大、政协的有效监督下，我县深入贯彻落实科学发展观，以环境保护优化经济增长为宗旨，以改善环境质量保障人民身体健康为出发点和落脚点，以促进环境与经济的双赢为根本目标，使环境保护工作取得了长足进展。

一、近年来我县环保工作情况

一是通过实施9家高能耗、高污染企业的关停、取缔、治理工作，全县污染物排放量稳步下降，达到了市政府规定的减排目标。**二是**2008年，环保部门共审批了128个项目。在推动我县经济发展的同时，有效防止了新增污染源的产生。**三是**完成了辖区内24台燃煤设施的治理关停工作，同时，完成了3家企业的废水治理工程。改善了我县环境。**四是**完成了县内8家绿色单位的创建工作，并通过省市验收，生态规划、夏庄项目区规划环评已经县人大和市局审批。**五是**通过加强培训，大大提高了企业的环境意识，增强了保护环境的主动性和前瞻性。

二、我县环境现状和存在的主要问题

1. 结构性污染严重

全县共有工业企业889家，包括重污染企业58家（市级以上重点控制企业8家），中度污染企业324家，轻污染企业507家。其中，皮毛硝染鞣制、铸造、建材、化工、金属制品5个行业企业污染物排放量占到全县主要污染物排放总量的80%以上。建材行业二氧化硫（SO_2）排放量占到工业SO_2总排放量的70%以上；化工、皮毛硝染鞣制、金属制品、养殖4

个行业化学需氧量（COD）排放量占到工业COD总排放量的85%以上。

2. 环保基础设施不完善

在生活污染源方面，全县生活用锅炉、茶浴、大灶年排放二氧化硫1600吨，占到全县二氧化硫总排放量的42.8%；全县生活污水排放主要污染物化学需氧量1800吨，占到全县化学需氧量总排放量的45%。但是，在城镇化进程中，污水处理、垃圾处理、燃气、集中供热等环境基础设施的建设滞后，成为制约全县生态环境质量改善的主要因素之一。

3. 环境保护意识淡薄

一些单位、部门的领导和企业的负责人对环境保护这一基本国策缺乏足够的认识，只顾眼前，不顾长远，只追求经济利益，不重视环境保护，甚至以牺牲环境为代价换取一时的经济增长，一些工艺落后、污染严重的企业违法上马，污染治理不能按期完成、污染设施不能正常运转，严重制约了全县经济社会与环境的协调发展。

4. “十五小”“新六小”企业仍时有反弹

新建、改建企业还存在未批先建现象，部分企业存在不落实“三同时”制度的问题。

5. 环境监管能力薄弱

存在着投入不足，自身能力建设落后，环保部门机构不全、人员不足、经费短缺、装备落后等具体问题，直接影响了环境法律法规和各项管理制度的严格执行。

三、几点建议

为全面落实科学发展观，促进我县经济与环境的协调可持续发展，结合我县实际，建议如下。

1. 大力调整产业结构，促进经济健康发展

调整产业结构是控制结构性污染的治本之策。坚持走科技含量高、经济效益好、资源消耗低、环境污染小的新型工业化道路。在税收、电价、排污费征收等方面，加大对高能耗、重污染企业的制约，加快淘汰落后生产能力。调整产业结构和产品结构，优化资源配置，积极推行清洁生产工艺和循环型经济发展，坚决淘汰不符合国家产业政策、污染严重的企业和落后的生产能力、工艺、设备与产品；加快污染重、资源浪费严重的砖瓦生产企业的关停步伐；对已取缔关闭的皮毛硝染以及“十五小”“新六小”企业要加强现场检查，严防“死灰复燃”。

2. 全力推进污染减排，为经济发展创造良好环境

一是分解落实主要污染物总量削减指标。依据市政府下达给我县的主要污染物总量控制要求，对我县重点排污企业主要污染物总量指标进行分配，层层落实任务。**二是把好新建项目环保审批关。**严格执行建设项目环保准入制度，认真监督实施环保工程“三同时”制度，从源头上控制污染物的排放量。**三是加强污染减排的督促指导和技术支持。**加大减排力度，扎实推进治污工程，做好减排中的“算账”“建账”“记账”“查账”“要账”“报账”六本账，确保完成2009年污染减排任务，为项目建设腾出总量空间。**四是加快基础环保工程设施建设。**2009年县城污水处理厂要建成投运。**五是强化环境执法监督管理，坚决淘汰落后生产工艺和设备。**对擅自停运污染治理设施、超标排污等环境违法行为，坚决进行查处。对工艺技术落后、能耗高、污染重，并且污染物排放不达标的企业，限期予以淘汰。

3. 建立长效工作机制，努力为经济发展保驾护航

一是要建立完善环保工作领导机制。乡镇政府要对本辖区环保工作负总责，坚持主要领导亲自抓、分管领导具体抓、关键环节深入抓，及时研究解决环保工作中的重大问题，确保责任到位、措施到位、投入到位。**二是要形成环保工作联动机制。**各有关项目审批部门要坚决把住项目审批关，做到污染严重的招商项目不能引、未经环评的建设项目不能上马。对政府已经取缔关停的企业，电力、水务要做好断水断电工作、金融部门应收回贷款、工商部门应吊销营业执照、质监部门吊销生产许可证。同时，国土、建设、农业、水务等部门要按照职责做好各自领域的环保和资源管理工作。**三是要认真落实环保工作一票否决制。**把贯彻落实环保政策作为考核

领导干部政绩的重要内容，作为干部政绩评定、选拔任用和奖惩的重要依据，在各类评先创优活动中实行环保"一票否决"。对乡镇及有关部门实行经济效益与环境效益一起考核，并在年度考核中增加环保指标权重，实现由"环境换取增长"向"环境优化增长"的转变，努力让故城的地更绿、水更清、天更蓝。

4. 切实做好环保靠前服务，努力服务地方经济发展

要严格实施政务公开制、服务承诺制和首问责任制等各项制度，努力转变工作作风，热诚为企业和群众提供优质、高效的服务，为我县经济发展、招商引资和全民创业创造良好的软环境。要在坚持依法行政，严把建设项目环境准入关，严格控制"两高一低"项目的同时，压缩审批时间，减少审批环节，提高审批效率，全力推行重点项目、重点企业直通车和全程代理服务制度，切实做到一切为了项目、一切服务项目。并要严格按照园区规划、规划环评筛选进区企业，避免引进国家限制、淘汰及污染严重的项目，防止不必要的损失。特别是新上项目要提前咨询环保部门是否符合产业政策，确保新上项目顺利通过环评。

5. 把环境保护作为改善人居环境的重要环节

要集中精力解决居民广泛关注的突出环境问题。加快县城污水处理厂、垃圾处理厂建设进程，完善城镇污水管网、清挖县城排污渠道，确保排污畅通，保障污水处理厂正常运行，改变县城当前污水横流、垃圾围城的现状，全面提高县城品位。继续整治煤烟污染，逐步杜绝烟囱冒黑烟现象。要大力改善小区环境，创建绿色环保文明社区，提高居民生活环境质量。工业项目区要逐步完善环境保护基础设施建设，确保项目区健康稳定发展。同时，要着力加强农村环保工作，保障生态安全。

加强市场管理　服务生态文明城市建设

（2010 年 3 月 4 日）

县政协委员、市贸办主任　马春章

流通市场是一个地方商贸流通业繁荣发展的阵地和平台，不仅担负着联系生产消费、促进经济发展的重要作用，同时也是一个地方生态文明城市建设的重要一环。近两年来，在生态文明城市建设中，县委、县政府对商贸流通业的发展越来越重视，流通市场的建设步伐不断加快，天都、东阳、浩天等几大市场的建成，为我县生态文明城市的建设起到了积极的促进和推动作用。身在市场管理部门，今天借这次会议的机会，仅就如何加强市场管理，更好地为我县生态文明城市建设服务提几点不成熟的建议。

一、当前我县流通市场的现状及存在的问题

近两年来，我县在流通市场建设上的力度和速度有目共睹，中央商城、东阳市场已建成完工，浩天建材城、商贸广场、东阳市场二期工程正在建设，浩天步行街和汽贸城也在谋划开工。也就是说，在今明两年，我县将有十个大的市场相继建成并投入使用。众所周知，流通市场担负着引导消费、服务社会、服务民生的重要作用，这些市场的建成，势必对我县的生态文明城市建设起到积极的促进和推动作用。成绩固然可喜，但从当前我县流通市场的现状来看，还存在着以下两个问题。

一是城区市场秩序混乱。这主要表现在城区各主要干道上沿街摊点和无店游商众多，以街为市、占道经营现象严重，不仅阻碍了道路交通，而且也影响了市容市貌。针对这一问题，从 2008 年 4 月开始，政府已责成由市贸办牵

头，公安、工商、城管部门配合，集中对城区流通市场开展了一次清理整治，清理整治以来，城区内的沿街摊点和无店游商都到指定的地点经营，初步解决了占道经营、以街为市的问题，同时也使城区市场的经营秩序和市容市貌得到了较好改善。但从长远角度看，若要解决这一问题，规范管理的力度还需进一步加大，以保证流通市场长治久安。

二是规范管理没有跟上。目前，中央商城和东阳市场已经投入使用，但具体的管理却明显滞后。从中央商城和东阳市场开业以来的情况看，市场内的商户一旦有问题却不知找哪个部门去协调、去解决，其他几个正在建设的市场将来也必将面临着同样的问题。因为工作关系，去年年初我曾到山东庆云就市场的建设和管理进行了参观学习，他们的做法和经验非常值得我们借鉴和学习。其成功之处在于：一是设立了专门的市场管理机构，明确了其管理市场的职责和职能；二是有一套科学规范的管理办法。再如浙江义乌的小商品市场和德州的城隍庙市场，无一不是得益于规范管理的现实例证。在这方面，市贸办在借鉴庆云经验做法的基础上，结合我县流通市场的实际情况，起草形成了《关于对全县流通市场进行规范管理的报告》（以下简称《报告》）和《故城县流通市场规范管理办法的报告》（以下简称《办法》）两个文件，并及时上报给县委、县政府。《报告》的内容主要是建议成立专门的市场管理服务机构，专门负责全县流通市场的管理服务，并在已经建成和即将建成的十个市场设立分支机构，对十大市场实行规范的“一费制”封闭管理。即各相关部门对市场内商户应收的各种税费均由市场管理服务部门统一收取，然后再按比例分交给各相关部门，不经市场管理服务部门同意，任何部门不得进入市场收费。《办法》的内容主要包括经营管理、物业管理、安全管理三大项，细节涉及市场内部管理的方方面面，目的是规范市场管理，搞好协调、指导和服务，为广大商户创造一个宽松、良好的经营环境。《报告》和《办法》上报后，县委、县政府领导高度重视，2009年3月28日，县委常委会对《报告》予以了通过，在市贸办设立故城县市场服务管理中心，专门负责全县流通市场的服务和管理，并予以增编，解决了人员的身份问题。这样，对流通市场的规范管理提上了议事日程，也为下一步各项具体工作的实施奠定了基础。

二、对加强市场管理的几点建议

加强对流通市场的管理，不仅是县委、县政府的决定，而且也是我县流通市场建设和生态文明城市建设的客观要求，针对我县流通市场的现状，建议应在加强管理上抓好以下几点。

1. 搞好规划引导

从我县流通市场的实际出发，结合各个市场实际，在经营策略、经营范围、营销方式、方位布局等方面搞好规划引导，使各大市场向着“优势互补、错位经营、特色专业”的方向发展。

2. 抓好管理服务

向各大市场派驻专门的分支管理机构，对各市场实行规范的“一费制”封闭管理，严格按照《故城县流通市场规范管理办法》的标准，把管理和服务内容细化、深化、优化。同时认真探索研究好新形势下的市场管理和服务，打造好“引商、亲商、安商、富商”的良好环境。

3. 提升市场形象

在这方面应把重点放在提高各大市场的对外吸聚力和对外辐射力上，不断地优化环境，树立形象，增强对外省、外市人流、物流的吸引力，同时通过各市场的实力和特色的不断提高，扩大对外围省市的营销辐射力，使市场成为我县对外的窗口和招牌。

规范管理流通市场是一项系统、长期的工作，它不仅是当前我县发展商贸流通业的迫切需要，而且也是我县生态文明城市建设的客观要求。相信通过对流通市场规范管理力度的进一步加大，流通市场促进、推动、服务生态文明城市建设的作用也会得到进一步的增强。

加快我县城镇化建设　打造运河文化名城

（2011年2月21日）

县政协委员、故城团县委书记　杨洪霞

近年来，随着我县全面实施和深入推进“三年大变样”工程，县城建设步伐加快，城市框架得以空前拓展，美化、亮化、绿化工程强势推进，像迎瑞温泉花园、龙湖公园、东方香湖美地、富邦家园等一大批精品社区、高层建筑、时尚街区等闪亮登场，为塑造故城新形象，展示故城新风采打下了坚实的硬件基础。但从城市发展的软硬设施来看，我县在提升县城品位、充分发挥和挖掘运河特色文化方面，彰显故城独特现代魅力方面仍显不足。为此，按照省、市关于城镇建设“三年上水平”的安排和部署，根据县政协重点课题安排，我针对发掘与提升我县县城文化品位，进行了深入调研，认真分析，现建议如下。

一、以工业项目建设为契机，大力推进文化招商

2011年是我县“十二五”规划实施的开局之年，也是我县以“四抓四促”力争大上项目，力求工业建设项目取得重大突破的一年。在全力推进招大商、引大资、全民创业的大环境下，建议把“文化招商”作为招商引资中浓墨重彩的一笔来抓实、抓好。发展文化产业、生态旅游既是提升我县文化品位，实现低碳环保可持续发展的重要途径，也是当前，打造运河文化名城，丰富城市内涵的重要手段。

1. 建议县委、县政府要为文化招商大开绿灯

像衡水的内画、饶阳的民俗器乐、阜城的剪纸、武强年画等文化产业的发展都为其独特的地域文化展示和城市魅力提供了产业平台，展示了丰富的民俗文化。我们要根据故城实际，深挖运河文化内涵，积极吸引各地客商投资文化产业，使其成为我县经济增长的新亮点。比如：一些故城特有的饮食小吃（绿豆饹馇、建国面筋等）都可以吸引客商来做大做强，发扬光大，成为故城的一道特色饮食文化品牌。

2. 充分利用我县自然生态资源为文化招商搭桥铺路

里老林场以其优越的地理位置，优良的生态林地资源，可以加以充分发挥和利用，吸引客商打造生态文化公园、农家休闲游等文化品牌，为提升我县文化品位增光添彩。

3. 全民参与为文化招商献计出力

要号召和动员党政机关、外地老乡会及社会各界人士积极为我县文化招商提供信息、献计献策，贡献力量。

二、以推进城镇建设为契机，包装和开发“绿色文化”

“绿色文化”是提升县城品位的重要载体和途径。如何在县城的规划和建设中兼顾“绿色文化”因素，成为当前我县县城变亮、增绿的一个重要课题。

1. 要注重绿化的层次性和整体效果

城市的绿化、美化问题不单单是种几棵树，栽几株花。而是要以花卉造型、假山、喷泉、凉亭等附属设施的搭配效果，营造出风格各异、丰富多彩的生态园林景观。因此，在我县城市的绿化过程中要注重绿化的层次性，充分考虑园林绿化的整体效果。

2. 注重大力推进机关绿化

建议各单位、各部门在增绿的同时，要在绿树繁花草坪之间兴建别具一格的“文化墙”。

比如：县医院可以在“5·12国际护士节”开展医德医风的评比和护士节的文化宣传推广活动。其他单位可以根据业务特点，开展多种多样的“文化墙”“文化周”等活动，为营造浓厚的文化氛围，增添亮点。

3. 注重文化广场及城区绿地的养护和培育工作

像迎瑞文化休闲广场、龙湖公园等景观型地带，建议政府部门要加大对绿地的养护和培育工作，及时修剪、浇灌，对维护县城整体形象，扮亮城市空间发挥重要作用。

三、以丰富城市内涵为契机，深挖和开发历史文化

故城自古人杰地灵，历史悠久，素有“小天津卫”之称。其深厚的运河文化内涵，是提升我县县城文化品位的宝贵历史资源。

1. 要加快搜集和整理运河历史文化

如果把长城比作凝固的历史，那大运河就是流动的文化。京杭大运河开凿于春秋，完成于隋代，繁荣于唐宋，取直于元代，疏通于明清，作为人类改造自然的一项壮举，它北通涿郡（今北京），南达杭州，全长1794千米，沟通了海河、淮河、黄河、长江、钱塘江五大水系，孕育了运河两岸无数城市乡村的繁华和富庶。我们要加快对运河文化的挖掘和搜集整理工作，使深厚的文化底蕴，丰富城市内涵，增强县城的历史文化品位。

2. 要发挥历史名人文化资源

比如：迎瑞广场矗立的我县历史名人“马中锡”以其《中山狼传》和卓越的历史功绩名垂青史，万古流芳。我们要充分发挥历史名人优势，深挖历史渊源，增强城市的厚重感。

3. 创时代伟业，树和谐新风，充分彰显故城现代魅力

悠悠运河情，拳拳赤子心，跨入21世纪的运河儿女，正以蓬勃英姿，豪迈气概在打造运河文化名城的征途上，阔步前进。我们要把各行各业涌现出来的模范先进、时代英雄大张旗鼓地进行宣扬光大，让传统文化传播四方，让时代精神和谐共鸣，为构建充满活力的运河文化名城增光添彩，贡献力量。

全面优化县内路政环境　助推一城三区两园发展提速

（2013年3月13日）

县政协常委、河北青竹美术颜料有限公司董事长　刘其通

“要想富先修路”这句流行于20世纪80年代的经典谚语，在今天的故城仍然具有很重要的指导意义！

美国经济被誉为车轮子上的经济，二战后美国经济的快速发展就是从修建四通八达的高速公路开始的！

故城县的道路建设近几年有了很大的发展，但与我县一城三区两园的发展规划和经济发展的速度相比，我认为仍然是制约而非支撑。

当今故城，县委、县政府举全县之民力，大力实施“四化同步、三化互动”兴城战略。一个意气风发，开拓进取的新故城，正立足于历史新起点，迈向新征程。为助推“加快发展，富民强县”这一核心目标进程，更好地服务和推进我县工业经济持续健康快速发展，根据县政协重点课题安排，突出“交通道路”这一经济发展命脉主题，为打造和谐顺畅、文明有序的道路交通环境，我做一浅显建议分析，不足之处敬请各位领导、委员批评指正。

一、道路通畅是故城加快发展，大力提升经济软实力的重要内容和具体体现

在当前，故城交通事业飞速发展，城区、

园区交通网络不断完善健全的情况下，抓好路政环境，是工业经济提速的当务之急，改革之要。

1. 路政环境是故城招商引资的重要平台和形象窗口

到一个地方投资开发，投产就业，人们印象中、脑海里往往坚持的第一信念就是“路有多宽，财有多宽”。当前，招商引资、项目建设是县委、县政府着力抓好的重项工作之一，我们千方百计，万般联络引来的南北客商，他们第一眼能看到的不是园区，而是通往园区的“经济脉络”——交通道路。道路的好坏、宽窄在我们坐下来谈判之前，开发商就会给我们的路政环境有一个基本的评价和打分。所以说，路政是故城最前沿的窗口和平台。

2. 路政环境是故城两个环境改善的开篇之作和衡量指标

改善生态环境、发展环境是当前促进经济可持续发展的重要保障。贩卖于街，熙攘于市是经济低下、意识淡薄、观念陈旧的发展方式。经济的发展层次越高，运行质量越好，就越能反映出地方政府的执政效能和发展理念。2013年，在落实和改善优化经济发展环境方面，抓好“路政环境”应该是政府各职能部门的开路先河和重要衡量指标。

3. 路政环境是县内企业提档升级和转型发展的基础保障

当前，中国经济进入新的调整期，实体经济下行压力较大，除了企业自身在产品研发、技术革新、成本控制等诸多环节实现转型升级以外，最重要的先决条件仍然是道路的畅通和环境的优化。因此，作为园区经济的单个细胞，企业的加快发展，很大程度上还要依靠交通事业的助力和推力。

综上所述，路政环境在树立故城发展新形象、提升经济软实力以及加快县内诸多企业运行效率有着极其重要的作用和意义。基于工作之机和切身体会，我仅以邢德路的路政环境，作如下分析和陈述。

二、邢德公路的现状及特点

1. 车辆多

根据县交通部门提供的数据，每天通过邢德公路的车辆达3500辆次，每分钟要有3辆车通过，道路负荷很重。

2. 车辆杂

行驶在邢德路上的车辆混杂。有大中小型货车、大中小型客车、拖拉机、农用四轮车、三轮车、牲畜车、摩托车、自行车、行人、家禽等。

3. 道路窄

邢德公路的主路宽度仅为12米。

4. 岔路口多

在郑口到衡德工业园区的路程中，上下道的岔路口有500多个，车辆行人随时上下路，非常危险。

5. 集市多

小屯、故城、青罕集市占道，经常造成交通堵塞。

6. 交通事故多

由于以上路况，近几年来，邢德公路交通事故频发。据县交通部门统计，2012年仅邢德路东段，就发生交通事故62起，造成了重大经济损失。

由于以上状况，行驶于邢德公路上的车辆几乎是在爬行。自郑口镇京杭大街的康宁路路口，到园区青竹公司路程约23.5公里。现在小型客车行驶时间约为30分钟，按正常速度23.5公里的路程行驶时间约为15—20分钟，有三分之一的时间白白浪费掉，大大降低工作效率。同时也增加了油耗和大气污染。

三、优化故城县内路政环境，助推一城三区两园经济发展提速的几点建议和措施

1. 对交通运输业的发展进行科学、合理的规划

交通运输体系对国民经济发展产生着重要影响，二者之间是相互制约、相互促进、共同

发展的关系，相关职能部门要做好规划、设计工作，从实际出发，考虑我县经济发展的前景与客观需求，拉近交通运输与国民经济发展之间的关系。

2. 建立健全交通运输体系

实现交通运输业的可持续发展，这个系统必须是一个政府调控、科技创新、全面参与的体系，对各种资源进行优化配置，减轻交通运输网络的负担，实现我县交通运输业的可持续发展。

3. 加强基础设施建设

全面开展基础设施建设工作，将干线公路规模、布局、结构合理化、网络化，并实现物流园区的从无到有，建设客运站场规模的从小到大，使交通大动脉便捷畅通、安全高效，成为故城招商引资的一流平台和基础支撑。

4. 开展对公路过街过村路段专项治理行动

对公路两侧摆摊设点、占道经营及杂乱招牌等问题进行彻底治理，并加大路政宣传力度，执法人员同政府工作人员挨门逐户进行宣传动员，晓之以理动之以情，在较短时间内形成高压态势，得到沿线住户的理解和支持。

5. 严格工程管理，确保工程质量

坚持质量第一始终是地方道路建设工作的生命线。为确保工程质量万无一失，要进一步抓好质量管理，强化质量意识，明确规定质量问题一票否决。对县乡公路工程，一律实行项目责任制管理，重点项目实行招投标制度。在乡村油路施工中坚持政府监督，施工单位工序自检、监理人员严格把关、群众代表跟踪实施现场的办法，保证每个施工环节的质量控制，确保工程质量。

6. 健全道路养护机制，建立各项制度，加强养护管理工作

一是建立健全在组织机构。交通主管部门突出行业管理工作力度，切实发挥养护专业机构的作用。二是完善各种规章制度。县道县修县养县管，乡路乡修乡养乡管，村路村修村养村管的原则，县、乡、村要建立“一把手”责任制。按照年初签订的目标责任制，年底前对各自的管辖范围进行考核，完成任务指标给予适当奖励，完不成的给予通报批评。三是按照国省干道养护的办法，逐步实现规范化、制度化、标准化。做到路肩整齐、边坡稳定，边沟稳定，边沟排水通畅，路面清洁，路树齐全。加大对地方道路的路政管理力度，要设立和管护好里程碑、百米桩及路界标志和标线，要加大对破坏公路设施行为的处罚力度，从根本上杜绝毁路现象的发生。

交通运输作为县域经济发展重要组成部分，路政环境的优化在经济发展中又起着无可替代的作用。相信在县委、县政府领导的正确领导下，在政府各职能部门的有效监督监管下，通过我们大家的共同努力，一定会打造出一条条和谐的大道、顺畅的大道，一条故城加快发展的高速通道！

加强小区物业管理　建设和谐文明社区

（2014 年 2 月 18 日）

县政协委员、城区办主任　陈砚祥

构建和谐社会，重点在基层，基础在社区。近年来，随着我县城镇化建设的快速发展，农村人口加速向城区涌入，社区人口日益增多，人们的就业方式、工作方式和生活方式不断发生变化，城区居民群众对社区的归属感越来越强，对生活质量和社区服务的要求越来越高，在物质文化需求方面呈现出多层次、多样化、广泛化的趋势，社区管理中出现的矛盾和问题也越来越多。因此，改进社区管理机制，着力满足人民群众安居需求，已成为县城管理的重

中之重。下面，我根据县政协重点调研课题安排，就“加强小区物业管理，建设和谐文明社区”做一浅显建议分析，不足之处敬请各位领导、委员批评指正。

一、当前我县小区物业管理基本情况

小区物业管理是城区建设和管理的基础工作，是社区管理的重要内容，也是创建平安和谐社区的重要手段。近年来，随着我县城区建设和房地产业的快速发展，新建住宅小区日渐增多，目前故城县城区内共有小区43个，单位家属院35个，服务居民6万余人，小区物业管理在改善城区环境、县城形象等方面发挥了重要作用，已经成为与居民息息相关的新兴行业。同时，在县城建设的发展过程中，一些涉及居民小区水、电、暖等民生问题的出现，也直接影响到社区和谐建设和百姓日常生活，成了社会矛盾的诱发因素。

二、当前物业管理存在的问题

1. 部分物业公司服务项目单一、服务质量不佳

目前我县城区物业管理公司大多只负责垃圾清运，保安、绿化维修，与物业管理的标准和居民要求相差甚远。加之物业管理从业人员文化程度不高，人员流动性大，没有进行专业培训，家族式经营，在一定程度上影响物业管理服务水平。一些物业公司不能摆正位置，把自己置身于管理位置，无视服务标准，不认真履行服务合同，处理问题简单、粗暴，动辄断水断电，经常与业主产生摩擦。

2. 部分业主公共责任意识淡薄，没有服务消费意识

我县引入物业管理模式的时间不长，业主尚未真正树立“花钱买服务”的意识。业主群体庞大且分散，视角和处理问题的方式不一，个别业主我行我素，只享受物业公司的服务，不愿向物业公司交纳费用。另一些业主常以缴费要挟物业公司，一旦对服务不满意就拒交物业费用。而更多的业主将自己当成旁观者，不习惯于通过集体决策表达自己的意愿，而是怀着从众心理，观望事态发展，不主动交费，还有部分回迁户以当时拆迁人员的承诺为借口，长期不交费，欠费之风渐长。

3. 开发商遗留问题加重了物业矛盾

开发商选定的前期物业公司先于业主进驻小区，业主交纳一定数额的物业费后方可领取房屋钥匙。多数业主是从老城区或农村搬迁至小区内居住，无交费的意识，在购房时开发商又没有很好地组织业主与物业公司就今后物业管理问题进行洽谈，业主初次交费的目的不是自愿接受物业公司管理和服务，而是为了更快获得房屋使用权，一旦房屋在装修或使用时存在开裂、漏水等开发商遗留问题，业主把矛盾转嫁到物业公司，使物业公司不堪重负，有苦难言，业主和物业公司的矛盾更加尖锐。

4. 物业公司与业主间缺乏沟通，部分业主委员会没有发挥实效

国务院出台的《物业管理条例》虽然明确了小区业主委员会的权利、义务、职责，但大部分业主委员会未能真正行使好权利，担负起职责。我县有的小区没有成立业主委员会，有的小区即使成立了业主委员会，运作还不够规范，对自身的权利、义务认识不足，接受行政主管部门管理和居委会指导意识不强，缺少协商机制，没有形成和发挥业主与物业之间桥梁与纽带的作用。

三、解决物业管理问题的几点建议

1. 加大行业监管力度

相关行业主管部门应履行好对物业公司监管职责，受理业主对物业公司的投诉，及时制止物业公司的违法违约行为，责令其整改或予以处罚。制定周密合理的小区评估制度，细化物业服务管理的具体内容和标准，增加物业管理规范的透明度和实际可操作性。各相关部门要严格落实对开发建设单位图纸审核以及竣工验收力度，督促开发商按图纸施工，保证质量，确保物业服务在工程配套建设上不短腿、不缺

项，防止物业服务职能的先天不足。

2. 加大宣传力度，提高公共交费意识

物业管理部门可采取多种形式，多措并举，宣传物业管理的重要性，宣传诚信理念，帮助业主树立“花钱买服务”意识。城区办准备每年组织一次评优活动，对优秀物业管理公司予以表彰，树立其在广大业主中的公信度。建议物价管理部门适时对物业费调整进行听证，根据当下居民收入、物价水平、区域特点等，对物业管理指导价进行调整，以提高物业公司的积极性，物价听证会应由业主委员会、居委会牵头，城区办及关联涨价项目的管理部门参加，并邀请部分人大代表、政协委员参加，以增强改变收费标准的公信力。

3. 建立竞争机制，提高物业管理水平

政府相关监管部门要加强对物业管理企业的资质管理，严格准入退出制度，实行“建管分离”，对建管不分依附开发商的物业企业不予年检，不给予进入招投标程序的资格，促使物业企业从开发商的附属中分离出来，真正成为独立的法人主体和市场主体。同时，要建立企业信用等级制度，将信用报告作为物业管理招投标、业主大会选聘、资质年审、小区评优的重要依据，推动和促进物业管理行业依法经营、提高服务水平，推进物业管理专业化、规模化、高效化经营。

4. 增强自治意识，抓好业主委员会建设

居委会将业委会纳入指导和管理，选出真正能够代表业主利益、热心公益事业、有一定知识水平的人员主持、参与业主委员会工作；另外要进一步发挥居委会在沟通业委会与物业公司的桥梁作用，建立双方能相互沟通、理解的信任关系，进一步加强对各物业公司的管理和监督，引导业主既积极维权，又要自觉遵守物业公约，为故城和谐贡献力量。

稳步推进医改　造福人民健康

（2015 年 3 月 2 日）

县政协委员、县医院副院长　蒋振平

实施公立医院综合改革是一项重大的战略任务和重大的民生工程，对于建立与国家医改方针相适应的医疗服务体系，破除以药养医机制，保障和改善民生具有重大的历史意义。我县县医院自 2013 年 7 月 1 日开始按照省物价局、省卫生厅、省人力资源和社会保障厅《2013 年河北省县级公立医院医药价格改革方案》要求，启动了公立医院改革的进程。目前改革已进了一年半的时间，下面就故城县医院在医改中的举措、取得的成就、存在的问题和需要努力的方向等方面作简要介绍。

一、医改的两项举措

1. 严格标准、积极推进

按照省医改办的统一规划，故城县医院是我省第二批医改试点医院，于 2013 年 7 月 1 日始推行。截至 2014 年 11 月 30 日，全市 11 个县市区已全部推行了二级公立医院改革。目前医改的目标是破除“以药补医”机制、改革补偿机制。主要措施是：一取消、一降低、四提高，即取消药品加成，降低大型设备检查价格 10%，适当提高医疗技术收费（特别是诊疗、手术、护理、中医等医疗服务项目）。这些措施我院都严格落实。医改的其他方面如完善药品采购、人事编制、收入分配、医保补偿机制等工作目前正在监测数据、积累经验、积极推进中。

2. 上下联动、协同共进

医改是事关国计民生的重要课题，不是单纯的医院和卫生系统自己就能做到，需要政府主导，卫生、发改、财政、物价、编办、社保、宣传等多部门协同推进，是一项系统工程。为推进医改，我县成立了以政府县长为组长的县级公立医院改革领导小组，各部门主要负责人为成员，制定了细致的方案，强化了宣传。医改开始前各部门来院搞了细致的基线调查，做了详尽的测算，为编制医改方案打下良好的基础。医改开始后，医院每月向县市卫生局报告医改数据动态监测表，发现问题及时向有关部门反映。多部门的共同努力使我县医改工作顺利进行。

二、医改的两方面成效

1. 患者就医成本降低，看病负担减轻

改革以来的一年半时间（2013 年 7 月—2014 年 12 月），我院取消的药品加成为 2198 万元，降低大型设备检查费用为 157 万元，这两项减去提高的医疗技术费总额 974 万元，剩余 1376 万元。这个数字就是因医改使患者就医少花费的资金总额，是医院切切实实让利于患者的费用。

2. 促进了医疗技术水平的提高，患者能享受到更优质的医疗服务

取消了药品加成，降低了大型设备检查，同时适当提高医疗技术服务费，使医院将工作重点放在提高医疗技术水平、提高优质服务水平上去。改革破除了以药养医机制，减轻了对大型检查的依赖，逐步回归到让医务人员的收入体现其自身技术优势上来。以我院为例，近年鼓励引导各科室开展新的诊疗技术、开展优质护理服务示范工程，这些不仅能给患者带来良好的诊疗效果，同时也能给医院带来收入，促进医院的持续发展。现今一项项新技术在我院落地生根、开花结果。治疗肿瘤可应用手术、放疗、化疗、热疗、中医药等多种手段，冠脉造影及支架置入、介入治疗、脑外显微手术，关节置换、宫腹腔镜诊断治疗技术、微创技术等一批高精尖技术得到广泛应用，冠脉搭桥、断指再植、关节镜等技术日益成熟。以往这些技术只能在省级以上医院开展，现在我县人民足不出县即可享受到大医院级的技术服务，既省事又省钱。

三、现今医改中存在的两个问题

省医改方案中明确了取消药品加成收入后，县级公立医院因此减少的合理收入原则上按 6∶3∶1 分担机制予以补偿。即：通过调整医疗服务价格补偿 60% 左右，财政补偿 30% 左右，医院通过强化内部管理、节约成本，自身消化 10% 左右。现在补偿机制在运行中出现两个问题。

1. 实际运行中政策补偿比例偏低，达不到预计的 60%，只能达成 44% 左右

由于我院硬件装备水平和技术水平比全市其他县医院都高，医改前经省物价局、省卫生厅批准已执行三级医院（市级医院）收费标准，医改后却仍要按县级医院调整医疗服务收费，使提高幅度较小，不能实现预计 60%。这样医院该降的降了，该补偿的补偿不了，之前预计收入减少 10%，现在却达到 25% 左右。此问题医院已形成专题报告呈报县物价局逐级上报，希望上级能修正政策。

2. 县财政补偿到位较晚

改革进行了一年半，县财政应补偿的 30% 部分，刚补偿到 2014 年 2 月。

四、今后医改应努力的两个方向

1. 逐步推进，稳步推进

今后医改工作将向法人治理机构、分配机制、加强医疗医保医药三方联动机制等深水区推进。改革的目标明确，但每一步都要慎而又慎，需要试点后由小到大，由少到多，逐步推开。不能急于求成，不能大刀阔斧、“一刀切”、求速成。

2. 仍要县政府统筹各部门、省市县卫生系统内上下贯穿共同努力，在协同上多下功夫

故城县医院现已列入全国重点提升能力建设的 500 家县级医院之一。省卫计委已明确省三院为我院的支援医院。我院将在医疗技术、医院管理等方面全方位与省三级对接，力争三年内实现一个大的跨越。此过程中，省、市卫计委、县政府、支援医院、受援医院等将签署

五方协议，每方都要做好各自工作。此外医改中县政府所属各职能部门也都有明确分工。“众人划桨开大船”，医改将面临破冰之旅，需全县共同努力，才能确保故城县医院这艘航船平稳行驶，成为护佑全县人民健康的“诺亚方舟”。

抢抓机遇　转型升级　绿色崛起
——关于促进我县经济发展与大气污染治理的建议

（2016 年 2 月 20 日）

市政协委员　奥冠电源总经理　孟祥辉

近年来我县经济发展迅速，人民生活水平有了极大的提高，然而经济的发展与环境保护之间的矛盾也越发突出，大气污染问题突出，近几年雾霾天气频发。我县正在积极融入京津冀发展一体化格局，处在跨越发展的战略机遇期，前景广阔。同时又面临供给侧改革，转方式、去库存的严峻挑战。特别是我县的工业和民用能源结构仍以煤炭、石油等传统能源为主，这既有生产生活方式比较落后的直接原因，也有深层次的产业结构不合理的原因。主要表现在以下方面。

一、高耗能和污染企业比重大，产业结构不甚合理

目前，我县经济支柱产业中大部分为工业企业，尤以传统制造业为主。仍然是传统经营思想，重视技术，重视发展，对环保治理重视不够。

二、机动车尾气污染严重

随着人民生活水平提高，我县机动车辆日益增多，从县城经常堵车的现象可见一斑。其中尾气不达标车辆，黄标车、不合格油品仍有一定程度的存在。

三、居民燃煤污染，秸秆焚烧，场地扬尘等现象较多

浴池、家庭燃煤为了节约成本，大部分使用高污染的烟煤，造成污染较多。农村秸秆焚烧现象仍然不能杜绝，施工场地扬尘治理仍然不够完善。由于点多且分散，给监管造成了困难。

随着“十三五”规划的出台，我县经济进入了新一轮的战略机遇期，如何抓住机遇，加快调整产业结构，改变粗放的经济增长方式，把绿色运营融入企业管理的点点滴滴中去，实现我县经济跨越发展、绿色发展、和谐发展。特提出如下建议。

1. 将企业的技术升级改造和节能减排改造融为一体，实现产业全方位优化升级

德国工业 4.0 正向由生产智能化推动企业提升，反向由绿色节能降耗倒逼企业创新，这两者是辩证统一的。在这方面奥冠公司借鉴德国模式，做了一些有益的尝试，在这里做个简单汇报，也请大家给予指正。我们的德国专家团队每次进行技术创新的时候，关注生产自动化，产品质量稳定化的同时，必定会把节能降耗考虑进去。以奥冠的锅炉改造为例，如果单纯地由燃煤锅炉改为天然气锅炉，会造成生产成本大幅度提升，我们借鉴德国清洁工厂的设计理念，由太阳能集热控制系统进行初步提温，既保证了关键工序温度的精确稳定，又降低了能耗成本。类似的在原材料循环梯次利用，包装线自动化改造，将包装材料改为可回收材料，做了大量的改善工作，使我们的能耗成本不断降低，得到了各级环保部门和电池行业协会好评。

2. 优化产业结构，转变交通方式，保持工业高速增长的同时，使蓝天白云的天数越来越多

以供给侧改革为契机，逐步调整我县产业规划和政策发力点，一方面对传统产业着力实施技改升级和产业转型，合理调整我县产业布局；另一方面大力引进新能源汽车、充电设施、光伏新能源、新材料、节能环保战略新兴产业，规划建设一到两家有产业特色的园中园，如新能源产业园、节能环保产业园等，把其打造为特色明显，优势突出，增长强劲的发展引擎。

在公共交通领域，县城已有多辆新能源公交汽车在运行，成为一道亮丽的风景线，得到了广大人民群众的一致好评。建议以此为示范契机，把握公车改革的机遇，加大私家车领域新能源汽车的推广力度，加大电动车购置补贴力度，加大公共电动租赁汽车、充电桩、换电站等基础设施建设力度。山东临沂的沂南县，借助政策红利和社会资本，一个县城建立了200多个充电站，有2000多辆电动出租车在街头让市民持卡租赁，方便了市民出行，减少了车辆拥堵，降低了尾气排放，对我们很有启发，可以借鉴。

3. 加快新农村建设，加大教育和宣传力度，建设绿色家园，美丽乡村

以新农村建设为契机，加大农村集中式垃圾点建设。加大宣传力度，引导民众节能减排，不乱烧秸秆、塑料、树叶等生活垃圾。通过媒体宣传、知识下乡等方式，营造全民节能环保氛围，从身边事做起，从工作和生活细节做起，树立全民环保意识，转变为自觉自发行动。

搭建科研创新平台
实现县域经济“高质量、快速度”发展

（2018年2月8日）

县政协常委、故城北新建材有限公司总经理 徐伟

习近平总书记在“五大发展理念”中深刻指出：抓住了创新，就抓住了牵动经济社会发展全局的“牛鼻子”。企业的发展离不开科研创新，产业的发展离不开科研创新，县域经济的发展更离不开科研创新，我们公司的发展同样得益于科研创新。北新建材通过每年至少3项重大技改举措、6个研发项目、4个发明专利及一系列质量管理提升活动、技术研讨会等创新平台，将创新转化成企业发展的新动能，极大地带动企业发展。站在北新看故城，下面我就个人在企业多年的工作经历和自身感悟谈谈对我县科研创新的一些想法。

一、目前故城科研创新的现状、问题和不足

近年来，各类研发基地、企业技术中心等创新平台发展较快，但故城县的四大产业：服装服饰、车辆装备制造、新能源新材料等仍存在创新发展瓶颈，科研资源缺乏有效整合，合作共享、技术交流、信息网络等创新平台不健全。难以推动故城产业结构从劳动密集型向技术创新型转型升级。主要表现在：

1. 企业研发能力不强

故城县大部分企业尚未设立研发机构，即使已建的研发机构仍存在规模偏小、层次偏低的问题。故城县很多企业员工都是就近就业，知识水平和自身技术水平不足，研发能力欠缺。

2. 人才吸引力不足

与发达地区相比，我县总体环境和政策对人才的吸引力不明显，很多大学生毕业后流向一些发达地区，县城一级留住人才难，留住优秀人才更难。我县企业发展基础相对薄弱，部

分老板缺乏人才意识，不能有效吸引人才，留住人才，对企业所需的人才招引、技术推广没有有效方法和系统方案。

3. 政府发挥引领带动作用不够

我县缺乏人才集聚、技术创新的大环境。具有科研、生产能力的公共研发机构很少，就全县四大产业来讲，仅有少数几家研发基地。政府为企业搭建的技术共享平台紧缺，相关部门对国家科研创新的政策宣传落实力度不够。

4. 科技创新资金不充分

目前我县政府扶持资金、创新制度逐步完善，但金融资本、民间资本对投资故城县创新企业、创新项目的积极性还不强。有效引导企业、金融机构、政府三方合作实现共赢是摆在企业科研创新面前的一大难题。

二、加快故城科研创新平台建设的几点建议

1. 企业自身创建创新平台

企业是实现科研创新的主体，创新平台要发挥在成果转化中的作用，企业自身需要积极努力。我们北新投入资金大力实施技改技措、研发项目，依托北京总部筹建北新科学院研究分院。通过这些平台模式积极转化新产品、新服务，提高产品质量；建立“六星标杆企业计划”“6S”等创新管理模式。近年来，故城北新借助北新建材研发中心、中科院研究所等单位的先进技术，创新性地生产出一系列新功能石膏板，如防霉石膏板、相变石膏板等。通过不断创新，北新建材在一个完全开放的市场平台，迅速占领了全国 50% 以上的石膏板市场份额。

企业的创新绝不仅是研发机构的事，更是企业自身的事，企业要发挥每一名员工的积极性和创造性，更要在生产的每一个环节都要创新。小创新才能带来大发展，小氛围才能营造大环境。

2. 科研创新平台建设，需要充分的资金和人才投入

在资金投入上，政府需要积极引导金融机构、相关部门对企业科研创新项目进行一对一、手拉手、实打实地帮扶，促成政府引导、全员参与、企业共建的创新体系。习近平总书记指出，“抓创新就是抓发展，谋创新就是谋未来”。故城县域经济的发展就应该通过创新培育发展新动力、塑造更多优势的引领型创新项目、创新企业；就应该把全县几大产业树龙头、树标杆，使故城标准成为国家标准、世界标准。

在人才投入上，企业应成为凝聚人才的主体，要把对人才的吸引和培养作为首要战略任务。企业关爱人才，政府吸引人才。怎么吸引，政府要给人才创新创业提供优惠政策、精简创业及创新项目审批流程，创造良好的人才发展环境。

3. 创新项目需要政府优先放行

故城县很多创新项目急需建设，政府应充分支持、细致考察，为项目的促成实行全程全员跟踪、优质优先服务，使项目早日达效，让企业发展的更快，让故城发展得更快。

全面推进医共体　构建全县医疗服务新格局

（2018 年 2 月 8 日）

县政协常委、县医院内科支部书记　主任医师　孟庆莲

一、我县医改的现状

近几年来我县医改进程逐步加快。2011 年 8 月 1 日，乡镇卫生院纳入财政供养，同时药品实行零差率销售。2013 年、2014 年县医院、中医院先后取消药品加成，实行零差率销售。2014 年县医院被列为全国重点能力提升 500 家县医院之一，与省三院结为对口支援协作医院。

2015年9月国务院国办发〔2015〕70号文件号召推行分级诊疗。分级诊疗制度是按照疾病的轻、重、缓、急及治疗的难易程度进行分级，不同级别的医疗机构承担不同疾病的治疗任务。2017年起我县主要是以医共体建设为主抓手力推分级诊疗。

医共体是县域内医疗服务共同体的简称，是县级医院联系乡镇卫生院、村卫生室组成责权利共同机制约束的联合体，逐步建立“基层首诊、双向转诊、急慢分治、上下联动”分级诊疗模式，同步提高县乡两级医疗服务能力、推进医疗资源纵向整合、完善城乡医疗服务体系。医共体建设是方便群众就医、降低医疗费用、提升机构水平、用足用好基金、促进全民健康的有效途径。我县2017年年初被衡水市委、市政府确定为医共体试点县。上半年，县政府、市县卫计委及有关部门、医疗单位多次碰头、协调、调研，先后两次去全国县域医共体试点县——安徽天长考察。最后按照天长模式，确定县医院、中医院、妇幼医院分别牵头成立医共体。县医院医共体于6月下旬成立，前期从建国、三朗试点运行。11月20日又吸收了坊庄、郑口等8个乡镇的卫生院（医院）为新的成员单位，成为下辖10个乡镇、16所卫生院、408个村卫生室，全县最大的医共体。同时中医院同饶阳店、辛庄2个乡镇卫生院、县妇幼同故城镇卫生院分别组建医共体。年底前我县医共同体实现了全覆盖。

半年来的医共体工作主要体现在县级医院对乡镇卫生院的技术帮扶上。以县医院为例：2017年下半年共派出下乡564人次，在乡镇培训84次，接诊1073人次，检查诊断637人次，上转54人次，下转30人次，手术46人次。建国中心卫生院门诊人次同比增长15%；各卫生院住院病人、医疗收入都有明显增加。医共体建设取得初步成效：乡镇卫生院开展的诊疗项目更多了；检查更准确了；基层医务人员业务素质提高了，工作作风、精神面貌焕然一新；乡镇卫生院管理上了新台阶；医共体方便了老百姓家门口就近诊疗，让政府得了民心。

今年医共体全面铺开后，县医保中心将对三个医共体实行医保资金总额预付。实行剩余分成、超支不补的政策，倒逼医共体加强管理、控费、控外转。牵头医院将对乡镇卫生院细致摸底，加强技术扶持，开展多种形式的远程会诊，提升基层服务能力，尽最大可能让病人在基层看好病。另外鼓励村卫生室开展家庭签约服务、防控慢病，把工作重心放在日常体检、健康宣教、预防发病上。

二、医共体运行中存在的问题及建议

1. 乡镇卫生院设备配置差、信息化水平低

我县3个医共体组建以来，通过对乡镇卫生院摸底了解到，房屋等基础建设已基本达标，都实现了楼房化。但是在必要的仪器设备配置和信息化建设上还有比较大的差距。如县医院医共体内16所乡镇卫生院仅有6所配备了CR（数字化X线摄影）；其余如彩超等设备则新旧不一，功能参差不齐，还有一家已报废。乡镇卫生院各项医疗信息必须与牵头医院实现互联互通，才便于远程诊断、指导治疗，以信息的流动代替人员的流动，现在乡镇卫生院信息化几乎一片空白。

建议：由牵头医院制定乡镇卫生院仪器设备配备标准、信息化建设标准，申请上级专项资金为各乡镇卫生院补齐、配好，以便于推进医共体内同质化、可互认的医疗服务。

2. 医改相关部门还缺乏统筹协调

十九大报告中明确了推进健康中国战略，为人民群众提供全方位全周期的健康服务。深化医药卫生体制改革，全面建设中国特色基本医疗卫生制度、医疗保障制度和优质高效的医疗卫生服务体系，健全现代医院管理制度。深入推进医改，加快医共体步伐，需医疗、医保、医药三医联动，涉及卫计局、人社局（医保中心）、财政局、物价局、药监局等多个主管部门。部门条块分割，步调也不一致，开展工作时协调比较困难。

建议：按照安徽天长市成功经验，由党委

政府牵头，加强顶层设计，整合各方力量，实行统一领导，设定工作目标，定好时间表，划定路线图，然后明确分工，各负其责，抓好进度督导，共同干好工作。

3. 乡镇卫生院分配政策体现不出激励

乡镇卫生院现在实行全额财政拨款，虽有绩效但体现不出多劳多得。加上医疗本身的风险性，使乡镇卫生院医务人员工作没有动力，2011年医改后其技术和业务都呈萎缩之势。

建议：从制度层面加以调整，拉开基础与绩效的差距，让比例大的绩效与实际工作量挂钩，激发潜力，提升面貌。

加快学校基础设施建设
解决我县城区学校“大校额”“大班额”问题

（2019年1月29日）

县政协委员、故城县郑口第二小学校长　宣平侠

我国教育部规定，小学标准班额为40—45人，初中标准班额为45—50人。2016年国务院印发了《关于统筹推进县域内城乡义务教育一体化改革发展的若干意见》（以下简称《意见》）。《意见》提出，到2020年全国基本消除56人以上“大班额”。

2023年我县将迎来“全国优质教育均衡发展验收”，其中有两个重要考核指标：一是小学和初中必须达到国家规定的标准班额，二是消除2000人以上的“大校额”。两项指标达不到考核验收将“一票否决”。

近年来，县委县政府在解决我县“大班额”问题上做了大量工作，全县人民热切期盼的第四小学新建、太兴小学扩建工程基础已经完工，聚龙中学迁建、董子中学新建的前期准备工作也已基本完成，这四项工程竣工后将有效缓解城区“大班额”压力。

但随着我县经济社会发展和城镇化进程的加快，进城务工人员的不断增加，城区学校教育承载力不足的问题仍很严重，“大校额”“大班额”问题仍然是严重制约教育质量的提高和素质教育全面实施的瓶颈，所以解决这些问题，我们还要做更多的努力。

一、“大班额”形成的原因

1. 我县义务教育段学生增长迅猛

我县现有中学16处，小学78处。2017年我县义务段1—9年级在校生总数为63574人，2018年达到了65062人，一年间学生总量增长了1488人；预计到2019年，我县义务教育阶段在校生将接近67000人，总数比现在要增加近2000人，学生数量连年激增，几乎每年增长一个六轨制的标准化学校的人数。

2. 教育资源供给不足

由于我县经济整体发展水平总体不高，教育投入相对不足，城区学校的规划建设未能与城区发展及人口增长同步。从而导致了教育资源（校舍、师资）的紧张，近几年县城学生人数不断增加，但新增的学校并不多，就形成了“大校额”“大班额”的格局。

3. 师资配备不够

按照市编办《关于重新核定中小学教职工编制的通知》（衡机编〔2018〕96号）规定，我县中小学编制数为4550人，其中义务教育段教师编制数为3797人。截至2018年12月我县实有在职教师3887人，缺编663人，其中义务教育在职教师3112人，缺编685人。

虽然近几年我县每年都招录一批新教师，但每年我县教师自然减员教师数都在150人左

右，招录的人数与减员人数基本持平，在职教师总量并没有增加。城区的部分学校之所以形成大班额，并不是校舍不足，而是师资不足，无法满足正常教育教学的需要。

4. 进城务工人员子女就学人数日益增加

随着我县经济社会发展，许多富裕起来的农民陆续进入县城就业、买房定居，子女跟随父母进入县城学习生活的日渐增多。根据国家规定，凡到县城定居或外来人员到县城务工的，教育部门必须无条件接受其子女就近入学。所以近年来县城中小学生人数迅速增加，城区每年的学生总数都要比上年增加300—400人。县城原有学生和新增加的学生共同享用有限的教育资源，这必然导致出现大班额现象。

二、大班额造成的危害

大班额的危害众多，不可小视，主要体现在以下四个方面：

1. 危害了学生的身心健康

学生多，学生课堂发言的机会就少，教师对后进生的关爱心有余而力不足，分层教学、因材施教难以落实。而且由于人多空间小，室内空气不好，一旦遇到传染病暴发，后果不堪设想。

2. 加重了教师的工作负担

大班额下教师驾驭课堂的难度非常大，很多课堂时间都浪费在整顿课堂纪律上，难以形成良好的学风。老师作业批改量大，承担着双倍的工作量，教师也抽不出多少时间从事教学研究，教学成绩也难以全面提高。

3. 不利于素质教育的实施

“大校额”“大班额”学校，组织集体活动难度很大，学生的兴趣和特长得不到发挥。像微机课、实验课、阅读课等课程的开展，因为机房、实验室、阅览室太小，无法满足正常的教学需求，不利于素质教育的推行。

4. 造成了很大的安全隐患

学生人数的激增，使学校承担的安全任务成倍增加。教室内学生过多、桌凳拥挤、通道狭窄，基本是只留了一个门出入，如果发生危险事件，学生很难及时疏散和撤离。为避免拥挤踩踏事件发生，学校不得不分时分段放学、出操，学生上下楼、进出校门必须安排教师疏导管理，对学校安全管理造成了较大压力。

三、解决“大班额”问题的对策和建议

根据我县教育实际和未来发展状况，建议从以下几方面采取有效举措。

1. 不断加大基础教育建设投入

要从根本上解决城区“大班额”问题，政府必须加大教育投入，只有新建学校才能彻底解决问题，因为城区学校都是超过2000人的超大规模学校，体量已经超大，必须“减容”。

以城区小学为例，按照国家规定的每班45人计算，全镇城区小学（一、二、三、四、五小和太兴），包括正在建的四小，六所小学可以提供的学位数是9990；而郑口镇现有小学生12553，还差2563个学位，城区每年一年级适龄儿童都会以200人递增，所以到2020年还需2963个学位，还需再建2所6轨制小学，才能彻底解决小学“大班额”问题。

城区三所初中（运河、育才、聚龙），按照每班50人计算，能提供的学位是4200个，而现有学生数是7700人，不考虑每年增长的学生数，要解决大班额问题，还需要提供3500个学位，需要建两个和运河中学一样规模12轨制的初中。

2. 要完善基础教育学校教师补充机制

根据我县教师数量变更情况，每年都要为全县中小学招录高素质的毕业生，填补各学校师资空白；也可采用“政府购买服务”“民办教育自主引入”的形式进行教师招录，开创多元化师资引进渠道。同时增强教师补充的灵活性，变每年一次招聘补充为多次招聘补充。

3. 住宅小区开发企业要按标准配建中小学幼儿园

住宅小区开发企业要按照国家住建部《城市居住区规划设计规范》中对教育设施的配建标准，配建中小学幼儿园。新建住宅小区，原则上每2000—3000户配套建设一所幼儿园；每3500—4500户配套建设一所4轨制24班小学；

每8000—10000户配套建设一所8轨制24班初中。对不能按要求配建的，建议发改、规划、土地、建设等部门不予办理相关手续。

4. 鼓励引导、规范发展民办教育

民办教育是公办教育的有益补充，但由于我县大部分民办学校规模较小，师资不稳定，办学条件有限，难以满足群众对优质教育的需求。所以要制定出台优惠政策，对取得办学许可证的民办学校，任职教师和在校学生可享受同公办学校师生一样的待遇，鼓励支持社会力量在政府引导下规范办学、快速发展，最大限度地分担公办学校"大班额"压力。

5. 加强薄弱学校建设，并探索优质学校集团化办学模式

加快薄弱学校改造步伐，完善学校配套建设，提高教师待遇，确保教师稳定，努力缩小与城区学校之间办学条件的差距。城区优秀中小学可通过兼并校、联合校、建分校等方式，走集团化办学促均衡的路子，组建优质学校教育集团，实施以强带弱，带动薄弱学校发展，避免因择校而造成的"大班额"问题。（在这方面，郑口镇第一小学的"一长两校"模式就是成功的范例）

总之，加快学校基础设施建设，彻底解决"大班额"问题是全县人民的热切期盼，因为教育是百姓最关心的"民生工程"。相信随着教育基础设施投入的加大和办学条件的改善，故城县的教育事业一定会取得更加辉煌的成绩。

关于持续打好我县扶贫脱贫攻坚战的建议

（2019年1月29日）

县政协委员、人社局局长　王拥军

2018年是全县脱贫攻坚取得阶段性成果的一年。我作为一名政协委员和一名战斗在脱贫攻坚前线的干部，亲身参与了故城县的脱贫攻坚工作，感受颇深，一年来在全县上下的努力下，在县委的坚强领导下，我们上下一心，从2014年全县建档立卡贫困户3.38万户，贫困人口7.87万人降至4687户9562人，贫困发生率从2014年的18.2%降至0.55%。

从我们人社局就业本职工作来讲，2018年以来，充分发挥我县劳动密集型产业优势，新建"爱心养元、助力攻坚"等扶贫车间和扶贫中转站共计29个，吸纳带动贫困群众就业138人。动员县域企业积极参与脱贫攻坚工作，各企业为贫困群众提供就业岗位2100多个。用足用好上级就业补助资金，开发扶贫专岗，为971名符合劳动条件的贫困群众提供就业岗位。用好国家技能培训补贴政策，组织劳动技能培训522人。发挥劳务输出大县优势，有效输出489人外出务工。为全县的脱贫工作贡献了我们的力量。目前建档立卡贫困人口9562人中，普通劳动力2947人，占比30.82%；技能劳动力20人，占比0.21%；丧失劳动力507人，占比5.3%；弱劳动力或半劳动力453人，占比4.74%；无劳动能力5635人，占比58.93%。

一、从我们的实践工作来讲，根据扶贫工作新的形势，感觉到我县的扶贫工作还存在以下短板和不足

1. 特殊贫困劳动力"就业难"

我县贫困劳动力中弱劳动能力者较多，就业帮扶难度大，全县建档立卡贫困人口中，无劳动能力和丧失劳动能力6142人，占全县建档立卡贫困人口的64.23%，这些贫困劳动力通过自身发展脱贫的难度较大。

2. 贫困群众收入渠道较少

我县农村人口以种植、养殖为主，收入渠道较少，如遇生病或遭受自然灾害的影响返贫的概率较大。另外全县企业支撑不强、农民增收渠道不宽，能吸纳大量劳动力的骨干企业少，吸收贫困人口劳动力的空间小，制约了相关政策的效力发挥。

3. 农业技术人才严重不足

当前全县各贫困村无论种植还是养殖，管理相当粗放，距离李克强总理提出的“用工业的方式做农业”的要求还相当遥远，真正能够带领群众致富的新型农村职业带头人太少。

二、为更好地把我县的脱贫攻坚工作做好，持续打赢我县的脱贫攻坚战，提出如下建议

1. 注重扶志扶智有机结合

扶贫先“扶志+扶智”，消除贫困户“靠”“等”“要”想法，增强当地贫困户大局意识，以国家脱贫攻坚的政策为主导思想，积极主动地参与扶贫工作当中来，从被动的脱贫转为我要脱贫、我要致富。

2. 因地制宜细化帮扶措施

一是制定细化适合贫困村特色产业发展规划，从政策、资金、技术、信息、流通等方面支持贫困村、贫困农户发展种养业和传统手工业。扶持、引导龙头企业、农民专业合作社在贫困村附近建立“扶贫车间”“扶贫中转站”，实行“公司+贫困农户”“专业合作社+贫困农户”等模式，吸引贫困农民以土地、劳动力入社入股，建立与贫困户利益联结机制，实施贫困村“一村一品”产业推进脱贫，发挥其对贫困人口的组织和带动作用。二是因地制宜，加大农业产业结构调整力度，扶持、引导贫困农户大力发展特色高效产业，确保每个贫困农户至少有1项种植或养殖产业。三是支持贫困村发展农产品加工业，加大对贫困村农产品品牌推介营销支持力度，在贫困村建设设施完善、功能齐全的各类专业性市场，为当地农民提供农产品销售服务。

3. 强化扶贫项目规划引领

按程序、按时间要求，合理做好农业产业方面的各项规划和产业扶贫规划，做到上“接天线”，即：与国家“十三五”规划中的项目相衔接，有的放矢；下“接地气”，即：符合全县实际情况，因地制宜，根据项目具体进度，合理做好每年度的实施收益计划。

4. 全面对接乡村振兴战略

充分发挥运河文化公园、东大洼现代农业示范区等生态资源优势，推动旅游产业的全面振兴来带动贫困农户增收致富。一是政府要整合现有资源，优化旅游管理机构，形成齐抓共管的旅游发展局面，并充分利用党政门户网站、新媒体等宣传媒介对县域旅游资源进行宣传，积极完善公园、示范区基础配套设施，吸引更多游客，带动农民参与到旅游接待中来。二是推广农民合作社模式，探索建立合作社和龙头企业引领模式。政府应组织鼓励合作社引入龙头企业，形成“企业+旅行社+基地+农户”的规模化、集约化、专业化经营模式，尤其要组织旅游公司对建档立卡贫困户进行农家乐开发的协议帮扶，通过贫困户土地流转、宅基地租用等方式将贫困户融入旅游产业中来，共享良好生态带来的产业福利，依托旅游产业的发展来带动贫困户的脱贫致富。三是推进标准化建设，提升旅游品质，与城市景点对接共建全县旅游新模式。政府应完善乡村旅游基础设施，推动乡村旅游标准化、品牌化发展，积极利用好“互联网+”，乡村以村为接入点对乡村休闲旅游资源和数据进行互联网信息采集与发布，探索“农业+旅游+互联网”的新产业模式，将旅游资源充分展示到互联网上来，利用互联网来调动乡村资源，带动乡村贫困人口的脱贫致富。

我坚信，在2018年脱贫攻坚取得阶段性成果的基础上，在县委、县政府坚强领导下，在全县上下干群一心、一往无前扶贫精神的鼓舞下，我们一定会在我县扶贫脱贫攻坚的战场上再立新功，再创辉煌。

关于加强新时代创新创业人才培养管理的建议

（2020年1月10日）

县政协常委、县委组织部副部长　周文君

习近平总书记在党的十九大报告中明确强调“要坚持党管人才原则，聚天下英才而用之，加快建设人才强国”。县委深入落实总书记重要指示精神，提出“人才倍增”计划。县政协把“大力聚集创新人才、实施创新驱动战略”作为征集建议的第一项内容，既是落实县委部署，又体现了对人才工作的高度重视。下面我结合本职工作，简要介绍一下我县创新创业人才培养管理的做法、存在的不足，并提几点建议。

一、创新创业人才培养管理方面的主要做法

广义上讲，我县各类人才均可纳入创新创业人才培养管理范畴。近年来，我县在加强领导、健全机制、创新管理、优化环境等方面进行了积极探索、大胆实践，不断推进创新创业人才队伍发展壮大。

1. 落实党管人才原则，多渠道牵头抓总

研究出台了《关于招才引智鼓励引导人才创新创业的实施意见》等一系列政策性文件；制定下发了《故城县人才发展三年规划（2019—2021年）》，为做好人才工作提供了政策支持。完善乡镇党委书记党管人才专项述职制度，明确一名党委成员主抓人才工作。调整修改《故城县领导同志直接联系服务专家制度》文件，贯彻落实全市人才分类评价机制改革“1+9”文件精神，不断加大创新创业人才培养力度。

2. 健全人才工作机制，多方式扶持促激

设立县人才发展专项资金。严格按照《衡水市落实燕赵英才服务卡制度暂行办法》落实有关待遇。探索“京津冀研发+故城转化”引才模式，吸引高端人才投资创业，最高给予100万元奖励。每年选拔100名产业发展急需的技能人才到高校学习深造；依托我县4个农村实用人才培训基地，培训农村致富带头人、农村实用人才1600多人次。将人才工作列入乡镇、县直部门领导班子年度考核和落实党建工作责任制情况述职重要内容，考评结果作为领导班子评优、干部评价的重要参考。

3. 改进管理方式，提供优质高效服务

积极做好本土拔尖人才的管理，对25名第七批县管专业技术拔尖人和20名首批青年学术带头人每半年进行1次目标考核，定期组织拔尖人才进行常规体检。充分利用电视台、报刊和新媒体大力宣传优秀人才先进事迹，每年以“人才工作宣传月”为载体，在电视台《故城党建》设立人才专题栏目，先后播出了韩树全、孟祥辉、李鸿才等各行业先进事迹，树了典型、扬了正气、聚了人心，激发爱国奉献精神，激发争当头雁热情，激发干事创业动力。

4. 优化“三个环境”，创造留才聚才良好氛围

强化政策激励，积极推荐拔尖人才担任人大代表、政协委员。开通人才服务“直通车”，在户籍办理、工商税务服务、子女入学等方面提供优质服务。实施高新技术企业、创新创业人才双倍增战略，依托青竹、奥冠2个科技研发中心，创客电子商务、创业大厦、经开区等3个孵化基地，中和、星创联、恩源空间等5个众创空间，为引进人才投资创业、本土人才

成长发展营造了良好工作环境。

二、当前创新创业人才培养管理存在的不足

尽管我县在创新创业人才的培养、引进、管理和使用上做了一些工作，也取得了一定成绩，但仍存在一些问题和不足，具体表现在以下方面：

1. 工作开展还不够平衡

县直各职能部门之间、各单位之间在创新创业人才的培育、使用、管理、引进等方面存在一定差异。组织部门牵头抓总与职能部门建设管理衔接还不够紧密，在形成工作合力上还需进一步探索。

2. 人才总量还不够充足

人才断层和人才需求的矛盾比较突出。人才的引进仍然面临着较大困难，尤其是规模较小的企业，对人才缺乏吸引力，在高技术人才、科研型人才、创新型人才引进上困难较大，造成企业管理人才、专业技术人才短缺。

3. 人才结构不够合理

创新创业人才队伍整体年龄偏大，重点学科和复合型人才较少，受编制限制，农、林、水、经济、财会等专业人才难以引进。人才所用非学现象较为明显，人才总量不足与人才浪费有一定程度的共同存在。

三、创新创业人才培养管理的几点建议

目前，我县创新创业人才无论从培训还是从管理上都无法满足高质量快速发展的需要。对此，建议有针对性地做好以下几项工作：

1. 拓宽育才渠道，为人才成长奠定坚实基础

一是创新培训形式，鼓励科技人才采取在职自学、脱产进修等多种形式，更新知识，提高学历层次和实践能力。**二是**建立继续教育联系点，加强与有关高校及知名企业的联系，采取定期讲座和选派骨干进修等方式，促进科技人才队伍整体素质提高。**三是**建立信息完备、门类齐全的人才信息库，在完善县级人才库建设的同时，组织各乡镇和县直重点部门建立自己的人才信息库和高精尖缺人才需求信息库，在人才培养管理上做到有的放矢，在人才引进上做到目标明确。

2. 优化用才机制，为人才脱颖而出创造有利条件

建立和完善以业绩为导向的考核晋升机制，坚持“以实绩论人才”的正确导向，把人才绩效作为职务职称晋升的重要依据，使之激励多数人才。坚持“德才兼备、人岗相适、各得其所”用人导向，围绕建设高素质专业化人才队伍，积极推动科技人才到领导岗位上历练，改善干部队伍中科技人才缺乏的现状。大力选拔既懂管理、又懂科技的“两栖”型复合型党政人才，并通过加强政治思想教育、到吃劲岗位锻炼等方式，逐步培养成为“四铁”“五能”型干部。

3. 转变引才观念，为吸引人才提供政策保证

习总书记指出：要以识才的慧眼、爱才的诚意、用才的胆识、容才的雅量、聚才的良方，广开进贤之路，把各方面知识分子凝聚起来，聚天下英才而用之。**一是**要转变观念，切实将“等、靠、要”转变为“引、追、抢”，做到“长引”与“短服”相结合，“筑巢引凤”与“引凤筑巢”相结合。**二是**要制定更加开放的引才政策，敞开大门、海纳百川，简化程序、消除障碍，建立引才引智的“绿色通道”。**三是**要积极探索引智途径，以“不求所有，但求所用”为原则柔性引才。积极引导企事业单位与高等院校、科研机构建立长期合作关系，为科学引才奠定基础。

4. 强化留才意识，为人才扎根营造良好环境

一是用政策激励人才。针对人才竞争的焦点制定相应的人才政策，坚持物质激励和精神激励机制相结合，在力所能及的前提下，尽可能地多给人才以荣誉、鼓励和相应待遇。**二是**以真情感召人才。要为人才提供施展才华的良

好机遇和条件，要善于同他们交朋友，要认识他们，熟悉他们，关心他们的工作、事业和家庭，为他们实实在在解决工作生活中的困难。**三是**以发展机遇鼓舞人才。以良好的发展环境，精心营造一个人尽其才、才尽其用的大舞台，鼓励各类人才抢抓当前战略发展机遇，发掘潜力，干事创业，实现人才工作高质量发展。

关于发挥商协会作用　促进经济社会发展的建议

（2021 年 2 月 5 日）

县政协常委、县工商联主席　吴　健

今年以来，县委、县政府高度重视商协会建设在经济社会发展中的作用，主要领导亲自谋划，亲自调度，鼎力支持，高规格强化提升总商会职能，整建新建 8 个行业商协会，凝聚各方面力量，提高服务商协会建设乃至“两个健康”能力水平，全力助推全县经济社会高质量快速发展。

一、我县商协会建设的现状

1. 总商会

6 月 13 日，隆重召开了规模空前的总商会强化提升、行业商协会整建推进暨县联十届四次执委会议。此次把全县各行业重点企业和个人、外地故城商协会和外地知名故城籍企业家、在故投资具有一定规模的新建企业全部进入工商联（总商会），将拟组建的行业协会会长、副会长意向人选全部吸纳进入领导班子，增强了商会领导班子的活力和工作效能。同时建立了县委统一战线工作领导小组推动民营经济发展联席会议制度，组建有 21 个部门参与的政策咨询、金融服务、法律服务、人才培训、科技支撑、作风保障六个工作保障组，完善了政企对接联动、汇智早餐会、陪同部门进民企等相关工作机制，为更好地服务“两个健康”提供了制度保障。

2. 8 个行业商协会

从 7 月 8 日至 9 月 10 日，完成了裘皮裘革行业协会的整建换届和装备制造、摩擦材料、新能源新材料、商贸流通、建筑安装和房地产、现代都市农业行业协会、故城雄安企业商会等 7 个行业商协会的新建。8 个商协会会员单位达到 545 个，实现了全县重点行业全覆盖。

总商会和 8 个商协会组建后，迅速完善工作制度和机制，以抓好商协会发展为总抓手，以活动为载体，因会施策，一会一策，组织开展了多层次、多形式的政策宣传、银企对接、人才培训、科技创新、法律咨询等方面服务，使商协会“动起来”“活起来”，特别是通过银企对接，有 60 余家商协会企业得到 1.3 亿元的贷款支持。摩擦材料产业协会发挥组团优势，在 3C 认证和质量检测方面向相关单位积极争取，让会员单位得到大幅度优惠，真正感受到抱团取暖的效应，鼓舞凝聚了人心，激发增强了活力。

二、商协会建设存在的困难和问题

1. 桥梁和助手作用还未显现

一方面虽然建立了政企对接机制，但受传统观念影响，商协会主动对接政府及相关部门的意识、底气和勇气不够，有些意见建议还不敢提、不敢说。**另一方面**缺少为会员有效服务的平台和手段，对会员单位的凝聚力、影响力、号召力不足。

2. 对 8 个商协会扶持力度不平衡

目前仅有对裘皮裘革行业协会在参展和上网平台的支持，对同样作为产业集群的摩擦材料产业协会等其他 7 个商协会都没有出台扶持政策，在一定程度上影响了商协会建设和发展的积极性。

3. 自身建设薄弱，管理运行不畅

目前，各行业商协会多以中小企业为主，区域内缺少龙头型企业引领，企业间无序竞争，创新能力不足，产品同质化严重，附加值低。同时，商协会服务的工作人员大多数都是企业人员兼职，没有受过专业性的培训，在一定程度上影响了日常工作开展。

三、进一步发挥商协会作用的意见和建议

1. 加大扶持力度，强化指导服务

一是进一步推进政府职能转变，厘清行政机关与行业商协会的职能边界，政府相关部门要按照各自权限，认真落实放管服政策，以委托或授权方式转移部分职能给商协会，赋予其服务本行业的办法和手段，培树在会员单位乃至全社会的威信。**二是**设立商协会产业发展基金，用于会员企业提档升级和短期倒贷，增强金融服务的效率和活力。**三是**落实扶持政策，建议借鉴枣强、安平、清河等兄弟县市的做法，给予每个商协会基本经费支持，特别是加大对裘皮裘革、摩擦材料两个传统特色产业协会的扶持力度。用于加强网站和平台建设，组织行业培训、参观学习、对外交流等，推广先进管理模式，先进销售经验，推进、落实“六个统一”，实现抱团取暖、共同提升。

2. 推进制度落实，促进良性运转

一是以落实县委统一战线工作领导小组推动民营经济发展联席会议制度为抓手，切实发挥总商会作用，进一步完善政企对接联动、汇智早餐会、陪同部门进民企等相关工作机制，建立政府+县直部门+总商会+行业协会+会员企业定期沟通协商机制，保障政府与商协会、企业的沟通效率，强化沟通协调能力，加强商协会、企业共治共享能力，提升服务“两个健康”能力水平。确保6个保障专班和三项工作机制全面运行，构建服务民企纾困解难全链条，在力求实效上下功夫，切实打通服务民营经济“最后一公里”。**二是**建立列席县委、县人大、县政府、县政协相关会议制度。重要经济决策出台前征求广大商协会员的意见建议，既确保决策的科学性和前瞻性，也扩大商协会的知情权和监督权。

3. 完善治理结构，增强自身活力

一是推行协会指导员制度，强化治理指导。由商协会组建单位选派一名副职履行监督和指导职责，强化党建引领，督促、协调行业协会商会落实各项管理制度和工作机制，指导解决理事会功能弱化、组织机构运转不协调、权力监管缺乏等问题。**二是**优化内部人才结构，提升自身管理能力。建议由政府招聘一批社会管理专业的大中专毕业生，以劳务派遣形式解决协会专职工作人员不足问题。**三是**进一步优化营商环境，激发会员企业持续发展活力。积极引导民营经济为主体的中小企业建立现代企业制度，推进科技创新，为企业高质量快速发展提供有力保障。

提高物业服务品质　推动“幸福故城”建设

（2022年1月27日）

县政协委员、军运房地产开发有限公司经理　吉金金

一直以来，物业管理作为一项牵动千家万户、事关群众切身利益的民生工作，也是创新社会治理、推进和谐宜居城市建设的一个重要环节。今年年初，县委十四届二次全会确定了

"谱写好'六个故城'历史新篇章"的目标任务，着力推进县城管理精细化、智慧化、人性化，提出了"搭建物业管理平台、提高物业服务品质"的具体要求，匠心打造I型小城市，努力创造高品质生活。下面，我围绕加强物业服务管理、提升人民生活品质，谈几点个人想法和建议。

一、我县物业发展情况及存在的问题

目前，我县城市基础设施不断完善，市容市貌明显改观，县城49个小区物业，在完善小区治理、优化人居环境、提升城市品位中发挥着越来越重要的作用。然而，随着县城建设的发展，人民生活水平的提升，小区居民对物业管理服务水平也有了更高的需求，特别是近年来，由于管理体制相对落后，物管纠纷日趋增多，弃管现象时有发生，这直接影响到人民群众生活工作环境的改善和全县社会和谐稳定的大局。

1. 住宅物业管理机制不健全

由于社区、业主与物业公司之间沟通脱节，导致物业公司无法及时、全面传达社区通知精神，且并不能全面上报对业主基本情况，导致两项重要工作须投入更大的力度，造成不必要的人力和财力浪费。

2. 物业管理、服务不到位

目前，我县大部分物业服务水平相对较低，难以保障服务管理效率，不适应城市化发展的需求。有些物业公司不能摆正位置，错误地认为自己是管理者，业主是被管理对象，无视业主的正当权利和合理要求，不认真履行服务合同，使物业整体管理服务水平低下，体现在以下几方面：**一是环境问题**。小区公共卫生、楼道卫生打扫不彻底、未及时处理墙面上张贴的广告、小区垃圾清理不及时；有的不按规定定期清洗水池，多年才清洗一次，造成饮用水水质欠佳；小区路灯不亮，没有及时维修更换，小区绿化没有定期修剪，造成居民生活品质下降。**二是安全隐患**。对车辆乱停乱放，占用消防通道行为常有推诿、放任不管的现象；安保设施不完备、措施不到位，小区没有有效封闭，门禁卡只是摆设，电子监控未全面覆盖，造成业主财务损失，车辆被划等情况；有的楼层消防水带缺失，灭火器缺失或过期，楼道堆放杂物或停放电动车存在安全隐患；对高空坠物抛物没有有效措施等。**三是服务意识**。物业电话常存在打不通或者没人接的现象，不能及时解决业主的问题导致业主意见很大，物业与业主之间产生矛盾纠纷，从而也导致了物业管理收费困难问题，没有规范收费标准、对不交物业费的业主还无有效的约束。

3. 物管人员素质偏低

许多小区物业是开发商聘用人，大多年龄偏大，老龄化严重，没有经过专门培训就上岗。有的人员处理问题语气生硬、方法简单，造成业主与物业之间的矛盾和对立。物业企业规模小、资质低、服务水平不高，无科学合理的定价机制，收费机制不健全。服务质量与收费标准不匹配，也会导致物业与业主的矛盾尖锐化。

4. 开发遗留问题多，信访维稳压力大

有的开发商擅自更改小区建设规划，导致小区建成后存在功能缺失问题；有的小区建设施工不规范，存在建筑质量问题；有的道路、绿化、监控设施配套标准偏低，交付使用后出现质量问题。这些问题大都得不到及时有效的解决，极易导致业主与物业之间产生矛盾，致使业主进行投诉。

二、关于提高物业服务品质的几点建议

1. 政府相关部门应全面落实部门单位职责，着力完善管理机制

随着城市化进程的加快，我县小区入住人口还将继续增加。加强对小区的物业管理工作应摆上创建文明城市工作中更加突出的位置。**一是**属地管理责任要强化。街道社区要把小区物业管理纳入社会管理的工作范畴，加强领导，综合管理，消除死角。**二是**部门联动要坚持齐

抓共管。着力推动部门管理职能进小区，要制定部门责任清单，强化管理联动机制，要针对小区中的脏、乱、差及私搭乱建等违法行为开展综合执法，进行专项整治。**三是**住建部门要突出管理主体作用。要负责牵头做好业务指导、督促考评和综合协调等工作，把管理职责压实到相关部门，着力抓好小区设施配套达标，全面提升小区承载功能。

2. 规范服务模式，提升服务质量

一要合理确定物业管理模式。对已具备物业企业管理条件的小区，要实行物业管理；对暂不具备条件的，应由街道或社区引导小区实行自我管理。**二要**不断提高物业服务水平。推进物业管理市场的竞争机制，逐步提高服务质量行业标准。建立健全监督机制，探索实施物业服务诚信评价机制和淘汰机制，物业管理事务要向业主公开，增强透明度，倒逼物业企业提升服务水平。**三要**探索成立物业行业协会。结合各社区物业情况和发展实际，推动物业企业成立行业协会，加强物业企业之间的交流合作，降低运营成本，提高服务质量。

3. 深入开展共管共建活动，提升业主文明素质

一要健全业主自治制度。严格依法依程序组建业主委员会，规范业主委员会职责，积极搭建业主与物业企业共管共建的平台，让业主充分发挥自治作用。小区业主中的党员干部和国家工作人员要大力支持配合物业企业开展工作。**二要**大力宣传普及物业管理法规。充分利用新闻媒体及小区宣传栏等设施，广泛宣传物业管理法规及小区管理规约，使物业企业与业主双方都明确权利和义务，互相监督，共同维护小区秩序和环境。**三要**广泛开展平安创建活动。将城市文明创建、平安创建与小区管理有机结合，广泛开展文明小区、平安小区、平安家庭评选以及健康有益的文体活动，小区业主中的党员干部和国家工作人员要积极参与小区管理和文明创建活动，引导业主激发积极向上的正能量，把每个小区建设成为文明和谐的精神乐园，提升故城居民的幸福感、获得感、安全感。

以科技创新成果转化　助推企业高质量发展

（2022 年 1 月 27 日）

县政协委员、奥冠公司总经理　刘鸿志

党的十九届五中全会确立了创新在我国现代化建设全局中的核心地位，把科技自立自强作为国家发展战略支撑，摆在各项规划任务的首位，进行专章部署。从十八大提出创新驱动发展战略，到十九大提出创新是引领发展的第一动力，再到十九届五中全会提出加快建设科技强国，中央对于科技创新的谋划部署既一脉相承，又与时俱进。

一、我县企业基本现状

通过我对全县的部分企业调研来看，发现我县各企业普遍存在科技创新能力不足，在提品质、创品牌、降消耗、增效益、增强核心竞争力意识不够强的现象。下面以我工作的奥冠公司近年来在科技创新方面所做的工作及取得的成绩先做一总结交流：奥冠公司位于故城县经济开发区，公司主要产品为光伏储能、通信电源、UPS 备用电源和新能源汽车四大类电池。为联通移动电信三大运营商提供 5G 基站备用电源电池，为国网和华电等五大发电集团及中兴能源提供储能电池。

近年来，奥冠公司在县委、县政府的正确领导下，在社会各界的大力支持下，把握新能源产业发展机遇，抓住“碳达峰　碳中和”双

碳政策的黄金机遇期，加大研发投入，推动企业高质量发展。奥冠2021年成功入选国家级“专精特新”小巨人企业，提升了企业美誉度，主导起草了两项国家标准，增强了行业话语权。为中国航天提供备用电源电池，为中兴能源提供光伏储能电池，助力国家工程建设。进一步提升了企业管理水平。政府创造环境，企业创造价值。故城营商环境逐年提升，2021年更是入选河北省营商环境先进县，让我们广大企业能够怀着满满的信心把充分的精力投入到工作中，心无旁骛搞发展。

二、我县企业面临的形势

2022年是“十四五”规划实施的重要一年，是实现我县“高质量发展、高品质生活”目标的关键之年。在疫情常态化的今天，危与机同生并存，唯有在危机中准确把握发展新格局的基本内涵，审视优化发展方向，不断地深入推进改革创新，才能让我县企业逐渐提升其品牌优势、成本优势，形成自己的核心竞争力，并通过差异化在竞争中取胜，在行业内形成一定的壁垒，提高企业威信。进而吸引更多的人才，为企业注入更多的新鲜血液，形成企业发展的良性循环，提高在市场经济下企业的竞争力。

三、对我县企业高质量发展的建议

作为故城的本土企业，首先我们奥冠要继续坚持科技是企业第一生产力，质量是企业的第一护城河。建议全县企业加大质量管理和科技创新，务实进取，把质量管理和科技创新作为一项提升自身能力的重要工作。同时加大与国企、强企合作力度。下面我以奥冠为例，就我县企业下一步如何发展建议如下。

1. 建议加大对战略新兴的资金政策支持，加大我县企业在相关领域对研发力度，推动我县战略新兴产业的快速发展

战略新兴产业都具有未来前景广、研发投资大的特点。以新能源电池产业为例，电动汽车一次充电续航里程由2016年的400公里提升到现在的1000公里，电池比能量以每年20%的速度在增长，短短五年，电池重量比能量由150瓦时/公斤提升到了300瓦时/公斤，电池协会统计全行业投入研发经费不下两千亿，新兴产业的研发资金压力可见一斑。河北省内电池产业已经形成了“军品电池看保定风帆，储能电池看故城奥冠”的格局，奥冠也在电池技术领域不断深耕。公司与德国阳光公司和德国马普所签订长期战略合作，共同研发钠离子电池和液流电池，我们的目标是“德国技术，故城制造，面向全球”。力争在下一轮的兆瓦级的大规模风光储能电池竞争中胜出。其中尤为需要研发资金支持。

2. 质量就是企业的生命，建议政府进一步加大质量提升专项行动力度，助推全县企业质量转型升级

政府报告提到质量强县战略，我们对此感触颇深，奥冠公司今年获评“衡水市政府质量奖提名奖”。为质量强县战略作出了应有的贡献。在创奖过程中，全面梳理，全员参与，质量水平有了质的飞跃。一手抓研发，一手抓体系，在原有9000体系基础上，引入卓越绩效管理体系，凭借这个体系的支撑，为西昌卫导发射中心提供了整套备用电源，有力保障了长征系列火箭的成功发射，极大提升了产品美誉度，可见质量问题决定着企业的发展和竞争。

3. 建议政府部门出台举措助推故城企业携手央企强企，抢抓雄安新区建设、京津冀一体化等“送上门”的历史机遇为故城加速发展作出贡献

报告中指出积极开展服务企业“五门”行动（即惠企政策“送上门”、行业企业“请进门”、金融机构“带上门”、法律服务“走出门”、优秀人才“引进门”活动），这让我们倍感振奋。故城地理区位优势明显，距离北京交通区位近，北京包括未来的雄安新区的大院大所多，央企强企多。建议发挥故城区位优势，在技术研发上，与大院大所共建实验室，从标准的起草制定阶段故城企业就深度参与；在市场开发上，与央企强企深度合作，发挥各自优势，共同参与国家重大工程建设，提升我县企业的知名度和生存能力。

推进数字乡村建设　提升全民数字素养

（2024 年 1 月 24 日）

县政协常委、县网信办主任　王连维

“乡村兴则国家兴。”“十四五”时期是乘势而上开启全面建设社会主义现代化国家新征程、向第二个百年奋斗目标进军的第一个五年，也是全面推进乡村振兴、建设数字中国的发力期。信息时代的乡村振兴，必然与数字技术紧密相连。数字乡村是伴随网络化、信息化和数字化在农业农村经济社会发展中的应用，以及农民现代信息技能的提高而内生的农业农村现代化发展和转型进程，既是乡村振兴的战略方向，也是建设数字中国的重要内容。

一、基本情况

2020 年脱贫攻坚战取得全面胜利后，我国“三农”工作重心历史性转向全面推进乡村振兴。以习近平同志为核心的党中央高度重视乡村振兴工作，习近平总书记强调，民族要复兴，乡村必振兴。2019 年 4 月，中办、国办印发《数字乡村发展战略纲要》，为各地区、各部门推进数字乡村建设指明了方向。2021 年，《中华人民共和国国民经济和社会发展第十四个五年规划和 2035 年远景目标纲要》提出要“加快推进数字乡村建设”，《“十四五”国家信息化规划》将“数字乡村发展行动”列为十大优先行动之一。2022 年 1 月，中央网信办等 10 部委印发《数字乡村发展行动计划（2022—2025 年）》，提出了“十四五”时期数字乡村发展目标、重点任务和保障措施，对数字乡村工作进行全面部署。

近年来，故城县先后被评为全国县域农业农村信息化发展先进县、全国主要农作物全程机械化示范县、全国乡村振兴示范县。2022 年起，我县围绕智慧农业发展、乡村数字治理、振兴乡村网络文化、打造智慧绿色乡村等几大方面，在郑口镇刘堂村、建国镇祖杨庄村等 23 个行政村陆续开展县级数字乡村试点工作，取得了一定成效，但因为种种原因，还存在着一定的问题。

二、存在问题

1. 基础设施建设不完善

近年来，我县各乡镇政府所在地及衡德开发区、以岭药业等农村主要地点已实现 5G 网络信号全覆盖，但部分农村地区 5G 基站建设数量较少、网络信号覆盖有死角、带宽有限、信号稳定性较差等问题仍然较为突出，对电子商务平台、数字农业平台等基础设施整合力度不够，存在低水平重复建设、集约化不高等问题。

2. 乡镇地域发展不均衡

有的地方（如郑口镇、武官寨镇、房庄镇）数字农业技术应用较好，能够充分利用 5G、物联网、大数据等信息化数字化手段，建设采用了一批智慧灌溉系统、农业智慧看护系统等，取得了良好效果；有的采用“合作投资+租赁经营”等方式，推进建设了数字农业小镇等项目。但有的地方数字技术应用农业农村发展的能力不强，至今未应用相关数字技术，数字乡村试点数量较少且推进缓慢。

3. 特色产业结合不充分

故城县正在积极推进大运河文旅带建设，培育壮大肉鸡、奶牛、中医药、金蝉等农业特色产业，但实际上诸如金蝉孵化室智能环控系统、数智化养牛等先进的数字技术应用还较少、与本地特色产业结合得不够紧密，数字赋能农业增产增收的潜力没有激发出来，没有很好地利用数字技术打造网上网下宣传的品牌效应。

4. 数字素养水平不够高

推进数字乡村建设，加快推进数字农业先进技术装备，关键要看农民能否运用网络、运用信息化数字化技术进行农业生产。当前，农民数字素养与技能仍处于较低水平，有的农民智能手机不会熟练操作，有的仅仅局限于会用手机上网、刷视频，不懂得如何通过数字技术去搞农业生产、销售农产品，具有高素养的“新农人”数量不多，这已经成为乡村振兴道路上的“拦路虎”“绊脚石”。

三、意见建议

1. 加强基础设施建设

紧密结合县域实际，持续面向有条件、有需求的农村地区推动5G基站建设，加力推动与农民生产生活息息相关的邮政快递、电商、水利、电网、种养殖为内容的数字化、智能化基础设施建设，积极引入符合农业农村特点的信息技术、产品、应用和服务，加快物联网、地理信息、智能设备等现代信息技术与农村生产生活的全面深度融合。

2. 加大政策资源倾斜

一方面，要尽快建立健全数字乡村建设协同推进机制，形成工作合力，确保实施重点规划和重大项目工程、推进信息基础设施建设等工作时重点考虑数字技术欠发达的乡村。另一方面，要加大谋跑争促力度，积极争取国家省市层面数字乡村试点地区的政策资金，招商引资时可着重考虑引进一批数字农业企业和项目。

3. 突出特色产业赋能

依托故城地理和产业禀赋优势，加强对农业特色产业的数字赋能赋效，积极发展电商直播，深入推进“互联网+”农产品出村进城工程，打造具有故城特色的互联网农产品品牌。同时利用数字技术对乡村沿线特色文化、民间技艺、历史遗迹、田园风光等IP资源进行数字化整合、开发与呈现，丰富多元化特色化的“数字文旅+农业”应用场景。

4. 提升农民数字素养

深入实施全民数字素养与技能提升工程，聚焦农民、老年人等重点人群，常态化、长效化开展数字技术进农村、进农田宣传培训，大力培养一批数字乡村“带头人”“教学官”，加强对数字素养水平较高的典型村镇、先进案例的宣传报道，积极引导农业专家、技术人员、企业家、返乡大学生等向农民传授数字知识和技能，切实推动农民把手机变成“新农具”、用网变成“新农活”、数据变成“新农资”。

以科技创新引领产业全面振兴

（2024年1月24日）

县政协常委、县科学技术协会主席　刘洋

今年以来，我认真学习习近平新时代中国特色社会主义思想和党的二十大精神，把思想认识落实到新时代的新思想、新观点、新论断上来，统一到围绕中心、服务大局、促进发展的行动和实践上来。积极参加政协开展的各项活动，认真履行政协委员政治协商、民主监督、参政议政的职能，围绕县委政府中心工作，通过深入基层、走进园区、座谈交流、征求意见等方式，就做大做强全县工业和农业产业化进行了调研了解，现将调研了解的情况以及自己所思所想和大家交流如下，不妥之处，请大家批评指正。

一、我县工业和农业产业化现状

2023年我县工业和农业工作成绩显著。工业方面，编制完成了4个特色产业集群图谱、人才图谱及《故城县特色产业强县建设行动方案》传统产业改造持续加力，多个项目加入省千项技改项目库；创新驱动战略深入实施，项目企业加大科技创新力度，不断增加研发投入。农业方面，成功入列全国生物育种产业化应用试点县，试点种植玉米 27 万亩，“五位一体”模式扩面推广 507 个村、28.02 万亩；全省农业产业化创新先行县建设纵深推进，5 大全产业链升级迈出新步伐，多家农业企业跨越式发展；高标准农田建成 5 万亩、总量达到 70.4 万亩，全域水系实现“一网通联、多源相济、灌排顺畅、旱涝无患”。

二、我县工业和农业产业化存在的问题

站在新的历史方位来审视，工业产业方面，我县大型企业、高科技企业数量相对较少，小型企业产业结构单一，产品技术含量低，市场影响力低，抵御风险的能力较差，对产业集群的支撑不足；农业方面，供应与需求还不匹配，产业链仍不完整，产前农资供给缺乏，精深加工能力不强、农业二、三产业发展不足、产业融合综合影响力不大。

1. 高素质劳动力不足

农业方面：目前形成的农业产业格局属劳动力密集型产业，面对农村优秀青年流失、青壮年劳力转移，高学历人才返乡较少，老龄化问题日益突出等方面问题，必须走高素养农民培育和社会化托管服务相结合的路子。工业方面：企业要做大做强，实际上非常依赖于企业内部专业技术人员的价值贡献，我县企业研发和管理专业技术人员配置明显不足，这样产业链在生产培育技术的研发、技术加工优化、技术创新应用、企业管理等方面都会受到一定的影响，并阻碍整条产业链的延伸发展。

2. 市场发展预期不明朗

一方面，劳动力、土地流转、生产资料、物流运输等成本“地板”不断攀升，工业、农业生产成本增加；另一方面，受直播带货等多方面因素影响，销售竞争加剧，我县刹车片产业、大棚蔬菜产业等本地特色产品优势不明显。

3. 品牌意识未塑造完成

我县刹车片产业、大棚蔬菜产业虽历史悠久，但未形成突出特色品牌，打造响亮名片，多为单打独斗，不能凝聚合力，不利于产业化发展。

三、以科技创新为引领，做大做强产业化的相关建议

以科技创新为引领，按照全产业链打造、全价值链提升的思路，从产前、产中、产后全环节入手，从标准、科技、经营、品牌、人才、全要素集成，做大做强产业化。

1. 提升标准化水平

按照新“三品一标”（品类培优、品质提升、品牌打造和标准化生产）的要求，面向高端和特定市场，加快调优产品结构、调精品质结构、调适产业结构，扩大高端产品生产规模，打造精品产品订单直供基地。围绕青罕刹车片、建国蔬菜大棚重点产业链，在原有标准基础上，推进完善产地环境、投入品管控、后期质保跟踪等环节标准制（修）订工作，带动产业质量效益全面提升。出台政策鼓励扶持专业大户、家庭农场、农民合作社，提高生产组织化和标准化程度，实施产品分级收购行动，高质量对应高价格，以市场收购价格倒逼生产端生产标准的打造。

2. 提升科技支撑能力

以产业链为载体，以节本增效、质量提升、产品研发为主攻方向，积极联系研究机构，采取多种形式打造产学研融合的特色科技创新团队或产业联盟，集中优势力量攻克产业产品更新、产品研发、工艺改变提升等关键核心技术难题。加速产业链与创新链融合，同时对接引进上中下游各类企业，大力推进科技创新和科技成果转化，推动成果落地落实。加强基层农技推广队伍建设，健全完善供需精准对接的科技推广机制，健全覆盖所有乡村、服务到户到田的农业科技服务体系。

3. 创新现代经营制度

工业方面，补强产业联盟或产业协会，在原有产业联盟或协会的基础上，深化成员合作程度，广泛吸收有影响力的产业链企业、协会、

商会、金融机构等单位加入，立利益共享、风险共担的产业化联合体，共同提升技术、丰富产品、增强风险抵御能力；农业方面，持续推进五位一体，开展农技推广、土地托管、烘干收储等农业生产性服务以及市场信息、农资供给、废弃物资源化利用、农机作业及维修、农产品营销等服务，推动托管服务由产中向产前、产后环节延伸，以服务规模化带动经营规模化。

4. 打造突出品牌

围绕重点产业链，建立以区域公用品牌为主体，企业品牌和产品品牌为支撑的产业链品牌体系，以寿光蔬菜、德州扒鸡为例，引导企业与农户等共创企业品牌，树立一批名、特、优、新高端精品品牌，满足差异化、个性化需求。主动对接主流媒体以及各类新型媒体，多渠道多方式开展故城特色产品推介活动，通过交易会、展销会等平台，以及网络视频、直播带货、大V推介等形式，讲好品牌故事，提升品牌溢价能力，提高产品品牌价值和地方价值。

5. 实施人才吸引计划

持续推进“人才强县”战略，聚焦全面摸清人才底数，强化人才管理和提升服务水平，建立人才信息库实行动态管理，采用适时维护和定期维护相结合的方式，对人才工作变动、职务调整、重要奖惩等信息情况进行更新，及时发现各行业、各领域涌现出来的优秀人才并纳入信息库，为做大做强产业化提供人才支撑。

新时代既为政协工作提供了更大的履职空间，也对政协工作提出了更高的要求。我将进一步提高政治站位，继续提高履职实效，向人民政协工作新要求看齐，立足高标准，提出有价值够分量的建议，力争使一份建议产生一分成效、一个意见推动一项工作。深入基层，深入群众，倾听群众心声，反映群众诉求，协助党委、政府做好化解矛盾、增进共识、促进团结的工作，为社会和谐稳定，加快故城经济高质量发展高品质生活贡献力量。

提质培优　增值赋能　推动职业教育高质量发展

（2024年1月24日）

县政协委员、县职教中心校长　郝金杰

2023年是全面贯彻落实党的二十大精神的开局之年，是依照新修订的职业教育法谋划事业发展的开篇之年，同样也是落实《提质培优行动计划》《省标准化建设》成效验收之年。我县将职业教育发展与繁荣经济、促进就业、乡村振兴、城市建设、优秀运河文化紧密结合起来，采取强有力措施，大力推动职业教育快速融合发展，既是落实国家政策、法规的需要，也是县域经济发展与学生升学的需要，大力发展我县职业教育对建设现代化故城美丽场景具有十分重要的意义。现围绕推进我县职业教育提质培优提出如下建议。

一、现状与成绩

故城县职教中心，现占地151亩，建筑面积6.4万平方米，现有全日制在校生3350人，教职员工205人。近年来学校以习近平新时代中国特色社会主义思想为指导，围绕国家、省、市、县职业教育改革方案，大力推进办学改革，现已发展成一所集职教中心、技工学校、开放大学、老年大学等为一体的综合型学校。近年来学校以高质量党建为引领，促进各项工作稳步提升，学校毕业生对口高考升学率和毕业生就业率均在98%以上，成绩在全省名列前茅，其中每年都有一百多名同学升入本科院校。2023年学校顺利通过河北省职业教育质量提升工程名牌校复评，入围首批省级党建示范校培育创建单位，成功创建省级文明校园，入选首批全国心理体系培育示范校，并获得河北开放大学财务先进集体、衡水市开放大学招生先进集体、市级文明风采优秀组织单位等荣誉称号。

二、提质培优高质量发展职业教育的必要性

深化现代职业教育体系建设改革，优化职业教育类型定位是推进职业教育高质量发展和建设教育强国的必由之路。

随着新修订的《职业教育法》实施，国家发展改革委、教育部等八部门联合发布《职业教育产教融合赋能提升行动实施方案（2023—2025年）》，大力发展我县职业教育是大势所趋、顺势而为。同时省中等职业教育提升工程对中等职业学校政府推动、规划管理、办学条件、立德树人、三教改革、校企合作、质量效益、资金管理八个方面进行动态管理，这就要求我们的职业教育办学必须有活力，有竞争力，向着高质量发展推进。

我县初升高毕业学生2023年至2025年每年毕业生6500人以上，约有近千名低分段学生暂不能在本县就读普通高中或接受职业教育，这些学生学习基础薄弱，非常期望能够进入职业学校学习技能，扩大我县职业教育办学规模，能够有效解决我县初升高学位不足的问题。

所以，高质量发展我县职业教育既是落实上级政策的需求，又是社会群众对职业教育发展的需求，也是教育强县的必由之路。

三、职业教育提质培优高质量发展面临的问题及建议

对照“省质量工程名牌校要求”“省标准化建设”“提质培优工程”的要求，职业教育各项工作均取得了较大进步，但是，我们也清醒地认识到工作中还有许多不足，需要不断完善、改进和发展，发展的路上还有不少困难和问题。

存在问题：

1. 多元化办学受到办学条件制约

对口高考、技工学校、开放大学、职普融通实验班、天职（春季高考）班多元化办学的开展，造成县职教中心办学场地紧张，适应社会发展需求的专业开设受到限制，社会培训等工作只能利用寒暑假期间开展。

2. 师资队伍如何尽快适应职业教育改革发展

省质量提升工程、提质培育计划、省标准化建设、对口高考改革、信息化建设等政策文件的出台对职业学校办学质量、改革力度越来越大，职教中心教职工队伍年龄老化，知识结构落后，新专业、新业态的出现和职教高考科目改革都对教师职业素养和业务能力形成挑战。

3. 信息化教学资源建设

当前职业教育优质课、精品课的打造还处于初级阶段，随着信息化教学改革的推进，如何做好线上教学资源，尤其是精品课程的打造是当前急需改进和突破的重点工作。

4. 基础建设资金投入不足

县财政对职业教育建设的资金投入有限，先后新建的学生宿舍楼和学生餐厅项目均使用的上级一般债券资金，后续实训用房、职教中心扩建项目建设资金投入筹集困难。

发展建议：

1. 加强党建引领

充分发挥党组织战斗堡垒的作用，发挥党员模范带头作用，引领学校各项工作再创佳绩，建立学术委员会、成立校企联盟，建立灵活的师资队伍，聘请企业一些师傅到学校担任教师，同时派教师前往企业进行实践，通过“名师培养”“青蓝工程”等让教师队伍尽快成长，以应对职业教育发展改革带来的新变化。

2. 加大投入，进一步改善基础条件

通过谋跑争促，利用专项债券和一般债券，实施13500平方米技能培训大楼建设项目；加快推进正在施工新建的3300平方米实训用房项

目，缓解办学场地不足的问题。

3. 强化实训室建设

随着1+X证书推广、对口高考改革、新设专业招生，现有实训条件已经难以适应学校发展需求，需要进一步加大投入，更新实训室教学设施、设备。

4. 展望未来，职业教育发展呈现产教融合化、教育数字化联动发展的格局

建议下一步政府、企业、学校联合办学形成产教联盟，围绕县域现代产业体系结构调整专业设置，开拓社会培训思路，走出学校通过“田间课堂”“送教入企”等多种形式扩大培训规模，更好地发挥职业教育服务社会职能。

5. 落实立德树人根本任务

在课程体系、评价体系、学生管理建设上狠下功夫，着力提高办学质量，把促进产教融合、职普融通作为职业教育发展的关键路径，走出一条具有办学特色的发展之路。

第二节　县委、县政府主要领导对大会发言材料的批示

1998年2月，在县政协六届一次会议上，县政协常委、委员徐乃起、张彦秀、王振符、杜希武、陈殿林提交大会发言5篇，县委、县政府主要领导分别给予批示：

县委书记郭金强对政协委员发言的批示：县政协张彦恩主席并转大会各位委员及同志：转来的5份提案均已细读。其中，关于发展农村经济、县办工业、个体和私营企业和加强社会稳定工作的建议正是县委、县政府所关心和致力要抓好的重要工作。这些提案的质量是高的。它一方面说明政协委员对全县的两个文明建设大局的关系，另一方面也说明大家的政治素质和参政议政能力是强的，是推动全县各项事业健康发展的一支重要的政治力量。对提案的内容，县委、县政府认真组织有关部门，认真研究落实。同时希望大家在新的一年里，充分发挥工作在基层与群众联系密切、具有专业特长等优势，就全县发展和稳定中的带有全局性的重大问题，勤调研、多提案，建言献策出精品，为建设文明富强的新故城，做出更大的贡献。谢谢大家！

王辉代县长的批示：“关于建设文明城市提高环境质量建议”，子来同志，这个建议基本符合县里的城建原则，许多内容可以考虑吸收；**“关于推进农业产业化建议”**，搞好农业产业化是保证农民增收，促进全县农村经济发展的一条重要途径。请海英同志组织有关部门认真研究这个建议，以完善县委、县政府推进农业产业化的思路；**“关于加强窗口行业职业道德建设建议”**，加强窗口行业职业道德建设，是社会主义精神文明建设的重要内容，对树立故城形象至关紧要。政府有关负责同志及有关部门要认真对待这个建议，并与党委宣传部门联手，切实做好这方面工作。请金刚同志阅，并牵头落实；**“关于抓住机遇加快发展个体私营经济建议”**，加快发展个体私营经济符合十五大精神，也符合故城县情，是振兴县域经济的重要途径。该议案所提问题与建议准确可行。请海国同志组织工商局、企业局认真阅研，为我县大力发展非公有制经济准备一份初步意见；**“关于加快推进国企改革意见和建议”**，故城国有企业曾经在衡水占有重要位置。近年的滑坡要具体分析，大环境因素占多少？人为因素占多少？然后拿出对策。请克勤同志及经贸局负责同志认真一阅。

1999年3月，在县政协六届二次会议上，县政协常委、委员翟占禹、黄凤忠、徐乃起、张彦秀、刘明、高凤芝、张殿森、岳洪军提交大会发言8篇。县委、县政府主要领导分别给予批示：

县委书记郭金强对委员发言的批示：政府各县长及各有关部门负责同志，看了政协委员的提案很受启发，这些意见和建议凝聚着政协工作的辛勤劳动和各政协委员对党、对人民高度负责的态度及深厚的感情。这些建议都来自大量的调查研究，都具有很强的科学性，有重

要的参考价值和群众基础。落实好委员的提案，对故城的发展，将会起到很大的促进作用，更是民情、民意、民智的集中体现。应引起我们的高度重视，政府各部门都要相应拿出切实可行的措施，认真抓好落实。

政府县长王辉对各位委员发言的批示：“关于进一步做好信访工作稳定全县局势的四点建议”，稳定是做好一切工作的前提，而做好信访工作是保持稳定的重要环节，许多不稳定因素都可以从信访中捕捉到它的预兆。请子来同志及信访局负责同志阅研；**“关于加快个体私营经济发展的建议”**，个体私营经济是我县经济的重要组成部分，是我们的重点工作之一。风忠、树海同志的建议很切合实际。加快个私经济发展，一要重视；二要有配套政策；三要有健康、宽松的环境。请殿鹏同志阅研；**“关于小城镇建设的几点建议”**，乃起同志的建议很好。重视并加强小城镇建设，是发展乡村经济、提高农民收入、改善人民群众生活、缩小城乡差距的有效途径。请子来同志及有关部门负责人认真阅研，待机专题商议；**“关于发展农村经济的几点建议”**，彦秀同志的建议完全符合县委、县政府的工作思路。关键是真正重视，务求落实。请海英同志及涉农部门负责同志认真阅研；**“关于提高县办工业运行质量，加快县办工业发展的建议”**，工业处于经济的主导、主体地位，是强县之本。根据实践探索，我们已经理出一个加快县办工业发展的思路，刘明同志的建议值得参考。请海国同志阅研；**“关于采取有力措施、制止农村中学生流失的建议”**，农业和农村经济中存在的一切问题，都可以归结到一点，这就是人才缺乏。中学生是农村人才的重要来源，因此，高凤芝委员所提出的问题具有重要意义，必须引起重视。请金刚同志阅处；**“关于扩大技术改造内涵、搞活中小企业的建议”**，如何对待中小企业，有过不同看法，不正确的思想。如“轻视”“一卖了之”等等。现在是“正本”的时候了。中小企业是广纳就业、供给人民需求、为国创造财富的重要“细胞”，轻视不得。目前的课题是针对中小企业存在的问题，因企制宜，通过选好负责人和“三改一加强”激发企业活力，提高经济效益；**“关于强化青少年法制教育的几点建议”**，青少年犯罪率的上升，表明青少年是法制教育的重大对象，从祖国未来的角度看，洪军同志所提建议具有战略意义。请殿鹏同志阅处。

2000年2月，在县政协六届三次会议上，县政协常委、委员张彦秀、翟洪昌、郝华军、王汉贵、王彦荣提交大会发言5篇，县委、县政府主要领导分别给予批示：

县委书记何同恩对政协委员发言的批示：张彦秀、郝华军、王汉贵、王彦荣、翟洪昌五位委员的发言都很好！体现了广大政协委员对建设家乡的热爱，对县委、县政府的信任和支持，对维护故城县改革、发展稳定大局的共识和关注。从张彦秀等五位委员的发言中可以看出，大家会前都进行了认真深入的调查研究，题目选得准、问题找得好、建议提得对，思想学识水平高，具有很强的针对性，必要性和可操作性。大家所提的几个方面，有些县委、县政府刚刚认识到，有些已经抓了或正在抓。请县委、县政府有关领导组织有关部门认真研究这几位委员的发言，吸收和采纳发言中十分宝贵的建议，切实改进和促进我们的工作，促进我县两个文明事业的快速、协调、健康发展。

政府县长王辉对各位委员发言的批示：“关于‘入世’后我县农业发展的几点建议”，彦秀同志提出了当今农业和农村工作中的一个重大问题，“入世”对“两农”工作的影响不是“即将”，而是“已经”。我们最明显的感觉就是农产品价格下降，农民增收困难，我们只有正确认识形势并及早采取措施，才能尽量减少负面影响和冲击，使以农民增收为中心的农业、农村工作得到健康、持续发展。请海英同志阅研；**“关于发展个体私营经济的建议”**，洪昌同志这个建议十分符合我县实际。个私经济在故城县过去是优势，现在是工作重点，将来是整个经济发展的主要潜力。所以这项工作对我们而言，不是是否重视的问题，而是必须重视并认真研究如何发展的问题。请英俊同志、风忠同志一阅；**“关于大力发展农村文化事业的几点建议”**，华军同志的建议很好，从广义上讲，文化事业不是一个简单的社会发展问题，而是一个政治问题。这一点，我们从在过去一年中同“法轮功”的斗争中应当有深刻的体会，这项工作部门要抓，政府要抓，党委要抓，全社会都应当抓。请殿鹏同志特别关注一下这项工作；**“关于加强爱国主义教育的几点建议”**，爱国主义是德育教育的重要方面，从现实讲，只有爱国才能爱社会主义的中国，才能爱社会主义。请殿鹏同志与有关部门特别是文化、教育部门的同志认真研究一下；**“关于加强群众性科普教育的几点建议”**，彦荣同志的建议非常好。虽然我县去年被国家认定为“科技先进县”，但应当看到我们在科技、科普方面还存在很大差距。知识经济之风扑面而来，我们一定要更加重视并做好群众科普工作，使科技对全县经济发展的贡献率进一步增大。请英俊、荣兰同志认真阅研。

2001 年 2 月，在县政协六届四次会议上，县政协常委、委员张彦秀、高凤芝、岳洪军、王彦荣提交大会发言 4 篇，县委、县政府主要领导分别给予批示：

县委书记何同恩对政协委员发言的批示：“关于实施农业名牌战略，积极开拓两个市场的发言”，张彦秀委员的发言，站在国际国内和市场经济的高度，对我县农业的现状、优势、问题和发展潜力、发展战略进行了深入探讨，提出了实事求是、切合实际的发展思路、重点和措施，有关部门应引起高度重视，认真研究，做好吸收采纳工作；**“关于全社会都来关注素质教育与素质形成的发言”**，素质教育很重要，关系教育体制的改革和社会经济的发展，高凤芝委员的分析，论述较深刻、全面，应引起重视，有计划、有步骤地做好实施素质教育前的各项准备工作；**“关于加大服务力度，鼓励引导我县非公有制经济健康发展的发言”**，岳洪军委员的发言对我县个体私营经济目前存在的问题和现状是客观的，符合实际情况，对今后工作的几点建议是切实可行的，请主管部门和有关部门认真研究，吸收采纳好的意见和建议；**“关于优化利用外资结构，提高利用外资水平的发言”**，王彦荣委员的发言很好。对招商引资从思想认识到分析现状、引资结构、引资方式、改善环境、抓好典型及项目筛选等重要方面都阐述得比较深刻，问题、措施、建议有较强的针对性，请有关部门引起重视，认真研究，充实、加强、提高我县的对外开放工作。

政府县长王辉对各位委员发言的批示：“关于实施农业名牌战略，积极开拓两个市场的发言”，名牌战略与农业的关系，是今年来我们认识到的。无论从迎接加入 WTO 的挑战，还是从实现农业增收、农民增收来看，都需要十分重视名牌战略。请海英同志、张彦秀同志提出进一步的具体意见；**“关于全社会都来关注素质教育与素质形成的发言”**，素质教育是教育改革的重要方面，是全部改革的重要组成部分，搞好素质教育需要学校、家庭和社会各方面的共同努力。请子来同志认真阅研；**“关于加大服务力度，鼓励引导我县非公有制经济建设发展的发言”**，洪军同志提出的是一个关系我县乃至我国全局的大问题，大力发展非公有制经济已写入我县第十个五年计划，必须贯彻落实。请相会同志一阅，并借此完善有关政策；**“关于优化利用外资结构，提高利用外资水平的发言”**，振川同志、彦荣同志的发言切中开放引资工作的要害。当前，一方面我们开放引资的心情很迫切，工作很努力；另一方面该项工作中还存在着效果不理想、质量不高等问题。这应当引起我们的重视，并致力于解决。

2002 年 3 月，在县政协六届五次会议上，县政协常委、委员张殿森、翟洪昌、高凤芝、于树海提交大会发言 4 篇，县委、县政府主要领导分别给予批示：

县委书记何同恩对政协委员发言的批示：“关于采取有力措施，进一步加强公民道德建设的发言”，于树海委员的发言，站在两个文明建设的高度，剖析了现实生活中，尤其是农村在精神文明建设中存在的突出问题，分析了产生的原因，提出了抓好精神文明建设的意见和建议，发言很好，价值很高，应该引起有关部门、有关领导和全社会的高度重视和广泛关注，全党动手，全社会齐心协力，把社会主义市场经济条件下的精神文明建设和公民道德建设作为一件事关稳定发展大事、事关民族兴衰的大事来抓，切实抓好、抓出成效来。只有这样，我们的国家，我们的民族以及我们故城县才会大有希望；**“关于采取措施，加快我县苗木产业发展的发言”**，苗木产业是一项极具潜力的黄金产业。西部大开发、申奥成功和加入世贸组织等重大机遇，为苗木产业带来无限商机、勃勃生机。翟洪昌委员的发言，既论证了苗木产业所面临的好形势，又分析了我县该产业存在的一些问题，提出了针对性很强的建议。林业、农业、金融等有关部门和各乡镇要认真研究，帮助农民搞好信息、市场、技术、资金等方面的服务和支持。同时，要搞好林产制度改革，做好确权发证工作，充分调动群众发展苗木、花卉业的积极性，本着政府要绿、农民要利，政府要形象、农民要实惠，政府要生态效益、农民要经济效益的原则，切实把该产业做大做强；**“关于加强法制宣传教育，防青少年违法犯罪的发言”**，少年违法犯罪率逐年攀升，已是我国社会亟须研究解决的一个大问题。高凤芝委员的发言，以一位教育工作者的视角，一位师长的责任心，分析了青少年违法犯罪的特点和主要原因以及相应对策。政法部门、司法部门及有关部门要继续加强法制宣传教育，严厉打击各种诱发青少年违法和犯罪的源头，清理整顿那些“藏污纳垢”的不良场所；教育部门要认真研究，不断改进学校法制教育工作，既要教书，又要育人；学校、家庭、社会要各尽其责，配合联动，做到多管齐下，未雨绸缪，防患于未然，为国家建设培养德才兼备的“四有”新人；**“关于加快农业结构调整，提高农产品质量的发言”**，我国加入 WTO 后，农业首当其冲要经受相应冲击，如何找准劣势，把握优势，把农业所受冲击降到最低程度，是当前摆在各级组织和各级领导面前的一个重要的、严峻的课题。张殿森委员的发言，给了我们很多很好的启示。今后农业发展，主要的不是体现在产量上的竞争，而是体现在品种、质量、价格上的竞争。各级政府、涉农部门，一方面要加大市场经济有关知识的宣传普及力度，让农民真正认识到“入世”以及经济全球化带来的机遇和挑战；另一方面要充分发挥好职能作用，搞好产前、产中、产后的系列化服务，真正实现农业增效，农民增收的目的，从而推进我县农业农村经济的健康快速发展。

政府县长王辉对各位委员发言的批示：“关于采取有力措施，进一步加强公民道德建设的发言”，树海同志的意见很好。改革开放之后，我国经济建设取得举世瞩目的成就，但是，两个文明不可或缺，不可偏废，必须十分注重包括公民道德建设在内的精神文明建设，为经济发展提供强大的精神和智力支持。否则，低劣的公民素质、败坏的社会风气最终也将断送经济发展所显示的巨大成果；**“关于采取措施，加快我县苗木产业发展的发言”**，随着国家越来越重视环境保护和可持续发展，林业和苗木生产将日益显示出它的重要。虽然我县未将苗木当作主导产业，但县委、县政府始终关心、支持苗木产业的发展，相信不远的将来，这个产业能够成为农民致富的好途径。请海英、桂坤同志阅研；**“关于加强法制宣传教育，防青少年违法犯罪的发言”**，凤芝同志以教育者的特有眼光，提出了加强法制教育，预防青少年违法犯罪工作的紧迫性和重要性。的确，这是关乎我们国家未来和民族希望的大事，忽视不得。请子来、振川同志阅研，并进一步做好这方面工作；**“关于加快农业结构调整，提高农产品质量的发言”**，殿森同志的意见很重要。面对入世新情况和农民增收的艰巨任务，必须加快农业结构调整，提高农产品质量。不提高质量，农产品将没有市场。当然，调整结构、搞产业化是更重要的事情。只有实现产业化，延长产业链，农业才能明显增效，农民才能大幅增收。

2004 年 2 月，在县政协七届二次会议上，县政协常委、委员岳洪军、翟洪昌、张殿森、李章林、田登书、马荣兰、邢兰春、金林强、宋家栋、张长树提交大会发言10篇，县委、县政府主要领导分别给予批示：

县委书记张建中对政协委员发言的批示：县政协七届二次会议，安排了十位委员作大会或书面发言，这些材料我都一一看过。总的感觉，政协委员的参政议政水平不断提高；情系故城长远发展之情溢于言表，跃然纸上其中许多观点和建言很有见地。比如：张殿森委员“通过龙头+基地+科技+服务，提高农业和农民组织化程度”的建议；翟洪昌委员“解放思想，体制创新，优化环境，加快非公有制经济发展”的建议；岳洪军委员“树立三种意识，引进先进管理模式，实施科技兴企战略，强化管理创新，大力发展民营经济”的建议；李章林委员“提高我县以诚信为重点的公民道德水平”的建议；田登书委员关于“紧紧抓住战略机遇期，加快我县经济发展”的建议；张长树委员“大力做好人才工作，为‘以工强县’战略提供智力保证”的建议；马荣兰委员“关于完善和发展农民专业技术协会”的建议；金林强委员关于“加强农业标准化”的建议；宋家栋委员关于“进一步深化中小学人事制度改革”的建议；邢春兰委员关于“加快我县无公害蔬菜产业发展”的建议等，都很好。会后，要将这些好的建议和意见转交到有关领导和部门作认真研究，并请有关的委员在自己所从事和熟悉的领域进行大胆探索，发挥带动作用，为全县经济发展，再创故城辉煌做出新的贡献。

政府县长对各位委员发言的批示：“关于进一步优化非公有制经济发展环境的发言”，英璞、建军两位同志：翟洪昌委员的建议我看有两点需做：一是协调好科技局、招商局等有关部门，建立吸引人才项目储备库，多引进专业有用人才；二是经济“110”，2004年更要加大服务力度，不但对重点保护企业予以保护，还要对全县所有企业予以保护，请你们研究一个意见报与我；**“关于发展农村专业合作组织和健全农业社会化服务体系的发言”**，志新、海英、书田三同志：要认真研究一下殿森委员的建议，仔细分析我县“基地联农户”“公司联基地”这一服务体系模式，并从中选出几家在全县予以推广和扶持；**“关于加强农业标准化，实现我县农业新跨越的发言”**，请志新同志牵头，农村领导小组研究一个方案，可否先在建国蔬菜批发市场搞一个试点，加大农业标准化的检测监控力度；**“关于办好让人们满意的教育的发言”**，请忠辉同志认真研究宋家栋委员的建议，并责呈教育局认真谋划好2004年教育工作新思路；**“关于加快我县民营经济发展的发言”**，英璞、振川同志请认真研究洪军委员的发言，就如何加强民营企业发展认真研究一下，并形成一个意见；**“关于完善和发展农民专业技术协会的发言”**，请志新、书田、海英同志认真研究容兰委员的建议，是否可以与农民经济组织结合起来考虑；**“关于大力做好人才工作，为“以工强县”战略提供智力保证的发言”**，英璞、建军两位同志一并与洪昌同志的建议研究；**“关于紧紧抓住战略机遇期，加快我县经济发展的发言”**，登书委员的建议很有理论性，政府成员可传阅学习一下；**“关于强化公民诚信教育，提高我县公民道德水平的发言”**，请志新、瑞兴二位同志认真拜读此建议，是否可考虑与精神文明建设相结合，并作为其中一项内容；**“关于突出特色、加快我县无公害蔬菜产业发展的发言”**，志新、书田、海英三位同志：兰春同志的发言，尤其是第四条、第六条值得研究，在今年万亩韭菜方发展上是有指导意义的。

2005年2月，在县政协七届三次会议上，县政协常委、委员孙广军、张殿森、牟世芳、王彦芳、宋家栋、张彦秀、梁春民、徐乃旺、马春章提交大会发言9篇，县委、县政府主要领导分别给予批示：

县委书记张建中对政协委员发言的批示：县政协七届三次会议，安排了九位委员作大会或书面发言，这些材料我都一一看过。总的感觉，我县广大政协委员的参政议政水平不断提高；情系故城改革发展稳定的热忱情溢于言表、跃然纸上。其中许多观点和建言很有见地。比如：孙广军委员关于“强化培训、规范中介、完善服务，做大做强外派劳务输出产业”的建议；张殿森委员关于“大力实施农业品牌带动战略，促进农业增效农民增收”的建议；牟世芳委员关于“积极鼓励、大力支持、正确引导、依法管理民办教育”的建议；王彦芳委员关于“加强和改进农民科技培训工作”的建议；宋家栋委员关于“鼓励农技人员拓宽服务领域、创新服务形势”的建议；张彦秀委员关于“统筹城乡经济社会发展”的建议；梁春民委员关于“注重生态环境保护、促进可持续发展”的建议；马春章委员关于“加快发展农村二、三产业的调查与建议”等，都很好。会后，要将这些好的建议和意见转交到有关领导和部门作认真研究，予以采纳、吸收，促进各项工作的开展。希望各位委员在本职岗位和所熟悉的行业领域继续开拓进取、争先创优，继续探索实践、竭诚尽智、建言献策，为实现2005年故城发展晋档升位目标做出新的更大的贡献。

政府县长对各位委员发言的批示：“关于强化管理，规范运作，努力开创我县外派劳务工作新局面的发言”，同意广军同志的意见，并将这一产业做大做强，力争2005年完成“全国外派劳务输出基地县”任务；**“关于大力实施农业品牌带动战略，促进农业产业化经营的发言”**，创品牌，更要创名牌，要多创省级以上乃至全国叫得响的名品牌，以推动地方的经济发展；**“关于搞好科技培训，提高农民素质的发言”**，先进技术的推广，首要任务是让农民从理论上得到接受。最好的办法是面对面的培训，农业局、科技局、科协等部门要有针对性的每年搞几项科普培训，并使广大农民真正受益；**“关于加强农业技术推广体系建设，提高农民素质的发言”**，可由海英县长协调，由农业局牵头，并由科协、科技局参加，拿出一个实施意见；**“关于统筹城乡经济社会发展的思考的发言”**，彦秀主席的“思考”是个普遍共性问题，有待于逐步解决。但共性中又遇于个性，即故城县农业还没有形成自己高效优质的产业化链和规模，需要我们认真去研究和探索；**“关于注重生态环境保护，实施可持续发展战略的发言”**，春民同志的建议很好，我们要加大力度向此方向努力；**“关于我县文明生态村创建活动的几点建议”**，此文转周部长阅，并认真采纳良计良策；**“关于发展农村二、三产业的调查与建议”**，春章同志的建议很好，要想壮大我县的经济实力，必须大上二产，拉动三产，才能真正达到第一、二、三产并发展，才能真正让经济有大发展。

2006年4月，在县政协七届五次会议上，县政协常委、委员王洁华、刘洪绪、张昭君、刘洪勇、苏云桥、张殿森提交大会发言6篇，县委、县政府主要领导分别给予批示：

县委书记张建中对政协委员发言的批示：我认真阅读了张殿森、苏云桥、王洁华、刘洪勇、张昭君和刘洪绪等六位委员的大会发言材料。我认为，发言的字里行间，洋溢着政协委员热爱家乡、建设家乡、共创故城辉煌的拳拳之心、切切之情。有了这种心劲，我们就没有克服不了的困难，没有干不成的事，故城的发展就一定能够不断迈上新台阶、开创新局面！透过发言材料可以看出，我县政协委员的参政议政水平有了新的进步和提高。六位委员发言中提出的企业改革、农业产业化、农资流通、文明生态村、职业教育和县城文化建设等方面的问题，都是我县发展中应着力解决和加强的问题，其中一些观点很有见地。会后，要将这些好的建议和意见及时转交有关部门作认真研究，予以采纳、吸收，进一步改进和加强相关工作，促进我县更快更好发展。故城今天的好局面，是与各位委员的努力分不开的；故城明天的辉煌，需要包括各位委员在内的全县人民以更加努力的工作去创造。希望各位委员更好地履行好职责，更加自觉主动地参政议政，紧紧围绕我县经济社会发展中的重大问题开展调查研究，多提真知灼见，多献发展良策，为县委、县政府决策提供富有价值的意见和建议，促进决策的科学化和民主化；进一步改进和加强民主监督，积极反映社情民意，通过提出建议和批评，促进各项法律法规及党和政府方针政策的贯彻落实；突出团结民主主题，营造和谐发展环境，更加深细地做好统一思想的工作、凝聚人心的工作、维护团结的工作、促进稳定的工作，为我县更快更好发展作出新的更大的贡献。

政府县长李哲民对各位委员发言的批示：“关于创新企业机制优势的调研与建议”，殿森委员的建议很好。企业机制不活是阻碍我县经济发展的严重问题，目前我县企业改制任务仍然很大，请有关部门抓紧协调，积极运作，加大力度，同时要注意维护职工利益；**“关于畅通农资流通渠道、实现企业与农民双赢的发言”**，洁华委员的建议很好。畅通农资流通供应渠道是农业增效、农民增收的重要环节。目前我县农资销售渠道确实存有体系不健全，流通环节过多、过滥的问题，请工商、质监等有关部门按有关规定进行整顿治理，净化农资市场，杜绝假冒伪劣农资坑农害农；**“关于构建和谐故城、提高县城文化品位的发言”**，洪绪委员的建议很好。县政府将继续加快县城建设步伐，同时更加注重文化品位的挖掘，努力打造亮丽城市名片。关于文化馆、影剧院、青少年和老年活动中心、纪念园建设，文化团体队伍建设，以及挖掘运河文明、码头文化等，县政府将充分给予考虑；**“关于加强职业教育建设、为故城经济振兴做贡献的发言”**，同意昭君委员建议。近年来我县职业教育发展态势良好，培养了一大批农业、工业、劳务输出等人才，为全县经济和社会发展作出了应有的贡献。县政府将尽力增加职教经费投入，打造我县职业教育知名品牌，**“关于创建文明生态村、解决‘空心村’问题的调研与建议的发言”**，“空心村”的存在，既影响了农村落后面貌的改善，又影响农村经济可持续发展。县政府将结合建设社会主义新农村，以生态文明村建设为契机，切实加强“空心村”治理工作，着力建设生产发展、环境优美、街道整洁、村风文明的新农村；**“关于农村合作经营的尝试与探索的发言”**，云桥委员的建议很好。县政府要加大力度，协调有关部门搞好服务，努力向此方向努力，达到农民增收、企业增效双赢目标。

2008 年 2 月，在县政协八届二次会议上，县政协常委、委员冯月新、蒋振平、郑学峰、王洁华、赵新蕾、李冬、张立江提交大会发言 7 篇，县委、县政府主要领导分别给予批示：

县委书记对政协委员建议的批示：我认真阅读了冯月新、蒋振平、郑学峰、王洁华、赵新蕾、张立江、李冬等七位委员的大会发言材料。我认为，发言的字里行间，洋溢着政协委员热爱家乡、建设家乡、共创故城辉煌的拳拳之心、切切之情。有了这种心劲，我们就没有克服不了的困难，没有干不成的事，故城的发展就一定能够不断迈上新台阶、开创新局面！透过发言材料可以看出，我县政协委员的参政议政水平有了新的进步和提高。七位委员发言中提出的发展现代农业、推进新型农村合作医疗、振兴职业教育、建立农资专业合作社、加快皮毛行业发展、发展对外劳务、以科学发展观指导故城经济发展等方面的问题，都是我县发展中应着力解决和加强的问题，其中一些观点很有见地。会后，要将这些好的建议和意见及时转交有关部门作认真研究，予以采纳、吸收，进一步改进和加强相关工作，促进我县更好更快发展。故城今天的好局面，是与各位委员的努力分不开的；故城明天的辉煌，需要包括各位委员在内的全县人民以更加努力的工作去创造。希望各位委员更好地履行好职责，更加自觉主动地参政议政，紧紧围绕我县经济社会发展中的重大问题开展调查研究，多提真知灼见，多献发展良策，为县委、县政府决策提供富有价值的意见和建议，促进决策的科学化和民主化；进一步改进和加强民主监督，积极反映社情民意，通过提出建议和批评，促进各项法律法规及党和政府方针政策的贯彻落实；突出团结民主主题，营造和谐发展环境，更加深细地做好统一思想的工作、凝聚人心的工作、维护团结的工作、促进稳定的工作，为我县更好更快发展作出新的更大的贡献。

政府县长陈登泉对各位委员发言分别给予批示：“关于调优产业结构，实施名牌战略，推进现代农业发展的发言”，实施“农业强县”战略，必须走科学化布局、规模化生产、产业化经营的路子，通过调整结构、培育名牌、延长链条，实现农业增效、农民增收、农村发展。**“关于关注民生，医疗惠民，努力推进新农合工作的发言”**，新农合是一项利民惠民工作，要真正把好事办好，必须进一步健全制度，规范程序，加强监管。**“关于加快职教发展，促进县域经济的发言”**，我县职业教育基础较好，要进一步适应社会需求，灵活办学方式，用好上级政策，培育多能人才。**“关于依托万村千乡市场工程，努力创办农资专业合作社的发言”**，农资质量事关农民切身利益。建立规范、畅通、便捷、安全的销售渠道，让农民用上放心农资，是便民之举、利民之举。**“关于加快我县皮毛行业发展的发言”**，发展特色主导产业是实施“工业强县”战略的重要举措。要通过规范行业秩序，加强企业管理，调整产品结构、优化外部环境等措施，尽快做大做强皮毛产业。**“关于发展对外劳务，推动故城经济的发言”**，外派劳务是我县在全国的亮点工作，要充分发挥品牌优势，加强监督管理，规范用工行为，提高人员素质，进一步做大外派劳务工作。**“关于坚持科学发展观点，全面振兴故城经济的发言”**，加快发展、科学发展、和谐发展，是县域经济实力快速增长的必然选择。

2009 年 2 月，在县政协八届三次会议上，县政协常委、委员冯希恩、王洁华、杨洪霞、张志敏、郭卫、孙维亮、王树军、庞俊芳、牛立贵提交大会发言 9 篇，县委、县政府主要领导分别给予批示：

县委书记对政协委员建议的批示：县政协八届三次会议，安排了 9 位委员做大会发言和书面发言，是我参加县政协全会以来安排大会发言较多的一次。冯希恩、王洁华、杨洪霞、张志敏、郭卫、孔维亮、庞俊芳、王树军、牛立贵等 9 位委员的大会发言材料，我都一一看过，透过几位委员的发言，看到了政协委员热爱家乡、关心发展、共创故城辉煌的拳拳之心；发言的字里行间，凝结着政协委员围绕中心建诤言，服务大局献实策的切切之情；反映出委员履职能力有了新提高，政协工作水平上了新台阶。几位委员的发言，涉及环境保护、土地流转、青少年道德教育、城市功能完善、教育均衡发展、道路维护、林地经济、城建工程质量、农业产业化经营，选题准、调研深、措施切合实际，抓住了我县发展中应着力解决和加强的问题，其中一些观点很有见地。会后，要将这些好的建议和意见及时转交有关部门认真研究，予以采纳、吸收，进一步改进和加强相关工作，促进我县持续、健康、快速发展。故城今天的好局面，是与各位委员的努力分不开的；故城明天的辉煌，需要包括各位委员在内的全县人民以更加努力的工作去创造。希望各位委员一要不负重托、不辱使命。坚持把促进故城发展作为第一要责，紧紧围绕全县改革发展大局，探索实践、竭诚尽智，多提真知灼见，多献发展良策。二要发挥优势，献计出力。充分发挥自身联系广泛的优势，更多地了解和反映社会不同阶层、不同群体的愿望和要求，更好地协助党委、政府做好团结群众、化解矛盾、维护稳定的工作。三要立足本职，勠力图强。在本职岗位和所熟悉的行业领域继续开拓进取、争先创优，为实现故城更好更快发展做出新的更大的贡献。我相信，只要我们上下同心，合力攻坚，抢抓机遇，克难奋进，我们的事业就会蒸蒸日上，故城的明天就会更加美好！

政府县长对政协委员建议的批示，冯希恩、张志敏、郭卫等九位委员结合自身工作实际，分别从加强环境保护、完善城市功能、优化教育资源配置等方面，提出了中肯意见，体现了广大政协委员情系故城、心系发展的工作热情。希望各位政协委员继续履行职能，充分发挥作用，为促进全县经济社会又好又快发展献计出力，再立新功、再创新业。对各位委员提出的意见和建议，各有关单位要认真研究，抓好落实，确保“09 图强奋进”之年各项工作目标的圆满完成。

2010 年 3 月，在县政协八届四次会议上，县政协常委、委员冯希恩、赵光宇、宣平侠、冯月新、杨洪霞、马春章、郝荷英提交大会发言 7 篇，县委、县政府主要领导分别给予批示：

县委书记对政协委员建议的批示：认真阅读了冯希恩、赵光宇、马春章、冯月薪、杨洪霞、郝荷英、宣平侠等七位委员的大会发言材料。我认为，发言的字里行间，洋溢着政协委员热爱家乡、建设家乡、共创故城辉煌的拳拳之心、切切之情。有了这种心动，我们就没有克服不了的困难，没有干不成的事，故城的发展就一定能够不断迈上新台阶、开创新局面！透过发言材料可以看出，我县政协委员的参政议政水平有了新的进步和提高。七位委员发言中提出的发展农业特色经济、加强农村三级医疗保健网建设、改造提升摩擦材料产业、加强市场管理服务生态文明城市建设、加强环境保护、支持青年就业创业、预防青少年违法犯罪等方面的问题，都是我县经济社会发展中应着力解决和加强的问题，其中一些观点很有见地。会后，要将这些好的建议和意见及时转交有关部门作认真研究，予以采纳、吸收，进一步改进和加强相关工作，促进我县更好更快发展。故城今天的好局面，是与各位委员的努力分不开的；故城明天的辉煌，需要包括各位委员在内的全县人民以更加努力的工作去创造。希望各位委员更好地履行好职责，更加自觉主动地参政议政，紧紧围绕我县经济社会发展中的重大问题开展调查研究，多提真知灼见，多献发展良策，为县委、县政府决策提供富有价值的意见和建议，促进决策的科学化和民主化；进一步改进和加强民主监督，积极反映社情民意，通过提出建议和批评，促进各项法律法规及党和政府方针政策的贯彻落实；突出团结民主主题，营造和谐发展环境，更加深刻细致地做好统一思想工作、凝聚人心的工作、维护团结的工作、促进稳定的工作，为我县更好更快发展作出新的更大的贡献。

政府县长对政协委员建议的批示：冯希恩、赵光宇、杨洪霞等七位政协委员结合自身工作实际，分别从加强环境保护、提升农村医疗保健水平、促进青年就业创业等方面，提出了中肯意见，体现出广大政协委员关注民生、心系民情、服务发展的工作热情。希望各位政协委员积极参与全县正在深入开展的重大项目攻坚年、城镇建设突破年、特色产业提升年活动，履职尽责，发挥作用，献计出力，再立新功。对各位委员提出的意见和建议，各有关单位，抓好落实，确保“赶超晋位”之年各项工作目标的圆满完成。

2011 年 2 月，在县政协八届五次会议上，县政协常委、委员杨洪霞、王连维、秦迎春、刘其通、宣平侠、冯月新提交大会发言 6 篇，县委、县政府主要领导分别给予批示：

县委书记对政协委员建议的批示：县政协八届五次会议，安排了 6 位委员做大会发言。杨洪霞、王连维、秦迎春、刘其通、宣平侠、冯月新 6 位委员的大会发言材料，我都一一看过，透过几位委员的发言，看到了政协委员热爱家乡、关心发展、共创故城辉煌的拳拳之心；发言的字里行间，凝结着政协委员围绕中心建诤言，服务大局献实策的切切之情；反映出委员履职能力有了新提高，政协工作水平上了新台阶。几位委员的发言，涉及环境保护、城镇建设、青少年道德教育、教育均衡发展、农业产业化经营，选题准、调研深、措施切合实际，抓住了我县发展中应着力解决和加强的问题，其中一些观点很有见地。会后，要将这些好的建议和意见及时转交有关部门认真研究，予以采纳、吸收，进一步改进和加强相关工作，促进我县持续、健康、快速发展。故城今天的好局面，是与各位委员的努力分不开的；故城明天的辉煌，需要包括各位委员在内的全县人民以更加努力的工作去创造。希望各位委员一要不负重托、不辱使命。坚持把促进故城发展作为第一要责，紧紧围绕全县改革发展大局，探索实践、竭诚尽智，多提真知灼见，多献发展良策；二要发挥优势，献计出力。充分发挥自身联系广泛的优势，更多地了解和反映社会不同阶层、不同群体的愿望和要求，更好地协助党委、政府做好团结群众、化解矛盾、维护稳定的工作；三要立足本职，勠力图强。在本职岗位和所熟悉的行业领域继续开拓进取、争先创优，为实现故城更好更快发展做出新的更大的贡献。我相信，只要我们上下同心，合力攻坚，抢抓机遇，克难奋进，我们的事业就会蒸蒸日上，故城的明天就会更加美好！

2013 年 3 月，在县政协九届二次会议上，县政协常委、委员刘其通、王树军、王连维、宣平侠、郑学峰、李钧恒提交大会发言 6 篇，县委、县政府主要领导分别给予批示：

县委书记对政协委员建议的批示：我认真阅读了刘其通、王树军、王连维、宣平侠、郑学峰、李钧恒等六位委员的大会发言材料。我认为，发言的字里行间，洋溢着政协委员热爱家乡、建设家乡的拳拳之心、切切之情。有了这种心劲，我们就没有克服不了的困难，没有干不成的事，故城的发展就一定能够不断迈上新台阶、开创新局面！透过发言材料可以看出，我县政协委员的参政议政水平有了新的进步和提高。六位委员发言中提出的优化路政环境、发扬运河文化、加快农民增收、实施素质教育、发展现代职业教育、提升社区物业管理水平等方面的问题，都是我县加快发展过程中应着力解决和加强的问题，其中一些观点很有见地。会后，要将这些好的建议和意见及时转交有关部门作认真研究，予以采纳、吸收，进一步改进和加强相关工作，促进我县更好更快发展。故城今天的好局面，是与各位委员的努力分不开的；故城明天的辉煌，需要包括各位委员在内的全县人民以更加努力的工作去创造。希望各位委员更好地履行好职责，更加自觉主动地参政议政，紧紧围绕我县“四化同步、三化互动”战略的实施，针对招商引资和项目建设、城镇建设、民生保障、党建提升、发展环境优化等经济社会发展中的重大问题开展调查研究，多提真知灼见，多献发展良策，为县委、县政府决策提供富有价值的意见和建议，促进决策的科学化和民主化；进一步改进和加强民主监督，积极反映社情民意，通过提出建议和批评，促进各项法律法规及党和政府方针政策的贯彻落实；突出团结民主主题，营造和谐发展环境，更加深细地做好统一思想的工作、凝聚人心的工作、维护团结的工作、促进稳定的工作，为我县强势开局、跨越赶超奠定坚实基础。

政府县长刘勇对政协委员建议的批示：刘其通、王树军、王连维、宣平侠、郑学峰、李均恒等六位政协委员结合全县工作实际，分别从优化路政环境、提升县城文化品位、拓宽农民增收渠道等方面建言献策，充分体现出广大政协委员参政议政的工作热情。积力所举无不胜，众智所为无不成。当前，正是我县加快推进“一城三区两园”建设，深入实施“四化同步、三化互动”战略的关键时期，希望各位政协委员继续发扬优良传统，紧紧围绕全县经济社会发展大局，履职尽责，献计出力，再立新功。对各位委员提出的意见和建议，各有关单位要认真研究，精细谋划，抓好落实，确保 2013 年各项工作强势开局，跨越赶超，为提前全面建成小康社会奠定坚实基础。

2014 年 2 月，在县政协九届三次会议上，县政协常委、委员胡树凯、陈砚祥、宣平侠、黄立杰提交大会发言 4 篇，县委、县政府主要领导分别给予批示：

县委书记王亚杰对政协委员建议的批示：我认真阅读了胡树凯、陈砚祥、宣平侠、黄立杰等四位委员的大会发言材料。我认为，发言的字里行间，洋溢着政协委员热爱家乡、建设家乡、共创故城辉煌的拳拳之心、切切之情。有了这种心劲，我们就没有克服不了的困难，没有干不成的事，故城的发展就一定能够不断迈上新台阶、开创新局面！透过发言材料可以看出，我县政协委员的参政议政水平有了新的进步和提高。四位委员发言中提出的加强大气污染综合治理、强化小区物业管理、加强校车规范化管理、完善县城卫生管理长效机制等方面的问题，都是我县改革发展中应着力解决和加强的问题，其中一些观点很有见地。会后，要将这些好的建议和意见及时转交有关部门作认真研究，予以采纳、吸收，进一步改进和加强相关工作，促进我县更好更快发展。故城今天的好局面，是与各位委员的努力分不开的；故城明天的辉煌，需要包括各位委员在内的全县人民以更加努力的工作去创造。希望各位委员更好地履行好职责，更加自觉主动地参政议政，紧紧围绕我县经济社会发展中的重大问题开展调查研究，多提真知灼见，多献发展良策，为县委、县政府决策提供富有价值的意见和建议，促进决策的科学化和民主化；进一步改进和加强民主监督，积极反映社情民意，通过提出建议和批评，促进各项法律法规及党和政府方针政策的贯彻落实；突出团结民主主题，营造和谐发展环境，更加深细地做好统一思想的工作、凝聚人心的工作、维护团结的工作、促进稳定的工作，为我县乘势而上、跨越图强奠定坚实基础。

政府县长刘勇对政协委员建议的批示：宣平侠、黄立杰、胡树凯、陈砚祥等四位政协常委、委员结合实际，分别从加强校车规范化管理、完善县城卫生管理长效机制、加强大气污染综合治理、加强小区物业管理等方面建言献策，依据充分，数据翔实，建议中肯，充分体现出广大政协委员参政议政的工作热情。2014年，是我县“乘势而上、跨越图强”的重要一年，全面深化改革、提速经济发展任务艰巨、责任重大，希望各位政协委员继续发扬优良传统，紧紧围绕中心，自觉服务大局，尤其是要充分发挥好智库优势，抓紧抓牢制约故城经济社会发展的突出问题，深入调查研究，积极献计出力，广泛开展监督，全力促进落实。对各位委员提出的意见和建议，各有关单位要认真研究，精细谋划，抓好落实，确保各项工作快速顺利推进，为提前全面建成小康社会奠定坚实基础。

2015 年 3 月，在县政协九届四次会议上，县政协常委、委员孟祥辉、黄立杰、宣平侠、李明亮、王拥军、王树军、蒋振平提交大会发言 7 篇，县委、县政府主要领导分别给予批示：

县委书记王亚杰对政协委员建议的批示：通过仔细阅读王拥军、孟祥辉、宣平侠等七位政协委员的发言材料，总体来看：每一篇发言材料字里行间，无不洋溢着政协委员关注故城、关心故城、热爱故城、建设故城，共谋故城发展、共铸故城辉煌的拳拳之心和切切之情。有了这种激情，我们就没有干不成的事；有了这种氛围，我们就没有破不了的题；有了这种劲头，我们就没有闯不过的关。故城跨越图强的目标就一定能够实现，故城的明天就会更加美好！七位政协委员在发言材料中，分别就优化发展环境、做大龙头企业、加大教育投入、统筹城乡发展、稳步推进医改、创建园林县城等方面，提出了很好的意见和建议，很鲜明、很具体，也很有见地，既契合故城实际，也代表群众意愿，充分说明了我县政协委员在经济发展新常态下，观念转变快、认识程度高、适应节奏快。会后，我们将把这些好的意见和建议，及时转交相关部门认真研究、采纳吸收，不断推进故城经济社会各项事业再上新台阶。故城的今天，凝聚着政协委员的智慧和力量；故城的明天，更需要各位政协委员以及全县人民去努力、去拼搏、去创造。希望各位政协委员更好地履行职责，更加自觉主动地参政议政，紧紧围绕我县经济社会发展中的重大问题开展调查研究，提出更多具有前瞻性、创造性、建设性的意见和建议，推进县委决策科学化、民主化。希望各位政协委员进一步改进和加强民主监督，积极营造全社会崇尚法治的良好环境，认真督促县委、县政府各项决策部署的贯彻落实。希望各位政协委员进一步畅通民情渠道，协助党委、政府多做沟通思想、释疑解惑，理顺情绪、化解矛盾的工作，深化思想共识、凝聚群众力量。希望各位政协委员特别是各位企业家，要充分发挥模范带头作用，适应新常态，抢抓新机遇，在转型升级、创新发展上实现更大作为，在做大做强、提质提效上取得更大突破，为加快推进故城“乘势而上、跨越图强，全面建成小康社会”做出更大的贡献。

政府县长刘勇对政协委员建议的批示：孟祥辉、宣平侠、黄立杰、王拥军、王树军、蒋振平、李明亮等七位政协委员结合全县工作实际，分别从做大做强龙头企业、加快学校基础设施建设、优化城乡一体规划等方面建言献策，依据充分，数据翔实，建议中肯，充分体现出广大政协委员参政议政的工作热情。2015 年，是我县全面深化改革的重要一年，也是实现跨越图强目标的关键一年。希望各位政协委员，在经济社会发展新常态下，继续发扬优良传统，紧紧围绕全县经济社会发展大局，结合自身工作实际，深入调查研究，积极献计出力，为推动故城跨越发展再立新功。对各位委员提出的意见和建议，各有关单位要认真研究，精细谋划，抓好落实，确保各项工作落到实处，为全面建成小康社会奠定坚实基础。

2016 年 2 月，在县政协九届五次会议上，县政协常委、委员孟祥辉、刘其通、宣平侠、黄立杰、李钧恒提交大会发言 5 篇，县委、县政府主要领导分别给予批示：

县委书记王亚杰对政协委员发言的批示：宣平侠、刘其通、孟祥辉、李钧恒、黄立杰等五位同志本着对全县人民高度负责的精神，分别就教育管理、现代企业发展、大气污染防治、现代农业发展、城市管理体制建设等方面，提出了很好的意见和建议，既与中央、省、市改革创新各项政策高度契合，又鲜明具体、深接地气、务实管用，充分体现了对故城发展和人民福祉高度关心关注的拳拳之心和切切之情，也充分说明全县政协委员解放思想、与时俱进，积极认识新常态、引领新常态，对中央、省、市新的发展理念、供给侧结构性改革等重大战略有了非常准确、非常到位的把握。会后，我们将把这些好的意见和建议，及时转交相关部门认真研究、采纳吸收，不断推进故城经济社会各项事业再上新台阶。党的十八届五中全会吹响了全面建成小康社会的冲锋号，实现这一宏伟目标，需要全县人民凝心聚力、奋发作为，尤其需要各位政协委员献智献策、贡献力量。希望大家统一思想，把智慧和力量凝聚到跨越发展上来，勇于突破常规思维、惯性思维，解放思想、敢为人先，建诤言、献良策，积极为解决影响故城发展的困难和障碍献计出力。希望大家发挥优势，广泛团结社会各界，积极畅通民情渠道，协助党委、政府多做沟通思想、释疑解惑，理顺情绪、化解矛盾的工作，深化思想共识、凝聚群众力量。希望大家努力发挥好中坚骨干和行业模范作用，亲身投入发展实践，把宏观议大事与微观办实事结合起来，把建言立论与创业出力结合起来，把民主监督与服务发展结合起来，进一步增强创业的勇气、创新的锐气、创优的志气，充分发挥优势特长，充分展示聪明才智，勤勉敬业，爱岗奉献，努力在全面建成小康社会的生动实践中彰显政协委员的风采。

政府县长马玉来对政协委员发言的批示：孟祥辉、刘其通、宣平侠、黄立杰、李钧恒等五位政协委员着眼群众关切、社会聚焦的热点难点，分别从治理大气污染、提高企业管理和综合竞争力、规范校外托管机构、加强城市综合管理、发展现代农业等方面建言献策，有理有据，建议中肯，充分体现了广大政协委员参政议政的工作热情，以及对经济发展、社会民生的高度关注。2016 年是“十三五”开局之年，做好今年工作至关重要。希望各位政协委员发扬传统、再接再厉，围绕发展大局，发挥聪明才智，踊跃建言献策，尤其是要紧紧围绕制约故城经济社会发展的突出问题，深入调研研究，提出解决建议，破解矛盾难题，为建设活力故城、实力故城、美丽故城、和谐故城、幸福故城作出贡献。对各位委员提出的意见和建议，各有关单位要逐一对照，深细查找，认真研究，抓好落实，确保各项工作健康有序推进，为全面建成小康社会奠定坚实基础。

2018 年 2 月，在县政协十届二次会议上，鲁文刚、徐伟、刘洋、刘文普、孟庆莲、李元财、王树军、张仕广提交大会发言 8 篇，县委、县政府主要领导分别给予批示：

县委书记马玉来对政协委员发言的批示：孟庆莲、徐伟、张仕广等八位政协委员的发言选题精准、调查深入、很有见地。字里行间，表达着关心故城、建设故城的拳拳之心，饱含着热爱家乡、建设家园的切切之情。会后，我将安排县委、县政府的分管同志和相关部门的负责人认真学习、调查研究，提出切实可行的解决方案，深入深细地抓好推进落实。

刚刚过去的 2017 年，是新一届县委、县政府工作的开局之年，是在“三个全面”“三个率先”战场上历经考验、全面收获的一年。全县政治大局稳定，经济稳中向好，文化繁荣向上，社会和谐安定，生态持续优化，党建全面提升。这些成绩的取得，是全县上下齐心协力、共同努力的结果，也凝聚着广大政协委员的智慧和力量。在此，我代表县委向大家表示深深的谢意！

刚刚闭幕的县委十三届四次全会，对2018年全县经济社会发展作出统筹安排。即牢牢把握“发展高质量、增长快速度”工作主基调，大力实施“项目兴县、创新驱动、乡村振兴、绿色发展”四大战略，纵深推进项目建设、转型升级、精准脱贫、城乡建设、农业升级、改革创新、生态治理、民生改善“八大攻坚”，奋力开创新时代建设经济强县、美丽故城新局面。这些既需要全县人民凝心聚力、奋发作为，也需要各位政协委员参政议政、献计献策。

借此，向全县广大政协委员提三点要求。**一要提高政治站位。**要认真学习贯彻习近平新时代中国特色社会主义思想，牢固树立“四个意识”，坚定“四个自信”，坚决维护以习近平同志为核心的党中央权威和集中统一领导，确保在思想上政治上行动上同以习近平同志为核心的党中央保持高度一致。**二要积极参政议政。**要认真履行职能，时时处处为全县改革发展稳定大局建诤言、献良策；要积极协助县委多做沟通思想、释疑解惑、理顺情绪、化解矛盾的工作，最大限度地凝心聚力、激发斗志；要加强和改进民主监督，督促县委、县政府各项决策部署落地落实。**三要创新创业创优。**要充分发挥中坚骨干和行业模范作用，把建言立论与创业出力结合起来，把民主监督与服务发展结合起来，发挥特长、挖掘优势，勤勉敬业、爱岗奉献，以时不我待、只争朝夕的精神投入工作，充分展现新时代政协委员新风貌。

政府县长王立峰对政协委员发言的批示：徐伟、王树军、鲁文刚、刘洋、李元财、孟庆莲、刘文普、张仕广等八位政协委员，结合全县发展实际，分别从加快企业科技创新、完善城市建设管理体制、解决中小学大班额问题、全面推进医共体建设、做好地下水压采、助力故城经济发展等方面建言献策，数据翔实，依据充分，建议中肯，情真意切，充分体现出广大政协委员参政议政的满腔热情。

2018年，是贯彻十九大精神的开局之年，是改革开放40周年，也是决胜全面建成小康社会、实施“十三五”规划承上启下的关键一年。同时，故城的发展也迎来了爬坡过坎、弯道超车的重要一年，前路光明，任务艰巨，希望各位政协委员，带头学习贯彻习近平新时代中国特色社会主义思想，深入领会新时代发展内涵，继续发扬参政议政优良传统，围绕全县经济社会发展大局，细致调查研究，积极出谋划策，多方献计出力，为加快建设新时代经济强县、美丽故城再立新功。对各位委员提出的意见和建议，各有关单位要认真研究，精细谋划，抓好落实，确保各项工作落到实处，为全面建成小康社会奠定坚实基础。

2019年1月，在县政协十届三次会议上，县政协常委、委员宣平侠、王拥军、王洁华、李志勇、郑学峰、朱红梅、冯章起、张殿广、韩文礼、王书青、李强、居艳梅、李杰、刁海松、刘洋、孟庆莲、孟庆莲、崔立勇、温建华、徐红玲、杨连文、鲁文刚、赵娟紧紧围绕经济高质量发展、加强县城管理、推进高质量财政建设、提升健康水平优化营商环境、推进大运河文化带建设等热点问题提交大会发言23篇，县委、县政府主要领导分别给予批示：

县委书记彭晓明对政协委员发言的批示：宣平侠、王拥军、王洁华、李志勇、朱红梅等政协委员，围绕我县发展大局和人民群众关心的热点问题，提出了很好的意见建议，充分展现了广大政协委员情系故城建设、共襄故城发展、再创故城辉煌的深厚感情和创业激情。有了这种深厚感情，就会油然生发奉公利民的责任；有了这种创业激情，就没有克服不了的困难，就没有干不成的事业；故城五年跨越图强的目标就一定能够实现，故城的明天一定会更加美好！

各位委员提出的这些意见和建议，观点鲜明、论据翔实，很有见地，符合故城实际，反映了群众意愿。会后，我们要把这些好的意见和建议，及时转交相关部门认真研究、采纳吸收，助力助推全县经济社会高质量快速发展。

刚刚过去的2018年，是我县改革发展在一路攻坚中收获丰硕成果的一年：脱贫攻坚取得重大阶段性成效，全县经济高质量快速发展实现良好开局，乡村振兴战略扎实推进，各项社会事业长足发展，全县发展环境进一步优化，党的建设全面加强。这些成绩的取得，是全县上下齐心协力、艰苦努力的结果，也凝聚着广大政协委员的智慧和汗水。

刚刚闭幕的县委十三届六次全会，确定了故城经济社会高质量快速发展“一年起步开局、三年大见成效、五年跨越图强，重返全市前列，再创故城辉煌”的宏伟目标，作出了“打造四大发展新引擎、打好七大攻坚战”等战略部署。美好蓝图的实现，需要全县人民凝心聚力、奋发作为，需要各位政协委员积极参政议政、献计出力。

希望各位政协委员更好地履行职责，更加自觉主动地参政议政。**一是**紧紧围绕我县经济社会发展中的重大问题开展调查研究，提出更多具有前瞻性、创造性、建设性的意见和建议，为县委科学决策提供参考。**二是**进一步改进和加强民主监督、民主协商，协助县委县政府多做沟通思想、释疑解惑，理顺情绪、化解矛盾的工作，深化思想共识、凝聚全县力量。**三是**各位政协委员特别是各位企业家，要充分发挥模范带头作用，阔步新时代，抢抓新机遇，在转型升级、创新发展上实现更大作为，在做大做强、提质提效上取得更大突破，为推进故城经济社会高质量快速发展做出新的更大的贡献。

政府县长王立峰对政协委员发言的批示：宣平侠、王拥军、王洁华、李志勇、郑学峰等政协委员结合全县工作实际，分别从解决县城“大校额”“大班额”、进一步打好扶贫脱贫攻坚战、加快现代农业发展、运河文化遗产保护利用等方面建言献策，依据充分，数据翔实，建议中肯，充分体现出广大政协委员参政议政的工作热情。

2019年，是决胜全面建成小康社会、实施“十三五”规划承上启下的关键之年，也是我县实施五年跨越图强战略的“起步开局”之年，做好全年工作意义重大。希望各位政协委员坚持以习近平新时代中国特色社会主义思想为指引，继续发扬优良传统紧紧围绕全县经济社会发展大局，结合自身工作实际，深入调查研究，积极献计出力，为推动故城高质量快速发展再立新功。对各位委员提出的意见和建议，各有关单位要认真研究，精细谋划抓好落实，确保各项工作落到实处，为加快建设新时代经济强县、美丽故城奠定坚实基础。

2020年1月，在县政协十届四次会议上，县政协常委、委员宣平侠、周文君、刘洋、杨连文、王树军、李杰、王拥军、徐印琦、刁振水、冯章起、韩文礼、李志勇、徐红玲、居艳梅、吴建、苑春霞、孟祥辉、崔秀敏、王洁华、彭昌明、刘汉桢、胡冰、刘广正、康宗志、王志刚、韩石军、李光磊、孙厚亮、孙金良、陈华亮、陈站峰、杜红燕、张洪峰、刘咏梅紧扣全县经济社会发展大局，立足经济、政治、文化、社会、生态等人民群众广泛关注的热点难点问题，围绕推进全县经济社会高质量快速发展提交大会发言材料35篇。县委、县政府主要领导分别给予批示：

县委书记彭晓明对政协委员发言的批示：近期以来，宣平侠、居艳梅、孟祥辉、王洁华、胡冰等政协委员，紧紧围绕故城改革发展大局和广大群众关心的热点问题，提出了很好的意见和建议，充分体现了他们情系故城建设、共襄故城发展、再创故城辉煌的深厚感情和责任担当。有了这种深厚感情，就会油然生发奉公利民的责任担当；有了这种责任担当，就会充分汇聚无坚不摧的强大力量；有了这种强大力量，我们就没有克服不了的困难，就没有干不成的事业；攻坚“三年大见成效”、奠基“五年跨越图强”的战略目标，是一定能够实现的，故城的明天一定会更加美好！

各位委员提出的意见和建议，观点鲜明、论据翔实，富有见地、切合实际，反映了群众意愿。我们要把这些好的意见和建议，及时转交县直相关部门和乡镇、园区、企事业单位认真研究、采纳吸收，不断推进我们全县的各项工作落地落实，纵深推进故城经济社会实现高质量快速发展。

刚刚过去的2019年，我们坚持以习近平新时代中国特色社会主义思想为统领，深入开展“不忘初心、牢记使命”主题教育和“深学习、下基层、解问题、化矛盾、促发展、保稳定”主题实践活动，咬定“一年起步开局、三年大见成效、五年跨越图强，全面增比晋位、再创故城辉煌”战略目标，扎实推进“一二五五四七”工作思路落实见效，主要经济指标高位运行，项目招商建设成效显著，产业转型升级步伐加快，园区平台建设全面提升，乡村振兴工作全面铺开，县城建设亮点纷呈，脱贫攻坚巩固提升，改革创新激发活力，生态环境持续优化，发展成果普惠民生，社会大局和谐稳定，党的建设全面加强，全县经济社会高质量快速发展迈出了坚实的第一步。这些成绩的取得，是全县上下艰苦奋斗、拼搏奉献的结果，也是县政协和全县政协委员、民营企业家等社会各界人士监督支持的结果。

在刚刚闭幕的县委十三届八次全会上，我们再次确定了圆满完成“十三五”规划目标，锁定了决胜脱贫攻坚、决胜全面建成小康社会、攻坚“三年大见成效”、奠基“五年跨越图强”的战略目标。美好蓝图的实现，需要全县人民凝心聚力、奋发作为，也需要各位政协委员积极参政议政、献计出力。

希望县政协和各位政协委员更好地履行职责，更加自觉主动地参政议政。要紧紧围绕故城经济社会发展中的重大问题开展调查研究，提出更多具有前瞻性、创造性、建设性、科学性的意见和建议，为县委科学决策提供参考；要进一步改进和加强民主监督、民主协商，协助县委、县政府多做沟通思想、释疑解惑，理顺情绪、化解矛盾的工作，凝聚思想共识、汇聚强大合力；各位政协委员特别是企业家，要充分发挥模范带头作用，迈步新征程、抢抓新机遇，在推进创新发展、协调发展、绿色发展、高质量发展、快速度发展、跨越式发展上实现更大作为，为推进故城经济社会高质量快速发展做出新的更大贡献。

政府县长王立峰对政协委员发言的批示： 宣平侠、居艳梅、孙金良、胡冰、周文君等政协委员着眼新时代经济社会发展要求、人民群众新期待，分别从基础教育、公共医疗、民营经济、物业管理、人才队伍建设等方面建言献策，有理有据，建议中肯，很有见地，充分体现了广大政协委员关注家乡发展、关心故城事业的为民情怀，体现了政协委员重视调查研究、踊跃参政议政的工作热情和能力水平。

2020年是决胜“十三五”、决胜脱贫攻坚战、决胜全面建成小康社会的关键之年，第一个百年奋斗目标将在我们手中圆满实现，做好全年工作影响深远、至关重要。希望各位政协委员继续发扬传统、接续努力奋斗，聚焦全面建成小康社会，围绕故城“一三五”发展目标，发挥聪明才智，踊跃建言献策，尤其是要紧紧围绕制约故城经济社会发展的突出问题，深入调研研究，提出解决建议，破解矛盾难题，力促发展更有质效、民生更有温度，为建设新时代经济强县、美丽故城作出新的更大贡献。对各位委员提出的意见和建议，各有关单位要认真研究、对号入座，不遗余力补短板强弱项，确保各项工作高质量快速完成，为如期全面建成小康社会奠定坚实基础。

2021年2月，在县政协十届五次会议上，县政协常委、委员吴健、冯章起、孟月红、杨来文、王树军、刘洋、李强、居艳梅、宣平侠、杨连文、周文君、康宗志、李志勇、王拥军、韩文礼、鲁文刚、王栓庵、张晓霞、于宗利、韩石军、李光磊、刘汉桢、田洪刚、张仕广、崔燕、胡冰、彭昌明、孙金良、吴希坤、苑春霞、陈华亮、袁焕勇、孙厚亮、孙晓亮、李元财、刘咏梅、崔秀敏、徐印琦、刘荣霞、孟庆莲、王志刚紧扣全县经济社会发展大局，立足经济、政治、文化、社会、生态等人民群众广泛关注的热点、难点问题提交大会发言 41 篇。县委、县政府主要领导分别给予批示：

县委书记彭晓明对政协委员发言的批示： 2020 年以来，县政协全体委员特别是吴健、居艳梅、宣平侠、孟月红等委员，坚持以习近平新时代中国特色社会主义思想为指导，积极主动围绕中心协商议政、服务大局建言献策，充分发挥了在政协工作中的主体作用、在界别群众中的代表作用、在本职工作中的带头作用，为推进故城经济社会高质量快速发展发挥了“政协委员优势”、凝聚了“政协委员智慧”、贡献了“政协委员力量”、彰显了“政协委员作为”。

各位委员围绕进一步加强商协会建设、促进招商引资项目建设、提升城乡建设管理水平、加快文化旅游产业发展等，提出了很好的意见和建议，观点鲜明、论据翔实，富有见地、契合实际，体现了应有的责任担当，也反映了群众的意愿期盼。我们要把这些好的意见和建议，及时转交县直相关部门和乡镇、园区、企事业单位认真研究、采纳吸收，不断开创故城经济社会高质量快速发展新局面。

刚刚过去的 2020 年，是故城发展史上极不平凡的一年。面对突如其来的新冠肺炎疫情，面对外部环境的深刻复杂变化，面对经济下行的巨大压力，全县上下坚持以习近平新时代中国特色社会主义思想为指导，坚定信心、保持定力，坚持既定“一三五”发展战略不动摇，坚持既定“一二五五四七”发展路径不动摇，突出引领、加强统筹、聚焦攻坚，推动各项工作取得令人鼓舞的发展业绩。抗疫斗争取得重大战略成果，县域经济加速能级跃升，改革创新动能不断蓄积增强，新型城镇化和“三农”工作互促共进，决胜脱贫攻坚目标任务圆满完成，人民生产生活水平明显提高，绿色安全发展行稳致远，政治生态环境不断优化。这些重大发展成就的取得，是党中央举旗定向、政治引领的结果，是省委和市委坚强领导、关怀支持的结果，是全县广大党员干部群众同心同德、共同奋斗的结果，也是县政协和全县政协委员、民营企业家等社会各界人士和衷共济、凝心聚力谋发展的结果。

在刚刚闭幕的县委十三届十次全会上，我们明确提出“十四五”时期，全县仍然要坚持“一年起步开局，三年大见成效，五年跨越图强，全面增比晋位，再创故城辉煌”的战略目标；继续咬定高质量快速发展总体目标，坚持目标导向和问题导向，抢抓京津冀协同发展、雄安新区建设、大运河文化保护传承利用、乡村振兴、军民融合发展五大国家战略机遇，挖掘发挥区位交通、项目用地、园区平台、人力资源、人文历史五个比较优势，全力打造雄安—故城产业生态城、西北新城、大运河文旅产业带、现代都市特色农业强县、里老空港物流园“五大发展新引擎”，打好思想创新、立县项目、城镇建设、防贫提升、乡村振兴、实事惠民、环境优化七大攻坚战。美好蓝图的实现，需要全县人民凝心聚力、奋发作为，也需要县政协和各位政协委员积极参政议政、献计出力，为推进故城经济社会高质量快速发展做出新的更大贡献。

新征程要有新气象，新使命呼唤新作为。县政协及全体委员要树立当仁不让、率先争先的理念，扎实推进政协工作制度化、规范化、程序化建设，大胆探索服务中心、履行职能、发挥作用的新思路、新途径和新招法，推进政协各项事业迈出新步伐、再创新佳绩。各位政协委员要牢记习近平总书记“政协没有荣誉委员，只有责任委员”的要求，坚守“为国履职、为民尽责”的情怀，切实做到“懂政协、会协商、善议政，守纪律、讲规矩、重品行”，不断提高政治把握能力、调查研究能力、联系群众能力、合作共事能力、促进发展能力，努力成为履职尽责的实干者、改革发展的促进派、界别群众的贴心人，为建设新时代经济强县、美丽故城而努力奋斗！

政府县长王立峰对政协委员发言的批示： 冯章起、吴健、王树军、王栓庵、陈华亮、韩文礼等政协委员，着眼新时代经济社会发展要求、人民群众新期待，分别从疫情防控、商业协会发展、县城建设管理、农业现代化建设、基层党的建设、民营经济发展等方面提出了很好的意见建议，有理有据，客观中肯，很有见地，充分体现了广大政协委员关注家乡发展、关心故城事业的为民情怀，体现了政协委员重视调查研究、踊跃参政议政的工作热情和能力水平。

2021 年是“十四五”规划开局之年，是我县三年大见成效之年，做好全年工作影响深远、至关重要。希望各位政协委员继续发扬传统、继续努力奋斗，围绕故城“一三五”战略目标和“一二五五五七”工作思路，发挥聪明才智，深入调研研究，提出解决建议，踊跃建言献策，破解矛盾难题，力促经济社会高质量快速发展，为建设新时代经济强县、美丽故城作出新的更大贡献。对各位委员提出的意见和建议，各有关单位要认真研究、对号入座，强弱项、补短板，确保各项工作高标准完成，以优异成绩向建党 100 周年献礼。

2022 年 1 月，在县政协十一届二次会议上，县政协常委、委员郭伟、吉金金、刘鸿志、滕蛟、冯章起、郝金杰、邵强、杨连文、韩振海、霍红军、张晓霞、王树军、韩桂勇、李厚禄、宣平侠、马清艳、李云、徐红玲、田越、徐印琦、鲁文刚、解海晶、郭瑞、于盼、杨杰、郭修勇、范海伟、李志勇、苑洪荣、王海胜、马胜杰、吕春辉、康宗志、王延鹏、马立新、朱广宇、崔秀敏、刘汉桢、刘荣霞、刘国新围绕推动实现高质量发展、高品质生活，深入一线基层，认真开展调查研究，提交大会发言 40 篇。县委、县政府主要领导分别给予批示：

县委书记王立峰对县政协委员发言的批示：县政协全体委员坚持以习近平新时代中国特色社会主义思想为指导，积极主动围绕中心协商议政、服务大局、建言献策，充分发挥了在政协工作中的主体作用、在界别群众中的代表作用、在本职工作中的带头作用，为故城高质量发展贡献了智慧和力量！

各位委员围绕科技创新、城市管理、乡村振兴、文教卫生等方面，提出了很好的意见和建议，富有见地、契合实际，字里行间洋溢着政协委员热爱家乡、建设家乡的拳拳之心、切切之情，体现了应有的责任担当，也反映了群众的意愿和期盼。会后，要将这些好的建议和意见及时转交有关部门认真研究，予以采纳、吸收，进一步改进和加强相关工作，开创故城发展新局面。

2021 年是故城富有激情、极不平凡的一年。我们取得了可喜可贺的成绩，铸就了全面小康的丰碑，实现了“十四五”强势起步开局。成绩来之不易，是党中央举旗定向、坚强领导的结果，是省委、市委正确领导、关怀支持的结果，是全县各级党组织和党员干部群众攻坚克难、团结拼搏的结果，也与县政协和全县政协委员、民营企业家等社会各界人士凝心聚力、共同奋斗密不可分。

昂首阔步新时代，乘风破浪创一流。2022 年是我们构建高质量发展新格局，厚植高品质生活新福祉的关键一年。不久前闭幕的县委十四届二次全会，进一步明确了“高质量发展、高品质生活”目标，提出了谱写“六个故城”历史新篇章，吹响了新时代前进的号角。新使命、新目标、新征程，更需要包括各位委员在内的全县人民解放思想、实事求是，真抓实干、久久为功。希望各位委员更好地履行职责，更加自觉主动地参政议政，紧紧围绕我县“两高”目标，针对招商引资和项目建设、城乡融合发展、发展环境优化、乡村振兴、民生保障、党建提升等经济社会发展中的重大问题开展调查研究，多提真知灼见，多献发展良策，为县委、县政府决策提供富有价值的意见和建议；进一步改进和加强民主监督，积极反映社情民意，通过提出建议和批评，促进各项法律法规及党和政府方针政策的贯彻落实；突出团结民主主题，营造和谐发展环境，更加深细地做好统一思想的工作、凝聚人心的工作、促进稳定的工作，为谱写伟大中国梦的精彩故城篇章而努力奋斗！

政府县长邢亚超对县政协委员发言的批示：徐红玲、宣平侠、郝金杰、冯章起、刘鸿志、徐印琦、刘汉桢等政协委员围绕发展新要求、群众新期待，分别从妇女工作、基础教育、职业教育、公共卫生、科技创新、乡村振兴、人才队伍建设等方面建言献策，入情入理，有理有据，建议中肯，见地深刻，充分体现了广大政协委员关注故城发展、关心民生福祉的高尚情怀，充分体现了政协委员重视调查研究、踊跃参政议政的工作热情和能力水平。

2022年是党的二十大召开之年，是“十四五”规划实施的重要一年，是实现“高质量发展、高品质生活”目标的关键之年，做好全年工作影响深远、至关重要。希望各位政协委员继续发扬传统、接续努力奋斗，围绕“高质量发展、高品质生活”主题，发挥聪明才智，踊跃建言献策，尤其是深度聚焦制约故城经济社会发展的难点、堵点、痛点问题，深入调研研究，提出意见建议，破解矛盾难题，力促发展更有质效、民生更有温度，为建设新时代经济强县、美丽故城，开创“六个故城”历史新篇章，作出新的更大贡献。对各位委员提出的意见和建议，有关单位要认真研究、对号入座，不遗余力补短板强弱项，同心加油干，一起向未来，确保各项工作干在实处、走在前列，以最优异的成绩迎接党的二十大胜利召开。

2024年1月，在县政协十一届四次会议上，县政协常委、委员王连维、刘洋、郝金杰、腾蛟、李志勇、冯章起、李云、康宗志、范海伟、韩振海、于盼、徐红玲、田红灵、杨杰、郭伟、宣平侠、孟月红、王延鹏、刘国新、解海晶、李厚禄、徐印琦、吕帅、刘荣霞、孙双栋、刘鸿志、刘胜亚、张宁宁、田洪刚、刘汉桢、王海胜、马胜杰、田越紧扣全县经济社会发展大局，立足人民群众广泛关注的热点、难点问题，提交大会发言33篇。县委、县政府主要领导分别给予批示：

县委书记王立峰对县政协委员发言的批示：去年以来，县政协和全体政协委员坚持正确政治方向，牢牢把握团结、民主两大主题，充分发挥专门协商机构作用，扎实履行政治协商、民主监督、参政议政职能，有效促进了经济社会高质量发展。我代表县委、县政府向大家致以亲切的问候！

各位政协委员的发言紧扣全县中心工作，调查研究深入细致，发现问题客观真实，提出的意见建议有很强的针对性和可操作性。县委、县政府将虚心接纳、认真研究，并组织有关单位强化举措、改进工作，努力为企业发展创造更好营商环境，为人民群众创造更加幸福的生活。新征程上，县政协和政协委员要坚持党的全面领导，在思想上筑牢政治基础，在情感上坚定政治认同，在行动上践行政治自觉，练就坚如磐石的政治定力。要围绕中心、服务大局，聚焦打造16个现代化场景，深入学习思考，充分解放思想，提出更多更好的意见建议。要广泛凝聚共识，主动有效联系界别群众，画好团结民主“同心圆”。要加强自身建设，提高履职能力，展现担当作为“新形象”。

政府县长邢亚超对县政协委员发言的批示：王连维、刘洋、郝金杰、李志勇、冯章起、康宗志等政协委员围绕发展新要求、聚焦群众新期待，分别从现代农业、科技创新、职业教育、文旅融合、社会保障、乡村振兴等方面建言献策，务实中肯、科学可行，充分代表了民意、反映了民情，充分体现了广大政协委员认真履行职责、积极参政议政的工作热情，充分体现了政协委员关注故城发展、关心民生福祉的高尚情怀和能力水平。

2024年是中华人民共和国成立75周年，是实施“十四五”规划的关键一年，做好全年工作责任重大、意义重大。希望各位政协委员发扬优良传统、牢记政治责任、把牢政治方向，深度聚焦制约故城经济社会发展的难点堵点痛点问题，深入调查研究，提出意见建议，破解矛盾难题，力促发展更有质效、民生更有温度，在精准建言资政中展现担当作为、在为民履职尽责中涵养深厚情怀、在广泛凝聚共识中汇聚奋进力量，努力推动高质量发展、高品质生活、高效能治理，为打造“10+6”故城“场景汇”，加快建设新时代“经济强县、美丽故城”做出新的更大贡献！对各位委员提出的意见和建议，有关单位要认真分析研究、加强沟通交流，做到办理结果符合委员初衷、符合群众意愿，确保各项工作干在实处、走在前列，全面推动中国式现代化在故城大地更加可视可感。

第三节　县政协常委会议发言

2004年6月4日，在政协七届五次常委会议上，围绕“影响农民增收的原因、对策，农民培训和转移农村剩余劳动力等问题”，有3名政协委员提交了发言材料并做口头发言：李培中委员关于“影响农民增收的原因及对策”的发言、王彦芳委员关于“搞好科技培训提高农民素质”的发言、孙广军委员关于“搞好农村富余劳动力转移意见和建议”的发言。

2004年9月17日，在县政协七届六次常委会议上，围绕“‘以工强县’和积极创建人才、环境优势”，有2名县政协委员提交了发言材料并做了口头发言：于锡君委员关于“创建我县人才优势的调研与建议”的发言、徐乃旺委员关于“创建我县发展环境优势的调查报告”的发言。

2004年11月26日，在县政协七届七次常委会议上，围绕“中小学教育的现状、存在的主要问题及办学方向”，有2名县政协常委提交了发言材料，并做了口头发言：牟世芳常委关于“抓规范促发展实现民办教育的新跨越”的发言、高凤芝常委关于“强化管理进一步提高教学质量”的发言。

2005年8月18日，在县政协七届十一次常委会议上，围绕“推广科技、完善体系；面向市场、搞好流通；提高效益，增加收入等一系列问题”，有7名县政协常委、委员提交了发言材料并做了口头发言：邢兰春常委关于“完善农技推广体系，增强科技服务功能，提高农业科技的普及和贡献率”的发言、王洁华常委关于“打造全新农资流通平台，依托科技支撑助农增收”的发言、张殿森常委关于“发挥龙头企业优势，促进农民增收”的发言、陈海福常委关于“我县养猪业发展的探索”的发言、苏云桥委员关于“用科技促企业发展，帮助农民增收”的发言、孙胜林常委关于“发挥龙头优势，搞活粮食经济”的发言、曹端广委员关于“完善服务体系，改革经营机制，把棉花产业做大做强”的发言。

2006年7月4日，在县政协七届十五次常委会议上，围绕“社会主义新农村建设”，有5名县政协常委、委员提交了发言材料并做了口头发言：吴东明常委关于“搞好村庄规划的调研报告”的发言、孙广军常委关于“加强农村教育，提高农民科技素质的调研与建议”的发言、金林强常委关于“加强农村基础设施建设，发展循环农业的调研报告”的发言、刘洪绪委员关于“毛皮动物养殖行业的调研”的发言、段志诚委员关于“繁荣农村文化事业，倡导健康文明新风尚的调研与建议”的发言。

2007年7月10日，在县政协八届一次常委会议上。围绕“县委实施‘工业立县’的主体战略，创优故城投资环境、改革招商引资方式、加强企业内部管理”，有8名县政协常委、委员提交了发言材料并做了口头发言：冯振东副主席关于“创建我县环境优势”的调查报告，王吉群常委关于“强化县域招商引资的几点思考”的报告、吴以池常委关于“浅谈企业现代化管理”的报告、卢宏达常委关于“软硬环境一起抓，创优环境促发展”的报告、张松坡常委关于“创造良好信用环境，构建和谐银企环境”的报告、冯希恩常委关于“职能部门提高服务水平，创优发展环境的调研与建议”的报告、王洁华常委关于“我县企业发展的一点思考与建议”的报告、赵新蕾常委关于“实施名牌战略，提升企业形象”的报告。

2007年9月21日，在县政协八届二次常委会议上，围绕“县委、县政府‘农业强县’的主体战略和全县农业和农村工作开展情况”有5名县政协常委、委员提交了发言材料并做了口头发言：田登书副主席关于“推进新农村建设，加强‘空心村’治理”的调研报告，张殿森常委关于“农业产业化龙头企业发展的现状、问题及建议”的报告、庞俊芳常委关于“依托资源优势，发展林业产业化，努力拓宽农民增收渠道的调研与建议”的报告、韩超委员关于“做好农业产业项目，延长农业产业链条，促进农民增收”的报告、陈海福委员关于“生猪天价原因分析和养猪业发展的建议”的报告。

2008 年 4 月 16 日，在县政协八届四次常委会议上，围绕县委政府确定的“商贸兴县”主体战略，就故城商贸流通领域的有关问题，有 4 名县政协常委、委员提交了发言材料并做了口头发言：张希武委员关于“大力发展农村流通业是实现商贸兴县战略的客观要求”的发言、王洁华常委关于“积极推进‘万村千乡’工程建设，繁荣农资流通市场”的发言、刘春贵委员关于“发挥优势，奉献精品，为商贸兴县再创佳绩”的发言、马春章委员关于“关于我县商贸流通业发展的调研与建议”的发言。

2008 年 7 月 18 日，在县政协八届五次常委会议上，围绕“关系我县民生问题的教育、新型农村合作医疗工作”，有 6 名县政协常委、委员提交了发言材料并做了口头发言：贾玉华常委关于“开展德育教育，提高学生素质”的发言、郭卫委员关于“优化教育资源配置，推动义务教育均衡发展”的发言、郑学峰委员关于“提高职校办学质量，服务县域经济发展”的发言、桑志武委员关于“优化服务，简便程序，促进新农合健康运行”的发言、丁洪茂委员关于“完善基础设施建设，创兴管理机制，努力做好边远乡镇新农合工作”的发言、谢会元委员关于“促进新农合工作健康发展的建议”的发言。

2008 年 10 月 29 日，在县政协八届六次常委会议上，围绕“农业强县”战略就如何科学调整我县农业结构，全面提升农产品品质，增强农业发展后劲的问题，有 6 名县政协常委、委员提交了发言材料并做了口头发言：韩爱军常委关于“加强粮食流通，促进产业化发展”的发言、王一博委员关于“大力推进农业标准化，促进农业经济发展”的发言、冯月新委员关于“依靠科技，推动故城农业快速发展”的发言、薛纯彬委员关于“以市场化理念促进蔬菜产业化发展”的发言、陈海福委员关于“浅谈养猪业的发展方向”的发言、牛立贵委员关于“发挥优势，促进农业产业化经营”的发言。

2009 年 4 月 17 日，在县政协八届八次常委会议上，围绕“促进县域经济健康发展”，有 2 名县政协常委、委员提交了发言材料并做了口头发言：孟繁友常委关于“谋发展，苦练内功，抓机遇，逆势而上”的发言、刘其通委员关于“积极应对金融危机，开拓市场新领域”的发言。

2009 年 7 月 24 日，在县政协八届九次常委会议上，围绕“城建、交通”工作，有 4 名县政协常委、委员提交了发言材料并做了口头发言：杨洪霞常委关于“加强县城市容市貌管理工作的建议”的发言、马春章委员关于“抓好市场管理是商贸流通业发展的根本保障”的发言、程发征委员关于“加强社区建设的几点建议”的发言、王树军委员关于“增加质量安全主体管理，提升居住工程质量安全”的发言。

2009 年 9 月 18 日，在县政协八届十次常委会议上，围绕“发展现代农业、提升农业产业化水平、促进农民增收”的问题，有 4 名县政协常委、委员提交了发言材料并做了口头发言：张松坡常委关于“金融部门支持地方农业经济发展的调研与建议”的发言、王连峰委员关于“提高农业产业化水平的几点建议”的发言、冯月新委员关于“农业自然灾害的减与防”的发言、韩超委员关于“壮大龙头经济、促进农民增收”的发言。

2010 年 4 月 8 日，在县政协八届十二次常委会议上，围绕“转变招商方式和改善创优软环境”，有 2 名县政协常委、委员提交了发言材料并做了口头发言：马春章委员关于“积极转变招商方式，努力取得招商引资新突破”的发言、秦迎春委员关于“改善创优软环境，促进故城跨越发展”的发言。

2010 年 6 月 30 日，在县政协八届十三次常委会议上，围绕“加强县城管理，打造生态文明城市”，有 3 名县政协常委、委员提交了发言材料并做了口头发言：焦桂云常委关于“加强县城管理工作的建议”的发言、朱桂华委员关于“加强城市管理，打造生态文明县城”的发言、王树军委员关于“规范小区物业管理，提高整体服务水平”的发言。

2010年10月12日，在县政协八届十四次常委会议上，围绕“新农村建设、建言新民居工程以及推动和提升农业产业化发展水平”，有3名县政协常委、委员提交了发言材料并做了口头发言：薛纯彬委员关于“打造绿色蔬菜基地，助推农业产业化升级”的发言、冯月新委员关于“新农村建设视角下的农村产业结构调整”的发言、张志敏委员关于“我县新民居建设中存在的问题及对策”的发言。

2011年4月20日，在县政协八届十七次常委会议上，围绕“加快我县工业项目建设，开展全民招商、全民创业活动以及创优经济发展环境”，有3名县政协常委、委员提交了发言材料并做了口头发言：马春章委员关于“着力打造招商平台，全力提升引资实效”的发言、冯希恩常委关于“强化硬服务，优化软环境，促进县域经济跨越发展的几点建议”的发言、张希武委员关于“充分发挥工商职能，全力促进经济发展”的发言。

2011年7月6日，在县政协八届十八次常委会议上，围绕“城镇建设、交通发展以及新民居建设”，有2名县政协常委、委员提交了发言材料并做了口头发言：黄立杰委员关于“对提升我县城市品位的几点思考”的发言、王树军委员关于“着力提升城市管理水平，努力建设生态宜居县城”的发言。

2011年9月22日，在县政协八届十九次常委会议上，围绕“发展现代农业，加快农业产业化进程”，有3名县政协常委、委员提交了发言材料并做了口头发言：李春才委员关于“加快传统农业转型升级，发展现代农业的几点建议”的发言、冯月新委员关于“扶持壮大农业龙头企业，加快农业产业化进程”的发言、刘洪绪委员关于“树立农业品牌意识，推进农业产业升级”的发言。

2012年6月28日，在县政协九届二次常委会议上，围绕发展现代农业，加快农业产业化进程，有3名县政协常委、委员提交了发言材料并做了口头发言：李伟委员关于“大力发展农民专业合作社，推进农业产业化进程”的发言、郭强委员关于“积极发展订单养殖模式，探寻现代农业发展之路”的发言、李书新委员关于“大力发展畜牧养殖业，提升农业产业化水平”作为书面发言。

2013年5月23日，在县政协九届五次常委会议上，围绕“加快项目建设，推动重点产业优化升级，促进工业经济发展提速”，有4名县政协常委、委员提交了发言材料并做了口头发言：庚同祥委员关于“加快一城三区工业项目建设速度的几点建议”的发言、孟祥辉委员关于“提升现代化管理水平，加快企业提档升级”的发言、刁振水委员关于“创优发展环境，助推工业经济跨越发展”的发言、胡树凯委员关于“加快工业经济转型升级，建设生态绿色故城”的发言。

2013年10月24日，在县政协九届七次常委会议上，围绕“促进城建交通事业发展，大力改善我县城乡环境”，有3名政县政协常委、委员提交了发言材料并做了口头发言：宣平侠委员关于“大力提升市民素质，创建整洁有序、和谐文明县城的建议”的发言、黄立杰委员关于“进一步规范和加强我县小区物业管理的建议”的发言、孔维亮委员关于“加快交通道路升级改造步伐，促进故城经济健康快速发展”的发言。

2018年1月26日，在县政协十届四次常委会议上，审议通过“故城县政协常委履职发言制度”。

2018年3月22日，在县政协十届六次常委会议上，围绕“如何做好政协工作，发挥委员作用”，有6名政协常委、委员提交了发言材料，3名常委做了口头发言：周文君常委关于“立足本职工作、发挥自身作用、努力做一名新时代政协委员”的发言、韩文礼常委关于“发挥政协统战职能做好政协统战工作”的发言、刘广正常委关于“新时期如何做好政协委员”

的发言、刘建军常委关于“如何当好政协委员”的发言、温建华常委关于“提高个人履职能力，助推政协工作开展”的发言、于宗利委员关于“发挥政协委员作用助力地方经济发展”的发言。

2018年7月12日，在县政协十届七次常委会议上，围绕“做好扶贫脱贫工作和污水治理开展情况”，有7名县政协常委、委员提交了发言材料，4名常委、委员做了口头发言：王树军常委关于“故城县黑臭水体治理的建议”的发言、刘汉桢常委关于“治理黑臭污水、打造故城生态环境”的发言、冯章起委员关于“强化政策落地、全力健康扶贫”的发言、赵敏委员关于“夯实基础抓规范、多重帮扶促提升”的发言、王洁华常委关于“竭尽全力、脱贫攻坚”的发言、张仕广委员关于“如何开展黑臭污水治理的建议”的发言。

2018年10月8日，在县政协十届八次常委会议上，围绕“加快城乡建设、推进乡村振兴”，有9名县政协常委、委员提交了发言材料，5名常委、委员做了口头发言：郑学峰常委关于“把握导向、梯次推进、优化推动乡村振兴战略实施”的发言、李志勇常委关于“乡村振兴、文化先行”的发言、刘荣霞常委关于“浅谈乡村振兴”的发言、杨来文委员关于“从农村产业结构调整看乡村振兴战略”的发言、张洪峰委员关于“加快提升农村人居环境、推动乡村振兴”的发言、王志刚常委关于“提升县城建设质量和品位的建议”的发言、崔秀敏常委关于“浅谈如何实施乡村振兴”的发言、王栓庵常委关于“加大投入持续攻坚、打造碧水绕城的美丽家园”的发言。

2019年3月27日，在县政协十届十一次常委会议上，围绕“如何发挥委员主体作用”，有24名县政协常委、委员提交了发言材料，有6名常委委员做了口头发言：胡冰常委关于“履行委员职责、充分发挥作用”的发言、刘洋常委关于“履职担当、奋发作为”的发言、张仕广委员关于“发挥委员主体作用开创政协工作新局面”的发言、陈站峰委员关于“发挥委员主体作用、助推雄安 故城产业生态城建设”的发言、韩石军委员关于“提高素质、议政建言、切实发挥好基层政协委员的作用”的发言、于宗利委员关于“发挥政协委员作用、助力地方经济发展”的发言、刁振水常委关于“如何发挥好政协委员在纪检工作中的作用”的发言、彭昌明常委关于“浅谈如何发挥委员主体作用”的发言、孙金良常委关于“发挥委员主体作用、积极履行政协职能”的发言、孟庆莲常委关于“做好本职工作、发挥政协委员作用”的发言、徐伟常委关于“立足本职、强化责任、为企业的不断发展做出更大的贡献”的发言、吴希坤常委关于“政协委员要做到重意识、强素质、履职责”的发言、刘咏梅常委关于“发挥委员主体作用、温馨司法保安宁”的发言、李志勇常委关于“立足本职工作、努力为我县大运河文化带建设作出应有贡献”的发言、徐印琦常委关于“充分发挥政协委员主体作用、履职尽责为县域经济发展献计出力”的发言、康宗志委员关于“发挥主体作用、服务全镇经济社会发展”的发言、杨来文委员关于“发挥委员主体作用、切实履行政协职能”的发言、陈华亮委员关于“立足本职、发挥政协委员主体作用”的发言、赵敏委员关于“激发委员履职活力、发挥委员主体作用”的发言、李光磊委员关于“如何发挥好委员主体作用”的发言、张洪峰委员关于“倾听群众声音、反映社情民意、积极履职尽责”的发言、孙厚亮委员关于“团结民主、履职尽责、高效发挥政协委员作用”的发言、孙晓亮委员关于“如何发挥委员主体作用的几点想法”的发言、袁焕勇委员关于“如何发挥基层政协委员的主体作用”的发言。

2019年12月25日，在县政协十届十三次常委会议上，围绕“推进乡村振兴战略的实施”，有2名县政协常委、委员提交了发言材料并做了口头发言：康宗志委员关于“加强法治农村建设，助力乡村振兴”的发言、韩石军委员关于“加强基层党建，助推乡村振兴”的发言。

2020年4月14日，在县政协十届十五次常委会议上，围绕“复工复产、复学准备、爱国卫生运动、疫情防控工作”，有8名县政协常委、委员提交了发言材料：刁振水常委关于“有序做好开学准备工作的建议”的发言、冯章起委员关于“联防联控战疫情多措并举保健康”的发言、胡冰常委关于“抗击新冠病毒肺炎、积极助力企业复工、复产”的发言、刘洋常委关于“担当实干主动作为、全力助推复工复产”的发言、孟庆莲常委关于“防输入防反弹打好抗疫持久战”的发言、彭昌明常委关于“加快推进我县爱国卫生运动的实施的建议”的发言、王树军常委关于“进一步做好爱国卫生运动的建议”的发言、郑学峰常委关于“防控新冠肺炎疫情形势下、做好高中阶段学校复学准备的几点思考”的发言。

2020年9月1日，在政协十届十六次常委会议上，围绕“加快项目建设，推进故城经济社会高质量快速发展”，有6名县政协常委、委员提交了发言材料：周文君常委关于“围绕乡村振兴加强农村实用人才队伍建设的建议”的发言、王栓庵常委关于“发展现代农业助力乡村振兴的建议”的发言、刘汉桢常委关于“加快推进项目建设快速发展故城经济”的发言、吴建常委关于“进一步支持我县民营企业发展的建议”的发言、徐印琦常委关于“满足群众基本生活需求完善县城北部区域菜市场建设的建议”的发言、刘广正常委关于“扎实推进文旅融合发展的建议”的发言。

2022年3月30日，在县政协十一届三次常委会议上，围绕“加快推进我县经济社会快速发展”，有11名常委提交了发言材料，4名常委做了口头发言：王连维常委关于“打造新时代网信工作新高地、为故城高质量发展、高品质生活聚合强劲网动力”的发言、刘洋常委关于“立足科技强发展助力高品质生活”的发言、蒋曼常委关于“加强人才队伍建设、提高医疗服务能力、为高质量发展高品质生活保驾护航”的发言、叶飞常委关于“从一碗面做起，助力家乡经济腾飞”的发言、赵立国常委关于“坚持‘高质量发展高品质生活’奋力谱写‘六个故城’新篇章”的发言、王世文常委关于“高质量发展高品质生活”的发言、田红灵常委关于“我县摩擦材料产业发展突破的建议”的发言、刁殿文常委关于“加快产业转型升级、促进生态环境改善”的发言、李京海常委关于“加快提升城市软实力的几点建议”的发言、张艳霞常委关于“它山之石、可以攻玉，日本老年介护工作对特色养老服务事业的启示”的发言、张宁宁常委关于“为高质量发展、高品质生活积蓄强劲动能”的发言。

2022年7月21日，在县政协十一届四次常委会议上，围绕“如何贯彻落实《中国共产党政治协商工作条例》”，有5名常委提交了发言材料并做了口头发言：刁海松常委关于“学习《中国共产党政治协商工作条例》”的发言、郭伟常委关于“学条例确保政治协商有章可循”的发言、周文君常委关于“学习《中国共产党政治协商工作条例》”的发言、邵强常委关于“发挥政协统战职能做好政协统战工作”的发言、刘洋常委关于“学习《中国共产党政治协商工作条例》”的发言。

2022年11月3日，在县政协十一届五次常委会议上，围绕“推动乡村振兴战略实施”，有9名常委、委员提交了发言材料，3名常委委员做了口头发言：李志勇常委关于“坚定各级党组织引领开创我县乡村振兴新局面”的发言、时玉松委员关于“实施‘五位一体’种植模式助推乡村振兴战略实施”的发言、康宗志委员关于“加快乡村振兴战略实施的几点思考”的发言、周文君常委关于“狠抓‘四个续能’推进乡村振兴工作扎实开展”的发言、刘洋常委关于“乡村振兴、美丽乡村建设的调研报告”的发言、杨连文常委关于“乡村振兴与集体经济农民增收协同发展之路”的发言、范海伟委员关于“多措并举推进五位一体加快推进乡村振兴”的发言、赵晨曦委员关于“振兴路路在脚下、中国梦梦在前方”的发言、霍红军委员关于“发挥审判职能助力乡村振兴”的发言。

2023年3月29日，在县政协十一届七次常委会议上，围绕“学习贯彻党的二十大精神、全国“两会”精神、《政协章程》（修正案）和提高委员履职能力”，共有14名常委、委员提交了发言材料4名常委、委员做了口头发言：周文君常委关于“学习党的二十大及两会精神心得体会”的发言、王连维常委关于“聚焦网络强国、数字中国战略部署、全力绘就中国式现代化的美好故城场景网信篇章”的发言、刘洋常委关于“树立终身学习意识提升履职尽”的发言、郭瑞委员关于“学习党的二十大精神、全国两会精神及《中国人民政治协商会议章程》心得体会”的发言、李志勇常委关于“宣传二十大为‘六个故城’发展贡献力量”的发言、蒋曼常委关于“学习二十大精神政协干部心得体会”的发言、张雪峰常委关于“学习党的‘二十大’及全国‘两会精神’的心得体会”的发言、时玉松委员关于“学习党的二十大和‘两会’精神心得体会”的发言、康宗志委员关于“学习贯彻党的二十大精神心得体会”的发言、崔彦彬常委关于“学习二十大精神、全国两会精神心得体会”的发言、杨连文常委关于“学习贯彻党的二十大精神个人心得体会”的发言、田红灵常委关于“学习二十大和‘两会’精神心得体会”的发言、叶飞常委关于“学习二十大报告心得体会”的发言、刘汉桢常委关于“学习二十大立足新时代为六个故城发展做贡献”的发言。

2023年8月2日，在县政协十一届八次常委会议上，围绕“和美乡村建设和乡村振兴实施情况”，有6名常委、委员提交了发言材料：赵晨曦委员关于“凝聚共识、认真履职、共同绘就‘乡村振兴’和美画卷”的发言、时玉松委员关于“因地制宜育产业助力乡村快振兴”的发言、康宗志委员关于“众志成城齐奋战、建设和美新乡村”的发言、范海伟委员关于“聚焦乡村振兴目标开展和美乡村建设”的发言、吕帅委员关于“突出党建引领聚合力绘就乡村振兴新画卷”的发言、刘胜亚委员关于“党建引领凝心聚力乡村振兴气象蓬勃”的发言。

2023年12月27日，在县政协十一届九次常委会议上，围绕“创建国家园林城市和文明县城、经济建设和如何撰写提案”，有24名常委、委员提交了发言材料：刁海松常委关于“以开展‘三城’同创活动为契机，为实现‘高品位生活’筑牢基础”的发言、鲁文刚常委关于“全民携手同行、共创美好家园、创建省级文明县城和国家园林城市”的发言、韩红常委关于“参观故城县创国家园林城市有感”的发言、县政协提案委主任任宝霞关于“如何写好政协提案”的发言、刘洋常委关于“用科技助力企业发展借企业推动科普事业”的发言、王树军常委关于“浅谈创建文明县城和国家园林城市的建议”的发言、孟月红常委关于“共创文明城市建设美丽故城”的发言、刁殿文常委关于“园林规划和城市文明建设的建议”的发言、刘荣霞常委关于“推动县城公园绿化建设的建议”的发言、彭昌明常委关于“凝心聚力共建美丽故城”的发言、王志刚常委关于“创建文明城市、国家园林城市”的发言、徐印琦常委关于“创建国家生态园林城市促进县城经济社会健康发展”的发言、李京海常委关于“引领城市发展，谱写美好篇章”的发言、孙金良常委关于“文明县城创建和国家园林城市创建”的发言、郭伟常委关于“浅谈创建国家园林县城”的发言、吴健常委关于“发挥商协会作用、助力全县经济社会高质量发展”的发言、刘鸿志常委关于“加快企业转型升级助推高质量快速发展”的发言、崔秀敏常委关于“为故城县文明城市创建与园林建设”的发言、李志勇常委关于“如何写好一篇政协提案”的发言、冯章起委员关于“认真调研、写好提案、做一名合格的政协委员”的发言、田红灵常委关于“在新时期面临的新机遇与挑战面前、如何做大做强我县摩擦材料产业打造成为故城名片的思路及建议”的发言、叶飞常委关于“龙凤贡面、大有可为”的发言、张艳霞常委关于“国家园林城市、省级卫生城市创建”的发言、张宁宁常委关于“凝心聚力使命担当，合力共建美好故城”的发言。

2024年4月10日，在县政协十一届十一次常委会议上，围绕“学习贯彻全国‘两会’精神、提高提案质量、提升履职能力”，有13名常委、委员提交了发言材料：周文君常委关于“着力加强党的建设推动党校事业高质量发展”的发言、李志勇常委关于“学习习近平总书记讲话、宣传两会精神、繁荣故城群众文化生活”的发言、王树军常委关于“学习习近平重要讲话精神和贯彻‘两会’精神，推进城乡建设高质量发展”的发言、孙金良常委关于“以创新‘第一动力’引领私营企业发展”的发言、王连维常委关于“强化舆情调控引导服务故城发展稳定大局”的发言、王志刚常委关于“两会精神及习近平总书记讲话”的发言、刁殿文常委关于“学习贯彻习近平总书记两会重要讲话精神”的发言、叶飞常委关于“故城县政协委员履职尽责与助推龙凤贡面产业发展的思考与实践”的发言、田红灵常委关于“立足摩擦材料行业高质量发展、提升自身履职担责能力”的发言、张宁宁常委关于“立足‘五个坚持’、提交高质量提案”的发言、刘洋常委关于“加强学习凝心铸魂、提升履职尽责能力”的发言、刘荣霞常委关于“提高政协提案质量的探讨”的发言、李京海常委关于“如何提高提案质量，撰写高质量提案”的发言。

2024年8月27日，在县政协十一届十二次常委会议上，围绕“促进和美乡村建设和加快项目建设”，有19名常委、委员提交了发言材料3名常委、委员做了口头发言：胡冰常委关于“余村千万工程考察启示”的发言、孙金良常委关于“加快企业发展的对策”的发言、马建勇委员关于“推进乡村振兴暨和美乡村建设”的发言、田红灵常委关于“提高行业锚定，加快项目建设，立足新旧动能转换，加速行业跨步”的发言、刘洋常委关于“加大企业科普帮扶力度　推动科技故城跨越发展”的发言、刘鸿志委员关于“以制度创新助推科技产业发展”的发言、刘胜亚委员关于“产业引领谱新篇，和美乡村展新颜”的发言、滕蛟委员关于“党建领航赋能，焕发乡村振兴新活力”的发言、郭瑞委员关于“党建引领构建和美乡村新篇章”的发言、杨瑞委员关于“党建引领振兴路和美共建乡村梦”的发言、王宝达委员关于“多措并举，协调联动，久久为功，动员全社会力量扎实做好和美乡村建设工作”的发言、王海胜委员关于“凝心聚力铺幸福路　产业转型绘振兴图”的发言、范海伟委员关于“持续建设和美乡村”的发言、张艳霞常委关于“建设宜居宜业和美乡村”的发言、康宗志委员关于“不断发展壮大村集体经济，推动乡村振兴全面落地见效”的发言、王延鹏委员关于“聚焦‘四美’建设　打造和美乡村”的发言、李玉峰委员关于“民主协商聚共识　凝心聚力促振兴”的发言、陈欢委员关于“谱好‘产业曲’，唱响‘振兴歌’”的发言、吕帅委员关于“多路并进谋发展　乡村振兴谱新篇”的发言。

第六章　社情民意工作

反映社情民意信息工作开始于八届全国政协时期，是人民政协重要的经常性、基础性工作，是发挥协商民主重要渠道和专门协商机构作用的有效形式、转化履职成果的重要载体、汇集社情民意的主要平台。反映社情民意信息是政协围绕国家大政方针和地方的重要举措，以及经济、政治、文化、社会、生态文明建设和党的建设的重要问题，人民群众普遍关心的问题，通过内部适当方式，向党委、政府及有关部门反映情况，提出意见和建议。人民政协的各项工作和各种活动含有反映社情民意的意义。政协委员可以利用政协开展的各项工作或各种活动，实事求是、及时准确地反映社情民意。故城县政协高度重视反映社情民意信息工作，充分发挥社情民意信息“小快灵”的作用，利用政协信息履职，为党委政府研判形势、制定政策、解决问题提供了有价值的参考意见，为故城县的全面发展作出了积极贡献。根据县政协现有可查的档案资料，对县政协社情民意工作进行了整理记编。

2000 年，县政协对广大群众关心的热点、难点问题，积极搜集社情民意，通过政协信息渠道，及时向党委政府反馈。其中关于“农村用电收费过高问题”、关于“政务公开中存在的问题”等社情民意信息，引起了党政领导及有关部门的高度重视，县有关领导及时批示，有效地促进了问题的解决。

2001 年，县政协积极帮助政协委员开阔思路，增强反映社情民意的主动性。通过开展视察调研、走访座谈等形式，广泛搜集社情民意信息。其中关于“执法执纪中存在的问题”、关于“乱收费问题”等信息引起了党政领导及有关部门的高度重视，县有关领导及时批示，有效地促进了问题的解决。

2004 年，县政协利用座谈会和视察活动，了解和搜集社情民意，提案委也设专人负责收集委员提供的社情民意。共搜集整理社情民意信息 19 条，及时向党政部门作了反映，引起了党政领导的重视，并在决策中认真地进行了考虑，收到了良好的社会效益。

2005 年，县政协通过进一步健全网络，完善制度，拓宽渠道，充分调动了政协各参加单位、各专委会和广大委员反映社情民意的积极性。共收到社情民意信息 28 件，转有关部门 15 件，为党政领导提供了许多来自基层的真实情况，促使一些群众广泛关注、社会反映强烈的问题得到重视和解决，较好地发挥了社情民意“直通车”的作用。

2006 年，县政协进一步加强反映社情民意工作。一是启发和引导全体委员充分认识反映社情民意工作的重要意义，积极参加反映社情民意活动，要求每位委员每年至少反映一条社情民意。二是组建了反映社情民意信息员队伍，明确了工作职责和任务。三是对价值较高、涉及面广的社情民意及时综合整理报送县委、县政府有关领导，并及时向委员反馈办理落实情况。6 月 3 日，县政协向全体政协委员下发了《关于印发 2006 年反映社情民意信息重点参考题目的通知》，编写参考题目 24 条。各界委员积极反映社情民意，深入群众，广泛倾听社会各界人士的意见和呼声，反映出很多有较高质量的信息，给县委政府的科学决策提供了智力支持。

2007 年，县政协发挥社情民意“直通车”作用，及时反映基层呼声。依托“社情民意”这条便捷渠道，及时向上级反映群众的诉求和呼声。党委政府领导能够及时顺利地了解人民群众的意愿。政协提案委在闭会期间，将搜集社情民意作为工作的重要方面，主动联系社会各界，听取基层的意见，及时专报主席会议，不少社情民意都由主席或副主席直接报告给党政主要领导，为县委提供了参考依据。

2008 年，县政协依托“社情民意”这条便捷渠道，共收到社情民意信息 36 件，群众的许多诉求和呼声能够及时顺利地被党委政府领导所了解。

2009 年，县政协共搜集整理社情民意信息 41 条。一些群众广泛关注、社会反映强烈的问题得到重视和解决，县政协较好地发挥了履职为民的作用。

2010 年，县政协共搜集整理社情民意信息 45 条。政协机关各委室在闭会期间，把搜集社情民意作为工作重点，广泛听取社会各界人士的意见建议，为党政领导掌握社情、了解民意、集中民智，发挥了积极作用。

2012 年，县政协提案委主动开通民生热线，倾听民声民情，共收集整理社情民意信息 65 条。十八大维稳期间，县政协各委室共同发起了“写一篇社情民意，诉一份民生情怀”的信息征集活动。通过广大政协委员的共同努力，主动架起人民的“连心桥”，做好群众的贴心人。这些信息的搜集传递，为维护故城社会和谐稳定，发挥了积极作用。

2013 年，县政协通过领导班子分组走访委员、提案委主动开通社情民意信箱等方式，倾听民声民情，共收集整理社情民意信息 53 条。这些信息的收集与传递，为维护故城社会和谐稳定，为党政领导及时掌握社情、了解民意、集中民智发挥了重要作用。

2014 年，县政协结合党的群众路线教育实践活动，通过领导班子成员分组走访委员、开通社情民意邮箱、组织界别内委员座谈等方式，倾听民声民情，共收集社情民意信息 200 多条，整理后报送党委、政府及相关部门，为维护故城社会和谐稳定，为党政领导及时掌握社情、了解民意、集中民智，发挥了重要作用。

2015 年，县政协积极动员广大政协委员深入基层，倾听民声、反映民意。通过视察、座谈、提案、走访等形式认真收集社会各界的意见建议 110 余条，及时以《故城政协》和《社情民意》等期刊报送给县委政府，推进决策的民主化和科学化。

2016 年，县政协结合“三严三实”专题教育和“下基层，解难题，保稳定，促发展”活动，通过领导班子成员分组走访委员、开通社情民意邮箱、组织界别内委员座谈等方式，倾听民声民情，广泛搜集社情民意信息 100 余条，整理后报送党委政府及相关部门。这些信息的收集与传递，为维护故城社会和谐稳定，为党政领导及时掌握社情、了解民意、集中民智，发挥了重要作用。

2017 年，县政协把搜集社情民意作为一项重要工作来抓，主动联系社会各界人士，深入了解民意，广泛集中民智，向党委政府反映群众的呼声和诉求，使人民群众关心的热点、难点问题得到了及时的解决。共收集社情民意 80 多条由主席或副主席直接转交给县委、县政府的领导，推动民生工程的落地落实。

2018 年，县政协依托县政协常委会议、视察调研、走访座谈等，聚焦县委、县政府中心工作和人民群众关心关注的热点、难点问题，搜集社情民意信息 150 余条，经县政协办公室整理后，以《故城政协》或者《建议案》等形式，及时报送给党政领导和有关部门，推动了部门工作、促进了民生改善。比如：关于“大力整治公共秩序、严厉查处车辆乱停乱放行为的建议”、关于“巩固扩大城市园林建设成果的建议”，被政府部门吸纳到有关政策措施和文件中，为促进县城管理、改善人居环境发挥了积极作用。

2019 年，县政协依托“政协委员之家”建设，搭建了网络议政平台，积极开展联系委员活动，了解政协委员生产生活情况，搜集社情民意信息。通过走访座谈、一线调查、电话沟通等方式，搜集社情民意信息 160 多条，经县政协办公室汇总整理，以《故城政协》或者《建议案》等形式，报送给党政领导和有关部门，为推动社会各项事业发展提供了及时有效的参考。比如：关于“促进故城县农业发展的几点建议”，转交县委政府领导后，2019 年我县大力发展无公害、绿色、有机蔬菜。引导家庭农场与合作社、蔬菜龙头企业联合与合作，实现优势互补、互利互赢。

2020 年，县政协坚持把了解和反映社情民意，作为政协委员履行职能的重要基础和关键环节。积极引导广大政协委员围绕人民群众关心的热点问题，积极反映社情民意信息。共搜集社情民意信息 200 余条，经县政协办公室整理汇总，及时报送给党政领导和有关部门，使一些群众急难愁盼的问题得到有效解决。比如：关于“高层住宅小区消防安全管理的建议”，县政府主管同志组织相关部门召开专题会议，对我县消防安全防治治理做了工作部署。县政府出台了《故城县打通“生命通道”集中攻坚行动工作方案》《故城县进一步加强电动车自行车消防安全管理工作方案》，进一步加大了火灾隐患排查整治力度，提升了消防安全管理水平。

2021 年，县政协围绕惠民政策落实、民生项目建设、群众所需所盼，通过视察调研、双周协商座谈会等，搜集和反映社情民意信息 300 多条，使营商环境更加优化，城乡基础设施更加完善，商圈、医圈、校圈交通环境明显改善，有力地推动了工作落实，使经济发展更有质量、群众生活更有品质，真正使政协社情民意工作成为了党政与群众的连心桥、好帮手。比如：关于“改善学校路段上下学交通拥堵问题的建议”，县交通局、交警队积极争取政府资金支持，在县城区小学和幼儿园周边建设完成了提示标志、减速震荡带、标线、人行横道等交通安全设施，在一定程度上规范了学校周边交通环境秩序。同时，进一步强化“护学岗”建设，禁止高峰时段货车通行，有效保障了学生的安全出行，促使交通拥堵问题得到极大改善。

2022年，县政协围绕社会广泛关注、群众普遍关心的住房、教育、就业、医疗、营商环境等民生问题，向市政协委员和县政协委员发出224份《致全县政协委员的一封信》和征求意见建议表，同时，通过调研视察、监督评议等形式，了解群众期盼、反映群众诉求、提出意见建议，一年来，共搜集事关群众切身利益的信息200余条，这些信息经县政协办公室整理汇总，以《故城政协》《政协动态》的形式，及时报送给党政领导，使一些群众关心关注的问题得到了很好的解决。比如：关于“居民小区设立充电桩的建议”，经有关部门研究，在部分小区建成并投入使用标准充电桩60余处，其他住宅小区充电桩（棚）建设已纳入计划。

2023年，县政协充分运用全体会议、常委会议、座谈会议、视察调研、民主监督等协商议政活动，广泛搜集社情民意信息。共组织召开全体会议1次、常委会议4次、双周协商座谈会及其他各类协商会议36次，引导委员围绕我县经济社会发展的重大问题、群众关注的热点问题深入开展调研，提交口头发言材料56篇，提出合理化的意见建议160余条。这些意见建议经县政协办公室整理汇总，形成社情民意信息，以《故城政协》《政协动态》的形式，报送给党政领导，促使一批涉及群众日常生活的民生问题得到了及时、有效的解决。比如：关于“培育‘专精特新’企业，推动企业高质量发展的建议”，从精准提供产业政策、高端人才支持等角度提出了意见建议，为推动全县科教产深度融合、工业企业创新发展提供了智力支持。

2024年，县政协围绕“高质量发展、高品质生活、高效能治理”主题，结合“下基层、解难题、办实事”活动，聚焦经济发展、农业农村、县城建设等重点工作，深入基层一线，深入开展调研活动，通过视察调研、走访座谈、协商讨论等方式，广泛搜集社情民意信息，及时提出可行性的意见建议。由县政协主席、副主席或者办公室整理汇总后，及时报送给党政领导，为县委政府科学决策提供了重要依据。比如：关于“优化营商环境的建议”，行政审批局对各项业务办事指南进行了更新，落实帮办代办服务，对重点项目进行提前介入，指导企业准备相关资料，代办员协调跑办，提高了审批效率。

第七章　特色亮点工作

故城政协机关成立以来，坚持在继承中发展、在发展中创新，不断探索政协履职工作新路径、拓宽协商议政新渠道，推动县政协工作不断开创新局面。经过对县政协历届履职工作进行梳理归纳，整理收录了部分具有时代特色、彰显政协作为的履职工作。

第一节 “一季一信”活动

1987年至1989年，县政协围绕故城治理经济环境、整顿经济秩序、全面深化改革，在广大政协委员中开展了“进一言、献一策”的“一季一信”活动。县政协向政协委员发放信纸、信封和邮票，倡导委员们通过书信或提案的形式，积极反映、提供有利于解放生产力、促进故城经济大发展的良策妙计以及群众的意见和要求。比如：1987年，政协委员王树峰在来信中反映了故城在种麦时节，正当农民急需化肥的情况下，仍有少数单位和部门，不顾影响、见利忘义、高价倒卖化肥。县政协将此情况及时向县政府和有关部门进行了反映，引起了县领导的重视，通过采取有效措施，基本上控制了化肥大量外流。1988年秋，根据部分委员来信来访反映，个别乡镇在宣传推行“双田制”和规模承包中有片面性，造成部分农民卖牲畜、卖农具，影响种麦任务的现象，县政协及时向县委、县政府提出了建议。县委、县政府领导召开专门会议，一方面进行正面宣传，另一方面宣布种麦大忙之前不再进行调整土地，从而迅速扭转了不利农业生产的局面，保证了故城种麦任务的顺利完成。

第二节 “双四五”活动

1994年至1999年，县政协在乡镇政协工委主任和政协委员中广泛开展“双四五”活动。要求各工委主任做到：推荐一个人才、引进一个项目、扶持一个企业、搞一份有分量的调查报告，联系五个科技示范户。要求政协委员做到：使全家成为一个村的勤劳致富户，办一件受群众欢迎的实事，培养扶持一个科技示范户，帮助一个贫困户，提出五条合理化建议。

1994年，通过“双四五”活动的开展，共引进推荐人才46名，引进项目9个，扶持企业12个，撰写调查报告32份，全县有84名委员成为勤劳致富户，办了300多件受群众欢迎的实事，帮助18个贫困户，提出合理化建议200余条。如：夏庄乡工委引进独资大户王世君投资800多万元建煤场，青罕镇工委扶持张兰青组建了华北摩擦材料有限公司等。

1996年，通过“双四五”活动的开展，引进项目3个，扶持企业18个，推荐引进人才16名，撰写调查报告28份，提合理化建议480条，联系科技示范户12户，全县有98名政协委员成为勤劳致富的带头人，有86户贫困户脱贫走上了致富路。政协委员92岁高龄的果树专业户王金贞帮助六户果农做管理，使他们脱贫变成富裕户。

1998年，通过“双四五”活动的开展，扶持企业20个，撰写调查报告68份，提合理化建议100多条，有12个贫困户在政协委员的帮助下已经脱贫走上了致富路。70多岁的政协常委、西城橡胶厂厂长苏彬在困难形势下带领全厂80名职工奋力拼搏，取得了好效益。他拿出数万元资金扶贫打井、抗洪救灾、搞城建、支援幼儿园和学校建设，受到社会各界的好评和省、市政协的表彰。

1999年，通过“双四五”活动的开展，扶持企业12个，写调查报告26份，提合理化建议100多条，联系了30多个科技示范户，有许多政协委员成为勤劳致富的带头人，有12个贫困户在政协委员的帮助下已经脱贫走上了致富路。

“双四五”活动的开展，促进了全县政治经济形势的发展，得到了社会各界的好评，受到上级政协的表扬，据不完全统计，共扶持企业60余个，写调查报告160余份，提出合理化建议500余条，联系了40多个科技示范户，有许多政协委员成为勤劳致富的带头人，有200多个贫困户在政协委员的帮助下脱贫致富。我县政协的经验在《衡水日报》《河北日报》《人民政协报》等报纸上相继刊登。

1996年，县政协参加了全国政协在贵州召开的“政协委员为四化建设服务经验交流会”，并在大会上做了典型发言。

第三节　助力抗击“非典”工作

2003年5月，面对突如其来的“非典”疫情，委员们积极响应县委、县政府的号召和要求，坚持把防治“非典”作为一项十分紧迫的政治任务来抓。专门召开主席会议，就政协组织如何配合全县做好“非典”防治工作进行了认真研究，发出《致全县政协委员的一封信》，号召广大政协委员积极行动起来，为防治“非典”献计出力。按照县防治“非典”总指挥部的统一部署，县政协领导班子成员分别深入到防“非典”的第一线进行督察指导。广大政协委员充分表现出了无私无畏的精神。从事卫生医疗工作的委员，在危难时刻挺身而出，自觉站在防治“非典”斗争的最前列，成为战胜疫情的中坚力量；奋战在经济战线的委员，克服“非典”造成的不利因素，努力搞好生产和经营，为促进全县经济发展发挥了积极作用；政协各参加单位、广大政协委员和政协机关工作人员纷纷慷慨解囊，踊跃捐款捐物，积极宣传“非典”预防知识，为维护正常的社会秩序发挥了重要作用。在这场抗击“非典”的斗争中，有6名政协委员受到县以上表彰和奖励。

第四节　“我为农村建设献计出力”活动

2006年，县政协制定出台了《关于号召委员奉献爱心、回馈社会的意见》，在全县政协系统内广泛开展了一次以“我为新农村建设献计出力”为主题的集中活动。全县政协委员积极响应号召，一个月内，自愿捐款8万多元。县政协在全县筛选了9个村，确定为重点帮扶对象，按照新农村建设的要求，推进新农村建设工作。县政协高度重视发挥非公有制企业界委员的作用，积极探索以工促农的路子，鼓励他们在做好经济工作的同时，关注社会发展，在解决就业、促进农民增收、龙头带动上发挥作用。从智力层面给予支持，以“提高农民素质，做新型农民”为主要内容，采取请进来让专家讲课，走出去开拓视野、拓展思路、掌握技能的培训方式，培训了一批懂经营、会管理的农技人才，在全县形成一支农业技术队伍。广大政协委员按照县政协组织的各种建言献策活动安排，在促进政治文明、履行个人职责、促进故城经济社会发展、提供智力方面，都发挥着不可替代的作用，涌现了一批像邢志平、赵新蕾、申坤瑞、苏云桥、王洁华等绩效突出委员。他们在行业发展、解决就业、企业改制、龙头带动、回馈社会等项工作中发挥了良好的影响带动作用。此外，结合“新农村”建设20字要求，故城政协组成专门调研组，深入到建国镇罗马庄做调研，形成的《推进新农村建设，加强空心村治理》调研报告被《衡水经济与信息》刊用。由于故城政协发挥委员主体作用，形式灵活多样、效果明显，走在了全市政协的前列。2006年，市政协让故城代表全市11个县市区，参加了全省在邯郸召开的研讨会，并作了大会发言。

第五节 “双岗建功”活动

2010年，县政协以创先争优活动为契机，在广大政协委员中大力开展“立足本职谋发展，服务大局做贡献”的“双岗建功”和“五个一”活动（即每年每人写一个提案、提一条建议、办一件好事、化解一个矛盾、反映一条项目信息），让广大委员在致力发展，关注民生的实践中，积极主动履行职责，切实支持发展，参与发展。

2012年，县政协把“双岗建功”与“两个环境”建设实现有机结合。认真贯彻落实省、市、县委关于“两个环境”建设的工作要求，通过在全体委员中开展“五个一”（即：献一策，招一商，扶一企，帮一户，践一诺）活动，和在委员企业中开展“比总量、比增幅、比贡献、看亮点、看变化、看后劲”的“三比三看”活动，积极动员和引导广大政协委员在参与发展，服务发展中成为改善环境的排头兵，全民创业的领头雁，以一肩担双责的高度使命感和责任感，在推动全县经济跨越发展的大潮中展现风采，建功立业。

2013年，县政协继续扎实开展“双岗建功”活动，广大政协委员特别是委员企业家，积极响应县政协号召，大力弘扬致富思源、感恩奉献、回馈社会的精神，一直致力于扶贫济困、捐资助教等社会公益活动；县政协领导班子也分别深入到分包村、镇，走访群众，征求意见，解决难题；帮助各分包乡镇理思路、定规划、跑项目，有效地推进了相关工作和重点项目建设。政协各委室积极与各对口部门联系，并与卫生、科技、经济等界别委员开展了送医疗、科技下乡；送温暖、扶贫帮困活动，受到了群众的普遍欢迎。

2014年，广大政协委员积极响应县政协“双岗建功”活动的号召，积极参与扶贫济困、捐资助教等社会公益活动；县政协领导班子成员也分别深入到分包镇村，帮助所联系村铺设油面路、修建村民休闲娱乐广场、安装路灯、净化街道等，使农村面貌有了明显的改善，人民群众的生活质量和环境得到极大的提高；帮助所包企业理思路、定计划、跑项目，有效地推进了企业的建设和发展进程。

第六节 “民主评议”活动

2013年12月，县政协组织开展了“2013年度政协委员民主评议测评活动”，对全县九十多个部门、单位进行了民主评议。在坚持委员临时随机抽取、相关界别委员回避以及现场公开打分、公布评议结果的工作原则下，保证了民主评议工作的公正性、准确性和真实性。为充分发挥政协民主监督职能，促进各部门工作起到积极的推动作用。

2014年底，县政协组织开展了“2014年度政协委员民主评议测评活动”，对全县89个部门、单位分四个组进行了民主评议。在坚持委员临时随机抽取、相关界别委员回避以及现场公开打分、公布评议结果的工作原则下，保证了民主评议工作的公正性、客观性和准确性。为充分发挥政协民主监督职能，对指导部门加强自身建设、改进工作作风，提高为民服务意识和业务水平，优化全县经济发展环境，促进社会各项事业的发展起到了积极的推进作用。

2015年底，县政协组织开展了“2015年度政协委员民主评议测评”活动，对全县88个部门、单位分四个组进行了民主评议。在坚持委员临时随机抽取、相关界别委员回避以及现场公开打分、计分、公布评议结果的工作原则下，保证了民主评议工作的公平、公正。通过民主评议，对指导部门加强自身建设、改进工作作风，提高为民服务意识和业务水平，优化全县经济发展环境起到了积极的推进作用。

第七节 “聚力打赢脱贫攻坚战”活动

2018年积极响应县委、县政府号召，县政协发出了关于“发挥政协委员作用，助力打赢脱贫攻坚战”的倡议书，积极为全县脱贫攻坚汇聚力量。共有22名委员参加了“百企帮百村”活动，通过安排就业、技术培训、爱心捐赠等帮扶措施，投入社会服务资金70万元，提高村集体收入、改善村容村貌。广大政协委员结合自身工作，积极开展下乡义诊、文化义演、教育资助、“一对一”帮扶等活动，助推全县精准扶贫脱贫工作。践行政协委员的责任担当、树立政协组织的良好形象。按照县委统一安排，县政协选派机关精干力量组成工作队，开展驻村帮扶工作，帮助扶贫村理思路、兴产业、谋发展。全体机关干部积极参与“一帮一”活动，了解贫困户情况，制定帮扶措施，落实相应政策，改善家庭环境，提升贫困群众的精神面貌，增强贫困群众的获得感。

2019年，广大政协委员、机关工作人员结合自身实际，积极开展帮扶工作，为打赢扶贫攻坚战作出了积极的贡献。有68名政协委员分别开展了“一对一”结对帮扶工作，有20名经济界政协委员参与了“百企帮百村活动”，提供帮扶资金55.2万元。增加贫困村、贫困群众收入，提高人民群众获得感、幸福感。

第八节 “聚力量、防疫情、促发展”活动

2020年4月至10月，在县委的坚强领导下，按照省、市政协部署要求，县政协发出《致全县政协委员的倡议书》，号召机关党员干部、广大政协委员主动投入疫情防控工作，参与防控一线、助力复工复产，扎实开展了“聚力量、防疫情、促发展”活动，为统筹推进常态化疫情防控和经济社会发展，积极担当作为，凝聚广泛共识。

在聚力量方面，县政协不断加强思想政治引领，召开协商座谈会、专题培训会等6次，组织委员深入学习领会习近平总书记关于统筹推进疫情防控和经济社会发展系列重要讲话精神，以及中央和省市县委决策部署。鼓励和引导政协委员立足本职工作，发挥联系广泛的优势，主动发声、正面发声，做好解疑释惑、理顺情绪、增进共识工作，凝聚起助力常态化疫情防控和助推经济社会发展的强大合力。

在疫情防控方面，广大政协委员带头遵守疫情防控规定，带头落实疫情防控措施，带头献爱心捐款捐物，切实发挥了政协委员的模范带头作用。医药卫生界委员坚守岗位，奋战在抗疫第一线，作出了积极的贡献。按照县委安排，班子成员全部下沉防疫一线，靠前指挥，督导指导工作；机关党员干部带头落实疫情防控要求，昼夜坚守岗位，筑牢小区防线；广大政协委员切实发挥模范带头作用，自觉参与医疗救助、卡点执勤、后勤保障、市场供应、信息宣传、志愿服务、捐款捐物等疫情防控工作，为打赢疫情防控阻击战广泛凝聚共识、凝聚智慧、凝聚力量，彰显了政协的作为和担当。据不完全统计：自疫情防控工作以来，广大政协委员和机关工作人员共向疫情防控一线、慈善机构捐款捐物80余万元。积极参与帮困助弱、环境保护、医疗卫生、复学复课工作，为做好疫情防控贡献力量。政协机关派出精干力量，坚守分包小区防疫阵地，内强防控、外防输入，坚决筑牢小区防线。

在促发展方面，按照县委、县政府的决策部署，县政协向政协委员发出来《履职尽责，担当作为，积极参与全县企业复工复产的倡导书》，广大政协委员积极响应号召，倾力助推复工企业迅速达标达产，推动全产业链的复工复产。孙金良、胡冰、彭昌明等企业界委员在切实做好疫情防控的情况下，发挥岗位优势、担

当作为，克服疫情带来的产业供应链破裂问题，按要求有序恢复了生产，促进产业、市场、经济的良性循环，在履职尽责中做出了模范表率。围绕企业复工复产、达产达效政策措施落实情况和我县企业在复工复产方面存在的困难，开展调查研究，了解情况、发现问题、提出28条可操作性的意见建议，切实为企业送政策、解难题、增信心、促发展。按照省政协工作安排，开展了“互联网+医疗健康”调研工作，向省政协提交调研材料2篇。积极推进我县商、协会建设，围绕总商会和行业协会建设，组织有关部门和行业企业召开座谈会15次，促进了我县总商会的强化提升、行业协会的整建推进。

在这场没有硝烟的战斗中，广大政协委员不做旁观者、不当局外人，积极响应县政协号召，立足本职工作，主动参与到疫情防控工作，从医疗救治、复工复学、社会捐助、保障民生、文化宣传等方面做出积极贡献。

第九节　“五个一”活动

2018年至2019年，县政协为充分发挥委员的主体作用，深入开展“五个一”活动，即：每位委员年内至少提交一件高质量提案，反映一条社情民意信息，参加一次政协组织的调研视察活动，围绕改革发展提一条合理化建议，为群众办一件实事。通过开展活动，不断提高委员们的履职的能力和水平，让广大委员在致力发展，关注民生的实践中，积极主动履行职责，切实支持发展，参与发展。

第十节　双周协商座谈会

2021年10月，县政协创新开展“书记亲自参与、部门及时参与、委员全员参与、群众有序参与”的协商新模式，推动政协协商民主向基层一线延伸，这种协商模式即县政协“双周协商座谈会”。由此，故城政协形成了“党委重视、政府支持、政协主导、群众参与”的民主协商新格局。

双周协商座谈会的含义：以专题为内容，以界别为纽带、以专委会为依托、以座谈为方法，是县委、县政府领导同志和有关部门负责同志与政协委员、相关领域专家学者面对面协商、听取意见建议的会议形式，是政协委员与党政领导和有关部门座谈交流的协商平台，是统一思想、增进共识、建言献策的履职途径。

双周协商座谈会的原则：一是坚持党的领导；二是围绕中心，服务大局；三是协商民主，集思广益，汇集众智，建言献策；四是协调关系，凝聚共识，团结奋进，助推发展。

双周协商座谈会的内容：坚持协商于决策之前和决策实施之中，紧扣县委、县政府关于全县经济建设、政治建设、文化建设、社会建设、生态文明建设方面的决策部署，围绕事关全县经济社会发展的重大问题和涉及群众切身利益的实际问题，选择内容具体、针对性强的议题深入调研，广泛讨论，反映情况，提出建议，协助党和政府解决问题、改进工作。

双周协商座谈会的召开：由县政协办公室统筹协调筹备工作，每次双周协商座谈会召开前，由牵头委室拟定实施方案报主席会议审定。方案主要内容包括座谈会的时间、地点、议题、拟邀请出席人员、议程以及围绕协商开展的调研、视察、考察等前期准备工作安排。方案经主席会议审议通过后形成协商计划，报经县委同意后，由办公室和有关专委会组织落实各项筹备工作。县政协双周协商座谈会原则上两周举行一次。参会人员由各专委会根据协商议题涉及的范围合理确定，委员一般不少于15人。根据议题需要，邀请2—3位专家学者（本届政协委员以外的其他有关方面代表）参加。

2024年6月24日，县委书记王立峰参加县政协双周协商座谈会

双周协商座谈会的制度化建设：2022年7月，中共故城县委印发《关于建立人大“半月谈”、政协“双周协商会”制度的实施意见》（以下简称《实施意见》）见P194附1，把双周协商座谈会以制度的形式确定下来。同月，县政协根据《中国共产党政治协商工作条例》《中国人民政治协商会议章程》的规定，按照中共中央办公厅、省委办公厅、市委办公室关于加强和改进新时代市县政协工作的有关要求和县委《实施意见》的精神，参照《政协全国委员会双周协商座谈会工作规则》，制定了《政协故城县委员会双周协商座谈会工作细则》，以上两个文件的出台，为政协召开双周协商座谈会提供了制度保障，进一步提高县政协民主协商的制度化、规范化、程序化水平。2022年年底，为充分发挥“双周协商座谈会”作用，县政协从政协委员以外的专家学者、离退休老干部、乡贤人士、群众代表中，吸纳120多名代表性强、热心政协工作、善于协商的人才，探索建立政协协商人才信息库，为多方有序参与政协双周协商座谈会储备人才力量。根据全县发展需要，按照行业类别，划分经济发展、城市建设、乡村振兴、医疗教育等16个界别。根据协商议题，邀请人才信息库中相关界别的人员参与协商，使“双周协商座谈会”在“力度、广度、深度、高度”上实现了新的突破。

双周协商座谈会的成果转化及成效，座谈会结束后10个工作日内，政协办公室根据协商座谈会形成的共识，对意见建议进行归纳整理，以专项报告、政协信息、会议纪要等形式，报送县委、县政府领导参阅并送发相关部门办理。

自2021年10月第一次召开县政协双周协商座谈会以来，县政协围绕“高质量发展、高品质生活”主题，根据县委部署安排或社会发展需要或人民群众所盼，适时组织召开不同界别、不同领域、不同规模的双周协商座谈会，大家围绕经济发展、城乡建设、社会保障、教育医疗事业等，从不同层面、不同角度提出了一批有价值、可操作的意见建议，反映了一批人民群众关心、关注的社情民意信息，为党委政府科学决策提供了重要依据。至2024年7月，县政协委员参与率达到100%。

县委书记王立峰和与会政协委员、社会各界代表合影

县委书记王立峰多次亲自参加协商活动，面对面听取与会人员反映的社情民意信息、提出的意见建议，政府主管领导、部门负责人现场与参会人员沟通交流，对当时能办理的当场办理、当时不能办理的限时办结、因政策原因不能办理的说明情况。比如：1. 宣平侠委员、刘章起委员关于解决学生上学、放学期间交通拥堵的问题的建议。县委书记王立峰亲自到现场实地调研学校上学放学交通秩序状况，先后与县城第一小学、第二小学、第三小学、第四小学、太兴小学等走读学校设置固定执勤的“护学岗”，并于郑口中学、职教中心等寄宿制学校建立了联勤机制，学校错时放假、开学，提前通知交警队安排警力疏导放假、开学期间的交通。县财政拿出资金对县城小学和幼儿园周边设施完善了提示标志、减速震荡带等交通安全设施。使学校上学、放学期间的交通拥堵现象得到极大的缓解，受到了接送孩子的家长的好评。2. 彭昌明委员关于部分主次干道交叉道路需要硬化的建议。会后第二天，县委书记冒雨带领有关部门负责人，亲临现场了解实际情况，根据委员建议，住建交通部门现场拿出方案，随后对该路段进行了硬化，受到了周边群众和委员的认可和好评，提高了政协委员参政议政的积极性。3. 关于完善基础设施、提升园区土地利用率、推进镇区融合发展等方面的意见建议。县委、县政府高度重视，投资建成了以岭衡德医院、新建工业污水处理场、垃圾焚烧发电厂等配套设施，随着基础配套设施的不断建设和完善，大大提升了开发区的吸聚力、承载力。大力开展闲置土地清理工作，共盘活闲置土地 1441 亩，盘活闲置车间 28.9 万平方米。由园区管委会代管社区工作，探索“镇区合一”管理新模式，推动开发区能级提升。

通过县政协“双周协商座谈会”这一平台，一大批事关全县发展大局的问题和群众关心关注的热点、难点问题得到及时、有效的解决或完善。县政协的做法得到了市政协领导的充分肯定和高度赞誉，在市政协工作经验交流会上做了典型发言。2022 年 6 月 27 日，市政协主席钮兴辉亲自作出了批示：“故城县建立政协‘双周会’制度，组织委员积极参政议政的做法值得肯定。请建勇同志安排了解掌握进展情况，适时进行总结交流。”2022 年 8 月 12 日，《人民政协报》在头版刊发了“‘中国式商量’的故城样本”一文，对故城政协的创新举措给予了报道。见 P195 附 2，2023 年 11 月，《人民政协报》、人民政协网、河北政协网相继刊发文章：“河北故城县政协在协商‘四度’上实现新突破”，再次对故城政协的创新做法给予报道见 P197 附 3。

附 1：

中共故城县委关于建立人大"半月谈"、政协"双周协商会"制度的实施意见

为深入贯彻落实中共中央关于加强和改进人大工作、政协工作的意见，进一步加强县委对人大工作、政协工作的领导，进一步支持县人大、县政协更好地发挥职能作用，经研究决定，建立人大"半月谈"、政协"双周协商会"制度。

一、指导思想

深入学习贯彻习近平新时代中国特色社会主义思想和习近平总书记关于人大工作、政协工作的系列指示精神，认真落实中共中央《关于新时代坚持和完善人民代表大会制度、加强和改进人大工作的意见》《中共中央关于新时代加强和改进人民政协工作的意见》精神和省委、市委关于人大工作、政协工作的一系列重要部署，进一步畅通社情民意反映和表达渠道，不断凝聚共同谱写"六个故城"新篇章的强大合力。

二、总体要求

（一）围绕中心，服务大局。紧紧围绕中央和省、市、县委重要决策部署，紧紧围绕事关全县的大事要事难事，紧紧围绕重项工作的时间进度，有针对性地组织进行。

（二）立足基层，形式多样。坚持代表、委员来自人民、植根人民的特点和优势，组织代表、委员主要在其工作的单位、居住的社区或者村组开展活动，以灵活多样的形式了解、掌握、反映人民群众的意见和要求，努力做到民有所呼、我有所应。

（三）上下联动，凝心聚力。县人大、县政协要加强与基层人大代表、政协委员的联系，组织人大代表、政协委员做好联系人民群众的工作，积极宣传党和国家的方针政策，积极宣传全县重点工作和发展势头，在全县营造团结实干的良好氛围。

（四）积极组织，扩大范围。开展人大"半月谈"、政协"双周协商会"要广泛邀请各级各界人大代表、政协委员参加，也可视情邀请相关领域专家学者、群众代表列席。

（五）提前谋划，认真研究。人大"半月谈"、政协"双周协商会"召开前要采取专题调研、实地考察等方式，全方位了解相关工作，掌握真实情况，提出意见建议。要突出问题导向，发扬民主议事、求同存异精神，鼓励人大代表、政协委员知无不言、言无不尽，营造既畅所欲言、各抒己见，又理性有度、合法依章的良好氛围，确保会议效果。

三、组织实施

（一）制订计划。每年县委全会和县"两会"召开后，县人大办公室、县政协办公室负责征集汇总"半月谈""双周协商会"议题，分别经县人大党组、县政协党组会议研究通过，形成年度计划，报经县委同意后发文实施。

（二）确定议题。人大"半月谈"、政协"双周协商会"议题要紧紧围绕县委、县政府中心工作，聚焦推动经济社会发展、全面深化改革中的重大问题和群众最为关切的问题。一般每次安排 1 个议题，根据实际工作需要也可以适当调整。议题一经确定，要深入开展调研，做好充分准备。

（三）组织会议。根据年度计划，每次人大"半月谈"、政协"双周协商会"召开前，分别由县人大、县政协拟定会议方案，确定时间、地点、议题、议程、主持人、参加人员、拟邀请出席人员及其他有关事项。会议方案经

县委审批同意后，由县人大办公室、县政协办公室分别牵头组织召开。

（四）成果转化。人大“半月谈”、政协“双周协商会”结束后3个工作日内，将会议成果以参阅件、人大建议报告、政协建议案等形式，报送县委、县政府领导参阅，并送交相关部门办理，推进会议成果落地开花，促进重点工作开展。

附2：《人民政协报》2022年8月12日头版文章

“中国式商量”的故城样本
——河北省衡水市故城县委重视发挥政协协商平台作用记事

“学校门口有一段明水渠，可否改成暗道？如果水走暗道，学校东围栏外可围起大约3亩地，用作学校劳动基地。”7月29日，河北省衡水市故城县政协组织召开双周协商会，作为群众代表、郑口第四小学校长李爱茹提出的问题，马上得到县委书记王立峰回应：“学生加强劳动实践很重要，住建部门去看看，如果可行，抓紧落实。”

此次协商的议题是“凝心聚力推动教育教学高质量发展”，县委书记和县委常委、办公室主任及主管副县长、有关部门负责人，与政协委员、群众代表、专家学者围坐在一起“商量”计策。话题既有校门口交通安全、教师编制管理等具体问题，也有教育资源布局、双减政策落实等全局问题，还有职业教育发展、普惠幼儿园建设等利县利民问题。有问有答，县委书记不时插话交流，记者在现场感受到浓浓的“商量”氛围。

这样的“商量”活动，在故城县已持续一年多，除疫情影响外，其他时间正常进行。“发扬全过程民主，政协作为专门协商机构作用巨大，要充分利用起来。”王立峰说，县委通过政协双周协商平台直接收集民意、汇集民智，敢于听取批评，更利于化解矛盾，更能有效促进发展。在“中国式商量”道路上，故城探索自己行之有效的路径。

跟大家一起“商量”事儿

双周协商是故城县政协打造的协商议政平台，王立峰任县长时就经常对双周协商成果作出批示。“意见建议很有参考价值。”由县长转任县委书记，王立峰想近距离听听委员怎么说，便给自己加了任务——参加县政协双周协商会，跟大家一起“商量”事儿。

“县委书记高度重视政协协商活动，现在都是由县委办通知有关部门来政协开双周协商会，县长对协商成果亲自安排部署、抓好落实”。故城县政协主席史立朝说，县委专门印发实施意见，对建立政协“双周协商会”制度提出明确要求，进一步强化了部门“来政协协商”意识。“年度有经县委批准实施的协商计划，也有临时增加的协商议题。”史立朝介绍，实施意见对会议的组织也提出明确要求，会议方案经过县委审批同意后，县政协组织召开。

“畅通社情民意反映和表达渠道”，是县委实施意见出台的重要目的，强调委员要在其工作单位、居住社区或村组开展活动，了解、掌握、反映人民群众的意见和要求。同时，扩大参与范围，视情况邀请相关领域专家学者、群众代表列席会议。真正听到来自基层的声音，成为双周协商会的主要特点。

县委重视用好政协双周协商平台，县政协出台工作细则，促进这一平台发挥更大作用。“围绕事关全县经济社会发展的重大问题和涉及群众切身利益的实际问题，选择内容具体、针对性强的议题深入调研，提出意见，协助党委政府解决问题、改进工作。”县政协突出问题导向，要求牵头专委会提前组织深入调研，确保建言质量。同时，强调与会人员发言不照本宣科、不照读稿件，直奔主题，讲真话、说实话。

“马上”不只是表明态度

“给我留个电话，散会后我就去现场看看，有什么情况咱们沟通。”与李爱茹反映的问题马上得到回应一样，县政协委员、县特教学校校长李云反映校门口左拐弯问题，立即得到县交警大队负责人回应。

除了会场积极回应，记者与参加过双周协商的委员、群众交流发现，“直通车、短平快”，成为大家形容意见建议转化落实用得最多的词语。

“我们学校是直接受益者。”已连任四届政协委员的郑口第二小学校长宣平侠说，她在一次双周协商会上，反映校门口交通拥堵问题，县委书记当场回应“马上改进”。在宣平侠意识里，“马上”可能是一两个月时间，但令她没想到的是，第二天早晨王立峰就去校门口“摸底”，县长邢亚超带领主管副县长和有关部门负责人也来到现场。很快，交警大队、城管大队和学校分工负责，形成“学校+公安+城管+家长”的“四位一体”学生放学过马路模式。这一模式还被运用到商圈、医圈交通整治中，让城区交通秩序大为改善。

故城县城区人转盘路口有一条200多米的斜支路，坑坑洼洼不好走。彭昌明委员在双周协商会上提出，能不能修一修？县委书记马上拍板，让有关部门落实。彭昌明觉得，“马上”只是县委书记表态。但第二天早晨，他接到电话，说县委书记要去现场看看，请他一起去。走到半路，又接到电话说县委书记临时有事来不了了。彭昌明想“马上”可能就是态度，但没多久，又接到电话，说书记处理完事情已来到现场。彭昌明快速赶过去，听到好多人劝书记别往里面走。为看清现状，王立峰蹚着泥泞走过去。“马上修。”他在现场再次亮明态度。不到一个星期，这段“绊脚路”就变成“顺民路”。

“商量”办事发挥出应有作用

县委书记参加协商，有些委员觉得是个当面反映问题的机会，刚开始，站位不高，强调个人问题、部门利益现象突出。放眼全县发展、推动行业进步、维护大众利益、化解隐患矛盾，县政协引导委员们增强大局意识，提出有针对性、可操作性强的意见建议或具体问题。

“提案、社情民意都是促进问题解决的有效途径，但在双周协商会上意见建议吸纳转化落实更快。”参加过3次双周协商会的胡冰委员说，不论是委员，还是群众代表，都不能只来听会，这促使大家做好调研，说到点子上，提出高质量意见建议。

故城县将营养餐计划推广到城区中小学校。实行一段时间后，郑口中心学校校长郭卫发现，城区孩子吃不了“一盒奶、一个鸡蛋、一块面包”营养餐，有浪费现象，一些家长还担心把孩子吃成小胖墩儿。一次，郭卫作为群众代表把这一问题带到双周协商会上。县委书记当场要求教育部门、学校配合政协开展调研。一周后，政协提交调研报告。从2021年秋季开始，城区中小学生的营养餐减至一袋牛奶，得到家长认可，每年为县财政节约经费700多万元。

围绕加快民生实事工程建设议题，县政协组织委员、专家深入棚户区改造现场、家属院改造现场和学校宿舍楼建设现场调研视察。在双周协商会上，委员们提出的18条意见建议全部被有关部门吸纳。诸如此类，县政协围绕高质量发展、高品质生活主题，就项目建设、优化营商环境、乡村振兴战略实施、城建交通、教育卫生事业发展等进行双周协商，提出意见建议200多条，邢亚超召开调度会、现场推进会20多次，督促协商成果转化落实，推动交通拥堵、车辆乱停、农村污水、师资优化、医共体建设等问题得到解决或完善。

听真话、真解决问题，成为故城县政协双周协商会直接效果体现。现在政协委员、群众代表都愿意到会上与县委书记“商量”事儿。这种民主协商的氛围，促进社会和谐，潜移默化中助力经济社会发展。一年来全县信访案件减少一半、今年上半年经济指标在全市实现领跑、129家企业落地雄安—故城产业生态城，都印证了故城良好的经济社会环境。其中，“商量”办事，发挥出作用。

“书记那么忙，能不能每次都参加?”面对记者质疑，王立峰说：“再忙，两周内总能抽出2个小时听听民声民意。”白天没时间可以晚上开、工作日没时间可以周末开，双周协商在故城县雷打不动。

“书记亲自参与、部门及时参与、委员全员参与、群众有序参与。”在“中国式商量”道路上，故城县找到党委重视、政府支持、政协主导、群众参与的民主协商路径。在这条路径上，“直通车”跑得更快，“连心桥”更加稳固。

附3：《人民政协报》2023年11月7日文章

衡水市故城县政协：在协商“四度”上实现新突破

今年以来，河北省衡水市故城县政协着力创新协商方式、搭建协商平台、健全协商格局，形成党政重视、政协搭台、多方参与的良好格局，在协商“力度、广度、深度、高度”上实现新突破，开创了县政协工作新局面。

故城县委、县政府高度重视政协协商，县乡党政领导参加协商座谈，对协商成果及时作出批示加速转化落实。乡镇部门大力支持政协工作，建成17个委员协商议政室，为政协协商入社区、进乡村搭建了新平台。故城县党政支持政协协商有“力度”，县政协提升协商实效，做好协商“广度、深度、高度”文章。

为推进协商民主广泛多层发展，故城县政协从委员以外的专家学者、离退休老干部、乡贤人士、群众代表中吸纳了120多名代表性强、热心政协工作、善于协商的人才，组建了政协协商人才信息库，并按照行业进行分类。根据协商议题，政协邀请人才库中相关人员参加协商，扩大了协商参与的“广度”。针对大运河故城段文化保护传承利用开展协商时，邀请考古专家、文化遗产保护专家、文史研学专家参加，提出的推进文旅融合发展等意见建议得到有效转化。

在拓展协商“深度”上，故城县政协坚持协商在一线，依托委员协商议政室深入社区、乡村开展履职活动，就事关人民群众切身利益的热点、难点问题与群众深入协商交流。围绕和美乡村建设，邀请“土专家”“田秀才”参与协商活动30多场次，汇聚80多位乡贤力量参与家乡建设，在做好“和”“美”文章，参与乡村治理，推广“五位一体”生产经营模式等方面发挥积极作用。

故城县政协注重提升协商“高度”，确保说得对、说得准、说得及时。县政协组织人才信息库成员开展学习交流活动26次、听取部门汇报12场次、进行视察调研16次，为大家知情出力提供条件，以有效做到“议政议到关键处、建言建到点子上”。“三城同创”是县委、县政府中心工作，县政协组织人才库专家参与专题协商30多次，为提升城市品位、优化人居环境把脉问诊，有效促进了口袋公园建设、街道绿化、水系连通等一批“创城”项目实施。

第十一节　“三读书”活动与会前学史

县政协坚持发扬理论联系实际的学风，坚持问题导向、注重增强实效，不断探索政协委员学习的新方式新方法，创新开展“三读书”活动和“会前学史”，精心组织政协委员和机关干部开展学习活动，进一步深化学习效果、增强学习氛围、提高学习质量，提升委员素质。

"三读书"活动：2022年3月，按照中央和省政协的部署安排和市政协《关于加强和改进全市政协委员学习工作的实施办法》的工作要求，县政协着眼新时代人民政协的新使命，坚持把开展委员读书活动作为政协委员增长知识、增长智慧、增强本领的重要途径，作为政协事业高质量发展的重要举措，经故城县政协十一届三次常委会议协商通过，在全县政协委员中深入开展"三读书"活动。营造"多读书、读好书、善读书"的浓厚氛围，并努力把读书收获转化为履职尽责的过硬本领，积极推动故城政协工作提质增效。**一是**发出《政协故城县委员会关于在全县政协委员中深入开展"三读书"活动的倡议书》，倡导委员"多读书、读好书、善读书"。营造政协委员争做勤奋学习的表率，争当全民阅读的楷模的浓厚氛围。**二是**拓展丰富的读书内容。坚持每年为全体政协委员订购《人民政协报》《乡音》等报刊杂志，做到人手一份。同时，通过县政协微信公众号积极向广大政协委员推送和转发学习篇目。**三是**开展多样的读书活动。在委员中开展荐读活动，把自己读过的和正在读的优秀书刊、优秀作品推荐给广大政协委员和社会公众，取得了共同提高、共同进步的效果。**四是**坚持学以致用，学用结合。积极引导委员坚持把读书活动与学习习近平新时代中国特色社会主义思想结合起来，在读书学习中把稳思想之舵。通过提案、会议发言、社情民意信息等形式，积极反映读书活动中形成的意见建议，全面提升履职能力。三年来，广大政协委员围绕优化营商环境、重点项目建设、城乡融合发展、人居环境改善、疫情防控等方面，提出合理化意见建议65条，反映社情民意信息近百条。同时，积极宣传党的方针政策，宣传法律法规、宣传县委的决策部署，切实把读书的过程变成协商议政、建言献策的过程，变成凝聚共识、汇聚力量的过程。通过读书活动，使广大政协委员提升了业务素养，提高了履职本领，推动了政协工作开创新局面。

会前学史：2022年7月21日，在县政协十一届四次常委会议上，第一次开展"会前学史"。这是县政协首次在常委会上开展的学史活动，既是落实习近平总书记"懂政协、会协商、善议政"总体要求的一项重要举措，是推进党史学习教育常态化的一项重要体现，更是县政协常委、委员提升素质、增长本领的工作需要。

自2022年起，县政协以政协党组会议、常委会议、机关集中学习会为载体，扎实开展"会前学史"，共同学习了人民政协的由来、第一届全体会议的主要任务和内容、人民政协建立时代背景是什么、政协的发展历史等中国共产党的历史和人民政协的历史等。使广大政协委员和机关干部职工进一步坚定理想信念、增强对人民政协历史的了解和认识，提升了政协委员和干部职工的责任意识和大局观念，在学思践悟中提高了素质、增长本领，推动了委员队伍和机关干部队伍建设，为提升县政协工作质量和水平奠定了基础。

第十二节 "政协委员法律宣讲"活动

2023年5月，为深入贯彻落实习近平法治思想，助推法治故城建设，县政协成立了政协委员法律宣讲团，深入开展了"政协委员法律宣讲"活动。

一、加强队伍建设。一是周密安排。县政协高度重视法律宣讲工作，多次召开专题会议进行研究，成立了县政协法律宣讲团，由分管副主席任宣讲团长。二是强化学习。不断提升宣讲团成员的理论水平。通过集中培训、座谈交流，加强新时代普法工作应用性、对策性的研究，及时将学习、研究成果运用到普法宣讲工作中，切实提高了普法工作的能力和水平。三是精心谋划。县政协结合故城实际，坚持一月一主题、月月有活动，根据宣讲主题制订详细计划，确定宣讲人员、宣讲对象、宣讲规模、宣讲内容，确保宣讲取得实实在在的效果。四是强化队伍。在县政协员中，将具有法律职业资格的人员充实到政协法律宣讲队伍中来，为普法工作开展提供坚实的人才基础。目前，故城现有省政协法律宣讲团成员4人，县级20人。

二、提升宣讲质量。一是丰富宣传内容，通过普法活动进乡村、进校园、进社区、进企业等，根据宣传对象，大力宣传民法典、网络安全法等与人民群众生产生活密切相关的法律法规，为实现高质量发展、高品质生活提供坚强有力的法治保障。二是明确宣讲重点，着重以案普法，针对镇、村干部在日常工作中经常遇到的普遍性法律问题开展普法，充分利用典型案例事件向镇、村干部进行法律解读，使案件事件依法解决的过程成为普法宣传的公开课。三是创新宣讲方式。充分利用网络传播速度快，范围广的优势，做好全民普法工作。比如：宣讲团成员、县政协委员李厚禄在抖音、快手、腾讯视频号三个直播间为广大群众普及法律知识及安全常识。一个小时，就有两万多人参加活动，扩大了普法宣传的覆盖面，提高了辖区群众的法治思维和依法办事的水平，增强了广大人民群众的安全意识和避险自护能力。

三、注重宣讲实效。一是提升干部群众依法行政、依法办事的能力。宣讲团成员采取面对面交流、网络直播等多种宣讲方式，通过专业准确的法律条文讲解，多种形态的具体案例，通俗易懂的言语，广泛普及法律知识，确保了大家能够“听得懂、能领悟、会运用”，增强了广大干部群众学法、守法、用法的意识和能力；在宣讲过程中注重对镇、村普法力度，设置了现场提问、讨论等环节，对基层干部在工作中普遍遇到的农村土地纠纷、民间借贷纠纷、赡养老人等问题从法律的角度进行了深入浅出的解答，为干部群众上了实用的法律知识课。截至2024年7月，已对6个乡镇的镇村干部进行了法律宣讲培训，使镇村干部牢固树立了宪法法律至上、法律面前人人平等、权由法定、权依法使等基本法治观念，切实提升了镇、村干部依法执政，善于运用法律解决问题的能力和水平。例如：在我县青罕镇宣讲时，就一村支部书记在工作中遇到的因子女赡养老人问题引发矛盾的案例，宣讲人员从法律的角度给出了专业的解答，使该名村书记清楚了应该怎样去处理这种类型引起的纠纷。二是营造人人懂法、守法、用法的氛围。以宪法为核心的中国特色社会主义法律体系得到深入宣传，社会法制观念得到进一步增强，社会治理法制化得到进一步提高，在全县法治宣传教育工作中作出了政协力量。比如：结合全县普法活动，走上街头、小区、休闲广场等，向人民群众发放法律知识宣传材料。三是助推法治政府建设。围绕推动全县信访法治化建设，依托视察调研、座谈走访等形式，向广大人民群众宣传相关法律法规。比如，在视察我县和美乡村建设活动中，委员利用自身法律知识，积极向村民宣传和美乡村建设的规章制度，增强群众参与乡村治理的积极性、主动性。

自活动开展以来，县政协法律宣讲团围绕《宪法》《民法典》《中华人民共和国残疾人权益保障法》等法律法规以及未成年人防霸凌、防溺水教育深入开展了宣讲活动。通过这一普法活动，基层干部依法办事和依法治理能力进一步提高，群众的法治观念和安全防范意识进一步增强，促进了社会和谐稳定。县政协的宣讲活动得到了河北省政协的充分肯定和认可，并在省政协内刊进行了刊发。2024年6月5日，省政协社会和法制委员会组织部分省政协法律宣讲团成员围绕提升法律宣讲质量来故城进行专题学习调研。

第八章 倡议书

政协委员是政协履职的主体。全面落实县委、县政府部署要求，充分发挥县政协委员的积极作用，是推动县政协提质增效的关键。多年来，县政协聚焦全县“重项工作”，向广大政协委员发出倡议号召，积极鼓励、引导县政协委员参与全县中心工作。广大政协委员积极响应，纷纷立足本职岗位，主动参与全县招商引资、脱贫攻坚等重项工作，在助力全县经济社会发展、民生改善上诠释了责任担当，贡献了政协力量。

第一节 关于动员政协委员为招商引资作贡献的倡议书

（2007 年 7 月 1 日）

各位委员：

2007 年是全县深入实施“工业立县、农业强县、商贸兴县”三大主体战略的第一年，开好头、起好步，夯实实现这一目标的基础至关重要。因此，摆在我们面前的任务艰巨，责任重大，需要我们紧紧围绕“07 跨越、08 加力提速、09 图强奋进、10 赶超晋位、11 翻番领先”的五年奋斗目标，需要政协组织和广大政协委员发挥自身优势，为权力大造“实力故城、活力故城、和谐故城”实现故城经济和社会发展的新跨越作出自己的贡献。为此，特向全体政协委员倡议：

一、认真学习文件，全面了解故城县招商引资优惠政策和奖惩办法。招商引资是加快我县社会经济发展的一项战略性举措，县委、县政府制定的优惠政策和奖惩办法，对更好地促进全县的招商引资工作具有重要意义。我们要带头认真通读有关文件，熟知优惠政策和奖惩办法。

二、宣传优惠政策，做招商引资的义务宣传员。充分利用政协委员熟悉各阶层情况和联系面广的优势，积极做好故城县招商引资政策和奖励办法的宣传工作，详细介绍来故城县投资创业的良好前景，增强客商来故城县投资的信心，参与营造亲商、安商、富商的良好氛围。

三、坚持身体力行，当好招商引资的有心人。要唱响招商引资主旋律，带头招商引资，积极投身到实践“工业立县”主体战略工作中。要主动为招商引资工作牵线搭桥，努力为发展经济多做实事。要争当招商引资的功臣，多为招商引资工作出力，力求为全县的招商引资工作做出实质性贡献。

四、履行委员职责，为实现五年发展战略提供广泛的力量支持。紧紧围绕“工业立县”的主题，团结各界人士，凝聚人心；发挥好政协“人才库、智囊团”的作用，为全县园区建设、招商引资工作、民营经济发展等经济发展中的重点工作积极出谋划策，为招商引资工作提供智力支持。

各位委员，中共故城县委明确了我县五年发展战略的宏伟目标，故城县美好的蓝图已经绘就。让我们在中共故城县委的正确领导下，高扬爱国主义和社会主义两面旗帜，弘扬团结民主两大主题，充分发挥自身主体作用，认真履行自身职能，为促进全县经济和社会发展做出更大的贡献。

第二节　关于"发挥政协委员作用，助力打赢脱贫攻坚战"活动倡议书

（2018 年 5 月）

各位县政协委员：

党的十九大以来，以习近平同志为核心的党中央坚持以人民为中心的发展思想，把脱贫攻坚摆在前所未有的战略高度，推进力度越来越大，措施越来越实，要求越来越严。举全县之力坚决打赢精准脱贫攻坚战，是我县一项重大的政治任务和第一民生工程。当前，我县精准扶贫精准脱贫正处于攻坚拔寨、啃硬骨头的关键阶段，需要全县各界人士勠力同心、上下联动，共同参与打赢这场战役。为积极响应县委、县政府号召，县政协研究决定，开展"发挥政协委员作用，助力打赢脱贫攻坚战"主题实践活动，用真情和实际行动为全县脱贫攻坚汇聚力量。为此，提出如下倡议：

一、增强责任意识，为脱贫攻坚凝心聚力。广大政协委员要深入学习领会习近平总书记扶贫开发战略思想和党中央精神，认真贯彻落实县委决策部署，充分认识打赢精准脱贫攻坚战的重大意义，围绕中心、服务大局、履行职责，切实增强实现脱贫目标的使命感、责任感和紧迫感。要把参与全县脱贫攻坚工作作为履行委员职责、担当社会责任的具体行动，凝心聚力、和衷共济，助力脱贫攻坚工作，确保如期高质量实现精准脱贫。

二、发挥纽带作用，为脱贫攻坚献计出力。广大政协委员要聚焦精准扶贫精准脱贫，充分发挥桥梁纽带作用，深入开展调查研究，采取意见建议、提案、社情民意、调研报告等形式，积极为党委、政府科学决策提供有价值的意见建议。

三、结合自身优势，为脱贫攻坚积极作为。希望企业家委员积极参与全县"百企帮百村"行动，通过发展产业、帮扶企业、安排就业、敬老助学、公益捐助等形式助力脱贫攻坚，帮助贫困群众脱贫增收。广大政协委员围绕贫困村基础设施建设、生产生活条件改善、生态环境保护、发展壮大集体经济和特色产业项目等助力贫困村、贫困户脱贫致富，要通过开展义诊、义教、义演、培训、辅导等形式，为贫困村和贫困群众提供医疗、卫生、文化、教育、科技服务，做好事、办实事、献爱心。

四、弘扬传统美德，为脱贫攻坚添砖加瓦。乐善好施、扶贫济困是中华民族的传统美德。积极参与慈善公益事业是政协委员履行社会责任的具体体现，也是提升政协组织和政协委员社会形象、社会影响力的有效途径。希望广大政协委员积极参与公益慈善、扶贫济困工作，推动解决贫困村和贫困群众看病、上学等难题，改善贫困群众生产生活条件。要将参与慈善公益活动与精准扶贫脱贫紧密结合起来，为全县脱贫攻坚工作行善举、做好事。

各位委员，在打赢脱贫攻坚战行动中，我们要珍惜政协委员的荣誉，切实履行政协委员的责任，勇于担当政协委员的使命，积极参与到"发挥政协委员作用，助力打赢脱贫攻坚战"队伍中来，尽己所能，无私奉献，来彰显政协委员的风采，为我县全面建成小康社会贡献智慧和力量！

第三节 关于做好疫情防控期间，有序推进复工复产工作的倡议书

（2020年2月21日）

全体政协委员：

为助推全县经济社会平稳健康发展，县政协号召广大政协委员：按照县委关于企业复工复产的部署要求，切实做好复工复产的准备工作，尽早恢复正常生产；又要做好复工复产后的疫情防控工作，确保人民生命安全和身体健康；为疫情防控提供充足的物资保障，为稳定经济社会大局提供坚强后盾。

一、提高思想认识

广大政协委员，要认真学习贯彻习近平总书记的重要指示精神，增强“四个意识”、坚定“四个自信”、做到“两个维护”，自觉把思想和行动统一到中央决策部署和省委、市、县委工作要求上来，把人民群众生命安全和身体健康放在第一位，把疫情防控作为当前最重要的政治任务，正确把握疫情防控和经济社会发展的关系，坚持两手抓、两不误，做到“守土有责、守土担责、守土尽责”，以高度的政治自觉、行动自觉，全力以赴做好疫情防控和复工复产工作。

二、发挥表率作用

在做好疫情防控工作的同时，积极做好复工复产工作。广大政协委员，要在做好疫情防控的前提下，充分发挥好在本职工作中的带头作用、政协工作中的主体作用、界别群众中的代表作用，为全县企业复工复产出主意、想办法。经济界委员，要按照县委、县政府的统一安排，积极参与、周密部署，切实做好疫情防控和企业复工复产工作，要严格落实疫情防控和企业复工复产各项措施，建立员工健康状况信息收集、疫情防控宣传、环境卫生消毒清洁等工作机制，努力做到员工排查到位，设施物资到位，内部管理到位。

三、广泛凝聚共识

在这场没有硝烟的战争中，没有局外人、没有旁观者。齐心协力做好疫情防控、促进经济发展，我们责无旁贷、义不容辞。要充分发挥政协委员联系面广、代表性强的优势，切实做好政策宣传，解疑释惑的工作，增强全社会坚决打赢疫情防控阻击战的信心和决心。要积极建言献策，广大委员要通过反映社情民意信息等有效途径，及时反映疫情防控和复工复产中遇到的新情况新问题，建净言、献良策、出实招，全力以赴推进企业稳妥有序复工复产。为打好疫情防控阻击战、推动经济社会平稳健康发展作出积极的贡献。

第四节 关于积极参与“一排双抢”工作的倡议书

（2021年10月9日）

全县广大政协委员：

近日，秋雨连绵不断，突如其来的强对流天气，造成我县内涝，多地农作物受损严重，农民生产生活遭受重大损失。县委、县政府高度重

视，及时做出安排部署，号召全县上下，齐心协力，全力投入到“一排双抢”工作中来，确保今年粮食产量和明年夏播面积。在此，政协故城县委员会倡议，希望全县广大政协委员积极行动起来，为做好“一排双抢”工作贡献智慧和力量。

一是把思想和行动统一到县委、县政府的部署和要求上来，按照县委、县政府安排部署，把“一排双抢”工作作为当前履行职能、建言献策的首要任务，主动参与，积极作为，发挥人民政协人才荟萃、智力密集的优势，广泛凝聚发展共识，围绕“一排双抢”工作建言献策、献计出力。

二是发扬“一方有难、八方支援”精神，通过多种形式，积极开展献爱心、送温暖活动。同时，积极呼吁身边的同事、朋友、亲人和爱心企业，心系困难群众，伸出援手，奉献爱心，贡献自己的一份力量。

三是切实发挥模范表率作用，要立足本职岗位，积极担当作为，深入村庄、农田第一线，帮助村民做好抢收保种工作和农田内涝抢排工作，千方百计，尽最大努力为农民减少损失，使受困难群众尽快恢复正常生产生活秩序，以实际行动展现新时代委员风采，为全县全力做好“一排双抢”工作作出积极的贡献。

第五节　关于积极参与“文明过春节”活动的倡议书

（2022 年 1 月 29 日）

全体政协委员：

县委十四次党代会以来，县委、县政府带领全县人民紧扣“高质量发展、高品质生活”这一主题，坚持以人为本，弘扬民俗文化、倡导文明新风、大力提升人民群众生活品质，聚力谱写文明善治的幸福故城新篇章。文明过春节成为新风尚，平安过大年成为新期盼，勤俭节约的意识不断强化，欢乐祥和的氛围日趋浓厚；拒绝酒驾的观念深入人心，文明交通的理念逐步增强。值此新春佳节到来之际，政协故城县委员会向广大政协委员提出如下倡议：

一要加强防护，做健康过春节的模范。广大政协委员要从自身做起，引导身边群众自觉遵守当前疫情防控各项规定，进入公众场所主动出示“两码”、佩戴口罩、接受体温检测。坚持少聚集、勤洗手、戴口罩、用公筷等科学卫生习惯，阻断疫情传播渠道。少串门、少走动、少聚集，提倡微信、电话、视频互相拜年祝福。

二要移风易俗，做幸福过春节的模范。广大政协委员要积极倡导移风易俗，大力弘扬文明新风，以身作则，带头不购买、不燃放烟花爆竹，同时影响和带动周边人员积极响应倡议，做好禁止燃放烟花爆竹工作。

三要厉行节约，做勤俭过春节的模范。广大政协委员要带头自觉参与“文明餐桌”行动，使用公勺公筷，践行光盘行动，不讲排场、不比阔气，形成新时代文明生活好习惯。不赌博、不酗酒、不参与封建迷信活动，爱护公共设施，谦逊待人，文明送祝福、节俭传真情。

四要拒绝酒驾，做平安过春节的模范。广大政协委员要时刻提醒自己和身边人，自觉遵守交通法规，拒绝酒驾醉驾，牢固树立交通安全意识、法治意识、文明意识。参加活动和聚会时，严格自我约束，提高自控能力，杜绝酒后驾车。及时提醒驾驶人驾车前不要饮酒，不要给驾驶人敬酒、劝酒、逼酒。

五要孝老爱亲，做温馨过春节的模范。广大政协委员要率先垂范，自觉遵守社会公德、恪守职业道德、弘扬家庭美德、提升个人品德，带头积极参与关爱空巢老人、留守儿童、邻里互助、疫情防控等志愿服务活动，多陪伴亲情，多关爱邻里，多送暖心祝福。以实际行动树立和展示政协委员的良好形象。

第六节 关于助力全县疫情防控工作的倡议书

（2022 年 2 月 5 日）

全体县政协委员：

我县疫情发生以来，在县委、县政府的正确领导下，广大干部群众积极奋战在疫情防控第一线，有效遏制了疫情传播扩散。当前，疫情防控工作进入关键阶段，为进一步筑牢疫情防线，确保全县人民身体健康，坚决彻底打赢疫情防控阻击战，现向全体政协委员发出倡议如下：

一、增强政治意识，提高政治站位。广大政协委员要把做好疫情防控工作作为当前一项重要的政治任务，自觉把思想和行动统一到中共中央和省委、市委、县委决策部署上来，在县委、县政府统一领导和安排部署下，积极参加疫情防控工作，做到“守土有责、守土担责、守土尽责”。要把做好疫情防控工作作为拥护“两个确立”、增强“四个意识”、坚定“四个自信”、做到“两个维护”的实际行动和现实检验，强化责任担当和忘我精神，服从领导，听从指挥，发挥优势，有序参与，以高度的政治自觉、行动自觉，全力以赴做好疫情防控工作。

二、发挥政协优势，积极献计出力。广大政协委员要充分发挥联系广泛的优势，在物资筹集、医卫惠民、疫情处置、联防联控、爱心捐助等方面，发出政协声音、凝聚政协智慧、贡献政协力量，努力形成抗击疫情的强大合力，增强全社会战胜疫情的必胜信心。**一要**积极转发官方主流媒体发布的防疫知识和信息，争做传递正能量、弘扬主旋律的“播音员”“宣讲者”。**二要**积极建言献策，围绕全县疫情防控工作积极建诤言、献良策、出实招，为党委、政府提供及时准确的信息参考。**三要**积极履行职责，带头投身疫情防控主战场，闻令而动、向险而行，以实干担当责任、以行动践行初心，主动配合落实各项防控措施，积极筹集募捐防疫器械和各类物资，通过政协组织、本单位部门、行业协会、慈善机构等途径，为医疗战线和广大人民群众提供各种形式的爱心捐助和热心帮助。**四要**通过有效载体和适当渠道，全力做好县委、县政府决策部署的宣传、讲解工作，全力做好解疑释惑、化解矛盾、理顺情绪、增进团结的工作，凝聚起心往一处想、劲往一处使、万众一心抗击疫情的强大正能量。

三、发挥表率作用，履行委员职责。广大政协委员要持续树牢健康第一责任人意识，切实发挥好先锋模范作用，顾全大局，遵守纪律，做好表率。**一要**带头遵守防控要求，落实防控举措，带头并动员亲友坚决做到不走亲访友，不聚餐集会，尽量减少在人员密集场所和密闭空间活动。**二要**主动扛起社会责任，发挥好在本职工作中的带头作用、在政协工作中的主体作用、在界别群众中的代表作用，担当作为，为打赢疫情防控阻击战贡献智慧和力量。**三要**坚持科学防控，坚持科学规范佩戴口罩、勤洗手、常通风等防护措施，接触公共物品后及时消毒。做好个人及家庭成员的健康监测，若出现发热、干咳、乏力、嗅觉减退、味觉减退、鼻塞、流涕、咽痛、结膜炎、肌痛和腹泻等新冠肺炎疑似症状，及时就近到发热门诊或定点医疗机构就诊，并如实告知个人旅居史、接触史和发热史。树立政协委员的良好形象。

当前，是疫情防控的关键时期！让我们坚定团结在以习近平同志为核心的党中央周围，按照县委、县政府的周密部署，立足职能优势，发挥自身作用，坚定信心、众志成城，与全县人民一道，共同打赢这场疫情防控阻击战！

第七节　关于在全县政协委员中深入开展“三读书”活动的倡议书

（2022年3月30日）

全体县政协委员：

最是书香能致远，腹有诗书气自华。为深入贯彻习近平总书记关于加强读书学习的重要论述，响应全国政协开展政协委员读书活动的号召，全面贯彻落实市委关于开展“大学习、大调研、大创新、大提升”活动的要求和市政协七届四次常委会议精神，着眼新时代人民政协的新使命，营造“多读书、读好书、善读书”的浓厚氛围，努力建设“书香政协”。故城县政协决定在全县政协委员中深入开展“三读书”活动，在此倡议如下：

一、开卷有益多读书。“好学不倦，学无止境。”要勤于读书、乐于读书，争做践行习近平总书记读书观的表率，争当带动界别群众参与全民阅读的楷模。要熟读精思、坚持不懈，在读书中增长智慧、陶冶情操、涵养正气，真正把读书当成一种生活态度、一种工作责任、一种精神追求，以政协委员品牌效应助推“书香政协”建设，让读书学习在全县政协系统蔚然成风。

二、勤思深悟读好书。“书不在厚，有味则馨；言不在多，醒世则经。”发挥政协优势，按照自愿和组织相结合、分散与集中相统一、线上与线下相协同的原则，开展读书、荐书、讲书、评书等活动，从经典名著中汲取精华，从圣贤哲思中感悟真理，形成着眼界别、跨越界别，深耕专业、跨越专业的读书学习格局，营造读书悟道、各抒己见，理性有度、合法依章的良好氛围。

三、学以致用善读书。“求知善读，贵耳重目。”要坚持学用贯通、知行合一，把理论的指导，知识的积累转化为观察事物、处理问题的立场、观点、方法，提高议政建言的科学性、正确性、可行性。自觉把读书同实际结合，向履职聚焦，努力把读书的收获转化为做好政协工作的过硬本领、转化为履职尽责的成果，为人民政协更好发挥专门协商机构作用打下坚实基础。

四、在读书中广泛凝聚共识。“吾生也有涯，而知也无涯。”要把讲政治贯彻读书活动全过程，从历史与现实、国内与国外的比较中树牢“四个意识”、坚定“四个自信”，拥护“两个确立”，做到“两个维护”，团结引领广大人民群众坚定不移跟党走；围绕加快建设现代化经济强县、美丽故城精选各方面书籍，不断开阔眼界视野、丰富知识储备、拓展思维方式，面向社会讲好故城故事，宣传政策、解疑释惑、理顺情绪，化解矛盾，为党领导人民有效治理国家厚植政治基础、社会基础。

五、在读书中提升履职能力。“纸上得来终觉浅，绝知此事要躬行。”要坚持学用相长，自觉把“三读书”活动同实际结合，向履职聚焦，做到懂政协、会协商、善议政，守纪律、懂规矩、重品行，紧紧围绕市政协《关于加强和改进全市政协委员学习工作的实施办法》的要求，积极通过提案、大会发言、社情民意信息等形式反映读书学习中形成的重要意见建议，全面提升履职能力，努力使建言资政更加建之有方、言之有理、资之有效。

六、在读书中提高自身素养。“非学无以广才，非志无以成学。”要大力支持政协委员开展“三读书”活动，采取多种形式组织读书学习，积极改善阅读条件。广大政协委员要身体力行、积极参与，通过读书学习提升政治自觉、增强履职本领，把自身打造成思想政治过硬、业务能力突出的知识性人才、学术性人才、专业性人才，当好行业发展的“领头羊”，当好产业发展的“排头兵”，助推我县高质量发展、高品质生活。

修德忘名，读书深心。伟大的思想需要我们领悟，壮阔的事业激励我们奋斗，美好的生活等待我们装扮。愿广大政协委员同心携手，多读书、读好书、善读书，厚植书香底蕴，共建“书香政协”，为加快建设新时代经济强县、美丽故城作出新贡献！

第八节　关于积极参与“疫情风险排查”工作的倡议书

（2022 年 11 月 25 日）

全县政协委员：

为贯彻落实好县委、县政府关于开展疫情风险排查的工作要求，全面阻断新冠疫情传播链条，展现政协委员责任担当，县政协向广大政协委员提出如下倡议：

一、在个人防护上当表率、做榜样。要自觉带头并引导广大群众严守防疫规定，正确佩戴口罩、勤洗手、常通风、按时参加每一轮核酸筛查，文明有序排队，保持 2 米安全距离。严格落实个人防护措施，不扎堆、不聚集、不聚餐，在公共场所保持社交距离，非必要不外出。

二、在宣传群众上当表率、做榜样。通过微信、电话等多种方式，带头宣传疫情防控政策，宣传戴口罩、防聚集等防控知识。坚决做到不信谣、不传谣、不造谣，净化舆论环境，维护好社会公共秩序。

三、在志愿服务上当表率、做榜样。大力弘扬志愿服务精神，以身作则带动身边人参与志愿服务，积极参与核酸检测、防疫宣传、秩序维护、公共场所消毒消杀、关心关爱特殊群体、服务群众生产生活等志愿服务工作。

四、在履职尽责上当表率、做榜样。要立足本职岗位，主动作为、履职尽责。带头做好正面引导、团结鼓劲、提振士气的工作，增强战胜疫情的信念和决心。带头协助做好政策宣传、解疑释惑、理顺情绪、化解矛盾、增进共识的工作，广泛汇聚疫情防控的强大合力。

同舟共济抗疫情，齐心协力促发展。让我们在县委、县政府的坚强领导下，以强烈的责任担当、务实的工作作风，团结一心、众志成城、凝心聚力，为全面做好疫情防控工作贡献政协力量。

第九节　关于助力百日招商工作的倡议书

（2023 年 11 月 3 日）

全县广大政协委员：

近日，县委、县政府为全面贯彻落实“全市百日招商擂台赛”行动，推动我县招商引资工作增比晋位，推动县域经济高质量发展，就全县招商引资工作进行了再动员、再安排。县委有部署，政协见行动，全县广大政协委员使命在肩、责无旁贷，县政协号召全体委员积极投入到招商引资工作中来，发挥优势，主动作为，以高质量的招商引资，推进故城经济高质量发展。为此，县政协倡议：

一、加强宣传引导，当好招商引资的宣传员

广大委员要发挥联系广泛、影响面广的优

势，自觉担负起宣传故城、推介故城的责任，讲好故城故事、展示故城风采，努力营造“全面参与、万众招商”的良好氛围，通过大力宣传推故城县交通区位、资源禀赋、人文底蕴和发展变化，把故城的产业定位、优惠政策、发展潜力宣传出去，让社会各界了解故城、认识故城、关注故城，吸引更多的客商来故城投资兴业、更多的人才融入故城建设发展。

二、勇于担当作为，当好招商引资的战斗员

故城招商引资没有局外人，广大政协委员要立足自身所在行业和人脉关系，围绕聚焦一个重点（以省外优质企业在谈项目签约落地为重点）、围绕两个“中心”（以“3+3”重点产业和行业龙头企业为工作中心）、打好三场“战役”（亲情招商战、以商招商战、央企招引战）的工作重点，挖掘招商引资潜能，积极担当作为，以主人翁的姿态投身招商引资实践，做招商引资的坚定支持者、有力推动者、积极参与者。党政领导干部委员，要把智慧、行动和力量统一到服务招商引资这个中心任务上来，为我县百日招商擂台赛行动凝心聚力、增劲赋能，大力营造人人关心招商、人人支持招商、人人参与招商的良好局面；企业委员要立足自身企业实际，围绕产业链强链补链延链，加强转型升级，加快做大做强，以企引企、以商引商，吸引更多的大项目、好项目在故城落地生根、开花结果。

三、树立全局观念，当好招商引资的服务员

一个委员就是一面旗帜。广大委员要充分发挥旗帜引领作用，树立全局观念、增强服务意识，发扬“店小二”精神，立足本职岗位和能力特长，以亲情、友情、同窗情、师生情、战友情为纽带，主动加强与身边有识之士、故城籍在外成功人士、产业链上下游企业的沟通联系，积极提供招商引资线索、引进优质资源，勇当招商引资的排头兵、急先锋，为故城招商引资工作牵线搭桥、设台铺路，努力打造政协委员善协商、能招商的崭新形象，在经济发展中建功立业，在创新创业中勇当先锋。要把招商引资和项目建设工作作为履行委员职责的重要内容，紧紧围绕县委、县政府工作部署，找准切入点，深入调查研究，广泛听取、梳理人民群众、项目业主对招商引资的呼声期盼，并通过政协提案、社情民意信息等多种途径，为优化提升全县营商环境、增强招商引资工作实效建净言、献良策、出实招，为全县招商引资、项目建设做好服务保障。

“点点星火，汇聚成炬。”招商引资工作关乎全县发展大局，关乎全县人民福祉，意义重大，影响深远。让我们携起手来，在中共故城县委的坚强领导下，以“功成不必在我，功成必定有我”的使命感、责任感，积极投身全县招商引资工作，在推动故城实现“高质量发展、高品质生活”的进程中贡献政协智慧和力量！

第四编

政协会议

政协会议是中国人民政治协商会议召开的各种会议的统称，是政协履行职能和政协委员参政议政的主要形式之一。政协会议主要有：全体会议、常务委员会会议、主席会议等。

根据档案资料和编撰需要，本编收录了三届故城县各界人民代表会议及故城县政协全体会议45次、常委会议96次、主席会议199次。

第一章　各界人民代表会议概况

中国人民政治协商会议故城县委员会，发端于新中国成立之初的故城县各界人民代表会议。

1949年9月21日至30日，中国人民政治协商会议第一届会议在北平（现北京）召开，会议通过了《中国人民政治协商会议共同纲领》（以下简称《共同纲领》）。作为新中国的人民大宪章，《共同纲领》在一个时期内起着临时宪法的作用。《共同纲领》规定：“在普选的地方人民代表大会召开之前，由地方各界人民代表会议逐步地代行人民代表大会的职权。”各界人民代表会议是党和政府联系人民群众和人民参加管理国家政权活动的最基本方式。

1949年12月2日中央人民政府委员会第四次会议通过了《县各界人民代表会议组织通则》，成为召开县级各界人民代表会议的指导性文件。

中共故城县委根据《中国人民政治协商会议共同纲领》《县各界人民代表会议组织通则》有关规定，从1949年12月至故城县第一届人民代表大会第一次会议召开，先后召开过三届各界人民代表会议。

故城县各界人民代表会议代表的组成，具有广泛性和民主性，各阶级各阶层的人士兼而有之，它既是统一战线组织，又代行人民代表大会的职权，进行政权机构中的人士选举，研究决定全县政治、经济、文化、生活中的大事，它具有政权和统战两种性质，委员会行使下列职权：一是协商并提出对县人民政府的建议；二是联系代表，协助政府动员人民推行各种工作；三是负责进行下届各界人民代表会议的准备工作。各界人民代表会议，在故城县各项建设事业中，发挥了重要的作用。

第一节　故城县第一届各界人民代表会议

1949年12月27日至30日，故城县第一届各界人民代表会议在郑口召开，应出席代表200人，实际出席代表188人。会议提出了故城县建设的方针和任务，与会代表积极参政议政，对政府工作、农业生产、财政收支等重大工作进行了热烈讨论。

第二节　故城县第二届各界人民代表会议

1951年3月，故城县第二届各界人民代表会议在郑口召开，出席代表256人。会议选举金曼宇为故城县各界人民代表会议常务委员会主席，王宗周为副主席。

第三节　故城县第三届各界人民代表会议

故城县第三届各界人民代表会议第一次会议，于1952年1月上旬在郑口召开。会议做出《关于故城县人民政府工作报告的决议》《关于开展爱国增产节约运动》《开展反贪污、反浪费、反官僚主义斗争的决议》《关于加强武装建设的决议》《关于进一步认真贯彻婚姻法，坚决保障妇女生命安全的决议》《关于常务委员会工作的决议》《关于进一步贯彻工会法的决议》的决议。

会议选举出故城县各界人民代表会议常委会主席、副主席和委员。

主　席：荆　刚

副主席：王力行　张秉洋

委　员：金曼宇　赵淑英（女）　李忠惠　孙玉峰　李范君　王凡萍（女）　王子千　赵士新（女）　崔润芝　朱福德　王宗周　赵靖域　韩汝镜　赵宝元　于德茂　王世臣　吴奇珍　李永泰　师延勋　马荣林　谢丁昌　王亚东

故城县第三届各界人民代表会议第二次会议，于1952年3月中旬在郑口召开。会议通过了县人民政府防旱、抗旱、春耕生产、救灾工作计划、报告。

故城县第三届各界人民代表会议第三次会议，于1953年11月28日至12月3日在郑口召开。应到代表245人，实到代表155人。会议听取了县委书记彭广峰关于“国家在过渡时期总路线和总任务”的传达报告，任风岭副县长关于“粮食统购统销政策”与“秋粮征购工作”的传达报告，并做出了贯彻落实工作的四项决议。

第二章　政协故城县委员会全体会议概况

全体会议是政协委员履行职能的最高形式，中国人民政治协商会议故城县委员会的全体会议每年至少举行一次。全体会议行使下列职权：（一）选举地方委员会的主席、副主席、秘书长和常务委员，决定常务委员会组成人员的增加或者变更；（二）听取和审议常务委员会的工作报告、提案工作情况报告和其他报告；（三）讨论并通过有关的决议；（四）参与对地方事务的重要问题的讨论，提出建议和批评。自1984年3月第二届委员会第一次全体会议召开以来，共召开全体会议45次。其中：二届委员会召开4次全体会议，三届、四届委员会分别召开3次全体会议；七届委员会召开6次全体会议；五届、六届、八届、九届、十届委员会分别召开5次全体会议；十一届委员会自2021年7月至今，召开4次全体会议。每届第一次全体会议前召开全体委员参加的预备会议，选举第一次全体会议主席团，由主席团主持第一次全体会议。

第一节　政协故城县（吴桥大县）第一届委员会

1958年10月，故城县、景县、吴桥合并为吴桥县。1961年1月24日至25日，中国人民政治协商会议吴桥县第一届委员会第一次会议在桑园召开。应到委员93人，实到委员68人。会议由大会主席团主持。大会执行主席致开幕词，县委书记处书记梁希琴做政治报告；副县长郭宇涵宣读了《中国人民政治协商会议章程》和章程说明；审议通过了县政协《关于组织各界人士学习毛主席著作的意见》；协商了吴桥县第四届人民代表大会主席团提出的出席天津市人民代表大会代表候选人名单；大会选举县委书记处书记梁希琴为政协主席、副县长郭宇涵、刘国梁（故城）、王宗周（故城）和县委宣传部长李宗和为副主席、选举杨秀普、王长生等22人为常务委员、政协常委李福荫兼任政协秘书；审议通过了大会有关决议和报告。同年5月，复置故城县。

第二节 政协故城县第二届委员会（1984.03—1987.03）

第一次全体会议

政协故城县第二届委员会第一次会议于1984年3月4日至7日在郑口召开，成立了县政协机关。协商推荐委员84人，到会79人。与会委员听取了政协故城县第二届委员会第一次全体会议筹备工作情况的报告。本次会议由大会主席团主持。

县政协二届一次会议主席团、秘书长名单

主席团：（按姓氏笔画为序）（23名）

刁殿忠 王金贞 马洪章 尹丕杰 石万山
冯圣宝 田宝庭 任东来 任桂兰 吴炳文
李作虎 佟海青 陈家珍 郑世义 杨希同
樊书营 国秀梅 张文祥 张金海 张德恩
宛玉洲 郭元奎 翟世善

常务主席

田宝庭 国秀梅 石万山 尹丕杰 李作虎

秘书长：吴炳文

大会主要议程：1. 致开幕词；2. 县委书记讲话；3. 大会选举；4. 列席人大会议；5. 审议通过大会决议和报告；6. 县政协领导讲话。

会议期间，学习领会县委书记卢汝泽代表县委所作的讲话；听取政协故城县第二届委员会第一次全体会议筹备工作报告；列席了故城县第七届人民代表大会第五次会议；本次会议采取分别一次举手表决的方式，选举田宝庭为县政协主席，国秀梅（女）、石万山、尹丕杰、李作虎为县政协副主席，选举产生王金贞、冯圣宝等14名常务委员；审议通过了大会有关决议和报告；县政协主席田宝庭在闭幕会上讲话。

县政协二届一次会议提案审查委员会

主任、副主任、委员名单

主　任：石万山

副主任：马洪章 张金海

委　员：（按姓氏笔画排序）

王红波 苏迎波 崔治平
翟世善

第二次全体会议

中国人民政治协商会议故城县第二届委员会第二次全体会议于1984年12月6日至12日在郑口召开，出席委员84人。

大会主要议程：1. 致开幕词；2. 听取并审议县政协常委会工作报告；3. 听取并审议县政协常委会提案工作报告；4. 会议交流发言；5. 列席人大会议；6. 审议通过大会决议和报告；7. 县政协领导讲话。

会议审议通过了政协主席田宝庭代表政协故城县第二届委员会常务委员会所作的工作报告；审议通过了政协副主席石万山代表政协故城县第二届委员会常务委员会所作的关于二届一次全体会议以来提案工作情况的报告；列席了故城县第八届人民代表大会第一次会议；会议赞同政府工作报告及其他报告；审议通过了大会有关决议和报告；县政协副主席国秀梅在闭幕会上讲话。

第三次全体会议

中国人民政治协商会议故城县第二届委员会第三次全体会议于1985年5月11日至13日

在郑口召开，出席委员 85 人。

会议主要议程：1. 传达全国政协六届三次会议精神；2. 县政协作一九八五年工作要点的报告；3. 政协主席讲话；4. 大会选举；5. 列席人大会议。

会议传达了全国政协六届三次会议精神；审议通过了县政协一九八五年工作要点的报告；听取了政协主席田宝庭在全体会议上的讲话；列席了故城县第八届人民代表大会第二次会议；会议增选孟新平为政协故城县第二届委员会常务委员。

第四次全体会议

中国人民政治协商会议故城县第二届委员会第四次全体会议于 1986 年 5 月 14 日至 17 日在郑口召开，出席委员 113 人。

大会主要议程：1. 致开幕词；2. 听取并审议县政协常委会工作报告；3. 听取并审议县政协常委会提案工作报告；4. 列席人大会议；5. 是听取关于台湾形势的报告（录音）；6. 大会选举；7. 审议通过大会决议和报告；8. 县政协副主席讲话。

会议审议通过了政协主席田宝庭代表政协故城县第二届委员会常务委员会所作的工作报告；列席了故城县第八届人民代表大会第三次会议；会议赞同政府工作报告及其他工作报告；增选张洪文为政协故城县第二届委员会常务委员；审议通过了大会有关决议和报告；县政协主席田宝庭在闭幕会上讲话。

第三节　政协故城县第三届委员会（1987.03—1990.03）

第一次全体会议

中国人民政治协商会议故城县第三届委员会第一次全体会议于 1987 年 3 月 22 日至 24 日在郑口召开，出席委员 113 人。与会委员听取了大会主席团常务主席田宝庭所作的政协故城县第三届委员会第一次全体会议筹备工作情况的报告。根据《政协章程》有关规定，本次会议由大会主席团主持。

县政协三届一次会议主席团、秘书长、副秘书长名单

主席团成员：（共有 23 人，按姓氏笔画为序）

刁殿忠　马端榜　马洪章　尹丕杰　王金贞
田宝庭　刘廷香　刘焕章　冯圣宝　任桂兰
牟书选　张德恩　张洪文　张金海　孟新平
杜声亮　陈家珍　陈文岭　宛玉树　郭元奎
姚义珍　梁尔诚　樊书营

主席团常务主席：

田宝庭　马端榜　尹丕杰　张洪文　孟新平

秘书长：张洪文（兼）

大会副秘书长

徐玉胜　赵海生　王兴昌　王金海

大会主要议程：1. 致开幕词；2. 县委领导讲话；3. 听取并审议县政协常委会工作报告；4. 大会选举；5. 审议通过大会决议和报告；6. 列席人大会议；7. 县政协领导讲话。

会议期间，学习领会县委副书记张彦恩代表县委所做的讲话，审议通过了大会主席团常务主席尹丕杰代表政协故城县第二届委员会常务委员会所作的工作报告；列席了故城县第九届人民代表大会第一次会议；会议赞同政府县长尹久成所作的政府工作报告及其他报告；本次会议采取分别一次举手表决的方式，选举马端榜为县政协主席，尹丕杰为县政协副主席，选举产生刁殿忠、王金贞等 21 人为常务委员；审议通过了大会有关决议和报告。县政协主席马端榜在闭幕会上讲话。

第二次全体会议

中国人民政治协商会议故城县第三届委员会第二次全体会议于 1988 年 3 月 24 日至 27 日在郑口召开，出席委员 113 人。

大会主要议程：1. 致开幕词；2. 听取并审

议县政协常委会工作报告；3. 听取并审议县政协一九八八年工作要点；4. 列席人大会议；5. 审议通过大会决议和报告；6. 县政协领导讲话。

会议审议并通过政协主席马端榜代表政协故城县第三届委员会常务委员会所作的工作报告；审议通过了政协故城县委员会一九八八年工作要点的报告；列席了故城县第九届人民代表大会第二次会议；会议赞同政府县长尹久成所作的政府工作报告及其他报告；审议通过了大会有关决议和报告；县政协主席马端榜在闭幕会上讲话。

第三次全体会议

中国人民政治协商会议故城县第三届委员会第三次全体会议于 1989 年 3 月 20 日至 22 日在郑口召开，出席委员 109 人。

大会主要议程：1. 致开幕词；2. 听取并审议县政协常委会工作报告；3. 听取并审议县政协常委会提案工作报告；4. 列席人大会议；5. 审议通过大会决议和报告；6. 政协领导讲话。

会议审议通过了政协主席马端榜代表政协故城县第三届委员会常务委员会所作的工作报告；审议通过了政协副主席陈连生代表政协故城县第三届委员会常务委员会所作的关于三届二次会议以来提案工作情况的报告；列席了故城县第九届人民代表大会第三次会议；会议赞同政府工作报告及其他报告；审议通过了大会有关决议和报告；县政协副主席尹丕杰在闭幕会上讲话。

第四节　政协故城县第四届委员会（1990.03—1993.01）

第一次全体会议

中国人民政治协商会议故城县第四届委员会第一次全体会议于 1990 年 3 月 5 日至 9 日在郑口召开，出席委员 155 名。与会委员首先听取了大会主席团常务主席张彦恩所作的政协故城县第四届委员会第一次全体会议筹备工作情况的报告。本次会议由大会主席团主持。

县政协四届一次会议主席团、秘书长、副秘书长名单

主席团成员：（共有 29 人，按姓氏笔画为序）

刁殿忠　马端榜　尹丕杰　王金贞　王风新
王留旺　冯圣宝　任树生　陈连生　陈文岭
陈家珍　许士奇　刘焕章　牟书选　张彦恩
张洪文　张德恩　张合义　孟新平　宋金兰
杜声亮　宛玉树　周木槐　姚义珍　郭元奎
姜洪顺　秘锡锌　梁尔诚　翟洪昌

主席团常务主席：

马端榜　张彦恩　陈连生　尹丕杰　姚义珍
张洪文　孟新平

秘书长：张洪文（兼）

大会副秘书长：

孟新平　秘锡锌　梁春民　赵海生　王金海

大会主要议程：1. 致开幕词；2. 听取并审议县政协常委会工作报告；3. 听取并审议县政协常委会提案工作报告；4. 县委领导讲话；5. 列席人大会议；6. 大会选举；7. 审议通过大会决议和报告；8. 县政协领导讲话。

会议期间，学习领会县委副书记刘石营代表县委所做的讲话；审议通过了大会主席团常务主席马端榜代表政协故城县第三届委员会常务委员会所作的工作报告；审议通过了大会主席团常务主席陈连生代表政协故城县第三届委员会常务委员会所做的提案工作情况的报告；列席了故城县第十届人民代表大会第一次会议；会议赞同政府县长孙志人所作的政府工作报告以及其他报告；本次会议采取分别一次举手表决的方式，选举马端榜为县政协主席，张彦恩、陈连生、尹丕杰、姚义珍为县政协副主席，张洪文为县政协秘书长，选举刁殿忠、王金贞等 23 人为常务委员；审议通过了大会有关决议和报告；县政协副主席姚义珍在闭幕会上讲话。

县政协四届一次会议提案审查委员会主任、副主任、委员名单

主　任：陈连生

副主任：孟新平

委　员：（按姓氏笔画排序）

马洪章　郭元奎　秘锡锌

第二次全体会议

中国人民政治协商会议故城县第四届委员会第二次全体会议于1991年4月8日至9日在郑口召开。

大会主要议程：1. 致开幕词；2. 县委领导讲话；3. 听取并审议县政协常委会工作报告；4. 听取并审议县政协常委会提案工作报告；5. 审议通过大会决议和报告；6. 县政协领导讲话。

会议期间，学习领会县委副书记刘石营代表县委所做的讲话；审议通过了政协主席马端榜代表政协故城县第四届委员会常务委员会所作的工作报告；审议通过了政协副主席陈连生代表政协故城县第四届委员会常务委员会所作的关于四届一次全体会议以来提案工作情况的报告；会议赞同县政府工作报告以及其他报告；审议通过了大会有关决议和报告；县政协副主席姚义珍在闭幕会上讲话。

第三次全体会议

中国人民政治协商会议故城县第四届委员会第三次全体会议于1992年3月24日至26日在郑口召开，出席委员153人。

大会主要议程：1. 致开幕词；2. 县委领导讲话；3. 听取并审议县政协常委会工作报告；4. 听取并审议县政协常委会提案工作报告；5. 列席人大会议；6. 审议通过大会决议和报告；7. 县政协领导讲话。

会议期间，学习领会县委副书记刘石营代表县委所做的讲话；审议通过了政协主席马端榜代表政协故城县第四届委员会常务委员会所作的工作报告；审议通过了政协副主席陈连生代表政协故城县第四届委员会常务委员会所作的关于四届二次全体会议以来提案工作情况的报告；列席故城县第十届人民代表大会第三次会议；会议赞同县政府工作报告及其他报告；审议通过了大会有关决议和报告；县政协副主席姚义珍在闭幕会上讲话。

第五节　政协故城县第五届委员会（1993.01—1998.02）

第一次全体会议

中国人民政治协商会议故城县第五届委员会第一次全体会议于1993年1月10日至13日在郑口召开，与会委员首先听取了政协故城县第五届委员会第一次全体会议筹备工作情况的报告。本次会议由大会主席团主持。

县政协五届一次会议主席团、秘书长名单

主席团成员：（29人）

刁殿忠　马端榜　王增义　王留旺　王风新
申文清　刘玉聪　田登书　任树生　李立廷
徐乃起　牟英俊　牟文仲　毕瑞田　陈连生
孟新平　杜希武　杜声亮　张彦恩　张洪文
张汉泽　邵其臣　杨希同　姚义珍　秘锡锌
贾桐绪　高志文　黄风忠　翟洪昌

常务主席：

马端榜　张彦恩　王增义　黄风忠　陈连生
姚义珍　张洪文　孟新平

秘书长：张洪文（兼）

大会副秘书长：秘锡锌　王金海　梁春民
赵海生　于传贞

大会主要议程：1. 致开幕词；2. 县委领导讲话；3. 听取并审议县政协常委会工作报告；4. 听取并审议县政协常委会提案工作报告；5. 大会选举；6. 审议通过大会决议和报告；

7. 列席人大会议；8. 县政协领导讲话。

会议期间，学习领会县委副书记刘石营代表县委所做的讲话；审议通过了大会主席团常务主席张彦恩代表政协故城县第四届委员会常务委员会所作的工作报告；审议通过了大会主席团常务主席陈连生代表政协故城县第四届委员会常务委员会所作的提案工作情况的报告；会议赞同政府工作报告及其他报告；本次会议采取分别一次举手表决的方式，选举张彦恩为县政协主席，王增义、姚义珍、黄凤忠为县政协副主席，张洪文为政协秘书长，选举产生刁殿忠、王留旺等24人为常务委员；审议通过了大会有关决议和报告；县政协副主席王增义在闭幕会上讲话。

县政协五届一次会议提案审查委员会

主任、副主任、委员名单

主　任：陈连生

副主任：孟新平

委　员：（按姓氏笔画排序）

马洪章　张德恩　秘锡锌

第二次全体会议

中国人民政治协商会议故城县第五届委员会第二次全体会议于1994年3月15日至17日在郑口召开。

大会主要议程：1. 致开幕词；2. 县委领导讲话；3. 听取并审议县政协常委会工作报告；4. 听取并审议县政协常委会提案工作报告；5. 列席人大会议；6. 大会选举；7. 审议通过大会决议和报告；8. 县政协领导讲话。

会议期间，学习领会县委副书记刘石营代表县委所做的讲话；审议通过了政协主席张彦恩代表政协故城县第五届委员会常务委员会所作的工作报告；审议通过了政协副主席黄凤忠代表政协故城县第五届委员会常务委员会所作的关于五届一次会议以来提案工作情况的报告；列席了故城县第十一届人民代表大会第二次会议；会议赞同政府县长徐殿仓所作的政府工作报告和其他报告；会议补选梁春民、邓志英为政协故城县第五届委员会常务委员，增补陈同法、姜立香等12人为政协故城县第五届委员会委员；审议通过了大会有关决议和报告。

第三次全体会议

中国人民政治协商会议故城县第五届委员会第三次全体会议于1995年3月20日至22日在郑口召开。

大会主要议程：1. 致开幕词；2. 县委领导讲话；3. 听取并审议县政协常委会工作报告；4. 听取并审议县政协常委会提案工作报告；5. 列席人大会议；6. 大会选举；7. 审议通过大会决议和报告；8. 县政协领导讲话。

会议期间，学习领会县委副书记刘石营代表县委所做的重要讲话；审议通过了政协主席张彦恩代表政协故城县第五届委员会常务委员会所作的工作报告；审议通过了政协副主席黄凤忠代表政协故城县第五届委员会常务委员会所作的关于五届二次会议以来提案工作情况的报告；列席了故城县第十一届人民代表大会第三次会议；会议赞同政府县长石金义所作的政府工作报告和其他报告；增选李金栋为政协故城县第五届委员会常务委员；审议通过了大会有关决议和报告；县政协副主席王增义在闭幕会上讲话。

第四次全体会议

（因原始档案资料遗失，故将本次全会基本情况作简要说明）

中国人民政治协商会议故城县第五届委员会第四次全体会议于1996年1月22日至24日在郑口召开。会议听取并讨论了县委副书记刘石营代表县委所做的重要讲话；审议通过了政协主席张彦恩代表政协故城县第五届委员会常务委员会所作的工作报告；审议通过了县政协五届三次全会以来提案工作情况的报告；列席了故城县第十一届人民代表大会第四次会议。

第五次全体会议

中国人民政治协商会议故城县第五届委员

会第五次全体会议于1997年3月24日至26日在郑口召开。

大会主要议程：1. 致开幕词；2. 县委领导讲话；3. 听取并审议县政协常委会工作报告；4. 听取并审议县政协常委会提案工作报告；5. 列席人大会议；6. 大会选举；7. 审议通过大会决议和报告；8. 县政协领导讲话。

会议期间，学习领会县委书记徐殿仓代表县委所做的讲话；审议通过了政协主席张彦恩代表政协故城县第五届委员会常务委员会所作的工作报告；审议通过了政协副主席黄凤忠代表政协故城县第五届委员会常务委员会所做的关于五届四次会议以来提案工作情况的报告；列席了故城县第十一届人民代表大会第六次会议；会议赞同政府县长石金义所作的政府工作报告和会议期间其他报告；增选徐乃起为政协故城县第五届委员会副主席；审议通过了大会有关决议和报告。

第六节 政协故城县第六届委员会（1998.02—2003.04）

第一次全体会议

中国人民政治协商会议故城县第六届委员会第一次全体会议于1998年2月15日至17日在郑口召开，与会委员首先听取了大会主席团常务主席王增义所作的政协故城县第六届委员会第一次全体会议筹备工作情况的报告。本次会议由大会主席团主持。

县政协六届一次会议主席团、秘书长名单

主席团：（28人）

马瑞军　王彦荣　王留旺　王增义　申文清
田登书　刘　明　牟英俊　任树生　毕瑞田
李庆云　苏　彬　张长树　张汉泽　张彦秀
张彦恩　张洪文　张德恩　杜希武　邵其臣
陈殿林　郝华军　徐乃起　夏建民　黄凤忠
梁春民　翟占禹　翟洪昌

常务主席：

张彦恩　王增义　李庆云　黄凤忠　徐乃起
张彦秀　张德恩　翟占禹　梁春民

秘书长：梁春民（兼）

大会主要议程：1. 致开幕词；2. 县委书记讲话；3. 听取并审议县政协常委会工作报告；4. 听取并审议县政协常委会提案工作报告；5. 列席人大会议；6. 大会选举；7. 审议通过大会决议和报告；8. 县政协领导讲话。

会议期间，学习领会县委书记郭金强代表县委所作的讲话；审议通过了政协故城县第五届委员会主席张彦恩代表政协故城县第五届委员会常务委员会所作的工作报告；审议通过了大会主席团常务主席黄凤忠代表政协故城县第五届委员会常务委员会所作的提案工作情况的报告；列席了故城县第十二届人民代表大会第一次会议；会议赞同政府代县长王辉所作的政府工作报告和会议期间其他报告；本次会议采取分别一次举手表决的方式，选举张彦恩为县政协主席，李庆云、黄凤忠、徐乃起、张彦秀、张德恩、翟占禹为县政协副主席，梁春民为县政协秘书长，选举马瑞军、王风新等31人为常务委员；审议通过了大会有关决议和报告；县政协副主席张彦秀在闭幕会上讲话。

县政协六届一次会议提案审查委员会

主任、副主任、委员名单

主　任：翟占禹
副主任：梁春民
委　员：张洪文　任树生　段志诚

第二次全体会议

中国人民政治协商会议故城县第六届委员会第二次全体会议于1999年3月3日至4日在郑口召开。

大会主要议程：1. 致开幕词；2. 县委领导讲话；3. 听取并审议县政协常委会工作报告；

4. 听取并审议县政协常委会提案工作报告；5. 列席人大会议；6. 大会选举；7. 大会发言；8. 审议通过大会决议和报告；9. 县政协领导讲话。

会议期间，学习领会县委书记郭金强代表县委所作的讲话；审议通过了政协主席张彦恩代表政协故城县第六届委员会常务委员会所作的工作报告；审议通过了政协副主席翟占禹代表政协故城县第六届委员会常务委员会所作的关于六届一次全体会议以来提案工作情况的报告；列席了故城县第十二届人民代表大会第二次会议；会议赞同政府县长王辉所作的政府工作报告和会议期间其他报告；增选于树海、王汉贵、张殿森、高凤芝、柴振怀、于锡钧、岳洪军为政协故城县第六届委员会常务委员；审议通过了大会有关决议和报告；县政协副主席徐乃起在闭幕会上讲话。

第三次全体会议

中国人民政治协商会议故城县第六届委员会第三次全体会议于 2000 年 2 月 21 日至 22 日在郑口召开。

大会主要议程：1. 致开幕词；2. 县委领导讲话；3. 听取并审议县政协常委会工作报告；4. 听取并审议县政协常委会提案工作报告；5. 列席人大会议；6. 大会选举；7. 大会发言；8. 审议通过大会决议和报告；9. 县政协领导讲话。

会议期间，学习领会县委书记何同恩代表县委所作的讲话；审议通过了政协主席张彦恩代表政协故城县第六届委员会常务委员会所作的工作报告；审议通过了政协副主席翟占禹代表政协故城县第六届委员会常务委员会所作的关于六届二次全体会议以来提案工作情况的报告；列席了故城县第十二届人民代表大会第三次会议；会议赞同政府县长王辉所作的政府工作报告和会议期间其他报告；增选田登书为政协故城县第六届委员会副主席，增选赵立新、胡立明、李庆柱、崔彦忠、吴东明为政协故城县第六届委员会常务委员，徐乃起不再担任副主席职务；审议通过了大会有关决议和报告；县政协副主席李庆云在闭幕会上讲话。

第四次全体会议

中国人民政治协商会议故城县第六届委员会第四次全体会议于 2001 年 2 月 8 日至 9 日在郑口召开。

大会主要议程：1. 致开幕词；2. 县委领导讲话；3. 听取并审议县政协常委会工作报告；4. 听取并审议县政协常委会提案工作报告；5. 列席人大会议；6. 大会选举；7. 大会发言；8. 审议通过大会决议和报告；9. 县政协领导讲话。

会议期间，学习领会县委书记何同恩代表县委所作的讲话；审议通过了政协副主席李庆云代表政协故城县第六届委员会常务委员会所作的工作报告；审议通过了政协副主席翟占禹代表政协故城县第六届委员会常务委员会所作的关于六届三次全体会议以来提案工作情况的报告；列席了故城县第十二届人民代表大会第四次会议；会议赞同政府县长王辉所作的政府工作报告和会议期间其他报告；会议增选赵瑞昌、李乃玺、牟世芳、张洪德、范兴明、李景越为政协故城县第六届委员会常务委员；审议通过了大会有关决议和报告；县政协主席张彦恩在闭幕会上讲话。

第五次全体会议

中国人民政治协商会议故城县第六届委员会第五次全体会议于 2002 年 3 月 18 日至 20 日在郑口召开。

大会主要议程：1. 致开幕词；2. 县委领导讲话；3. 听取并审议县政协常委会工作报告；4. 听取并审议县政协常委会提案工作报告；5. 列席人大会议；6. 大会选举；7. 大会发言；8. 审议通过大会决议和报告；9. 县政协领导讲话。

会议期间，学习领会县委书记何同恩代表

县委所作的讲话；审议通过了县政协副主席翟占禹代表政协故城县第六届委员会常务委员会所作的工作报告；审议通过了县政协副主席张德恩代表政协故城县第六届委员会常务委员会所作的关于六届四次全体会议以来提案工作情况的报告；列席了故城县第十二届人民代表大会第五次会议；会议赞同政府县长王辉所作的政府工作报告和会议期间其他报告；会议增选夏建民为政协故城县第六届委员会副主席。增选马兰池、李秋旺、韩德荣、邢兰春、任玉芳、米学文、苏金涛、陈海福、王淑芳、王洪新、赵立华为政协故城县第六届委员会常务委员；审议通过了大会有关决议和报告；县政协主席张彦恩在闭幕会上讲话。

第七节 政协故城县第七届委员会（2003.04—2007.06）

第一次全体会议

中国人民政治协商会议故城县第七届委员会第一次全体会议于2003年4月25日至28日在郑口召开，与会委员首先听取了大会主席团常务主席黄凤忠所作的政协故城县第七届委员会第一次全体会议筹备工作情况的报告。本次会议由大会主席团主持。

县政协七届一次会议主席团、秘书长名单

主席团：（28人，按姓氏笔画为序）

于锡钧　王洁华（女）　田登书（女）
任玉芳　邢志平　米学文　孙胜林　李庆云
李凤阁　苏建华　张彦恩　张彦秀　张德恩
张殿森　张来玉　金林强　岳洪军
杨献杰（女）　郭居娥（女）　夏建民
高凤芝（女）　徐乃旺　徐占华　袁振学
黄凤忠　梁春民　翟占禹　翟凤祥

常务主席：

郭居娥　翟占禹　田登书　夏建民　梁春民

秘书长：梁春民（兼）

大会主要议程：1. 致开幕词；2. 县委领导讲话；3. 听取并审议县政协常委会工作报告；4. 听取并审议县政协常委会提案工作报告；5. 列席人大会议；6. 大会选举；7. 审议通过大会决议和报告；8. 县政协领导讲话。

会议期间，学习领会县委副书记宋英璞代表县委所作的讲话；审议通过了大会主席团常务主席翟占禹代表政协故城县第六届委员会常务委员会所作的工作报告；审议通过了大会主席团常务主席田登书代表政协故城县第六届委员会常务委员会所作的提案工作情况的报告；列席了故城县第十三届人民代表大会一次会议；会议赞同政府代县长李哲民所作的政府工作报告和会议期间其他报告；本次会议采取分别一次举手表决的方式，选举郭居娥为县政协主席，翟占禹、田登书、夏建民为县政协副主席，梁春民为县政协秘书长，选举于锡军、王彦荣等45人为常务委员；审议通过了大会有关决议和报告；县政协主席郭居娥在闭幕会上讲话。

县政协七届一次会议提案审查委员会

主任、副主任、委员名单

主　任：翟占禹（兼）
副主任：袁振学　于锡钧
委　员：段志诚　吕淑芬

第二次全体会议

中国人民政治协商会议故城县第七届委员会第二次全体会议于2004年2月16日至18日在郑口召开。

大会主要议程：1. 致开幕词；2. 县委领导讲话；3. 听取并审议县政协常委会工作报告；4. 听取并审议县政协常委会提案工作报告；5. 列席人大会议；6. 大会发言；7. 审议通过大会决议和报告；8. 县政协领导讲话。

会议期间，学习领会县委副书记宋英璞代

表县委所做的讲话；审议通过了政协主席郭居娥代表政协故城县第七届委员会常务委员会所作的工作报告；审议通过了政协副主席田登书代表政协故城县第七届委员会常务委员会所作的关于七届一次全体会议以来提案工作情况的报告；列席了故城县第十三届人民代表大会第二次会议；会议赞同政府县长李哲民所作的政府工作报告及其他报告；审议通过了大会有关决议和报告；县政协副主席翟占禹在闭幕会上讲话。

第三次全体会议

中国人民政治协商会议故城县第七届委员会第三次全体会议于2005年2月26日至28日在郑口召开。

大会主要议程：1. 致开幕词；2. 县委领导讲话；3. 听取并审议县政协常委会工作报告；4. 听取并审议县政协常委会提案工作报告；5. 列席人大会议；6. 大会发言；7. 审议通过大会决议和报告；8. 县政协领导讲话。

会议期间，学习领会县委副书记宋英璞代表县委所做的讲话；审议通过了政协主席郭居娥代表政协故城县第七届委员会常务委员会所作的工作报告；审议通过了政协副主席夏建民代表政协故城县第七届委员会常务委员会所作的关于七届二次全体会议以来提案工作情况的报告；列席了故城县第十三届人民代表大会第三次会议；会议赞同政府县长李哲民所作的政府工作报告及其他报告；审议通过了大会有关决议和报告；县政协副主席翟占禹在闭幕会上讲话。

第四次全体会议

中国人民政治协商会议故城县第七届委员会第四次全体会议于2005年4月25日在郑口召开，会期半天。

大会主要议程：1. 宣读政协故城县第七届委员会第十次常委会决议；2. 介绍史立朝同志简介；3. 表决通过政协七届四次全会《选举办法》；4. 大会选举；5. 县政协领导讲话。

会议期间，增选史立朝为政协七届委员会副主席，县政协主席郭居娥做讲话。

第五次全体会议

中国人民政治协商会议故城县第七届委员会第五次全体会议于2006年4月8日至10日在郑口召开。

大会主要议程：1. 致开幕词；2. 县委领导讲话；3. 听取并审议县政协常委会工作报告；4. 听取并审议县政协常委会提案工作报告；5. 列席人大会议；6. 大会发言；7. 审议通过大会决议和报告；8. 县政协领导讲话。

会议期间，学习领会县委常委、组织部长赵洪毅代表县委所做的讲话；审议通过了政协主席郭居娥代表政协故城县第七届委员会常务委员会所作的工作报告；审议通过了政协副主席田登书代表政协故城县第七届委员会常务委员会所作的关于七届三次全体会议以来提案工作情况的报告；列席了故城县第十三届人民代表大会第四次会议；会议赞同政府县长李哲民所作的政府工作报告及其他报告；审议通过了大会有关决议和报告；县政协副主席翟占禹在闭幕会上讲话。

第六次全体会议

中国人民政治协商会议故城县第七届委员会第六次全体会议于2006年7月5日在郑口召开，会期半天。

大会主要议程：1. 宣读政协故城县第七届委员会第十五次常委会决议；2. 介绍秦立堂同志简介；3. 表决通过政协七届六次全会《选举办法》；4. 大会选举；5. 县政协领导讲话。

会议期间，增选秦立堂为政协故城县第七届委员会副主席，县政协主席郭居娥做讲话。

第八节 政协故城县第八届委员会（2007.06—2012.01）

第一次全体会议

中国人民政治协商会议故城县第八届委员会第一次全体会议于2007年5月30日至6月1日在郑口召开。与会委员首先听取了县政协七届委员会副主席秦立堂所作的政协故城县第八届委员会第一次全体会议筹备工作情况的报告。本次会议由大会主席团主持。

县政协八届一次会议主席团、秘书长名单

主席团：（26人，按姓氏笔画为序）
于锡钧　冯希恩　冯振东　卢宏达　田登书（女）
刘建军　刘洪明　孙广军　张洪德　张海英
李善群　李景越　苏建华　苏敦合　陈　萍（女）
周德全　庞俊芳（女）　范兴明　金林强
赵光宇　崔守逊　扈振国　焦桂云（女）　韩文礼
韩爱军　翟占禹

主席团常务主席：
张海英　田登书　周德全　冯振东　李善群

秘书长：李善群（兼）

大会主要议程：1. 致开幕词；2. 县委领导讲话；3. 听取并审议县政协常委会工作报告；4. 听取并审议县政协常委会提案工作报告；5. 列席人大会议；6. 大会选举；7. 审议通过大会决议和报告；8. 县政协领导讲话。

会议期间，学习领会县委副书记李增军代表县委所作的讲话；审议通过了政协故城县第七届委员会主席郭居娥代表政协故城县第七届委员会常务委员会所作的工作报告；审议通过了大会主席团常务主席田登书代表政协故城县第七届委员会常务委员会所作的提案工作情况的报告；列席了故城县第十四届人民代表大会第一次会议；会议赞同政府代县长陈登泉所作的政府工作报告和会议期间其他报告；本次会议采取分别一次举手表决的方式，选举张海英为县政协主席，田登书、周德全、冯振东、李善群为县政协副主席，选举于锡钧、王吉群等38人为常务委员；审议通过了大会有关决议和报告；县政协主席张海英在闭幕会上讲话。

县政协八届一次会议提案审查委员会

主任、副主任、委员名单

主　任：田登书
副主任：于锡钧　韩文礼　白振中
委　员：段志诚　常桂祥

第二次全体会议

中国人民政治协商会议故城县第八届委员会第二次全体会议于2008年2月21日至23日在郑口召开。

大会主要议程：1. 致开幕词；2. 县委领导讲话；3. 听取并审议县政协常委会工作报告；4. 听取并审议县政协常委会提案工作报告；5. 列席人大会议；6. 大会选举；7. 大会发言；8. 审议通过大会决议和报告；9. 县政协领导讲话。

会议期间，学习领会县委常委、组织部长尹占民代表县委所做的讲话；审议通过了政协主席张海英代表政协故城县第八届委员会常务委员会所作的工作报告；审议通过了政协副主席田登书代表政协故城县第八届委员会常务委员会所作的关于八届一次全体会议以来提案工作情况的报告；列席了故城县第十四届人民代表大会第二次会议；会议赞同政府县长陈登泉所作的政府工作报告和会议期间其他报告；增选杨洪霞、张立江、刘伟为政协故城县第八届委员会常务委员；审议通过了大会有关决议和报告；县政协主席张海英在闭幕会上讲话。

第三次全体会议

中国人民政治协商会议故城县第八届委员

会第三次全体会议于2009年2月10日至12日在郑口召开。

大会主要议程：1. 致开幕词；2. 县委领导讲话；3. 听取并审议县政协常委会工作报告；4. 听取并审议县政协常委会提案工作报告；5. 列席人大会议；6. 大会发言；7. 审议通过大会决议和报告；8. 县政协领导讲话。

会议期间，学习领会了县委常委、组织部长尹占民代表县委所做的讲话；审议通过了政协主席张海英代表政协故城县第八届委员会常务委员会所作的工作报告；审议通过了政协副主席田登书代表政协故城县第八届委员会常务委员会所作的关于八届二次全体会议以来提案工作情况的报告；列席了故城县第十四届人民代表大会第三次会议；会议赞同政府县长陈登泉所作的政府工作报告和会议期间其他报告；免去刘洪明常务委员职务，撤销委员资格；审议通过了大会有关决议和报告；县政协主席张海英在闭幕会上讲话。

第四次全体会议

中国人民政治协商会议故城县第八届委员会第四次全体会议于2010年3月2日至4日在郑口召开。

大会主要议程：1. 致开幕词；2. 县委领导讲话；3. 听取并审议县政协常委会工作报告；4. 听取并审议县常委会提案工作报告；5. 列席人大会议；6. 大会选举；7. 大会发言；8. 审议通过大会决议和报告；9. 县政协领导讲话。

会议期间学习领会县委常委、组织部长尹占民代表县委所做的讲话；审议通过了政协主席张海英代表政协故城县第八届委员会常务委员会所作的工作报告；审议通过了政协副主席田登书代表政协故城县第八届委员会常务委员会所作的关于八届三次全体会议以来提案工作情况的报告；列席了故城县第十四届人民代表大会第四次会议；会议赞同政府县长陈登泉所作的政府工作报告和会议期间其他报告；增选苏敦合为政协故城县第八届委员会秘书长，免去王吉群、苏建华常务委员职务，撤销委员资格；审议通过了大会有关决议和报告；县政协主席张海英在闭幕会上讲话。

第五次全体会议

中国人民政治协商会议故城县第八届委员会第五次全体会议于2011年2月19日至21日在郑口召开。

会议主要议程：1. 致开幕词；2. 县委领导讲话；3. 听取并审议县政协常委会工作报告；4. 听取并审议县政协常委会提案工作报告；5. 列席人大会议；6. 大会选举；7. 审议通过大会决议和报告；8. 县政协领导讲话。

会议期间，学习领会县委常委、组织部长尹占民代表县委所做的讲话；审议通过了政协主席张海英代表政协故城县第八届委员会常务委员会所作的工作报告；审议通过了政协副主席田登书代表政协故城县第八届委员会常务委员会所作的关于八届四次全体会议以来提案工作情况的报告；列席了故城县第十四届人民代表大会第五次会议；会议赞同县委常委、常务副县长左俊勇代表政府所作的政府工作报告和会议期间其他报告；会议增选傅琦、杨希华、王海君、刘文彬为政协故城县第八届委员会常务委员，免去张洪德常务委员职务，撤销委员资格；审议通过了大会有关决议和报告；县政协主席张海英在闭幕会上讲话。

第九节　政协故城县第九届委员会（2012.01—2017.02）

第一次全体会议

中国人民政治协商会议故城县第九届委员会第一次全体会议于2011年12月31日至2012年1月2日在郑口召开。与会委员首先听取了大会主席团常务主席周德全所作的政协故城县第九届委员会第一次全体会议筹备工作情况的报告。本次会议由大会主席团主持。

县政协九届一次会议主席团、秘书长名单

主席团：(28 人，按姓氏笔画为序)

刁振水　刁海松　王书青　王拥军　王洁华（女）
史新辉　田少青　刘三林　刘建军　刘建春
孙广军　温建华　张海英　李希旺　李书新
李爱茹（女）　杨希华　陈　萍（女）　周德全
孟繁友　宛闽生　居艳梅（女）　段志诚
崔广兴　崔立勇　扈振国　韩文礼　韩爱军

常务主席：

张海英　周德全　刘三林　李希旺

秘书长：李希旺（兼）

大会副秘书长：

申会敏　刁庆良　段志诚　刁海松　崔立勇
韩文礼　栾志刚

会议主要议程：1. 致开幕词；2. 县委领导讲话；3. 听取并审议县政协常委会工作报告；4. 听取并审议县政协常委会提案工作报告；5. 列席人大会议；6. 大会选举；7. 审议通过大会决议和报告；8. 县政协领导讲话。

会议期间，学习领会县委副书记、纪委书记左俊勇代表县委所作的讲话；审议通过了政协故城县第八届委员会主席张海英代表政协故城县第八届委员会常务委员会所作的工作报告；审议通过了大会主席团常务主席周德全代表政协故城县第八届委员会常务委员会所作的提案工作情况的报告；列席了故城县第十五届人民代表大会第一次会议；会议赞同政府代县长刘勇所作的政府工作报告和会议期间其他报告；本次会议采取分别一次举手表决的方式，选举张海英为县政协主席，周德全、刘三林、李希旺为县政协副主席，选举产生刁振水、刁海松等 39 人为常务委员；审议通过了大会有关决议和报告；县政协主席张海英在闭幕会上讲话。

县政协九届一次会议提案审查委员会

主任、副主任、委员名单

主　任：周德全

副主任：刁海松　韩文礼　白振中

委　员：胡立华　常明泰

第二次全体会议

中国人民政治协商会议故城县第九届委员会第二次全体会议于 2013 年 3 月 11 日至 13 日在郑口召开。

大会主要议程：1. 致开幕词；2. 县委领导讲话；3. 听取并审议县政协常委会工作报告；4. 听取并审议县政协常委会提案工作报告；5. 列席人大会议；6. 大会发言；7. 审议通过大会决议和报告；8. 县政协领导讲话。

会议期间，学习领会县委副书记、纪委书记左俊勇代表县委所作的讲话；审议通过了政协主席张海英代表政协故城县第九届委员会常务委员会所作的工作报告；审议通过了政协副主席周德全代表政协故城县第九届委员会常务委员会所作的关于九届一次全体会议以来提案工作情况的报告；列席了故城县第十五届人民代表大会第二次会议；会议赞同政府县长刘勇所作的政府工作报告和会议期间其他报告；审议通过了大会有关决议和报告；县政协主席张海英在闭幕会上讲话。

第三次全体会议

中国人民政治协商会议故城县第九届委员会第三次全体会议于 2014 年 2 月 17 日至 19 日在郑口召开。

大会主要议程：1. 致开幕词；2. 县委领导讲话；3. 听取并审议县政协常委会工作报告；4. 听取并审议县政常委会提案工作报告；5. 列席人大会议；6. 大会选举；7. 大会发言；8. 审议通过大会决议和报告；9. 县政协领导讲话。

会议期间，学习领会县委副书记闫文举代表县委所作的讲话；审议通过了政协主席张海英代表政协故城县第九届委员会常务委员会所作的工作报告；审议通过了政协副主席周德全代表政协故城县第九届委员会常务委员会所作

的关于九届二次全体会议以来提案工作情况的报告；列席了故城县第十五届人民代表大会第三次会议；会议赞同政府县长刘勇所作的政府工作报告和会议期间其他报告；会议增选何云林、王宏宇为政协故城县第九届委员会常务委员；审议通过了大会有关决议和报告；县政协主席张海英在闭幕会上讲话。

第四次全体会议

中国人民政治协商会议故城县第九届委员会第四次全体会议于2015年3月1日至2日在郑口召开。

大会主要议程：1. 县委领导讲话；2. 听取并审议县政协常委会工作报告；3. 听取并审议县政协常委会提案工作报告；4. 列席人大会议；5. 大会发言；6. 审议通过大会决议和报告；7. 县政协领导讲话。

会议期间，学习领会县委书记王亚杰代表县委所作的讲话；审议通过了政协主席张海英代表政协故城县第九届委员会常务委员会所作的工作报告；审议通过了政协副主席周德全代表政协故城县第九届委员会常务委员会所作的关于九届三次全体会议以来提案工作情况的报告；列席了故城县第十五届人民代表大会第四次会议；会议赞同政府县长刘勇所作的政府工作报告和会议期间其他报告；审议通过了大会有关决议和报告；县政协主席张海英在闭幕会上讲话。

第五次全体会议

中国人民政治协商会议故城县第九届委员会第五次全体会议于2016年2月19日至20日在郑口召开。

大会主要议程：1. 县委领导讲话；2. 听取并审议县政协常委会工作报告；3. 听取并审议县政协常委会提案工作报告；4. 列席人大会议；5. 大会选举；6. 大会发言；7. 审议通过大会决议和报告；8. 县政协领导讲话。

会议期间，学习领会县委书记王亚杰代表县委所作的讲话；审议通过了政协主席张海英代表政协故城县第九届委员会常务委员会所作的工作报告；审议通过了政协副主席周德全代表政协故城县第九届委员会常务委员会所作的关于九届四次全体会议以来提案工作情况的报告；列席了故城县第十五届人民代表大会第五次会议；会议赞同政府代县长马玉来所作的政府工作报告和会议期间其他报告；会议增选刘广正为政协故城县第九届委员会常务委员，免去何云林、崔广兴等四人常务委员职务，撤销委员资格；审议通过了大会有关决议和报告；县政协主席张海英在闭幕会上讲话。

第十节　政协故城县第十届委员会（2017.02—2021.07）

第一次全体会议

中国人民政治协商会议故城县第十届委员会第一次全体会议于2017年2月18日至19日在郑口召开，出席委员192人。与会委员首先听取了大会主席团常务主席周德全所作的政协故城县第十届委员会第一次全体会议筹备工作情况的报告。本次会议由大会主席团主持。

县政协十届一次会议主席团、秘书长名单

主席团：（19人，按姓氏笔画为序）

王连彬　王洁华　史立朝　刘广正　刘汉桢
刘建军　关志清　孙金良　李世文　周文君
周德全　郑学峰　孟庆莲　胡　冰　段志诚
徐　伟　郭金玉　韩文礼　温建华

常务主席：

史立朝　周德全　郭金玉　王连彬　关志清

秘书长：王连彬（兼）

副秘书长：

申会敏　王志利　段志诚　柴志勇　周文君
韩文礼　杨连文　商洪申

大会主要议程：1. 县委领导讲话；2. 听取并审议县政常委会工作报告；3. 听取并审议县政协常委会提案工作报告；4. 列席人大会议；5. 大会选举；6. 审议通过大会决议和报告；7. 县政协领导讲话。

会议期间，听取并讨论了县委书记马玉来代表县委所作的讲话；审议通过了县政协第九届县委员会主席张海英代表政协故城县第九届委员会常务委员会所作的工作报告；审议通过了大会主席团常务主席周德全代表政协故城县第九届委员会常务委员会所作的提案工作情况的报告；列席了故城县第十六届人民代表大会第一次会议；会议赞同政府代县长王立峰所作的政府工作报告和会议期间其他报告；本次会议采取分别一次举手表决的方式，选举史立朝为县政协主席，周德全、郭金玉、王连彬、关志清为县政协副主席，选举产生王志刚、王树军等26人为常务委员；审议通过了大会有关决议和报告；县政协主席史立朝在闭幕会上讲话。

县政协十届一次会议提案审查委员会

主任、副主任、委员名单

主　任：周德全（兼）

副主任：白振中

委　员：刘广正　胡立华　钱立平

第二次全体会议

中国人民政治协商会议故城县第十届委员会第二次全体会议于2018年2月7日至8日在郑口召开。

大会主要议程：1. 县委领导讲话；2. 听取并审议县政协常委会工作报告；3. 听取并审议县政协常委会提案工作报告；4. 列席人大会议；5. 大会选举；6. 大会发言；7. 审议通过大会决议和报告；8. 县政协领导讲话。

会议期间，学习领会县委书记马玉来代表县委所作的讲话；审议通过了政协主席史立朝代表政协故城县第十届委员会常务委员会所作的工作报告；审议通过了政协副主席周德全代表政协故城县第十届委员会常务委员会所作的关于十届一次全体会议以来提案工作情况的报告；列席了故城县第十六届人民代表大会第二次会议；会议赞同政府县长王立峰所作的政府工作报告和会议期间其他报告；增选刁振水为政协故城县第十届委员会常务委员；审议通过了大会有关决议和报告；县政协主席史立朝在闭幕会上讲话。

第三次全体会议

中国人民政治协商会议故城县第十届委员会第三次全体会议于2019年1月28日至29日在郑口召开。

大会主要议程：1. 县委领导讲话；2. 听取并审议县政协常委会工作报告；3. 听取并审议县政协常委会提案工作报告；4. 列席人大会议；5. 大会发言；6. 审议通过大会决议和报告；7. 县政协领导讲话。

会议期间，学习领会县委书记彭晓明代表县委所作的讲话；审议通过了政协主席史立朝代表政协故城县第十届委员会常务委员会所作的工作报告；审议通过了政协副主席周德全代表政协故城县第十届委员会常务委员会所作的关于十届二次全体会议以来提案工作情况的报告；列席了故城县第十六届人民代表大会第三次会议；会议赞同政府县长王立峰所作的政府工作报告和会议期间其他报告；审议通过了大会有关决议和报告；县政协主席史立朝在闭幕会上讲话。

第四次全体会议

中国人民政治协商会议故城县第十届委员会第四次全体会议于2020年1月9日至10日在郑口召开。

大会主要议程：1. 县委领导讲话；2. 听取

并审议县政协常委会工作报告；3. 听取并审议县政协常委会提案工作报告；4. 列席人大会议；5. 大会选举；6. 大会发言；7. 审议通过大会决议和报告；8. 县政协领导讲话。

会议期间，学习领会县委书记彭晓明代表县委所作的讲话；审议通过了政协主席史立朝代表政协故城县第十届委员会常务委员会所作的工作报告；审议通过了政协副主席周德全代表政协故城县第十届委员会常务委员会所作的关于十届三次全体会议以来提案工作情况的报告；列席了故城县第十六届人民代表大会第四次会议；会议赞同政府县长王立峰所作的政府工作报告和会议期间其他报告；会议增选吴健为政协故城县第十届委员会常务委员；审议通过了大会有关决议和报告；县政协主席史立朝在闭幕会上讲话。

第五次全体会议

中国人民政治协商会议故城县第十届委员会第五次全体会议于2021年2月4日至5日在郑口召开。

大会主要议程：1. 县委领导讲话；2. 听取并审议县政协常委会工作报告；3. 听取并审议县政协常委会提案工作报告；4. 列席人大会议；5. 大会选举；6. 大会发言；7. 审议通过大会决议和报告；8. 县政协领导讲话。

会议期间，学习领会县委书记彭晓明代表县委所作的讲话；审议通过了政协主席史立朝代表政协故城县第十届委员会常务委员会所作的工作报告；审议通过了政协副主席周德全代表政协故城县第十届委员会常务委员会所作的关于十届四次全体会议以来提案工作情况的报告；列席了故城县第十六届人民代表大会第五次会议；会议赞同政府县长王立峰所作的政府工作报告和会议期间其他报告；增选马春章、徐长彬为县政协副主席，段志诚为县政协秘书长，刁海松为常务委员；审议通过了大会有关决议和报告；县政协主席史立朝在闭幕会上讲话。

第十一节　政协故城县第十一届委员会（2017.02至今）

第一次全体会议

中国人民政治协商会议故城县第十一届委员会第一次全体会议于2021年7月26日至27日在郑口召开，出席委员219人。与会委员首先听取了大会主席团常务主席马春章所作的政协故城县第十一届委员会第一次全体会议筹备工作情况的报告。本次会议由大会主席团主持。

县政协十一届一次会议主席团、秘书长名单

主席团：（35人，按姓氏笔画为序）

刁海松　马春章　王延鹏　王连维　王海胜
田洪刚　史立朝　吕　帅　朱广宇　刘三林
刘汉桢　刘　洋　刘建军　刘胜亚　李希旺
杨连文　杨　瑞（女）　杨洪霞（女）
时玉松　吴　健　张殿广　邵　强　苑颖康（女）
范海伟　周文君　周德全　赵立国　赵晨曦（女）
段志诚　徐长彬　徐红玲（女）　郭　瑞
康宗志　韩振海　滕　蛟

常务主席：

史立朝　马春章　杨洪霞　苑颖康　段志诚

秘书长：杨洪霞（兼）

副秘书长：

孙振涛　刘洪绪　段志诚　柴志勇　周文君
邵　强　杨连文　王　峰　管印海　杨福明

大会主要议程：1. 县委领导讲话；2. 听取并审议县政协常委会工作报告；3. 听取并审议县政协常委会提案工作报告；4. 列席人大会议；5. 大会选举；6. 审议通过大会决议和报告；7. 县政协领导讲话。

会议期间，学习领会县委书记王立峰代表

县委所作的讲话；审议通过了政协故城县第十届县委员会主席史立朝代表政协故城县第十届委员会常务委员会所作的工作报告；审议通过了大会主席团常务主席马春章代表政协故城县第十届委员会常务委员会所作的关于十届一次全体会议以来提案工作情况的报告；列席了故城县第十七届人民代表大会第一次会议；会议赞同政府代县长邢亚超所作的政府工作报告和会议期间其他报告；大会选举史立朝为县政协主席，马春章、杨洪霞、苑颖康为县政协副主席，段志诚为县政协秘书长，选举产生王志刚、王树军等37人为常务委员；审议通过了大会有关决议和报告；县政协主席史立朝在闭幕会上讲话。

县政协十一届一次会议提案审查委员会

主任、副主任、委员名单

主　任：马春章（兼）

副主任：白振中

委　员：孙胜岗　魏　涛

第二次全体会议

中国人民政治协商会议故城县第十一届委员会第二次全体会议于2022年1月26日至27日在郑口召开，出席委员213人。

大会主要议程：1. 县委领导讲话；2. 听取并审议县政协常委会工作报告；3. 听取并审议县政协常委会提案工作报告；4. 列席人大会议；5. 大会发言；6. 审议通过大会决议和报告；7. 县政协领导讲话。

会议期间，学习领会县委书记王立峰代表县委所作的讲话；审议通过了政协主席史立朝代表政协故城县第十一届委员会常务委员会所作的工作报告；审议通过了政协副主席马春章代表政协故城县第十一届委员会常务委员会所作的关于十一届一次全体会议以来提案工作情况的报告；列席了故城县第十七届人民代表大会第二次会议；会议赞同政府县长邢亚超所作的政府工作报告和会议期间其他报告；审议通过了大会有关决议和报告；县政协主席史立朝在闭幕会上讲话。

第三次全体会议

中国人民政治协商会议故城县第十一届委员会第三次全体会议于2023年1月13日至14日在郑口召开，出席委员209人。

大会主要议程：1. 县委领导讲话；2. 听取并审议县政协常委会工作报告；3. 听取并审议县政协常委会提案工作报告；4. 列席人大会议；5. 大会发言；6. 审议通过大会决议和报告；7. 县政协领导讲话。

会议期间，学习领会县委书记王立峰代表县委所作的讲话；审议通过了政协主席史立朝代表政协故城县第十一届委员会常务委员会所作的工作报告；审议通过了政协副主席马春章代表政协故城县第十一届委员会常务委员会所作的关于十一届二次全体会议以来提案工作情况的报告；列席了故城县第十七届人民代表大会第三次会议；会议赞同政府县长邢亚超所作的政府工作报告和会议期间其他报告；审议通过了大会有关决议和报告；县政协主席史立朝在闭幕会上讲话。

第四次全体会议

中国人民政治协商会议故城县第十一届委员会第四次全体会议于2024年1月23日至24日在郑口召开，出席委员212人。

大会主要议程：1. 县委领导讲话；2. 听取并审议县政协常委会工作报告；3. 听取并审议县政协常委会提案工作报告；4. 列席人大会议；5. 大会发言；6. 审议通过大会决议和报告；7. 县政协领导讲话。

会议期间，学习领会县委书记王立峰代表县委所作的讲话；审议通过了政协主席史立朝代表政协故城县第十一届委员会常务委员会所作的工作报告；审议通过了政协副主席马春章代表政协故城县第十一届委员会常务委员会所作的关于十一届三次全体会议以来提案工作情况的报告；列席了故城县第十七届人民代表大会第四次会议；会议赞同政府县长邢亚超所作的政府工作报告和会议期间其他报告；审议通过了大会有关决议和报告；县政协主席史立朝在闭幕会上讲话。

第三章 政协故城县委员会常务委员会会议概况

县政协常委会由政协主席、副主席、秘书长和常务委员组成，是全体委员会议闭会期间，政协履行政治协商、民主监督、参政议政职能的主要形式。政协常委会一般每季度召开一次会议，必要时也可临时召开。其主要职责是召集和主持全体会议，组织执行政协章程规定的各项任务和上级政协以及县政协全会的决议；听取中共故城县委、县人民政府及有关部门的情况通报；审议通过向县委、县人民政府及有关部门提交的重要建议案；审议通过提交县政协全体会议审议的各类文件；协商决定县政协工作机构的设置和变更，并任免其领导成员；协商决定新一届县政协的参加单位、委员名额、委员人选和界别设置，协商决定各界别委员人数的增加或变更；负责主持县政协日常会务，决定会务中的重大问题。县政协常委会议由县政协主席主持，也可由主席委托的副主席主持，政协常务委员参加，各乡镇活动组组长、不是常委的机关委室负责人列席，也可根据需要，扩大到其他政协委员、县直单位部门领导和社区负责人参加。因第一届至第六届县政协常委会议档案资料缺失或记录不全，本书主要收录有原始记录的常委会议 96 次。

第一节 政协故城县（吴桥大县）第一届委员会（1958.01—1958.05）（略）

第二节 政协故城县第二届委员会（1984.03—1987.03）

政协故城县第二届委员会常务委员会第一次会议

县政协二届一次常委会议于 1984 年召开。按照《政协章程》的有关规定，根据我县实际情况，经过协商，成立了学习委员会、提案审查委员会、文史资料委员会；农业、工交、财贸、文教、卫生、科技、民族宗教、侨务台属、宣传学习九个工作组，制定了 1984 年政协工作要点和学习、会议、工作及奖惩评比等各项规章制度；正、副主席进行明确分工，确定工作重点；从主席到办公室工作人员，逐人逐项的制定了岗位责任制，做到职、权、责明确到人，德、勤、绩、能定期考核。

第三节 政协故城县第三届委员会（1987.03—1990.03）

政协故城县第三届委员会共召开常委会十五次。邀请县委、县政府和有关部门的负责同志列席会议并通报情况，常委们及时就全县人民普遍关心的政治、经济、文化教育和群众日常生活中的重大问题进行广泛的协商。

政协故城县第三届委员会常务委员会第六次会议

县政协三届六次常委会议于1988年3月6日召开，与会常委20人。会议由副主席陈连生主持。会议内容：一是对召开政协故城县第三届委员会第二次全体会议时间、议程及有关安排意见作说明；二是听取并审议政协故城县第三届委员会常务委员会关于1988年工作要点的报告；三是邀请陈家珍传达了河北省各界人士为“四化”服务经验交流会议盛况和主要精神；四是政协主席马端榜讲话。

政协故城县第三届委员会常务委员会第七次会议

县政协三届七次常委会议于1988年3月31日召开，与会常委15人。会议由政协主席马端榜主持，办公室有关人员列席会议。会议内容：一是办公室副主任徐玉胜分别汇报被考察人选翟瑞岭、高志文的基本情况以及同辛庄、武官寨两个乡党委进行协商的意见；二是与会常委协商通过翟瑞岭、高志文为政协故城县第三届委员会委员。

政协故城县第三届委员会常务委员会第八次会议

县政协三届八次常委会议于1988年5月27日召开，与会常委13人。马端榜、尹丕杰先后主持了会议。县委常委、宣传部长郭居娥、政府副县长曹立功、物价局长冯子英、文教局长刘亚欣、邮电局长陈殿林应邀列席会议。会议内容：一是邀请省政协委员县政府副县长曹立功传达了政协河北省第六届第一次会议盛况及会议精神；二是物价局长冯子英通报了我县物价情况，主要是副食品和生产资料涨价的原因及准备采取的措施；三是文教局长刘亚欣通报我县关于如何提高教学质量和克服片面追求升学率的情况；四是邮电局长陈殿林通报我县报刊发行投递的情况；五是分组讨论；六是政协主席马端榜讲话。

政协故城县第三届委员会常务委员会第九次会议

县政协三届九次常委会议于1988年8月25日召开，与会常委18人。会议由政协主席马端榜主持。政府副县长曹立功应邀出席会议、经委、乡镇企业管理局的负责同志列席会议。会议内容：一是政府副县长曹立功就以下三个方面进行了通报（1. 我县上半年工农业生产发展和国民经济计划完成情况，以及下半年的主要工作安排意见；2. 我县在学山东，赶德州，振兴故城经济中，结合实际在吸引人才、吸收资金、鼓励兴办企业，增产扩大出口商品，乡镇企业升级等方面，制定优惠政策和办法；3. 我县在提高县、乡两级厂长、经理的积极性、放活科技人员等方面，在政治、经济待遇上的有关心得的规定）；二是会议讨论；三是政协主席马端榜讲话。

政协故城县第三届委员会常务委员会第十次会议

县政协三届十次常委会议于1988年11月25日至26日召开，与会常委16人。会议由政协主席马端榜主持。县委副书记张彦恩、政府副县长李增泉应邀出席会议，有关部门负责同志列席会议。会议内容：一是县委副书记张彦恩通报了我县如何具体贯彻执行中共中央十三届三中全会和省三届六次全会扩大会议精神的情况；二是政府副县长李增泉通报了我县抑制市场物价上涨和清理、查处“官倒”“私倒”的情况；三是政府办公室副主任韩德银通报了今年政协全委会提案和九次常委例会提案的办理情况；四是用半天时间学习讨论了赵紫阳同志在中共十三届三中全会上代表中央政治局所作的报告；五是政协主席马端榜讲话。

政协故城县第三届委员会常务委员会第十一次会议

县政协三届十一次常委会议于1989年3月7日召开，与会常委16人。会议由政协主席马端榜主持。会议内容：一是协商确定召开政协故城县第三届委员会第三次会议的有关事宜；二是听取和审议了第三届常委会工作报告和三届二次全会以来提案工作情况的报告；三是会议讨论；四是政协主席马端榜讲话。

政协故城县第三届委员会常务委员会第十二次会议

县政协三届十二次常委会议于1989年5月24日至25日召开。会议内容：一是邀请省政协委员、政府副县长曹立功同志通报省政协六届二次会议盛况；二是邀请县委一名书记通报我县廉政建设方面的情况；三是邀请税务局长王垂圣通报我县税务工作情况；四是邀请文教局长刘亚新通报我县中学生当前的思想动态情况；五是学习讨论人民日报4月26日和4月29日两篇社论；六是审议通过政协故城县委员会关于1989年工作要点；七是审议通过政协故城县委员会关于政治协商、民主监督的暂行规定。

政协故城县第三届委员会常务委员会第十三次会议

县政协三届十三次常委会议于1989年8月10日至11日召开，与会常委17人。县委副书记张彦恩应邀出席会议。县委办公室、政府办公室、县纪委、经委的负责同志列席会议。会议内容：一是县经委副主任刘汉武通报全县上半年工业生产情况；二是县纪委副书记白玉栋通报我县前一段惩治腐败和加强廉政建设的情况；三是会议讨论；四是集中学习讨论邓小平同志和江泽民同志的重要讲话；五是审议通过政协故城县委员会关于认真学习贯彻中共十三届四中全会文件精神的决议。

第四节　政协故城县第四届委员会（1990.03—1993.01）

政协故城县第四届委员会共召开常委会11次。邀请三十多个职能部门和单位到会通报情况。县委、县政府和有关部门的负责同志列席并通报情况。常委们及时就全县人民普遍关心的政治、经济、城镇建设、文化教育以及群众日常生活中的重大问题进行广泛的协商。

县政协四届二次常委会上，听取了政府领导同志关于我县上半年的经济工作开展情况及下半年的设想后，逐项进行了认真讨论。并就工作中存在的问题以及今后应注意的方面，诚恳地提出了一些积极的意见和建议。特别是加强对农业生产的投入和农田水利基本建设，以及农业技术的推广，提出了一些好的建议。

县政协四届五次常委会上，县乡镇企业局领导同志通报了我县乡镇企业开展情况后，常委们提出，我县乡镇企业要发展，首先要解放思想，胆子要大一点，政策要活一点，档次要高一点，规模要大一点，对坚定领导大抓乡镇企业的信心起到了促进作用。

第五节　政协故城县第五届委员会（1993.01—1998.02）

政协故城县第五届委员会共召开常务委员会议22次，邀请40多个职能部门和单位到会通报情况。常委们就全县人民普遍关心的改革、发展、稳定、反腐倡廉、减轻农民负担、城镇建设、文化教育及群众日常生活中的热点、难点问题进行了广泛协商，提出了许多建设性的意见和建议。

政协故城县第五届委员会常务委员会第一次会议

县政协五届一次常委会议于1993年4月15日召开，与会常委19人。县委副书记刘石营、政府副县长王大虎应邀出席会议。县委办公室、政府办公室、县棉办、县经委、乡镇企业局的负责同志列席会议。会议内容：一是由乡镇企业局局长纪来喜通报我县今年第一季度乡镇企业开展情况；二是县经委主任刘汉武通报了我县工业开展情况；三是县农业局副局长黄国良通报了我县棉田备播情况；四是会议讨论；五是政府副县长王大虎讲话；六是政协主席张彦恩讲话。

政协故城县第五届委员会常务委员会第二次会议

县政协五届二次常委会议于1993年6月29日召开，与会常委16人。县委副书记刘石营应邀出席会议。会议内容：一是副主席王增义介绍陈同法、姜立香等十二人的工作简历及基本情况；二是增选陈同法、姜立香等12名政协故城县第五届委员会委员；三是县委副书记刘石营讲话；四是政协主席张彦恩讲话。

政协故城县第五届委员会常务委员会第四次会议

县政协五届四次常委会于1994年召开。针对学生升初中难的问题，在委员们事前搞好调查的基础上，邀请主管文教的领导通报情况，进行深入探讨，一致认为应扩建中学网点。会议提出的议案受到领导的重视。县政府召开了专门会议，筹集45万元，建立了二中，缓解学生升初中难的问题。

政协故城县第五届委员会常务委员会第十三次会议

县政协五届十三次常委会于1996年召开。在检查县办工业时，委员们就如何盘活企业现有资产，提出了对四家资不抵债企业进行破产意见，这一意见经主席会议研究作为建议案提出，得到县委、县政府领导的支持，成立了破产小组，完成了破产任务，盘活了企业现有资产。

县政协五届十四次常委会于1996年召开。在检查农业生产时，委员们就农资市场混乱，提出三条议案：一、增强打假措施，在全县开展打假活动，强化监督制约机制；二、建立农业生产服务体系，搞好产前、产中、产后服务；三、设立县长、乡镇长无假冒特供门市部让农民群众放心。主管县长对议案非常重视，随后专门召开了会议，采取有力措施，有效地净化了农资市场，同时在县城设立了县长特供门市部，全县13个乡镇也都设立了乡镇长特供门市部，实行挂牌销售，把大批优质化肥、农药投放市场，有利地维护了广大农民群众的切身利益，得到了社会的好评。

第六节　政协故城县第六届委员会（1998.02—2003.04）

政协故城县第六届委员会共召开常委会议22次。先后就调整农业产业结构、增加农民收入、发展个人私营经济、县城出租车辆管理，职能部门乱收费、中小学素质教育等议题，在深入调查研究，广泛协商论证的基础上，形成建议案11件，得到党政领导的高度重视，一些建议被直接吸收到县委、县政府制定的有关文件中。

县政协六届二次常委会，委员们针对出租车乱停放影响交通，不断发生事故，群众意见大这一热点问题提了许多意见，我们便组织政协委员对县城出租车存放状况搞了视察，并写了关于加强出租车辆管理的调查报告。政协领导和分管县长讨论研究出租车管理办法，县政府关于出租车管理办法出台后，再一次组织政协委员讨论研究提意见，要求政协常委监察督促，对出租车规范管理起到很好的促进作用。

县政协六届三次常委会在检查蔬菜办工作时，常委们就棚菜生产的产前、产中、产后及技术服务问题展开广泛讨论，并结合九五年做棚菜的失败教训，提出很多建议，主管领导和蔬菜办专门召开会议研究，就如何做好棚菜生产采取了很好的措施，使棚菜生产取得了很好的效果，菜农们得到了实惠。

第七节　政协故城县第七届委员会
（2003.04—2007.06）

政协故城县第七届委员会共召开常务委员会议17次。第一次、第九次会议记录丢失。会议先后就农业结构调整、农业科技服务、县城文化建设、城建交通、教育卫生事业发展、新农村建设等问题与有关部门进行协商；就如何实现企业与金融部门的良性互动、发展职业教育以及搞好农业科技服务，提高农民素质等重大事项与政府和有关部门进行了协商。

政协故城县第七届委员会常务委员会第二次会议

县政协七届二次常委会议于2003年7月24日在县招后三楼大会议室召开。各乡镇活动组组长列席会议。会议内容：一是听取县防治非典型肺炎工作指挥部关于全县“非典”防治工作的情况汇报、县政府关于今年以来“以工强县”情况的通报和城镇建设指挥部关于城镇建设整顿治理情况的通报；二是协商通过政协故城县委员会关于进一步加强政协宣传工作的意见；三是政协主席郭居娥讲话。

政协故城县第七届委员会常务委员会第三次会议

县政协七届三次常委会议于2003年10月24日在县招后三楼大会议室召开。会议由副主席翟占禹主持。县委副书记刁志新、政府副县长单文咏应邀出席会议，县工业领导小组办公室、县城建局、县外贸局、县标准计量局的负责同志、各乡镇活动组组长列席会议。会议内容：一是参观视察冀州市园区建设、城镇建设和夏庄经济开发区建设情况；二是听取各相关单位汇报；三是会议讨论；四是政府副县长单文咏讲话；五是县委副书记刁志新讲话；六是政协主席郭居娥讲话。

政协故城县第七届委员会常务委员会第四次会议

县政协七届四次常委会议于2004年2月10日召开。会议由副主席翟占禹主持。各乡镇活动组组长列席会议。会议内容：一是审议并通过县政协七届二次全会文件；二是政协主席郭居娥讲话。

政协故城县第七届委员会常务委员会第五次会议

县政协七届五次常委会议于2004年6月4日召开。会议由副主席翟占禹主持，县委常委、农工委书记王书田、政府副县长张海英应邀出席会议，各乡镇活动组组长列席会议。会议内容：一是视察修建中的故城县大外环工程；二是听取李培中、王彦芳、孙广军委员关于农民增收问题的发言；三是听取农业局关于“三夏”工作情况的汇报；四是县委常委、农工委书记王书田讲话；五是政府副县长张海英讲话；六是政协主席郭居娥讲话。

政协故城县第七届委员会常务委员会第六次会议

县政协七届六次常委会议于2004年9月17日在县委五楼会议室召开。工商局、标准计量局、物价局、农业发展银行主要负责人、各乡镇活动组组长列席会议。会议内容：一是徐乃旺作关于创建我县发展环境优势问题、于锡军作关于创建我县人才优势问题的会议发言；二是工商局、标准计量局、物价局、农业发展银行就委员关心的有关问题进行汇报；三是会议讨论；四是政协主席郭居娥讲话。

政协故城县第七届委员会常务委员会第七次会议

县政协七届七次常委会议于2004年11月26日召开。各乡镇活动组组长列席会议。会议内容：一是视察参观了聚龙、成龙两所学校；二是教文体局局长程子华汇报2004年以来全县的教育工作情况；三是高凤芝、牟世芳两名常委作会议发言；四是会议讨论；五是政协主席郭居娥讲话。

政协故城县第七届委员会常务委员会第八次会议

县政协七届八次常委会议于2005年2月1日召开。各乡镇活动组组长列席会议。会议内容：一是审议并通过县政协七届三次全会文件；二是增补崔守逊、张希武等25人为政协故城县第八届委员会委员；三是政协主席郭居娥讲话。

政协故城县第七届委员会常务委员会第十次会议

县政协七届十次常委会议于2005年4月14日召开。卫生局、中医院、各乡镇活动组组长列席会议。会议内容：一是视察县医院、中医院、郑口镇医院；二是听取卫生局汇报全县卫生事业发展情况；三是中医院负责同志作会议发言；四是会议讨论；五是增补史立朝为政协故城县七届委员会委员，提名史立朝为县政协七届委员会副主席人选，按照有关程序提请县政协七届四次全会选举，夏建民同志不再担任政协副主席职务；六是会议决定政协故城县第七届委员会第四次全体会议于2005年4月15日召开；七是政协主席郭居娥讲话。

政协故城县第七届委员会常务委员会第十一次会议

县政协七届十一次常委会议于2005年8月18日在县委五楼会议室召开。会议由副主席翟占禹主持。县委常委、农工委书记王书田，政府副县长徐占华应邀出席会议，各乡镇活动组组长、相关委员列席会议。会议内容：一是审议通过《关于加强基层农业科技推广体系建设的调研报告》；二是邢兰春、王洁华等7名常委、委员作会议发言；三是会议讨论；四是县委常委、农工委书记王书田讲话；五是政府副县长徐占华讲话；六是政协主席郭居娥讲话。

政协故城县第七届委员会常务委员会第十二次会议

县政协七届十二次常委会议于2005年11月22日召开。会议由副主席翟占禹主持。政府副县长张相会应邀出席会议，交通局、城建局负责人、各乡镇活动组组长列席会议。会议内容：一是视察全县交通、城建事业发展情况；二是听取交通局、城建局的工作汇报；三是审议通过关于构建和谐故城，提高县城文化品位的调研报告；四是会议讨论；五是县政府领导讲话；六是政协主席郭居娥讲话。

政协故城县第七届委员会常务委员会第十三次会议

县政协七届十三次常委会议于2006年2月召开。会议由副主席翟占禹主持。各乡镇活动组组长列席会议。会议内容：一是审议通过县政协七届五次会议文件；二是审议通过故城县政协关于加强委员管理，发挥委员主体作用的办法；三是增补李善群、温建华等21人为政协故城县第七届委员会委员；四是政协主席郭居娥讲话。

政协故城县第七届委员会常务委员会第十四次会议

县政协七届十四次常委会议于2006年4月27日召开。会议由副主席翟占禹主持。各乡镇活动小组、政协机关全体人员列席会议。会议内容：一是传达学习《中共中央关于加强人民政协工作的意见》；二是会议讨论；三是传达政协故城县委员会关于学习贯彻《中共中央关于加强人民政协工作的意见》的通知；四是会议讨论；五是政协主席郭居娥讲话。

政协故城县第七届委员会常务委员会第十五次会议

县政协七届十五次常委会议于2006年7月4日召开。会议由副主席翟占禹主持。各乡镇活动组组长，相关政协委员列席会议。会议内容：一是吴东明、孙广军等五名常委、委员发言；二是与会人员就新农村建设进行讨论；三是增补秦立堂为县政协七届委员会委员，提名秦立堂为县政协七届委员会副主席人选，按照有关程序提请县政协七届六次全会选举，史立朝不再担任政协副主席职务；四是政协主席郭居娥讲话。

政协故城县第七届委员会常务委员会第十六次会议

县政协七届十六次常委会议于2006年10月20日召开。会议由副主席翟占禹主持。政府副县长徐占华应邀出席会议，政府办、林业局及相关部门负责人、各乡镇活动组组长列席会议。会议内容：一是视察全县林业工作；二是林业局局长王凤侠汇报全县林业工作；三是政府办公室作关于政协七届五次全会以来提案办理工作情况的报告；四是会议讨论；五是传达政协故城县委员会关于号召委员奉献爱心、回馈社会的意见和关于“我为新农村建设献计出力”的意见；六是政协主席郭居娥讲话。

政协故城县第七届委员会常务委员会第十七次会议

县政协七届十七次常委会议于2007年5月28日召开。各乡镇活动组组长列席会议。会议内容：一是审议通过县政协八届一次全会文件；二是审议通过县政协八届一次全会有关人事事项；三是政协主席郭居娥讲话。

第八节　政协故城县第八届委员会（2007.06—2012.01）

政协故城县第八届委员会共召开常务委员会议20次。主要围绕县委中心工作，重点对我县城镇建设、新农村建设、特色产业提升、招商引资、全民创业、提升城市管理水平、推进农业产业化等重大课题，精心组织开展协商议政活动。

政协故城县第八届委员会常务委员会第一次会议

县政协八届一次常委会议于2007年7月10日在县招四楼会议室召开。会议由副主席周德全主持。政府副县长王洪臣应邀出席会议，工商局、技术监督局、经发局、中小企业局、招商局、工业领导小组办公室和三个园区的负责同志、各乡镇活动组组长、各委室主任列席会议。会议内容：一是视察夏庄、西苑工业园区；二是招商局通报2007年上半年全县招商引资情况；三是协商讨论创优发展环境优势，加强企业内部管理，提升企业形象等相关专题的报告；四是审议通过《加强委员管理，发挥委员主体作用的办法》和《关于动员政协委员为招商引资作贡献的决议》；五是会议决定政协故城县第八届委员会主席、副主席分工安排；六是政府副县长王洪臣讲话；七是政协主席张海英讲话。

政协故城县第八届委员会主席、副主席分工安排

政协主席张海英负责政协全面工作。

田登书副主席负责提案委，联系：教文体局、卫生局、档案局、计生局、物价局、科协、工会、青年团、妇联会、县医院、郑口中学、职教中心、外事办、侨办、新农合、农业局、林业局、水务局、畜牧局、农机局、农开办、供销社、气象局、河务局、农工委。

周德全副主席负责政协机关办公室、文史委、经济委，联系：经发局、电力局、安检局、食品药品监督管理局、粮食局、商务局（招商局、外贸局、市场办、物资公司）、科技局、广

电局、烟草局、信访局、公安、法院、检察院、司法局、计划局、重点项目办、西苑项目区、土地局、乡镇企业局、石油公司、政府办、人大办、统战部。

冯振东副主席负责联系：财政局、国税局、地税局、体改办、统计局、住房公积金、银监局、人民银行、农行、工商行、农发行、农联社、人保、财保、太平洋保险。

李善群副主席负责联系：人事和社会保障局、组织部、县直工委、老干局、建设局、交通局、民政局、残联、人防、工商局、质监局、环保局、夏庄项目区、邮政局、网通公司、移动公司、联通公司、铁通公司、人武部。

政协故城县第八届委员会常务委员会第二次会议

县政协八届二次常委会议于2007年9月21日在国税局五楼会议室召开。会议由副主席周德全主持。县委常委、宣传部长于磊应邀出席会议，农业局、林业局、水利局、城建局、畜牧局负责人、各乡镇活动组组长、各委室主任列席会议。会议内容：一是听取各相关单位的工作汇报；二是听取部分常委、委员的会议发言；三是会议讨论；四是会议决定苏敦合任县政协经济委主任，夏慧敏任县政协经济委副主任，张志诚任县政协提案委副主任，增补程发征、王连峰等12人为县政协八届委员会委员；五是县委常委、宣传部长于磊讲话；六是政协主席张海英讲话。

政协故城县第八届委员会常务委员会第三次会议

县政协八届三次常委会议于2008年2月20日在县招四楼会议室召开。会议由副主席周德全主持。政府办负责人、各乡镇活动组组长、各委室主任列席会议。会议内容：一是审议通过县政协八届二次全会文件；二是听取政府办关于八届一次全会以来提案办理情况的汇报；三是增补杨洪霞、王俊红等8人为县政协八届委员会委员，提名增选杨洪霞、张立江、刘伟为县政协八届委员会常务委员，按照有关程序提请八届二次全会选举；四是政协主席张海英讲话。

政协故城县第八届委员会常务委员会第四次会议

县政协八届四次常委会议于2008年4月16日在县招四楼会议室召开。会议由副主席周德全主持。政府副县长王洪臣应邀出席会议，市贸办、外贸局、工商局、农业局、县社、劳动和社会保障局的负责同志、各乡镇活动组组长和各委室主任列席会议。会议内容：一是审议通过政协故城县委员会2008年工作要点；二是听取各相关部门工作汇报；三是张希武、王洁华、刘春贵、马春章作会议发言；四是会议讨论；五是政府副县长王洪臣讲话；六是政协主席张海英讲话。

政协故城县委员会2008年主要工作任务分解表

序号	主要工作内容	承办单位	时间安排
1	①制定县政协2008年工作要点 ②筹备召开银企对接专题座谈会，并组织部分政协常委、委员到企业实地视察 ③召开县政协八届四次常委会议，议题：围绕“商贸兴县”主体战略，协商讨论我县商贸流通领域的有关问题 ④组织召开加强企业家队伍建设座谈会	办公室经济委	4月初
2	①采取多种方式组织新任县政协委员集中学习培训（分期分片组织） ②开展“工业立县”背景下环境保护问题的调研	办公室	上半年
3	就我县农村合作医疗情况进行视察	教科文卫体委	5月
4	组织部分常委、委员视察公、检、法工作	办公室	二季度

续表

序号	主要工作内容	承办单位	时间安排
5	做好出版《故城历代名人录文史资料汇编》一书的启动工作	教科文卫体委	二季度
6	听取政府办关于委员提案办理工作情况的汇报，并就有关提案进行筛选督办	提案委	6月底
7	召开县政协八届五次常委会议，议题：就关乎民生问题的教育、卫生工作视察、协商	办公室	7月初
8	听取政府有关部门上半年经济运行情况；组织部分常委、委员视察工业发展情况	办公室	8月
9	召开主席会议调度提案督办情况	提案委办公室	9月中旬
10	组织部分常委、委员视察全县农业	办公室	9月底
11	召开县政协八届六次常委会议，议题：围绕“农业强县”战略就如何科学调整我县农业产业结构，全面提升农业产品品质，延长农业产业链条，增强农业产业发展后劲的问题开展协商议政活动	办公室	10月
12	对部分提案承办大户提案办理情况进行评议	提案委	11月
13	组织部分常委、委员视察全县城建、交通工作	提案委	11月
14	总结2008年政协各委室的工作	各委室	12月初
15	进一步加强了解和反映社情民意工作，增加数量，提高质量，切实做好组织、动员、协调、服务工作，完善信息工作机制。各专委会每季度至少反映一条被录用的社情民意信息	办公室提案委	全年
16	继续开展创建学习型政协机关活动，进一步推进机关工作的制度化、规范化和程序化；举办机关中青年干部公文知识和统战政协基本知识讲座	机关党支部办公室	全年

政协故城县第八届委员会常务委员会第五次会议

县政协八届五次常委会议于2008年7月18日在县招四楼会议室召开。会议由副主席周德全主持。政府副县长于建军应邀出席会议，教文体局、卫生局的负责同志、各乡镇活动组组长和各委室主任列席会议。会议内容：一是听取教文体局、卫生局的工作汇报；二是贾玉华、郭卫等6名常委、委员作会议发言；三是会议讨论；四是政府副县长于建军讲话；五是政协主席张海英讲话。

政协故城县第八届委员会常务委员会第六次会议

县政协八届六次常委会议于2008年10月29日在县招四楼会议室召开。会议由副主席周德全主持。政府副县长徐占华应邀出席会议，农业局、林业局、畜牧局、农工委、农机局、水利局、农开办、联社、农行、政府办的负责同志、各乡镇活动组组长和各委室主任列席会议。会议内容：一是听取政府办关于县政协八届二次全会以来政协提案办理情况的汇报及相关部门的工作汇报；二是韩爱军、王一博等6位常委、委员作会议发言；三是会议讨论；四是政府副县长徐占华讲话；五是政协主席张海英讲话。

政协故城县第八届委员会常务委员会第七次会议

县政协八届七次常委会议于2009年1月16日在县招四楼会议室召开。会议由副主席刘三林主持。各乡镇活动组组长和各委室主任列席会议。会议内容：一是审议通过县政协八届三次全会文件。二是增补李国庆、张凤强等 13 人为县政协八届委员会委员，免去刘洪明常务委员职务，撤销委员资格。撤销刘刚、翟凤祥等 14 人委员资格；会议决定白振中任县政协提案委主任，王一惠任县政协教科文卫委主任，贾玉绪任县政协教科文卫委副主任。三是政协主席张海英讲话。

政协故城县第八届委员会常务委员会第八次会议

县政协八届八次常委会议于 2009 年 4 月 17 日在县招四楼会议室召开。会议由副主席周德全主持，与会常委 34 人。县委常委、纪委书记何印强、政府副县长王洪臣应邀出席会议，计划局、经济发展局、招商局、中小企业局、质监局、国税局、地税局、农联社、工行、农行、建行的负责同志、各乡镇活动组组长和各委室主任列席会议。会议内容：一是审议通过政协故城县委员会 2009 年工作要点；二是听取县政府 2009 年第一季度工业经济运行情况；三是孟繁友、刘其通作会议发言；四是审议通过抢抓机遇，促进县域工业经济健康发展的调研报告；五是会议讨论；六是增补张子玉、修朝阳、张文才为县政协八届委员会委员；七是政协主席张海英讲话。

政协故城县委员会 2009 年主要工作任务分解表

序号	主要内容	参加人员	承办单位	时间
1	制定县政协 2009 年工作要点		办公室	2 月
2	召开提案交办会	田登书、白振中、段志诚	提案委	3 月
3	围绕关乎民生的民政工作开展调研	全体主席、政协机关各委室负责人及部分委员、有关部门	办公室	3 月
4	围绕园区建设、招商引资情况问题开展调研	部分企业界常委、委员参加调研、有关部门及机关有关人员	办公室 经济委	4 月
	召开县政协八届八次常委会议，主题：围绕项目建设，发展工业经济开展协商议政活动	全体政协常委、各乡镇副书记、有关部门		
5	围绕我县新农合情况进行视察	部分卫生界政协常委、委员、有关部门及机关有关人员（约 20 人）	办公室 教科文卫委	4 月
6	围绕规范外派劳务工作召开座谈会	部分政协常委、委员有关部门及机关人员（约 20 人）	办公室	5 月
7	做好出版《故城名人》一书的编撰工作	田登书、王一惠、刘洪勇、贾玉绪	办公室 教科文卫委	6 月
8	围绕县城拆迁和交通情况开展视察	部分政协常委、委员有关部门及机关有关人员	办公室 经济委	6 月
	召开县政协八届九次常委会议，议题：就关乎民生问题的城建交通工作开展协商议政活动	全体政协常委、各乡镇副书记、有关部门		
9	召开提案调度、督办情况会议	有关主席、部分常委、委员、部分承办单位、白振中、段志诚	提案委	8 月
10	召开县政协八届十次常委会议，议题：围绕农业产业化和发展特色农业，增加农民收入开展协商议政活动。听取政府办关于委员提案办理工作情况的汇报，并就有关提案进行筛选督办	全体政协常委、各乡镇副书记、有关涉农部门、政府办	办公室 提案委	9 月

续表

序号	主要内容	参加人员	承办单位	时间
11	围绕学校食品安全、职业教育等项工作开展视察	教育界政协委员、有关部门及机关有关人员（约20人）	办公室 教科文卫委	10月
12	召开县政协八届十一次常委会议。主题：审议通过政协全会有关文件	全体常委、各乡镇副书记、机关有关人员	各委室	12月
13	总结2009年度政协各委室的工作	各委室负责人	各委室	12月
14	做好《马中锡》一书资料的收集整理工作	编委会全体人员	办公室 教科文卫委	全年
15	①开展深入学习实践科学发展观活动；②继续开展创建学习型政协机关活动，进一步推进机关工作的制度化、规范化和程序化	机关党员干部	机关党支部 办公室	全年
16	进一步加强了解和反映社情民意工作，增加数量，提高质量，切实做好组织、动员、协调、服务工作，完善信息工作机制。各专委会每季度至少反映一条被录用的社情民意信息	机关人员	各委室	全年
17	按照县委工作部署，抓好中华街拆迁整治工作	全体主席、有关单位和村委会及部分机关人员	办公室	全年

政协故城县第八届委员会常务委员会第九次会议

县政协八届九次常委会议于2009年7月24日在交通局五楼会议室召开。会议由副主席周德全主持。县委常委、政府副县长闫文举应邀出席会议，政府办、交通局、城建局、水务局的负责同志、各乡镇活动组组长和各委室主任列席会议。会议内容：一是听取政府办作县政协八届三次全会以来提案办理进展情况的汇报及相关部门工作汇报；二是杨洪霞、马春章、程发征、王树军作会议发言；三是会议讨论；四是县委常委、政府副县长闫文举讲话；五是政协主席张海英讲话。

政协故城县第八届委员会常务委员会第十次会议

县政协八届十次常委会议于2009年9月18日在国税局五楼会议室召开。会议由副主席周德全主持。政府副县长徐占华应邀出席会议，农机局、水利局、农开办、联社、农行、粮食局、质检局、县社、工商局、农办、政府办的负责同志、各乡镇活动组组长和各委室主任列席会议。会议内容：一是听取政府办关于县政协八届三次全会以来提案办理情况的汇报和各相关单位的工作汇报；二是政府副县长徐占华通报全县农业生产情况；三是张松坡、王连维等4位常委、委员作会议发言；四是分组讨论；五是政协主席张海英讲话。

政协故城县第八届委员会常务委员会第十一次会议

县政协八届十一次常委会议于2010年1月19日上午在县招四楼会议室召开。会议由副主席周德全主持。各乡镇活动组组长、各委室主任列席会议。会议内容：一是审议通过县政协八届四次全会文件。二是提名苏敦合为县政协八届委员会秘书长，按有关程序提请县政协八届四次全会选举。增补杨希华、刘建春等9人为县政协八届委员会委员，免去王吉群、苏建华常务委员职务，撤销委员资格。撤销李国庆、修朝阳等4人委员资格。三是政协主席张海英讲话。

政协故城县第八届委员会常务委员会第十二次会议

县政协八届十二次常委会议于2010年4月8日在县招四楼会议室召开。会议由副主席周德全主持。县委常委、纪委书记何印强应邀出席会议，技术监督局、工商局、土管局、计划局、国税局、地税局、商务局、环保局、西苑项目区、夏庄项目区、营东项目区的负责同志、各乡镇活动组组长和各委室主任列席会议。会议内容：一是审议通过政协故城县委员会2010年工作要点和政协故城县委员会关于积极参与实施“三个年”活动，助推故城科学超常发展的决定；二是听取西苑、夏庄、营东三个项目区关于项目建设情况的工作汇报；三是马春章、秦迎春作会议发言；四是会议讨论；五是县委常委、纪委书记何印强讲话；六是政协主席张海英讲话。

政协故城县委员会2010年主要工作任务分解表

序号	主要内容	参加人员	承办单位	时间
1	制定县政协2010年工作要点，起草关于积极参与实施“三个年”活动，助推故城超常发展的决定		办公室	2月
2	做好市交办的近代、古代名人志收录和征编工作；做好《故城名人》一书的整理、出版工作；做好《马中锡》一书资料的收集整理工作	田登书、王一惠、刘洪勇、贾玉绪、李其刚	办公室 教科文卫委	全年
3	以科学发展观为指导，创建学习型、创新型、高效型政协机关	机关党员干部	办公室	
4	完善社情民意信息汇集、上报和跟踪反馈机制，为县委、县政府科学决策提供参考	田登书、白振中、段志诚、胡立华	提案委	
5	召开提案交办会	田登书、白振中、段志诚、胡立华	提案委	3月
6	按照县委工作部署，完成中华街包装改造工作	全体主席、有关单位和村委会及部分机关人员	办公室	3月底
7	召开县政八届十二次常委会议，通过2010年工作要点；关于积极参与实施“三个年”活动，助推故城超常发展的决定；通过围绕加快经济发展，转变招商方式，改善创优环境和建设项目成效议政建言	全体政协常委、各乡镇副书记、有关部门	办公室 经济委	4月上旬
8	①深入部分学校视察校园环境建设及学校规范化管理工作 ②召开教育系统绩效工资落实情况座谈会	教育界政协委员及机关有关人员、有关乡镇、中小学校长代表、教师代表	办公室	4月
9	就县城管理工作进行深入调研，并形成高质量的调研报告	部分政协常委、委员、有关部门及机关有关人员	办公室 经济委	5月
10	围绕县城建设、县城管理进行视察 召开政协八届十三次常委会议，就推进城建、环卫工作，打造省级先进生态城市协商议政。听取政府办关于委员提案办理工作情况的汇报	政协常委、委员、有关部门及机关有关人员 全体政协常委、各乡镇副书记、有关部门	办公室 经济委 提案委	6月底

续表

序号	主要内容	参加人员	承办单位	时间
11	召开新农合工作座谈会，深入听取各方面的意见和建议，为进一步完善新农合工作建议献策	县、乡卫生院部分院长、农民代表、新农合中心人员	办公室 教科文卫委	8月底
12	召开县政协八届十四次常委会议，围绕新民居工程、新农村建设、农业产业化开展协商议政活动，听取农业局、农委、畜牧局工作汇报	全体政协常委、各乡镇副书记、有关涉农部门、政府办	办公室 经济委	10月中旬
13	围绕食品、药品安全，生产销售监管开展视察活动	部分政协常委、委员、有关部门及机关部分人员	办公室 教科文卫委	10月
14	围绕充分发挥好行业协会作用、做大做强特色产业深入部分乡镇调研，并形成高质量的调研报告	办公室经济委	办公室 经济委	11月
15	视察交通和小城镇建设工作	部分政协常委、委员、有关部门及乡镇	办公室	11月
16	分组走访慰问县直及乡镇政协委员	全体主席、各委室	办公室	12月
17	总结2010年度政协各委室的工作，谋划下年度工作计划	各委室负责人	各委室	12月
18	召开县政协八届十五次常委会议。主题：审议通过政协八届五次全会有关文件	全体常委、各乡镇副书记、机关有关人员	各委室	12月
19	积极完成上级政协和县委交办的各项临时性工作	机关全体人员	各委室	全年

政协故城县第八届委员会常务委员会第十三次会议

县政协八届十三次常委议会于2010年6月30日在国税局五楼会议室召开。会议由副主席周德全主持。政府办、建设局、商务局、城区办、工商局、交通局、交警队的负责同志、各乡镇活动组组长和各委室主任列席会议。会议内容：一是听取政府办关于县政协八届四次全会以来提案办理进展情况的汇报和相关单位的工作汇报；二是焦桂云、朱桂华、王树军作会议发言；三是分组讨论；四是政协主席张海英讲话。

政协故城县第八届委员会常务委员会第十四次会议

县政协八届十四次常委会议于2010年10月12日在县招四楼会议室召开。会议由副主席周德全主持。县委常委、宣传部长于磊应邀出席会议，政府办、农工委、农业局、畜牧局、林业局、农联社、农业银行、城建局、水利局、开发办的负责同志、各乡镇活动组组长和各委室主任列席会议。会议内容：一是听取政府办关于县政协八届四次全会以来提案办理情况的工作汇报和相关部门的工作汇报；二是薛纯彬、冯月新、张志敏作会议发言；三是分组讨论；四是县委常委、宣传部长于磊讲话；五是政协主席张海英讲话。

政协故城县第八届委员会常务委员会第十五次会议

县政协八届十五次常委会议于2011年1月20日上午在县招四楼会议室召开。会议由副主席周德全主持。各乡镇活动组组长、各委室主任列席会议。会议内容：一是审议通过县政协八届五次全会文件；二是审议通过政协故城县委员会2011年工作要点；三是政协主席张海英讲话。

政协故城县委员会2011年主要工作任务分解表

序号	主要内容	参加人员	承办单位	时间
1	制定县政协2011年工作要点		办公室	1月
2	以科学发展观为指导，创建学习型、创新型、高效型政协机关	机关党员干部	办公室	全年
3	做好市政协交办的古代、近代名人志收录和征编工作	田登书、刘洪勇、贾玉绪	文史委	
4	完善社情民意信息汇集、上报和跟踪反馈机制，为县委、县政府科学决策提供参考	田登书、白振中、段志诚、胡立华	各委室	
5	召开县政协八届五次会议		各委室	2月
6	召开提案交办会	田登书、白振中、段志诚、胡立华	提案委	3月
7	深入一城三区，视察骨干企业运行情况，园区项目建设情况	部分企业界常委、委员、有关部门及机关人员	办公室 经济委	3月中旬
8	召开县政协八届十七次常委会，围绕加快工业项目建设，提升园区综合承载能力开展协商议政活动	全体政协常委、各乡镇副书记、有关部门负责人	办公室 经济委	4月中旬
9	以构建“平安故城”为主题，召开政法系统工作座谈会	部分政协常委、委员　相关职能部门	办公室	4月底
10	视察城建、交通工作	部分政协常委、委员　相关职能部门	办公室	5月中旬
11	深入部分乡镇视察新民居建设工作	部分政协常委、委员　相关职能部门	办公室	5月底
12	召开县政协八届十八次常委会，围绕推进新型城镇化建设，提升县城品位开展协商议政活动。听取政府办关于提案办理情况的汇报	全体政协常委、各乡镇副书记、有关部门负责人	办公室 经济委	6月中旬
13	围绕加强农村医疗网络建设和改水降氟工作开展视察	部分政协常委、委员，相关职能部门	办公室	6月下旬
14	围绕大力发展职业教育，为我县各类企业培育专业技术人才开展视察活动	部分政协常委、委员　相关职能部门	办公室 经济委	7月
15	组织部分政协委员及相关职能部门赴义乌、临沂等小商品批发市场，围绕借鉴外地经验，提升我县市场利用效率，进行实地考察活动，并形成高质量调研报告	部分政协常委、委员　相关职能部门以及有关工作人员	办公室 经济委	9月
16	召开县政协八届十九次常委会，就发展现代农业，加快农业产业化进程开展协商议政活动。听取政府办关于提案办理情况的汇报	全体政协常委、各乡镇副书记、有关部门负责人	办公室	10月中旬
17	召开县政协八届二十次常委会，准备县政协换届工作	全体政协常委、各乡镇副书记、有关部门负责人	各委室	12月
18	总结2011年各科室工作	各委室负责人	各委室	12月
19	积极完成上级政协和县委交给的各项临时性工作任务	机关全体人员	各委室	全年

政协故城县第八届委员会常务委员会第十六次会议

县政协八届十六次常委会议于2011年2月19日在县招四楼会议室召开。会议由副主席周德全主持，与会常委35人。各乡镇活动组组长、各委室主任列席会议。会议内容：一是提名增选傅琦、杨希华、刘文彬、王海君为县政协八届委员会常务委员，按照有关程序提请县政协八届五次全会选举。增补李树新、黄民毅等8人为县政协八届委员会委员。免去张洪德常务委员职务，撤销委员资格。撤销任玉芳、张子玉等4人委员资格。二是审议通过县政协八届五次全会选举办法。

政协故城县第八届委员会常务委员会第十七次会议

县政协八届十七次常委会议于2011年4月20日在电力局四楼会议室召开。会议由副主席周德全主持。县委常委、纪委书记何印强、政府副县长王洪臣应邀出席会议，工行、建行、农行、人行、联社、城建局、工商局、商务局、土管局、技术监督局、环保局、国税局、地税局、项目服务中心、西苑项目区、营东项目区、衡德工业园的负责同志、各乡镇活动组组长和各委室主任列席会议。会议内容：一是听取西苑、营东、衡德三个项目区关于项目建设情况的工作汇报；二是马春章、冯希恩、张希武作会议发言；三是会议讨论；四是县委常委、纪委书记何印强讲话；五是政府副县长王洪臣讲话；六是政协主席张海英讲话。

政协故城县第八届委员会常务委员会第十八次会议

县政协八届十八次常委会议于2011年7月6日在县招四楼会议室召开。会议由副主席周德全主持。政府副县长闫文举应邀出席会议，政府办、建设局、交通局、农工委、土管局的负责同志、各乡镇活动组组长和各委室主任列席会议。会议内容：一是听取政府办关于县政协八届五次全会以来提案办理情况的汇报和相关部门工作汇报；二是黄立杰、王树军作会议发言；三是会议讨论；四是传达学习中共中央办公厅转发《中共政协全国委员会党组〈关于中共中央关于加强人民政协工作的意见〉贯彻落实情况的报告》的通知；五是政府副县长闫文举讲话；六是政协主席张海英讲话。

政协故城县第八届委员会常务委员会第十九次会议

县政协八届十九次常委会议于2011年9月22日在县招四楼会议室召开。会议由副主席田登书主持。政府副县长徐占华应邀出席会议，政府办、林业局、畜牧局、水务局、农工委、农开办、农行、工商、质监局、农机局的负责同志、各乡镇活动组组长和各委室主任列席会议。会议内容：一是听取农业局、林业局、畜牧局等相关部门工作汇报；二是李春才、冯月新、刘洪绪作会议发言；三是会议讨论；四是政府副县长徐占华讲话；五是政协主席张海英讲话。

政协故城县第八届委员会常务委员会第二十次会议

县政协八届二十次常委会议于2011年12月26日在县招四楼会议室召开。会议由政协主席张海英主持。各乡镇活动组组长和各委室主任列席会议。会议内容：一是审议通过县政协九届一次全会文件；二是审议通过县政协九届一次全会议人事事项；三是政协主席张海英讲话。

第九节　政协故城县第九届委员会（2012.01—2017.02）

政协故城县第九届委员会共召开常务委员会议20次。五年来，先后就我县经济运行和重点项目建设、优化发展环境、发展现代农业、城建交通事业发展、提高教育教学质量、卫生体制改革等重大课题组织召开县政协常委会议，常委们针对相关课题，提出富有建设性的意见和建议 180 多条，同时，形成协商报告 5 个、专题发言材料 15 篇，这些专题协商成果分别以会议纪要、建议案、《故城政协》信息等形式报送党委政府领导后，得到了县委、县政府的积极采纳。

政协故城县第九届委员会常务委员会第一次会议

县政协九届一次常委会议于 2012 年 3 月 29 日在县招四楼会议室召开。会议由副主席周德全主持。政府副县长马立俊应邀出席会议，营东新区管委会、西苑园区、衡德工业园、金宝产业园、商务局、国税局、地税局、工行、建行、农行、联社、农发行负责同志、各乡镇活动组组长和各委室主任列席会议。会议内容：一是听取相关部门工作汇报；二是政府副县长马立俊讲话；三是会议讨论；四是审议通过政协故城县委员会 2012 年工作要点；五是审议通过《政协故城县委员会关于加强委员管理，发挥委员主体作用的办法》；六是通报段志诚任政协办公室主任，会议决定李凤展任经济委主任。苏敦合不在担任政协秘书长、办公室主任职务；七是会议决定政协故城县第九届委员会主席、副主席分工安排；八是政协主席张海英讲话。

2015 年 4 月，政协故城县第九届委员会第十三次常委会

附录 1

政协故城县第九届委员会主席、副主席分工安排

政协主席张海英负责政协全面工作。

周德全副主席负责政协机关办公室、提案委，联系：政府办、人大办、统战部、应急办、人防、政务中心、教育体育局、卫生局、建设局、审计局、物价局、档案局、计生局、科协、工会、青年团、妇联会、县医院、新农合、郑口中学、职教中心、外事办、侨办、农业局、林业局、水务局、畜牧局、农机局、农开办、供销社、气象局、河务局、安检局、食品药品监督管理局、信访局、公安、法院、检察院、司法局、监察局、营东项目区。

刘三林副主席负责经济委，联系：财政局、国税局、地税局、体改办、商务局、统计局、经发局、住房公积金、银监局、人民银行、农行、工商行、农发行、邮政储蓄银行、农村信用联社、太平洋保险、人保、财保、重点项目办、西苑项目区、土地局、工信局、石油公司。

李希旺副主席负责文史委，联系：组织部、人武部、人事和社会保障局、县直工委、老干局、农工委、电力局、文广新局、烟草局、交通局、民政局、残联、粮食局、科技局、工商局、质监局、环保局、衡德工业园、邮政局、网通公司、移动公司、电信公司。

附录 2

政协故城县委员会 2012 年主要工作任务分解表

序号	主要内容	参加人员	承办单位	时间
1	制定县政协 2012 年工作要点		办公室	1月
2	以科学发展观为指导，创建学习型、创新型、高效型政协机关	机关全体人员	办公室	全年
3	做好《故城人物志》的整理、出版工作；做好《运河文化资料》的搜集、整理工作	周德全　刘洪勇　贾玉绪	文史委	
4	完善社情民意信息汇集、上报和跟踪反馈机制，为县委、县政府科学决策提供参考	机关全体人员	各委室	
5	召开提案交办会	周德全　白振中　胡立华	提案委	2月上旬
6	围绕“深挖历史文化资源，打造运河文化名城”召开文史工作座谈会，做好《漫步运河》《故城地名文化汇编》两书文史资料、民俗文化的相关筹备工作	部分政协委员、相关知名人士	办公室 文史委	2月中旬
7	视察一城三区骨干企业运行情况，园区项目建设情况	部分政协常委、委员　相关职能部门负责人	办公室 经济委	3月中旬
8	召开县政协九届一次常委会，通过县政协 2012 年工作要点；围绕加快项目建设，提高招商实效，促进工业经济发展提速，开展协商议政活动	全体政协常委、各乡镇副书记、部门负责人	办公室 经济委	3月下旬
9	围绕全力打造“中国北方国际裘皮城”，召开裘皮裘革产业座谈会	部分政协常委、委员　相关职能部门负责人	办公室 经济委	4月上旬
10	视察我县教育基础设施建设情况	部分政协常委、委员　相关职能部门负责人	办公室 文史委	5月中旬
11	视察饮用水安全和改水降氟工作	部分政协常委、委员　相关职能部门负责人	办公室 文史委	6月中旬
12	召开县政协九届二次常委会，围绕发展现代农业，加快农产业化进程开展协商议政活动。听取政府办提案办理情况的汇报	全体政协常委各乡镇副书记有关部门负责人	办公室 提案委	6月下旬
13	围绕借鉴外地经验，打造“中国北方国际裘皮城”赴海宁、肃宁、辛集等地开展考察活动，并形成高质量调研报告	部分政协常委、委员　相关职能部门负责人机关有关工作人员	办公室 经济委	7月

续表

序号	主要内容	参加人员	承办单位	时间
14	视察县城建设及新民居工作	部分政协常委、委员　相关职能部门负责人	办公室	9月中旬
15	召开县政协九届三次常委会，围绕加快城镇化建设，提升县城品位开展协商议政活动。听取政府办提案办理情况的汇报	全体政协常委、乡镇副书记、有关部门负责人	办公室 提案委	10月中旬
16	分组走访慰问县直及乡镇政协委员	全体主席、委室负责人	各委室	12月
17	召开县政协九届四次常委会，准备县政协九届二次全体会议	全体政协常委、乡镇副书记	各委室	12月
18	总结2012年各委室工作	各委室负责人	各委室	12月
19	积极完成上级政协和县委交给的各项临时性工作任务	机关全体人员	各委室	全年

政协故城县第九届委员会常务委员会第二次会议

县政协九届二次常委会议于2012年6月28日在县招四楼会议室召开。会议由副主席周德全主持。政府副县长徐占华应邀出席会议，政府办、农工委、农开办、农牧局、林业局、水务局、农机局负责同志、各乡镇活动组组长和各委室主任列席会议。会议内容：一是听取政府办关于九届一次全会以来提案办理进展情况的汇报和相关单位的工作汇报；二是委员交流发言；三是会议讨论；四是政府副县长徐占华讲话；五是政协主席张海英讲话。

政协故城县第九届委员会常务委员会第三次会议

县政协九届三次常委会议于2012年10月31日在县招四楼会议室召开。会议由副主席周德全主持。政府副县长史立朝应邀出席会议，政府办、农工委、建设局、交通局、郑口镇负责同志、各乡镇活动组组长和各委室主任列席会议。会议内容：一是听取政府办关于县政协九届一次全会以来提案办理情况的汇报及相关单位的工作汇报；二是会议讨论；三是政府副县长史立朝讲话；四是政协主席张海英讲话。

政协故城县第九届委员会常务委员会第四次会议

县政协九届四次常委会议于2013年3月8日在县招四楼会议室召开。会议由副主席周德全主持。各乡镇活动组组长和各委室主任列席会议。会议内容：一是审议通过县政协九届二次全会文件；二是增补李明亮、王德伟等11人为县政协九届委员会委员，撤销李建华、周加华等6人委员资格；三是政协主席张海英讲话。

政协故城县第九届委员会常务委员会第五次会议

县政协九届五次常委会议于2013年5月23日上午在县招四楼会议室召开。会议由副主席周德全主持。政府副县长马立俊应邀出席会议，营东新区管委会、西苑园区、衡德工业园、金宝产业园、商务局、工商局、环保局、质检局、国土局、建设局、国税局、地税局负责同志、各乡镇活动组组长和各委室主任列席会议。会议内容：一是审议并通过政协故城县委员会2013年工作要点；二是听取营东新区、西苑工业园、衡德工业园、金宝产业园关于项目建设情况的工作汇报；三是庚同祥、刁振水、孟祥辉、胡树凯作会议发言；四是会议讨论；五是政府副县长马立俊讲话；六是政协主席张海英讲话。

附录 3

政协故城县委员会 2013 年主要工作任务分解表

序号	主要内容	参加人员	承办单位	时间
1	制定县政协 2013 年工作要点		办公室	1 月
2	以科学发展观和党的十八大精神为指导，创建学习型、创新型、高效型政协机关	机关全体人员	各委室	全年
3	做好《运河文化资料》的搜集、整理工作	李希旺　王一惠　刘洪勇	文史委	
4	完善社情民意信息汇集、上报和跟踪反馈机制，为县委、县政府科学决策提供参考	机关全体人员	各委室	
5	组织部分政协委员，协助政府搞好县城卫生评比活动	部分政协常委、委员	办公室	全年
6	召开提案交办会	周德全　白振中　胡立华	提案委	5 月中旬
7	召开我县一城三区两园企业负责人座谈会	部分政协常委委员、部门负责人	办公室 经济委	5 月中旬
8	召开县政协九届五次常委会，围绕加快项目建设，推动重点产业优化升级，促进工业经济发展提速，开展协商议政活动	全体政协常委、各乡镇副书记、部门负责人	办公室 经济委	5 月下旬
9	围绕创建新型文明和谐社区召开座谈会	部分政协常委、委员，部门负责人	办公室	6 月上旬
10	视察我县农业专业合作社、土地承包大户及畜牧养殖发展情况	部分政协常委、委员部门负责人	办公室	6 月中旬
11	召开县政协九届六次常委会，围绕大力发展农业专业合作社、加快土地流转，推进农产业化进程开展协商议政活动	全体政协常委、各乡镇副书记部门负责人	办公室	6 月底
12	视察城建交通工作	部分政协常委、委员部门负责人	办公室	9 月
13	召开县政协九届七次常委会，围绕促进城建交通事业发展，加快我县县城建设开展协商议政活动。听取政府办提案办理情况的汇报	全体政协常委、各乡镇副书记、部门负责人	办公室	10 月中旬
14	分组走访慰问县直及乡镇政协委员	全体主席委室负责人	各委室	12 月
15	召开县政协九届八次常委会，筹备县政协九届三次全体会议	全体政协常委、乡镇副书记	各委室	12 月
16	总结 2013 年各科室工作	委室负责人	各委室	12 月
17	积极完成上级政协和县委交给的各项临时性工作任务	机关全体人员	各委室	全年

政协故城县第九届委员会常务委员会第六次会议

县政协九届六次常委会议于 2013 年 7 月 19 日在国税局五楼会议室召开。会议由副主席周德全主持。农工委、农开办、农牧局、林业局、水务局、畜牧局、农机局、县社负责同志、各乡镇活动组组长和各委室主任列席会议。会议内容：一是听取农工委、农开办、农牧局等相关单位工作汇报；二是会议讨论；三是政协主席张海英讲话。

政协故城县第九届委员会常务委员会第七次会议

县政协九届七次常委会议于2013年10月24日在县招四楼会议室召开。会议由副主席刘三林主持。政府副县长史立朝应邀出席会议，政府办、农工委、建设局、交通局、环保局工商局、林业局、交警队、衡德工业园、营东新区管委会负责同志、各乡镇活动组组长和各委室主任列席会议。会议内容：一是听取政府办关于县政协九届二次全会以来提案办理情况的汇报及相关单位的工作汇报；二是宣平侠、黄立杰、孔维亮作会议发言；三是会议讨论；四是政府副县长史立朝讲话；五是政协主席张海英讲话。

政协故城县第九届委员会常务委员会第八次会议

县政协九届八次常委会议于2014年1月24日在政务中心二楼会议室召开。会议由副主席李希旺主持。各乡镇活动组组长和各委室主任列席会议。会议内容：一是审议通过县政协九届三次全会文件；二是增补曾金旺、陈砚祥等14人为县政协九届委员会委员，撤销王国屯、谭广印等9人委员资格；三是政协主席张海英讲话。

政协故城县第九届委员会常务委员会第九次会议

县政协九届九次常委会议于2014年4月16日在政务中心二楼会议室召开。会议由副主席周德全主持。政府副县长徐长彬应邀出席会议，营东新区、西苑工业园、衡德工业园、金宝产业园、环保局、发改局、商务局、工商局、质检局、国土局、工信局、国税局、地税局、农发行、农行、工行、建行、农联社、邮政银行、衡水商业银行等部门负责同志、各乡镇活动组组长和各委室主任列席会议。会议内容：一是审议并通过政协故城县委员会2014年工作要点；二是听取营东新区、西苑工业园等相关单位工作汇报；三是会议讨论；四是政府副县长徐长彬讲话；五是政协主席张海英讲话。

附录4

政协故城县委员会2014年主要工作任务分解表

序号	主要内容	参加人员	承办单位	时间
1	制定县政协2014年工作要点		办公室	1月
2	按照县委统一部署，扎实开展党的群众路线教育实践活动	机关全体人员	各委室	1—9月
3	组织召开县政协九届三次全体会议	全体县政协委员及列席人员	各委室及相关部门	2月
4	围绕创建学习型、创新型、服务型政协机关，充分运用会议、专题培训、座谈等形式，不断提升广大政协委员及机关全体干部的政治理论水平	机关全体人员　全体委员	各委室	全年
5	做好《马中锡文集选编》《故城名人录》《故城村名文化汇编》三书的编辑出版工作	李希旺、王一惠、刘洪勇	文史委	
6	组织召开提案交办会	周德全、白振中、胡立华	提案委	4月初
7	视察我县工业经济发展情况：①一城三区重点项目建设情况；②部分企业污染治理情况	部分政协常委、委员　相关职能部门负责人	办公室 经济委	4月初

续表

序号	主要内容	参加人员	承办单位	时间
8	召开县政协九届九次常委会，围绕加快项目建设，推动重点产业转型升级，促进我县工业经济增速提效开展协商议政	全体政协常委　各乡镇副书记　有关部门负责人	办公室 经济委	4月中旬
9	视察我县农业发展情况：①东大洼现代农业园规划建设情况；②部分种植、养殖专业合作发展情况；③乡镇土地流转典型	部分政协委员　职能部门负责人	办公室	5月中旬
10	召开县政协九届十次常委会，围绕创新土地流转形式，加快我县现代农业发展步伐开展协商议政活动	全体政协常委　各乡镇副书记　有关部门负责人	办公室	6月底
11	组织部分政协委员就重点提案开展督办视察活动	部分政协委员　职能部门负责人	提案委	7月中旬
12	视察我县城建工作：①城北新区规划建设情况；②四个拆迁现场进展情况	部分政协委员　职能部门负责人	办公室	8月中旬
13	视察我县文教卫生工作：重点学校食堂管理及基础设施建设情况；新农合运行发展情况；部分民营医院发展情况	部分政协委员　职能部门负责人	办公室	9月中旬
14	视察我县农村面貌改造提升工作	部分政协委员　职能部门负责人	办公室	10月上旬
15	召开县政协九届十一次常委会，听取政府办提案办理情况；围绕进一步完善城市功能，提升县城规划建设水平，加快推进我县新型城镇化建设进程开展协商议政	全体政协常委　各乡镇副书记　有关部门负责人	办公室	10月中旬
16	视察我县交通及农田水利建设工作：衡德高速故城支线及引线、邢德路东段养护改造工程等重点交通项目建设；农村农田水利基础设施建设	部分政协委员　职能部门负责人	办公室	11月中旬
17	组织召开2014年度政协委员民主评议活动	部分政协委员　职能部门负责人	各委室	12月
18	分组走访慰问县直及乡镇政协委员	全体主席　各委室负责人	各委室	12月
19	召开县政协九届十二次常委会，筹备县政协九届四次全体会议	全体政协常委　各乡镇副书记	各委室	12月
20	总结2014年各科室工作	各委室负责人	各委室	12月
21	积极完成上级政协和县委交办的各项临时性工作任务	机关全体人员	各委室	全年

政协故城县第九届委员会常务委员会第十次会议

县政协九届十次常委会议于2014年6月27日在政务中心二楼会议室召开。会议由副主席周德全主持。政府副县长徐占华应邀出席会议，政府办、农工委、农开办、农牧局、林业局、水务局、畜牧局、农机局、环保局、联社、农行、农发行、县社等部门负责同志、各乡镇活动组组长和各委室主任列席会议。会议内容：一是听取2014年上半年经济运行情况通报；二是听取政府办关于县政协九届三次全会以来提案办理情况汇报及相关部门工作情况汇报；三是会议讨论；四是政协主席张海英讲话。

政协故城县第九届委员会常务委员会第十一次会议

县政协九届十一次常委会议于2014年11月14日在政务中心二楼会议室召开。会议由副主席周德全主持。政府副县长史立朝应邀出席会议，住建局、城管办、城区办、交通局负责同志、各乡镇活动组组长和各委室主任列席会议。会议内容：一是听取住建局、城管办、城区办、交通局工作汇报；二是会议讨论；三是政府副县长史立朝讲话；四是政协主席张海英讲话。

政协故城县第九届委员会常务委员会第十二次会议

县政协九届十二次常委会议于2015年2月26日在政务中心二楼会议室召开。会议由副主席周德全主持。各乡镇活动组组长、各委室主任列席会议。会议内容：一是审议通过县政协九届四次全会有关文件；二是增补李强、林勇等10人为县政协九届委员会委员，撤销和俊伟、李延辉等9人委员资格；三是政协主席张海英讲话。

政协故城县第九届委员会常务委员会第十三次会议

县政协九届十三次常委会议于2015年4月24日在政务中心二楼会议室召开。会议由副主席刘三林主持。政府副县长王立峰应邀出席会议，营东管委会、高新技术开发区、衡德工业园、环保局、发改局、商务局、工商局、质检局、国土局、工信局、国税局、地税局、农发行、农行、工行、建行、农联社、邮政银行、衡水商业银行等部门负责同志、各乡镇活动组组长和各委室主任列席会议。会议内容：一是审议通过政协故城县委员会2015年工作要点；二是听取营东新区、高新技术开发区等相关单位工作汇报；三是会议讨论；四是政府副县长王立峰讲话；五是政协主席张海英讲话。

附录5

政协故城县委员会2015年主要工作任务分解表

序号	主要内容	参加人员	承办单位	时间
1	以党的十八届三中、四中全会和省、市、县委全会精神为指导，创建学习型、创新型、服务型政协机关，充分运用会议、专题培训、座谈等形式，不断提升广大政协委员及机关全体干部的政治理论水平，为政协全面履职夯实基础	机关全体人员　全体委员	各委室	全年
2	完成《马中锡文集选编》一书的编撰出版工作；做好《故城名人录》《故城村名文化汇编》两书的编撰工作	李希旺　王一惠	办公室 文史委	
3	制定县政协2015年工作要点		办公室	1月
4	召开县政协九届十二次常委会，筹备县政协九届四次全体会议	全体政协常委　各乡镇副书记　机关有关工作人员	各委室	2月

续表

序号	主要内容	参加人员	承办单位	时间
5	组织召开县政协九届四次全体会议	全体委员及列席人员	各委室及相关部门	3月初
6	组织召开提案交办会	周德全　白振中	办公室 提案委	3月下旬
7	视察我县工业项目建设情况：①衡德、高新区、营东招商引资情况；②重点产业转型升级情况	刘三林　李凤展	办公室 经济委	4月上旬
8	召开县政协九届十三次常委会，围绕加快项目建设，推动重点产业转型升级，促进我县工业经济增速提效开展协商议政活动	全体政协常委　各乡镇副书记　有关部门负责人　机关有关工作人员	办公室 经济委	4月中旬
9	视察调研我县民政事业发展、低保落实情况	部分政协常委、委员　有关部门负责人　机关有关工作人员	办公室 经济委	5月上旬
10	视察我县农业发展情况：①东大洼现代农业园规划建设情况；②地下水超采综合治理情况；③农村农田水利基础设施建设情况；④调研关于土地确权发证试点情况	部分政协常委、委员　有关部门负责人　机关有关工作人员	办公室	5月下旬
11	召开县政协九届十四次常委会，听取政府办提案办理情况；围绕打造示范园区、发展规模农业，加快我县农业产业化发展步伐开展协商议政活动	全体政协常委　各乡镇副书记　有关部门负责人　机关有关工作人员	办公室	6月中旬
12	组织部分政协委员就重点提案开展督办视察活动	部分政协常委、委员　有关部门负责人　机关有关工作人员	办公室 提案委	7月上旬
13	视察我县政务服务中心各单位窗口工作情况	部分政协常委、委员　有关部门负责人　机关有关工作人员	办公室	7月下旬
14	视察我县法院审判工作	部分政协常委、委员　有关部门负责人　机关有关工作人员	办公室	8月中旬
15	视察我县城建、交通工作：①衡德高速支线建设情况；②邢德公路改造工程	部分政协常委、委员　有关部门负责人　机关有关工作人员	办公室	9月下旬
16	视察我县园林县城建设情况	部分政协常委、委员　有关部门负责人　机关有关工作人员	办公室	10月上旬
17	召开县政协九届十五次常委会，通报民生服务保障工作调研报告和土地确权试点情况调研报告；围绕创建省级园林县城，改善城乡面貌开展协商议政活动	全体政协常委　各乡镇副书记　有关部门负责人　机关有关工作人员	办公室	10月中旬
18	视察我县文教卫生工作：①学校基础设施建设情况；②公立医院改革情况	部分政协常委、委员　有关职能部门负责人　机关有关工作人员	办公室	11月中旬
19	组织召开2015年度政协委员民主评议活动	部分政协常委、委员　有关部门负责人　机关有关工作人员	各委室	12月
20	分组走访慰问县直及乡镇政协委员	全体主席　各委室负责人　机关有关工作人员	各委室	12月

续表

序号	主要内容	参加人员	承办单位	时间
21	召开县政协九届十六次常委会，筹备县政协九届五次全体会议	全体政协常委　各乡镇副书记　机关有关工作人员	各委室	12月
22	总结2015年各科室工作	各委室负责人	各委室	12月
23	积极完成上级政协和县委交办的各项临时性工作任务	机关全体人员	各委室	全年

政协故城县第九届委员会常务委员会第十四次会议

县政协九届十四次常委会议于2015年7月9日在政协三楼会议室召开。会议由副主席刘三林主持。县委常委、政府副县长王立峰、政府党组成员李善群应邀出席会议，政府办、农工委、农开办、农牧局、林业局、水务局、畜牧局、农机局、县社、联社、农行、农发行、商业银行等部门负责同志、各乡镇活动组组长和各委室主任列席会议。会议内容：一是听取2015年上半年经济运行情况通报；二是听取政府办关于县政协九届四次全会以来提案办理情况汇报及相关部门工作汇报；三是会议讨论；四是县政府领导讲话；五是政协主席张海英讲话。

政协故城县第九届委员会常务委员会第十五次会议

县政协九届十五次常委会议于2015年11月20日在政协三楼会议室召开。会议由副主席周德全主持。民政局、国土局、农工委、住建局、城管局、林业局等部门负责同志、各乡镇活动组组长和各委室主任列席会议。会议内容：一是听取各相关部门工作汇报；二是听取我县农村低保工作现状及对策建议、农村土地确权颁证工作的现状调查及对策建议、农村宅基地使用权确权登记发证工作的对策及建议；三是会议讨论；四是政协主席张海英讲话。

政协故城县第九届委员会常务委员会第十六次会议

县政协九届十六次常委会议于2016年2月1日上午在政协三楼会议室召开。会议由副主席周德全主持。各乡镇活动组组长和各委室主任列席会议。会议内容：一是审议通过县政协九届五次全会文件。二是增补刘广正、郭长青等5人为县政协九届委员会委员，提名增选刘广正为县政协九届委员会常务委员，按照有关程序提请县政协九届五次全会选举，免去何云林、宛闽生、杨希华、崔广兴常务委员职务，撤销委员资格。撤销李伟、马清城等7人委员资格。三是政协主席张海英讲话。

政协故城县第九届委员会常务委员会第十七次会议

县政协九届十七次常委会议于2016年4月26日在政协三楼会议室召开。会议由副主席李希旺主持。政府副县长徐长彬应邀出席会议，营东管委会、高新技术开发区、衡德工业园、环保局、发改局、商务局、工商局、国土局、工信局、国税局、地税局、农发行、农行、工行、建行、农联社、邮政银行、中国银行、衡水银行等部门负责同志、各乡镇活动组组长和各委室主任列席会议。会议内容：一是听取营东新区、高新技术开发区、衡德工业园关于经济运行、招商引资、项目建设情况的工作汇报；二是听取商务局关于全县招商引资情况汇报；听取工信局关于全县工业经济运行情况汇报；三是会议讨论；四是政府副县长徐长彬讲话；五是政协主席张海英讲话。会议下发2016年工作要点。

附录 6

政协故城县委员会 2016 年主要工作任务分解表

序号	主要内容	参加人员	承办单位	时间
1	以党的十八大、十八届五中全会和省、市、县委全会精神为指导，创建学习型、创新型、服务型政协机关，充分运用会议、专题培训、座谈等形式，不断提升广大政协委员及机关全体干部的政治理论水平。整顿机关工作作风，为政协全面履职夯实基础	机关全体人员　全体委员	各委室	全年
2	制定县政协 2016 年工作要点		办公室	2 月
3	召开县政协九届十六次常委会，筹备县政协九届五次全体会议	全体政协常委　各乡镇活动组长　有关工作人员	各委室	2 月
4	组织召开县政协九届五次全体会议	全体委员及列席人员	各委室及相关部门	2 月
5	组织召开提案交办会	周德全　白振中　胡立华	提案委办公室	3 月下旬
6	完成《马中锡文稿选译》《今日故城摄影集》两书的整理出版工作；围绕“文化产业发展情况”开展调研	李希旺　王一惠　贾玉绪	文史委办公室	3 月 下旬
7	围绕“提升企业管理水平”组织部分企业界人士召开专题培训会	部分经济界委员　有关工作人员	经济委办公室	4 月中旬
8	召开县政协九届十七次常委会，围绕优化经济发展环境，提速项目建设进度，促进我县经济发展提质增效开展协商议政活动	全体政协常委　各乡镇活动组长　有关部门负责人　有关工作人员	办公室	4 月下旬
9	视察我县农业发展情况：①现代农业发展中的亮点；②农业产业链延伸情况；③围绕“加快发展现代农业”开展调研	部分政协常委、委员　有关部门负责人　有关工作人员	经济委办公室	5 月下旬
10	组织政协委员就重点提案开展督办视察活动	部分政协常委、委员　有关部门负责人　有关工作人员	提案委办公室	6 月上旬
11	①视察我县金融部门工作情况；②听取政府“四平台”融资工作汇报	部分政协常委、委员　有关部门负责人　有关工作人员	经济委办公室	6 月下旬
12	召开县政协九届十八次常委会，听取政府上半年经济运行情况通报和政府办提案办理情况；围绕打造示范园区、延伸农业链条，加快建设现代农业强县开展协商议政活动	全体政协常委　各乡镇活动组长　有关部门负责人　有关工作人员	办公室	7 月上旬
13	视察我县城建交通工作：①县城城市功能建设情况；②城区供水、供暖建设情况；③交通情况建设情况	部分政协常委、委员　有关部门负责人　有关工作人员	经济委办公室	8 月下旬

续表

序号	主要内容	参加人员	承办单位	时间
14	视察我县文教卫生工作：①学校基础设施建设情况；②医疗保障体系建设情况	部分政协常委、委员 有关部门负责人 有关工作人员	文史委办公室	9月下旬
15	视察我县精准扶贫工程、美丽乡村建设开展情况	部分政协常委、委员 有关部门负责人 有关工作人员	经济委办公室	10月上旬
16	召开县政协九届十九次常委会，听取县政协关于文化产业和加快现代农业的调研报告；围绕聚力精准扶贫、美丽乡村建设，加快城建、交通发展步伐，改造提升城乡面貌开展协商议政活动	全体政协常委 各乡镇活动组长 有关部门负责人 有关工作人员	办公室	10月下旬
17	视察我县电子商务发展情况	部分政协常委、委员 有关部门负责人 有关工作人员	经济委办公室	11月中旬
18	组织召开2016年度政协委员民主评议活动	部分政协常委、委员 有关部门负责人 有关工作人员	各委室	12月
19	慰问县直及乡镇政协委员	全体主席 各委室负责人 有关工作人员	各委室	12月
20	召开县政协九届二十次常委会，筹备县政协十届一次全体会议	全体政协常委 各乡镇活动组长 有关工作人员	各委室	12月
21	总结2016年各科室工作	各委室负责人	各委室	12月
22	积极完成上级政协和县委交办的各项工作任务	机关全体人员	各委室	全年

政协故城县第九届委员会常务委员会第十八次会议

县政协九届十八次常委会议于2016年7月20日在政协二楼会议室召开。会议由副主席李希旺主持。县委常委、政府常务副县长王立峰、政府党组成员李善群应邀出席会议，政府办、农工委、农开办、农业局、林业局、水务局、畜牧局、农机局、县社、农联社、农行、农发行、东大洼管理办公室、政务中心等部门负责同志、各乡镇活动组组长和各委室主任列席会议。会议内容：一是听取2016年上半年经济运行情况通报；二是听取政府办关于县政协九届五次全会以来提案办理情况的汇报及其他相关部门的工作汇报；三是会议讨论；四是县委常委、政府常务副县长王立峰讲话；五是政协主席张海英讲话。

政协故城县第九届委员会常务委员会第十九次会议

县政协九届十九次常委会议于2016年12月1日在政协二楼会议室召开。会议由副主席刘二林主持。县委副书记王立峰应邀出席会议，城管局、住建局、交通局、扶贫办、美丽办等部门负责同志、各乡镇活动组组长和各委室主任列席会议。会议内容：一是审议通过中国人民政治协商会议故城县委员会提案工作条例（草案）；二是听取各相关部门工作汇报；三是会议讨论；四是县委副书记王立峰同志讲话；五是政协主席张海英讲话。

政协故城县第九届委员会常务委员会第二十次会议

县政协九届二十次常委会议于2017年2月8日在政协三楼会议室召开，与会常委36人。会议由副主席周德全主持。组织部副部长周文君、各乡镇活动组组长和各委室主任列席会议。会议内容：一是审议通过县政协十届一次全会文件；二是审议通过县政协十届一次全会的有关人事事项；三是政协主席张海英讲话。

第十节　政协故城县第十届委员会（2017.02—2021.07）

政协故城县第十届委员会共召开常务委员会议20次。根据县委工作部署和县政协工作要点的安排，围绕民营经济发展、优化营商环境、大运河文化带建设、乡村振兴战略实施和人民群众关注的教育医疗、城建交通、环境卫生、农村基础设施建设、小区物业管理等热点、难点问题，召开常委会议，形成建议案、调研报告55篇，报送县委、县政府。

政协故城县第十届委员会常务委员会第一次会议

县政协十届一次常委会议于2017年5月11日在县政协一楼常委会议室召开。会议由副主席周德全主持。各乡镇活动组组长和各委室主任列席会议。会议内容：一是审议通过政协故城县委员会2017年工作要点；二是增补刁振水为县政协十届委员会委员；三是会议决定政协故城县第十届委员会主席、副主席分工安排；四是政协主席史立朝讲话。

附录1

政协故城县第十届委员会主席、副主席分工安排

史立朝主席主持政协全面工作。

周德全副主席（北京招商）分管提案委。联系部门（17个）：

衡德工业园、高新区、营东新区、商务局、城区办、政务中心、气象局、河务局、石化公司、邮政局、烟草局、电力局、人保财险、中国人寿、网通公司、移动公司、电信公司

郭金玉副主席分管办公室。联系部门（22个）：

县委办、人大办、政府办、检察院、法院、政法委、公安局、纪委、人武部、组织部、宣传部、农工委、统战部、工商联、司法局、信访局、人社局、住建局、城管局、交通局、安监局、审计局

王连彬副主席分管经济委。联系部门（20个）：

财政局、国土局、发改局、统计局、工信局、环保局、县社、国税局、地税局、美丽办、扶贫办、人行、建行、农行、工行、农发行、农联社、邮政银行、商业银行、中国银行

关志清副主席分管教科文卫委。联系部门（17个）：

工会、团县委、妇联、科协、县直工委、党校、老干局、残联、编委办、教体局、卫计局、农林局、电视台、文广新局、民政局、食市监局、水务局

注：县委、县政府、政协组织的各种会议按联系单位由各位副主席参加，对没有明确单位、没有归口业务的各种会议及活动由各位副主席轮流参加。

县政协AB角：

周德全　郭金玉

王连彬　关志清

附录 2

政协故城县委员会 2017 年主要工作任务分解表

序号	主要内容	参加人员	承办单位	备注
1	按照“带队伍严管厚爱、抓管理精益求精、干工作事争一流”的要求，大力加强政协机关建设。巩固“两学一做”、机关作风整顿活动成果，切实改进工作作风、提高工作效能；进一步推进机关工作的制度化、规范化和程序化，建立健全各项规章制度；围绕政协各项业务知识对政协委员进行 4—6 次培训	机关全体人员　全体政协委员	各委室	全年
2	召开县政协九届二十次常委会，议题：筹备县政协十届一次全体会议	全体政协常委　各乡镇副书记　机关工作人员	各委室	2 月
3	组织召开县政协十届一次全体会议	全体委员及列席人员	各委室及相关部门	2 月
4	就加快全县产业转型升级开展调研	部分经济界委员　机关工作人员	经济委办公室	自二季度开始
5	组织召开提案交办会	周德全　白振中	提案委办公室	二季度
6	召开县政协十届一次常委会。议题：审议通过《政协故城县委员会 2017 年工作要点》	全体政协常委　各乡镇副书记　机关工作人员	办公室	二季度
7	围绕加快项目建设、加强环境保护开展视察活动	部分经济界委员　机关工作人员	经济委办公室	二季度
9	组织政协委员就重点提案开展督办视察活动	部分政协常委、委员　有关职能部门负责人　机关工作人员	提案委办公室	三季度
10	召开县政协十届二次常委会。议题：（1）听取政府办提案办理情况；（2）协商审议加快全县产业转型升级的调研报告；（3）听取相关政府职能部门汇报，围绕加快项目建设开展协商议政活动	全体政协常委　各乡镇副书记　机关工作人员	办公室	三季度
11	围绕发展现代高效农业，提升现代农业园区开展视察活动	部分政协常委、委员　有关部门负责人　机关工作人员	经济委办公室	三季度
12	围绕改善城乡面貌、提高城乡居民生活水平开展视察活动	部分政协常委、委员　有关部门负责人　机关工作人员	办公室	三季度
13	召开县政协十届三次常委会。议题：围绕发展现代高效农业开展协商议政活动	全体政协常委　各乡镇副书记　有关部门负责人　机关工作人员	办公室	四季度
14	围绕学校基础设施建设情况、医药卫生体制改革情况开展视察活动	部分政协常委、委员　有关部门负责人　机关工作人员	教科文卫委办公室	四季度
15	组织召开 2017 年度政协委员民主评议活动	部分政协常委、委员　有关职能部门负责人　机关工作人员	办公室	12 月
16	分组走访慰问县直及乡镇政协委员	全体主席　各委室负责人　机关工作人员	各委室	12 月

续表

序号	主要内容	参加人员	承办单位	备注
17	召开县政协十届四次常委会。议题：筹备县政协十届二次全体会议	全体政协常委　各乡镇副书记　机关工作人员	办公室	四季度
18	总结2017年各委室工作	各委室负责人	各委室	12月
19	积极完成上级政协和县委交办的各项工作任务	机关全体人员	各委室	全年

政协故城县第十届委员会常务委员会第二次会议

县政协十届二次常委会议于2017年8月8日在县政协一楼常委会议室召开。会议由副主席周德全主持。政府副县长秦迎春应邀出席会议，政府办、民政局、工信局、商务局、房庄乡、三朗乡主要负责人、各乡镇活动组组长和各委室主任列席会议。会议内容：一是听取县政府办公室关于县政协十届一次全会以来提案办理情况的汇报；二是审议通过县政协关于推进我县工业转型升级的调研报告；三是审议通过县民政局关于房庄乡、三朗乡撤乡设镇的报告；四是会议讨论；五是县政府副县长秦迎春讲话；六是政协主席史立朝讲话。

政协故城县第十届委员会常务委员会第三次会议

县政协十届三次常委会议于2017年12月25日在县政协一楼常委会议室召开。会议由副主席周德全主持。政府副县长李洪杰应邀出席会议，教体局、卫计局、农林局主要负责人、各乡镇活动组组长和各委室主任列席会议。会议内容：一是共同视察了县医院医联体、病房楼建设情况、郑口中学食堂卫生情况、郑口镇第二小学基础设施建设情况；二是听取教体局、卫计局、农林局的工作汇报；三是会议讨论；四是撤销郭金玉、李世文委员资格；五是政府副县长李洪杰讲话；六是政协主席史立朝讲话。

政协故城县第十届委员会常务委员会第四次会议

县政协十届四次常委会议于2018年1月26日在县政协一楼常委会议室召开。会议由副主席王连彬主持。各乡镇活动组组长和各委室主任列席会议。会议内容：一是审议通过县政协十届二次全会文件；二是增补刘文普、姜道峰、王连才为县政协十届委员会委员；三是政协主席史立朝讲话。

政协故城县第十届委员会常务委员会第五次会议

县政协十届五次常委会议于2018年2月7日在县委小会堂小会议室召开。会议由副主席王连彬主持。政府办主要负责人、各乡镇活动组组长和政协各委室主任列席会议。会议内容：一是县委组织部就增选县政协十届委员会常务委员的有关情况进行说明；二是审议通过候选人名单。

政协故城县第十届委员会常务委员会第六次会议

县政协十届六次常委会议于2018年3月22日在县政协一楼常委会议室召开。会议由副主席周德全主持。各乡镇活动组组长和各委室主任列席会议。会议内容：一是审议通过政协故城县委员会2018年工作要点和政协故城县委员会委员管理办法；二是委员交流发言；三是分组讨论；四是政协主席史立朝讲话。

附录 3

政协故城县委员会 2018 年主要工作任务分解表

序号	时间	主要内容	牵头领导	参加人员	承办单位
1	全年	（1）根据党的十九大对政协工作的新要求和新时期政协工作特点，切实把协商民主贯穿政治协商、民主监督、参政议政全过程；（2）扎实推进“两学一做”学习教育常态化、制度化，深入学习习近平总书记系列重要讲话精神和政协各项业务知识；（3）以习近平新时代中国特色社会主义思想为指导，学习贯彻落实党的十九大会议精神，不断推进政协工作的制度化、规范化和程序化建设；（4）进一步加强和改进意识形态工作	各位主席	全体政协委员 机关工作人员	各委室
2	一季度	组织召开县政协十届二次全体会议	王连彬	全体委员 列席人员	各委室
3	一季度	推进“委员之家”建设、搭建委员“创服”平台。一是增进委员间的相互交流和信息共享；二是通过平台建设，围绕全县中心工作，统一思想，形成共识；三是把握京津冀协同发展、雄安新区规划建设机遇，广拓信息、广交朋友，谋划招商项目，推进招商引资建设	王连彬	全体政协委员 机关工作人员	经济委 办公室
4	一季度	组织召开提案交办会	周德全 白振中	提案委	
5	一季度	召开县政协十届六次常委会。（1）审议通过《政协故城县委员会 2018 年工作要点》（讨论稿）；（2）审议通过《政协故城县委员会委员管理办法》（草案）；（3）委员就如何做好政协工作，发挥委员作用进行交流发言	周德全	全体政协常委 各乡镇副书记 各委室负责人	办公室
6	二季度	选择课题，挖掘、搜集文史资料，开展一次专题活动	关志清	相关人员	教科文卫委
7	二季度	组织部分委员开展旁听法院案件庭审活动	王连彬	部分政协委员	办公室
8	二季度	组织部分委员参加公安局“公众开放日”活动	王连彬	部分政协委员	办公室
9	二季度	围绕做好新时期政协工作对县政协委员进行专题培训	王连彬	全体政协委员	办公室
10	二季度	围绕推进工业项目建设开展视察活动	王连彬	部分政协委员 机关工作人员	经济委
11	二季度	组织委员开展“不忘初心、牢记使命”主题教育活动	王连彬	部分政协委员	办公室
12	二季度	召开县政协十届七次常委会。（1）听取县政府办公室关于提案办理情况的汇报；（2）委员就加快项目建设进行交流发言；（3）听取县政府上半年经济运行情况的通报；（4）听取环保局工作汇报	王连彬	全体政协常委 各乡镇副书记 各委室负责人	提案委 办公室
13	三季度	围绕农业农村现代化及乡村振兴战略开展专题调研活动并撰写调研报告	关志清	部分政协委员 机关工作人员	教科文卫委
14	三季度	开展脱贫攻坚专项民主监督活动	关志清	部分政协委员 机关工作人员	教科文卫委
15	三季度	组织部分委员旁听法院案件庭审活动	王连彬	部分政协委员	办公室
16	三季度	召开县政协十届八次常委会。（1）围绕推进城乡建设、乡村振兴开展视察活动；（2）委员围绕推进城乡建设、乡村振兴进行交流发言；（3）审议通过关于农业农村现代化和乡村振兴战略实施的调研报告	关志清	全体政协常委 各乡镇副书记 各委室负责人	教科文卫委 办公室

续表

序号	时间	主要内容	牵头领导	参加人员	承办单位
17	四季度	组织部分委员参加公安局“公众开放日”活动	王连彬	部分政协委员	办公室
18	四季度	围绕教育、卫生、食品安全工作开展视察活动	关志清	部分政协委员 机关工作人员	教科文卫委
19	四季度	召开2018年度政协委员民主评议活动	周德全	部分政协委员 有关部门负责人 机关工作人员	办公室
20	四季度	分组走访慰问县直及乡镇政协委员	各位主席	机关工作人员	各委室
21	四季度	召开县政协十届九次常委会。（1）筹备县政协十届三次全体会议；（2）委员交流发言	周德全	全体政协常委 各乡镇副书记 各委室负责人	办公室
22	四季度	总结2018年各委室工作	王连彬	各委室负责人	各委室
23	全年	积极完成上级政协和县委交办的各项工作任务	各位主席	机关全体人员	各委室

政协故城县第十届委员会常务委员会第七次会议

县政协十届七次常委会议于2018年7月12日在县政协一楼常委会议室召开。会议由副主席周德全主持。县政府副县长秦迎春应邀出席会议，各乡镇活动组组长和各委室主任列席会议。会议内容：一是听取政府办关于县政协十届二次全会以来提案办理情况的汇报；二是听取环保局工作情况的汇报；三是冯章起、王洁华等6名常委、委员围绕扶贫脱贫、黑臭水体治理进行会议发言；四是副县长秦迎春通报上半年经济运行情况并就环保工作、黑臭水体治理等工作讲意见；五是政协主席史立朝讲话。

2018年7月，政协故城县第十届委员会第七次常委会

政协故城县第十届委员会常务委员会第八次会议

县政协十届八次常委会议于2018年10月8日在县政协一楼常委会议室召开。会议由副主席周德全主持。政府副县长徐长彬应邀出席会议，农工委、住建局、城管局、农林局主要负责人、各乡镇活动组组长和各委室主任列席会议。会议内容：一是听取住建局、城管局、农工委工作情况的汇报；二是审议通过中国人民政治协商会议故城县委员会常务委员会工作规则、县政协关于加快推进乡村振兴战略实施的调研报告；三是郑学峰、杨来文等8名常委、委员围绕城乡建设、乡村振兴进行会议发言；四是政府副县长徐长彬讲话；五是政协主席史立朝讲话。

政协故城县第十届委员会常务委员会第九次会议

县政协十届九次常委会议于2018年12月14日在县政协一楼常委会议室召开。会议由政协主席史立朝主持。各乡镇活动组组长和各委室主任列席会议。会议内容：一是副主席王连彬就扶贫脱贫问题整改工作进行辅导授课；二是扶贫脱贫基础知识测试；三是安排各乡镇政协委员扶贫脱贫基础知识测试工作。

政协故城县第十届委员会常务委员会第十次会议

县政协十届十次常委会议于2019年1月25日在县政协一楼常委会议室召开。会议由政协主席史立朝主持。各乡镇活动组组长和各委室主任列席会议。会议内容：一是审议通过县政协十届三次全会文件；二是会议免去岳洪军常务委员职务，撤销委员资格。会议撤销胡树凯委员资格。

政协故城县第十届委员会常务委员会第十一次会议

县政协十届十一次常委会议于2019年3月27日在县政协一楼常委会议室召开。会议由副主席周德全主持。各乡镇活动组组长和各委室主任列席会议。会议内容：一是审议通过政协故城县委员会2019年工作要点；二是胡冰、刘洋等6名常委、委员作会议交流发言；三是会议讨论；四是政协主席史立朝讲话。

附录4

政协故城县委员会2019年主要工作任务分解表

序号	主要内容	责任领导	责任单位	完成时限
1	组织召开县政协十届三次全体会议	王连彬	办公室 各专委会	一季度
2	围绕推进故城县商协会建设召开座谈会	史立朝	办公室	一季度
3	组织召开提案交办会	周德全	提案委	一季度
4	召开县政协十届十一次常委会议 （1）审议通过《政协故城县委员会2019年工作要点》（讨论稿） （2）委员就如何做好政协工作，发挥委员作用进行交流发言	王连彬	办公室	一季度
5	围绕“五大扶贫”举措落实情况开展协商议政活动	王连彬	办公室	二季度
6	围绕加快项目建设、优化营商环境开展协商议政活动	周德全	经济委	二季度
7	组织委员开展培训	王连彬	办公室	二季度
8	开展重点提案督办活动	周德全	提案委	二季度

续表

序号	主要内容	责任领导	责任单位	完成时限
9	召开县政协十届十二次常委会议 （1）听取县政府上半年经济运行情况的通报 （2）听取发改局、生态环境分局、人社局工作汇报 （3）委员交流发言	王连彬	办公室 经济委	二季度
10	围绕促进教育资源均衡发展开展协商议政活动	关志清	教科文卫委	二季度
11	开展“不忘初心、牢记使命”主题教育活动	王连彬	办公室	二季度
12	围绕加快现代农业发展、推进农村人居环境整治开展协商议政活动	关志清	教科文卫委	三季度
13	围绕推进法治建设开展协商议政活动	王连彬	办公室	三季度
14	召开县政协十届十三次常委会议 （1）围绕加快县城建设、提升县城环境面貌开展协商活动 （2）听取县政府办公室关于提案办理情况的汇报 （3）听取住建局、农业和农村局、自然资源和规划局、交通局工作汇报 （4）委员围绕推进县城建设和乡村振兴进行交流发言	王连彬	办公室 提案委	三季度
15	围绕卫生健康事业发展情况开展协商议政活动	关志清	教科文卫委	三季度
16	召开2019年度政协委员民主评议活动	周德全	办公室	四季度
17	分组走访慰问县直及乡镇政协委员	各位主席	办公室 各专委会	四季度
18	总结2019年各专委会工作	王连彬	各专委会	四季度
19	召开县政协十届十四次常委会议 审议通过县政协十届四次全体会议文件	王连彬	办公室	四季度
20	（1）扎实推进“两学一做”学习教育常态化、制度化；（2）不断推进政协工作的制度化、规范化和程序化建设；（3）加强和改进意识形态工作	王连彬	办公室	全年
21	积极推进故城县政协史料征集编写工作	关志清	教科文卫委	全年
22	建立完善委员履职档案，评估委员履职情况	王连彬	办公室	全年
23	积极完成上级政协和县委、县政府交办的协商议政、民主监督等工作任务	各位主席	办公室 各专委会	全年

政协故城县第十届委员会常务委员会第十二次会议

县政协十届十二次常委会议于2019年6月5日在县政协一楼常委会议室召开。会议由政协主席史立朝主持。各乡镇活动组组长和各委室主任列席会议。会议内容：一是审议通过关于全县对外贸易产业发展情况的调研报告；二是分组讨论；三是根据《政协章程》和有关规定，王连彬同志因工作变动，不在担任县政协十届委员会副主席、委员职务。

政协故城县第十届委员会常务委员会第十三次会议

县政协十届十三次常委会议于2019年12月25日在县政协一楼常委会议室召开。会议由副主席关志清主持。政府副县长王洪军应邀出席会议，政府办、农业和农村局、自然资源和规划局、住建局、人居办、扶贫办负责人、各乡镇活动组组长和各委室主任列席会议。会议内容：一是视察翟庄村的人居环境整治情况以及养老院建设情况，以岭康养庄园的发展情况；二是听取政府办关于县政协十届三次全会以来提案办理情况的汇报和有关部门工作情况的汇报；三是康宗志、韩石军作会议交流发言；四是会议决定刁海松任经济委主任，刘洪勇任教科文卫委主任，孙丽萍任经济委副主任，会议增补吴健、付灵玉等11人为县政协十届委员会委员。会议撤销温建华、崔厚峰等10人委员资格；五是政府副县长王洪军讲话；六是政协主席史立朝讲话。

政协故城县第十届委员会常务委员会第十四次会议

县政协十届十四次常委会议于2020年1月7日在县政协一楼常委会议室召开。会议由政协主席史立朝主持。各乡镇活动组组长和各委室主任列席会议。会议内容：一是审议通过县政协十届四次全会文件；二是提名增选吴健为县政协十届委员会常务委员，按照有关程序提请县政协十届四次全会选举。

政协故城县第十届委员会常务委员会第十五次会议

县政协十届十五次常委会议于2020年4月10日在县政协一楼常委会议室召开。会议由副主席周德全主持。各乡镇活动组组长和各委室主任列席会议。会议内容：一是视察重点项目开工建设情况、爱国卫生运动开展情况；二是审议通过政协故城县委员会2020年工作要点和县政协委员活动组分组名单；三是会议交流发言；四是政协主席史立朝讲话。

附录5

政协故城县委员会2020年主要工作任务分解表

序号	主要工作内容	责任单位	牵头领导	备注
1	召开十届十四次常委会；审议通过县政协十届四次全会文件	办公室	关志清	1月
2	召开十届四次全体会议；听取有关工作报告，围绕全县改革发展大局和人民群众关心的热点、难点问题，开展协商议政活动	各委室	关志清	1月
3	召开提案交办会	提案委	周德全	2月
4	围绕“四复”开展参政议政活动；了解企业复工复产和疫情防控工作情况。倡导委员按照县委、县政府部署要求，积极参与复工复产、复市复学等项工作	经济委	周德全	3月
5	围绕爱国卫生运动开展情况进行民主监督；组织委员通过实地查看、听取汇报等了解我县爱国卫生运动开展情况，并结合实际提出合理化的意见建议	教科文卫体委	关志清	4月
6	召开县政协十届十五次常委会：（1）审议通过县政协2020年工作要点；（2）审议通过委员活动组名单；（3）委员围绕项目建设、疫情防控、爱国卫生运动发言	办公室	关志清	4月

续表

序号	主要工作内容	责任单位	牵头领导	备注
7	围绕推进我县商协会建设、发展、管理召开专题协商会；组织召开座谈会，研究当前我县商协会建设、管理中存在的问题，分析原因，提出解决问题的意见建议，推进商协会尽快发挥作用，促进行业发展	经济委	周德全	5月
8	围绕“优化营商环境、加快项目建设”开展视察调研活动；采取多种方式，深入了解我县营商环境的具体情况，提出有针对性的意见建议，形成调研报告，进一步优化发展环境	经济委	周德全	5月
9	围绕“助推旅发大会”开展视察调研活动围绕旅发大会筹备工作以及项目建设情况，组织委员开展视察活动，为委员知情明政、献计出力搭建平台，助推旅发大会顺利召开	教科文卫委	关志清	5月
10	围绕“提升履职水平，促进社会和谐稳定”开展参政议政活动；为委员更加全面地了解法、检两院和公安工作开展情况、献计出力搭建平台，推动社会和谐稳定发展	提案委	关志清	6月
11	围绕“六大扶贫举措”开展情况开展视察调研活动；深入企业、乡镇等，视察“六大扶贫”举措开展情况，引导委员积极参与，全力为脱贫攻坚贡献政协智慧和力量	经济委	关志清	6月
12	召开县政协十届十六次常委会议；（1）听取全县上半年经济运行情况；（2）听取政府办关于提案办理情况的汇报；（3）听取部门汇报；（4）委员围绕推动县域经济跨越式发展交流发言；（5）审议通过有关的调研报告	办公室	周德全	7月
13	围绕“提高提案办理实效”开展民主监督；就重点提案的办理情况进行现场督办，推动提案落实，促进部门工作	提案委	周德全	7月
14	围绕“加强委员学习，提升委员履职能力和水平”开展培训；邀请专家对县政协委员和机关干部职工进行学习培训，提高委员的责任意识和履职尽责的能力水平	办公室	关志清	8月
15	围绕“全县民生工程实施”开展民主监督；组织委员通过实地查看，部门汇报，了解教育资源建设、发展情况，提出合理化意见建议，促进相关工作落实	教科文卫委	关志清	8月
16	围绕“打造都市现代特色农业”开展视察调研活动；详细了解我县农业园区建设情况和现代农业发展现状，提出可操作性的意见建议，形成调研报告，推动园区农业发展	经济委	关志清	9月
17	围绕“推进医养结合、养老机构建设”开展视察调研活动；通过视察调研、座谈交流，了解我县养老机构建设情况，提出有价值的意见建议，形成调研报告，促进养老事业发展	教科文卫委	关志清	10月

续表

序号	主要工作内容	责任单位	牵头领导	备注
18	围绕大事要事机制落实情况开展民主监督；组织委员对全县大事要事落实情况进行民主监督，了解大事要事工作机制运行情况，促进相关工作落地落实，对完善大事要事工作机制提出合理化意见建议，建立长效制度机制	办公室	关志清	10 月
19	围绕“提升城乡管理水平”开展民主监督；组织委员通过现场查看、部门汇报，全面客观分析城市管理、社区管理中的存在的问题，提出切实可行的意见建议，健全完善管理制度，提升城乡建设水平和城市品位	经济委	周德全	11 月
20	召开县政协十届十七次常委会议；（1）听取部门汇报；（2）审议通过《关于加快推进现代都市农业的调研报告》；（3）委员围绕推进乡村振兴战略交流发言	办公室	关志清	11 月
21	走访看望政协委员，筹备县政协十届五次全会；通过网络议政平台走访委员等，加强与政协委员的联系沟通，搜集社情民意信息。认真总结 2020 年政协履职工作	办公室	关志清	12 月

政协故城县第十届委员会常务委员会第十六次会议

县政协十届十六次常委会议于 2020 年 9 月 1 日在县政协一楼常委会议室召开。会议由副主席周德全主持，与会常委 24 人。政府副县长徐长彬应邀出席会议，各乡镇活动组组长和各委室主任列席会议。会议内容：一是视察以岭中医药产业化项目、上亿万向城、中医院、绿康·德国农庄；二是听取县政府全县上半年经济运行情况通报；三是分组讨论；四是各小组汇报讨论情况；五是政协主席史立朝讲话。

政协故城县第十届委员会常务委员会第十七次会议

县政协十届十七次常委会议于 2020 年 12 月 25 日在县政协一楼常委会议室召开。会议由副主席关志清主持。政府副县长王连彬应邀出席会议，政府办、农业农村局、教育局、卫健局、住建局、交通局主要负责同志、各乡镇活动组组长和各委室主任列席会议。会议内容：一是视察茂丰现代农业园区、东大洼现代农业园区；二是听取政府办关于县政协十届四次全会以来提案办理情况的汇报和其他部门工作汇报；三是会议讨论；四是政府副县长王连彬讲话；五是政协主席史立朝讲话。

政协故城县第十届委员会常务委员会第十八次会议

县政协十届十八次常委会议于 2021 年 1 月 29 日在县政协一楼常委会议室召开。会议由政协主席史立朝主持。各乡镇活动组组长和各委室主任列席会议。会议内容：一是审议通过县政协十届五次全会文件；二是会议增补徐长彬、马春章等 9 人为县政协十届委员会委员，会议撤销张洪峰、陈占峰等 7 人委员资格；三是提名徐长彬、马春章为县政协第十届委员会副主席人选，段志诚为秘书长人选，刁海松为常务委员人选，按照有关程序提请县政协十届五次全会选举。

政协故城县第十届委员会常务委员会第十九次会议

县政协十届十九次常委会议于 2021 年 2 月 26 日在县政协一楼常委会议室召开。会议由政协主席史立朝主持。各乡镇活动组组长和各委室主任列席会议。会议内容：一是审议通过政协故城县委员会2021年工作要点；二是审议通过政协故城县委员会关于十届县政协提前换届的决定；三是通报县政协主席、副主席、秘书长分工及机关内设机构职责。

附录6

政协故城县委员会2021年主要工作任务分解表

序号	主要工作内容	责任单位	牵头领导	备注
1	召开县政协十届十八次常委会。议题：审议通过县政协十届五次全会文件	办公室	关志清	1月
2	召开县政协十届五次全体会议	各委室	关志清	2月
3	召开县政协十届十九次常委会议。议题：审议通过政协故城县委员会2021年工作要点	办公室	段志诚	2月
4	就推动全县文化旅游产业发展开展视察调研	教科文卫体委	关志清	3月
5	开展党史学习教育	县政协党组、机关党支部	史立朝 段志诚	3月开始
6	召开政协提案交办会	提案委	周德全	3月
7	就加快民营经济发展进行协商式监督	经济委	徐长彬	4月
8	就我县城建交通事业发展进行协商式监督	社会法制民族宗教委	马春章	二季度
9	召开县政协十届二十次常委会议。议题：（1）围绕加快项目建设开展协商议政活动；（2）听取县政府关于我县经济运行情况的通报；（3）筹备县政协换届工作	办公室 经济委	徐长彬 段志诚	7月
10	筹备召开县政协全体会议	各委室	班子成员	7月
11	召开政协提案交办会	提案委	周德全	8月
12	就加强我县乡村公共卫生体系建设情况开展调研	教科文卫体委	关志清	三季度
13	就我县农业种植结构调整情况开展调研	经济委	徐长彬	三季度
14	召开县政协常委会议。议题：（1）围绕推动乡村振兴战略实施开展协商议政活动；（2）协商审议关于加强我县乡村公共卫生体系建设的调研报告；（3）协商审议关于我县农业种植结构调整的调研报告	办公室 经济委 教科文卫体委	徐长彬 关志清 段志诚	三季度
15	就我县地下水超采综合治理进行协商式监督	社会法制民族宗教委	马春章	10月
16	召开县政协常委会议。议题：审议通过县政协全体会议文件	办公室	段志诚	12月
17	进一步完善学习制度体系，创新学习形式、拓展学习渠道、丰富学习载体，及时跟进学习习近平总书记最新重要讲话精神和中央、省委、市委、县委部署要求，切实增强“四个意识”、坚定“四个自信”、做到“两个维护”，打牢团结奋斗的共同思想政治基础	机关党支部 办公室	段志诚	

续表

序号	主要工作内容	责任单位	牵头领导	备注
18	抓好常态化疫情防控工作	各委室	段志诚	
19	编辑出版《运河故城 2021》一书	教科文卫委	关志清	
20	切实履行意识形态工作主体责任，牢牢把握意识形态工作主动权，坚持正确政治方向和舆论导向。进一步加强与宣传部门和新闻单位的联系，下大力抓好对我县政协重点工作、履职成效和委员风采的宣传	办公室	段志诚	
21	按照“懂政协、会协商、善议政，守纪律、讲规矩、重品行”的要求，加强委员学习培训，引导委员知责于心、担责于身、履责于行，着力增强政协委员的政治把握能力、调查研究能力、联系群众能力、合作共事能力，做合格的人民政协制度参与者、实践者、推动者	办公室 教科文 卫体委	关志清 段志诚	
22	完成县委和上级政协交办的工作任务	各委室	班子成员	

政协故城县第十届委员会常务委员会第二十次会议

县政协十届二十次常委会议于 2021 年 7 月 20 日在县政协一楼常委会议室召开。会议由政协主席史立朝主持。各乡镇活动组组长和各委室主任列席会议。会议内容：一是听取县政府办公室关于县政协十届五次全会以来提案办理情况的汇报；二是审议通过县政协十一届一次全会文件；三是审议通过县政协十一届一次全会人事事项。

第十一节　政协故城县第十一届委员会（2021. 07 至今）

政协故城县第十一届委员会常务委员会第一次会议

县政协十一届一次常委会议于 2021 年 10 月 29 日在政协常委会议室召开。会议由政协副主席杨洪霞主持。县委常委、政府常务副县长郝欣应邀出席会议，乡村振兴局、农业农村局、自然资源和规划局、住建局、人居办主要负责人、各乡镇活动组组长和各委室主任列席会议。会议内容：一是审议通过政协故城县委员会委员管理办法、政协故城县委员会常务委员会工作规则和政协故城县委员会常务委员履职发言制度；二是县委常委、政府常务副县长郝欣通报全县前三季度经济运行情况；三是听取各相关部门工作汇报；四是围绕乡村振兴战略实施进行会议讨论；五是会议决定主席、副主席分工事项；六是政协主席史立朝讲话。

政协故城县第十一届委员会常务委员会第二次会议

县政协十一届二次常委会议于 2022 年 1 月 18 日在政协常委会议室召开。会议由政协主席史立朝主持。政府办、各乡镇活动组组长和各委室主任列席会议。会议内容：一是会议听取政府办关于县政协十一届一次全会以来提案办理情况的汇报；二是审议通过县政协十一届二次全会文件；三是审议通过《县政协关于加强和促进人民政协凝聚共识工作的意见》《县政协关于强化政协委员责任担当的意见》《县政协常务委员会组成人员守则》；四是宣读并下发“中共政协故城县委员会党组关于印发政协故城县委员会党建工作‘四联系’办法的通知”。

政协故城县第十一届委员会常务委员会第三次会议

县政协十一届三次常委会议于2022年3月30日在政协常委会议室召开。会议由政协副主席杨洪霞主持。各乡镇活动组组长和各委室主任列席会议。会议内容：一是审议通过政协故城县委员会2022年工作要点；二是传达学习政协衡水市委员会关于加强和改进全市各级政协委员学习工作的实施办法；三是传达学习政协故城县委员会关于在全县政协委员中深入开展“三读书”活动的倡议书；四是王连维、刘洋等7名常委、委员作会议发言；五是政协主席史立朝讲话。

政协故城县第十一届委员会常务委员会第四次会议

县政协十一届四次常委会议于2022年7月21日在政协常委会议室召开。会议由政协副主席杨洪霞主持。政府副县长张勇应邀出席会议、各乡镇活动组组长和各委室主任列席会议。会议内容：一是会前学史；二是听取县政府关于故城县上半年经济运行情况的报告；三是审议通过《政协故城县委员会双周协商座谈会工作细则》；四是传达学习《中国共产党政治协商工作条例》；五是刘洋、邵强等5名常委作会议发言；六是政协主席史立朝讲话。

政协故城县第十一届委员会常务委员会第五次会议

县政协十一届五次常委会议于2022年11月3日在政协常委会议室召开。会议由政协副主席杨洪霞主持。政府副县长刘斌应邀出席会议，政府办、农业农村局和乡村振兴局负责人、各乡镇活动组组长和各委室主任列席会议。会议内容：一是会前学史；二是学习传达中国共产党第二十次全国代表大会精神；三是听取政府办关于县政协十一届二次全会以来的提案办理情况的汇报和相关部门的工作汇报；四是审议通过全县推动乡村振兴战略实施开展情况的调研报告；五是刘洋、时玉松等10名常委、委员作会议发言；六是政府副县长刘斌讲话；七是政协主席史立朝讲话。

政协故城县委员会2022年主要工作任务分解表

序号	主要工作内容	责任单位	牵头领导	完成时限
1	召开县政协十一届二次常委会议。议题：审议县政协十一届二次全会文件	办公室	段志诚	1月
2	筹备召开县政协十一届二次全体会议	各委室	班子成员	1月
3	召开县政协十一届三次常委会议。议题：审议通过县政协2022年工作要点	办公室	段志诚	3月
4	召开政协提案交办会	提案委	马春章 刘三林	3月
5	开展协商议政室建设	办公室	段志诚	4月
6	围绕营商环境建设情况开展视察	经济委	杨洪霞 徐长彬	5月
7	围绕重点项目建设情况进行协商式监督	经济委	杨洪霞 徐长彬	6月
8	组织部分政协委员参加公安局“警营开放日”活动	提案委 社法民宗委	马春章 刘三林	6月
9	召开县政协十一届四次常委会议。议题：（1）围绕加快项目建设开展协商议政活动；（2）听取县政府关于我县经济运行情况的通报；（3）听取政府办关于提案办理情况的报告	办公室 经济委	杨洪霞 徐长彬 段志诚	7月

续表

序号	主要工作内容	责任单位	牵头领导	完成时限
10	围绕教育卫生基础设施建设开展视察	教科文卫体委	苑颖康 李希旺	8月
11	组织部分委员旁听法院案件庭审活动	提案委 社法民宗委	马春章 刘三林	8月
12	围绕我县乡村振兴战略实施情况开展视察	经济委	杨洪霞 徐长彬	9月
13	召开县政协十一届五次常委会议。议题：围绕推动乡村振兴战略实施开展协商议政活动	办公室 经济委	杨洪霞 徐长彬 段志诚	10月
14	围绕城市建设和交通事业发展开展视察	提案委 社法民宗委	马春章 刘三林	11月
15	召开县政协十一届六次常委会议。议题：审议通过县政协十一届三次会议文件	办公室	段志诚	12月
16	编辑《故城县政协第十届委员会资料汇编》一书	教科文卫体委	苑颖康 李希旺	上半年
17	学习宣传贯彻党的二十大精神	办公室	段志诚	下半年
18	认真总结党史学习教育的成功经验，建立常态化长效化制度机制，不断巩固拓展党史学习教育成果。组织委员外出学习考察	机关党支部 办公室	段志诚	全年
19	紧紧围绕县委全会和“两会”确定的各项任务，持续开展“双周协商座谈”	各委室	班子成员	全年
20	编辑出版《运河故城 2022》一书	教科文卫体委	苑颖康 李希旺	全年
21	切实履行意识形态工作主体责任，牢牢把握意识形态工作主动权，坚持正确政治方向和舆论导向。下大力抓好对我县政协重点工作、履职成效和委员风采的宣传	办公室	段志诚	全年
22	加强委员学习培训，深入开展“三读书”活动。引导委员知责于心、担责于身、履责于行，着力增强政协委员的政治把握能力、调查研究能力、联系群众能力、合作共事能力，做合格的人民政协制度参与者、实践者、推动者	办公室 教科文 卫体委	苑颖康 李希旺 段志诚	全年
23	抓好常态化疫情防控工作	办公室	段志诚	全年
24	完成县委和上级政协交办的工作任务	各委室	班子成员	全年

政协故城县第十一届委员会常务委员会第六次会议

县政协十一届六次常委会议于 2023 年 1 月 13 日在政协常委会议室召开。会议由政协主席史立朝主持。各乡镇活动组组长、各委室主任和副主任列席会议。会议内容：一是会前学史；二是审议并通过县政协十一届三次全会文件；三是政协主席史立朝讲话。

政协故城县第十一届委员会常务委员会第七次会议

县政协十一届七次常委会议于2023年3月29日在政协常委会议室召开。会议由副主席马春章主持。各乡镇活动组组长、各委室主任和副主任列席会议。会议内容：一是会前学史；二是传达学习全国“两会”精神；三是集体学习中国人民政治协商会议章程（修正案）；四是审议通过政协故城县委员会2023年工作要点；五是周文君、王连维等4名常委、委员作会议发言；六是会议决定任宝霞任县政协提案委主任、胡玉林任县政协社法民宗委主任；会议免去郑光辉常务委员职务、撤销委员资格。会议撤销王强、付灵玉、赵允波委员资格；七是政协主席史立朝讲话。

政协故城县委员会2023年主要工作任务分解表

序号	主要工作内容	责任单位	牵头领导	完成时限
1	召开县政协十一届六次常委会议。议题：审议县政协十一届三次全会文件	办公室	段志诚	一季度
2	筹备召开县政协十一届三次全体会议	各委室	班子成员	
3	筹备召开政协提案交办会	提案委	马春章 刘三林	
4	召开县政协十一届七次常委会议。议题：①审议通过县政协2023年工作要点；②围绕学习贯彻党的二十大精神及全国“两会”精神开展学习交流	办公室	段志诚	
5	围绕优化营商环境召开协商座谈会	经济委	杨洪霞 徐长彬 周德全	
6	围绕提升城市管理水平、加快城乡融合发展召开协商座谈会	社法民宗委	马春章 刘三林	
7	就政协“协商议政室”运行情况开展调研工作	各委室	各位班子成员	二季度
8	组织委员外出参观学习先进经验做法。主要内容：①深入学习贯彻党的二十大精神；②助推乡村振兴战略实施；③加快数字产业发展，开展招商引资活动	办公室 经济委	杨洪霞 徐长彬 周德全 段志诚	
9	召开县政协十一届八次常委会议。议题：围绕推动乡村振兴战略实施开展协商议政活动	经济委	杨洪霞	
10	围绕平安故城建设开展民主监督活动	社法民宗委	马春章	三季度
11	组织委员学习“创城”工作经验，形成高质量的协商成果	社法民宗委	马春章	
12	召开县政协十一届九次常委会议。议题：①围绕助推文明县城创建开展协商议政活动；②听取县政府关于我县经济运行情况的通报；③听取政府办关于提案办理情况的报告	办公室 经济委 提案委	马春章 杨洪霞 徐长彬 段志诚	
13	围绕推进养老体系建设开展视察	教科文卫体委	苑颖康	四季度
14	筹备县政协十一届四次全体会议	各委室	班子成员	
15	召开县政协十一届十次常委会议。议题：审议通过县政协十一届四次全体会议文件	办公室	段志诚	

续表

序号	主要工作内容	责任单位	牵头领导	完成时限
16	持续开展"双周协商座谈"	各委室	班子成员	全年
17	发挥政协优势，组织引导政协委员和机关干部持续开展招商引资、招才引智活动	各委室	班子成员	全年
18	编辑出版《运河故城2023》一书	教科文卫体委	苑颖康	全年
19	切实履行意识形态工作主体责任，牢牢把握意识形态工作主动权，坚持正确政治方向和舆论导向。抓好县政协重点工作、履职成效和委员风采的宣传工作	办公室	段志诚	全年
20	推进党史学习教育长效化常态化，深入学习宣传贯彻党的二十大精神持续深入开展委员"三读书"、会前学史活动，增强政协委员的政治把握能力、调查研究能力、联系群众能力、合作共事能力	办公室 教科文 卫体委	苑颖康 段志诚	全年
21	完成县委政府和上级政协交办的工作任务	各委室	班子成员	全年

政协故城县第十一届委员会常务委员会第八次会议

县政协十一届八次常委会议于2023年8月2日在政协常委会议室召开。会议由副主席杨洪霞主持。政府副县长刘斌应邀出席会议，乡村振兴局和农业农村局负责人、各乡镇活动组组长、各委室主任和副主任列席会议。会议内容：一是视察辛堤干渠建设情况、和美乡村建设（盛树林村、王庄村）；二是集中会议阶段会前学史；三是听取相关部门工作汇报；四是赵晨曦、刘胜亚等5名政协委员作会议发言；五是审议通过《政协故城县委员会委员联系界别群众工作暂行办法》；六是会议增补边东武、焦庆红等4人为县政协十一届委员会委员；七是政府副县长刘斌讲话；八是政协主席史立朝讲话。

2023年8月2日，政协故城县第十一届委员会第八次常委会

政协故城县第十一届委员会常务委员会第九次会议

县政协十一届九次常委会议于2023年12月27日在政协常委会议室召开。会议由副主席马春章主持。政府办、各乡镇活动组组长、各委室主任和副主任列席会议。会议内容：一是听取政府办关于县政协十一届三次全会以来提案办理情况的汇报、全县前三季度经济运行情况的通报和国家园林城市创建工作情况的汇报；二是协商通过《政协故城县第十一届委员会走访联系委员制度》；三是王树军、刘洋作会议发言；四是政协提案知识培训；五是政协主席史立朝讲话。

政协故城县第十一届委员会常务委员会第十次会议

县政协十一届十次常委会议于2024年1月20日上午在政协常委会议室召开。会议由政协主席史立朝主持。各乡镇活动组组长、各委室主任和副主任列席会议。会议内容：一是审议通过县政协十一届四次全会文件；二是免去张晓霞常务委员职务，撤销委员资格；三是政协主席史立朝讲话。

政协故城县第十一届委员会常务委员会第十一次会议

县政协十一届十一次常委会议于2024年4月10日在政协常委会议室召开。会议由副主席马春章主持。各乡镇活动组组长、各委室主任和副主任列席会议。会议内容：一是会前学史；二是传达学习习近平总书记重要讲话精神和全国“两会”精神；三是审议通过政协故城县委员会2024年工作要点；四是刁殿文、王志刚等13名政协常委、委员作会议发言；五是会议增补陈欢、李玉锋等9人为县政协十一届委员会委员。会议撤销刘国新、潘磊等7人委员资格；六是政协主席史立朝讲话。

政协故城县委员会2024年主要工作任务分解表

序号	主要工作内容	责任单位	牵头领导	完成时限
1	召开政协十一届十次常委会议。议题：审议通过县政协十一届四次全会文件	办公室	段志诚	一季度
2	筹备召开政协十一届四次全体会议	各委室	各位班子成员	
3	召开政协提案交办会	提案委	马春章	
4	召开政协十一届十一次常委会议。议题：审议通过政协故城县委员会2024年工作要点	办公室	段志诚	
5	围绕“优化营商环境建设情况”开展协商式监督	经济委	杨洪霞	
6	围绕“助推我县养老机构高质量发展”开展专题协商	教科文卫体委	苑颖康	
7	邀请省、市政协专家围绕“提升委员履职能力”开展培训	办公室	段志诚	二季度
8	围绕学习浙江“千万工程”经验，助推故城和美乡村建设，组织委员外出参观学习，并形成考察报告	经济委	杨洪霞	
9	围绕“乡村振兴暨和美乡村建设”开展协商式监督	经济委	杨洪霞	
10	组织部分政协委员参加公安局“警营开放日”活动	社法民宗委	马春章	
11	围绕“加快项目建设”召开政协十一届十二次常委会议协商	办公室 经济委	杨洪霞 段志诚	
12	围绕《进一步推进我县医养结合发展》开展提案办理协商	提案委	马春章	

续表

序号	主要工作内容	责任单位	牵头领导	完成时限
13	围绕《关于促进民营企业发展》开展提案办理协商	经济委	杨洪霞	二季度
14	围绕《党建引领物业管理 建设美丽和谐社区》开展提案办理协商	提案委	马春章	
15	围绕“推进园区建设”开展专题协商	经济委	杨洪霞	三季度
16	组织部分委员旁听法院案件庭审活动	社法民宗委	马春章	
17	围绕《多元融合，加快建设运河文旅产业带》开展提案办理协商	教科文卫体委	苑颖康	
18	围绕《关于巩固文明县城创建活动成果》开展提案办理协商	社法民宗委	马春章	
19	围绕“推动职业教育高质量发展”组织委员外出考察学习，并形成考察报告	教科文卫体委	苑颖康	
20	围绕“全面提升中医药服务能力”开展协商式监督	教科文卫体委	苑颖康	
21	围绕“推动教育卫生事业高质量发展”召开政协十一届十三次常委会议协商	办公室 教科文卫体委	苑颖康 段志诚	四季度
22	围绕县城建设和供暖工作开展协商式监督	社法民宗委	马春章	
23	围绕“平安故城建设”开展协商式监督	社法民宗委	马春章	
24	召开政协十一届十四次常委会议。议题：审议通过县政协十一届五次会议文件	办公室	段志诚	
25	筹备召开政协十一届五次全体会议	各委室	各位班子成员	
26	巩固拓展习近平新时代中国特色社会主义思想主题教育，推进学习教育常态化，以“三读书”活动和会前学史为抓手，积极引导政协委员强化理论学习，增强业务素质和履职能力	办公室 教科文卫体委	苑颖康 段志诚	全年
27	围绕县委、政府中心工作，紧扣“高质量发展、高品质生活”主题，依托政协双周协商座谈会平台，按照县委安排，由专委会牵头，确定协商议题，组织不同界别召开协商座谈会	各委室	各位班子成员	全年
28	编辑出版《运河故城 2024》一书	教科文卫体委	苑颖康	全年
29	严格落实意识形态工作责任制，守好意识形态阵地。讲好故城故事，传递故城好声音。利用微信、微信公众号等网络平台，加强与政协委员的联系，做好社情民意信息和宣传工作，扩大政协影响力	办公室	段志诚	全年
30	完成上级政协和县委随时交办的工作任务	各委室	各位班子成员	全年

政协故城县第十一届委员会常务委员会第十二次会议

县政协十一届十二次常委会议于 2024 年 8 月 27 日在县政协常委会议室召开召开。会议由副主席马春章主持。发改局、农业农村局主要负责同志和各乡镇活动组组长及机关各委室主任、副主任列席会议。这次常委会议分两个阶段进行：一是围绕乡村振兴暨和美乡村建设、加快项目建设和民生实事落实情况开展视察调研和民主监督；二是集中开会交流。会议内容：一是会前学史；二是传达学习党的二十届三中全会精神；三是听取了发改局、农业农村局工作情况汇报；四是协商通过《关于赴浙江学习“千万工程”经验的考察报告》（草案）；五是会议发言；六是政府副县长刘斌就有关工作讲意见；七是政协主席史立朝讲话。

2024 年 8 月 27 日，政协故城县第十一届委员会常务委员会第十二次常委会

附录 1

政协故城县第十一届委员会主席、副主席分工安排

史立朝主席主持政协全面工作。

马春章、刘三林、周德全分管提案委、社会法制民族宗教委，联系部门（26 个）：

人武部、法院、检察院、公安局、纪委监委、巡察办、组织部、宣传部、网信办、政法委、统战部、县直工委、信访局、司法局、军人事务局、住建局、交通局、自然资源和规划局、民族宗教事务局、中石化、联通公司、电信公司、移动公司、邮政公司、电力公司、烟草公司。

杨洪霞、徐长彬分管办经济委，联系部门（34 个）：

发改局、财政局、行政审批局、税务局、人社局、应急管理局、工商联、生态环境局、农业农村局、水利局、乡村振兴局、审计局、统计局、县供销社、城投公司、益民公司、衡德工业园、高新区、营东新区、茂丰园区、东大洼园区、金融办、银监办、人行、建行、农行、工行、农发行、农联社、邮政银行、衡水银行、中国银行、人民财保、中国人寿。

苑颖康、李希旺分管教科文卫体委，联系部门（18 个）：

科协、妇联、团县委、工会、党校、老干局、残联、编委办、人居办、外事办、医疗保障局、民政局、教育局、卫生健康局、市场监管局、文化旅游局、气象局、河务局。

段志诚秘书长负责机关、办公室，联系部门（3个）：

县委办、人大办、政府办

协助政协主席班子做好对各专委会工作的联系协调，运筹好政协机关的整体工作。

注：1. 分工由各位副主席具体负责，政协其他县领导按分工配合开展工作。

2. 对没有明确单位、没有归口业务的各种会议及活动由各位副主席轮流参加。

第四章 政协故城县委员会主席会议概况

主席会议由主席、副主席、秘书长组成，是常委会议闭会期间，县政协履行协商职能的重要形式，负责处理常务委员会的重要日常工作。主席会议一般每月举行一次，必要时可临时召开，由主席或主席委托的副主席召集并主持。县政协主席会议，多以扩大形式召开。1988 年以前，称为主席办公会议，1988 年以后根据中央和全国政协指示精神，将主席办公会议统称为主席会议。县政协主席会议的主要职责是处理常委会闭会期间的重要日常工作；协商讨论故城县政治、经济、社会发展等方面的重大问题；审查以县政协名义向县委、县政府提出的重要议案；拟定政协年度工作计划；确定调研课题；拟定常委会召开的日期、议程；审定提交常委会讨论的文件、事项；召集并主持常委会议，执行常委会作出的决议等。本章收录有原始记录的主席会议 199 次。

会议届次	时间	主要内容
八届一次	2007. 06. 08	一是研究决定县政协八届委员会主席、副主席分工；二是协商通过《加强委员管理、发挥委员主体作用的办法》（草案）；三是协商通过《关于动员政协委员为招商引资作贡献的决议》（草案）
八届二次	2007. 07. 06	一是研究确定县政协八届一次常委会方案；二是研究制定《政协机关工作制度》《县政协会议制度》等规章制度
八届三次	2007. 09. 19	一是研究确定县政协八届二次常委会方案；二是协商通过有关人事事项；三是协商通过增选委员人选事项
八届四次	2007. 11. 13	研究确定关于围绕劳务输出工作开展视察调研的方案
八届五次	2008. 01. 18	安排部署县政协八届二次全会准备工作
八届六次	2008. 02. 18	一是协商通过县政协八届二次全会材料；二是研究确定县政协八届三次常委会方案；三是协商通过有关人事事项
八届七次	2008. 04. 13	一是协商通过《政协故城县委员会 2008 年工作要点》（草案）；二是研究确定县政协八届四次常委会方案
八届八次	2008. 07. 15	研究确定县政协八届五次常委会方案；决定由教科文卫委负责具体实施
八届九次	2008. 08. 26	研究确定关于围绕工业经济发展情况开展视察调研的方案
八届十次	2008. 10. 07	研究确定关于围绕农业发展情况开展视察调研的方案
八届十一次	2008. 10. 27	研究确定县政协八届六次常委会方案；决定由经济委负责具体实施
八届十二次	2008. 12. 18	安排部署县政协八届三次全会准备工作
八届十三次	2009. 01. 13	一是协商通过县政协八届三次全会材料；二是协商通过有关人事事项；三是研究确定县政协八届七次常委会方案

续表

会议届次	时间	主要内容
八届十四次	2009.02.18	研究确定县政协关于学习实践科学发展观活动方案
八届十五次	2009.04.15	一是协商通过《政协故城县委员会2009年工作要点》（草案）；二是协商通过有关人事事项；三是研究确定县政协八届八次常委会方案
八届十六次	2009.05.11	研究确定关于围绕新农合运行情况开展视察调研的方案
八届十七次	2009.05.18	研究确定关于围绕外派劳务情况召开座谈会的方案
八届十八次	2009.07.09	一是研究确定关于围绕提升城建、交通工作水平开展视察调研的方案；二是研究确定县政协学习实践科学发展观专题民主生活会方案
八届十九次	2009.07.22	研究确定县政协八届九次常委会方案；决定由提案委负责具体实施
八届二十次	2009.09.16	研究确定县政协八届十次常委会方案；决定由经济委负责具体实施
八届二十一次	2009.09.18	研究确定县政协关于召开庆祝建国60周年暨人民政协成立60周年各界人士座谈会的方案
八届二十二次	2009.11.17	研究确定关于围绕提高教育工作水平开展视察调研的方案
八届二十三次	2009.12.15	安排部署县政协八届四次全会准备工作
八届二十四次	2010.01.15	一是协商通过县政协八届四次全会有关文件；二是协商通过有关人事事项；三是研究确定县政协八届十一次常委会方案
八届二十五次	2010.04.02	一是协商通过《政协故城县委员会2010年工作要点》（草案）；二是协商通过政协故城县委员会关于积极参与实施“三个年”活动，助推故城科学超常发展的决定；三是研究确定县政协八届十二次常委会方案
八届二十六次	2010.04.28	一是研究确定关于围绕推动工业经济发展开展调研视察的方案；二是研究制定《政协故城县委员会机关考勤制度》
八届二十七次	2010.05.13	研究确定关于围绕学校规范化管理及校园建设开展视察调研的方案
八届二十八次	2010.06.10	研究确定关于围绕进一步推进县城管理工作开展视察调研的方案
八届二十九次	2010.06.25	研究确定县政协八届十三次常委会方案；决定由办公室负责具体实施
八届三十次	2010.09.03	研究确定关于围绕规范新型农村合作医疗工作的管理，完善新农合制度座谈会的方案
八届三十一次	2010.10.08	研究确定县政协八届十四次常委会方案；决定由经济委负责具体实施
八届三十二次	2010.11.09	研究确定关于围绕食品药品安全监管工作开展视察调研的方案
八届三十三次	2010.11.29	研究确定关于围绕发挥行业协会作用，促进特色产业升级座谈会的方案
八届三十四次	2010.12.23	安排部署县政协八届五次全会准备工作
八届三十五次	2011.01.17	一是协商通过县政协八届五次全会有关文件；二是协商通过《政协故城县委员会2011年工作要点》（草案）；三是研究确定县政协八届十五次常委会方案
八届三十六次	2011.02.15	一是协商通过有关人事事项；二是协商通过《县政协八届五次全会选举办法》（草案）；三是研究确定县政协八届十六次常委会方案
八届三十七次	2011.03.28	研究确定关于围绕工业经济发展情况开展视察调研的方案
八届三十八次	2011.04.15	研究确定县政协八届十七次常委会方案；决定由经济委负责具体实施
八届三十九次	2011.05.11	研究确定关于围绕构建平安故城，维护社会和谐稳定座谈会方案
八届四十次	2011.06.21	研究确定关于围绕城建、交通以及新民居建设情况开展视察调研的方案
八届四十一次	2011.07.04	研究确定县政协八届十八次常委会方案；决定由办公室负责具体实施
八届四十二次	2011.08.09	研究确定关于围绕大力发展职业教育，盘活故城人才资源市场，进一步缓解当前企业用工荒、用工难问题座谈会的方案
八届四十三次	2011.09.20	研究确定县政协八届十九次常委会方案；决定由经济委负责具体实施

续表

会议届次	时间	主要内容
八届四十四次	2011. 11. 15	一是安排部署县政协九届一次全会准备工作；二是研究确定关于围绕堤口渠景观改造建设情况开展视察调研的方案
八届四十五次	2011. 12. 20	一是协商通过县政协九届一次全会材料；二是协商通过有关人事事项；三是研究确定县政协八届二十次常委会方案
九届一次	2012. 03. 19	研究确定关于围绕工业经济发展情况开展视察调研的方案；决定由经济委负责具体实施
九届二次	2012. 03. 24	一是协商通过《政协故城县委员会关于加强委员管理，发挥委员主体作用的办法》（草案）；二是协商通过《政协故城县委员会2012年工作要点》（草案）；三是协商通过有关人事事项；四是研究确定县政协九届一次常委会方案
九届三次	2012. 04. 16	研究确定关于围绕推动裘皮裘革产业健康快速发展座谈会的方案
九届四次	2012. 06. 20	研究确定关于围绕饮用水安全、改水降氟工作及农业龙头企业发展情况开展视察调研的方案
九届五次	2012. 06. 25	研究确定县政协九届二次常委会方案；决定由提案委负责具体实施
九届六次	2012. 08. 09	研究决定为故城镇排涝捐献水泵9台、水龙带160米、电缆700米
九届七次	2012. 09. 18	研究确定关于围绕促进工业经济又快又好发展，对一城三区工业经济运行情况开展视察调研的方案
九届八次	2012. 10. 16	研究确定关于围绕城建、交通工作开展情况开展视察调研的方案
九届九次	2012. 10. 29	研究确定县政协九届三次常委会方案；决定由办公室负责具体实施
九届十次	2013. 02. 18	安排部署县政协九届二次全会准备工作
九届十一次	2013. 03. 04	一是协商通过县政协九届二次全会有关文件；二是研究确定县政协九届四次常委会方案；三是协商通过有关人事事项
九届十二次	2013. 05. 13	研究确定关于围绕做大做强县域企业，助推园区发展提速，促进工业经济又好又快发展，召开一城三区两园企业负责人座谈会方案
九届十三次	2013. 05. 21	一是协商通过《政协故城县委员会2013年工作要点》（草案）；二是研究确定县政协九届五次常委会方案
九届十四次	2013. 07. 02	研究确定关于围绕农业专业合作社、土地承包大户及畜牧养殖发展情况视察调研的方案
九届十五次	2013. 07. 16	研究确定县政协九届六次常委会议方案；决定由经济委负责具体实施
九届十六次	2013. 10. 11	研究确定关于围绕城建交通事业发展情况开展视察调研的方案
九届十七次	2013. 10. 22	研究确定县政协九届七次常委会方案；决定由办公室负责具体实施
九届十八次	2013. 12. 26	安排部署县政协九届三次全会准备工作
九届十九次	2014. 01. 21	一是协商通过县政协九届三次全会有关文件；二是协商通过有关人事事项；三是研究确定县政协九届八次常委会议方案；四是研究确定县政协党的群众路线教育实践活动的实施方案
九届二十次	2014. 04. 01	一是研究确定关于围绕督促全县在重点项目和工程加快建设，尽快实现政企双赢开展视察调研的方案；二是传达学习党的十八大三中全会精神
九届二十一次	2014. 04. 11	一是研究确定《政协故城县委员会2014年工作要点》（草案）；二是研究确定县政协九届九次常委会方案，决定由经济委负责具体实施
九届二十二次	2014. 06. 16	研究确定关于围绕种植、养殖专业合作社发展及乡镇土地流转情况开展视察调研的方案
九届二十三次	2014. 06. 25	研究确定县政协九届十次常委会方案；决定由经济委负责具体实施

续表

会议届次	时间	主要内容
九届二十四次	2014.07.30	一是传达学习习近平总书记系列重要讲话精神；二是安排部署下阶段党的群众路线教育实践活动
九届二十五次	2014.09.11	研究确定关于围绕教育基础设施建设、新农合运行情况和民营医院发展情况开展视察调研的方案
九届二十六次	2014.10.21	研究确定关于围绕城建交通发展情况开展调研视察的方案
九届二十七次	2014.11.11	研究确定县政协九届十一次常委会方案；研究制定《县政协常委会议事规则》《故城县政协机关财务管理制度》等八项规章制度
九届二十八次	2014.12.03	研究确定关于围绕农村面貌改造提升工作开展视察调研的方案
九届二十九次	2015.01.29	安排部署县政协九届四次全会准备工作
九届三十次	2015.02.23	一是研究确定县政协九届十二次常委会方案；二是协商通过县政协九届四次全会各项材料；三是协商通过增补县政协委员事项
九届三十一次	2015.04.16	研究确定关于围绕工业经济发展情况开展视察调研的方案
九届三十二次	2015.04.21	研究确定县政协九届十三次常委会方案；决定由经济委负责具体实施
九届三十三次	2015.05.08	研究确定关于围绕民政事业发展、低保落实情况开展视察调研的方案
九届三十四次	2015.05.27	研究确定县政协“三严三实”专题教育活动方案
九届三十五次	2015.06.23	研究确定关于围绕东大洼现代农业园规划建设、农田水利基础设施建设、地下水压采情况开展视察调研的方案
九届三十六次	2015.07.06	研究确定县政协九届十四次常委会方案；决定由办公室负责具体实施
九届三十七次	2015.08.11	研究确定关于围绕政务中心运行情况开展视察调研的方案
九届三十八次	2015.08.17	研究确定关于围绕法院工作情况开展视察调研的方案
九届三十九次	2015.09.14	研究确定关于围绕加快推进依法治县，维护故城和谐稳定开展视察调研的方案
九届四十次	2015.10.16	研究确定关于围绕城建交通发展情况开展视察调研的方案
九届四十一次	2015.10.23	研究确定关于围绕农村土地、宅基证确权工作开展视察调研的方案
九届四十二次	2015.11.17	一是研究确定县政协九届十五次常委会方案；二是安排部署县政协九届五次全会准备工作
九届四十三次	2015.12.07	研究确定关于围绕文教卫生事业发展开展视察调研的方案
九届四十四次	2016.01.28	一是研究确定县政协九届十六次常委会议方案；二是协商通过县政协九届五次全会材料；三是协商通过县政协九届五次全会人事事项
九届四十五次	2016.04.18	研究确定关于围绕提升企业管理水平开展专题视察调研的方案
九届四十六次	2016.04.22	一是研究确定县政协九届十七次常委会方案；二是研究制定县政协“两学一做”学习教育方案
九届四十七次	2016.05.25	研究确定关于围绕现代农业发展中的亮点和农业产业链延伸情况开展视察调研的方案
九届四十八次	2016.07.06	研究确定关于围绕金融工作开展情况座谈会的方案
九届四十九次	2016.07.19	研究确定县政协九届十八次常委会议方案；决定由提案委负责具体实施
九届五十次	2016.08.29	研究确定关于围绕城建交通发展情况开展调研视察的方案
九届五十一次	2016.10.14	研究确定关于围绕加快全县教育工作步伐，推进教育事业健康发展和全县卫生工作两个座谈会的方案
九届五十二次	2016.11.14	研究确定关于围绕美丽乡村建设、精准扶贫工作和电子商务发展情况开展视察调研的方案

续表

会议届次	时间	主要内容
九届五十三次	2016. 11. 28	一是研究确定县政协九届十九次常委会方案；二是协商通过《中国人民政治协商会议故城县委员会提案工作条例修正案》（草案）
九届五十四次	2017. 02. 06	一是研究确定县政协九届二十次常委会方案；二是协商通过县政协十届一次全会材料；三是协商通过县政协十届一次全会有关人事事项
十届一次	2017. 02. 22	一是研究决定县政协主席、副主席分工；二是研究确定机关工作制度；三是研究确定“三委一室”工作职责和机关人员分工
十届二次	2017. 02. 25	一是研究确定《县政协 2017 年工作要点》（草案）；二是研究决定对部分办公室、一楼大会议室、二楼小会议室进行维修改造
十届三次	2017. 03. 09	一是研究确定围绕“项目建设、企业转型升级”等课题到委员企业中了解情况、搜集好的意见建议的相关事宜；二是共同学习了《党内新形势下政治生活若干准则》
十届四次	2017. 04. 11	一是研究确定组织驻故城县的市政协委员召开座谈会的方案；二是研究制定《机关理论学习制度》
十届五次	2017. 05. 09	一是传达学习省委第七巡视组巡视工作精神；二是研究确定县政协十届一次常委会方案；三是协商通过有关人事事项
十届六次	2017. 05. 22	一是根据省委巡视组第一阶段在故城发现的问题，协商讨论政协工作需改进的方面；二是传达学习县委关于在扶贫帮扶过程中需注意有关事项的会议精神
十届七次	2017. 06. 05	一是研究确定关于围绕加快项目建设、推动工业转型升级开展视察调研的方案；二是研究确定县政协立知立改民主生活会方案
十届八次	2017. 06. 19	一是传达学习省委常委扩大会议精神，继续推进“两学一做”教育活动；二是研究决定为县政机关人员购置电脑器材，提高机关办公效率
十届九次	2017. 07. 10	研究确定关于提升政协委员履职意识和履职能力进行集中培训会的方案
十届十次	2017. 08. 03	一是研究确定县政协十届二次常委会方案；二是研究确定关于组织政协委员赴衡水世博园参观学习的方案
十届十一次	2017. 09. 01	一是研究确定对院内破损迎门墙图案进行修复的方案；二是就县政协机关学习习近平总书记系列重要讲话精神进行了安排
十届十二次	2017. 10. 09	研究确定关于围绕提高现代化农业发展水平和农业综合效益开展视察调研的方案
十届十三次	2017. 11. 02	一是研究确定关于围绕改善城乡面貌、提高城乡居民生活水平开展视察调研的方案；二是就政协机关学习党的十九大报告情况进行安排
十届十四次	2017. 12. 20	研究确定县政协十届三次常委会方案；安排部署县政协十届二次全会准备工作
十届十五次	2018. 01. 23	一是研究确定县政协十届四次常委会议方案；二是协商通过县政协十届二次全会文件；三是协商通过《故城县政协常委履职发言制度》（草案）
十届十六次	2018. 02. 07	一是研究确定县政协十届五次会方案；二是协商通过有关人事事项
十届十七次	2018. 02. 08	一是听取各讨论组讨论情况的汇报；二是听取各组酝酿候选人名单（草案）和选举办法（草案）讨论情况的汇报；三是听取各组对十届二次会议提案审查情况的报告（草案）以及其他各项决议（草案）讨论情况的汇报
十届十八次	2018. 03. 21	一是研究确定县政协十届六次常委会议方案；二是研究确定《政协故城县委员会 2018 年工作要点》（草案）；三是集中学习《宪法》；四是研究确定《政协故城县委员会委员管理办法》（草案）、《中国人民政治协商会议故城县委员会常务委员会工作规则》（草案）

续表

会议届次	时间	主要内容
十届十九次	2018.03.30	一是研究确定关于围绕扶贫攻坚工作对武官寨开展专项民主监督的方案；二是协商确定政协机关开展主题教育活动的方案；三是传达学习汪洋主席在全国政协十三届一次会议上的讲话精神
十届二十次	2018.04.13	一是研究确定关于围绕推进工业项目建设开展视察调研的方案；二是研究决定由办公室起草政协机关财务管理、车辆管理等制度
十届二十一次	2018.05.08	一是研究确定关于围绕全县扶贫攻坚工作开展第二次专项民主监督的方案；二是研究决定对协机关院内及部分房屋进行维修和改造，推动“委员之家”建设
十届二十二次	2018.05.29	研究确定关于全体政协委员、机关干部开展“发挥委员作用、助力打赢脱贫攻坚战”专题培训会的方案
十届二十三次	2018.07.09	一是研究确定县政协十届七次常委会方案；二是部署安排驻村帮扶、助力脱贫攻坚工作
十届二十四次	2018.09.25	一是研究确定县政协十届八次常委会议方案；二是协商通过《中国人民政治协商会议故城县委员会常务委员会工作规则》（草案）；三是协商讨论县政协关于加快推进乡村振兴战略实施的调研报告
十届二十五次	2018.11.13	一是研究确定关于围绕法院执行难、基础建设等工作情况视察调研的方案；二是就政协机关学习《习近平谈治国理政》第二卷情况进行安排部署
十届二十六次	2018.12.10	一是研究确定县政协十届九次专题常委会议的方案；二是共同学习了《习近平谈治国理政》第二卷“决胜全面建成小康社会”
十届二十七次	2018.12.25	一是研究确定关于围绕文教卫生及食品安全工作进行视察调研的方案；二是共同学习了《习近平谈治国理政》第二卷“在发展中保障和改善民生”
十届二十八次	2019.01.23	一是研究确定县政协十届十次常委会议的方案；二是研究确定县政协十届三次全会材料
十届二十九次	2019.01.29	听取各讨论组组长对《政协常委会工作报告》《政府工作报告》和其他各项报告的讨论情况汇报
十届三十次	2019.03.22	一是研究确定县政协十届十一次常委会方案；二是协商通过《政协故城县委员会2019年工作要点》（草案）
十届三十一次	2019.04.02	一是安排部署县政协重要文件资料汇编整理工作；二是研究决定机关工作人员的工作分工
十届三十二次	2019.05.30	一是研究确定县政协十届十二次常委会议方案；二是协商通过关于筹建故城县商协会的工作方案，部署起草《故城县工商（总）会章程》（草案）等有关事项
十届三十三次	2019.07.02	研究确定县政协关于开展“深学习、下基层、解问题、化矛盾、促发展、保稳定”主题实践活动的方案
十届三十四次	2019.07.11	一是研究确定县政协加强党建工作的方案；二是研究确定县政协加强和改进意识形态工作的方案
十届三十五次	2019.08.23	研究决定对机关楼顶做防水保护及对漏水的办公用房进行维修，改善机关办公环境
十届三十六次	2019.09.03	一是研究确定围绕土地、房屋征收工作和“双违”政治行动开展专题民主监督活动的方案；二是研究确定县政协系统关于开展“不忘初心、牢记使命”主题教育活动方案
十届三十七次	2019.10.09	一是研究政协机关党支部“不忘初心、牢记使命”主题教育开展情况；二是协商确定驻村帮扶相关工作
十届三十八次	2019.10.30	一是协商确定对不忘初心、牢记使命主题教育中发现的问题进行梳理以及抓好整改落实的办法；二是做好各项会议的记录整理工作

续表

会议届次	时间	主要内容
十届三十九次	2019.11.22	一是研究确定召开县政协“不忘初心、牢记使命”主题教育推进会的方案；二是安排部署县政协十届四次全会准备工作；三是研究确定围绕文教、卫生工作进行视察调研的方案
十届四十次	2019.12.12	一是研究确定县政协十届十三次常委会方案；二是协商确定故城县大运河文化带建设纪事书籍的基本框架结构、史料的搜集，整理等相关事项
十届四十一次	2019.12.18	一是研究确定县政协十届四次全会材料；二是研究确定县政协走访委员的方案
十届四十二次	2019.12.27	一是协商通过有关人事事项；二是研究确定县政协十届十四次常委会方案
十届四十三次	2020.01.09	一是听取各组对《政府工作报告》和其他各项报告的讨论情况以及其他各项决议（草案）的讨论情况；二是听取各组酝酿县政协常委候选人名单（草案）和选举办法（草案）的讨论情况
十届四十四次	2020.01.28	一是传达学习贯彻省、市、县委关于新冠疫情工作会议精神；二是安排部署机关和分包小区疫情防控工作
十届四十五次	2020.03.11	一是传达学习全县三级干部大会精神；二是研究确定开通云视频会议服务的有关事宜；三是协商通过《政协故城县委员会2020年工作要点》（草案）
十届四十六次	2020.04.03	一是研究确定县政协十届十五次常委会会议方案；二是研究确定关于围绕疫情防控形式下的企业复工复产、项目开工建设和爱国卫生运动开展情况进行视察监督活动的方案
十届四十七次	2020.05.11	一是传达学习市政协《关于贯彻落实市委常委（扩大）会议精神的通知》的精神；二是学习《中共故城县委关于新时代加强和改进人民政协工作的实施意见》
十届四十八次	2020.06.09	一是协商通过关于调整政协机关内设机构和人员编制的请示；二是研究决定对北二楼楼道透风漏雨的窗户进行维修改造，改善办公环境
十届四十九次	2020.08.28	一是研究确定县政协十届十六次常委会会议方案；二是研究确定关于围绕加快项目建设，推进故城经济社会高质量发展开展视察调研的方案
十届五十次	2020.10.12	一是传达学习县委彭晓明书记、政府王立峰县长在近期文旅产业发展工作会议上的重要讲话；二是研究确定关于围绕文化旅游产业发展情况进行视察调研的方案
十届五十一次	2020.11.11	是协商确定文史资料征集工作的具体事项；二是协商通过县政协常委会工作报告和提案工作情况的报告
十届五十二次	2020.12.22	一是协商讨论《运河故城2020》一书的印刷出版工作的相关事宜；二是安排部署县政协十届五次全会的准备工作；三是研究确定县政协十届十七次常委会方案
十届五十三次	2021.01.26	一是传达学习县委书记专题会议精神；二是传达市政协秘书长会议精神；三是研究确定县政协十届五次全会材料；四是研究确定县政协十届十八次常委会方案；五是协商通过有关人事事项
十届五十四次	2021.02.23	一是研究确定县政协十届十九次常委会方案；二是协商通过《政协故城县委员会2021年工作要点》（草案）；三是协商通过《政协故城县委员会关于十届县政协提前换届的决定》
十届五十五次	2021.03.01	一是研究确定关于围绕文旅项目建设、管理运营情况开展视察调研的方案；二是研究确定县政协开展党史学习教育的方案；三是共同学习了《新民主主义革命时期历史》部分内容
十届五十六次	2021.07.13	一是协商通过县政协十一届一次全会会议材料；二是协商通过有关人事事项；三是研究确定县政协十届二十次常委会方案
十一届一次	2021.08.06	一是研究决定县政协主席、副主席分工安排；二是协商通过《政协故城县委员会常务委员履职发言制度》（草案）、《政协故城县委员会常务委员会工作规则》（草案）等

续表

会议届次	时间	主要内容
十一届二次	2021. 08. 16	协商通过经济委《关于进一步优化营商环境有关问题的建议》的起草说明和框架结构、教科文卫委关于《关于我县城市基础设施建设情况的调研报告》的起草情况和框架结构
十一届三次	2021. 10. 08	一是集中学习《习近平新时代中国特色社会主义思想学习问答》；二是研究确定县政协双周协商座谈会的方案
十一届四次	2021. 10. 15	一是协商确定对我县餐饮行业成立行业协会的情况开展调研活动的安排方案；二是研究确定县政协十一届一次常委会方案；三是研究决定新进人员工作分工，调整相关人员工作职责
十一届五次	2021. 11. 22	一是传达学习市政协党建会议精神；二是协商通过《政协故城县委员会党建工作“四联系”办法》（草案）；三是协商确定县政协委员协商议政室建设事项
十一届六次	2021. 12. 09	一是传达学习十九届六中全会精神；二是安排部署县政协十一届二次全会准备工作
十一届七次	2021. 12. 28	一是研究确定关于围绕乡村公共卫生体系建设情况进行视察调研的方案；二是传达学习党的十九届六中全会精神
十一届八次	2022. 01. 14	一是研究确定县政协双周协商座谈会方案；二是传达学习习近平总书记在省部级主要领导干部学习贯彻党的十九届六中全会精神专题研讨班开班式上的重要讲话精神
十一届九次	2022. 01. 17	一是研究确定县政协十一届二次常委会方案；二是协商通过县政协十一届二次全会各项材料；三是协商通过《县政协常务委员会组成人员守则》（草案）、《县政协关于强化政协委员责任担当的意见》（草案）
十一届十次	2022. 01. 25	一是研究确定县政协十一届二次会议主持人手稿；二是协商确定提案委要做好大会期间的提案收集和整理工作
十一届十一次	2022. 02. 23	协商通过收听收看河北省政协召开的全省政协加强和改进新时代市县政协工作会议的有关事项
十一届十二次	2022. 02. 28	协商通过《政协故城县委员会 2022 年工作要点》（草案）
十一届十三次	2022. 03. 27	一是协商通过《政协故城县委员会双周协商座谈会细则》（草案）；二是研究确定县政协十一届三次常委会方案；三是协商确定编辑县政协第十届委员会资料汇编的有关事项
十一届十四次	2022. 03. 28	传达学习全国“两会”精神和市政协七届四次常委会议精神
十一届十五次	2022. 04. 12	研究确定关于围绕方田林网建设和环境卫生整治提升进行视察调研的方案
十一届十六次	2022. 04. 25	一是研究确定关于召开教育、卫生界别双周协商座谈会的方案；二是共同学习了习近平在看望参加政协会议的农业界社会福利和社会保障界委员时的重要讲话精神
十一届十七次	2022. 06. 22	一是传达学习河北省委第十届二次全会会议精神；二是传达学习《中国共产党政治协商条例》
十一届十八次	2022. 07. 19	一是协商通过《政协故城县委员会双周协商座谈会工作细则》（草案）；二是研究确定关于组织政协委员开展民生实事视察工作方案；三是研究确定县政协十一届四次常委会方案
十一届十九次	2022. 08. 02	协商通过《政协故城县委员会委员联系界别群众工作暂行办法》（草案）
十一届二十次	2022. 09. 26	一是研究确定关于围绕乡村振兴战略实施情况进行视察调研的方案；二是传达学习了习近平总书记在中央政协工作会议暨庆祝中国人民政治协商会议成立 70 周年大会上重要讲话精神
十一届二十一次	2022. 10. 21	一是研究确定县政协十一届五次常委会方案；二是协商通过关于推动乡村振兴战略的调研报告；三是研究确定机关供暖工作相关问题

续表

会议届次	时间	主要内容
十一届二十二次	2022. 11. 07	一是研究确定关于围绕城市基础设施建设及冬季供暖情况进行视察调研的方案；二是传达学习了党的二十大报告
十一届二十三次	2023. 01. 09	一是协商通过县政协十一届三次全会会议材料；二是研究确定县政协十一届六次常委会方案
十一届二十四次	2023. 02. 15	一是研究确定县政协双周协商座谈会的方案；二是共同学习了《中国共产党章程（修正案）》
十一届二十五次	2023. 03. 28	一是研究确定县政协十一届七次常委会方案；二是协商通过《政协故城县 2023 年工作要点》（草案）；三是协商通过有关人事事项
十一届二十六次	2023. 07. 27	一是传达学习县委领导干部会议精神；二是研究确定县政协十一届八次常委会方案；三是协商通过有关人事事项
十一届二十七次	2023. 08. 22	一是协商通过《政协故城县委员会委员联系界别群众工作暂行办法》（草案）；二是研究决定对办公区域内修缮、维护
十一届二十八次	2023. 09. 21	一是协商通过《政协故城县第十一届委员会走访联系委员制度》（草案）；二是研究确定县政协关于深入开展学习贯彻习近平新时代中国特色社会主义思想主题教育方案
十一届二十九次	2023. 10. 25	一是研究确定关于围绕园林城市建设情况进行视察调研的方案；二是传达学习了习近平总书记在河北考察时的重要讲话精神
十一届三十次	2023. 11. 07	研究确定关于围绕全县重点项目建设情况进行视察监督活动的方案
十一届三十一次	2023. 12. 22	一是研究确定县政协十一届九次常委会会议方案；二是协商通过《政协故城县第十一届委员会走访联系委员制度》（草案）
十一届三十二次	2024. 01. 15	一是协商通过县政协十一届四次全会材料；二是研究确定县政协十一届十次常委会方案
十一届三十三次	2024. 02. 26	一是研究确定关于围绕全县养老机构高质量发展开展视察调研的方案；二是共同学习了《中国共产党纪律处分条例》
十一届三十四次	2024. 03. 15	一是研究确定关于围绕推动康养项目高质量发展赴外地学习考察的方案；二是研究确定《政协故城县委员会 2024 年工作要点》（草案）
十一届三十五次	2024. 04. 09	一是研究确定县政协十一届十一次常委会方案；二是协商通过需调整的委员名单；三是传达学习习近平总书记重要讲话精神和全国“两会”精神
十一届三十六次	2024. 04. 24	一是研究确定关于围绕加快推进故城项目建设工作，到衡水市部分县市区考察学习的方案；二是协商确定围绕委员履职能力提升，组织全体县政协委员、住故城的市政协委员开展学习培训的方案
十一届三十七次	2024. 05. 13	一是研究确定关于组织部分委员赴浙江考察“千万工程”的活动方案；二是共同学习了《习近平谈治国理政》第四卷“坚持党的全面领导”
十一届三十八次	2024. 06. 01	研究确定县政协关于省政协法律宣讲团法律宣讲进学校活动的方案
十一届三十九次	2024. 06. 11	一是研究确定县政协双周座谈会的方案；二是共同学习了习近平总书记关于《全面深化改革开放，为中国式现代化持续注入强劲动力》的重要论述
十一届四十次	2024. 07. 08	协商确定故城县政协志编辑工作各篇章具体内容及人员分工安排
十一届四十一次	2024. 07. 18	部署安排各组政协志编写工作，要求各组要加快编写进度
十一届四十二次	2024. 07. 23	一是传达学习了中国共产党第二十届中央委员会第三次全体会议公报；二是传达县委关于整治违规吃喝问题的通知；三是研究确定县政协十一届十二次常委会方案
十一届四十三次	2024. 09. 13	研究确定县政协十一届十三次常委会议方案
十一届四十四次	2024. 09. 24	传达学习习近平总书记在庆祝中国人民政治协商会议成立 75 周年大会上的重要讲话

第五编 自身建设

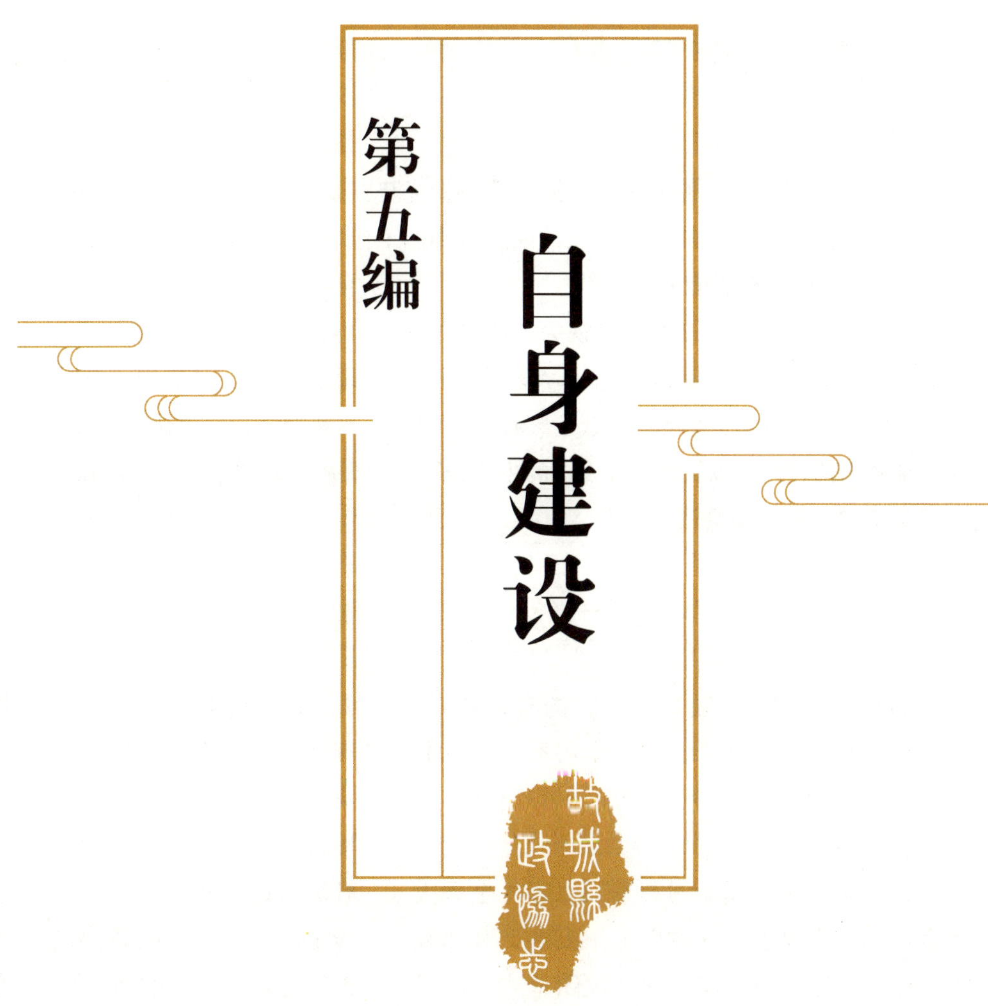

加强政协自身建设，是人民政协强基固本的重要工作，是提高履职水平的重要基础。人民政协把自身建设摆在重要位置，进一步促进党派合作、突出界别特色、发挥委员主体作用、加强机关建设，不断提高履行职能的实效，更好地推进人民政协事业的发展。历届县政协坚持把加强自身建设作为做好政协工作的第一需要和根本要求，坚持以加强学习为抓手，以提升能力为根本，以制度建设为保障，以推动工作提质增效为目标，大力加强自身建设，树立政协良好形象。

第一章　加强委员学习　强化委员队伍建设

政协委员是政协工作的主体。人民政协的优势在委员、活力在委员、潜能也在委员。加强委员队伍建设是政协一项常抓不懈的经常性、基础性工作。组织委员学习是人民政协巩固“思想政治基础”、提升素质和履职能力的保障。

故城县政协始终把政协委员视为政协事业发展的基石。强化委员主体意识，注重委员的学习教育和思想引领。坚持自我学习、自我教育的传统，通过编发学习资料、集中培训、开展委员活动日、收听收看辅导报告会等线上线下多种学习形式，不断增强学习氛围、开阔委员视野，提高委员素质，加强队伍建设，以更好发挥委员的主体作用，积极履行政协职能，为故城经济社会发展贡献力量。

县政协一届委员会（略）

第一节　县政协二届委员会

1984 年，按照《政协章程》的有关规定，在县政协机关成立之初，设立学习委员会，制定年度工作要点和学习、会议、工作及奖惩评比等各项规章制度。

1985 年，重点是学习赵紫阳总理在全国人大六届三次会议上的《政府工作报告》和邓颖超主席在全国政协六届三次会议闭幕式上的讲话。学习方法以自学为主，并积极参加委员所在单位的学习，通过学习，统一对当前经济形势和经济体制改革的认识，坚定初战必胜的信心。遵照县委意见，县政协组成了私人走访学习组，于 10 月，先后到石家庄市晋县和廊坊市永清县政协参观学习。通过走访，学到了先进经验，找准了自身不足，从而坚定了做好政协工作的信心和决心，使县政协的工作开始出现了更加活跃的局面。

1986 年，组织全体人员认真学习和讨论《中共中央一号文件》、中央领导同志关于端正党风的重要讲话，并向全体政协委员印发了《关于认真学习贯彻中共中央一号文件和中央领导同志关于端正党风的重要讲话的通知》。4 月，六届全国人大四次会议和全国政协六届四次会议召开后，县政协向全体委员印发了《关于学习、宣传全国人大、全国政协两个会议文件，为“七五”计划做贡献的通知》。为交流工作、学习经验，县政协主办了《政协简讯》，选载部分统战理论文章和有关上级指示精神印发给各位委员，并为农村委员订阅了《人民政协报》。全体政协委员通过对一系列文件的学习，认清了形势，受到了教育，开拓了新的思想境界，破除了旧的观念意识，提高了理论政策水平，加深了对人民政协在新的历史时期的重要地位和作用的理解，更加坚定了为两个文明建设服务、创造性开展工作的自觉性。在不同的岗位上，以自己的实际行动，主动地为我县的各项改革和经济振兴作出积极贡献。

第二节　县政协三届委员会

为适应“四化”建设和改革开放的需要，县政协坚持把组织和帮助委员学习好党在新时期制定的一系列方针政策，作为政协常委会的一项长期而又重要的任务来抓。不断提高委员们的政治素养，明确前进的政治方向，永远坚定不移的跟着共产党胜利前进。

在中共十三届四中和五中全会召开期间，县政协及时组织收听观看大会实况，并召开常委会。认真学习讨论会议文件，特别是邓小平同志、江泽民同志和李鹏同志的重要讲话，审议通过了《组织全体政协委员认真学习和贯彻执行的通知》。为委员们学习好时事政策，在政协机关办公经费较为紧张的情况下，坚持为农村委员订阅《人民政协报》，使委员们及时了解了党的大政方针和国内外大事。

第三节　县政协四届委员会

在中共十三届六中、七中、八中全会召开期间，县政协及时组织收听观看大会实况并召开常委例会。认真学习全会精神，特别是邓小平同志南方谈话和中共十四大文件，多次组织常委们进行认真学习和讨论。向全体委员印发“要学习好、贯彻好、执行好十四大文件”的通知。

1991 年，县政协给每位委员订阅《人民政协报》。号召委员进行专题学习。如党的十三届八中全会和全国农村工作会议精神在报纸上发表后，政协及时向全体委员发出了认真学习的号召，政协机关的干部职工带头学习，深刻领会，从而不断提高了自身的政策水平，增强参政议政能力。

第四节　县政协五届委员会

县政协围绕中共十五大会议精神、邓小平理论、党的方针政策和新时期统一战线、人民政协理论等，组织报告会、学习会、专题座谈会、委员活动 80 余次，举办学习班和培训班 12 期，召开学习经验交流会 4 次，组织参观学习 3 次，为委员进一步深化思想、更新观念、知情出力、参政议政，奠定了思想基础。

1993 年，通过主席会、常委例会、机关干部会、自学等形式，学习十四大文件，十四届三中全会《决定》和《邓小平文选》全三卷，江泽民同志在中纪委二次会议上的讲话，召开了两次委员学习座谈会，下发了两次关于加强学习的通知。各乡、镇政协工委也各自组织委员学习活动。通过学习、座谈、交流，使委员们对当前形势，对市场经济理论和建设有中国特色社会主义理论的认识和对反腐倡廉的认识都有了进一步的提高。为了使委员尽快适应政协工作，更好地发挥作用，两次利用以会代训的形式，举办工委主任和政协常委及部分委员培训班，组织委员学习政协的基本知识和统一战线理论，加深了对新时期统战工作的路线、方针、政策，对人民政协的地位、性质、作用的认识和理解，提高参政议政的能力。

1996 年，县政协把学习贯彻中共十四届六中全会精神作为头等大事来抓，切实加强社会主义精神文明建设。通过召开座谈会、印发学习材料、学习心得体会等多种形式对《中共中央关于加强社会主义精神文明建设若干重要问题的决议》和政协基本知识进行深入学习，提高政协委员的思想理论水平，增强使命感、荣誉感，强化参政议政意识。

第五节 县政协六届委员会

县政协通过编发学习资料，举行座谈会、形势报告会等形式，组织和动员广大委员认真学习邓小平理论、“三个代表”重要思想、中共十六大精神，学习统战理论、政协知识及其他方面的专业知识。多次组织委员参加市政协组织的人民政协知识竞赛活动和政协理论研讨会，就政协工作中的一些重要问题进行研讨。

1998 年，组织报告会、学习会、专题座谈会、委员活动日 20 多次，举办学习班和培训班 2 期，为委员进一步深化思想、更新观念、知情出力、参政议政创造条件。

1999 年，县政协组织委员认真学习贯彻中共十五大和十五届三中、四中全会精神，组织报告会、学习会、专题座谈会，委员活动日 30 多次，举办学习班和培训班 5 期，召开学习经验交流会，增强委员的使命感、荣誉感。

2001 年，县政协坚持把学习摆在首位。主席会议和常委会议组成人员带头学习。采取举办形势报告会、专题讲座、学习座谈会、编发学习资料等多种形式，组织和推动委员深入学习邓小平理论、江泽民“七一”重要讲话和中共十五届五中、六中全会精神，以及统战政协理论、现代科技等知识。特别是组织广大委员重点学习江泽民“三个代表”重要思想，通过学习教育，广大政协委员进一步认清了形势，统一了思想，增强了坚持共产党领导的多党合作和政治协商制度的自觉性，提高了参政议政水平。

第六节 县政协七届委员会

县政协常委会不断加强对委员学习教育活动的组织领导。采取举办培训班、报告会、座谈会、编发学习资料等形式，组织委员学习邓小平理论，学习统战政策和政协基本知识。重点学习了十六大报告、“三个代表”重要思想、科学发展观和十六届三中、四中、五中全会精神。四年中，政协 5 次下发委员学习文件，特别是 2004 年新章程颁布实施后，县政协 2 次下发“学宪法、学章程”活动的《通知》，举办了 8 次常委、委员学习研讨会。2004 年 8—9 月开展了“委员学习月”活动，以“政协是什么、干什么、怎么干”为主题，在全县政协系统内开展专题学习讨论。同年 10 月，召开学习总结座谈会，收到委员学习心得体会文章 30 多篇。全县 13 个乡镇的政协委员活动组采取不同的形式，采取集中与自学的办法开展了学习活动。在政协系统的党员中开展了“民主集中制活动”“五比五树活动”“讲学习、讲政治、讲正气”为主要内容的党性党风教育活动、编发《故城政协》简报、学习资料 1500 余份，指导委员学习，提高了政策理论和参政议政水平。2003 年，为切实使广大政协委员知情明政，县政协组织了部分委员就人们普遍关心的城镇建设、园区建设、民营经济发展等重点课题先后深入到京杭大街施工现场、县两个工业项目区进行视察，到清河县、冀州县、景县等地参观学习。通过视察和参观学习，委员们解放了思想、开阔了视野，极大地增强了实现故城经济赶超式发展的历史紧迫感和责任感，形成了比干劲、比工作、比贡献的良好氛围，涌现出了许多真抓、实干、创大业的企业家。在全县三级干部大会上，有十家政协委员企业受到县委、县政府的重点表彰和奖励。

第七节 县政协八届委员会

县政协坚持把学习领会党的十七大、十七届三中全会精神和贯彻落实县委、县政府关于加快经济发展的重大决策和部署结合起来。做到思想认识在学习中解放，履职能力在学习中提高，政协工作在学习中推进。通过学习，一是加深了对党的基本理论、基本路线和科学发展观的认识，提高了思想政治素质和政策理论水平，增强了政治敏锐性和政治鉴别力；二是加深了对新时期人民政协性质、地位、作用的认识，提高了参政议政水平，增强了政协委员履行职能的责任感和使命感；三是加深了对县委为实施“五年发展战略”做出的一系列决策部署的认识，增强了发展意识、全局意识，提高了政协工作的针对性和实效性，做到了思想上与县委同心，目标上与县委同向，行动上与县委同步。

第八节 县政协九届委员会

2013 年，县政协以深入学习和贯彻落实党的十八大、十八届三中全会精神为契机，着力抓好“一个班子两支队伍”建设。以集中学习、专题学习等多种形式，大力提升政协领导班子和政协委员队伍、政协机关干部队伍的政治理论水平和整体素质，为全面履行政协职能，打下了坚实的思想政治基础。

2014 年，县政协以深入开展的党的群众路线教育实践活动为契机，通过开展集中学习、专题学习、撰写学习体会等多种形式，大力提升政协委员队伍、政协机关干部队伍的政治理论水平和整体素质，为全面履行政协职能，打下了坚实的思想政治基础。

2015 年，县政协围绕党政重大决策部署、故城经济社会发展情况和政协各项职能，通过举办培训、通报政情、座谈讨论等多种形式，帮助委员拓宽视野，提升素质，增强履行政协职能的综合能力。

第九节 县政协十届委员会

县政协积极引导政协委员开展理论学习活动。依托常委会议、主席会议、座谈会议等开展学习培训 89 次，参加省、市政协专题讲座、视频辅导 43 次，发放学习资料 4000 余册，通过学习培训，使广大政协委员筑牢思想根基、夯实理论基础，增强“四个意识”，坚定“四个自信”，做到“两个维护”。

2017 年，根据县政协年度工作安排，组织全体县政协委员、住故城县市政协委员、县政协机关工作人员举办故城县第十届政协委员培训会。邀请到市政协研究室主任韩彦华、市政协提案委员会主任王秀根分别围绕人民政协基本理论知识、政协提案基本知识开展了知识讲座，使新一届政协委员及时进入了角色、适应了工作。

2018 年，围绕学习新修订的《中华人民共和国宪法》、政协章程、习近平总书记关于加强和改进人民政协工作的重要思想、全县扶贫脱贫政策知识等内容，开展多种形式的学习培训活动，进一步增强了委员的责任意识、参与意识和服务意识，提高了政协委员的履职能力。6 月，组织全体县政协委员、政协机关全体工作人员开展了“发挥政协委员作用，助力打赢脱贫攻坚战”专题培训会。传达县委关于脱贫攻坚工作有关会议精神，作故城县政协关于《发挥政协委员作用，助力打赢脱贫攻坚战》倡议书的情况说明。邀请衡水市政协研究室主任韩彦华同志就“深入学习贯彻落实政协章程修正案、发挥政协委员主体作用”开展知识讲座。

11月，组织全体县政协委员、住故城县市政协委员、机关干部收听收看了舒启明就中共中央办公厅印发的《关于加强新时代人民政协党的建设工作的若干意见》精神所作的宣讲解读。

2019年，县政协围绕“新时代政协是什么，干什么，怎么干”开展大讨论，认真抓好学习研讨，为委员科学履职奠定了坚实的基础。共组织举办各类形式的专题讲座、视频辅导、座谈交流等活动12次，参加学习培训人员达800多人次。通过教育培训，牢固树立“四个意识”、坚定“四个自信”、坚决做到“两个维护”，进一步增强了委员履职的责任感和使命感。6月，按照市政协办公室《关于召开市政协六届十三次常委会议的通知》要求，县政协组织部分县政协委员、住故城县市政协委员和机关干部参加市政协专题报告会。9月，组织县四套班子领导，法院院长、检察院检察长、曾担任过县政协领导职务的老领导、县直各部门主要负责同志，县纪委副书记，统战部部务会成员、住故城县市政协委员、县政协委员、县政协机关全体干部职工收听收看了中共河北省委政协工作会议。10月，组织全体县政协委员、住故城县市政协委员、政协机关全体人员收听收看了“全省政协系统学习贯彻中央和省委政协工作会议精神暨专题辅导报告会”，全国政协文化文史和学习委员会副主任刘佳义、全国政协原文史和学习委员会驻会副主任卞晋平，分别就“发挥人民政协专门协商机构作用”“加强思想政治引领、广泛凝聚共识”“强化委员责任担当”作专题辅导报告。

2017年7月12日，组织召开县政协委员专题培训会

2020年，县政协组织委员收听收看省、市政协组织的专题讲座、视频辅导会议9次，依托常委会议、主席会议、座谈会议等开展学习培训18次。发放学习资料2000余册。通过教育培训，使广大政协委员牢固树立“四个意识”、坚定“四个自信”、做到“两个维护”，进一步提高了政治站位、夯实了共同思想政治基础。6月，县政协组织政协常委、各活动组长和机关干部收听收看了全省政协系统学习贯彻全国政协十三届三次会议精神专题辅导报告会。7月，为进一步推进故城县政协委员队伍建设，提高政协委员的政策水平和政治理论素养，提升政协委员履职意识和履职能力，更好地胜任政协工作，县政协围绕“加强委员学习、提升委员履职能力和水平”开展培训活动。

第十节 县政协十一届委员会（2021 年至今）

2021 年，县政协组织委员深入学习贯彻习近平新时代中国特色社会主义思想，全面贯彻落实习近平总书记关于加强和改进人民政协工作的重要思想，扎实开展了党史学习教育，通过开展多种形式的学习培训活动，推动了县政协工作在继承中发展、在发展中创新。共组织举办专题讲座、视频辅导、座谈交流等学习活动 40 余次，使广大政协委员，特别是新任政协委员进一步坚定了理想信念，强化了责任担当。4 月，组织部分政协委员、机关干部收看了全省政协党史学习教育“新民主主义革命时期”的专题辅导报告会。4 月，组织部分政协委员、机关干部收看了全省政协系统党史学习教育“社会主义革命和建设时期历史”的专题辅导报告会。5 月，组织部分市县政协委员和机关干部收听收看全省政协党史学习教育“改革开放新时期历史”的专题辅导报告会。

2022 年，县政协坚持把开展学习活动作为一项重要政治任务。创新开展了“会前学史”活动和“三读书”活动，扎实开展线上学习培训、线下座谈交流。以 16 个政协活动组为依托，通过举办专题讲座、视频辅导、小组交流等，引导广大政协委员开展了学习《中国共产党政治协商工作条例》活动。为全体政协委员订购《人民政协报》《乡音》《文史精华》等报刊、杂志，帮助政协委员“加油充电”。在政协微信公众号开设“书香政协”“政协知识问答”专栏，推送学习篇目 160 余篇。通过开展形式多样的学习培训，全面加强政协委员和政协机关干部队伍建设，进一步坚定了理想信念、保持了政治定力、增强了履职能力，为政协工作高质量发展奠定了坚实的基础。

2023 年，县政协共组织开展机关研讨交流、政协委员“会前学史”和“三读书”活动 90 多次。参加省市政协专题辅导报告会、举办专题培训会 13 场。17 个委员活动小组采取定期自学、交流研学等形式扎实开展学习活动，实现了学习培训覆盖整个政协系统，创新理论传达到每位政协委员，政协委员的履职能力进一步增强。11 月，为帮助政协委员和机关工作人员深入学习贯彻中共二十大精神，普及政协提案基本知识，进一步了解政协、熟悉政协、融入政协，不断提升政治素质和履职能力，县政协举办“强化委员责任担当”培训活动。4 月，组织全体县政协委员、住故城县市政协委员开展了政协委员学习培训活动。邀请中共河北省委党校庞立平教授围绕“委员履职能力提升”课题进行了专题辅导讲座。政协委员们通过了细听、认真记、面对面交流，进一步开拓了视野和思路，增长了见识和本领。

2024 年 4 月 26 日，组织全体政协委员召开履职能力提升培训会

第二章　提升政治素养　强化机关干部队伍建设

加强政协机关建设，发挥办事机构的参谋、组织、联络、服务作用，是人民政协坚持和完善中国共产党领导的多党合作和政治协商制度，更好地履行政治协商、民主监督、参政议政三大职能的基础和条件。

历届县政协十分重视机关建设，注重工作人员理论学习。按照中央和省市县委部署，扎实开展各类主题教育；组织收听收看政协系统专题辅导报告会；及时传达学习县委全会、经济工作会议等重要会议精神；组织机关干部职工外出学习考察等。通过一系列学习教育活动，使机关干部队伍牢固树立公仆意识，改进工作作风，提高办事效率。教育机关人员为全体会、常委会、主席会服务，为委员服务，为群众服务，做好本职工作，促使政协机关逐步走向规范化、制度化、程序化，使政协机关成为“委员之家”“职工之家”，保证机关工作有序、高效运行。

县政协一届委员会（略）

第一节　县政协二届委员会

县政协突出抓机关自身的思想和组织建设。组织机关全体人员认真学习了邓小平同志关于《新时期的统一战线和人民政协的任务》等文章，提高对新时期政协工作性质、地位、任务和作用的认识，帮助大家进一步克服认为政协工作可有可无和无所作为等错误观念，树立政协工作“前程远大、大有可为”的思想。为严明组织纪律，提高工作效率，从主席到办公室工作人员，逐人逐项地制定岗位责任制，做到职、权、责明确到人，德、勤、绩、能定期考核，从而调动了全体工作人员的积极性，使政协的日常工作逐步纳入正轨。县委提出“振作精神、振兴故城”的口号后，狠抓组织纪律，健全各种规章制度，改进领导方法和工作作风。部分同志存在的纪律松弛、办事拖拉、工作不负责任等不良现象得到了改善，振作了精神，提高了工作效率。驻会领导成员自觉坚持工作，带头遵守制度，改进领导作风，深入基层，进行调查研究，指导和推动了政协工作的全面开展。

认真学习《中共中央关于社会主义精神文明建设指导方针的决议》，领导带头学习、带头宣传、带头落实，自觉抵制来自各方面的不正之风，做到领导带头学法、执法，一切按法律和制度办事。受到县委和上级有关部门的表彰。

第二节　县政协三届委员会

县政协从抓自身学习入手，除认真执行规定的学习制度，坚持学习党的有关方针、政策和统战理论。政协主要领导选学全国政协编发的文史资料，进一步了解了历史人物在历史事件中的活动情况，从而拓宽视野，丰富知识，增强对新时期统战工作和政协工作重要性的认识，有力地指导和推动了政协工作的健康发展。为探索新形势下政协如何为经济建设服务的新路子，县政协撰写《党政分开后的政协工作》和《发挥职能作用，服务于经济建设》等论文，参加地委统战部召开的理论研讨会，并受到好评。

第三节 县政协四届委员会

为适应政协工作的需要，县政协坚持把学习党在新时期的各项统战政策和统战理论作为学习的重点。组织全体机关工作人员先后学习了《中共中央关于坚持和完善中国共产党领导的多党合作和政治协商制度的意见》、全国统战工作会议精神以及江泽民总书记的重要讲话。积极参加统战知识竞赛，使机关全体人员的统战知识和统战理论水平不断提高。

第四节 县政协五届委员会

县政协开展了创“优质服务、优良作风、文明机关”活动，不断加强机关干部队伍建设，努力培养造就一支高素质的政协干部队伍，把政协办成文明机关，成为政协委员之家，更好地发挥全体委员的积极作用，为故城县的两个文明建设作出新的贡献。

第五节 县政协六届委员会

县政协按照“抓班子，带队伍，强素质，树形象，创一流”的要求，扎扎实实地开展了以“三创四比”活动为主要内容的思想作风建设。并采取多种形式，组织机关干部深入学习邓小平理论，中共十五大和十五届三中、四中全会精神等，广泛开展学习教育活动，有效地调动机关干部职工的工作积极性，整个机关团结一致，奋力向上，有效地促进了各项工作的开展。

按照县委的部署和要求，县政协领导班子和政协党员干部认真开展了“三讲”教育和“三讲”教育“回头看”，开展了警示教育等活动。进一步促进了整改措施的落实，加强了思想、组织、作风建设，提高了干部的思想政治素质，促进了工作的顺利开展。并采取了多种形式，组织机关干部深入学习邓小平理论、十五届五中全会精神及有关文件，调动机关干部的积极性，整个机关团结一致，奋力向上，有效地促进了各项工作的开展。

按照中共故城县委的统一部署和要求，县政协机关深入扎实的开展了“三个代表”教育整顿活动。组织机关干部职工深入学习江泽民同志“七一”重要讲话和中共十五届六中全会精神，召开学习座谈会，认真查找机关干部思想工作作风方面存在的问题，制定整顿措施，进一步为政协工作的顺利开展提供了有力保障。

第六节 县政协七届委员会

2003 年，县政协机关重点抓了“三个代表”重要思想，民主集中制，县委、县政府出台的重要文件、政策及政协专业知识的学习。结合在机关干部职工中开展的“创建学习型文明机关”活动，号召全体工作人员加强学习，提高服务水平，并把每周一定为学习日进行集中学习。通过学习整顿，机关工作人员的政治意识、服务意识、责任意识进一步增强，思想、工作作风和精神面貌焕然一新，工作质量和工作效率有了新的提高，讲学习、讲创新、讲团结的机关风气逐步形成。12 月，县政协按照中共故城县委的统一部署，开展了民主集中制教育活动。研究制定学习教育活动实施方案，组建学习教育活动办公室。采取印发学习辅导材料，组织召开了学习会、专题座谈会等多种形式，认真学习党章、党内有关规章制度和十六大、十六届三中全会精神，学习毛泽东、邓小平、江泽民关于民主集中制的重要论述和胡锦涛总书记的有关重要讲话，学习省委六届三次、四次全会和市委一届五次全会精神，学习民主集中制学习问答等内容。学习采取个人自学与集中学习相结合的方式进行。对贯彻执行民主集中制的情况认真进行回顾总结，查摆问题，召开民主生活会。针对查找出来的问题，制定整改措施，建立健全和完善贯彻执行民主集中制的具体制度。

县政协机关干部职工到西柏坡学习留念

2004 年，政协机关按照七届二次全会确定的工作思路，深入开展了“创文明型政协机关，树政协干部形象”活动。强化了机关干部的教育工作。机关干部的服务意识和服务水平显著提高。坚持周二学习制度，极大地提高了政协机关干部职工的整体素质和服务能力。这些措施的落实，全体干部职工保持了积极向上的精神状态，形成了政协机关高效运转的局面。

2005 年，机关开展了保持先进性教育活动。按照县委的统一安排部署，县政协召开了机关保持先进性教育活动动员会。成立了以办公室主任为组长的领导小组。结合政协实际，制订了实施方案、学习计划，开辟了学习园地。在县委统一安排下，观看爱国主义影片《张思德》，听取崔福义同志先进事迹的报告，开展“问一计、献一计、帮一户、解一难”活动，使机关干部受到深刻教育，党性修养得到了锻炼，共产主义信念更加坚定，在思想观念和工作作风上，提高到了一个新的水平。按照创建学习型机关的要求，继续坚持周二集中学习活动，制订学习计划，认真抓好落实。

2007 年，按照县委关于开展解放思想大讨论活动的统一部署，县政协机关结合“07 跨越”之年故城工作实际，进一步凝聚人心、更新观念、转变作风、激发干劲，开展了解放思想大讨论活动。县政协机关成立了以县政协主席郭居娥同志任组长的解放思想大讨论活动领导小组。1 月，召开了县政协解放思想大讨论活动动员会。学习贯彻传达了县委会议精神和县委关于深入开展解放思想大讨论活动实施意见。在学习中，注重把开展解放思想大讨论活动与学习胡锦涛总书记发表的“党中央关于人民政协的重要论述”结合起来。深刻理解江泽民同志关于统一战线、人民政协的有关论述，进一步深化对我国基本政治制度和统战政协工作重要性的认识。

第七节 县政协八届委员会

2007年，县政协制定周五学习制度，有效的促进和提高了机关干部职工的政治素质和服务水平。县政协党组以解放思想大讨论和学习宣传贯彻十七大精神为契机，两次组织政协系统开展丰富多彩的学教活动。多次召开党员民主生活会，加强机关党员干部的自身建设，使其增强工作责任感和使命感。

2008年，县政协狠抓机关建设，提高机关服务质量和水平。按照创建学习型机关的要求，政协机关内部继续坚持周五集中学习活动，层层制订学习计划，认真抓好落实。

2009年，根据中共故城县委关于开展深入学习实践科学发展观活动的统一部署，县政协开展了深入学习实践科学发展观活动。具体安排成立学习实践活动领导小组、办公机构，制定学习实践活动实施方案、召开动员大会。综合运用集中培训、个人自学、专题辅导、集体研讨等形式，重点学习了党的十七大精神、十七届三中全会精神和《毛泽东、邓小平、江泽民论科学发展》《科学发展观重要论述摘编》，学习胡锦涛等中央领导同志一系列重要讲话精神。建立学习考勤、补课等制度，党员干部集中学习时间不少于30个学时。围绕县委、县政府工作中心和经济社会亟待解决以及人民群众普遍关心的热点、难点等问题认真调研并撰写调研报告，开展调研成果交流。围绕如何促进故城科学发展，紧密结合当前经济形势和政协工作实践，组织开展“深入解放思想、推动科学发展”大讨论活动。通过召开座谈会、开展个别谈话、委员走访、约谈等方式，广泛征求各方面人员对县政协机关工作的意见和建议。召开专题民主生活会。制订整改落实方案、集中解决突出问题、完善体制机制。开展群众满意度测评，全面总结学习实践活动所取得的理论成果、实践成果、制度成果，形成总结报告，召开学习实践活动总结大会。

2010年，县政协以深入开展创先争优活动为契机，大力推进机关效能建设，制定出台了《政协故城县委员会机关考勤制度》，有效地规范了机关工作秩序，树立了“团结、务实、创新”的机关良好形象，有力地促进了政协机关规范化建设。

第八节 县政协九届委员会

2013年，县政协召开“解放思想、改革开放、创新驱动、科学发展”大讨论活动动员会。县政协主席张海英，副主席周德全、刘三林、李希旺出席会议。机关各委室主任及全体干部职工参加了此次动员会。为深入推动大讨论活动的开展，县政协办公室制定并出台了《县政协解放思想大讨论实施方案》《县政协解放思想大讨论对标实施方案》，成立了县政协解放思想大讨论活动领导小组，进一步明确了活动的指导思想、目标要求、基本原则和方法步骤，确保大讨论活动取得实效，扎实开展。政协机关各委室在组织集中学习的同时，分别深入企业、群众及广大政协委员中，开展调研和走访征集意见建议活动，以提升政协工作科学化水平，推进各项工作再上新台阶。

2014年，县政协机关开展了党的群众路线教育实践活动。根据省、市、县委统一部署，成立了以政协主席为组长，各位副主席为副组长的领导小组，通过建章立制，确保了机关教育实践活动专人抓、专人管。制定了政协教育实践活动实施方案，重点学习习近平总书记系列重要讲话精神，学习党的十八大和十八届三中全会以及省委、市、县委全会精神等学习教育实践活动必读书目。教育实践活动做到“三学三有”，即集中时间封闭学、基层调研宣讲学、自选篇目系统学，做到日有安排、周有计划、月有体会。以县委“三送三征集”和千名干部下基层活动为契机，组织政协副科级以上干部进村入户，开展送温暖、送政策、送信息活动，同时面对面听取基层干部和群众的意见建议，收到了良好的效果。

2015 年，根据中央、省、市、县委“关于在县处级以上领导干部中开展‘三严三实’专题教育”活动的文件要求，县政协党组深入开展了“三严三实”专题教育。“三严三实”专题教育，是党的群众路线教育实践活动的延展深化。在政协党组领导下进行，党组书记是第一责任人，建立党组“三严三实”专题教育联系会议制度。开展专题党课、专题学习研讨、专题民主生活会、组织生活会、整改落实和立规执纪等工作。

2015 年，为纪念中国共产党成立 94 周年，县政协充分发挥党组织的战斗堡垒作用和共产党员的先锋模范作用，按照县委“党章学习日”活动安排。县政协机关党支部在全体党员中开展了“迎七一、学党章”的主题教育活动，在机关全体党员中掀起了认真学习党章、自觉遵守党章、切实贯彻党章、坚决维护党章的热潮。

2016 年，根据中央和省、市县委部署，在县政协党员中开展“学党章党规、学系列讲话，做合格党员”学习教育。“两学一做”学习教育，着眼点是落实党章关于加强党员教育管理要求，是推动党内教育从“关键少数”向广大党员拓展、从集中性教育向经常性教育延伸的重要举措，是巩固拓展群众路线教育实践活动和“三严三实”专题教育成果、推动全面从严治党向基层延伸的重要部署。县政协坚持把个人自学与集中学习结合起来，明确自学要求，引导党员做好自学。按照“三会一课”制度，党支部定期组织党员集中学习。结合纪念建党 95 周年、红军长征胜利 80 周年，以“坚定信念、争做先锋”为主题，开展专题党课，召开党支部专题组织生活会，开展民主测评工作。

第九节　县政协十届委员会

2017 年，县政协制定了机关学习制度。明确了机关学习活动由办公室主任负责组织，集中学习时间定于每周三的上午 9 点。一是采取集中学习和自学相结合、读书和座谈相结合等多种方式。二是学习要紧密结合实际，有利于指导工作。多开展讨论交流，提倡写读书笔记和心得文章。三是各位副主席根据各自分管的工作轮流主持学习活动，并与所分管委室安排相关的学习内容。四是每次学习结束时确定下一次学习的主要内容。深入学习习近平总书记系列重要讲话精神，党的十九大和省、市、县委会议精神以及政协相关知识，结合实际开展交流研讨活动。通过学习教育，增强了机关干部的宗旨意识、责任意识和自律意识，提高了机关干部的业务能力，形成了爱岗敬业、求真务实、争创一流的良好氛围。

2018 年，县政协按照“带队伍严管厚爱、抓管理精益求精、干工作事争一流”的要求，全面加强政协机关的思想、作风和组织建设，以“两学一做”为抓手，切实增强服务意识，提高服务水平。适应形势和任务的需要，提案委、经济委、教科文卫委积极发挥专委会优势，加强专委会在调研视察、协商议政、提案办理、反映社情民意等方面对口协作力度，不断提高专委会履职能力。3—12 月，组织召开宪法学习主题活动。党的十九届二中全会审议通过了党中央关于修改宪法部分内容的建议，第十三届全国人民代表大会第一次会议表决通过了宪法修正案。县政协以“尊崇宪法、学习宪法、遵守宪法、维护宪法、运用宪法”为主题，以政协党组会、主席会议和机关全体会议为载体，通过开展网上宪法答题、学习宪法知识竞赛、专题讲座、党组中心组理论学习、讲党课和学习心得交流等形式，开展“弘扬宪法精神，普及宪法知识”的主题宣传学习。通过开展宪法主题学习活动，提高了政协干部职工“尊法、守法、学法、用法”意识，增强了领导干部的宪法意识和法治观念。6月，组织机关全体人员收听收看了“全省政协系统学习贯彻习近平总书记关于加强和改进人民政协工作的重要思想专题辅导报告会”，全国政协理论研究会常务理事、全国政协研究室原副主任原冬平作专题辅导报告。8月，组织机关全体人员收听收看了“全省政协系统学习习近平总书记关于加强和改进人民政协工作的重要思想专题辅导报告会”，中国人民政协理论研究会副会长、全国政协文化文史和学习委员会原驻会副主任陈惠丰作专题辅导报告。10月，组织机关全体人员收听收看了“全省政协系统电视电话会议”，全国政协文化文史和学习委员会副主任刘佳义围绕“政协协商民主和民主监督”作专题辅导报告。

2019年，县政协开展了“不忘初心、牢记使命”主题教育。为深入贯彻落实习近平总书记重要讲话精神和中央、省、市、县委“不忘初心、牢记使命”主题教育工作会议精神，根据《中共故城县委关于在全县开展“不忘初心、牢记使命”主题教育的实施方案》的要求，9月召开县政协“不忘初心、牢记使命”主题教育动员会，正式启动主题教育工作。县政协党组带头开展“不忘初心、牢记使命”主题教育，指导带动机关党支部和全体政协委员认真开展学习教育活动，推动县政协主题教育不断深化。主题教育不划阶段、不分环节，把学习教育，调查研究，检视问题，整改落实贯穿主题教育全过程。通过领导带头学、网络自主学、横向交流学、集中培训学、交流研讨学、组织参观学、警示教育学等方式，重点学习党的十九大报告和党章党规，《习近平关于“不忘初心、牢记使命”重要论述选编》《习近平新时代中国特色社会主义思想学习纲要》，深入学习习近平总书记在“不忘初心、牢记使命”主题教育工作会议和在内蒙古考察并指导开展“不忘初心、牢记使命”主题教育时的重要讲话，学习贯彻习近平总书记关于加强和改进人民政协工作重要思想，学习习近平总书记对河北工作的重要指示批示精神，跟进学习习近平总书记最新重要讲话，汪洋主席的重要讲话。根据县委确定的“一二五五四七”发展思路，聚力打造四大发展引擎，重点围绕加快推进现代农业发展、改善营商环境，促进教育卫生事业发展等开展专题调研，形成高质量的调研报告，切实把调研成果转化为县委、县政府科学决策的重要参考，转化为解决问题的具体措施。坚持以人民为中心的发展理念，围绕促进经济发展、改善民生福祉，推进社会和谐稳定等开展专项民主监督，推动相关工作的落实。12月，按照习近平总书记“四个对照”“四个找一找”要求和省市县委的要求，召开了民主生活会。通过学习研讨，对习近平新时代中国特色社会主义思想有了更新的认识，进一步增强了政治自觉、思想自觉和行动自觉，提升履职能力和业务素养。根据县委的统一安排部署，县政协办公室结合政协工作实际，深入开展“深学习、下基层、解问题、化矛盾、促发展、保稳定”主题实践活动，认真贯彻落实县委、县政府的决策部署，不断增强机关干部职工的责任感和使命感。以县政协周三集中学习为载体，通过集中学习交流心得，不断提升服务大局的责任意识，改进履行职能的方式、方法，切实提高履职尽责能力实效。

2020年，县政协全面加强政协机关建设。切实发挥政协办公室参谋助手、协调服务、后勤保障职能作用，加强机关干部职工教育管理，倡导“真抓实干”的工作作风，切实增强机关协调服务和综合管理能力，为政协履职提供有力的服务和保障。充分发挥县政协党组的领导核心作用。落实了党中央和省委、市委关于统战部部长兼任政协党组副书记工作要求。坚持在县委和县政协党组领导下开展工作，坚持重大事项向县委报告制度，紧紧围绕县委决策部署谋划和开展工作，不折不扣贯彻落实县委各项部署要求，确保县政协工作与县委政治上同向、思想上同心、工作上同步。6月，组织机关全体人员收听收看了“全省政协系统学习贯彻全国政协十三届三次会议精神专题辅导报告会”。全国政协研究室办公厅副主任胡衡庐围绕

"学习贯彻习近平总书记重要讲话和中央政协工作会议精神"做了辅导报告。7月，组织机关全体人员收听收看了"省政协党组理论学习中心组扩大学习会"。中央党史和文献研究院第一研究部副主任张贺福围绕《习近平谈治国理政》第三卷的编辑情况和主要内容作专题辅导报告。

2021年，根据中央、省委、市委、县委关于开展党史学习教育工作的通知精神，按照"学史明理、学史增信、学史崇德、学史力行"的目标要求，县政协党组开展了党史学习教育。制定了学习方案，明确党史学习教育整体分为三个阶段。第一阶段，以全面学习党史为重点，集中学习《论中国共产党历史》（节选）、《毛泽东、邓小平、江泽民、胡锦涛关于中国共产党历史论述摘编》（节选）、《习近平新时代中国特色社会主义思想学习问答》（节选）、《中国共产党简史》（节选）等，深入了解党的百年奋斗史，深化对马克思主义中国化成果特别是习近平新时代中国特色社会主义思想的理解。第二阶段，重点学习习近平总书记在庆祝中国共产党100周年大会上的重要讲话精神，不断深化对党的历史的系统把握，高标准高质量完成学习教育各项任务。第三阶段，重点学习十九届六中全会精神，将全会精神融入党史学习教育工作当中。4月，组织机关全体人员收听收看了"全省政协党史学习教育'新民主主义革命时期历史'专题辅导报告会"，中央党校（国家行政学院）中共党史教研部教授、新民主主义革命史教研室主任张卫波作专题辅导报告。通过学习，大家深化了对新民主主义革命史的认识和理解。将深入学习贯彻习近平总书记在党史学习教育动员大会上的重要讲话精神，提高政治站位，高标准开展好党史学习教育，努力做到学党史、悟思想、办实事、开新局，切实增强"四个意识"、坚定"四个自信"、做到"两个维护"，不断提高政治判断力、政治领悟力、政治执行力。5月，按照"学党史、悟思想、办实事、开新局"的指导思想，根据市委党史学习教育领导小组《"学史力行为民解忧—我为群众办实事"实践活动实施方案》和县委《关于在全县开展党史学习教育的通知》《关于在全县开展党史学习教育的实施方案》通知要求，县政协开展了"我为群众办实事"实践活动，倡导委员主动履职尽责，通过志愿服务、慈善救助、爱心捐助、建言献策等，切实为群众做好事、办实事、解难事，广大政协委员积极响应，取得了很好的成效。特别是主动参与了全县"一排双抢"工作，深入田间地头、村边沟渠，开展形式多样的帮扶活动，帮助群众排水排涝、抢收抢种，解决群众生产生活中的困难。

同月，组织机关全体人员收听收看了"全省政协党史学习教育辅导报告会"。中央党校（国家行政学院）教授李国芳围绕"社会主义革命和建设时期历史"作专题辅导报告。通过学习，深化了对社会主义革命和建设时期历史的认识和理解，更加深刻地认识到社会主义来之不易、今天的幸福生活来之不易，更加坚定了中国特色社会主义道路自信、理论自信、制度自信、文化自信。5月，组织机关全体人员收听收看了"全省政协党史学习教育辅导报告会"。中央党校教授陈述围绕"改革开放新时期历史"作专题辅导报告。通过学习，深化了对改革开放新时期历史的认识和感悟。使大家更加深刻地理解中国共产党为什么能、马克思主义为什么行、中国特色社会主义为什么好。将以党史学习教育为契机，在学思践悟中增强"四个意识"、坚定"四个自信"、做到"两个维护"。

6月，组织机关全体人员收听收看了"全省政协党史学习教育"党的十八大以来的历史"专题辅导报告会"。中央党校中共党史教研部教授程连升作专题辅导报告。通过学习，深化了对党的十八大以来历史的理解认识。将通过学习领会好这一时期的历史，增强"四个意识"，坚定"四个自信"，做到"两个维护"，坚定不移用党的创新理论武装头脑，发挥政协优势作用，积极履职尽责。

第十节 县政协十一届委员会

2021年8月，在县政协党组的指导下，县政协机关党支部开展了党史学习教育。充分利用“学习强国”“河北干部网络学院”等线上学习平台，督促党员干部积极开展党史学习。为了将“缅怀英烈、铭记历史”融入到党史学习教育活动中，组织机关干部在网上开展网上祭英烈活动。组织观看《榜样5》，还积极组织机关党员、干部职工前往烈士陵园实地开展爱国教育活动，聆听烈士的光辉事迹，重温入党誓词，进一步了解革命先烈浴血奋战的光辉历史，激发机关干部的爱国情怀。9月，组织机关全体人员收听收看了“全省政协专题辅导报告会”。中央社会主义学院统一战线理论教研部原副主任李小宁围绕“协商民主与人民政协”作了辅导报告。通过学习，深化了对人民政协作为专门协商机构职能责任的认识与理解。将深入学习贯彻习近平总书记关于加强和改进人民政协工作的重要思想，牢牢把握新时代人民政协的新方位新使命，更好发挥专门协商机构作用，扎实推进专门协商机构建设。坚持服务大局、履职为民，围绕发展所需、群众所盼履职建言，推动协商走到基层、走入群众，帮助党委、政府做好化解矛盾的工作。强化责任担当，锤炼过硬履职本领，不断提高政治能力、理论素养、协商能力，为建设经济强县、美丽故城努力画出最大同心圆，凝聚最大向心力。

传达学习县委全会精神

2022年3月，组织机关全体人员收听收看了“全省政协学习贯彻全国两会精神辅导报告会”。全国政协办公厅研究室理论局局长汪连海以视频形式，围绕学习贯彻全国政协十三届五次会议精神作了辅导报告。把迎接党的二十大、学习宣传贯彻二十大精神作为重大政治任务，发挥专门协商机构优势作用，在思想引领上求实效、在协商建言上出成果、在服务大局上有作为。6月，组织机关全体人员收听收看了“全省政协专题辅导报告会”。全国政协委员、中国国际经济交流中心副理事长王一鸣以视频形式，紧扣习近平经济思想，围绕“推动经济高质量发展面临的形势、任务和实现路径”作了辅导报告。找准履职尽责的着力点，发挥好职能作用，围绕加强科技创新、优化营商环境、推进乡村振兴等县委政府重点工作，在建言资政上出真招，在民主监督上有作为，在凝聚共识上见实效。9月，组织机关全体人员收听收看了“全省政协专题辅导报告会”。十三届全国人大常委会委员、农业与农村委员会主任委员陈锡文以视频形式，围绕“农业农村优先发展与全面推进乡村振兴”作了专题报告。故城是农业大县，发展壮大新型农村集体经济，是强农业、美农村、富农民的重要举措。结合辅导学习成果，深入学习贯彻习近平总书记关于“三农”工作的重要论述，紧扣推进农业发展、发展新型农村集体经济中的重点难点问题，聚焦县委“五位一体”生产经营模式的推广，扎实调查研究，开展协商活动，积极建言献策，切实履行职责，广泛凝聚共识。

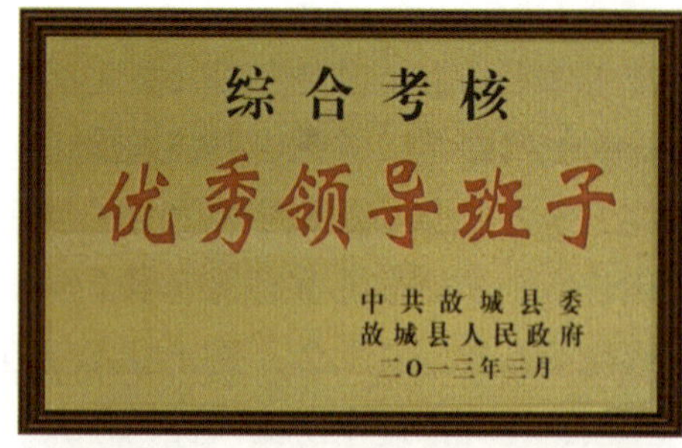

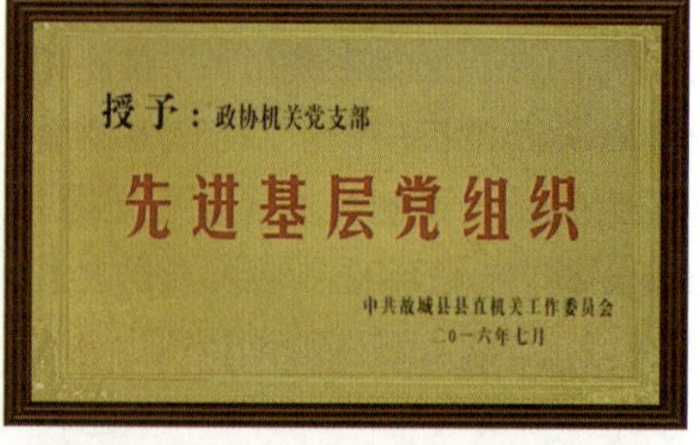

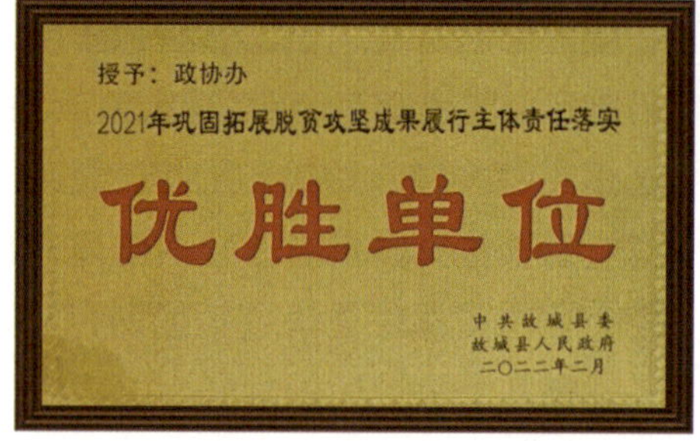

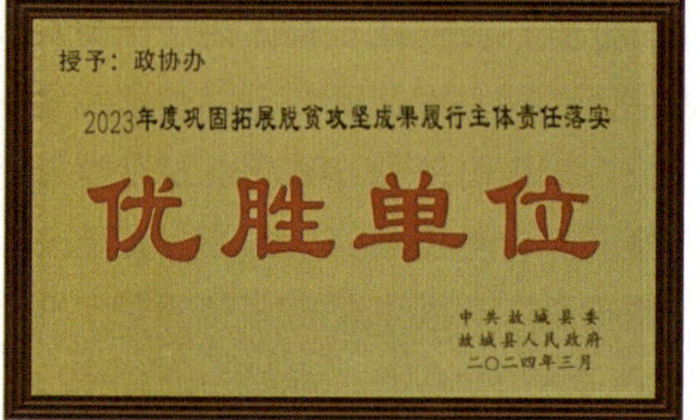

县政协荣誉

2023 年 3 月，组织机关全体人员收听收看了“全省政协学习贯彻全国两会精神辅导报告会”。认真听取了中央社会主义学院统战理论教研部教授、中国人民政协理论研究会理事王江燕作的专题辅导报告。全面贯彻落实中共二十大精神，认真学习领会习近平总书记重要讲话和全国两会精神，忠诚捍卫“两个确立”，坚决做到“两个维护”。深刻学习领悟政协章程修正案的重要内容，提高政协工作制度化、规范化、程序化水平。紧扣中心工作履职尽责，认真落实县政协要点计划，为实现故城高质量发展、高品质生活贡献智慧力量。6 月，组织机关全体人员收听收看了“全省政协 2023 年第二次专题辅导报告会”。认真听取了交通运输部专家委员会委员、亚太港口服务组织秘书长贾大山围绕“提升港口功能，服务临港产业强省建设”作的专题报告。深入学习贯彻习近平总书记视察河北重要讲话精神，自觉用党的创新理论武装头脑、指导实践，强化责任担当，提高履职本领，推动政协工作。9 月，县政协全体班子成员参加了“学习贯彻习近平新时代中国特色社会主义思想主题教育读书班”。根据省委、市委、县委关于深入开展学习贯彻习近平新时代中国特色社会主义思想主题教育通知精神，县政协成立主题教育领导小组，制订了实施方案，按照“以学铸魂、以学增智、以学正风、以学促干”的具体要求，结合县政协“会前学史”和“三读书”活动，重点学习党的二十大报告、党章、《习近平新时代中国特色社会主义思想专题摘编》《习近平新时代中国特色社会主义思想学习纲要》和习近平总书记《论党的自我革命》《习近平新时代中国特色社会主义思想的世界观和方法论专题摘编》《习近平关于调查研究论述摘编》以及《知之深爱之切》《让群众过上好日子——习近平正定足迹》等特色书目。深入学习领会习近平总书记关于主题教育系列重要讲话精神，习近平总书记关于政协工作的重要讲话和重要指示精神，特别是习近平总书记视察河北重要讲话精神。引导广大政协委员自觉运用党的创新理论，深刻领悟“两个确立”的决定性意义，增强“四个意识”、坚定“四个自信”、做到“两个维护”，推动主题教育在政协系统见行见效、走深走实。按照《故城县贯彻落实在全党大兴调查研究工作方案的若干措施》的工作安排，由政协班子成员牵头，深入开展了调查研究、调研成果交流会、专题民主生活会，并结合政协工作实际，围绕项目建设、乡村振兴、城建交通、教育卫生等方面课题，通过视察调研、协商座谈等方式，积极开展协商议政活动，提出高质量的协商议政成果。为全面建成经济强县、美丽故城，实现中国式现代化的美好故城场景贡献政协智慧和力量。9 月，组织机关全体人员收听收看了“全省政协 2023 年第三次专题辅导报告会”。认真听取了中国农业大学国家农业科技战略研究院院长高旺盛围绕“建设中国特色农业强国战略路径及农业高新区发展趋势”作专题辅导报告。深入学习贯彻习近平总书记关于“三农”工作的重要论述以及中央和省、市、县委有关农村工作会议精神，围绕乡村振兴战略实施，开展调研视察、民主监督活动，提出有价值的意见建议。

2024 年 3 月，组织机关全体人员收听收看了“全省政协学习贯彻全国两会精神专题辅导报告会”。认真听取了全国政协办公厅研究室副主任王检贵作的辅导报告。深入学习贯彻习近平总书记关于加强和改进人民政协工作的重要思想，提高政治站位，牢记政治责任，增强履职本领，聚焦县委中心工作，切实履行好政协职能，不断提升调研协商质量，广泛凝聚共识。5 月，县政协开展党纪学习教育。集中学习《中国共产党纪律处分条例》，传达学习县委有关会议精神，加强纪律作风建设进行了安排部署。县政协主席史立朝指出——在全党开展党纪学习教育，是以习近平同志为核心的党中央作出的重大决策部署，是加强党的纪律建设、推动全面从严治党向纵深发展的重要举措。习近平总书记多次就开展党纪学习教育发表重要讲话、作出重要指示，为开展党纪学习教育提供了根本遵循。县政协机关全体党员干部要深刻认识开展党纪学习教育的重大意义，提高政治站位，以实际行动坚定拥护“两个确立”、坚决做到“两个维护”。一是深化思想认识，通过党纪学习教育打牢学纪、知纪、明纪、守纪的思想根基。二是把学习新修订的《中国共产党纪律处分条例》作为重中之重，坚持原原本本学、逐章逐条学、联系实际学，准确掌握政治纪律、组织纪律、廉洁纪律、群众纪律、工作纪律、生活纪律“六大纪律”的主旨要义和规定要求，切实用党规党纪校正思想和行动。三是压实主体责任，县政协机关党支部要发挥好统筹协调作用，善始善终，做好机关党纪学习教育的服务保障工作。机关各委室要严格按照学习方案开展学习和交流，营造开展党纪学习教育的浓厚氛围，确保学习成果覆盖到机关全体党员干部。要坚持两手抓、两促进，积极推动党纪学习教育与履行职能有机结合，将遵纪守纪融入日常、融入工作，严明政治纪律、锤炼过硬作风、以学促干促发展，推动党纪学习教育成果转化为政协履职的生动实践。6 月，组织机关全体人员集中收听收看了“全省政协 2024 年第二次专题辅导报告会”。认真听取了北京大学城市与环境学院教授刘刚围绕“产业生态与绿色低碳循环发展”作专题辅导报告。深入学习贯彻习近平生态文明思想，完整、准确、全面贯彻新发展理念，发挥专门协商机构作用，加强调查研究、深入协商建言，为奋力谱写中国式现代化建设故城篇章贡献智慧和力量。

第三章　制度建设

制度建设是推动政协工作的重要保障，也是实现政协职能的有效途径。通过健全和完善制度，能够更好地发挥政协作用，促进政协工作科学化、规范化和高效化。县政协始终把规范化、制度化建设作为加强自身建设的一个重要方面，不断建立健全与政协章程相配套，与政协工作相适应的规章制度，为政协履行职能发挥作用提供坚实的制度保障。

1984年7月，制定了《政协故城县委员会关于工作组开展活动若干问题的暂行规定》，为政协委员和各界人士，在不同的工作岗位上为“四化”建设，振兴故城，献计献策创造了良好的条件。

1987年，为逐步实现提案工作的制度化、规范化，充分发挥委员提案的作用，县政协根据《政协章程》的有关规定，参考外地的一些好的做法，起草了《政协委员提案工作实施细则》草案，8月在县政协三届四次常委会上通过，下发到有关部门执行。

1990年，下发了《关于政协委员持证视察的暂行规定》。为保证政协委员持证视察工作的顺利开展，中共故城县委、故城县人民政府还专门下发了《关于认真接待县政协委员持证视察工作的通知》。

1993年，制定和完善了《县政协机关财务制度》《县政协机关考勤制度》《县政协机关值班制度》《县政协机关车俩使用制度》《县政协文件传阅保管制度》等。

2001年，在县政协六届十七次常委会议上，对《县政协常委会工作规则》进行了修订。

2003年，县政协坚持把政协宣传作为活跃全局的重要工作来抓，制定了《关于进一步加强政协宣传工作的意见》。

2004年，制定出台了《关于实行政协委员参政议政情况档案的实施意见》，对委员实行了档案管理，实现了用制度保证委员参政议政的积极主动性。进一步健全了机关考勤、学习、财务、安全保卫等一系列规章制度，使机关干部职工的工作、学习做到有章可循、有规可依。

2006年2月，经政协故城县第七届委员会第五次常委会议审议通过，印发了《政协故城县委员会关于加强委员管理、发挥委员主体作用的办法》。

2007年7月，经县政协主席会议研究，制定了《政协机关工作制度》《县政协会议制度》《县政协机关安全保卫制度》《县政协机关卫生制度》。

2008年，为保证北京奥运期间零事故的目标实现，制定了《故城县政协安全保卫制度》和《故城县政协处置突发性公共事件应急预案》。

2010年，制定出台了《政协故城县委员会机关考勤制度》。

2012年3月，经县政协九届一次常委会议通过，印发了《政协故城县委员会关于加强委员管理、发挥委员主体作用的办法》。

2014年11月，县政协修订完善了《故城县政协机关财务管理制度》《故城县政协机关车辆使用管理制度》《县政协常委会议事规则》《县政协常委会机关年度工作目标考评办法》；制定了《县政协常委会讨论、决定重大事项的具体规定》《故城县政协党组中心学习组学习制度》《故城县政协常委会关于认真开展联系委员活动的实施意见》《县政协机关公务卡使用管理制度》等规章制度。

2016年12月，经县政协九届十九次常委会议审议通过，印发了《中国人民政治协商会议故城县委员会提案工作条例修正案》。

2017年2月，根据工作需要，经主席会议研究，修订和完善了《政协机关学习制度》，确定每周三为机关集中学习日，采取全体机关干部“轮流领学”方式。

2018年1月，经县政协十届四次常委会议审议通过，制定出台了《故城县政协常委履职发言制度》。3月，经县政协十届六次常委会议审议通过，制定出台了《政协故城县委员会委员管理办法》《中国人民政治协商会议故城县委员会常务委员会工作规则》。4月，经政协主席会议研究，修定了《县政协车辆管理制度》《故城县政协机关工作人员请销假考勤制度》《故城县政协值班带班制度》《故城县政协办公室财务管理制度》《县政协机关工作人员去向登记制度》。

2020年5月，制定出台了《中共故城县委关于新时代加强和改进人民政协工作的实施意见》。

2020年9月，中共故城县委办公室印发了

《关于加强和改进人民政协民主监督的实施意见的通知》。

2021年10月，经县政协十一届一次常委会议审议通过，出台了《政协故城县委员会委员管理办法》《政协故城县委员会常务委员会工作规则》《政协故城县委员会常务委员履职发言制度》。

2022年1月，经县委批准，县政协党组制定出台了《政协故城县委员会党建工作“四联系”办法》，建立健全了县政协党内主席联系党外主席，党组成员联系委员活动小组，委员活动组长联系党员委员，党员委员联系党外委员的工作机制，实现了党的组织对党员委员的全覆盖，党的工作对政协委员的全覆盖，推进了政协党建工作与履职工作的深度融合。

2022年1月，经县政协十一届二次常委会议审议通过，制定出台了《县政协关于加强和促进人民政协凝聚共识工作的意见》《县政协关于强化政协委员责任担当的意见》《县政协常务委员会组成人员工作守则》。

2022年7月，经县政协十一届四次常委会议审议通过，制定了《政协故城县委员会双周协商座谈会工作细则》，为政协履行职能提供了坚实的制度保障。

2022年7月，中共故城县委印发《关于建立人大“半月谈”、政协“双周协商会”制度的实施意见》。

2023年8月，经县政协十一届八次常委会议审议通过，出台了《政协故城县委员会委员联系界别群众工作暂行办法》。

2023年12月，经县政协十一届九次常委会议审议通过，制定了《政协故城县第十一届委员会走访联系委员制度》。

第六编

工作报告

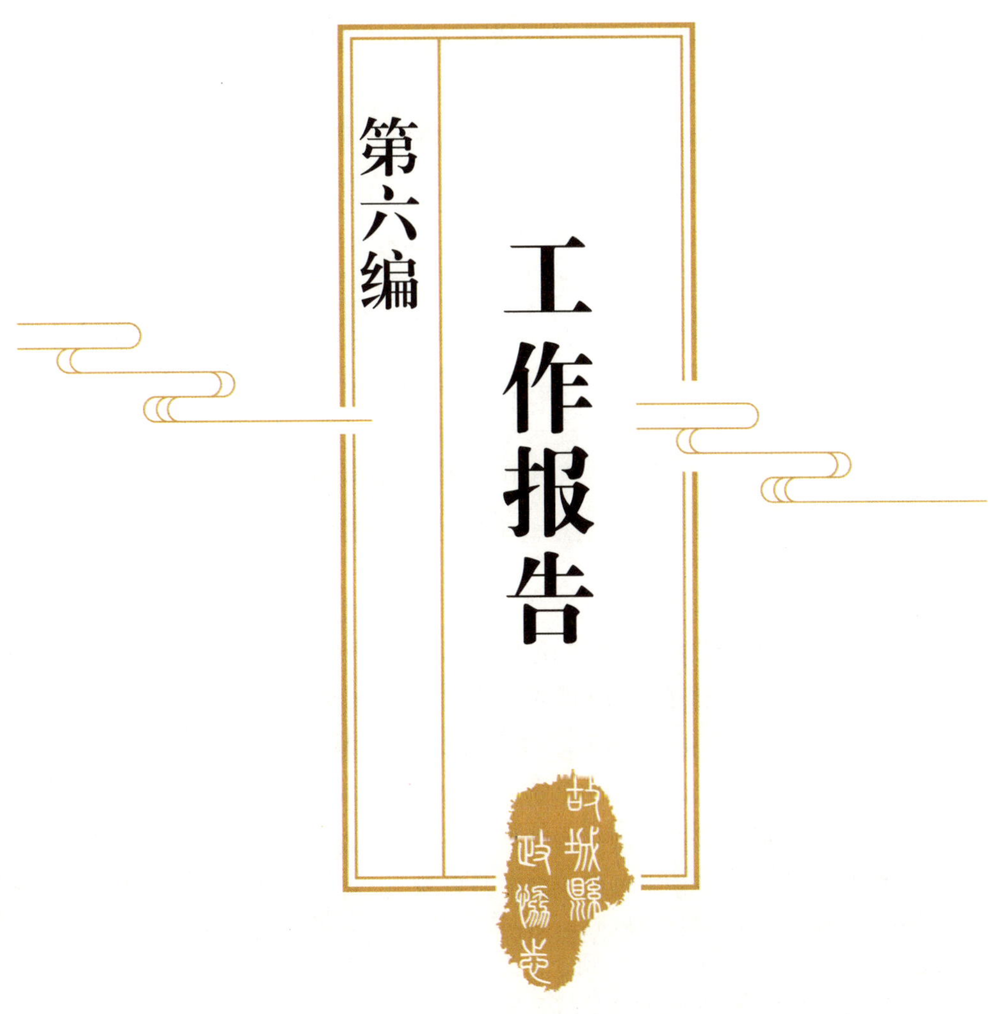

政协常务委会工作报告是中国人民政治协商会议常务委员会在政协全体会议期间向全体委员报告工作的重要文件。报告是对过去工作的全面总结，主要回顾在政治协商、民主监督、参政议政等方面所取得的成绩和经验，在推动县域经济社会发展、促进民族团结和社会和谐等方面所发挥的作用。报告提出了政协近期工作的指导思想和目标任务，对于指导政协委员们更好地履行职能、发挥作用具有重要意义。

按照本志书编目框架、编写需要、篇幅要求，本编收录县政协二届委员会以来，历届一次、二次全会上的工作报告。因县政协二届一次会议为县政协机关成立之初的一次大会，一并收录在内。

第一章　政协故城县第二届委员会

第一节　第一次全体会议筹备工作报告

政协故城县第二届委员会第一次全体会议筹备工作报告（摘编）

（1984年3月4日在政协故城县第二届委员会第一次全体会议上）

为适应新时期总任务的需要，充分发挥人民政协联系群众、民主协商和互相监督的重要作用，根据上级指示和党的十二大关于加强统战工作的精神，经县委研究、上级党委批准，从1982年9月开始着手进行政协故城县第二届委员会第一次会议的筹备工作。一年来，在县委的直接领导和亲切关怀下，在各有关部门的大力协助下，经过全体筹建人员的积极努力，到今天为止，已经完成了县委所赋予的筹建政协故城县第二届委员会第一次会议的全部历史使命。

1958年由于区划变动，我县并入吴桥县，1961年政协吴桥县第一届委员会共有委员97名，常务委员27名，主席1名，副主席4名，其中，故城县出席委员占20名，常务委员5名，副主席2名，时至今日，我县政协委员仅有5名健在，故此，原政协机构已失去其职能作用，现有委员已不能行使法律效能，无力筹建下届政协组织工作，鉴于此情，遵照上级指示，县委决定继1961年1月由原故城、景县、吴桥三县合并，吴桥大县召开的政协吴桥县第一届第一次会议，沿续召开中国人民政治协商会议故城县第二届第一次会议，并成立政协故城县第二届委员会第一次会议筹备委员会，代行第一届政协常务委员会的职权，负责政协第二届委员会第一次会议的筹建工作。

在筹建政协故城县第二届委员会第一次会议的过程中，县委、县人大、县政府都非常关心、非常重视，并决定由田宝庭同志任主任，国秀梅、石万山、尹丕杰、李作虎同志任副主任，由党、政、人民团体、民族、宗教、科技、文卫、社会知名人士等各界二十多名人员组成筹建委员会，下设办公室。筹委会和全体工作人员，认真学习中国人民政治协商会议全国委员会通过的《中国人民政治协商会议章程》及有关文件，提高了对建立人民政协重大意义的认识，进一步明确了政协组织的性质、地位、任务和方针政策，同时还对筹建工作中的一些具体问题查阅了有关历史资料和请示了上级有关部门，在此基础上拟定了计划，积极进行了筹备工作。

一、广泛深入地做好宣传工作

为了开好这次会议，县委常委会多次开会研究筹建我县政协的问题，县级政协组织的建立，是形势发展的需要，是我县人民政治生活中的一件大喜事。因此，从 1982 年工作一开始，广为宣传，在群众中大造舆论，并结合学习宣传党的十二大文件，进一步组织党内外群众认真学习，让全县人民懂得建立人民政协的重要意义以及政协组织的性质、地位及其基本任务和重要作用，从而使大家都来关心和支持人民政协的建立。

二、提名、协商故城县第二届人民政协委员

按照拥护中国共产党，拥护党的十一届三中全会以来的路线、方针、政策，拥护祖国统一、热爱社会主义、坚持四项基本原则、作风正派，在群众中有一定的威望或有一定影响的代表人物的条件，经过反复酝酿、广泛听取各方面的意见与本人所在单位协商，经筹委会反复研究通过，初步确定了委员人选，并呈报县委常委会批准了我县政协委员名单，并向委员发出聘请书。

我县二届政协委员由 84 人组成，其中，中共党员 34 人，占委员总数的 40%；非党委员 50 人，占委员总数的 60%。从性别方面看：男委员 70 人，占委员总数的 83%，妇女委员 14 人，占总数的 17%；从文化程度上看：大中专以上文化程度的 37 人，占委员总数的 44%；从委员代表方面看：党政干部 6 人，各人民团体 4 人，工交科技界 15 人，卫生界 7 人，文体教育界 13 人，工商财贸界 9 人，少数民族 3 人，宗教界 2 人，民主党派 2 人，台湾回归人员 1 人，侨联 1 人，在台和侨居国外同胞眷属 2 人，农业界 18 人，社会知名人士 1 人。在这次会议上，将由委员们充分讨论，酝酿协商、民主选举产生县政协主席、副主席和常务委员。

三、会前的准备工作

在政协故城县第二届委员会第一次筹委会的指导下，办公室已起草了大会开幕词、县委领导同志在政协二届第一次会议上的讲话、政协筹备工作报告、政协二届一次会议决议等有关会议文件，并为大会各段的工作进行了具体安排。

政协故城县第二届委员会第一次会议，在县委的直接领导与关怀下，在有关部门的大力协助下，经过全体筹备人员的积极努力，各项工作已全部就绪。但是，由于我们对此项工作缺乏经验，加之水平有限。因此，难免出现缺点和错误，请各位委员和与会的同志们批评指正，我们相信在县委的领导下，在与会全体同志的共同努力下，大会一定会开得圆满成功。

第二节　第二次全体会议工作报告

政协故城县第二届委员会常务委员会工作报告（摘编）

（1984 年 12 月 6 日在政协故城县第二届委员会第二次全体会议上）

政协主席　田宝庭

本会第二届委员会从 1984 年 3 月召开第一次会议，到今天已经 9 个月了。9 个多月来，我们根据新时期人民政协工作的方针、任务，围绕两个文明建设和 80 年代三大任务积极开展工作，在大团结、大统一的旗帜下，政协各个方面的工作都有新的进展、新的起色，取得了一定

成绩。人民政协在新的历史时期的重要地位和作用，进一步显示出来。各位委员在各自不同的工作岗位上认真学习、勤奋工作，为“四化”建设作出了应有的贡献。这是各级党委正确领导的结果，也是全体委员共同努力的结果。

9个月来，二届常务委员会主要做了以下几方面的工作：

一、加强组织领导，健全办事机构，把机关大院整修美化成各界人士为“四化”建设服务的活动场所

新的委员会成立后，我们立即召开了第一次常委扩大会，按照《政协章程》的有关规定，根据我县实际情况，经过协商，成立了3个委员会（学习委员会、提案审查委员会、文史资料委员会）、9个工作组（农业、工交、财贸、文教、卫生、科技、民族宗教、侨务台属、宣传学习），制定了1984年政协工作要点和学习、会议、工作及奖惩评比等各项规章制度。随着办事机构的逐步完善，正、副主席进行明确分工，确定工作重点，从不同方面切实保证了对政协工作的领导。为严明组织纪律，提高工作效率，从主席到办公室工作人员，逐人逐项的制定了岗位责任制，做到职、权、责明确到人，德、勤、绩、能定期考核，从而调动了全体工作人员的积极性，使政协的日常工作逐步纳入正轨。

为把政协建设成为各界人士共商“四化”大计的活动场所，把机关大院整修美化成为“委员之家”，政协办公地点确定之后，在主席、副主席的带动下，全体人员一起出动，对机关大院进行了彻底整修和环境美化。经过一段时间的勤奋工作，清除了垃圾、铺设了路面、粉刷了墙壁，还种植泡桐树60多棵、柏树250多棵，以及各种花草和蔬菜。使机关大院的环境一改旧观，人们的精神面貌焕然一新。在上述活动中，我们一直坚持勤俭节约紧缩开支的原则，能不买的不买，能借用的借用，能自己动手的自己动手，绝不多花一分钱。据初步计算，可节省经费开支2200多元。

二、加强政治协商和民主监督，开展调查研究，为振兴经济献计献策

人民政协的主要职能是对国家大政方针、政治生活和四个现代化建设中的各项社会经济问题以及重要事务和统一战线内部关系等重要问题进行政治协商。通过提出建议和批评，发挥民主监督作用。9个多月来，各位委员都对我县的经济工作，统战工作和落实党的知识分子政策的工作提出了很好的批评和建议。据不完全统计，用口头、书面等多种形式向县委、县政府和所在单位提出建议、批评250多件，有的意见被有关部门采纳，取得了较好的效果。今年五月，我们在深入饮食服务行业和机关食堂进行调查研究的基础上，为解决厨师青黄不接和技术不高的问题，政协积极建议政府和商业、供销等部门。举办了两期烹饪技术进修班。政协由石万山同志牵头具体抓，在40天的时间里培训了近60名机关工厂和饭店的青年厨师。通过学习培训大部分学员在技术上都有所新的提高，效果较好，受到广大干部职工的好评。

为了更好地落实党的知识分子政策，调动广大知识分子为“四化”建设做贡献的积极性，开创我县知识分子工作的新局面，政协和统战部组成了联合调查组，于10月27日至11月9日，利用13天的时间，深入到我县15个单位，对有职称的中、初级知识分子的政策落实情况进行了调查。从调查中了解到，我县共有获得职称的知识分子174名，其中：获得中级职称的71名，初级职称的103名。由于各级党政部门领导对落实知识分子政策高度重视，尊重知识、尊重人才的指导思想比较明确，知识分子的政治待遇和生活待遇相应得到逐步提高。基本上做到了政治上信任，工作上发挥其专长。关心他们的进步要求，注意解决知识分子“入党难”的问题，及时把具备入党条件的积极分子吸收到党内来。绝大多数单位能够根据每个知识分子的特点和专长，妥善安排了适

当的职务，做到了有职有权，人尽其才。为解决知识分子的后顾之忧，各单位针对知识分子中普遍存在的问题，尽力地做了适当解决，绝大多数知识分子比较满意，从而大大激发了人们为振兴故城经济建设贡献力量的高度热情。如县医院党支部始终重视落实知识分子政策，注意解决他们工作和生活中的问题，做到了政治上高度信任，生活上热心关怀，业务上充分依靠，使全院知识分子心情舒畅，为振兴人民的卫生事业做出了积极的贡献，曾被评为省卫生系统落实知识分子政策的先进单位。与此同时，我们还把调查落实知识分子政策中存在的几个问题和建议及时向县委、县政府写出了调查报告，报送各级领导以引起重视。

为了广开门路，引进技术，引进外资，振兴故城经济，我们于4月会同统战部、侨联联合召开了侨眷、台属为“四化”做贡献座谈会，会上12位侨眷、台属发了言，县委、人大、政府、统战、侨联的领导同志参加了会议，县委书记卢汝泽同志介绍了我县的经济形势和县委发展商品生产的指导思想以及参观广东的先进经验。并要求与会人员与海外亲属加强联系，介绍祖国对外开放的政策，动员亲属为振兴家乡经济做贡献，受到全体与会人员的一致好评。7月，我们又召开了政协常委扩大会，听取了汇报，布置了工作，并针对前段政协工作组开展不够活跃的情况，经过共同协商，制定了《政协故城县委员会关于工作组开展活动若干问题的暂行规定》。所有这些，都为政协委员和各界人士，在不同的工作岗位上为“四化”建设，振兴故城，献计献策创造了良好的条件。

三、对政协委员进行了普遍走访，推动了各界人士为“四化”建设服务的积极性

政协汇集了多方面的人才，为充分发挥每个委员的特长，及时交流工作情况和经验，根据1984年工作安排，我们在6月底前和11月初，两次对全体委员进行了走访，按照委员们所在行业和居住情况，主席、副主席和办公室主任、副主任分片包人，在一个多月的时间里，采取登门访问、小座谈会、下乡开会等多种形式，对家住农村和县直机关的委员进行了走访。通过走访，了解了委员们的工作情况，征求了他们对各方面的意见，体察了他们切身的问题。两次走访，共搜集到委员们提出各方面的建议和意见60多条。对属于工作方面的意见和建议我们及时反映到有关单位进行协商办理。对存在的实际困难，通过具体帮助予以解决。通过走访，不仅加强了同每个委员的联系，同时还增强了委员的责任感和荣誉感，激发了委员们的政治热情，纷纷表示要为实现“三大任务”贡献力量。政协副主席尹丕杰同志，主动兼任刊授大学辅导站的教学工作，并为加强刊授大学的领导问题提出了三条建议；政协副主席李作虎同志，积极为发展我县的畜牧事业出主意、想办法，与省内外专家教授进行联系，利用激光治疗大牲畜不孕症，这项新技术在我区九个市、县推广应用，取得了明显效果，受到省、地、县有关领导的表彰，同时还根据我县的具体情况，向县委政府提出了我县发展畜牧业的设想，并为外地新品种的引进及我县“两户”的发展排忧解难；政协常委、西半屯村专业户王金贞同志，今年已79岁，去年承包了村里的果树18亩，当年收入13000多元，今年因是小年，就充分利用果园土地，种植其他作物共收入12000多元，除交集体1300元外，个人纯收入10000多元，成了全乡勤劳致富的万元户，今年他不但管好自己承包的果园，年初还利用早、午、晚休息时间帮助东半屯、双屯、万庄三个村落实了果园的承包办法，还亲自面授管理技术，不要任何报酬，并为县林业局举办了第一期果蔬管理训练班，受到了县委领导同志们的好评；政协委员原西乡李长林村社员董恒发同志，同四名社员承包了一个胶厂，会经营、善管理，努力学习技术，产品讲究信誉，使自己的产品畅销全国120多家，成了全区有名的万元大户，他常说：“不要把眼光盯在钱上，要想到国家想到社会主义四化建设。”今年5月，

文教系统因暂时财政紧张，县中扩大招生经费有困难，他主动捐献出10000元的教育经费，还借给中学7000元。同时，还用了2500元为本村的小学添置了70多张桌凳。此外，还以经济余力扶贫济难，拿出10000元帮助全村困难户致富，受到大家的称赞。最近《人民日报》《河北日报》《光明日报》等分别发表了他的先进事迹，县委、县政府为他挂了匾，成了全县农民学习的榜样；政协常委、科委主任郭元奎同志，为发展商品生产出主意、想办法，改革了科技管理制度，为振兴经济，积极抓好科技攻关，农业科学技术的推广应用和科技服务，县成立了技术服务中心，乡成立了技术服务公司，村成立了技术服务站，实现了全县科技一条龙，并发动52名科级干部承包粮棉面积36580亩；政协委员、科协主任王凡平同志为普及科学知识献计献策，成立了科普知识咨询处，举办了几十人参加的科普干部培训班，并向各界人士散发了科普资料，还在科协召开的中级知识分子座谈会上，利用赠阅、委托传播等方式，发放科技书刊十几种，达6000多份；政协常委、民革成员陈家珍同志，不但为全国政协文史资料委员会撰写了27万多字的回忆录，还为对台广播写了很多稿件，受到上级统战部门的表扬。还有很多委员在各自的工作岗位上为做好本职工作，为“四化”建设作出很大贡献，这里就不再一一列举。

四、采取有效措施，开展文史资料的征集、整理和编辑工作

文史资料工作是政协工作的重要组成部分，也是社会主义精神文明建设和进行爱国主义教育的重要内容，根据全国第四次文史工作会议精神和省政协的要求，我们对文史资料进行了“抢救”工作。为此确定，由副主席尹丕杰同志具体抓，并配备1名办公室副主任和1名干事予以协助，通过一段时间的工作，在全面开展征集工作的前提下，确定以搜集整理原国民党二十九军代军长兼河北省主席冯治安的历史资料为重点。9个多月来，我们围绕《冯治安传》初步做了一些准备工作：1. 与冯治安的长子冯丙营取得联系，经过四次通信，从中了解到有关冯治安的重要素材。2. 多次走访或邀请跟随冯治安多年的几位老人，其中有政协常委陈家珍，有冯治安本家侄子、跟随冯治安多年的冯毓英以及冯治安的亲随副官张立兰，我们还将其几位老人邀请到政协，待之以礼，晓之以大义，生活上热情招待，使他们打消顾虑，倾心而谈。用了十几天的时间记录下许多珍贵的资料。3. 按照多方提供的线索，我们向外的发函几十封，邀请与冯治安直接间接有关的人给予合作，现已有部分回声。4. 派人几次到北京全国政协、民革中央、北京市民革等单位查找与冯治安有关的历史资料。《冯治安传》现在已初步理出眉目，正着手撰写。

另外，我们还根据省政协的要求，由政协常委陈家珍同志搜集、整理爱国将领商震的有关历史资料，撰写《商震传》。陈家珍同志亲自到保定、石家庄、北京等地找有关知情人士搜集资料，为了鼓励、帮助他完成这一任务，县政协在财政困难的情况下，向他提供了必要的经费，现在《商震传》已经开始撰写。

写好文史资料不仅是一项对历史尽责的工作，同时对开展对台宣传，完成祖国统一大业，也必将起到一定的积极作用。

五、及时催办，较快地完成了委员提案和群众来信来访的办理工作

发动委员提出提案，并认真办理落实，这是调动委员积极性，为“四化”建设献计献策，发挥民主监督的重要工作。

在政协第二届一次会议召开期间，共收到委员提出的提案38件，其中立案的29件。涉及15个单位，根据二届一次会议关于提案审查报告的决议，会后我们确定1名副主任、1名工作人员对委员的提案逐条转递到有关部门，并及时催办，由于各级领导的重视，基本上做到件件有交代，案案有答复。38件提案，现已办理完毕。提案的办理情况已有专题书面报告，这里不再多讲了。

与此同时，我们还陆续收到群众来信四十多件，并接待了一些委员和群众的来访。对委员和群众的来信来访，我们做到热情接待，积极办理；对来信来访提出的问题，都按问题的不同情况，分别转请有关部门处理；对不易解决的也进行了解释，说明了情况使其满意。

六、加强机关思想建设和组织建设，认真改进领导作风

我们二届委员会都是新委员，领导成员和机关工作人员又多数来自其他战线。许多同志对政协工作不熟悉，对新时期政协工作的特点及其重要性理解不深。针对这种情况，9个多月来，我们自始至终突出抓了机关自身的思想和组织建设。首先组织机关全体人员认真学习了邓小平同志关于《新时期的统一战线和人民政协的任务》等文章，提高对新时期政协工作性质、地位、任务和作用的认识，帮助大家进一步克服认为政协工作可有可无和无所作为等错误观念，树立政协工作“前程远大、大有可为”的思想。县委提出“振作精神、振兴故城”的口号后，狠抓了组织纪律，健全了各种规章制度，改进了领导方法和工作作风，部分同志中存在的纪律松弛、办事拖拉、工作不负责任等不良现象得到了克服，振作了精神，提高了工作效率。驻会领导成员自觉坚持工作，带头遵守制度，改进领导作风，深入基层，进行调查研究，指导和推动了政协工作的全面开展。政协机关的各位领导在做好本职工作的同时，还配合县委、县政府做好每个阶段的中心工作。在抗灾中，亲临灾情严重的乡村指挥救灾、慰问受灾群众。根据县委的指示精神，为发展商品生产确定了自己的联系点，经常深入到点了解情况，解决问题，千方百计为开创政协工作新局面创造有利条件。使机关工作出现了新的气象。

9个多月来，二届常务委员会虽然做了许多的工作，取得了一定成绩，但也存在一些问题。主要是对新的历史时期阶级关系和统一战线内部关系所发生的重大变化认识不足，贯彻执行不够得力，开创政协工作新局面的步子迈的还不大。在开展政治协商和民主监督方面还做得不够主动；在发挥政协人才优势上、在形式、方法上还不够灵活，对各工作组的工作在指导上不够有力；在落实知识分子政策上抓地还不够紧，县政协机关的工作作风和工作方法与新时期政协工作所处的地位和所担负的任务还不够适应。所有这些，都应在今后的工作中努力克服和改正。

现在我们正处在迎接新的经济振兴和以城市为重点的经济制度改革的伟大时代。赵紫阳总理在全国人大六届二次会议上的《政府工作报告》中，详细阐述了贯彻中央十二大确定的宏伟纲领所取得的伟大成就，指出了今后经济工作要着重抓好体制改革和对外开放两件大事。这是符合我国实际的重大决策，是经济振兴的必由之路，是加速“四化”建设的希望所在。为了适应形势的发展需要，充分发挥人民政协在新时期的重要作用，最近邓颖超主席在全国政协六届二次会议上的讲话强调，要发扬统一战线和人民政协的优良传统和作风，认真实行政治协商、民主监督、合作共事、广交朋友、自我教育，这既是历史经验的总结和对新时期人民政协工作在指导方针上的新发展，也是正确处理统一战线内部关系、贯彻“长期共存、互相监督、肝胆相照、荣辱与共”方针的重要保证。这个讲话对于进一步开展人民政协工作，发扬社会主义民主、调动一切积极因素必将起到重要的推动作用。我们一定要认真学习和贯彻两个会议的精神和十二届三中全会通过的决议，并把它作为今后政协工作的指针。要继续清除“左”的影响，提高认识，解放思想，以锐意进取、勇于探索、大胆改革的精神，努力做好各方面的工作，进一步开创政协工作的新局面。下面，我就政协的今后工作提出以下几点意见：

第一，继续抓紧抓好落实各项统战政策，特别是落实政协委员政策和落实知识分子政策的工作。

全国政协六届二次会议和河北省五届二次会议都把继续落实政协委员政策和各项统战政

策作为今年政协工作的重点之一。对此我们一定要抓紧抓好，切实抓出成效。根据我县具体情况，把前段我们调查了解的有关落实知识分子政策中存在的问题，督促和协助各单位一件一件地、扎扎实实地把政策落到实处，把尊重知识、尊重人才，落实知识分子政策作为今后工作的重点，列入议事日程。广泛听取征求各方面的意见，深入了解情况，注意发现好坏典型，特别是中青年知识分子，在安排使用和发挥作用上，以及工作、生活条件等方面所存在的问题，要积极向党委和政府反映情况，提出解决的办法和意见，真正做到人尽其才、才尽其用，充分调动他们为“四化”建设的积极性和创造性。

第二，积极参与政治生活，进一步发挥政治协商和民主监督的作用。

政治协商和民主监督，是人民政协的重要职能。今后要积极组织多层次、多渠道的协商活动，把政治协商搞得更加经常、更加及时、更加富有成效。要把政治协商同专题调查活动紧密结合起来。在协商前要做好充分准备，以充足的时间进行考虑和酝酿，然后列出协商议题。在协商中，要认真发扬民主，充分听取各方面的意见，广开言路，活跃思想，畅所欲言，造成民主协商的浓厚氛围。使人民政协真正成为“委员之家、各界人士之家”，把各方面的意见、要求、批评、建议充分反映出来，以利于党和政府改进工作，克服官僚主义，使我们的民主生活更加健全，更加生动活泼，以保证经济制度改革的顺利进行。

第三，充分发挥政协人才荟萃的优势，为振兴故城经济献计献策。

政协委员会和各工作组要配合政府有关部门，就科技、教育、卫生等方面的体制改革和农村发展商品生产等问题，开展活动。每次活动都要写出有分析、有见解、有建设性意见的报告。各工作组都要根据各自的工作，经过讨论，研究制定开展活动的工作计划和具体措施。使每个政协委员在各自的工作岗位上，为“四化”建设献计献策，为振兴我县的经济和发展商品生产贡献力量。

第四，高举爱国主义旗帜，做好文史资料的征集、归纳和整理工作。

要坚持爱国主义方向和实事求是的原则，充分发挥专业和业余人员的作用，根据全国第四次文史工作会议精神和省政协的要求，对文史资料要大力做好抢救工作。继续搜集整理原国民党二十九军代军长兼河北省主席冯治安的历史资料。与此同时还要加强对原爱国将领商震资料的工作，争取在条件允许的情况下，在一九八五年底完成《冯治安传》《商震传》两本书的初稿。

第五，认真组织政协委员和各界人士搞好学习。

六届二次会议指出：“在社会主义现代化进程中，我国社会的各个方面都在发生深刻的变革。我们在改造客观世界的同时，也要改造自己的主观世界，不断提高自己的觉悟，更新自己的知识，开阔自己的视野，了解新情况，研究新问题，总结新经验，才能适应社会发展的需要。”因此，我们提倡在自愿的基础上努力学习马克思列宁主义、毛泽东思想，学习时事政策和现代科学文化知识。要发扬理论联系实际的学风，把学习和实践结合起来、和调查研究结合起来。当前重点是学习中国共产党十二届三中全会通过的《关于经济体制改革的决定》(以下简称《决定》)。为学习和贯彻好《决定》，政协第六届全国委员会常委会第七次会议和政协河北省第五届第六次常委会专门做了关于认真学习贯彻《中共中央关于经济体制改革的决定》的决议。我们一定要响应各级领导的号召，认真学习《决定》，正确领会文件规定的一系列重要原则和方针政策，使我们加深对社会主义的科学理解。因此，我们每个政协委员要在各自的工作岗位上，按照所在单位的安排，积极投入到这次学习中来，在弄懂弄通上全面领会、正确把握精神实质上下功夫。为了使大家在政治上不断进步、知识不断更新、业务不断提高，在条件许可的情况下，我们还要组织必要的参观学习，更好地为“四化”建设服务。

第六，继续抓好机关建设，改进工作方法和工作作风。

人民政协是统一战线组织，政协机关的工作必须充分体现和发扬统一战线的优良传统和作风，切实搞好党内外的合作共事，广交朋友，不但要增进同老朋友的友谊，而且要结交越来越多的新朋友。政协机关的工作干部，要加强现代科学文化知识和本职业务的学习，不断提高思想、政策水平和实际工作能力，以适应形势发展的需要。

各位委员，新时期爱国统一战线和人民政协的根本任务，就是要最大限度地团结一切可以团结的力量，调动一切积极因素，实现80年代以至90年代的三大任务而奋斗。我们的任务是光荣而艰巨的，我们一定要认真贯彻落实好全国政协六届二次会议精神和省政协五届二次会议精神，认真学习十二届三中全会决定；更加紧密的团结起来，高举爱国的旗帜，发扬统一战线工作的优良传统和作风，在各级党委的领导下，在各自的工作岗位上，振奋精神，努力工作，做改革的促进派，为振兴故城作出新的贡献！

第二章　政协故城县第三届委员会

第一节　第一次全体会议工作报告

政协故城县第二届委员会常务委员会工作报告（摘编）

（1987年3月22日在政协故城县第三届委员会第一次全体会议上）

主席团常务主席　尹丕杰

政协故城县第二届委员会从1984年恢复建立以来，到现在已经3年了。根据《中国人民政治协商会议章程》中关于县级政协每届任期3年的规定，届时已满。3年来，本届政协委员会在党的爱国统一战线方针、政策的指引下，我们认真贯彻执行了党的十一届三中全会以来和全国党代表会议的路线、方针、政策，坚持改革创新的精神，积极研究和探索政协工作如何适应新形势的要求，更好地为两个文明建设服务。经过全体委员和机关工作人员的共同努力，不断开拓新的工作领域，在发挥“政治协商、民主监督”作用，促进我县社会主义现代化建设，实现党风和社会风气根本好转，发展爱国统一战线，办理委员提案、征集研究撰写文史资料等方面，做了许多工作，取得了一定的成绩，现将主要工作报告如下：

一、认真组织和推动政协委员学习党的路线、方针、政策，提高委员的政治思想素质，增强为改革和两个文明建设服务做贡献的自觉性

为适应改革和“四化”建设的需要，组织和帮助委员不断地开展学习活动，是政协常委会重视抓的一项长期工作任务，也是不断提高委员政治思想素质的最好形式。因此，凡属全国性的重要文件和会议精神，除政协常委会认真学习外，都要组织和推动政协委员认真学习，贯彻执行。1986年，中共中央1号文件和中央

领导同志关于端正党风的重要讲话下达后，我们县政协全体人员进行了认真学习和讨论，并向全体政协委员印发了《关于认真学习贯彻中共中央一号文件和中央领导同志关于端正党风的重要讲话的通知》。4月，六届全国人大四次会议和全国政协六届四次会议召开后，我们向全体委员引发了《关于学习、宣传全国人大、全国政协两个会议文件，为“七五”计划做贡献的通知》。6月，县委召开了三级干部会议后，我们立即召开了主席办公会议，除认真进行学习讨论外，还向全体政协委员印发了《关于放宽政策，搞好联合，促进我县经济建设迅速发展的通知》。通知要求全体政协委员在促进我县横向经济联合中，积极开展“五个一”活动。很多委员在这项活动中，内引外联，做出了贡献。为交流工作、学习经验，我们主办了《政协简讯》，经常选载一部分统战理论文章和有关上级指示精神印发给各位委员。在政协机关办公经费比较紧张的情况下，我们每年都为农村委员订阅了《人民政协报》。当全国第一个教师节到来之时，为积极响应各级党组织的号召。支持教育方面，政协常委会印发了致全县政协委员的一封信，要求每个政协委员都要为教育事业办几件实事。政协委员董恒发同志积极响应并捐资巨款为支援我县教育事业的发展做出了重要贡献。孙金斗、周秀莲等政协委员也为改变办学条件做出了贡献。总之，全体政协委员通过对一系列上级文件的学习，认清了形势，受到了教育，开拓了新的思想境界，破除了旧的观念意识，提高了理论政策水平，加深了对人民政协在新的历史时期的重要地位和作用的理解，更加坚定了为两个文明建设服务、创造性开展工作的自觉性。并在不同的岗位上，以自己的实际行动，主动地为我县的各项改革和经济振兴作出了积极的贡献。

二、积极开展政治协商，充分发挥民主监督的职能作用，为我县“四化”建设和经济体制改革服务

组织政协委员开展政治协商，充分发挥民主监督作用是人民政协工作的重要职能，也是统一战线的优良传统。本届政协常务委员会共召开了四次政协全委会，全体政协委员列席了四次故城县人民代表大会。在每次会议上，委员们以国家主人翁的态度，本着“肝胆相照、荣辱与共”“知无不言、言无不尽”的精神，畅所欲言、各抒己见，向县委和县政府提出了我县政治、经济、城乡建设中的各方面的重大问题和爱国统一战线内部事物问题的建设性意见和建议140多件，经提案审查委员会归纳整理，形成近百件提案。每次我们收到提案都及时打印并转送有关部门办理，同时与有关部门加强联系及时催办，使委员们所提的提案基本做到条条有着落、件件有回音，并把办理结果及时转递到委员手中，调动了委员们的积极性。这些提案，对于促进我县改革和两个文明建设，切实起到了一定的积极作用。

为使政治协商、民主监督做到经常化、制度化，便于委员知情出力，每次政协全委会都邀请县委、县政府的领导同志到会向全体委员通报我县的政治、经济以及群众普遍关心的情况，使委员们进一步了解我县每个时期的中心任务，更好地发挥自己的聪明才智。县政协的领导同志还经常列席县委常委会议、县政府的县长办公会议和人大常委会议，参与我县政治、经济重大问题的讨论协商。为便于加强同全体政协委员的互相联系，更好地开展工作，将农村委员划分了6个活动片，县直委员划分了9个活动组，要求定期开展活动。另外，还通过每年两次对委员普遍走访和日常接待来信来访的形式和方法，就全县人民最关心的问题广泛征求意见和建议。并通过各种渠道和形式及时地反映到党政等有关部门，从而更好地发挥了民主监督的作用。

三、发挥政协综合性人才库优势，紧紧围绕县委的中心工作，积极开展多层次、多学科的咨询服务

县政协聚集了众多的人才，这些人才大部分具有知识面广、专业技术强、实践经验丰富

等特点，对于促进我县的经济建设是一大优势。因此，3 年来，我们始终坚持把发挥人才作用服务于两个文明建设贯彻到政协全部工作之中，我们重点抓了以下几个方面的咨询服务工作。1. 为发展我县商品经济提供信息、搞好多学科的技术、咨询服务。政协常委科委主任郭元奎同志、政协委员农业局副局长汤延纯同志、政协委员科协主任王凡平同志、政协委员畜牧总站站长李作虎同志为我县的科学技术的引进推广和科学攻关积极出主意、想办法，搞好咨询服务，为群众排忧解难。政协常委、县妇联主任任桂兰同志，为扶持我县贫困村尽快脱贫致富，先后举办了 3 期刺绣学习班，现已培训 260 多名技术骨干充实到各乡、村企业。政协委员王建强经过多年的钻研，解决了利用液体置换的方法制成的各种罐头，纯洁度高、保存时间长，并积极推广，为全国许多省市的罐头厂家解决了多年解决不了的技术难题，使很多厂家起死回生，受到各地的一致好评。政协委员、果树专业户王金贞同志，年过八十，利用自己的技术之长，不但管好自己所承包的果园，而且还无偿帮助其他同志管好果园，做好传授技术。政协委员董恒发同志，自己富了不忘国家和乡亲，做到随时向其他同志和厂家提供技术信息和商品信息，并无私捐献给国家 万多元的教育经费，还为本村小学添置了桌凳，乡亲们有困难，他主动帮助，他的事迹在《人民日报》和其他各种报纸报道后，深受大家的赞扬。2. 围绕我县农业结构调整，搞好发展扶持林果生产的咨询服务。县政协副主席石万山同志在这方面有较丰富的实践经验，他主动提出到饶阳店乡黄官屯、薛官屯村搞发展果树种植试点。由于他经常深入现场，具体帮助规划，提供优良的树苗信息、解决技术、资金等方面地困难，目前，几个村千亩园的任务已大部分落实。3. 围绕提高我县中学语文教学水平，开展中学语文教学咨询服务。县政协副主席尹丕杰同志，积极倡导并组建了故城县中学语文教学咨询服务组，该组以围绕中学语文教学改革为前提，变信息灌输式为信息处理式为内容，向全县中学语文师生提供经过学术研讨论证后的新经验、新理论、新教法等多方面的咨询服务。他并且亲自给中学师生和电大学生做了专题性讲座，受到广大师生的好评。4. 为解决我县饮食行业厨师青黄不接和技术不高的问题，县政协积极建议政府和商业、供销等部门，举办烹饪技术进修班。县政协副主席石万山同志亲自出面牵头，聘请技术能手为教师先后利用 40 多天的时间，举办了两期厨师培训班，使 60 多名青年厨师通过学习，在技术上都有程度不同的提高。同时，也为发展我县第三产业起到了积极作用。5. 为活跃我县的文化生活，达到增进友谊、广交朋友的目的，每年春秋两季物资交流大会期间，尹丕杰副主席亲自倡导与县总工会等有关单位共同组织“友谊与艺术”座谈会，先后邀请了中国京剧院和河北省、北京市京剧团部分著名演员，与我县广大京剧爱好者见面献艺表演。通过艺术交流，增进了友谊、广交了朋友，从而为活跃我县的文化生活和精神文明建设增添了内容。

通过开展以上活动，使政协的工作更加活跃，联系面更加宽广，为促进我县两个文明建设服务做出了贡献。

四、召开了各界人士为“四化”服务经验交流会，组织和推动委员更好地为两个文明建设多做贡献

为总结典型，交流经验，激发和调动各界人士为两个文明建设服务的积极性，县政协会同统战部于去年 5 月份召开了我县第一次各界人士为“四化”服务经验交流会，来自全县各条战线、各个方面的代表 80 多人，连同列席的各有关部门的负责人共计 120 多人出席了会议，县委、县政府、县人大的领导同志出席会议对各界人士为我县两个文明建设所做的贡献给予了高度评价，会上有 12 名代表做了大会发言。代表们的发言内容丰富、事迹感人、思想境界高尚，闪耀着爱国主义的热情，凝结着对党、对社会主义的无比信赖，他们的发言，从不同的角度介绍了大胆改革、勇于探索、加强经营

管理、提高服务质量的经验；搞好技术推广，促进林果生产，忠诚党的教育事业和卫生事业的经验，以及开办企业，大力发展农业，搞活商业，开展多学科咨询服务等方面的经验。这些经验既有力地鼓动和激发了全县各界人士更好地为两个文明建设服务的积极性，也使人们受到了一次生动实际的党的统战政策的教育。

五、认真落实党的各项统战政策，为海峡两岸交流做贡献

落实党的各项统战政策和委员政策，是人民政协的工作重点之一。为了善始善终的落实好各项统战政策，我们认真学习了中央、省委有关落实政策的文件和领导同志的讲话，在提高认识、统一思想的基础上，会同县委统战部、民政局，克服种种困难，按照政策先后落实了瓦子庄乡十二里庄天主教堂的问题，解决了教友们的活动场所。落实解决了里老乡皮婆屯村的少数民族的房屋问题。澄清和落实了我县70多名原国民党投诚起义人员的政策，为他们颁发了投诚起义证明书。与此同时，我们还会同县委同统战部对我县所有获得职称的174名知识分子政策落实情况进行了全面调查，对在落实知识分子政策中存在的问题及时反映到有关部门和单位，促进了知识分子政策的落实。对政协委员中存在政策不落实的问题，我们亲自内查外调，现已为政协常委陈家珍同志落实了政策，同时帮助他解决了一些生活和工作中的实际困难。通过落实党的各项政策，更加团结了委员和各界人士，进一步调动了他们为“四化”建设服务的积极性。例如：政协常委陈家珍同志，落实政策后，他十分感激党的关怀，表示在有生之年为抢救文史资料多做贡献。

热情接待台胞和海外亲友，鼓励他们为祖国的“四化”建设和台湾早日回归多做贡献，是我们的主要工作。在这方面我们会同县委统战部、侨办等部门，先后接待了从台湾回国探亲的梁德行夫妇和美籍华人范玉林夫妇以及从美国探亲的陈炳文先生，在接待过程中，我们按照有关规定，以礼相待，提供各种方便，通过不同方式广泛接触，畅谈祖国的巨大变化，宣传党对台和对外开放的一贯立场和政策，通过叙友情，彼此增进了解，使他们深受感动，亲身体会到家乡人民对他们的关心和照顾，激发了他们对祖国、对家乡的热爱心情，他们纷纷表示一定要为祖国的统一多做工作、多关心和帮助家乡人民的建设。1985年春，一位署名叫李红勋的先生从美国发来书信，恳请政府帮助其寻找分别四十多年的二子李彦彬，县政协了解这一情况后，亲自按照其兄李洪鹏提供的线索写信，经过多方努力，终于在河南省滑县找到了其子李彦彬，使其很快与国外的父亲取得联系。为沟通海峡两岸之间亲友的联系，政协常委、台归人员张金海同志，通过各种办法和渠道，先后为大陆的6户家庭找到可在海外失散多年的亲友，使他们相互之间取得了联系，并动员海外亲属为家乡的经济建设做贡献，为祖国统一大业做贡献。

六、采取有效措施，开展文史资料的征集、整理和撰写工作

文史资料工作，在政协工作中占有重要地位。它是爱国统一战线工作的一个重要组成部分，是一项促进祖国大团结、大统一，进行社会主义精神文明建设并惠及后代的重要工作。根据全国文史工作会议精神和省政协的要求，我们对文史资料进行了“抢救”工作。并确定由政协副主席尹丕杰同志具体抓。三年来，在全面开展征集的前提下，我们重点对原国民党29军代军长兼河北省主席冯治安的历史资料和原爱国将领商震的历史资料进行了征集工作。为撰写好《冯治安传》和《商震传》，正确地反映历史，尊重历史和对后人负责的精神，与冯治安和商震在港、澳、台及国内外的亲友和知情人士发出求援函、信件近五百封，索取资料及证件。还亲自到全国政协、全国民革中央、北京市民革、保定市、石家庄市及其他省市、自治区的有关部门进行走访，请求给予合作和支持。从而征集到了大量有参考价值

的历史资料。在撰写《商震传》的过程中，政协副主席尹丕杰同志和政协常委陈家珍同志密切合作，共同编著，付出了一定心血和代价，从而保证了该书的顺利完成。到目前，我们已经为解放军报出版社撰写了4万多字的《冯治安简传》和《商震简传》两个短篇。根据省政协的要求，近16万字的《商震传》已经定稿，经与省政协文史办联系，现已确定了此书的责任编辑，即将出版。《冯治安传》的初稿也已基本完成。与此同时，我们还对郑口镇的杜锡钧的历史资料进行了征集，此外还先后为各有关部门和单位撰写了军政史、工商史、教科史等共计47万多字。从而为我县的文史资料的征集和撰写工作做出了一定贡献。

七、加强机关思想建设和组织建设，认真改进领导作风

我县政协二届委员会是在1984年初恢复建立的，其委员构成及机关工作班子都是新手，许多同志对政协工作并不熟悉，针对这种情况，建会一开始，我们突出抓了机关自身的思想建设和组织建设。首先，组织机关工作人员认真学习《新时期的统一战线和人民政协的任务》等文章，提高对新时期政协工作性质、地位、任务和作用的认识，帮助大家克服认为政协工作可有可无和无所作为等错误观念，坚定地树立了政协工作前程远大、大有可为的思想，在此基础上，我们着手对政协机关大院进行了整修和美化，在主席和副主席的带动下，全体人员一起出动，仅半月时间，就使机关大院的环境一改旧观，人们的精神面貌发生了很大变化，在机关建设中，我们坚持白手起家、勤俭节约的原则，为国家节约了几千元的经费开支。为使我们的工作步入正轨，及时建立健全了各种规章制度，狠抓了组织纪律，进一步改进了领导方法和工作作风。部分同志中存在的纪律松弛、办事拖拉、工作不认真等不良现象得到了克服，工作效率大大提高。驻会领导成员自觉坚持工作，带头遵守制度，改进领导作风，深入基层，进行调研，指导和推动了政协工作的全面开展。其次，在精神文明建设中，认真学习了《中共中央关于社会主义精神文明建设指导方针的决议》，领导带头学习、带头宣传、带头落实，做到说话办事处处讲文明，一切按上级政策和规定办事，自己不搞各种不正之风，并能自觉抵制来自各方面的不正之风，做到领导带头学法、执法，一切按法律和制度办事。因此，曾受到县委和上级有关部门的表彰。第三，政协机关的各位领导在做好政协本职工作的同时，积极配合县委、县政府做好各个阶段的中心工作。在县委提出发展我县商品经济后，我们通过不同形式组织和发动委员开展出主意、想办法、进一言、献一策活动，并确定政协自己的联系点。根据县委的要求，政协领导亲自参加我县水利工程的施工和我县环城路的建设。同时，对于群众最关心的政治、经济和日常生活中的重大问题，我们组织人员进行调查，写出有分析、有见解的调查报告，及时反映到县委、县政府及有关部门，对于促进我县的两个文明建设起到了很好的推动作用。为了不断提高我们的政治素质和业务素质，增长知识、摸索经验，我们还几次派人到石家庄地区和廊坊地区的部分市、县政协参观学习，加强与兄弟市县的联系，这对于促进我们更好地做好政协的各项工作也起到了积极作用。

第二节　第二次全体会议工作报告

政协故城县第三届委员会常务委员会工作报告（摘编）

（1988 年 3 月 24 日在政协故城县第三届委员会第二次全体会议上）

政协主席　马端榜

一年来，我县政协工作在上级政协组织的指导和县委的直接领导下，紧紧围绕县委确定的 1987 年的工作中心和政协三届一次会议确定的 1987 年工作任务，充分发挥“政治协商、民主监督”的职能作用，高举爱国主义的旗帜，团结全县各族人民及各界知名人士，在服务于两个文明建设、振兴故城经济中做了大量的工作，取得了一定成绩。

现将主要工作报告如下：

一、政治协商、民主监督工作进一步加强

我县政协自去年换届以来，除主要领导同志应邀列席县委常委会、政府政务会和人大常委会议，参与县内重大问题的商讨外，还先后召开了 5 次常委例会。每次例会都邀请县委、县政府的领导及有关部门的负责同志列席并通报情况。使委员们及时就全县人民普遍关心的政治、经济、文化教育以及群众日常生活中的重大问题进行广泛协商，收到了知情出力的效果。在五月份的常委例会上，委员们在听取了县委副书记张彦恩同志就四项基本原则、反对资产阶级自由化的情况通报后，经过认真讨论，进一步提高了思想认识，明确了这场斗争的实质及有关政策界限，加深了对中共中央开展反对资产阶级自由化斗争实质的理解，增强了贯彻执行党的路线、方针、政策的自觉性，对维护我县安定团结的政治局面起到了积极作用。在 8 月的常委例会上，委员们在听取了政府副县长李玉珍同志就我县上半年工农业生产、乡镇企业、财政收入、城乡基本建设、能源交通等国民经济计划执行情况的通报后，通过讨论，既肯定了成绩，又指出了存在的问题，提出了一些有益的意见和建议，对协助政府和有关部门做好工作起到了有效的监督作用。

定期走访委员，是政协组织及时了解下情，更好地发挥职能作用的好形式。去年，利用农闲时间分两次，由主要领导同志带队，对农村委员分 6 片、县直委员分 5 个活动组，先后进行了走访。通过同委员们面对面的座谈，及时了解了大家的工作情况，征求了大家对全县各项工作的意见和要求。同时也体察到了大家在开展活动中遇到的困难和问题。这对于我们因势利导地帮助同志们更好地行使职权，起到了积极的推动作用。通过走访，还联络了感情，加深了友谊，进一步增强了委员们对做好政协工作的责任心和荣誉感。有不少委员当场针对县委、县政府及有关部门工作中存在的问题和需要改进的方面提出了很好的意见和建议，这足以显示出委员们的民主意识和强烈的政治责任感。

认真办理委员提案，是政协组织行使政治协商、民主监督职能的一个重要方面。为逐步实现提案工作的制度化、规范化，充分发挥委员提案的作用，我们根据《政协章程》的有关规定，参考外地的一些好的做法，起草了《政

协委员提案工作实施细则》草案，在三届四次常委会上通过后，下发到有关部门执行。据统计，去年共收到委员提案44件，我们及时转送到有关部门和单位后，已于去年9月底办理完毕，并将办理结果及时打印到提案人手中，其中有许多提案被县委、县政府及有关部门采纳后，产生了明显的效果。例如：委员们针对我县在城镇建设中出现的路不平、灯不明、排水不畅、乱丢垃圾等影响镇容镇貌的问题，提出了应下大力量，认真解决的提案，经政府研究后，被积极采纳，确定了一名副县长亲自挂帅，很快组成了由有关部门参加的综合治理大队，迅速开展工作，现已初见成效。委员们针对几年前筹建化肥厂由群众集资，至今未还款的问题，提出了应尽快归还此款的提案，对此，县政府专门进行了研究，决定责成化肥厂分期分批抓紧偿还。另外，对少数由于多种原因，暂时难以办理的提案，各有关单位和部门也都给与诚恳的解答。

开展协商对话活动，为政协组织更好的行使政治协商、民主监督的职能提供了场所、拓宽了渠道。去年政协主要领导除积极参加了县委、县政府组织的协商对话会发表意见、提出见解外，政协本身还组织了同社会各界知名人士的协商对话活动。通过面对面的交谈、有来有往的对话，就人们普遍关心的社会治安、市场物价、住房增加、生活服务设施等问题进行了民主协商，从而取得了统一认识、相互谅解的效果。

二、以经济建设为中心，积极为改革开放服务

政协汇集了多方面的人才，为充分发挥每个委员的特长，更好地围绕我县经济建设这个中心，积极为改革开放服务。我们先后组织召开了社会各界知名人士为振兴故城经济献计献策座谈会；发展商品经济知名人士座谈会；侨眷台属热爱家乡建设座谈会；等等。通过上述活动，大大激发了政协委员和社会各界人士为振兴故城经济献计献策的强烈责任感。武官寨乡小店村梁桂玉在座谈会中说：过去干企业缩手缩脚，总怕再犯错误，不敢大干。通过学习十三大文件，解放了思想、消除了顾虑。表示回去后一定把自己的企业干得更好。同时还倡导大家，通过开工厂办企业，把钱真正挣到故城县来，为发展我县的商品经济多做贡献。郑口镇太兴镇塑料厂厂长翟洪昌在座谈中表示，在现有企业较小规模的基础上，决心加大投资，吸收农村剩余劳动力扩大再生产，以多向国家和集体上缴更多利税的实际行动，为我县的经济腾飞贡献力量。部分侨眷台属的代表也纷纷表示，要通过多种方式和渠道加强与海外亲友的联系，增强亲属对家乡的热爱心情，使他们自觉地为祖国统一大业做贡献，为振兴故城经济献策出力。

为使政协组织更紧密地围绕我县的经济建设搞好多种服务，我们还在政协委员中，开展了为振兴故城经济“进一言、献一策”的“一季一信”活动，倡导人们通过书信或提案的形式，积极反映和提供有利于解放生产力、促进我县经济大发展的良策妙计。如政协委员王树峰在来信中反映了我县在种麦时节，正当农民急需化肥的情况下，仍有少数单位和部门，不顾影响、见利忘义、高价倒卖化肥。我们将此情况及时向县政府和有关部门进行了反映，引起了县领导的重视，通过采取有效措施，基本上控制了化肥大量外流。去年秋天种麦之前，几位农村委员，针对部分乡镇在推行“双田制”经营承包中出现的偏差，造成部分农民卖牲畜、农具而不想种麦的现象，于三届四次常委会上作为提案正式向政府提出。对此，政府领导极为重视，通过召开专门会议，一方面进行正面宣传，另一方面宣布在种麦大忙之前不再进行调地，从而很快刹住了这股歪风，稳定了干部群众的情绪，保证了我县种麦工作的顺利进行。

为引导委员在改革开放中更好地为发展我县的经济贡献力量，我们还积极鼓励人们做脱贫致富的带头人。要庄乡辛堤村农民政协委员韩风格联合本村5名同志，通过发挥自己的聪

明才智，克服技术、资金等种种困难，经过较长时间的刻苦钻研，终于研制成功了我国唯一的气压自动流水保温壶。此样品于去年底被国家专利局受理。目前，他的产品已投入批量生产。政协委员原西乡李长林村董恒发同志，冲破农民只能种田的传统观念，联合本村农民率先办起了铸造企业。目前已成为我县有名铸造业大户。去年，他又与人合伙投资几十万元在郑口镇康宁路修建营业大楼。现在他的企业已加入了全国有名的以太原重型机械厂为首的联合集团，产品畅销全国各地。

在改革开放中，科技战线上的政协委员和知名人士，坚持“科技立县”的指导思想，他们除在全县范围内成立了多处技术咨询服务站，搞好多层次多学科的技术推广服务外，还组织科技人员下乡、下厂搞承包。政协常委科委主任郭元奎、政协委员农业局副局长汤延纯、经委副主任刘汉武等同志，通过积极引导、精心安排，使全县一百四十多名科技人员所承包的科技项目和工厂企业经济效益都有不同程度的明显提高。从而使我县国民经济的发展有了新的动力。

三、狠抓精神文明建设，不断扩大政治影响

我们在狠抓物质文明建设的同时，还狠抓了精神文明建设。一年来，通过组织和倡导委员扎扎实实地办好事、办实事，不断扩大了政协工作的影响面。

在撰写文史资料中，我们做了大量的“抢救”工作。去年在重点撰写了爱国将领《商震传》一书（已确定出版）之后，又着手进行了对爱国将领《冯治安传》的素材搜集和初稿的撰写工作。在撰写过程中，为确保历史资料的真实性，先后与商震和冯治安在国内外的亲友和知情人发函五百多件，索取了大量的资料和证件，为实事求是地反映他们的活动提供了可靠依据。除此之外，从统战的需要出发，我们会同统战部，经多方筹集资金和多次派人实地查看，在冯治安的家乡对其母的墓碑进行了修复。原中央民革主席屈武为墓碑题了词。这一事例在《团结报》发表后，引起了社会上的良好反响。

在搞好语文教学咨询服务中，政协副主席尹丕杰会同文教局在夏庄中学抓了教学改革的试点，肯定并推行了张克方教师的新教法，经过一年的试行，以取得明显效果。现在张克方教师已被有关部门破格定为中级职称，并邀请他出席华东地区教学改革研讨会。

在沟通海峡两岸的信息中，政协常委、台归人员张金海，通过多种方法和渠道传递书信，千方百计牵线搭桥。先后为在大陆的 6 户家庭找到了在海外失散多年的眷属和亲友，使他们相互之间取得了通信联系。

在社会活动中，年逾花甲的政协副主席尹丕杰同志应邀参加了华北五省市在山西召开的戏剧研讨会，他撰写的论文，曾荣获优秀奖。古稀之年的政协常委陈家珍先生，应邀为河北省纪念七七抗战 50 周年一书的负责编辑，并亲自撰写了文章。由于成绩突出，被推荐出席了河北省为“四化”建设服务经验交流会，并被授予荣誉证书。80 岁高龄的政协常委、果树专业户王金贞老先生，把自学的果树管理技术亲自登门言传身教，无私的奉献给自己的同行。政协委员周秀莲同志，开办个体旅馆饭店发家致富后，不忘集体和乡亲，主动捐资办学和扶持困难户摆摊做买卖，走共同致富之路。政协委员于春梅、张秀文等同志，在孝敬公婆、帮助孤寡老人安度晚年以及维护社会治安、反对封建迷信、同不道德的行为作斗争等方面，都做了大量的工作，曾被授予文明户、模范个人的光荣称号。另外，还有许多政协委员都在各自的不同工作岗位上，为精神文明建设增添了光彩，为政协工作的开展贡献了力量。

四、广泛联系各界人士，扩大爱国统一战线

为了广泛接触社会各界人士，以利于政协工作的开展，我们在同各界人士的广泛接触中，本着广交朋友、联络感情、晓之以理、动之以

情的精神，采取请上来和走下去的方法，不断扩大团结面。去年，我们通过召开国共合作共同抗战胜利 42 周年座谈会、党外人士座谈会、中秋节联欢会等，把各界人士请上来，通过交流思想、沟通了感情，使各界人士对党和政府的政策有了更加深刻的认识。在庆祝国共合作共同抗战胜利四十二周年座谈会上，政协委员、原国民党爱国将领冯治安的副官张明诚说：过去国共两党曾有过两次共同合作的历史经验，今天，我们海峡两岸的炎黄子孙，为了中华民族的富强昌盛，为了伟大的民族不再受外来侵略，再没有理由分裂下去。并表示，要把过去的经历写成回忆录，以惠及后代。80 岁高龄的政协委员袁化丰先生，是前年从台湾回祖国大陆定居的，通过目睹家乡的巨大变化，深有感触地说：流落台湾几十年，无时无刻不在想念家乡，我一定在有生之年为祖国的和平统一和海峡两岸人民的早日团聚多做贡献。在去年召开的中秋节联欢会上，当与会的各界人士拿到赴会的请帖后，心情激动，情绪高昂。有的现场表演了书法、绘画，有的演唱了京剧评剧选段，以欢乐的情绪，抒发了对社会主义祖国的热爱心情。同时我们也走下去，除坚持做到每年每次走访政协委员，了解情况，征求意见外，逢年过节，政协主要领导还亲自登门探视老龄委员和知名的各界人士，使他们深受感动，从而不断扩大了团结面和政治影响，增强了人民为我县两个文明建设做贡献的自觉性。

五、搞好政协自身建设，促使各项工作顺利开展

新一届委员会成立后，我们立即召开了第一次常委扩大会，按照《政协章程》的有关规定，结合我县的实际情况，经过充分协商，立即成立了 4 个委员会（学习委员会、提案审查委员会、文史资料委员会、统一祖国委员会），9 个工作组（农业、工交、财贸、文教、卫生、科技、民族宗教、侨务台属、宣传学习）。为逐步实现政协机关工作制度化、规范化，我们紧接着又民主制定了会议、学习等各项规章制度，使机关活动有章可循。同时，政协各位领导同志还进行了明确分工，确定了工作重点，从不同方面切实保证了对政协工作的全面领导。为严明组织纪律，提高工作效率，机关的工作人员逐人的制定了岗位责任制，从而调动了全体同志们的积极性，使政协的日常工作更加正规。

第三章　政协故城县第四届委员会

第一节　第一次全体会议工作报告

政协故城县第三届委员会常务委员会工作报告（摘编）

（1990 年 3 月 5 日在政协故城县第四届委员会第一次会议上）

主席团常务主席　马端榜

政协故城县第三届委员会从 1987 年换届以来，到现在已经届满。3 年来，本届常委会，在上级政协组织的及时指导和中共故城县委的直接领导下，高举爱国统一战线的伟大旗帜，

认真贯彻执行党的十三届四中和五中全会精神，坚持“一个中心、两个基本点”，在治理经济环境、整顿经济秩序、全面深化改革、振兴故城经济中运用多种形式和渠道，认真发挥政治协商、民主监督的职能作用，团结全县各族人民和各界人士，做了大量的工作，取得了一定成绩，现将主要工作报告如下。

一、学好时事政策，跟上形势发展

3 年来，为适应“四化”建设和改革开放的需要，我们一直把组织和帮助委员学习好党在新时期制定的一系列方针政策作为政协常委会的一项长期而又重要的任务来抓。以不断提高人们的政治思想素质，明确前进的政治方向，永远坚定不移地跟着共产党胜利前进。

在中共十三届四中和五中全会召开期间，我们及时组织收听收看大会实况，并先后召开了常委会，认真学习讨论了会议文件，特别是邓小平同志、江泽民同志和李鹏同志的重要讲话。常委们通过学习一致表示：完全拥护和赞同中共中央作出的各项重要决策。对去年春夏之交在北京发生的动乱和反革命暴乱一致表示极大的愤慨。对中共中央平息暴乱所采取的一系列措施，一致表示坚决拥护，并一致通过了《组织全体政协委员认真学习和贯彻执行的通知》。为保证委员们学习好时事政策，在政协机关办公经费比较紧张的情况下，每年还为农村委员订阅了《人民政协报》，使委员们及时了解了党的大政方针和国内外大事。

二、广泛联系各界人士，扩大爱国统一战线

为促进政协工作的开展，我们本着广交朋友、联络感情的精神，采取请上来和走下去的方法，通过各种形式，同全县各界人士广泛进行了接触，从而不断扩大了团结面，进一步发展了爱国统一战线。

1987 年秋，我们先后召开了庆祝国共合作共同抗战胜利 42 周年座谈会、中秋节各界人士联欢会。1988 年以来又先后召开了台归人员座谈会，台属、侨眷为家乡“四化”建设献计献策座谈会等。通过这一系列会议，不仅使原国民党投诚人员和台属、侨眷克服了自卑感，进一步沟通了与共产党和人民政府的感情，而且加深了对党的“爱国不分先后”“只要抗日就光荣”“只要爱国就是团结对象”等政策的理解，自觉地为扩大爱国统一战线服务。如：原国民党爱国将领冯治安的副官、现任政协委员张明诚，在庆祝国共合作共同抗日 42 周年座谈会上说：国共两党有过两次合作的成功经验，第一次合作取得了北伐战争的胜利，第二次合作又取得了抗日战争的胜利。实践证明分裂对谁都是没有好处的。我一定写信奉劝台湾亲友，为和平统一祖国贡献力量。80 多岁高龄的袁化丰先生，是今年从台湾回大陆定居的。通过目睹家乡的巨大变化，他深有感触地说：流落台湾几十年，无时无刻不在想念自己的家乡，回来后又受到了政府的关心和照顾，真感恩不尽。并表示要在有生之年，为祖国的和平统一和海峡两岸人民的早日团聚多做贡献。

在请上来的同时，我们还基本坚持了每年两次走访委员的制度。通过面对面的座谈，既征求了意见，又联络了感情，还增强了委员们对做好政协工作的责任感和荣誉感。

热情接待台胞、侨胞，是政协工作的一项重要任务。三年来，我们会同县委统战部先后接待了回大陆探亲、旅游的台湾同胞、海外侨胞 87 人次。在接待工作中，我们把宣传党的路线、方针、政策融于对他们无微不至的关怀和照顾中，使他们深受感动。原西乡东牟村台胞韩桂增、瓦子庄乡十二里庄台胞吕敬三回来之前，都存在这样那样的顾虑。回家后看到了家乡的巨大变化，亲身感受到各级党政领导的热情接待，很快消除了顾虑，感受到了祖国大家庭的温暖。都表示回去后一定要向在台湾的亲朋好友宣传家乡的巨大的变化和党对台政策，为祖国统一大业贡献力量。还有的回去后，亲自写来热情洋溢的赞扬党和政府的感谢信。

为更好地贯彻党的统战政策，1988 年 10 月，我们会同县委统战部，经过多方筹集资金

和多次去人实地查看，在冯治安的家乡对其母的墓碑进行了修复。请原中央民革主席屈武为墓碑题了词。这一事例在《团结报》发表后，在国内外都引起了良好反响。接着又会同统战部接待了冯治安在国内的亲属冯新台等人，妥善解决了冯治安之父冯元奎先生及冯治安三弟崇台夫妇的骨灰迁葬家乡等有关墓穴占地问题。还为其主持举行了安葬仪式。对此，他们的亲属一再表示：要将骨灰安葬的情景，通过照片、书信广寄海外，以扩大影响。

在沟通海峡两岸的信息中，政协常委台归人员张金海先生，几年来，通过多种方法和渠道传递书信 80 多封，先后为在大陆的 17 位乡亲找到了海外失散多年的眷属和亲友，使他们相互之间取得了联系，有的已回大陆探亲。为此，曾被地区民革评为模范工作者。

三、按时召开例会，发挥职能作用

组织政协委员开展“政治协商、民主监督”活动，是人民政协工作的主要职能，也是统战工作的优良传统。三年来，除主要领导同志应邀列席县委常委会、政府政务会和人大常委会议，参与县内重大问题的商讨外，根据《政协章程》的规定，先后召开了三次政协全委会。在每次会议上，委员们都以国家主人翁的姿态，本着“肝胆相照”和“知无不言、言无不尽”的精神，畅所欲言、各抒己见，积极为县委和政府的工作提出意见和要求。对保证我县各项工作的健康开展起到了一定作用。

同时，三年来还先后召开了常委例会 15 次。每次都邀请县委、县政府和有关部门的负责同志列席会议并通报情况，使常委们及时就全县人民普遍关心的政治、经济、文化教育和群众日常生活中的重大问题进行广泛的协商，收到了知情出力的效果。如在第 7 次例会上，常委们听取了政府领导同志关于我县上半年的经济工作开展情况及下半年的设想后，逐项进行了认真讨论。并就工作中存在的问题以及今后应注意的方面，诚恳地提出了一些积极的意见和建议。特别是对于政府在抑制市场物价上涨和查处“官倒”“私倒”工作中，有些职能部门要求不严、处理过宽也严肃提出了批评意见。并建议县委、县政府要切实加强物价工作的领导，抓住那些违反国家物价政策的大案、要案，亮典型、严处理，以儆效尤。事后政府在春节前组织三个检查组，分别对全县几个大的农村集市进行了物价检查，发现问题立即处理，对维护群众的切身利益起到了积极作用。

四、以经济建设为中心，献计献策，搞好服务

为更好地发挥政协组织在治理经济环境、整顿经济秩序中的积极作用，千方百计服务于经济建设，我们先后召开了社会各界知名人士为振兴故城经济献计献策座谈会、发展商品经济的知名人士座谈会；部分农村带领群众共同致富的支部书记、村长座谈会。通过座谈讨论，大大激发了各界人士为振兴故城经济出大力献妙计的积极性。郑口镇太兴镇塑料厂厂长翟洪昌在座谈中说：最近几年，我厂虽然有了发展，但绝不满足现状，还要在国家政策允许的范围内，根据市场需求，适当增加投资，扩大规模以吸收农村更多的剩余劳动力，向国家和集体上缴更多利税的实际行动，为我县的经济腾飞贡献力量。会上怎么说，会后怎么办，结果一年一大步，1988 年就使该厂发展成为总产值超百万，利税三十万的地区明星企业。政协委员韩风格，几年来研究发明了自动气压暖水瓶，并获得国家专利局的专利证书，但由于缺乏资金不能及时投入批量生产，政协常委、农行副行长刁殿忠和政协委员、建行行长冯志军同志了解这一情况后，积极为其筹措资金，先后解决贷款 30 多万元，从而很快使该产品正式投入生产。

为使政协组织更紧密的围绕我县治理整顿、深化改革服务，我们还在委员中坚持开展了“进一言、献一策”的“一季一信”活动，由政协直接向委员发信纸、信封和邮票，倡导人们通过书信的形式，积极反映群众的意见和要求。1988 年秋根据部分委员来信来访反映，个

别乡镇在宣传推行“双田制”和规模承包中有片面性，造成部分农民卖牲畜、卖农具，影响种麦任务的现象，我们及时向县委、县政府提出了建议。对此，县委、县政府领导极为重视，通过召开专门会议，一方面进行正面宣传，另一方面宣布种麦大忙之前不再进行调整土地，从而很快刹住了这股歪风，稳定了干部群众的情绪，保证了我县种麦任务的顺利完成。

为引导委员更好地为发展我县经济贡献力量，我们还积极鼓励人们做脱贫致富的带头人。提倡把政协工作、本职工作同个人的专长结合起来，在各条战线上开展立足本职，热心帮人、发光发热、尽职尽责的活动，从而很快在政协委员中涌现出了一批懂经营善管理，带领群众共同致富的企业家和带头人。如政协常委刘廷香、杜声亮，政协委员董恒发、王玉章、高志文等都充分发挥了自己的聪明才智，为繁荣我县经济起到了带头作用。在科技战线上的政协委员和知名人士，坚持“科技立县”的指导思想，除在全县范围内成立了多处技术咨询服务站，搞好多层次多学科的技术推广工作外，还组织科技人员下乡下厂搞承包，三年来，已有大批科研成果获得了省、地、县有关部门的表彰和奖励。

五、办好委员提案，强化监督职能

认真办理委员提案，是政协组织行使政治协商、民主监督职能的一个重要方面。为逐步实现提案工作的制度化、规范化，充分发挥委员提案的作用，我们根据《政协章程》的有关规定，参考外地的一些好的做法，起草了《政协委员提案工作实施细则》草案，在第四次常委会上通过后，下发到有关部门执行。据统计，本届政协提案工作委员会共收到委员提案 118 件，我们都及时转送到各有关部门和单位办理，并通过及时催办，将办理结果转送到提案人手中，其中有许多提案被县委、县政府及有关部门采纳。例如：县委、县政府收到委员提出的发展经济应“量力而行”的提案后，在调查研究的基础上，根据上级指示，对基建规模重新进行审查，新建项目由原来的 11 项改为确保 6 项，投资总额比年初计划减少 4000 多万元。从而既保证了我县经济稳妥发展，又缓解了县财政的承受能力。

六、加强组织领导，抓好文史工作

文史资料工作，在政协工作中占有重要地位，不仅有利于发展爱国统一战线，而且有助于精神文明建设，并且是流芳百世、惠及后人的系统工程。据此，三年来，我们首先是加强了文史工作的组织领导，确定由政协副主席尹丕杰专抓，遇有突击任务，领导干部和有关同志一起上。其次，在搜集、整理、抢救撰写工作中，我们重点抓了《商震将军》《冯治安传》《甘陵今古》三本书。目前，《商震将军》一书已经出版，《甘陵今古》已脱稿付印，《冯治安传》也写完初稿。在撰写这三本书的过程中，为确保历史资料的真实性，先后与商震和冯治安在国内外的亲朋和知情人士发函信五百多件，索取了大量的资料和证件，为实事求是地反映他们的活动提供了可靠依据。

在社会活动中，政协副主席尹丕杰同志应邀参加了华北五省市在山西召开的戏剧研讨会，他撰写的论文曾荣获优秀奖。古稀之年的政协常委陈家珍先生，应邀为《河北省纪念七・七抗战五十周年》一书的责任编辑，并亲自撰写了文章，由于成绩突出，被推荐出席了河北省为“四化”建设服务经验交流会，并被授予荣誉证书。

七、在做好政协本职工作的同时，我们还积极完成了县委交付的其他工作任务

如抗旱、防汛、“三夏”“三秋”等突击工作，都按照县委要求，深入到所包乡镇调查研究，督促检查。在物价大检查、卫生联查以及植树造林工作中，政协领导都亲自出马与人大、政府一起上阵，深入现场，真抓实干。另外我们还组织林业局和政协农林水工作组深入全县 4 个乡镇、8 个自然村，对林果发展问题做了专题调查，最后写出调查报告，提供给县委、县

政府在决策中参考。

八、搞好政协机关自身建设，促使各项工作顺利开展

为了不断加强政协机关的自身建设，我们首先抓了自身的学习，除认真执行县委规定的学习日制度，学好党的有关方针、政策外，还重点抓了新时期统战理论的学习，从而拓宽了视野，丰富了知识，增强了对新时期统战工作和政协工作重要性的认识，有力地指导和推动了政协工作的健康发展。

为逐步实现政协工作的制度化、规范化，我们还进一步充实完善了各项规章制度，逐人制定了岗位责任制，做到职责分明、有章可循。对于改进机关工作作风，提高工作效率，更好地开展政协工作起到了重要作用。

为探索新形势下政协如何为经济建设服务的新路子，我们先后撰写了《党政分开后的政协工作》《发挥职能作用，服务于经济建设》《如何开展“政治协商、民主监督”工作》等论文，参加了地委统战部召开的理论研讨会，并受到好评。

为搞好文明单位的建设，我们突击抓了机关的美化、绿化、净化和环境卫生，在地、县的多次检查评比中居上游，曾被地区授予“文明单位”的称号。

第二节　第二次全体会议工作报告

政协故城县第四届委员会常务委员会工作报告（摘编）

（1991 年 4 月 8 日在政协故城县第四届委员会第二次全体会议上）

政协主席　马端榜

一年来，政协故城县委员会，在上级政协组织的及时指导和中共故城县委的直接领导下，高举爱国统一战线的伟大旗帜。认真贯彻执行党的十三届六中和七中全会精神，坚持以经济建设为中心。积极参加全县的经济大合唱。在振兴故城经济、运用多种形式和渠道认真发挥“政治协商、民主监督”的职能作用以及精神文明建设等方面，都团结全县各族人民和各界人士，做了大量工作。取得了一定成绩，现将主要工作报告如下：

一、按时召开例会，发挥职能作用

组织政协委员开展政治协商、民主监督活动，是人民政协工作的主要职能，也是统战工作的优良传统。一年来，政协主要领导同志应邀列席县委常委会、政府政务会和人大常委会议，参与县内重大问题的商讨外，还先后召开了三次常委例会。每次例会都邀请县委、县政府的领导及有关部门的负责同志到会通报情况。使委员们达到了知情出力的效果。

在历次常委例会上，委员们都以国家主人翁的姿态，本着“肝胆相照、荣辱与共”和“知无不言、言无不尽”的精神，畅所欲言、各抒己见，对全县工农业生产、文化教育及廉政建设等各项工作都提出了一些很好的意见和建议。如四届第三次常委会议上，文教局局长刘亚新同志通报了我县改善办学条件的有关情况后，常委们提出改善办学条件确实是件造福子孙后代的大好事，经过前段工作，也确实取得了很大成绩，但办好事也应讲求实效、量力

而行，以免过多地增加农民负担；在县棉办公室主任郎同亮同志通报了我县1990年的棉花收购情况后，委员们一致认为，对今年的棉花减产固然有客观上虫害严重、雨水过多等原因，但政府的职能部门也应从主观上很好地总结经验教训，尤其是对工作指导上的问题，如技术指导、良种推广等方面，不足之处也必须看到，以便引以为戒。人们举例说：军屯乡大辛庄村棉农李庆同植棉6亩，平均亩产籽棉450斤，西半屯乡徐东屯村，全村植棉600亩，平均单产皮棉155斤，其中地膜320亩，单产皮棉达到170斤，同样的客观条件，收成差距极大，就充分说明了这个问题。

坚持走访委员，广泛征求意见是政协组织及时了解下情，更好地发挥职能作用的好形式。下半年以来，由政协领导同志带队，对农村委员普遍进行了走访，同委员们进行面对面的座谈，不仅进一步加深了县政协机关和委员们之间的感情，同时也更多地搜集到人民群众对党和政府的意见和建议，为政协组织更好地发挥政治协商、民主监督的职能作用提供了更加可靠的依据。

二、在全县的经济大合唱中，组织政协委员带头当好集体致富的领路人

为配合县委的中心工作，搞好经济建设，县政协高度注重了组织政协委员和社会各界人士积极参加全县的经济大合唱。为振兴故城经济贡献力量，并号召大家当好集体致富的带头人。一年来的实践证明，许多委员在这方面确实做出了自己的贡献，在带领群众共同致富的大道上走到了前头。如政协常委、太兴镇塑料厂厂长翟洪昌同志，把几年来在承包经营中自己应得到的部分固定资产折价14万元无偿的献给集体，深受广大群众的好评；政协常委、原西乡白佛寺村党支部书记宋金兰同志，几年如一日，兢兢业业为发展本村集体企业奔忙，经过几年的艰苦创业，为集体筹建了村办织带厂和其他多摊集体企业，被县委、县政府树为发展集体企业的榜样之一，成为带领群众致富的领路人；政协委员、五户油棉厂厂长秘运华、政协委员武官寨乡皮毛供销公司经理高志文、政协委员董恒发等同志也都为发展集体经济做出了贡献。政协委员周秀莲、冯圣宝同志还被推荐出席了地区的“双文明会议”。政协委员小庙乡南林子村公安员李章旺同志，身为护林员，做到了爱树如命，每天对全村的树木检查一遍，同时做好对青少年爱护树木的教育工作，受到群众和县乡领导的一致好评。

三、认真办理委员提案，发挥参政议政职能

认真办理委员提案，是政协组织行使政治协商、民主监督职能作用的一个重要方面，也是调动委员和各界人士为我县经济建设献计出力的关键。在政协四届一次会议期间，我们共收到委员提案43件，均及时打印转递到各有关部门和单位。经过近半年的时间。到8月底已全部办理完结，并把办理结果打印成册转送到全体委员手中。其中不少提案被县委、县政府及有关部门采纳，对促进我县安定团结的政治局面和两个文明建设起到了积极作用。如政协委员郑世义和张子衡两同志，根据广大群众的要求，提出了建立职业中学一案，经过县委、县政府研究后，在我县经济比较紧张的情况下，仍通过广泛筹集资金，投资25万多元。扩建了祖阳农业技术职业中学，使之成为我县农、林、牧科技人才培养、科学实验、技术推广、信息交流、服务咨询的中心；又如马同坤、冯圣宝委员提出严禁假劣农药上市一案，县社、县工商局也十分重视，立即召开有关会议进行研究，制定措施，通过严格掌握进货渠道。实行分片到人等办法，也较好地控制了各种假劣农药的上市销售，有效地保护了农民的利益。

四、建立乡镇政协联络组，制发《政协委员视察证》

为了更好地开展政协工作，1990年下半年在各乡镇普遍建立了政协联络组，由一名副乡级领导同志任组长，同时，我们根据《政协章

程》中关于“中国人民政治协商会议全国委员会和地方委员会组织委员视察、参观和调查，了解情况，就各项事业和群众生活的重要问题进行研究，向国家机关和其他有关组织提出建议和批评”的规定，县政协一方面向每位委员印发了《视察证》，另一方面下发了《关于政协委员持证视察的暂行规定》，为保证政协委员持证视察工作的顺利开展，中共故城县委、故城县人民政府还专门下发了《关于认真接待县政协委员持证视察工作的通知》。从而为政协工作的开展创造了更加有利的条件。

五、继续认真抓好文史资料

为搞好《甘陵今古》一书的出版发行，政协副主席尹丕杰同志亲自任该书的主编。经过半年多的积极努力，已于1990年4月出版。并向在全国各地工作的故城籍老干部赠送，对在故城县工作过、为故城县的经济发展做出贡献的外籍各级领导同志赠送，向各乡镇、县直各部门赠送，深受他们的赞扬和好评。同时，在会同县委统战部等有关部门接待回国探亲的海外华侨和港澳同胞中，我们也赠送了《甘陵今古》一书，从而使他们了解家乡四十年来的巨大变化，增强了对祖国对家乡的热爱心情。

一年来的文史工作除财政拨款外，还得到了有关部门和有识之士在人力和财力上的大力支持，在这里我代表故城县政协向《甘陵今古》一书编辑出版中在人力、财力给予大力支持的单位和个人表示衷心的感谢！

此外，由尹丕杰副主席主编的爱国将领《冯治安传》的撰写工作也在积极进行。

六、认真抓好政协机关的自身建设

为了不断加强政协机关的自身建设，我们首先抓好自身的学习。除执行县委规定的学习日制度，学好党的有关方针、政策外，为适应新时期政协工作的需要，把学习党在新时期的各项统战政策和统战理论作为学习的重点。先后组织全体机关工作人员学习了《中共中央关于坚持和完善中国共产党领导的多党合作和政治协商制度的意见》、全国统战工作会议精神以及江泽民总书记的重要讲话，并积极参加统战知识竞赛，从而使每个同志的统战知识和统战理论水平不断有新的提高。

第四章　政协故城县第五届委员会

第一节　第一次全体会议工作报告

政协故城县第四届委员会常务委员会工作报告（摘编）

（1993年1月10日在政协故城县第五届委员会第一次全体会议上）

主席团常务主席　张彦恩

政协故城县第四届委员会从1990年换届以来，到现在已经届满。三年来，在县委直接领导及上级政协组织的指导下，高举爱国主义和社会主义的伟大旗帜，团结和依靠全体委员，全县各族人民和各界人士，充分发挥人民政协的优势，认真履行“政治协商、民主监督”的职能作用，为发展全县经济，稳定政治局面，积极献计献策，做了大量的工作，取得了一定成绩，现将主要工作报告如下：

一、加强时事政策学习，不断提高参政议政能力

三年来，为适应改革开放和经济建设的需要，我们一直把组织和帮助委员学好党在社会主义初级阶段的基本路线和一系列方针、政策，作为政协常委会的一项长期而又重要的任务来抓。

在中共十三届六中、七中、八中全会召开期间，我们都及时组织收听收看大会实况，并召开常委例会，认真学习全会精神，特别是邓小平同志南方重要谈话和中共十四大文件发表后，反复组织常委们进行了认真的学习和讨论。并向全体委员印发了要学习好、贯彻好、执行好十四大文件的通知。为保证委员们学习好时事政策，在经费比较紧张的情况下，每年还为农村委员订阅了《人民政协报》，使委员们及时了解了党的大政方针和国内外大事，提高了委员们的政治思想素质和参政议政能力。

二、按时召开例会，充分发挥“政治协商、民主监督”职能作用

组织政协委员开展“政治协商、民主监督”活动，是人们政协工作的主要职能，也是统战工作的优良传统。三年来，除政协主要领导应邀列席县委常委会、人大常委会和政府的有关会议，参与县内重大问题的协商讨论外，根据《政协章程》的规定，先后召开了三次政协全体会议。在每次会议上，委员们都以国家主人翁的姿态，本着“肝胆相照、荣辱与共”和“知无不言、言无不尽”的精神，畅所欲言，各抒己见，积极为县委和政府的工作提出了意见和要求。对于保证我县各项工作的健康开展，起到了一定的作用。

三年来，还先后召开了常委例会11次，邀请30多个职能部门和单位到会通报情况，每次都邀请县委、县政府和有关部门的负责同志列席并通报情况。使常委们及时就全县人民普遍关心的政治、经济、城镇建设、文化教育以及群众日常生活中的重大问题进行广泛的协商，收到了较好的效果。如在第二次例会上，常委们听取了政府领导同志关于我县上半年的经济工作开展情况及下半年的设想后，逐项进行了认真讨论。并就工作中存在的问题以及今后应注意的方面，诚恳地提出了一些积极的意见和建议。特别是加强对农业生产的投入和农田水利基本建设，以及农业技术的推广，提出了一些好的建议，在五次常务例会上，县乡镇企业局领导同志通报了我县乡镇企业开展情况后，常务们提出，我县乡镇企业要发展，首先要解放思想，胆子要大一点，政策要活一点，档次要高一点，规模要大一点，对坚定领导大抓乡镇企业的信心起到了促进作用。

坚持下去走访委员，面对面地广泛征求意见是政协组织及时了解下情、更好地发挥职能作用的又一好形式。三年来，由政协领导同志带队，每年都对农村委员和县城委员进行走访。这不仅进一步加深了县政协机关和委员们之间的感情，同时也搜集到了人民群众对党和政府更具体的意见和要求，为政协组织更好的参政议政起到了良好作用。

三、以经济建设为中心，组织政协委员发展集体经济

在县委的领导下，县政协高度注重了组织政协委员和社会各界知名人士积极参加全县经济建设，并号召大家当好发展集体经济的带头人。三年来的实践证明，许多委员在这方面确实做出了自己的贡献，如政协常委郑口镇太兴镇塑料厂厂长翟洪昌同志为发展本村集体企业二十年如一日，以厂为家，兢兢业业，与本厂干部职工团结一致，艰苦创业，由原来的十几人发展成干部职工150多人的集体企业，固定资产五六十万元，流动资金100多万元，每年实现利税30多万元，曾多次受到上级表彰和奖励。政协委员、物资局机电设备公司经理贾同绪同志，把自己经营的企业归属集体为农民兄弟排忧解难，建立支农组织，为农民服务，在县城和乡镇设有九个销售点，经营上千种机电

产品，做到服务到家，连续几年共让利于农民近300万元。贾同绪同志，会经营，善管理，深受附近两省、七个地区的群众欢迎。政协常委、三朗乡砂轮厂厂长张汉泽同志，努力提高产品质量，积极开拓国际市场，从1991年开始出口砂轮片，为国家挣得外汇几万元。政协委员、康宁化工厂厂长邵其臣同志开发的高科技产品旋转接头、助燃煤炉，获省科技进步一等奖，专利产品三项，还开发了高科技产品包装机械，该企业1991年被评为地级明星企业，1992年又被评为省级明星企业。政协常委、科委主任郭元奎同志，为协助梧茂乡化工厂解决与北京化工研究所纠纷问题，两次跑石家庄省科委，为该厂挽回经济损失75万元，现改产“三氮唑”后，产品供不应求。

为引导委员更好地为发展我县经济贡献力量，我们积极鼓励人们做发展集体经济的带头人，提倡把政协工作、本职工作同个人的专长结合起来，在各条战线上开展立足本职，热心帮人，发光发热，尽职尽责的活动，在政协委员中涌现了一批懂经营，善管理，发展集体企业的带头人。县地毯厂厂长任树生、五户村油棉厂厂长秘运华等都发挥了自己的聪明才智，为发展我县集体经济起到了带头作用。在科技战线上的政协委员，树立科学技术咨询服务机构，搞好多层次多学科的技术推广工作外，还组织大批科技人员下厂下乡，三年来，已有大批科技成果获得了省、地、县有关部门的表彰和奖励。

四、认真办理委员提案，为群众办真事、办实事

据统计，本届政协提案工作委员会共收到委员提案127件，我们都及时转送到各有关部门和单位办理，并及时催办，将办理结果转到提案人手中，其中有许多提案被县委、县政府或有关部门采纳，对促进我县的经济发展起到了积极作用。如在四届二次全会上，许多委员提出的解决运河大桥北头的“断头桥”一案，反映了人民的呼声。如很多委员根据很多农民不懂农业技术的问题，提案中要求加强对农业技术的推广工作，政府职能部门积极采纳，在各乡都办起了植物医院，开展科技人员下乡，解决了不少农民的“科盲”问题，促进了农业技术的推广。又如，多位委员多次提出的兴办职业技术学校的提案，县委、县政府根据上级的要求和广大群众的愿望，经多方筹集资金。现已建成投入施用。

五、建立乡级政协联络组，组织委员开展持证视察活动

根据《政协章程》，县政协在去年9月组织部分政协委员，同时邀请监察局、农行、财政局、税务局、乡镇企业局和有关乡镇的领导同志参加，对我县部分乡镇企业、村办企业开展了视察活动。就地通过有关部门协商帮助解决了些实际问题。今年6月为会同县人大开展评议县物价局、县环保局、县交警大队的工作，我们又组织部分政协委员开展了走访委员和社会各界人士以及调查视察活动，掌握了第一手资料，在评议会上进行评议发言，对被评议单位提出许多好的意见和建议，促进了工作。

另外，为学习外地政协工作的先进经验，我们于去年6月组织部分乡镇的政协联络组长到我省政协工作的先进市县进行参观学习，帮助我们解放了思想开阔了视野。

六、努力做好联谊工作，发展爱国统一战线

三年来，为促进政协工作的开展，我们本着广交朋友、联络感情的精神，会同有关部门接待回国探亲的海外华侨和港澳台胞40多人次。在接待中，我们以礼相待，为他们提供一切方便，主动向他们介绍祖国和家乡的改革和开放政策，许多侨胞、台胞诚恳地表示要在有生之年，为祖国的和平统一多做工作，为家乡的经济建设多做贡献。在1991年还认真接待和办理了台归人员孙际洲先生骨灰回原籍安葬事宜，使他的亲属多次来信，对我们的接待工作表示感谢。

七、认真抓好文史资料工作

三年来，我们首先加强了文史工作的组织

领导，由政协副主席尹丕杰同志专抓，经有关部门及部分人士的大力支持，《甘陵今古》一书在1990年4月出版发行，并向在全国各地工作的故城籍老干部赠送，向在故城县工作过并为故城县经济建设做出贡献的外籍各级领导同志赠送，深受他们的好评。同时还向回国探亲的海外华侨和港澳同胞赠送，使他们了解家乡四十多年的巨大变化，增强对祖国、对家乡的热爱心情。《抗日将军冯治安》一书已定稿，另外还为省政协撰写了三篇抗日惨案文章，有多篇文章和《商震将军》一书获得省政协奖。

八、在做好政协本职工作的同时，我们积极完成了县委交付的其他工作任务

如抗旱、防汛、植树造林、农田水利基本建设，“三夏”“三秋”计划生育等突击性的工作，都按照县委要求，深入到所包乡镇调查研究，督促检查，协助县委做了一些应做的工作。

九、认真抓好政协机关的自身建设

为了不断加强政协机关的自身建设，我们首先抓了自身的学习，除执行县委规定的学习制度，学习党的有关方针政策外，还重点抓了新时期党的各项统战政策和统战理论的学习，使每个同志的统战知识和统战理论水平有了新的提高。

为探索新形势下政协如何为经济建设服务的新路子，三年来，我们先后辑写了发挥职能作用，为经济建设服务方面的理论文章十余篇，参加地区组织的理论研讨会，并受到好评。

第二节　第二次全体会议工作报告

政协故城县第五届委员会常务委员会
工作报告（摘编）

（1994年3月15日在政协故城县第五届委员会第二次全体会议上）

政协主席　张彦恩

五届一次会议以来，本会在上级政协组织的指导和中共故城县委领导下，以邓小平同志建设有中国特色的社会主义理论为指导，深入贯彻中共十四大和十四届三中全会精神，进一步组织、团结全县广大政协委员和各界人士，围绕县委、县政府的中心工作，积极参政议政，为促进全县的改革开放和现代化建设做出了贡献。现将主要工作报告如下：

一、发挥政协优势，积极为故城县的经济建设献计出力

拓宽渠道，献计献策，为党政领导机关科学决策提供依据是我们工作的一大特点。今年以来，我们围绕经济建设这个中心，结合我县实际，就如何减轻农民负担、发展县办工业、发展乡镇企业、建立乡村工业小区、扩大林果生产等问题进行了专题调查，调查报告及有关建议报送县委、县政府及有关部门，受到了县委、县政府及有关部门的重视，有的已经落实，有的正在研究落实。我们搞的“故城县政协委员会关于1994年如何巩固提高县办工业经济效益问题的浅析”，这一调查报告受到地区政协工委的表扬，几次在会上向各市县介绍情况，地区工委还把我们搞调查的做法印发简报发到各市县。

为了解决如何更快大力发展非公有制经济，我们先后两次到清河县政协和武城县政协了解情况，并参观了他们7家个体私营企业。回来

后，我们在各乡镇政协工委主任和部分主抓企业的政协委员会上详细介绍了情况，并认真讨论了如何发展我县非公有制经济问题，收到了较好的效果。

每季度按时召开政协常委会例会，邀请县委、县政府及有关部门领导通报全县政治、经济形势，以便在了解情况的基础上更好地知情出力。在先后召开的四次常务会例会上，共检查了14个部门的工作，委员们及时就全县人民普遍关心的政治、经济、反腐倡廉、文化教育以及群众日常生活中的重大问题进行广泛协商，提出了许多建设性的意见和建议。县委、县政府及有关部门非常重视，及时将这些意见和建议批转有关部门办理。

提案工作是民主监督的重要形式。五届一次会议以来，本会共收到委员提案129件，五届一次会议期间29件，经审查立案24件，大部分承办单位都比较重视，提案委员会通过催办，推动提案落实，取得了明显成效。如：王相文、牟文仲等委员提出的在我县建立经济信息反馈网络的建议案，引起了县政府领导的高度重视，并于去年春季在县物价局附设了“故城县经济信息交流中心”，为我县各有关部门提供供求信息，对外介绍我县的优质产品，为发展经济起到了推动作用。

直接参与县委、县政府组织的重要经济活动。去年，县政协领导应邀列席县委常委会，人大常委会和政府常务会等有关会议，直接参与县内重大问题的协商，并参与了部分企业的洽谈联络接待工作，积极提供信息、牵线搭桥，为招商引资发挥了积极作用。本会还组织部分委员参观视察了县地毯厂、抽纱线厂、康宁化工厂、制动材料厂，并请这些企业的领导介绍了经验，促进了管理企业经验的交流，推动了企业的发展。

为了激励和推动政协委员和各界人士在经济建设中建功立业，我们还注意抓典型，总结推广先进经验，先后总结了政协常委贾同绪同志、翟洪昌同志、张汉泽等同志先进人物典型材料12份，利用各种会议和各种宣传形式，广泛宣传他们的事迹。元月中旬还召开了政协工委、政协委员和各界人士为经济建设服务经验汇报会，收到了较好的效果。

二、调动政协委员积极性，争当促进社会主义两个文明建设的带头人

本届政协委员企业家、厂长、经理、经营能手比较多，进一步发挥这些委员的作用，对促进全县经济发展十分有利，为此我们经常和他们保持联系，为他们出谋划策，并通过各种形式因势利导，鼓励他们为故城的经济建设多作贡献。

1. 牵线搭桥，引进资金。为了推动这项工作的开展，我们除了在会议上鼓励号召外，政协领导还带头做好这项工作。政协副主席王增义同志为解决企业资金困难，多次带病外出，找门路，求援助，先后筹措资金370多万元，为四家企业解了燃眉之急。政协常委、县酒厂厂长杜希武同志多次进北京、下保定引进资金900多万元，新上了道路护栏项目，全年企业实现利税198.8万元。

2. 真抓实干，做发展经济的带头人。为充分发挥政协委员中厂长、经理和企业家的聪明才智，我们组织他们广泛开展了建功立业评比活动，激发了他们的积极性，为故城县的企业发展起到了积极作用。政协常委、县地毯厂厂长任树生狠抓企业管理，年利税突破200万元；政协常委、三朗乡砂轮厂厂长张汉泽积极开拓国际市场，1993年创汇50多万元，企业实现利税55万多元；政协常委、县制动材料厂厂长申文清，带病坚持工作，抓管理，搞科研、效益逐年提高。今年该企业上缴利税100多万元；政协常委、康宁化工厂厂长邵其臣，积极开发高科技产品，使企业评为省级明星企业，产品获省科技进步一等奖；政协常委、县皮革厂厂长牟英俊，积极开拓国内外皮革市场，抓住时机，发展自己，1993年实现利税突破百万元大关，跨入县办工业利税大户行列，成为县办工业十虎之一。

3. 做好本职工作，起到表率作用。在我们

组织开展的建功立业活动中，委员们在自己的岗位上，勤勤恳恳、扎实苦干，做出了突出成绩。政协常委、县计委副主任徐乃起，积极为领导当参谋、献计献策，他分管的建筑质检工作，1993 年优质品率达到 34.7%，全区评为第一名，他分管的质检站被评为全区唯一的先进质检站；政协常委、物价局副局长田登书，主抓经济信息服务工作，1993 年发展信息网络户 59 户，每天将全国各地的经济信息传递到各企业，并把企业急需的供求信息无偿向外传递。1993 年被省、地物价局评为信息服务先进个人。政协常委、县农业局宾馆经理王留旺，全年承担 5 万多元的机关开支；政协常委、县工商局副局长刘玉聪，为发展故城集贸市场出主意，想办法，受到好评。

科技战线的各位委员，通过不同形式和场合，传播科学技术，去年累计举办不同类型的培训班 70 多期，受训人数达 5 万多人次，为发展全县经济起到了促进作用。

4. 号召委员争做精神文明带头人。在组织委员们开展讲奉献、做贡献活动中，委员们既做物质文明的创业人，又当精神文明的带头人。政协常委太兴塑料印刷厂厂长翟洪昌爱集体如家，主动拿出自己应得的 16 万元承包费发展集体生产，受到表彰；政协委员董恒发，致富不忘乡亲，几年来，共拿出 5 万多元办公共事业，受到社会各界的好评；政协委员周秀莲扶持帮助 18 户村民走上了致富路，被评为双文明户。

5. 各乡镇政协工委积极配合本乡镇党委政府开展工作，都取得较好的成绩。原西乡政协工委协助党委和政府主抓了王长林工业小区；青罕镇政协工委协助党委和政府主抓了青罕集贸市场的开发区；武官寨乡政协工委协助有关部门主抓了集贸市场上的假冒伪劣产品和缺斤短两问题；郑口镇政协工委，搞了发展乡镇企业的调查。不少乡镇政协工委积极协助党委、政府解决了许多广大群众关心的热点、难点问题。

6. 认真做好台胞、侨胞和海外华侨的接待工作。一年来，我们会同统战、侨办共接待回家探亲、观光旅游、考察投资的台胞和海外侨胞 13 起 17 人次。接待中向他们宣传党和国家的开放政策，鼓励他们回家乡投资办厂，激发了他们热爱家乡的情感。

三、适应形势发展，切实加强政协自身建设

去年换届后，政协委员新老更替比较多，为了提高委员们的素质，尽快适应新形势，本会把加强自身建设放在了重要位置。

1. 抓学习，武装思想。今年以来，我们通过主席会、常委例会、机关干部会、自学等形式，多次学习十四大文件，十四届三中全会《决定》和《邓选》全三卷，江泽民同志在中纪委二次会议上的讲话，并召开了两次委员学习座谈会，发了两次关于加强学习的通知。各乡镇政协工委也各自组织了委员学习活动。通过学习、座谈、交流，使委员们对当前形势，对市场经济理论和建设有中国特色社会主义理论的认识和对反腐倡廉的认识都有了进一步的提高。

2. 抓培训、提高素质。为了使委员尽快适应政协工作，更好地发挥作用，我们两次利用以会代训的形式办了工委主任和政协常委及部分委员培训班，组织委员学习政协的基本知识和统一战线理论，加深了对新时期统战工作的路线、方针、政策、对人民政协的地位及性质、作用的认识和理解，提高了参政议政的能力。

3. 抓制度，强化约束机制。今年以来，为使机关工作的运转有条不紊，严守纪律，先后制定和完善了机关财务制度、考勤制度、值班制度、车辆使用制度，以及文件传阅保管制度等。这些制度的严格实施，增强了纪律，提高了工作效率，改变了机关面貌。同时我们也协助各乡镇政协工委制订了工作制度和评比先进条件，促进了工作的开展。

换届以来，政协做了许多工作，取得了新的成绩，但与新时期党赋予政协的职责和期望，还有不少差距。主要是：协商、监督的渠道还需要拓宽，监督的力度还需要加强，联系委员

和各界人士的工作还有待改进；所有这些问题，我们将在今后的工作中认真加以解决。

1994 年是我国推进经济体制改革的重要一年，在新的一年里，县政协工作的指导思想是：以邓小平同志建设有中国特色社会主义理论和党的基本路线为指导，全面贯彻党的十四届三中全会精神，围绕县委、县政府的中心工作，认真开展专题调查和视察活动，切实履行政治协商、民主监督职能，使政协工作登上新台阶，为促进两个文明建设做出新贡献。根据这一指导思想，要突出抓好以下几项工作：

一是围绕建立社会主义市场经济体制和建设经济强县，深入开展调查研究，积极参政议政。要抓几件在全县有影响的关系国计民生的大事，下气力搞几次大的调查研究，并使调查研究的题目同全会、政协常委会、主席办公会的议题相衔接，搞好高层次的协商监督，提高参政议政质量。每位主席都要找一个企业或一个村为联系点，搞好服务，连续抓几年，抓出成效。县政协领导继续参与县委、县政府安排的有关经济工作调研、协调工作。继续抓好重点提案的办理。要组织委员积极参与我县经济决策的论证咨询工作。同时要搞好委员的视察活动，建立健全同乡镇政协工委和委员的联系，准确、及时地反映全县各界人士的意见和建议。

二是发挥政协优势，进一步推进社会主义精神文明建设。要根据邓小平同志提出的“两手抓”“两手都要硬”的方针，针对社会上存在的不良行为，组织委员理直气壮的进行视察和监督。围绕廉政建设中的突出问题，进一步加大民主监督力度，切实促进廉政建设。积极组织委员对有关法律、法规和县委、县政府制定的重大决策贯彻落实情况进行监督、检查。准备搞一次大的教育活动，有计划地组织有关委员对广大群众尤其是青少年进行“四爱教育”即：爱祖国、爱家乡、爱社会主义、爱集体。要紧紧把握民主和团结这两大主题，充分发挥人民政协联系面广的优势，认真听取和及时反映广大群众的要求和呼声，做到下情上达，上情下达。针对在新形势下出现的新问题、新矛盾、充分反映民意、协助党委和政府做好协调关系，化解矛盾、增进共识，为改革和发展创造稳定的社会政治环境。

三是加强与“三胞”的联系，积极主动地开展海外联谊工作。要不断解放思想、开辟新渠道，积极扩大与台胞台属的联系，利用各种机会和途径，广泛联系“三胞”和海外华人，争取更多的“三胞”回乡参观、考察、投资办厂。在“三胞”家属中开展“一封信”活动，介绍信息、牵线搭桥，调动各方面的积极性为全县的两个文明建设做贡献。

四、充分调动政协委员的积极性，发挥政协组织的整体功能

为了更好地发挥委员的整体功能，县政协还要突出抓好以下三方面工作：

1. 帮助委员更好地知情。政协机关要更多地向委员提供各方面的资料，帮助委员多知情、知实情，并切实改进委员视察工作。

2. 要加强同委员的经常联系，通过走访、就近召集委员座谈等形式，经常了解委员情况，征求委员对各方面工作的意见和建议，并及时进行研究和反映，把联系委员与发挥委员作用有机地结合起来。

3. 组织委员开展“六个一”活动，即：为故城县经济传递一条信息、牵一条线、提一条建议、献一个良策、搞一次调查、办一件实事。最大限度地发挥委员的积极性和创造性，为弘扬先进，鞭策后进，推动此项工作的开展，对每位委员要建立实绩档案，下半年召开全县政协委员为经济建设服务经验交流会。

五、进一步加强思想、作风和组织建设

切实搞好自身建设是人民政协工作上一个新台阶的重要保证。学习《邓小平文选》第三卷，是全党全国人民的重要政治任务，也是人民政协加强思想建设的根本保证。要用邓小平同志的立场、观点、方法认识问题、分析问题、创造性地解决政协工作中的实际问题，更好地参政议政。

加强人民政协作风建设，要突出一个“实”字。要在政协机关和委员中大力提倡说实话、干实事。求实务实的工作作风，把精力集中到扎扎实实地参政议政，实实在在地搞好服务上来，为我县的经济建设做出新的贡献。

政协的组织建设要适应新形势、新任务、大力宣传经修改后的人民政协章程，并根据新的政协章程，充实和修订我们的各项工作制度，使协商监督工作进一步规范化、制度化。为政协工作跨上一个新台阶做出新贡献。

第五章　政协故城县第六届委员会

第一节　第一次全体会议工作报告

政协故城县第五届委员会常务委员会工作报告（摘编）

（1998 年 2 月 15 日在政协故城县第六届委员会第一次全体会议上）

主席团常务主席　张彦恩

一、五年工作回顾

政协故城县第五届委员会从 1993 年换届到现在已经届满。五年来，在上级政协组织的指导和中共故城县委的领导下，紧紧围绕县委、县政府的中心工作，认真履行政治协商、民主监督和参政议政职能，创造性地开展工作，为促进全县的大好形势做出了积极贡献。

（一）抓好学习，提高认识，不断加强自身建设

五年来，政协十分注重对邓小平理论、党的方针政策和新时期统一战线、人民政协理论的学习，特别是把学习贯彻中共十五大会议精神作为头等大事来抓，先后组织各种报告会、学习会、专题座谈会、委员活动日 80 余次，举办学习班和培训班 12 期，召开学习经验交流会 4 次，组织参观学习 3 次，为委员进一步解决思想、更新观念、知情出力、参政议政创造了条件，奠定了思想基础。

（二）坚持例会制度，提高议事质量，切实发挥参政议政作用

开好例会是协商监督参政议政的主要形式。五届县政协把丰富例会内容，提高例会质量作为政协工作上新台阶的切入点，进行了积极探索，取得了显著效果。

五届县政协举行的五次全会，重点协商讨论了县“九五”计划和 2010 年远景目标纲要及每年县政府工作报告、国民经济和社会发展计划草案、财政预决算等。委员们采取多种形式共提出 206 条对县委、县政府及有关部门科学决策有参考价值的意见和建议。有的经采纳很快见到了成效。如 1996 年全会时，委员们就如何盘活企业现有资产，提出了对四家资不抵债企业进行破产意见，这一意见经主席会议研究，作为建议案提出，得到县委、县政府领导的支持，成立破产小组，办公地点设在县政协，经两个多月的辛勤工作，完成了破产任务，盘活了企业现有资产。

五年来，先后召开政协常委例会22次，邀请40多个职能部门和单位到会通报情况。常委们就全县人民普遍关心的改革、发展、稳定、反腐倡廉、减轻农民负担、城镇建设、文化教育及群众日常生活中的热点、难点问题进行了广泛协商，提出了许多建设性的意见和建议，对稳定发展全县的大好形势起到了积极促进作用。如在第六次常委例会上，在检查农业生产时，常委们就农资市场混乱提出二条议案：1. 增强打假措施，在全县开展打假活动，强化监督制约机制；2. 设立县长、乡镇长无假冒特供门市部，让农民群众放心。主管县长对议案非常重视，随后专门召开会议，采取有力措施，有效地净化了农资市场，同时在县城设立了县长特供门市部，全县13个乡镇也都设立了乡镇长特供门市部，实现挂牌销售，把大批优质化肥、农药投放市场，有力地维护了广大农民群众的切身利益，得到了社会的好评。

（三）认真办理提案，积极反映社情民意，为两个文明建设创造良好环境

提案是委员参政、议政的一种有效方式，是实行有效监督的重要渠道，是反映社情民意的重要窗口。五届县政协提案数量超过以往各届，提案质量和办案质量都有提高，提案的作用和社会影响进一步扩大，五年来，共收到提案412件，经审查立案268件，在已办复的提案中，所提问题已经解决和部分解决230件，占办复总数的86%。因政策和条件所限不能解决，已做了解释说明的30件，占11.1%。对提案办理，我们坚持认真抓、精心办，尽力做到件件有回声、有结果，并采取重点提案重点办，跟踪督办与承办单位携手联办的方法，使办理时间提前了，质量提高了，效果明显了。基本实现了承办单位和提案人双方都满意。如西半屯乡的政协委员，提出了为缓解电力不足，应尽快在西半屯境内筹建一座变电站的提案。该提案内容明确，意义重大，引起了县委、县政府及有关部门领导的重视，并决定予以采纳。现在这座变电站已正式运作，五十多个村庄已经受益。

对于形不成提案的意见或建议，我们也决不疏漏，经过归纳整理，作为信访案件，认真办理。每年都由政协牵头会同县信访科的同志和乡镇政协工委主任，多次深入到乡镇，走访政协委员和相关的农民群众，就人们提到的宅基占地、摊派提留、计生罚款、农村财务、干群矛盾等敏感问题，面对面的征求意见，做了大量疏导和解释工作，使一些难解决的问题得到了妥善解决。对维护全县的安定团结起到了一定作用。

（四）在政协委员中，深入开展“双四五”活动，让政协委员为双文明建设做贡献

“双四五”活动，是协商监督、参政议政的具体化。具体内容是：要求各工委主任做到推荐一个人才、引进一个项目、扶持一摊企业，写一份有分量的调查报告，联系五个科技示范户。要求政协委员做到使全家成为勤劳致富户、办一件受群众欢迎的实事、培养扶持一个科技示范户，帮助一个贫困户，提五条合理化建议。从1994年以来，我们广泛开展了这项活动，有布置、有检查、有评比，几年来共引进项目12个，扶持企业13摊，推荐引进人才16名，写调查报告48份，提合理化建议480条，联系科技示范户82户，全县有98名政协委员成为勤劳致富的带头人，有80户贫困户在政协委员的帮助下已经脱贫走上了致富路。政协委员92岁高龄的果树专业户王金铮帮助六户果农搞管理，使他们脱贫变成富裕户。“双四五”活动的深入开展，得到了社会各界的好评，受到省、市政协的表扬，省市政协还把我们的经验印发简报向全省全市推广，《衡水日报》作了长篇报道，并在《河北日报》《人民政协报》上刊登。1996年县政协领导参加了全国政协在贵州召开的“政协委员为四化建设服务经验交流会”，并在大会上介绍了经验。

（五）搞好调查和视察，为建设经济强县建言献策

调查和视察是委员深入实际、知情出力、参政议政的重要途径。几年来，我们重点搞了“利用闲散坑塘发展养殖业”“如何发展粮食畜牧大县”“县办工业奖惩办法”和“如何解决越级上访和集体上访”及“减轻农民负担”“搞好中小学教育”等几项大的调查。调查报告及有关建议受到县委、县政府及有关部门的重视，不少意见已被采纳，有的还在全县产生了较大影响。如为了充分利用全县的闲置坑塘发展养殖业，由各乡镇工委主任带队组成调查小组。经过近 20 天的工作，把本乡镇闲置坑塘水面的现状做了详细调查并拿出了利用意见，先后写调查报告 5 份，送报县委、县政府及有关部门。政府主管县长对此十分重视，在召开的全县农业会议上，就这一问题做了布置，较好地推动了全县水面养殖事业的发展。我们还就这几年棉花生产滑坡原因及提高单产对策，深入到三个乡镇六个村搞了调查，所写调查报告受到省、市政协领导的表扬。又如：1995 年县办工业奖惩办法的调查，由政协主席、副主席带队，由政协机关办公室和体改办领导同志组成 6 人调查组，利用半个月的时间，分别深入到金宝集团等 12 个企业召开座谈会听取意见。根据调查情况，我们又召开了主席办公会，进行认真分析研究，整理了主题报告《关于九五年在县办工业中继续推行进档升级目标责任的实施办法》呈报县委、县政府，报告经县委常委会通过，形成正式文件，以县委、县政府的名义下发，不少类似这样的议案直接转换为县委和政府的重要决策。

（六）以文史为教材，进行爱国主义教育；开展联谊工作，进一步加强对外联系与交往

文史资料，是政协工作的一项重要内容。继《甘陵今古》《商震将军》等文史丛书出版发行后，1995 年出版发行了《冯治安传》，该书被省政协指定为重点书刊，选入河北省政协举办的大型书展。我们同宣传部共同组织举行了《冯治安传》首发式，并以这本书为教材在全县广泛开展了爱国主义教育活动。近几年县政协在政协报刊上发表了许多文章，并提供了很多资料，整个文史工作取得优异成绩，获省政协二等奖，出席了省政协在北戴河召开的表彰大会。文史宣传工作被省政协评为先进单位，出席了省政协在石家庄召开的表彰大会。开展联谊工作，进一步加强对外联系与交往。五年来，共接待回乡探亲的台胞和海外侨胞 326 人次。接待中，向他们宣传党和国家的开放政策，宣传故城的大好形势，鼓励他们回乡投资，经商办厂。1996 年，引进一家台资企业，建国镇华达汽修厂。1994 年 8 月我们还会同县委、人大的领导到湖北、湖南两省慰问我县南下老干部及其亲属 77 人，加强和密切了故乡人民与南下老干部的联系，对促进我县的经济发展做了有益的工作。我们还多次和周边县市政协加强联系，相互参观学习，交流情况，增进友谊。所有这些，对宣传故城形象，扩大故城影响起到一定的促进作用。

（七）调动政协委员的积极性，争当两个文明建设的带头人

本届政协委员中聚集了各方面的人才。进一步发挥这些委员的作用，对发展全县大好形势十分有利。为此，我们采取四条措施，鼓励他们为两个文明建设做贡献。**一是**在委员中广泛开展建功立业、评比竞赛活动，激发他们的积极性；**二是**编印委员风采录，我们先后整理了 16 名委员的先进事迹，利用各种形式广泛宣传；**三是**召开学先进观摩现场会，多次组织委员参观学习；**四是**评选优秀政协委员，激励先进促后进。由于采取了以上措施，大大激发了广大委员的积极性，形成了比工作、比干劲、比风格、比贡献的好风气，涌现出了许多优秀政协委员和模范感人事迹。政协领导以身作则，

认真列席了县委常委会、人大常委会和政府常务会等有关会议，直接参与县内重大问题的协商和各项重大活动的开展，较好地完成了县委、县政府交办的各项中心工作，履行了协商监督职能，发挥了参政议政作用。

回顾过去五年的工作实践，我们有以下四个方面的体会。

一是必须毫不动摇地坚持和依靠党对政协工作的领导。政协是共产党领导的多党合作和政治协商的重要机构。只有坚持和依靠党的领导，人民政协的事业才会发展壮大兴旺发达。

二是必须保持良好的精神状态，积极主动地开展工作。做好政协工作需要方方面面的支持和配合，但更需要政协自身的积极主动，而积极主动又来自奋发进取的良好精神状态，只有保持良好的精神状态，积极工作，才能在全社会造成一种关心支持政协工作的良好氛围和局面。

三是必须始终围绕党委、政府的中心任务履行主要职能。紧紧围绕全县大局和县委、县政府的中心工作是对政协的根本要求。只有“围绕中心转，照着职能干”，才能使政协的工作与县委和县政府的中心工作合拍。才能使“既服从又服务，既参谋又参与”，二者有机地结合起来。

四是必须时刻关注群众普遍关心的社会热点、难点问题。政协只有抓住群众普遍关心的热点、难点问题，深入调研，精心谋划，才能参到点子上，议到根本处，成为党委和政府联系群众的纽带，成为党委和政府抓工作落实的得力助手。

二、今后工作意见

我们正处于世纪之交的历史时期，新时期和新任务对政协提出了新的更高的要求。五届政协工作虽然取得了新的进展，但仍还有些问题和不足，比如协商监督渠道需要进一步拓宽，参政议政力度需要进一步加强。这些都需要在今后工作中继续克服和改进。六届县政协是跨世纪的一届政协，前途广阔，任重道远。为实现跨世纪的宏伟目标，今后五年县政协工作总的指导思想和基本任务是：高举邓小平理论伟大旗帜，以党的十五大精神和党的基本路线为指导，把握团结和民主两大主题，紧紧围绕县委政府中心工作，切实履行协商、监督、参政议政职能，不断探索，创新务实，为建设富强民主、文明的现代化故城做出积极的贡献。

根据这一指导思想和基本任务，今后五年要着重抓好以下三项工作：

（一）高举邓小平理论伟大旗帜，深入学习贯彻中共十五大精神，把政协工作提高到一个新水平

邓小平理论是我党各项工作的根本指针，是中华民族实现振兴的强大精神支柱。我们要把学习邓小平理论作为一项长期的任务，组织政协委员运用多种形式、多渠道，有计划、有组织地进行系统学习，要紧密联系政协工作实际，用邓小平理论统领全局，用邓小平新时期人民政协的一系列重要思想和观点解决新问题，谋求新发展。同时，要学习好十五大会议精神，新的《政协章程》，市场经济理论及各种科技知识。使广大政协委员进一步解放思想，提高素质，为政协工作的进一步开展，奠定坚实的思想基础。

（二）把握特点，发挥优势，把政协工作搞得更加生动活泼，富有生机

协商监督是政协独特的工作方式。通过广泛协商，建言献策，为党政领导决策提供资料和依据，是政协工作的性质。只有立足政协特点参政议政才能做到“尽职而不越位，帮忙而不添乱，切实而不表面”。在把握特点的同时，还要选准角度，发挥优势。**一是**要发挥人才优势，既要在履行职能中广泛听取政协各方面人才的意见，贡献聪明才智，又要在微观服务中调动政协各方面人才的积极性，广泛开展智力开发，技术培训，科技示范，科技扶贫，咨询服务等活动。同时还要热情鼓励有条件的政协

委员自办、领办、联办各种企业积极参与市场经济，为全县的现代化建设多办实事。**二是**要利用政协联系广泛的优势，拓宽内引外联，积极主动地开展海内外联谊工作，要利用各种传统节日，邀请“侨胞”眷属及各界知名人士，通过“座谈会”“茶话会”“通报会”等形式，沟通情况，联络感情，开展联谊活动。要动员政协委员，扩大联系面，争取结交更多的新朋友，引导和鼓励“侨胞”回乡参观、考察、投资办厂。要继续在“侨胞”家属中开展“一封信”活动，提供信息，牵线、搭桥、促成项目，调动各方面的积极性，为两个文明建设服务。**三是**要发挥政协下通上达的优势，围绕工农业生产、社会稳定、反腐倡廉和党建工作这四个重点及群众关心的刹“四风”、治“三乱”、倡“三风”等热点、难点问题，深入实际，调查研究，了解民情，反映民意，集中民智，把人民群众的要求和意见及时反映给党政部门，使政协成为党和政府联系群众、团结各界的重要渠道。对群众中的不稳定因素，要通过宣传党的方针、政策，协助党委政府做好协调关系，化解矛盾，增进共识，凝聚人心的工作，使政协成为党委政府抓好工作的得力助手。**四是**要利用政协位置超脱的优势，客观地反映真实情况，使党委和政府了解到不同的意见，以便更好地改进工作。对党委和政府工作中应注意的问题，做到及时发现，及时反映，以利解决在萌芽状态。**五是**要利用政协工作比较单一的特点，紧紧围绕党委政府的中心工作，想大局，议大事，出精品，当高参。特别是就全县改革开放，经济发展，社会进步等方面的重大问题，有计划、有组织地调查研究，从宏观上献计献策，为党政领导科学决策提供可靠的依据，使政协工作更加富有成效。

（三）加强政协机关建设，努力培养造就一支高素质的政协干部队伍

一是加强干部、职工的思想建设；**二是**加强制度建设和组织建设；**三是**加强作风建设，要卓有成效地开展创“优质服务、优良作风、文明机关”活动，把政协办成文明机关，成为政协委员之家，以便更好地发挥全体委员的积极作用，为故城县的两个文明建设做出新的贡献。

第二节　第二次全体会议工作报告

政协故城县第六届委员会常务委员会工作报告（摘编）

（1999年3月3日在政协故城县第六届委员会第二次全体会议上）

政协主席　张彦恩

六届一次全会以来，本会在上级政协组织的指导和中共故城县委的领导下，紧紧围绕县委、县政府的中心工作，认真履行政治协商、民主监督和参政议政职能，各项工作都取得了新的进展，为经济建设和社会稳定做出了积极贡献。现将主要工作报告如下：

一、切实加强学习，努力提高委员整体素质

我们十分注重加强委员对邓小平理论、党的方针政策和新时期统一战线、人民政协理论的学习，特别是把学习贯彻中共十五大和十五

届三中全会精神作为头等大事来抓，先后组织各种报告会、学习会、专题座谈会，委员活动日20多次，举办学习班和培训班2期，召开学习经验交流会，增强了委员的使命感、荣誉感，为委员进一步解放思想、更新观念、知情出力、参政议政创造了条件，奠定了思想基础。

二、搞好调查和视察，为建设经济强县建言献策

调查和视察是委员深入实际、知情出力、参政议政的重要途径。一年来，我们围绕县委、县政府中心工作，结合故城实际，根据政协特点，选择重点调研课题，先后组织部分政协委员分若干组搞了几项大的调查。**一是**关于推进农业产业化的调查；**二是**关于加快企业改制的调查；**三是**关于如何大力发展个体私营经济的调查；**四是**关于加强窗口行业职业道德教育的调查；**五是**关于加强城镇建设的调查。这些调查报告经主席办公会讨论，以议案形式提出，县委、县政府十分重视，县委书记郭金强同志批了总的意见，县长王辉同志分别批了具体意见，并责成分管的副县长研究具体意见抓好落实，对抓好这些工作起到了很大的推动作用。许多类似这样的报告和建议都受到县领导及有关部门的重视，不少意见被采纳，有的还取得了很好的效果，对县委、县政府及有关部门的科学决策与组织实施发挥了重要作用。

三、围绕县委、县政府中心工作，履行政协职能

把握大局，服务于县委、县政府的中心工作，是政协工作的一条重要原则。本着这条原则，认真参与了全县各项重大活动，积极为全县性的重大决策建言献策，当好参谋。并根据县委统一安排，在抓好本职工作的同时，主席们都积极参与包乡、包厂、包线活动，并与其他县级领导一起抓了工农业生产、社会治安、稳定局势、计划生育等项工作，发挥了应有的作用。有的领导主抓了全县的棚菜、蔬菜生产，不分节假日，东奔西跑，付出了很大的努力，受到了市领导的表扬；有的领导具体抓了二中建设，在资金不到位的情况下，费尽千辛万苦，圆满完成了任务，缓解了学生入学难的问题；有的领导认真抓了老年医院和老干部公寓建设，受到上级好评，全市在这里召开了现场会；有的领导协助主管县长抓了改水降氟工程，改变了县城人民饮高氟水的状况；有的领导协助有关领导积极大力抓了财政流通、私营企业发展、职称评定和社会稳定等项工作，都付出了自己的努力，做出了应有的贡献。

在履行主要职能的同时，我们注意发挥自身优势，积极开展各项活动，参与两个文明建设。

一是配合文化、科技、卫生“三下乡”开展了九八科普千里行暨科教兴农宣传周活动，组织政协委员向农民传授农业科技知识。政协领导分别深入到各乡镇具体指导，据统计有一百多名政协委员参加这项活动，举办科技大集18次，技术讲座30多场，有3万多农民群众直接受益。**二是**围绕促进以法治县，开展了民主监督活动。组织有关委员参与了公、检、法、司、物价等单位的执法检查，先后多次召开座谈会，积极向有关部门反映执法中的热点问题，并提出了改进意见和建议。有36名委员分别担任了公、检、法、司、物价等部门的监督员，及时反映民意，帮助这些部门改进工作，取得了很好的效果。**三是**围绕做好稳定工作，引导委员紧紧围绕社会上的热点问题，协调关系，化解矛盾。鼓励委员积极帮助下岗职工实现再就业，通过多种形式，开展扶贫济困活动，不少委员做了贫困学生的代理爸爸和妈妈，组织政协常委、委员积极为受灾地区捐款捐物，都起到了带头作用。**四是**9月份和省政协科教文卫委员会一起组织了义诊，直接为广大群众看病，同时对县医院的技术力量进行了培训，受到了社会的好评。

四、深入开展“双四五”活动，让政协委员直接为政治、经济建设服务

我们狠抓了“双四五”活动，具体内容是：要求负责政协工作的领导，推荐一个人才、

引进一个项目、扶持一摊企业，写一份有分量的调查报告，联系五个科技示范户。要求政协委员做到：办一件群众欢迎的实事，培养扶持一个科技示范户，帮助一个贫困户，提五条合理化建议，对这项活动我们有布置、有检查、有评比，收到了较好的效果。1998 年，扶持企业 20 摊，写调查报告 68 份，提合理化建议 300 多条，联系了 40 多个科技示范户，有许多政协委员成为勤劳致富的带头人，有 12 个贫困户在政协委员的帮助下已经脱贫走上了致富路。“双四五”活动的深入开展，得到了社会各界的好评，受到省市政协的表扬，省市政协还把我们的经验印发简报推广，并在《衡水日报》《河北日报》《人民政协报》上刊登。政协委员中聚集了各方面的人才，为进一步发挥这些委员的作用，我们采取了四条措施，鼓励他们为两个文明建设做贡献。**一是**在委员中广泛开展建功立业，评比竞赛活动，激发他们的积极性；**二是**编印委员风采录，我们先后整理了十六名委员的先进事迹，利用各种形式广泛宣传；**三是**召开学先进观摩现场会，多次组织委员参观学习；**四是**评选优秀政协委员，激励先进鞭策后进。由于采取了以上措施，大大激发了广大委员的积极性，形成了比干劲、比工作、比风格、比贡献的好风气，涌现出了许多真抓实干创大业的企业家、三八红旗手、优秀政协委员和感人事迹。76 岁的政协常委西城橡胶厂厂长苏彬同志在困难形势下带领全厂 80 名职工奋力拼搏，今年又取得了好效益。1998 年，他拿出数万元资金扶贫打井、抗洪救灾、搞城建、支援幼儿园和学校建设，受到社会各界的好评和省、市政协的表彰。

五、坚持例会制度，提高议事质量，发挥参政议政作用

开好例会是政协参政议政的主要形式。1998 年召开了一次全委会、六次常委例会、20 多次主席办公会，共检查了 30 多个部门的工作，委员们就全县人民普遍关心的政治、经济、反腐倡廉、减轻农民负担、文化教育、工农业生产、城镇建设以及群众日常生活中的热点难点问题，进行了广泛协商，提出了许多建设性的意见和建议，对稳定和发展全县的大好形势起到了积极促进作用。如第二次常委例会，委员们针对出租车乱停放影响交通，不断发生事故，群众意见大这一热点问题提了许多意见，我们便组织政协委员对县城出租车存放状况搞了视察，并写了关于加强出租车辆管理的调查报告。政协领导还和分管这项工作的县长一块讨论研究了出租车管理办法，县政府关于出租车管理办法出台后，我们又一次组织政协委员讨论研究提意见，还责成政协常委监察督促，对出租车规范管理起到了很好的促进作用。再如第三次常委例会在检查蔬菜办工作时，常委们就棚菜生产的产前、产中、产后及技术服务问题展开广泛讨论，并结合九五年搞棚菜的失败教训，提了很多的建议，主管领导和蔬菜办十分重视，专门召开会议研究，就如何搞好棚菜生产采取了很好的措施，使棚菜生产取得了很好的效果，菜农们得到了实惠，受到了人民的称赞。

六、认真办理提案，积极反映社情民意，为两个文明建设创造良好环境

政协提案是委员行使民主权利，实行有效监督的重要渠道，是反映社情民意的重要窗口。六届一次全会以来，共收到委员意见和建议 86 件，经审查立案 58 件，提案质量好于往年。对提案办理，我们坚持认真抓、精心办，尽力做到件件有回声、有结果，并采取重点提案重点办，跟踪督办与承办单位携手联办的方法，使办理时间提前了，质量提高了，效果明显了。基本上实现了提案人和承办单位双方都满意。如县直委员结合 1997 年未引进黄河水，使农业生产受到损失的实事提出 1998 年应想尽千方百计引黄河水，并两次到有关部门催促提案落实情况，县主管领导及水利部门十分重视，专门召开会议研究，经过主管领导及水利部门的努力，今年引进的黄河水多于以往任何一年，社员群众十分满意，为农业丰收打下了很好的基础。

对于形不成提案的意见或建议，我们也决不疏漏，经过归纳整理，作为信访案件，认真办理。去年以来，由政协牵头会同县信访科的同志和乡镇领导，多次深入到军屯、辛庄、夏庄等乡镇，走访政协委员和相关的农民群众，就人们提到的宅基占地、三提五统、计生罚款、农村财务、干群矛盾等敏感问题，面对面的征求意见，做了大量疏导和解释工作，使一些难解决的问题得到了妥善解决。对维护全县的安定团结起到了一定作用。

七、加强文史和对外联谊工作

文史资料，是政协工作的一项重要内容。继《冯治安传》《甘陵今古》等书出版后，我们整理了很多资料，多次受到上级的表彰，文史工作获省政协二等奖，文史宣传工作被省政协评为先进单位。我们还利用文史资料为教材，采取多种形式在全县广泛开展了爱国主义教育活动，增强了人们“爱我故城、爱我中华”的意识。1998 年为收集整理好故城籍名人资料搞了许多调查访问工作。6 月还到武汉召开了故城籍南下老干部座谈会，分古代、近代、现代三个年代、四个范围整理了窦建德、马中锡、节振国等十五份资料，已入选《河北省名人录》和《衡水市名人录》。其中有三篇选入西柏坡纪念馆。这项工作受到省、市政协领导的表扬。

开展联谊工作，进一步加强对外联系与交往。去年以来，我们共接待回家探亲、观光、考察的台胞和海外侨胞 126 人次。接待中向他们宣传党的方针政策，鼓励他们回到家乡投资办企业，激发他们热爱祖国、热爱家乡的情感。我们还多次和清河、武城、枣强、阜城、深州等县市政协加强联系，互相参观学习交流情况，增进友谊。对宣传故城形象扩大影响起到一定的促进作用。

八、大力加强机关建设，努力提高服务水平

为提高机关干部素质和服务水平，按照“抓班子，带队伍，强素质，树形象，创一流”的要求，扎扎实实地开展了以“三创四比”活动为主要内容的思想作风建设。并采取多种形式，组织机关干部深入学习邓小平理论，中共十五大和十五届三中全会精神等，广泛开展了学习教育活动，有效地调动了机关干部职工的工作积极性，整个机关团结一致，奋力向上，有效地促进了各项工作的开展。

1999 年，是我国发展史上具有特殊重要意义的一年，也是中华人民共和国成立 50 周年和人民政协成立 50 周年，我们还将庆祝澳门回归祖国。做好今年的政协工作，具有非常重要的意义。1999 年政协工作的指导思想是：高举邓小平理论伟大旗帜，以党的十五大、十五届三中全会精神和党的基本路线为指导，在中共故城县委的领导和上级政协的指导下，牢牢把握团结和民主两大主题，紧紧围绕县委、县政府的中心工作，全面履行协商、监督、参政议政职能，创新务实，奋力拼搏，为建设富强民主、文明的现代化故城做出新的贡献。

根据这一指导思想，今年要着重抓好以下几方面的工作。

（一）高举邓小平理论伟大旗帜，深入学习贯彻中共十五大、十五届三中全会精神，把政协工作提高到一个新水平

学习邓小平理论，是进行伟大事业的战略需要，也是提高广大政协委员思想政治素质的客观要求。我们要把学习邓小平理论和中共十五大、十五届三中全会精神作为一项长期的任务，组织政协委员运用多种形式、多种渠道，有计划、有组织地进行系统学习，要紧密联系政协工作实际，用邓小平理论统领全局，用邓小平新时期人民政协的一系列重要思想和观点解决新问题，谋求新发展。同时，要学习好新的《政协章程》、市场经济理论及各种科技知识，使广大政协委员进一步解放思想，提高素质，为政协工作的进一步开展，奠定坚实的思想基础。

（二）把握特点，发挥优势，把政协工作搞得更加生动活泼，富有生机

协商监督、参政议政是政协工作的特点。把握特点，选准角度，发挥优势，才能更好地为党政领导决策建言献策，才能更好地为两个文明建设做贡献，在这方面要发挥好以下几方面的优势：**一是**要发挥人才优势，既要在履行职能中广泛听取政协各方面人才的意见，贡献聪明才智，又要在微观服务中调动政协各方面人才的积极性，广泛开展智力开发、技术培训、科技扶贫等服务活动。同时还要热情鼓励有条件的政协委员自办、领办、联办各种企业，积极参与市场经济，为全县的现代化建设多办实事。**二是**要利用政协联系面广的优势，拓宽内引外联，积极主动地开展海内外联谊工作，要利用各种传统节日，邀请“侨胞”眷属及各界知名人士，通过“座谈会”“茶话会”“通报会”等形式，沟通情况，联络感情，开展联谊活动。要动员政协委员，扩大联系面，争取结交更多的新朋友，引导和鼓励“侨胞”回乡参观、考察、投资办厂。要继续在“侨胞”家属中开展“一封信”活动，提供信息，牵线、搭桥、促成项目，调动各方面的积极性，为两个文明建设服务。**三是**要发挥政协上通下达的优势，围绕工农业生产、社会稳定、反腐倡廉和党建工作这四个重点及群众关心的刹“四风”、治“三乱”、倡“三风”等热点、难点问题，深入实际，调查研究，了解民情，反映民意，集中民智，把人民群众的要求和意见及时反映给党政部门，使政协成为党和政府联系群众、团结各界的重要渠道。对群众中的不稳定因素，要通过宣传党的方针、政策，协助党委政府做好协调关系，化解矛盾，增进共识，凝聚人心的工作，使政协成为党委政府抓好工作的得力助手。**四是**要利用政协位置超脱的优势，客观地反映真实情况，使党委和政府了解到不同的意见，以便更好地改进工作。对党委和政府工作中应注意的问题，做到及时发现，及时反映，以利解决在萌芽状态。**五是**要利用政协工作比较单一的特点，集中精力紧紧围绕县委政府的中心工作，想大局，议大事，出精品，当高参。特别是就全县改革开放、经济发展、社会进步等方面的重大问题，有计划、有组织地调查研究，从宏观上献计献策，为党政领导科学决策提供可靠的依据，使政协工作更加富有成效。要围绕庆祝中华人民共和国成立50周年、人民政协50华诞和澳门回归，通过多种形式，充分展示50年来，特别是十一届三中全会以来，改革开放和社会主义现代化建设的巨大成就；展示人民政协在促进两个文明建设和推进祖国和平统一大业中的光辉业绩。要认真研究提案工作的新情况和新问题，进一步加强提案工作，使提案质量和办案质量达到一个新水平。要积极探索文史资料工作的新特点和新规律，使文史资料工作更上一层楼。

（三）加强政协机关建设，努力培养造就一支高素质的政协干部队伍

一是加强干部、职工的思想建设；**二是**加强制度建设和组织建设；**三是**加强作风建设，要卓有成效地开展创“优质服务、优良作风、文明机关”活动，把政协办成文明机关，成为委员之家，以便更好地发挥全体委员的积极作用，为故城县的两个文明建设做出新的贡献。

第六章 政协故城县第七届委员会

第一节 第一次全体会议工作报告

政协故城县第六届委员会常务委员会工作报告（摘编）

（2003年4月25日在政协故城县第七届委员会第一次会议上）

主席团常务主席 翟占禹

一、五年工作回顾

县政协六届一次会议以来的五年，是我们国家改革开放和现代化建设取得巨大成就的五年，也是我县经济建设和各项事业取得丰硕成果的五年。五年来，县政协在中共故城县委的正确领导和上级政协的指导下，以邓小平理论和“三个代表”重要思想为指导，高举爱国主义和社会主义两面旗帜，牢牢把握团结、民主两大主题，组织广大政协委员和各参加单位，紧紧围绕县委、县政府的中心工作，选准角度，发挥优势，切实履行政治协商、民主监督、参政议政职能，并注重在实践中不断探索，不断总结，各方面工作都取得了新的发展，为我县经济建设和社会稳定做出了积极的贡献。通过五年的努力，我县政协工作迈上一个新台阶。

（一）围绕我县改革发展中的重大问题协商议政、建言献策取得显著成效

五年来，本届政协重视开好每一次的全委会议，认真听取和讨论我县国民经济和社会发展计划，以及每个年度的政府工作报告，国民经济与社会发展计划报告，财政预决算报告和县人民法院、县人民检察院工作报告。五次全会期间共组织小组讨论20次，专题座谈会15次，提交大会提案20余件，县委、县政府的领导同志一起出席会议，听取大会发言，并深入到委员中进行座谈，使许多重要的意见和建议直接纳入领导的视野，有效地促进了党政决策的科学化、民主化。本届政协共召开常委会议22次，主席会议26次，先后就调整农业产业结构、增加农民收入、发展个人私营经济、县城出租车辆管理，职能部门乱收费、中小学素质教育等议题，在深入调查研究，广泛协商论证的基础上，形成建议案11件，得到了党政领导的高度重视，一些建议被直接吸收到县委、县政府制定的有关文件中，对完善县委、县政府工作思路，促进党政决策的落实，起到了重要作用。同时，县政协主席、副主席积极参加县委、县政府组织的重要会议和重大活动，较好地发挥了参政议政作用。

常委会把搞好专题调研作为政协履行职能的基础和关键环节来抓，精选调研课题，合理配备力量，切实加大调研工作力度。县政协领导每年都要分包一至两项重点调研课题，带队深入基层，了解掌握第一手资料，并亲自撰写或修改调研报告。五年来，围绕我县改革开放、经济建设、教育、科技、文化、社会法制等诸多领域，开展了一系列深入细致的调查研究，共形成调研报告或专项建议30余件，其中不少建议由于站位高、选题准、可操作性强，得到了县委、县政府的重视。如1998年，先后组织部分委员深入基层搞调研，**一是**关于推进农业产业化的调查；**二是**关于加强城镇建设的调查；**三是**关于如何大力发展个体私营经济的调查等，并写了调查报告报送主席办公会讨论，以议案形式提出，县委、县政府责成有关部门抓好落实。2001年针对我县畜牧产业发展情况进行了深入调研，并写了《我县瘦肉型猪和蛋鸡发展情况》的调查报告，对发展我县产业起到了积极的作用。

（二）以提案、视察和反映社情民意为重点，逐步加大民主监督力度

坚持“数量与质量并重，征集与督办齐抓”的原则，不断加强提案工作。通过各种形式，广泛动员政协各参加单位和广大政协委员积极撰写提案，提高提案质量。自县政协六届一次会议以来共收到提案386件，经审查立案323件，我们坚持县领导批办制度和县政协领导督办责任制。坚持提案办理中“二次反馈”制度，采取“提案跟踪督办”的形式，有效地促进了提案的落实。截至2002年底，所有提案均在规定期限内办复，办复率为100%，所提问题已经解决和部分解决的218件，占立案总数的67.5%，列入计划解决的84件，占立案总数的26%，因条件限制暂时不能解决而做出说明的21件，占立案总数的6.5%，提案的经济效益和社会效益进一步提高。

围绕县委、县政府的重大决策和群众关心的热点问题，先后分别组织委员就全县龙型经济发展、城镇建设、农业结构调整、县乡企业改革、医药市场等开展了20余次视察，扩大了委员的知情面，提出了改进工作的意见和建议，有效地促进了有关方面的工作。同时，多次召开座谈会，积极向有关部门反映执法中的热点问题，并提出了改进建议。几年来，应邀参加职能部门组织的执法检查，对国家工作人员遵纪守法，勤政廉政等方面的情况进行评议监督，先后有50余名委员分别被公、检、法、司、物价等部门聘为监督员，帮助这些部门改进工作，所有这些探索和实践，都较好地发挥了政协民主监督的作用。

（三）发挥优势，积极为全县两个文明建设搞服务、办实事

充分发挥政协人才、智力和联系面广的优势，组织委员积极为全县两个文明建设做贡献。

一是配合文化、科技、卫生“三下乡”开展了科普宣传活动，组织政协委员向农民传授科技知识。同时，政协领导分别深入到各乡镇具体指导，广泛开展科技咨询，帮助命名引进新品种、推广新技术。据统计，五年来，共有一百余名政协委员参加了这项活动，共举办技术讲座40余场，如推广抗虫棉的种植和管理等，约有5万农民群众直接受益。**二是**切实做好我县文史资料的征集、整理工作。文史资料是政协工作的一项重要内容，继《商震将军》《冯治安传》《甘陵今古》等书出版后，我们又整理了很多资料。1998年为收集整理好故城籍名人资料搞了调查访问工作，分古代、近代、现代三个年代，四个范围整理了窦建德、马中锡、节振国等十五份资料，已入选《河北省名人录》和《衡水市名人录》，其中有三篇选入西柏坡纪念馆。2001年我们还整理了龙须贡面、郭庄旋饼等资料，报送市政协后，现已经在《衡水经济史料》《衡水历代作家诗文选注》《衡水古今作家专集》等书中出版。去年，又为市政协《衡水抗日烽火》一书完成了征稿任务。受到了省市政协的表彰，使我县的文史工作迈上一个新台阶。**三是**继续开展“双四五”活动，让政协委员直接为两个文明建设服务。我们坚持狠抓“双四五”活动，具体内容是：推荐一个人才、引进一个项目、扶持一摊企业、写一份有分量的调查报告，联系五个科技示范户，办一件群众欢迎的实事，培养扶持一个科技示范户，帮扶一个贫困户，提出五条合理化建议。对这项活动，我们有布置、有检查、有评比，收到了较好的效果。据不完全统计，共扶持企业60余摊，写调查报告168份，提出合

理化建议500余条，联系了40多个科技示范户，有许多政协委员成为勤劳致富的带头人，有200多个贫困户在政协委员的帮助下脱贫致富。“双四五”活动的深入开展，得到了社会各界的好评，并受到上级政协的表扬，我们的经验也在《衡水日报》《河北日报》《人民政协报》等报纸上相继刊登。

（四）加强联系，密切合作，政协的整体功能得到了有效发挥

加强同政协各参加单位和委员的联系，注意在涉及全局的重大问题上统一思想，增进共识，不断巩固在共同政治基础上的团结合作，坚持联系和走访委员制度，定期召开座谈会，及时沟通思想，交流情况，共同研究政协工作中的重要事项。积极参加市政协组织的各项活动，主动争取市政协的指导和支持，同时积极搞好与其他兄弟市县政协的联系，及时交流经验，学习先进，使我县政协的整体功能得到了有效发挥。

（五）进一步做好增进团结，维护稳定的工作

在社会矛盾相对集中的新形势下，我们注意发挥人民政协的团结协调功能，各位主席、副主席结合自己的分工和所包乡镇，积极协助党委政府做好协调关系、化解矛盾、凝聚人心的工作，正确处理人民内部矛盾。认真贯彻党和国家的民族宗教政策，积极反映民族宗教工作中的新情况、新问题，加强同民族宗教界委员的沟通和交流。促进了各宗教团体在政治上的团结合作和信仰上的相互尊重，2000年4月县政协与县宗教界联合开展了全县宗教政策法律法规宣传月活动，收到了明显成效。组织委员深入开展揭批“法轮功”邪教的斗争，协助党委政府做好“法轮功”修炼者的转化工作，努力维护社会稳定，全体政协委员无一参与“法轮功”的修炼。切实加强与“三胞”眷属委员的联系及故城籍在台人士的联络工作，五年来，接待“三胞”70多人次，增强了他们对祖国统一的认同，并于2001年举办了台湾形势报告会，为促进祖国统一做出了积极努力。

（六）积极创造条件，政协的社会影响日益扩大

为全面推进世纪之交的政协工作，1999年，我们积极贯彻落实上级党委做出的《关于进一步做好跨世纪人民政协工作的决定》，认真总结交流了在新形势下做好政协工作的经验，促进了政协工作的深入开展。常委会针对社会上对人民政协缺乏认识的实际情况，采取有力措施，切实加强政协宣传工作，主动加强与新闻单位的协调，注意精心组织，突出抓好对全会、常委会和其他重要会议与重大活动的宣传报道。并通过报纸等新闻媒体宣传为我县两个文明建设做出重要贡献的政协委员，大力讴歌政协委员中的典型人物和先进事迹，同时积极探索舆论监督与民主监督结合起来的新路子，进一步扩大了人民政协的社会影响。

（七）面临新形势、新任务，采取有效措施，进一步加强自身建设

充分发扬人民政协自愿学习、自我教育的优良传统。通过编发学习资料、举行座谈会、形势报告会等形势，组织和动员广大委员认真学习邓小平理论和“三个代表”重要思想，中共十六大精神，学习统战理论和政协知识及其他方面的专门知识，进一步增强了委员们的政治责任感、历史使命感和参政议政能力。同时，还多次组织委员参加市政协组织的有关人民政协知识的竞赛活动和政协理论研讨会，就政协工作中的一些重要问题进行了研讨。

机关建设取得明显成效。按照中共中央关于进一步推进政协履行职能制度化、规范化的要求，认真贯彻落实上级党委《关于进一步做好跨世纪人民政协工作的决定》及《全国政协关于政治协商、民主监督、参政议政的规定》《常委会工作规则》等重要文件和规章制度。以“搞好服务，当好参谋”为目标，通过“三讲”教育和“三创四比”及“三个代表”学习

教育等活动，使机关建设得到加强，机关干部的政治素质和业务能力明显增强，不断强化机关后勤保障工作，服务水平进一步提高，从而为政协履行职能提供了有力保证。

二、主要体会

五年来，六届县政协既要注重实践上的开拓创新，又注重思想认识上的不断深化和提高，在全面履行职能的同时，坚持与时俱进，总结和积累了一些经验和体会。概括起来主要是：

（一）必须坚持和依靠中国共产党的领导

人民政协是中国共产党领导的多党合作和政治协商的重要机构，其性质决定了政协工作必须坚持和依靠党的领导。五年来，在履行职能的各项工作中，我们坚定不移地贯彻党的路线、方针、政策，在政治上、思想上与党中央保持高度的一致，坚持以宪法和政协章程为依据开展活动，始终保持政协固有的性质和特点，注意及时了解和积极贯彻党委的意图，坚持在重大问题上多请示、多汇报，主动争取党委对政协工作的指导、重视和支持。实践使我们深深体会到，无论在任何时候、任何情况下都必须毫不动摇地坚持和依靠中国共产党的领导。只有这样，政协工作才能确保正确的政治方向，才能更好地履行职能，才能卓有成效地开展工作。

（二）必须牢牢把握团结和民主两大主题

实践证明，人民政协只有把发扬民主、增进团结贯穿到一切工作中去，体现特点、干出特色，才能在政治和社会生活中发挥独特作用，要高举爱国主义、社会主义两面旗帜，调动一切积极因素，促进共同政治基础上的大团结；多做协调关系，化解矛盾，凝聚人心的工作，使政协真正成为联系各界群众的纽带和桥梁。

（三）必须坚持围绕党和政府的中心任务履行主要职能

围绕中心、服务大局是人民政协履行职能必须遵守的原则，也是政协工作不断开创新局面的基础，只有牢牢树立全局观念和中心意识，自觉地把政协工作置于全局中来谋划和部署，并注意从自身的优势和特点出发，做到政协工作与全局工作的紧密结合和相互促进，才能不断提高履行职能的实效，才能不辱使命，有所作为。

（四）必须坚持与时俱进，开拓创新

面临新形势、新任务，政协工作必然会遇到一些新情况、新问题，这就需要我们不断研究新情况，解决新问题，总结新经验，做到与时俱进，开拓创新。五年来，我们大力倡导广大委员和机关干部把学习理论、总结经验、推动工作结合起来，创造性地开展工作，从而推动了政协工作的蓬勃发展。

（五）必须充分发挥政协委员的作用

政协委员是政协工作的主体，能否充分发挥委员的积极性、创造性，直接关系到政协履行职能的水平和效果，关系到政协工作的活跃和深化。充分发挥委员作用：**一是**要加强委员学习，帮助委员知情明政，增强委员的使命感和责任感，提高委员的参政议政能力和水平。**二是**要尊重和保障委员的各项权利，努力创造民主和谐的参政议政氛围。**三是**要拓宽参政议政渠道，广辟活动舞台，提高服务水平，为委员履行职责创造条件。**四是**要突出界别特点，调动委员的积极性、主动性和创造性。

三、今后的工作建议

政协故城县第七届委员会任期的五年，正处于全国各族人民按照中共十六大的部署，全面建设小康社会，加快推进社会主义现代化建设的重要历史阶段。面对新形势新任务，新一届政协要继续以邓小平理论为指导，全面贯彻“三个代表”重要思想，在中共故城县委的领导和上级政协的指导下，紧紧围绕县委、县政府的工作中心，团结各界人士，发挥政协优势，认真履行职能，调动方方面面的积极性，为实现全面建设小康社会的宏伟目标，为促进我县社会主义物质文明、政治文明和精神文明的协调发展做出

新的更大的贡献。为此，我向七届县政协建议：

（一）深入学习中共十六大精神，坚持用“三个代表”重要思想统领指导政协工作

认真学习贯彻中共十六大精神，是政协组织和广大政协委员当前和今后一个时期的首要政治任务，要围绕主题，全面领会中共十六大精神。弄清举什么旗、走什么路、实现什么目标的重要问题，把握灵魂、深刻认识“三个代表”重要思想的指导作用，狠抓落实，努力以中共十六大会议精神和“三个代表”重要思想为指导，全面推动政协工作。

（二）紧紧抓住经济建设这个中心，围绕全县建设小康社会的奋斗目标积极履行职能

中共十六大提出了全面建设小康社会的奋斗目标，这既是党委政府的中心工作，也是人民政协的中心任务。因此，要坚持以经济建设为中心，把促进经济发展作为履行职能的第一要务，紧紧围绕县委提出的一年打基础，三年迈大步，五年大跨越的总体目标，突出重点，注重实效，切实履行政治协商、民主监督、参政议政职能，充分发挥人才、智力等方面的优势，积极开展科技咨询、智力扶贫、牵线搭桥等工作，为推进我县社会主义物质文明、政治文明、精神文明的协调发展做出积极的贡献。

（三）紧紧抓住最广泛最充分地调动一切积极因素这个根本任务，为我县加快发展、富民强县争取人心、凝聚力量

人民政协的根本任务，就是在中共故城县委的领导下，高举爱国主义和社会主义两面旗帜，牢牢把握团结、民主两大主题，促进各民族、各界人士的大团结、大联合，为实现县委确定的宏伟目标而共同奋斗。新一届政协还要广开言路、广开才路、集思广益，兼容并包，和衷共济，把一切可以调动的积极因素充分的调动起来，把一切可以凝聚的力量统统地凝聚起来，共同致力于我县经济建设的伟大实践。

（四）紧紧抓住顺民心这个要求，努力维护最广大人民群众的根本利益

政协委员是各界群众的代表，政协工作必须树立群众观点，坚持群众路线，加强同人民群众的血肉联系，要把维护最广大人民群众的根本利益作为政协工作的根本出发点和落脚点，突出界别特点，发挥界别作用。政协领导应该经常深入基层、深入群众、体察民情、反映民意、集中民智，真心实意地为群众办好事、办实事，要多做统一思想、解疑释惑、理顺情绪、化解矛盾的工作，为我县经济发展、社会稳定减少阻力，增加助力，形成合力。

（五）紧紧抓住与时俱进这个关键，始终保持政协工作的生机和活力

新的形势和任务对政协工作提出了新的更高的要求，新一届政协既要继承和发扬以往的经验，更要与时俱进，不断研究新情况，总结新经验，解决新问题，立足政协特点，在履行职能的各项工作中，在开展调研、组织活动、建言献策等各个环节上都要有针对性地创新工作机制，改进工作方法，积极创造和积累新的经验，推进政协工作的制度化、规范化和程序化，不断提高政协工作的水平。

第二节　第二次全体会议工作报告

政协故城县第七届委员会常务委员会工作报告（摘编）

（2004 年 2 月 16 日在政协故城县第七届委员会第二次全体会议上）

政协主席　郭居娥

2003 年工作回顾

七届一次全会以来，县政协在上级政协组织的指导和中共故城县委的领导下，在广大政协委员的共同努力下，以“三个代表”重要思想为指导，坚持中国共产党领导的多党合作和政治协商制度，高举爱国主义和社会主义的旗帜，把握团结和民主两大主题，以奋发有为、与时俱进的精神状态，求真务实、开拓创新的工作作风，紧紧围绕县委、县政府的中心工作，认真履行政治协商、民主监督、参政议政职能，不断提高政协工作的质量和水平，为促进全县经济的发展和社会的全面进步做出了积极的贡献。

一、加强学习，统一思想，提高委员的整体素质

我们十分注重加强委员对“三个代表”重要思想、党的方针政策和新时期统一战线、人民政协理论及县委重大决策的学习。按照中共故城县委的统一部署，还开展了民主集中制教育和述廉、考廉、评廉活动。印发了学习辅导材料，组织召开了学习会、专题座谈会。通过学习教育，广大政协委员进一步认清了形势，统一了思想，明确了职责，增强了践行“三个代表”重要思想的自觉性和做好政协工作的责任感，增强了委员的责任意识、参与意识和服务意识，为积极参与全县的经济建设，再创故城辉煌，顺利完成政协七届一次会议确定的各项任务奠定了思想理论基础。

二、紧紧围绕县委、县政府的工作中心，积极建言献策

我们坚持把发展作为履行职能的第一要务，紧紧围绕全县工作中心，认真履行职能，积极建言献策。一年来，广大政协委员特别是政协领导班子成员，充分利用自身优势，先后深入到上海、北京、天津、石家庄等地积极跑办项目、引进资金。政协机关积极响应县委、县政府的号召领办、创办了企业，在县直机关中带了好头。同时，为切实使委员知情明政，我们组织了部分委员就人们普遍关心的城镇建设、园区建设、民营经济发展等重点课题先后深入到京杭大街施工现场、县两个工业项目区进行了视察，到清河、冀州、景县等地参观学习。通过视察和参观学习，委员们解放了思想、开阔了视野，极大地增强了实现故城经济赶超式发展的历史紧迫感和责任感。形成了比干劲、比工作、比贡献的良好氛围。涌现出了许多真抓实干创大业的企业家。在前不久召开的全县三级干部大会上，有十家政协委员企业受到县委、县政府的重点表彰和奖励。为了了解实情，掌握第一手资料，给县委、县政府的决策当好外脑，县政协注意在影响全县发展的重大问题上搞好调查研究。2003 年 6 月，我们根据张建中书记的意见，联合统战部等有关部门组成调

查组，利用十多天的时间，就全县企业发展环境特别是“三乱”情况进行了调查。调查中先后召开了5次座谈会，发放调查问卷106份，调查走访了200多人，涉及大小企业100余家。在详细调研、广泛论证的基础上，形成调查报告，向县委、县政府提出了12条建议，引起了县委、县政府领导的高度重视，其中有11条建议被迅速采纳。据此，县委、县政府成立了企业发展服务联动办公室、经济110等组织。企业普遍反映发展的环境改善了，干扰少了、服务多了，经营状况也有了很大改变。

2003年5月，面对突如其来的“非典”疫情，委员们积极响应县委、县政府的号召和要求，坚持把防治“非典”作为一项十分紧迫的政治任务来抓。专门召开主席会议，就政协组织如何配合全县做好“非典”防治工作进行了认真研究，发出《致全县政协委员的一封信》。号召广大政协委员积极行动起来，为防治“非典”献计出力。按照县防治“非典”总指挥部的统一部署，县政协领导班子成员分别深入到防“非典”的第一线进行督察指导。广大政协委员充分表现出了无私无畏的精神。从事卫生医疗工作的委员，在危难时刻挺身而出，自觉站在防治“非典”斗争的最前列，成为战胜疫情的中坚力量；奋战在经济战线的委员，克服“非典”造成的不利因素，努力搞好生产和经营，为促进全县经济发展发挥了积极作用；政协各参加单位、广大政协委员和政协机关工作人员纷纷慷慨解囊，踊跃捐款捐物，积极宣传“非典”预防知识。为维护正常的社会秩序发挥了重要作用。在这场抗击“非典”的斗争中，有6名政协委员受到县以上表彰和奖励。全县农业税征收工作开始以后，我们又发出了一封《致全县政协委员的信》，广大政协委员积极响应县委、县政府的号召，以身示范，带头交纳并影响和带动周围的人，为做好税收工作做出了贡献。

三、认真开展民主监督，积极参政议政

（一）切实加大提案工作力度。

提案工作是政协实施民主监督和参政议政职能的主要渠道和手段。今年在这方面我们首先注意提案质量的提高，同时，也注意了数量的增加。七届一次会议以来，我们通过多种形式，广泛征集提案，努力增加提案数量、提高提案质量。到2003年底，我们共收到委员意见和建议46件，经审查立案34件。县委对提案工作非常重视，专门召开提案交办工作会议，这在我县提案交办史上是第一次。根据县委意见，我们采取重点提案重点办，跟踪督办与承办单位携手联办等方法，使办理时间提前了，质量提高了，效果明显了，基本上实现了提案人与承办单位双方都满意。对两件不满意的提案，实行了二次反馈并进行重新办理。我县办理提案的做法和经验，得到上级政协机关的充分肯定。县政协撰写的“围绕政协职能做好提案工作”的理论文章在市政协举办的理论研讨会上获得了一等奖。

（二）努力做好反映社情民意工作。

常委会把了解和反映社情民意作为组织委员开展活动的一项重要工作来抓，通过召开座谈会、走访委员等形式，体察民情、了解民意、集中民智。进一步畅通了委员与党政领导联系的渠道，为党委政府决策提供了不少有价值的信息。

（三）加强和改进政协宣传工作。

我们坚持把政协宣传作为活跃全局的重要工作来抓，制定了《关于进一步加强政协宣传工作的意见》，并认真抓了落实。在搞好对会议常规性报道的同时，还注意对委员其他活动的宣传。一年来，我们在办好《故城政协》这份内刊的同时积极向上级政协报送信息，并多次在《衡水政协》等刊物上刊发各类稿件，在全市处于上游水平。

（四）加强与委员联系，改进走访形式。

为提高走访活动的实效，把走访与通报情况、征集提案、了解和反映社情民意结合起来，与了解委员的工作、生活、学习情况，帮助委员解决实际问题结合起来。按照政协七届一次全会的工作计划，年终县政协领导和机关人员分成四个组，分别对全县近百名委员进行了走访。通过走访，听取了委员的意见，增强了委

员的责任意识和参与意识。

四、认真组织，开好政协常委会

政协常委例会是政协委员平时发挥政治协商、民主监督、参政议政作用的重要形式。为开好例会，我们会前根据县委、县政府的中心工作，结合群众普遍关心的热点、难点问题，提前将会议议题通知各位常委，使大家提前了解情况，从而提高了开会议事的质量。同时还注意改进常委会的开法，把常委会议与开展视察参观有机结合起来，进一步调动了委员们参政议政的积极性。一年来听取了县防治“非典”指挥部、县城镇建设指挥部、工业领导小组办公室等七个部门的工作通报。常委们根据社会各界人士的反映，提出了很多有建设性的意见和建议，做到面对面的协商、监督，为促进这些部门的工作起到了很好的作用。

五、适应形势发展的需要，大力加强机关建设

新一届政协成立以来，我们在政协机关重点抓了“三个代表”重要思想、民主集中制和县委、县政府出台的重要文件、政策及政协专业知识的学习。结合在机关干部职工中开展的“创建学习型文明机关”活动，号召全体工作人员加强学习，提高服务水平，并把每周一定为学习日进行集中学习。通过学习整顿，使机关工作人员的政治意识、服务意识、责任意识进一步增强，思想、工作作风和精神面貌焕然一新，工作质量和工作效率有了新的提高，一个讲学习、讲创新、讲团结的机关风气逐步形成。进一步加强制度建设，修改完善了各项规章制度。办公条件得到明显改善。为推进政协工作规范化、制度化、科学化奠定了基础。

根据《政协章程》有关规定和我县政协工作发展的需要，政协机关进一步明确责任分工，各委员会根据工作安排，按照各自分工，求真务实，认真地抓好了各项工作的落实。提案委员会注意加强提案人与承办单位的沟通，积极帮助承办单位解决办理过程中遇到的一些问题，有效地促进了提案的办理进度。教科文卫委员会正在编写有关运河中学、冀南抗日战争史和东高才战役三本书，为搜集相关资料先后深入到山东、石家庄、北京及衡水等地进行座谈走访，共举行座谈会十一次，同时还发出了二百多封征稿信。资料征集工作得到了社会各界人士的大力支持。到目前为止，共收到回信六十余件，征集资料四十余万字。现已进入编写阶段，今年可望定稿出版。经济工作委员会为切实搞好服务，多次深入基层开展调查研究，征求委员们的意见和建议，为企业发展献计出力。

2004年工作安排

各位委员，2004年是全县经济发展的提速之年，是全面建设小康社会的关键一年。做好政协全年的工作，对于进一步团结各方力量，凝聚人心，鼓舞斗志，保持我县经济和社会健康快速发展的良好势头，意义重大。在新的一年里，县政协工作的总体思路是：在上级政协的指导和中共故城县委的领导下，以“三个代表”重要思想和党的十六大、十六届三中全会精神为指针，落实县委十届二次全会提出的各项目标任务以及县委的各项重要工作部署，发挥优势，履行职能，与时俱进，开拓创新，求真务实，献计出力。

一、强化理论学习，提高理论水平

新形势、新任务，迫切要求广大政协委员进一步提高理论政策水平，这是履行好民主监督、参政议政职能的重要前提条件。为此，我们要以当前故城发展面临的艰巨任务的要求。把政协的学习不断推向深入。通过举办委员培训、组织委员外出参观、印发学习参考资料等多种形式，有组织、有步骤地推动委员学习。深入学习党的十六届三中全会精神、县委十届二次全会精神和其他重要会议精神，有关政协统战理论知识、法律法规和其他专业知识。通过学习，进一步增强做好政协工作的自觉性、主动性，切实提高整个政协队伍的政治业务素质和参政议政能力，打破思维定式，开动脑筋、

勇于创新，创造性的开展工作，以思想的再解放推动工作的新飞跃。

二、强化服务意识，围绕全县发展中的重大问题积极履行职能

加快发展是全县人民的迫切愿望。因此，要把发展作为履行职能的第一要务，以服务全县重大决策为目标，积极参政议政。按照中共十六届三中全会关于“五个统筹”“五个坚持”的要求，坚持全面、协调、可持续发展观，紧紧围绕县委、县政府确定的以工强县、特色富民、产业兴城三大战略以及招商引资、重点项目、改革改制、整合产业、基础建设、特色农业等六项重点工作的实施，有重点、有计划地组织委员开展参观视察、调查研究等活动，广集民智，博采众议，切实搞好宏观献策。要加大民主监督力度，运用提案、社情民意、视察、民主评议等形式开展监督活动。体现政协民主监督特点，不断增强民主监督实效；充分发挥政协人才、智力和联系广泛的优势，积极开展招商引资等活动。广泛参与三个文明建设，创新文史资料工作的思路和方式，进一步做好具有政协特色的文史资料工作，发挥其“存史、资政、团结、育人”的功能作用。

三、强化责任意识，进一步发挥政协委员的主体作用

委员是政协工作的主体，政协组织开展的各项活动，所从事的各项工作，都要靠委员去做，政协的潜力、政协的活力、政协的优势都存在于委员之中。政协组织要想完成好党和人民赋予的历史使命，关键是委员要充分发挥作用，切实履行政协职能。广大政协委员、政协各参加单位必须进一步提高认识，认清职责，强化参政议政的意识，提高参政议政的本领。要按照全县三级干部大会的要求，切实破除四种观念、强化四种意识。广大政协委员特别是处在经济建设第一线的委员，要自觉以发展一方经济，富裕一方百姓为己任，在促进故城经济快发展、大发展中发挥优势，施展本领，努力把企业做大做强。要深入扎实地开展调查研究，掌握参政议政的第一手材料。反映问题要全面、准确、客观，既报喜，又报忧。分析问题要透彻，提出的建议要切实可行。参政议政要既讲数量，更重质量，不能满足于写了几个提案和社情民意，而要看有多少建议、意见被吸收、采纳，实实在在推动了经济和社会发展，解决了群众企盼解决的问题。

四、强化激励机制，充分调动委员们的积极性

为进一步发挥委员人才智力优势，我们要采取三条措施，鼓励委员为全县三个文明建设做贡献。一是广泛开展建功立业，评比竞赛活动，激发他们工作的积极性；二是通过《故城政协》等信息媒体广泛宣传委员先进事迹，以达到表彰先进，交流经验，督促后进的作用；三是评选优秀政协委员和优秀提案，努力在委员当中形成“比、学、赶、超”的好风气。

五、切实加强提案工作

提案在政协工作中占有重要地位，为了做好提案工作，经政协常委会研究：2004 年定为我县政协提案工作的调研年、质量年。政协组织和政协委员在做好提案工作中。一要抓提案内容。要从那些广大人民群众普遍反映的热点、难点和焦点问题，对那些县委、县政府和有关部门正急于想解决而没有充分时间和精力调研的问题，我们要组织力量认真搞好调研。二要抓提案质量。要把提案工作与委员视察和专门委员会的调研结合起来，充分发挥委员中的人才优势和作用，使我们的提案件件有情况、有分析、有解决问题的具体建议和方法。三要抓提案办理的实效。政协组织主动与提案承办单位配合，开门办案、联合办案、现场办案、跟踪办案，并采取措施抓好信息反馈，催办落实，使件件提案都有着落，确保收到实际效果。

六、强化自身建设，为做好政协工作提供有力保障

重视加强政协领导班子建设。常务委员会

组成人员带头加强学习，带头改进作风，密切联系群众，带头参政议政。进一步建立健全履行职能的各项制度，推进履行职能的规范化、制度化、程序化建设。加强对政协工作的研究探索，不断拓宽工作思路、改进工作方法、完善工作机制。要大力开展创建学习型、服务型和创新型机关活动，把政协办成文明机关，成为政协委员之家，努力为委员参政议政提供优质高效的服务。

第七章　政协故城县第八届委员会

第一节　第一次全体会议工作报告

政协故城县第七届委员会常务委员会工作报告（摘编）

（2007 年 5 月 30 日在政协故城县第八届委员会第一次全体会议上）

县政协第七届委员会主席　郭居娥

七届故城政协自 2003 年换届，已历时 4 年。伴随着我们国家前进的步伐，故城发生了显著的变化。4 年来，中共故城县委团结带领全县人民，抢抓机遇，攻坚克难，开拓前进，脚踏实地地实施五年发展战略，县域特色经济和城乡建设取得了突破性进展，一个充满活力、具有实力、和谐发展的新故城正在呈现在我们面前。人民生活水平不断提高，各项事业全面发展。良好的政治经济环境，为政协工作的顺利开展创造了有利的条件。

四年来，政协常委会坚持以邓小平理论和“三个代表”重要思想为指导，在县委的正确领导和市政协的指导下，在县政府及各有关部门的大力支持配合下，团结带领广大政协委员，高举爱国主义、社会主义两面旗帜，突出团结、民主两大主题，继承和发扬历届政协的好传统、好经验，锐意进取，勇于创新，使政协工作在继承中发展，在开拓中前进。可以说，本届政协任期的四年，是勇于探索、积极实践的四年；是推进履行职能规范化、制度化、程序化，工作扎实、稳步、活跃、有序向前发展的四年；是服从和服务于全县工作大局，为经济、政治、文化建设做出突出贡献的四年。通过四年的不懈努力，政协工作迈上了一个新台阶，取得了新进展。

一、政治协商实效进一步增强

一是常委会高度重视全委会议，从会议的指导思想、内容、程序、方式到各项服务都精心组织，周密安排，尽力为委员创造良好的协商环境。四年中，共召开全会 6 次。会前，委员们能够围绕全县发展稳定的大事和人民群众普遍关心的重大问题，根据个人界别特点，深入调研，精心准备，在会上就改善投资环境、促进农民增收、发展文教卫生事业、交通城建、推进非公有制经济发展等方面，通过大会发言、分组讨论等有效形式提出意见和建议，受到县委、县政府及有关部门的高度重视，纳入决策视野。**二是**发挥常委会议和主席会议在政治协商中核心作用，政协每年都根据县委、县政府中心工作确定协商议题进行重点协商。四年来，共召开常委会议17次，主席会议23次。先后就我县农业结构调整、农业科技服务、县城文化建设、城建交通、教育卫生事业发展、新农村建设等问题与有关部门进行协商，推动了工作的开展。此外，政协还就改善我县招商引资环境、发展特色农业、促进两大行业发展和农民增收等问题召开专题协商会21次。委员们从全县的发展定位、发展战略和实施中应注意的问题提出了具有前瞻性的意见和建议。四年来，我们还先后就如何实现企业与金融部门的良性互动、发展职业教育以及搞好农业科技服务，提高农民素质等重大事项与政府和有关部门进行了协商，各界委员以高度的政治责任感，发表真知灼见，为促进党政部门决策的科学化、民主化发挥了重要作用。

二、民主监督领域进一步拓展

1. 认真做好提案工作，监督作用更加突出。一是抓好提案质量。通过学习培训、召开座谈会和考察、调研等活动，帮助委员了解大局，提高政策理论水平和撰写高质量提案的能力，提案的数量和质量逐年提高。不少提案有情况、有分析、有建议、有措施，真正实现了委员运用提案发挥作用、政协通过提案工作履行职能的目的。**二是**提案督办工作力度逐步加大。每年，县委都召开政协委员提案交办会，政协常委会把较重要的提案列为专题进行协商，并组织调研组，开展深入调研，力求通过提案解决问题，推动工作开展。此外，政协提案委还采取“二次督办”的形式，做到件件有着落，案案有结果。自县政协七届一次全会以来，我们共收到提案298件，经审查立案235件。这些提案涉及全县政治、经济、文化和社会生活等诸多领域，截至2006年底，所有提案均在法定期限内办复完毕，办复率100%，委员满意率达到80%以上。

2. 积极开展视察活动，监督内容更加丰富。四年中，政协组织常委、委员视察调研活动16次，提出意见、建议90余条。委员们对农业结构调整、林业建设、文教卫生、村村通工程、环境保护、工商城建等方面工作进行了视察，在充分肯定成绩、团结鼓劲的基础上，认真负责地提出问题和改进措施建议，与有关部门交换意见，推动了各项工作的顺利健康开展。

3. 加强反映社情民意工作，监督形式更加规范。反映社情民意工作为政协委员履行监督职能开辟了新渠道。常委会主要从三个方面抓这项工作：一是启发和引导全体委员充分认识反映社情民意工作的重要意义，积极参加反映社情民意活动，要求每位委员每年至少反映一条社情民意。四年来，共反映质量较高的社情民意百余条。二是组建了反映社情民意信息员队伍，明确了工作职责和任务。三是对价值较高、涉及面广的社情民意及时综合整理报送县委、县政府有关领导，并及时向委员反馈办理落实情况。各界委员积极反映社情民意，深入群众，广泛倾听社会各界人士的意见和呼声，反映出很多有较高质量的信息，给县委、县政府的科学决策提供了智力支持。

三、参政议政水平进一步提高

1. **深入开展调查研究，建言献策。**常委会重视加强对调查研究工作的领导，并总结出了一些切实有效的办法，县政协的《调研开路，推进政协全面工作》一文被国家、省市多家新闻媒体、内刊登载。四年来，我们坚持每年年初由政协办公室与县有关部门一起，结合县委、县政府中心工作和政协自身优势，提出调研意向，主席会议认真研究，确定调研课题，并由主席、副主席牵头负责具体指导。在调研中充分发挥专委会的基础作用和委员的主体作用，加强与有关职能部门的联系配合，使调查研究的形式和内容更加科学丰富，保证了调查研究的质量，共撰写调研报告40余篇，形成30余份主席会议和常委会议建议案、调研报告。四年中，我们每年都围绕着县委政府的工作中心，搞一些集中调研活动。2003年6月，我们根据县委书记的意见，联合统战部等有关部门组成调查组，就全县企业发展环境特别是“三乱”情况进行了调查，涉及大小企业100余家。在详细调研、广泛论证的基础上，形成调研报告，向县委、县政府提出了12条建议，引起了县委、县政府领导的高度重视，其中有11条建议被采纳。2004年，我们派出了8个调研组，采取多种有效形式，深入开展调查研究，形成了一批有分量、有深度、有决策参考价值的调研报告。2005年，我们集中利用了两个半月的时间，由政协各委室牵头，组织民营经济界委员参加，吸收10多个单位和部门组成了13个调研组，开展了集中调研活动。2006年，我们利用一个多月的时间，分6个方面，组成6个调研组，开展了社会主义新农村建设的专题调研活动。这些调研活动形成的成果突出体现了选题准、调研深、立论新、求真务实、成果转化快等特点，有效地发挥了政协的整体功能。

2. **充分发挥委员主体作用，献计出力。**“委员有为，政协才有位”，常委会十分重视给委员搭建平台，发挥其主体作用。一是建立了20个政协委员活动组，并制定了委员活动制度，委员活动达到经常化。二是制定出台了《加强委员管理，发挥委员主体作用的办法》，使委员管理达到了有章可循。三是积极搭建委员活动平台。2006年，县政协制定出台了《关于号召委员奉献爱心、回馈社会的意见》，在全县政协系统内广泛开展了一次以“我为新农村建设献计出力”为主题的集中活动。仅一个月内，全县委员响应号召，自愿捐款8万多元。县政协在全县筛选了9个村，确定为重点帮扶对象，按照新农村建设的要求，推进这些村的新农村建设工作。从智力支持的角度，以“提高农民素质，做新型农民”为主要内容，采取请进来让专家讲课，走出去开阔视野、拓展思路、掌握技能的培训方式，培训了一批懂经营、会管理的农技人才，在全县形成一支农业技术队伍。此外，广大政协委员还根据自身特点，按照常委会组织的各种建言献策活动安排，在促进政治文明、履行个人职责、促进故城经济社会发展、提供智力方面，都发挥着不可替代的作用，涌现了一批像邢志平、赵新蕾、申坤瑞、苏云桥、王洁华等绩效突出的委员，他们在行业发展、解决就业、企业改制、龙头带动、回馈社会等项工作中发挥了良好的影响带动作用。由于我县政协发挥委员主体作用，形式灵活多样、效果明显，走在了全市政协的前列，2006年，市政协单独让故城代表全市11个县市区，参加了全省在邯郸召开的研讨会，并做了大会发言。

3. **为故城经济社会发展办实事，努力推动故城发展。**发展是振兴故城的第一要务，促进发展是人民政协履行职能的首要任务。常委会始终引导、鼓励委员立足本职，多办实事。

落实责任，强化措施，认真做好政协系统的招商引资工作。**一是**把招商引资贯穿于政协工作始终。我们把招商引资工作融汇于履行政协职能的全过程。无论是在全委例会、常委会议，还是在委员培训会、专题座谈会议，等等，可以说是招商引资逢会必讲，要求每个人都做招商引资的主体，把全民招商的思想灌输于每个政协委员的头脑中。**二是**政协机关勇当排头兵，带头招商引资。在号召委员招商引资的同时，政协机关也充分发挥表率作用，多方联络，全面出击，力争能引进大的项目。**三是**引导政协委员争做招商引资的生力军。我们向委员做出了郑重的承诺，对招商引资有路子、有眉目、有头绪，需要帮助解决问题、提供服务、出面联系的，政协机关定会坚决贴上、靠上、帮上。同时，还确立了主席包委员领办企业的制度，政协提案委从政协委员领办、创办的企业中筛选了10家政协联系企业，由主席、副主席定点联系，定期对企业发展运行情况进行指导，帮助解决在招商引资中遇到的实际困难。

为社会公益事业贡献力量。四年来，广大政协委员在做好本职工作的同时，不忘记回报社会，关注社会弱势群体，关心社会均衡协调发展，在参与社会公益事业、奉献爱心、扶贫济困、抗灾救灾中突显人格魅力，涌现出一大批先进典型。如在支持社会公益事业中捐资较大的赵新蕾、孟繁友、任明忠、王志胜、张殿森、李会来、张静霞、刘荣宽、崔延忠、张子坤等委员；在献爱心、扶贫济困、抗灾救灾活动中表现突出的王艳荣、王洁华、申坤瑞、岳洪军、李景越、牟铁汝、李章林、牟世芳、解会来、杨铁成等委员。据不完全统计：四年来，在参加公益事业、献爱心活动中总计捐款 180 余万元（个人捐款 49.3 万元）。其中，共捐助公益事业 104 万元；献爱心活动捐助 36 万元；扶贫济困捐助 19.3 万元；抗灾救灾捐助 19.9 万元。

四、弘扬主题，广泛联络，团结联谊工作开创了新局面

一是配合全省编撰全国农业改革与发展一书，我们把建国韭菜、故城三豆、海源养猪场等三个农业发展情况编撰报稿，提升故城在全国的知名度。**二是**加强与周边地区特别是山东武城的联谊交流，经双方共同努力，故城县与武城县成为友好县。**三是**以书为媒，文史工作成绩斐然。四年来，我们编撰了《抗日烽火中诞生的名校——冀南运河中学》（22 万字）、《铁血狂飙》（12 万字）、《昨日硝烟》（6 万字）三本书，通过搜集资料，加强了与在外地工作的故城人的联系，促进了他们心系家乡、关注故城发展、支持故城发展的信心与决心，充分发挥了文史工作“存史、资政、团结、育人”的作用。

五、自身建设进一步加强

1. **组织学习，提高政治理论水平。**常委会加强了对委员学习教育活动的组织领导。采取举办培训班、报告会、座谈会、编发学习资料等形式，组织委员学习邓小平理论，学习统战政策和政协基本知识。重点学习了十六大报告、“三个代表”重要思想、科学发展观和十六届三中、四中、五中全会精神。四年中，政协 5 次专门下发委员学习文件；举办了 8 次常委、委员学习研讨会；举办了为期 3 个月的“政协是什么、做什么、怎么做”的大讨论；在政协系统的党员中开展了以“讲学习、讲政治、讲正气”为主要内容的党性党风教育活动；编发《故城政协》简报、学习资料 1500 余份，指导委员学习，提高了政策理论和参政议政水平。

2. **加强机关建设，提高整体工作水平。**常委会按照“讲质量、讲效率、讲规范、讲协作”的要求，全面加强机关建设。开展了“三讲”、党的先进性教育以及正在开展的解放思想大讨论教育活动。机关雷打不动的坚持了周二学习制度，有计划地组织了学习培训。在机关大力提倡敬业精神、服务精神、协作精神、务实精神和创新精神，把增强服务意识、真诚为委员服务和为政协工作无私奉献贯穿于学习教育活动的始终。

六、工作体会

四年来，常委会为做好新时期人民政协工作，努力在实践中探索、总结、开拓、创新，主要有以下几个方面体会。

1. **坚持中国共产党的领导，是做好政协工作的根本前提和保证。**工作实践使我们深刻体会到，政协工作无论在什么时候，都要自觉坚持中国共产党的领导。四年来，政协始终不渝地坚持和接受党的领导，认真贯彻县委的各项决定和部署，确保党的路线方针政策在政协的贯彻执行。坚持重大问题、重要活动向县委请示报告制度，主动争取县委的领导支持。县委始终注意不断加强和改善对政协工作的领导，提高全县各级党政部门对人民政协工作的认识；县委、县政府的领导经常出席政协的重要会议和活动，通报全县重大工作部署，征求政协的意见和建议，对政协主席会议建议案、调研报告、大会发言、社情民意能够做出重要批示，并责成有关部门办理落实。实践证明，只要切实加强和改善党对政协工作的领导，就一定能够确保政协工作正确的政治方向，促进人民政协事业不断向前发展。

2. **坚持围绕中心，服务大局是做好政协工作必须遵循的原则。**新的形势和任务需要政协紧紧围绕经济建设这个中心，服从和服务于全县改革发展稳定的大局。县政协要始终注意把

为经济建设服务作为首要任务，把参政议政的着力点放在促进全县的经济发展上，充分运用协商讨论、专题调研、办实事等形式，突出重点，把握难点，坚持以创新的建议和意见献发展之计，谋发展之策，促发展之实。实践证明，围绕中心，服务大局，政协工作才能找准位置，明确方向，把握角度，在故城各项事业的建设中贡献力量。

3. **发挥委员主体作用是做好政协工作的基础。**政协工作的主体是委员，工作的潜力在委员，活力也在委员。四年中，我们在政协的各种会议和活动中，鼓励、倡导委员大胆发表自己的见解，尊重和保护委员依法履行民主权利，创造有利于委员畅所欲言、宽松和谐的议政环境。换届以来，各界委员活动参与率达到99%，委员主体作用得到了充分而有效的发挥。实践证明，只有尊重委员的创造性和主动性，重视专委会的基础作用，为委员搭建好参政议政的大舞台，政协的优势才能得到充分发挥。

4. **坚持与时俱进，开拓创新，是政协工作具有生机和活力的源泉。**人民政协事业是一项在实践中发展的事业。新形势、新任务需要我们坚持与时俱进，勇于开拓创新。因此，常委会始终强调“在前进中开拓，在开拓中前进”的工作思路，着力在求新、求深、求实上下功夫，注重研究新情况，解决新问题，接受新事物，探索新方法，创造性地履行职能，推进工作。既注重政治协商的规范化、制度化建设，又注重发挥政协在政治协商中的主动性；既注重专题调研的数量，又注重专题调研的质量；既注重提案质量，又注重提案办理结果；既注重发挥专委会的基础作用，又注重发挥委员的主体作用；既注重总结经验，又注重研究新情况，在实践中进行新的探索和尝试；既注重政协理论研究，又注重运用理论指导实践。实践证明，坚持解放思想，实事求是，与时俱进，开拓创新，政协工作就会充满生机和活力。

七、今后的工作建议

中共十六大和十六届五中全会为人民政协事业的发展提供了新的机遇，故城经济社会战略大发展为政协工作展示了更广阔的前景，提出了更高的要求，人民政协将迎来一个新的发展时期，工作任务更为光荣和艰巨。新的形势令人鼓舞，新的任务催人奋进。我们相信，新一届县政协在中共故城县委的领导下，一定能够以新的姿态、新的风貌和新的业绩做好各项工作，努力开创政协工作的新局面。为此，提出如下建议。

1. **以“三个代表”重要思想科学指导政协工作。**“三个代表”重要思想，体现了与时俱进、开拓创新的精神，对发展社会主义民主，建设社会主义政治文明，对统一战线和人民政协工作进行了深刻的论述，对于坚持和完善中国共产党领导的多党合作和政治协商制度，不断推进政协工作向前发展具有重大指导意义。特别是中共中央出台了《关于进一步加强人民政协工作的意见》，为人民政协的发展指明了方向。县政协要把认真学习、深刻领会中央精神作为当前和今后一个时期的重要任务，通过报告会、专题研讨会、培训班等形式组织和推动委员学习，自觉落实到行动中，积极探索适应新形势政协工作的新思路、新方法和新举措，努力把人民政协事业不断向前推进。

2. **坚持围绕中心，服务大局，富有成效地履行政协职能。**未来的五年，是故城县全面实施第十一个五年规划的关键时期。故城县委第十一次党代会提出了“以马列主义、毛泽东思想、邓小平理论和‘三个代表’重要思想为指针，努力构建‘活力故城、实力故城、和谐故城’，实现故城又快又好发展”的目标。县政协要充分发挥优势，同全县人民一道，紧紧围绕实现这一宏伟目标，开展政治协商、民主监督、参政议政。要适应新的形势，探索新的思路，拓宽新的领域，为促进故城物质文明、政治文明和精神文明协调发展做出新的贡献。

3. **突出团结、民主两大主题，积极为构建社会主义和谐社会服务。**坚持团结和民主两大主题，为构建社会主义和谐社会服务，是人民政协义不容辞的责任。全县政协组织和广大政协委员要把我县社会主义和谐社会建设摆在重要位置，坚持大团结大联合，团结一切可以团结的力量，调动一切积极因素，不断增强各界人士的创造活力，为构建社会主义和谐社会提供广泛的力量支持；要积极参与社会主义精神文明建设，增强法律意识、诚信意识和责任意识，为构建社会主义和谐社会提供有力的精神支撑。在政协各种会议和活动中，要努力营造民主和谐、合作共事的政治氛围，为各民主党派、工商联和各界人士表达意见、增进理解、扩大共识创造良好的条件。要牢固树立“议政为民”的思想，切实把实现好、维护好、发展好最广大人民群众的根本利益作为履行职能的根本出发点和归宿，把了解和反映社情民意作为履行职能的重要环节，努力营造安定团结的政治局面。

4. 继续大力加强自身建设，努力提高新形势下做好人民政协工作的水平。新形势、新任务对人民政协工作提出了更高的要求。新一届政协要紧跟形势发展和时代步伐。要坚持解放思想、实事求是、与时俱进的思想路线，弘扬创新精神，结合新情况，研究新问题，努力推进履行职能的“三化”建设。要不断加强常委会班子建设，努力提高领导能力和领导水平，以求真务实、真抓实干、昂扬向上、奋发有为的精神状态做好各项工作。要加强委员队伍建设，丰富委员活动内容，积极探索履行职能的新方法、新途径和新举措，健全完善激励约束机制，为发挥委员主体作用提供条件和保证。要抓好基础性工作，全面推进机关建设，力求在思想上、组织上、作风上有新的提高，全面增强机关干部队伍素质，不断提高为委员履行职责的服务水平。

第二节　第二次全体会议工作报告

政协故城县第八届委员会常务委员会工作报告（摘编）

（2008 年 2 月 21 日在政协故城县第八届委员会第二次全体会议上）

政协主席　张海英

2007 年，全县人民在中共故城县委的正确领导下，抢抓机遇、开拓进取、扎实工作，跨越发展，面对深化改革、扩大开放的严峻形势，攻坚克难，负重奋进。我县改革开放深入推进，经济和社会各项事业持续、快速、健康发展，取得了有目共睹的新成就。全县政通人和、经济发展、社会稳定，呈现出一派欣欣向荣的景象。在良好的经济和社会环境下，新一届政协紧紧团结在中共故城县委周围，务实创新、开拓发展，使政协事业迈上了新台阶，积累了新经验，取得了新进展。

换届以来的工作回顾

换届以来，县政协常委会在中共故城县委的领导下，带领全体政协委员，高举邓小平理论和“三个代表”重要思想伟大旗帜，牢牢把握团结和民主两大主题，坚持以科学发展观统领政协工作全局，深入贯彻中共十六届六中、十七大和县委全会精神，紧紧围绕“工业立县、农业强县、商贸兴县”的发展战略，按照县委关于创建“活力故城、实力故城、和谐故城”的总体要求，务实、勤勉、创造性地开展工作，尽心尽力履行政治协商、民主监督、参政议政职能。半年多来，共召开常委会议3次，主席会议6次，各种常委委员座谈会、专题协商会和研讨会等12次，向县委、县政府递交提案34件，向上级反映社情民意15条，撰写各类调研、视察、考察报告15篇，听取了园区负责人、文教局、劳动局、农业局、交通局、城建局、林业局、畜牧局、外贸局、招商局、药监局等12个部门的工作情况报告，并与这些部门开展了形式多样的协商议政专题活动，为我县经济社会全面发展做出了积极贡献。

一、围绕中心，突出重点，努力推动故城经济发展

换届以来，常委会发挥政协人才荟萃、智力密集、联系广泛的优势，就我县招商引资、农业和农村工作以及优化经济发展环境等问题资政建言，为我县经济健康快速发展提供智力支持。

1. 充分发挥政协组织优势，积极构建委员履职平台，为县域经济发展建言献策。常委会高度重视发挥委员的主体作用，不断探索和创新委员履行职能的方式、方法。**一是**加强与委员的联系。县政协办公室采取电话联系、召开专题座谈会和个别走访的形式，经常深入政协委员的工作单位，与委员开展座谈，了解委员生产生活情况，并及时将委员情况向主席会议汇报，为常委会有的放矢地开展工作提供了第一手资料。**二是**让政协委员知情明政。换届以来，县政协根据县里主要工作部署和安排，及时召开有关界别委员参加的专题座谈会，向委员宣传县里的大政方针及工作进展情况，让委员了解县委、县政府推进故城发展的思路，围绕县委政府的工作建言献策。半年多来，共召开不同界别委员代表参加的座谈会6次，取得了很好的效果。**三是**改革常委会议召开形式。结合常委会议议题，我们让有关委员列席了常委会议，并提前给其拟定题目，让委员开展调研活动，并在常委会议上发言。半年多来，我们召开的以“工业立县”和“农业强县”为主题的常委会议，有5名委员在会上做了发言。**四是**政协主席会议为使政协工作能够紧紧贴近县委政府的中心工作，经常研究确定一些调研题目，提供给委员，发挥他们的界别和身处基层的优势，给县委、县政府提供一些可操作性的建议。

2. 关注园区建设，为我县工业经济发展献计出力。发展工业是提升我县经济实力的最主要途径。为此，常委会一直关注工业园区的建设。换届以后，我们的第一个常委会议就以“工业立县”为主题，安排常委深入到园区企业开展视察活动，听取园区负责人的工作汇报。在筹备会议过程中，我们安排了6个调研小组，由主席、副主席分别带队到园区开展调研，形成调研报告后，主席会议多次进行认真研究和修改。《关于创优企业发展环境的调研报告》《当前我县企业发展面临的问题及对策》《实施名牌战略，促进区域经济发展》《加强企业内部管理，提升工业化水平》等5个报告专门报送到县委政府主要领导手中，得到了主要领导的肯定。

3. 着眼提质增效，为我县农业经济发展资政建言。针对我县是农业大县的基本县情，政协常委会深刻领会县委将“农业强县”列入全县发展战略统筹考虑的深刻含义，认识到农业经济的稳步健康发展是我县实现全面小康的关键，对此给予了深入关注。为此，我们把“农业强县”作为八届二次常委会议的主题，进行协商议政。我们召开了由农口委员代表参加的座谈会，探寻实现农业强县的发展思路，认真研究解决制约我县农业发展的问题。我们选择了加快全县农业产业结构调整、做大做强农业龙头企业，实现农业产业结构升级、保护好林木资源，发展林业产业化，促进农民增收以及做好农业产业项目，延长农业产业链条和加强生猪生产，促进农民增收等几个重点方面，进行了专题调研，形成了5个调研报告，分别在二次常委会议上进行了会议发言，让县委政府分管农口的领导同志直接听取来自政协的意见和建议，共同开展热烈的讨论，达到了沟通协

商、共谋发展的目的。

4. 摆正位置，务实求实，踊跃投入到故城经济发展主战场。发展是故城的主旋律，促进发展是政协的第一要务。如何发挥政协的自身优势，为故城发展多作贡献是政协组织履行职能的出发点和落脚点，也是评判政协工作务实求实、发挥作用大小的重要标准。换届伊始，主席会议广泛听取各界意见，对八届政协今后五年工作的总体思路进行了认真研究，形成了“摆正位置、创新实干、务实求实、共促发展”的16字工作指导方针，并达成了从班子到队伍、从常委到委员的一致共识。半年多来，县政协一班人紧跟县委、县政府的总体工作部署，在推进故城发展的过程中，不断提高政协履行职能的能力和水平。**一是**研究制定出台了县政协关于号召委员积极参与全县招商引资工作的《意见》，号召全体政协委员树立“一岗双责”的意识，不仅当好本单位、本行业的领头雁和排头兵，而且要在促进故城发展中彰显政协委员的履职水平。同时，我们还开展了政协系统解放思想大讨论活动，从而在政协系统内形成了支持、参与故城发展的浓厚氛围。**二是**针对企业科学化管理薄弱的现状，我们组织了全县大中企业的老板40余人，邀请石家庄以岭药业有限公司副总吴以池常委在县宾馆开堂讲课，为企业的发展办了实事。**三是**鼓励、引导委员投身光彩事业，委员奉献爱心、回馈社会已成为自觉行动，在社会上树立了良好的社会形象。2007年，我县扩建祖杨农校，孟繁友常委主动捐资10万元，支持全县教育发展。**四是**为做好招商引资工作我们主动开展对外联谊工作，通过广泛搜集故城在外地知名人士的信息，编写了《故城籍在外乡友通讯录》，共收录乡友信息432名，该通讯录将为今后故城招商提供便利。

二、关注民生，反映民意，积极维护社会稳定和谐

常委会创新形式，充分运用调研、视察、提案、社情民意等履职平台为社会稳定和谐做出积极努力，取得了良好的效果。

1. 利用有效的民主监督形式，切实履行民主监督职能。我们结合全县行风评议工作，选择素质高的优秀政协委员参与全县的民主评议，并要求他们认真搜集社情民意，客观公正地做好评议工作，从而促进了全县行风评议工作的开展。

2. 注重提案办理实效，促使热点、难点问题解决。提案是政协行使民主监督和参政议政职能的重要载体。常委会在提案的办理中，注重创新形式，狠抓实效。如落实对重点提案实行主席联系督办制度；对部分热点问题提案采取现场办理、现场视察的方式；对部分因条件所限未能落实的提案，开展“回头看”活动。八届一次会议以来，共征集提案48件，经审查立案34件。经县委召开提案交办会，按照《提案工作条例》，已按法律程序办结，办结率100%。收到的提案有情况、有分析、有建议，涉及全县工作的各个层面，通过办理，促使一批与群众切身利益相关的热点、难点问题得到解决。

3. 利用社情民意“直通车”，及时反映基层呼声。《社情民意》是政协向上级反映基层情况的“直通车”。依托这条便捷渠道，群众的许多诉求和呼声能够及时顺利地被党委政府领导所了解，并引起他们的重视。政协提案委在闭会期间，将搜集社情民意作为工作的重要方面，主动联系社会各界，听取基层的意见，及时专报主席会议，不少社情民意都由主席或副主席直接报告给县委政府的主要领导，为县委正确决策提供了一些参考依据。

三、广泛联谊，深入宣传，充分发挥政协团结优势

1. 广泛开展对外联谊交流，积极争取外界支持。我们通过北京、天津、山东德州、衡水老乡联谊会的平台，加强与在外地工作的故城人的联系，经常向他们通报故城发展的情况，增强他们参与家乡建设、关心家乡发展的信心。特别是发挥像吴以池、王吉群、张凤红等在外

地常委、委员的作用，为全县招商引资工作贡献了力量。

2. 加强自身宣传，增强政协组织的凝聚力和社会影响力。常委会重视抓好宣传工作，提高了社会对政协工作的关注度、参与度和认同度。半年多来，我们在县电视台播发新闻稿件10余篇，给县委政府报送工作简报6篇。在政协落实“十七大”精神学习宣传月活动中，政协主席的署名文章《基层政协要在关注民生上做文章》一文被国家刊物录用。

3. 引导非公企业投身“新农村”建设，开辟以工促农新路。新农村建设是我县一项长期的工作，政协有责任在推进“新农村”建设上作做出努力。为此，县政协常委会高度重视发挥非公有制企业界委员的作用，积极探索以工促农的路子，鼓励他们在做好经济工作的同时，关注社会发展，在解决就业、促进农民增收、龙头带动上发挥作用。此外，结合“新农村”建设20字要求，我县政协组成专门调研组，深入到建国镇罗马庄搞调研，形成的《推进新农村建设，加强空心村治理》调研报告被《衡水经济与信息》刊用。

四、内强素质，外树形象，扎实推进政协队伍建设

1. 积极推进履职“三化”建设，促进工作机制进一步完善。加强和改善党的领导，支持政协履行职能制度化、规范化和程序化建设，是县委对做好政协工作提出的重要要求，常委会按照县委要求认真组织贯彻实施，不断推进政协履职的“三化”建设。首先，制定出台了政协故城县委员会《关于加强委员管理，发挥委员主体作用的办法》，使委员管理做到了有章可循。其次，完善了机构设置、人员配备。换届以后，县委对政协工作加强了领导，关心政协干部的成长，支持政协工作的开展。2007年8月，调整充实了政协机关“三委一室”的人员配备，使机关干部职工做好工作的信心更足了。最后，加强了专委会、委员活动组的建设。我们根据界别把全县委员分成18个活动组，加强了对活动组开展活动的领导和管理。

2. 着力增强委员的整体素质，促进委员履职能力的提高。常委会十分注重政协委员队伍的素质培养，增强委员的参政议政能力，对于《宪法》《政协章程》、政协各项规章制度以及党委、政府的重要文件都及时组织委员集中学习。同时，坚持以学习为指导、以制度为规范，加强对委员的组织和管理，要求委员加强行为自律，提高履职水平，塑造优良自身形象。

3. 努力提升机关工作效能，增强服务委员的本领。常委会认真指导政协机关狠抓了机关效能建设，机关雷打不动地坚持周五学习制度，有效地促进和提高了机关干部职工的政治素质和服务水平。县政协党组以解放思想大讨论和学习宣传贯彻“十七大”精神为契机，分两次组织政协系统开展丰富多彩的学教活动，并多次召开党员民主生活会，加强机关党员干部的自身建设，增强了他们的工作责任感和使命感。

关于2008年工作

2008年，是我们继续深入贯彻党的“十七大”重要会议精神，深化改革，抢抓机遇，实现故城又好又快发展的关键一年，也是县委将全县改革发展引向深入的“加力提速”之年。当前，新一届政协经过换届后半年多的工作实践，取得了一定成绩，积累了一些宝贵经验，工作的方式方法在一定程度上得到了创新和发展。通过政协上下共同努力，圆满地完成了八届一次会议确定的各项任务目标，八届政协工作实现了全面启动和重点突破。2008年政协工作的指导思想是：高举中国特色社会主义伟大旗帜，在中共故城县委的正确领导下，以党的“十七大”精神为指针，牢牢把握团结、民主两大主题，紧紧团结在县委周围，围绕中心、服务大局、求真务实、开拓创新，立足政协特色和优势，积极投身“四大主战场”，为实施三大主体战略建言献策，为实现五年“翻番领先”的总体方略献计出力。为贯彻这一指导思想，我们要在以下四个方面做好工作：

一、加强学习，努力提高履行职能水平

要进一步发扬县政协重视学习的优良传统，继续以创建“学习型”政协组织为目标。通过学习，增强应对时代变化，开创政协工作新局面的本领。**一是**要注重学习内容的针对性。要根据形势发展的新要求，结合政协工作的新特点，着眼于提高政治敏锐性和工作水平，立足于提高解决实际问题的能力，有针对性地开展学习活动。**二是**要探索学习形式的多样性。大力倡导自学，通过召开政协委员专题学习报告会、赠订报刊、寄发学习资料等途径，为委员自学创造条件。同时结合政协工作的特点，组织形势报告、研讨座谈、小型讲座、参观考察等多种形式的学习活动，努力搭建形式多样的学习平台，不断增强学习的自觉性和主动性。**三是**要突出学习与履职实践的统一性。要将学习同政协履行职能的实践结合起来，紧密结合新形势、新任务和委员关注的新问题，促进和提高我们工作的能力和水平。

二、继承创新，不断优化政协履职方式

要进一步发扬县政协开拓进取，勇于创新的精神，积极探索良好的履职方式，促进政协工作实效性进一步增强，作用得到更好发挥。要重视总结历届政协特色和亮点工作的成功经验，结合新一届政协的特点和优势，不断优化并赋予新的内涵。如将专项民主监督实施主体的外延进一步延伸；将提案现场办理的模式进一步改进等。要重视在对外交流中吸收借鉴外地政协的成功经验，并研究推出适合我县实际的新措施、新方法。要重视在实践中发现和挖掘富有成效的履职手段，将之进一步完善成为我县政协的特色工作。

三、围绕中心，凝心聚力促进科学发展

要继续坚持围绕县委、县政府中心工作，把促进全县发展作为履行职能的首要目标，牢固树立和认真落实科学发展观，把注意力集中到发展上来，把向心力凝聚到发展上来，把创造力发挥到发展上来。围绕我县“三大战略”和五年奋斗目标，进一步集中政协优势资源，协调各方力量，团结各界人士，共同形成加快发展的强大合力；要认真组织好调查研究，提出具有参考价值的意见、建议，为我县发展贡献智力；要积极引导委员和各界人士参与我县经济建设，为我县经济发展做出贡献。根据我县实际，要把关注重点放在工业经济健康长效发展上来，努力建言土地、资金、人才等瓶颈问题的破解，深入探讨生态型工业园区建设的合理机制；要把关注目光更多地投向广大农村，在推进“新农村”建设上有所作为。

四、与时俱进，全面加强政协自身建设

要继续狠抓政协内部建设。**一是**要依据《政协章程》，进一步建立健全与履行职能相配套的制度，形成比较规范的运行机制和工作程序，继续推进履行职能的“三化”建设；**二是**要加强常委会的自身建设，要通过制定明确的规章制度，进一步规范常委会的工作，切实发挥好常委会在政协工作中的龙头作用；**三是**要继续完善委员组织制度和联系制度，努力为委员知情明政、知情议政创造条件，充分调动委员履行职责的自觉性、积极性和主动性，切实增强委员责任感和使命感，提高履职实效；**四是**要以“作风建设年”为契机，推进政协机关作风建设，不断提高干部队伍的综合素质和服务水平，努力把政协机关建设成“学习型、服务型、效能型”机关。

第八章　政协故城县第九届委员会

第一节　第一次全体会议工作报告

政协故城县第八届委员会常务委员会工作报告（摘编）

（2011 年 12 月 31 日在政协故城县第九届委员会第一次全体会议上）

主席团常务主席　张海英

五年工作回顾

政协故城县第八届委员会自 2007 年换届以来，已历时 5 年。5 年来，在市政协的具体指导和中共故城县委的正确领导下，在县政府及各有关部门、社会各界的大力支持配合下，县政协常委会以科学发展观为统领，牢牢把握团结、民主两大主题，团结动员广大政协委员和社会各界人士，融入发展大局，全面履行职能，继续发扬历届政协的好传统、好经验，锐意进取，勇于创新，使政协工作在继承中发展，在开拓中前进。可以说，本届政协任期的五年，是勇于探索，积极实践的五年；是推进政协履职规范化、制度化、程序化，工作扎实、稳步、活跃、有序向前发展的五年；是服从和服务于全县工作大局，为政治、经济、文化建设做出突出贡献的五年。通过五年来的不懈努力，使政协工作迈上了新台阶，取得了新进展，为推动故城经济社会又好又快发展做出了积极贡献，赢得了县委肯定，得到了社会各界好评。

一、围绕中心，服务大局，政治协商取得新进展

按照县委总体工作部署和五年发展规划，县政协紧扣故城发展大局，精心策划协商课题，认真开展协商议政，积极建言献策。

认真组织集中协商。县政协充分利用政协全体会议这一政治协商的最高形式，集中精力，认真组织，切实把政协全会作为发挥委员作用，扩大政治协商实效，建言全县经济社会发展的重要平台。自换届以来，县政协共组织全体会议 5 次，组织委员撰写发言材料多达 200 多篇。其中《实施高新产品品牌战略，提升摩擦材料产业水平》《建设绿色新故城，服务县域低碳经济》《加快完善基础设施建设，促进园区经济健康快速发展》《发展农业特色经济，加快农业产业化进程》《加快我县城镇化建设，打造运河文化名城》等大会发言，引起了县委、县政府主要领导高度重视，并纳入了决策视野。这些意见和建议，充分表达了人民群众的心声，体现了政协委员履职为民的责任感和使命感，巩固和提高了政治协商会议成果，为全县经济社会发展，努力建净言献良策，出实招谋发展。

扎实搞好重点协商。县政协以每季度召开一次常委会议为基础，围绕县委中心工作，重点对我县城镇建设、新农村建设、特色产业提升、招商引资、全民创业、提升城市管理水平、推进农业产业化等重大课题，精心组织开展协

商议政活动。力求多层次、多领域、多角度地为我县经济社会发展出谋划策，献计出力。如：我们以改善和创优软环境、转变招商方式为主题，召开了县政协八届十二次常委会，积极为我县招商引资和全民创业工作建诤言，出实招。政协八届十三次常委会围绕加强县城管理，打造生态文明城市开展专题协商议政活动，为创建文明卫生县城，改善人居环境，提升城市品位，发挥了积极作用。为加快新民居建设进程，推动和提升我县农业产业化发展水平，县政协八届十四次常委会议，组织委员广泛论证，深入调研，撰写发言材料，其中“新农村建设视角下的农村产业结构调整”“关于我县新民居工作中存在的问题及对策”等委员建议，为加快我县新农村建设积极建言献策。五年来，八届县政协共组织常委会议20次，会上分别多次听取三大工业园区及政府各职能部门工作汇报，与会常委累计提出意见、建议达296条。这些意见和建议以《故城政协》信息的形式报送县委、县政府后，得到主要领导高度重视，并由相关职能部门予以吸纳落实。

开展专题协商。县政协积极为委员知情明政，履职尽责创造条件；为实现政企对接、银企对接，发挥作用，搭建平台。五年来，共组织开展委员视察、座谈会议共计56次，内容涉及园区经济发展、农业产业合作社建设、城建交通建设、食品药品安全监管、新农合机制完善、学校规范化管理、“两院”法制建设、平安故城构建等一系列专题协商议政活动。通过视察、座谈，委员在增进了解的基础上，提出专业化、操作性强的意见和建议累计达476条。这些意见和建议，为进一步改善各职能部门工作，促进社会和谐稳定，加快县域经济跨越发展，起到了积极的助推作用。

二、关注民生，拓展渠道，民主监督呈现新亮点

县政协常委会注重强化民主监督职能，积极探索民主监督新途径、新方法，不断拓展民主监督新领域，寓民主监督于各项经常性工作之中。

加大提案督办力度。常委会注重委员素质培养和能力提升，不断提高政协委员撰写提案的质量和水平，不断加大提案督办力度，扩大民主监督实效。以开展提案交办会、提案督办“回头看”、主席、副主席重点督办、定期听取政府部门提案办理工作汇报等方式，确保委员提案件件有回音，案案有落实。自换届以来，八届政协共收到委员提案328件，立案276件，办结率达100%，委员满意率和基本满意率达95%以上。其中“关于大力实施农业标准化战略的提案”“关于推进品牌战略，创名牌企业的提案”“解决中小企业融资问题的建议”“加强市场规范化管理，做好劳务输出产业”等提案得到县委、县政府主要领导高度关注；尤其是“关于农村危桥修缮”一案，已被纳入我县“十二五”规划之中。这些委员提案，涉及我县经济建设、农林畜牧、教科文卫等多个领域，委员提案的有效办结，在促使与群众切身利益相关的热点、难点问题得到及时解决的同时，进一步强化了民主监督职能，扩大了政协的社会影响力，树立了人民政协为人民的良好形象。

加强社情民意工作。县政协依托“社情民意”这条便捷通道，通过主席亲自询问接待、委员深入一线倾听民声、办公室主动收集、电话记录等方式，累计收到社情民意信息达337条，经政府办转有关部门286条。群众的许多诉求和呼声能够及时顺利地被党委、政府领导所了解，并引起他们的重视，为党政领导掌握社情、了解民意、集中民智，发挥了积极作用。

三、发挥优势，建言献策，参政议政收到新成效

组织专题调研。县政协充分发挥委员主体作用和政协机关工作优势，动员广大政协委员、机关各专委会，紧紧围绕县委中心工作、重点工作安排，组织政协委员、机关干部深入一线，实地调研，为我县经济发展建言立论，为维护社会和谐稳定献计出力。五年来，共形成高质量调研报告55份。其中《关于创优企业发展环

境的调研报告》《当前我县企业发展面临的问题及对策》《实施名牌战略，促进区域经济发展》《加强企业内部管理，提升工业化水平》《推进新农村建设，加强空心村治理》《充分发挥行业协会作用，促进特色产业提升》6个专题调研报告，报送县委、县政府主要领导后，得到了主要领导的充分肯定和高度赞扬。

广泛开展招商引资。招商引资和项目建设是我县各项工作任务中的重中之重。八届县政协充分发挥联系广泛、人才荟萃的自身优势，把招商引资、跑办项目作为推动全面履职，促进发展的第一要务。动员广大政协委员和机关干部积极投身于全县经济建设，并多次召开专题主席办公会，安排部署招商引资工作。会议明确了工作任务，制定完善了激励机制和奖惩办法。采取主席带头跑项目，分管主席与各委室捆绑招商的方式，利用“皮毛招商月”“重大项目攻坚月”，共搜集项目信息53条、跑办项目2个，累计引资额达5.5亿元，为我县招商引资工作，做出了突出贡献。

四、突出主题，凝心聚力，团结联谊迈出新步伐

常委会坚持以团结民主为主题，突出政协组织的特点和优势，把团结各界、凝聚人心的工作摆在了突出位置。坚持多交流、多沟通、多联谊，为促进社会和谐稳定作出了努力。

组织走访委员活动。常委会注重发挥政协界别作用，积极为委员参政议政提供平台，畅通渠道，创造条件。自换届以来，县政协领导班子坚持每年开展主席、副主席走访委员活动。通过与委员座谈交流，切实加强与社会各界的沟通和联系，及时反映各方面的真实情况和不同层面的群众利益、愿望和要求，协助党委、政府切实做好协调关系、化解矛盾、理顺关系的工作。另外，政协班子成员还承担了“六个一联系点”等相关工作，经常深入乡镇、企业、生产一线开展调研，为企业发展想办法、出主意、跑资金、找项目，先后为4家企业协调贷款5000多万元，提供市场供求信息60多条。靠积极主动的行动，尽心竭力的帮扶，切实解决制约企业发展中的不利因素和实际问题，实现了企业效益的提升。

开展社会交流联谊。五年来，广大政协委员和机关工作人员积极参加县委组织的各项活动，主席、副主席亲自深入基层慰问老干部、老同志，通过面对面谈心交流，手把手帮扶慰问，使他们深切地感受到了政协大家庭的温暖。同时，我们加强了政协系统的沟通联谊工作。分别组织和参加了市政协组织的下乡义诊、民族聚居村调研、庆祝新中国成立60周年和人民政协成立60周年书画展、银企对接会、外资企业座谈会、政协机关创先争优经验座谈会等活动。另外，在全国政协关于京杭大运河申请世界文化遗产的调研活动中，积极周密地做好了京杭大运河故城段有关情况的汇报、视察等项工作和接待任务。这些工作均受到了上级政协领导的充分肯定和高度赞扬。

加强文史、宣传工作。我们着力发挥文史资料存史、资政、团结、育人的作用，将其作为宣传故城、联系“故城人”的重要渠道。县政协文史委采取电子邮件、传真、发函等多种方式共搜集到故城名人、名村名镇、经济史料等方面的资料20多万字，搜集整理古代、近现代名人资料共计112位。并协助市政协高质量地完成了《衡水人物志》《衡水名村名镇》《再现根治海河》等书籍的资料搜集整理工作。为了适应全县招商引资工作需要，我们编辑出版了《故城籍在外乡友通讯录》，共收录乡友信息432名。政协办公室及时总结政协工作经验，在县新闻媒体组织发表稿件150多篇，累计编发《故城政协》68期，先后在《燕赵政协新闻网》《新农民》《乡音》《衡水经济与信息》《文史精华》等媒体刊物，发表稿件142篇，其中《基层政协要在关注民生上做文章》一文被国家级刊物发表录用。

投身城镇建设一线。县政协积极完成县委交给的各项工作任务，在全力支持和服务县城建设“三年大变样”活动中，具体承担了中华街综合整治工程、堤口渠景观改造、南湖公园

项目涉及拆迁户的工作。为确保这些硬任务的圆满完成，我们周密计划、巧谋硬战，政协班子成员亲临一线，分段包片，攻坚克难，共完成拆迁户 8 户，处理遗留多年的宅基地纠纷 3 起，空地建楼、平改楼 19 户，整治中华街广告牌 219 户，协调完成了 24 户门店外墙统一装修等工作任务。为进一步加大工作力度，主席、副主席、秘书长及政协全体机关工作人员多次深入拆迁工地和被拆迁户家中，进行耐心说服教育，积极化解矛盾，做了大量具体、细致的工作，确保了拆迁工作的顺利进行。

积极参与社会公益事业。2007 年，我县祖杨农校扩建，孟繁友常委主动捐资 10 万元，支持全县教育发展。四川汶川大地震之际，广大政协委员和机关工作人员纷纷慷慨解囊，踊跃捐款捐物，充分体现了政协组织心系灾区、关心同胞的强烈责任感和爱国心。

五、与时俱进，开拓创新，自身建设呈现新面貌

常委会把自身建设作为适应新形势，开创新局面的重要基础性工作，不断创新工作思路，切实加强制度建设、组织建设、委员队伍建设和机关建设，收到了良好效果。

加强常委会建设。按照“立足新起点，实现新作为，做出新贡献”的工作要求，县政协常委会不断完善工作制度，创新工作理念，理清工作思路，通过召开民主生活会，专题座谈会，进一步解放思想、提高能力，以崭新的精神风貌和饱满的工作热情，强力推进政协各项工作。不断增强政协班子成员的政治意识、大局意识和责任意识，履职作用得到进一步发挥。

加强委员队伍建设。县政协以深入开展创先争优活动为契机，在广大政协委员中大力开展“立足本职谋发展，服务大局做贡献”的“双岗建功”和“五个一”活动（即每年每人写一个提案、提一条建议、办一件好事、化解一个矛盾、反映一条项目信息）。先后制定出台了政协故城县委员会《关于加强委员管理，发挥委员主体作用的办法》和《政协常委、委员参加会议、活动纪律的通知》等规章制度，对委员参政议政情况实行档案管理，坚持做到委员一人一册、一事一记。从而进一步激发和调动了委员的参政议政热情，使委员管理做到了有章可循。另外，我们根据界别把全县委员分成 18 个活动组，加强了对活动组开展活动的领导和管理。使广大委员在致力发展，关注民生的实践中，积极主动履行职责，切实支持发展，参与发展。

强化机关效能建设。换届以后，县委对政协工作加强了领导，关心政协干部的成长，支持政协工作的开展。2007 年 8 月调整充实了政协机关“三委一室”的人员配备，加强了机关干部队伍建设。为进一步提升机关效能，规范机关工作秩序，政协办公室制定出台了《政协故城县委员会机关考勤制度》，严肃考勤纪律，提升工作效率，树立了“团结、务实、创新”的机关良好形象，有力地促进了政协机关规范化建设，使政协机关工作人员为政协委员履职服务的水平和能力得到进一步提升，机关干部素质建设得到了明显加强。

工作体会

五年来，常委会为做好新时期人民政协工作，努力在实践中探索、总结、开拓、创新，主要有以下几个方面体会。

一、坚持和依靠党的领导，是做好政协工作的根本保证

五年来，县政协始终不渝地坚持和接受党的领导，认真贯彻县委的各项决定和部署，确保党的路线方针政策在政协的贯彻执行。坚持重大问题、重要活动向县委请示报告制度，主动争取县委领导支持。县委始终注意不断加强和改善对政协工作的领导，提高全县各级党政部门对人民政协工作的认识；县委、县政府的领导经常出席政协的重要会议和活动，通报全县重大工作部署，征求政协的意见和建议，对政协主席会议建议案、调研报告、大会发言、社情民意都能够做出重要批示，并责成有关部

门办理落实。实践证明，只要切实加强和改善党对政协工作的领导，就一定能够确保政协工作正确的政治方向，促进人民政协事业不断向前发展。

二、坚持围绕中心服务大局，是做好政协工作的必然要求

新的形势和任务需要政协组织紧紧围绕经济建设这个中心，开展工作，服从和服务于全县改革发展稳定大局。始终把为经济建设服务作为首要任务，把参政议政的着力点放在促进全县的经济发展上，充分运用协商讨论、专题调研等形式，突出重点，把握难点，献发展之计，谋发展之策，促发展之实。实践证明，围绕中心，服务大局，政协工作才能找准位置，明确方向，把握角度，在故城各项事业的建设中贡献力量。

三、充分发挥委员主体作用，是做好政协工作的坚实基础

政协工作的主体是委员，工作的潜力在委员，活力也在委员。五年来，我们在政协的各种会议和活动中，鼓励、倡导委员大胆发表自己的见解，尊重和保护委员依法履行民主权利，创造有利于委员畅所欲言、宽松和谐的议政环境。换届以来，各界委员活动参与率达 99%，委员主体作用得到了充分而有效的发挥。实践证明，只有尊重委员的创造性和主动性，重视专委会的基础作用，为委员搭建好参政议政平台，政协的优势才能得到充分发挥。

四、坚持与时俱进开拓创新，是做好政协工作的不竭动力

人民政协事业是一项在实践中发展的事业。新形势、新任务需要我们坚持与时俱进，勇于开拓创新。因此，常委会始终强调“在前进中开拓，在开拓中前进”的工作思路，着力在求新、求深、求实上下功夫，注重研究新情况，解决新问题，接受新事物，探索新方法，创造性地履行职能。在具体工作中，我们既注重政协理论研究，又注重运用理论指导实践。既注重总结工作经验，又注重研究新情况，不断进行新的探索和尝试；实践证明，坚持解放思想，实事求是，与时俱进，开拓创新，政协工作就会充满生机和活力。

今后工作的努力方向

八届县政协已圆满完成了自己的光荣使命，故城政协即将开始新的征程。县委“十二五”规划为政协工作展示了更广阔的前景，提出了更高的要求，人民政协将迎来一个新的发展时期，工作任务更为光荣和艰巨。新的形势令人鼓舞，新的任务催人奋进。我们相信，新一届县政协在中共故城县委的领导下，一定能够以新的姿态、新的风貌和新的业绩做好各项工作，努力开创政协工作的新局面。为此，提出如下建议：

一、加强学习，增进共识，奠定政协工作思想基础

以邓小平理论和“三个代表”重要思想为指导，深入贯彻落实科学发展观的理论体系，体现了与时俱进、开拓创新的精神，对发展社会主义民主，建设社会主义政治文明，对统一战线和人民政协工作进行了深刻的论述，对于坚持和完善中国共产党领导的多党合作和政治协商制度，不断推进政协工作向前发展具有重大指导意义。特别是中共中央出台了《关于进一步加强人民政协工作的意见》，为人民政协的发展指明了方向。县政协要把认真学习、深刻领会中央精神作为当前和今后一个时期的重要任务，通过专题研讨会、定期培训等形式组织和推动委员学习，积极探索适应新形势政协工作的新思路、新方法和新举措，努力把人民政协事业不断向前推进。

二、围绕中心，服务大局，富有成效地履行政协职能

未来的五年，是我县全面实施“十二五”规划，实现故城经济社会跨越发展的关键时期。

县委提出要把故城打造成为冀东南生态宜居的运河文化名城这一战略目标，县政协要充分发挥优势，同全县人民一道，紧紧围绕实现这一宏伟目标，开展政治协商、民主监督、参政议政，为促进故城政治文明、物质文明和精神文明协调发展做出新的贡献。

三、广泛联谊，汇集力量，积极促进社会和谐

和谐是当今社会的最强音，促进和谐是当前政协工作的主旋律。我们要充分发挥政协组织在团结各界、凝聚人心方面的独特优势，积极促进和谐社会建设。按照“长期共存、互相监督、肝胆相照、荣辱与共”的方针，进一步加强同社会团体、党外知名人士、民族宗教界人士和经济界人士的沟通联系，拓宽参政议政平台，努力营造民主协商、平等议事的浓厚氛围，多形式、多渠道、多领域地开展联络和对外交往工作，最大限度地团结各方面力量。

四、继承完善，开拓创新，不断提高政协工作的整体水平

新形式、新任务对政协自身建设提出了新的更高的要求。我们要继续推进政协工作的制度化、规范化、程序化建设，制定和完善各项规章制度；按照《政协章程》的要求，坚持按政策和程序开展工作；形成和建立良好的激励机制，真正把各项工作落到实处。

第二节　第二次全体会议工作报告

政协故城县第九届委员会常务委员会工作报告（摘编）

（2013 年 3 月 11 日在政协故城县第九届委员会第二次全体会议上）

政协主席　张海英

2012 年工作回顾

2012 年是我县全面实施“十二五”规划，继往开来，承上启下的关键一年；也是县委、县政府带领全县人民积极应对各种困难和挑战，万众一心，乘势而上，开创故城和谐社会新局面，谱写跨越发展新篇章的重要一年。一年来，县政协在市政协的具体指导和中共故城县委的正确领导下，坚持以科学发展观为指导，牢牢把握团结民主两大主题，紧紧围绕县委、县政府的重大决策部署和全县发展大局，坚持“维护核心、服务中心、贴近民心，凝聚人心”的工作理念，团结动员广大政协委员和社会各界人士，齐心协力谋发展，凝心聚力促和谐，尽心竭力惠民生，为推动故城经济社会又好又快发展做出了积极贡献，赢得了县委肯定，得到了社会好评。人民政协事业呈现出了团结和谐、务实进取、蓬勃发展的良好局面。

一、围绕中心，服务大局，政治协商成效显著

2012 年初，新一届县政协常委会确立了以继续深入开展“立足本职谋发展，服务大局做贡献”的委员“双岗建功”活动和精心拟定常委会主题为抓手，全面提升政协履职水平，不断提升协商议政实效，实现了发挥委员主体作用与服务中心工作的有机结合，取得了丰硕的工作业绩。

1.“双岗建功”与“两个环境”建设实现有机结合。一年来，县政协认真贯彻落实省、市、县委关于“两个环境”建设的工作要求，通过在全体委员中开展“五个一”（即：献一策，招一商，扶一企，帮一户，践一诺）活动，和在委员企业中开展“比总量、比增幅、比贡献、看亮点、看变化、看后劲”的“三比三看”活动，积极动员和引导广大政协委员在参与发展，服务发展中成为改善环境的排头兵，全民创业的领头雁，以一肩担双责的高度使命感和责任感，在推动全县经济跨越发展的大潮中展现风采，建功立业。

2. 紧紧围绕“三化互动”发展战略，认真开展协商议政。经县政协常委会研究决定，2012 年县政协九届一次、二次、三次常委会分别围绕县委、县政府提出的工业化、城镇化、产业化“三化互动”发展战略，通过采取委员实地视察、会前精心准备发言材料、听取相关职能部门汇报以及政府主管领导到会听取意见等方式，努力为故城科学发展建睿智之言，献务实之策。一年来，共组织委员撰写发言材料 22 篇，提出建议、意见达 56 条。这些意见和建议，在积极为党政领导科学决策提供参考依据的同时，又进一步巩固和提高了政协工作的科学化水平。

3. 主动谋事，积极干事，新一届政协领导班子助力园区跨越发展。换届后的县政协领导班子呈现出年龄结构合理、学历学识较高、基层工作经验丰富等显著特点。主席、副主席更是身兼金湖新区、衡德工业园、金宝产业园三大园区相关领导职务。在园区的招商引资、项目跑办、土地征迁、协调服务等多个环节亲力亲为，殚精竭虑。扎实细致的工作作风，勤勉敬业的工作态度，让我们在故城工业园区的开发建设中看到了政协的身影，在推动我县工业经济持续提质增效中看到了政协领导班子成员的甘于付出和无私奉献。

二、关注民生，促进和谐，民主监督领域拓宽

九届县政协坚持把“关注民生，议政为民”作为履职的根本出发点和落脚点，不断创新形式，丰富内容，拓宽民主监督领域，竭力为人民群众办实事，办好事，解难事。

1. 强化委员提案督办，延伸关注民生视角。提案是政协委员履职尽责，参政议政的重要形式。其内容涵盖广泛，视角开阔，建议专业而又具体，同时紧扣县委、县政府中心工作，高度关注民生。因此，县政协提案委在强化委员提案督办方面，始终坚持“一听、二看、三促、四评”以及“委员是否满意”的工作反馈机制，采取召开提案交办会、定期听取提案办理情况、重点提案跟踪督办等多种方式，确保委员提案件件有落实，案案有回音。自九届一次会议以来县政协提案委共收到委员提案 48 件，经审查立案 37 件，现已全部办结。委员满意率和基本满意率达 100%。

2. 组织开展委员视察，督促惠民工程推进落实。县政协在年初制定 2012 年工作要点时就以选取政府十大民生工程为视角，组织开展委员视察活动。3 月中旬，我们以优化经济发展环境为主题，为我县一城三区建言献策；5 月下旬，我们围绕加快教育基础设施建设，改善办学条件，为推动教育事业发展献计出力；6 月初，我们以保障人民群众身体健康为目的，组织了饮水安全和改水降氟视察活动；8 月底，围绕改善城区居民生活环境，提升百姓幸福指数，组织开展了城建交通视察。这些视察活动，既让广大政协委员看到了故城发展的丰硕成果，又较好地服务和促进了各项民生工程的推进和落实。

3. 完善社情民意机制，努力营造和谐社会氛围。一年来，县政协提案委主动开通民生热线，倾听民声民情，共收集整理社情民意信息 65 条，经政府办转有关部门 46 条。特别是十八大维稳期间，县政协各委室共同发起了“写一篇社情民意，诉一份民生情怀”的信息征集活动。希望通过大家的共同努力，主动架起人民的“连心桥”，做好群众的贴心人。这些信息的搜集传递，为维护故城社会和谐稳定，为党政领导及时掌握社情、了解民意，集中民智，发挥了积极作用。

三、主动融入，找准定位，参政议政更加有为

九届县政协坚持以促进发展为第一要务，发挥政协组织人才荟萃，智力密集的优势，选准角度，精心拟题，深入基层，开展调研，参政议政取得了显著成效。

1. **突出委员界别优势，提升委员履职实效。**换届后，县政协按照委员界别设置，将新、老委员重新分组，并选配了素质高、能力强，代表性突出的委员兼任委员活动组组长。一年来，在主席及分管副主席的带领下，经济界委员围绕全力打造“中国北方国际裘皮城”召开了裘皮裘革行业座谈会以及创新银行信贷模式，助力小微企业发展的银企对接会；文化新闻界别的委员则围绕“深挖故城历史文化资源，打造运河文化名城”召开了文史工作座谈会；农林水利界别的委员则带领相关农业专家深入田间地头、各农业专业合作社，为广大农民群众开展技术培训和服务指导。

2. **借鉴外地先进经验，助推重点产业转型升级。**为全力促进我县裘皮裘革产业壮大升级，5月底我们组织了部分裘皮裘革行业人士、政协委员以及国税局有关同志亲赴浙江海宁，走访参观了浙江大众皮业有限公司、海宁蒙努有限公司、富升裘革等大型企业。通过与海宁政协、海宁皮革协会、国税局等相关单位对接座谈，深入探讨“海宁模式”这一成功经验以及破解我县裘皮裘革生产加工企业、一般纳税人农产品收购发票难题等多个方面进行深入分析，形成了近五千字的调研报告。该报告报送县委、县政府后，受到了主要领导同志的充分肯定和高度赞扬。

3. **精心安排，周密部署，全力投身招商、城建一线。**2012年，县政协以定期召开机关全体会议为抓手，积极做好县委、县政府交办的各项工作任务。招商引资方面：主席、副主席身先士卒，做好表率，先后同建国镇引进中国正信集团天津分公司多次来我县洽谈开发金湖新区；成功引进北京博得交通设备股份有限公司高铁、地铁门生产线建设项目到故城落地投资3.25亿元，该项目计划今春开工；为积极促成奥冠公司与北京瑞胜国际投资公司合作，我们三下上海、五下北京，牵线搭桥，开展联络。另外，政协办公室在“皮毛招商月”活动期间，成功引入一皮毛企业入驻营东新区。城镇建设方面：首先是成立了县政协房屋征收领导小组，层层分解任务；其次是各小组起早贪黑，不分节假日，全力攻坚，入户开展工作。截至目前，县政协分包的堤口渠、运河新城14户被征收户，已经签约过半，完成8户。在整个房屋征收工作中，政协办公室在评估测量、签订补偿协议两个环节，均处于县直各部门前列。

四、凝心聚力，合作共事，团结联谊氛围浓厚

团结和民主是政协工作的两大主题。一年来，县政协始终将凝聚各方力量，维护社会安定团结，促进社会和谐视为自身的重大使命，并为此做出了积极贡献。

1. **以增进联络联谊为纽带，凝聚和增强发展共识。**人民政协是最广泛的爱国统一战线组织，在故城加快发展，凝聚力量，加强团结，增进共识中发挥着重要作用。为此，县政协将2012年作为“联络联谊年”，并着重做好了三方面工作：**一是**本着“走”出特点，“访”出成效，开展了察民情、知民意、求民智的委员走访活动；**二是**加强了同景县、阜城县、冀州市等兄弟政协在提案、文史及工作要点制定等方面的经验交流；**三是**较好地完成了全国政协文史和学习委员会，对故城段大运河申遗与跟踪调研的接待、筹备以及组织协调工作。

2. **以加强宣传和文史工作为窗口，弘扬故城运河文化。**县政协文史委在人手少、力量弱、搜集难、时间跨度大的情况下，宣传和动员社会一切积极因素，诚邀县内外广大文学爱好者、知名文史专家学者组成了编写班子，秉承“抓重点、创特色、出精品”的工作原则，同时启动了《东田文集》《东田漫稿》《故城人物志》《故城村名民俗文化汇编》《漫步运河》四部文史书籍的编纂整理工作。各编辑人员在编写过程中广泛搜集线索、精心筛选资料、认真撰写

文稿，扎实做好查、访、考、录等各项工作，为挖掘整理故城史料，弘扬运河文化付出了艰辛努力和心血。目前四部书稿均已形成初稿，累计文字达23万字之多。另外，县政协办公室及时总结政协工作经验，一年来，在《人民政协报》《新农民杂志》《衡水政协》等刊物上发表稿件21篇，累计编发《故城政协》16期。

3. **以加大对口帮扶力度为载体，做好新时期群众工作。**按照县委统一工作部署，县政协抽调两名机关干部常年入驻金湖新区、故城新庄开展驻村帮扶和基层建设年活动。今年夏季，由于受强降雨影响，故城镇农田出现了大面积水，发生内涝。县政协在第一时间与各捆绑单位一起，冒雨深入一线，调查灾情，疏通沟渠、及时排涝，并积极帮助农民群众开展生产自救。防汛排涝期间县政协办公室为故城镇捐献水泵9台，水龙带160米，电缆700米，共计人民币11760元。政协班子成员还经常深入分包乡镇开展调研，解决群众生产生活中的实际困难和问题，指导各乡镇在招商引资、项目建设以及加快农民增收步伐等方面协调推进各项工作。此外，广大政协委员在县政协的倡导下，积极参与扶贫济困、捐资助教等社会公益活动，展现了政协委员的良好风采。

五、与时俱进，强基固本，履职水平持续提升

县政协常委会把自身建设作为适应新形势，开创新局面的基础性工作，不断创新工作思路，切实加强制度建设、委员队伍建设和机关效能建设，收到了良好效果。

1. **注重常委会自身建设。**九届县政协始终把加强学习作为常委会建设的一项重要内容。通过不断完善政协常委会工作条例、议事规则、发言制度等一系列规章制度和定期组织政协常委认真学习党的各项方针政策、政协基本理论知识等，使政协常委的思想觉悟和理论水平有了明显提高；使政协常委会在“三化”建设方面取得了明显进展。

2. **培育生机有为的委员队伍。**在培育新时期、新形势下的政协委员中，县政协坚持“委员有为才有位”的工作原则，充分调动委员履职积极性，不断完善委员激励机制、考评办法，使广大政协委员在致力发展，关注民生的实践中，主动履职，发挥作用。

3. **建设学习型政协组织。**换届后，县政协领导班子进行了重新分工，对机关效能建设、规范化建设加强了组织领导，进一步完善了机关考勤制度、项目建设考核促激办法等相关规章制度，树立起了“团结、务实、创新”的机关良好新形象，机关工作人员的政务性服务能力和工作效率得到进一步提升。

2013年工作任务

2013年是全面贯彻落实党的十八大精神的开局之年，也是我县强势开局、跨越赶超的重要一年，做好今年的工作，意义十分重大。在新的一年里，县政协工作的指导思想是：以党的十八大精神为指导，以科学发展观为总揽，紧紧围绕县委“加快发展，富民强县”这一核心目标，充分发挥政协自身工作优势，认真履行政治协商、民主监督、参政议政三大职能，为促进全县经济又好又快发展作出新的更大的贡献。

一、强化发展意识，在推动实施“十二五”规划中谋求新作为

按照县委“加快发展”的工作总基调和核心要求，更好地突出政协组织的优势和特点，重点围绕工业项目建设、特色产业提升、加快推进新型城镇化建设以及发展现代农业等重大问题，进行深入调研。充分调动广大政协委员和社会各界人士的积极性，集思广益，整合力量，千方百计为我县招商引资、大上项目、全民创业、优化环境献计出力，努力为故城科学发展，加快发展多做贡献。

二、强化民本意识，在促进社会和谐中多做新贡献

在新的一年里，我们要进一步强化委员为民履职的责任意识，重点围绕教育、医疗、就业、社会保障等人民群众关心的热点问题，认

真开展调查研究，多建利民之言，多献利民之策，协助党委、政府在民主决策、科学决策中做好知民意、聚民心的工作，为促进社会和谐稳定做出积极贡献。

三、强化创新意识，在提高履职尽责实效上要有新建树

2013年，我们一是要继续在全体委员中大力开展“双岗建功”活动，努力把这一活动打造成政协服务县委中心工作的特色品牌，让广大政协委员成为故城加快发展的一支重要力量。二是要加强政协机关三化建设。要重点在提高机关效能上下功夫，不断强化各委室职能作用，提升机关干部的工作能力和工作效率，为人民政协履行职能，顺利开展工作提供有力保障。

第九章　政协故城县第十届委员会

第一节　第一次全体会议工作报告

政协故城县第九届委员会常务委员会工作报告（摘编）

（2017年2月18日在政协故城县第十届委员会第一次全体会议上）

政协故城县第九届委员会主席　张海英

过去五年的工作回顾

过去的五年，是我县社会主义现代化建设取得辉煌成就的五年，也是全县广大政协委员，同心同德，开拓创新，推进政协工作全面上台阶的五年。五年来，在中共故城县委的正确领导和市政协的具体指导下，在县政府及各有关部门、社会各界的大力支持下，县政协常委会以习近平总书记系列讲话精神为统领，牢牢把握团结、民主两大主题，团结动员广大政协委员和社会各界人士，紧紧围绕全县发展大局，全面履行政治协商、民主监督、参政议政职能，为全县经济、政治、文化、社会和生态文明建设做出了不懈努力。

一、围绕中心，资政建言，政治协商成效显著

五年来，县政协常委会始终围绕县委的重大决策和县政府的重点工作，积极组织开展多层次、多领域的协商和建言活动，先后召开全委会议5次、常委会议20次，协商层次不断丰富，议政质量不断提高，有效促进了党委政府决策的科学化、民主化。

1. 精心组织全体会议整体协商。在每次全体会议之前，都要组织委员围绕全县工作重点，精心准备大会发言材料。先后有24位委员在全委会议上作了大会发言。委员的发言材料被县委、县政府主要领导批示，并转交有关部门办理。

2. 紧扣中心开展专题协商。常委会议精心选择议题，组织协商讨论，取得了积极效果。五年来，先后就我县经济运行和重点项目建设、优化发展环境、发展现代农业、城建交通事业发展、提高教育教学质量、卫生体制改革等重大课题组织召开县政协常委会议，常委们针对相关课题，提出富有建设性的意见和建议180多条，同时，形成协商报告5个、专题发言材料15篇，这些专题协商成果分别以会议纪要、建议案、《故城政协》信息等形式报送党委政府领导后，得到了县委、县政府的积极采纳，为推动全县各项事业发展发挥了积极作用。

3. 把握重点开展界别协商。积极组织界别委员加强与相关部门的沟通联系，利用对口协商平台，掌握部门工作动态，助推难题解决。例如：2015年第二季度，政协办公室和经济委组织了部分经济界委员就我县重点产业转型升级、环境保护召开专题座谈会，委员们提出了“加快项目建设，推动产业转型升级”“进一步加大对大气污染的整治力度”等10多条意见建议，有效地促进了相关工作的开展。各位政协主席也利用参与各类会议和重点工作的机会，积极主动地听情况、提建议，多数得到县委、县政府的重视和采纳，为县委政府科学决策提供了重要依据。

二、拓宽渠道，创新载体，民主监督稳步推进

县政协常委会始终把关注民生、履职为民作为时代赋予人民政协的重要使命，通过不断健全监督常态化机制，切实履行监督职能，有力推进了社会的和谐经济的健康发展。

1. 开展民主评议。民主评议是政协实施民主监督的重要途径和有效形式，也是县政协一项重要的工作任务，按照县委、县政府主要领导安排，县政协常委会先后4次组织政协委员对全县各县直部门、中省直部门进行了民主评议，并及时将评议结果报送县委、县政府主要领导，切实履行了政协民主监督职能，进一步提高了全县的机关效能建设，促进了我县经济社会的发展。

2. 抓好提案办理。完善提案办理工作机制，积极组织委员通过提案为民办好事、办实事。县政协在强化委员提案督办方面，始终坚持“一听、二看、三促、四评”以及“委员是否满意”的工作反馈机制，采取召开提案交办会、定期听取提案办理情况、带案视察、重点提案跟踪督办等多种方式，促进提案的办理落实。五年来，县政协常委会共收到委员提案270件，经审查立案196件，这些委员提案，涉及我县经济建设、农林畜牧、教科文卫等多个领域。委员提案的有效办结，进一步强化了民主监督职能，扩大了政协的社会影响力，树立了人民政协为人民的良好形象。如“关于改善小微企业发展环境的建议”“关于加大对我县中小企业融资信贷支持力度的建议”“关于全力推进生态文明建设的建议”“关于加强基层机关作风建设的建议”等提案得到县委、县政府主要领导高度关注。及时转交有关部门办理，极大地促进了这些部门的工作。

3. 及时反映民意。注重发挥各界别和专委会作用，不断拓宽社情民意收集渠道，及时反映社会各阶层心声。五年来，政协各专委会和广大政协委员共搜集、报送社情民意400余条，许多社情民意信息得到了党政领导的高度重视，促进了一系列基层热点、难点问题的解决落实。

4. 增强监督实效。积极探索民主监督新方式，规范和推进县政协民主监督员工作。几年来，我们先后推荐40多名政协委员担任行政、执法部门的特约监督员，通过民主评议、现场视察等方式履行监督职能，为推进我县政风行风建设发挥了重要作用。

三、科学建言，力促发展，参政议政富有成效

九届县政协常委会坚持以促进经济发展为第一要务，始终把聚焦发展作为开展视察调研的主线，科学选题，精心组织，为故城经济社会的健康持续发展积极建言献策。五年来共形成报告材料48份，提出意见建议168条。

1. 积极开展视察。紧贴全县工作重点和人民群众关心的热点、难点问题积极开展视察活动。五年来县政协常委会先后对我县工业项目建设、现代农业产业化、城建交通事业、教育基础设施建设、饮用水安全、农村面貌改造提升、新型农村合作医疗、农田水利基本设施建设等重点工程开展专题视察活动42次。在视察过程中，委员们通过现场看点、听取汇报、召开座谈会互相交流等方式，详细了解各单位发展情况，深刻分析问题根源，并针对问题提出合理化建议意见。委员们提出的200多条意见和建议经政协办公室汇总梳理后均以《故城政协》信息的形式报送县委、县政府，有效地促进了我县相关工作的顺利开展。

2. 深入调查研究。县政协充分发挥委员主体作用和政协机关工作优势，动员政协各参加单位、政协各专委会和广大政协委员，紧紧围绕县委中心工作，组织政协委员、机关干部深入一线，实地调研，为我县经济发展建言立论，为维护社会和谐稳定献计出力。五年来，由政协各位副主席牵头，各委室和相关界别委员参加，围绕故城裘皮裘革产业转型升级、优化我县经济发展环境、农业产业化发展等课题开展专题调研活动8次，共形成调研报告8篇，这些调研报告经政协常委会议通过后以建议案的形式报送县委、县政府主要领导，这些意见建议转化为党委、政府的决策和工作措施。

3. 助推中心工作。县政协领导班子成员积极投身经济建设和社会发展第一线，深入所联系的乡镇、村和企业指导工作，帮助他们梳理存在的困难和问题，并积极协调处理。一是积极做好帮扶村的“两委”班子建设、路面硬化、街道绿化美化、修建休闲广场等工作，极大地促进了所联系村镇的建设步伐；二是为加快帮扶项目推进建设进度，各位班子成员多次深入企业、园区，就项目审批、征地拆迁等问题与相关部门沟通协调，积极帮助企业解决实际困难。2016年以来，根据县委工作安排，县政协专门明确一名副主席常驻北京负责招商引资工作，取得了很好的效果。另外，县政协办公室还圆满完成了县委交办的中华街综合整治、农村面貌改造提升、扶贫、农村后进班子转化等项工作，赢得了县委的肯定。

四、发挥自身优势，积极促进社会和谐

围绕团结和民主两大主题，充分发挥政协桥梁纽带作用，努力做好联谊交流、协调关系工作，为构建“和谐故城”凝心聚力。

1. 加强联谊交流，扩大对外影响。五年来，我们配合衡水市政协就“项目立市·工业强市”、农村面貌改造提升督导、环境保护、文化产业发展、百年回族史等项工作进行了17次专题调研活动，撰写并提交调研报告8篇。同时，承接了全国政协文史和学习委员会对故城段“大运河申遗与跟踪”调研活动、省政协关于“城乡教育公平问题”的调研活动、淮安市政协赴故城考察“大运河文化·遗址”调研活动及深州市政协、冀州区政协、枣强县政协、山东省武城县政协等兄弟县（市、区）政协来故城学习交流和考察调研活动的接待任务。另外，我们还不断加强与周边市县政协在办公室、提案、文史等项工作方面的经验交流，进一步提升了我县政协工作的生机与活力。

2. 加强史料征编，推进文化传承。九届县政协换届以来，为切实发挥文史工作在团结联谊、促进和谐中的作用，经县政协主席会议研究决定，县政协先后3次组建文史编撰队伍，系统挖掘整合我县历史文化资源，开展了《故城人文轶事集萃》《马中锡文集选译》《发展中的故城摄影作品集》等资料的征集、整理、编撰工作。目前，三本书均已出版。2016年下半年，经政协主席会议研究，政协办公室联合文史委围绕整理、保存县政协档案资料，开展了《故城县政协志》一书的编纂工作，该书共整理资料100多万字，也将正式出版。另外，县政协办公室还明确专门人员对每次会议、视察等活动情况及时总结工作经验，五年来共编发《故城政协》期刊76期，向上级政协报送稿件52篇，进一步提高了故城县政协的社会声望。

3. 加大帮扶力度，做好群众工作。按照县委统一工作部署，县政协每年抽调机关干部开展驻村帮扶和基层建设活动。如：2012 年防汛排涝期间，县政协机关人员在第一时间冒雨深入一线，调查灾情，疏通沟渠、及时排涝，并积极帮助农民群众开展生产自救，同时，还为故城镇捐献水泵 9 台，水龙带 160 米，电缆 700 米。此外，广大政协委员在县政协的倡导下，积极参与扶贫济困、捐资助教等社会公益活动，展现了政协委员的良好风采。

五、加强学习，练好内功，自身建设取得新突破

以建设高效型政协为目标，主动适应新常态新要求，不断加强制度建设、作风建设和队伍建设，进一步提升了政协工作的科学化水平。

1. 有效提升履职能力。不断完善机关集体学习制度，及时跟进学习中共十八大、十八届三中、四中、五中、六中全会及习近平总书记系列重要讲话精神，自觉用新理论武装头脑，指导工作；落实县政协机关学习制度，采取集体学习辅导、交流讨论、撰写体会文章等方式，不断提高政协队伍的理论水平和履职能力。

2. 持续转变工作作风。几年来，先后在政协组织中开展了“党的群众路线”教育实践活动、“三严三实”专题教育活动和“两学一做”学习教育活动，通过教育实践活动的开展，使政协机关干部作风明显转变，工作效能显著提升。同时，进一步健全了《中国人民政治协商会议故城县委员会提案工作条例修正案》等规章制度，修订完善了机关考勤、财务管理等制度，全面提升了工作的科学化水平。

3. 激发委员履职活力。县政协常委会非常重视委员的学习、培训和管理工作，相继制定出台了《政协委员管理办法》《委员履职考核办法》等规章制度，进一步完善了科学规范、进出有序、富有活力的委员工作机制。

对今后五年工作的建议

一、加强学习，进一步提升委员思想水平

学习历来是人民政协的优良传统，也是提高政协工作科学化水平的根本要求。要把加强学习作为提高政协委员思想政治水平的首要任务。要通过组织委员学习党的路线方针政策、人民政协理论和统战知识，帮助委员了解“上情”；通过组织委员参加政协的视察、调研活动，帮助委员了解“下情”，使政协工作始终与全县中心工作相统一、相协调。

二、紧扣中心，进一步提升建言献策水平

县政协组织要紧紧围绕县委提出的目标任务，积极探索履行三大职能的新思路、新方法，努力提高协商议政能力。**一是**提高政治协商水平。要进一步完善政治协商工作机制，在县委的统一领导下，精心组织和实施好政治协商活动。**二是**增强民主监督效果。提高民主评议实效；不断畅通社情民意反映渠道；大力支持政协委员参加政风行风评议、价格听证等监督活动。**三是**拓展参政议政领域。继续运用专题视察、专题调研、撰写提案等多种形式，开展参政议政活动；着力抓好建言献策前的调查研究、沟通协调等环节，提高意见建议的科学性、合理性和可操作性；继续创新提案办理工作机制和办理方式，不断提高提案工作的整体水平。

三、强基固本，进一步提高政协工作水平

加强政协自身建设是提高政协工作水平的内在动力。新一届县政协要着力抓好以下三项建设。**一是**建立健全各项规章制度，扎实推进政协履行职能的制度化、规范化和程序化建设。**二是**加强委员队伍建设。健全委员激励约束机制，增强委员履职的责任感和使命感；进一步

完善加强自身建设的规章制度，建立履职台账，加强对委员的跟踪管理。**三是**加强政协机关建设。按照建设“学习型、服务型、和谐型、创新型”机关的要求，进一步加强机关思想和作风建设，切实提升机关干部的政治素质、业务能力，不断提高机关工作效率和服务水平。

第二节　第二次全体会议工作报告

政协故城县第十届委员会常务委员会工作报告（摘编）

（2018 年 2 月 7 日在政协故城县第十届委员会第二次全体会议上）

政协主席　史立朝

2017 年工作回顾

2017 年，县政协在中共故城县委的正确领导和上级政协的具体指导下，牢牢把握团结、民主两大主题，紧紧围绕县委确定的工作思路，积极履行政治协商、民主监督、参政议政职能，深入调研，广泛协商，圆满完成了县政协十届一次全体会议确定的各项工作任务，为推动我县经济社会发展、建设“经济强县、美丽故城”做出了积极贡献。

一、把握方向，服务大局，政治协商广泛开展

一年来，县政协常委会坚持把党的领导作为履职的根本保证，围绕全县发展大局，开展多层次、多形式的协商活动，为故城发展凝聚力量、献计献策。

1. 坚定正确政治方向。组织广大政协委员和全体机关干部，深入学习贯彻党的十九大精神和习近平总书记系列重要讲话精神，牢固树立“四个意识”，更加自觉地坚持中国共产党的领导，更加坚定地贯彻落实中央和省委、市委、县委决策部署。注重发挥县政协常委会的模范带头作用和战斗堡垒作用，团结引导广大政协委员和社会各界人士，切实把思想和行动统一到县委的决策部署上来，把智慧和力量凝聚到全县中心工作上来。在履职过程中，能够主动把政协工作置于党的领导之下，重大问题及时向县委请示汇报，重要活动认真听取县委、县政府的意见，真正做到了思想上同心、目标上同向、行动上同步。

2. 精心组织全会协商。县政协十届一次全体会议期间，我们认真组织全体政协委员，对政协常委会工作报告、政府工作报告和其他各项报告进行了协商讨论。通过分组讨论、大会提案等方式，围绕优化企业发展环境、加快建设农业园区、统筹城乡发展等重大问题，提出意见建议 60 多条。这些意见建议得到了县委、县政府的高度重视，有关部门认真研究落实，起到了很大的促进作用。

3. 积极开展专题协商。为提高专题协商成效，县政协常委会精心选择议题，组织协商讨论，取得了积极效果。每次召开常委会议，都主动邀请县政府领导参加会议，通报全县相关工作的开展情况。为政协委员畅通了知情明政的渠道，搭建了参政议政的平台。县政协十届一次常委会议，围绕县委中心工作，结合政协工作实际，确定了 2017 年工作要点，为政协全年工作指明了方向；政协十届二次常委会议，委员们认真听取了县政府关于上半年全县经济社会发展情况的通报，并围绕工业转型升级，三朗乡、房庄乡撤乡建镇，政协提案办理等重

大问题进行了深入讨论，提出了“增强提案办理的实效，加快创新驱动、促进工业提质增效”等方面意见建议 18 条；政协十届三次常委会，委员们认真听取了教体局、卫计局、农林局等部门工作汇报，提出了教育基础建设、医联体改革、农业园区建设等方面意见建议 15 条，这些意见建议有效地推动了相关工作的改进和提升。

二、关注民生，促进和谐，民主监督渠道拓宽

一年来，县政协常委会坚持把关注民生作为履职的根本出发点和落脚点，不断创新形式，丰富内容，拓宽民主监督渠道，为人民群众办实事，办好事，解难事。

1. 专题视察促发展。按照县委、县政府关于持续抓好经济建设的工作部署，于 4 月下旬对我县工业经济发展情况进行了视察，提出了增强服务意识、创新招商模式、加速改革创新等意见建议 18 条。按照县委、县政府关于加快现代农业建设的工作思路，于 10 月上旬围绕“提高现代农业发展水平和农业综合效益”开展了专题视察活动，提出了科学引导、完善机制、改革创新等意见建议 19 条。同时，还组织视察了城乡面貌改造工作、教育卫生发展情况等。这些视察活动，与县委确定的重点工作任务高度契合，形成的视察报告翔实全面，提出的意见建议切实可行，得到了县委、县政府的重视和采纳。

2. 畅通渠道听民意。反映社情民意，是人民政协履行职能的重要基础和关键环节。县政协常委会把搜集社情民意作为一项重要工作来抓，主动联系社会各界人士，深入了解民意，广泛集中民智，向党委政府反映群众的呼声和诉求，使人民群众关心的热点、难点问题得到了及时的解决。一年来共收集社情民意 80 多条，通过筛选有 20 条社情民意信息由主席或副主席直接转交给县委、县政府的领导，为县委、县政府科学决策提供了参考依据。

3. 民主评议转作风。开展民主评议，是政协实施民主监督的重要途径和有效形式。以视察形式开展民主评议，是我县政协履行民主监督、创新履职方式的一次有益探索。去年以来，我们先后对我县现代农业发展情况、医疗服务体系建设等工作进行了视察评议。通过民主评议使相关部门加强了自身建设、改进了工作作风、提高了为民服务意识，从而有效地推动了我县重点工作的落实。

三、围绕中心，履职尽责，参政议政卓有成效

一年来，县政协常委会坚持把参政议政作为履职的重要方式，紧紧围绕全县中心工作，聚焦人民群众关心的问题，精选课题，深度调研，积极参政议政，为加快故城经济社会发展做出了积极贡献。

1. 扎实推进提案办理。提案是政协委员履职尽责、参政议政的重要形式。县政协围绕县委、县政府中心工作开展提案收集整理、交办督办活动。特别是在强化委员提案督办方面，始终坚持“委员是否满意”的工作反馈机制，采取定期听取提案办理情况、重点提案督办等多种方式，确保委员提案件件有落实，案案有回音。自十届一次会议以来县政协提案委共收到委员提案 60 件，经审查立案 49 件，现已全部办结，委员满意率达 100%。

2. 深入开展调查研究。县政协按照“少而精、深而实、重实效”的原则，由一名副主席带领相关人员围绕全县工业转型升级开展了专题调研。通过走访视察、召开企业座谈会等方式，对我县工业发展中存在的突出问题，开展了深入的调查研究。县政协主席会议、常委会议对调研成果进行了认真审议，讨论完善，报告数易其稿，最终形成了关于《加快产业深耕转型、提高项目招引实效》的调研报告。报告提出的关于提高招商实效、优化发展环境、加强科技投入、完善服务体系等方面意见建议 10 多条，得到了县委、县政府领导的充分肯定，供相关部门认真研究、借鉴吸纳，使调研成果得到了有效转化。

3. 积极参与中心工作。根据县委统一部署，县政协各位主席按照各自分工，积极参加县委、县政府的重要会议和重大活动，在招商引资、城市建设、农业园区建设、社会稳定、

脱贫攻坚等方面做出了积极的贡献。在招商引资方面，根据我县实际，抓住京津产业转移这一机遇，明确一名副主席驻京招商，围绕数字印刷、智能家居、新能源新材料等高新产业进行招商，已有80多家企业达成入住意向，按照县委、县政府推行的“即租即产”的模式，有30家企业已投入生产，得到了县委、县政府的充分肯定，有效地推动了我县工业经济的发展。在脱贫攻坚方面，政协机关全体工作人员主动参与精准扶贫工作，按照县委制定的“三提一暖”工作部署，帮助所包贫困村理思路、兴产业、谋发展，帮助贫困户制订帮扶计划，提升居住条件、提振精神面貌，得到了广大群众的认可。

4. 加强对外联谊交流。去年6月，经省政协推荐，云南省政协就我县现代农业产业发展情况进行了学习考察，我们带领考察团参观了我县运河文化、现代农业园区及县城建设，考察了正大集团、康宏牧业等项目建设情况，全方位地对故城进行了宣传推介。积极配合市政协专委会就“推进清洁能源供暖、改善大气环境质量”“地下水超采综合治理”等开展专题调研活动、撰写调研报告4篇，被市政协专题调研组采纳，得到了市政协领导的充分肯定。

四、转变作风，强基固本，自身建设明显加强

一年来，县政协常委会坚持把自身建设作为履职的第一需要，主动适应新形势对政协工作提出的新要求，不断夯实履职基础，着力增强履职实效，使政协工作焕发出生机和活力。

1. 严纪律守规矩。充分发挥党组在政协组织中的领导作用，全面落实从严治党主体责任，认真遵守《中国共产党章程》《廉洁自律准则》，严格执行中央八项规定，形成了风清气正的工作环境。坚持集体领导和个人分工负责相结合，凡重大事项一律通过主席会议、常委会议讨论决定，年内先后召开主席会议16次、常委会议4次，研究决定具体事项48项，促进了决策的科学化、民主化、规范化。

2. 强队伍求实效。针对换届以来新委员较多的实际，县政协按照“懂政协、会协商、善议政”的要求，邀请市政协专委会领导对全体政协委员进行专题培训，认真组织学习了《政协章程》《提案工作条例》和其他政协业务知识，使新一届政协委员及时进入了角色、适应了工作。政协机关按照县委关于《推进“两学一做”学习教育常态化制度化实施方案》的要求，坚持每周三集中学习制度，深入学习习近平总书记系列重要讲话、党的十九大和省委、市委、县委会议精神以及政协相关知识，并结合实际开展了多次交流研讨活动，通过开展学习教育，增强了机关干部的宗旨意识、责任意识和自律意识，提高了机关干部的业务能力，形成了爱岗敬业、求真务实、争创一流的良好氛围。

3. 定制度提效能。一年来，我们先后制定和完善了《常委会工作制度》《主席会议工作制度》《委员管理办法》等规章制度，为政协履行职能、开展各项工作提供了制度规范。同时，我们还不断加强机关作风建设，出台了《政协机关学习制度》《政协机关考勤制度》《公务车辆管理制度》等多项规章制度，并严格按照执行，使政协工作效率明显提高，服务质量明显提升。

2018年工作思路

一、加强学习，努力提高履职水平

重视学习是人民政协的优良传统。要扎实推进“两学一做”学习教育常态化、制度化，不断增强应对时代变化，开创政协工作新局面的本领。**一是**深入学习贯彻党的十九大会议精神。深刻领会习近平新时代中国特色社会主义思想的丰富内涵，牢固树立“四个意识”，始终在思想上、政治上、行动上与县委保持高度一致。**二是**加强业务知识学习。有针对性地学习《关于加强人民政协工作的意见》《关于加强和改进人民政协民主监督工作的意见》等文件精神，适应社会发展的新思想、新理念、新要求，不断增强参政议政的本领。**三是**增强委员参政议政意识。通过不断学习，使广大委员深刻认识履行职能的重要意义，更加积极主动地为促进全县经济社会发展贡献力量。

二、围绕中心，加快推动改革发展

要按照党政所需、群众所盼、政协所能的原则，紧紧围绕全县工作大局，选择事关全县经济社会发展的重点问题，积极开展履职活动，为推动全县经济发展、社会稳定、民生改善发挥积极的促进作用。**一是**围绕县委、县政府的工作部署，采取多种协商方式，切实把广大政协委员的主动性、积极性调动起来，为故城经济发展献计出力；**二是**围绕项目建设、农业升级、生态治理、民生改善等事关人民群众切身利益的重点领域，综合运用提案办理、民主评议等多种方式开展民主监督，帮助党委、政府做好各项工作；**三是**围绕转型升级、脱贫攻坚、城乡建设、改革创新等方面，选好角度，把好尺度，精心组织开展专题视察调研，提出有针对性、操作性强的意见建议，为县委、县政府破解发展难题提供参考依据。

三、与时俱进，全面加强自身建设

要继续抓好政协自身建设，努力造就一支政治坚定、作风优良的高素质政协工作队伍，为政协履职提供有力保证。**一是**依据《政协章程》，进一步建立健全与履行职能相配套的工作制度，形成规范的运行机制和工作程序，继续推进政协工作的制度化、规范化、程序化建设；**二是**加强常委会的自身建设，要通过制定明确的规章制度，进一步规范常委会的工作，切实发挥好常委会在政协工作中的带动作用；**三是**严格执行《政协委员管理办法》，进一步规范政协委员参加政协活动的行为，增强委员的荣誉感、责任感和使命感，更好地发挥政协委员的主体作用；**四是**继续加强政协机关作风建设，不断提高干部队伍的综合素质和服务水平，努力把政协机关建设成“学习型、服务型、效能型”机关。

第十章　政协故城县第十一届委员会

第一节　第一次全体会议工作报告

政协故城县第十届委员会常务委员会工作报告（摘编）

（2021 年 7 月 26 日在政协故城县第十一届委员会第一次全体会议上）

主席团常务主席　史立朝

过去五年工作回顾

县政协第十届委员会任期的五年，是全县经济建设、社会各项事业取得重大成就的五年，也是县政协开拓创新、奋发作为的五年。五年来，县委、县政府对政协工作高度重视，主要领导多次做出重要批示，亲自为政协出题目、交任务，参加政协组织的重要协商活动。制定出台了《中共故城县委关于新时代加强和改进人民政协工作的实施意见》等文件，为做好政协工作提供了制度保障和重要遵循。在中共故城县委的坚强领导下，在市政协的大力支持下，县政协坚持以习近平新时代中国特色社会主义思想为指导，全面贯彻落实中央和省委、市委、县委重大决策部署，团结带领全体政协委员，围绕中心、服务大局，不断提升协商议政水平，强化民主监督职能，拓展团结联谊工作，加强履职能力建设，开创了政协工作的新局面，为全县经济社会发展做出了重要的贡献。

一、加强思想政治引领，共同思想政治基础更加牢固

五年来，县政协始终把加强思想政治建设摆在首位，坚定政治信仰、站稳政治立场、保持政治定力，确保政协工作正确的政治方向。

1. 坚持政治引领。始终坚持重要工作、重大事项向县委请示报告，重要会议、重大活动邀请党政领导出席，做到政协的一切重要工作在党的领导下开展，一切重要活动围绕党政中心工作进行，一切重要安排在广泛征求意见的基础上报请县委审批后实施，始终坚持党政中心工作推进到哪里，政协履职就跟进到哪里，做到了政协工作与全县工作大局同心同向、同频共振。

2. 坚持学习引领。积极引导政协委员开展理论学习活动，依托常委会议、主席会议、座谈会议等开展学习培训89次，参加省市政协专题讲座、视频辅导43次，发放学习资料4000余册，通过学习培训，使广大政协委员筑牢思想根基、夯实理论基础，增强“四个意识”，坚定“四个自信”，做到“两个维护”。

3. 坚持党建引领。认真贯彻落实中央和省委、市委、县委政协工作会议精神，进一步加强政协党的组织建设。充分发挥县政协党组“把方向、管大局、保落实”的领导核心作用，推动实现党的组织对党员委员的全覆盖、党的工作对政协委员的全覆盖。

二、围绕中心，服务大局，协商议政的成效更加显著

五年来，县政协始终把“围绕中心、服务大局”作为政协工作的主线，抓住事关全局的大事要事，充分发挥专门协商机构的作用，不断提升协商议政的质量和实效。

1. 聚焦中心任务协商议政。自觉把县委、县政府重大决策部署作为政协工作的切入点，围绕“一三五”发展战略，认真开展协商议政活动，提出了一大批有价值的意见建议。几年来，共提交提案、建议案276件、会议发言材料430余篇，反映社情民意信息1900余条，有效推进了党政决策的科学化、民主化，促进了有关工作的改进和提高。

2. 紧扣重点工作视察调研。围绕县委、县政府重点工作，科学制订年度协商计划，精心选择调研课题，深入开展调查研究，促进调研成果的转化。根据县委工作部署和县政协工作要点的安排，围绕民营经济发展、优化营商环境、大运河文化带建设、乡村振兴战略实施等，组织专题调研46次，形成建议案、调研报告55篇，报送县委、县政府后，得到了党政领导的高度重视和认可，分别作出重要批示，许多具有前瞻性的意见建议得到采纳，有力促进了经济发展、民生改善和社会和谐。

3. 紧贴发展大局担当作为。发挥政协优势，主动融入发展大局，针对经济社会发展中的热点问题，群策群力、出谋献策。紧扣“助推我县文旅产业发展起步开局”等重点课题，广大政协委员发挥岗位优势，积极献计出力，我县的经验做法得到市政协领导的高度评价，在全市政协工作经验交流会上作了典型发言。按照县委的工作安排，县政协班子成员认真落实县级领导包联企业制度，积极搞好协调服务，为企业排忧解难。同时，还参与了重点项目推进、商协会筹建、空港物流园跑办、招商引资、园区建设、扶贫脱贫、三创四建等重点工作，为全县经济社会发展贡献了政协的智慧和力量。

三、聚焦民生，关注民情，履职为民的理念更加坚定

五年来，县政协坚持把促进民生改善作为履职的根本出发点，围绕民生工程实施和群众关注的热点、难点问题，积极履行政协职能，推动了惠民举措的落地落实。

1. 在脱贫攻坚中践行委员担当。全面贯彻落实县委、县政府决策部署，及时发出倡议号召，助力脱贫攻坚。广大政协委员响应号召、

担当作为，积极参与了“百企帮百村”、下乡义诊、文化义演、教育资助、“一对一”结对帮扶等活动。选派机关精干力量组成工作队，开展驻村帮扶工作，帮助扶贫村理思路、兴产业、谋发展，为顺利实现脱贫攻坚任务作出了积极的贡献。

2. 在疫情防控中贡献政协力量。根据省委、省政协部署要求，县政协扎实开展了“聚力量、防疫情、促发展”活动，积极投身疫情防控阻击战，展现了政协的责任担当。新冠肺炎疫情发生后，县政协及时安排部署，广大政协委员和机关工作人员以身作则、率先垂范，带头遵守疫情防控规定，带头落实疫情防控措施，带头献爱心捐款捐物，积极投身医疗救助、复工复产、复课复学、爱心捐助、宣传引导等工作，展示了委员新风采，树立了政协新形象。

3. 在协商监督中促进民生改善。注重发挥政协民主监督的作用，聚焦民生福祉，围绕人民群众关注的教育医疗、城建交通、环境卫生、农村基础设施建设、小区物业管理等热点、难点问题，以专项视察、提案督办、民主评议等形式，开展活动65次，提出了许多针对性较强的意见建议，有力地推动了部门工作的落实和相关问题的解决，促进了社会和谐，保障了民生改善，提高了人民群众的幸福感、获得感、安全感。

四、凝聚共识，汇聚力量，团结民主的氛围更加浓厚

五年来，县政协牢牢把握团结、民主两大主题，充分发挥服务大局、促进和谐的作用，广泛凝聚共识、凝聚智慧、凝聚力量，促进了全县经济社会高质量发展。

1. 广泛开展对外联谊交流。开展联谊交流是政协工作的重要组成部分。我们坚持“广交朋友，服务故城，互相学习，共同进步”的原则，几年来，共接待上级政协和省外政协考察调研98次，1200余人，发放宣传资料3600余份，宣传了故城，增进了友谊，扩大了交流。广大政协委员立足本职，施展才干，积极参与全县招商引资、招才引智等工作，为故城经济发展做出了重要的贡献。

2. 积极搭建委员履职平台。搭建履职平台是激发委员活力、提高履职能力的重要渠道，我们通过开展“政协委员之家”建设，让每一位委员有组织依托、有联络渠道、有平台发挥，真正把政协打造成团结之家、民主之家、和谐之家。通过网络议政平台建设，为委员学习交流、发挥主体作用提供了更便捷、更有效的平台；通过开展“联络委员、共谋发展”等活动，察民情、听民意、建诤言、出实招，有效地凝聚了委员力量、反映了群众心声。

3. 认真做好文史资料工作。文史工作是政协富有特色的重要工作、也是新时代政协工作的重要内容。我们坚持把做好文史工作作为记录故城发展、展示委员风采、激发履职热情的重要工作。几年来，组织专家学者和精干力量，征集文史资料近百万字，编辑出版了《“纪念改革开放四十周年”摄影作品集》《故城文史》《运河故城2019》《运河故城2020》等书籍，为委员知情明政搭建了新的平台，为社会各界了解故城发展拓展了新的渠道。同时，还配合省、市政协积极报送文史素材、影像图片等资料，宣传了故城发展成果、提升了故城良好形象。

五、完善制度，提升能力，履行职能的基础更加坚实

五年来，县政协坚持把加强自身建设作为履职的第一需要，主动适应新形势、新要求，不断完善制度建设、提升履职能力、增强履职实效，使政协履职的基础不断增强，焕发出了新的生机和活力。

1. 制度建设不断完善。结合我县政协工作实际，制定完善了《县政协常委会工作规则》《政协委员管理办法》《政协委员履职发言制度》等一系列规章制度，进一步明确职责任务、完善工作机制、健全制度体系，推动了政协工作的制度化、规范化建设。

2. 队伍建设不断提高。按照“懂政协、会协商、善议政”和“守纪律、讲规矩、重品行”的要求，全面加强委员队伍建设。强化委员学习培训和服务管理，教育引导委员坚定理想信念，时刻保持清醒头脑和政治定力。深入开展了“五个一”活动（每位委员年内至少提交一件高质量提案，反映一条社情民意信息，参加一次政协组织的调研视察活动，围绕改革发展提一条合理化建议，为群众办一件实事），完善了委员履职档案，定期对委员履职情况实行动态管理，切实发挥好政协委员在本职工作中的带头作用、在政协工作中的主体作用、在界别群众中的表率作用，委员队伍的履职能力和整体素质得到了显著提升。

3. 机关建设不断加强。按照县委部署要求，扎实开展了“不忘初心、牢记使命”主题教育、“党史学习教育”等活动，扎实推进“学习型机关”建设，进一步提高了机关工作人员的整体素质和业务能力。按照县委工作部署，抽调精干力量开展了驻村帮扶、小区疫情防控、环境治理、人口普查等重点工作，政协机关作风明显改善，服务能力显著提升，呈现出奋发作为、干事创业的良好风貌。

经过几年来的工作实践，我们对做好新时代政协工作有了更深刻的认识：**一是必须坚持县委对政协工作的领导。**确保政协工作正确的政治方向。**二是必须坚持政协性质定位。**充分发挥好人民政协专门协商机构的重要作用。**三是必须坚持围绕中心、服务大局。**自觉把政协工作放在县委、县政府的工作大局中去谋划、去部署、去落实。**四是必须坚持以人为本、履职为民。**把“人民对美好生活的向往”作为政协履职的方向，把履职为民作为政协工作的出发点和落脚点，真正落实以人民为中心的发展理念。**五是必须坚持团结民主两大主题。**坚持把社会各界的智慧和力量凝聚起来，把增进团结和发扬民主结合起来，汇聚起社会发展的强大正能量。**六是必须坚持发挥委员主体作用。**切实增强委员意识、激发委员活力，调动委员的积极性、主动性、创造性，使政协工作适应新形势、把握新要求、开创新局面。这些经验和体会，是十届县政协实践和探索的成果，也是对历届政协工作经验的继承和发扬。

今后五年工作建议

一、始终坚持党的领导，确保正确的政治方向

要深入学习领会习近平总书记系列重要讲话精神，增强“四个意识”，坚定“四个自信”，做到“两个维护”，切实把思想和行动统一到中央和省委、市委、县委重大决策部署上来，自觉做到与县委、县政府思想上同心、政治上同向、工作上同步。

二、始终坚持围绕中心、服务大局，不断提高协商议政质量

要按照县委全会确定的工作目标和发展方向，充分发挥政协的优势，围绕故城“高质量发展、高品质生活”，精心选择课题，组织开展视察调研、协商议政活动，切实做到建言建在需要时、议政议在点子上、监督监在关键处。

三、始终坚持履职为民的理念，不断增强民主监督实效

要坚持把促进民生改善常态化作为政协履职的重要内容，把人民群众普遍关心的教育、医疗、住房、养老等重大民生问题作为重点议题、重要内容，积极开展民主监督、反映社情民意等活动。要大力宣传党的路线方针政策、县委的重大决策部署，协助党委政府做好理顺情绪、化解矛盾、增进共识、促进和谐的工作。

四、始终坚持团结民主两大主题，不断汇聚高质量发展的强大正能量

要坚持团结、民主两大主题，加强联谊交流，扩大对外宣传。要加强履职平台建设，拓展知情明政渠道，引导广大政协委员为我县经济社会高质量发展凝聚新动力、汇聚正能量。

五、始终坚持加强自身建设，不断提升政协工作能力和水平

要坚持以严格的标准、务实的作风、扎实的举措，坚持不懈地抓好自身建设。要不断健全工作机制，大力弘扬求真务实的作风，坚持在出实招、办实事、见实效上下功夫，努力造就一支政治坚定、作风优良、高素质的政协委员队伍和机关干部队伍，为履行好政协职能提供有力保证。

第二节　第二次全体会议工作报告

政协故城县第十一届委员会常务委员会工作报告（摘编）

（2022 年 1 月 27 日在政协故城县第十一届委员会第二次全体会议上）

政协主席　史立朝

换届以来的工作回顾

2021 年，是我县“十四五”强势开局之年，也是十一届县政协起步之年，自换届以来，县政协常委会在中共故城县委的坚强领导下，在市政协的有力指导下，深入学习贯彻中共十九大和十九届历次全会精神，认真贯彻落实中央和省委、市委、县委政协工作会议精神，围绕全县“高质量发展、高品质生活”这一主题，突出重点，体现特色，切实履行政协各项职能，着力提升政协工作质量，为我县经济社会发展作出了积极的贡献，实现了本届政协各项工作任务目标的良好开局。

一、坚持政治引领，把准方向，以坚定的理想信念站稳政治立场

县政协常委会把坚持党的领导作为政协事业发展的根本保证，坚持强化政治引领、把准政治方向、站稳政治立场，理想信念更加坚定，思想基础更加牢固，确保了政协工作正确的政治方向。

1. 旗帜鲜明讲政治。始终坚持党对政协工作的全面领导，增强“四个意识”、坚定“四个自信”、做到“两个维护”。自觉接受县委的领导，坚持县委的中心工作推进到哪里，政协工作就跟进到哪里。坚持政协年度工作计划报县委审定，重要工作、重大事项向县委请示，重要会议、重大活动邀请县委、县政府领导参加，始终做到与县委保持目标一致、方向一致、步调一致。

2. 理论武装抓深入。深入学习贯彻习近平新时代中国特色社会主义思想，全面贯彻落实习近平总书记关于加强和改进人民政协工作的重要思想，通过开展多种形式的学习培训活动，推动了县政协工作在继承中发展、在发展中创新。换届以来，共组织举办专题讲座、视频辅导、座谈交流等学习活动 36 次，培训委员 480 多人次。使广大政协委员，特别是新任政协委员进一步坚定了理想信念，强化了责任担当。

3. 持之以恒抓党建。落实新时代人民政协党的建设总要求，结合县政协实际，制定了《政协故城县委员会党建工作“四联系”办法》，建立健全了县政协党内主席联系党外主席，党组成员联系委员活动小组，委员活动组长联系党员委员，党员委员联系党外委员的工作机制，实现了党的组织对党员委员的全覆盖，

党的工作对政协委员的全覆盖。2021 年 9 月在河北省政协系统党建工作经验交流会上，我县代表衡水市做了典型发言，得到了省、市政协领导和与会人员的好评。

二、坚持围绕中心、服务大局，以丰硕的协商成果展现担当作为

县政协常委会坚持把政协工作放到全县大局之中去思考、去推进，紧扣“高质量发展、高品质生活”这一主题，广泛开展协商议政活动，为县委、县政府科学决策提供了重要参考依据。

1. 提案办理献良策。县政协十一届一次会议以来，共征集政协委员提案 163 件，立案 156 件，提案质量大幅提升。县政协会同县政府办公室召开了提案交办会，转交给有关承办单位，通过政协常委会议听取办理情况汇报、重点提案督办等形式，切实加大提案督办力度，使一些群众广泛关注、社会反映强烈的问题得到重视和解决。

2. 视察调研出实招。坚持按照“县委想什么、政协就谋什么，政府干什么、政协就帮什么”的工作思路，围绕进一步优化营商环境、完善城市基础设施建设、农业种植结构调整、加强乡村公共卫生体系建设四个课题，深入工厂企业，深入乡村一线，通过实地调研、走访座谈、专题论证等，详细了解情况、形成了调研报告，县委、县政府主要领导高度重视，分别做出了重要批示，相关部门落实到发展规划、政策措施和具体工作之中。

3. 协商座谈建诤言。开展双周协商座谈，是县政协履职的一项重要创新举措。围绕“高质量发展、高品质生活”，按照委员界别，先后组织召开双周协商座谈会议 6 次，提出意见建议 100 多条。县委主要领导亲自参加协商会议，与委员们共商全县发展大计；亲自到现场了解情况、委员们反映的问题得到了及时、有效的解决。体现了县委、县政府对政协工作的高度重视和大力支持，也激发了政协委员的参与热情和履职活力。在市政协工作经验交流会上，我县的做法，得到了市政协主要领导的充分肯定和高度评价：故城县政协的这种协商形式，在全市政协系统还是首创，建议各县市区政协认真学习借鉴。

三、坚持关注民生、履职为民，以扎实的履职实践彰显为民情怀

县政协常委会坚持把关注民生作为履职的根本出发点和落脚点，全力助推保障和改善民生的工作，不断提升人民群众的幸福感、获得感和安全感。

1. 服务群众办实事。按照县委工作部署，以党史学习教育为契机，扎实开展“我为群众办实事”活动，倡导委员主动履职尽责，通过志愿服务、慈善救助、爱心捐助、建言献策等，切实为群众做好事、办实事、解难事。根据县委、县政府部署，县政协发出了“参与全县一排双抢工作”的倡议，广大政协委员积极响应，深入田间地头、村边沟渠，开展形式多样的帮扶活动，帮助群众排水排涝、抢收抢种，解决群众生产生活中的困难。机关干部认真落实帮扶责任，强化帮扶措施，加强动态监测，巩固脱贫成果。

2. 建言献策惠民生。围绕提升生活质量，创造高品质生活。就人民群众关注的“中小学生营养餐实施情况”“疫情期间优化餐饮行业发展”等课题开展了调研活动，在广泛征求社会各界意见、反复研讨论证的基础上，提出了具体的意见建议，被有关部门采纳和吸收，促进了工作的开展。

3. 社情民意促和谐。积极创新工作方式，提升社情民意信息质量。换届以来，围绕惠民政策落实、民生项目建设、群众所需所盼，反映社情民意信息 300 多条，使营商环境更加优化，城乡基础设施更加完善，商圈、医圈、校圈交通环境明显改善，有力地推动了工作落实，使经济发展更有质量、群众生活更有品质，真正使政协社情民意工作成了县委、县政府的连心桥、好帮手。

四、坚持团结民主、凝心聚力，以有力的思想引领凝聚发展共识

县政协常委会坚持团结、民主两大主题，积极协助党委、政府做好协调关系、化解矛盾、理顺情绪、增进团结的工作，凝聚起高质量发展、高品质生活的发展共识。

1. 主动融入中心。县政协班子成员按照县级领导“一包四”工作机制的要求，多次深入基层，了解企业运营情况，与企业共谋发展、共解难题。同时，积极参与招商引资、项目建设、乡村振兴、疫情防控、老旧小区改造等各项工作，为全县高质量发展、高品质生活作出了重要贡献。广大政协委员按照县委、县政府决策部署，根据县政协工作安排，切实发挥好政协委员的模范带头作用，积极投身全县经济发展主战场，贡献了政协的智慧和力量。

2. 扩大联谊交流。自去年换届以来，承接上级政协来故城视察调研、走访慰问工作任务10次，接待德州市政协、滦南县政协等地方政协学习考察46人次。在外出学习考察中，更加注重把联谊交流与招商引资、推介故城相结合，通过开展联谊交流，讲好故城故事、宣传故城亮点、展示故城形象。

3. 拓宽履职渠道。进一步完善网络议政平台建设，畅通网络议政渠道，使政协委员建言献策、履职尽责更便捷、更高效。同时，充分发挥文史工作“存史、资政、团结、育人”的作用，积极组织专家学者开展文史资料征编工作。目前，编辑整理《运河故城2021》文史资料20多万字，征集图片资料120余幅，为政协委员知情明政提供了更广阔的履职空间。

五、坚持强基固本、激发活力，以不懈的自身建设夯实履职基础

县政协常委会坚持多措并举，不断加强自身建设，激发履职新活力，提升履职新水平，推动政协工作不断向更高质量迈进。

1. 加强常委会自身建设。全面贯彻新发展理念，准确把握人民政协性质定位，修订完善了《县政协常委会工作规则》《县政协常委、委员履职发言制度》等，进一步加强了县政协常委会制度体系建设，提升了县政协常委会履职的制度化、规范化、程序化水平。

2. 加强委员队伍建设。结合县政协工作实际，制定出台了《县政协委员管理办法》《县政协关于强化政协委员责任担当的意见》《县政协关于加强和促进人民政协凝聚共识工作的意见》等规章制度，持续完善委员履职档案，建立履职台账，记录委员出席会议、参加视察调研、提交提案、撰写发言材料等履职的情况，坚持一人一档、一事一记，切实加强委员履职管理、不断提高政协委员履职实效、展现委员履职担当。

3. 加强机关建设。扎实开展党史学习教育，注重抓好“三个学习”（集体学习、个人学习、专题学习）加强思想作风建设；作好“三个表率”（在深入学习贯彻党的思想理论上作表率，在始终同党中央保持高度一致上作表率，在坚决贯彻落实党中央各项决策部署上作表率）加强模范机关建设；提高“政治三力”（政治判断力、政治领悟力、政治执行力）加强政治能力建设，树立了政协机关干部忠诚担当的良好形象，为政协工作高质量发展提供了有力保障。

2022年主要任务

2022年，是我县实现高质量发展、高品质生活的重要之年，做好政协工作使命光荣、意义重大。县政协工作的总体要求是：以习近平新时代中国特色社会主义思想为指导，深入学习贯彻党的十九大和十九届历次全会精神，坚持把加强思想政治引领、广泛凝聚共识作为履职的中心环节，全面贯彻落实县委十四届二次全会精神，围绕“高质量发展、高品质生活”这一主题，充分发挥政协优势，切实履行政协职能，为加快建设现代化经济强县、美丽故城凝心聚力，以优异的成绩迎接党的二十大胜利召开。

一、坚持党建引领，在履职尽责中确保“高站位”

要坚持以党建工作的高质量引领政协履职的高质量，加强政协党的组织建设，认真贯彻落实《县政协党建工作“四联系”办法》，切实发挥政协党组“把方向、管大局、保落实”的核心领导作用，发挥党员委员的示范引领作用；按照“懂政协、会协商、善议政、守纪律、讲规矩、重品行”的总体要求，深入学习贯彻习近平总书记关于加强和改进人民政协工作的重要思想，增强“四个意识”，坚定“四个自信”，做到“两个维护”，切实把思想和行动统一到中央和省委、市委、县委的重大决策部署上来，始终做到与县委中心工作同频共振、同心同向。

二、强化责任担当，在服务大局中发出“好声音”

要按照县委“谱写‘六个故城’新篇章”的目标要求，把服务发展大局作为履职的第一要务，围绕构建高质量发展新格局、厚植高品质生活新福祉，就事关全县发展的重大问题和人民群众关心的热点、难点问题，建诤言、献良策、出实招，在增加人民群众获得感、幸福感、安全感中发出政协好声音。

三、广泛联谊交流，在助推发展中汇聚“正能量”

要坚持建言资政与凝聚共识双向发力，全面贯彻落实县委、县政府决策部署，充分发挥县政协人才荟萃、智力密集的优势，把凝聚共识贯穿政协履职的全过程，广泛开展联谊交流，不断加强思想政治引领，提高凝聚共识的实效，为谱写“六个故城”新篇章凝聚强大正能量。

四、搭建履职平台，在守正创新中迈上“新台阶”

要以搭建履职平台为突破口，发扬政协优良传统，创新履职体制机制，构建协商议政新平台，展示政协委员新作为。根据市政协部署要求，按照“七有”标准（有组织、有场所、有设施、有制度、有活动、有记录、有评估），建立市、县政协“委员协商议政室”，为委员履职搭建更便捷、更高效的平台，推动政协工作迈上新台阶。

五、加强队伍管理，在自身建设中练就“硬本领”

要把委员队伍建设摆在政协工作的重要位置，加强委员学习培训、搭建委员履职平台、强化委员履职管理，完善委员履职档案，切实发挥好政协委员在政协工作中的主体作用。要加强政协机关的能力建设和干部队伍建设，完善工作机制、提升工作效能，增强政协机关的凝聚力和战斗力。通过加强“两支队伍”建设，练就“要履职、能履职、会履职、善履职”的过硬本领。

第七编

调研报告（摘录）

调研工作是人民政协履行政治协商、民主监督、参政议政等职能的基础环节和重要形式。县政协坚持以发展为第一要务，全面贯彻落实县委决策部署，紧紧围绕全县中心工作和经济社会生活中的重大问题，组织相关专长委员开展专题调研。积极为党委、政府出谋划策，为人民群众解决实际困难，形成了一大批推动故城经济社会发展、促进民生改善的调研报告和建议案。这些报告内容涉及工业经济、农业农村、城市建设、教育医疗、文旅发展等领域。许多意见建议得到县委、县政府及有关部门的重视和采纳。经编委会研究，选取42篇具有时代特点、撰写质量较高、可供借鉴的调研报告。

第一章　政协故城县第六届委员会调研报告

第六届县政协紧紧围绕我县改革开放、经济建设、教育科技、文化、社会法制等诸多领域，开展了一系列深入细致的调查研究，形成了《关于推进农业产业化的调研报告》《关于加强城镇建设的调研报告》《关于如何大力发展个体私营经济的调研报告》《关于我县瘦肉型猪和蛋鸡发展情况的调查报告》等调研报告、专项建议30余篇。其中不少建议站位高、选题准、可操作性强，得到了县委、县政府的重视，及时给予答复并责成有关部门抓好落实，为推动相关工作的开展发挥了积极作用。

关于推进农业产业化的建议

政协故城县委员会

近年来，我县农业在粮、棉、油产量，特种养殖，果品产业等方面都有了长足发展，但在农业效益上与先进市、县比差距较大。究其原因，主要是在农业产业化上进程较慢，其主要问题是：

一是对农业产业化对振兴农村经济的重要性认识不足，工作力度不够。有的干部还不能用市场经济的观点、方法对待正在变化中的农村经济，还没有认识到农业产业化是推进农业“两个根本性转变”的重要切入点和结合点，是实现农业现代化的必由之路。因此，对农业产业化宣传不够，组织领导不力。一些部门和企业负责人认为农业产业化是农业部门的事，与己无关，因此在工作上条块分割，各行其是，形不成合力，影响农业产业化的进程。

二是政策不到位，环境不够宽松。农业产业化缺乏有效的政策驱动机制，政策不配套、不落实、不到位问题还比较突出。对农业产业化领导与调控力度不足，缺乏有效的组织领导和加快农业产业化进程的政策措施。服务不完善，发育迟缓，能力不强，形不成产前、产中、产后全方位服务。如有些年份，种植的大蒜、菠菜、果品等，产量上来了但缺乏市场，对种植农户造成一定的经济损失，挫伤了广大农民的种植积极性。

针对存在的问题，为适应在农业和农村经济领域中实现中央提出的“两个根本性转变”和市场经济条件下发展农村经济的需要，提出如下几点建议。

一、加大宣传教育力度，进一步提高认识

运用宣传、学习、参观、考察等多种形式，提高广大干部群众的思想认识，在学习外地经验的同时，注重本县典型的引导示范作用，如我县在种子产业化方面，由于抗虫棉的引进，解决了广大棉农植棉效益低、投工多、效益差等实际问题，在种子产、供、销上形成了经营单位连基地、基地带农户一条龙体系，保证了供种质量、数量及全县普及，效果较好。总之通过内地、外地考察学习，教育各级干部尤其是领导干部，在进一步巩固家庭联产承办责任制和双层经营体制的基础上，把加速农业产业化步伐的认识，统一到推进农业实现“两个根本性转变”，加快农业现代化进程的有效形式和全面振兴农村经济，确保广大农村如期实现小康的可靠保证上来。为此，在思想上要努力做到六个突破：**一是**要突破农业产业化是单纯农业生产的思维，用大农业思维方式研究解决农业产业化过程中出现的问题。**二是**要突破传统的农业自然经济和计划经济思维定式，用市场经济规律指导农业产业化。**三是**要树立社会化大生产观念，以农业及其相关行业为主，各行各业都参与，实现工业、商业、农业三大产业之间的真正联合，形成贸工农一体化。**四是**要打破行政区域、行业界限和城乡界限，发展农业产业化，形成一种新的产业格局。**五是**不走小而全的老路，对优势企业要扶持上规模、上水平、上档次，使企业走小商品，大市场；小企业，大群体的新路子。**六是**要破除单一所有制形式，不论国有、集体、私营、合资，只要有利于农业产业化经营，都要扶持发展，以加快我县农业产业化的步伐。

二、进一步完善农业产业化规划

一个科学的、因地制宜的统一规划，可以使农业产业化科学、有序、高效地发展。因此，要按照龙头建设上水平、主导产业有特色、基地建设上规模、市场体系要完善、社会化服务要健全的要求，制订出农业产业化发展规划。为此，要坚持以下主要原则：

一是市场经济的原则；**二是**区域经济的原则；**三是**因地制宜的原则；**四是**合理布局的原则；**五是**远近结合的原则；**六是**效益优先的原则。以求达到县有龙头、乡（镇）有特色、村有基地，使产业化经营形成区域优势和规模优势，在较高的经济效益下良性循环。

三、进一步完善农业产业化政策，创造良好、宽松的环境

一是要尽快建立起符合社会主义市场经济条件下的土地使用流转机制，在政策允许的前提下，要积极解决农业产业化规模经营中的占地问题。**二是**要用足、用活、用好税收等政策，以扶持产业化经营快速发展。**三是**要制定扶持龙头组织发展政策，加大扶持力度，在资金使用、电力供应等诸多方面上适当倾斜。**四是**要实行激励政策，对在农业产业化经营中做出贡献者，给予奖励，以激发调动各方面积极性。

四、认真完善龙头、基地、农户之间的利益调节机制

龙头企业要树立与基地共兴衰的观念，摆正龙头、基地、龙尾的关系，积极发展基地，健全基地功能，尽可能地使基地和农户形成比较稳定的产供销关系，结成利益共同体，只有这样，才能使各方的积极性得到充分发挥，产、供、销各个环节正常运转。

五、加大投入、加快社会化服务体系建设

一是结合机构改革加快政府职能转变，加强各级政府部门的服务意识和职能意识，在生产资料供应、技术指导、产品运销、信息咨询等方面开展服务。**二是**要加快社会化服务体系建设的步伐，尽快建立一支人员素质好、服务意识强、有创业精神的服务组织。**三是**要加强市场建设和管理，对现有的专业化市场应加强扶持和管理，并继续开拓新的专业市场，加快市场化服务步伐，促进农业产业化经营的快速

发展。如在辣椒产业上，种子由农业局蔬菜站直供，技术由他们直接传授，销售也由他们负责，从种到销全程服务，促进了全县辣椒生产的发展，近两年来，种植辣椒要比其他作物平均亩增效益200~500元。**四是**要建立多元化投资体系，采取向上争取、财政投入、银行贷款、社会法人和个人参股、吸引外资等多渠道筹措资金。政府要确保一定的启动资金，对来自各方面的农业投资，尽可能采用捆起来集中使用的方法，以保证重点产业项目上马。

六、加强领导，促进农业产业化健康发展

第一，要建立健全组织领导体制。对产业化经营实行统一领导，统筹规划和协调，实现“一个产业，一套规划，一个班子，一套措施”，并采取“以班子抓基地，以基地做样板，以样板带农户”的办法，把产业化经营中的龙头组织和基地建设等主要任务落到实处。**第二**，做到工作层次分明，明确分工、各负其责。要把握方向，制定政策，加强规划，宏观调控，做到统筹规划，合理布局，防止重复建设。**第三**，积极培养合格的产业化人才，把育人、管人和用人三者有机地结合起来，为人才脱颖而出创造条件。**第四**，实行目标责任制，把农业产业化经营列为年终考核重要内容。**第五**，抓好典型引路，全面启动，突出重点，整体推进，切实加快农业产业化经营进程。

关于发展个体私营经济的建议

政协故城县委员会

改革开放以来，特别是党的十五大以来，在党的政策指引和扶持下，全县非公有制经济有了快速发展。但是，个体私营经济发展很不平衡，有些仍还处在原始积累阶段，步履艰难，发展缓慢。其主要问题是“五多、五少”和“四难”，即：个体商贩多，私营企业少；粗放型企业多，科技型企业少；小打小闹多，规模产业少；一般性产品多，名牌产品少；本地经营多，外向型经济少。贷款难、办事难、扶持难、保护难。这些问题的存在，严重地影响了个体私营经济的发展。

存在以上问题的原因，概括起来主要有以下几个方面。

一是观念陈旧，思想认识不到位。由于开放晚，人民的思维总摆脱不了计划经济模式，保守意识浓重。更主要的是对发展个体私营经济的重要性缺乏足够的认识，对个体私营经济怎么发展，发展中有哪些关键问题，如何去引导、去解决研究得不多，支持得不够，更不能深入到个体私营企业中搞调研，不敢与个体私营企业的经理老板交朋友，对发展个体私营经济紧迫性还没有形成共识。

二是政策落实不到位。近年来，出台了一些扶持个体私营经济发展的优惠政策，但很难全部落到实处。一方面是贯彻力度不够，另一方面是地方制定的优惠政策与执法管理部门“条条下来”的文件时有“撞车”。由于利益驱动，部门条例代替了全局政策，再加上个别执法人员素质较低，执法随意性较大，“三乱”现象时有发生。这些现象的存在，在很大程度上抵消了优惠政策的作用，在一定程度上也制约了个体私营经济的发展。

三是环境优化不到位。适应个体私营经济发展的环境还没有形成。有的对发展个体私营经济说起来重要，做起来就这也不行。有的职能部门把个体私营经济看成是经营者的事，个体私营企业遇到困难，不愿去帮。特别是个体私营经济正处于原始积累时期，更需要有一定

资金作启动，可金融部门的政策是帮富不帮穷。

要想让个体私营经济真正成为新的经济增长点，必须用新的思想观念、用新的方法措施调动干部、群众的积极性，各行各业形成合力，扶持个体私营经济发展。为此，提出以下建议。

1. 思想认识要到位。各级领导干部一定要提高对个体私营经济使社会主义市场经济的重要组成部分和新的经济增长点重要性的认识，进一步增强发展个体私营经济的紧迫感，带头鼓励、支持个体私营经济发展。要解放思想，转变观念，打破所有制束缚，不搞姓“资”姓“社”争论，只要符合邓小平同志提出的“三个有利于”标准，就放心大胆地去发展。学习先进地区的经营并结合本地实际，勇于探索，勇于实践，积极开拓进取，推动个体私营经济加速发展，提高与先进地区缩小差距的自觉性。

2. 倾斜政策措施要到位。为加快全县个体私营经济的发展步伐，建议县委、县政府彻底清理整顿一些职能管理部门今年来出台的不利于个体私营经济发展的规定和政策，给非公有制经济提供一条畅通的航道。同时对县委、县政府《关于加快发展个体私营经济若干政策》落实情况进行一次全面检查。同时还要研究制定一些更加优惠的政策。**一是**金融部门应加大对个体私营这扶持力度，由锦上添花变为雪中送炭。**二是**让个体私营经营者参加有关部门举办的各种招商引资活动。**三是**个体私营经营者的科研成果，有关部门要积极申报、评审推广，努力提高个体私营企业的知名度和个体私营的社会政治地位。**四是**在科技扶持上，县有关部门要有计划地向个体私营者投放些高科技、高附加值的生产项目，鼓励、支持科研单位、科技人员联办、合办、独办私营企业；对支持个体私营企业做出特殊贡献的要给予重奖；鼓励、引导大专院校学生到个体私营企业创业；县有关部门要有计划地对在个体私营企业中的科技人员进行培训，不断提高他们的能力和水平；只有全社会各行各业都来关注支持，个体私营经济发展才有希望迈出更大的步伐。

3. 环境改善要到位。各职能部门在个体私营经济的管理和服务中，**一是**要把服务放在首位，在企业合法经营的前提下，坚持先服务、后管理，先发展、后规范的指导思想，努力提高服务质量。同时要把发展个体私营经济当成自己分内的事，列入工作议事日程、纳入政绩考核之中，主动为个体私营企业办实事，办好事。**二是**要把个体私营经济发展列入各级经济发展规划，积极帮助个体私营企业上规模、上档次、创名牌，努力培育若干个规模大、特色强、效益好的特色产业，增强地域经济辐射力。**三是**要建立健全各种中介服务组织，及时为个体私营企业提供信息、引进人才、引进资金、引进技术，搞好产前、产中、产后服务。**四是**要拓宽引资渠道、建立面向个体私营企业的信贷风险担保基金，引导社会资金投向个体私营经济领域，加快形成投资主体多元化格局，支持个体私营经济快速发展。**五是**各级政府要加大对个体私营企业保护力度，对重点个体私营企业实行挂牌保护，建立由执法部门参加的执法机构，成立“个体私营企业合法权益投诉中心”，确保个体私营企业的合法权益。**六是**对那些肆意刁难、设卡、乱收费、乱摊派、乱罚款等对个体私营企业家的各种歧视行为，要公开曝光，严肃处理，为个体私营经济创造一个良好的发展环境。

关于小城镇建设的几点建议

政协故城县委员会

发展小城镇，是带动农村经济和社会发展的一大战略，是中共十五届三中全会通过的《中共中央关于农业和农村工作若干重大问题的决定》的重要内容之一。

故城县郑口镇是1980年经省政府批准设立的建制镇。面积105.68平方公里，全镇共辖74个行政村，总人口88735人，其中非农业人口30027人，常年流动人口8000人。几年来，该镇在小城镇建设中，坚持科学规划，梯次推进的指导思想，抓基础、优环境；抓投入、建市场；抓农业富镇、上工业强镇；抓流通活镇、用科学兴镇。1998年末，工农业总产值、工商税收、农民人均收入等指标分别达到119855万元、1782.85万元、2568元。从1996年至1998年平均每年分别以21.1%、19.6%和6.2%的速度递增。乡镇企业发展达到968家，其中镇村集体企业22家，非公有制经济户946家，固定资产4322万元，从业人员9762人，占农村劳动力的34.1%，乡镇企业总产值实现196100万元，实现税收18632万元。初步形成了以冶金、建材、玻璃钢、皮毛皮革、化工、食品为主带动整体经济增长和优化结构的支柱产业。同时形成了以优质玉米、时差蔬菜、果品杂粮、特种养殖等“两高一优”农业为主的五大农副产品生产基地。产品远销京、津、豫、鲁等省市。郑口建设小城镇的经验，给了我们很大启示，据此提出以下建议。

一、领导认识要高起点

小城镇建设是个系统工程。因此，各级领导必须更新观念，做到不观望、不等待、不应付。要把这项工作抓在手上，放在心上。应动真的，求实的，敢于创新、勇于改革，以发展中不断总结新经验、谋划新思路、解决新问题。

二、规划要实际

在城镇建设上必须有一个好的规划，规划一要有发展眼光，有超前性；二要符合实际；三要有特色。在规划前，要组织有关部门、专家进行认真调查，广泛论证，科学规划。规划拿出后，要提交人民代表大会讨论通过，用法律程序把它固定下来。对规划落实情况每年向人民代表大会进行通报，自觉接受人民监督，同时避免发生由于领导人更换致使政策没有连续性的现象。

三、改革力度要大

在小城镇建设的改革上，**一是**要改革小城镇的户籍管理制度。凡是在小城镇已经有合法稳定的非农职业或者已有稳定的生活来源，而且在小城镇已有了合法固定的住所并居住已满两年的，都可以办理城镇常驻户口，享有城镇居民同等待遇。**二是**改革小城镇土地使用制度。在不违背《土地法》的前提下，允许小城镇单列出一部分土地，作为小城镇建设启用土地，允许土地转换和先占用后复垦的办法，实行建设用地与复垦土地的动态平衡。**三是**改革小城镇建设投资体制。所在镇可制定若干优惠政策，净化镇内环境，用优惠政策吸纳资金，用宽松的环境吸引资金，用企业的发展积累资金。按着“谁投资谁受益，谁开发谁经营”的原则，建立国家、地方、集体、个人共同投资的多元化、多层次投资体制。**四是**改革用人制度、创造能人兴镇的浓厚气氛，打破传统用人观念，大胆起用能人。对乡镇干部要推行聘任制、实行民主推荐、公开竞争，消除用人的腐败现变。对企业的用人，要以需用人，以才用人，积极推进民主选举制。在实际工作中，提高党政一把手对建设小城镇的综合驾驭能力。对正在发展的中小城镇领导班子，不宜频繁变动，以保证规划、措施的连续性，并建立必要的奖惩制度。

四、建设要大力度

在小城镇建设上要突出重点，加快建设。小城镇的基础建设，应先易后难，但标准要高。首先要建好城镇街道，然后美化好环境。其次要搞好住宅规划，重点要搞好综合市场开发建设，使其发展和城市经济接轨，同时，乡镇企业发展要与小城镇建设紧密结合，要改变分散式不合理布局，走集约化、规模化、协助化的路子；要引导乡镇企业向小城镇聚集，实现基础设施共享、资源共享，避免大而全、小而全的低水平重复建设，增强市场竞争力。

关于提高县办工业运行质量、加快县办工业发展的建议

政协故城县委员会

1998年，我县县办工业克服市场疲软、资金短缺等诸多不利因素，实现利税3007万元，上缴国家财政总额2352万元，占全县财政收入24%，为全县经济发展做出了积极贡献。但在发展的道路上，目前县办工业面临着许多问题和困难，如机制不活，运行质量不高，效益下滑，市场价位竞争激烈，负债过高，包袱沉重，资金短缺，开工不足，形势严峻。现就县办工业如何在困境中抓住机遇，寻求发展，提出以下建议。

一、选好企业的经营管理者，培养和造就高素质的经营管理者队伍

企业经营管理者是企业参与市场竞争的组织者和指挥者。当前，我县县办工业正处在两个根本性转变的关键时刻，企业要转换经营机制，家里现代企业制度；要合理配置企业资源，进行资本运营；要进行技术改造，把科技成果转化为生产力；要加强和改善企业内部管理，充分发挥职工的积极性、创造性，提高企业效率和市场竞争力，都必须有优秀的经营管理者进行规划和运作。同是一个企业，还是那支队伍，还是那些资产，选拔和配备好优秀的经营管理者就能使企业起死回生，并且不断扩张与发展，像这样的例子在外地、就是在我县也是鲜为人知，如我县医药公司，曾一度亏空140万元，企业濒临倒闭。县委、县政府采取果断措施，调整企业法人，胡立明同志任经理后，当年实现扭亏，并于1997年租赁停产倒闭的县淀粉厂，实现了企业的低成本扩张。总之，提高经营管理者的素质，选拔和配备好经营管理者是实现县办工业快速发展的迫切需要，是企业科学决策，在市场竞争的大舞台上立于不败之地的关键。

一个优秀的企业经营管理者具备的基本素质应是：

1. 坚持党的基本路线不动摇，执行党的方针、政策，解放思想、锐意改革、勇于创新。

2. 要具有比较丰富的企业管理知识和经验，具有强烈的事业心和责任感。

3. 有敏锐的市场洞察力，准确的判断力，科学的决策能力和高超的领导能力。

4. 具有一定的资本运营能力，善于把企业的改革、改组、改造和加强管理结合起来。

5. 具有高尚的个人品德，能够知人善任、严于律己、尊重职工。

二、深化企业改革，实现县办工业的转机建制，增强企业活力和发展后劲

改革是企业发展的根本出路，近年来，紧紧围绕“产权清晰、责权明确、管理科学”这个重点，我县对县办工业采取了一系列的改革措施，收到一定的成效，但用三年左右的时间，通过改革、改组、改造和加强管理，使大多数企业摆脱困境的改革任务依然十分艰巨，而且企业改革的难度也越来越大。根据我县工业的实际情况，建议从以下几个方面加大工作力度，抓出成效。

1. 继续抓好“抓大放小”工作。金宝集团是国家大型企业，也是全省130家现代企业制度试点单位之一，但由于该企业规模大，多年来遗留的问题较多，目前的运行状况仍然十分艰难，今明两年，要继续下大力理顺企业内部的经营机制，解决企业的实际困难，彻底扭转企业生产经营的被动局面。

我县其他企业均为中小企业，我们要按照国家和省政府关于企业改制的各种不同形式，不搞“一刀切”，不强求划一，更不能一卖了之，要因厂制宜，通过改制，盘活现有存量资产，激发企业活力。

2. 抓好改制企业的规模运作。改制企业，必须建立权责明确的领导体制，实行公司建制的企业，要按照公司法，建立科学的公司法人治理机构，按照决策层与经营管理层权限分立与制衡的原则，董事会、监事会、经营管理层规范运作，要充分发挥企业党组织的政治核心作用。要全心全意依靠职工群众办好企业。

3. 在改制过程中，切实解决企业的实际困难和问题，使改制不走形式，不走过场。企业运行中的困难和问题，各企业情况不一，但主要有以下几个方面：**一是**发债多，包袱重；**二是**资金短缺，周转困难；**三是**冗员过多，负担过重；**四是**产品结构问题，在改制过程中，针对不同情况，要一厂一策，给予政策和措施上的扶持，使改制企业轻装上阵，在市场竞争中谋求更快更大的发展。

三、加强企业管理，提高县办工业企业的管理水平

管理是企业永恒的主题，目前我县工业企业大多单位产品物耗、能耗偏高，劳动生产率偏低，期间费用过高，管理效益潜力很大。因此加强管理，提高效益，是县办工业企业的一项首要任务，也是增强企业市场竞争力的一项重要课题。因此，目前应从以下五个方面下大力抓好，并要抓出成效。

1. 坚定不移地在县办工业企业推行邯钢经验，各企业全部实行“模拟市场核算、成本否决”运行机制，建立高效运转的内部责任体系，要敢于推墙入海，让企业在市场竞争中求生存、求发展，要敢于在否决上动真格的，不迁就、不照顾、不讲客观，要敢于从严治厂，坚决堵住各种弄虚作假的漏洞和资产流失的阴沟，要敢于拉开分配上的档次，使那些工作突出的职工先富起来。

2. 加强财务管理，认真贯彻两则，即《企业财务通则》与《企业会计准则》，要加强资金管理，加速资金周转，要强化成本管理和费用控制，搞好成本核算工作，要加强企业的筹资管理，多种形式、多方位筹措资金，要形成企业定期的财务分析制度，搞好财务分析工作。

3. 搞好全面质量管理，积极采用国际系列标准。产品质量使企业求生存、图发展的根本，县办工业企业要提高对产品质量的认识，完善全面质量管理体系，健全各级质量责任制度，开展全员参加的群众性的质量管理活动，产品有一定知名度的企业要积极采用GB/T19000-ISO9000系列标准，把提高产品质量提高到各单位各项管理工作的首位，抓出成效。

4. 强化基础管理工作。目前，我县县办工业企业的基础管理工作还比较薄弱，强化管理基础工作在于从严管理，练好内功，**一是**健全标准化、定员定额、计量测试、规章制度等基础工作；**二是**切实加强企业的班组建设；**三是**优化企业的现场管理；**四是**积极推行应用现代化的管理方法和手段。

5. 加强营销管理，积极开拓市场。营销市场化是在市场经济条件下，企业增强适应市场、驾驭市场、开拓市场、争夺市场，能力的标准化、规范化的客观要求，我县县办工业必须下大力认真抓好，**一是**要加强销售队伍建设，提高销售人员素质；**二是**要完善营销工作激励机制；**三是**要有合理的市场营销网络，**四是**认真做好市场调查，选择正确的营销组合策略；**五是**选择定价策略，加强定价管理；**六是**加大产品宣传力度并形成可靠的资金保证渠道。

管理使企业自身功能，但离不开典型引路和指导，对以上管理，建议采取切实措施，使县办工业企业的管理水平增上一个新的台阶，以此提高企业的经济效益，增强企业的市场竞争力。

四、进一步加大政府对县办工业的领导和金融等部门对县办工业的支持力度。切实解决企业的实际困难，营造更大的快速发展氛围

鉴于我县县办工业企业目前面临困难非常严重，形势严峻，因此，在企业本身继续深化改革、完善机制、加强管理、提高素质、不断增强活力的同时，还需要加强政府及金融等有关部门的领导和支持。为此，提出以下几个方面的建议。

1. 政府要进一步加强对县办工业企业的领导，定期检查研究县办工业工作。

2. 强化协调功能，建议成立由有关部门组成的协调机构，有了问题，出现困难随时召开协调会议，协调解决。

3. 尽快研究出台搞活县办工业企业，增强其发展后劲和活力的有关政策性文件。

4. 鉴于目前各企业运行中的突出问题是资金短缺，提议金融部门可采取封闭贷款形式，对那些有市场、效益好的产品，注入一定数量资金，以扶持这些企业尽快形成拳头产品，进而促进企业的不断发展壮大。

关于加强爱国主义教育的几点建议

政协故城县委员会

爱国主义教育是社会主义精神文明建设的基础性工程。1994 年 8 月，中共中央专门印发了《爱国主义教育实施纲要》，1995 年 1 月，省委做出了《关于贯彻爱国主义教育实施纲要的意见》。作为一名思想政治方面的基础教育工作者，几年来，感到我县在这方面做了大量的工作，取得了一定的成绩。

但在改革开放和建立社会主义市场经济体制的条件下，进行爱国主义教育并取得显著成效不是轻而易举的事情。据了解，目前各中小学缺少进行爱国主义教育的课程和教材，各培训班也很少开设中共党史课和革命史课。由于爱国主义正规教育的规划和安排缺乏，致使中国革命史和中国共产党历史在相当一部分成年人的头脑中淡化了，在相当一部分青少年的头脑中甚至是一片空白。这应该成为我县社会主义精神文明建设中一个值得注意的问题。

邓小平同志说过：“我是一个中国人，要懂得中国历史，这是中国发展的一个精神动力。”江泽民总书记曾多次强调要学习近现代史和中共党史。

为了加强对我县干部、群众，特别是青少年的爱国主义教育，提出几点建议供参考。

第一，各级各部门及各单位应充分认识爱国主义教育的重要性，领导干部要带头学习中国革命史和中共党史。

高举爱国主义的伟大旗帜，是中国共产党人坚持党的基本路线一百年不动摇的需要。是培养新世纪干部，实现思念时期宏伟战略目标的需要，是加强社会主义精神文明建设，培养

"四有"新人的需要，是团结各族各界爱国人士，共同振兴中华民族，实现祖国统一的需要。我们应该把爱国主义教育作为精神文明建设的基础工程来抓，加强对爱国主义教育的领导，制度符合实际情况的教育规划和措施，是使它真正成为社会主义精神文明建设的"世纪工程"。鉴于一部分干部"对建党以来和新中国成立以来的历史不是很熟悉甚至很不熟悉，有的同志对十一届三中全会以来的历史也不大熟悉"的状况，遵照江泽民总书记的重要指示，建议安排理论学习同学习中国共产党的历史结合起来，同学习中国革命史结合起来；安排政治活动要把学习中国革命史和中共党史作为重要内容，作为提供干部素质的基本要求来抓；在党的建设与干部队伍建设的规划中，要充实加强这方面的内容。以干部带头学习中国革命史和中共党史来带动我县爱国主义教育活动的开展。

第二，应把对青少年的爱国主义教育作为政治教育和德育工作的重要内容。

青少年是新世纪的接班人，是富民强县发展各项事业的后备力量。要把我们的事业全面推向新世纪并取得新的胜利，必须对青少年加强社会主义和爱国主义教育，特别要使他们深刻认识近代以来的中国历史。从鸦片战争到八国联军侵华是中华民族历史上最为耻辱的60年；从八国联军侵华到中华人民共和国成立是中国人民不屈不挠进行斗争，在中国共产党领导下取得辉煌胜利的50年；从新中国成立到20世纪末是新中国取得翻天覆地变化的50年，应该让青少年了解中国近现代史，中国革命、建设史特别是改革开放新时期的历史，深刻认识只有社会主义能够救中国，只有社会主义能够发展中国，只有马列主义、毛泽东思想和邓小平理论才能指引我们从胜利走向胜利。因此中小学要有中国革命史、地方史的简明教材和通俗读物。还可以举办各种形式的讲座、报告会，出版各种形式的宣传品，新闻媒体要有爱国主义教育的专题内容，以形成全社会重视青少年爱国主义历史教育的时尚，这将是利在当代，功在千秋的大业。

第三，进一步加强爱国主义教育基地建设，充分发挥其不可替代的作用。

最近几年，全国爱国主义教育基地建设取得了显著成效，这是一种爱国主义教育的重要形式。我县爱国主义教育基地也不少，如建国镇霍庄村四・二九烈士陵园等，重大庆典、重大事件，在基地进行宣传、纪念、参观、祭扫、瞻仰等活动，把爱国主义教育做得更加活泼生动，富有成效。

第二章　政协故城县第七届委员会调研报告

第七届县政协坚持每年年初由政协办公室与县有关部门一起，结合县委、县政府中心工作和政协自身优势，提出调研意向，主席会议认真研究，确定调研课题，并由主席、副主席牵头负责具体指导。在调研中充分发挥专委会的基础作用和委员的主体作用，加强与有关职能部门的联系配合，使调查研究的形式和内容更加科学丰富，保证了调查研究的质量，四年来，共提交《关于创建我县环境优势的调查报告》《关于创造我县人才优势的调研与建议》《关于我县摩擦制动行业如何做大做强的调查报告》《强化管理进一步提高教学质量》《关于影响农民增收的原因及对策》等调研报告40余篇，形成建议案30余份。这些调研活动形成的成果突出体现了选题准、调研深、立论新、求真务实、成果转化快等特点，有效地发挥了政协的整体功能。

关于创建我县环境优势的调查报告

县政协办公室、经济委员会

按照县政协的部署，由县政协经济委员会牵头，围绕“以工强县，发展壮大民营经济”这一主题，就解决制约我县经济发展环境的有关问题，对县内部分有代表性的企业进行了调研。现将调查情况汇报如下。

一、关于我县优化经济发展环境工作取得的成绩

去年以来，县委、县政府始终把优化经济发展环境作为全县经济发展工作的重中之重，坚持软、硬环境一起抓。积极采取有效措施，切实转变政府职能，大力改进部门工作作风，使全县经济发展环境不断优化，保持了全县经济持续、快速、健康发展和社会各项事业的进步。具体表现在以下几个方面。

1. 优化经济发展环境得到各级领导的高度重视，摆上了重要的议事日程。全县各部门坚持把优化发展环境作为履行第一要务的“核心工程”，摆上重要议事日程。从上到下都组建了领导班子，健全了工作机构，配备了专门工作人员。

2. 政府职能逐步转变，服务意识明显增强。**一是**全县行政审批制度改革全面启动，行政审批手续不断简化，县政务服务中心已经启用。组建政务服务中心是县委、县政府在转变政府职能方面做出的一项重大改革，也是我县行政审批改革的一个亮点。“中心”实行“一站式”服务，使过去需跑几个部门、几个月都办不下来的项目，现在只需进一个门，几天甚至当天就可以办结，大大简化了审批手续。**二是**政府职能部门逐步由管理型向服务型转变。各级领导干部的大局意识、中心意识和创新意识、服务意识明显增强，一切围绕经济转，一切围绕发展干的风气正在逐步形成。

二、当前在优化经济发展环境方面存在的主要问题及原因

1. 企业发展缓慢。具体表现：**一是**企业经营者素质低，甘于现状，对一些先进的发展思路和模式不清楚，缺乏长远的发展眼光和做大企业的决心。**二是**部分行业存在无序竞争、低价倾销等现象，对企业整体发展特别是某些行业形成恶性冲击。如制动行业现在利润在15%左右，相对较低。**三是**资金问题仍是制约企业做大做强的首要因素，成为制约企业膨胀的“瓶颈”。最近几年，金融部门注入企业的资金寥寥无几。由于当前资金的影响，企业有固定资产投入的钱，没有流动资金，发展缓慢。**四是**县内还存在假冒伪劣产品的生产者，这些假冒伪劣产品虽然数量所占比例小，但对企业发展构成极大威胁，影响了故城的企业声誉。这些影响企业发展的内部环境，不仅需要企业自身主动寻求解决办法，也需要工商等部门给予强力支持。

2. 软环境的制约仍然存在，繁杂费用名目多，“三乱”现象仍不同程度的存在。**一是**各种检查过于频繁。各类的检查、评比验收等活动接连不断。**二是**有些部门收费、罚款极不规范，随意性较大。主要表现在收费的条件、数额、时间等方面弹性较大，有无领导打招呼、有无人情关系甚至本地人和外地人之间差别明显，使本来严肃的收费、罚款工作变得既不严谨也不严肃。机构改革定编后，部分混岗、协勤人员仍保留，为养活这批人，采取“只给政策不给钱”“自收自支”“超收提成”的办法，以费养人。由于这部分管理和执法人员大都素质不高，执法不规范，甚至执法违法，严重影响对我县经济环境的评价。

三、关于进一步优化我县经济发展环境的几点建议

1. 强化宣传教育，努力优化人文环境。市场经济是开放经济，从某种意义上来讲，就是“环境经济”，哪里的经济环境好，哪里的经济就会充满活力，就能吸引更多的资金、技术和人才。因此，要在全县范围内进一步营造优化经济发展环境的浓厚氛围。**一是**通过宣传、教育、引导，切实把思想和行动统一到优化发展环境上来，不断增强机遇意识、危机意识，增强优化环境的责任感和使命感，学会用发展的眼光、发展的思路、发展的办法，营造新的更加宽松的发展环境。**二是**各职能部门和广大干部职工要紧密结合本部门和自身工作实际，查表现、找不足、论危害，制订整改计划，细化优化环境的具体办法，彻底清除思想障碍，切实解决“角色错位”、服务不到位的问题。通过上下联动，努力营造“改善环境人人有责，改善环境从我做起”“事事关系故城形象、人人都是故城形象”的浓厚氛围，通过改善“小环境”，促进“大环境”的优化。

2. 要多渠道争取资金。**一是**政府做好与金融部门的协调，让金融部门多认知企业，充分认识企业发展中的优势。**二是**可以动员企业加入担保中心。**三是**加强对企业培养诚信的教育管理，树立故城品牌、故城诚信的形象。**四是**积极搭建企业与金融部门沟通协调的平台，让企业与金融部门交朋友，多渠道、全方位地争取金融支持。**五是**协调组织企业形成“捆绑式”信用体系，给金融部门放贷减轻压力。

3. 可以由政府牵头，对部门收费项目集中清理，该取消的取消，能走低的走低。对收费标准可利用广播、电视等媒体公开，也可印发小册子，下发到企业，使企业明白交费，部门清楚收费。对企业收费人员要求着装持证上岗。

4. 强化制度建设，努力优化政策环境。**一是**对已有的政策法规进行优化改善。要注意根据变化了的新形势和新情况不断修改和完善关于优化经济发展环境的政策措施，真正做到“有法必依、执法必严、违法必究”。并针对本部门的具体行政活动制定出具有可操作性的实施办法，向社会公布，自觉接受社会各界及舆论的监督。**二是**严防“三乱”反弹。在就低不就高的收费原则基础上，对一些重点企业，可实行“一卡制”收费，实行“一家收，分头结”的方法，避免多头、交叉和重复收费，减少企业应酬压力。

5. 强化行政执法队伍建设，努力优化良好的法制环境。法制是发展环境的基础，能否公正执法，是衡量一个地方发展环境好坏的重要标准，而执法人员素质的高低又是制约执法公正与否的关键。因此，要营造一个良好的执法环境，必须首先培养和造就一批优秀的执法干部队伍。**一是**要按照精简、统一、效能原则和决策、执行、监督相协调的要求，科学规范部门职能，合理设置机构，优化人员结构。通过改革，切实将那些法制意识淡薄、品行不高、素质低下的害群之马（多为临时雇用人员）清除出执法执纪队伍，确因工作需要而保留或补充的，应制定严格的招录办法和能出能进、优聘劣汰的有效机制，切实将那些政治素质高，思想开拓，知识面广，业务能力和组织纪律强的优秀人员充实到执法执纪队伍。**二是**要加强学习培训，努力提高行政执法人员的业务素质和执法水平。要通过多种形式加强对执法人员的学习培训，使他们知法懂法，执法守法，依法行政，依法办案。**三是**要在全县执法部门广泛开展“行政提速，服务提质”活动，抓典型，树形象，扬正气，力争在全县行政执法系统形成“行为规范、运转协调、公正透明、廉洁高效”的运行机制。

6. 健全完善“综合监督”体系，努力营造和谐的监督环境。任何权力一旦离开监督，就意味着产生腐败。对职能部门的执法执纪行为进行有效的监督，是保证优化环境工作的针对性、连续性、有效性的治本之策。对权力进行有效监督，必须建立健全党内监督、法律监督、民主监督、舆论监督相结合，形成立体的、全方位的监督机制，并使其规范化、制度化、法制化、公开化，把优化发展环境不断引向深入。同时，进一步优化民主评议行风制度，完善评价和测评方法，扩大行风评议范围，强化社会监督。组织开展“最不满意的执法部门和单

位”“最不满意的公务员”等评选活动。对涉及企业管理的部门的考评考绩，由企业说了算。通过评部门、评人、评事，增强这些部门的服务意识。对评选出的不称职单位和个人，坚决按照有关规定进行处理。

7. 继续深入地开展“严打”斗争。经过前一段时间的严打整治，我县的社会治安环境明显好转，但近一段时间以来，一些村霸、地痞等黑恶势力有所抬头，部分企业发展环境受到影响，因此必须坚持不懈地把“严打”斗争搞下去，给企业以及全县经济的发展创造一个良好的外部环境。

关于创造我县人才优势的调研与建议

县政协教科文卫委员会、提案委员会

按照县政协工作部署，教科文卫委员会、提案委员会围绕如何创造我县的人才优势，通过个别走访、召开座谈会、问卷调查等形式，先后对县劳动人事局，县中学、奥友床具有限公司等十多个有关部门和单位，进行了走访调研。现将调研情况报告如下。

一、我县创造人才优势活动取得明显成效

通过调查，普遍认为，我县人才工作取得明显成效，人才总量不断增加，结构不断优化，人才在促进经济社会发展的作用进一步显现。各级各部门及广大用人单位逐步认识到了人才在推进事业发展中的决定性作用，把人才工作作为推动“以工强县、特色富民、产业兴城”三大战略的重要措施来抓，加强领导，因地制宜，采取了一系列有效措施，在用人导向、分配制度等方面正在向人才倾斜。人才观念有了新的转变，普遍注重了人才的适用性，不唯学历，重实际能力，特别是技能型人才日益受到企业的青睐。以人为本的意识逐步增强，不少单位重视和加强了对职工的培训，制定了鼓励职工成才、创新的激励机制。近年来，县委、县政府制定了《进一步加强人才工作的决定》等政策。从而有力地推动了人才的培养、引进和使用。人才总量特别是高层次人才数量明显增加，到2003年底我县有高级职称的152人，有中级职称的1950人，有初级职称的5159人，总数比1998年增加1603人。2003年我县引进各类人才23人。

二、我县人才工作存在的主要问题和原因

1. 人才总量不足特别是高层次人才缺乏，但不少企业人才需求动力不足。我县人才总量为1.5万人，人才密度为4.7%，低于全市平均水平。特别是高层次人才比重低，2003年底，全县具有中、高级职称的人才占专业技术人才总量的26%，低于全国、全省水平。面对日益激烈的市场竞争，迫切需要提升产业层次，加快企业技术进步，可是一些企业对人才特别是高层次人才需求动力不足，认为产品已定型，销路也不错，不需要高层次人才。在我县企业吸纳人才能力不强的情况下，这种认识的存在，无疑加重了人才引进的难度。

2. 人才结构性矛盾突出，总体创新能力不强。党政事业单位的人才占人才总量的25%，党政、事业单位具有中专学历以上人员占其干部职工总数的67%，而企业具有中专以上学历的人员只占其职工总数的20%；专业技术人才分布在教育、医药卫生等一些非经济、管理和工程等部门的约占专业技术人员总量的80%，而经济、管理、工程等部门专业技术人员缺乏；人才年龄结构呈两头大、中间小的状态，中青年高层次人才约占高层次人才总数的9%，大部分在20世纪六七十年代参加工作的高层次人

才已进入退休年龄，断层问题严重。造成这种状况的原因是多方面的，既有经济、历史等方面的因素，也有思想观念陈旧，传统体制束缚，用人机制不活等原因，从而影响了人才的流动和人才的积极性、创造性的充分发挥。

3. 吸引人才载体少，就业空间窄，流失严重。我县高新技术产业比重低，大型企业少，知名的品牌产品不多。我县虽有不少特色产业，但产业层次低，科技含量低，企业比较分散，对人才特别是高层次人才缺乏吸引力。据人事部门统计，1999 年大学扩招当年我县升入大学的为 732 名，而到 2003 年毕业时回故城的只有 16 名，回归率不足 3%。在日益激烈的人才竞争中，我县诸多方面处于劣势地位。在这种情况下，如何图生存、求发展，千方百计创造自己的人才优势，就愈显得十分迫切和必要，这确实是我县迫切需要破解的一个难题。

三、关于进一步创造我县人才优势的几点建议

1. 提高认识，解放思想，牢固树立全新的人才观。人才人力资本追赶是经济追赶的先导。要实现我县经济持续、快速发展，必须牢固树立教育先行、人才先行的观念，按照知识经济和科学发展观的要求，从传统的人才观念中解放出来，树立全新的、科学的人才理念。为此在全县范围内应进一步广泛深入地开展人才问题的大讨论，引导广大干部群众解放思想、更新观念。要大力宣传科学的人才观，通过多种形式，组织干部群众学习科技知识特别是科技革命的发展理论，运用成功典型现身说法或组织参观考察，引导干部群众充分认识人才、知识的极端重要性，在思想观念上实现“五破五立”：破除传统的依靠物质投入发展经济的“见物不见人”的观念，牢固树立人才资源是第一资源的观念，充分认清知识经济发展的必然趋势，认清把人力资源优势转化为人才优势是我县发展的根本所在，切实把人才投入作为经济和社会发展最根本的投入；破除认为我县经济以传统特色产业为主导，技术含量低，因而不需要高层次人才的观念，牢固树立经济要发展，人才要先行，只有高层次人才和高新技术，才能推动产业结构的大幅度跃升，从而取得更大经济效益的观念；破除认为我县属于经济欠发达地区，吸引人才的条件处于劣势，因而无所作为的观念，牢固树立千方百计创造人才优势，最大限度地培养和吸纳人才观念；破除唯学历、唯资历观念，树立以人为本，人人可以成才的观念；破除传统的培养方式上的师傅带徒弟、分配上的平均主义和使用上的论资排辈观念，牢固树立尊重知识、尊重人才、敢于使用和重奖人才的观念，努力为我县人才工作的大发展奠定坚实的思想基础。

2. 凸显故城特点，挖掘政策空间，努力构建我县吸引人才高地。人才的竞争表现为人才政策的竞争。我们既要保持人才政策的稳定性，又要根据人才竞争的形式，及时调整政策，在突出故城特点上下功夫，在挖掘政策空间上做文章，努力创造人才政策的差别优势。突出做好三个方面的工作：**一是**靠产业吸引人，做大产业平台。加快产业结构调整和产业升级步伐，通过继续加大项目建设力度、扩大经济总量，提高传统产业科技含量和壮大龙头企业，把皮革制品、制动材料、棉花、无公害蔬菜四大主导产业做大做强，以重点企业的大发展为依托，创造广纳人才的环境和条件。**二是**靠政策吸引人，深化人才柔性流动政策。出台我县统一的鼓励人才柔性流动的规范性政策。主要包括：明确规范人才柔性流动形式；明确规定以柔性流动的方式来故城工作或为故城服务的各类人才，在职称评定、人才培养和社会保障、购买住房、子女入学等方面应享受的优惠政策；明确规定在税收、工资报酬、智力和技术入股等方面的政策；等等。总之要总结深化人才柔性流动政策，让他不断释放出更大的效能。**三是**进一步完善非公有制企业的人才政策。一方面把人事工作拓展到非公有制经济组织和社会组织，把新的社会阶层中各类人才纳入服务范围，指导帮助非公有制经济组织落实人才政策，促进多种所有制单位人才的协调发展；另一方面在奖励、职称评定、人才培养等方面一视同仁，统一安排，在面向社会的各类资助、基金、培训项目等公共

资源运用上，平等开放、真心扶持。

3. 调整优化教育结构，努力构建全民终身教育体系。在继续巩固发展基础教育的同时，加快职业教育的改革和发展。要站在为我县培养技能性实用人才和加快农村劳动力转移，提高我县劳务市场输出的竞争力。把我县人力资源优势向人力资本优势转化，充分认识职业教育的重要性，着眼县内外、国内外市场需求，解放思想、抓住机遇、加快发展。

在全县开展创建“学习型社会”活动，加强领导，制定措施、统筹规划、督促检查、评估验收。通过开展创建学习型机关、学习型企业、学习型社区、学习型家庭等活动，在全社会树立人人学习、终身学习的理念，形成大教育、大培训、全民学习、终身学习的格局，提高全民整体素质，为人才辈出营造良好的社会基础和氛围。

4. 加强宏观管理，大力推进人才资源的整体性开发。**一是**加强领导。要把人才工作纳入领导班子和领导干部年度考核，切实加大对各项人才政策的落实力度，进一步营造拴心留人的环境，以最大的诚意感召各方面的人才来故城创业；要组织编写乡土爱国主义教材，加强对青少年热爱故城的教育，从小打牢立志报效家乡的思想；认真研究人才工作规律，不断提高我县人才工作的水平。**二是**要把人才队伍建设纳入我县全面建设小康社会总体规划，并作为全面建设小康社会的一项战略措施来抓。同时按照全面建设小康社会的要求，尽快制订人才资源开发规划。**三是**建立和完善政府、用人单位和个人合理负担的多元化人才投入机制。要把人才资源开发投入纳入国民经济发展总体规划，列入财政预算。专门用于人才培养和吸引，滚动使用，设立人才基金，对在我县做出突出贡献的人才和在引进工作中做出贡献的单位与个人进行奖励。**四是**建立人才库。在摸清人才资源现有存量和流量的基础上，建立门类齐全、具有权威性的人才库，全面掌握我县的人才现状，认真分析缺什么人才，为什么缺，应该怎样解决等问题。要逐步摸清故城籍在国外工作的人才情况，建立资料档案，建立与他们的联系和沟通机制，积极创造条件，为他们以各种形式报效家乡搭建平台。**五是**要在全社会大力营造尊重人才的浓厚氛围。建立领导干部与重点人才的联系制度，使领导走访慰问活动制度化、经常化，关心他们的工作和生活。对一些知名人才、有较大贡献和影响的人才，通过组织提名选举他们当党代表、人大代表和政协委员。坚持定期评选并授予“科技拔尖人才”“优秀领导干部”“优秀企业家”等各种荣誉称号。新闻媒体要大力宣传人才中的典型人物和先进事迹。总之，要使各类人才充分享有实现自身价值的满足感、贡献社会的成就感、得到社会承认和尊重的荣誉感，从而有效地激发他们的创业和创新的热情和积极性。

关于加快我县畜牧业发展的调研报告

政协故城县委员会

一、畜牧业在我县农业和农村经济发展中的战略地位

畜牧业在我县农业和农村经济发展中的战略地位主要体现在以下五个方面。

1. 促进粮食转化。近年来，我县的粮食生产能力确实提高了，但粮食产量的增加，却没有带来农业经济效益和农民收入的相应提高，反而时时出现“谷贱伤农”的现象。究其深层原因，主要在于目前我县农产品市场粮食阶段性供过于求的压力。所以，要真正解决这一问题，必须解决粮食的转化问题。而大力发展畜牧业，可以将粮食资源转化为肉、禽、蛋、水产品等动物性食品，从而减缓粮食阶段性过剩

压力，促进粮食的转化。

2. 增加农民收入。畜牧业不仅具有投资少、见效快的特点，更重要的是可以发动千家万户来搞，是农民增收的主要渠道。目前，农民饲养一头奶牛纯收益在5000元左右，一头肉牛在1000元左右，一只羊在60~80元左右，一只鸡在1元以上。可见，畜牧业是农民增收的亮点。

3. 转移农村劳动力。畜牧业是带动农业发展的中轴产业，不仅可以带动种植业，而且可以带动食品、皮革、毛纺等相关产业的发展，从而为农村劳动力的转移提供更多的就业岗位。发达国家农业发展的轨迹是从发达的种植业到发达的畜牧业，再到发达的加工业，进而加速农村劳动力的转移和城市化进程。因而，发展畜牧业可以为我县农村劳动力转移提供更大的空间。

4. 是加快农产品加工的重要突破口。发展农产品加工可以实现农产品的增值，而畜产品加工则是农产品加工的重要突破口。在发达国家，畜产品加工占农产品加工产值的80%，蔬菜水果类仅占1%，谷物类占5%。无疑，要加快我县农产品加工业的发展，实现农产品的增值，大力发展畜牧业是其重要突破口。

5. 是实现我县现代化农业的重要标志和内容。在国际现代化农业的指标评价体系中，有两个重要的指标：**一是**发达的畜牧业，一般占农业总产值的60%。**二是**发达的加工业，要求农产品加工业的产值超过农业产值，发达国家这一比重为3倍左右。由此可见，发达的畜牧业不仅是实现农产品增值的重要途径，更是实现我县农业现代化的关键环节。

二、我县畜牧业发展的现状及存在的问题

受市场和自身增收需求的双重影响，政府和农民发展畜牧业的积极性不断提高。目前，我县农户家庭经营收入中已呈现出畜牧业逐年增长的趋势，县委、县政府也把发展畜牧业作为农业经济的重要增长点和农民收入的主要来源，予以充分重视和支持。我县畜牧业企业逐步发展壮大，带动了区域性畜牧业较快发展。可以预测，在建设小康社会的进程中，畜牧业最终会成为我县农业经济的支柱产业。

但是，相对国际、国内畜牧业的发展形势，当前我县的畜牧业发展也存在不少的问题，归纳起来，主要有以下几点。

1. 畜牧业再大农业中的地位不够高。**一是**尽管目前畜牧业已开始被重视，但还没有真正贯彻到农村干部和老百姓心里。那种长期以来重农轻牧的思想，把畜牧业当副业的思想依然存在。**二是**人们还普遍缺乏把畜牧业作为农业第一主导产业的思想，既缺乏这方面的知识，更缺乏这方面的学习和研究。**三是**依然有一些错误的观点在影响着人们的行动。例如，有些人认为，我县人多地少，不易过分发展畜牧业；等等。

这三种观点，从科学上讲都是站不住脚的，如果不及时改变，必将影响我县畜牧业的进一步壮大。

2. 畜牧业产业经营水平比较低。目前，畜牧业产业化已日益成为畜牧经济中最具活力的因素，成为畜牧业发展的重要经营模式。但目前，我县畜牧业发展存在一个非常明显的薄弱环节，就是产业化经营水平比较低，从而影响着我县畜牧业的发展。主要是畜产品加工业严重滞后。畜牧业产业化要求产前、产中、产后要有机结合，但我县的畜牧产业化却存在产前、产中发达，产后加工严重滞后的格局，精深加工能力较差，从而大大降低了我县畜产品的竞争优势。

3. 畜牧业科技水平比较低。**一是**畜禽良种化技术和繁殖、培育技术比较低，影响着畜产品的产量和质量。**二是**畜牧业科技体系不健全，农民得不到系统的、科学的培训，从而延长了新技术、新品种的推广周期。**三是**畜产品科技含量低，优质、高档、高科技品种少，影响着畜产品的竞争优势。

4. 畜牧业标准化程度低。标准化生产是一套先进的管理制度与经营方式，是面向长远发展所必须履行的必要程序。而目前我县畜牧业

的标准化生产几乎是空白，从而严重影响着我县畜产品在市场上的竞争力。

三、加快我县畜牧业发展的对策和建议

针对以上我县畜牧业发展中存在的问题，当前我县要壮大畜牧产业，应做好以下几点。

1. 加强宣传，提高思想认识。在农业发展中，畜牧业应当作为农业的第一大产业，要引导各地重视畜牧业的发展，各级政府、各部门，特别是涉农部门，要大力宣传畜牧业在农业经济中的重要地位，改变种种轻牧的思想观念，使全县上下真正形成重视畜牧业发展、关心畜牧业发展、支持畜牧业发展的良好氛围。

2. 推进畜牧业产业化经营。**一是**不断完善利益连接机制。畜牧业产业化的实质是使龙头企业与农户建立比较稳定的利益关系。**二是**，各地要根据畜牧业产业化经营发展的不同阶段，采取相应的对策。**三是**，要积极探索畜牧业产业化利益分配的新机制。**四是**，要加大法制宣传力度，使广大农户和企业的管理者自觉履行各种经济契约和合同，减少产业发展中的履约交易成本，促进畜牧业产业化的健康发展。

3. 充分发挥科技在畜牧业发展中的作用。**一是**实行“良种工程”，加速畜禽良种化进程。再继续提高产量的前提下，注重畜产品质量，重点推广瘦肉率较高的生猪等品种。**二是**加大畜禽高产、优质、高效饲养综合配套技术推广。重点推广畜牧业规模化、工厂化高效养殖技术。**三是**加强畜禽疫病防治，加快学习和推广疫病快速诊断技术。**四是**加强畜产品保鲜与深加工技术的研究与开发应用。重点研发畜产品保鲜、长距离运输和深加工新技术，大力提高畜产品加工品的卫生质量。

4. 推行标准化生产。推行标准化生产，**首先**要建立“质量第一”的观念。要高度重视畜产品及加工品的质量标准和食品安全，同时主动把质量及相应的技术规范引入农户，带动农户的标准化生产。**其次**，要尽快推行标明农产品产地、质量和等级标识制度，建立产品可追溯制度等。**最后**，要尽快建立一套比较完善的质量监测体系。目前，标准化生产是我县畜牧业的薄弱环节，政府职能部门正在着手这方面的工作，希望能尽快出台一些可操作性的方案，推进我县畜产品的标准化生产。

5. 充分发挥政府职能。政府应按照“有所为、有所不为”的原则，充分发挥职能，加大对畜牧业的支持力度。**一是**进一步放宽政策，创造宽松的发展环境。**二是**要进一步拓宽资金渠道，加大对畜牧业产业化的投入力度。**三是**要立足发展大畜牧业的思路，建立健全示范引导、科技服务、防疫检疫、市场信息等服务体系，优化发展环境。**四是**鼓励申报和创立国内外的知名品牌。**五是**要建立和发展民间经济合作组织和农民经纪人队伍，扩大产业与市场的联结和融合程度。

关于加强农村基础设施建设、发展循环农业的调研报告

政协故城县委员会

建设社会主义新农村，发展循环农业是开发节约资源和保护环境的必要前提。

循环农业是指运用生态学、生态经济学原理及其基本规律作为指导的农业经济形态，通过建立农业经济增长与生态系统环境质量改善的动态均衡机制，将农业经济活动与生态系统环境的各种资源要素视为一个密不可分的整体加以统筹协调的新型农业发展模式。循环农业是循环经济的有机组成部分，代表着农业发展的方向。发展循环农业，对建设生态农业、生

态城市，实现人与社会的和谐发展具有重要的意义，是优化农业生态环境、实现农业可持续发展的必要条件。

一、我县发展循环农业的必要性和紧迫性

1. 加快城乡融合需要发展循环农业

改革开放以来，我县农村发生了历史性的巨变，各项改革不断深化，农村生产力得到极大解放和发展。特别是近几年来，农民收入和生活水平有了很大提高，2005 年我县农民人均纯收入达 3000 多元，农村经济结构逐步实现由第一产业为主向二、三产业为主转变。但是，在工业化和城市化进程中，农村社会保障制度还不健全，城乡居民收入差距进一步拉大。1997 年，全县农民年人均收入相当于市区居民年人均可支配收入的 47.89%，2005 年则降为 43.93%，拉大了近 4 个百分点。这些问题的解决，必须以循环经济理念，从统筹城乡协调发展的高度，通过优化生产要素，促进农业产业化发展，合理利用土地资源，延长产业链条，增加就业岗位，发展生态农业，进行清洁加工和产品深加工，提高农产品的附加值。

2. 农业生态系统的改善需要发展循环农业

近年来，我县的经济发展维持了较高的增长速度，但是，我们也必须清醒地认识到，我县在经济增长的同时，存在着严重的高能耗、高物耗和对环境的污染问题。其弊端主要表现在：**一是**个别地方不合理地开发利用自然资源，造成生态系统破坏；**二是**大量和不合理使用化肥、农药等，污染了农业生态环境和农畜产品；**三是**畜禽养殖粪便排放对生态环境造成了严重的污染；**四是**残留地膜对土壤环境造成污染；**五是**农产品生产加工和消费带来的废弃物、废水、废气造成了环境污染等，已严重制约着农业的可持续发展。大气环境差，严重危害人民群众的身体健康；城镇生活垃圾无害化处理率较低，二次污染严重。要修复这种脆弱的生态环境，必须扭转目前的经济增长方式，积极走循环型生态农业之路，真正实现农业经济的可持续发展。

3. 激活农村经济需要发展循环农业

目前我县涉农企业不足 300 家，其中，69% 的企业从事流通，如粮站、棉站；27% 的企业属农产品粗加工，如面粉厂、棉厂等；真正二次循环的不足 4%。由于多数企业以销售资源为主，链条短。拉力不足，无法对农村经济起到强劲的推动作用。因此，大力发展循环农业是新形势下激活农村经济的催化剂。

二、制约我县循环农业发展的因素

1. 传统农业单一经济发展模式的思想桎梏。由于受到传统农业发展思维惯性影响，使广大干群对生态农业、循环农业、持续农业、现代农业的认识不足，特别是受农村劳动力转移的影响，在农村从事农业生产的多是中老年人和体弱多病者，他们不仅受传统农业生产方式影响至深，且文化科技素质低下，接受新生事物的能力有极大的局限性。

2. 市场一体化和经济全球化意识不强。由于受到以户为主体的家庭联产承包责任制那种分散经营，各自为战的生产方式的影响，农业产业化、现代化农业、生态持续农业等与市场一体化和经济全球化相联系的理念、机制、技术要素还未能扎根千家万户。

3. 农业产业化规模不大。龙头企业发展后劲乏力，带动力不强，龙头公司与农户的利益机制不尽合理，严重影响循环农业的基础条件。

三、发展循环农业的对策及建议

发展循环农业，要坚持以科学发展观为指导，以优化资源利用方式为核心，以提高资源利用率和降低废弃物排放为目标，以技术创新和制度创新为动力，采取有效的措施，动员各方面力量，积极加以推进。

1. 加大宣传，提高认识，营造全民参与的浓厚氛围。发展农业循环经济，既关系当代的发展，又惠及子孙后代，需要政府、企业和社会公众共同参与。要利用电视、报刊等手段，开展形式多样的宣传活动，大力普及循环农业

的相关知识，进一步提高对发展农业循环经济重要性的认识，增强发展循环农业的责任感和使命感。

2. 科学规划，探索和选择循环农业模式。要结合我县的实际情况，因地制宜，制定出有利于调整农村产业结构，有利于农民增收，有利于保护和改善生态环境，实现资源高效和多层次利用的循环农业规划。**一是**结合开发农村生活资源，积极推广以秸秆的综合利用为重点的秸秆循环经济模式，提高社会清洁能源利用率；**二是**积极推进规模化养殖场大中型沼气工程建设，建立“种、养、加、沼”四结合的物质循环多极利用模式，要以河北贝克林牧有限公司为重点，积极开展多种类、深层次、大面积的沼气综合利用试验工作，实现畜禽粪便无害化处理；**三是**积极探索和建立多层次、多序列的立体农业结构，积极推广立体种植和间作套种技术等多种模式高效生态农业模式，不断提高复种指数，提高耕地的综合传出效率。在畜牧业生产加工方面，重点推动粮食—饲草、饲料加工—畜禽养殖—畜产品加工—粪便处理以及饲草、饲料—养殖—沼气—无公害农产品生产两个循环链等模式。例如：河北贝克林牧有限公司项目竣工后，每年养殖种鸡60万套，向社会提供商品雏鸡5000万羽，加工各种高精饲料12万吨，鸡粪经沼气池发酵后的能源生态工程可产有机肥5万吨。通过废弃物能源化、肥料化，真正实现了资源的综合利用。

3. 做大做强故城县农业产业，并加大招商引资力度，引进规模大、势力强、技术含量高、发展潜力大、前景看好的农牧企业，通过这批企业的辐射带动，进一步探索和发展适合故城发展的各种循环农业发展模式。

4. 以节约和农村能源的循环利用为重点，抓好故城县循环农业工作。要加大我县以沼气为主的农村能源建设，发展以沼气为纽带的生态农业模式。从解决农民的燃料入手，通过建一口沼气池，实现沼液沼渣为种植业提供优质有机肥料，带动种粮；充足的粮食又为养殖业提供原料，达到产气与积肥同步，种植养殖并举，走出一条以沼促种、以种带养、以养保沼的循环经济之路。充分利用稻草等各种农业废弃物进行再生利用，提高农业资源利用率。

5. 强化行政和政策的推动。一方面通过政策调整，使循环利用资源和保护生态环境的企业和个人经营行为有利可图，形成循环经济发展的外部效应和内部机制；另一方面应建立和完善推进循环经济发展的法律法规体系和生态环境补偿机制，遵循谁利用谁补偿、谁损害谁付费和有利于共同发展的原则，建立起使污染者治理、受益者补偿的机制。另外，要研究制定发展农业循环经济的指导意见，增强企业关联度，提高资源效率，减少废弃物，研究制定节约资源和保护环境的政策。

6. 加强科技投入，以科技创新促进循环农业建设。**一是**要不断推进农业科技创新，教育农民使用生物农药、生物肥料、动植物生长调节剂。鼓励和引导开展农业循环经济相关研究，建立农业技术孵化基地，逐步实现生态农业技术产业化。**二是**要开发高产高效的立体种植技术和共生互利的养殖技术、加工技术、施肥技术、土地持续利用技术、病虫草害的综合防治技术、农村清洁能源开发与节能技术、废物再生利用技术、生活垃圾资源化技术等。**三是**加强高新技术对农业生态系统影响的引进与嫁接，形成有利于可持续发展的技术支撑体系。

7. 加强农村基础设施建设，增加循环农业建设资金投入。循环农业要立足本地，实行个人、集体、国家三结合，多层次多渠道筹集资金，增加投入。把农业综合开发、扶贫开发、林业建设、农田建设、水利建设与生态农业建设结合起来，把单项建设变为综合建设，发挥专项资金的综合效益。鼓励发展农村合作基金会、建立开发基金、农民自筹资金、引进外资等多种筹资形式，加快农业建设步伐。在资金投放上，要重点支持有助于延长农业产业链的产业和采用环保工程的农业产业。在税收、信贷、服务等方面实行倾斜，引导有关单位和个人积极投资兴办农业生态重点工程和龙头企业项目，兴办废物利用的环保企业等。

8. 典型示范，以点抓面，促进故城县循环农业工作的全面开展。县里要抓好1~2个乡镇作为示范乡镇，抓好规模示范，带动全县循环农业工作的开展，各乡镇要抓好1~2个村作为示范村，带动全乡各村循环农业工作的实施，加快故城县循环农业的发展步伐。

关于创建文明生态村、解决“空心村”问题的调研报告

政协故城县委员会

创建文明生态村活动是构建社会主义和谐农村的主要内容，是一场在农村建立新的生活方式、改善人居环境的伟大革命。随着社会经济的发展、人民生活水平的提高，居住环境的优劣逐步成为人们生活质量高低的一个重要标志。宽敞明亮的新房屋大量批建，导致村庄不断外延，使有限的耕地面积逐渐减少。“新房盖在外，村中脏乱差”的“空心村”沉疴，已成为建设社会主义新农村的一大“绊脚石”。经政协主席会议研究，由县政协牵头，与有关部门联合组成调研组，针对我县的“空心村”问题进行了专项的调研。现将调研情况报告如下。

一、近年来我县“空心村”的现状

“外面像个村，进村不是村；老屋没人住，荒地杂草生”，这是人们形容“空心村”的一段顺口溜。随着农民新居建设步伐的不断加快，外新内旧，外实内虚的“空心村”现象在一些村镇表现的日渐明显起来，一些村民建成新的高标准住宅后并没有将已经无人居住的旧宅拆掉，而是让它们继续在那里经受蛇钻鼠咬、风吹雨打。这一方面让村容村貌大打折扣，另一方面也导致了“一户多宅”现象的出现，极大地浪费了土地资源。据县国土资源局资料统计：我县现有538个村，总面积141.1795万亩，耕地86万亩。按村中空闲宅基地占所有宅基地10%的比例估算，我县“空心村”现已达到161个，占全部村庄的近30%。空闲宅基地4963处，闲置面积1985.2亩，今后，随着我县社会经济的发展和人居条件的提高，闲置宅基地的数量和面积还会不断地扩大和蔓延。

在村庄建设中，一方面随着社会经济的飞速发展和农民生活的提高，农村大型机械的购置，增加了农民对生活空间的扩大需求；另一方面由于缺乏长期的规划和有序的管理，村内巷道、胡同狭窄，有的仅为1.5米左右，房屋三间、四间大小不等、参差不齐，给群众的生产生活带来许多不便，也因此造成村庄“摊煎饼”式迅速外延，形成“村内有地没用好，新建房子往外找”的局面，这些闲置宅基地的存在，导致村中道路不通畅，也越来越不适应农村机械化程度的发展和农民出行的需要，有的农户因宅基地问题甚至大打出手，严重地影响了邻里关系的和睦和社会秩序的稳定。同时，这些废弃的空宅基地、老宅基地因无法得到合理的再利用，也导致土地资源的大量流失、浪费。

二、存在的主要问题

“空心村”的存在，既影响了农村社区落后面貌的改善，有影响农村经济可持续发展。一是加剧了人多地少的矛盾。“空心村”大量占用土地，不仅直接影响了粮食生产和农民收入的增长，也加剧了生态恶化。二是不利于农村建设。由于农村住宅缺乏规划，给农村公共设施的建设带来了诸多不便。少数村庄由于缺乏管理，环境脏、乱、差，成为新农村建设的一大难题。三是不利于实现耕地总量的动态平衡。“空心村”现象造成大量耕地被占用，遗留的老宅基地又难以进行连片复垦开发，无法实现应有的经济和社会效益。

在“空心村”治理过程中，主要存在以下几个方面的问题。

1. 土地规划不合理，盖新占旧的现象不同程度的存在。有些农户存在“宅基地辈辈传，盖新占旧不花钱”的土地私有观念，土地资源国有和人均土地严重紧张的意识淡薄。不少群众建新不弃旧，破败的老宅逐渐成为藏污纳垢的死角，制约着文明生态村的创建。

2. 有些村级班子工作力度不够，管理措施跟不上，缺乏长远的规划思路。由于受到村里的经济基础、干部执政能力高低不同等因素的影响，村庄的总体规划缺乏长远的打算。部分村庄存在有了初步规划，就沾沾自喜，自我满足的低标准、“小气候”，没有真正意识到建设社会主义新农村，争创文明生态村的发展理念。另外有些农村干部和村民土地法制观念淡薄，对空心村的危害认识不够。**一是**宅基地的审批程序不规范，乡（镇）、村两级审批程序不清，部分村由村干部说了算，想给谁就给谁；有的土管部门甚至用已无法律效用的旧宅基证代替新证发给农户，从而人为地造成土地资源的流失。**二是**不依规划用地、不经审批用地、非法强占和抢占土地、非法买卖和非法转让土地等现象在一定程度上依然存在，严重影响了村庄的规划建设。

3. 村庄宅基地的需求量呈现饱和状态，部分老宅基地治理难度大。随着社会的发展，我县的人口增长率不断下降，宅基地使用数量增长缓慢。一是部分农民向城镇的转移，导致村内宅基地长期无人居住；二是部分老人在老宅基地、老房屋内居住多年，几乎没有对新房的要求，他们也不愿或者无力搬出旧房屋。

三、关于治理“空心村”问题的几点建议

“空心村”治理是确保耕地总量动态平衡的一项重要措施，是一项相对复杂的系统工程，也是一项长期而艰巨的任务，需要常抓不懈。

1. 严格政策，注重措施。**一是**需要政府出台相关政策，凡是闲置宅基地，无论有无房屋或其他实物，经专家做出评估，统一标价后，一律收归集体实行规划再使用。**二是**与村民制定“村规民约”，由村民自己制定治理闲置宅基地、解决“空心村”问题的具体实施办法。如郑口镇秘黄村，由村民制定“村规民约”，采用“以旧换新”与“整齐规划”相结合的办法，不仅有效的治理了村内的空闲宅基地，而且保证了村庄几十年基本不外延。这样既美化、亮化了村庄，又减少占用耕地，达到了土地资源的合理利用，为村庄的长远发展奠定了坚实的基础。

2. 科学规划再安置。根据实际情况，因村制宜，因地制宜，对农民建房坚持先规划，后批地。做到科学合理规划，确保建设科学有序。通过科学规划管理，消除“空心村”，实行村民集中居住。这样既可以增强农民的法制观念，提高农民的居住质量，又便于农民交流致富经验，开展相互合作。不仅有利于保持耕地总量的动态平衡，而且能节省大量开垦费用。规划时考虑水、电、路及新建休闲场所的条件，坚决做到不占耕地建房。由规划部门协调乡镇、村，实际丈量和登记空心村的土地、房屋的数量，统一规划。规划一经确定，要求农民必须在规划点上建房，不得擅自改变。同时由土地监管部门，负责监管各村农民建房情况，发现问题及时处理。另外，应严格推行“一户一宅”制，鼓励农民拆旧建新，农民新建房屋时，必须签订合同，保证搬进新房后及时拆除旧房。土地管理部门还要严格管理、控制宅基地的审批，规范审批程序，将宅基地审批权收归县一级土管部门，对“空心村”不予审批或少批。

3. 修建休闲活动场所。临街闲置宅基地，村里限时要求户主修建，对没在规定时间内修建完的，村里统一征回、使用。一是公开拍卖，为村里筹集部分建设资金；二是购置一些健身器材等，将其修建成群众性文化娱乐场所。

4. 实施村庄长远规划，平房改楼房。村庄治理与小城镇建设相结合。几个行政村合并建设小城镇，腾出旧村址复耕。落实村庄规划，填实插建。通过拆迁旧宅、茅厕、猪圈等，打通道路，搞村内基础设施建设，减少占用耕地，使村庄用地趋于合理。冻结村界、村内所有空闲土地由村委会统一管理、新增住宅一律从收回土地中安置、严格按照规划彻底改善村容村貌。

5. 加大宣传教育力度，形成“空心村”治理的浓厚氛围。要通过电视讲话、讲座、发放宣传材料等形式，大力宣传土地管理的有关法律法规和治理“空心村”的必要性、重要性，以引起广大群众的高度重视，使大家真正认识到只有实行旧村改造，治理“空心村”，才能彻底改变农村的旧面貌，与文明生态村建设相适应。“但存方寸地，留与子孙耕”不是口号，必须实实在在的落到实处，从而提高村民节约土地保护耕地的意识，为治理“空心村”奠定思想基础。要充分利用村中心闲置庭院建房，杜绝或减少浪费土地的现象，为发展农村经济，扩大耕地面积，增加农民收入，保持农村稳定起到积极的推动作用。

6. 典型带路，以点带面。要选择村内空闲地相对较多的村镇作为空心村治理工作的试点村，并有计划的召开现场会、观摩会、分析会等，在全县农村干部群众中展示这些示范村的良好风貌和由此带来的经济效益、社会效益，充分发挥“培养一村、总结一村、巩固一村、带动一村”的辐射作用。通过治理形成典型，从而带动其他村的治理工作。

第三章　政协故城县第八届委员会调研报告

第八届县政协紧紧围绕县委中心工作、重点工作安排，组织政协委员、机关干部深入一线，实地调研，为故城经济发展建言立论，为维护社会和谐稳定献计出力。五年来，共形成了《关于创优企业发展环境的调研报告》《当前我县企业发展面临的问题及对策》《实施名牌战略，促进区域经济发展》《加强企业内部管理，提升工业化水平》《推进新农村建设，加强空心村治理》《充分发挥行业协会作用，促进特色产业提升》等调研报告55份。这些专题报告，报送县委、县政府主要领导后，得到了主要领导的充分肯定和高度赞扬。

关于抢抓机遇，促进县域工业经济健康发展的调研报告

县政协经济委

加快县域经济发展，是落实科学发展观的必然要求，也是实现我县跨越发展的战略选择。为促进县域经济加快发展，县政协组织有关单位和个人采取实地察看、走访座谈、查阅相关资料等形式，对我县的工业经济发展情况，进行了一次调查研究。现将调研情况报告如下。

一、我县工业经济发展的现状

近年来，县委、县政府大力实施“以工强县”战略，始终突出工业经济主导地位，大力开展招商引资工作，有力地促进了工业经济持续、快速、健康的发展。

1. 县域经济发展步伐加快，工业化水平逐年提高。2009年一季度，完成工业总产值33402.2万元，同比增长5.4%；完成工业增加值8201.4万元，同比增长18.41%；实现利税2754万元，同比增长17.8%。在2008年度纳税超10万元的182家企业中的148家工业企业，纳税达到3229.83万元，同比增长21%。一季度全县共完成财政收入6544万元，同比增长28.4%，按增幅全市排名第一。特别是六大产业发展势头强劲，2008年共纳税9150万元，同比增长28%，占全部财政收入的50.8%。

2. 工业发展思路清晰，发展信心和决心增强。近年来，县委、县政府确定坚定不移地实施“工业强县”发展战略切实可行，效果明

显。全县上下大力抓招商引资、优化环境、创新机制，毫不动摇地把发展工业经济作为经济工作的主旋律，集中资源，集中力量，重点抓好工业和项目建设，特别是“强力发展支柱产业，大力发展民营经济，培育特色经济”的工业经济发展模式切合我县实际。为全县营造了“工业强县”的良好社会氛围。2009 年第一季度全县各乡镇共有开工在建项目 97 个，共完成投资 9895.6 万元。

3. 抓重点、强龙头，一批重点骨干企业脱颖而出。在发展工业经济中，县委、县政府注重扶优扶强，一批有影响力、带动力、发展潜力和核心竞争力的骨干、龙头企业脱颖而出。涌现出了如山水、株丕特、同业高耐磨等为代表的一批骨干企业。

4. 经济开发区规模不断壮大，已成为全县招商引资的重要载体。在县委、县政府的科学决策下，经有关部门的辛勤努力，使“三区”培育成了全县纳税的增长点。截止到 2008 年底，“三区”入驻企业已达 143 家，超亿元项目 17 家。“三区”内企业全年共上缴税金 4516 万元，占全县国地税收总量的 25.1%。

5. 政府服务意识增强，经济发展环境明显改善。近几年，县委在建设硬环境、整治软环境上做了许多工作。相继出台了《关于进一步加快工业发展若干问题的意见》《关于优化经济发展环境的暂行规定》《关于企业晋档升级考核奖励的意见》等一系列促进经济发展的政策法规，并建立了政务中心，大大提高了项目审批速度。同时，通过整治多头收费、超标收费和“吃拿卡要”等破坏投资环境的行为，全县经济发展环境得到明显的改善。

二、我县工业经济发展的问题与困难

虽然我县的工业经济在近几年取得了长足进展，但依然存在思想解放程度不高、企业融资困难、行业竞争混乱、管理模式落后等问题，还不能适应科学发展、超常发展的客观要求，主要体现在以下几个方面。

1. 思想认识不到位，加快工业经济发展的意识不够浓郁，发展思路还有待更新，对工业发展的认识存在着“上火下寒”的现象。目前，仍有部分企业反映：企业项目审批手续烦琐，办理时间过长；企业周边环境恶劣，强买强卖、强揽工程等影响企业建设；商业信用环境不佳，交易、融资困难等。所有这些，追根求源，还是由于某些部门对“工业强县”战略认识不到位，亲商富商观念有差距，工作方式守旧、力度不够、部门利益严重等所致。

2. 行业无序竞争，造成县内经济出现混乱局面。特别是同行业之间，规模较小的企业或家庭作坊式企业由于管理成本和原料成本较低，通过低价销售、以次充好、假冒伪劣等与规模较大企业争夺市场，严重阻碍了整个行业的健康发展。**一是**一些小企业不按标准生产，产品成本低、质量差，投放市场以次充好，以假乱真，严重降低了行业信誉。**二是**假冒伪劣产品充斥市场，严重影响了大企业的正常生产销售，如某些小企业盗用星月公司商标，把质量差、价格低的产品以星月公司品牌之名进行销售，使星月公司丧失了很多客户。这种行为不仅扰乱了市场，而且给大企业带来沉重的压力和打击。**三是**部分小企业特别是作坊式企业偷税、漏税现象严重，有的多年没交过一次税，有的企业甚至无证经营，这些小型企业恶性竞争不断压低价格，既恶化了全县企业的生存环境，又使行业的健康发展受到严重的负面影响，很容易导致大企业生产亏损、倒闭，进而影响全县税收。

3. 企业融资困难。**一是**严格的政策标准使金融部门特别是三大银行不敢也不愿放出贷款。**二是**企业自身存在着的科技含量低、抵御市场风险能力差、企业信誉度不高、企业缺乏有效资产作抵押等问题，很难达到金融部门严格的信贷标准，从而影响了银行贷款投放。**三是**银企信息得不到及时沟通了解。金融机构无法了解企业的真实财务状况，为躲避自身的经营风险和降低经营成本，导致了金融机构谨慎地对待企业的融资需求。**四是**目前部分企业由于贷款手续烦琐，贷款难度大，对银行贷款心理上存在着畏难情绪。

4. 技术创新能力不高，企业核心竞争力不强。我县县域工业主要存在三个方面的突出问题：**一是**高新技术企业少，企业技术水平低，缺乏核心竞争力。**二是**传统产业比例大，产业结构单一，产业链条短。产品以粗放型加工为主，资源利用深度不够，技术含量较低，附加值不高，与市场经济下的激烈竞争形态极不适应。**三是**企业规模小，规模企业总量少，牵动性强、带动力大的龙头企业尤其少。我县现有规模以上工业企业仅72家。

5. 企业管理粗放，人才匮乏。**一是**企业缺乏高素质的熟练工人、技术人员和高级管理人员。技术人员与员工总数的比例明显偏低；**二是**信息化管理与应用处于较低层次，企业信息化建设有待提高；**三是**我县部分企业特别是小企业的法制观念淡薄，违法违章经营、制假售假、以质量低劣的产品坑害消费者等现象时有发生。

三、加快我县经济发展的对策建议

全球经济危机对我县大部分出口企业造成了严重的影响，面对经济危机的冲击，如何化“危”为“机”成为许多企业发展面临的重要课题。也是县委、县政府思考的重要问题之一。

1. 从思想观念上突破。

坚持把解放思想、更新观念作为突破发展的动力，通过加强宣传教育，完善制度，坚决克服因循守旧、满足现状的封闭意识，树立敢为人先、敢破常规、敢担责任的有为意识，勇于面对用地紧张、资金短缺等发展中的现实矛盾，进一步强化大局意识，服务意识，机遇意识，坚持“工业强县”不动摇，进一步加大工作力度，勇于开拓创新，就一定能够找到克服困难的办法，实现跨越式发展。

2. 进一步理清工业发展思路。

在指导思想上，必须坚定不移地坚持科学发展观。坚持走科技含量高、经济效益好、资源消耗低、环境污染少、人力资源优势得到充分发挥的新型工业化道路。一方面，继续发挥自身比较优势，大力发展特色产业，扩大产业覆盖面；同时引导企业走“名、特、优、新、深”的发展路子，提高加工深度、产品技术含量和质量档次。另一方面，更要充分利用我们的区位优势和后发优势，大力推进“坐西朝东学山东”战略，积极引进、培育新兴产业和高技术产业，全面提升产业层次，构建新的经济增长点，增强产业综合竞争力，为实现县域经济跨越式发展增大后劲。

实施有效管理，规范行业竞争。政府部门要加大打假力度，**一是**发动举报，联合打假。要在设立举报电话，发动群众对制售假冒违法行为进行举报。**二是**严格执法，加大查处制假售假执法力度。对于该取缔的企业坚决予以取缔，对于制假售假行为发现一起查处一起，绝不姑息手软，要把打假作为一项长期工作，持续、严厉的开展下去。**三是**加大宣传，造成声势。充分发挥舆论监督作用，对取缔的制假窝点，重点清理的假货集散地，数额巨大、情节严重的大案要案加大曝光力度。**四是**制定打假举报奖励办法。有关部门尽快组织制定有关打假举报奖励办法，重奖举报和打假有功人员，鼓励和支持广大群众、企业以及社会各方面积极参与打击制假售假的违法犯罪行为。

打造企业文化，争创名牌产品。要把创名牌与企业文化紧密结合起来，以创名牌促进企业文化的形成，以企业文化推动名牌战略的实施，用科学的发展观最大限度地推进和谐企业的建设。企业要提高认识，把争创名牌产品作为增强企业核心竞争力的关键措施来抓。进一步强化品牌文化建设，扩大产品影响力。要把“内强素质、外树形象”的理念渗透到企业创名牌的始终，把产品信誉视为企业的生命，加强内部管理，打造企业文化，诚信经营，塑造良好的企业和产品形象，提升企业的信誉度。企业要不断加大技术创新投入，构建技术创新体系，提高新产品、新技术研发能力，加快技术创新和产品更新换代步伐，开发技术含量高、质量好、市场占有率高的新产品。

3. **突出发展重点，加快经济建设。**

盘活土地存量，提高土地利用率。当前可从开源节流两个方面，解决用地紧张的问题。**一是**盘活土地存量，对已批准而久未动工的项目闲置土地，加大现有政策执行力度，尽快进行清理整顿，根据不同情况，或按政策收回，或督促开工建设，坚决杜绝围墙圈地现象的发生。**二是**积极探索园区特别是乡镇工业发展用地模式。采用向农民租用宅基地，或由农民带地进厂入股，建设标准厂房出租等方式，解决县、乡镇办工业用地困难问题。

创新管理体制，进一步提高服务水平。**一是**在服务上，要向多层次、全方位服务转变。**二是**要建立信息平台，为入园企业提供产业政策、市场供求信息和相互交流的网络服务，提升园区对外宣传和联络水平。**三是**充分发挥园区服务中心作用。服务中心可吸纳法律、公证、技术咨询等中介组织参与运作。

破解融资难题。**一是**在全县选择发展势头好、信誉程度高的企业，通过自愿组合、风险共担等方式，实行企业联保，联保小组成员民主选举产生联保小组组长，协助管理各成员企业贷款使用情况的监督和归还催收。联保小组成员只要材料齐备，经合作银行审批后即可随到随贷。**二是**要尽快抓住国家金融放贷高峰期，加大工作力度，争取更多的贷款。**三是**由政府财政部门牵头，尽快成立担保公司，整合现有国有资产包括房地产，向银行作抵押进行担保。**四是**创造条件，成立企业特别是园区企业信用担保中心。担保中心作为独立的企业法人，实行股份制和市场化运作，独立承担融资担保责任。**五是**进一步提升民营企业融资能力，加强诚信教育，规范财务制度，主动加强与银行的沟通，争取金融部门的信贷支持。**六是**要调动民间资金。民营企业要学会利用同业拆借、互助合作等多种形式，广泛吸纳民间资金，加快企业发展。

4. **创新县域工业发展机制，增强“工业强县”发展动力。**

对于当前面临的经济危机的冲击，一方面使我们面临着巨大的挑战，但另一方面，这也是企业重新“洗牌”，促进企业加快发展的最佳时机。要有强烈的机遇意识、责任意识和创新精神，进一步解放思想、更新观念，进一步加大工作力度，进一步优化发展环境，坚持以改革促发展，善于以创新求提高，努力开创县域工业发展的新局面。

创新县域工业领导机制。要建立健全工业企业行业协会，使政府部门联系企业有桥梁和纽带，对行业实行宏观管理和服务有助手。同时要加强与纪委、公安、法院、工商等部门的沟通联系，尽力解决关系本行业会员利益的难题，为会员单位排忧解难。

创新社会性招商机制。招商引资是促进县域经济跨越式发展最有效、最直接、最快捷的途径。要立足资源特点和区域优势，全力推进重大项目的招商引资工作。要整合招商资源，创新招商机制，围绕产业优势和资源优势，做好项目的筛选和包装，形成项目库，扩大项目储备。

创新人才引进与培养机制。**一要**重视“打工者”人才的发现、培养和召回使用，要重奖“创业能人”；**二要**拓展“阳光工程”，加大高技术人才和技术工人的实用技术培训，要充分发挥职业教育学校培训作用，提高企业职工的业务能力和素质；**三要**制定更加灵活的人才引进、激励政策，“不求所有但求所用”，以解决县域工业发展对某些特殊人才的迫切需求。

关于我县行业协会及专业合作社发展情况的调研报告

故城县政协办公室、经济委

为更好地推动我县特色产业升级，深入了解我县行业协会及专业合作社发展情况，充分发挥行业协会桥梁纽带作用，做大做强特色企业，县政协办公室、经济委利用近一个月的时间，采取实地察看、走访座谈等形式，对我县各类行业协会及专业合作进行深入调研，现将调研情况汇报如下。

一、我县行业协会发展基本情况

近年来，我县以实施特色产业提升为重要突破口，强化工作措施，优化产业结构，加快发展模式转型，全县经济取得又好又快发展。以皮毛、摩擦制动材料、铸造、种植、养殖为特色的区域经济发展强劲，商贸流通加快发展，农林畜牧各业平衡增长，为行业协会的培育发展，提供了良好的平台。截至目前，我县在民政部门注册的行业协会共计 8 家，其中种植 4 家、养殖 2 家、铸造 1 家、摩擦制动材料 1 家。在工商部门注册登记的各类专业合作社共计 107 家。其中分别涉及种植小麦、玉米、核桃、棉花、杂粮、辣椒、苗木、芦笋、无公害蔬菜 68 家；养殖生猪、蛋鸡、肉鸭、奶牛、獐鹿、鸵鸟 39 家。

二、发展行业协会及专业合作社的作用

行业协会作为市场经济发展到一定阶段的必然产物，对于整合行业资源，延伸产业链条，扩大行业规模、抵御市场风险等方面起到了不可代替的作用。纵观国外发达资本主义国家，像美国的甜橙协会、华盛顿苹果协会、马铃薯协会等行业协会的发展已有几十年甚至上百年的历史，其先进的管理理念、科学的运行机制和完善的运作方式，对我们大力开展行业协会组织具有非常重要的借鉴意义。尤其是随着改革开放的深入、市场经济的发展以及农业产业化进程的加快，小生产与大市场的矛盾日益尖锐和突出，企业、农民迫切需要在生产经营活动中得到全方位、专业化的指导和服务，由有分散经营的模式难以及时、全面、准确地掌握市场行情，生产经营存在很大的盲目性，在与政府的沟通对话中，缺乏必要的桥梁与纽带，而行业协会及专业合作组织的出现，弥补了这一体制上的缺陷，从而为促进产业调优升级，打造企业集团优势，搭建了良好平台。具体来讲，其作用发挥可以体现在以下几个方面。

1. 有利于规范行业行为，促进行业自律。开展行业自律是行业协会的主要职能，许多协会在这方面做了有益探索。比如：故城县摩擦制动材料行业协会在成立之初，针对当时我县摩擦材料行业由于缺乏引导、管理，造成无序生产和经营，产品质量低下，假冒伪劣泛滥的情况，积极发挥自身协调职能，以技术监督局为依托，在规范会员企业自律的基础上，会同有关部门开展了 4 次大规模的扶优治劣监管集中治理整治，查处黑窝点 18 处。为行业骨干企业健康发展创造了良好环境，为规范行业自律行为打下了坚实基础。

2. 有利于加强行业管理，开展行业调查，为政府决策提供服务。为集中反映行业内企业热点、难点问题和诉求，故城县皮毛行业协会在营东新区组织召开了皮毛行业企业家座谈会，并专门组织人员会同政府办深入到国税局等职能部门及相关企业开展调研，形成了《关于我县皮毛产业发展的调研报告》，为政府科学决策提供信息服务。

3. 有利于深化专业分工，调优调强农业产

业。各类种植、养殖协会及专业合作社利用集体力量、市场信息反应灵敏、信息反馈快的优势，能够适时引导农户发展专业化生产，形成规模化、专业化的农业产业区域和生产体系。比如，我县三豆产销专业合作社，在保留协会服务本能的基础上，逐渐由单一性的技术服务向综合性的产、加、销系列化服务发展，由社团法人向企业法人转变、集科技推广、综合服务、信息传播、生产、加工、销售为一体，构建起了“公司+基地+农户”的产业化经营新格局。

4. 有利于形成和提升农业品牌优势。当今的农业竞争，其实是品牌的竞争。对于传统种植无公害蔬菜的建国镇来说，以信安无公害蔬菜专业合作社和南陈庄无公害蔬菜专业合作社为代表的合作社组织，在统一购种、统一田间管理、统一注册无公害蔬菜商标等方面，充分发挥了合作社优势，利用集体力量，打造绿色蔬菜品牌，为提高农产品质量，增加农民收入，起到了积极的推动作用。

三、我县行业协会发展中存在的问题

通过调查发现，当前我县各类行业协会、专业合作社还处于初期发展培育阶段，其职能和作用发挥离市场经济所要求的、广大会员所期盼的行业协会存在着较大距离，还存在着许多亟待解决的问题，主要表现在以下几个方面。

1. 思想认识不到位，会员单位对协会认同感不足。从调研情况来看，各会员单位对行业协会的地位、性质、作用认识不足。导致各行业协会及专业作社发展缓慢。协会内部会员企业水平参差不齐，且会员往往都以是各自核心利益为出发点，在行业诚信建设，提高会员之间诚信度，维护行业整体利益方面，难以做到齐头并进，合力共为。尤其是在种植、养殖专业合作社方面，由于合作群体为千家万户的农民群众，农民在行业素养、协会意识、市场理念的先天不足，使其在种植、养殖方面往往形成跟风、跟潮流，对于协会发布的市场信息充耳不闻，无心理会，造成企业农业订单无从下手，双方难以形成双赢互利的局面，会员对行业协会的认同感和归属感大大降低。

2. 规模小，带动作用有限。**一是**由于注册登记管理部门缺乏对各行业协会、专业合作社的实地勘察，导致很多合作社组织只是挂了一块牌子，甚至有的已经是名存实亡。**二是**农民的组织化程度偏低，大多数农民实际并没有入社。**三是**多数专业合作社都尚处于起步阶段，产销衔接不够紧密，重盈利轻服务，重分配轻积累，社员之间的合作关系有待进一步明确和巩固。**四是**多数合作社及协会组织规模不大，吸收成员不多，生产的产品市场占有率偏低，从而影响带动农户抵御市场风险的能力。

3. 资金短缺，协会发挥作用严重不足。各行业协会及专业合作社的运行需要经费来保证和支撑。但从协会负责人的座谈中了解到，我县绝大多数行业协会既无经费来源，又无固定办公地点、办公设施。本身协会又没有建立积累机制，没有固定的会费收入来源，其服务职能难以得到发挥和拓展，生存状况及后继发展堪忧。

4. 制度缺失，内部管理不够规范。无论是发展相对成熟的摩擦制动材料协会、皮毛协会，还是数量众多的农民专业合作组织，都存在着组织结构不严密、规章制度不完备以及责权利不明确的状况。致使成立之初制定的章程、行规早已经成为废纸一张，形同虚设。

5. 素质不高，服务手段滞后。各行业协会的负责人，在市场开拓、技术管理、专业指导等方面的能力不足，很大程度上制约了各行业协会及专业合作社的创新和发展，但目前条件下又无法给高素质的各类型专业人才提供相应的福利待遇，很难吸引和招聘他们到协会就业。

四、推进我县行业协会发展的几点建议

1. 进一步在宣传教育上加大力度。政府及相关职能部门，要充分利用广播、电视、报刊等新闻媒体，在全县范围内多形式、多层次、多渠道深入宣传行业协会及专业合作社相关的

法律、政策，切实把引导、扶持发展协会作为破解特色产业提升的突破口来抓，强化培训教育工作，将农民专业合作社培训纳入农村劳动力素质培训内容中，通过多种渠道和形式，对农民专业合作社负责人、专业大户进行阶梯式培训，从而扶持各协会组织及专业合作社健康发展。

2. 进一步在扶持发展上加大力度。**一是**提供信贷资金扶持。建议政府部门积极推动“银企、银农协作机制”，对一些发展潜力大、带动能力强、服务效果好的行业协会及专业合作社的龙头企业，在金融政策允许的情况下，扩大对合作社信贷资金的发放力度，切实帮助合作社在扩大种植规模、引进专用仪器设备等方面的融资难题。**二是**努力解决用地困难。在种植、养殖合作社发展必须的生产、仓储和管理用房用地，政府部门要在土地流转方面，应予以积极引导和帮扶。

3. 进一步在示范带动上加大力度。对于产业特色明显、带动能力强、运行机制规范的合作组织，要作为县级示范典型，充分发挥示范带动效应。组织经验交流会，使其互相学习、交流和研讨，扩大辐射带动能量，使其开阔视野，受到启发，学有榜样，赶有目标。

4. 进一步在完善自身机制上加大力度。各行业协会及专业合作社要进一步在完善自身管理机制、健全约束监督机制、利益分配机制、风险保障机制、产权联结机制等方面，使会员单位在享受地位平等、利益分红、风险共担中真正形成以产权为纽带、以利益为关联、以机制为保障的紧密型经济联合体。

5. 进一步在强化职能上加大力度。行业协会作为独立于政府之外的民间社团组织，在遵循“自愿入会、自选领导、自聘人员、自理会务”的原则下，强化职能，发挥作用。尤其是在提供技术服务、形成龙头企业带动、强化行业自律、提高吸纳会员能力等方面，进一步采取措施，加大力度，不断提升行业协会的凝聚力和号召力。

6. 进一步在行业内部积累机制上加大力度。行业内部积累机制的建立，对于保障经费来源，保证协会正常运行具有极其重要的作用。各类行业协会及专业合作社要根据自身发展情况，建立行业积累机制，创新资金筹集方式。**一是**增加会费收入。对于自愿入会的会员单位，统一收取会员费。**二是**增加服务性收入。协会在为会员提供维权、用工培训、组织会展等方面，可以适当收取费用，增加会费收入。**三是**接受社会捐赠。对于遭遇贸易摩擦、自然灾害造成的企业、农民专业合作社损失、亏损，协会要积极为会员单位争取慈善捐款和社会募捐，并由协会对募捐资金实行统一管理、分配。

7. 进一步在引进专业人才上加大力度。针对我县行业协会专职人员少、兼职人员多、专业人才严重缺乏的现状，各协会及专业合作社可以采取灵活多变、易进易出的人才引进方式，拓展人才引进渠道，吸纳各类专业技术人才。**一是**对接人才服务市场。人才服务市场为各类行业协会提供了高素质、专业化的应届毕业生和技术人才。通过应聘到协会内龙头企业或骨干企业，形成直接或间接为行业协会服务的人才引进模式。**二是**临时邀请专家培训。对于行业协会内各企业融资、管理、技术保障；各专业合作社季节性田间管理、苗木嫁接等技术性服务，可采取临时邀请专家培训、授课等方式，予以专业性指导。**三是**委托培养。对于发展基础良好、管理、积累机制完善的行业协会，可以采取到各技术服务中心、职业教育机构定点委托培养的方式，吸纳人才。

关于规范小区物业管理、提高整体服务水平的建议

县政协办公室

在“三年大变样”战略的推动下，故城县城市发展步入了依法有序的快车道，其中，房地产业的发展更是令人瞩目！在房地产业发展的同时，故城县的小区物业管理也紧随而上。目前，故城县新建住宅区实施物业管理的面积占90%以上，面积近50万平方米。一大批环境优美、秩序井然、生活方便的住宅小区备受群众关注，其中有1个住宅小区获市级优秀物业管理小区称号。但是，任何事业在发展过程中必然会存在一些不足之处，我县的物业管理也不例外。

一、目前我县城区小区的物业管理存在以下主要问题

1. 业主财产损失。今年迎瑞小区内业主的两辆汽车及自行车的丢失引起业主心理恐慌。原因是小区的物业管理不到位，参与保卫工作的人员少，监控设备投入不足。

2. 小区公用部位的使用纠纷。个别业主在小区广场等公共场所进行娱乐活动，音响声音很大，晚上严重影响周围居民休息引起大部分业主的不满，要求物业管理企业查处行为等。

3. 维修资金的筹集、管理和使用造成的纠纷。目前普遍存在的现状是：许多住宅区的共同部位、公共设施设备得不到及时维修养护，大修、改造、更新就更谈不上了。推诿扯皮的现象使迎瑞住宅区出现了一年新、二年旧、三年破的状况，令人疼惜。如有的房屋漏水、墙体裂缝、窗户漏雨、水暖线路不畅等质量问题，业主找开发商交涉、索赔甚至退房得不到解决，使这些问题被遗留了下来，造成业主和用户的不满。开发商一走，所有的问题都指向物业公司，以至于物业公司开展工作困难重重。

4. 业主大会和业主委员会成立率低。新建住宅小区几乎都没有成立业主委员会，甚至不公开组织成立，有了问题没替自己说话的地方。业主大会和业主委员会成立率低主要有两个方面的原因，一方面是政府主管部门和社区基层组织监督指导不到位，业主委员会成立、资格认定和组建程序带有很大的随意性和无序性；另一方面是部分业主参与小区公共管理的意识不强，参与自我管理和服务还没有成为迫切需要。

5. 物业费收缴。按照规定，业主应当根据物业服务合同的约定交纳物业服务费用。在调查中发现，物业费收缴率低已经成为困扰整个物业管理行业的普遍问题，以服务差、管理乱、取暖温度低等各种原因的物业纠纷往往直接反映在业主拒交或者拖欠物业费上。

物业费收缴率低的原因是多方面的，**一是**业主无法按照有关规定行使物业费决定权，因而拒绝交费。但实际上，物业管理企业通常由开发商指定，物业收费也由其单方制定，业主根本没有选择的余地。**二是**物业企业服务不到位，业主与物业企业在服务品质和收费标准上存在分歧，业主常以不交物业费的方式表达不满。**三是**低收入家庭经济承受能力有限，无法支付超过他们支付能力的物业费。

二、解决物业管理工作存在问题的对策

1. 健全和完善政府关于物业管理企业的管理机构。政府应明确一个行政主管部门，依法对全县物业管理活动进行政策指导和监督管理。

2. 加强管理与监督，建立物业管理市场准入制度和竞争制度。针对当前物业管理行业特

点，应加强对物业管理企业的管理与监督，建立物业管理市场准入制度，实行企业资质管理。同时，要通过市场化运作，促使物业管理企业之间逐步形成良性的竞争机制，而市场竞争的关键就在于是否通过招投标方式选聘物业管理企业。通过这种办法可以培育一批质量高、实力强、信誉好的物业管理品牌企业，从而能够为小区业主提供更加优质高效的服务。

3. 充分发挥政府职能，促进物业公司发展。调整房屋维修基金使用管理体制。目前，房屋维修基金的收缴、使用权全部归政府管理部门，政府应积极协调有关部门理顺体制，及时下拨房屋维修基金，以便完成小区设施、房屋等的修缮。

4. 规范业主委员会的运作模式。**一是**业主委员会应依照相关规定依法成立并发挥其管理监督作用。**二是**有关部门应尽快依照相关规定，帮助业主委员会解决好办公经费和办公场所等问题。**三是**业主委员会解决好业主遇到的困难。

5. 推进房地产开发与物业管理分业经营，明确各自责任。政府应采取具体措施，将房地产开发和物业管理分业经营，使物业管理企业真正成为自主经营、自负盈亏、自我约束、自我发展的市场主体，独立进入市场，实施专业化管理，从体制上理顺建设与管理的关系，规范房地产开发企业与物业管理企业的各自行为，明确各自责任，保护业主的合法权益。

6. 规范我县物业管理活动、促进物业管理健康发展的法律准则，要进一步加大宣传和落实的力度。应通过发放宣传手册、在媒体开辟专栏、举办培训班和开展专题活动等形式，大力开展《物业管理条例》（以下简称《条例》）的宣传活动，组织广大业主和物业管理企业认真学习该《条例》，不断提高广大市民对物业管理重要性和紧迫性的认识，使业主理解和接受“用钱买服务”思想和物业管理企业以“服务换利润”的理念，进一步明确各自的权利和义务，增强做好物业管理工作的责任感和自觉性。

总之，物业管理企业正面临着严峻的考验，如何更好地研究物业管理工作存在的问题及对策需要我们做进一步的努力，同时也提请社会各方多关注和帮助生存维艰的物业管理企业，使其有一个生存和发展的空间，使之能够在维系社会稳定的基本单元——社区中发挥应有的作用。

关于以土地流转为契机　促进农业产业化经营的建议

县政协办公室

《中共中央关于推进农村改革发展若干重大问题的决定》对农村改革指明了方向，明确指出：加强土地承包经营权流转管理和服务，建立健全土地承包经营权流转市场，按照依法自愿有偿原则，允许农民以转包、出租、互换、转让、股份合作等形式流转土地承包经营权，发展多种形式的适度规模经营。在农村实施农村土地流转，实行适度规模经营，是提高农业产业化经营水平和优化土地资源配置的有效方式，也是深化农村综合配套改革的现实课题和破解“三农”难题的关键，更是建设现代农业的客观要求和推进城乡统筹发展的突破口。

一、我县实行土地流转运营机制的现状

1. 农村家庭承包经营责任制的现状。改革开放以来，随着对农业投入的逐年增加和农业科学技术的推广应用，我县农村经济发生了翻天覆地的变化，农业产业化经营水平不断完善，农民生活水平不断提高，但是，伴随着这一社会发展趋势，现有农村家庭承包经营责任制体制在很大程度上却成为制约农业产业化发展的

主要障碍。**一是**农户超小规模经营已渐渐不适应现代农业集约化生产的要求。目前在农村是一家一户的小规模经营，由于农户受自身经济实力限制，投入能力很低，加上土地分散经营，严重制约了农业基础设施的建设和使用，制约了农业科技特别是大中型农业机械的使用，导致现有农业土地产出率很难再有大的增长。**二是**近年来随着农业比较效益下降和城乡居民收入差距的日益扩大，农村外出务工经商人员日渐增多，导致了农村耕地粗放式经营和撂荒现象的出现。**三是**在现行的农业经营体制下，农业生产主体多而分散，缺乏有效的组织和分工协作。在进入市场过程中，难以形成利益共同体，造成农业利益的过度流失。同时，由于无法获得可靠的市场信息，许多农户生产经营带有极大的盲目性，加大了农业市场风险。

2. 目前农村土地流转的现状与问题。近年来，随着农业产业结构不断调整，我县的农业产业化程度有了明显提高，农村土地流转已经有了初步的发展，随着现代农业发展速度的加快和农业产业化经营程度的提高，农村土地流转还需要进一步完善。**一是**农民对土地流转认识不足，顾虑较多。主要表现为有些农户认为种田不但不交农业税，还可以获得一定数量的农业补贴，觉得弃之可惜；部分农户存在“三怕”：一怕丧失土地经营权，缺少就业门路，因此部分农民外出打工后，宁愿土地荒芜也不愿转包出去；二怕流出的土地收益（租金或承包费）难兑现，无生活保障，失去赖以生存之本；三怕退回耕地时难复耕等。加上农民的恋土深情、小农经济等意识较严重，还有极少数的农民甚至还存在金不调银不换的思想，宁愿粗放经营，也不愿将土地流转出去。**二是**土地流转机制不健全，引导和服务不到位。目前农村土地流转尚处于自发阶段，口头协议多，批准备案的少；即使签有书面合同，内容也较简单，权责利不明确，甚至有的条款不合法，没有按规范的流转合同文本签订，造成土地流转纠纷隐患增多；还没有形成统一规范、市场化运作的土地流转机制，缺乏土地流转中介组织，流转信息不畅，出现“要流转土地的转不出，要租土地的租不到”这一矛盾；土地流转价格确定缺乏科学依据，土地资源配置效率低。**三是**土地零星分散，集中开发较难。土地承包到户时，各地都是根据土质、地利搭配，按人平均承包分配到户，人为地把整块分割为若干小块。后经数次承包地调整，每户的承包地就更加零星。据调查，目前农户承包的田地多的有十几块，少的也有五六处。由于农户经营的分散性、自发性及盲目性，很难适应农产品市场发展的需要，从而出现农产品“卖难”的问题。**四是**土地经营粗放，土质严重下降。受市场经济影响，当前农村劳动力大量外出，产生了一个日益庞大的特殊群体（妇、幼、老、弱、病、残）留守在家，农村劳动力严重缺乏，导致土地耕作粗放经营，甚至出现撂荒。为保证土地的粮食产量，留守的劳动力就通过使用更多的化肥、农药、除草剂等来种植、管理农作物，造成耕地、水源、大气等的严重污染，土质下降。

二、提高认识，因势利导，提高土地流转的管理和服务水平

1. 着眼解放思想，着力创新观念。各级干部应该统一思想，形成共识，加强对农村土地流转和发展规模经营的正确引导和服务，要积极引导农民解放思想，转变观念，按照实际需要进行土地流转。要进一步加大对有关法律、法规、政策和土地流转、规模经营、增加收入等好的典型和成功经验的宣传力度，努力提高基层干部和农民群众对加快土地流转、发展规模经营意义和作用的认识，消除他们的顾虑，形成推进农村土地流转、发展规模经营的共识和内在动力。发展现代农业是农民致富奔小康的必由之路，只凭现有的人均土地资源奔小康是不可能的，必须转移农民，减少农民，让土地资源向经营能手或大户集中，才能实现规模效应。应教育引导农民转变观念，帮助农民读懂政策，讲清道理，算好经济账，引导农民自愿流转承包土地。

在土地流转时必须兼顾双方利益，合理确定价格，形成农民和业主的利益统一机制，互相促进、共同发展，实现“双赢”。

2. 建立服务机构，健全服务网络。**一是**建议成立县、乡（镇）农村土地流转领导小组办公室，负责农村土地流转的总体协调、全面监管、形势分析、信息宣传和业务指导等，确保全县农村土地流转工作有序推进；要积极稳妥地开展农村土地流转工作的各种层次、各种类型的试点，抓好典型示范，并在试点取得经验的基础上全面推开。**二是**县、乡（镇）要建立农村土地承包仲裁机构，配合司法部门协调处理和仲裁农村承包土地经营权流转过程中出现的各种矛盾和纠纷，为流转双方提供有关的法律、政策咨询和信访服务等，切实维护流转双方的合法权益。**三是**完善农村土地流转服务体系，尽快建立县、乡（镇）土地流转服务中心和村土地流转服务站（由村干部负责），做好机构、职责、人员三落实。县、乡（镇）要建立土地流转信息库，建立和完善农村土地流转程序制度、审查制度、价格指导与保护制度、收益分配机制、合同管理制度、登记备案管理制度、档案管理、信访接待和风险防范机制等，切实规范土地流转。村土地流转服务站，负责宣传贯彻农村土地流转政策法规，开展政策咨询和服务，建好土地流转台账，做好土地流转情况调查，及时传递和反馈土地流转信息。

3. 培育经营业主，促进规模经营。**一是**抓好现代农业科技培训，把有文化、懂技术、善经营、会管理的农民培育成种田大户，增强他们转入土地的欲望和能力。**二是**注重发挥种养大户、龙头企业和农技服务机构的作用，围绕当地优势特色产品，把农民组织起来，通过统一布局、统一质量标准、统一技术培训、统一品牌、统一销售，达到规模经营的目的。**三是**引导各种金融资本、工商资本和民间资本等资本依法参与农村土地流转，单独兴办或与农民联办农业企业。其利用流转土地依法兴办的农业企业，可按照促进民营企业和中小企业发展的相关政策予以支持，从根本上解决农村经济发展资金短缺问题，增强农业和农村经济发展后劲。**四是**依托产业培育一批示范性的农民专业合作社，大力发展多种产业经营模式，提高农民组织化程度；鼓励农民以土地承包经营权入股进行合作生产，支持农民专业合作社承接和连片开发经营农民流转的土地，实现区域化规划、规范化管理、规模化开发、产业化经营、标准化生产。**五是**抓好销售服务，通过扶持农民专业合作社、专业购销大户等办法，来拓展农产品的销路，为规模经营大户发展生产提供销售服务。

4. 发展优势产业，催生龙头企业。加快土地流转，实现规模经营必须有优势产业为依托，应按照“龙头催生基地，基地呼唤龙头”的发展思路，大力吸引龙头企业参与土地流转。**一是**根据自然资源优势，充分论证，科学规划，确定适合我县发展、具有市场竞争优势的优势产业，成片集中流转承包地，结合优势特色产业发展，实行集中开发、连片种植，兴建产业基地，促进土地规模经营。**二是**围绕建设优势产业基地，科学策划包装项目，配套相关政策，优先安排农业产业化项目，不断改善和优化基础设施条件，以吸引、带动龙头企业进入基地。**三是**支持已有龙头企业开展技术改造，开展新品种、新技术、新工艺、新设备的引进、研发和推广，提高产品档次和企业的市场竞争力。**四是**鼓励农民以转让、转包、入股、租赁等形式参与龙头企业的经营，以提高农业规模效益，实现农业增效、农民增收的目的。

三、建立转业的服务机制，为土地流转后的农业发展提供规范的物资平台

如何保障土地流转后的农业生产保持稳步、健康的发展，更为紧要的是建立一个专业的服务机制和平台。从服务的角度来讲，完善农资保障机制无疑是第一位的。要着力做好以下几点：**一是**加强土地流转中的农资跟踪服务。目

前，我县的“农家店”遍布故城全县，农资销售网络优势明显，依托这一优势，与乡（镇）土地流转主管部门建立联动机制，对流转的土地按规模、区域逐一立档，与农资经营挂钩，实行挂牌跟踪服务，随时延伸经营触角，土地流转到哪里，我们就把服务做到哪里，为土地流转保好驾、护好航。**二是**建立农业专业合作社。按照平等、自愿和互利互惠的原则，把土地流转后出现的粮食、植棉大户、果树专业户和蔬菜专业户纳入专业社管理，由专业社提供包括农机、农资、咨询、庄稼医院等多种服务，一方面可解决他们在资金、技术等方面相关联的突出问题，实现农业高产、高效；另一方面，使农业生产大户在专业社年度经营中分取红利，提高收益。**三是**构筑信息平台。以市场为导向，以“万村千乡”工程为依托，以“农家店”为平台，以农业生产大户为载体，构筑县、乡（镇）、村三级信息共享网络，形成农业生产工序资料库，全县统一联网管理，实行信息资源共享，进一步推进土地流转后的农业信息化建设。**四是**建立培训基地。为了进一步巩固土地流转后的成果，发展现代农业，要建立一个专业、系统的宣传和培训机制，建设一个高水平、高标准、高效能、辐射功能强大的培训基地，基地除用于农业技术培训、会展、商务、学校等功能外，还可作为农资生产厂家、销售商、农业专家与广大农户开展合作交流的平台，形成土地流转后全新的集培训、经营、服务于一体、多功能的专业服务机构。

当前，随着社会经济的快速发展，我县的综合经济实力大幅提升，科技进步日新月异，农业经济面临新的机遇，特别是土地流转制度的推行和深入，必将促进我县农业发展的新一轮跨越。

关于重视青少年思想道德教育工作、为青少年健康成长创造良好的社会环境的调研报告

县政协办公室

构建社会主义和谐社会既要有发达的物质基础，更要有高素质符合和谐社会要求的人，培养造就这样的人离不开思想道德建设。青少年是祖国未来的建设者，他们的思想道德水平直接关系到中华民族的整体素质，关系到国家的前途和命运，今天的青少年，在几年或者十几年后就是故城建设的主力军，提高他们的素质，是故城未来竞争力所在，也是故城发展的希望所在。所以，重视青少年思想道德教育工作，为青少年健康成长创造良好的社会环境，就是关注构建和谐衡水的基础，就是造就了未来和谐故城的建设者，就是为故城经济社会全面协调可持续发展提供了重要保证。

随着人民生活水平的提高及独生子女生育政策的长期推行，青少年尤其是城市和城镇青少年这个庞大的人群中思想道德状况成为全社会都极为关心的问题。出现了一些亟待解决的新问题，一些青少年的不良行为甚至骇人听闻的犯罪行为也时常见诸新闻媒体，令许多家长和教育工作者深感忧虑。经过走访调查目前青少年思想状况中存在的主要问题有以下几个方面。

一、娇生惯养，生活自理能力差

目前，“变应试教育为素质教育”的口号提得很响，但由于长时期以来中高考制度影响的作用，家长和教育工作者重智育轻德育的状况并未从实质上得以扭转。家长最关心的依然是孩子的功课和升学，而忽视了对孩子德育方面的正常发展。如在校做值日生、洗澡、洗衣服鞋袜等本该学生自己可以料理的事，则更是

成了不少家长们的“分内”事；不少学生被家长宠爱或溺爱导致他们的生活自理能力很差。很难想象这样的孩子怎么去帮助别人。

二、个性太强，心理承受能力差

现在的城镇、城市孩子绝大多数是独生子女，很多家庭都以孩子为中心。在这样家庭环境下成长的孩子，很多个性都很强。再加上现在教育孩子是用“好孩子是夸出来”的方式，片面追求表扬鼓励学生和子女，致使孩子只能听好话，经不起挫折，心理承受力差。绝大多数学生在遇到困难和烦恼时不愿找老师、家长倾诉，而乐于找同学或上网聊天，有的由于找不到正常的发泄渠道，习惯于把问题和心事藏在心里，变得冷漠、孤僻、自闭，有的甚至将冷漠、叛逆理解为“酷”。据了解，到高中毕业或初中毕业离开学校时，为宣泄自己三年来的所谓学习和生活压力毁坏学校公共财物的现象尤为突出。

三、家庭环境优裕，受社会影响较重

有些父母只重视对子女的物质投入而缺少精神食粮的投入。有的生活条件比较优越，在家娇生惯养、爱哭爱闹，家长无法教育管理，只希望学校加强教育管理，因此放松了家庭这一最基础、最直接的教育模式。从而使当今的思想道德教育只剩下学校教育这一单缘阵地。还有些家长，仍旧存在读书不读书无所谓，只要给他们经济、财产，让他们的生活安逸就足够了，从小给他们造成“反正有老子撑着，我念不念书照样过”的惰性思想。从而形成了有的学生拿家庭资本进行炫耀和攀比，有的学生在生日时互相赠送精美礼品，甚至吃吃喝喝，艰苦朴素的意识比较淡薄。有的学生自私自利思想较为严重，只知索取，不知奉献。有的学生养成了随地吐痰、乱扔废物，甚至形成小团伙自称所谓的“大哥”“大姐”欺负同学，说谎话脏话、打人骂人、抽烟喝酒等坏习惯。

因此，我们要提出具有我县特色的德育工作目标，推出我县青少年思想道德建设的具体措施。实现社会、学校、家长、学生、相关部门对青少年思想道德建设的全方位教育模式。

围绕这些问题和现象，特建议以下措施。

一、加强宣传，提高认识，牢固树立以人为本、育人为本、德育为先的教育理念

要结合《公民道德建设实施纲要》的实施，充分利用电视、报纸、网络等媒体，大张旗鼓、持之以恒地宣传加强青少年思想道德建设的重大意义，提高全社会对道德教育的认识。要采取演讲比赛、主题论文、文艺调演、书法大赛等生动活泼的形式，在全社会广泛开展“知荣明耻，健康成长”等主题宣传教育活动，使社会主义荣辱观真正在广大青少年中入耳、入脑、入心。要加强对社会普遍关注的道德热点问题的引导，维护道德新风，揭露、抨击一些与社会要求和规范、与公民道德建设相违背的倾向，提高青少年自我认识、自我教育、自我管理的能力和水平。要大力宣传推介一批典型人物，为青少年树立可敬可学的道德楷模，弘扬明礼诚信，尊敬长辈，勤俭自强的优良传统和美德，营造青少年健康成长的良好氛围。教育系统特别是全体教育工作者，要进一步增强责任感和使命感，充分认识中小学德育工作在学生成长中的重要作用，把德育作为办学的首要任务，深入开展调查研究，拟订计划，有针对性地提出加强和改进德育工作措施，抓住学校建设和教育教学的环节，推动素质教育，为学生全面发展创造更好的条件，进一步办好人民满意的教育。

二、加强组织，进一步强化德育教育机制

各级各部门要进一步统一思想，提高认识，建立统筹协调机制，有效动员和组织各单位各负其责，各司其职，形成合力。要建立督促检查和奖惩激励机制，充分调动社会各方面力量支持、参与青少年管理的积极性和主动性。要建立信息反馈研究机制，及时掌握影响青少年

健康成长的社会因素的变化趋势，增强工作的科学性和预见性，根据实践的发展不断建立健全工作机制，使青少年管理工作走上规范化、制度化的轨道。特别是宣传、教育、文化、广播等部门和有关团体组织，要切实承担起在青少年思想道德建设中的重要职责，结合业务工作发挥各自优势，密切配合，形成合力。执法部门要彻底整治网吧及不适宜未成年人活动的场所接纳未成人的现象，坚决查处传播淫秽、电子游戏软件等出版物，净化荧屏、书市和娱乐场所，为未成年人成长提供良好环境。同时。还要建立青少年思想道德档案，提高青少年思想道德自我约束意识。特别是要重视单亲家庭、离异家庭、贫困家庭、外来农民工家庭等特殊家庭子女的教育问题，采取有针对性地教育措施，保障他们接受教育和健康成长的权利，促进他们形成良好的思想道德品行。

三、创建新型学校、社区协作机制

要充分利用学校教育的主阵地作用，调动社会、家庭教育功能，为学生营造健康安全的学习环境。各级各类学校要切实承担起德育主渠道、主阵地、主课堂作用，建立科学的教学评价体系，改变学校重智轻德、重应试教育轻素质教育的倾向和做法。自觉把德育工作摆在首位，贯穿于教育的全过程。要充分发挥家庭作为教育孩子第一课堂的特殊作用，要求教师切实搞好家访工作，了解学生的个性，掌握其家庭教育情况，在德育教育中贯彻因材施教的原则。利用一切机会对家长进行培训，帮助广大家长树立正确的教子观念，掌握科学的教育方法，创造良好的家教环境。积极争取家长对学校工作的支持和配合，协助学校开展德育活动，积极创造条件建立起学校与社会、家庭三方共建的青少年健康成长环境机制。同时，要发挥社会各方面的作用，形成整体的教育网络。学校和当地有关部门联系，不定期到学校对学生进行法律、交通安全等方面的教育，同时和所在地的党政机关、群众团体密切联系，加强学生校外生活的管理。

四、大力加强德育队伍建设，整体提高德育水平

要做好青少年思想道德建设工作，必须切实做好德育队伍建设工作。**首先**，要大力加强班主任队伍建设，培养一批思想素质高、奉献精神强、勇于开拓创新的德育工作带头人，通过教师竞岗、双向选择的方式，选拔责任心、事业心强，有较强班级管理能力和教学水平的教师担任班主任。同时，通过班主任培训、学习德育文件理论等途径和形式，提高班主任的理论水平和班级管理能力。**其次**，要制定提高德育队伍素质的激励措施。每年都评选一定比例优秀班主任、师德标兵和“学生心目中的好老师”，在评优选模等方面向获选教师倾斜，提高德育队伍的整体素质和积极性，推动学校的德育工作。还要加强心理教育，教师队伍的建设。要重视发挥共青团、少先队的作用，鼓励他们创造性工作、同时扩大校外德育教育队伍。**最后**，加强师德教育。要通过多种形式加强教师的职业道德教育和德育理论与实践的培训。树立“育人为本”“师德为范”的教育观，培养人人都是德育工作者的意识，提高育人能力。全体教师要严格遵守《中小学教师职业道德规范》，提倡“敬业奉献精神”，塑造“师德形象”。通过举办教师演讲比赛、师德报告会、师德评选等形式，学习模范教师、先进教育工作者的事迹，以此来感召、鞭策教师提高德育教育水平。

五、大力鼓励德育创新，培育和推广先进典型经验和优秀研究成果

完善并充分利用我县德育教育基地开展各类德育教育活动。鼓励教师进行德育工作创新，针对德育工作的重点、难点、热点要开展深入调查研究。征得有关部门合作，为学校德育工作创造良好的舆论氛围，鼓励社会各界参与青少年思想道德教育的热情，营造青少年学生健康成长的社会环境。

关于着力提升城市管理水平，努力建设生态宜居县的调研报告

县政协办公室

建设生态宜居、宜商、宜业的现代化城市，打造冀东南运河历史文化名城，是县委、县政府基于故城发展实际，着眼于故城长远发展规划，所做出的一项战略性部署。作为一名生活在县城的政协委员，我参与和见证了县城建设翻天覆地的变化，同时，我也时刻和密切注着人民群众对于建设新家园、新县城过程中出现的热点、难点问题的调研和分析，并把它作为政协委员履职的中心任务和重点课题。下面，根据会议安排，我以着力提升城市管理水平，建设生态宜居县城为题，为加快我县城镇化建设，提升县城新形象，提一己之言，献一己之策。

一、充分发挥和挖掘业主委员会作用，建设和谐文明社区

当前，随着县城主城区框架的不断拉伸，原来的“内五镇”管理模式，逐渐被单元化、格式化的居民小区所取代。大量的外来人口和农村人口进城，使居民小区管理成为县城管理的重中之重。

根据前段时间的深入调研和了解，我县已建成入住的小区，只有少数居民小区成立了业主委员会并选举了“楼长”，而且在运行过程中业主委员会实际上是名存实亡，发挥作用微乎其微。**一是**要加强社区居民对于业主委员会性质、作用的宣传了解。大多数社区居民虽然已经搬进了楼房，但从思想上，还是以一家一户为中心，没有形成社区观念。建议城区办及各社区业主委员会要积极通过发放宣传单、定期组织专题活动等形式，加强社区居民对业主委员会这一组织的认识和重视，逐步引导小区居民通过业主委员会来维护整体利益，实行自我管理的主体意识。**二是**充分发挥业主委员会作用，加强社区管理。广大社区居民要充分信赖和发挥业主委员会的作用，对居民小区的垃圾堵门不清理、房顶漏雨不维修、小区花园变“草园”以及车辆乱停乱放等问题，与物业管理部门进行合理协调，有序协商，避免业主采取单打独斗，扰乱物业办公等极端方式来解决问题的现状，逐步形成通过业主委员会实行规范化、专业化的管理模式，建设和谐文明社区。**三是**加强培训学习，提高业主委员会自身管理能力。由于随机选择和业主参与度不高等原因，选举的居民小区业主委员会代表，往往在专业知识、社区管理、业主维权等方面，存在经验不足和理论欠缺等因素。在代表业主进行监督物业管理方面，自身的管理能力需要进一步提高。各社区业主委员会要通过加强培训学习，选择有代表性、专业性的业主代表，不断加强和提升业主委员会自身的管理能力和水平。

通过充分发挥和挖掘业主委员会的实际作用，使居民小区的管理逐步形成“家园自治，人人有责”的管理模式，为减少政府部门的管理成本，提升居民的自我管理能力，建设整洁、文明、和谐社区发挥积极作用。

二、以严查“酒驾”为契机，大力治理县城交通管理秩序

众所周知，“酒后驾车”这一陋习，通过举国上下的严格治理、异地执法治理，引起了广泛关注，取得了明显成效。“酒驾”治理的成功，充分体现和说明了一个执法监管的“严”字。没有严格的监管，严厉的惩罚机制，很难让一些司空见惯的乱闯红灯、逆向行驶行

为得到有效遏制，不能够在居民行车时形成“酒驾”被罚的警醒意识。**一是**强化市民文明出行的交通意识。随着汽车时代的到来，县城私家车数量激增，相应的县城交通管理难度也急剧加大。通过上班的出行，大家可以明显地看到，抢车位乱停、闯红灯超车一些危险行为，时有出现，尤其是学校放学，交通状况更是拥堵不堪。建议交警队要加大宣传力度，通过电视媒体、社区专题宣传等多种形式，进一步提高市民文明出行和安全驾驶的意识，逐步缓解县城交通压力。**二是**加强城市出租车的管理。出租车为方便市民出行带来了很大便利，然而部分出租车司机由于其个人素质原因，随意停车、恣意掉头、抢拉顾客等驾驶行为，给县城交通管理又增加了相当大的管理难度。要进一步加大对出租车的监管力度，规范出租司机驾驶行为，公布举报投诉电话，树立故城出租车的文明形象。

通过多层次地开展文明行车、安全驾驶、规范停放等为主题的交通宣传活动，提高居民自觉遵守交通秩序的意识，以严查“酒驾”为契机，强化安全监管，规范出租车管理，努力营造安全畅通的交通环境。

三、创新市政管理机制，提升市政公共设施管理水平

随着我县基础设施的不断完善，像迎瑞休闲广场、龙湖公园等一大批公共场所、生态景观的投入使用，在提升县城品位的同时，也给市政管理增加了相当大的工作量。可以说，现在的县城管理已经远远不再是扫大街、运垃圾那样简单。日益庞大的市政管理工程，已经成为县城管理中的又一重要管理环节。**一是**动员社会公众力量，参与县城公共设施管理。由于市政公共设施的不断增加，相应的维护、保养等经费的投入缺口也在逐步增大，造成城市管理中的市政设施逐步会陷入建而不修、修而不养的尴尬局面。面对财政投入不足的现状，我们要积极动员社会各阶层的力量，开展“人民城市人民建，建好城市为人民”“爱护美好家园，从我做起”等多层次的社会管理活动。比如：中小学校可以利用“植树节”到市政广场开展除杂草、浇绿树等活动；各机关单位、门店可以开展门前三包、环卫清扫、护绿养绿等活动。通过积极发动社会力量，参与市政设施管理，努力形成经常性、广泛性、自发性的市民参与县城管理的机制和模式，为维护整洁、优美的市容市貌，营造全民参与、全民管理的浓厚氛围。**二是**引入市场化运作机制，参与公共设施管理。由于我县在市政管理中市场化引入机制的不健全、融入不充分，造成建设部门在忙于县城建设之余，无暇顾及庞大的市政公共设施的管理。建议要借鉴先进地区的成功经验，探索适合我县市场化运作的模式，多元化地开展市政管理活动。比如：在城区路灯照明工程中，可以与公司协商，采取公司免费更换节能灯具，分批收取电费的方式，在节约财政投入的同时，又可以实现节能环保照明的双赢合作。在城区道路保洁、公共绿地管养等方面，要更多地吸纳园林公司、保洁公司参与，公开招投标，在市场竞争机制的充分促激下，既有效降低了政府市政管理成本，又提高了城区保洁、绿化养护水平。从而使道路干干净净，树木郁郁葱葱，灯光明明亮亮。

第四章　政协故城县第九届委员会调研报告

九届县政协紧紧围绕县委中心工作，组织政协委员、机关干部深入一线，实地调研，为我县经济发展建言立论，为维护社会和谐稳定献计出力。五年来，由政协各位副主席牵头，各委室和相关界别委员参加，围绕故城裘皮裘革产业转型升级、优化我县经济发展环境、农业产业化发展等课题深入开展专题调研活动，共形成报告材料48份，这些调研报告经政协常委会议通过后以建议案的

形式报送县委、县政府主要领导，这些意见建议转化为党委、县政府的决策和工作措施。

关于借鉴海宁模式、打造运河裘都、全力促进故城裘皮裘革产业转型升级的调研报告

县政协办公室

为借鉴“海宁皮革城”成功经验，研析和破解故城裘皮产业发展瓶颈和难题，全力促进我县裘皮行业壮大升级，县政协组织部分政协委员、皮毛行业人士及国税局等相关部门负责人一同赴浙北第一经济强县“中国皮革之都”海宁市进行了实地调研。通过部门、行业协会对接座谈，走访参观浙江大众皮业有限公司、海宁蒙努有限公司、富升裘革等大型企业，积极为我县裘皮裘革产业健康发展建言献策，献计出力。

一、海宁模式

1. 实施五大发展战略，造就国内顶尖皮革产业。与故城裘皮裘革产业相似，海宁当地并无裘皮资源。多年来，历届海宁市委、市政府坚持把素有历史沿革的皮革产业作为主导产业，实施集群化发展思路，加快产业结构升级步伐，不断提升海宁皮革产业的核心竞争力，走出了一条国内皮革特色产业规范、持续、快速、健康发展之路。

产业主导战略。海宁制革业源自20世纪80年代千家万户作坊式的散户经营。直至90年代初期，海宁市政府出台政策，因势利导将皮革产业作为支柱产业大力发展。从民间制革到政府引导扶持，“海皮”经历了近十年的成长发展历程。**产业聚集战略**。从起初几万家散户到五六千家规模型企业，海宁皮革实现了从规模数量上大幅下降，从生产总量以及皮革产业对当地GDP大幅上升的集约化的发展转变。皮革行业在自身发展过程中的更新淘汰、改造升级以及其产品在制革、制衣、箱包、沙发出口等多元化发展模式中，“海皮”的集约化程度在不断提高，产业链条在向纵深发展。**产业与市场互动战略**。为加快海宁皮革的改造升级，海宁市政府一手打造了两大发展平台。**一是**产业平台：中国皮都科技园、皮革城出口加工区、皮革城箱包皮具加工区。三大加工区的建立为扶持和壮大龙头企业提供了良好的园区发展平台。**二是**市场平台。海宁市政府创建的海宁皮革城已经成为当下国内最具影响力、规模最大的皮革制品交易平台。其一期工程总面积为16万平方米，能够为全国各地皮革商户提供1300多间经营店铺；二期工程为26万平方米，其中包括6.4万平方米的原辅料市场，6.6万平方米的鞋业广场，7.1万平方米的中国牛仔城以及23层的商务楼、精品展示厅、餐饮服务一条街、休闲广场等配套设施。特别是皮革原辅料市场的建立，为海宁当地及长三角地区的皮革服装、皮具箱包和其他服装生产企业提供了更为丰富的商品原料，大大降低了皮革企业的采购成本。占地21万平方米的三期工程——中国皮革品牌风尚中心，是中国皮革品牌企业的孵化和集聚地。四期工程为皮革博物馆、科研中心、商务办公和裘皮城。五期工程——品牌生活馆包括两幢26层的酒店公寓以及7层的商业中心。五大工程的科学布局、延续建设、合理分区不仅仅为海宁皮革产业的发展提供了广阔的市场发展平台，而且也使海宁皮革城成为国内皮革行业最为成功的产业与市场互动的发展模式。**品牌发展战略**。注重当地皮革产品的品牌化发展是“海宁模式”的成功因素之一。像蒙努、白领氏、三星等著名商标都是“海宁制

造”，世界名牌阿玛尼也在积极寻求同海宁皮革的代理加工。**科技创新战略**。海宁在国内首度引进了BLC（英国皮革检测中心），为“海皮”通过欧盟检测，打通欧洲市场奠定了坚实的技术基础。另外，海宁还成立了皮革研究院对皮革行业的共性技术进行大力研发，为产业发展节约了高额的开发成本。

2. 兼顾零售批发的商业模式，使海宁皮革城在全国“落地生根”“四处结果”。由于海宁皮革城有强大的“海皮产业”为后盾、庞大的客户资源做支撑以及海宁皮革品牌效应在国内同行业中的超高人气，加之其灵活多变、兼顾零售批发的商业模式，使海宁皮革异地扩张成为可能。海宁皮革城的定位是为生产商和经销商提供商铺及配套生产设施的销售租赁业务，并为客户提供包括出口代理、物业管理和电子商务等全方位的配套服务，为采购商和消费者提供便利、舒适、质量可靠的皮革购物环境。海宁皮革城强大的异地扩张能力使其在河南新乡、辽宁佟二堡、江苏沭阳等地成功扩张，异地复制。

3. 新颖时尚的服装设计，让海宁服饰成为国际皮革流行的风尚标。海宁皮革突破了以往皮革厚、重、笨的传统形象，在其一流的制革技术的依托下，“海皮”制造出了一种轻、薄、柔的超薄山羊皮、优质绵羊皮等优质皮革。这种“丝绸皮革”的出现，为设计师设计新颖时尚的亮丽服装提供了优质原材料，也为一年四季海宁皮革时装热度行销，抢占国内外市场提供了先决条件。另外，海宁市政府通过大力举办中国皮革博览会、海宁皮草艺术节等活动，将海宁皮革这一品牌真正做到了国内闻名，国际知名。

4. 高技能、高素质的人才储备，为海宁皮革造就了一支专业化的皮革生产队伍。在深入企业调研中，与富升裘革负责人的一番对话让我们深思。“相比起南方高成本的劳动力，我们故城有着丰厚的劳动力资源，这是我们招商引资的先天优势。”“故城虽然有着相对低廉的劳动力，但我们企业的员工拿3000元的工资，能为我们提供3000元的产品价值。假设我们在故城花费1500元的人员工资，却不一定能为我们提供相应的产品价值和专业技术水准。”海宁市政府长期以来对从事皮革行业的从业者的培训以及加快对德国、土耳其等国外先进技术的交流，使从业者的专业化水平远远高于其他地方。

5. 推行绿色认证制度，大力发展环保型产品，走可持续发展之路。绿色环保的制革理念，让“海皮”在国内外严格的环保认证制度下，依然能够长期生存，茁壮成长。不论是从产品的研发、生产销售，还是对出口国环保标准的研究，海宁皮革企业在同行业中树立起了低碳环保、绿色皮革的良好典范。就像海宁人常说的那样：“没有生态的提升，就没有产业的发展。”例如：海宁市富升裘革在引进绵羊皮清洁化制革标准示范生产线后，以年产30万张裘皮计算，这条生产线每年可为企业节约15.86万元的污水处理费。该技术创新开发了浸酸液回收技术、低耗用高吸收铬鞣技术、废铬液可持续利用等三大关键技术。通过这些技术能使生皮制作过程中的铬用量降低30%，吸收率提高至95%，降低铬排放90%以上。同时，能实现对生皮制作中产生的废水回收利用，大量减少铵盐、石灰等物质的用量，从而降低污染物排放，也降低了生皮的制作成本。新工艺的改进实施不但减少了污染，有效地改善了皮革品质，而且还大大提高了产品附加值，企业由此每年可新增产值1400多万元。更为值得一提的是，这条示范生产线是由富升裘革、海宁兄弟皮革联合海宁皮革研究院、温州大学等合作单位共同研发的，海宁在推进皮革产业生态化的进程中，公司与公司、公司与技术部门的合作更加紧密，更加和谐统一。

二、故城变革

“海皮”在经营模式、产品性能、工人技术水平、服装设计、企业环保等方面有着许多不可比拟的产业优势和特点，但对于故城正在壮大和发展中的裘皮裘革产业来说，仍有着相当大的发展空间和升值潜力。我们在借鉴海宁模式的同时，在打造“中国北方国际裘皮城”的过程中，还需要打通阻碍故城裘皮裘革发展的诸多困难和环节，让故城裘皮产业发展走上一条更为健康、快速的可持续发展之路。为此，根据调研情况，结合我县实际，做如下建议：

1. 加速园区平台建设，大力扶优壮强。营东新区作为我县裘皮裘革产业发展的最佳聚集区和发展平台，为招商引资和大中型裘皮企业入驻提供了优良的发展环境。我们要进一步加快园区的配套设施建设，注重园区的功能性布局分工，以吸纳更多的裘皮企业形成产业聚集。扶植和壮大龙头企业是海宁皮革从散户经营向集约化发展的重要过渡阶段，加大对兆鑫、鸿业、中韩营东裘革等纳税超500万元的大型企业的扶植力度，提升企业知名度和产品的品牌化建设，让“故城制造”从龙头企业做起，从本地特色产品做起。另外，我们要紧紧抓住南资北移的有利时机，加大裘皮裘革招商引资力度，使南方一些大的裘皮企业在我县入园投产，不断增强和提升营东新区的产业凝聚力、企业吸纳能力。

2. 强化行业规范，促进裘皮产业健康发展。由数量到质量，由劳动密集向高端发展是一个产业必然的成长过程。要做优做强故城裘皮，在现阶段我们依然要加大对整个裘皮行业的规范、监管力度，特别是在破解裘皮产业发展中农产品收购发票上，通过与海宁国税部门的交流沟通，借鉴当地管理经验，形成如下几点建议。

① 对规模较大的裘皮企业在购进生皮时，要积极鼓励和引导企业在生皮产地设立购销公司，购销公司在当地办理营业执照和税务登记，纳入当地税务部门正常管理。购销公司在收购生皮时，使用当地的农产品收购发票进行收购，销售生皮时，使用当地税务部门发售的正式发票对外销售。我县裘皮加工企业依据取得的购销公司开具的正式发票抵扣进项税额，同时和购销公司结算货款，使我县裘皮加工企业和生皮产地的生皮购销企业形成规范化的生皮购销格局。

② 对规模较小和散户经营的裘皮加工企业，政府、协会、税务部门要积极鼓励企业尽可能向能够提供正式发票的农民专业合作社或生皮购销公司进行收购，提高在收购地索取发票的主动意识。

③ 政府部门要引导裘皮企业在扩大外销的同时，进一步开拓国内裘皮市场，对于千亿级的国内巨大市场，各裘皮企业要从出口转内销的转变过程中，多借鉴海宁的发展模式，摆脱企业过分依赖出口退税的不利影响和不良形象。

④ 政府及国税部门要加强与故城裘皮各原料供应地的沟通交流，通过组团实地考察等方式，与当地国税部门形成良好的合作关系，逐步规范原材料购进中的索票环节，形成“对口单位”“友好城市”“产业+基地”的良好的互动模式。

⑤ 扩大生皮采购范围，提升原材料品质，使裘皮加工向高端发展。海宁大型的皮革企业在采购原材料时，多选择西班牙山羊皮、澳大利亚兔皮等国外优质生皮原料。由于国外专业化的大规模养殖和集体屠宰，能够获得品质较好的同龄生皮，这与国内在采购环节中，老少不同年龄段的生皮原料相比，国外优质生皮不但能够大大提高产品品质，而且索要和提供发票也较为规范和便利。

⑥ 我们要进一步大力宣传故城裘皮产业朝气蓬勃、健康向上的良好形象，鼓励和扶持诚信企业、阳光企业等样板模范，以点带面引导故城裘皮产业向更加透明、合理、规范化发展。

3. 加快产业技能人才培养，不断提高从业人员的技术水平。在裘皮服装的加工过程中，产业工人的技术水平在很大程度上决定了服装档次及品质的高低。我们一方面要利用职教中心进行对口培训，另一方面也要尽快搭建平台，加快与南方制裘制革技术的交流，制定和引进吸引南方专业人才及服装设计师等行业人士到故城就业的优惠政策，不断提升整个裘皮行业的技术水平，进一步扩大产业工人的人才储备和培养。

4. 巩固外单，开辟国内，加快裘皮企业转型升级。海宁专门针对国内需求设计的达上千个品种的皮衣，使海宁皮革在国内消费市场中占据了绝大部分份额。这种“内增外延”的产业发展方式，给故城裘皮的发展提供了一个绝好的发展思路。那就是要求我们在巩固外单的同时，在打造“中国北方国际裘皮城”过程中，必不可少的就是要紧紧抓住巨大的国内消费市场，实现由出口转内销的转型升级。

5. 扩大宣传，营造氛围，进一步提升故城裘皮裘革产业的知名度和影响力。除了海宁皮革在全国乃至国际上的强大影响力以外，像肃宁、辛集、宁波等地裘皮产业发展也是十分迅速。我们要进一步加强和扩大宣传力度，营造浓厚的裘皮产业氛围，不断提升故城裘皮裘革产业在行业内的知名度，突出自身产业的特色和优势，在国内激烈的同行业竞争中走出一条规范化、专业化、市场化、产业化的发展之路。

关于做大做强县域企业，助推园区发展提速的调研报告

县政协办公室

2013 年 5 月 14 日，县政协在县宾馆三楼会议室召开了一城三区两园企业负责人专题座谈会。来自我县衡德、西苑、营东、金宝产业园四大园区共涉及裘皮裘革、服装纺织、摩擦材料、冶金铸造、新能源、新材料以及商贸物流六大产业的 27 家企业负责人和部分经济界政协委员齐聚一堂，共同围绕当前制约我县企业发展和园区建设的困难和问题，开展专题调研和协商议政。现将有关情况汇报如下。

一、当前我县企业发展和园区建设工作中存在的主要困难和问题

通过与会企业家的充分讨论，认真研析，大家一致认为当前制约我县企业和园区加快发展的主要因素有以下几个方面。

1. 土地指标紧张，项目推进困难。各与会企业负责人认为，当前我县在工业用地方面存在的问题和困难主要有以下几点：**一是**地价过高，与临界的山东各县在土地价格上已无竞争优势，甚至在金宝产业园内企业因扩大生产规模，不得不承受房屋拆迁带来的高地价。**二是**入园企业无国有土地使用证，无法为企业打开融资渠道，限制了企业运营发展。**三是**土地指标紧缺，引资到位率位较低。由于土地无证，使本土企业家背上了过重的“心理包袱”，对于引进新项目、开发新产品、扩大再生产在投资决策上比较犹豫，不敢放开手脚；而外来客商也因土地指标问题，造成各园区招商引资工作入园率、到位率较低。

2. 园区配套滞后，区位劣势明显。通过与各企业负责人座谈，他们认为在各园区框架拉开的同时，配套设施明显滞后，影响了园区和企业的健康发展。具体表现为：**一是**衡德工业园道路建设与景县以及山东德州周边县、市形成巨大反差；入园、出园道路仅有邢德路一条，而且路面宽窄不一，车流量严重超负荷，远远不能满足企业发展的需要。特别是视察园区的省市领导、来往客商仅入园一项就在德州市区堵车绕行达 1 小时之久。**二是**营东新区作为皮毛产业园，企业在供水、排水方面有着大量需求，而园区内虽有排水管道，但无人工湖、蓄水池、污水处理厂等配套设施及时跟进，造成晴天靠自然渗透，雨天污水横流的局面。**三是**西苑工业园毗邻城区，在与城区的各交叉路口交通标识、减速带、红绿灯等基础设施不尽完善，经与交通、城建、园区管委会多次协商，仍造成工人入园进厂事故频发等状况。**四是**各园区由于离城区较远，当前又无城市公交系统直达，因此造成

园区务工人员进城消费、返园上班极为不便。

3. 产业链条缺失，企业转型受阻。裘皮裘革作为我县传统产业之一，在全县工业经济中占有重要地位。但由于当前我县鞣制硝染园作为产业发展中不可或缺的一环，其建设滞后和不完善已经成为营东、西苑两大工业园中众多皮毛企业的燃眉之急。因此也致使江浙众多大型裘皮企业难以落户故城；本土皮毛企业仍需依靠枣强大营来进行鞣制硝染。由于产业链条的缺失，造成故城皮毛企业乃至整个行业转型升级受阻。

4. 电力保障不足，经济效益下滑。停电是近来各园区企业负责人最为关注、最为头疼的一件大事。**一是**突发性停电。据调查，每入驻一家企业或在建项目，电力部门就要大面积停电一次，且无事前通知，造成各企业电脑数据丢失、机器耗损、产品报废。**二是**电价过高、收费不透明。经园区多家企业自行测量，认为存在电费虚高现象，致使企业用电成本升高，经济效益下滑。**三是**各乡镇变电所电网线路老化，加之鸟害等因素，电力供应难以保障，造成经常性停电。

5. 企业人才匮乏，梯队建设难以健全。**一是**我县劳动力市场流于形式，没有建立起常年的、全天候的人才用工市场，不能真正及时为企业提供劳务用工。**二是**就业观念亟待引导改善。经与各企业负责人座谈，我县各园区企业在人员工资薪酬、劳动保障等方面与北京、上海、广州等一线城市用工相比，并无太大差距，且在消费支出方面更具优势。而本县外出务工人员也大多就业于各大中城市下属的乡镇等企业，其原因一方面是就业观念需加以引导改善，另一方面本土企业在就业环境、企业文化等方面存在不足。**三是**少数县内大型企业虽能聘任职业经理人对企业内部进行科学管理与规划，但总体来看，企业对急需的高层次复合型人才吸纳能力仍显不足。

6. 政务环境有待改善，办事效率仍需提高。据入园企业家反映，特别是在建项目负责人介绍，由于各园区无城建、国土、交通部门相关工作人员集中办公或无增设临时办事机构，在项目推进过程中仍需园区、城区两头跑；出现多个部门多头签字的拖沓现象，致使在建工程、项目建设进度过于缓慢。

二、关于做大做强县域企业，加快工业园区发展的建议和措施

根据各与会企业负责人的亲身体会，结合故城企业、园区发展实际，经过认真分析，协商讨论，共形成和归纳整理以下几点建议。

1. 破解当前故城税源结构，扩大工业经济所占比重。以房地产项目和裘皮裘革传统产业为税源结构的故城财政税收，要加快向大力发展工业项目，培养地方新税源的方向转变。其具体收集建议如下。

① 保持和加大对原有县内中小企业的优惠政策，免除其后顾之忧。

② 借鉴山东即属建设用地，就可发国有土地使用证的做法，在考察论证的基础上，对园区的部分企业优先发证，避免当前企业“圈而不建，建而不产，产而不足”因无法取得银行贷款，资金链条断裂造成的项目停止不前状况。

③ 在当前招商引资竞争愈加激烈的情况下，建议县委、县政府适当地、合理地调整故城地价，以降低企业运营成本，提高园区竞争优势和吸引力。另外，可根据企业的投资规模及纳税贡献，采取分期返还土地出让金的方式，直至“零地价”，以扶持园区各企业快速发展。

2. 加快园区配套设施建设，助力县域企业提档升级。

① 加快推进对衡德工业园的路网建设，对其入园、出园道路进行全面升级改造，打造和树立省级工业园区新形象。园各企业负责人特别建议县委、县政府派驻相关部门 2~3 名工作人员，专门跑办和开设位于里老、王瞳处衡德高速开口工作，以此缓解入园交通运输压力，进一步凸显衡德工业园的区位优势。

② 建议加快河北省唯一审批认定的故城鞣制硝染园项目，以完善故城裘皮裘革产业链条，促进裘皮企业健康发展、绿色发展。对硝染园

的建设，其所建位置要经过严格论证，实地考察，避免对县城城区饮用水造成水源性污染。另外，也要充分考虑所涉及村庄的利益，科学规划，统筹安排，分步实施。相关乡镇要充分调研，摸清情况，注重宣传，为鞣制硝染园顺利建设提供有力保障。

③ 尽快完善西苑与城区各交叉口的交通标识、减速带以及红绿灯等基础设施，保障入园人员及车辆的出行安全。另外，各企业负责人建议对城区内数量众多的出租车、“二元车”进行合理分流，以缓解县城交通压力，方便和满足各园区务工人员出行需求。

④ 着力培养和提高县内企业家素质，加快企业转型步伐。建议县委、县政府要通过多种渠道，如行业协会、对接交流、专家座谈等形式，组织县内企业家赴外地开阔视野，拓宽思路，学习先进地区的经营理念、管理经验等，使作坊式、家族式的故城企业加速向现代化企业转变。

3. 加强电力保障，维持企业正常经营运转。

① 对于必要的突发性停电或安置变压器等工作，电力部门要及时与园区管委会、电视台沟通协商，提前拟发通知，电视飞播字幕，以便于园区各企业调整生产安排，避免造成损失。

② 对电费计量、电价虚高的情况，电力部门要对比周围县市的计量方法、工业用电收费标准，深入园区了解企业用电需求，不断增强企业用电的透明性、合理性，继而进一步提高服务质量。

③ 电力部门要加大对各乡镇变电所及其电网、线路的检修、更新等保障性工作，以保证企业生产经营运转。

4. 激活劳动力市场，吸引高层次复合型人才来故城创业就业。人才是企业发展的第一因素。因此，与会企业负责人认为要从政府、企业两个方面共同做好人才引进工作，其建议如下：

① 政府部门要加大宣传力度，引导本县外出务工人员回乡就业，制定和完善的安置、吸引人才落户故城的优惠政策；进一步激活劳动力市场平台，健全短期用工、人员工种等登记造册、档案管理等工作。

② 企业要逐步改善企业员工的就业环境、工作环境，提高企业自身文化建设，满足员工在身心娱乐、实现自身价值等方面需求，保障其三险一金、工资收入等基本要求，构建和维护和谐稳定的劳动关系。

③ 要继续大力开展职业培训、校企业对接等活动，积极为企业培养急需的各种专业技术人才。

④ 要借鉴和学习清河经验，建立全天候劳务用工市场，满足各企业用工需求。

5. 创优经济发展环境，提升政府部门政务性服务能力和水平。

① 建议加快县政务中心 B 厅建设工作，继续大力提升各职能部门“一站式”服务水平和办结效率。

② 对于各园区在建项目，各相关职能部门要根据需求派驻城建、交通、国土等工作人员进行集中审批办公或增设临时办事处，全力为企业发展提供优质服务。

关于加快推进农业产业化情况的调研报告

县政协办公室

农业产业化是以市场为导向，以经济效益为中心，以主导产业、产品为重点，优化组合各种生产要素，实行区域化布局、专业化生产、规模化建设、系列化加工、社会化服务、企业化管理，形成种养加、产供销、贸工农、农工商、农科教一体化经营体系，使农业走上自我发展、自我积累、自我约束、自我调节的良性发展轨道的现代化经营方式和产业组织形式。其实质是对传统农业进行技术改造，推动农业科技进步的过程，是整体上推进传统农业转向现代农业，加速农业现代化的有效途径。近年来，县委政府和有关部门充分发挥职能作用，通过抓产业结构调整、抓龙头企业培育、抓农民专业合作社发展、抓农业产业化项目建设等办法和措施，促进了全县农业产业化平稳较快发展。

一、我县农业产业化发展现状

2013 年，全县农业产业化经营总量达到 34.58 亿元，农业产业化经营率达到 56.5%，农民人均纯收入 6691 元。

1. 农业结构调整稳步推进。近几年来，我们立足本地实际，充分发挥自身的资源、区位等比较优势，下大力发展奶牛、肉羊、特种皮毛动物养殖和无公害蔬菜、花卉苗木种植五大特色产业，积极推进农业结构调整，农业结构调出了规模调大、效益调高、产业调特的发展态势。截至目前，全县奶牛、肉羊、特种皮毛动物存栏分别达到了 1.2 万头、20 万只、52 万只；无公害蔬菜种植面积达到 11.2 万亩，花卉苗木种植面积达到 3 万亩。全县“一村一品”特色村达到 62 个，数量上明显提高，规模上和市场竞争力上明显增强。

2. 龙头企业不断发展壮大。龙头企业是农业产业化的支柱，龙头企业的生产经营规模和水平，决定着整个农业产业化链的规模和水平。我们以农业产业化龙头企业建设为着力点，围绕产业育龙头，壮大龙头带产业，有力地推动了农业产业化工作的开展。**一是**围绕苗木花卉、无公害蔬菜种植，奶牛、肉羊、特种皮毛动物养殖五大产业，培育了绿洲苗木种植专业合作社、梓航养牛专业合作社、光阳牧业有限公司、东兴兔业、联兴养殖专业合作社等龙头企业 40 多家。并在资源配置、土地供应、税收优惠、人才引进等方面给予倾斜支持，促其做大做强。**二是**引导、鼓励工商企业投资兴办龙头企业，兴办贸工农、种养加、农科教相互渗透，有机结合的联合式龙头企业，如东兴兔业有限公司就是由一家皮毛企业主兴建，目前已投资 2000 多万元，建有养殖车间 5000 平方米，屠宰车间、笼具车间、饲料车间、冷库车间各一栋，存栏獭兔种兔 1500 只，商品兔近 10000 只。**三是**积极帮助企业探索产业化经营的模式、创建基地，做好申报市级以上龙头企业的准备工作，为企业发展搭建平台。目前，我县已培育达到市级以上标准的龙头企业 60 多家，其中被审核认定市级龙头企业 20 家，省级重点龙头企业 6 家。这些企业带动能力明显，促进农民增收显著。

3. 农业产业化项目建设势头强劲。我县把农业产业化项目建设作为做大做强龙头企业，加快农业产业化和农业现代化的重要载体，通过量化考核目标、搭建招商平台、完善推进机制等措施，做活现量、做大增量、做足存量，农业产业化项目建设呈现递次发展格局。仅 2013 年上半年，全县农业产业化项目完成投资 4.2 亿元，其中固定资产投资 3.56 亿元。在建项目稳步推进，故城县福隆养殖有限公司的新希望六和养殖基地项目新增投资额 4500 万元，基础设施建设已基本完成；光阳牧业有限公司的 3000 头奶牛养殖基地项目新增投资额 4000 万元，存栏奶牛已达千头；降雪儿食品有限公司的年产 3 万吨南瓜系列产品加工项目新增投资额 3000 万元，部分设备已调试完毕。新开工项目快速推进，今年新开工 1000 万元以上项目 6 个，其中亿元以上项目 2 个。梓航养牛专业合作社总投资 1.2 亿元的存栏 2000 头奶牛、出栏 5000 头肉牛集约化养殖项目完成投资 5000 万元，基建工程已基本完成，并引进奶牛 300 头；河北桦特美生物科技有限公司总投资 1.34 亿元的白色双孢蘑菇工厂化栽培项目完成投资 8500 万元，进入栽培试验阶段，预计 8 月份出产品。前期谋划项目扎实推进，正大集团总投资 68 亿元的河北衡水农牧产业化合作项目、天津天士力集团总投资 8.5 亿元的现代中药资源“产学研”一体化项目，已达成初步意向，正在积极跟进；新谋划的东大洼示范区核心示范园建设项目、东大洼示范区高端设施农业项目，东大洼示范区中药材 GAP 种植示范园项目、东大洼示范区生态养殖示范园项目已在 2014 中国廊坊国际经济贸易洽谈会上发布。

4. 农民合作社规模不断扩张。2007 年以来，我县把建设和发展农民专业合作社作为“三农”工作的重要内容，通过宣传引导、加强领导、政策扶持、服务指导等措施，深入贯彻实施《农民专业合作社法》，大力推进农民专业合作社建设，有效促进了全县农民专业合作组织的快速发展，农民组织化程度明显提高。目前全县有规范登记的农民专业合作社 1231 家，年内新增 529 家，其中种植业 886 家，占 72%；养殖业 345 家，占 28%。入社农户 32000 户，占全县农户数的 32%，辐射带动农户 48000 户，占全县农户数的 48%，合作社成员户平均收入 21518 元，比一般农户增收 3000 多元。示范社培育方面，共发展县级以上示范社 28 家，其中市级示范社 15 家，申报省级示范社 8 家，申报国家级示范社 2 家。

二、农业产业化存在的问题

1. 基地建设滞后，规模效益不明显。受长期以来以家庭为单位进行生产经营的传统模式影响，导致产业规模小而分散，很难形成种养大户，客观上制约了产业化发展，不利于形成规模，形成基地。

2. 龙头企业少，带动能力弱。一方面我县工业化程度低，对农业反哺能力有限；另一方面，县内缺乏以农副产品加工为主的大型骨干工业企业。大部分属企业规模小、装备差，没有跨地区、跨行业的大型龙头企业，这在客观上影响和制约了产业化的发展壮大。

3. 资金投入明显不足，产业启动速度慢。由于我县财力薄弱，对产业化的投入明显不足。民间资金没有真正启动，还没有形成一套聚集收拢社会闲散资金的机制。

4. 社会化服务体系不健全。农户与龙头企业、龙头公司和中介组织之间关系松散，还未形成规范、完善的技术服务体系。农民专业合作社负责人大部分文化层次在高中以下，素质低。销售渠道不畅、造成丰产不丰收等现象，不同程度上挫伤了群众发展农业产业化的积极性。

三、对当前发展形势的初步认识

宏观上：

1. 各级党委政府对农业的重视程度逐年提高。党的十八大报告指出：解决好农业农村问题是全党工作的重中之重。近几年来，各级党委、政府按照工业反哺农业，城市支持农村和多予少取放活的方针，逐年加大强农惠农政策支持力度，农村各项改革扎实推进，农业产业化发展外部环境总体有利。

2. 工商资本、民间资本、外来资本向农业产业化项目转移的热情逐年提高。受国际、国内经济增长放缓的影响，各类资本更倾向于投资农业，农业作为朝阳产业和永不衰败的产业，越来越被更多的人认可。

微观上：

1. 京津冀协同发展战略为农业产业化发展提供了契机。加快农业产业化发展，发展现代农业是服务首都需求与加快河北“绿色崛起”的重要结合点，在这种大背景下，我们可以更好地利用京津市场、人才、科技资源，打造现代农业高地，加快推进现代农业发展。

2. 地下水超采治理为农业产业化项目建设提供了契机。我省作为超采 30 年成为全国最大漏斗区的产粮大省，在农业产业结构调整上力度必然加大、步伐必然加快，传统的小麦、玉米种植，终会被节水作物和节水农业所代替，而农业产业化项目建设是农业产业结构调整，转变农业农村经济发展方式的有效途径。

四、加快农业产业化发展的建议

1. 制定和完善发展农业产业化的有关政策。各级政府应进一步提高认识，加强领导，研究制定和落实农业产业化发展的方针政策。各级党政领导要把农业产业化工作摆上重要日程，主要领导亲自抓，分管领导具体抓，定期分析研究，制定和完善加快农业产业化发展的各项方针、政策、措施。有关部门要对龙头企业资金、项目、税收等方面要给予大力支持。新闻宣传部门要充分发挥舆论导向作用，及时宣传推广先进典型，营造加快农业产业化发展的良好氛围。

2. 做大做强产业化龙头企业。**一是**按照多样化、多元化、多层次发展的方针，围绕粮食、棉花、蔬菜、畜禽产品等农产品的深加工、储运、保鲜、营销，积极抓好龙头企业建设。充分利用其在资金、技术、管理及品牌等方面的优势，开发利用本地丰富的农业资源。**二是**制订一系列优惠政策，为龙头企业发展创造良好的环境，鼓励企业发展。**三是**加强对龙头企业的动态监测和分类指导，建立各主导产业部门与重点龙头企业的对口联系制度，促进龙头企业的发展。**四是**要以工业化的理念谋求发展，运用工业生产的方法管理农业企业，以市场引导生产，以流通带动生产。按照谁有能力当龙头就扶持谁的原则，实行定点培植、重点引进，尽快培育一批特色龙头企业。

3. 规范发展农民专业合作组织。围绕“提升产品市场竞争能力、提升市场营销能力、提升规范化管理水平、提升综合经济实力”四个方面，把提升合作社单体规模作为工作的重点，积极引导建立集生产、仓储、物流、加工、销售为一体，专业合作性强的专业合作社。努力构建社与企、社与社、社与民之间联系紧密的专业合作体系，减少中间环节，尽量避免产品的趋同性。同时，积极引导工商资本向农民专业合作社转移，充实农民专业合作社实力。

4. 加快推进产业化项目建设。**一是**以创建东大洼高效农业示范园区为主抓手，深入开展农业产业化项目“招商突击月活动”。**二是**加大服务力度，对引进的项目实行“全程代办制”“一站式”“保姆式”服务，并享受各类工业项目招商引资优惠政策，真正做到农业项目与工业项目并重。**三是**创新思路，集中力量破解土地、资金、规划、环评以及相关难题，促进项目良性发展。**四是**通过加大宣传引导力度，增强全民新上农业产业化项目的积极性。同时，充分发挥政策性资金“四两拨千斤”的作用，积极帮助项目单位谋划、跑办上级扶持资金，增强实施农业产业化项目的吸引力。

关于我县农村低保工作的对策及建议

县政协办公室

农村最低生活保障制度，是农村社会保障体系的一项基础工程，是构建和谐社会、维护社会稳定的一道重要“防线”。低保工作的推行，对于解决农民贫困，实现“生有所靠”具有重大而深远的意义。

一、我县农村低保工作现状

截至2015年二季度末，全县538个村共有低保户5596户，7852人，其中农村低保分为三个档次：家庭成员病、残、孤、老且丧失劳动能力，基本无收入特困的每月140元档次的有554户、812人，家庭成员年事较高、劳力不足、收入偏低生活较贫困的每月125元档次的有811户、1190人，家庭收入低于2340元一般困难的每月110元档次的有4231户、5850人。

我县自2014年实行“阳光低保”以来，不断优化低保申请程序和审批环境，增强低保工作透明度，进一步促进了低保工作的规范化建设。2014年根据《关于农村低保生活保障听证制度实施方案》的要求，对13个乡镇分管副乡镇长和民政所长进行集中业务培训，对各村干部以各乡镇为单位进行了培训，全面宣传普及农村低保有关政策，学习掌握低保听证会的操作步骤。同时还相继出台了《城乡居民家庭收入财产核查办法》《城乡居民最低生活保障公示办法》《城乡最低生活保障审批办法》《关于转发〈河北省最低生活保障经办人员和村（居）民委员会成员近亲属享受最低生活保障备案管理办法〉的通知》《关于转发〈衡水市民政局开展全市社会救助专项整治提高为民服务水平活动工作方案〉的通知》等一系列政策文件。切实提升了农村低保工作规范化、制度化水平，有效地促进了我县的农村低保工作。

二、当前我县农村低保工作中存在的问题

我县的农村低保工作在县委、县政府的高度重视和相关部门的共同努力下，取得了可喜的成绩，得到了人民的认可。但在实施过程中也发现一些问题，亟待完善和规范。

1. 操作程序欠规范，工作不够细致。**一是**低保对象家庭经济收入难以确定，只能通过其消费水平或者生活方式的行为了解居民收入水平，虽然是一个重要而又有效的方法，但对于那些处于低保临界线的家庭同样存在着界定难的现象。**二是**公示操作无实效。低保公示基本上是结合村务公开在村委会进行，有的村民小组距离村委会较远，对公示并不知晓也在情理之中。**三是**一些村召开“阳光低保听证会”，部分代表们存在老好人现象。

2. 在低保动态管理和应保尽保工作存在着薄弱环节。低保动态管理也就是随着家庭收入变化，让已脱贫的低保户退出保障范围，同时将最需要保障的生活困难人群不断纳入低保范围，最大限度发挥低保作用。“进低保易，出低保难”的现象较普遍，有的村民认为享受低保就像工作人员领工资一样是终身的，经济条件好转后不愿让出低保指标，一旦被取消就到处反映上访；也有的村民看到与自己条件上差不多的农户领取低保心理难平衡。目前各乡镇民政所工作人员明显不足，并且部分民政所长除干本职工作外还参与乡镇包村等中心工作，另外部分村两委不能及时组织村民代表召开“阳光低保听证会”，造成部分脱贫低保户不能及时退出低保和部分申请低保的困难户不能及时纳入低保。

3. 存在“错保、漏保”现象。**一是**由于宣传工作不到位，部分低保户对低保申请的条件、程序不了解，使其丧失了应有的权利；有些村两委干部责任心不强，对低保工作不重视，没有把工作做细做实，导致应保的对象没有及时上报；**二是**村干部出于人情关系，没有按照低保标准认真核定核实，草率估算，随意填报，从而出现“人情保”“关系保”等现象；**三是**在个别村评议过程中存在真正贫困的户，由于人缘不好，人脉不广，反而评不上低保。

4. 基层工作人员力量薄弱，信息化管理不规范，不畅通。**一是**对于阳光低保听证会，有些村能推则推、不愿组织，嫌麻烦；有的村组织不起来，代表参会意识不强，存在事不关己高高挂起的心态。**二是**基层民政工作人员不但要从事农村低保人员的核查、管理、资金发放等工作，还要承担民政工作的救灾救济、优抚安置、基层政权和社区建设、社会福利和社会事务等其他民政工作，无法保证低保工作正常开展。另外，经费缺乏，工作手段滞后，从县、到乡（镇）、村几乎没有此项工作的专门经费，影响了低保政策实施的质量和此项工作的推进。

三、推进和完善我县农村低保工作的对策建议

农村低保工作事关农村改革发展稳定大局，事关全面建成小康社会大局，因此，要把农村低保工作放在更加突出的位置，加强领导，狠抓落实，加大投入，扎实推进，确保农村低保工作健康发展。

1. 加大宣传力度。农村低保工作的群众性、社会性很强，需要社会力量的有力支持和广泛参与。要充分利用广播、电视、报纸、发放宣传单等形式，广泛宣传建立农村最低生活保障制度的重大意义以及农村低保工作的有关政策、程序。乡（镇）、村两级要在醒目的地点设置相对固定的低保工作宣传栏、意见箱、监督电话，将申请低保的条件、所需材料、审批程序广为宣传，让广大农村群众全面了解有关政策、措施和程序，增强农村低保工作的透明度，形成全社会普遍关心特困群体，支持推动农村低保制度建设的良好氛围。同时，通过

宣传让群众明白农村最低生活保障立足于"最低"，只"保障生活"，低保是实行动态管理下的应保尽保、应退尽退，是随着家庭收入的变化而变化，并非低保终身制。

2. 完善操作程序。加强低保工作的规范化建设，做到制度完善、程序明确、操作规范、方法简便，保证公开、公平、公正。**一是**从实际出发，按比例各村分配低保户数。由于受自然条件，人口素质、经济条件等诸多因素的影响，绝对贫困人口的分布状况及贫困程度存在着差异，同时，由于存在各乡镇、村应根据当地实际情况，因地制宜确定低保人数。**二是**健全工作机制。进一步完善个人申请、村（居）委会评议审查、乡镇审核、县级民政部门审批的运行机制以及最低生活保障家庭收入的核定办法，同时设置定期集中审批制度，确保在工作人员不足的情况下能够及时地完成低保的申请和发放。**三是**规范阳光操作。进一步完善农村低保评定、审核机制和动态管理机制，切实提高低保工作监管的规范性和可操作性。要切实加强对入保对象入保前的评定审批，进一步细化审查标准，最大限度地做到公平公正，应保尽保，杜绝关系保、人情保；要设立监督举报电话，及时听取群众的意见建议，掌握低保工作的动态。**四是**要着力强化对入保对象入保后的动态管理。设置低保享受时限，到时的必须重新申请，力求做到能进能出，彻底打消入保者固有的低保"铁饭碗""终身制"思想；要定期审核低保对象家庭经济状况，对困难程度缓解且收入水平已超过低保线的家庭，要及时退出低保，停发低保金；对收入发生变动但仍在低保线以下的家庭，要及时增发或减发低保金。同时，设置特殊情况申报直通车，对确实符合低保政策但由于人缘不好等因素没有享受低保的人员各乡镇党委可以直接申报不必经阳光低保听证会。**五是**要继续加大督查力度。建立健全预防和纠正机制，不定期对入保对象进行督查，发现问题及时纠正，使低保政策在我县得到全面的落实，发挥更大的社会效益和民心效应。同时，县民政、财政、审计等职能部门要对农村低保工作情况进行定期检查，确保规范运作。

3. 拓宽资金来源。资金的筹措和保障是低保工作的核心。随着社会救助体系的不断完善和保障水平不断提高，县、乡（镇）财政压力越来越大。**一是**要积极向上争取资金扶持，在政策上给予倾斜，提高低保资金补助额度。**二是**要积极探索其他筹资渠道，在社会上开展社会公益捐赠活动，广泛动员鼓励民营企业、社会慈善组织、团体和个人为农村低保提供捐赠和资助，形成多元化的筹资渠道，广泛吸收社会资金。同时，对捐赠资金的单位和个人要加以宣传表彰，形成农村低保资金筹集的经常化、制度化。

4. 加强队伍建设。**一是**要充实工作力量。要根据低保工作量大、责任重的需要，及时选配政策性、原则性、责任心强，专业水平高的干部具体负责低保工作。各乡镇要重视民政办公室建设，配足配强工作人员，解决有人办事问题。**二是**要落实工作经费。农村低保对象分布散、人数多、情况复杂，需要一定的经费作保障。县乡两级要落实农村低保工作必要的经费，按农村低保资金总量的一定比例安排低保工作经费，为低保工作提供资金保障，解决有钱办事问题。**三是**要加强业务培训。低保工作人员的责任心和业务素质是做好低保工作的关键。要进一步加强低保工作人员的职业道德教育和业务培训，增强低保管理人员"以人为本、为民解困"的宗旨意识和"坚持原则、依法办事"的责任意识，打造一支政治过硬、业务精通、作风务实、纪律严明的农村低保工作干部队伍。

关于大力提升市民素质，创建整洁有序、和谐文明城市的建议

县政协办公室

创建整洁有序、和谐文明县城是县委、县政府深入贯彻落实科学发展观，着力改善我县发展环境、生态环境的重项工作之一，随着当前全县“城乡建设双月攻坚战”活动的不断深化，县城的卫生环境大有改善，县城面貌焕然一新，城市的宜居、宜商、宜业及人民群众的幸福度和自豪感得到不断提升和增强。但在看到环境进一步改善和变化的同时，我们也看到了许多不尽如人意的现象：**一是**城区不少沿街门店随意堆放、乱倒垃圾，破坏卫生环境。**二是**市民爱护公共设施的意识不足。如县城迎瑞广场、龙湖公园及各街道两边绿化带的草坪被随意践踏，原本绿油油的草坪有时候成了运动场、聚会地、垃圾堆。**三是**市民交通意识淡薄，闯红灯、乱停乱放、逆向行驶等现象屡禁不止，致使县城主要街道、学校门口交通拥堵，甚至造成交通事故。**四是**城区市民随地吐痰、乱扔烟蒂等不文明行为时有发生。

针对以上存在的问题，我们除了加大城市管理工作力度之外，更重要的是加强宣传教育，提升市民素质。市民的素质决定了一个城市的文明程度，而一个城市的发展和文化品位的提升，仅有宽阔的马路、鳞次栉比的高楼大厦、闪烁的霓虹灯，是远远不够的。市民不是城市的过客，而是城市的主人，是创建卫生文明城市的最终受益者。因此，创建文明卫生城市，增强广大市民的城市归属感，提高市民素质尤为重要。

鉴于市民文明素质的提高、文明习惯的养成是一个庞大的系统工程，需要全社会参与、多部门联动。特提出如下建议。

一、加大宣传教育力度，增强文明意识

宣传教育要务求实效。**一是**抓好各单位干部职工的教育。把加强干部职工、企事业单位干部员工的文明教育与机关作风建设结合起来，教育党员干部带头养成良好的行为习惯，从我做起，爱我家园。**二是**抓好社区居民的教育。提高普通市民的文明素质，是文明城市的核心内容。建议有关部门要走进社区，对社区居民开展公民道德素养教育，组织专题讲座、“文明故城、从我做起”大讨论和“我为文明创建建言献策”等活动，积极引导市民提升自身素质。**三是**抓好学校教育。要充分发挥学校的主阵地作用，开展形式多样的思想道德教育，引导学生从我做起、从身边小事做起，从小养成讲文明、讲卫生的良好习惯。**四是**抓好媒体宣传。县广播电视台、政府信息网要开展“争当文明市民”公益广告宣传，开辟各类文明专栏和专题节目，要采用百姓喜闻乐见的方式，让市民入脑入心。**五是**开展“小手牵大手”活动，用孩子纯真的行为影响家庭、感染社会，唤醒部分市民麻木、愚昧的心态，重树良好的社会文明风尚。

二、完善社会公共服务设施，使市民素质和城市品位共同提升

在大力提升市民素质和文明程度的同时，建议政府部门要进一步完善县城社会公共服务设施，如为避免市民乱穿马路，应该给尽快完善和设置斑马线、红绿灯、人行天桥等设施；为避免市民乱扔垃圾，应该在公共场所多设置

果皮箱，公共厕所等；为避免乱发小广告现象，可以设置广告箱、广告栏；为避免乱停车，要增加住宅小区和商业区停车泊位，方便市民泊车和出行。为避免小摊贩乱摆摊问题，要根据市民需求，在城市规划许可范围内，限定时间和地点，使其经营正规、合法、整洁、有序。

三、加强执法监督，规范文明行为

要通过制定地方性法规、条例等强制性措施来规范市民的行为。如制定《故城县市民违反社会公共秩序及环境卫生处罚条例》，在《条例》中规定故城市民的行为，违反就处罚。同时要加大监督力度，要组织文明创建督察员、志愿者，强化对街头不文明行为的监督管理力度，媒体要加强社会文明新风的正面宣传引导，对反面典型要进行曝光。以重点解决乱丢垃圾、乱停放、乱穿行、乱吐痰、乱张贴、乱摆摊、乱搭滥建等不文明行为。要广泛发动群众，积极动员全社会参与文明创建监督管理活动，将创建的“政府行为”变为“全民行动”。

总之，经济是城市的实力，文明是城市的魅力。市民素质提高了，城市发展才有后劲。然而市民素质的提升不是一蹴而就的，需要一个过程，但只要我们不懈努力，让广大市民真正理解文明创建的意义，认识到“故城是我家，清洁靠大家”时，一个整洁有序、和谐文明的新故城一定能够创建成功。我们故城一定会天更蓝，水更清，更加生机勃勃，繁荣昌盛！

关于加快道路交通升级改造步伐、促进故城经济健康快速发展的建议

县政协办公室

随着我国经济的发展，中国正如期迎来工业化、农业产业化、城镇化高速发展的历史时期，我县现有的道路等级已满足不了现代经济发展要求，道路交通的升级改造能否按规划完成，直接影响着工业化发展的走向，也是县域经济发展的重要命脉，是完善城乡经济发展必不可少的基础设施，它不仅是衡量现代化水平的重要标志，也是县域经济可持续发展的重要保证。

一、加快道路建设对拉动经济的重要性

道路交通的建设应成为推进工业化进程的“衔接链”。工业化的进程不仅有赖于工业发展的速度和规模，而且有赖于交通建设的质量和水平，交通建设起着重要的“衔接链”作用，比如，正在筹备建设的衡德高速故城支线和正在施工建设的邢德公路升级改造项目的建成，能极大地提高我县公路通行能力，优化交通运输结构，对缓解交通运输的“瓶颈”制约，发挥重要作用，从交通运输的通行能力上，缩小地区差异，增加就业，带动“一城三区”产业发展，起到十分重要的作用。

道路交通建设应成为推进工业化的“辐射场”。以衡德高速故城支线和邢德公路的升级改造“一线带面”，在经济建设中，以县城为中心，连接三个园区，辐射全县 9 镇 4 乡，建成园区之间 10 分钟的经济快车道，实现 10 分钟上高速的目标，提供高效、便捷、安全、舒适、可持续的道路运输服务，为应对自然灾害等突发事件提供快速的交通保障。

道路交通建设应成为推进工业化的“加速器”。交通基础设施建设对于国民经济相关产业具有直接的拉动作用，要加快工业化进程，必须让道路交通建设先行，使道路交通发展适当超前，最大限度地满足经济发展需要，最大限度地满足群众出行需求，使人们直接感受到便捷、高效的交通运输给生产、生活带来的便利。

二、道路建设中存在的问题

一是道路建设资金矛盾突出，表现在上级补助资金只占项目建设资金的三分之一，三分之二需要地方自筹，对地方政府资金有巨大的压力，更对交通发展带来巨大压力；**二是**征地拆迁已成为制约道路升级改造的很大制约因素，表现在国家对建设用地指标审批控制更加严格。

三、加快我县交通道路的几点建议

关于公路建设资金难题。一方面交通部门积极上省进京，根据有关政策争取上级更多的资金支持；另一方面加强公路建设资金筹集政策研究，拓宽融资渠道，加大招商引资力度（比如：今年邢德公路 BT 融资模式），进一步整合我县公共资源建成融资平台，为公路建设提供持续稳定的资金保证。

关于征地拆迁难问题。**一是**解决公路建设与节约土地资源的难题，在工程设计过程中，要坚持集约用地原则，特别是落实好基本农田保护措施，合理把握技术标准，优化路线设计，合理灵活设计，节省土地资源。**二是**创新方法，做好征地拆迁工作。首先，成立拆迁协调工作领导小组，明确各部门责任，做好舆论宣传，使项目建设深入人心；其次，拆迁补偿方案、按期搬迁奖励制及丈量面积、补偿金额等都必须全过程公开、公平、公正、民主、规范，有效堵塞漏洞，增强群众的普遍认同感和信任感；针对一些不法分子钻法规空子，在占地范围内大搞抢建、抢种，再索取高额赔偿的棘手问题，建议采取“四管齐下”措施：**一是**通过广泛宣传、教育广大村民，孤立少部分顽固分子；**二是**组织人大代表、政协委员与村、乡镇干部上路评议，从法律和道德两个层面公开评判是非。**三是**特邀新闻单位利用现场报道展开社会宣传造势，将不法行为公开曝光，提高社会的公众认知度。**四是**组织公、检、法等部门上路，依法公开拔毒苗、拔钉子。**五是**司法调解解决争议地处理问题，由于历史上遗留的问题长期得不到合理解决，建议采取以县、乡镇司法部门牵头，与国土、建设、纪检等相关部门共同组成联合调处办，召集争议各方现场办公，以土地证等有效证件为依据，逐村、逐户进行调解，既避免了通过民事诉讼解决问题的极端方式，又为提交施工用地争取了宝贵时间。

第五章　政协故城县第十届委员会调研报告

第十届县政协围绕县委、县政府重点工作，科学制订年度协商计划，精心选择调研课题，深入开展调查研究，促进调研成果的转化。五年来，根据县委工作部署和县政协工作要点的安排，围绕优化营商环境、工业转型升级、大运河文化带建设、乡村振兴战略实施、商协会建设、航空物流园建设、助力脱贫攻坚等，组织专题调研 46 次，形成建议案、调研报告 55 篇，报送县委、县政府后，得到了党政领导的高度重视和认可，分别做出重要批示，许多具有前瞻性的意见建议得到采纳，有力促进了经济发展、民生改善和社会和谐。

关于加快产业“深耕”转型、提高项目“招引”实效的调研报告

县政协办公室

2017年，是我县确定的“重大项目转型升级年”，县委明确提出了落实“三个全面”、把握“三个率先”的总要求。根据县政协2017年工作要点安排，自今年4月以来，由史立朝主席亲自挂帅，县政协办公室、经济委和部分经济界委员，紧扣我县装备制造、服装服饰、新能源新材料等主导产业，围绕“如何加快推进我县工业转型升级”开展了专题调研及委员视察活动。活动中，我们先后深入兆鑫裘革有限公司、青竹画材有限公司、奥冠电源有限公司、北新建材公司等十多家重点企业，充分发挥政协政治协商、民主监督、参政议政的职能，紧紧围绕县委、县政府工作重心，与企业负责人和各界委员，畅所欲言，深研细究，形成了几点粗略的看法。现将有关情况报告如下。

一、工业转型升级的内涵

党的十八届三中全会指出：加快推进经济结构战略性调整是大势所趋，刻不容缓。我们认为：工业转型升级涉及理念的转变、模式的转型和路径的创新，是一个战略性、全局性、系统性的变革过程。转型就是转变工业发展方式，就是加快向创新驱动转型、向绿色低碳转型、向智能制造转型、向服务化转型、向内需主导及消费驱动转型；升级就是全面优化行业结构、技术结构、产品结构、布局结构，促进工业结构的整体优化提升，实现由传统工业化道路向新型工业化道路转变。我们认为：工业转型升级，就是通过技术改造、科技创新、招商引资等系列举措，实现产业结构的高级化；实现产品由低附加值、高能耗高污染向高附加值、低能耗低污染的转变；实现企业有中生新、由小到大、由弱到强，管理由粗放向集约转变。产业转型升级涉及的主体包括政府、企业和中介组织，其动力来自政府引导、市场推动、产业与企业自身的内力驱动。

二、我县工业转型升级的必要性

1. 突出工业转型升级，增添企业发展活力。调查中，许多企业特别是一些重点企业，坚持采取技术创新、设备升级、精准管理等“深耕”转型的方式方法，不断加快企业转型升级步伐，增添了企业发展活力，提高了市场竞争力。从县发改局提供的数据显示：今年1—5月，全县100多家规模以上工业企业已完成工业总产值27.71亿元，同比增长7.2%。完成工业固定资产投资32.1亿元，同比增长40.5%，完成工业技改投资21.5亿元，同比增长67.6%。多数重点项目保持了稳步发展的良好态势。据统计：截至4月底，青竹公司已实现销售收入4572万元，纳税275万元，同比增长75%；奥冠公司销售收入4117万元，纳税241万元，同比增长50.4%。这些企业在转型升级过程中，不仅实现了企业自身“凤凰涅槃”“脱胎换骨”，而且实现了企业与政府的共振共鸣。

2. 抢抓发展机遇，促进企业转型升级。调查中我们也了解到：去年处于市场低迷的皮毛裘革产业，今年也呈现出了上升的良好趋势，第一季度全县皮毛裘革行业就实现销售额7亿多元，税收达3500多万元。从目前的形势来看，裘皮裘革、服装服饰行业已经展现出了良好的发展态势，是顺势而上、推进行业转型升级的最佳时机。

3. 加大产业整合力度，提升市场综合竞争力。截至目前，在我县现有的近2000多家工业企业中，中型规模企业仅有100多家，有1300多家企业年销售收入不足300万元。2016年我县仅有2家纳税超千万元的重点大户企业，纳税超500万元重点骨干企业也只有8家，绝大多数企业年纳税仅10万元左右，甚至有的企业纳税在几万元以下。这种“小、散、乱”的企业现状，致使我县经济发展的冲劲、后劲不足，抵御经济风险的能力不强，承接产业支持的平台优势不明显，新的经济增长点难以形成。这些企业不转型就有可能被市场所淘汰，只有通过转型升级、产业整合，使他们由“单打独斗”变为“抱团取暖”，才能把企业逼出“死胡同”、逼出“新天地”。

三、推进工业转型升级过程中存在的突出问题

经过全县上下不懈的努力，我县在转变经济发展方式、推进工业转型升级方面做了大量工作，取得了积极成效。但由于受新的经济形势和基础条件制约，在工业转型升级中还存在一些比较突出的矛盾和问题。

1. 工业转型升级意识不强，氛围不够浓厚。调研中发现：尽管推动工业转型升级已经得到了社会各界的普遍认同，但在落实上还存在一些问题：**一是**部分企业经营者创新创业的激情减退，面对经济大潮的冲击特别是前一阶段发展低迷的状况，出现了畏难情绪、求稳思想，甚至有个别企业存在“怕”的顾虑，有的企业对长远发展和潜在的危机认识不足，出现“盲目跟风”“盲目投资”苗头，在转型升级方面目标不明确、发展战略不清晰，措施不得力。**二是**有些干部对转型升级缺乏研究，认为转型升级是企业的事、市场的事，重视程度不够高，引导鼓励手段不够强，不能够积极主动地帮助支持企业发展，对工业转型升级的宣传、服务不到位。**三是**招商引资方面，为了招商而招商，对招商要求不高、标准不严，出现“捡到篮子里就是菜”的思想认识，结果引进了一些小规模、高污染的垃圾项目和没有发展前景的项目，贪一时之利而贻害子孙。调研中，还有部分企业反映：政府部门有些承诺不能够及时兑现，在一定程度上降低了政府在部分企业中的信誉，既影响了企业的发展，也给全县的招商引资环境带来不利影响。

2. 企业发展底子薄，技术、设备相对落后。我县多数企业发展方式属于自主发展，企业产值规模相对较小。**一是**企业品牌数量少，对质量管理水平重视不够，重效益、轻管理，重市场、轻品牌，质量管理保证体系不健全，造成转型升级动力不足。**二是**科技企业发展层次较低。多数企业处于产业价值链的最低端，企业创新基础条件薄弱，创新机构不完善，整合信息资源、科技资源能力不足，创新能力不强。**三是**随着国家对环保力度的增强，对我县传统的产业冲击力不断加大，由于这些企业生产设备比较落后、跟不上经济发展的步伐，倒逼企业转型升级。

3. 企业融资模式单一，科技投入不足。**一是**受经济发展形势的影响，市场风险、投资风险不断增加，银行对企业信用不足，对企业实行限贷甚至不贷，造成企业资金缺口增长，一些企业因资金断链转借民间高利贷，少数企业因债务问题已面临倒闭的危险。**二是**部分企业目前对银行的金融产品了解不够，仅限于利用厂房、设备、土地进行抵押贷款。对于租赁贷、订单融资等缺乏认识，不能够采取多种模式进行融资。**三是**科技创新人才缺乏，资金投入不足。一方面科技投入不足，没有设立专门的引导基金；另一方面很多企业缺乏高科技创新能力的机构和设置，没有企业发展相应的科研人才储备，部分企业科研研发人员不足，生产技术工人素质能力普遍偏低，实用型、技能型人才缺乏。企业没有足够的经济实力和科技投入，转型升级也就底气不足，这也成为我县企业能否成功转型升级的一个重要因素。

四、加快推进工业转型升级的建议

工业转型升级是经济发展的必然规律，是

提升我县产业整体实力和经济综合竞争力的关键之举。转型升级永远在路上，面对环境新变化、消费新趋势和技术新发展带来的机遇和挑战，我们要以新业态、新模式和新技术为手段，深入实施“招商转型”，鼓励传统企业开展“深耕转型”，坚定不移地走好加快转型、绿色发展、跨越提升新路，不断加快工业转型升级步伐。政府和企业在工业转型升级中扮演什么样的角色、发挥什么样的作用至关重要。

1. 招商要“实”。招商引资是提速经济发展的重要途径，是实现工业转型升级、跨越式发展的最便捷、最有效的方法。**一是**在“招大引强”上下功夫。要围绕招商重点，锁定一批规模大、产值高、利润大、有影响力的企业，集中精力引进一批符合产业发展方向的企业、能优化产业结构的新兴产业。要制定完善企业入驻园区的门槛，以保护生态环境为前提，不能片面追求经济效益而牺牲环境。要有长远发展的眼光，大力发展新能源、新材料等新兴产业，同时引进一批为现有高新技术产业相配套、相关联的产业，优化产业结构，做大现有企业，延长产业链。**二是**在“优化环境”上下功夫。要从减少办事程序、提高办事效率、降低收费标准、杜绝“吃、拿、卡、要”，优化服务和改善环境，降低客商的投资成本。要更加完善投资服务中心，建立重点项目审批“绿色通道”，为投资者提供高效、便捷的服务。要及时解决企业经营者在建设、生产和经营过程中遇到的困难和问题，不管是8小时以内还是8小时以外，不管是分内的还是分外的，不管是在县内还是县外，要尽心竭力为投资者搞好服务，营造良好的经济发展环境。**三是**在“监督考核”上下功夫。要强化督查考核、完善落实奖励机制。要研究一套科学有效的监督考核办法，一方面要完善监督管理机制，采取多种方式，对各职能部门进行综合评价，其结果列入各部门的年度目标管理责任制和干部政绩考核内容。另一方面要细化考核内容、严格考核标准，看增量、看增幅，看结构、看实效，并对照考核标准按分数排名确定奖惩措施。力争通过监督考核，“考”出好环境，“考”出高效率。

2. 举措要“新”。转型升级是发展的希望和出路，在当前复杂多变的经济环境下，作为转型升级的主体，企业转得早、转得好，就会有竞争力，就会有实力。企业要及时调整市场结构、产品结构，加快实施传统产业“深耕”转型，增强企业的综合竞争力。**一是**创新商业模式。要根据行业特性、自身特色，通过创新品牌营销、服务盈利、电子商务等模式，重构营销网络、延伸增值服务、做大品牌影响，拓展更广阔的市场空间。**二是**创新科技体系。首先，有条件的企业要构建以企业投入为主体的科技创新体系，与高等院校和科研院所开展产学研，共建多种类型的研发机构，集聚更多的科研成果到故城来，加速推动重大科技成果在我县的转移转化；其次，企业要加快技术改造，推进传统产业转型升级，在“有中生新”上下功夫，让传统产业插上科技的翅膀，要不断加大科技投入，开展产学研用创新活动，着力推进新技术、新工艺、新材料、新设备研发和更新，不断提升产品性能和质量，培育和提升品牌在国内外市场上的知名度。**三是**，要不断延伸价值链，构建产业竞争新优势，加快向高附加值、高技术含量环节延伸拓展，产业链向上游基础产业环节或技术研发、设计等环节延伸，向下游品牌、市场销售和售后服务等环节拓展，使传统产业焕发生机和活力。**四是**创新品牌建设。品牌代表企业形象，体现产品竞争力，要始终把培育品牌作为转型升级的重要举措。要大力弘扬工匠精神，加大产品宣传力度，通过产品创新、提高服务质量标准、提升企业文化等，实施名牌战略，加强品牌建设。另外，还要不断创新管理模式。通过创新理念、优化人力资源管理等提升管理水平，建立现代企业制度，真正找到一条适合企业自身发展的管理之路，才能真正向管理要效益。

3. 观念要“转”。企业转型升级最重要的是观念的转变，企业家理念上的转型升级，是企业最高层面的转型升级。从“要我转”到“我要转”的理念升华，昭示着企业转型升级的内生动力被市场激活。企业转型升级要从顺应经济发展形势、企业可持续发展上解决思想认识问题，树立“不转型就是等死”“只有观念思路转变才会有出路”的思想意识，同时，还要摒弃“期望政府能给予一定政策搀扶的旧观念”，进一步明确自身发展计划，坚持转型升级不动摇。

4. 主体要“强”。企业家是社会经济发展的实践者和支撑者，是公司发展战略目标能否得以实施的关键。有什么样的企业家就有什么样的企业；有什么样的企业水平，就有什么样的区域发展水平。一个优秀的企业家造就一个优秀的企业，甚至能够引领一个地区新兴产业的发展。作为企业的掌门人、当家人，企业家要适应经济发展需要，善于学习、多学习，为自己定目标，树立“世界知名、中国最好、行业排头”的雄心。**一是**要克服企业固有的文化、样式、惯性发展的问题，不断增强现代经营理念，提高自身的管理能力、思想素质和带领企业转型升级的水平；**二是**要充分认识到科技创新事关企业生死存亡、要把心思真正用在企业创新发展上，加大技术研发投入，不断提高企业核心竞争力；**三是**要提高领导力，引导企业朝向正确的方向发展，凝聚团队共识，带领企业迈向转型升级的目标。

5. 服务要“优”。**一是**为企业营造良好的发展环境。结合我县产业结构、历史基础、发展现状等，给出产业明确定位。鼓励企业立足自身实际，做强做优产业，形成产业转型升级的浓厚氛围。保障要素供给，积极引导小微企业进行跨企业的资源整合，差异互补、形成合力，增强企业竞争优势。**二是**进一步强化转型升级规划引导。政府要在宏观上研究产业转型升级的定位、路径和目标，帮助企业理清思路、指明方向。帮助企业转变发展方式、提升核心竞争力。充分引导、积极扶持，把规划措施落实到企业中，使企业在转型升级过程中切实感受到政府的鼓励和帮助。**三是**完善服务体系，提高产业转型升级的支撑力。要坚持行业协会建设，加大对行业协会的支持力度。选聘那些懂业务、会管理、能协调的精干力量充实到协会中。鼓励协会积极组织企业参与国际国内重大经济活动，让企业及时掌握产业发展方向和动态；帮助协会加强与国家级专业协会的联系，使更多的企业成为理事或常务理事，提升我县产业的知名度和竞争力；引导协会积极开展制定行规、行约等自律活动，促进企业健康稳定科学发展。深化“互联网+”行动计划，引领企业适应电子商务等新型贸易方式，为产业快速发展提供充足的后劲。**四是**要充分利用网络、微信、电台、报纸等新媒体、新平台，加强创新创业政策的宣传解读，让创业者和中小企业知晓政策、用好政策。通过总结推广成功经验，激发企业创新发展的积极性和主动性。要加强与企业家的联系沟通。各级领导干部要率先进企业、访环境，为企业家提供贴身服务，在推进工业转型升级中出现的问题要积极帮助解决。对企业在招商和发展中的承诺要及时兑现。**五是**提升政府服务水平。继续落实领导联系企业制度，特别是县级领导要明确分包的企业和完成任务的时限，坚持“一抓到底”，切实帮助企业解决发展中遇到的各类问题。进一步完善我县现有的发展政策，科学制定完善转型升级、科技创新的政策，通过引导企业加强与国内外先进的大型企业的联合、引进先进技术装备、引进高端人才和培育创新人才等支持帮助企业转型升级。要学习借鉴外地成立创新创业投资公司的做法，设立企业转型升级引导基金，引导鼓励金融机构、投资公司根据市场状况丰富金融服务品种，增加企业融资渠道。

关于“推进清洁取暖、改善大气环境质量”专题调研报告

县政协办公室

故城县地处黑龙港流域，地热资源丰富，具备使用地热供暖的天然优势，但使用地热供暖，既有明显优势，也有不少问题，对此故城县坚持辩证看待，科学利用，取长补短，让群众得实惠、资源可持续。为进一步加强故城县城镇集中供热管理，优化供热结构，提高供热质量，改善城镇环境，以科学发展观为指导，以“整合现状供热设施、完善城镇功能、改善生态环境”为目标，治理整顿现状供热存在问题，实现城镇清洁能源集中供热，促进城镇供热事业健康发展，全部进行地热井尾水回灌，实现集中供热一体化。

一、基本情况

故城县城区总供热面积约465万平方米，地热井共39眼（1700米以内砂岩井34眼、2800米以上基岩井5眼），地热供热面积约315万平方米，占供热总面积的67.7%。故城县地热取暖优势主要表现在：**一是**地热井热源稳定，如能科学利用，可取之不尽、用之不竭；**二是**供暖价格较低，仅占燃煤取暖费用的70%，群众易于接受；**三是**切实降低燃煤消耗，减少二氧化碳排放，有效改善了大气环境。因此，长期以来都是县城区的首选供暖方式，对促进县城建设、改善大气环境质量、提高群众生活质量起到了积极作用。

二、存在问题

长期以来，在享受地热资源带来的温暖和便利的同时，也陆续出现了一系列问题。主要表现在：**一是**直采直排，资源浪费严重，故城县地热井6眼已实现回灌，其余多数没有回灌设备，地热尾水直接排放，水温一般在30摄氏度左右，造成了余热浪费和热污染。**二是**水位下降严重，导致地热资源利用的不可持续性。据统计，近10年来我县地热水水位年均下降10米左右。**三是**造成环境污染，地热水中氯化物、氟化物等矿物质超标，直接排放污染地表水、地下水和土壤环境，群众反映强烈，问题急需解决。鉴于此，故城县将解决地热水直采直排问题列入议事日程，将实现地热资源清洁利用作为重要工作，坚定信心，强化举措，规范提升，促进地热资源安全、持续、稳定利用。

三、主要工作措施

针对地热资源利用暴露出来的问题，故城县全面摸底，深入研究，多角度探索实验地热资源合理利用方式，细致测算，科学评估，探索推行了以下几种解决方案。**一是**尾水利用。致力于减少地热资源开采，该县推行了地热尾水二次加热的供暖方式，共涉及县城区6个住宅小区，供热面积约60万平方米。但从实际效果看，虽然减少了地热水开采量，但并不能解决尾水排放造成的污染问题，治标不治本。**二是**责令回灌。实践中发现，实现不了回灌，就解决不了地热供暖的一系列问题，为此我们专门制定整改方案，下发了关于城区地热井回灌改造的通知，要求各小区供热单位将所有地热井全部改造、进行回灌，但由于资金和技术制约，即使配备了回灌井也难以真正回灌。**三是**引进外力。组织相关部门赴保定雄县等地参观学习地热回灌经验，在此基础上积极包装县城地热供暖项目，大力对外招商，经多方比较论证，引进了绿源、康盛两家实力强、技术先进的专业公司，其中绿源公司新建、整合地热井5眼，建设换热站3座，供热面积50万平方米；康盛公司新建、整合地热井4眼，建设换热站2座，供热面积40万平方米。为保证工作效果，

我县将绿源公司负责供热的南湖、信誉两个新建小区，作为地热井回灌试点，采取同层回灌、一采一灌、两采一灌、三采两灌等多种方式，取热不取水，百分百回灌，实现了地热资源的可持续循环利用。为检验效果，我县专门聘请国家地热资源中心专家进行评审，确认其实现了全部同层回灌。目前我县城区39眼地热井中，回灌井达到11眼。**四是**分区推进。鉴于县城区面积较大，经过科学论证，最终确定了“热电联产+地热回灌”的供暖方式，制定了《城区集中供热设施方案》，编制了可行性研究报告。县城西部150万平方米区域，依托泰达生物质能发电厂，采取热电联产供暖方式；县城东部315万平方米区域，依托绿源公司模式，整合现有地热井，实现全部回灌、集中供热。目前，热力公司已注册完成，泰达生物质能发电厂已完成投资1000万元的供热技改项目，供热管道正在设计。同时，我县正在积极沟通绿源公司，协商制定地热井整合方案，年底前完成所有地热井整合、实现全部回灌。

四、几点建议

1. 健全组织，统筹推进集中供热。成立由政府主要领导任组长的城区集中供热领导小组，明确各成员单位责任分工，加强组织领导，统筹推进实施，强化督导，到期要账，切实加快工作进度、保障工程质量。

2. 疏堵并举，加快地热井兼并整合。尽快制定县城区地热井兼并整合方案，对于符合方案要求的要进行统筹兼并、整合利用，不符合方案要求的予以彻底关停，逐步构建大公司技术支撑、政府高效监管、地热资源可持续利用的新架构。

3. 科学规划，加紧配套工程建设。要加紧完善管网、换热站等配套工程规划方案，用好当前的黄金建设期，结合现有配套工程，全力加快建设进度，确保供暖期前建设完成、调试完毕、如期投用。

关于加快推进乡村振兴战略实施的调研报告

县政协经济委员会

党的十九大报告指出，实施乡村振兴战略，要坚持农业农村优先发展，按照产业兴旺、生态宜居、乡风文明、治理有效、生活富裕的总要求，建立健全城乡融合发展体制机制和政策体系，加快推进农业农村现代化。实施乡村振兴战略是全面建成小康社会、全面建设社会主义现代化强国的必然要求。按照县政协2018年度工作要点安排，在县政协副主席关志清带领下，县政协组织部分政协委员和机关工作人员，通过召开座谈会、入企入村入户走访，结合有关部门工作汇报，就全县乡村振兴战略的实施情况进行了深入的调研，现将有关情况报告如下。

一、我县乡村振兴战略实施工作推进情况及成效

县委、县政府坚持把“三农”工作放在县域工作重中之重，认真实施统筹城乡发展战略，按照产业兴旺、生态宜居、乡风文明、治理有效、生活富裕的总要求，稳步推进我县乡村振兴战略的实施，人民群众的获得感、幸福感不断提升。

1. 农业发展质量不断提升。农业农村现代化是实施乡村振兴战略的总目标。**一是**立足产业优势，优化产业布局。按照稳粮、优经、扩饲的基本思路和上级部署要求，不断加大农业结构调整力度。大力推广全株青贮玉米、苜蓿

等饲草饲料作物种植，突出国家级“粮改饲”试点县影响力，今年已完成和预留“粮改饲”面积8.135万亩，居全市第一。**二是**加快创建农产品加工示范园区。充分发挥东大洼和康宏两个省级农业产业化联合体的作用，以牛奶、肉鸡、生猪、蔬菜为重点，大力发展农产品加工业。截至今年7月底，正大1亿只肉鸡全产业链项目已完成投资3.9亿元，上缴税金888.3万元。占地119亩的饲料厂以及3个种鸡场、3个肉鸡场已建设完成，食品加工厂建设也正在稳步推进。康宏牧业有限公司，已发展成为拥有12000头奶牛养殖基地和11000亩牧草种植基地的河北省现代化种养龙头企业，总投资13.8亿元的高端液态奶全产业链项目正在积极推进，日产1.2万立方米沼气发电工程和康宏第二牧场项目正在抓紧施工；茂丰现代农业园区，按照“园区+龙头企业+合作社+农户”的运作模式，截至目前，已发展基地化种植面积5万亩。带动农民15000户，年销售产品10000吨，累积实现农民增收5000余万元。欣璟农业科技有限公司育种育苗农业帮扶孵化园项目已基本落地。**三是**培育新型经营主体。加快培育以专业合作社、家庭农场、农业企业为主的新型农业经营主体，促进小农户和现代农业发展有机衔接。全县农民合作社达到1578家，家庭农场906家，上半年新获批农民合作社市级示范社9家、省级示范社3家；新增县级示范家庭农场11家，市级示范性家庭农场11家，省级示范性家庭农场1家。

2. 农村人居环境不断改善。一方面，在全县范围内，扎实开展了农村人居环境整治三年行动，制定出台了《故城县农村垃圾集中清理工作实施方案》，不断加强农村环境卫生整治督查督导力度，农村环境“脏、乱、差”问题得到全面整治，农村面貌明显改善、卫生环境明显提升。另一方面，通过申报“农村人居环境整治全域完成县”，计划到2019年6月，全面完成《河北省农村人居环境整治三年行动方案》提出的农村生活垃圾治理，厕所改造，生活污水治理，村容村貌整治任务。

3. 乡风文明建设扎实推进。一方面，深入推进移风易俗，建强管好红白理事会。对农村党员干部和红白理事会成员加强培训和管理，让红白理事会真正发挥作用，巩固村规民约建设，强力推行婚事新办、丧事简办，使婚丧嫁娶中的不良风气得到了有效治理。另一方面，推广农村公共文化，加强精神文明建设。加强农村文化阵地建设，完善设施功能，组织农民开展丰富多彩的文化活动，提高村民科学文化素质。大力弘扬中华民族传统美德和农村优秀文化，引导农村文化健康发展。目前，组建秧歌队、锣鼓队、舞蹈队415支，占全县村数的77%。

4. 扶贫脱贫工作成效显著。打好脱贫攻坚战是实施乡村振兴战略的优先任务。今年4月份以来，县委、县政府坚持以精准扶贫、精准脱贫为工作方略，带领全县人民正思想、强作风、强机制，以提高脱贫质量和贫困群众获得感、幸福感和安全感为核心，创新“1+10+40”工作推进机制，学习借鉴外地经验，创新“三步走”“十字法”，举办“大誓师、大培训、大提升、大比武、大擂台”系列活动，为打赢脱贫攻坚战，实现高质量脱贫摘帽打下了坚实的基础。**一是**充分发挥我县劳动密集型产业优势，新建扶贫车间和扶贫中转站共计26个，吸纳带动贫困群众就业300余人。各企业提供就业岗位2100多个。开发乡村服务性岗位安置就业706人。发挥劳务输出大县优势，有效输出347人外出务工。**二是**贫困村基础设施建设达到4个100%：道路建设达到退出标准的贫困村比率达到100%，全县贫困人口饮水安全达标率达到100%，贫困村接通动力电比率达100%，贫困村光纤宽带网络通达率达到100%，贫困村面貌得到明显改变。**三是**围绕“两不愁三保障”底线，精准精细落实健康扶贫、医疗扶贫、教育扶贫、住房保障、兜底保障扶贫等各项扶贫政策，打通惠民到户的“最后一公里”。

二、乡村振兴发展的制约因素及原因

加快推进实施乡村振兴发展战略，必须以问

题为导向，找出乡村发展的差距所在，补齐短板，才能不断缩小城乡差距，逐个问题逐个环节地解决农村发展不平衡、不充分的矛盾。通过对制约农村农业发展的相关问题进行了深入了解。总的来说，面临的问题主要有以下几个方面。

1. 现代农业产业发展方面。**一是**农业产业规模不大，与二、三产业融合程度低、层次浅，链条短，附加值不高。新型农业经营组织发育迟缓，对产业融合的带动能力不强，有带动能力的新型经营主体较少。**二是**三产融合利益联结机制有待创新。虽然出现了农民电商专业合作社、订单式农业、流转承包农业等，真正将农民利益与新型农业经营主体利益紧密连接在一起的，所占比例并不高。**三是**主导产业结构单一，规模小。特色亮点产业数量规模小，效益低，对农业经济的整体拉动作用不强。**四是**农业生产和加工业专业化程度低。还未形成“一乡一业”“一村一品”的格局，规模和特色优势发挥还不充分，粗放经营现状凸显，精深细加工程度低。**五是**农民技能素质相对低，农村产业融合型人才缺乏，抑制了先进技术要素的融合渗透。农户对乡村旅游、农村电商等新业态认识不够，抑制了三产融合发展进程。

2. 农村人居环境整治方面。生活污水、农药化肥、生活垃圾和粪便等已成为农村环境污染的主要原因，使农村地区环境状况日益恶化。**一是**受多方面因素影响，多年堆积的垃圾没有得到及时清理整治，村边、路边、沟渠边存量垃圾仍然较多。**二是**部分村民环保意识薄弱，一些村民存在乱倒垃圾的不良习惯，为图方便、图省事，生活垃圾随意丢在池塘边、路边沟渠、房前屋后等空地上。**三是**卫生意识差，部分村庄农村环境卫生整治工作重视程度不够，管理不到位，对生活污水和生活垃圾的危害性认识不足。**四是**部分村庄存在老弱化、村集体经济弱化现象。许多农村人口特别是青壮年劳动力外出打工，留守人口比例偏低，且多为老弱病残者，在改善人居环境方面力不从心，一些村集体经济日趋衰落，有的村甚至没有村集体收入，严重制约了村基础设施建设和环境治理。**五是**部分非贫困村基础设施建设达不到要求。

3. 精神文明建设方面。**一是**由于我县多数农村经济实力有限、农民素质不高，很多群众对乡村振兴认识不足，认为乡村振兴是政府的事，“等靠要”思想严重，对一些惠及自身的项目存在政府投入就干，不投入就无法运作，从而出现上头热、下头凉的现象，缺乏积极主动地参与乡村振兴的主人翁意识，导致乡村振兴的部分工作推行难。**二是**农村整体创建水平不太高、活动不深入、载体不丰富、机制不健全、方法较单一，群众文明素养、文明习惯有待提高。一些村民的不良生活习惯与现代文明要求形成鲜明的反差，教育引导农民养成良好卫生习惯提高整体素质缺乏必要的措施和手段，农村精神文明建设缺少特色和创新。

三、对乡村振兴的几点建议

1. 搞好乡村振兴规划。按照产业兴旺、生态宜居、乡风文明、治理有效、生活富裕的目标要求，加强乡村规划建设，有序推进合理布局。**一是**因地制宜，不断编制和完善乡村建设规划和治理规划，明确乡村布局以及不同区位、不同类型村庄人居环境改善的重点和时序，合理确定基础设施和公共服务设施的项目与建设标准。在满足大多数群众需求的基础上，通过村庄土地整理、经济补偿、扶贫搬迁等途径，推动自然村落整合和农村居住点缩减，引导农村人口集中居住。**二是**开展农村土地综合整治，全面整治农村闲置住宅、废弃住宅、私搭乱建住宅，倡导节约用地。推进农村危旧房改造，提高农村人居安全和防灾减灾能力。

2. 大力发展特色产业，推进农业结构调整。**一是**做大做强主导产业，实施板块带动。加快优化产业结构，聚焦农业种养生产环节，优化粮经饲和养殖结构，持续壮大特色优势产业，积极开发名、特、优、新产品，让农产品供给数量更充足，品种和质量更契合消费者需求。主抓粮食生产。实施以小麦高产创建、玉米吨粮田开发、旱作农业技术推广应用为重点的粮食单产提高工程，引进高产、优质专用品种，推广地膜覆盖栽培、测土配方施肥、化学除草等配套技术。提升蔬菜产业。以建国设施蔬菜基地为重点，大力发展现代农业、观光农业和城郊型农业，重点推广绿色无公害生产、无土栽培、节水灌溉等技术，推动设施果蔬产业上档次、上台阶。抓好“一乡一业”“一村一品”。引导各有关乡镇发掘整合现有资源，走集约化、规模化、集团化发展路子；着力提升农产品策划包装，扩大宣传，拓宽我县特色农产品知名度及市场前景。**二是**大力发展龙头企业，实施园区驱动。依托东大洼省级现代农业园区，吸引组建新一批现代化农业龙头企业。探索合理的土地流转形式，鼓励个体户、社会团体、其他组织发展组建农业科技园区和农业龙头企业。发挥正大、康宏等农业龙头企业带动作用，推广“龙头企业+农户+基地+超市”模式，延伸产业链条，增加产品附加值，促进一二三产加速融合。制定土地、资金、税收等方面优惠政策，扶持引进合作开发一批规模大、档次高、效益好的农产品深加工企业。加快康博莱冷链物流及农产品交易市场建设，实现农产品带包装销售，促进规模化生产及农产品流通，打进高端市场，确保农产品物流便捷畅通、市场功能齐全。以园区带基地，以基地促园区，着力打造县域现代农业新格局。**三是**大力发展生态农业观光旅游产业。依托县域丰富的农业资源，结合大运河文化带建设，全力推进农业观光旅游、生态采摘旅游。重点打造东大洼旅游片区，深入挖掘悠久的农耕文化，加快建设绿康德国庄园、康宏郁金香乳业风情小镇、以岭康养小镇、樱桃园、千亩桃园和500亩花海等一批农业观光项目，实现农业生产、休闲观光和农民增收的互利共赢。**四是**实施科技兴农战略，提高农业供给质量。大力培育新型经营主体和职业农民，加快发展电子商务、创意休闲农业、美丽乡村等新业态，推动农村一二三产业融合发展。加强校企业合作，围绕菜肉蛋奶果，广泛应用农业新科技、新成果，积极推广新品种、新产品，扶持规模化、产业化、市场化种植，切实优化种植结构，实现农副产品多样化、层次化。强化乡镇农技站的职能优势，强化疫情监测和农产品质量安全监管，增强现代农业发展全方位的服务能力。积极开展“农业质量提升年”活动，全面加强田间到餐桌过程管理，着力提高农产品质量，建立健全质量可追溯体系，实现农产品生产流通高效化、可追溯。

3. 加大农村生态环境建设力度，促进人与自然和谐共生。**一是**按照“村容村貌干净整洁环境美”的要求，突出重点、连线成片、健全机制，切实抓好改路、改水、改厕、垃圾处理、污水治理等项目建设，开展环境综合整治。以治理农村垃圾和污水为重点，以乡镇或中心村为单位建立垃圾处理设施和污水处理设施，对农村生产、生活垃圾和生活污水逐步进行集中无害化处理。**二是**实施农村清洁卫生工程，改变农民生活方式，鼓励农民使用电、煤气、沼气等新型能源，减少烟煤、秸秆作为主要燃料的使用，实现经济发展与环境改善良性循环。**三是**加强林业生态建设。广泛开展造林绿化活动，搞好成片造林，沟、河、路、渠绿化美化，改善农业生态环境，达到田成方、林成网、沟相通、路相连的农村新形象。**四是**加快对镇区道路的硬化、绿化、亮化工程以及镇区主要街道的雨水管网、公厕、垃圾中转站等项目的工程进度，做好污水处理、垃圾处理、环境卫生、网络通信等建设，提升乡镇品位。加大对“两违”建筑的查处力度，规范农村土地和建设秩序，引导农民按照规划建房，严厉打击非法买卖土地。**五是**抓好环境污染防治。重点做好控煤、控气、控放、控烧等方面的工作，抓好道路扬尘、施工扬尘、涉气企业、餐饮场所等重点行业的治理。加强对主要河道水污染治理，基本消除黑臭水体。**六是**大力开展“美丽乡村、整洁村镇”活动，逐步实施“户分类、村收集、镇转运”垃圾处理模式，强化宣传引导，增强群众环保意识，落实清洁人员，完善垃圾收集设施，着力解决垃圾围村问题。强力推进农村清洁工程。**七是**在重点抓好贫困村各项工作的同时，统筹协调推进其他非贫困村基础设施建设，加大扶贫政策、项目资金向非贫困村倾斜力度。

4. 深化农村精神文明建设，提高农民文明素质和农村社会文明程度。通过培育文明乡风、良好家风、淳朴民风，传承发展提升农村优秀传统文化，加强农村公共文化建设，不断提升农民精神风貌，为乡村振兴提供强大精神动力。**一是**整合文化信息资源共享、农家书屋、科普活动室等项目，不断提升综合性文化站的服务效能。**二是**通过增设文化长廊、宣传墙等设施，把家风文化和中华优秀传统文化有机融合，以好家风好家训教育引导广大群众向善向上，以优良家风带民风、以淳朴民风助推文明乡风。**三是**通过开展多种形式的“文艺下乡”活动，在文艺作品中融入了党的十九大精神、社会主义核心价值观等内容，让广大村民在乐享精神文化盛宴的同时，潜移默化领悟新时代新风尚。**四是**通过文化服务站点、社区综合服务中心、农家书屋等农村先进文化阵地建设，推进各行政村建设标准化综合性公共文化服务中心。同时，开展村规民约、家训家风文化精品项目，深入推进文化惠民活动，开展送演出、送讲座、送展览、送图书到乡村活动，加强农村思想道德建设，提振农村精气神，以文化振兴助推乡村振兴。

关于积极履行政协职能，助力打赢脱贫攻坚战的调研报告

县政协办公室

按照县委打赢脱贫攻坚战的决策部署，特别是彭晓明书记的一系列讲话精神，结合县政协实际工作情况，通过召开班子会议、委员座谈会、进村调查等方式，围绕县政协在全县脱贫攻坚战场上如何发挥优势，履行职能，助力脱贫攻坚，开展了深入的调查研究，现将有关情况汇报如下。

一、把握政治站位，思想认识要再提升

习近平总书记对脱贫攻坚工作作出重要指示强调，脱贫攻坚时间紧、任务重，必须真抓实干、埋头苦干。省委王东峰书记指出，打好精准脱贫攻坚战，关键是强化党的领导。**一是**人民政协要沿着正确方向前进，就必须毫不动摇地坚持中国共产党的领导。要坚持以习近平新时代中国特色社会主义思想为指导，切实把思想和行动统一到党中央和省委、市委、县委决策部署上来。**二是**脱贫攻坚事关全县改革发展大局，事关全面建成小康社会全局。要进一步认清打好脱贫攻坚战的重要性、艰巨性，坚持把参与和服务脱贫攻坚作为首要的政治任务，充分认识精准扶贫的重大意义，坚决贯彻落实县委关于实施打赢脱贫攻坚战的各项决策部署，切实增强为实现脱贫目标履职尽责的使命感、责任感和紧迫感。**三是**坚持把参与全县脱贫攻坚工作作为履行委员职责、担当社会责任的具体行动，凝心聚力、和衷共济，助力脱贫攻坚工作。

二、积极担当作为，履职尽责要更主动

围绕中心、服务大局是政协履职的根本原则；为党分忧、为民解困是政协委员的应尽义务。围绕“打赢脱贫攻坚战”这个任务，找准脱贫攻坚与政协工作的结合点、切入点，通过开展“发挥政协委员作用，助力打赢脱贫攻坚战”专题活动，组织委员积极开展协商议政、民主监督、调研视察及提案、反映社情民意工作，让委员更加自觉、更加主动地融入全县的脱贫攻坚工作中来。**一是**充分发挥政协联系面广的优势，按照彭书记一系列重要指示，组织

委员学习宣传县委脱贫攻坚擂台赛、万名干部大培训等会议精神，积极宣传全县的富民惠民政策，在协调关系、化解矛盾、沟通意见、理顺情绪、维护稳定等方面积极开展工作，广泛凝聚脱贫攻坚共识，汇集助推精准扶贫强大力量，增强人民满意度和社会和谐度。**二是**号召委员通过参加“百企帮百村”等活动，积极探索村集体经济发展路径，引导贫困村灵活运用“资源、资产、资金”三要素，通过资源开发利用、统一提供服务、土地流转、兴办实体、安排就业等方式，发展村集体产业，增加村集体收入，助力脱贫攻坚。**三是**组织委员要深入困难群众了解实际情况、剖析致贫原因，研究脱贫对策，结合全县公益岗位安排，通过免费提供政策咨询、职业指导、技能培训、帮扶慰问等，助推低收入农民增收。**四是**结合乡村振兴战略的实施，围绕基础设施建设、生产生活条件改善、生态环境保护等，通过建设文化活动广场、建立农家书屋、组织文化义演、开展文明创建活动等，改善贫困群众精神面貌。不断提升群众的文化获得感、幸福感。**五是**通过组织开展义诊、捐资助教、免费辅导等形式，为贫困村和贫困群众提供医疗、卫生、教育、科技服务，做好事、办实事、献爱心。

三、加强能力建设，协商质量要再提高

围绕脱贫攻坚建言献策、协商议政是政协组织义不容辞的义务和责任。通过协商议政出点子，通过民主监督推工作，通过调研视察谋长策，为助推脱贫攻坚建诤言、献良策、出实力，为打赢精准脱贫攻坚战贡献智慧和力量。政协发挥作用，不是靠权力，而是靠能力，不是靠说了算，而是靠说得对，靠求真务实的协商能力水平。要发扬求真务实的精神，认真开展调查研究。使政协求真务实的意见得到重视，求真务实的建议得到采纳，求真务实的成果得到转化。按照习近平总书记提出的“懂政协、会协商、善议政”的要求，不断增强委员议政能力建设。**一是**提高调研实效。习近平总书记在庆祝人民政协成立65周年大会上的讲话中指出：“要提高调查研究能力，坚持问题导向，深入实际摸清真实情况，集合众智提出解决办法，努力使对策建议有的放矢、切中要害。”这就要求我们必须紧扣党委政府的重大决策部署，围绕党政关心、群众关注的热点难点问题，深入基层开展视察调查，把建言献策的着力点放在对推进脱贫攻坚的研究思考上，放在对困难群众增收致富的对策分析上，放在对脱贫攻坚工作进展情况的把握上，形成切实中肯的意见和建议，确保提出的对策、措施更富有科学性、针对性和可行性，促进党委政府决策更加科学化、民主化。**二是**提高协商实效。在履职过程中，要充分发挥政协全体会议全面协商、常委会议专题协商、专题会议对口协商等平台作用，广泛开展协商议政活动。要在协商选题、会前调研，意见建议质量等方面用真心、动真情、下真功，力求形成一批有价值的协商成果，直接融入党政决策过程之中。**三是**提高监督实效。要准确把握政协民主监督的性质定位。要运用会议协商监督、专项民主监督、反映社情民意监督、提案监督等形式，活跃有序地开展民主监督。达到协助党委政府解决问题、改进工作、增进团结、凝心聚力的目的，助推全县脱贫攻坚工作。

关于抢抓机遇、加快推进雄安—故城产业生态城建设的调研报告

县政协办公室

今年年初，县委十三届六次全会确定了“服务雄安、发展故城，对标对表雄安新区，高起点规划、高标准建设，产城互动、产城共生，实现‘产、人、城’高效融合”的目标任务。通过实地查看、听取汇报、召开座谈会等方式就雄安—故城产业生态城建设情况进行了深入的调研。雄安—故城产业生态城位于故城县衡德工业园，规划面积24.68平方公里。2018年9月20日，故城、雄县双方签署战略合作协议，共建雄县—故城产业生态城。在市委、市政府的大力支持下，我们通过与雄安新区多次交流洽谈，最终实现了由雄县—故城产业生态城到雄安—故城产业生态城的转变。

一、建设生态城的必要性

衡德工业园始建于2003年，2016年，被河北省命名为“河北故城经济开发区”。经过全县各级领导、各界人士及园区人10多年的共同努力和打拼，取得了长足的进步和发展，现在，纳税超千万的企业已发展到5家，其中世界500强企业一家，中国500强企业一家，已经成为全县财政收入的主要来源地和工业项目的承载地。但从我县经济发展的长远来看，还存在名气小、层次低、承载和吸纳能力还不强、经济总量还不足，运行质量还不高的问题。要实现全县经济社会高质量快速发展，就必须扩大经济总量。必须抢抓雄安新区建设的机遇。建设发展好产业生态城。**一是**建设生态城是落实国家重大战略的需要。生态城建设，这就要求我们必须讲政治、顾大局，做到个人服从组织，局部服从全局，眼前利益服从长远利益，确保中央重大决策的落实。**二是**建设生态城是故城高质量快速发展的需要。建设生态城，是四大发展新引擎之首，是高质量快速发展的引爆点、台柱子，必须抓好、抓实。**三是**建设生态城是满足人民群众对美好生活向往的需要。生态城建设，可以使农村变城市、农民变市民、平房变楼房，转变群众的生产生活方式，提高群众生产生活的水平。真正实现习近平总书记提出的“发展为了人民、发展依靠人民、发展成果由人民共享”。

二、存在的主要问题

1. 资金不足，制约生态城建设步伐。生态城前期建设投入较大，短期内需要投入大量的人力、物力、财力。目前，我们财力有限，无法满足生态城建设对资金的需求。

2. 营商环境有待进一步优化。服务意识和服务水平有待加强。“最多跑一次”的服务力度不够，事项范围还要进一步扩大，效率还应进一步提升。

三、几点建议

京津冀协同发展、雄安新区建设重大战略的实施，对故城来说，是一次千载难逢的发展机遇。机不可失、时不再来，我们必须抢抓机遇。

1. 高起点规划发展布局。要以超越发展的理念，统筹现有传统产业、雄安转移产业、高新技术产业以及现代农业、现代物流业等产业布局，统筹水、电、热、医疗、教育等要素资源，高起点、高标准地做好产业生态城的总体规划和产业布局规划。要做到城市规划、产业规划、土地利用规划、环境保护规划等“多规

合一”。要让规划尽快得到批复、变成刚性约束。

2. 创新体制破解发展瓶颈。生态城建设，存在资金、人才、土地、政策等瓶颈，但是，就当前看，最大的瓶颈还是资金的瓶颈，要创新思维，想尽一切办法，在符合我县招商引资条件的前提下，让一切可以利用的资本都汇聚到故城来增值，让一切有能力的人才和企业都到故城谋发展。“不求所有、但求所在”，全力破解资金、人才等瓶颈，通过体制机制创新来激发活力，补齐我县经济发展短板。

3. 优化环境强化要素建设。企业就像候鸟，哪里适合生存就到哪里安家。所以，必须进一步创优软硬件环境。既要完善配套、提升功能，进一步完善路、水、电等基础配套设施建设，有计划推进规划区内村庄搬迁，为工程顺利实施创造条件，又要创造安定和谐的社会环境、诚实守信的人文环境；更要打造优质高效的营商环境，全力优化政务服务环境，深入推进政务服务标准化建设，高标准打造故城“五最”品牌。努力把生态城建设成“服务高地”和“成本洼地”。

4. 转变作风、敢于斗争。机遇与挑战并存。“三分机遇+七分努力=成功。”这说明，机遇不是等来的，而是奋斗来的。在生态城建设过程中，肯定有困难、有挑战、有矛盾，我们要面对困难不低头、面对挑战不退缩、面对矛盾不躲避，始终保持昂扬的斗争精神。要以“我将无我、不负人民”的精神，去破解难题、推动工作。

关于推进我县外贸企业发展情况的调研报告

县政协办公室

按照县委部署要求，县政协通过深入企业实地查看、听取相关部门工作汇报、召开企业家代表专家座谈会等方式就我县对外贸易产业发展情况进行了专题调研。活动中，先后走访企业20余家，组织召开座谈会8次，对我县外贸行业的发展情况、企业发展面临的问题、今后的发展思路进行了充分的调查研究，并在此基础上形成了一些意见建议。

一、我县外贸产业基本情况

我县的外贸行业主要涉及三大产业：裘皮服装行业（皮毛行业）、化工行业、机电行业（以摩擦材料、金属制品产业为主）。

1. 2019年1—4月我县出口企业税收情况。2019年1—4月出口企业674家，税收3810.47万元，同比增长50.58%。其中**皮毛行业**出口企业633家，税收1514.88万元，同比下降9.9%。**化工行业**出口企业6家，税收1507.95万元，同比增长251.49%。**机电行业**出口企业18家，税收719.63万元，同比增长70.98%。

2. 2019年1—4月我县外贸进出口情况。到4月底有进出口实绩企业256家，比去年同期减少83家，同比减少25.15%。全县进出口总额5.52亿元，同比下降44.52%。其中，**皮毛行业**出口实绩企业232家，较去年减少82家。进出口总额7324.89万美元，同比下降51%。**化工行业**出口实绩企业6家，较去年增加2家。进出口总额357.748万美元，同比增长49.48%。**机电行业**出口实绩企业18家，较去年减少3家。进出口总额434.69万美元，同比增长83.13%。

3. 2019年1—4月我县外贸出口情况。2019年1—4月全县出口额5.26亿元，同比下降46.69%。其中，**皮毛行业**出口额6976.92万美元，同比下降53%。**化工行业**出口额349.92万美元，同比增长54.81%。**机电行业**出口额

401.31万美元，同比增长100%。

4. 全国外贸进出口情况。海关总署公布的中国外贸进出口数据显示，今年前4个月，中国对外贸易进出口总额达9.51万亿元，同比增长4.3%。其中，中国出口总额达5.06万亿元，增长5.7%。同时，中国对东盟、拉丁美洲和非洲等新兴市场进出口分别增长9%、15.1%和8.9%。同期，中国与“一带一路”参与国家外贸进出口总额2.73万亿元，同比增长9.1%。这些数据显示，中国外贸保持了总体稳定增长态势。随着新兴市场和“一带一路”参与国家的市场兴起和增加，越来越多自贸协定的签署生效也为中国外贸企业扩展多元市场提供了机会。

二、我县外贸出口下降的原因及存在的问题

通过以上资料可以看出：尽管当前全国的外贸形势是良好的，但我县的外贸出口下降较为严重，形势是非常严峻的。我县外贸出口额下降既有外部环境的影响，更有自身因素的存在。

1. 外部环境的影响。**一是**受俄罗斯市场影响。俄罗斯市场减少，电子标签要求越来越严格。俄罗斯三大市场（**柳布利诺市场**于2018年10月关闭；**萨达沃市场**于2019年2月被清场；**兰楼市场**为目前仅剩开放的市场，且规模相比前两个市场小）。**二是**受霍尔果斯口岸检查影响。受霍尔果斯口岸报关不正规、循环出口案件影响，河北省税务局稽查局对省内出口的企业进行检查、查封，涉及我县企业231户。仅2018年的出口额达10.43亿元，占2018年皮毛行业总出口额的21.4%。**三是**受国内海关查验力度加大的影响。今年以来，北京、天津、青岛、上海海关对皮毛制品的查验力度相继加强，部分问题企业出口额下降。**四是**受税务机关规范行业管理的影响。税务机关加快退税进度，一些皮毛行业的企业不规范经营带来的问题。随着打击不法企业力度的增强，使得出口额受到影响。**五是**受中美贸易摩擦的影响。随着中美贸易摩擦加剧，对我县外贸出口的影响正在显现，外贸企业竞争优势下降，出口销量还会进一步下滑。

2. 外贸产业自身存在的问题。**一是**企业生产不规范、产品档次低、质量差。多数企业生产技术落后，产品质量较低，发展主要以低端产品服务低端客户，走低端市场。产品没有技术支撑和营销策略，只能靠打价格战销售，部分企业存在“小富即安、小进即满”思想。**二是**品牌意识淡薄，自主品牌少。我县的外贸企业大多以贴牌生产为主，创新意识不强，品牌意识淡薄。**三是**销售市场单一。我县的外贸企业主要面对俄罗斯、韩国、美国等少数国家，国外市场比较单一，企业发展容易受国际市场的波动影响。**四是**受国内外环境影响，企业发展动力不足。面对对外贸易出口不断下降的严峻形势下，部分企业特别是皮毛行业发展信心不足或者丧失信心，企业家发展迷茫。**五是**人才引进、管理机制还不完善，企业融资难等还是制约企业做大做强的一项重要因素。**六是**行业协会作用不明显，不能很好地引领企业发展。

三、促进企业发展的几点建议

面对当前全国对外贸易的良好发展势头，我们要多管齐下、多措并举，“实现三个转变、推进三个建设”，创造对外贸易可持续发展的内生动力，促进全县外贸经济的逆转提升。

1. 提升产品质量标准，实现产品从低端向高端的转变。随着人类社会的进步，生活水平的提高，高技术、高品质、高附加值产品将成为未来发展新趋势。这就要求企业，**一是**必须按照市场的需求层次，制定产品的生产和销售计划，设计研发高端产品。**二是**提升产品性能和质量，推进新技术、新工艺、新材料、新设备研发和更新。**三是**要通过产品创新、提高服务质量标准、提升企业文化等，实施名牌战略。

2. 提升自主创新能力，实现从代工贴牌向自主品牌的转变。**一是**要加大技改投入力度，自主开发核心技术。通过产学研合作，弥补自身研发力量的不足。**二是**建立拥有自主产权的

技术标准体系，为产品的质量和技术提供强有力的保证，提高企业的国际竞争力。**三是**强化企业品牌意识，积极引导企业申报“中国名牌”出口商品和地方出口名牌产品。

3. 提升市场发展空间，实现单一市场向多元化市场的转变。**一是**组织和引导企业参加国内外展览会、展销会，为产品进入市场提供良好的展示和服务平台。**二是**拓宽销售渠道，学会线上线下、内销外销两条腿走路。**三是**对标先进学习新设计，积极开发新样式、新产品，按照市场需求层次，设定产品层次，争取一种新产品对标多个国家、多个地区销售市场。**四是**加大内销力度。要找帅当兵，强强合作，加大与世界500强、中国500强等大型企业的合作力度，与大企业结成联盟，借船出海。

4. 推进企业家队伍建设，营造全社会尊重、关心、支持企业家的良好氛围。习近平总书记明确指出：“市场活力来自于人，特别是来自于企业家，来自于企业家精神。”在推动全县经济社会高质量快速发展的进程中，企业家的作用是不可替代的，因此，要积极弘扬企业家精神，注重培育企业家领军人物，依法保护企业家合法权益，尊重激励企业家干事创业。要在全社会形成“尊重企业家、理解企业家、关怀企业家、支持企业家”的浓厚氛围，提升企业家的获得感、优越感，让纳税人更省心、更舒心，要营造更加优越的营商环境，保护企业家的积极性，坚定企业发展信心，让企业感到有甜头、有奔头、有劲头、有干头。

5. 推进营商环境建设，打造高质量发展新高地。**一是**按照“守初心、担使命，找差距、抓落实”主题教育活动的总要求，结合全省开展的“双创双服”和“三深化三提升”活动，在落实好县级领导干部包联企业制度的同时，参照扶贫脱贫攻坚工作机制，推动干部包联企业制度向纵深发展，适当扩大乡局主要负责人分包企业的覆盖面，真正与企业做朋友，为企业解难题。**二是**提高服务职能，通过搭建校企合作技术平台、人力市场服务平台。解决企业技术低端、用工难的问题。**三是**要进一步完善招才引智的制度办法，为引进人才提供更加宽松的工作、生活环境，积极为他们解决实际中的困难和问题，确保人才引得来、留得住、用得好。**四是**优化企业发展环境。进一步简化审批流程，缩短审批时限。**五是**探索更多的企业融资渠道。比如，协调第三方融资平台和有潜力的企业，以品牌、科技等无形资产实施短期有效贷款。

6. 推动行业协会建设，充分发挥行业协会职能作用。**一是**进一步健全行业协会建设。以完善皮毛行业协会功能为突破口，动员、引导尚未建立行业协会的行业，尽快建立协会，发挥协会应有的作用。**二是**要提高企业家素质。组织企业家通过学习、培训，提高企业家环保意识、安全意识、创新意识等。**三是**强化协会引领作用，帮助企业发展想办法、出主意，在生产经营、产品研发、参加展会、开拓市场等方面引导企业做大做强。**四是**引导企业规范商业行为、维护市场正常秩序和环境，保障行业持续、健康发展。**五是**行业协会为载体，申请企业参加展会的帮扶资金等。

关于进一步优化营商环境的调研报告

县政协经济委员会、科教文卫委员会

良好的营商环境，是企业成长壮大的土壤，是促进经济发展的动力。为进一步优化营商环境，提升县域经济竞争力，按照县委县政府的工作部署，根据县政协2021年度工作要点安排，县政协组织部分政协委员和相关部门，组成专题调研组，深入企业和部门走访座谈，倾听政协委员、企业家、园区和部门负责人的意见建议，在充分调研的基础上，对我县营商环境的做法、存在问题以及优化营商环境的对策进行了分析研判。现将调研情况报告如下。

一、我县优化营商环境的做法与成效

今年以来，县委、县政府深入贯彻落实省市决策部署，把建设一流营商环境作为推进县域经济高质量快速发展的关键抓手，以最大限度满足市场主体需求为根本导向，以先进水平为标杆，坚持“政府重商、政策惠商、服务亲商、法治安商”原则，持续巩固近年来优化营商环境的积极成效，进一步探索实施具有突破性、引领性的改革举措，促进政务环境、市场环境和法治环境持续优化，推动县域经济实现了高质量快速发展，各项经济指标名列前茅。今年一季度，GDP 完成 25.29 亿元，同比增长 16.3%，全市排名第六。上半年，固定资产投资累计完成 44.43 亿元，增速 7.2%；进出口额完成 13 亿元，预计全市进出口额排名第二；规上工业实现总产值 31.8 亿元，同比增长 54.7%，预计实现规上工业增加值 55%，全市排名第一；实际利用外资 2186 万美元，增速 85.25%，完成年度任务的 75.37%；新增市场主体 680 个，达到 10139 个；新增个体工商户 3459 户，达到 27098 户。全县经济运行呈现出稳中向好、稳中有进的良好态势，经济总量不断增长，质量效益持续改善，稳的格局更加巩固，好的态势更趋明显。

1. 优化政策环境，增强“引导力”。**一是**建机制。制定完善了招商引资、重点项目建设规范办法、骨干企业发展促激、服务扶持雄安企业转移等系列政策，对企业的发展起到了“抛砖引玉”的引导力。**二是**重扶持。设立重点项目建设扶持资金，对新建固定资产投资 1000 万美元以上的外资项目或亿元以上内资项目，给予不低于 100 万元的资金奖励；对一次性投资超 1 亿美元或 10 亿元的龙头项目，通过以租代建的形式给予重资产建设支持；对年财政贡献超 100 万元的总部经济项目，给予经营贡献扶持奖励。**三是**强引导。设立骨干企业转型升级引导资金，对建设科技创新平台、获得发明专利、引进先进技术、新上成套设备，以及主导或参与制定行业标准、新纳入规上或限上管理、财税贡献增幅 20% 以上且实际增加额 50 万元以上的企业，分别给予一次性资金后补支持。今年全县三级干部大会，共发出奖励资金 1000 余万元。

2. 优化政务环境，强化“执行力”。聚焦企业办事难、审批难、用地难、融资难等难点问题，以改革思维、创新办法为企业纾难解困。**一是**深化商事制度改革。推行开办全程网办，进一步简化企业注册登记、优化新办企业办税、完善社保登记、优化银行开户等，进一步压缩企业开办时间，企业注册实现 4 个小时办理，企业注销更加便捷，公示期由 45 个自然日缩短为 20 个自然日。深化“证照分离”改革，在全县范围内，针对 54 项涉企经营许可事项，按照直接取消审批、实行告知承诺、优化审批服务等方式分类推进实施“证照分离”改革。率先破题“跨省通办”，领先全市实现“跨域通办”，与山东武城县正式签署《实施商事登记“跨省通办”联动机制框架协议》，打破地域性的审批壁垒，实现了企业开办业务的“跨省通办”，有效避免多地跑、往返跑、耗时长的问题。目前正在与廊坊、雄安三县积极对接沟通，同时探索政务金融企业开办自助服务模式。**二是**加快项目落地。深化投资审批制度改革，“模拟审批”纵深推进，持续提速增效，今年已有 5 个重点项目启动模拟审批；“标准地+承诺制”改革成效持续凸显，今年已打造 5 个项目 1900 多亩“标准地”，提前完成了全年任务目标。**三是**提升政务效能。98.5% 的政务服务事项实现“一网通办”，投资项目网上全流程审批触网可及、全面提速，审批时间压缩至 60 个工作日以内，4 个小时即可完成企业注册全程网办业务。重点项目上亿万向城从立项到施工仅用了23个工作日，压减了64个工作日，压减率73%。持续完善电子税务局和手机App办税缴费功能，扩大“非接触式”服务范围，除个别特殊复杂事项外，企业税费事项全部实现网上办理，个人税费事项全部实现掌上办理，纳税缴费时间压减至110小时以内，同时，打造智能办税服务厅，构建了以县城智能办税厅为中心，武官寨、经开区、饶阳店3个智能微厅为带动点的辐射全县的智能办税网，“24小时不打烊”网上办税，办税便利度不断提高。

3. 优化市场环境，凝聚“整合力”。统筹整合土地、资金、服务、创新等要素资源，努力为企业发展提供更加坚实支撑。**一是**做大做强园区平台。重点打造雄安—故城产业生态城，承接雄安转移升级企业129家，目前，以岭中医药产业园项目、雄安全利软包装产业园项目即将投产。**二是**提速增效重大项目建设。总投资15亿元的以岭中药产业园二期提速建设，年底前车间主体可全部竣工。今年春季集中开工项目14项，总投资30.3亿元，项目个数、投资额度均位居全市前列。**三是**规范组建商会。组建县总商会和8个重点行业商协会，帮助企业有效降低生产成本、研发成本、销售成本，避免同质低价不良竞争，增创集群发展优势，目前已有545家企业纳入商会管理，起到了产业集群、信息共享、资源同用、竞争有序的良好效果。**四是**完善政银企对接机制。深入开展“县长带行长走企业、走产业”活动，截至目前走访企业317家，为169家企业放款5.28亿元。全县各项贷款余额155.55亿元，比年初增加9.89亿元，同比多投放2.75亿元，存贷比达到52.17%。

4. 优化法治环境，增加“亲和力”。秉持“亲清”理念，亲则更亲、清则更清，推进管理执法有温度、有力度。**一是**加强诚信体系建设。积极推进信用故城建设，重点领域信用系统全面建成投用，目前，公示各类信息33703条。**二是**加强交易平台建设。以信息化建优交易平台，标准化设优交易流程，精细化做优交易服务，所有项目实现电子交易、全程网办、视频监督，网上登记，一表申请。今年以来，完成各类公共资源交易42宗，交易额达到20167万元。**三是**加强行政执法监管。严格涉企检查报批，创新“首违不罚”机制，改进环保暂行办法，切实减轻企业负担。**四是**创新扫码监督机制，发动群众扫码举报破坏营离环境的问题线索，形成了有力震慑。

二、存在的差距和不足

虽然我县在优化营商环境方面取得了一定成效，但我们也必须清醒地看到，与经济发达地区相比，我县的营商环境还存在一定的短板和弱项，仍存在一些差距，还应再加大力度将优化营商环境向纵深推进。

1. 办事流程还需继续简化。审批部门与行业监管部门之间还存在信息共享不足、协调联动不够、“各自为战、各自为政”现象，信息共享时效性不高、内容不全，造成了相关工作的滞后，审批共享机制还需进一步完善。统一的网上审批平台还不够完善，无法真正形成工作闭环，“两头跑、两头办”情况仍然存在。

2. 指导帮扶还需更加深化。在协商政企关系“度”的把握上，由于当前“不能”“不得”的禁止性规范出太多，“可以”“应该”的指导性规范出台少，一些干部搞不清与企业交往的分寸，对到企业督导检查、为企业争取政策存在顾虑，影响干部为民企服务的积极性。同时，监管不公、监管过度现象依然存在。多头监管、重复监管，检查频繁，要求多、要求杂，没有统一的标准、规范和要求，企业疲于应付，尤其是对各类罚款等问题反应较大，处罚时自由裁量权大且不留整改时间现场处罚。

3. 政策作用发挥还需加强。企业与政府的沟通机制还不健全，对政策的制定、宣传、落实、反馈没有建立一整套的工作机制，企业的利益诉求还缺少有效的沟通。在政策出台前，征求企业意见建议不够；政策出台后，缺乏配套细则，程序烦琐，宣传解读不够，致使企业无法及时准确了解和掌握，一些惠企政策导致错过政策享受时机，影响政策落地。

4. 金融扶持还需加大力度。调研中发现：企业融资难问题依然存在。面对中小微企业“短、小、频、急”的融资需求。**一是**现有金融体系还不能有效地提供充足的金融产品和金融服务，不能形成推动中小企业脱困发展的支撑力量。**二是**信贷产品与企业需求不匹配，造成银行想贷给的企业，企业并不急需，需要资金的企业，因为缺少抵押等原因，又贷不到资金，金融系统往往“锦上添花”多、“雪中送炭”少，部分企业只好到民间融资。比如：占我县“半壁江山”的皮毛行业目前持续低迷，关键时候急需金融部门勇于担当，“雪中送炭”，帮他们共渡难关。

5. 干部作风还需持续转化。个别干部服务意识不强，业务水平不高，执法监管不规范，存在不敢担当、不愿担责、作风拖拉、推诿扯皮、效率低下等问题，有待纠正。

三、关于优化营商环境的建议

优化营商环境是一场“没有休止符”的改革，也是一场输不起的改革。当前，各地都把优化营商环境问题作为重要抓手，竞相发力，面对全国优化环境的“千帆竞发、百舸争流”“前有标兵、后有追兵”之势，不进则退，小进亦退。我们必须增强紧迫感、危机感、恐慌感，紧紧抓住难得的历史性窗口期和战略性机遇期，齐抓共管、多措并举，船到中流、奋楫者进！

1. 以简化流程为抓手，提高办事效率。**一是**完善“一扇门”审批。继续深化“放管服”改革，以“减无可减、放无可放”为目标，结合经济形势变化和企业需求，开展新一轮审批事项精简，对现有政策进行再梳理、再研究，优化完善审批服务办事指南、办事流程图、工作细则，切实提高政策的可操作性，及时研究提出新政策措施建议。推动部门协同，坚决砍掉各种无谓的证明和手续，彻底取缔各类“奇葩”证明，以“减证”为企业“减负”，最大程度做到利企便民。**二是**推进“一张网”审批。加快“网上政务中心”建设，逐步将行政审批、公共服务事项全部纳入“网上政务中心”办理，让网上审批成为常态。推广电子证照、电子印章应用，完善电子证照系统功能，加快政务信息资源互认共享，以及不同审批业务、多个服务窗口之间的数据共享，构建“办证不出证、数据来验证”的证照电子化政务模式。整合电子政务服务、社会便民服务等资源，从技术层面优化审批流程，推动更多政务服务事项通过互联网途径便捷办理。**三是**整治“办税难”问题。持续拓宽“最多跑一次”事项范围，实现更多涉税事项一次办结；持续创新服务手段，依托手机 App、微信公众号等载体，提供更便捷的办税服务；持续精简涉税资料，探索实施电子签章等，为纳税人提供更大便利。同时，持续深入开展涉企收费领域专项整治，清理金融、物流、检验、检测等重点领域和关键环节的涉企收费行为，重点整顿不规范执法行为，规范中介机构收费行为，公平公正加强行业监管和行政执法。

2. 以高效服务为理念，助力企业发展。**一是**深化领导包联企业制度。建立领导干部包联企业问题解决平台，对领导干部包联企业发现的问题，统一由平台提交政府集中研究解决，并将包联工作列入年终考核，实现干部包联企业的规范化、制度化。同时，建议实行定期轮换制度，避免彼此双方利益固化。**二是**建立政府上门服务制度。探索建立政府上门服务制度，整合执法部门职能，建立综合执法服务队，对接服务企业，向广大中小企业送上“服务卡”，附上问题协调表、工作建议书、温馨提示单、联系方式等，做到只要企业有事找政府，服务队就派专人上门服务。**三是**创造企业“宁静时间”。规范涉企执法检查行为，探索开展联合抽查，对同一市场主体的多个检查事项，原则上应一次性完成；积极采取信用监管、大数据监管等新型监管方式，减少检查次数，避免影响企业正常生产和经营活动。严格落实“首错免罚”工作机制，推行执法过程全记录、加大普法宣传教育等保障机制，寓服务、普法、包容于执法中，真正实现行政执法的法律效果和社会效果相统一。**四是**防止环保治理“一刀切”。进一步提高重污染天气应急措施制定的科学性和可操作性，切实做到多排多限、少排少限、不排不限，防止出现“一刀切”和“一人得病，全家吃药”的问题。同时，全面提高企业环保、安全、消防意识和重视程度，杜绝硬熬、侥幸心理，切实履行主体责任，认真执行国家相关法律法规，学习先进管理经验，积极配合，加大投入，谋求企业的长远健康发展。**五是**释放现有资源优势。盘活现有资产、用好现有资源、做强现有产业，使现有的基础设施、配套设施、产业优势得到有效利用，提升竞争力，实现转型升级、涅槃重生。比如营东新区，当前存在产业结构单一、皮草行业不景气的问题，要有针对性地引进产业相近、优势互补的相关企业入住，用好现有资源，真正使园区活起来。再如汽车配件行业，虽然数量较多，但产业分布零散，集群优势得不到发挥、互补、共享，建议规划建设一个相对集中的产业园，使这一重要的产业优势得到最大的释放、取得最优的效果，提升整个行业的市场竞争力。**六是**充分发挥商会枢纽作用。建立“非公有制企业微信群”，有关党政干部和企业探讨问题，实行网上群众路线。大力支持和引导行业协会商会在政策宣贯、职业培训、信用评价，以及推动企业间联系、带动产业链发展、促进携手发展等方面的积极作用。

3. 以政策执行为目标，狠抓闭合循环。**一是**尊重民企在政策制定中的话语权。建立意见征询机制，在研究民营经济发展相关政策时，邀请民营企业代表参加会议，充分听取意见建议，强化政策扶持。建立政策执行督查机制，定期对政策落实情况进行督查，重点检查政策落实不及时、不公平、打折扣等现象，督促责任单位查找原因，明确责任，改进落实。建立信息反馈机制，在政策执行过程中，听取企业意见和建议，不断完善政策和政策体系。**二是**提高民企对惠企政策的知晓度。加大政策宣传力度，依托各部门官网、微信公众号，及时更新涉企政策，实行在线指导。拓宽政府与企业之间的沟通渠道，定期召开各行业商会，通报涉企政策，同步推出配套措施、实施细则，明确申报流程、条件界定，确保企业能知晓、听得懂、学得会、用得上，最大限度避免政令传导迟、见效慢、不落地问题，让优惠政策能够覆盖更多的经济实体，让企业切实享受到政策红利。**三是**加大民企对政策执行的监督权。建议实施民营企业评价政府制度，把民营企业对政府服务满意不满意作为一项硬指标，对政府相关部门进行考核。通过问卷调查、随机抽查、定向测评等方式，加民企对政策执行情况的监督。**四是**聚焦民营政策落实“最后一公里”问题。基层执法是贯彻落实政策的“最后一公里”，也是政策落地落实落细的关键所在。要认真研究基层执法条例，努力做到细化、可量化、公示化，压缩弹性执法空间，从根本上消除钓鱼执法、弹性执法，解决自由裁量权过大的问题，切实让基层执法行为在公开透明中进行。**五是**降低企业用地用房成本。除房地产用地外，鼓励各类产业项目采取长期租赁、先租后让、租让结合的方式使用土地，鼓励园区根据产业发展需要建设多层标准厂房、科技孵化器，积极引导中小微企业通过租赁或购买标准厂房、孵化器房的方式进行生产研发，降低企业生产经营成本支出。

4. 以支持扶持为导向，破解融资难题。**一是**吸引多方融资。多方引进民间金融贷款实体落户故城，从而增加企业贷款选择方式，形成县域金融平台的良性竞争，降低企业贷款成本利率。**二是**加大扶持力度。简化企业贷款担保手续，降低企业贷款门槛。充分发挥金融“稳定器”作用，对中小微企业积极整合金融力量，持续扩大信贷投放规模、推广创新信贷产品、降低贷款利率、推行无还本续贷，拿出真金白银更大范围、更大额度地奖励、扶持中小企业，帮助其尽快发展壮大、转型升级，让金融业真正服务于地方经济发展。**三是**加强信用信息评定共享。建立红黑名单制度，归集金融、税务、环保、公安、司法、安监、市场监管、工信、住建、卫健、社保、教育、电网、自来水、燃气等部门和行业的信用信息，推动信息互查共享，实现信息知情对称，形成对不诚信行为齐抓共管之势，推行企业失信联合惩戒，对守信企业在政策扶持、融资等方面给予支持，对失信企业予以限制。**四是**加强金融配套服务。做好金融服务站点的规划设置，建议农、建、工商在园区开设支行，配齐配优工作人员，精简办事流程，方便企业就近办理金融业务。

5. 以改进作风为保障，提升服务效能。以县委开展转变作风提升效能活动为契机，教育引导广大党员干部知敬畏、守初心、勇担当、善作为，改进工作作风，提高服务意识，提升业务水平，严守廉洁纪律，为全县优化营商环境奠定坚实基础。**一是**加强队伍建设。在现有编制范围内，采取适当调剂使用或者新增人员编制的方式，配优配强队伍，加强传帮带学，实现“窗口”工作人员良性流动。**二是**增强服务意识。以党史学习教育为抓手，教育引导广大党员干部进一步增强党性修养，不断提高担当意识、责任意识，为故城经济社会发展添砖加瓦。**三是**提高服务水平。加强对相关领域工作人员的业务知识培训，更好地掌握经济发展中的新政策，更好地为营商环境建设服务。**四是**强化作风整顿。畅通举报渠道，发挥好扫码监督、县长直通车等措施的作用，对不作为、慢作为、乱作为等问题，一经发现严肃处理并通报，形成震慑。

关于加快文旅项目建设、推动文旅产业健康运营的调研报告

县政协科教文卫委员会

根据县委工作部署安排，县政协组织政协委员及部分专业人士组成调研组，由一名政协副主席带队，围绕我县文旅项目建设、管理运营情况，通过实地查看、召开座谈会等形式开展了专题调研，调研组先后到东大洼园区、运河历史文化街区、游客集散中心、董学园、以岭康养庄园等地进行了实地走访，并与相关项目建设、运营方负责人进行了面对面座谈讨论，详细了解我县文旅产业发展的基本状况，建设运营过程中存在的不足，对下一步的工作提出意见建议，形成了调研报告。现将有关情况报告如下。

一、我县文旅产业发展的基本情况

自去年以来，县委、县政府带领全县上下，以承办市第四届旅发大会为契机，以大运河文化带建设为载体，以文化旅游项目建设和乡村旅游开发为支撑，坚定不移推动了故城特色文化旅游产业高质量快速发展，全县文旅产业实现了无中生有、有中生新，取得了阶段性的重大成果。

1. 项目建设取得新进展。我县通过抢抓大运河保护开发国家战略和筹办旅发会重大历史机遇，大力推进董子文化园、以岭康养庄园、正大工业旅游园、大运河博物馆、东大洼旅游区、大运河国家公园等重点文旅项目建设，形成“两团一带”的旅游大格局。**一是**以休闲农业、观光农业、研学农业、体验农业为特色的东大洼绿色农业组团（绿康德国庄园、菊花博览园、鳄鱼馆、全民健身中心等），有效促进了农业结构调整，带动了农民致富。**二是**以国学研学、文化创意、中医康养为特色的房庄传统文化组团（包括董学园、以岭金蝉文化馆、珍禽园等），有效促进了我县三产的优化，为三产经济注入了新的活力。**三是**以产城融合为特色的大运河文化带（包括旅游集散中心、大运河博物馆、历史文化街区、运河驿站等），提升了

县城品位，为省级文明县城、森林县城、卫生县城创建奠定了坚实基础。以上项目的建设运营都为我县脱贫攻坚、乡村振兴注入了强大的产业增收动力。

2020年10月27日，到董学园视察文化旅游产业发展情况

2. 项目运营开创新局面。自去年以来，我县的旅游项目，特别是绿康德国庄园、以岭康养城、董学园均积累了比较成功的经验做法，具备了一定的客流量规模，文旅产业发展实现良好开局。**一是**游客数量不断增加。去年10月以来，董学园已经接待观摩团110余个，德国农庄元旦期间游客4万余人，到春节期间上升到了约20万人。据不完全统计：双节期间，全县客流量达到了21.59万人次。**二是**经济效益不断增强。仅德国农庄双节期间营业收入就接近300余万元。**三是**旅游品牌不断提升。游客由最初的本地游客拓展到2省3市7县，提高了故城的知名度和美誉度。**四是**群众生活质量不断提高。旅游项目和景点极大地丰富了我县居民的业余生活，提高了百姓的幸福感和获得感，更加坚定了我县干部群众对发展文旅产业的信心和决心。

3. 旅游环境不断优化。**一是**打造了董子文化旅游路、大运河文化旅游路、大运河堤顶路等景观道路，形成了对外连接周边市县，对内串联景区景点的精品旅游环线。**二是**打造了“中心县城、旅游景区、服务驿站”三级游客服务中心，配置了高标准的旅游酒店、购物商店等服务体系。**三是**以游客集散中心为总基站，全面开通大数据统计、电商营销等功能，构建了“智慧智能”网络体系。为争创河北省全域旅游示范县提供了基础支撑。

二、存在的突出问题

1. 产业承载力还需进一步提升。**一是**有带动辐射能力的旅游项目少。常年有接待能力的仅有绿康德国庄园、以岭康养城、董学园等几个项目，且基本处于独立运营的状态，各旅游景点的联动不足、各自为政，互不通融，对其他景点的了解程度低，影响了互相推介宣传，形不成互利互惠、共同发展的格局。**二是**产业投入不足。与发展全域旅游的部署要求相比，在资金投入方面还需要有持续的跟进，旅游景点的打造提升、项目的建设完善、产业的发展壮大都需要有长期的规划和持续的资金支付。**三是**旅游元素单一，游客的体验感不足。多数景点的旅游项目特别是特色项目较少，功能设施尚不完善。比如：旅游集散中心作为县城区的城市会客厅、文化窗口，基本信息滞后，承载能力不足，缺乏饮食、住宿条件和展示故城地域特色的娱乐活动等，影响了对县内外游客的吸聚能力。董学园也仅有汉服体验、织布机等几个吸引游客的项目，元素比较单一，缺乏丰富多彩的项目。

2. 基础配套还需进一步完善。**一是**主要交通道路上缺乏醒目的路标性设置。比如游客反映：去东大洼园区旅游，特别是晚上旅游，因看不到路标指示，往往多跑很多冤枉路，给游客带来极大的不便。**二是**缺乏大型生态停车场，随着旅游产业的发展，游客的增加，车辆乱停乱放现象突出，既影响了交通和景区形象，又影响了游客的体验感。**三是**随着旅游产业的发展，游客的增加，部分景点的公共服务设施配套明显不足，安全保障措施存有隐患。比如：鳄鱼馆景点正处于半运营半建设状态，因没有围护栏导致游客无序自由进出，安全无保障。同时，还缺乏用于休憩、纳凉的场所等。

3. 宣传力度还需进一步加大。**一是**部分旅游项目线下宣传做得多，线上宣传的力度和投入还不足，本地宣传报道不及时、不充足，群众公信力和认同感不足。**二是**缺乏专门宣传推介、运营管理全域旅游的机构和智慧平台，故城品牌的知名度还需提升。**三是**与周边旅游机构及景区的对接联系不足，做不到互通有无。

4. 人才队伍还需进一步充实。具备文旅产业创意、策划、管理、运营专业知识的人才匮乏，行业队伍的整体素质和管理能力还有待提高。

三、促进文旅产业发展的几点建议

1. 强化顶层设计，明确产业发展的方向和重点。**一是**高起点编制规划。要结合中央和省、市、县“十四五”发展规划和国土空间规划，着眼我县文旅产业的发展优势、资源的合理配置、品牌的营销塑造、项目的管理运营等，坚持围绕“打造4A级景区、争创河北省全域旅游示范县”这一目标，要搞好文旅产业发展规划与国土、环保生态、乡村振兴、交通、城建、文物保护等专项规划的深度对接，实施多规合一，编制好我县全域旅游的产业规划。**二是**明确规划的定位。规划是确保方向不偏、思路不变的重要保证，各层面、各项目、各景点都要制定详细的规划设计，为产业发展提供有力保障。编制规划要利用好故城优势，既要超前的思维，又要紧贴故城实际；既具各自特色，又与周边互补相融；既突出故城元素又与外地接轨，从而达到事半功倍、高质量发展的效果。**三是**高标准推进落实。一分部署、九分落实。要按照规划设计，坚持“一张蓝图绘到底”，以旅游项目建设为抓手、以开展多形式旅游活动为载体，充分挖掘故城运河文化、推进大运河文化带建设，构建全域旅游发展新格局，真正把文旅产业发展成为县域经济发展的重要支柱产业。

2. 创新发展模式，推动文旅产业融合发展。**一是**构建联合运营的模式。以“两团一带”为单位，通过“一卡通”、联票等机制加强东大洼绿色农业组团、房庄传统文化组团、大运河文化带的内部融合发展。同时，强化旅游集散中心的功能，以集散中心为总平台，整合“两团一带”文化旅游资源，加强县域内各旅游景点之间的联合，逐步实现全域旅游的大融合。**二是**发挥运营机构的作用。作为我县的新兴产业，政府部门要树立不断培植的理念，加大培植的力度，继续投入一定的资金，搞好支持服务。要把我县文旅产业进行整合，坚持不求为我所有，但求为我所用，通过聘请外地专业的品牌旅游公司运营或者把全县的文旅产业交由现有的龙头企业整合运营亦或由城投公司牵头构建旅游公司联合运营等模式，整合文旅产业资源，打响故城文旅品牌。等学习到成功的运营经验以后，再考虑下一步自己运营或盈利的工作。**三是**强化龙头带动的能力。重点扶持、培育一批能带动全县文旅产业的领军企业，引导文旅企业向“专、精、特、新”方向发展，同时，辐射带动中小微文旅企业，建立旅游、文化、康养等产业联盟机制，实现相关要素整合，不断壮大文旅企业实力。要进一步强化绿康德国庄园、以岭康养城、董学园等旅游企业的带动能力、支撑能力，利用其地域优势、营销优势、客源优势等，增加新业态、培育新景点，探索新模式，推动全域旅游企业“抱团取暖”，实现全域旅游的健康、高效发展运营。

董学园全貌

3. 搞好宣传推介，提升文旅品牌的社会知名度。**一是**进一步加大宣传力度。相关部门和机构要通过电视、报纸、宣传单、电子屏、微信短信等及时开展新闻报道，让游客随时掌握业态信息。同时通过网络直播、抖音等新兴媒体平台全方位宣传推介故城文化旅游，不断提高故城文化旅游的好评度和知名度。**二是**进一步强化智能建设。尽快完善旅游智慧平台，将故城县域内的旅游项目、景点及时进行整合，通过互联网为旅游路网、旅游精品线、住宿、景点等提供实时信息数据，实现旅游资源数据信息化、智能化。**三是**进一步拓宽宣传渠道。引导人民群众特别是当地的村民积极投身文旅产业发展中，在成为参与者、受益者的同时，也成为了文旅产业发展的宣传者、推介者。

4. 完善配套功能，夯实产业发展的基础。**一是**加大资金投入力度。积极争取中央、省、市相关资金支持，整合各领域与文旅产业发展相关的政策资金，加大文旅基础设施和公共服务设施建设投入力度。发挥城投公司作用，完善旅游项目的配套设施，增加新业态。比如：东大洼生态停车场的建设等。**二是**增加基本要素供给。整合域内旅游交通线路，规划建设精品旅游线路，建好旅游沿线景观带和休闲设施，构建“处处皆景点、随地可休闲”的全域旅游新格局。改善旅游元素单一的格局，增加文化元素。比如：在董学园周边适当位置，结合研学内容，增加文化娱乐项目、民俗文化体验项目等，提升游客的体验感；在旅游集散中心增加室内外经营业态，为游客提供住宿、饮食条件，聚集客流，增加经济效益。**三是**提升公共服务能力。结合乡村振兴战略的实施，把公共建筑做成邻里中心、休闲去处，发挥其最大的社会公益属性，让人民群众感受文旅产业发展带来的实惠和好处。让旅游项目成为民心工程、乡村振兴的样板。比如：利用董学园资源，与村民开展互动活动，既为村民提供了休闲的场所，又能发扬民间剪纸等传统技艺，从而丰富研学内容，提高人气，聚拢人脉。

5. 加强队伍建设，为产业发展提供人才保障。**一是**完善政策措施。制定和完善文旅产业高层次人才培养和引进政策，完善文旅产业人才培养、流动配置、评价激励机制，将文旅人才队伍建设纳入全县重点人才支持计划。大力培育和引进领军型、复合型人才，为打造全域旅游发展提供人才保障。**二是**加强学习培训。组织文旅人员通过外出参观学习、开展辅导讲课等形式，建设一批高素质、高技能的人才队伍，提高文旅知识、提升专业素质、增强管理运营能力，逐步实现“专业人干专业事”。同时，加大对周边村民的技能培养，逐步实现当地村民有活可干、有工可打，吸引当地村民留在家乡、为家乡造福。**三是**加强人才引进。引进善于经营文旅产业的专业人才，将新的经营理念融入我县运营管理中，更好地促进产业的发展。进一步提升我县都市农业发展水平，通过吸引科技院校、科研单位、技能人才来故城开展科研活动，提高农业科技含量，做亮观光农业的名片。

6. 加强协调联动，推动产业高质量发展。**一是**制定会商机制。发挥好指挥部的协调作用，制定完善定期会商机制，听取情况汇报，研究调整部署，要坚持标准和时间服从质量和效果，及时协调解决发展中遇到的问题和困难，确保文旅项目建设、运营的顺利开展。**二是**强化责任意识。文旅产业发展是一项综合性产业，兼具社会效益和经济效益，发展文化旅游业，既是政治责任所系，也是经济发展所需，更是改善民生所盼。因此，各级各部门都要切实把本部门涉及文旅方面的职能工作作为一项重要任务，增强主体意识、参与意识和责任意识。既要参与其中做出表率，又要担当作为搞好服务，真正为项目建设、产业发展开绿灯，齐心协力地为故城县的文旅产业发展做出应有的贡献。

关于赴雄县考察商协会建设情况的报告

县政协办公室

根据县委工作安排，县政协组织考察组到雄县就商会、协会运行发展情况和招商引资工作进行学习考察活动。上午共同参观了雄县利峰塑业公司、河北华胜机械公司和河北禄巨塑胶公司三个企业，其中利锋和禄巨两个企业都有到故城投资的意向。下午就商会、协会运行和发展情况召开座谈会，通过听取商会情况介绍、观摩考察、研讨交流等形式，结合我县商协会建设情况，感受颇深，触动很大，形成了几点看法。

一、学习考察的几点收获

雄县协会共有区域性协会 1 家，就是雄县企业家协会，行业协会 6 家分别为纸塑包装、塑料管材、乳胶制品、电线电缆、压延制革、电子商务行业协会，其中纸塑包装、塑料管材等部分行业协会的会长和秘书长都是企业家协会的副会长和副秘书长。随着协会的成立和发展壮大，雄县企业在市场经济风浪中将不再是单打独斗，而是有组织、有依托、有渠道的携手合作、共同发展。协会成为了企业反映意愿的渠道。政府、企业、协会三者之间要相互配合、相互促进，形成良性互动的局面。

1. 协会是非营利性社会团体组织，以雄县的经验来看，领导重视、部门牵头是很重要的一条。以雄县塑纸包装印刷协会为例，该协会是 1999 年成立，第一任秘书长由经贸局副局长担任，各乡镇经委主任任副秘书长。在协会近 20 年的发展历程中，在县委、县政府的扶持下，组织召开印刷包装成果博览会成了协会发展壮大的主抓手。每次博览会召开前夕，县领导和相关部门一直关注和支持，召开展会前的调度会，为展会保驾护航。同时，带领协会成员走出去，参观学习，与浙大高烯、中科院、中关村等高端资源对接。

2. 选准协会的带头人是关键所在。协会是非营利性的社会团体组织，松散型的，这就需要协会带头人要有奉献精神，无论是从时间上还是金钱上，雄县塑纸包装印刷协会会长、常务副会长和副会长一班人，很好地做到了这一点。**一是**展会举办之初，经费由协会内部会员企业出资赞助；**二是**展会期间，由副会长分组轮流值班，提供大会保障。

3. 协会积极作为，发挥桥梁纽带作用。2017 年雄安新区成立之后，协会的作用体现更加明显，外来调研团队、媒体、招商组，都会直接找到协会组织，了解行业的情况。同时，协会积极组织相关活动，协会成员积极响应。

每年上海、广州的国际橡塑展、中包联、中印协组织的相关会议，协会都积极组织参加，以团队形式参加活动，都很受重视。

二、我县商协会发展的几点认识

通过学习考察，我们认为我县的商协会建设存在以下几点问题。

1. 思想理念上有差距。对商协会的认识不到位，制约商协会的培育发展。一方面，部分企业受思想观念影响，对商协会建设的认识不足。部分企业还存在着小富即安、小进即满的思想，缺乏大担当、大作为的责任意识，没有做大做强的创新意识和情系社会、服务发展的奉献精神，参加商协会的兴趣不大、积极性不高，有的甚至认为入会就是白交钱，享受不到应有的服务，不愿意参加商协会组织。另一方面，商协会的健康发展离不开政府部门的支持引导。尽管商协会的建设已经成为企业做大做强、经济社会加快发展的迫切需要，但仍有部分政府部门对商协会建设的重视程度不够，没有真正把培育商协会纳入重要议事日程，还没有把商协会建设当作长期的工作任务来抓，支持商协会发展的政策还不完善，措施办法较少。

2. 商协会筹建时间和政策上有差距。外地商协会都成立的很早，在没有出台脱钩政策的情况下，政府扶持发展了十几年，都已经发展壮大，已经可以自主良好的运行。而我县商协会最早成立的裘皮裘革行业协会是2012年，且运行效果不好，尤其是在上级出台脱钩政策后，公职人员不能在协会任职，相关职能部门不再是主管部门，严重影响了协会的发展壮大。

3. 商协会数量和质量上有差距。我县商协会数量相对较少，涉及面较窄。目前商协会很少，登记注册的只有3家，不能完全反映故城产业发展的新情况。同时，我县的协会都处在起始阶段，没有真正发展起来，在运行过程中行业协会开展活动相对较少，行业协会的服务少、规模小，为会员进行融资、维权、信息等方面的服务方法不多，效果不明显，不能形成规模化、专业化配套服务，有的商协会长期不开展活动，缺少为会员服务的平台和手段，不能为企业提供必要的帮助，导致企业对行业协会没有认同感。

三、商协会发展的几点建议

1. 强化宣传引导，提高认识。要充分利用报纸、电台、电视台等大众媒体来广泛宣传商协会的性质、地位、作用，宣传支持商协会发展的有关法规政策，宣传商协会发展带来的好处和重要意义。通过宣传，在全社会逐步树立起“有事找协会，而不是有事找政府”的意识，把尚处于萌芽状态的行业协会逐步培育发展完善起来，为行业协会的发展营造良好的社会舆论环境。

2. 科学谋划，构建良好的协会架构图。坚持政府引导、部门服务、企业自愿的原则，根据我县行业分布状况，制定全县行业协会发展的总体规划，为商协会健康发展树立正确的目标导向。**一是**建议构“1+N”协会发展体系，成立1家区域性商会和N个行业协会工商联（总商会）和裘皮裘革行业协会、新能源新材料行业协会、装备制造行业协会等区域性、行业性协会）。**二是**为加强我县商会、协会直接的联系与沟通，行业协会会长和秘书长都在工商联（总商会）中担任副会长和副秘书长职务。**三是**要强化行业协会监督管理，由工商联（总商会）统筹管理，责任单位具体负责，协调指导协会的发展。**四是**要做到部门与协会“一对一”负责，坚持“谁筹建、谁监管、谁服务”的原则，规范各行业协会的建设运行。**五是**采取借调的方式，安排相关人员无偿为协会服务，确保协会持续、有效地发挥作用，促进全县经济社会高质量快速发展。

3. 加大对商协会的扶持引导力度。起步较晚的我们，商协会要想发展壮大，政府的引导和扶持必不可少。**一是**建议设立行业协会改革发展专项资金，对行业协会改革发展予以重点扶持，使行业协会有足够实力在经济建设中发挥作用。**二是**要结合我县行业协会建设的具体情况，出台我县行业改革发展的指导意见和协会管理办法、扶持政策等一系列政策法规。**三是**进一步从思想观念、体制机制、配套政策、法制建设以及人员素质等方面规范我县行业协会的建设和发展，使之更好发挥提供服务、反映诉求、规范行为的作用。

4. 加强行业协会的自身建设。针对目前我县行业协会发展还处于起步阶段的实际情况，各行会协会要根据自身实际，重点做好下列工作：**一是**要明确行业协会工作定位。行业协会是解决内部利益主体之间纠纷的协商调解者，是沟通政府与企业的桥梁纽带，要积极发挥作用，为企业发展提供全方位的服务，促进全县经济社会高质量快速发展。**二是**要建立和完善各项管理制度。建立健全以章程为核心的自律机制，强化章程约束机制和行为准则约束机制，形成行业协会自我约束、自我管理、自我教育、自我服务的内部运行机制，来规范自身行为。同时，结合有关政策文件要求，制定本行业标准，搞好行业自律。**三是**为会员单位解决发展中的重大问题提供支持帮助，维护行业和企业的利益，指导或帮助企业开拓多元化市场。同时，收集行业信息，利用信息优势，组织联合攻关，推进行业发展。**四是**加强队伍建设，提高工作人员的素质。借鉴别人的经验迅速提高自己，有为才有位，行业协会只有在为企业的服务中才能赢得应有的位置，摆脱困境，担当起社会和市场赋予的重任。

第六章　政协故城县第十一届委员会调研报告

第十一届县政协紧紧围绕“高质量发展、高品质生活、高效能治理”主题，聚焦城市基础设施建设、乡村公共卫生体系建设、县域科技创新能力、乡村振兴战略、大运河文化传承保护利用、提升经开区承载能力、民营经济发展、成立餐饮协会、发展中医药健康服务、推进养老机构发展，扎实开展调研考察等活动，形成调研报告及建议案 58 篇。这些调研成果报送党委政府及有关部门，为县委、县政府科学决策提供了重要的参考依据，为推动部门工作发挥了积极作用。

关于我县城市基础设施建设情况的调研报告

县政协教科文卫委员会、提案委员会

基础设施，是现代化城市建设的重要基础，也是一个城市文明和进步的标志。按照县委部署要求和县政协工作安排，近期，围绕“完善城市基础配套设施建设”这一课题，在县政协领导马春章、刘三林、周德全的带领下，县政协教科文卫委、提案委组织部分政协委员，会同住建局、交警队等部门成立调研组，先后深入平安大道、幸福路、京杭大街和部分小区、广场等进行了实地调研，并召开座谈会 8 次，对我县供热供暖、供排水系统、便民设施等基础设施建设情况进行了专题调研，了解有关情况，研析存在的问题，并形成调研报告。现将有关情况报告如下。

一、我县城市基础设施建设现状

近年来，县委、县政府高度重视城市基础设施建设工作，不断加大投入力度，强化工作措施，启动实施了一批关系城市长远发展的大型项目和与市民工作生活密切相关的民生项目，城市道路拥堵压力逐步缓解，城市综合承载能力不断提高，城市面貌发生了较大变化，城市品位得到稳步提升。**一是**县城建设持续加力。投资100多亿元，实施重大项目138项。新建住宅小区18个，完成12条主要街道雨污分流工程，打通体育街、康宁路等6条断头路，新建改造道路50多条、46万平方米。建成投用平安生态公园、运河风情公园等20多项配套工程，运河风情公园被列为国家级水利风景区。建成区绿地面积达到601公顷，绿化覆盖率37.5%，位居全市前列。**二是**强力推进拆违治乱。累计拆除违建60余万平方米，为优化县城布局拓展了空间。**三是**城市功能不断优化。统筹老城区改造、主城区提升、新城区建设，扎实开展沙岗、马庄、五大院等13个区域棚户区改造，新建住房3600多套。南水北调净水厂、县城水系景观改造、集中供热等重点工程建成投用。西北新城框架拉开，颐高新经济产业园、上亿万向城市广场、红星美凯龙商业综合体、国奥综合体育场馆等城市经济体项目提速建设。大运河博物馆、大剧院华丽亮相，群众文化生活更加丰富。**四是**县城管理更加规范。持续加强社区管理，组建13个社区居委会，覆盖全县88个住宅小区、3万余户，打通了服务群众"最后一公里"。高标准开展省级"卫生县城""文明县城"创建，县城环境质量不断提升。智慧城管、智慧交管上线运行，智慧社区建设扩面提质。建立完善"交警+巡警+城管"联动执法机制，综合执法成效显著。实现了省级园林县城复检、省级人居环境奖、省级洁净城市"三连创"。

二、调研中发现的主要问题和不足

虽然，我县城市基础设施逐年得到完善，但与现代城市建设发展的要求相比还有较大差距，城市基础建设总体上仍面临着不少困难和问题。主要有以下几个方面。

1. 城市供暖热源替换需强力推进。目前，我县城区总供热面积约403万平方米，其中，热电联产供热112万平方米、地热供热266万平方米、水源热泵供热6万平方米、其他方式供热19万平方米。按照上级政策要求地热井需全部封停。同时，采用燃气锅炉替代小区原供暖设备，因燃气价格过高，锅炉燃烧时间不足，供热质量较差，因此，热源替换，势在必行。当前，距离供热季已不足百日，热源替代迫在眉睫，急需坚定方向，破解制约，强力推进。

2. 个别路段排水系统不健全。自雨污分流工程实施以来，县城区的排水系统和排水能力大大提升，强降雨后城区大部分路段的积水都能够迅速消退，但个别路段由于排水管网等设施不完善，仍然存在积水无法及时排除的现象。比如：平安大道公安局路段、幸福路个别路段。

3. 乱停乱放现象突出。公共停车泊位数量严重不足，小区、便道车辆乱停乱放，学校周边道路高峰期交通拥堵等现象经常出现，既影响群众出行，也容易造成安全隐患。

4. 便民设施还需完善。龙湖公园、迎瑞广场等公共休闲娱乐场所的卫生管理、设施管护等工作还不完善。设施化、规范化的便民市场、小型公园、广场、林荫停车场数量偏少，跟不上城市发展的速度，与群众的需求还有一定的差距。

5. 市民主动参与管理的意识淡薄。部分市民交通安全意识不强，电动车、自行车、行人不遵守交通规则，随意调头、横穿马路、翻越护栏的现象时有发生，群众自发维护基础设施、自觉保护城市卫生的习惯缺失，参与城市治理的意识有待进一步加强。

6. 设施监管维护不到位。目前，我县城市基础设施建设仍存在"重建设，轻管理"现象。主要表现有：基础设施建设管理体制机制不够健全完善，部门权责不明，对工程监管、维护落实不够及时到位，影响工程整体质量效益。特别是建筑车辆、机械载重上路、不规范操作，给道路、供水等公共基础设施造成破坏。

三、加强基础设施建设的几点建议

加强城市基础设施建设和管理，是完善城市功能、提升城市品位，实现故城"高质量发展、高品质生活"的一项重要工作，也是不断提升人民群众获得感、幸福感的一项重要措施。针对当前我县城市基础设施建设和管理过程中存在的一些突出问题，提出以下建议。

1. 科学规划，切实发挥好规划引领作用。**一是**要立足故城实际，在原有故城文化的基础上，融入悠久的古运河文化，着重公益性项目规划设计，美化城市形象。推动地面设施和地下市政基础设施更新改造统一谋划、协同建设。在城市绿化和环境营造中，鼓励近自然、本地化、易维护、可持续的生态建设方式，优化竖向空间，加强蓝绿灰一体化海绵城市建设。**二是**要坚持高目标定位、高标准要求、高效率用地、高品质建设，依据空间规划和城市设计，严格控制高层建筑的高度和容积率，从建筑密度、绿地率、建筑间距、配套设施等方面对建设提出相应的管控要求，不断提升完善规划设计，完善公共服务设施和基础设施，增加公共空间，全面提升城市功能和品质，更好地引领城市高质量发展。**三是**要加强规划执行，完善规划实施机制。加强规划实施的组织、协调和督导，建立健全规划实施监测评估、政策保障、考核监督机制。落实规划实施责任，加强规划实施监测评估，强化政策协同保障，加快发展规划立法。

2. 创新思维，多渠道筹措基础设施建设资金。**一是**完善以公共财政为主导的城市市政基础设施建设投资体制，逐步形成政府引导、社会参与、市场运作的多元化投资机制。**二是**要用足用活现有的城市建设资金政策，认真研究上级关于城市基础设施建设相关政策，尤其是国家对大运河传承利用保护战略政策，深入广泛开展调研，积极借鉴先进地区经验做法，细化城市收费项目，制定符合市场经济原则、科学合理的资金收缴、管理和使用办法，扩大基础建设资金来源。**三是**广辟投资渠道，借鉴外地先进经验，运用市场化机制，积极探索通过PPP、BOT等模式引导社会资本投资城市基础建设项目，强化城市基础设施建设资金保障。

3. 加大投入，提升城市供热设施建设水平。**一是**坚定热源替代方式。目前，经各方论证，采用德州电厂热水作为替代热源，铺设德州至故城供热主管道，建设热电联产集中供热项目，所有地热井供热小区均接入集中供热，采用特许经营模式，由企业建设、运营，县政府给予补贴，是我县热源替代的最佳方案。**二是**落实工作责任。组建高规格、强有力的工作专班，以最紧密的工作节奏与德州电厂方面对接，赢得特事特办的支持和理解，制定时间图、任务表，倒排工期、挂图作战，以超常规推进措施，在不足百日的时间，破解价格、资金、管网铺设、接入等一系列问题，坚决保障冬季顺利供暖。**三是**加强行业监管。住建局要制定完善供热管理实施办法，对供热企业行为管理、合同履行、测温、退费等具体行为明确要求。通过信息数据传输，对供热网络状态、供热企业（换热站）及用户的进水（出水）流量、温度、压力等进行实时监控。对热源企业的生产运行情况、设备出水回水温度、锅炉运行时间等情况，跟踪督办，确保监管到位。**四是**做好宣传引导。针对居民比较关心和反映相对强烈的热点问题，及时通过新闻媒体、微信公众号等，切实做好宣传和解释工作，增强政策透明度和执行力。

4. 提质扩容，加强薄弱环节基础设施建设。**一是**强化社会资源共享。学习外地先进经验，出台具体措施，使城区资源得到最大限度的利用。建议选择部分临街且面积较大的事业单位大院、小区院落，拆除围墙护栏，建设公共停车场或停车泊位，实现资源共享。**二是**加大绿色生态建设。在十字路口、街角规划建设一批小型公园和公众娱乐场所，丰富人们的业余文化生活，提升人们生活的品质。**三是**健全城市排水网络。在主干道的道路两侧埋设连通路面的排水沟槽，将雨水导入两侧的排水口，对雨水和地表水进行分散，从而增加公路排水的能力。**四是**解决停车难、乱停车问题。充分利用城市空间，增加公共空间，完善增加施划小型停车场和停车泊位，对主次干道、便道的停车泊位要坚持应划尽划、能划尽划，最大限度增加路内停车泊位。要加大对街道两侧、小区“僵尸车辆”的清理力度，保障公共停车位车辆正常停放。要在城区停车区域设置文明停车引导警示牌，倡导市民文明规范停车。要加强城区主干道重点路段的交通秩序维护和管控，加强规范停车秩序特别是学校周边高峰期的停车管理。要加大违法停车、涉牌涉证等违法行为的查处力度，全面净化道路交通环境。**五是**营造便利消费环境。加强马路市场的管理力度，规划建设位置便利的标准化菜市场，在居民小区及周边改造或新建一批生鲜超市、菜市场和小型农贸市场，实行定时定点开放政策，提升便民市场服务品质和服务功能，营造便利的消费环境。同时，切实加强对市场治安、消防、卫生等方面的管理，清理不符合规划的户外广告和移动灯箱广告，拆除影响市容的各类违法建筑，营造良好的市场及周边环境秩序。

5. 宣传教育，营造市政基础建设管理良好氛围。**一是**加大宣传力度。通过在学校、小区、商场等公共场所设立宣传板、条幅、标语，发放宣传手册等方式，有效利用现有宣传媒体，广泛宣传市政基础设施建设的意义、要求和相关政策、法律、法规，反映城市管理的有益成果，加强政府与居民之间的沟通与互动，争取市民对市政建设管理工作的理解支持，形成全社会支持城市管理的舆论氛围。**二是**加大物业管理范围和力度。引导小区居民自觉养成文明习惯，做到不乱扔杂物、不乱停车辆、不随地吐痰、不损坏花草树木，保证楼道内整洁卫生，实现小区绿、美、亮、净。**三是**规范建设公益广告。加大对公益广告的及时修复和日常维护。充分发挥公益广告在社会教育、文化传播、舆论导向等方面的功能，提高公益广告覆盖广度，丰富公益广告宣传内容，弘扬新风正气，传播文明理念，形成向上向善的良好风尚，让文明和谐蔚然成风。**四是**开展文明创建活动。通过组织开展各类文明创建活动，提高居民文明素质，培养树立现代、文明、健康生活方式，发动广大干部群众积极行动起来，自觉提高居民环境卫生和社会公德意识，营造“人民城市人民管”的良好氛围。

关于加强乡村公共卫生体系建设的调研报告

县政协科教文卫体委员会

为进一步加强我县乡村公共卫生体系建设，提高应对重大突发公共卫生事件的能力，确保农民群众生命安全和身体健康，县政协围绕“我县乡村公共卫生体系建设情况”开展专题调研。调研组先后深入县医院和青罕镇、三郎镇卫生院及部分村卫生室进行了实地调研，掌握了大量第一手资料，在深入调研、广泛征求意见的基础上，经反复研讨修改，形成了调研报告，现将调研情况报告如下。

一、我县乡村公共卫生体系建设主要情况

近年来，县委、县政府高度重视乡村公共卫生体系建设，扎实推进乡村一体化管理工作，连续多年将乡村卫生健康重点工作列入民生实事工程之一。通过大力推动，乡村公共卫生体系建设进一步完善，广大人民群众的获得感和幸福感进一步增强。

1. 机构设置实现全覆盖。全县 13 个乡镇共有乡镇卫生院（医院）21 个，其中乡镇卫生院 13 个，非乡镇所在地医院 8 个，在编在岗人员 346 人。我县 538 个行政村共有 744 个村卫生室，村医 832 人。

2. 乡村一体化管理巩固提升。全县 13 个乡镇卫生院、538 个村卫生室和 565 名乡村医生全部实现了“十统一”管理，乡村医生队伍建设工作取得了一定成效，实现了“一村一室一医”。通过实施一体化管理，乡村医疗卫生服务

体系进一步健全、服务能力进一步提升、服务质量进一步改善。

3. 基本公共卫生项目稳步推进。2021 年各级财政对基本公共卫生项目投入资金 3492 万元，**一是**为儿童、孕产妇、老年人、慢性病患者等重点人群建立健康档案。2021 年建档 453402 人份，建档率 90.9%。**二是**开展多种形式的健康教育。在乡镇卫生院、村卫生室设置健康教育宣传栏 554 个，更新内容 1662 次，开展公众健康咨询活动 88 次、健康知识讲座 1662 次。**三是**为 0~6 岁儿童开展预防接种工作，共接种 38037 人。**四是**开展 0~6 岁儿童健康管理，建立了保健手册，实施儿童保健系统管理服务。2021 年，接受健康系统管理的儿童为 35450 人，管理率达 93.2%。**五是**开展孕产妇系统管理，为孕产妇及时建立保健手册，2021 年接受管理的孕产妇为 1131 人，早孕建册率 86.01%。**六是**开展高血压和Ⅱ型糖尿病患者筛查，按要求进行慢性病患者健康管理。2021 年规范管理高血压 74995 人，规范管理率 88.96%。规范管理糖尿病人 21519 人，规范管理率 88.4%。**七是**严重精神障碍患者的管理。对严重精神障碍患者进行随访和健康体检。目前，我县登记在册的严重精神障碍患者为 2400 人，接受规范管理的 2255 人，管理率 93.96%。**八是**对 65 岁及以上老年人健康管理，每年进行一次体检。65 岁及以上老年人管理 69369 人，健康体检 50167 人，体检率 72.32%。**九是**开展中医药健康管理工作，对 65 岁及以上老年人、0~36 个月儿童开展中医药健康管理服务。2021 年，接受中医药健康管理服务的 65 岁以上老年人和 0~36 个月儿童分别为 50161 人和 4514 人，中医药健康管理服务率分别为 72.31% 和 64.51%。

4. 疫情防控措施落实到位。基层医疗卫生机构充分发挥疫情防控“哨点”作用，严格落实“村报告”“乡采样”工作制度。**一是**严格落实首诊负责制，对每位患者监测体温、查验健康码，询问症状、旅居史和职业史等，做好身份信息、联系方式记录。**二是**重点关注疫情中高风险地区人员、入境人员等 34 类重点人群。**三是**加强村卫生室、乡镇卫生院等医疗机构预检分诊工作，做到早发现、早隔离、早报告、早治疗。**四是** 13 个乡镇卫生院规范设置了发热筛查门诊，配备不少于 2 间独立隔离观察室及负压救护车、经验丰富的医护人员和红外线、电子体温测量仪等快速体温检测设备，配备了办公、诊疗、防护和消毒设备。

二、存在的困难和问题

县乡两级医疗卫生单位除完成基本医疗服务工作外，还需承担疫情防控、健康扶贫等重要工作，是我县公共卫生事业发展重要组成部分。调研中也发现以下几个问题。

1. 乡镇卫生院人力资源匮乏严重。自 2011 年基层医疗卫生体制改革以来，我县乡镇卫生院定编定岗 431 人，目前实际在编在岗 346 人，空编 85 人，各乡镇卫生院皆存在人力不足的问题，甚至有些非乡镇所在地医院由于人员不足濒临停摆状态，已不能满足周边群众的医疗需求。

2. 乡镇卫生院运行机制有待完善。2011 年基层医疗卫生体制改革后，乡镇卫生院实行收支两条线的财政政策，职工收入与付出的劳动程度不成比例，各卫生院的集体收入基本都是平均分配，影响了工作的积极性和主动性。同时，因受疫情等方面的影响，公共卫生服务及疫情防控占用人力物力过多，基本医疗业务收入也呈下降趋势。据统计：三年来，全县乡村卫生院门诊就诊人次由 42.5 万下降到 32.3 万，住院人数由 2069 人下降到 105 人。

3. 乡村医生整体水平偏弱。**一是**乡镇卫生院存在空编现象，导致基层人员不足，难以应对基层大量工作。**二是**乡村医生整体业务水平较低，村医老龄化问题凸显，且待遇普遍低于行业平均水平。村医群体是为广大农村群众提供基本医疗服务的第一线，是三级医疗卫生服务保障网的“网底”。但村医待遇低、吸引力差，目前 60 岁以上村医已经占全部村医的 33.9%，在纳入一体化管理的 565 名村医中，60 岁以上占比为 20.7%，呈现出整体年龄结构老化、业务和服务水平偏低的态势，不利于医学知识的更新和现代医疗技术的实施推广，亟须补充新鲜血液。近两年卫健局公开招聘了50名中专以上学历医学技术人员，补充到村医“空白村”村卫生室工作。但仅靠公共卫生服务、药品零差率补助等，无法保证村医工资按标准足额发放，有329名村医的收入未能达到每月2500元标准，极易造成人心不稳、人员二次流失。**三是**因基层条件差，发展空间小，乡村医生队伍不稳定，招聘、留住高学历村医存在难度。**四是**一村一医情况比较普遍，村医接受培训或脱产进修时，所在村的基本公共卫生服务和基本医疗服务等工作难以开展。

4. 社会宣传不够，公众参与热情不高。由于各方面宣传不够深入，不够广泛，居民对基本公共卫生服务的政策、知识了解不多，公众缺乏接受公共卫生服务的主动性，基本公共卫生服务难以达到预期效果。

三、关于加强乡村公共卫生体系建设的几点建议

加强乡村公共卫生体系建设，是广大人民群众获得基本公共卫生服务和基本医疗服务的客观需求，是做好乡村疫情防控的根本保障，也是实施乡村振兴战略的关键环节。

1. 加大财政支持力度。**一是**建议建立健全科学的财政投入机制，进一步加大对乡村医疗机构基本建设和大型设备购置、学科发展、公共卫生服务等方面投入。**二是**建议进一步加大财政支持力度，保障村卫生室运行经费、乡村医生薪酬待遇和养老保险等方面面临的压力，保障乡村医生队伍稳定和村卫生室正常运行，巩固提升乡村一体化管理水平。

2. 加快卫生院（室）人才队伍建设。**一是**落实好基层卫生健康人才招聘政策。建议按照空编数，面向社会，公开招聘具有相关执业资格的医、技、护人员，可采取面试、直接考察等方式公开招聘，用来补充乡镇卫生院的空缺岗位。同时，根据基层信息化发展需求，综合考虑增加信息技术、公共卫生服务人员编制。**二是**充分发挥县域医疗服务共同体牵头医院的医疗资源优势，对乡村医务人员进一步加大培训力度，加强乡村医生的职业素养、更新知识体系，提升服务技能和服务水平。**三是**建立吸引、稳定基层中医药人才的保障和长效激励机制，鼓励乡镇卫生院落实按劳分配的原则，破除聘用临时工月收入2500元的上限。

3. 提升卫生院（室）服务水平。在乡村医疗服务对象中，农村老年人所占比重较大，要充分考虑农村老年人群就医和服务的需求，特别是年龄偏大、行走不便、现代技术不会操作等就医人群，要进一步改善服务态度、简化就医流程、做好就医引导、增加便民设施，及时有效地给予老年人和有需要就医帮助的人群提供高质量的服务和条件。

4. 加大公共卫生服务宣传力度。宣传部、网信办、电视台、卫健局等相关部门协调联动，利用多种形式，加强对国家基本公共卫生服务项目的社会宣传，提高广大群众的知晓率和自觉参与意识，为国家基本公共卫生服务项目的实施创造良好的社会氛围。

关于县域科技创新能力提升的调研报告

县政协科教文卫体委员会

根据县政协工作安排，由苑颖康、李希旺两位县级领导带队，组织部分政协委员、企业代表和相关部门负责人组成专项调研组，深入河北奥冠电源有限责任公司、故城县山水水泥有限公司、河北青竹画材科技有限公司、故城北新建材有限公司等企业进行了深入调研，通过现场视察、听取汇报、座谈研讨等方式，就我县科技创新工作情况进行了专项调研，现将

调研情况报告如下。

一、县域科技创新工作取得的主要成绩

近年来，故城县积极营造创新环境，强化科技服务，通过抓组织形成创新合力，抓环境营造创新氛围，抓投入确保财力支撑，抓人才实施“人才强县”，在科研项目建设、创新平台建设、高新技术企业、科技型中小企业培育认定和科技成果转化等各个方面积极主动开展服务，加大扶持引导力度，出实招用真劲，使全县科技创新工作扎实推进，县域科技创新能力排名有了较大幅度提升，由2018年的全省第125名提高到2021年的全省第84名。

1. 抓科技创新平台建设，强化科技创新载体。科技创新平台建设一直是我县科技创新的短板，截止到2019年底，我县只有发改部门审批的省级企业技术中心一家。2020年，我们选定经过多年引导培育具备一定条件的青竹、奥冠两家企业从思想意识、资金、申报材料编制等方面进行重点指导、培育，两家技术创新中心顺利通过了省科技厅的认定。目前我县建有省级技术创新平台4家（省级技术创新中心2家，省级企业技术中心1家，省级产业技术创新联盟1家），市级技术创新平台1家（工程技术研究中心1家），省级创新创业孵化平台10家（“众创空间”2家，“星创天地”8家），市级创新创业孵化平台6家（“众创空间”1家，“星创天地”2家，产业技术创新联盟2家，科技型企业孵化器1家）。

2. 抓科技创新主体培育，增强科技创新筋骨。深入实施高新技术企业和科技型中小企业双倍增计划，建立了高新技术企业和科技型中小企业培育库，深入园区、企业进行调查研究，选择具备一定条件、有培养潜力的企业纳入培育库进行重点培育，做好入库培育、专利供给、申报认定、优惠政策落实等环节的精准服务，培育壮大企业创新主体。截至2021年底，全县有效期内省级科技型中小企业达到549家，科技小巨人企业5家，农业科技小巨人企业10家；高新技术企业31家。

3. 抓科技创新项目建设，促进科技成果加快转化。通过项目立项扶持，充分调动企业项目申报、建设积极性，全县每年引进、研发并应用于工业、农业和医疗卫生等方面科技成果80多项（其中：引进农业新技术、新品种10多项，各种专利、著作权60多项，医疗卫生课题立项最多年份8项）。“十三五”以来，共申报国家、省、市级工农业科技项目27项，立项18项（国家级1项，省级11项，市级6项），争取上级财政无偿扶持资金1385万元；县级科技项目立项28项，扶持企业创新资金341万元。科技项目的实施，促进了新技术、新成果的研发和转化，引领了全县经济增长质量不断提高。

4. 抓企业研发投入，强化企业科技创新能力。全社会研究与试验发展经费投入占GDP的比重是衡量一个地区科技创新能力的一项主要指标，作为一个县来讲，此项投入主要体现在规上企业研发投入，此项数据为企业自报，每年上报一次，每年1月20日至3月10日上报上年度数据。根据企业因认识不足及怕麻烦而不愿据实申报的实际，为了做到企业研发投入应报尽报，自2019年开始，我们协同市科技局聘请会计培训师每年对全县规上企业和高新技术企业财务人员尽心两次以上的企业研发投入归集、核算及相关政策培训会，进一步提高企业财会人员做好企业研发基础账目的业务能力，2021年开始，我县由“聘请第三方对企业进行单一培训”到“进企业开展面对面指导服务”，为企业研发投入正确归集、会计核算和统计上报打下良好的基础。2019年全县规上企业研发投入5648万元，比上年增加3721万元；2020年规上工业企业研发投入7667万元，2021年统计上报额为13125万元，国家统计局认定数额尚未下达，预计能达到12000万元以上。

5. 抓农业科技园区建设，提高农业科技承载能力。没有省级以上农业科技园区，农业科技成果承载能力差一直是我县的一条短腿。2020年，在县委政府的指导下，在政府常务副

县长的亲自参与下，县发改局和东大洼园区管委会的负责同志多次跑市局、进省厅，咨询政策，聆听指导，园区经过项目申报、专家现场考察、视频答辩、社会公示等环节的考察评审，于2020年8月31日通过了省科技厅认定。省级农业科技园区的建设，为我县农业新品种、新技术的引进、培育、示范、推广搭建了强有力的平台，有力地促进了我县农业的高质量发展。

6. 抓激励政策的制定实施，激发调动创新主体科技创新积极性。2018年以来，县委、县政府为促进企业的快速健康发展，连续出台、完善了《故城县培育和壮大骨干企业激励办法》《故城县招才引智鼓励引导人才创新创业的实施意见》《故城县特色产业集群发展激励办法》等一系列激励引导政策，对平台建设、高新技术企业、标准制定、专利发明、成果引进、企业研发投入等进行补助奖励，2019、2020、2021三年奖补企业资金分别达到1294万元、2302万元、2295万元，有效地解决了企业创新资金投入不足的问题，有力地调动了企业科技创新的积极性。

二、存在的主要问题和原因

1. 科研人才的匮乏问题始终没有得到有效解决。县级的科技创新主要在企业。人才匮乏始终是制约我县科技发展的主要原因之一。**一是**高端人才不愿到县城来，有的来了因条件差也留不住。**二是**县级企业资金不足，拿不出也不愿拿出更多的钱来聘请高端人才。现有的人才队伍中，高层次人才特别是领军人才少，创新团队更少。

2. 科技创新平台少，层次低。全县规模以上企业中设立了研发机构的还比较少，缺乏人才，缺少资金，科技创新资源严重不足。目前，我县只有今年申报成功的奥冠电源科技有限公司和青竹画材科技有限公司两家企业创建了省级技术创新中心和一家省级企业技术中心，在汽车配件、智能制造及现代农业产业还没有层次较高的省级以上技术创新中心或院士工作站。

3. 企业科技基础条件相对薄弱，科技创新的内生动力不足。企业是科技创新的主体。目前，我县具有创新能力的高新技术企业和科技型中小企业数量少，且部分企业缺乏对科技创新重要性的认识，不愿也不敢投资引人才、搞研发，害怕担风险。从产学研合作角度来看，即使有一些企业与大专院校、科研院所有了一定层次的合作，但还存在层次不高、缺乏长效机制的突出问题，主要原因是企业对高校科研成果的价值认识不够，利用和整合外部资源的能力不强。

4. 金融支持不够。调研发现，贷款难问题是企业反映比较强烈的问题。不少企业认为金融支持不力，许多科技含量高、市场前景好的项目前期投入需要大量资金，但由于没有资产抵押，很难获得银行贷款。同时，基层科技以企业为主体的多元化投入体系尚未形成，大部分企业根本没有预留科技发展基金，基层科技的原始创新缺乏强劲动力。

三、提升科技创新能力的几点建议

1. 突出企业主体地位，加强企业科技创新能力。**一是**加强技术创新平台建设，为企业科技创新搭建优质平台。突出企业在技术创新中的主体地位，完善区域创新体系，提升企业的研发能力。充分发挥技术创新平台的支撑作用，整合县区内企业研发中心功能，重点支持技术支撑平台、企业创新平台、中介服务平台建设，促进企业加大专利申报力度，在我县青竹画材有限公司、众成摩擦材料有限公司、北新建材有限公司已经成功申报了市级企业技术中心的基础上，帮助其创造条件，申报省级企业技术中心。同时，在省级国际合作基地建设上下功夫，提高企业科技创新国际合作能力。**二是**加大科技型中小企业培育力度，提高中小企业创新能力。注重培育壮大中小微科技企业，有序选择一批技术创新绩效明显、产权明晰、成长性好的中小微科技企业重点培育壮大，在技术、资金、政策等多方面支持。2022年，我县科技型中小企业数量力争在2021年549家的基础上增加到600家。**三是**强化企业科技创新投入的主体地位。要根据谁受益、谁投入的原则，鼓励、引导企业持续不断地加大科技创新经费的投入。

2. 优化发展环境，完善人才引进和培育机制。大力推进“人才强县”战略，稳定和壮大全县科技人才队伍。**一是**要整合相关部门资源，形成合力，拓展人才引进渠道，鼓励企业采用“不为所有，但为所用”方式建立智库开展科技研发。强化对引入高端人才的跟踪服务，为其开展科技研发、组织试验、拓展服务范围等创设环境，帮助解决引进人才的医疗保险、子女教育等问题。落实人才激励政策。**二是**要加强创新型企业家队伍建设，加大高层次创新创业人才引进力度，开发紧缺型产业技能人才，加强农村实用科技人才培养。**三是**要支持职业技术学校的人才培养基地建设，培育更多创新创业人才和职业精英。

3. 加大科技创新资金扶持力度，缓解企业科技创新投入压力。**一是**完善县财政科研项目和资金管理政策，逐年提高财政科技支出数额，进一步提高县财政科技支出占公共财政支出的比重。在县财力允许的情况下，争取地方财政科技支出占公共财政支出的比重达到2%。**二是**为了缓解企业科技投入压力，有效调动企业科技创新和科技成果转化积极性，建议上级部门进一步加大对企业科技创新和科技成果转化的奖励扶持力度，对创新创业平台建设、高新技术企业、标准制定、专利发明、成果引进、企业研发投入、人才引进等进行补助奖励。**三是**引导企业、社会增加科技投入，加快形成多元化科技投入体系。

4. 市委、市政府文件规定的高新技术企业和创新创业服务平台奖补资金2020年度、2021年度的还没到位，在一定程度上影响了企业创新的积极性，希望上级部门尽快解决。

关于推进大运河文化传承保护利用的调研报告

县政协科教文卫体委员会

近年来，故城县围绕贯彻落实习近平总书记“保护好、传承好、利用好大运河”的重要批示精神，按照省、市工作要点和相关文件精神，坚持将大运河文化带建设作为推进县域经济高质量快速发展的有效载体，依托运河资源禀赋，抢抓重大历史机遇，提速大运河国家文化公园建设，扎实推进大运河文化保护传承利用工作，并取得了阶段成效。现将有关情况汇报如下。

一、故城县大运河文化带保护发展基本情况

大运河故城段全长75.122公里（其中卫运河64.1公里，南运河11.022公里），南北纵贯全境，支流干渠覆盖全域，是流经县域最长河段。隔河与山东武城县相望，上游距清河油坊镇46公里，距临清66公里；下游距德州四女寺28公里。漕运水系历经变迁，古风古貌保存完整，水利文化遗产丰富，多重文明融汇传承是大运河故城段的鲜明特点。我县在2017年启动大运河文化带建设工作。2018年，成立了故城县大运河文化带建设和文化旅游产业发展领导小组。2019年正式把大运河文化产业带建设作为县级战略“四大发展新引擎”之一。郑口挑水坝保护展示、大运河百里景观带、大运河历史文化街区、大运河董子文化园、以岭康养生态综合体、大运河现代都市农业示范区、城乡污水处理站及配套管网、雄县—故城产业生态城污水处理厂等8个项目被纳入全省大运河保护传承利用重大工程。

二、工作进展与成效

1. 深挖内涵，全力做好文化资源梳理。依托县文联，聘请专家学者持续深入梳理挖掘运河文化。通过对大运河故城段各项文化资源进

行分类和梳理，初步形成建立了以“董仲舒”为代表的一百个运河名人、以“霍庄村”为代表的一百个运河村庄、以“秋胡戏妻”为代表的一百个运河故事、以“三望”为代表的一百首运河诗词、以“龙凤贡面”为代表的一百道运河美食、以“四面佛”为代表的一百件文物为体系的故城县运河文化旅游资源项目库。先后出版了《故城探源》、《故城文脉》正副刊、《历代文贤吟咏运河故城诗钞》《运河诗韵》等系列书籍。其中《故城探源》一书得到了国家水利专家的一致认可，填补了故城大运河在全国运河史上的空白。2022年，完成了电影《4·29绝地突围》的拍摄。7月3日，成功承办“河北省大运河创新发展研究中心”揭牌仪式暨首届“大运河河北段”学术研讨会。10月29日，成功举办“第二届全国儒学史学术研讨会暨河北省董仲舒研究会2022学术年会”。

2. 多点发力，加强运河历史文化遗迹保护。大运河在故城境内形成了诸多险工弯道且至今保留着较为完整的河堤原貌。有水利航运遗存4处，近现代水利设施3处，水文类非物质文化遗产2个。其中，郑口段6处挑水坝是全国重点文物保护单位。**一是**梳理谋划十四五期间总投资1.62亿元、总计16个文化遗产点工程项目，目前已报备省发改委和省文物局，并按工程实际和时间节点稳步推进。**二是**大运河郑口挑水坝保护修缮工程获批国家专项资金，现正顺利推进，目前已完成总工程量的75%。**三是**国保单位挑水坝安防工程和省保单位十二里教堂消防安防工程均已纳入省文物局项目库。**四是**永济渠勘探工程已接近尾声。**五是**市级文物保护单位甘陵书院保护修缮工作经市文物局同意进行维修，争取资金20万元，目前已完工。同时，我县还启动了建国沉船遗址、运河三镇码头考古挖掘，发掘整理漳卫南运河船工号子、盐场大秧歌等非物质文化遗产。

3. 多规合一，坚持倡树文旅融合发展理念。先后编制了《故城县大运河文化带战略规划》《大运河国家文化公园故城段阶段性规划》和《故城县大运河文化保护传承利用实施规划》，进一步明晰了大运河文化带建设的总体思路和目标。目前，《故城县大运河保护传承利用实施规划》已进行了初步评审。规划坚持以文化为引领，以人民为中心，共抓大保护，不搞大开发，持续高质量推进故城大运河文化保护传承、河道水系治理、生态保护修复、文旅融合发展、城乡区域统筹等5个专项30大类具体工作，打造具有鲜明故城特色的大运河生态文明示范带、文化复兴展示带、文旅融合产业带、城乡和谐发展带、民心共享幸福带。总体空间布局是以大运河为核心，覆盖沿河7个乡镇，并向全县域延伸。

4. 项目带动，构建多彩缤纷文化旅游格局。**一是**按照大运河水韵景观体验集群定位，加快推进大运河国家文化公园故城段的建设。围绕项目线，实施大运河“文化+”战略，大运河国家文化公园故城段、大运河历史文化街区、大运河国家文化公园游客服务中心、董子学村、以岭康养庄园、金蝉文化馆等一批特色文旅项目建成投用，绿康德国庄园、以岭康养综合体获批国家3A级景区。形成了“一路、两带、多点”的运河文化旅游产业发展格局。**二是**加速推动项目建设。2022年，故城列入《衡水市2022年大运河文化保护传承利用暨大运河国家文化公园规划建设重点工程项目》共14项。其中，故城县百里运河带状公园、郑口镇历史文化风情街区、故城堤口渠水环境综合治理工程等9个项目已开工建设。**三是**开展文体活动。大运河历史文化街区的建成汇聚着群众对老街区浓浓的乡愁，成为群众休闲娱乐消费的重要载体平台之一，是独具特色的运河文化旅游胜地。2023年春节期间，在大运河历史文化街区举办群众性文娱活动，众多群众共度佳节，共赏街区盛景。同时，开展运河健身活动。将全民健身精神融入运河文化之中，在大运河沿岸开展“团团邀你健康骑行感受运河之美”主题骑行活动，树文明风尚，弘扬运河文化。激发广大群众的家乡情怀和社会责任感，形成奋进昂扬的故城风貌。

5. 多措并举，持续推动生态修复。**一是**

启动故城县大运河生态环境修复专题研究，形成初步成果。**二是**严格落实生态红线保护政策，常态化开展了大运河沿岸工业企业污染源排查行动。**三是**严格落实“河长制”，并建立长效机制，及时发现并严格整治大运河沿岸各类垃圾污染、违规建设、非法排污口、非法种植（养殖）等环境违法行为并完成整改。**四是**推进沿线农村环境综合整治。将大运河沿线农村生活垃圾全部纳入“城乡一体化”处理范围，全面解决生活垃圾对大运河生态环境的影响。完成沿线镇村生活污水治理与管控，落实大运河沿岸7个重点镇污水治理与管网工程建设。

6. 网上网下，统筹做好互动宣传推广推介。**一是**坚持多层次、大范围、多频次宣传推广故城大运河和大运河文化带建设。策划举办了“中国故城运河之声音乐会”“大运河全民自行车体验赛”“徒步大运河”“运河花海艺术节”等特色活动。**二是**邀请中国水利史研究专家到县进行实地考察，赴京与国家级水利文化专家进行深入探讨，引发国家级专家层面对大运河故城段的广泛关注。**三是**成功承办由中宣部、光明日报社共同主办的核心价值观“百场讲坛”走进故城大型直播活动，提升故城运河知名度。**四是**配合央视拍摄制作专题纪录片《千年运河故城传奇》，并在旅游卫视播出，抢占千年运河品牌先机。**五是**在新华社、中新社、人民网等中央省市媒体刊发稿件20余条。

三、大运河衡水段文化遗产传承项目

7月7日至9日，故城县承办了大运河衡水段文化遗产保护传承项目论证会，此次论证会是大运河申遗成功以来河北段举办规格最高的一次专家论证会，与会专家均为国家级行业带头人。

大运河衡水段文化遗产传承项目自2021年开始，经过一年多的考古工作，取得以下成果。

1. 明确河道走向。该项目发现唐宋以来遗址80余处，初步摸清永济渠衡水段走向，尤其是故城段建国、军屯12公里左右确认了永济渠的走向，沿故城县军屯镇大王里村南、小辛庄南、赵庙南、刘庙南、关庙南、马寺东、南齐庄西、三里庄北、马庄南一线至于建国镇，又东南至老武城大桥西，折向北进入山东省。

2. 发现历史文化遗存。建国镇关庙村发现唐宋时期武城县城城址及商贸转运场所；在景县安陵附近发现2处遗址，与安陵城、安陵仓、安陵巡司关系密切；在西距大运河8.5公里处发现唐代景州州治弓高城遗址，其中唐宋武城系因移近永济渠而兴起的内陆航运型城市，居南北漕运要冲，是连接贝州“天下北库”和德州及海上丝绸之路的重要节点城市，经济、战略地位十分重要。

3. 强化理论研究。该项目采用考古与文史相结合的方式，相互印证永济渠的开凿和衡水地域文化的发展和关联。分别从隋唐永济渠的开凿历史背景、隋唐永济渠的基本走向、永济渠衡水段重要的节点城市。永济渠是董仲舒“大一统”“天人合一”理论思想的具体体现，同时也为儒学交流繁荣创造了条件。位于故城段永济渠北岸、武城西侧的弦歌台和丹阳公祠，是儒家礼乐教化核心思想的代表性传承载体，武城随之成为弦歌之治的文化符号，具有重要研究意义。

四、意见建议

1. 持续做好大运河历史文化考古勘察，注重遗址遗迹的原真性挖掘和珍贵人文古迹及文化遗存的系统性保护。注重与国家规划纲要、专项规划以及省规划、专项规划的对接，加快完成我县大运河文化带建设的顶层设计和重点项目规划。

2. 将大运河文化遗产保护与研学旅游充分结合，利用运河沿线古城、古镇、古码头、形成城市化品牌，以市场为导向，发掘地域历史文化特色，打造精品大运河城市IP，立足通水通航，加强对大运河文化保护传承范围内文化遗产保护力度，重点做好郑口挑水坝、庆林寺塔等为代表的历史文化遗迹遗物的保护工作。围绕大运河文旅产业带建设，推进各文化旅游景区、景点业态的扩容、升级、运营与融合，全链条打造、全业态推进。有序开展农耕研学、文化研学、康养研学，精心组织一系列文化旅游促消费活动，实现“文旅+”“消费+”有效衔接，重点推出“一日游”“两日游”“周末游”“研学游”系列旅游产品，推动景区创3A、4A工作，积极构建全域文化旅游产业发展大格局。

3. 将大运河文化遗产保护与城市产业转型升级有机融合，积极引进先进数字科技平台，综合运用AI、物联网等技术体系，升级智慧旅游服务能力，开展线上线下公众互动，全面提升科技赋能。着力培育带动性强、产业生态圈发展潜力巨大的文旅龙头项目，促进大运河文化资源与文创产业、旅游产业、特色小镇等实现联发联动，在“一带一路”建设和京津冀协同发展大背景下打造生态宜居、开放多元、生生不息的运河城市。

关于强化要素保障，提升经开区承载能力的调研报告

县政协经济委员会

近年来，故城县委、县政府坚持把开发区建设作为推动高质量发展的主引擎、招商引资的主战场、项目落地实施的承载地，紧紧围绕开发区能级提升，不断完善开发区基础设施和功能配套，进一步增强了开发区的吸聚力、承载力。现将有关情况报告如下。

一、主要做法

1. 完善基础设施，提升承载能力。目前，开发区路、水、电、气、讯、暖、蒸汽等基础设施同步配套，绿化、亮化、美化、净化水平不断提升，学校、医院、商业住宅等公共服务设施完善。借助德州市优势，实现冀鲁双网供电。中铁冀德物流、衡德商贸城、德州九达物流、中盛物流四大物流企业为企业提供强有力的物流支撑。今年以来，故城经开区持续加大基础设施投入，不断坚强平台支撑。**一是**不断强化水、电、气、路、讯、排污处理等要素保障，加快推进故城大街、融兴路东延、同力路东延、新河路改造提升工程，启动荣昌路、金鑫大街北延、长城路、瑞阳街、水系连通新建工程；协调德州华能电厂蒸汽扩容，完成光大发电供热项目，加快推进原夏庄镇污水处理厂提标改造项目和日处理5万的地表水厂项目建设；推进徽王湖公园的建设和回迁楼一期9栋的建设，谋划启动回迁楼二期。**二是**推进园区亩均效益改革，对园区低效闲置土地和厂房车间进行摸底登记，通过法律行政、商业化等手段，对长期闲置和低效利用土地进行整合利用，“腾笼换凤”，盘活三台制鞋、谊丰轮胎闲置土地700亩。**三是**立足园区功能定位和发展目标需要，进一步优化发展空间，化工园区高标准通过省厅认定，顺利通过规划环评专家审核，化工园区基础设施持续提升，开发区扩区任务有序推进，规划环评顺利通过省环保厅批复。抢抓政策机遇，启动滩头、东杨庄、丞相营及徽王庄剩余户征拆。

2. 坚持项目引领，促进园区发展。故城经开区牢固树立“抓营商就是抓发展”的理念，坚持招引并重、招大引强，坚定不移扩增量、优存量、提质量，大力开展招商引资突破年活动，建立健全项目跟踪调度机制，进一步推动开发区经济发展提速进位、提档升级。今年以来，累计外出招商37次，接待来园区考察客商49次、195人，积极与中国船舶集团、中建科技、中铁集团、中新房控股集团等十余家央企和知名民企达成投资合作意向，加快推进总投资超百亿元的中清项目、夏能科技等重点项目

落地。截至目前已通过会审项目 6 个，总投资 14.1 亿元，占地 348 亩。在谈项目 13 个，总投资 196.78 亿元，占地 2050 亩。坚持实行重点工作重大项目专班化推进机制，项目建设全周期跟踪服务机制，创新工作方法，强化督导服务，加快推进项目建设，衡水以岭药业三期、全利软包装三期、欧远塑胶制品等 23 个落地省市重点项目有序推进，总投资 112.34 亿元。

3. 深化改革创新，激发发展活力。**一是**深入推进企业创新发展，强化品牌建设、培育行业标杆龙头，2023 · 第八届中国（故城）美术教育行业高端峰会成功举办，全力支持推进青竹、奥冠等骨干企业挂牌上市。鼓励和引导小微企业走“专精特新”之路，助力“小升规”，今年新增规上企业 1 家，达到 33 家；新增高新企业 3 家，复审 4 家，达到 21 家。新增国家科技小企业 17 家，共 17 家。**二是**主动对接融入德州，面向鲁西北全面开放，加强冀鲁省际合作交流，建立常态化对接机制，互融互通，共建共享，打造区域融合的示范区。**三是**深化人事薪酬制度改革，突出开发区招商引资、项目建设、经济发展主职主业，编制完成“一办五局”的组织架构，建立“工管委领导—业务主办”二个管理层级的“扁平化”管理架构，使运行机制更加适应经济社会发展的要求。深入实施人才强区战略，加大招才、育才举措，编制《河北故城经济开发区鼓励引进急需紧缺高层次人才办法》（试行），为推进开发区“量质双提、增比晋位”提供人才保障。

二、取得成效

经过多年的发展，现已形成了以现代制药（以岭药业为代表）、先进能源（奥冠公司为代表）、先进材料（青竹公司为代表）、轻工、化工为主导产业体系，规划有综合服务区、产业聚集区、综合物流区、化工产业园，以及运河文旅小镇等多个功能分区，入驻企业 240 家，总投资 490 亿元，有中国 500 强投资企业 3 家，上市公司投资企业 4 家，高新技术企业 21 家，规上企业 33 家，新增国家科技小企业 17 家，省著名商标 2 个，中国驰名商标 4 个。

2023 年 1—9 月，故城经开区税收完成 2.42 亿元，同比增长 85%；营业收入完成 82 亿元，同比增长 39%；利用外资完成 40 万美元，去年为 0；固定资产投资完成 9.2 亿元，1—7 月外贸进出口完成 0.95 亿元。新增规上企业 1 家，达到 33 家；新增高新企业 3 家，复审 4 家，达到 21 家。新增国家科技小企业 17 家，共 17 家。2023 年前三季度开发区发展绩效专项考核，故城经开区在全省三类开发区（50 个）排名第 24，市经开区（7 个）排名第 2。

三、经验启示

1. 突出规划引领，提高配套设施建设科学化水平。**一是**完善园区基础设施，提升全要素生产条件保障。要以提高重大产业项目承载能力为重点，加快提升开发区基础设施配套水平和公共服务覆盖水平。**二是**坚持实事求是，适度超前，科学规划，持续放大平台优势。要立足园区功能定位和发展目标需要，进一步优化发展空间，加快完成扩区任务和化工园区提升。**三是**完善公共服务平台功能，引导园区加快标准化厂房、企业孵化器等生产性配套设施建设。不断强化水、电、气、路、讯、排污处理等基础要素保障。**四是**突出以人为本，不断完善生活性配套设施，为园区企业主和员工解决吃穿住行、娱乐购物、就医就学等实际问题。

2. 突出补齐短板，提升开发区质效。**一是**清理一批土地（项目）、推进园区亩均效益改革、综合运用“经济+行政+法律”方式“腾笼换凤”，形成梯次转型升级的雁阵，重点腾退土地低效利用和化工园区内非化工企业，盘活存量用地进行二次招商，促进工业经济和产业结构的不断优化。**二是**树立“经营园区”理念，推进“管委会+公司”模式运用，激发市场主体活力。坚持政府主导，市场化运作，发挥城投规划引领、资金引流作用，支持开发区基础设施建设、运营管理、规划设计、土地开发整理、投资建设、招商管理和运营维护，逐步实现开发区“区中园”规划建设运营企业化管理、市场化运作、专业化服务。**三是**强化金融、政策支撑。统筹整合各类资金、撬动金融和社会资本等，构建多元化投入机制，通过加强对上“谋跑争促”、拓展融资渠道、政府与社会资本合作等多种方式，推动重大项目建设。

3. 坚持大局观念，树立一盘棋意识。从讲大局的高度出发，形成支持园区发展强大合力，全县一盘棋、上下一条心，上下要协同，横向要协作，各级各部门整合土地、财政、人力等资源支持园区建设，强化细化责任，加强督查督办，确保园区配套设施建设取得实质性突破。

4. 开拓创新助推企业发展。**一是**着眼企业需求，强化服企理念，着力构建“亲”“清”政商关系，打造企业办事无忧的服务品牌。**二是**鼓励专精特新企业发展，树龙头，育品牌。进一步强化政策跟进，用足用好科技成果转化、创新创业平台、高新技术企业培育等各项奖补政策。**三是**不断拓展和深化与高校、专业设计机构等的交流合作，通过加强政策引导、提供精准服务、强化宣传培训等举措，不断推动工业设计创新载体建设，积极推动工业设计与制造业融合发展，着力提升企业创新能力。

关于推进全县民营经济高质量发展的调研报告

县政协经济委员会

根据县政协2019年工作安排，围绕“加快推进我县民营企业高质量快速发展”这一课题，分别到衡德工业园、高新区、郑口镇、故城镇进行了深入的调查研究，听取了工信局等部门的汇报，通过实地调研、座谈交流、个别访谈、民情走访、征求意见等方式，详细了解我县民营经济发展的基本情况、制约民营经济发展的问题，充分听取了企业负责人和有关部门的意见建议，形成了调研报告。现将调研情况报告如下。

一、我县民营经济发展的基本情况

县委、县政府高度重视发展民营经济，不断完善政策措施，健全服务体系，优化发展环境，民营经济得到了较快发展。

1. 经济社会贡献突出。今年1—6月，我县共有民营经济市场主体8080家，个体工商户18196户，从业人员12.9万人。2019年1—6月，全县民营经济上交税金4.5亿元，占全部财政收入的56.3%，其中民营企业上缴税金4.0亿元，占全部民营经济的88.9%。上半年纳税超千万元的民营企业达到16家。

2. 主导产业逐步壮大。服装服饰、装备制造、新能源新材料三大主导产业中，服装服饰产业市场处于复苏状态、产销量逐步增长，装备制造和新能源新材料产业对标先进转型升级步伐逐步加大，主要经济指标较快增长。1—6月，服装服饰业份实现销售收入38.9亿元，同比增长3.6%，上缴税金1.4亿元；装备制造业实现销售收入21.1亿元，同比增长11.6%，上缴税金7496万元；新能源新材料产业实现销售收入13.4亿元，同比增长16.5%，上缴税金4011万元。

3. 重点企业提速增效。1—6月，青竹公司实现销售收入2.6亿元，上缴税金1353.9万元，较去年增长幅度都在30%以上。“青竹及图”商标成功申请为县内首件中国驰名商标。奥冠公司在申请成为首批省级绿色工厂的基础上，“奥冠及图”商标成功申请为县内第二件中国驰名商标。星月公司新开拓了美国的大主机配套市场，主要为房车生产厂家配套，并在美国设立了销售库房，市场有了新的突破。同心风机公司新上金蝶K/3系统，被作为河北省“企业上云+智慧工厂”标杆企业。同时山水水泥公司、开门子肥业公司、博德公司、同业公司、正大公司、金良公司等一大批装备制造企业提质增效，换挡提速，成为财政税收的台柱子。

4. 营商环境不断优化。我县全面落实中央和省、市优化营商环境各项决策部署，深入开展“三深化、三提升”活动，结合“深学习、下基层、解问题、化矛盾、促发展、保稳定”主题教育实践活动，积极为民营经济发展创造良好的政务服务和社会发展环境。精准落实《骨干企业发展促激办法》等一系列支持民营企业的优惠政策，民营企业发展环境进一步优化；行政审批效能日益提升。平均办结时限从9天压缩到6.5天，现场办结率达到100%，提前办结率达到91%。60项高频及行政许可事项实现了“最多跑一次”。

二、影响民营经济高质量发展的主要问题

1. 企业发展层次有待提高。**一是**装备水平不高。我县企业大多数为传统型企业，装备水平大部分仍处于由手工操作向工业自动化水平迈进的阶段，工装设备的自动化、数字化刚刚起步，智能化仍处于一个萌芽阶段，部分有实力的企业如青竹公司、奥冠公司、同心风机的企业数字化、智能化升级改造正在起步中。**二是**龙头企业较少。小微企业居多，带动能力强、技术优势明显的大项目、好项目不多，具有较大影响力的龙头企业相对缺乏。2018年税金超千万元的企业仅有5家，对产业的支撑引领作用不强。**三是**投资增幅下降。由于融资渠道不畅、外部环境不优等外部因素影响，部分中小企业信心不足，投资意愿减弱。

2. 科技创新能力亟待提升。**一是**创新意识不强。我县大部分民营企业存在着小富即安、小成即满、思想保守的落后观念，舍不得在创新上投入，缺乏做大做强的投资勇气和经营气魄，缺少创新创造精神。大部分企业经营者文化程度低，专业水平差。据工信局统计：我县专科以上学历的企业经营者仅为9.6%，87家规模以上工业企业中，大专学历以上的占17.2%，这就造成企业经营者观念陈旧僵化，企业管理粗放。**二是**创新平台建设滞后。目前，我县仅有两家企业拥有经过认证的自主研发中心，青竹公司自主建立了国家级研发中心，奥冠电源建立了省级研发中心。星月、众成两家企业拥有省级公共技术服务平台。部分企业虽然也有自己的研发机构，但研发设备档次低，科技研发人员的研发水平普遍偏低，企业拳头产品少，企业缺乏核心竞争力。**三是**科技研发人员稀缺。科技研发人员的档次和水平较低。县属企业对人才的吸引力不够强，对科研人才的住房、户口、子女上学等缺乏全方位的服务保障，对高端人才的引进机制、发展环境、培训力度还需进一步改进和加强。

3. 企业发展环境仍需优化。**一是**部门创新服务意思和能力不强，重审批、轻监管，重处罚、轻服务的问题不同程度存在，政府大厅授权不充分、运行不规范，有些部门存在人进事不进，事进权不进的现象。投资项目审批有些程序和环境还是繁多，审批时间过长。与省市并联审批和网上审批工作还不健全，在线审批监管平台建设不能充分应用。**二是**部门执行存在不及时、不具体、不连续、不到位等问题。有些企业反映，一些减税和审批项目，企业不知道、部门也不主动告知。**三是**中小企业融资难、融资贵问题依然突出。当前我县金融服务体系建设还不能很好地适应大众创业、万众创新发展要求，尤其是面对中小微企业“短、小、频、急”的融资需求，不能高效地提供充足的融资产品和融资服务，不能形成推动中小企业脱困发展的支撑力量。生产要素、环境要素及金融产品等交易市场建设不充分，商品流、资金流、信息流没有做到有效融合，影响了金融资源向中小微企业的配置效率。

三、推进我县民营经济高质量发展的对策建议

1. 优化结构，培育龙头企业。**一是**筛选一批重点企业进行重点培育，引导企业快速成长，尽快做大做强，并带动相应相关产业发展。加大骨干企业政策支持力度，在要素配置、创新

政策、基金补贴、金融支撑等方面给予重点倾斜。**二是**培育壮大产业集群。建议设立产业集群发展专项资金，培育一批上下游紧密配套的中小企业，形成骨干企业引领、产业配套关联的产业集群，引导骨干企业与中小企业互动发展。**三是**紧盯重大项目建设，积极谋划一批科技含量高、发展潜力大、带动作用强，能促进结构优化升级的新兴产业重大项目。充分发挥驻外招商办事处作用，通过招商平台，引导企业锁定产业领军企业或新兴产业目标，持续跟踪对接，开展精准招商、产业链招商、平台招商，力争引进一批对本地起支撑作用的战略投资者或企业集团。

2. 科技创新，加快转型升级。**一是**发挥政府科技创新的引导作用。要加大财政对科技创新的支持力度，扶持一批科技水平高，创新能力强，产业化优势明显的重大科技攻关项目，培育提升民营企业科技创新能力。**二是**深化企业绿色发展，推动企业转型升级。实施环保治理倒逼驱动、激励办法促动、标杆示范企业带动三项战略措施促进产业转型，推动企业转变发展理念和发展方式，把发展转到主要依靠创新驱动、转型升级的轨道上来。支持、引导企业牢固树立环保节能和绿色低碳发展新理念，走绿色、循环、低碳、清洁发展之路。坚决淘汰落后设备、落后工艺、落后产能，推进绿色环保节能制造，提升发展新方式。**三是**鼓励企业加大科技投入。鼓励有条件的民营企业加大研发投入，实施激励企业技术创新的各项政策，支持企业积极争取战略性新兴产业、节能环保、循环经济、技改资金等专项扶持资金，用于科技创新。

3. 加强引导，提升企业素质。**一是**加强民营企业家队伍建设。制定民营企业家成长培训计划，针对性地开展能力提升专题培训，建议每年安排专项资金，依托高等院校，对全县规上企业经营管理者进行轮训，邀请专家学者就政策落地和企业发展难题进行解疑释惑，帮助企业家开阔视野。**二是**强化民营企业管理和专业技术团队建设。加强民营企业管理和创新团队建设，制定出台更加优惠的人才政策，加快紧缺急需专业人才、重点产业领军人才引进培养。**三是**营造尊重企业家的舆论氛围。加强对优秀企业家先进事迹和突出贡献的宣传报道。在全县范围内形成“尊重企业家、理解企业家、关怀企业家、支持企业家”的浓厚氛围，提升企业家的获得感、优越感。树立创业创新光荣导向，营造尊重企业家价值、鼓励企业家创新、发挥企业家作用的舆论氛围，真正让在故城发展的企业家事业上有底气，政治上有荣誉，社会上受尊敬。

4. 落实政策，优化发展环境。**一是**落实“放管服”，深化简政放权改革，切实提高管理水平。建立完善行政审批动态评估、管理和调整机制，进一步提高放权的协同性、联动性，对拟设定的行政审批事项，建立合法性审查制度，防止出现审批事项边减边增、先减后增，要认真进行方式流程再造，切实做到前置条件减少、审批手续简化、审批时间缩短，服务到位。围绕解决民营企业发展存在的问题，不断提高配套措施的有效性和可操作性，切实解决政策落实“最后一公里”问题。**二是**加快推进政务服务事项电子化和网络化发展，对企业注册登记、资质认定、商标专利以及与公众医疗、户籍户政等密切相关的服务事项，积极推行网上办理，最大限度提高行政效率，降低制度性交易成本。推进政务大厅与网上服务平台融合，推动服务事项跨地区远程办理、跨层级联动办理、跨部门协同办理。**三是**扎实开展“不忘初心、牢记使命”主题教育活动，在落实好县级领导干部包联企业制度的同时，推动干部包联企业制度向纵深发展，适当扩大乡镇和有关科局主要负责人分包企业的覆盖面，真正与企业做朋友，为企业解难题。**四是**发挥协会作用。健全装备制造、新能源新材料等主导产业的协会建设。加强故城企业之间、行业之间的相互联系，促进故城经济交流与合作，架设政府与行业企业、企业与企业、行业与行业之间的桥梁，增强故城企业的影响力和凝聚力，打造故城企业可持续发展的良好外部环境，推动故城经济高质量快速发展。

关于我县成立餐饮行业协会的调研报告

县政协办公室

为进一步优化我县餐饮服务行业发展，加快推进我县“高质量发展、高品质生活”。县政协多次召开主席会议、安排部署调研工作。成立了以政协领导为组长，县政协经济委、办公室为主干的调研组。调研组多次深入餐饮企业和部门详细了解相关情况，先后走访餐饮企业26家，召开不同类型的交流会8次。在充分调研的基础上，县政协于10月20日举办由全县餐饮骨干企业参加的座谈会，对我县餐饮行业发展情况、存在问题进行了分析研判。现将调研情况报告如下。

一、餐饮行业发展情况

我县餐饮行业规模大，现有注册餐饮企业2890家（其中1000平方米以上的7家）。但在这些众多的餐饮企业中，成体系、高品质、规范化的企业并不多，做成品牌的更是没有，其中占据80%的只是街头小店。总体呈现以下几个特点。

1. 餐饮消费市场快速发展，给餐饮企业带来了巨大的发展空间。随着人们可支配收入的增加和消费理念的转变，餐饮需求逐年增长，为餐饮企业的持续发展带来了极大的动力。

2. 餐饮企业规模的不断扩大，餐饮企业集团化和多元化发展步伐加快。

3. 餐饮企业开始重视品牌的塑造，大中型餐饮企业逐步向品牌化和多元化经营模式转变。

二、我县餐饮行业存在的问题

1. 受疫情影响，餐饮门店被迫关停，导致大量人员待岗闲置，加上房租和人力成本等固定成本居高不下，餐饮企业面临巨大的资金压力。

2. 除市场监管局、税务局、卫健局、公安局等职能部门监督管理以外，政府对餐饮行业的监督力度和作用难以充分体现，又缺乏行业协会的行业管理，行业自律和协调服务相对滞后。

3. 目前我县餐饮行业发展规划和网点布局不明显，近几年基本处于自发的调节和盲目发展状态。

4. 没有行业的标准和规范，大多数都是参照其他企业的标准和行为规范。

5. 经营观念落后，整体素质还有待提高。多数餐饮服务企业，还没有摆脱传统的影响，企业的经营者管理落后，科学化程度不高。

6. 人才不足问题日益严重。通过调研发现，多数企业存在用工难、招工难问题。同时厨师行业后继乏人，选择厨师行业人员匮乏。

三、成立餐饮行业协会意义重大，势在必行

1. 有利于餐饮业高技能人才的引进与培养工作，制订相应适合故城县餐饮业人才的培养规划，提升我县餐饮业食品安全管理水平和服务质量。

2. 有利于深入挖掘故城县饮食文化，培育故城县名师名店，打造名菜名点，打响故城美食文化的中国品牌。

3. 有利于我县餐饮行业管理工作，当好监管部门的助手，制定行业规范标准，推进行业协会自律，保障饮食安全。

4. 有利于对整合我县餐饮行业资源，实现我县餐饮行业资源共享，避免恶心竞争，增强餐饮行业自身竞争能力。

5. 充分发挥协会在政府与企业间的桥梁和

纽带作用，有利于协助政府和企业解决实际问题，完成政府交办的任务。

四、关于成立餐饮行业协会的建议

通过多次与餐饮企业负责人交流座谈，各企业负责人对成立餐饮协会由不认识到认识，由不支持到支持，为我县成立餐饮协会统一了思想、达成了共识。各餐饮行业负责人殷切希望尽快成立餐饮行业协会，亟待解决我县餐饮行业现状。**一是**成立领导小组。参照我县其他行业协会的成功经验，建立领导小组，尽快由相关部门建立筹建办公室，负责推进我县餐饮协会的筹建工作。**二是**加强宣传引导工作。要充分利用报纸、电台、电视台等大众媒体来广泛宣传协会的性质、地位、作用，宣传支持协会发展的有关法规政策，宣传协会发展带来的好处和重要意义，为行业协会的发展营造良好的社会舆论环境。**三是**建议参照其他协会的成功经验，设立餐饮行业协会改革发展专项资金，对餐饮协会服务发展予以重点扶持，使行业协会有足够实力发挥引领作用，从而全面提示餐饮质量服务水平。

关于“发展中医药健康服务”的调研报告

县政协科教文卫体委员会

为进一步促进我县中医药事业发展，根据政协工作安排，我们成立了以县卫健局中医科、县医院、县中医院、县妇幼医院、各乡镇卫生院为主的专题调研组，对全县中医药服务体系建设、人才培养、技能提升、康养服务等方面进行了调查研究，现将有关情况报告如下。

一、我县中医药工作现状

故城县中医药文化源远流长，群众素有种中药、看中医、服中药的传统，近年来，我们坚持中西医并重的工作方针，在公立医院综合改革中，同步推进中医药事业健康发展。

1. **中医药发展环境不断优化。**县委、县政府进一步强化政策保障，下发了《故城县贯彻落实〈河北省中医药发展“十四五”规划实施方案〉》和《故城县贯彻落实国家中医药发展战略规划纲要（2016—2030年）工作方案》等整体设计与指导性文件，扶持和促进中医药事业发展。通过提高中药饮片门诊报销比例、增设中医诊疗辩证费和中药饮片药事服务费以及扩大中医康复医保支付范围等，引导百姓选择使用中药，鼓励和支持中医师使用中医方法诊疗和开展中医特色服务，中医药人员技术劳务价值得到尊重，工作积极性进一步提升。

2. **基层中医药服务网络建设不断巩固。**2018年12月，故城县被评为“河北省中医药强县”。2022年我县开始创建全国基层中医药工作示范县。近几年，我县围绕中医药服务网络、队伍建设、服务能力、中医药产业建设，中医药工作稳步发展。

发挥县中医医院龙头带动作用。**一是**县中医医院通过了二级甲等评审，有效承担县域居民常见病、多发病中医诊疗和急危重症抢救与疑难病转诊任务。**二是**按照国家设置和建设标准，设立了治未病科、康复科、感染性疾病科，配备相关设施设备。**三是**成立了基层中医药指导科，专人负责县域内基层医疗机构中医药业务指导、人员培训等。**四是**与中国中医科学眼科医院建立长期合作关系，成立谢立科名医传承工作站，由名医专家带教坐诊，培养人才。**五是**与北京中医药大学第三附属医院签署协议，打造心内科、肿瘤科两个专科建设。

加强县医院和县妇幼保健院中医药工作。**一是**县医院在全市综合医院中率先建立中医内科病房，开放床位达60张，以治疗肿瘤病、中风病为特色，开设中医肿瘤科、中医皮肤科、中医内科、中医妇科四个中医门诊，创新中西医协作医疗模式，服务广大群众中医药医疗保健需求。县妇幼保健院也成立中医科室。**二是**设置独立的中药房、煎药室，按标准配置相应的中药人才。

改善基层医疗卫生机构中医药服务条件。**一是**实现13个乡镇卫生院国医堂全覆盖。**二是**开展了中医药服务内涵建设，重点加强中医药人员、中医设备配备及中医药技术服务供给，去年有辛庄乡、西半屯镇两个乡镇建成旗舰国医堂，今年将建国镇作为第二批建设计划，已完成建设。年底实现20%以上的乡镇建成旗舰国医堂，以此带动引领其他乡镇。**三是**全县一体化村卫生室均能提供中医药服务，今年将全县10%的村卫生室建成“中医阁”，打造区域相对独立、中医服务更加丰富的中医药服务场所。

3. **基层中医药队伍建设不断推进**。扩大基层中医药人才供给。**一是**开展中医临床技术骨干培养、中医类别全科医生规范化培训、助理全科医生培训、转岗培训等，在农村定点定向免费医学生培养计划中积极招收中医专业学生。**二是**对现有基层中医药人员通过岗位培训、外出进修、跟师学习等方式，提高岗位技能和服务能力。**三是**广泛组织西学中培训，鼓励西学中人员开展中医药服务。**四是**鼓励退休中医医师和中医专长医师到基层执业服务。允许取得传统医学师承出师证书的人员，经县中医药主管部门考核合格后，纳入村卫生室执业。

畅通基层中医药人才使用途径。**一是**加强基层中医药人才配置，推广“县管乡用”“乡管村用”人才管理模式，建立县域内中医药人才流动机制。**二是**积极组织基层符合条件人员参加中医临床优秀人才研修、规范化培训和转岗培训。**三是**大力倡导中医师带徒，开展传承培养、中医适宜技术培训等培养基层中医药人才。

4. **基层中医药服务能力建设不断加强**。加强县级中医药服务能力建设。**一是**以县中医医院省市级中医重点专科建设、两专科一中心建设为主抓手，加强临床专科建设，提高综合服务能力，支持推动县中医医院纳入三级管理。**二是**开展中医治未病项目，针对各季节常见病，实施中医养生预防及特色疗法，其中背部推拿按摩、三伏贴等深受群众信赖。**三是**加强县中医医院发热门诊建设，具备了规范的预检分诊能力。加强了院感防控工作，提高了对传染病的筛查、预警、防控能力和对突发公共卫生事件的应急能力。

提升县医院和妇幼保健院中医药服务水平。县医院和县妇幼保健院配备了专业的中医医师队伍，建立宜中则中、宜西则西的中西医结合会诊制度，实施中西医联合查房、会诊，提升了医院中医药综合服务能力。

提升基层医疗卫生机构中医药诊疗能力。扩大乡村中医药服务规模，提升中药饮片诊疗能力，今年在全县开展了“免费服中药”惠民政策，发挥了中医药的独特优势，体现了以人民为中心的中医药发展理念。围绕儿童、老人、慢病管理等提高管理率，扩大覆盖面，加强签约团队中医适宜技术服务力度。乡镇卫生院借力医共体牵头单位派驻坐诊、带教等方式，让群众增加对中医药的认可度和信任度，提升乡镇中医药的诊疗能力。

加快基层中医医疗服务信息化建设。由县中医医院牵头组建中医医联体，派驻专家到成员单位出诊带教，定期开展培训，发挥中医药的辐射作用。建设县域共享中药房，由县中医医院与乡镇医院整合资源，利用互联网大数据实现信息共享，在中药饮片处方审核、调剂、煎煮、配送等方面全流程信息化管理，实行线上线下一体化中医药诊疗服务。

5. **中医药产业建设不断扩大**。**一是**聚焦中医药产业链构建，依托茂丰公司、以岭药业，推广中药草种养殖，目前，全县种植中药材近四千亩，包括金银花、益母草、板蓝根、连翘、射干、苦地丁等10多个品种，金蝉+有机果品特色种养近两千亩。**二是**集中资源培育以岭中医药产业园项目，将中药材加工与中医康养、董子文化融合，以此带动全县中医药产业发展。

6. **康养服务依托医养结合不断改进**。目前，我县现有县医院、县中医院、三朗镇、建国镇、故城镇建立了康养中心。

2021 年 9 月，我县医康养老中心在县中医院建成并开始运营，中心设有床位 150 张，建筑面积 6000 平方米，一期投入使用 65 张。通过“医疗+养老”，整合医疗资源，提供常见病、多发病、慢性病的中医诊疗服务、提供健康状态中医辨识评估并且运用中医适宜技术（按摩、针灸、拔罐、刮痧、艾灸等），给予相应的个性化饮食、起居、情志及传统运动的健康干预和指导医疗，让入住老人老有所养、病有所医。并针对不同老年人体质，制定营养餐、健康餐。为糖尿病老人制定糖尿病饮食；为脂肪肝、高血压老人定制低盐低脂餐饮。使特色服务项目做到环境卫生日常化、生活照护家庭化、健康管理中医化、安全管理持续化。

二、存在的主要问题

从调研的情况看，我县中医药事业发展还存在一些需要推进和解决的问题。

1. 中医药服务网络方面，基层中医药设施设备不足，基础薄弱。

2. 中医药专业人才缺乏。**一是**人才总量相对匮乏。目前，全县有注册中医执业（助理）医师 228 人，只占全县执业（助理）医师的 15%。**二是**基层队伍年龄普遍偏大。中医从业人员中乡村中医人员年龄也基本在 60 岁以上，具有一定临床经验的中青年医生较少，断层严重，特别是优秀中医药临床人才后继乏人。**三是**基层人员尤为紧缺。非乡镇医院普遍缺乏中医类医务人员，没有中药房，也不能开展相应的中医药服务。

三、工作建议

中医药是中华民族的瑰宝，是中华文明的结晶，是实现“治未病”和以预防保健为中心的重要保障和载体，在全民健康中应该有更重要的地位和明显作用。在医院改革探索的过程中，需要更加重视和符合中医药事业发展的机制体制，特别是那些原有的有益于推进中医药事业持续健康发展的机制，只能强化，不能削弱。为进一步推进我县中医药事业持续健康发展，针对存在的主要问题，提出以下建议。

1. 进一步落实相关政策。加大对中医药事业发展的投入。要深入贯彻落实国家发展中医药的相关政策，真正坚持“中西医并重”，真正把中医药作为卫生事业的重要组成部分，要充分考虑中医药学术、技术和行业特点，加大对中医的扶持力度，配齐中医器械，完善理疗，药膳等辅助疗法，帮助解决发展中的问题。

2. 强化中医人才培养。**一是**稳定人才队伍。遵循中医人才培养周期长、成本高的特点，进一步完善政策，通过编制倾斜、待遇提高、绩效考核等手段，营造中医人才成长的宽松环境，吸引和鼓励医学院毕业生、离退休老中医药专家等投身于中医事业的发展。**二是**重视传承培养。落实名中医培养计划、基层中医药专家师承带徒项目，院内设立基层名老中医传承工作室，开展名老中医“传、帮、带”工作，不断培养年轻中医药骨干人才。通过聘请上级中医类专家，定期来我县开展业务指导和临床带教等方式，帮助我县中医类医生成长。**三是**强化基层建设。卫健、教育等相关部门要继续积极向上争取面向基层的中医类大专生委培政策，解决基层中医药人员紧缺的问题。强化以全科医生为重点的基层中医药人才队伍建设，推进中医类别全科医生培养，实施农村订单定向医学院学生免费培养和全科医生特设岗位计划等人才培养、聘用工作。通过岗位培训、务实进修、跟师学习等方式，提高岗位技能，夯实中医技术骨干。

关于推进全县养老机构高质量发展的调研报告

县政协科教文卫体委员会

根据县委的部署安排，县政协联合县民政局、县卫健局组成调研组，通过走访了解、查阅资料、协商座谈等方式，围绕“如何推进公办、民办养老机构高质量发展”进行了深入的调研，调研组先后走访调研了部分公办和民办的养老机构，听取了部门及养老机构负责人的情况汇报，走访了养老机构入驻人员和部分村民，了解他们的基本情况、心理状态等。同时，组织部分政协委员、养老机构代表、专业人士和村民代表赴燕郊镇燕达养护中心、泊头市福星园等地进行了考察学习，现将有关调研情况汇报如下。

一、我县养老工作发展的基本情况

近年来，县委、县政府把社会养老作为民生保障工作的重点来抓，推进养老服务体系建设，养老服务业及养老产业加快发展，社会养老基础设施得到明显改善，养老机构服务水平得到提升，养老机制基本健全，老龄事业有序发展，基本实现了老年人老有所养、老有所依、老有所乐、老有所安。

1. **我县老龄化现状**。国际上通常用老年人口比重作为衡量人口老龄化的标准，老年人口比重越高人口老龄化程度也越高。一般把 60 岁及以上的人口占总人口比重达到 10%，或 65 岁及以上的人口占总人口的比重达到 7%，作为一个国家或地区进入老龄化社会（或老年型人口）的标准。目前，我县常住人口 44.45 万人，其中 60 周岁及以上 9.47 万人，65 周岁以上 7.568 万人，80 周岁以上 0.9426 万人，人口老龄化率 21.3%。

2. **养老机构建设情况**。目前，全县共有养老机构 11 所，养老床位已达到 1230 张。另外，安康医养设计床位 850 张，正在建设。截至 2024 年 2 月份，共入住老年人 535 人，其中特困老年人和贫困人口三类人员共计 251 人，社会老年人 284 人。

公办养老机构。目前，公办养老院 6 所，床位 770 张（其中运营 4 所、510 张，已建成未运营 2 所、260 张）。运营的 4 所机构具体为：中心敬老院，设有床位 140 张；杏基敬老院，设有床位 130 张；武官寨敬老院，设有床位 130 张；夏庄敬老院，设有床位 110 张。建成未运营 2 所机构为：老年公寓，设有床位 150 张；心怡天健养老中心，设有床位 110 张。中心敬老院被评定为省二星级养老机构，杏基敬老院、武官寨敬老院被评定为省一星养老机构。

社会办养老机构。全县社会办养老机构共计 5 家，总床位 235 张。具体为：仁德养老中心，设有床位 40 张；仁德颐养中心，设有床位 40 张；夏庄昌宏养老中心，设有床位 60 张；祥福康养公寓，设有床位 60 张；泰康园颐养中心，设有床位 35 张。其中仁德颐养中心被评定为省二星级养老机构，仁德养老中心、夏庄昌宏养老中心被评定为省一星级养老机构。故城县安康医养融合——共同家园养老项目在建中，现已完成二期建设，三期建设预计 2024 年 12 月底完工，设计普惠型养老床位 850 张。

医养结合的养老机构。现有医养结合的养老机构共计 6 所，总床位 225 张。具体为：三朗镇医养中心 18 张、故城镇医养中心 32 张，建国镇医养中心 30 张，3 所医养中心共有床位 80 张，用于供养生活失去自理能力的特困人员和建档立卡贫困人员。建设安定医养中心，设置床位 40 张，用于集中供养患有精神类疾病的特困人员和建档立卡贫困人员。故城县医院医养中心，设有床位40张；故城县中医医院医康养老中心，开设床位65张。

3. **我县落实上级支持养老机构建设的相关政策情况**。我县仁德颐养中心、仁德养老中心、夏庄昌宏养老中心、故城县中医院医康养老中心已在民政局备案并通过星级评定，按照《河北省民政厅河北省财政厅关于省级财政支持养老服务体系建设改革的实施意见》（冀民〔2019〕107号）文件规定仁德颐养中心和仁德养老中心属于租赁房屋改造，享受一次建设补贴每张床位1500元；夏庄昌宏养老中心属于自有产权房屋进行改建，享受一次性建设补贴每张床位3500元。以上四所养老机构皆享受养老机构综合责任险补贴每人80元和养老机构运营补贴，重度失能、中度失能每人每月补贴300元，轻度失能、能力完好每人每月补贴100元。

4. **我县养老工作中的主要做法**。推进智慧养老平台建设和适老化改造工程，完善养老照护服务。依托“线上信息化技术+线下服务运营”相结合的方式，2022年我县建成“智慧养老综合信息服务平台”，平台建有数据采集系统、老人评估系统、健康管理系统、政府监管系统、呼叫中心系统、运营结算系统，服务流程为：登记、预约、派单、接单、上门服务、回访评价。

利用线上信息化“派单”，通过服务平台功能反馈服务状况和结算情况数据，同时通过服务平台数据分析，完成对服务的工作指导和管理。2023年选聘三方服务公司为全县720名经济困难失能、高龄老年人提供助洁、助餐、助医、关爱、代办等上门服务，累计服务约4万个工时。平台实现了互联网+智慧养老服务。后续将逐渐开展健康管理、医疗陪护、家电清洗、家庭娱乐等服务，满足更多社会老年人的服务需求。近年来，累计为1044户特殊困难老年人家庭实施居家适老化改造，改善居家生活照料条件，提升居家养老生活品质。

推进养老服务人才队伍建设，开展养老护理等职业技能等级培训及评价。我县养老机构现有养老护理员129人，具有初中学历群体占主体地位，人数58人，占比45%；具有高中（含）以上学历的护理员只有42人，占总体比重32.6%。年龄分布上，全县50岁及以上的养老护理员有71人，占比达到55%。其中55~60岁护理员达到44人，占总体比重34%，是护理员队伍的重要构成部分。近年来我县加大养老护理人员培训，通过线上授课和线下实操训练等方式，2020年培训195人次，2021年培训175人次，2022年培训207人次。2023年我县等级认定养老护理员持人员12人次，开展养老护理人员培训180人次。

推进医养结合养老新模式，优化老年健康服务。近年来，我县重点发展了医办养、医疗机构与养老机构签约合作、医疗卫生服务进社区进家庭等模式。**一是**强化医办养的制度保障。2020年，经县编委批准，全县公立医疗机构职责中增加了“养老服务、培训”等职能，简化了医办养审批手续。目前我县已经有6家医疗机构建设了医养中心，医办养发展势头良好。**二是**医疗机构与养老机构签约合作全覆盖。全县运营的9家养老机构全部与医疗机构完成签约，医疗机构为养老机构老人建立健康档案，由专人负责定期走访，每年进行健康体检，并提供诊疗绿色通道。入住养老机构老人医疗保障进一步增强。**三是**尝试医疗机构引进第三方提供养老服务。2023年10月，在建国镇医养中心开展试点，引进专业的社会资本进入开展养老，由卫生院负责医、由社会资本负责养，二者各司其职又紧密结合，从而整体提升医、养水平。目前医养中心运营平稳，实现了双方共赢。**四是**为居家养老老人提供上门医养结合服务。结合国家老年健康与医养结合服务项目，基层医疗卫生机构每年对辖区内提出申请的65岁及以上失能老年人上门进行综合评估，并对符合条件的失能老年人及照护者年内提供至少1次的健康指导工作，有效提升了居家养老老人的幸福感和获得感。

二、考察学习情况

1. **燕达养护中心情况**。标准高，条件好。养护中心实行分区居住（宾馆式养护区、家居式养护区），针对不同需求人群实行分级管理。家居式养护区设有一室一厅、两室两厅和三室两厅，可满足不同人群的需求。宾馆式养护区设有VIP套房、豪华双人间、普通双人间，居所区设有氧气装置、天轨移位及呼叫装置等生活辅助系统。每个楼层设有护士站，24小时提供医护保障。

据了解，养老中心最低费用每人每月8000元（包括房费、护理费、餐费等），最高费用每人每月2万多元。

配套全，功能多。养护中心实行医养康相结合的养老服务模式，有专业的护理团队，并与北京多家三甲医院建立合作关系，开通绿色通道。养护中心建有老年大学、营养餐厅、特色餐厅、电影院、游泳馆、健身俱乐部等，满足养老人员不同的生活需求。

投资多、规模大。据了解：燕达康养中心共分三期，总投资近100亿元，设置养老床位1.5万张，其中，三期投资约40亿元，占地188亩，设置养老居所2300多套。入住的老年人中，有98%为北京的高收入人群。

2. **福星园基本情况**。建设情况：福星园占地30亩，设有床位300多张。分为宾馆式、居家式居住区。**一是**建有老年大学，设舞蹈教室、综合教室、书画教室等，开设十余种课程。**二是**建有护理院，配备专业素质精湛的医疗团队，国内外先进的医疗诊断设备和康复设施，是集医疗、康复、生活照料、长期护理于一体养老机构。**三是**建有孝道文化园，大力弘扬孝道文化、善行文化。福星园是京津冀养老服务协同发展试点机构，获得全国敬老文明号、河北省五星养老机构等荣誉称号。

收费标准：**一是**有自理能力的人群费用每人每月2460元（房费900元、护理费900元、餐费660元）。**二是**半失能人群和需要一定照料的老人费用每人每月3060元（房费900元、护理费1500元、餐费660元）。**三是**失能人群费用每人每月3460元（房费900元、护理费1900元、餐费660元）。

养老模式：分为三种，**一是**机构养老。以养老院和护理机构为主，护理分三个等级，提供生活照料、精神慰藉、医疗护理等服务。**二是**社区居家养老。生活不能自理、日常生活需要一定照料的半失能老年人，成立社区养老服务中心，通过居家养老信息化平台，提供多样化服务。**三是**旅居养老。它是候鸟式养老和度假式养老的融合体，根据不同季节到不同地方养老，福星园先后在海南清水湾和沧州泊头市建立旅居养老基地，满足老年人旅居式健康养老的需求，这种模式受到了很多老年人的欢迎。

三、养老机构建设发展的必要性

1. 完善配套设施建设的需要。养老服务设施是公共服务设施的重要组成部分，是满足老年人养老服务需求的重要基础，是养老服务业发展的重要载体。所以，加强我县养老服务设施建设，有利于建立健全养老服务网络，有利于提高老年人生活质量，有效满足老年人多样化、多层次的养老服务需求，也有利于拉动内需、扩大就业、推动经济社会高质量发展、实现高品质生活。

2. 应对全县人口老龄化发展的需要。随着人口老龄化，老年人占总人口的比例越来越高。养老机构的建设不仅可以缓解家庭的负担，让家庭可以放心将老年人交给养老机构进行照护。还可以为老人提供专业的护理和照料服务和良好的生活环境、多方位的关怀，改善老年人的心理状态，帮助老年人调节内心的情绪，让老年人的生活变得更加美满。

3. 推动房地产行业转型的需要。房地产行业在推动我县经济发展中有着重要的作用，随着社会的发展，房地产市场的黄金时代逐渐过去，而老龄化时代的到来，养老地产成为新的投资热点。

四、我县养老机构发展中存在的问题和不足

在调研中发现：我县养老机构在发展中也存在着一些问题和不足。具体表现在以下方面：

1. 有效需求不足。不管是城镇还是农村，虽然存在着巨大的潜在市场需求，但现实中有效需求乏力，其原因：**一是**养老储蓄不足。老年人收入少、积蓄少，尤其农村老年人更为明显。他们的收入来源主要靠自己劳动收入、养老保险金、子女的供养、困难老年人的政府补助等，而受传统习俗等影响，他们要为儿女购房子、完婚等，花去大部分积蓄，养老储蓄不足。**二是**养老观念保守。调研中发现：现在大部分老年人都选择居家养老的方式。一方面是老人固守养儿防老观念，主观上不接受离家去养老机构的方式；另一方面是孩子担心送老人去养老机构会背负不孝之名，所以大部分人选择在家养老。

2. 建设投入不足。随着社会的发展，未来空巢老人、高龄老人、失能半失能老人数量会比较集中上升，赡养老人压力将持续增大，现有养老机构已经难以满足社会成员的多样化养老需求。**一是**需要政府加大支持力度。我县养老服务体系建设主要依靠中央、省上级专项资金，中央资金主要支持地方政府公办养老机构项目建设，省级资金偏重对社会办养老机构建设和运营奖补。由于受政策、财力等因素影响，市、县财政投入则相对较少。**二是**养老服务基础设施不足。目前，随着失智、失能、高龄、孤寡老人的增加，现有的2000多张床位尚不能全部满足市场的需求，护理床位仍有缺口。特别是，农村乡镇、社区居家养老服务场地不足，专业服务水平有待提升，一些基层养老站点设施简陋，多数楼房式养老机构缺乏电梯。民办养老机构场所多为租赁，硬件提升有一定难度。医养结合功能有待加强，如：县安定医院作为我县一家接收精神病患者医养结合的养老机构，因场地条件限制，医疗服务与养老服务区域划分不明确，住院治疗患者与托养人员在同一楼层混合居住，增加了患者之间的冲突风险和医院管理的难度。**三是**社会力量参与养老服务不足。由于养老服务业属于前期投入较多、风险较高、回报周期较长、专业人才需求大的行业，加上现阶段老年人实际消费与支付能力有限，致使民间资本参与意愿不高，能参与提供养老服务的非营利社会组织力量仍然比较薄弱。特别是中、高档的民办养老机构严重匮乏。**四是**医养中心建设投入不足，目前我县已建成县医院、县中医医院、故城镇、建国镇、三朗卫生院和安定医院6家医养中心。但随着我国老龄化程度的不断加重，现有医养中心难以满足我县老年人日益增长的养老需求，县医院、县中医医院、故城卫生院和三朗卫生院基本满负荷运行。提升医养中心在我县的覆盖面势在必行。另外，由于我县的医养中心建设没有专项投入，医养中心建设资金基本为自筹或临时申请，后续投入保障不足，建国镇卫生院和三朗镇卫生院医养中心虽已建成，但受历史原因和医院条件影响，消防设施不达标不过关，无法完成民政部门备案，制约了医养中心的发展壮大。

3. 养老服务保障能力不足。**一是**养老服务人才缺口巨大。按9073养老模式（90%居家，7%社区，3%机构）推算，大约3000人有潜在入住养老机构的需求，按国际公认的3位失能老人配备1名护理人员的标准，我县养老护理人员需求量在1000人左右。但目前全县仅有养老护理员129人，其中，持有养老护理员证的72人，从长远看，供给与需求不平衡。**二是**从业人员能力有待提升。由于待遇不高、劳动强度大、社会偏见等原因，目前，全县养老机构服务人员中，普遍存在招工难、留住人难、年龄普遍偏大、专业知识储备不足、接受新理念较慢等问题。此外，养老服务内容侧重于生活起居、日常护理等，而医疗保健、康复护理、心理慰藉、紧急救护等方面的服务与老年人需求还有较大差距。**三是**医养结合瓶颈有待破解。医养结合的体制机制瓶颈依然存在。卫健、民政、医保之间政策对接、资源共享不够，不利于医养结合机构建设。现有医保政策还不完善，

一些医养中心的涉医服务项目没有列入医保报销范畴；家庭病床费用没有列入医保，不能满足有需求的长期卧床的肿瘤、偏瘫患者；长期护理险在我市没有试点，医养结合没有专项资金补助，基层医院开展医养结合工作积极性不高。

五、关于推进养老服务高质量发展的几点建议

1. 加强宣传引导，转变养老观念。随着老龄化社会高速发展，城乡养老矛盾越来越突出，转变老年人的传统思想观念至关重要。因此，有关部门和社会各界加大对老年人关心的同时，也需要加强对老年人的宣传和引导，通过一些更有利于老年人喜欢和乐于参与的老年活动，让他们从思想上慢慢接受新生事物，适应社会的发展，更好地、更全面地享受天伦之乐、安享晚年。

2. 紧跟养老需求，构建多层次养老体系。目前，具有现实迫切需要的主要是高龄、失智、半失能和失能群体的照护服务。满足这部分群体的养老需求，是养老机构建设最基本的使命和任务。同时，在独生子女政策下，已经普遍出现“四二一”模式，这种家庭模式下，高龄独居、空巢且缺乏对老人日常生活的照料已成为一个重大的社会问题。由于年轻子女既要工作，又要关心自己孩子的培育成长，无法及时看护照料家中的老人。因此，也要高度关注这部分人群的养老需求，通过对燕达、福星园两家养老机构的参观，结合我县地理位置、养老需求、消费水平等实际，福星园更有可比性和可复制性。因此，针对中低档消费人群的养老环境和条件的需求，在建设养老机构方面，可以参照福星园的标准和养老模式，结合不同收入群体的支付能力，建设多家不同标准的养老机构，高中低档相结合，通过灵活性和多元化设计，满足县域内不同支付能力老年群体的养老服务需求，并吸引县域外社会老年人来故城养老。要不断地创新经营模式和服务方式，比如：可以根据老年人的情况和服务功能设立三个区域，**一是**设立老年公寓区，接收可以自理的老人。**二是**设立护理院，接收半自理或不能自理的老人。**三是**设立康复中心，接收因病不能自理又有可能康复的老人。同时，开通医疗就诊绿色通道、定期开展健康检查等，满足不同老年人多层次、多样化养老服务需求。

3. 健全完善政府支持模式，激发养老服务发展活力。政府是推动养老机构建设和发展的关键，**一是**明确发展方向，结合我县实际，一方面要对现有养老机构进行完善、提升，另一方面对新建养老机构，对建设区域、建设标准提前做好规划设计。**二是**制定出台关于扶持养老机构建设发展的政策措施，鼓励和引导社会力量参与养老机构建设，提升养老服务质量。**三是**加大对智慧养老、社区居家养老服务等的资金支持力度，强化基础设施建设，撬动社会投资，夯实发展基础。完善财政资金支持政策，在等级养老机构、养老护理员培训等方面，通过差异化补贴等形式，放大财政补贴激励效果，推动从事养老服务行业的机构和个人主动优化经营模式，提升服务质量。严格落实养老服务机构用电、用水、用气价格补贴等优惠政策，切实降低机构经营负担。**四是**充分利用闲置医疗资源发展医办养。鼓励乡镇卫生院利用闲置的医疗资源开展医养结合服务，既可以提高卫生院现有资源的利用效率，拓展卫生院增收，化解卫生院运转难问题，也可以解决患慢病老人养老的后顾之忧。但乡镇卫生院现有的医疗用房和设施条件与开展医养结合服务的要求还有一定的差距，需要改造房屋，增添消防和生活电器等设施，而卫生院自身运转困难，改造和启动经费无着落。建议县政府拨付医养结合改造专项经费，提升我县医办养建设标准和覆盖面。

4. 突出居家社区主体地位，持续探索新模式新场景。持续推进特殊困难老年人家庭适老化改造工作，依托“智慧养老综合信息服务平台”发展以医护服务为主的家庭养老床位和以“助餐、助医、助洁、助浴、助行、助急”于一体的“六助”上门服务。配齐建强社区养老

服务用房，通过整合社区资源，争取无偿提供场所，社会力量低偿运营，提供日间照料便民服务。探索社区、养老服务机构与医疗机构、社区卫生中心资源共享。不断推进居家和社区基本养老服务提升行动，建设示范性居家社区养老服务网络，深入实施乡镇区域养老服务中心和社区日间照料服务站综合评价。

5. 统筹推进机构养老发展，着力促进服务提质扩容。**一是**综合采取等级评定、政策激励、行政监管等措施，推动现有养老机构发展医养结合服务，提高运营管理水平，向专业化、高标准改造升级，实现规模化、品牌化。**二是**推动公办养老机构在满足特困人员集中供养需求的基础上，利用空闲资源，拓展服务功能，有序接收自费社会老年人，改善公办养老机构运营状况，进一步扩大照护服务供给。**三是**提升护理人员能力，深入开展养老护理员培训，鼓励更多养老工作者考取或提高国家职业资格等级。同时，加强与社会志愿服务机构的合作，利用其资源为老年人提供优质的服务。机构也可从提高福利待遇、生活条件等方面着手，吸引高校毕业生投身养老机构队伍中。

6. 强化民办养老机构的建设。养老是一种投资大、见利慢的事业，养老产业是一种可以让老人回归社会，回归家庭，以维持或改善老人生活质量和尊严的服务。民办机构是公办机构的有力补充，要进一步鼓励和引导社会力量参与养老服务，企业要把做养老事业更多的作为一种大爱和情怀。

7. 全力做好签约服务。**一是**开展养老服务机构医疗巡诊服务。签约医疗卫生机构定期或不定期指派医务人员为辖区内未设立医疗机构的养老服务机构上门巡诊服务，为入住老年人提供常见病、多发病、慢性病的诊治，合理用药指导和老年人健康管理等医疗卫生服务。**二是**建立养老服务机构便利就医绿色通道。推动所有养老服务机构至少与1家医疗卫生机构建立协作合作。医疗卫生机构为协作的养老服务机构提供优先就医和优先住院的就医便利，制定相应的便利就医具体内容、工作制度及服务流程。养老服务机构中具备条件的医疗卫生机构可与签约医疗卫生机构建立双向转诊机制，严格按照医疗卫生机构出入院标准和双向转诊指征，为老年人提供连续、全流程的医疗卫生服务。**三是**推进中医药健康养老服务。积极探索中医医院及有中医药服务资质和能力的医疗卫生机构与养老服务机构合作新模式，推动双方开展签约合作，逐步建立健全支持养老服务机构发展中医药服务的政策措施，坚持养老与养生结合，实现中医治未病理念、中医药养生保健、中医药特色康复融入健康养老全过程。**四是**强化医疗卫生服务管理。建立老年人出现突发事件时的应急预案、应急处理流程和报告制度等医疗管理制度。

关于赴浙江学习“千万工程”经验的考察报告

县政协经济委员会、科教文卫体委员会

为深入贯彻落实党的二十大关于全面推进乡村振兴的部署要求，学习借鉴浙江省“千村示范、万村整治”工程的好经验好做法，经县委批准，按照县政协年度工作要点安排，由杨洪霞副主席带队，组织部分政协委员赴浙江省湖州市、嘉兴市展开学习调研。考察组先后深入安吉县余村、刘家塘村、鲁家村和乌镇乌村等地，通过现场观摩、听取讲解、探讨交流等方式，进行了实地考察学习。对新时代乡村振兴战略的实施，有了新的认识和体会。现将有关情况报告如下。

一、考察地区基本情况

安吉县是习近平总书记"绿水青山就是金山银山"理念诞生地，也是中国美丽乡村建设的发源地和绿色发展的先行地。**一是**凝心聚力打造美丽乡村。近年来，安吉县全面开展"中国美丽乡村"建设，全力打造长三角新农村建设示范区，探索出农村生态文明建设新模式。天荒坪镇余村借力美丽乡村建设、生态文明创建等项目，大力推进"三改一拆""四边三化""五水共治"等环境治理工作，致力于把绿水青山转化为金山银山，带领村民集中精力开展生态文明建设、发展休闲旅游经济。**二是**全力以赴优化生态产业。按照高效生态品质智慧农业发展目标，大力发展生态循环农业、休闲农业。同时发挥品牌优势，加快实现"产品变礼品、园区变景区、农民变股民"的目标。坚持生态环保导向，大力发展装备制造、绿色食品、电子信息等新兴产业，不断打响绿色区域品牌，成为省级现代产业集群转型升级示范区。抓住产业与项目这个转化的关键点，下足"点绿成金"的功夫，规划打造山水灵峰休闲农业观光园，集休闲、观光、度假、餐饮为一体，注入大量休闲元素，让农业园区向景区逐渐转变，达到农旅双赢的效果。

二、考察地区的主要经验做法

考察过程中，我们亲身体会到，浙江省自2003年启动"千村示范、万村整治"工程以来，20年持之以恒、锲而不舍，造就了浙江万千美丽乡村，所到之地村村如画、处处皆景，文化底蕴深厚，产业兴旺发达，一派生机盎然景象。

1. 党建引领基础好。在浙江各考察地，都注重将党建贯穿乡村振兴工作的全过程。湖州市上墅乡刘家塘村推行的村党委联系党小组带领发展村户经济、党小组联系党员带班参与乡村治理、党员联系群众带头倡导文明乡风的"三联三带"活动，受到中央领导赞扬。

2. 规划先行标准高。安吉县坚持把规划放在美丽乡村建设的首要位置。在规划理念上，充分结合实际，发挥自身优势，打造个性特色，做到"一村一景""一村一品""一村一韵"，在规划设计上，以美丽乡村建设总体规划为龙头，实现了规划一张图、建设一盘棋、思路规划化、规划项目化、项目资金化。在规划执行上，严格按照规划进行施工建设，所到之处，没有发现私搭乱建行为，很少有与整体环境不协调的建筑，做到了一张蓝图绘到底。鲁家村坚持整村规划，高标准实施"道路硬化、庭院绿化、村组亮化、水源净化、村庄美化"等"五化"工程，开通4.5公里观光小火车，环线串联18个家庭农场。

3. 产业融合业态新。所到村庄在业态发展上都力求创新求异，按照"宜工则工、宜农则农、宜游则游"原则，突出旅游与农业、工业、文化的结合，精心打造多元新业态综合体，实现了"三产"的有机融合。鲁家村坚持"未来农场·农业之花"发展定位，紧抓家庭农场和美丽乡村建设机遇，开拓村庄经营模式，大力发展农事体验、乡村休闲等新业态。

4. 管理精细环境美。本次考察所到之处，视野之内几乎看不到生产生活垃圾，这与当地政府的精细管理和群众的环保意识密不可分。湖州市安吉县余村早在2021年就率先推行垃圾不落地试点，实行"定点投放、定时收集"，做到"垃圾不暴露、转运不落地、沿途不渗漏、村容更整洁"。

5. 多元参与机制优。纵观浙江各地乡村建设，把政府主导、农民主体、社会参与的共建理念贯穿于发展建设之中，是浙江模式成功的主要因素。政府主导，就是在规划编制、资金整合、项目监管、基础设施建设、环境综合整治等方面做好基础性工作。农民主体，就是突出发挥村规民约的自治作用，不断激发农民群众的主人翁意识。比如湖州市安吉县刘家塘村推行"五众"工作法，即大事众人定、三务众人清、村务众人管、廉情众人督、结果众人评，农民参与乡村建设的热情空前高涨。社会参与，就是引入社会资本参与美丽乡村建设，实行市场化运作。鲁家村坚持发展共建共享，成立“阿鲁阿家党群创业联盟”，创新“公司+村+家庭农场”经营模式，实现田园变景区，资源变资产，村民变股民，公司、村、家庭农场三方共营共利，村集体资产从不足30万元增加到近2.9亿元。

三、几点体会和建议

2020年，习近平总书记在浙江省余村考察时指出：要坚持走可持续发展之路，把生态效益更好转化为经济效益和社会效益，推动乡村经济、乡村法制、乡村文化、乡村治理、乡村生态、乡村党建全面强起来。推进乡村振兴是一个全面的、综合的、统领农村发展全局的系统工程，必须以党的二十大精神为统领，贯彻落实好习总书记重要指示，结合考察学习情况和我县实际，提出如下建议。

1. 突出党建引领，把牢乡村振兴方向。全面推进乡村振兴，党建引领是根本。**一是**加强领导班子建设。建立以知村情、懂民意、有情怀的“村庄能人”为带头人的集体领导体制，注重从大学毕业生、退休公职人员、退伍军人和当地优秀人才中选优配强村两委班子，适时调整班子的年龄结构和学历层次，推进班子成员能上能下，保持干部队伍高素质、年轻化。**二是**加强党员量化积分管理，围绕产业发展、脱贫致富，全面组织开展党员承诺践诺、设岗定责等活动，引导农村党员在推动乡村建设行动中当表率、做贡献。**三是**健全完善制度体系。领导干部包村、部门联村、干部驻村等各项制度，严格贯彻民主集中制原则，遵循“书记提议—两委成员同意—党员大会复议—村民代表大会决议”的程序，建立“决策讲程序、干事按规矩、处事讲和谐”的管理制度，减少重大决策失误，避免出现“人治”现象。全面推行“三结三带”，即驻村第一书记与村书记结对、驻村干部与村干部结对、党员与群众结对；强村带弱村、老党员带新党员、致富能手带困难群众，促进共同提高。

2. 坚持规划先行，绘好乡村振兴蓝图。科学合理的规划是推进乡村振兴、建设和美乡村的前提、基础和保障。浙江在美丽乡村建设中十分重视规划工作，在村庄整治初期先抓规划、再搞建设，结合实际，差异化发展，做到“画饼”与“做饼”相结合。这也启示我们，抓乡村发展首先要高起点编制乡村振兴战略总体规划。**一是**强化编制标准。要注重规划的科学性、前瞻性、针对性、可操作性，彰显本村特色和生态文明，实现自然美、构建美、人文美的有机统一，真正传承历史文化，体现乡村特色，反映时代特征，引领科学发展。**二是**明确功能定位。坚持因地制宜、突出个性，实行“一村一规划、一村一主题”，不搞千村一面，根据产业、文化、生态和村容村貌的不同，合理定位村庄主题特色，做到既融入整体大环境，又体现特色“小气候”。**三是**增强科学意识。要借助相关专业机构、专业人士的知识，运用科学方法编制适合于自身发展，接地气，可操作性强的乡村振兴规划方案。要提高村庄规划的质量和群众参与率、知晓率，让干部群众明白和美乡村建什么、怎么建、建成什么效果，把村庄规划的过程变成组织农民、引导农民的过程，变成培育农民、提升农民文明素质的过程，真正让农民从“台下看戏”转为“台上唱戏”。

3. 强化产业支撑，增强乡村振兴能力。乡村振兴，产业支撑是关键。浙江把农民增收致富摆在乡村建设的首位，推动产业业态多样化，增强农村集体经济“造血”功能，使美丽乡村成为农民增收和农村经济发展的新源泉。这些经验告诉我们，建设美丽乡村，要走产业融合发展的路子。**一是**发展乡村产业。持续建设高标准农田，大力推进“五位一体”新型经营模式，破解劳动力不足、土地撂荒的难题。在保持一村一特色产业融合发展的基础上，加大现代科技和创新投入力度，进一步提升农产品多元化加工横向发展能力和精深加工纵向发展活力。要大力支持村办企业发展、支持发展农产品精深加工，尽量把延长产业链的增值收益、就业岗位留在农村。根据区域、历史、资源等条件，利用特色小镇、美丽乡村、现代农业园等载体，吸引投资发展产业。**二是**提升特色农业，坚持用工业的理念、市场的意识、科技的支撑，通过合理规划，打造一批乡村产业品牌，以品牌效应带动产业链发展，激发产业发展活力，丰富产业类型。有了知名度才会形成流量，才能带动消费、带动就业、带动地方经济发展，吸引人才和投资，做大总量、做优品质，做强品牌。推动农村经济提质增效、转型升级。要加大农业招商引资力度，以龙头企业带动特色产业发展。支持引导有条件的农业股份制合作社转化为村办企业，带动农民就近就地就业，促进集体经济增收。鼓励和支持地域相邻、资源相近、产业相似的行政村跨地域联动发展产业，支持多个农民专业合作社共同出资组建经济联合体，抱团发展集体经济。**三是**拓展新兴产业，把和美乡村建设与产业转型升级，传承优秀传统文化紧密结合，盘活资源、经营村庄、繁荣文化，深度挖掘传统文化保护村落中凝结的文化因子，壮大村集体经济，为和美乡村建设提供经济支撑，形成环境美化与经济发展的良性互动。

4. 丰富“美”的内容，加强乡村生态建设。建设和美乡村，村美是底色。**一是**突出治理重点。继续深入开展农村人居环境整治工作，定期开展农村环境卫生整治提升行动。重点抓好农村改厕、生活污水治理、黑臭水体整治、农村垃圾分类处理、村庄绿化等工作，完善农村生活垃圾分类监管，促进农村生活垃圾分类工作逐步走入规范化、制度化、标准化。鼓励有条件的地方以乡村旅游为标准，加强乡村环境卫生基础设施建设，改善“房、田、水、路、沟、渠”面貌，打造田园风光。**二是**推进微景观改造。按照适地适树、兼顾生态和景观的原则，在道路两侧种植行道树，动员群众在行道树间隙、房前屋后、农田周边见缝栽花植绿，要采取“谁种植、谁管护”、村组负责或村民认领等方式，建立景观后续管护体系，确保乡村常青常绿。**三是**规范日常行为。要广泛宣传环境整治的意义和要求，带动提升广大村民的环境卫生保护意识，将垃圾分类、污水治理等纳入村规民约，通过评选秀美庭院、文明家庭，引导村民培育良好的卫生习惯和文明乡风，自觉做好房前屋后、大街小巷、庭院内外的绿化美化，营造良好的乡村环境，实现环境卫生的常态化、长效化管理。**四是**培树特色文化。扎实开展大运河传承保护利用，以古镇、古村、古建筑、古文化为载体，加强传统文化的保护利用，挖掘、整理、展示村落的非物质文化遗存，赋予新的时代内涵，擦亮村庄特色文化品牌。扎实开展卫生村、生态村、文明村等品牌的创建，汇聚各方力量，打造金字招牌，全面推动乡村和美发展。

5. 坚持“和”的理念，推动乡村文化建设。建设和美乡村，“和”是内在属性，要以“和”的理念贯穿始终，滋润人心、德化人心、凝聚人心，确保农村人心向善、稳定安宁。**一是**强化思想引领。要加强思想道德建设，开展丰富多彩的文化活动，满足农民群众日益增长的精神文化需求。**二是**提升乡风文明。加强社会主义核心价值观教育，常态化开展“最美家庭”选树活动，坚决遏制大操大办、厚葬薄养、人情攀比等陈规陋习，树立文明乡风。**三是**培树乡村文化。加强农村文化礼堂等公共文化设施建设，大力开展送文化、种文化活动，一方面，积极“送文化”，更多更好地提供公共文化服务和公共文化产品，如“送戏、送电影、送图书”下乡，保证公共文化服务供给的均等化。另一方面注重“种文化”，培养基层文化骨干和文艺人才，增加群众参与文化活动的主动性，鼓励老百姓走上舞台，切实提高人民群众的文化获得感和幸福感，不断提升公共文化服务水平。

6. 统筹各方力量，汇聚乡村振兴合力。坚持“政府主导、群众主体、社会参与”原则，统筹各方力量参与乡村振兴工作。**一是**坚持政府主导。突出党政主导、各方协同、分级负责，建立党政“一把手”亲自抓、分管领导直接抓、一级抓一级、层层抓落实的工作推进机制。紧盯乡村振兴的重点任务，以钉钉子的精神推动各项建设任务顺利完成。**二是**坚持群众主体。充分尊重群众意愿，建立健全村级民主协商议事平台，严格执行“四议两公开”等村级重大事项民主决策机制，引导群众主动参与和美乡村建设，达到投工投劳、出资出智共建美好家园的目的。**三是**坚持社会参与。要通过座谈交流、发放倡议书等方式，强化“土专家”“田秀才”的智能作用，鼓励支持社会组织参与乡村振兴工作。要大力表彰在乡村振兴中作出突出贡献的社会组织，通过表扬通报、典型选树、案例宣传等方式，提高社会组织积极性。

总之，通过这次考察学习，使我们进一步开阔了视野，增长了见识，看到了差距，学到了经验。下一步，我们将积极把考察学习到的先进理念、经验做法转化为推动工作的实践：一方面，通过政协信息、会议发言等形式推荐给乡镇部门，助力和美乡村建设；另一方面，以信息专刊形式印发给相关政协委员，让委员通过知识宣讲、协商议政、座谈交流等多种方式，提升委员履职能力和水平。**第三，**把学习成果融入履职尽责的各项工作中，结合我县实际，引导广大政协委员积极参与和美乡村建设，深入调研献良策，广聚共识助发展，为全县乡村振兴、和美乡村建设贡献智慧和力量。

第八编

人物篇

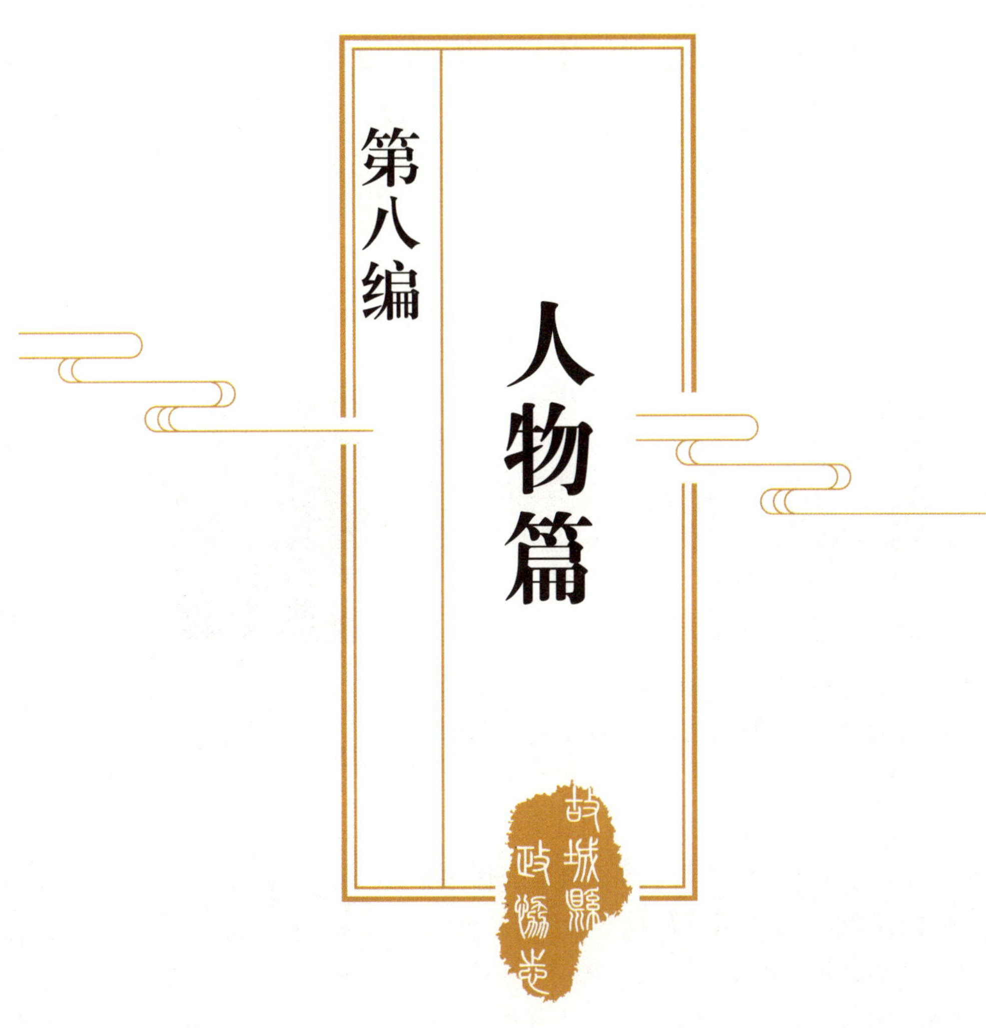

在县委的坚强领导下，历届县政协领导班子团结带领广大政协委员奋发进取、开拓创新，以智慧和担当，铸就了政协事业的辉煌篇章。他们以责任为笔，以担当为墨，书写着精彩篇章。他们胸怀大局、心系民生，积极建言献策，用实际行动诠释着政协委员的使命与担当，为县域发展贡献智慧与力量。

第一章 历届政协故城县委员会主席、副主席、党组成员、秘书长简历（1984.03—2024.09）

第一节 政协故城县委员会主席简历（1984.03—2024.09）

田宝庭（1929—1998），男，汉族，1929年8月出生，故城县辛庄乡北官庄村人，1947年8月加入中国共产党，初小文化，第二届故城县政协主席。1947年5月参加革命工作；1947年5月至1955年4月先后任故城县公安战士、副班长、公安局收发员、人事秘书、副协理员、外勤股长；1955年5月任故城县检察院副检察长；1958年10月任吴桥县公安局副局长；1959年4月任吴桥县坊庄公社党委副书记；1961年5月任故城县检察院副检察长、中共故城县委候补委员；1965年10月任中共故城县委监委书记；1970年11月任故城县里老公社党委书记；1972年6月任故城县革委政治部副主任、县直党委书记；1972年11月任故城县委常委；1977年6月任故城县计划委员会主任；1979年12月任中共故城县纪律检查委员会书记；1982年9月任政协故城县第二届委员会第一次会议筹建委员会主任；1984年3月任第二届故城县政协主席；1984年6月任故城县政协党组书记；1991年9月离休。1998年1月3日在郑口镇去世，享年68岁。

马端榜（1934—2016），男，汉族，1934年3月出生，河北省衡水市枣强县人，1953年5月加入中国共产党，初中文化，第三届、四届故城县政协主席。1950年9月任故城县供销社干部；1958年1月任故城县委办公室干部；1963年2月任故城县委办公室副主任；1968年3月任故城县海河民工团团长；1970年1月任故城县革委会办公室副主任；1973年5月任故城县革委会办公室主任；县委常委兼办公室主任；1981年6月任故城县委常委、宣传部部长；1983年12月任故城县人大常委会党组副书记；1984年3月任故城县人大常委会副主任、党组副书记；1987年3月任第三届故城县政协主席；1987年4月任故城县政协党组副书记；1990年3月任第四届故城县政协党组副书记、主席；1994年4月退休。2016年3月18日在枣强县去世，享年82岁。

张彦恩，男，汉族，1944年11月出生，河北省邢台市巨鹿县人，1966年2月加入中国共产党，大学学历，第五届、六届故城县政协主席。1968年12月至1974年6月

历任中学教师、中学校长、文教局干事；1974年6月任故城县委宣传部干事；1982年7月任故城县委宣传部宣传科副科长；1982年11月任故城县委宣传部副部长；1983年5月任故城县委办公室副主任、研究室主任；1983年11月任故城县委副书记；1989年11月任故城县政协党组书记；1990年3月任故城县政协党组书记、副主席；1993年1月任第五届故城县政协党组书记、主席；1998年2月任第六届故城县政协党组书记、主席；2003年5月任第七届故城县政协党组副书记。2004年12月退休。

郭居娥，女，汉族，1951年8月出生，故城县建国镇霍庄村人，1971年1月加入中国共产党，大专学历，第七届故城县政协主席。1971年10月故城县建国中学民办教师；1972年6月故城县建国镇夜教辅导员；1974年1月任建国镇霍庄村党支部书记；1974年11月任建国镇公社党委副书记；1976年1月任故城县委常委、建国公社党委书记、革委会主任；1976年12月任故城县委常委；1977年3月任故城县委常委、宣传部部长；1980年4月任故城县宣传部副部长；1983年11月任故城县委常委、宣传部部长；1989年11月任故城县政府副县长（1995.09—1997.12在河北省委党校经济管理大专班在职学习）；1998年1月任故城县委副书记；2003年4月任故城县第七届政协主席；2003年5月任故城县政协党组书记；2007年5月任故城县委顾问。2011年9月退休。

张海英，男，汉族，1958年7月出生，故城县里老乡小马坊村人，1982年12月加入中国共产党，大专学历，第八届、九届故城县政协主席。1974年12月里老乡磷肥厂工作；1978年3月衡水农机化学校学习；1980年3月任故城县郑口镇团委书记；（1983年3月至1985年4月在衡水党校大专班学习两年）1985年8月任故城县郑口镇党委副书记；1990年1月任故城县青罕镇镇长；1993年4月任故城县青罕镇党委书记兼镇长；1996年4月任故城县青罕镇党委书记；1998年1月任故城县人民政府副县长；2005年5月任故城县委常委、县政府常务副县长；2007年5月任故城县第八届政协党组书记、主席；2012年1月任故城县第九届政协党组书记、主席；2017年1月任故城县第九届政协党组副书记、主席；2017年2月任第十届故城县政协党组副书记。2018年8月退休。

史立朝，男，汉族，1965年8月出生，故城县里老乡小马坊村人，1989年8月加入中国共产党，大学学历，第十届、十一届故城县政协主席。1982年6月故城县里老公社教师；1984年2月故城县里老乡教师；1986年9月故城县师范学校学习；1988年7月任故城县小庙乡团委副书记；1990年1月任故城县小庙乡行政秘书；1991年8月任故城县小庙乡党委组织委员；1993年5月任故城县小庙乡党委副书记；1996年1月任故城县坊庄乡党委副书记；1997年6月任故城县坊庄乡党委副书记（正乡级）；1998年9月任故城县坊庄乡党委副书记、乡长（1996.09—1999.07在市委党校党政干部半脱产大专班学习）；2000年3月任故城县夏庄镇党委副书记、镇长；2001年5月任故城县夏庄镇党委书记（2000.09—2002.12在省委党校函授学院经济管理专业学习）；2003年8月任夏庄镇党委书记兼夏庄开发区管委会副主任；2005年3月任故城县政协副主席、夏庄镇党委书记兼夏庄开发区管委会副主任；2006年7月任故城县副县长、夏庄镇党委书记兼夏庄工业项目区主任；2007年5月任故城县副县长兼夏庄工业项目区主任；2010年7月任故城县副县长兼衡德工业园区主任；2012年4月任故城县副县长兼衡德工业园区党工委书记；2013年8月任故城县副县长；2017年1月任故城县政协党组书记；2017年2月任第十届故城县政协党组书记、主席；2021年7月至今任第十一届故城县政协党组书记、主席。

第二节　政协故城县委员会副主席、党组成员简历（1984.03—2024.09）

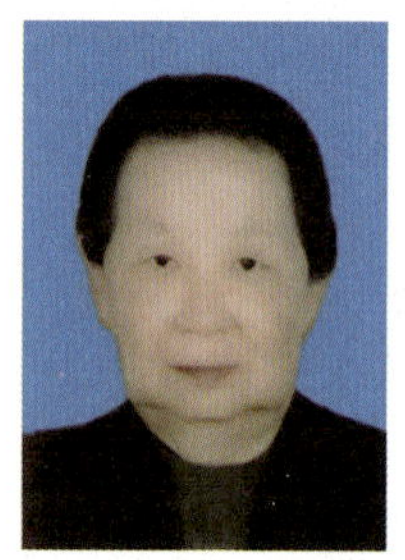

国秀梅（1929—2022），女，汉族，1929年12月出生，黑龙江省鸡西市人，1949年4月加入中国共产党，中学学历，第二届故城县政协副主席。1947年5月参军；1963年3月转业任深县知青办副主任；1969年9月任故城县知青办副主任；1971年7月任故城县劳动局副局长；1978年5月任故城县政府副县长；1984年3月任第二届故城县政协副主席；1984年6月任故城县政协党组副书记；1989年10月离休。于2022年5月27日在石家庄去世，享年92岁。

石万山（1926—2011），男，汉族，1926年7月出生，河北省衡水市阜城县人，1945年3月加入中国共产党，高小学历，第二届故城县政协副主席。1945年5月在阜城参加工作，南下至武城县后调往故城县工作；1955年3月至1984年3月历任中共武城县第四区委员会副书记、中共武城县第五区委员会副书记、中共武城县饶阳店乡委员会副书记、中共武城县饶阳店乡委员会书记、中共武城县饶阳店人民公社委员会副书记、中共武城县饶阳店人民公社委员会书记、中共故城县郑家口人民公社委员会书记、中共青罕人民公社委员会书记、后调衡水地区交通局任副局长；1984年3月任第二届故城县政协副主席；1984年6月任故城县政协党组成员；1987年10月被批准离休。2011年5月11日在衡水市桃城区去世，享年84岁。

李作虎（1938—2006），男，汉族，1938年12月出生，江苏省徐州市人，无党派，大学文化，第二届故城县政协副主席。1963年9月任山东省德州市武城县农林局畜牧兽医站技术员；1964年12月任故城县农业局畜牧兽医站技术员；1974年10月先后任故城县畜牧局技术员、副站长、副局长；1984年3月任第二届故城县政协副主席兼农业局副局长；1986年5月任故城县人大常委会副主任。2006年10月21日在郑口镇去世，享年67岁。

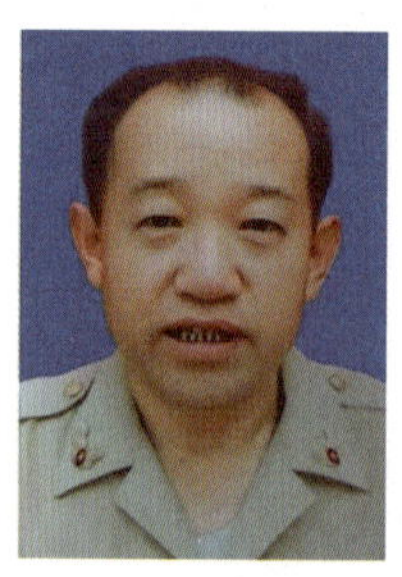

陈连生（1936—2008），男，汉族，1936年4月出生，故城县建国镇陈庄村人，1958年10月加入中国共产党，高中学历，第三届、四届故城县政协副主席。1953年2月任武城县二区扫盲班专职教员；1957年11月赴天津静海农校学习；1958年11月任山东省德州市武城县城关镇农科站农技员、会计；1962年4月任山东武城县城关镇河西管理区青年团总支书记；1964年10月任陈庄村党支部书记；1975年2月任故城县赵行公社革委会主任；1976年10月任故城县赵行公社党委书记兼公社革委会主任；1984年1月任故城县武官寨乡党委书记；1987年4月任故城县政协党组成员；1988年3月任第三届故城县政协副主席、党组成员；1990年3月任第四届故城县政协副主席、党组成员；1992年12月任故城县政协党组副书记；1997年1月退休。2008年6月3日在郑口镇去世，享年72岁。

尹丕杰，男，汉族，1927年10月出生，山东省德州市武城县人，无党派，大学文化，第二届、三届、四届故城县政协副主席。1992年获河北省文史工作十年成果奖。1948年2月任冀南军区建设学院干部；1949年7月任河北省建设学院干部；1950年9月任河北省荣军党校教师；1954年2月任石家庄农业机械化学校教师；1957年8月任故城县小庙中学教师（划右派）；1978年11月任故城县文化馆干部；1984年3月起任第二届、三届、四届故城县政协副主席。1992年12月离休。

王增义（1941—2022），男，汉族，1941年1月出生，故城县郑口镇太兴镇村人，1963年4月加入中国共产党，高中学历，第五届故城县政协副主席。1957年6月任故城县农机厂统计、工业局干部；1982年12月任故城县工业局副局长、经委副主任；1986年5月任故城县计经委副主任（正科）；1987年6月任故城县经委主任；1992年12月任故城县政协党组副书记；1993年1月任故城县政协党组副书记、第五届政协副主席；1998年3月任故城县政协党组成员；2001年1月退休。于2022年3月16日在郑口镇去世，享年81岁。

姚义珍（1944—2020），女，汉族，1944年1月出生，河北省石家庄市藁城区人，无党派，大学文化，第四届、五届故城县政协副主席。1968年12月至1978年12月夏庄卫生院和袁庄卫生院工作；1978年12月在城县妇幼保健院工作；1980年6月故城县医院工作；1990年3月任第四届故城县政协副主席（不驻会）；1993年1月任第五届故城县政协副主席；1998年2月调任故城县人大常委会副主任。于2020年3月29日在郑口镇去世，享年76岁。

李庆云（1947—2022），男，汉族，1947年9月出生，故城县房庄镇后吴村人，1973年7月加入中国共产党，大学学历，第六届故城县政协副主席。1976年8月任衡水地委办公室秘书；1982年3月任故城县政府办公室主任；1986年10月任故城县杏基乡党委书记；1989年12月任故城县委常委、郑家口镇党委书记；1992年12月任故城县副县长；1998年1月任故城县政协党组成员；1998年2月任第六届故城县政协副主席、党组成员；2003年5月任故城县政协党组副书记；2007年10月退休。2022年11月28日在郑口镇去世，享年75岁。

黄凤忠，男，汉族，1945年9月出生，故城县故城镇大第八村人，1964年7月加入中国共产党，大学学历，第五届、六届故城县政协副主席。1963年8月参加“四清”；1966年8月任故城县商业局学员；1972年8月至1983年4月先后任原西公社革委会副主任、袁庄公社第一副书记、管委会主任、农业局党组副书记、副局长；1983年4月至1988年3月先后任故城县广播局党组书记、副局长、局长；1988年3月任西半屯乡党委书记；1992年12月任故城县政协党组成员；1993年1月任第五届故城县政协副主席、党组成员、县委统战部部长；1998年2月任第六届故城县政协副主席、党组成员、县委统战部部长。2005年10月退休。

徐乃起，男，汉族，1953年8月出生，山东省德州市武城县人，无党派，研究生学历，第六届故城县政协副主席。1970年3月至1986年2月故城县木建厂、建筑公司，任技术员、施工队长和公司经理；1986年2月至1994年5月先后任故城县建筑工程监督站站长、施工队伍管理处主任、故城县计划委员会副主任兼故城县质量监督站站长；1994年5月任故城县建设委员会主任；1998年2月任第六

届故城县政协副主席；2000年2月任衡水市桃城区政府副区长。

张彦秀，男，汉族，1945年9月出生，故城县辛庄乡陶户庄村人，1966年2月加入中国共产党，高中学历，第六届故城县政协副主席。2019年获河北省五星级离退休干部党员称号。1963年11月至1973年1月先后任原西供销社售货员、“四清”工作队员、庙灵公社水利员；1973年1月任庙灵公社副主任；1977年4月任西半屯公社副书记、管委会主任；1981年4月任西半屯公社书记；1983年1月任三郎乡公社书记；1988年9月任故城县农业局局长；1998年2月任第六届故城县政协副主席、蔬菜办主任；1998年3月任故城县政协党组成员。2005年10月退休。

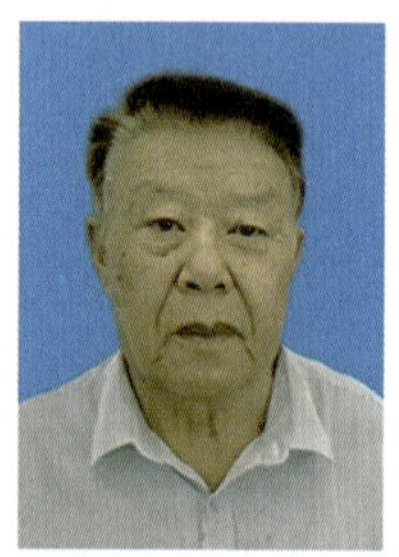

张德恩，男，汉族，1943年8月出生，故城县三朗镇张长林村人，1970年7月加入中国共产党，中专学历，第六届故城县政协副主席。1999年获全国老干部工作先进个人。1963年10月在平泉县林业局任技术员、斗批改办办事员；1970年7月在平泉县直党委工作；1972年1月任故城县委宣传科干事；1976年6月任故城县委组织部干部科科员、副科长；1983年6月任故城县委组织部副部长；1988年3月任故城县监察局局长；1992年12月任故城县纪委副书记、监察局局长；1993年4月任故城县委组织部副部长、老干部局局长；1998年2月任第六届故城县政协副主席、组织部副部长、老干部局局长；1998年3月任故城县政协党组成员。2005年9月退休。

翟占禹，男，汉族，1953年9月出生，故城县三朗镇前土营村人，1973年7月加入中国共产党，大学学历，第六届、七届故城县政协副主席。1992年获河北省信息工作先进工作者。1972年12月任63军步兵第566团高机连战士、文书；1975年8月任63军步兵第566团4连4排排长（1975.08—1978.09在河北大学中文系学习）；1979年2月任63军步兵第566团2营机枪连副政治指导员；1980年2月任63军步兵第566团2营机枪连政治指导员；1981年4月任63军步兵第566团宣传股正连职干事；1982年10月任63军步兵第566团宣传股股长；1984年9月任63军步兵第566团3营政教；1984年12月任63军步兵第566团政治处副主任；1986年6月任故城县委办公室主任科员；1989年4月任故城县委办公室副主任；1992年8月任故城县委办公室主任兼研究室主任；1998年2月任第六届故城县政协副主席；1998年3月任故城县政协党组成员；2003年4月任第七届故城县政协副主席、党组成员、县委统战部部长；2003年5月任故城县政协党组副书记；2007年6月任故城县委统战部部长、政府顾问。

田登书，女，汉族，1952年10月出生，河北省衡水市枣强县人，无党派，大学学历，第六届、七届、八届故城县政协副主席。1991年获全国物价业务统计先进工作者称号。1970年9月衡水电焊机厂工人；1975年10月至1977年10月在河北机电学校学习；1977年10月任故城县电力局办公室科员；1980年1月任故城县公安局办公室科员；1984年10月任故城县物价局科员（1984.01—1987.12在河北自学考试法律专业学习）；1993年5月任故城县物价局副局长（1996.09—1998.12在中央党校函授学院党政专业学习）；2000年2月任第六届故城县政协副主席（不驻会）兼物价局副局长；2003年4月任第七届故城县政协副主席（不驻会）兼物价局副局长；2007年5月任第八届故城县政协副主席。2013年4月退休。

夏建民（1952—2013），男，汉族，1952年8月出生，故城县夏庄镇大化村人，1972年7月加入中国共产党，大学学历，第七届故城县政协副主席。2000年获衡水市

重点建设先进个人。1966年3月在夏庄公社、辛庄公社粮站工作；1974年12月至1987年6月任辛庄乡党委宣传委员、组织委员、联合社长；1987年6月至1992年8月先后任里老乡、庙灵乡联合社长、庙灵乡副乡长；1992年8月任庙灵乡党委副书记、乡长；1995年2月任坊庄乡副书记、乡长、党委书记；1996年1月任粮食局党组副书记、第一副局长；1996年10月任粮食局局长；2003年4月任第七届故城县政协副主席、粮食局局长；2003年5月任故城县政协党组成员；2005年3月调任故城县政府顾问、党组成员、粮食局局长。于2013年10月14日在夏庄镇去世，享年61岁。

秦立堂，男，汉族，1968年7月出生，故城县建国镇东冯村人，1993年12月加入中国共产党，本科学历，第七届故城县政协副主席。1986年9月河北商业专科学校计划统计专业学习；1989年10月任故城县纺织厂统计员；1990年10月任故城县统计局办公室科员；1995年5月任故城县统计局副局长；1998年12月任故城县统计局副局长（主持工作）；1999年12月任故城县统计局局长；2000年3月任故城县西半屯镇党委副书记、镇长；2002年4月任故城县饶阳店镇党委副书记、镇长；2003年4月任故城县饶阳店镇党委书记；2006年7月任第七届故城县政协副主席、党组成员、饶阳店镇党委书记；2007年6月调任故城县人大副主任、党组成员、饶阳店镇党委书记。

周德全，男，汉族，1963年12月出生，故城县故城镇周庄村人，无党派，大学学历，第八届、九届、十届故城县政协副主席。1993年获河北省科技进步先进工作者。1981年9月河北农业大学邯郸分校农学专业学习；1985年8月任故城县科学技术委员会科员；1992年11月任故城县科学技术委员会秘书；1997年1月任故城县科技局副局长；2003年4月任故城县人大副主任、科技领导小组副组长；2007年6月起任第八届、九届、十届故城县政协副主席；2019年6月任县政协二级调研员；2021年7月任故城县县级领导干部。2023年6月任县政协一级调研员。2024年1月退休。

冯振东，男，汉族，1957年10月出生，故城县西半屯镇十二里庄村人，1984年5月加入中国共产党，大学学历，第八届故城县政协副主席。2006年获全国财政系统先进工作者（省劳模），2011年4月荣获全国五一劳动奖章。1977年7月在瓦子庄乡财税所工作；1977年12月至1991年1月先后任故城县财税局科员、副股长、股长（1982.08录干）；1991年1月任故城县三查办主任（副科）；1992年8月任故城县财政局副局长兼三查办主任（1989.09—1991.07在县委党校党政干部行政管理（业余）中专班经济管理专业学习）；1995年5月任故城县财政局副局长（享受正科级待遇）（1995.05—1997.12在河北省委党校经济管理专业学习）；1999年3月任故城县财政局党组书记、副局长（2000.09—2002.12在河北省委党校经济管理专业学习）；2003年11月任故城县财政局党组书记、局长；2007年5月任故城县政协党组成员、财政局局长、党组书记；2007年6月任第八届故城县政协副主席（不驻会）、党组成员、财政局局长、党组书记；2011年11月任故城县人大常委会副主任候选人、党组成员。

李善群，男，汉族，1961年7月出生，故城县三朗镇李长林村人，1983年11月加入中国共产党，大学学历，第八届故城县政协副主席。2007年、2011年先后获“河北省发展劳务经济带头人”称号；2007年和2011年获市劳模称号。1978年3月衡水农校农学专业学习；1980年3月任故城县政府办科员、副主任；

1996年5月任故城县政府党组成员、办公室主任（1995.09—1997.12在衡水市委党校经济管理专业学习）；2004年9月任故城县委组织部副部长、人劳社保局党组书记、局长兼编办主任；2007年5月任第八届故城县政协党组成员、县委组织部副部长、人劳社保局党组书记、局长兼编办主任；2007年6月任第八届故城县政协副主席（不驻会）、党组成员、县委组织部副部长、人劳社保局党组书记、局长兼编办主任；2011年5月任第八届故城县政协副主席（不驻会）、党组成员、县委组织部副部长、人劳社保局党组书记、局长；2011年10月任故城县政府党组成员、顾问、县政协副主席（不驻会）、党组成员、县委组织部副部长、人劳社保局党组书记、局长；2012年1月调任故城县政府党组成员、顾问，县委组织部副部长，人劳社保局党组书记、局长。

刘三林，男，汉族，1963年4月出生，故城县武官寨镇前花园村人，1986年12月加入中国共产党，大学学历，第九届故城县政协副主席。2009年获省级优秀党务工作者。1984年8月至1988年6月在河北农业大学邯郸分校学习；1988年6月任故城县杏基乡团委书记；1991年7月任故城县梧茂乡行政秘书；1993年5月任故城县梧茂乡党委组织委员；1996年1月任故城县坊庄乡副乡长；1998年8月任故城县坊庄乡党委副书记；2001年12月任故城县坊庄乡党委副书记（正乡级）；2003年4月任故城县青罕镇党委副书记、镇长；2006年7月任故城县青罕镇党委书记；2011年8月任第九届故城县政协党组成员、青罕镇党委书记；2012年1月任第九届故城县政协副主席、党组成员、青罕镇党委书记；2012年6月任第九届故城县政协副主席；2017年1月任第九届故城县政协副主席、政府党组副书记；2017年2月任故城县政府党组副书记；2021年6月任故城县政协党组成员。2023年5月退休。

李希旺，男，汉族，1963年9月出生，故城县故城镇北二屯村人，1987年7月加入中国共产党，大学学历，第九届故城县政协副主席。1985年7月任故城县纪委科员；1991年8月任故城县袁庄乡组织委员；1993年5月任故城县袁庄乡副乡长；1996年1月任故城县夏庄乡副乡长；1998年8月任故城县夏庄镇党委副书记（2000.09—2002.12在河北省委党校经济管理专业学习）；2003年11月任故城县夏庄镇党委副书记、镇长；2005年8月任故城县夏庄镇党委副书记、镇长兼夏庄工业项目区办公室主任；2007年6月任故城县夏庄镇党委书记；2011年8月任第九届故城县政协党组成员、夏庄镇党委书记；2012年1月任第九届故城县政协副主席、党组成员、夏庄镇党委书记；2012年6月任故城县政协副主席、夏庄镇党委书记兼衡德工业园区党工委第一副书记；2012年7月任故城县政协副主席兼衡德工业园区党工委第一副书记；2013年8月任第九届故城县政协副主席；2017年1月任故城县政府党组副书记；2021年6月任故城县政协党组成员。2023年10月退休。

王连彬，男，汉族，1975年12月出生，故城县郑口镇太兴镇村人，1993年9月加入中国共产党，研究生学历，第十届故城县政协副主席。2014年获全市党管武装先进个人。1991年5月任故城县原西乡计生委统计员；1994年5月化工部石家庄管理干部学院学习（全脱产）；1996年6月任故城县西半屯乡组织委员办公室干事；1996年12月任故城县西半屯乡组织委员（副乡级）；1999年1月任故城县三朗乡政府副乡长（1997.08—1999.12在中共党校本科班经济管理专业学习）；2006年4月任故城县三朗乡党委委员、副乡长；2007年6月任故城县三朗乡党委副书记；2008年1月任故城县三朗乡人大主席；2011年3月任故城县军屯镇党委书记；2012 年 7 月任故城县夏庄镇党委书记、衡德工业园第一副书记；2017 年 1 月任第十届故城县政协副主席候选人、党组成员；2017 年 2 月任第十届故城县政协副主席、党组成员［2015. 09—2018. 07 在中央党校在职研究生班经济学（经济管理）专业学习］；2019 年 5 月至 2021 年 5 月任故城县政府副县长；2021 年 5 月任衡水市冀州区委常委、组织部部长兼党校第一副校长。

郭金玉，男，汉族，1963 年 3 月出生，故城县里老乡周鸭鹅村人，1986 年 4 月加入中国共产党，研究生学历，第十届故城县政协副主席。1982 年 3 月故城县青罕中学教师；1984 年 7 月故城县辛庄中学教师；1989 年 5 月任故城县辛庄乡政府秘书；1993 年 5 月任故城县辛庄乡组织委员、党委秘书；1995 年 3 月任故城县辛庄乡副乡长；1998 年 8 月任故城县辛庄乡党委副书记；2002 年 9 月任故城县郑口镇党委副书记；2003 年 11 月任故城县西半屯镇党委副书记、镇长；2007 年 6 月任故城县西半屯镇党委书记；2012 年 6 月任故城县政府办党组成员、县长助理、交通局党组书记（主持工作）；2015 年 4 月任故城县交通局党组书记、局长；2017 年 1 月任第十届故城县政协党组成员；2017 年 2 月至 2017 年 11 月任第十届故城县政协副主席、党组成员。

关志清，女，汉族，1973 年 11 月出生，故城县军屯镇关庙村人，无党派，大专学历，第十届故城县政协副主席。1989 年 9 月衡水地区农业技术学校学习；1993 年 9 月郑口镇政府农技站工作（1996. 09—1999. 07 衡水市委党校半脱产大专班学习）；2001 年 7 月在郑口镇农经站工作；2011 年 12 月任郑口镇人大副主席；2015 年 5 月任武官寨镇主任科员、东大洼现代农业示范区办公室副主任；2017 年 2 月任第十届故城县政协副主席；2021 年 7 月调任故城县人大常委会副主任候选人。

徐长彬，男，汉族，1965 年 3 月出生，故城县饶阳店镇水东屯村人，1991 年 7 月加入中国共产党，大学学历，第十届故城县政协副主席。2009 年获省级优秀党务工作者。1985 年 7 月故城县饶阳店镇中学教师；1989 年 9 月衡水地委党校大专班学习（脱产）；1991 年 7 月任故城县饶阳店镇政府办公室主任；1995 年 6 月任故城县饶阳店镇纪委副书记；1996 年 12 月任故城县饶阳店镇政府副镇长（1997. 09—1999. 09 在中央党校函授学院本科班经济管理专业学习）；1998 年 8 月任故城县饶阳店镇党委副书记；2004 年 9 月任故城县三朗乡党委副书记、乡长；2008 年 1 月任故城县三朗乡党委书记；2011 年 11 月任故城县郑口镇党委书记、西苑开发区管委会主任；2013 年 12 月任故城县政府副县长、政府党组成员、郑口镇党委书记；2014 年 1 月任故城县政府副县长、政府党组成员；2020 年 12 月任故城县政府党组成员；2021 年 2 月任故城县政府党组成员、第十届故城县政协副主席；2021 年 6 月任故城县政协党组成员；2023 年 12 月任故城县县级领导干部。2024 年 4 月退休。

马春章，男，汉族，1967 年 8 月出生，故城县夏庄镇马庄村人，1991 年 4 月加入中国共产党，大学学历，第十届、十一届故城县政协副主席。1998 年获河北省贸易系统先进工作者（市劳模）。1982 年 8 月至 1993 年 1 月先后任故城县百货公司业务员、主任、经理；1993 年 1 月任故城县人民商场经理；1997 年 1 月任故城县贸易局工会主席；1998 年 9 月任故城县市场贸易局副局长；2002 年 5 月任故城县贸易总公司总经理；2002 年 10 月任故城县市场流通办主任；2010 年 3 月任故城县商务局党组书记、局长；2011 年 11 月任西半屯镇党委副书记、镇长；2012 年 6 月任故城县西半屯镇党委书记；2017 年 1 月任故城县住房和城乡建设局党组书记、局长；2021 年 2 月任第十届故城县政协副主席；2021 年 6 月任故城县政协党组成员；2021 年 7 月任第十一届故城县政协副主席、党组成员。

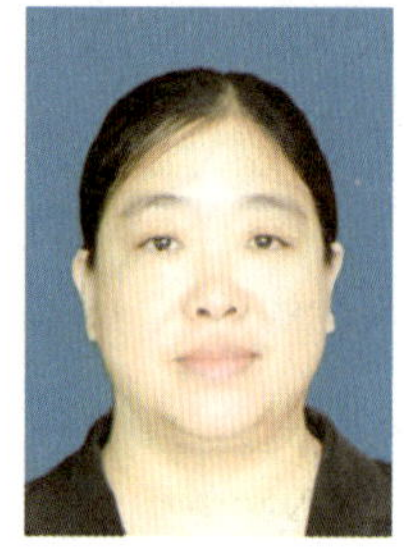

杨洪霞，女，汉族，1973 年 10 月出生，故城县房庄镇杨梧茂村人，1999 年 7 月加入中国共产党，大学学历，第十一届故城县政协副主席。1997 年获河北省技术状元。1988 年 9 月河北交通技工学校学习；1991 年 7 月故城县交通局工作；2000 年 4 月任故城县物价局纪检组组长；2006 年 7 月任故城县纪委常委、第一纪工委书记、监察室主任；2008 年 1 月任故城县团县委书记；2011 年 3 月任辛庄乡党委副书记、乡长；2012 年 10 月任青罕镇党委副书记、镇长；2016 年 3 月任青罕镇党委书记；2021 年 6 月任故城县政协党组成员；2021 年 7 月任第十一届故城县政协副主席、党组成员。

苑颖康，女，汉族，1981 年 2 月出生，河北省衡水市武强县人，民盟盟员，大学学历，第十一届故城县政协副主席。2000 年 9 月东北财经大学公共管理学院学习；2005 年 3 月任衡水市卫生局科员（2009. 05—2010. 05 在武强县豆村乡挂职乡长助理）；2010 年 7 月任衡水市卫生局副主任科员；2015 年 8 月任衡水市卫生和计划生育委员会副主任科员；2016 年 1 月任衡水市卫生和计划生育委员会财务科科长；2019 年 1 月任衡水市卫生健康委员会财务科科长（2019. 06—2020. 07 在枣强县肖张镇挂职副镇长）；2021 年 7 月任第十一届故城县政协副主席。

刁海松，男，汉族，1965 年 2 月出生，故城县青罕镇刁孝子村人，1991 年 7 月加入中国共产党，大专学历，第十届故城县政协党组成员。1984 年 7 月任故城县水利局技术员；1991 年 12 月任故城县委组织部科员；1997 年 1 月任故城县委基层党建联席办副主任（副科）；2004 年 9 月任故城县委正科级组织员（正科）；2007 年 9 月任故城县委组织部副部长（正科），2012 年 9 月任故城县残联理事长、党组书记；2019 年 1 月任故城县政协教科文卫委主任；2019 年 11 月任故城县政协经济委主任，2019 年 9 月至 2021 年 6 月任故城县政协党组成员。

黄立杰，男，汉族，1968 年 9 月出生，故城县故城镇大第八村人，1993 年 1 月加入中国共产党，大学学历，第十一届故城县政协党组成员。1988 年 7 月华北石油第五采油厂工作；1989 年 5 月故城县财政局综合股科员（1990. 09—1993. 07 在河北财经学院会计专业函授大专学习），1993 年 1 月任故城县财政局资金管理股副股长；1997 年 1 月任故城县财政局预算外资金征管股股长（1997. 09—1999. 12 在中央党校函授学院本科班经济管理管理专业学习）；2002 年 8 月任故城县财政局办公室主任；2008 年 8 月任故城县财政局农财股股长；2010 年 3 月任故城县财政局办公室主任；2012 年 5 月任故城县城市建设发展有限公司副经理；2018 年 1 月任故城县城市建设发展有限公司法人、总经理；2019 年 11 月任故城县城投集团有限公司董事长、法人；2021 年 10 月任故城县故投文旅集团有限公司董事长、法人；2022 年 12 月任故城县城投集团和故投文旅集团有限公司总支部委员会党总支书记；2024 年 3 月任故城县政协党组成员。

王拥军，男，汉族，1968 年 8 月出生，河北省衡水市景县人，1992 年 12 月加入中国共产党，大专学历，第十一届故城县政协党组成员。1989 年 8 月至 1997 年 1 月任故城县交通局科员、办公室副主任、主任（1991. 06—1994. 03 在西安公路学院函授班交通运输专业学

习）；1997 年 1 月任故城县交通局副局长、党组成员；2002 年 5 月任故城县交通局党组副书记、副局长；2008 年 1 月任故城县交通局党组书记；2011 年 4 月任故城县交通局党组书记（主持工作）；2012 年 6 月任故城县交通局党组副书记、局长；2013 年 8 月任故城县交通运输局局长、西苑工业园区党工委书记、管委会主任；2015 年 4 月任故城县组织部副部长、故城县人力资源和社会保障局党组书记、局长；2021 年 6 月任故城县自然资源和规划局党组书记、局长；2023 年 2 月至今任故城县发展和改革局党组书记、局长；2024 年 3 月任故城县政协党组成员。

第三节　政协故城县秘书长简历（1984.03—2024.09）

张洪文，男，汉族，1940 年 9 月出生，故城县郑口镇太兴镇人，1960 年 1 月加入中国共产党，高中学历，第四届、五届故城县政协秘书长。1956 年 5 月郑口饮食服务公司工作；1958 年 6 月任郑口供销社科员；1970 年 6 月任故城县委办公室干事；1984 年 3 月任故城县政协办公室副主任；1987 年 3 月任故城县政协办公室主任；1987 年 4 月任故城县政协党组成员；1990 年 3 月任故城县政协党组成员、秘书长、办公室主任；1996 年 10 月任故城县政协督导员。2000 年 10 月退休。

梁春民，男，汉族，1954 年 10 月出生，故城县武官寨镇大店村人，1984 年 12 月加入中国共产党，大学学历，第五届、六届、七届故城县政协秘书长。1972 年 2 月武官寨镇中学民办教师；1975 年 10 月河北师大学习；1978 年 9 月任衡水地区教育局干事；1979 年 8 月任故城县文教局干事；1983 年 1 月任故城县政协办公室干事；1989 年 4 月任故城县政协办公室副主任；1993 年 5 月任故城县政协办公室主任；1997 年 4 月任故城县政协党组成员；1998 年 2 月起任第五届、六届、七届故城县政协党组成员、秘书长。2014 年 11 月退休。

苏敦合，男，汉族，1959 年 3 月出生，故城县郑口镇南镇村人，1986 年 7 月加入中国共产党，高中学历，第八届故城县政协秘书长。1975 年 11 月故城县里老机场机营股水暖工；1982 年 4 月任故城县供销社财务科科员；1984 年 1 月任故城县政协办公室科员、会计；1995 年 5 月任故城县政协办公室副主任；2007 年 8 月任故城县政协经济委主任；2009 年 10 月任故城县政协办公室主任；2010 年 3 月任故城县政协秘书长、办公室主任。2019 年 4 月退休。

段志诚，男，汉族，1972 年 7 月出生，河北省衡水市阜城县人，1991 年 7 月加入中国共产党，大专学历，第十届、十一届故城县政协秘书长。1989 年 1 月坊庄乡粮站工作；1991 年 6 月任故城县政协办公室科员（1995.09—1997.12 在衡水市委党校党政干部半脱产大专班学习）；2007 年 8 月任故城县政协提案委副主任；2011 年 10 月任故城县政协办公室主任；2019 年 9 月任故城县政协党组成员、办公室主任；2021 年 1 月至今任故城县政协秘书长、办公室主任、党组成员。

第二章　优秀政协委员事迹简介

故城政协机关成立以来，广大政协委员坚守为国履职、为民尽责的情怀，不断提高素质能力、增强履职本领，聚焦全县中心工作，认真履行政治协商、民主监督、参政议政职能，充分发挥委员主体作用，为服务全县发展大局作出了积极贡献，以模范行动展现出政协委员的良好风貌。本章共收录49篇优秀政协委员的光辉事迹。

陈家珍（1914—1993），男，汉族，1914年5月出生，故城县里老乡西小屯村人，民革党员。河北军事政治学院毕业后任国民党第32军作战参谋，湖南桃源培训毕业后至国民党第20集军工作，黄埔军校第18期炮兵科毕业后历任国民党第18军军作战科长、118师参谋长、354团团长。故城县第二、三、四届政协常委。

1956年加入山东省民革。三年自然灾害时期返乡后组织关系也转至河北省石家庄市，是民革河北省直接联系成员。后历任故城县政协委员、常委，共三届；人大代表、常委，共三届。任衡水市民革成员、衡水市统一祖国委员会副主任委员、对台湾工作委员会副主任委员。

1985年成为河北省黄埔同学会会员。为纪念“七七事变”50周年，撰写《专车抗战》文史资料一篇。在县政协副主席尹丕杰指导下撰写并发表长篇文史资料特辑《商震将军》，共计30余万字。撰写《安阳守卫战前后》和《中原抗战》（2010年中国文史出版社出版，原国民党将领抗日战争亲历记），现被北京大学图书馆收藏。

董恒发，男，汉族，1946年12月出生，故城县三朗镇李长林村人，中共党员。故城县人大第八届、第九届常委，故城县第二届、三届、五届政协委员。

董恒发自幼家贫，小学五年级便辍学务农，十几岁就跟着父亲学翻砂。农村实行家庭承包责任制后，他担任李长林村橡胶、铸造联合体的业务员。凭着爱研究、脑子活、有魄力，承包经营了一家村集体企业，带领全村群众发家致富。20世纪90年代初，自筹资金创办了故城县煤气发生炉配件厂。靠着良好的信誉、过硬的产品，成为当时国家级知名企业太原重型机器厂的定点合作单位，与首钢、攀枝花等全国八大钢厂建立业务往来，年纳税连年位居全县民营企业前列。1984年春，被原衡水地区行署聘为智囊团成员。连续多年被县委、县政府评为优秀企业家。

董恒发尊师重教，热心公益。1983年自掏腰包为李长林村小学添置100多套桌凳。1984年又为学校购置篮球架、手风琴等体育音乐器材，向学校捐款，给教学成绩好的教师发奖金。1984年7月，得知河北郑口中学创办初中班缺少资金，他无偿援助一万元，提供无息贷款七千元。1984年中秋节，董恒发还和同村两位个体户一道，宴请郑口中学全体教职员工，开创了故城县尊师重教的先例。1984年10月17日，人民日报在显著位置，以《庄户人敬教师》为题，报道了董恒发等人的事迹，并加了编者按语。解放军报、光明日报、工人日报、河北日报同日以同样的篇幅进行报道，二十多家地方报刊进行转载，中央人民广播电台、河北电视台也都进行了广播。同年，故城县委、县政府授予其“支教模范”的锦旗，时任县委、县政府主要和分管领导专程登门，亲手为其悬挂“捐资兴学”金字大匾。1994年被评为故城县十大风范人物。

刘廷香，男，1947 年 9 月出生，故城县三朗镇西高才村人，中共党员。1970 年 10 月参加工作，高级经济师，河北省优秀企业家，河北省有突出贡献的中青年专家，国务院政府特殊津贴专家，全国劳动模范。曾任河北钢丝绳厂厂长、故城县人大副主任、河北省第五次党代会代表、河北省第九届人大代表、故城县第三届政协常委。

在企业工作期间，他和广大职工一起，把一个资产不足百万元的小厂发展成为资产总值 2.6 亿元，年利税超过 2000 万元的国有大型企业和国家二级企业。1983 年以来，组织指挥了 5 次大规模的技术改造，使产品产量达到了 3.5 万吨，位居全国同行业前五位，被冶金部誉为江北一枝花。实现利税连续 8 年位居全区县办企业之首。1992 年跨入省级利税大户行列，是县的主要财政支柱。先后研制开发 20 项新产品，其中填补国家空白 2 项，填补省内空白 16 项，产品出口 22 个国家和地区。先后获得河北省科技进步奖 3 项，河北省科研成果 5 项，河北省新产品开发奖 7 项，申报国家发明专利 1 项。在省级以上刊物及学交会上发表论文和文章 23 篇，与他人合著出版《车间班组管理》一书。

到人大工作后，尽职尽责，在河北省九届人大会议上提出的“沿京九铁路经济开发战略”的建议被大会采纳，并写入省政府工作报告。

先后荣获衡水地区“功臣企业家”、衡水地区“优秀人民公仆”、河北省劳动模范、全国五一劳动奖章，1995 年 4 月被授予“全国劳动模范”荣誉称号，被省人大誉为“燕赵人民的代表”。事迹被分别收录在《经济论谈》《河北企业家》《燕赵脊梁》《中华百年人物篇》《中华英模》《中国优秀领导人才大典》等书目刊物上。

任树生，男，汉族，1943 年 10 月出生，故城县三朗镇西牟村人，中共党员。衡水市第二届政协委员，故城县第三届、五届、六届政协常委，第七届政协委员。2005 年 1 月退休。

在任职故城县地毯厂厂长期间，1985 年和 1988 年先后两次对企业进行了技术改造，使地毯厂迅速发展成为河北省地毯生产和出口的骨干企业、出口创汇重点企业，成为我县工业生产的支柱产业，为我县经济发展做出了重要贡献。同时也推动了故城乡镇地毯加工企业、个体加工企业的迅速发展，大量地增加了农村劳动力就业和经济收入，产生了良好的社会效益。县地毯厂先后被评为：故城县先进企业、衡水地区先进企业、河北省先进企业、国家轻工部优秀企业、新产品获河北省计委优秀新产品一等奖。

任树生先后被评为：故城县优秀企业家、衡水地区优秀企业家、河北省优秀企业家和国家轻工业部行业贡献奖。1993 年荣获“衡水地区劳动模范”、1995 年荣获“河北省劳动模范”。

段国朝（1945—2013 年），男，汉族，河北省衡水市阜城县人，中共党员，大学学历，1970 年 7 月参加工作，1972 年 5 月在县林业局历任技术员、工程师、副局长、局长。故城县第三届、五届、六届、七届政协委员。

担任县林业局局长以来，潜心于故城县生态保护和造林绿化工作，使林业管理水平不断提高，造林绿化工作成效显著和实现历史性突破，多次获得全国和省市县优秀表彰以及先进个人。

1985 年荣获全省林业系统先进工作者，1989 年度荣获衡水地区百园竞赛工作先进个人，1990 年被评为衡水地区信息工作先进个人，1991 年完成的《平原片林合理结构配置技术研究》项目荣获省林业科学技术进步三等奖，1992 年度山楂试种及早期丰产栽培技术荣获县级科技二等奖，1993 年被全国绿化委员会授予全国绿化奖章，1993 年荣获衡水地区科学技术进步三等奖，1993 年在“科技立县”活动中被故城县人民政府评为先进个人，1995 年获“科技兴县”县长特别奖，1995 年被评为县优秀政协委员，在 1995 年度干部考核工作中被授予

"优秀领导者"称号并记三等功一次，1996年度被故城县委员会评为模范党支部书记，1997年度被衡水市委员会评为优秀共产党员，1997年3月在创建全国绿化先进单位中荣记三等功，1997年度被故城县委员会评为优秀共产党员，2008年6月被评为衡水市劳动模范。

王汉贵，男，汉族，1955年7月出生，大专学历，故城县建国镇霍庄村，中共党员，故城县第一城市信用社主任。故城县第六届政协常委。

1990年春，其从故城县人民银行被派往县第一城市信用社担任主任，2001年初调往衡水市城市信用社联社任职，历经十年经营，使业务资产从740万元提升到13700万元。单体规模为衡水市26家城市信用社之首，位列河北省城市信用社系统第二名。营业场所由租三间民房，到在体育街自建两层二十多间楼房，再到康宁街县城中心繁华地段五层地标性营业大楼。

在任职期间，励精图治，大胆改革管理，不断创新经营理念，为支持县域重大项目建设，扶持各类中小经营主体经营活动，做出了显著贡献。使信用社单位和个人，先后被县委、县政府嘉奖、记功17次。业务经营及全面建设成绩、理念，先后被县市省级多部门多媒体宣传推广，全国有六个省份的129个单位前来观摩学习。

荣立三等功两次，1988年1月转业到故城县后，于1996年获故城县劳动模范，1997年获衡水市劳动模范，1999年获河北省劳动模范，2000年获全国劳动模范。

孟繁友，男，汉族，1956年11月出生，故城县建国镇于古屯村人，中共党员，高级经济师。1982年毕业于河北经贸大学，本科学历。1987年创办衡水市第一家蓄电池厂，先后担任厂长、董事长等职务。故城县第六届政协委员，第七届、八届政协常委。

创办公司以来，一直致力于新能源产业的发展。他带领全体员工不断解放思想，引进国内外先进技术工艺，提高产品质量，带领"奥冠"成为中国电池行业领导品牌，中国驰名商标。建立"8S"管理体系和精益生产管理体系，为奥冠公司在相当长的时期内快速、稳定、健康发展奠定了坚实基础。带领公司一直走在节能减排前列，在电池行业内外发挥着示范引领作用。2012年他主导设计建设的奥冠电池循环经济产业园国内蓄电池行业内"转方式，调结构"的典型代表，是河北省第一家蓄电池循环经济产业园，对故城县的经济发展产生积极和深远影响。

先后荣获河北省节能工作先进工作者、衡水市优秀创业企业家、衡水市十大民营企业家、故城县优秀共产党员等多项荣誉称号。

赵瑞昌（1950—2014），男，汉族，1950年12月出生，无党派，故城县武官寨镇后屯村人。河北兆鑫集团原董事长。衡水市第三、五届政协委员，故城县第六届政协常委。

赵瑞昌同志是故城县裘皮、裘革行业第一批发展起来、优秀民营企业家，为故城县裘皮、裘革行业的发展做出了突出贡献，是故城县裘皮裘革产业的领军人物，被誉为"运河裘王"。兆鑫集团生产的"梦思"牌系列皮手套，占世界市场份额的15%以上。

赵瑞昌十八岁拜师，掌握了裘皮裘革染制技术，并于1981年创办了"故城县皮件厂"，1993年发展为"故城县达昌裘革制品总公司"，2001年创建"河北兆鑫裘革制品有限公司"，2008年成立金典小额贷款有限公司，2012年建成故城县金都大酒店，2013年创建富建房地产公司，兆鑫公司形成了向集团化发展的初步架构。2013年兆鑫集团成为石家庄证券交易所首批十家上市企业之一。在兆鑫集团发展的三十多年里，赵瑞昌带动三千余人脱贫致富，为集体和公益事业、慈善事业捐款捐物累计折合人民币500余万元。公司多次被评为河北省、衡水市农业产业化重点龙头企业、河北省产业集群龙头企业。

赵瑞昌十分注重行业文化建设，努力宣传本行业的历史和发展。在县委、县政府的支持下，兆鑫集团组织人力物力编辑、出版《运河裘都》近百期，使故城县的裘皮裘革产业史册有名。

赵瑞昌同志历任故城县政协常委、衡水市政协常委、故城县人大常委、故城县工商业联合会副会长、故城县裘皮行业协会名誉会长等职。曾荣获河北省劳动模范，衡水市和故城县功臣企业家，衡水市委、市政府颁发的改革开放三十年经济社会发展优秀带头人等荣誉称号。

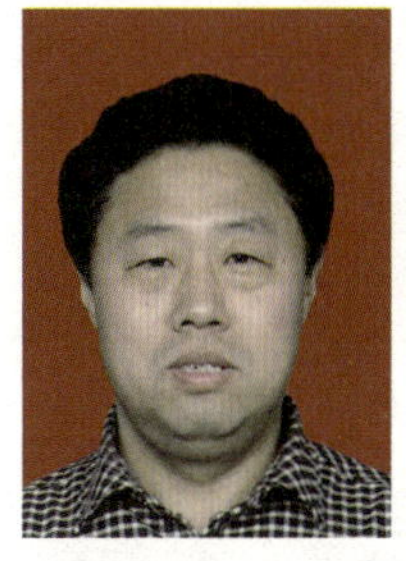

张延安，男，汉族，1965年1月出生，故城县辛庄乡陶户庄村人，1983年6月加入中国共产党，1982年6月参加工作。衡水农机校（机修专业）毕业，后在地委党校学习深造，大学学历，2003年1月任故城县农机局局长、党组书记，现任故城县农业农村局副局长。故城县第六、七、九届政协委员。

紧紧围绕“服务‘三农’、助民增收”这一宗旨，不断创新工作思路、管理方法、服务水平。农机装备结构持续优化，作业水平不断提升，主要农作物关键生产环节机械化取得明显突破。小麦、玉米综合机械化率分别达到100%、98.3%。全县农机总动力达到125.3万千瓦。2022年被农业农村部认定为全国第七批率先基本实现主要农作物生产全程机械化示范县。全县农机合作社达到33家（省级示范社3个、市级示范社4家），农机作业服务专业户1860多个。农机服务组织在重要农时季节机械化生产中承担超过75%的作业任务。逐步构建了农机安全生产的“源头管理、执法监控、宣传教育”三大防线，实现农机安全生产的全程监督管理，农机事故发生率明显下降，连续20年未发生重大安全生产责任事故。积极承担保护性耕作技术示范项目及农机深松项目的推广应用。2016年在农机深松项目推广中业绩突出被河北省政府评为农业技术推广项目三等奖。2013年被评为全省农业系统先进工作者。

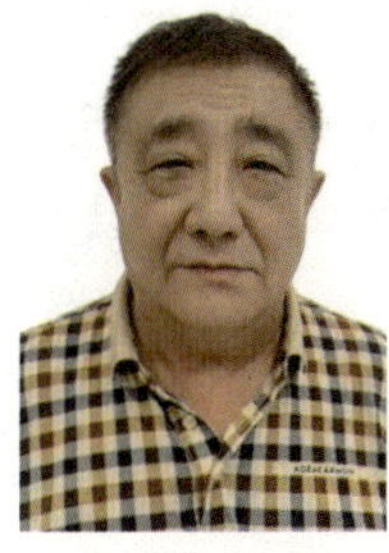

胡立明，男，汉族，1957年9月出生，故城县故城镇小屯村人，中共党员，大专学历，曾任故城县药品监督管理局（故城县食品药品监督管理局）局长。故城县第六、七届政协常委，第八届政协委员。

胡立明始终坚持群众利益无小事，食药安全大于天，切实保障人民群众的饮食用药安全，为故城县市场经济发展做出巨大贡献。所在单位于2005年被衡水市食品药品监督管理局评为2004年药品不良反应监测先进单位、宣传信息工作先进单位，2008年被中共衡水食品药品监督管理局党组评为优秀班子，2008年县局党支部被县委授予故城县党建示范点。

胡立明被衡水市委宣传部、组织部等单位评为1995—1996年度衡水市优秀企业思想政治工作者，被中共衡水市委、衡水市政府评为衡水市经济体制改革先进个人，被中共故城县委员会评为1998年度优秀共产党员，被河北省食品药品监督管理局评为保障奥运食品药品安全先进个人，被河北省食品药品监督管理局评为2007年度全省食品药品监督管理系统先进工作者，被衡水市食品药品监督管理局评为2009年度衡水食品药品监管系统先进工作者。

苏金涛，男，汉族，1949年11月出生，故城县房庄镇大梧茂村人，1970年5月加入中国共产党，毕业于清华大学电机系高电压及设备专业，历任故城县工商局副局长、郑口镇镇长、故城县电力局局长。连续三届人大代表，故城县第六届政协常委，第七届政协委员。

任职故城县电力局局长的九年期间，呕心沥血，尽职尽责，使电力局的面貌及年利税发生了翻天覆地的变化，1999年时年利税更是从几十万元上升到五百多万元。为使企业得到持久发展，确立了“增效、求实、奉献、服务”的企业精神，教育广大干部职工要服务全县大局，多供电，供好电。针对企业管理粗犷、窃电突出的现状，为各个变压器增设了防盗箱，降低了线路电量损失，提高了效益，也为县财政贡献了的税收。

为解决供电设施滞后影响全县经济发展的现实，多方筹备资金，完成了郑口110kV变电站增容，新建了西半屯110kV变电站和军屯、武官寨、辛庄、小庙、袁庄等多处35kV变电站，改造了全县538个村的村级电网，保证了全县人民的用电需求。

在抓生产的同时，也不忘狠抓企业内部的施工安全教育，在任职九年中未发生一例电力职工的伤亡事故。由于工作绩效优秀，电力局年年受到县委、县政府的表彰，苏金涛同志受到县委、县政府的多次嘉奖，并于1998年评为衡水市劳动模范。

陈殿林，男，汉族，1938年2月出生，故城县郑口镇张庄村人，中共党员，经济师。河北省故城县邮电局原局长。故城县第六届政协常务委员、第七届政协委员。

1958年2月参加邮电工作，1977年3月任故城县邮电局副局长，1985年7月任局长，在邮电通讯事业上已辛勤奋斗了41年。几十年来，他为邮电通讯事业的发展和壮大做出了很大贡献，尤其是在担任主要领导职务的13年中，以“团结、奋进、务实、创新”为立业之要，坚持以经济建设和通信发展为中心，勇于开拓顽强拼搏，锐意进取。在他的带领下故城县邮电届月月上台阶，年年创奇迹，连续11年获衡水市邮电系统经营责任制优胜单位，通信能力和水平、业务收入及资产总值由后进跃为全市同行业之首，先后荣获市级文明单位、先进单位等称号。他多次被省、市县授予荣誉称号。1991年由衡水市政府记一等功1次，1993年被评为市级劳模，1996年获市级抗洪模范，1993年、1996年两次获省级抗洪模范称号。1989年被评为衡水地区劳动模范。其业绩曾被载入由中国经济出版社出版的《政协委员风采录》。

贾衍生，男，1957年2月出生于故城县郑口镇大杏基村，中共党员，大专学历，工程师。1996年4月，任故城县畜牧水产局原副局长（正科）、故城县特种养殖总公司董事长。故城县第七届、八届政协委员。

1968年12月参加工作，1985年2月至1994年2月任故城县渔种场场长，1994年8月任故城县畜牧水产局副局长，1996年4月成立任特种养殖总公司（包括：渔种场、甲鱼养殖厂、甲鱼研究所、生元保健食品有限公司、特种食品加工厂鹿场、窑厂），任特种养殖总公司总经理兼县畜牧水产局副局长。

贾衍生任期内，勤奋工作、日夜奋战，渔种场员工由几人增加至二百多人，既为村民创造了就业机会，又增加了村民的收入。任职特种养殖总公司总经理期间，大胆改革，不断创新，与河北师范大学完成了“真空甲鱼”“鹿茸血酒”“中华鳖高密度工厂化繁养技术研究”等研究，荣获河北省科技成果完成者称号，为推动地方经济发展做出了重要贡献。特种养殖总公司连续五年被省畜牧水产局评为优秀企业。

其个人1991年3月被衡水地区畜牧水产局评为先进工作者，1994年3月荣获衡水地区行署畜牧水产局九三科技进步活动年先进工作者，1996年4月被河北省水产局评为1995年度水产先进工作者、被衡水地区畜牧水产局评为先进工作者，1996年5月被故城县人民政府授予1995年度科技兴县县长特别奖，1996年6月被河北省畜牧局授予全省特种养殖模范，1996年9月被河北省人民政府记三等功，1998年2月被河北省水产局评为1997年度水产先进工作者，1998年8月被衡水市人民政府授予衡水市科学技术进步奖，1999年1月被河北省水产局评为1998年度水产先进工作者，2001年3月被河北省水产局、河北省人事厅、河北省总工会授予“河北省畜牧水产系统劳动模范”荣誉称号，2004年11月被河北省衡水市地方志编纂委员会聘为编委会特邀委员，故城县养殖总公司收录于《今日衡水》。

陈树生，男，汉族，1950年4月出生，山东省肥城市北赵庄村人。1972年5月参加工作，中共党员，大专学历，经济师、政工师、高级勾兑师。曾任地方国营故城县酒厂副厂长、河北甘陵工业公司副总经理兼白酒厂厂长、国营河北甘陵酒厂厂长、衡水甘陵酒业有限公司董事长兼总经理，现任衡水甘陵酒业有限公司总经理。故城县第七届政协委员，第十四届故城县人大代表。

多年来，他与时俱进，注重手工技艺的保护工作，使“甘陵春”酒传统酿造技艺得到了传承和提高，被认定为河北省非物质文化遗产。“甘陵春”被认定为首批河北老字号，“衡水甘陵酒业”被列为燕赵老字号保护名录，蝉联河北省著名商标，并获河北省名牌产品、河北省优质产品、河北省特产食品等称号。

陈树生先后被授予河北省先进生产者、衡水市轻工行业创业功臣、衡水市劳动模范、衡水市九州儒商、故城县优秀企业家等称号，荣获衡水市政府质量奖（个人）。事迹被分别收录在《中国法制报》《中国现代企业报》《党旗飘飘——奋进新百年 开启新征程》《商品与质量》《见证品牌》等报纸、书刊上。

担任县政协委员后认真履职尽责，积极为人民代言，为老百姓排忧解难，把人民群众关心的热点问题记在心上，反映给政府，他提出的“加快县城改造”等建议受到县委、县政府高度重视，并被采纳，写入了《故城县政府工作报告》。

任明忠，男，汉族，出生于1954年10月出生，故城县饶阳店镇西镇村人，中共党员，高中学历。河北兴奥建筑安装工程有限公司原董事长，现任故城县建筑安装与房地产开发行业协会秘书长。故城县第七届政协常委。

1999年1月经全体职工公开、公平、公正的选举，任明忠当选为公司经理。2007年被评为衡水市劳动模范，2009年评为河北省劳动模范。任明忠同志上任使公司起死回生，率先对公司进行了体制改革并一举成功。在改制后的公司股东大会董事会上又被选举为董事长、总经理。

在经营管理中，任明忠果断决策、勇于创新、抢抓机遇，使公司整体素质和面貌都有了显著提高，在贯彻执行ISO9001标准的过程中，公司经济、技术、质量、安全等指标都跨入了衡水市先进行列。他还建立了严格的监管机制，他结合公司工会组建监察队，对各分公司进行监察，确保农民工工资能够按时的发放，他的这一举措为兴奥赢得了良好的信誉。他严把质量关、安全关，始终坚持把安全、质量管理工作放在各项工作的首位，使兴奥公司承接的工程创建了精品，创出了品牌。他先后荣获河北省建筑业优秀企业管理者、功臣企业家、优秀共产党员、创业模范等荣誉称号。

申坤瑞，男，汉族，1973年5月出生，故城县房庄镇西宇屯村人，中共党员，大学学历。1992年进入河北星月制动元件有限公司工作，先后任公司技术员、分公司技术副总、公司总经理助理、副总经理，2000年至今任董事长兼总经理。衡水市第三、四届政协委员，故城县第七届政协委员。

申坤瑞把一个刹车片制造小厂发展成为河北省高新技术企业，河北省摩擦材料产业集群龙头企业，河北省专精特新示范型企业，河北省绿色工厂。星月现为中国摩擦密封协会副会长单位，河北省摩擦材料研究所主办单位，2015年成功跻身中国摩擦材料企业20强，自主研发制造的2000多种汽车制动产品覆盖95%以上乘用车车型，与国内一汽、华晨、宇通、吉利等20余家主机厂配套，产品远销美国、加拿大、伊朗、墨西哥以及欧洲等十几个国家和地区。2021年至2023年连续三年实现产值、销售过亿元，年均向国家贡献税金达500多万元。

作为市、县两级政协委员，建言资政，在产业扶贫，乡村振兴、捐资助教、疫情防控、城乡建设等社会公益和慈善事业方面仅每年捐款资助达几十万元，赢得了良好社会口碑和公众形象。

申坤瑞先后荣获河北省关爱进城务工人员先进个人、第四届河北省优秀中国特色社会主义事业建设者、河北省政府质量奖提名奖、第四届河北省科技青年提名奖、衡水市首届经济类十大创新人物、衡水市劳动模范、衡水市民企希望之星、衡水市政府质量个人奖、衡水市五四青年奖等荣誉称号。

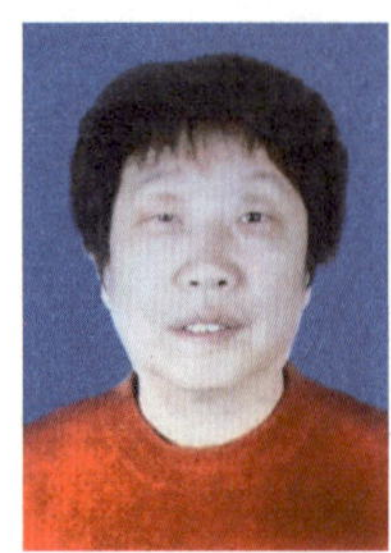

王艳荣，女，汉族，1954年10月出生，故城县故城镇何庄村人，中共党员，高中学历。衡水天安鞋业有限公司董事长。故城县第七届政协委员、第八届政协常委。

衡水市第一位个人承包县办集体企业的女职工。

1992年至2024年承办胶鞋厂30多年的时间里，200多名正式职工顺利退休，在全国金融危机等特殊时期，坚持企业正常运转，上缴税金2500多万元。任衡水市人大代表、衡水市第二届政协委员、故城县第七届政协委员，第八届政协常委，并被全国总工会授予先进女职工，获河北省五一劳动奖章、河北省三八红旗手、衡水市劳动模范、衡水市三八红旗手、故城县优秀女企业家、故城县优秀政协常委等荣誉称号。

刘其通，男，汉族，1964年1月出生，故城县武官寨镇杨柳庄村人，中共党员，大专学历，河北青竹画材科技股份有限公司董事长，中国文教体育用品协会理事会常务理事，故城县第八届政协委员、第九届政协常委。

刘其通1992年创业至今，秉持“诚信、勤奋、科技、创新”的理念，将一个17人、年产20万元的小厂发展为产值5亿元，解决500多人就业的企业，为故城县经济发展做出了贡献。

刘其通立足前沿，推动行业发展，参与制修订国家行业标准23个，促进了行业技术进步，带领技术人员，开发出水溶性玻璃画、陶瓷画、蛋彩画、无甲醛颜料等产品，填补了多项国内空白，获得国家专利73项，引领行业发展，投巨资更换掉耗能高的旧设备，产品通过了环保部颁发的十环认证。产品性能卓越，无毒环保，产品通过美国ASTM D-4236和欧共体EN71等多项国际权威机构的认证。

数年来刘其通一直关注贫困家庭和社会弱势群体，向各大美院、中小学捐助百余万元。响应“一带一路”倡议，赴非洲开展公益事业，树立了国际形象。2018年已帮助故城县夏庄镇大曹庄村和武官寨镇柴庄村实现脱贫。疫情期间累计捐款捐物80余万元。

2024年被评为省级劳动模范、2012年被评为衡水市第四届职工劳动模范（市劳模）、2016年被省政府评为省创业功臣、2019年荣获河北省千名好支书、2022年荣膺河北省十佳文化企业家、2012年被市委评为十大诚信人物。

刘建军，男，汉族，1964年1月出生，故城县里老乡小马坊村人，中共党员，大学学历，故城县总工会原党组书记、常务副主席。衡水市第四、五届政协委员，故城县第八、九、十、十一届政协常委。

刘建军在各个岗位上兢兢业业，认真负责，积极作为，特别是自工会任职以来，做了大量具有前瞻性、系统性、整体性、创新性工作：突出理论武装，坚持以习近平新时代中国特色社会主义思想为指导，坚定“四个意识”，树牢“四个自信”，做到“两个维护”，增强政治领悟力、政治判断力、政治执行力；突出政治引领，引领广大职工坚持走中国特色社会主义工会发展道路，以党建带动工建；突出主力军作用，积极开展多种形式的劳动竞赛和技能比赛活动，努力打造一支知识型、技能型、创新型劳动者大军；突出维护职能，主要通过协调及法律手段维护职工特别是女职工的合法权益；突出服务职工，认真解决职工急难愁盼等问题；突出自身建设，积极锻造一支勇于担当时代重任的高素质工会干部队伍。

刘建军团结带领工会求真务实，锐意进取，开拓创新，各项工作处于省、市、县前列，多次被河北省总工会、衡水市总工会授予优秀工作者荣誉称号，被故城县委评为综合考评优胜单位，为故城县经济社会高质量发展、高品质生活、高效能治理贡献力量。2012 年 4 月，被市政府授予“衡水市第四届职工劳动模范”荣誉称号。

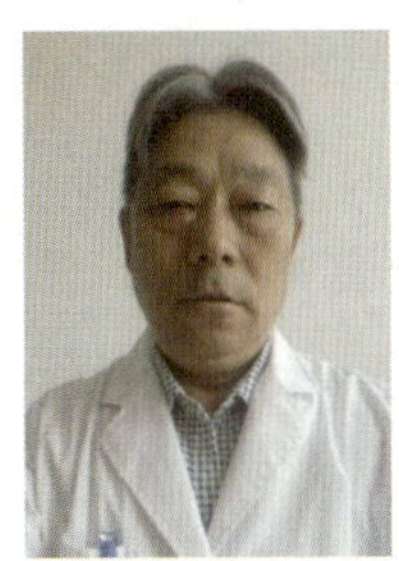

桑志武，男，汉族，1961 年 1 月出生，故城县故城镇桑塘村人，中共党员，临床医学专业，本科学历，学士学位，主任医师职称。1976 年起投身医疗卫生事业，曾任全国高健委名医名院发展促进专业委员会心血管内科专业副主任委员、中国医疗保健国际交流促进会中老年促进专业委员会副理事长、故城县中医院院长、支部书记。故城县第八届政协委员，第九届政协常委。

工作期间，桑志武始终秉持着对医学事业的热爱与追求，不断精进自我。利用业余时间完成专升本学习，取得学士学位。积极参加各种类型的专业技术培训，国家、省、市级的专业技术培训班以及“十二五”全国中医医院院长培训班。

在工作中始终坚持“以病人为中心”的服务理念，致力于提升医疗服务质量，推动中医药事业发展。凭借深厚的医学造诣和丰富的管理经验，带领故城县中医医院在医疗技术、服务质量、医院管理等方面取得了显著成绩，医院先后获得河北省中医药文化示范创建单位、河北省县级中医院标准化建设单位、河北省现代医院管理制度试点医院等荣誉，赢得广大患者和社会各界的广泛赞誉。

曾荣获衡水市科技进步一等奖两项、二等奖一项，发表医学科技论文 20 余篇，编写医学专著一部。2010 年获全省医药卫生系统先进工作者荣誉称号（衡水市劳模），2013 年获第四届衡水市创业新星荣誉称号（衡水市劳模），2012 年被评为全国中医药系统创先争优活动指导工作先进个人。

蒋振平，男，汉族，1958 年 1 月出生，故城县里老乡小马坊村人，中共党员，副主任医师。历任房庄中心卫生院院长、故城县医院副院长，曾获故城县优秀共产党员、优秀政协委员、全市卫生应急先进个人、优秀援疆干部、新疆巴州民族团结先进个人等称号，故城县第八、九、十届政协委员。

援疆期间，在边疆艰苦的条件下，克服生活和语言上的困难，凭借精湛的医术和敬业的态度，耐心带教当地医务人员，特别是民族医生，赢得新疆群众的尊敬和赞誉。

在故城担任县医院副院长期间，他身先士卒，冲在最前线，发表国家核心期刊论文两篇，省市科技论文六篇。为县医院的发展壮大做出了很大贡献，展现出共产党员的先锋模范形象。

蒋振平以其对医疗事业的深厚热爱而闻名，在忙碌的工作中，他不忘履行委员职责，积极建言献策。他秉承“无调研不提案”的原则，深入实地考察，确保提案可行性，他提交《关于康宁路中华大街路口安装信号灯》提案被采纳后，有效提升了交通安全。

王连峰，男，汉族，1978 年 5 月出生，故城县建国镇程村人，2000 年 7 月毕业于河北工业大学，2000 年 8 月参加工作，2002 年 2 月加入中国共产党，硕士研究生学历。历任故城县教师进修学校教师，青罕镇组织委员、副书记，故城镇人大主席，里老乡乡长、

党委书记，故城县人力资源社会保障局党组书记、局长。现任故城县教育局党组书记、局长，故城县第八届政协委员。

参与编纂二期故城县组织史，受到河北省委组织部表彰，任青罕镇组织委员期间被市委评为衡水市优秀基层党务工作者，任副书记期间分管的计划生育工作多次被省计生委通报表彰。任里老乡党政正职期间，里老乡曾获得省民族团结进步模范集体、省级森林乡村等荣誉，“双拥”工作多次受到省市表扬，参与推动故城军民两用机场规划建设，正大、康弘等农业龙头企业先后落户里老，里老乡经济社会取得长足发展。2021年6月，人社局工作取得长足进步，先后被省委、省政府评为就业创业先进集体、被市人社局评为河北省职业技能大赛优秀组织奖、河北省创业培训讲师大赛优秀组织奖等一系列荣誉，“零工超市”试点工作被省市多家媒体报道，推动设立故城县技工学校填补故城县空白，曾多次在全省人社系统脱贫攻坚、全市工资福利、就业创业等工作交流会上做发言，综合工作连续3年排名全市前三。

张风强，男，汉族，1968年6月出生，故城县郑口镇前野村人，中共党员，大学学历，现任故城县融媒体中心党支部书记、主任。故城县第八、九届政协委员。

张风强同志自参加工作以来，先后在故城县委宣传部、县文化广电和新闻出版局、县融媒体中心工作，长期从事党的宣传文化事业。多年来，先后在市以上新闻媒体刊发稿件1500余篇，其中国家级媒体60余篇，1997年被河北省委宣传部授予全省十佳优秀基层宣传干部称号。1998年、1999年连续被衡水市委宣传部命名为全市首届优秀宣传干部和全市第二届优秀宣传干部。2016年任现职以来，坚持把“党管宣传、党管意识形态、党管媒体”原则贯彻始终，深入做好媒体融合大文章，打破科室壁垒，重构科室架构，优化工作流程，实行绩效考核制度，激发干部职工的工作积极性，打造了集故城融媒综合频道、“故城TV”和“故城融媒”两个微信公众号，“冀云故城”客户端，学习强国“故城融媒号”，“故城融媒”抖音号、视频号于一体的新闻服务矩阵群，台、网、微、端协同联动，实现了“一次采集，多元生成，多渠道发布”的传播新格局，大大提高了新闻舆论的传播力、引导力、影响力、公信力。

近年来，县融媒体中心在市以上广电媒体播发稿件数量稳居全市各县市区前三名。2023年3月22日，“故城县治理超采保护水资源”一稿在央视一套“焦点访谈”栏目播出，引起良好社会反响。2018年以来，故城县融媒体中心连续被衡水市委、市政府命名为文明单位。

孙金良，男，汉族，1966年5月出生，中国民主建国会会员，大专学历，故城县青罕镇第什村人。现任河北金良重工机械有限公司董事长、故城县郑口金良冲压件厂法人代表，故城县工商联合会副会长，故城县第八、九届政协委员，第十、十一届政协常委。

孙金良1986年故城县棉机公司工作，1990年担任棉机公司副总经理。2000年，自己出资创建了故城县郑口金良冲压件厂、2009年创建了河北金良重工机械有限公司、2013年创建了河北朋益汽车零部件有限公司，三个公司每年向国家上缴税金500多万元。

2008年被青罕镇人民政府授予纳税功臣称号，被故城县委、县政府授予优秀企业家称号，2009年获得故城县招商引资工作十佳青年标兵、优秀企业家等称号。

孙金良热心于公益事业，为徐东屯捐款5000元购买水泵，方便百姓浇地；为北仁庄捐款60多万元用于修缮道路、池塘等；为第什村捐款2万元更换变压器。疫情期间慰问一线工作人员并捐资捐物2万余元。为村里、县里提供方便面、矿泉水、口罩等物资。在企业内部关心职工，为职工家庭送去生活用品，对职工和家属带去深切慰问。

宣平侠，女，汉族，1970年11月出生，内蒙古根河市德耳布尔镇人，中共党员，本科学历，故城县郑口第二小学党支部书记、校长。故城县第八、十、十一届政协委员，第九届政协常委。

自2004年担任郑口第二小学校长以来，她始终牢记党和人民的重托，心系学校事业发展，使郑口第二小学成为故城名校。

她始终把“立德树人”作为教育的根本任务，2018年她率先在全省开展“平语近人进校园”活动，以习近平新时代中国特色社会主义思想为学生根植塑魂。2019年2月21日，中国关工委主任顾秀莲到校就此项工作视察调研，给予了高度评价。

她办学理念新，勇立教育改革潮头，带领全体干部教师，在“为学生一生的发展奠基”办学宗旨的指导下，坚持“文化立校，特色兴校，质量强校”的办学思路，积极进行新课程改革，打造“尚品”多元课程体系，实现课程育人、文化育人、活动育人、实践育人、协同育人的“五位一体”的育人模式。通过开展校本培训，提升教师队伍素质，以网格化精细管理，建设平安和谐校园，以社团活动为依托，大力实施素质教育。

宣平侠先后获得河北省优秀共产党员、河北省骨干校长、河北省千名好支书、衡水市市管优秀专家、河北省生态文明教育专家、衡水市优秀校长等荣誉称号。2016年、2021年两次当选河北省第九次、第十次党代会代表，衡水市第六届、第七届人大代表。她先后主持实施了两项省级教科研课题，四项市级课题，被评为教育规划课题二等奖。2023年评为中小学正高级教师。

赵新蕾，男，汉族，1977年7月出生，无党派，大专学历，故城县武官寨镇后屯村人。衡水市劳动模范，现任河北兆鑫集团董事长。故城县第八届政协常务委员。

赵新蕾同志担负公司重任后，恰逢十八大召开的第二年。在基础产业努力推进的基础上，赵新蕾同志适时调整发展战略重心，先后成立了高鹏房产、亚威建筑公司，成功推出了金都家园、金都花园、兆鑫家园、金都印象城等优质项目，金都上和琚项目也在稳步推进。

三年疫情、脱贫攻坚、美丽乡村建设等县委、县政府的重心工作，兆鑫集团敢当先锋、率先作为，踊跃捐款捐物。在赵新蕾同志主持下，累计各项捐献折合人民币600余万元。同时，还主动联系生活有困难的老党员、特困家庭，长期为他们捐款捐物、帮扶助学。

赵新蕾同志历任故城县政协常委、多届县人大代表、县人大常务委员会常务委员、多届市人大代表，衡水市工商联副主席。曾先后荣获衡水市第八届十大优秀青年、衡水市优秀民营企业家、衡水市有中国特色的社会主义建设者、衡水市富有社会责任感十佳新闻人物、衡水市第二届创业新星。

王树军，男，汉族，1972年2月出生，山东省德州市武城县人，中共党员，本科学历，高级工程师。历任故城县城市管理综合执法大队副队长、故城县住建局办公室主任、故城县质量监督站站长、故城县建筑管理办公室主任、故城县建筑稽查办公室主任、故城县建筑工程安全生产监督管理站站长。故城县第八届政协委员，第九、十、十一届县政协常委。

2009年荣获故城县委、县政府县城建设先进个人证书，1998年度被评为衡水市爱国卫生工作先进工作者，2002年、2004年、2006年、2007年获衡水市建设局建设工程管理先进工作者、先进个人证书，2007年、2009年、2010年获得河北省建设工程质量、安全监督管理总站先进工作者荣誉证书，2006年取得河北省建设厅颁发建设工程质量检测员证书，2007年取得河北省质量技术监督局颁发的实验室资质认定内审员证书，2013 年获得建设工程质量监督人员资格证书。

作为一名城市建设监督管理工作者，带领全体安全监督人员越是恶劣天气越要不顾个人危险全身心投入到各自分包的在建工程项目现场，为在建工程的安全生产工作保驾护航，坚决守住建筑施工安全生产现场无死亡这一红线。

在扬尘治理方面，通过严格落实扬尘治理“六个百分百、两个全覆盖”有效治理了施工现场扬尘，为确保故城县的碧水蓝天贡献了自己的力量。

在积极建言献策过程中，真诚倾听群众呼声，真实反映群众愿望，真心实意为群众办实事解难事，积极参政议政，为党政决策当好参谋助手，践行着对社会的责任和对人民服务的光荣使命。

王彦钧，男，1960 年 3 月出生，故城县青罕镇石槽村人，现任全国摩擦密封材料行业协会理事、全国非金属矿产品及制品标准化委员会委员、故城县摩擦材料行业协会副会长、河北正大摩擦制动材料有限公司董事长。故城县第八、九、十届政协委员。

1998 年借助全国摩擦制动行业大整顿之力，创建了河北正大摩擦制动材料有限公司。2003 年在行业内率先通过了 ISO9001 质量体系认证。先后投资 8000 多万元技改设备，更新提升高标准产品研发检测中心，引进和内培各类顶尖技术人才 32 名，研发获得各项专利 12 项，亲自参与和主导起草并修订的国标和行标多达 25 项。2020 年通过 3C 产品安全认证，2022 年率先通过了 IATF16949 认证。产品质量在国家和省市县年度监督抽检合格率达 100%。正大彦钧、正大摩王等六大品牌涵盖轿车、工程机械等七大系列达 1600 多个品种，常年与一汽、临工等五大主机厂配套的同时，销往国内外市场达 600 多个，产品市场占有率居全国同行业的前列。

在奋斗进取的道路上博爱厚德而不忘回报社会，守正履行政协委员参政议政、建言献策的职责，主动投入公益事业捐款捐物达 30 多万元善行美德。

正大公司在荣获省名牌名优产品、专精特新、高新技术、省 A 级研发中心等光荣称号的同时，王彦钧先后被评为衡水市政府个人质量奖，衡水市优秀企业家、故城县经济工作优秀企业家，连续三年被评为全国非金属矿产品及制品标准化工作先进单位个人，2022 年荣获“慈善之星”称号，并在全国摩擦材料行业内被人们誉为实干智慧型企业家。

张静霞，女，汉族，1965 年 11 月出生，故城县郑口镇南镇村人，双硕士学位。河北同业冶金科技有限责任公司董事长。衡水市女企业家协会副会长，故城县女企业家协会会长。衡水市第四、五届人大代表，第六、七届市政协委员；故城县第十五届人大常委会委员、第八届政协委员。

张静霞 1998 年白手起家，着力创办了河北同业冶金科技有限责任公司。目前已被命名为河北省高新技术企业、河北省专精特新企业、河北省专精特新示范企业、河北省千家领军企业、河北省科技型中小企业、河北省耐磨材料研发中心、衡水市百强企业。公司研制开发专利产品 24 项，其中荣获国家发明专利两项获得金奖，公司尼龙筛辊产品获国际先进水平，同时公司还起草并制定了该产品的河北省地方标准。公司持续为地方提供大量的就业岗位，解决了社会就业问题，连续多年向国家交纳税金 8600 多万元，为地方经济发展做出了突出贡献。

张静霞被评为 2020 年中国百名杰出女企业家，在第七届中国企业家发展年会上被评为中国社会责任企业家，获得 2023 年度行业领军女性、河北省劳动模范、河北省百名女性创业明星、河北省十大杰出创新女企业家、河北省巾帼建功标兵、河北省儿童慈善先进个人、优秀企业家、功臣企业家等 30 余项国家级、省级、市县级荣誉。她积极倡导并组织成立了故城县女企业家协会。

作为一名政协委员，始终不忘党和人民的重托，认真履行代表职责，深入基层，联系群众，给政府建言献策，为群众排忧解难。积极扶贫助困、慈善公益、百企帮百村、抗击疫情、修校助学、尊老助医，为构建和谐社会做出了贡献，赢得了社会广泛好评，先后多次受到省、市表彰和奖励。

王彬，男，汉族，1964年9月出生，故城县故城镇东十里铺村人，中共党员，大专学历。故城县林业局原局长。2017年荣获河北省林业系统先进工作者称号。故城县第九届政协委员。

自担任故城县林业局局长以来，高度重视造林绿化工作，全力推进“一人一亩林”工程，着力实施了通道绿化、河渠绿化、林业园区、农田林网、村庄绿化等五大造林绿化工程，取得了显著成绩。截至2015年底，完成农田林网控制面积70万亩，绿化河渠堤坡192公里，绿化省、县、乡、村四级公路377公里，建设林业园区23万亩，全县绿化总面积达到42万亩，森林覆盖率达到28.9%，活立木蓄积量180万立方米，基本实现了农田林网化、河渠林带化、道路林荫化、村庄密林化，废地片林化，形成了网、带、片相结合的比较完备的平原绿化体系。

认真执行森林采伐限额，严格控制采伐量，对乱砍滥伐、盗伐、无证运输及其他毁林案件及时严厉查处，极大地保护了造林绿化成果。建立健全了林业有害生物监测、管控与防治应急机制，采用飞机防治、专业队防治和群防群治相结合的办法，有效防治春尺蠖、美国白蛾等林业有害生物。以县林果技术服务中心为主体，建立健全了集培训、示范、推广于一体的县、乡、村三级服务体系，充分发挥其服务职能，利用快速有效的信息网络系统，及时为农户提供生产所需的技术和管理信息，加强对林农果农的科技培训工作，从生产、销售等多方面，提升其整体素质，增加林果生产中的科技含量。

李爱茹，女，汉族，1965年2月出生，故城县房庄镇后吴村人，中共党员，本科学历，高级教师。故城县郑口第四小学校长、党支部书记。全国中小学校园文化建设百佳创新学校校长、河北省中小学骨干校长、河北省人民代表大会代表、河北省教育工作先进个人、河北省千名好支书、河北省基础教育工作专家、河北省家长学校先进个人、衡水市十佳校长、衡水市优秀教育工作者、衡水市第四届职工劳动模范、衡水市科协先进个人、衡水市国防教育先进个人、衡水市党风廉政建设先进个人、衡水市巾帼十杰、衡水市党代会代表。故城县第九届政协常委。

李爱茹2003年12月担任郑口第一小学校长、党支部书记。为了使学校发展上轨道，她以先进的教育理念为先导，多渠道搜集素材，广开学习之路，采取“内培外引”培训方略，加大“走出去、请进来”培训学习力度。开展“青蓝工程”师徒结对，对业务薄弱的教师进行了重点帮扶，加快她们成长的步伐。集腋成裘，知识的厚重催生了教师们上百篇论文在国家、省级刊物相继发表，数十篇教学论文在市县镇交流。论文《创办优质教育，塑造成功人生》刊发在《党史博采》，论文《抓好教师队伍建设，打造一流名校》刊发在《校长治校方略》，论文《在细节中彰显教育的温度》刊发在《河北·北京教育协同发展》，论文《人本管理在小学教师管理中的应用探究》刊发在《教育》杂志。

李爱茹致力于开放型的校本研修活动，开创了螺旋式校本研修模式。带领教师们打破思维定式，努力探索课堂创新途径，小组合作的引入、二次备课的强化、导学模式的构建、分类单元教学的探索，盘活了教育资源，历史悠久学校焕发着青春活力，多次承办市级教育教学现场会，教育教学质量跻身于全市前列。

王书青，男，汉族，1966年4月出生，故城县西半屯镇东半屯村人，大学学历，中共党员。1984年7月参加工作，历任西半屯中学教师，西半屯乡团委副书记、书记，故城县政府办公室科员、股长、副主任、研究室主任。2007年8月任故城县政府党组成员、办公室主任，2011年11月任故城县财政局党组书记、局长，2021年10月任故城县财政局三级调研员。衡水市第五届人民代表大会代表，故城县第十三届县委委员，故城县第九届政协常委，第十届政协委员。

在政府办公室工作期间，加班加点撰写文字材料，精准细致做好上传下达，高效务实搞好协调服务，出色地完成了各项工作任务。先后被衡水市政府授予政务信息优胜单位、承办工作先进单位等称号。个人被衡水市委授予优秀党务工作者称号，两次被衡水市政府记二等功；被故城县委两次授予优秀共产党员称号，被县政府记三等功三次。

调任县财政局任职后，面对全国经济下行的困境，通过健全综合治税服务体系、加强收入征管等措施，实现了财政收入快速增长。全部财政收入由2011年的4.36亿元增加到2020年14.36亿元，净增10亿元，收入增幅连年名列省、市前茅。县财政局先后被河北省委、省政府评为省级文明单位，被省财政厅授予财政工作综合考评先进单位、财税所标准化建设创建优秀县、全省财政预算执行及分析工作先进单位等称号，连年被县委、县政府评为综合考核优秀领导班子、重点经济工作实绩突出单位、农业农村工作先进单位、扶贫脱贫攻坚工作优胜单位等。2015年，王书青同志被省财政厅、省人社厅授予“河北省财政系统先进工作者”荣誉称号。

崔立勇，男，汉族，1965年4月出生，故城县三朗镇后崔村人，中共党员，本科学历。故城县文化广电和旅游局原局长。故城县第九届政协常委，第十届政协委员。

2006年衡水市社区建设先进个人、优秀信息工作者，2020年被河北省人力资源和保障厅、省文化和旅游厅评为河北省文化文物旅游系统先进集体，被县委、县政府评为故城县2020年度文化旅游产业发展工作先进集体，创作歌曲《乡村美》在走向我们的小康生活京津冀原创音乐作品大奖赛中荣获三等奖。

2021年被衡水市委、市政府评为2018—2020年度衡水市文明单位，同年9月，房庄镇吴梧茂村被文化和旅游部评为全国乡村旅游重点村。

2022年度以岭康养庄园被评定为3A级景区省级文明旅游示范单位和省级诚信文明示范景区、董子学村被评定为河北省乡村旅游重点村、创作作品《美哒哒的日子》荣获河北省群星奖音乐类一等奖。

持续推进A级景区申报评定，现有3个3A级景区，积极推进大运河文化公园景区和“认养一头牛”产业园申报3A级景区的评审，董子学村4A级景区评定。推进大运河历史文化街区省级历史文化街区的评定，河北青竹画材科技股份有限公司被文化和旅游部评为国家级文化产业示范基地。

梳理谋划“十四五”期间总投资1.62亿元、总计16个文化遗产重点工程项目，目前已报备省发改委和省文物局。全国重点文物保护单位饶阳店庆林寺塔安防工程建设完工。在推进大运河郑口挑水坝展示提升工程和永济渠唐宋武城遗址考古勘探工程的同时，积极推进盐场大秧歌省级非物质文化遗产申报。大运河历史文化街区国家二级历史文化街区的申报。

崔福义，男，汉族，1947年8月出生，故城县辛庄乡崔庄村人，中共党员，中专学历。1966年在辛庄卫生院参加工作，1990年调里老乡卫生院任院长，1990年10月调辛庄乡卫生院任院长。故城县第九届政协委员。

1996年被评为故城县劳模，2004年被评为衡水市劳模，2008年被评为全国卫生系统先进工作者，2013—2015年连续3年被评为优秀政协委员。

从医近60年以来，始终坚持从高尚的医术感染人，以精湛的医术吸引人，以模范的行为带动人，被人们誉为好医生、好党员，受到人们的拥戴和认可。特别是自1990年任院长以来，几十年如一日，积极组织带领全院干部职工艰苦奋斗，顽强拼搏，走一处建一处，硬把两个即将倒闭的卫生院，改名成为全县卫生院的先进单位、红旗单位。

始终坚持以病人为中心，处处为病人排忧解难，急病人所急，想病人所想，千方百计解决群众看病难、看病贵的问题，努力构建和谐医患关系，努力打造服务品牌，创建群众信得过的医院，医院的服务质量和水平远近闻名，成为全县一流的乡镇卫生院。

居艳梅，女，汉族，1968年1月出生，故城县三朗镇居召村人，中共党员，医学硕士，主任医师，故城县医院党总支书记、院长。曾获全国五一劳动奖章获得者、全国优秀共产党员、全国三八红旗手、国务院特殊津贴专家、国家卫健委医共体专家、河北省省管优秀专家、河北省先进工作者、中国县域卫生百佳院长称号。中国共产党第二十次全国代表大会代表、全国妇女第十三次代表大会代表、衡水市第六届、七届政协委员，故城县第九届政协常委。

信念坚定对党忠诚如一。认真学习贯彻习近平新时代中国特色社会主义思想，立足医疗卫生岗位，锐意进取，拼搏奉献。在妇产学科领域填补了32项县级医院空白，取得科研成果12项、专利2项、著作6部，核心期刊论文28篇。抗击新冠肺炎疫情三年来，她科学应对，指挥开展了衡水市县级医院首例ICMO技术，优化抗疫举措得到省领导高度赞扬。

勇挑重担打造医改样板。2017年建立了河北省首个县域医共体，医共体经验连续2次入选国家案例。获评中国医联体探路先锋、河北省典型医共体。她成为河北省唯一的国家紧密型医共体专家。

创建冀东南区域名院。积极引进京津优质医疗资源，建成国家级胸痛中心、卒中中心，三四级手术占60%以上，县外转诊率7%以下。医院在全省县医院中首批纳入三级医院管理，成为衡水市第一个有市级冠名的县医院。2023年9月被确定为衡水市东南部区域医疗中心。

履职尽责助力高质量发展。她细致调研，积极提案，认真履职，努力发挥政协委员参政议政作用。

陈砚祥，男，汉族，1965年9月出生，故城县郑口镇秘黄村人，中共党员，大专学历。2017年5月编写的《百草集》在中国文史出版社出版。故城县委社工部四级调研员。故城县第十六届人大代表、故城县第九届政协委员。

陈砚祥1986年9月在县总工会办公室；1990年5月调入县纪委，先后任干事、办公室副主任、主任；2002年5月调入县交通局，任党组成员、副局长（正科）；2013年11月至2023年2月先后任县城区办党委书记、主任、社区筹建办党工委书记、主任、社区筹建办党工委副书记、常务副主任；先后任县住建局、民政局党组副书记、副局长；2021年7月被选举为县第十七届人大常委会委员。2021年8月任故城县文联副主席。

在故城县交通局工作期间，撰写了公路养护《三字经》，被推荐为养护规范，在河北省统一使用；2004年负责县公路站，参与设计县大外环工程，并被县委、县政府列为当年重大工程，被授予2007—2010年度河北省交通运输系统先进工作者。2011年被市政府表彰为市级劳模。

在社区工作中，着手推进居委会、业委会、楼门长、物业服务公司、综合服务站共同参与的“六位一体”协调机制；创新服务方式，建立“党委—党支部—党小组”，实现了党的网格化管理；努力协调解决了帝奥三期拆迁、乐园小区供暖改造等7个重大信访问题；居委会由7个增至13个；推动成立了县物业行业协会，积极开展

“县十佳物业公司”评选活动。疫情期间，协同各社区居委会，与包联单位、物业公司同力同责，形成联防联控、群防群控的良好局面。

胡冰，男，汉族，1966年1月出生，故城县故城镇周庄村人，中国民主促进会会员，大学学历。天利燃气有限公司经理。第一届故城县爱国拥军联合会会长和故城县关爱退役军人基金会副理事长，故城县商贸流通行业协会副会长、秘书长。故城县第九届政协委员，第十届、十一届政协常委。

1995年天利然气有限公司从一辆运输液化石油气的二手槽车起步，发展为今天以瓶装液化石油气、天然气汽车加气和城区天然气管网供气集团企业。2010年公司被授予河北省百城万店无假货标牌，2017年连续多年被评为河北省诚信经营企业。

2012年、2014年两次被评为“优秀提案者”。除了积极建言献策，还要以实际行动诠释着政协委员的责任与担当。多年来，热心参与公益事业，关心关爱弱势群体，先后资助贫困大学生、贫困退役军人家庭、困难户、孤寡老人，以及家乡建设美丽乡村等，累计资助17.6万元。2020年1月至2022年12月新冠肺炎疫情期间，先后向中国红十字会、武汉火神山医院、故城县医院以及奋战在抗疫一线的相关部门，捐款、捐物、捐赠食品累计20多万元。

2017年获衡水市委、市政府、衡水军分区举办的第一届幸福衡水·最美退伍兵光荣称号，2019年12月荣获衡水市委、市政府、衡水军分区举办的第一届优秀退役军人光荣称号。

李志勇，男，汉族，1968年2月出生，故城县夏庄镇小曹庄人，中共党员，副研究馆员职称。现任故城县文化馆馆长、河北省音协文学会理事、衡水市音协文学会副会长、故城县文联副主席，担任故城县大型文艺演出总导演十余年，创作各类文艺作品百余件。歌曲《拉纤的汉子》获第十三届河北省文艺振兴奖优秀作品奖、河北省精神文明建设“五个一工程奖”、河北省第十一届燕赵群星奖，表演唱《老街坊》荣获河北省第十一届燕赵群星奖，歌曲《看看咱们的新农村》获得河北省第十二届燕赵群星奖，快板《突破重围震敌顽》获得河北省第十二届燕赵群星奖，歌曲《放飞梦想》被中国轻音乐学会评为优秀作品奖，小评戏《脱贫不忘颂党恩》河北省十一届戏剧节会演，歌伴舞《运河人运河情》获河北省展演优秀奖，2014年被中共河北省委宣传部确定为首批燕赵文化之星。故城县第九届政协委员，故城县第十、十一届政协常委。

担任政协委员以来，在县政协及上级业务主管部门的正确领导下，李志勇认真学习，用心发挥政协委员的政治协商、民主监督、参政议政三项职能，认真履职、砥砺奋进，多次在以提案形式为我县发展建言献策。在本职工作上待人诚恳、作风正派、关心下属、团结同事，严守党的政治纪律和政治规矩，任劳任怨扎实肯干有魄力，大事面前沉着冷静，困难面前迎难而上，工作中既讲原则又有灵活性，有着广泛的群众基础，特别是近年来，通过创新文艺活动载体，适应了社会需求，提升了文化馆知名度，取得了良好的社会效益。

鲁文刚，男，汉族，1965年12月出生，故城县房庄镇小庙村人。故城县第十届政协委员，第十一届政协常委。

1982年考入河北衡水师范学习，1985年在坊庄乡邢庄中学任教，担任初三年级数学教学工作，所教学科名列全县前茅。1996年4月，被任命为邢庄中学校长，带领老师们辛勤工作，使学校中考成绩名列全县前三名。1996年被任命为全县五佳校长，吸引邻县学生来邢庄中学就读。1993年被评为河北省优秀教师。2004年调入青罕中学担任校长，一改当时青罕中学教学成绩落后的局面。2005年中考成绩从全县倒数第三名一跃成为全县前三名，带领老师们彻底打了个翻身仗。2011年被县教育局任命为聚龙中学校长。

先后获得衡水市劳动模范、衡水市教育系统优秀共产党员、衡水市优秀教育工作者、故城县优秀教师、第二届故城县十大杰出青年等多项荣誉称号。

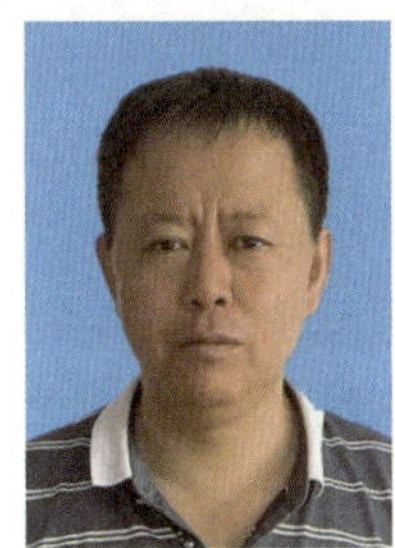

刘汉桢，男，汉族，1968年10月出生，故城县青罕镇于孝子村人。1987年7月参加工作，工程师，二级建造师，中共党员，中专学历，河北兴奥建筑安装工程有限公司原董事长兼总经理，故城县第十、十一届政协常委。

刘汉桢政治觉悟高，思想进步，作风正派，始终以学习习近平新时代中国特色社会主义思想为指导思想，全面贯彻执行党的路线、方针、政策，遵守国家各项法律法规。他以身作则，以实际行动为河北兴奥建筑公司的经济发展、和谐企业做出了突出贡献。

任河北兴奥建筑安装工程有限公司董事长一职以来，为强化企业内部管理，建立和完善了一系列规章制度和措施，坚持实行优胜劣汰制度。为员工缴纳养老、医疗、生育、工伤、失业保险，更加体现公司的规范性，解决员工的后顾之忧。刘汉桢同志带领全体员工以改革开放为契机，以技术创新为支撑，遵规守信，持续改进，公司连年超额完成各项安全、经济、技术指标。交验工程合格率100%，优质品率80%以上，连年保持“重合同守信用单位”称号。近年来，经认定的名优项目40余项，获各项荣誉60余项，赢得了较好的社会信誉，公司连年被评为河北省先进建筑企业、河北省AAA信用企业。

刘汉桢被河北省、衡水市评为优秀企业管理者、河北省建筑业优秀项目经理，获得情系困难群众热心大使、功勋企业家荣誉称号。

徐红玲，女，汉族，1978年3月出生，故城县西半屯镇小屯村人，中共党员，本科学历。现任故城县妇女联合会党组书记、主席，衡水市第六、七届政协委员，故城县第十、十一届政协委员。

徐红玲从事妇联工作近三十年，坚持把“党政所需、妇女所盼、妇联所能”扎根于心。特别是2016年任县妇联主席以来，她团结凝聚全县广大妇女拼搏进取、担当实干、创先争优，实现了妇联工作和妇女事业的新发展。

在她的带领下，故城县妇女工作得到上级认可，县妇联先后被评为全国巾帼文明岗，河北省争创人民满意的公务员集体、河北省美丽庭院创建工作先进集体，在河北省县级妇联星级评定中连续四年获评五星妇联，衡水市先进集体、衡水市文明单位，在衡水市妇联重点工作考核中连续七年获优胜等次，在故城县综合考核中连续四年获优秀领导班子、重项经济工作实绩突出单位、扶贫脱贫工作成效优胜单位。

徐红玲荣获全国实施妇女儿童发展纲要先进个人、被评为河北省三八红旗手、河北省妇联系统先进工作者、河北省巾帼建功先进工作者、河北省亲子阅读优秀指导员、河北省河北省千万妇女争创“三新”大行动先进个人；衡水市争做人民满意的公务员先进个人、衡水市三八红旗手、衡水市巾帼明星、衡水市双学双比先进工作者。

刘洋，男，汉族，1983年4月出生，故城县故城镇大第八村人，中国民主建国会会员，本科学历。2009年8月参加工作，历任故城县发展改革局办公室主任，故城县行政审批局故城县公共服务中心主任（副科级），故城县科学技术协会副主席、主席，中国民主建国会衡水市委员会副秘书长，衡水市第七届政协委员，故城县第十、十一届政协常委。

2018年1月以来，刘洋团结带领故城县政务服务系统积极推进行政审批制度改革，大胆探索“标准地+承诺制”和“一会三书一证”改革并取得实效，积极探索和推进招投标制度等改革为故城县项目建设贡献审批力量；在扶贫脱贫攻坚期间入村到户为贫困户解决实际困难，为三名贫困人员安排就业脱贫，并在本年度获得故城县扶贫脱贫先进个人称号；抗击新冠肺炎疫情期间勇当志愿先锋，进社区、入村户统筹协调全局疫情防控工作，为故城县疫情防控捐赠6万只医用口罩，及时分发到机关社区和抗疫前线，为故城县疫情防控工作贡献力量。

2021年10月，调任故城县科学技术协会先后任副主席、主席，团结带领全县广大科技工作者进学校、进社区、进企业广泛宣传科普知识，传播科学思想、倡导科学方法、弘扬科学精神，厚植故城文化底蕴。2022年以来，邀请中国社会科学院老科学家科普演讲团为我县中小学生、教师、机关干部和科普工作者开展120余场演讲，我县获批中科院老科学家科普演讲基地，为河北省首家基地；积极开展“最美科技工作者”选树活动，深入挖掘一批爱党、爱国、爱社会主义的优秀科技工作者典型，引导和激励广大科技工作者学习最美、争当最美。

2011年荣获河北省发展改革系统先进个人，2013年荣获衡水市发展改革系统先进个人，2014年荣获故城县招商引资先进个人，2015年荣获衡水市发展改革系统先进个人，2018年荣获故城县优秀领导干部，2018年在全县打赢扶贫攻坚战主体责任擂台赛中荣获纪念奖，2020年获故城县全县扶贫脱贫先进个人，2020年故城县优秀领导干部，2022年、2023年被市政协评为优秀委员。

张殿广，男，汉族，1970年11月出生，山东省德州市武城县人，中共党员，本科学历。现任故城县残疾人联合会党组书记、理事长。故城县第十届、十一届政协委员。

自参加工作以来，张殿广先后在全县建设领域、乡镇经济社会管理领域、城市管理执法领域、残疾人服务保障领域担任重要职务。在乡镇工作期间，经济及社会事业各项工作全面发展，在全县争先晋位中位列第一；在城镇面貌三年大变样工作中，协调征地、拆迁，打通城市道路，修建高标准商住小区，县城建成区面积由7.8平方公里拓展到16平方公里，推动了河北省第八届中小城市论坛在故城县召开；在城市管理工作中，推进基础设施建设，在县城绿化、亮化、净化、美化上成效显著，成功创建省级园林县城；在服务残疾人工作中，大力实施精准助残服务工程，着力解决残疾人最直接、最现实、最迫切的问题，推动2600名建档立卡残疾人顺利实现脱贫，不断提升残疾人的获得感、幸福感和安全感。故城县残联被省残工委授予河北省残疾人之家荣誉称号、被故城县委、县政府授予脱贫攻坚履行主体责任优胜单位、巩固拓展脱贫攻坚成果绩效考评优胜单位等荣誉称号。

张殿广个人先后荣获：1993年衡水地区建设系统先进工作者；2003年衡水市社会治安综合治理先进个人；2004年12月经衡水市委、市政府批准，记三等功奖励；2009年4月故城县城镇建设工作十佳青年标兵；2011年2月被衡水市委、市政府授予衡水市城镇面貌三年大变样工作模范荣誉称号，享受市级劳动模范和先进工作者待遇；2018年3月经故城县委批准，记三等功奖励；2020年度全县脱贫攻坚先进个人；2022年3月经故城县委批准，记三等功奖励。

孟庆莲，女，汉族，1963年9月出生，故城县建国镇和平村人，本科学历，中共党员，主任医师。1982年9月参加工作。故城县医院第一党支部书记，神经内五科主任。中华医学会会员，第二届中国研究型医院学会眩晕医学专业委员会委员，河北省预防医学会神经变性专业委员会常委、河北省医师协会第一届委员，衡水市抗癫痫协会副会长，衡水市医学会神经病学分会第二届副主任委员，衡水市医学会医疗鉴定专家库成员及慢性病鉴定专家，衡水市医学会神经病学分会第四届委员会常务委员，衡水市医师协会神经内科医师分会第一届委员会常务委员等。荣获全国五一劳动奖章，河北省五一劳动奖章，衡水市巾帼建功明星、衡水市好医生、衡水市第三届道德楷模，县直模范党支部书记，优秀共产党员，全县卫生系统先进工作者等荣誉称号。故城县第十届政协常委。

孟庆莲坚持临床一线工作几十年，对医疗技术精益求精。作为全院神经内科学术带头人，她注重总结临床经验，出版了《神经科常用药物的合理应用》，发表国家级论文 20 余篇。主持完成省市临床科研 10 余项，获得省市科技进步奖 5 项。参加完成国家“十三五”重点科研项目临床研究一项，牵头创建“卒中中心”，带领科室率先开展脑梗死超急性期静脉溶栓及桥接介入动脉取栓术，技术达到国内先进水平，带动区域内该技术的发展。科室成为全国首批“示范卒中防治中心”单位，连续六年获得全国卒中防治红手环志愿者优秀单位和个人，连续 13 年获得医院年度先进科室和先进个人。

崔彦彬，男，汉族，1970 年 4 月出生，故城县房庄镇乔庄村人，初中学历，群众。衡水万诚房地产开发有限公司董事长。故城县第十五届、十六届人大代表，故城县工商联副主席、故城县第十一届政协常委。

2009 年前在江苏省泗洪县经商，2009 年 6 月经县招商办招商返乡，创立衡水厚德地产。经过多年发展，公司已形成集房地产开发、建筑、销售、物业管理、酒店经营为一体的产业链。

在扶贫工作中，为真正把扶贫工作做到实处，在县领导、房庄镇领导的带领下，厚德地产帮扶小组全体成员对帮扶的村庄南獐鹿村、大月庄村进行多次走访，带去大米、面粉、食用油等慰问品并送上关心和问候。

除了做大做强企业外，还一直热心于慈善事业以及关注关爱孤寡老人，对慈善总会捐款、捐物。慈善总会用于帮扶贫困学生、经济困难户、医疗贫苦户的救治等，为社会稳定做出了贡献，2019 年成立县慈善总会捐款 30 余万元；对孤寡老人的捐款、捐物，助力孤寡老人营造温馨幸福的家园，2015 年至 2016 年县委组织集中送温暖关爱孤寡老人捐款 25 万余元。

在三年疫情期间多次捐款捐物，齐心协力抗击疫情；2020 年疫情期间捐赠物资及现金 30 余万元；2021 年百企帮百村捐款 20 余万元，物资 10 多万元，累计多次捐款 100 余万元。

2014 年，故城县人民政府授予衡水厚德房地产开发有限公司爱心捐助先进单位荣誉称号，2019 年荣获故城县慈善企业家荣誉称号，第一届慈善总会理事副会长单位，2020 年被推举为建筑与房地产协会副会长单位，2021 年公司获衡水市双百精准扶贫行动先进单位，巩固拓展脱贫攻坚成果万企兴万村先进企业。

吴健，男，汉族，1973 年 12 月出生，故城县青罕镇千户庄村人，本科学历，1994 年 3 月入党。1991 年 8 月参加工作，现任故城县委统战部副部长、工商联主席，曾先后在县农业局、城区办事处、经济开发区任职。故城县第十一届政协常委。

吴健在担任河北故城经济开发区党工委副书记、管委会副主任期间，分管招商引资和项目建设工作，开发区各项经济指标显著增长，以岭药业、雄安纸塑包装产业园等一批重大项目入园，企业家队伍素质水平、开发区经济实力、承载力明显提升。

2019 年底，担任故城县工商联主席后，积极履职尽责，带领县工商联着力促进“两个健康”。抓好党建引领，擦亮红色底牌，唱响红色发展主旋律；推进商协会建设，新建、整建了 9 个协会商会，把商协会建设作为服务企业、规范产业、优化环境的主抓手，强化提升总商会职能，凝聚各方智慧和力量，助力高质量发展；畅通政企沟通渠道，发挥桥梁纽带作用，听取民营企业生产经营难点、痛点，破除民营经济发展障碍，打造一流营商环境。

带领故城县工商联连续荣获2020年河北省“五好”县级工商联、2021年全国“五好”县级工商联、2022年河北省先进工商联、2023年全国“五好”县级工商联等荣誉称号。

郭修勇，男，汉族，1980年1月出生，故城县故城镇南郭庄村人，中共党员，大专学历。现任故城县故城镇南郭庄村党支部书记兼村委会主任。2021年当选中国共产党故城县第十四次党代会代表，2021年当选中国共产党衡水市第五次党代会代表，2021年当选政协故城县第十一届委员，2022年郭修勇同志被衡水市委组织部授予“乡村振兴领头羊”荣誉称号。2023年4月被衡水市委衡水市人民政府授予“衡水市劳动模范”荣誉称号，2023年4月被共青团衡水市委授予“乡村振兴青年先锋”荣誉称号，2023年6月被河北省委组织部授予“千名好支书”荣誉称号。故城县第十一届政协委员。

郭修勇同志带领南郭村广大村民，积极探索以土地入股村集体经济合作社统一经营促进农业产业化、农民增收和壮大集体经济的有效途径，加速农村劳动力的转移，创新经营理念。南郭村集体经营模式，探索实行产业化发展集体经济的做法走在故城县前列，通过特色种植和“五位一体”合作社自主经营不断增加村集体、村民收入，真正做到村民腰包鼓起来，村干部腰杆硬起来。

南郭村在郭修勇带领下，还成立了村集体经济合作社，种植玉米等粮食作物，通过集约化种植能提高土地利用率20余亩，节省投资每亩200余元，解放劳动力20余人，增加人均收入3000元。继续以种植大田作物为主，同时优化种植结构调整，稳步提升机械化水平和农业种植技术，40余亩小麦已喜获丰收，360余亩春季玉米长势喜人，南郭村集体经济收入增加真正实现了整村统一规模化经营，让资源变资产、资金变股金、村民变股民。

孟祥辉，男，汉族，1979年6月出生，故城县建国镇于古屯村人，中国致公党党员，研究生学历，毕业于德国柏林应用科技大学电化学专业，正高级工程师，2019年被评为河北省劳动模范。衡水市第六届政协常委，河北奥冠电源有限责任公司董事长。

先后获得了全国归侨侨眷先进个人、国家科技部创新人才推进计划科技创新创业人才、河北省科技型中小企业创新技术人才、河北省科技英才“双百双千”工程。科技型中小企业创新英才、河北省“三三三”人才工程第二层次人选、中国电池行业优秀企业家、年度人物奖等多项荣誉称号，国家级人才工程人选。现任河北省第十四届人大代表。

作为一名技术型、管理型的复合型企业家，孟祥辉始终坚持立足产业高端和技术前沿，在国内外优秀期刊和学术刊物发表多篇科技论文，授权电池技术专利多项。组建科研团队开发了多项创新技术和产品，形成了多项专利技术和科技成果，填补了多项国内外行业空白。

孟祥辉始终把社会责任、社会担当作为企业重要的一部分来抓，坚持以多种形式回报社会，积极组织参加扶贫济困、慈善义捐等社会公益活动，展示了讲责任、讲效率、讲诚信、讲奉献的良好社会形象。公司作为故城的残疾人就业示范基地，自成立以来一直积极关注并吸纳、安置残疾人就业。

李世英，男，汉族，1970年2月出生，故城县三朗镇王长林村人，中共党员。1993年参加工作，现任同心集团董事长、故城县装备制造行业协会会长，衡水市第四届、五届人大代表，衡水市第六届、七届政协委员，故城县第十四届人大代表。

李世英把企业定位在风机配件的专业化生产上，目前已成为全国专业从事风机配件生产的最大企业，是中国铸造协会会员单位，中国通用机械工业协会风机分会的理事单位，中国风机标准化委员会会员单位。

2010 年，在同心公司基础上为实现风机行业向更深层次专业化协作而成立了同德公司。同德公司是风机行业内唯一一家专业生产焊接结构件的风机配套企业。

公司生产的轴承箱体等配件在第三届、第四届、第七届、第九届、第十届、第十一届中国国际流体机械展览会获金奖，凭借稳定的产品质量，优质的服务，获得用户的认可，被重庆通用工业（集团）有限责任公司授予年度优秀供应商特别质量奖，被河北省工商行政管理局授予河北省著名商标荣誉称号，被大通宝富评为 12 年合作伙伴。2020 年被评为衡水市模范劳动关系和谐企业，2021 年获得衡水市政府质量奖，2021 年评为河北省专精特新示范企业，2022 年评为河北省制造业单项冠军企业。

李世英 2008 年当选为衡水市劳动模范，2010 年被评为衡水市民营经济十大领军人物，2010—2023 年多次被评为故城县功臣企业家。

第三章　历届县政协委员受表彰情况一览表

故城县政协成立以来，广大政协委员立足本职工作，服务全县，发展大局，涌现出一大批模范先进人物，他们在故城县工业、农业、文教、卫生、供销等不同行业的工作岗位上发挥模范带头作用，在不同时期获全国、省、市不同的模范称号。以表格记录 176 位模范先进人物，本表格按照全国劳模、省劳模、其他省级荣誉、市劳模、其他市级荣誉、县级荣誉排序，单项按获得时间的先后排序。

姓名	性别	工作单位及职务	政协委员	所获荣誉	备注
刘廷香	男	河北钢丝绳厂厂长	第三届常务委员	全国劳动模范	全国劳模
王汉贵	男	故城县第一城市信用社主任	第六届常务委员	全国劳动模范	全国劳模
刘廷香	男	河北钢丝绳厂厂长	第三届常务委员	全国五一劳动奖章、河北省劳动模范	省劳模
任树生	男	故城县政协驻会常委	第三、五、六届常务委员，第七届委员	河北省劳动模范、衡水地区劳动模范	省劳模
秘运华	男	故城县郑口镇五户村党支部书记	第五届委员	河北省劳动模范	省劳模
王汉贵	男	故城县第一城市信用社主任	第六届常务委员	河北省劳动模范	省劳模
苏云桥	男	故城县三豆专业合作社理事长	第五届委员	河北省特等劳模	省劳模
韩德荣	男	故城县医院党总支书记、院长	第三、五届委员，第六届常务委员	河北省劳动模范	省劳模
赵瑞昌	男	河北兆鑫裘革制品有限公司董事长	第六届常务委员	河北省劳动模范	省劳模
崔福义	男	故城县辛庄乡卫生院党支部书记、院长	第九届委员	全国卫生院先进工作者	省劳模

第八编　人物篇

续表

姓名	性别	工作单位及职务	政协委员	所获荣誉	备注
马兰池	男	故城县电力局局长	第六届常务委员	河北省职工劳动模范	省劳模
陈炳升	男	故城县株丕特有限公司总经理	第九届常务委员	河北省劳动模范	省劳模
任明忠	男	河北兴奥建筑安装工程有限公司董事长	第七届常务委员	河北省劳动模范	省劳模
张静霞	女	河北同业冶金科技有限责任公司董事长	第八届委员	河北省劳动模范	省劳模
孟祥辉	男	河北奥冠电源有限责任公司董事长	第六届市政协常务委员	河北省劳动模范	省劳模
孟庆莲	女	故城县医院内五科主任	第十届常务委员	全国五一劳动奖章	省劳模
居艳梅	女	故城县医院院长	第九届常务委员	全国五一劳动奖章、全国三八红旗手、中国县域卫生百佳院长、河北省先进工作者	省劳模
刘其通	男	河北青竹画材科技股份有限公司董事长	第八届委员，第九届常务委员	省级劳动模范	省劳模
段国朝	男	故城县林业局局长	第三、五、六、七届委员	全国绿化奖章	
王艳荣	女	衡水天安鞋业有限公司董事长	第七届委员，第八届常务委员	全国先进女职工	
张德恩	男	故城县委组织部副部长	第二、三、四、七届常务委员，第五届委员，第六届副主席	全国老干部工作先进个人	
李志勇	男	故城县文化馆馆长	第九届委员，第十、十一届常务委员	歌曲《放飞梦想》被中国轻音乐学会评为优秀作品奖	
李爱茹	女	故城县郑口第一小学校长	第九届常务委员	全国中小学校园文化建设百佳创新学校校长	
徐红玲	女	故城县妇女联合会主席	第十、十一届委员	全国实施妇女儿童发展纲要先进个人	
冯希恩	男	故城县环保局局长	第五届委员，第八届常务委员	全国环保系统先进个人	
陈殿林	男	故城县邮电局局长	第六届常务委员，第七届委员	衡水地区劳动模范	市劳模
段国朝	男	故城县林业局局长	第三、五、六、七届委员	全省林业系统先进工作者、衡水优秀共产党员	市劳模
王汉贵	男	故城县第一城市信用社主任	第六届常务委员	衡水市劳动模范	市劳模
苏金涛	男	故城县电力局局长	第六届常务委员，第七届委员	第一届衡水市劳动模范、衡水市经济体制改革先进个人	市劳模

续表

姓名	性别	工作单位及职务	政协委员	所获荣誉	备注
王艳荣	女	衡水天安鞋业有限公司董事长	第七届委员，第八届常务委员	河北省党风廉政建设先进个人、河北省五一劳动奖章、第一届衡水市劳动模范	市劳模
贾衍生	男	故城县特种养殖总公司董事长	第七、八届委员	河北省畜牧水产系统劳动模范	市劳模
李红军	男	故城县聚龙中学校长	第八届常务委员	衡水市劳动模范	市劳模
邢志平	男	故城县衡荣制线有限公司经理	第七届常务委员	衡水市劳动模范	市劳模
任明忠	男	河北兴奥建筑安装工程有限公司董事长	第七届常务委员	河北省优秀建筑企业经理（董事长）、河北省建筑业优秀企业管理者、河北省建筑业优秀企业管理者、衡水市劳动模范	市劳模
崔福义	男	故城县辛庄乡卫生院党支部书记	第九届委员	衡水市劳动模范、市优秀党务工作者	市劳模
卢宏达	男	故城县交通局党组书记、局长	第八届常务委员	衡水市优秀人民公仆、衡水市城镇面貌三年大变样工作模范	市劳模
王风侠	男	故城县农业农村局局长	第八届委员	河北省林业工作先进工作者	市劳模
申坤瑞	男	河北星月制动元件有限公司董事长兼总经理	第七届委员	衡水市劳动模范、2006—2009故城县经济工作功臣企业家	市劳模
陈树生	男	衡水甘陵酒业有限公司总经理	第七届委员	衡水市劳动模范、2007—2009县经济工作功臣企业家	市劳模
李世英	男	同心风机有限公司总经理	第六、七届市政协委员	衡水市创业新星、衡水市民营经济十大领军人物、故城县功臣企业家	市劳模
于恩波	男	故城县地税局局长	第八届委员	衡水市劳动模范	市劳模
臧金禄	男	故城县物价局所长	第八、九届委员	衡水市三年大变样工作先进个人	市劳模
赵新蕾	男	河北兆鑫裘革制品有限公司总经理	第八届政协常务委员	衡水市第二届创业新星、衡水市优秀民营企业家、衡水市第八届十大优秀青年、衡水市富有社会责任感十佳新闻人物、衡水市十大创业之星、故城县经济工作功臣企业家	市劳模

续表

姓名	性别	工作单位及职务	政协委员	所获荣誉	备注
陈砚祥	男	故城县城区办党委书记	第九届委员	2007—2010 年度河北省交通运输系统先进工作者、衡水市“村村通”工程建设先进个人	市劳模
张殿广	男	故城县城市管理综合执法局局长	第十、十一届委员	衡水市城镇面貌三年大变样工作模范、衡水地区建设系统先进工作者、三等功	市劳模
刘建军	男	故城县总工会党组书记、常务副主席	第八、九、十、十一届常务委员	衡水市第四届职工劳动模范、河北省优秀工会之友、衡水市第四届职工劳动模范	市劳模
刘同林	男	衡水众城摩擦材料有限公司总经理	第八、九届委员	衡水市第四届职工劳动模范、衡水市优秀企业家	市劳模
鲁文刚	男	故城县聚龙中学校长	第十届委员，第十一届常务委员	衡水市第四届职工劳动模范、河北省优秀教师、衡水市优秀教育工作者、衡水市教育系统优秀共产党员	市劳模
居艳梅	女	故城县医院院长	第九届常务委员	衡水市第四届职工劳动模范、第七届河北省青年科技提名奖、河北省政府特殊津贴专家、衡水市第六批市管优秀专家、衡水市政府质量奖	市劳模
杨献杰	女	故城县妇联主席	第七届常务委员	河北省妇联系统先进工作者、衡水市级劳动模范	市劳模
桑志武	男	故城县中医院院长	第八届委员，第九届常务委员	衡水市创业新星、河北省优秀护士、全省医药卫生系统先进工作者	市劳模
孟庆莲	女	故城县医院内五科主任	第十届常务委员	河北省五一劳动奖章	
胡冰	男	天利燃气有限公司总经理	第九届委员，第十、十一届常务委员	首届幸福衡水最美退伍兵、衡水市优秀退役军人	
刘其通	男	河北青竹画材科技股份有限公司董事长	第八届委员，第九届常务委员	河北省十佳文化企业家、河北省千名好支书、河北省创业功臣、衡水市第四届职工劳动模范、衡水市十大诚信人物、2006—2009 年故城县经济工作优秀企业家	市劳模

续表

姓名	性别	工作单位及职务	政协委员	所获荣誉	备注
郭修勇	男	故城镇南郭庄村党支部书记	第十一届委员	衡水市劳动模范、河北省千名好支书、衡水市乡村振兴领头羊、衡水市乡村振兴青年先锋	市劳模
张雪峰	男	河北同业冶金科技有限责任公司销售部经理	第十一届常务委员	衡水市劳动模范	市劳模
陈家珍	男	故城县政协	第二、三、四届常务委员	河北省为“四化”建设服务荣誉证书、衡水地区民革模范工作者	
田登书	女	故城县物价局副局长	第五、六届常务委员，第七、八届副主席	全省物价业务统计先进工作者、河北省价格统计工作先进工作者、全省物价系统信息先进工作者	
翟占禹	男	故城县政协副主席	第六、七届副主席，第八届常务委员	河北省信息工作先进工作者	
尹丕杰	男	故城县政协副主席	第二、三、四届副主席	河北省文史工作十年成果奖、衡水地区拔尖人才	
周德全	男	故城县政协副主席	第九、十届副主席	河北省科技进步先进工作者、河北省科技进步三等奖、衡水地区（行署）科技进步一等、二等、三等奖6次、衡水市科技拔尖人才	
张风强	男	县文化广电和新闻出版局局长	第八、九届委员	河北省十佳优秀基层宣传干部、衡水市首届优秀宣传干部、衡水市解放思想、为民、务实、清廉主题教育活动先进个人	
蒋振平	男	故城县医院副院长	第八、九、十届委员	新疆维吾尔自治区优秀援疆干部、故城县优秀共产党员	
刘洪明	男	故城县纪委常务副书记、监察局局长	第八届常务委员	河北省党风廉政建设先进个人	
吴希坤	男	故城县委组织部副部长	第十届常务委员	河北省优秀党务工作者	
王树军	男	故城县质量监督站站长	第八届委员，第九、十、十一届常务委员	河北省工程质量监督系统投诉处理先进工作者、河北省先进建筑安全监督员、衡水市爱国卫生工作先进工作者	

续表

姓名	性别	工作单位及职务	政协委员	所获荣誉	备注
崔彦彬	男	衡水厚德房地产开发有限公司经理	第十一届常务委员	河北省建筑安全管理先进监督员、衡水市建设工程管理先进个人、故城县慈善企业家、县杰出贡献奖	
胡立明	男	故城县药品管理局局长	第六、七届常务委员，第八届委员	河北省食品药品监督管理系统先进工作者、衡水市优秀企业思想政治工作者、衡水市经济体制改革先进个人、衡水食品药品监管系统先进工作者	
徐长彬	男	故城县政协副主席	第十一届委员	河北省优秀党务工作者	
刘三林	男	故城县政协副主席	第九届副主席，第十一届委员	河北省优秀党务工作者	
刁海松	男	故城县组织部副部长	第九、十一届常务委员，第十届委员	河北省优秀党务工作者	
张立江	男	故城县外派劳务服务中心	第八、九届常务委员	河北省外出务工致富能手	
韩德荣	男	故城县医院党总支书记、院长	第三、五届委员，第六届常务委员	河北省第六批省管优秀专家、衡水市优秀人民公仆、衡水市优秀共产党员	
李强	男	故城县审计局局长	第九届委员	省级地方政府性债务审计工作先进个人、衡水市城镇面貌三年大变样工作先进个人	
李金刚	男	故城县郑口粮库主任	第七、八届委员	河北省金融系统安全保卫先进个人	
田少青	男	故城县科协主席	第九届常务委员，第十届委员	河北省科协系统先进个人	
赵瑞昌	男	河北兆鑫裘革制品有限公司董事长	第六届常务委员	省级农村科普带头人、衡水市外贸出口及外经贸工作先进个人、衡水市改革开放三十年经济社会发展优秀带头人	
张延安	男	故城县团县委书记	第六、七、九届委员	河北省农业系统先进工作者、衡水市关心下一代先进个人、河北省农业技术推广项目三等奖	
李同旺	男	故城县教育文化体育局局长	第九届委员	河北省优秀工会之友、河北省学校安全工作先进个人、衡水湖国际马拉松赛先进个人	
任国星	男	故城县医院放射科主任	第十一届委员	河北省青少年志愿服务20周年标杆志愿者	

续表

姓名	性别	工作单位及职务	政协委员	所获荣誉	备注
田茂军	男	故城县三郎镇副书记	第六届委员	河北省深化加强基层建设年活动优秀驻村工作队员	
孔维亮	男	故城县交通局路桥工程公司经理	第八、九届委员	河北省科学技术厅科学技术成果证书、衡水市级安全生产管理先进个人	
王书青	男	故城县财政局局长	第九届常务委员，第十届委员	河北省财政系统先进工作者、衡水市优秀党务工作者、被衡水市政府记二等功	
刘振杰	男	故城县房庄乡小庙村支部书记	第十届委员	河北省社会治安综合治理先进工作者	
王彬	男	故城县林业局局长	第九届委员	河北省林业系统先进工作者	
张俊英	男		第三、五届委员	河北省先进德育工作者	
赵立国	男	故城县统计局局长	第十一届常务委员	河北省人力资源和社会保障系统先进工作者	
王拥军	男	故城县人力资源和社会保障局局长	第九届常务委员，第十届委员	河北省人力资源和社会保障系统先进工作者、河北省双拥工作先进个人、衡水市推进农村小康社会建设宣讲工作县乡优秀宣讲干部	
李爱茹	女	故城县郑口第一小学校长	第九届常务委员	河北省千名好支书、衡水市第四届职工劳动模范、河北省中小学骨干校长、河北省教育工作先进个人、河北省基础教育工作专家、衡水市优秀教育工作者	
李志勇	男	故城县文化馆馆长	第九届委员，第十、十一届常务委员	歌伴舞《运河人运河情》获河北省展演优秀奖、“善行河北”“廉政文化”“我的中国梦”主题群文作品征集评选活动二等奖、首批省燕赵文化之星	
刘鸿芝	女	故城县工商联副主席	第十、十一届委员	河北省扶贫脱贫优秀驻村工作队员	
张艳敏	女	故城县行政审批局副局长	第九届委员	河北省优化营商环境推动高质量发展先进工作者、河北省发展改革系统先进个人	
宣平侠	女	故城县郑口第二小学党支部书记、校长	第八、十、十一届委员，第九届常务委员	河北省骨干校长、河北省千名好支书、河北省生态文明教育专家、衡水市市管优秀专家、衡水市优秀校长	

续表

姓名	性别	工作单位及职务	政协委员	所获荣誉	备注
刘汉桢	男	河北兴奥建筑安装工程有限公司董事长	第十、十一届常务委员	河北省建筑业优秀企业管理者、衡水市建筑业优秀企业管理者、故城县2019—2021功勋企业家、河北省建筑业优秀项目经理	
宣平侠	女	故城县郑口第二小学党支部书记、校长	第八、十、十一届委员，第九届常务委员	河北省优秀共产党员	
王连维	男	故城县网信办主任	第八、九届委员，第十一届常务委员	河北省网络安全和信息化工作先进工作者、衡水市农业农村工作先进个人	
徐红玲	女	故城县妇女联合会主席	第十、十一届委员	河北省三八红旗手、河北省亲子阅读优秀指导员、河北省千万妇女“争创三新大行动，助力三年大变样”工作先进个人、河北省妇联系统先进工作者、河北省巾帼建功先进工作者、衡水市争做人民满意的公务员先进个人	
胡晓林	男	故城县行政审批局副局长	第十一届委员	河北省中小学教师资格认定优秀工作人员	
王德俊	男	故城县农业局	第六届委员	衡水市农业生产及支农先进个人、衡水市农业技术推广和服务先进个人	
王子敬	男	故城县青罕镇党委副书记	第五届委员	衡水市农村小康建设模范工作队员	
邵强	男	故城县委统战部常务副部长	第十一届常务委员	衡水市信息网络优秀信息工作者	
刘立坤	男	故城县财政局	第六届委员	衡水市先进会计工作者	
栾志刚	男	故城县公安局治安股股长	第八、九届委员	衡水市严打办案会战先进个人	
刘咏梅	女	故城县法院刑庭助审员	第九、十届常务委员	衡水市严打办案会战先进个人	
崔守逊	男	故城县建国镇党委书记	第八届常务委员	衡水市经济体制改革先进个人	
孙勃	男	故城县水利局副局长	第八、第九届委员	衡水市农业技术推广和服务先进个人	
张殿森	男	故城县种子公司经理	第六、七、八届常务委员	市农业技术推广和服务先进个人	
刘廷香	男	河北钢丝绳厂厂长	第三届常务委员	衡水地区功臣企业家、衡水地区优秀人民公仆	

姓名	性别	工作单位及职务	政协委员	所获荣誉	备注
张彦秀	男	故城县农业局局长	第六届副主席、常务委员、委员，第七届常务委员	衡水市优秀党员、河北省五星级离退休干部、党员全省银发风采奖	
杨洪霞	女	故城县政协副主席	第十一届副主席，第八届常务委员	衡水市优秀共产党员、市优秀党务工作者、河北省技术状元、全市解放思想、为民、务实、清廉主题教育活动先进个人	
杜希武	男	河北甘陵工业公司党总支书记、总经理	第五、六届常务委员，第七届委员	衡水市优秀共产党员、全市经济体制改革先进个人	
张德恩	男	故城县委组织部副部长	第二、三、四、七届常务委员，第五届委员，第六届副主席	衡水市优秀党务工作者	
王会臣	男	故城县青罕福利帆布厂厂长	第六届委员	衡水市经济体制改革先进个人	
王洁华	女	故城县化肥农药经营处经理	第六、七、八、九、十届常务委员	衡水市经济体制改革先进个人、衡水市第二届巾帼十杰	
牛玉红	女	故城县饶阳店镇计生委	第八届委员	衡水市计划生育工作先进个人	
宋家栋	男	故城县郑口镇镇校长	第七届委员	衡水市基本普及九年义务教育、基本扫除青壮年文盲先进工作者	
孙家臣	男	故城县地税局局长	第六届委员	衡水市财税工作先进工作者	
邢兰春	女	故城县蔬菜办公室	第六、七届常务委员	衡水市“十佳”农技推广人员、衡水市农业产业化工作先进个人	
夏建民	男	东方兴粮粮业有限公司经理	第六届常务委员，第七届副主席	衡水市重点建设先进个人	
于国强	男	故城县故城镇武装部长	第八届委员	衡水市民兵工作先进个人	
秦迎春	女	故城县里老乡党委副书记	第八届委员	衡水市优秀党务工作者	
王彦钧	男	河北正大摩擦制动材料有限公司董事长	第八、九、十届委员	衡水市优秀企业家、故城县经济工作优秀企业家	
孙胜林	男	故城县粮食局副局长	第七届常务委员，第八届委员	衡水市重点建设先进工作者	
贾玉华	男	故城县郑口中学	第五、六、七届委员，第八届常务委员	衡水市优秀专业技术人才	
李凤阁	男	故城县监察局局长、常务副书记	第七届常务委员	衡水市优秀党务工作者	

续表

姓名	性别	工作单位及职务	政协委员	所获荣誉	备注
冯希恩	男	故城县环保局局长	第五届委员，第八届常务委员	衡水市优秀党务工作者、全市殡葬改革工作先进个人(三等功)	
王一博	男	故城县质量技术监督局局长	第八、九届委员	衡水市农村“三个代表”重要思想学习教育活动先进个人	
苏云桥	男	故城县三豆专业合作社理事长	第五届委员	衡水市先进农村经纪人	
李会来	男	故城县王元子烟花鞭炮厂厂长	第八、九届委员	衡水市优秀企业家	
孟繁友	男	奥冠电源有限责任公司经理	第六届委员，第七、八届常务委员	衡水市优秀创业企业家、故城县经济工作优秀企业家	
秘运华	男	故城县郑口镇五户村党支部书记	第五届委员	衡水市优秀企业家	
韩振海	男	故城县故城镇党委副书记	第十、十一届委员	衡水市抗击“非典”优秀党务工作者	
刘洪志	男	故城县饶阳店镇卫生院院长	第八、九届委员	衡水市抗击“非典”优秀共产党员	
赵金泉	男	故城县冀南合金厂厂长	第八届委员	衡水市优秀企业家	
陈雷	男	故城县公安局民警	第九届委员	衡水市抗击“非典”先进个人	
孙广军	男	故城县外经贸局局长	第七、八、九届常务委员	衡水市外贸出口及外经贸工作先进个人	
解会来	男	故城县叁多皮革制品厂厂长、鸿盛编织制品厂经理	第六、八届委员	衡水市优秀企业家、故城县经济工作“优秀企业家”	
张来玉	男	故城县卫生局局长	第七届常务委员	衡水市抗击“非典”先进个人	
崔广兴	男	故城县广播电视局局长	第九届常务委员	衡水市开放工作先进工作者	
徐占华	男	故城县国土局局长	第七届常务委员	衡水市优秀共产党员	
李章林	男	故城县高级中学党支部书记、校长	第七、八届委员	衡水市优秀共产党员	
陈宝禄	男	故城县辛庄乡党委组织委员	第九届委员	衡水市优秀共产党员	
马志忠	男	故城县里老乡梁庄村党支部书记	第十届委员	衡水市优秀共产党员	
王栓庵	男	故城县西半屯镇党委副书记	第九届委员，第十届常务委员	衡水市优秀党务工作者	
王宏宇	男	故城县人民政府法制办公室	第九届委员	衡水市政府法制先进工作者	
吴东明	男	故城县建设局所长	第六、七届常务委员，第九届委员	衡水市政府建设系统先进个人	

续表

姓名	性别	工作单位及职务	政协委员	所获荣誉	备注
王立森	男	故城县文化教育局工会主席	第五届委员	衡水市安全生产工作先进个人	
李春才	男	故城县房庄乡武装部部长	第八届委员	衡水市在全面建设小康社会中做出突出贡献的先进个人	
张文英	男	故城县公安局国保大队副大队长	第二、三、五届委员	衡水市防范和处理邪教问题工作先进个人（二等功）	
张长树	男	故城县计划局局长	第六、七届常务委员	衡水市重点项目建设先进工作者	
马兰池	男	故城县电力局局长	第六届常务委员	衡水市优秀人民公仆	
孙长起	男	故城县金利镍业有限公司总经理	第八届委员	衡水市优秀企业家、故城县经济工作优秀企业家	
张恩东	男	故城县富仕佳皮草有限公司总经理	第八、九、十届委员	衡水市优秀企业、故城县经济工作优秀企业家	
孟凡旺	男	故城县兴旺皮毛制品有限公司董事长	第八届委员	衡水市优秀企业家	
郭金柱	男	故城县富通裘革制品有限公司总经理	第八届委员	衡水市优秀企业家、故城县经济工作优秀企业家	
王守生	男	故城县亨润汽车配件有限公司总经理	第八、九届委员	衡水市优秀企业家	
丁春庆	男	故城县军屯镇丁里村党支部书记	第八届委员	衡水市优秀共产党员	
王义增	男	故城县房庄乡党委组织委员	第八届委员	衡水市优秀党务工作者	
王延珂	男	故城县城建指挥部拆迁办副主任	第八届委员	衡水市优秀共产党员、衡水市政府表彰的建设工作先进个人	
王连峰	男	故城县青罕镇党委副书记	第八届委员	衡水市优秀基层党务工作者	
曾金旺	男	故城县卫健局局长	第九届委员	衡水市老干部工作先进个人	
崔立勇	男	故城县文化广电和旅游局局长	第九届常务委员，第十届委员	衡水市社区建设先进个人、优秀信息工作者	
张希武	男	故城县工商局副局长	第八、九届委员	衡水市安全生产管理先进个人	
吕存泉	男	故城县医保中心主任	第八、九届委员	衡水市老干部工作先进个人	
张静霞	女	河北同业冶金科技有限责任公司董事长	第八届委员	衡水市优秀企业家、2005—2023 获得县经济工作功臣企业家	

续表

姓名	性别	工作单位及职务	政协委员	所获荣誉	备注
秘亚力	男	故城县国土资源局副局长	第八、九届委员	衡水市城镇面貌三年大变样工作先进个人	
李建国	男	故城县商务局副局长	第七届委员	衡水市城镇面貌三年大变样工作先进个人	
王宝新	男	故城县台湾工作办公室	第七届委员	衡水市社会治安综合治理先进个人	
王志刚	男	弘强房地产开发有限公司总经理	第十、十一届常务委员	衡水市科技进步一等奖	
刘洋	男	故城县科学技术协会主席	第十、十一届常务委员	河北省发展改革系统先进个人、衡水市发展改革系统先进个人、衡水市发展改革系统先进个人	
王延鹏	男	故城县西半屯镇党委副书记	第十一届委员	衡水市优秀共产党员	
李光磊	男	故城县三郎乡党委副书记	第十届委员	衡水市优秀共产党员	
袁焕勇	男	故城县里老乡党委副书记	第十届委员	衡水市优秀共产党员	
刘胜亚	男	故城县郑口镇党委副书记	第十一届委员	衡水市优秀共产党员	
范海伟	男	故城县建国镇政府党委副书记	第十一届委员	衡水市优秀共产党员	
陈欢	女	故城县辛庄乡党委副书记	第十一届委员	衡水市党委系统信息工作优秀信息工作者	
董恒发	男	故城县煤气发生炉配件厂	第二、三、五届委员	故城县十大风范人物	
扈振国	男	网通故城分公司经理	第八、九届常务委员，第十届委员	故城县经济工作功臣企业家	
马东升	男	故城县石油分公司经理	第八届委员	故城县经济工作“优秀企业家”	
崔彦忠	男	丰华工业用布有限公司经理	第六、七届常务委员	故城县经济工作优秀企业家	
吴双利	男	鸿利皮革有限公司经理	第八届委员	故城县经济工作优秀企业家	
张子坤	男	鹏龙皮草有限公司经理	第七、八届委员	故城县经济工作功臣企业家	
陈盛	男	金信镍业有限公司经理	第八届委员	故城县经济工作优秀企业家	

续表

姓名	性别	工作单位及职务	政协委员	所获荣誉	备注
苏传生	男	吉祥畜产品有限公司经理	第七届委员	故城县经济工作优秀企业家	
孙金良	男	河北金良重工机械有限公司董事长	第八、九届委员，第十、十一届常务委员	故城县经济工作“优秀企业家”	
王志胜	男	故城县之珍裘革制品公司经理	第八届委员	故城县经济工作功臣企业家	
李节贞	男	源贵钨钼合金有限公司经理	第八届委员	故城县经济工作优秀企业家	
崔振涛	男	故城县美杉皮草有限公司经理	第八、九届委员	故城县经济工作优秀企业家	
刘文彬	男	珠峰铁塔有限公司董事长	第八、九届常务委员，第十届委员	故城县经济工作功臣企业家	
王明怀	男	恒盛皮毛制品有限公司经理	第八届委员	故城县经济工作优秀企业家	
曹端广	男	故城县武官寨油棉厂总经理	第七、八届委员	故城县经济工作优秀企业家	
宋兰顺	男	华鑫废旧金属购销有限公司董事长	第八届委员	故城县经济工作优秀企业家	
张冰雁	男	华信忠良玻璃钢有限公司董事长	第十届委员	故城县经济工作优秀企业家	
刁丰生	男	德事隆皮草有限公司董事长	第八届委员	故城县经济工作优秀企业家	
王志胜	男	故城县之珍裘革制品公司经理	第八届委员	故城县经济工作优秀企业家	
王桂军	男	华泰棉业有限公司董事长	第八、九届委员	故城县经济工作优秀企业家	
田洪灵	女	河北星月制动元件有限公司经理	第十一届常务委员	故城县创业功臣	

注：工作单位及职务以时任政协委员届次为准

第四章　优秀县政协委员

自故城县政协成立以来，全体政协委员紧紧围绕县委、县政府中心工作，充分发挥自身优势，认真履行政协职能，积极建言献策，为促进全县各项事业的发展做出了积极贡献。为发扬成绩，表彰先进，积极动员广大政协委员为促进故城经济又好又快发展贡献力量，发挥作用。根据档案资料，收录了部分优秀政协委员名单。

2004 年度受表彰优秀县政协委员（20 人）

邢志平、张殿森、申坤瑞、孟繁友、王洁华、徐乃旺、曹端广、李章林、苏　彬、吴东明、李兴刚、苏云桥、王彦芳、贾玉华、马石根、张淑兰、杨玉宝、李效骏、胡顺芝、张玉芝

2005 年度受表彰优秀县政协委员（21 人）

邢志平、孟繁友、岳洪军、张殿森、孙广军、李景越、李章林、苏云桥、陈海福、申坤瑞、张子坤、王洁华、曹端广、马石根、郭丙臣、郑玉海、袁铁岭、张淑兰、胡顺芝、孟繁旺、刘洪河

2007 年度受表彰优秀县政协委员（20 人）

孟繁友、王吉群、吴以池、李　冬、李春岭、王洁华、张立江、秘亚力、张子力、卢宏达、刘其通、蒋振平、陈海福、陈　盛、李会来、何洪坡、王翠英、杨洪斌、熊桂营、吴振荣

2008 年度受表彰优秀县政协委员（26 人）

卢宏达、于恩波、赵广宇、王风侠、扈振国、孟繁友、孙金良、郭　卫、赵新蕾、王洁华、蒋振平、陈海福、李会来、杨洪斌、王翠英、谢会元、王连胜、杨玉宝、李丙超、夏铁诚、李振峰、杨圣荣、张士锐、王义增、吴立芝、李洪增

2009 年度受表彰优秀县政协委员（27 人）

卢宏达、张洪德、赵光宇、王风侠、杨洪霞、孟繁友、蒋振平、宣平侠、郭　卫、李　冬、刘其通、桑志武、陈海福、周明芹、吴立芝、解会来、王连胜、徐树森、于书超、李洪增、张静霞、李会来、吕凤温、宋兰顺、何洪坡、王翠英、于国强

2010 年度受表彰优秀县政协委员（26 人）

赵光宇、卢宏达、王风侠、扈振国、杨洪霞、孟繁友、刘其通、沈　良、于国强、鲁金铭、林　霖、张志敏、于书超、房志杰、王义增、张延峰、牟玉峰、李春才、翟树起、薛纯彬、陈海福、宣平侠、郭　卫、蒋振平、桑志武、王洁华

2012 年度受表彰优秀县政协委员（25 人）

孟繁友、刘其通、陈炳升、王书青、刘彦明、于志峰、李同旺、宛闽生、蒋振平、周建中、王洁华、王树军、张恩东、张圣刚、商洪勇、尹新开、崔福义、王关义、黄立明、冯立山、杨圣荣、马清成、胡玉忠、骆林瑞、孙明峰

2013 年度受表彰优秀县政协委员（25 人）

孟繁友、刘其通、陈炳升、岳洪军、王书青、王拥军、张艳敏、孔维亮、王树军、居艳梅、宣平侠、陈希彬、刘凤岐、李桂峰、张圣刚、尹金喜、李明亮、赵瑞华、崔福义、王　勇、丁艳辉、冯立山、孙明峰、朱有印、黄立明

2014 年度受表彰优秀县政协委员（27 人）

孟繁友、刘其通、王书青、王拥军、冯章起、蒋振平、陈希彬、胡树凯、王洁华、张艳敏、王树军、宣平侠、崔立勇、孙　勃、张恩东、张圣刚、万升国、夏立元、沈士明、崔福义、黄立明、冯立山、杨圣荣、梁存成、刘文起、王守生、陈宝录

第五章　故城籍省、市政协领导及部分在外市政协委员名录

姓名	籍贯	所属政协、届数	工作单位及曾任职务
袁树峰	故城镇北袁庄村	河北省政协第八届委员会委员，第九届、十届委员会常委	河北省政协文史资料委员会主任
解观安	里老乡前里老村	河北省政协第十届、十一届委员会常委	河北省政协副秘书长
袁树芝	故城镇北袁庄村	河北省政协	河北省政协办公厅副主任
刘家科	建国镇要庄村	衡水市政协第三届、四届委员会副主席	衡水市政协副主席、党组成员
孙云霞	故城镇贾别王村	衡水市政协第六届委员会副主席	衡水市政协副主席、党组成员
贾超绪	郑口镇大杏基村	衡水市政协第六届、七届委员会副主席	衡水市政协副主席、党组副书记
梁君奎	武官寨镇大店村	衡水市政协第六届、七届委员会副主席	衡水市政协副主席、民进衡水市委主委兼衡水市第二人民医院院长
苏延所	房庄镇董子学村	衡水市政协第一届、二届、三届委员会秘书长	衡水市政协秘书长
许洪哲	西半屯镇东桥村	衡水市政协第七届委员会委员	衡水市政协副秘书长、机关党组成员、办公室主任
吕松印	建国镇毛店村	衡水市政协第四届、五届委员会委员	衡水市政协农业和港澳台侨外事委员会主任
师彦伟	青罕镇秘孝子村	衡水市政协第四届委员会委员，第五届、六届委员会常委	衡水市政协社会法制民族宗教委员会主任
吕树祥	建国镇毛店村	衡水市政协第六届委员会常委	衡水市政协财经委员会主任
庞晓	房庄镇乜宁村	衡水市政协	衡水市政协办公室副主任
唐连永	青罕镇南王庄村	衡水市政协第七届委员会委员	衡水市政协之友联谊会办公室主任、机关党组成员
林兰成	饶阳店镇时庄村	衡水市政协	衡水市政协正处级调研员
张炜	西辛庄乡西辛庄村	衡水市政协第二届委员会委员、第三届委员会常委	衡水市政协机关二级调研员
宋立民	故城镇赵庄村	衡水市政协第三届委员会委员，第四届、五届委员会常委	衡水市政协人口资源环境委员会二级调研员
王平	武官寨镇张庄村	衡水市政协	衡水市政协研究室副主任
苗莉	郑口镇红庙村	衡水市政协	衡水市政协之友联谊会办公室副主任
王春梅	青罕镇石槽村	衡水市政协	衡水市政协机关三级调研员
赵志华	辛庄乡新化村	衡水市政协	衡水市政协社会法制民族宗教委员会四级调研员
吕继武	西半屯镇南小屯村	衡水市政协第五届、六届委员会常委	衡水市林业局党组书记、局长
孟祥辉	建国镇于古屯村	衡水市政协第六届委员会常委	河北奥冠电源有限责任公司董事长
王化平	三朗镇东牟村	衡水市政协第六届委员会委员	衡水市委巡查组组长
张世民	故城镇马厂村	衡水市政协第六届委员会委员	河北泰华锦业房地产开发有限公司副董事长
郭连振	建国镇霍庄村	衡水市政协第六届、七届委员会常委	泰华集团董事兼总裁
于洪强	夏庄镇河北涯村	衡水市政协第六届、七届委员会常委	衡水明日文化传播有限公司经理

续表

姓名	籍贯	所属政协、届数	工作单位及曾任职务
赵春斌	西半屯镇后赵村	衡水市政协第六届、七届委员会委员	衡水市园林中心党组书记、主任，市城市管理综合行政执法局党组成员
崔清福	饶阳店镇曹庄村	衡水市政协第六届委员会委员、七届委员会常委	民盟衡水市委秘书长兼衡水亚隆信息产业有限公司总经理
马迎霞	房庄镇南獐鹿村	衡水市政协第六届、七届委员会委员	衡水日报社评论理论部主任
师东升	郑口镇师黄村	衡水市政协第七届委员会委员	衡水市供销社党组书记、理事会主任
张海林	里老乡小马坊村	衡水市政协第七届委员会委员	衡水卫生学校党委书记
董洪斌	饶阳店镇北仁庄村	衡水市政协第七届委员会委员	衡水市政府研究室党组书记、主任
杜悦峰	故城镇中镇村	衡水市政协第七届委员会委员	衡水市社科联主席
韩石忠	辛庄乡牛卧庄村	衡水市政协第七届委员会委员	衡水市城建综合开发总公司总经理
刘杰	西半屯镇万庄村	衡水市政协第七届委员会委员	衡水市道教协会秘书长
王晶	房庄镇中化村	衡水市政协第七届委员会委员	衡水市人民医院感染性疾病科主任
苏振华	房庄镇杨梧茂村	衡水市政协第七届委员会委员	明业文化传媒有限公司总经理
王淑冬	军屯镇牛庄村	衡水市政协第七届委员会委员	衡水市保安服务有限公司总经理
王希光	武官寨镇王庄村	衡水市政协第七届委员会委员	衡水市第四人民医院财务处处长、民进市委委员

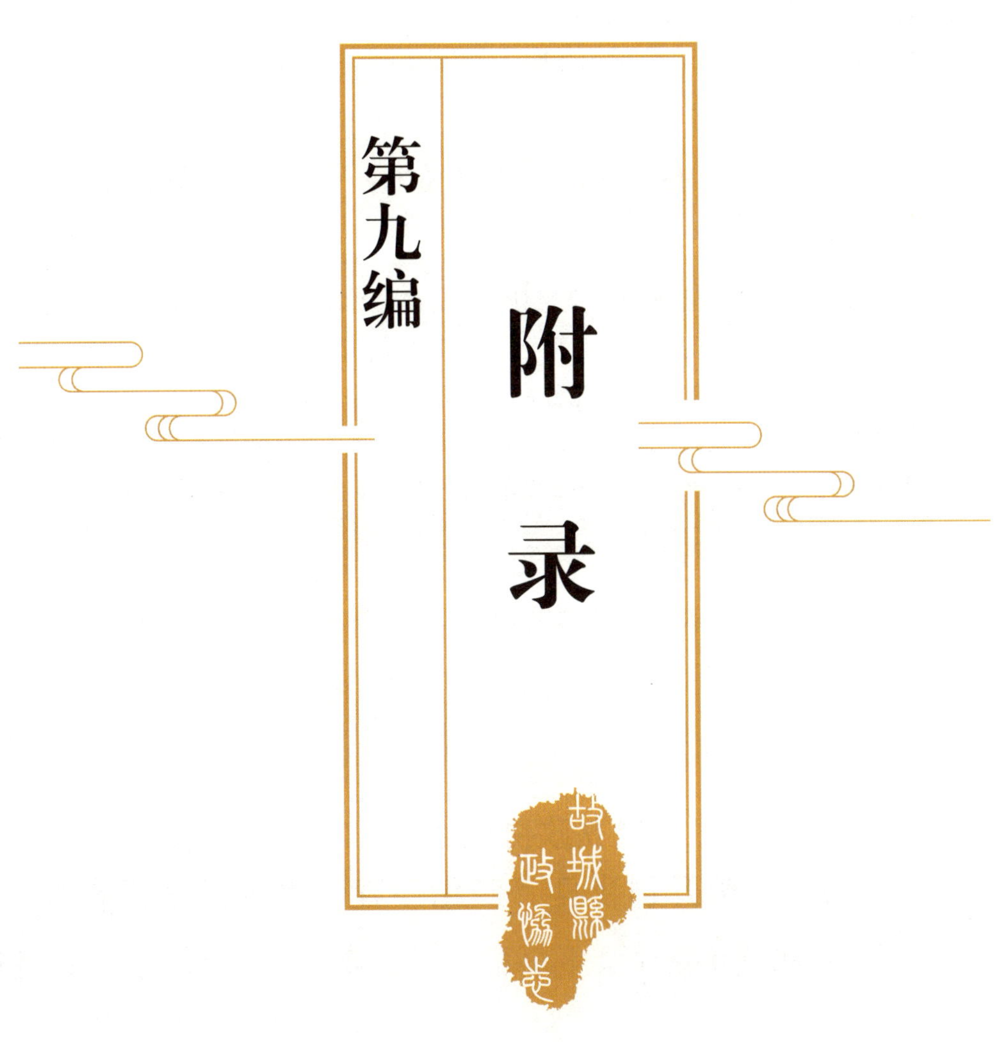

第九编 附录

在故城县的发展历程中，县政协发挥着至关重要的作用。本编所收录之内容，是县委领导在历届政协全体会议开幕会上的讲话、政协领导在历届全体会议闭幕会上的讲话以及县政协领导在上级政协会议上的发言。这些珍贵的言辞，如同一幅幅生动的画卷，展现出政协工作的多彩风貌。它们记录了不同时期的奋斗目标与前行方向，见证了协商民主的坚实步伐。从开幕时的殷切期望与有力动员，到闭幕时的深刻总结与美好展望，再到上级会议上的经验交流与智慧分享，每一句话都承载着责任与担当，每一个观点都闪耀着思想的光芒。

第一章　县委领导在政协全会开幕会上的讲话

40 年来，中共故城县委高度重视县政协工作，每次全体会议期间，几大班子领导均出席大会开幕会、闭幕会，县委领导在大会开幕会上代表县委作讲话。县委领导的讲话，既突出重点又着眼长远，既有对政协工作和履职表现充分肯定和评价，也有对政协组织和政协委员的具体要求和希望，具有很强的理论性、实践性和指导性，通过学习领会县委领导讲话，为县政协做好新时期政协工作提供方向遵循。从现存档案资料中，共收录县委领导在政协全体会议上的讲话 37 篇。

第一节　县委领导在政协故城县第二届委员会开幕会上的讲话

建立政协组织，加强民主监督，为开创我县“四化”建设的新局面而奋斗

在政协故城县第二届委员会第一次全体会议上的讲话

（1984 年 3 月 4 日）

中共故城县委书记　卢汝泽

各位委员、各位同志：

中国人民政治协商会议故城县第二届委员会第一次会议，是在经过 22 年停顿之后，是在党中央号召全面开创社会主义现代化建设的新局面，省委号召“振作精神、振兴河北”的形势下召开的。这是全县人民政治生活中的一件大喜事。为此，我代表中共故城县委、故城县人大常委会、故城县人民政府对这次会议表示热烈的祝贺！向与会的全体委员表示亲切的问候！

党的十一届三中全会以来，特别是党的十二大以来，我县的政治和经济形势发展很快、很好。无论是在调整国民经济、进行“四化”建设，还是加强社会主义民主、健全社会主义法制、改善领导作风、提高人民生活水平等方

面都取得了显著成绩。在统战工作方面，我们认真贯彻与坚持“长期共存、互相监督”“肝胆相照、荣辱与共”的一贯方针，使革命的爱国统一战线在社会主义与爱国主义的基础上更加巩固和发展，使党的知识分子政策、民族政策、宗教政策、对原工商业者的政策以及对起义投诚人员的政策进一步得到了落实。近年来，县委对原错定为“右派”和“反社”分子137名同志进行了改正和纠正，并适当安排了他们的工作，他们原受株连失去吃商品粮的家属和子女41户，127人转吃商品粮，也分别落实了政策，对627名原工商业者改为劳动者，对16名下放处理不当的起义投诚人员做了适当的安置，在民族、宗教、台港亲属和侨眷工作等方面，也做了很多工作，同时对科技人员中原“用非所学”使用不当进行了调整，在力所能及的情况下，初步改变了知识分子和科技人员的生活条件。但是，我们的工作中还存在不少问题，请各位委员提出批评和建议，共同把我县的各项工作做得更好。

现在，我借这次会议的机会，讲以下几个问题，并提出几点希望和要求：

一、人民政协的发展历史

中国人民政治协商会议第一届全体会议，是1949年9月在北京召开的，这次具有重大历史意义的会议代行了全国人民代表大会的职权，会议制定了具有临时宪法性质的《共同纲领》，选举产生了以毛泽东同志为主席的中央人民政府，宣布了中华人民共和国的成立。1954年，第一届全国人民代表大会召开，人民政协代行全国人民代表大会职权的历史任务即告结束，但它作为统一战线的组织仍继续存在，并在全国各省、市、自治区和其他需要的地方相继建立了人民政协组织。在这次会议上，代表们一致推选毛泽东同志为全国政协名誉主席，选举周恩来同志为政协主席。

粉碎“四人帮”后，我国的统一战线工作得到了恢复和进一步发展，1978年2月召开了政协第五届全国委员会第一次会议，选举邓小平同志为政协全国委员会主席，又于1979年6月、1980年8月、1981年10月、1982年11月相继召开了政协第五届全国委员会的第二、第三、第四、第五次全体会议，并修改通过了政协新章程。1983年6月又召开了政协六届全国委员会第一次会议，选举邓颖超同志为全国政协主席。

我县于1961年1月召开了第一届委员会第一次会议，历时22年，中止了政协的正常活动，于今根据形势发展的需要，上级指示我们重建政协组织，恢复政协的正常活动，经过一年多来的筹备，现在筹备工作也已全部就绪。我相信，这一会议的召开，必将对我县爱国统一战线和“四化”建设发挥强大的推动作用。

二、人民政协的性质、地位和作用

中国人民政治协商会议是在中国人民长期的革命和建设进程中结成的，由中国共产党领导的，由各民主党派、无党派人士、各人民团体、少数民族人士和各界爱国人士参加的，包括全体社会主义劳动者、拥护社会主义的爱国者和拥护祖国统一的爱国者组成的，包括台湾同胞、港澳同胞和海外侨胞的最广泛的爱国统一战线。它是中国共产党领导下的发扬社会主义民主和联系各方面人民群众的最广泛最重要的统一战线，是对国家大事进行协商、提出建议的重要机构。

人民政协是我国历史革命的产物，30多年来，它在各族人民中有很高的威信和影响，在我国政治体制中占有重要的位置。现在，我们的国家已经进入了以实现四个现代化为中心任务的新的历史时期，我国社会阶级状况发生了根本变化，工农联盟更加巩固，广大的知识分子已经是工人阶级的一部分，同工人、农民一样成为社会主义事业的依靠力量，在人民革命和建设事业中做出贡献的各民主党派，已经成为社会主义劳动者和拥护社会主义的爱国者的政治联盟，全国各民族已经形成平等团结、互助的社会主义民族关系，宗教界有了很大的进步，台湾同胞、港澳同胞和海外侨胞热爱祖国，拥护祖国统一，积极支援祖国的社会主义建设事业。党中央明确指示："新的历史时期，统一战线仍然是一个法宝，不是应该削弱，而是应该加强。""为了广泛团结一切爱国力量，为了有利于实现祖国统一大业，现阶段统一战线应称为革命爱国统一战线。"邓小平在十二大闭幕词中指出："八十年代是我们党和国家历史发展上的重要年代，加紧社会主义现代化建设，争取实现包括台湾在内的祖国统一，反对霸权主义，维护世界和平，是我国人民在八十年代的三大任务。"要完成这一光荣而艰巨的任务，离开党的统一战线是不可能成功的。胡耀邦同志在十二大报告中也指出："在民主革命时期，统一战线是使我国革命取得胜利的一个重要的法宝，在社会主义建设时期它仍然发挥十分重大的作用。"我们党要继续坚持"长期共存、互相监督、肝胆相照、荣辱与共"的方针，加强同各民主党派、无党派人士、少数民族人士和宗教界爱国人士的合作，必须尽一切努力，进一步巩固和加强由全体社会主义劳动者、拥护社会主义的爱国者和拥护祖国统一的爱国者组成的，包括台湾同胞、港澳同胞和海外侨胞在内的最广泛的爱国统一战线。所以人民政协在新的历史时期负有光荣使命，工作前程远大，大有可为。

今后爱国统一战线的方针任务就是要高举爱国旗帜，发展和加强中华民族的大团结、大统一。为实现社会主义现代化建设、完成祖国统一大业，维护世界和平作出新的贡献。要进一步解放思想，发扬民主，调动一切积极因素，把蕴藏在各方面人士中的潜力充分发挥出来，要积极支持他们的一切爱国行动和首创精神，鼓励他们大胆工作，发挥自己的聪明才智。共产党要善于同党外人士合作共事。毛泽东同志说过，"国事是国家的公事，不是一党一派的私事。因此，共产党党员只有对党外人士实行民主合作的义务，而无排斥别人、垄断一切的权利"。虽然共产党是一个领导全国政权的大党，但共产党员在全国人民中始终占少数，只有善于同党外人士合作，才能把各项工作做好。我们一定要响应胡耀邦同志发发出的"勿忘团结奋斗，致力振兴中华"的号召，满怀信心的奋发努力，争取新的胜利。

三、我县人民政协建立后应做好的几项工作

党中央历来十分重视统一战线和人民政协工作，特别是党的十一届三中全会以来，各级政协组织相继得到恢复和发展，邓小平同志在五届政协二次会议开幕词中，明确提出了新时期的统一战线和人民政协的任务："就是要调动一切积极因素，努力化消极因素为积极因素，团结一切可以团结的力量，同心同德、群策群力，维护和发展安定团结的政治局面，为把我国建设成为现代化的社会主义强国而奋斗。"为此，县政协建立之后，应认真抓好以下几项工作：

第一，要经常地、及时有效地进行民主协商，发挥人民政协的民主监督作用。县政协建立后，要经常同县委、县人大常委会、县政府保持联系，积极参与国家大政方针和我县重大问题的协商，要充分运用民主协商的各种形式，经常不断地开展活动，当前和今后一段时间，要积极协助县委、县政府搞好我县机构改革和经济体制的改革。通过认真学习《中共中央关于整党的决定》和其他有关整党文件，广泛征求党外人士的意见，在县委的统一部署下，热情帮助党委搞好整党。与此同时，要把办理委员的提案、处理和接待本会委员和人民群众的来信来访，作为日常工作抓紧抓好。总之，要广开言路，集思广益，把各方面的意见、要求、批评和建议反映出来，以利于党和政府的工作顺利开展。

第二，要组织和推动政协委员和各界人士学习政治理论和时事政策。要通过各种有效的形式，组织委员认真学习两个大会文件，领会精神，贯彻落实。在当前，要重点学好"三本书"即：《三中全会以来重要文件选编》《邓小平文选》《陈云文稿选编》，特别是要学习好邓小平文选，以指导我们工作的开展。通过学习，要使我们在思想上有一个新的境界，作风上有一个新的转变，工作上打开新的局面。

第三，要高举爱国主义的旗帜，发展和加

强中华民族的大团结、大统一。要大力开展对台工作。要遵照叶帅关于两岸统一、实现和平统一的九条方针政策和邓小平同志最近在接见美国新泽西州西东大学教授杨力宇时谈到的关于实现中国大陆和台湾和平统一的一些设想，采取多种形式，积极开展各项活动，鼓励和支持在台人员的亲朋故友，为祖国统一大业作出应有的贡献。我们一定要同全体爱国同胞携手合作，为完成祖国统一神圣使命贡献力量。

第四，要重视和加强知识分子的工作。人民政协要把做好知识分子工作、充分发挥他们在现代化建设中的积极性作为重要任务，这是人民政协真正把自己的工作重点转到为社会主义现代化建设服务上来的标志之一。人民政协要成为政协委员之家，成为知识界人员之家。在人民政协的各种会议和活动中，都应充分发扬民主，广开言路，做到披肝沥胆，以诚相见，知无不言，言无不尽。要积极创造条件，使他们乐意到政协来参加活动，发表意见，为国家各项建设事业献计献策。

第五，要积极开展政协工作组的工作，政协工作组，是开展政协各项活动的重要组成部分，是政协委员参加活动的基础组织，要制定本会《工作组组织简则》，按照统一战线的各个方面和委员的专业，逐步把科技、文教、卫生、妇女、工商、青年等工作组建立起来。以加强委员间的联系，活跃政协的日常工作。

第六，要加强兄弟县政协和本会各位委员的联系，通过各种形式交流经验，征求意见，做好工作。

各位委员、各位同志，新时期的统一战线和人民政协的任务是艰巨而光荣的，国家和人民对我们寄托着很大希望，我们一定要在县委的领导下，在全县人民的支持和帮助下，振奋精神，团结一致，为“四化”建设作出更大贡献，为开创政协工作新局面而努力奋斗！

第二节　县委领导在政协故城县第三届委员会开幕会上的讲话

在政协故城县第三届委员会第一次全体会议上的讲话

（1987年3月22日）

中共故城县委副书记　张彦恩

各位委员、各位同志：

中国人民政治协商会议故城县第三届委员会第一次全体会议隆重开幕了。我代表县委向大会表示热烈的祝贺！向与会的各位委员表示亲切的问候！

今天，各位委员济济一堂，共商“四化”大计，这对于动员、团结全县人民和一切爱国力量，加快改革步伐，推动两个文明建设将有着极其重要的意义。现在我借此机会，就如何做好政协工作讲三个问题。

一、人民政协的性质、地位和作用

中国人民在长期的革命和建设进程中，结成了由中国共产党领导的，由各民主党派、无党派人士、各人民团体、少数民族人士和各界爱国人士参加的，由全体社会主义劳动者、拥护社会主义的爱国者和拥护祖国统一的爱国者组成的，包括台湾同胞、港澳同胞和海外侨胞的最广泛的爱国统一战线。

中国人民政治协商会议是中国人民爱国统一战线的组织。1949年9月，中国人民政治协

商会议第一届全体会议代行全国人民代表大会的职权，代表全国人民的意志，协商选举中央人民政府并宣告中华人民共和国的成立，发挥了重要的历史作用。1954 年第一届全国人民代表大会召开以后，中国人民政治协商会议继续在国家的政治生活和社会生活以及对外友好生活中进行了许多工作，做出了重要的贡献。今后在加速社会主义现代化建设中，争取实现包括台湾在内的祖国统一、反对霸权、维护世界和平的斗争中，中国人民政治协商会议将进一步发挥它的重要作用。人民政协要在热爱祖国、拥护中国共产党的领导和拥护社会主义事业的政治基础上，尽一切努力，进一步巩固和发展爱国统一战线，调动一切积极因素，团结一切可以团结的人，同心同德，群策群力，维护和发展安定团结的政治局面，促进社会主义民主和法制的建设，为全面开创社会主义现代化建设的新局面，实现我国各族人民的总任务而奋斗。

中国人民政治协商会议是我国政治生活中发扬民主的一种重要形式。根据中国共产党同各民主党派和无党派人士“长期共存、互相监督、肝胆相照、荣辱与共”的方针，对国家的大政方针和群众生活的重要问题进行政治协商，并通过批评和建议发挥民主监督作用。

关于人民政协的性质、地位和作用，已在国家的根本大法中得到明文规定，这在历史上还是第一次，这对人民政协的工作具有重要的指导意义和深远的影响。

二、人民政协的主要工作及根本任务

为了进一步加深各委员对政协工作的了解，下面我着重讲一下人民政协的主要工作和根本任务。人民政协的主要工作概括起来主要有八项：1. 宣传和贯彻执行中国共产党和国家路线、方针、政策，推动各方面的社会力量积极参加国家的物质文明和精神文明的建设事业；2. 密切联系各方面的人士，反映他们和他们联系的群众的意见和要求，对国家机关的工作提出批评和建议，协助国家机关改进工作，提高工作效率，克服官僚主义；3. 调整和处理统一战线各方面的关系和人民政协内部合作的重要事项；4. 坚持发展科学、繁荣文化的“百花齐放、百家争鸣”的方针，为国家的各项建设事业广开言路、广开才路，充分发挥委员的专长和作用，密切联系国家机关和其他有关组织，在政治、法律、经济、文化、教育、科学技术、卫生、体育等方面开展学术交流，工作研究、专题调查等活动，接受政府和有关部门的咨询，开展爱祖国、爱人民、爱劳动、爱科学、爱社会主义的宣传教育；5. 组织委员通过视察、参观调研，深入实际，同人民群众广泛接触，了解情况就各项建设事业和群众生活中的重大问题进行研究，向政府和有关部门提出批评和建议；6. 组织和推动委员在自愿的基础上学习马列主义和毛泽东思想，学习时事政治、学习业务和科学技术知识，增强为祖国服务的才能；7. 宣传和贯彻国家的知识分子政策，以利于充分发挥知识分子在社会主义现代化建设中的作用，宣传和贯彻国家的民族政策、宗教政策，宣传和贯彻国家关于统一祖国的方针政策，加强同港澳同胞、国外同胞的联系和团结，鼓励他们为祖国的建设事业和统一大业作出贡献，宣传和贯彻国家的侨务政策，宣传和贯彻国家的外交政策；8. 根据统一战线组织的特点进行关于中国近代史、现代史的文史资料的征集、研究、整理、编辑工作，出版文史资料选集。

在新的历史时期，最大限度地团结一切可以团结的力量，调动一切积极因素，发展和加强中华民族的大团结、大统一，努力为实现 20 世纪末工农业总产值翻两番的宏伟目标，建设高度的社会主义物质文明和精神文明，实现八十年代至九十年代的三大任务而奋斗，这是新时期统一战线和人民政协的根本任务。

三、对政协工作的几点要求和希望

政协故城县第二届委员会自 1984 年组成以来，到现在已经三年了，在这期间，县政协和全体委员积极参加了我县的大政方针的协商和讨论，做了大量的工作，提出了许多兴利除弊的建议，对我县两个文明建设做出了积极的贡献。这是应该肯定的。政协故城县第三届委员会成立后，县委还将进一步加强对政协工作的领导，更好地为政协委员“知情”“出力”创造条件，同时也希望委员们认真履行人民政协的基本职责，努力学习，积极工作为进一步巩固和发展我县政协工作的新局面作出应有的贡献。

1. 要认真贯彻执行“长期共存、互相监督、肝胆相照、荣辱与共”的方针，进一步巩固和发展我县爱国统一战线，政协应成为政协委员之家、民主党派之家、知识分子之家，切实把大团结、大统一的精神贯穿于自己工作的全过程，调动一切积极因素，团结一切可以团结的力量，为社会主义现代化建设和统一祖国大业贡献力量。

2. 政协是知识分子集中的地方，汇集着各方面的人才，联系和团结着各界人士。政协要主动与县委、县政府的有关部门配合，通过组织咨询服务，编写文史资料，开展学术讨论以及召开座谈会、协商会等形式，引导和组织大家为振兴我县经济而献计献策。

3. 要充分发挥“政治协商、民主监督”的职能作用。政协应通过多种形式和不同渠道对我县的重大问题进行协商和监督，当前特别希望各位委员要注意在经济体制改革、加强民主与法制建设上尤其要注意在坚持党的四项基本原则、反对资产阶级自由化的斗争以及端正党风和维护安定团结的政治局面等重大原则问题上，深入调查研究，敢于仗义执言，积极地诚恳地提出批评和建议，帮助县委和政府改进工作，以推动我县两个文明建设的深入开展。

4. 要推动社会有关方面，广泛进行人民政协的性质、地位、作用和任务的宣传教育，不断增强做好政协工作的自觉性，要注意和加强政协自身的思想建设和组织建设，以更好地适应新时期人民政协工作的需要。

5. 目前，政治思想战线正在开展坚持四项基本原则、反对资产阶级自由化的斗争。要求全体政协委员在新的一年里，在党中央的领导下，更加自觉地坚持四项基本原则，更加坚定地执行改革开放、搞活的方针，广泛开展增产节约、增收节支运动。加强社会主义法制，珍惜和维护安定团结的局面，坚定不移的贯彻执行党的十一届三中全会以来的路线、方针和政策，为推动我县各项工作的进一步发展做出新的贡献。

各位委员，今年是我县实施“七五”计划的第二年，我们的任务还很艰巨，让我们在县委的领导下，团结一致，同心同德，艰苦奋斗，为搞好我县两个文明建设贡献自己应有的力量。

第三节 县委领导在政协故城县第四届委员会开幕会上的讲话

在政协故城县第四届委员会第一次全体会议上的讲话

（1990 年 3 月 5 日）

中共故城县委副书记 刘石营

各位委员、各位同志：

中国人民政治协商会议故城县第四届委员会第一次会议，今天开幕了。借此，我代表中共故城县委向大会表示热烈的祝贺，向工作在各条战线的各位委员、同志们致以亲切的问候！

这次大会是在治理经济环境、整顿经济秩

序、全面深化改革的新形势下召开的。通过这次大会的召开，对我们进一步贯彻党的十三届四中全会、五中全会精神，对我县政协工作的健康发展，将起到积极的推动作用。希望大家以高度的责任感，围绕全县政治、经济和社会发展中的重大问题，畅所欲言，各抒己见，多提宝贵意见和建议，努力把这次大会开成民主、团结的大会，形成提高认识、增强信心、群策群力、共负重任的大会。

1989 年，县委认真贯彻执行党的路线、方针和政策，坚持从实际出发，紧紧围绕经济建设这个中心，带领全县人民团结奋斗，各项工作都取得了令人鼓舞的成绩。党的基本路线教育深入人心，政治上安定团结、政通人和；党风和社会风气进一步好转；党组织和各级领导班子建设明显加强，国民经济持续稳定发展，实现了速度、效益、后劲同步增长；城镇面貌有了新的改观；政治和经济体制改革进一步深入；精神文明建设有了新的突破；科技、教育、文化事业继续发展，人们的思想觉悟、法制观念和改革开放意识不断增强。但是，我们还必须看到，还有不少困难和问题，腐败现象、分配不均等，不同程度地影响着社会发展和改革的进行。

总之，1989 年全县各项工作进展是顺利的，成绩是显著的。这是全县人民齐心协力、团结奋斗的结果，也是与县政协积极工作、充分发挥职能作用分不开的。

过去的一年，县政协认真贯彻党的路线、方针、政策，紧紧围绕一个中心两个基本点，不断求实创新，开拓前进，较好地履行了政治协商、民主监督的基本职能，充分发挥了综合性人才库的作用。在巩固我县安定、团结、民主、和谐的政治局面，促进改革开放和经济建设、发展爱国统一战线等方面、付出了辛劳，做出了贡献。对于这一切，县委和政府给予了高度的评价和由衷的感谢。

今年是治理经济环境、整顿经济秩序、全面深化改革的关键一年，对此，县委召开了专门会议，对全县的政治、经济形势进行了实事求是的分析，明确提出了今年工作的指导思想和任务要求。突出强调，要认真贯彻党的十三届四中全会和五中全会精神，坚持党的基本路线，以治理整顿为重点，以改革总揽全局，全面推进两个文明建设，在九十年代新的起点上，以新的姿态，创造新的成绩。

面对新的形势和任务，要进一步做好政协工作，充分发挥人民政协政治协商、民主监督的职能作用。根据县委研究的意见，我讲以下几个问题：

一、深入学习贯彻党的十三届四中全会和五中全会精神

党的十三届四中全会和五中全会，是我党历史上两个重要会议。希望政协组织和各位委员，密切结合当前整理整顿实际，继续把学习引向深入。要深刻理解党在社会主义初级阶段的基本理论和基本路线，深刻领会中央领导同志一系列重要讲话精神，坚持党的四项基本原则，坚持改革开放的总方针，坚持和完善中国共产党领导的多党合作和政治协商制度，坚持“一国两制”、和平统一祖国的战略构想，这是做好政协工作的最坚实的政治基础。要充分认识人民政协在国家政治生活中的地位和作用，进一步增强从事政协工作的光荣感和责任感，并利用各种宣传、教育形式，提高全社会对政协工作重要性的认识。要正确观察形势，理直气壮地肯定和宣传十年改革取得的巨大成绩，实事求是地认识和积极对待我们在发展中、前进中遇到的问题和困难，振作精神，坚定信心，齐心协力，共渡难关。要通过卓有成效的工作，协助党委和政府，把自己所联系的各界人士和群众的思想和行动，统一到党的十三届四中全会和五中全会精神上来，保证治理整顿和深化改革的顺利进行。

二、认真履行“政治协商、民主监督”的基本职能

人民代表大会制度、共产党领导的多党合作和政治协商制度，都是我国政治体制中的根本制度。政治协商、民主监督，既是政协工作的基本职能，又是建设社会主义民主政治的重

要内容和途径。要不断总结经验，积极探索协商监督的内容、形式和基本程序，使“政治协商、民主监督”逐步向宏观决策和多层次、多渠道方向发展，实现经常化、制度化、规范化。要紧紧围绕全县的中心工作，抓住全局性、战略性、关键性的问题，群众普遍关心的热点问题，搞好政治协商、民主监督。通过认真落实各级政协组织制定的《政治协商、民主监督》的暂行规定，突出抓住治理整顿、深化改革和廉政建设这个重点，组织委员深入调查研究，加强协商，积极监督，促进县委和政府决策的科学化、民主化进程，增强党和政府的号召力和凝聚力。要坚定不移地贯彻“长期共存、互相监督、肝胆相照、荣辱与共”的方针，充分发挥各民主党派、各人民团体和无党派爱国人士在政治协商、民主监督中的作用，支持他们参与国家政权和国家事务管理，参与国家大政方针的协商，与共产党同舟共济，搞好互相监督，尤其要加强对党委和政府的监督，坚持和完善共产党领导的多党合作和政治协商制度，推动社会主义民主政治的建设，推动和发展安定团结的政治局面。

三、加强和改善党对政协工作的领导

人民政协是共产党领导的最广泛的爱国统一战线组织。加强和改善党的领导，是做好政协工作的关键。今后，我们除继续实行过去行之有效的措施以外，还要做到：县委的重大活动及重要决策，事前都邀请政协主席及有关委员进行协商对话，坚持做到协商于决策之前，监督于执行之中。各级党组织要继续提高对新时期人民政协的地位、性质和作用的认识，切实把政协工作列入议事日程，定期研究，切实解决实际问题；在工作中，要十分注意围绕全县的中心工作，有意识地组织政协委员对全县两个文明建设、经济体制改革、政治体制改革的重大问题进行综合性调查研究，以帮助政协委员熟悉政策、了解情况、搞好民主协商，提出切合实际的意见和建议，对政协开展的各项活动，特别是一些重要会议，要统筹兼顾，妥善安排。一般情况，县委、县政府主要领导要参加，及时向政协委员介绍全县工作情况及工作设想，使政协委员能够更好地知情出力；并注意做到在政治上、生活上给予政协委员以较多的关怀和照顾。全县科局以上党员领导干部都要与政协委员和党外人士交朋友，及时听取他们的意见和要求，帮助解决工作中的困难，各位委员也要努力学习、深入实际，调查研究，紧密联系自己所代表的党派、团体及有关方面的群众，积极反映他们的意见和要求，在参政议政中更好地发挥应有的作用。

各位委员、各位同志，在当前治理经济环境、整顿经济秩序、全面深化改革的新形势下，只要我们认真坚持和完善政治协商制度，就能够做到同心同德、群策群力，使我县的改革和建设事业取得更大的成绩。

在政协故城县第四届委员会第二次全体会议上的讲话

（1991 年 4 月 8 日）

中共故城县委副书记　刘石营

各位委员、各位同志：

在中国人民政治协商会议故城县第四届委员会第二次会议今天开幕了。我代表中共故城县委向大会表示热烈祝贺，向与会的各位委员、全体同志表示亲切的问候。

这次大会是在全县人民齐心协力搞好“经

济建设大合唱”进一步促进治理整顿和深化改革的新形势下召开的。这次大会的召开，对于全面贯彻党的十三届七中全会精神，推动全县改革和两个文明建设，完成1991年的各项任务，促进政协工作的健康发展具有十分重要的意义。希望大家以高度的政治责任感，围绕全县“经济建设大合唱”及社会发展中的重大问题，畅所欲言、各抒己见，多提宝贵意见和建议，为我县的经济繁荣、社会稳定发挥积极的作用。

过去的一年，县政协坚持党的基本路线，紧紧围绕县委的中心工作，认真履行政治协商、民主监督职能，积极参政议政，推进了县委县政府决策的民主化、科学化。注重自身建设，依靠政协组织的整体功能和广大政协委员的积极性，发挥了人才智力优势，在全县两个文明建设中起到了重要的作用。县政协一年来卓有成效的工作，县委一直是满意的，省政协也多次给予了表扬。从政协本身来讲，不仅提高了自己的地位，扩大了影响，而且培养了一批工作骨干和知识分子，更重要的是积累了很多的经验，这对今后政协工作的开展具有积极的指导意义。今后的政协工作面临着许多新情况、新问题，但有利条件也很多，随着形势的发展，各级党政组织对政协工作越来越重视和支持，特别是中共中央制定的《关于坚持和完善中国共产党领导的多党合作和政治协商的意见》，为人民政协指明了方向，我们相信，县政协在已经取得的成绩和经验的基础上，一定能够提高到一个新的水平，登上一个更高的台阶。当前和今后一个时期，县委工作的中心任务是稳定局势，发展经济和搞好党的建设。为此，对县政协组织和各位委员提出几点希望和要求：

一、要积极主动地做好稳定局势的工作

稳定是全国人民的最大利益，是搞好一切工作的前提，要把稳定局势真正放到压倒一切的位置上来，作为各项工作的中心点、出发点和落脚点。人民政协作为我国广泛的爱国统一战线组织，必须毫不动摇地坚持中国共产党领导，坚持四项基本原则，坚定走社会主义道路的信念，要多做团结疏导工作，化解和消除不安定因素，为巩固和发展全县安定团结的政治局面继续做出努力。

二、要进一步促进治理整顿、深化改革和我县经济的稳定发展

要认清我县经济形势，特别是工业生产面临的形势和困难，充分发挥委员专长和整体功能作用，积极参加全县“经济建设大合唱”。密切配合县委的工作部署，紧紧围绕经济建设这个中心，通过深入企业、深入农村进行专题考察，调查研究、技术咨询、协商讨论、委员提案、内引外联等形式，投身到经济建设的行列之中。要进一步健全政治协商和民主监督制度，积极参政议政，推进全县两个文明建设和社会主义民主政治建设。

三、大力协助党委和政府密切同人民群众的血肉联系

要认真贯彻党的十三届七中全会精神，以实际行动坚持党的领导，维护党的威信，惩治腐败，促进党政机关搞好廉政建设，要利用政协组织和委员联系群众广的特点做好宣传教育群众的工作，及时反映群众的意见和建议，帮助党政组织解决好群众的实际问题，在密切党群、干群关系中发挥积极的作用。

各位委员、各位同志，我县今后的十年规划和八五计划的奋斗目标已经确定，新的更加艰巨的任务还在后头，让我们在建设有中国特色的社会主义的道路上团结奋斗，勇往直前，不断取得新的更大胜利。

在政协故城县第四届委员会第三次全体会议上的讲话

（1992年3月24日）

中共故城县委副书记　刘石营

各位委员、各位同志：

中国人民政治协商会议故城县第四届委员会第三次会议今天开幕了。我代表中共故城县委向大会表示热烈祝贺，向与会的各位委员、全体同志表示亲切的问候。

这次大会是在全县人民齐心协力搞好经济建设，进一步促进治理整顿，加快改革开放步伐的新形势下召开的。这次大会的召开，对于全面贯彻党的十三届八中全会精神，推动全县改革和两个文明建设，完成1992年的各项任务，促进政协工作的健康发展具有十分重要的意义。希望各位委员以高度的政治责任感，围绕当前县委的中心工作及社会发展中的重大问题，畅所欲言、各抒己见，多提宝贵意见和建议，为我县的经济繁荣、社会稳定发挥积极的作用。

过去的一年，县政协坚持“一个中心、两个基本点”，紧紧围绕县委的中心工作，认真履行政治协商、民主监督职能，积极参政议政，推进了县委县政府决策的民主化、科学化。注重自身建设，依靠政协组织的整体功能和广大政协委员的积极性，发挥人才优势和联系面广的优势，为发展我县经济做了大量的工作，取得了明显成绩，使人民政协在人民群众中的声誉越来越高，对此，县委一直是满意的，省政协、地区政协工委也多次给予了表扬。今后的政协工作，面临着许多新情况、新问题，但有利条件也很多。随着改革开放的不断发展，各级党政组织对政协工作越来越重视和支持，特别是中共中央制定的《关于坚持和完善中国共产党领导的多党合作和政治协商的意见》，为人民政协指明了方向，我们相信，县政协在已经取得的成绩和经验的基础上，一定能够提高到一个新的水平，登上一个更高的台阶。当前和今后一个时期，县委工作的中心任务是加快改革开放步伐，发展经济和搞好社会主义教育。为此，对县政协组织和各位委员提出几点希望和要求：

一、要积极主动地做好稳定局势的工作

当前国际形势风云变幻、动荡不停，国内稳定则是全国人民的最大利益，是搞好一切工作的前提，要把稳定局势真正放到压倒一切的位置上来，作为各项工作的中心点、出发点和落脚点。人民政协作为我国广泛的爱国统一战线组织，必须毫不动摇地坚持中国共产党领导，坚持四项基本原则，坚定走社会主义道路的信念，要多做团结疏导工作，化解和消除不安定因素，为巩固和发展全县安定团结的政治局面继续做出努力。

二、要进一步促进和加快我县改革开放的步伐

认清我县经济形势，特别是工业生产面临的形势和困难，充分发挥委员专长和整体功能作用，积极参加全县“经济建设大合唱”。要坚持贯彻以经济建设为中心的指导思想，自觉的服务于经济建设，要以主人翁的姿态，想经济、议经济、积极参与经济。为我县经济建设出谋划策，出主意、想办法，当好县委、县政府的参谋，要密切配合县委的工作部署，紧紧围绕经济建设这个中心，通过深入企业、深入农村进行专题考察，调查研究、技术咨询、协

商讨论、委员提案等形式，积极投身到经济建设的行列之中。

三、大力协助党委和政府密切同人民群众的血肉联系

要认真贯彻党的十三届八中全会精神，以实际行动坚持党的领导、维护党的威信，惩治腐败，促进党政机关搞好廉政建设，要利用政协组织和委员联系群众广的特点做好宣传教育群众的工作，及时反映群众的意见和建议，帮助党政组织解决好群众的实际问题，在密切党群、干群关系中发挥积极的作用。

各位委员、各位同志，我县今后的十年规划和八五计划的奋斗目标已经确定，新的更加艰巨的任务还在后头，让我们在建设有中国特色的社会主义的道路上团结奋斗，勇往直前，不断取得新的更大胜利。

第四节　县委领导在政协故城县第五届委员会开幕会上的讲话

在政协故城县第五届委员会第一次全体会议上的讲话

（1993年1月10日）

中共故城县委副书记　刘石营

各位委员、各位同志：

中国人民政治协商会议故城县第五届委员会第一次会议，今天开幕了。借此，我代表中共故城县委向大会表示热烈的祝贺，向工作在各条战线上的各位委员、同志们致以亲切的问候！

这次大会是在全县人民认真学习和贯彻十四大精神，加快改革开放的新形势下召开的。通过这次大会的召开，对我们进一步贯彻落实十四大精神，对我县政协工作的健康发展，将起到积极的推动作用。希望大家以高度的责任感，围绕我县政治、经济和社会发展中的重大问题，畅所欲言，各抒己见，多提宝贵意见和建议，努力把这次大会开成民主、团结的大会，开成解放思想、更新观念、群策群力、共负重任的大会。

过去的一年，县政协坚持以经济建设为中心，紧紧围绕县委的中心工作，认真履行政治协商，民主监督职能，积极参政议政，推进了县委、县政府决策的民主化、科学化。注重自身建设，依靠政协组织的整体功能和广大委员的积极性，发挥人才优势和联系面广的优势，为发展我县经济做了大量工作，取得了明显成绩，使人民政协在人民群众中的声誉越来越高。对此，县委一直是满意的。省政协、地区政协工委也多次给予表扬。今后的政协工作，面临着许多新情况、新问题，但有利条件也很多，随着我县改革开放的不断发展，各级党组织对政协工作越来越重视和支持。特别是中共中央制定的关于坚持和完善中国共产党领导的多党合作和政治协商制度的意见，为人民政协指明了方向。江泽民同志在党的十四大报告中，再次明确把进一步完善人民代表大会制度、完善共产党领导的多党合作和政治协商制度，作为政治体制改革的重要内容。爱国统一战线应当充分发挥人民政协在参政议政和民主监督中的作用，在坚持“长期共存、互相监督、肝胆相照、荣辱与共”方针的前提下，加强中共

与民主党派的合作共事，进一步巩固中共与民主党派、党外各界人士的联盟。我们相信县政协在已经取得成绩和经验的基础上，一定能够提高到一个新水平，登上一个新的台阶。当前和今后一个时期，县委工作的中心任务是带领全县人民学习十四大文件精神，加快改革开放步伐，发展社会主义市场经济，使我县的经济发展再上一个新台阶，早日实现小康。为此，对县政协组织和各位政协委员提出几点希望和要求：

一、深入学习贯彻党的十四大精神

党的第十四次代表大会是一次具有重大意义的大会。希望政协组织和各位委员认真学习，深刻领会。邓小平同志关于建设有中国特色的社会主义的理论，是马克思主义同中国实际相结合的最新成果，是当代中国的马克思主义，是指引我们完成新的历史任务的强大的思想武器。只有认真学好这一理论，才能增强贯彻执行党的基本路线的自觉性和坚定性。坚持党的基本路线一百年不动摇。学习好十四大文件精神，是做好政协工作最坚实的政治基础。要充分认识人民政协在国家政治生活中的地位和作用，进一步增强从事政协工作的光荣感和责任感，通过宣传教育等形式，提高全社会对政协工作重要性的认识。齐心协力，协助党委和政府，把自己所联系的各界人士和群众的思想行动，统一到党的十四大文件精神上来，保证我县改革开放和经济建设的顺利进行。

二、认真履行“政治协商、民主监督”的职能

人民代表大会制度，共产党领导的多党合作和政治协商制度，都是我国政治体制改革的重要内容。“政治协商、民主监督”，既是政协工作的基本职能，又是建设社会主义民主政治的重要内容和途径。要不断总结经验，积极探索协商监督的内容、形式和基本程序，使“政治协商、民主监督”逐步向宏观决策和多层次、多渠道方向发展，实现经常化、制度化、规范化，要紧紧围绕县委的中心工作，自觉的服务于经济建设这个中心。要以主人翁的姿态，想经济、议经济，积极参与经济。抓住全局性、战略性、关键性的问题，群众普遍关心的“热点”问题，搞好“政治协商、民主监督”。为我县的经济建设出谋划策，出主意，想办法，当好县委、县政府的参谋。要密切配合县委的工作部署，组织委员开展视察活动，通过深入企业、深入农村进行专题考察、调查研究、技术咨询、协商讨论、委员提案等形式，积极投身到改革开放和社会主义市场经济的大潮中来。要坚定不移地贯彻“长期共存，互相监督，肝胆相照，荣辱与共”的方针，充分发挥各民主党派、各人民团体和无党派爱国人士在“政治协商、民主监督”中的作用，支持他们参与国家政权和国家事务管理，参与国家大政方针的协商，与共产党同舟共济，推动和发展安定团结的政治局面。

三、大力协助党委和政府密切同人民群众的血肉关系

要认真贯彻党的十四大文件精神，以实际行动坚持党的领导，维护党的威信。坚持党在社会主义初级阶段的基本路线，进一步解放和发展生产力。要解放思想，更新观念，利用政协组织和委员联系面广的特点，做好宣传教育群众的工作，及时反映各界人士的意见和建议。协助党政组织解决好群众的实际问题，在密切党群、干群关系中发挥积极作用。

四、加强和改善党对政协工作的领导

人民政协是共产党领导的最广泛的爱国统一战线组织，加强和改善党的领导，是做好政协工作的关键。要做到：县委、县政府的重大活动及重要决策，事前都要邀请政协领导及有关委员进行协商，坚持做到协商于决策之前，监督于执行之中。各级党组织要继续提高对新

时期人民政协的地位、性质和作用的认识，切实把政协工作列入议事日程。政协组织的委员持证视察活动，各级组织和单位根据县委下发的《认真接待政协委员持证视察的通知精神》，要认真接待，帮助委员熟悉情况，对政协开展的各项活动，特别是一些重要会议，要统筹兼顾，妥善安排。一般情况，县委、县政府领导同志要参加，及时向委员介绍全县工作情况及工作设想，使委员能够更好地知情出力，并注意在政治上关心，生活上照顾。全县各级党政领导干部都要与政协委员和党外人士交朋友，及时听取他们的意见和要求，帮助他们解决工作中的困难。

各位委员、各位同志：在当前改革开放的大好形势下，只要我们认真坚持和完善政治协商制度，就能够做到同心同德、群策群力，抓住当前改革开放的有利时机，发展自己，使我县经济建设迈上一个新的台阶，取得更大的成绩。

在政协故城县第五届委员会第二次全体会议上的讲话

（1994年3月15日）

中共故城县委副书记　刘石营

各位委员、各位同志：

中国人民政治协商会议故城县第五届委员会第二次会议今天开幕了。我代表中共故城县委向大会表示热烈祝贺！向与会的各位委员、全体同志表示亲切的问候！

这次会议是在全县人民认真学习贯彻邓小平同志建设中国特色社会主义理论、加快改革开放步伐的新形势下召开的。这次会议的召开，对于全面贯彻中共十四届三中全会精神，推进改革开放和两个文明建设，完成1994年的各项任务，促进政协工作的健康发展，有着十分重要的意义。希望各位委员以高度的责任感，围绕县委的中心工作及社会发展中的重大问题，畅所欲言，各抒己见，多提宝贵意见和建议，为我县经济建设、改革发展、社会稳定，发挥积极作用。

过去的一年，全县人民在邓小平同志重要谈话和中共十四大精神的指引下，一心一意发展经济，使我县经济建设继续保持了快速发展的好势头，以建立社会主义市场经济体制为重点的各项改革有了新的发展，取得了新的成就，政治稳定、社会安定的局面得到了巩固和发展。这些成绩的取得，我县政协组织及全体政协委员同志们是做了大量工作的。

一年来，作为各界人士的人民政协，从自身特点出发，坚持以经济建设为中心，紧紧围绕县委、县政府的中心工作，选准协商监督议题，积极参政议政，促进了党委政府领导机关决策的科学化、民主化，充分发挥政协自身人才智力优势，大力开展外引内联，牵线搭桥和咨询服务活动，推动了全县两个文明建设的进一步发展，牢牢把握民主和团结两大主题，贯彻大团结、大统一的精神做出了积极的努力。总之，过去的一年人民政协在广交朋友、广纳群言、广求善策、为故城县的经济发展发挥了重要作用。借此机会，我代表县委、县政府向全体政协委员和人民团体及各界人士表示衷心的感谢。

抓住机遇、深化改革、扩大开放、促进发展、保持稳定，是今年工作的大局。各条战线和各项工作都要服从和服务于这个大局。在维护这个大局，发展故城经济中，作为最广泛的爱国统一战线组织的人民政协，是一支不可忽视的重要力量。把握机遇，再展宏图，是新形势、新任务向人民政协提出的新要求。在新的一年里，人民政协要认真履行政治协商、民主监督职能。为了更好地发挥人民政协在经济建设中的积极作用，我代表县委提出几点希望和要求：

一、围绕经济建设这个中心，积极参政议政，为故城县经济建设再立新功

在21世纪内把我县建成经济强县，人民生活水平达到小康水平，是全县人民矢志不渝的奋斗目标和根本任务，是各级党委、政府工作的主旋律，选准角度，发挥优势，积极献计献策，参政议政。找准问题的症结，谋求发展的良方，是包括政协在内的各级领导的一项基本职责。政协组织要紧紧围绕我县经济建设中的热点、难点问题，积极参政议政献计献策。当前工作的重点，围绕搞活企业，探索建立现代企业制度、引资嫁接、增强后劲的路子，解决当前企业负担沉重、效益低下，发展乏力的问题。围绕加强农业的基础地位，探索在确保粮棉等主要农产品稳定增长的前提下，发展“两高一优”农业，加快农业产业化进程，千方百计提高农民收入，加快农民奔小康步伐的途径，以及加快解决当前农业基础地位脆弱，抵御自然灾害的能力低，特别是棉花生产严重滑坡的问题。围绕产业、产品结构调整，探索依靠科学技术培植新兴产业，改造传统产业，培育我县经济发展新的生长点的思路，解决产品和产业结构调整缓慢，新兴产业势单力薄，优势产业面临挑战等问题。围绕扩大对外开放探索实施外向带动战略。希望政协发挥自身诸多优势，不断提高参政议政的责任感和使命感，自觉地把献计出力、参政议政寓于建设经济强县的各项工作之中，通过建议案、调查报告、提案等多种形式，提出具有真知灼见的意见和建议，协助党委、政府正确决策，为我县的改革开放和经济发展做出积极的贡献。同时，政协要从自身特点出发，积极投身于经济建设的主战场。要发挥联系广的优势，积极创造条件，开拓渠道，外引内联，为招商引资、扩大开放穿针引线、铺路搭桥；发挥“人才库”的优势，积极发现人才、举荐人才、开发和引进人才；发挥智力优势，积极开展智力开发、技术培训、咨询服务、科技示范等项活动；在委员中大力开展建功立业活动，鼓励和支持委员在各自的工作岗位上发挥聪明才智，艰苦创业，推动我县改革开放和经济建设更快更好地向前发展。

二、积极参与改革，确保国家的各项改革措施顺利实施，推动改革大业向纵深发展

当前，国家关于财税、金融、投资等重大改革措施相继出台，国有企业以建立现代企业制度为目标的试点工作也已铺开，精心组织好这些重大改革的实施，积极稳妥地全面推进社会主义市场经济体制的建立，是摆在我们面前的一项事关全局、十分紧迫的任务。人民政协要履行政治协商的职能，就要以改革为己任，主动参与改革，积极推进改革，在完成由计划经济向社会主义市场经济体制这一历史性的转变中做出积极的贡献。要完成好这一任务，首先要学好基本理论和基本政策。邓小平同志建设有中国特色的社会主义的理论，是建立社会主义市场经济体制的理论基础，中共十四届三中全会《关于建立社会主义市场经济体制若干问题的决定》，是指导改革的行动纲领。要认真学习，全面掌握改革的基本理论和基本政策，坚定不移地把改革推向前进。其次要加强调查研究。把握县情、体察民情、掌握实情，是把改革的大政方针同本县实际结合起来的基础。政协组织要发挥自身工作超脱的优势，围绕改革的热点、难点问题，深入企业、农村、做广泛的调查研究，为党委、政府提出有根有据、切实可行的改革建议。最后要细致工作，化解矛盾。政协要发挥联系面广的特点，积极协助党委和政府多做宣传解释工作，多做理顺情绪、化解矛盾的工作，多做有益于增进共识和团结的工作，以调动各方面的积极性，同心同德、团结一致，确保各项改革措施一件一件地落到实处。

三、高举爱国主义、社会主义的伟大旗帜，最大限度地团结一切可以团结的力量，巩固和扩大最广泛的爱国统一战线

江泽民主席在八届全国人大一次会议上号召全国人民："要在爱国主义、社会主义的伟大旗帜下，更加紧密地团结起来，抓住有利时机，集中力量发展自己。"伟大的任务需要广泛的团结，广泛的团结创造伟大的业绩。团结是完成党的中心任务和政协工作的根本保证，是建设经济强县的力量源泉之一。实现共产党领导的各民族、各民主党派、各阶层、各方面群众最广泛的团结，是现阶段爱国统一战线的出发点，也是政协工作的主题之一。所以在新的一年里，我们要认真贯彻落实江泽民总书记这一伟大号召，切实拓宽民主渠道，充分发挥人民政协发扬民主的"渠道"和"场所"作用，广泛联谊交友，密切同各界人士的广泛联系，及时反映各界委员的意见和呼声。政协委员中的共产党员要同民主党派人士平等相处，相互尊重，满腔热情地同非共产党人士交朋友，交诤友，努力做合作共事的模范，廉洁奉公的模范，发扬民主的模范。坚持求同存异，正确对待不同的声音和思想差异，最大限度地发挥各族各界人士的积极性和创造性。

认真落实新时期的统一战线方针政策。这些方针政策主要有：同民主党派"长期共存、互相监督、肝胆相照、荣辱与共"的方针，各民族平等、互助、团结、合作、共同发展、共同繁荣的民族政策，"尊重知识、尊重人才"的知识分子政策，"百花齐放、百家争鸣"的文学艺术方针，"一国两制"、和平统一祖国的方针，关于培养、举荐民主党派和无党派人士在国家机关担任领导职务的政策等。政协要依靠这些政策做好团结工作，实现最广泛的团结。

人民政协包括各个方面，联系着众多人士，阵容广大，这本身就是大团结的象征，搞好政协要善于研究新情况，分析新问题，主动做好统一战线的内部工作。要坚持求同存异，求建设经济强县之大同；通过各种形式，创造必要条件，加强相互之间的广泛联系，密切关系，增进友谊；经常交往，沟通信息，增进了解，取得共识。总之，要通过卓有成效的工作，进一步巩固和扩大最广泛的爱国统一战线。

四、要加强和改善党对政协工作的领导，放手支持政协开展工作，充分发挥人民政协的作用

人民政协是我国最广泛的爱国统一战线组织，是发扬社会主义民主的重要渠道，是各民主党派、各人民团体、各界代表人士参政议政的重要场所，是中国共产党领导的多党合作和政治协商的重要组织形式。人民政协这种性质决定了其地位与作用，要克服种种忽视或轻视这项工作的思想倾向，切实把政协工作提上议事日程，加强和改善对政协工作的领导。

各级党委主要领导同志要把政协工作作为党的工作的重要组成部分，不断熟悉政协工作，主动做好政协工作。加强对政协工作的领导，各级党委从党的战略全局和国家基本制度的角度，充分认识人民政协的地位和作用，从政治原则、政治方向和方针政策上加强领导。因此，各级党委要善于激励并积极创造条件，推动和支持政协组织服从、服务于经济建设这个中心，为改革开放和经济建设作出新的贡献。各级党组织要带头贯彻执行上级党组织制定的各项制度，为政协组织发挥"政治协商、民主监督"职能起保证作用。要广泛深入地进行统战政协理论政策的宣传教育，进一步扩大人民政协的社会影响，创造全社会都重视和支持政协工作的新局面。要积极支持政协组织履行好自己的职责，推进政治协商和民主监督向经常化、制度化、规范化方向发展。要根据全国政协八届二次会议修订并通过的新的政协章程和实际情况，充实和修订我县已有各项工作制度，并定期检查落实，努力实现政治协商、民主监督经常化、制度化、规范化。凡本县的大政方针、改革措施和政治经济社会发展中的重大事项，群众生活和统一战线中的重大问题，以及党委

提出的人大、政府、政协的重要人事安排等，在正式做出决策之前，要采取适当的形式通过政协进行协商，广泛听取各方面的意见，努力做到决策民主化、科学化。县乡党委要关心政协自身建设，采取积极措施，帮助政协解决实际困难，为政协开展工作创造一个好环境。政协党组及政协常委和政协委员中的共产党员，都必须身体力行地贯彻党的路线方针政策，真心实意地搞好同党外朋友的团结合作，推动政协工作不断深入发展。最后预祝大会圆满成功！

在政协故城县第五届委员会第三次全体会议上的讲话

（1995 年 3 月 20 日）

中共故城县委副书记　刘石营

各位委员、各位同志：

中国人民政治协商会议故城县第五届委员会第三次会议今天开幕了。我代表故城县委向大会表示热烈的祝贺！向与会的各位委员和全体同志表示亲切的问候！

这次大会是在全县人民认真学习和贯彻邓小平同志建设中国特色社会主义理论和党的基本路线，加快我县改革开放步伐的新形势下召开的。这次会议的召开，对于全面贯彻党的十四届三中、四中全会精神，推进我县改革开放的深入发展，加快实施“富民强县”的战略目标，具有十分重要的意义。希望各位委员以高度的责任感和政治热情，紧紧围绕县委的中心工作以及社会发展中的重大问题，畅所欲言，各抒己见。为我县的经济建设、改革开放、社会稳定发挥积极作用，做出更大贡献。

过去的一年，全县人民在党的基本路线的指引下，在县委、县政府的正确领导下，同心协力，团结奋斗，各项事业都取得了快速发展和明显进步。党的建设、社会主义的两个文明建设、民主法制建设逐步加强。政治稳定、社会安定的局面得到了巩固和发展。这些成绩的取得，与我县政协组织及全体委员的共同努力是分不开的。

一年来，我县政协充分发挥自身优势，坚持以经济建设为中心，紧紧围绕县委、县政府的中心工作，选准协商监督议题，积极参政议政，促进了党政机关决策的科学化、民主化；充分利用人才智力优势，大力开展外引内联、牵线搭桥和咨询服务活动，推动了全县两个文明建设的进一步发展；牢牢把握民主和团结两大主题，贯彻大团结、大统一的精神，为调动一切积极因素，团结一切可以团结的力量，做出了不懈的努力。总之，过去的一年，我县政协在广交朋友、广纳群言、广求善策等方面，为故城县的经济建设和改革开放发挥了重要的作用。借此机会，我代表县委、县政府向全体政协委员及各族、各界代表人士表示衷心的感谢。

抓住机遇、深化改革、扩大开放、促进发展、保持稳定、全面贯彻党的十四大和十四届三中、四中全会精神，是今年全党工作的大局。我县各条战线和各项工作都要服从和服务于这个大局。为了更好地发挥政协组织在服务于我县经济建设中的重要作用，我代表县委提几点希望和要求：

一、围绕经济建设这个中心，积极参政议政，为故城县的经济建设再立新功，在21世纪内把我县建设成为经济强县，人民生活达到小康水平，是全县人民的奋斗和根本任务

为加快实施这一宏伟目标，县委已经做出了具体安排和部署。这是当前各级党委、政府工作的主旋律。县政协要紧紧围绕这一主旋律，选准角度，抓住重点，出谋划策，参政议政。一是围绕牢固确立农业的基础地位，探索在确保粮棉油等主要农产品稳定增长的前提下，加

快农产品的深加工，千方百计提高农民收入；二是围绕强化县办工业主导地位，探索建立和完善现代企业制度，引资嫁接，增强企业活力，提高经济效益；三是围绕产业、产品结构的调整，探索依靠科学技术，培植新兴产业，改造传统产业的新思路；四是围绕扩大对外开放，探索实施外引内联，大力发展规模经济，加快与国际市场接轨的进程。希望政协要发挥自身的优势，把参政议政寓于建设经济强县的各项工作之中。通过现场视察、调查报告，书写提案等多种形式，提出具有真知灼见的意见和建议，为协助县委、县政府正确决策提供依据。同时还要继续发扬过去的一些好做法好经验，把主要精力投入到经济建设的主战场。具体讲：要发挥联系面广的优势，不断拓宽信息渠道，从外引内联、招商引资、穿针引线、铺路搭桥等方面出主意、想办法，要发挥“人才库”的优势，积极发现人才，举荐人才，尽力为我县引进更多更好的人才。要发挥智力优势，积极开展智力开发，搞好技术培训、咨询服务、科技示范等多种服务活动。鼓励和支持委员在各自的工作岗位上，发挥聪明才智，为推动我县改革开放和经济建设的快速发展，再立新功。

二、积极参与改革，为推动我县改革开放向纵深发展，做出不懈的努力

当前，随着我县改革开放的不断深化，新生事物层出不穷，相应的，工作难度也在不断加大。县政协要履行好协商监督职能，就要以改革为己任，主动参与改革，积极推进改革，协助县委和政府在完成由计划经济向社会主义市场经济体制转变的过程中，做出积极贡献。要完成好这一任务，首先，要组织政协委员学习好党的基本理论和基本政策，用邓小平同志建设有中国特色的社会主义理论武装人民的头脑，统一人们的行动，真正做到心往一处想，劲往一处使，脚踏实地、扎实工作，坚定不移地把改革推向前进。其次，要加强调查研究，精心组织政协委员，围绕改革开放的热点、难点问题，重点深入到一些工厂、企业、农村、学校，做一些深入细致的调查研究，从中进一步了解县情、体察民情、掌握实情，为县委、县政府科学决策，提出切实可行，便于操作的改革建议。最后，要过细地做好化解矛盾的工作，随着改革的不断发展，不可避免地会出现一些新的社会矛盾和问题。如果这些问题不能及时得到解决，将会影响到改革的深入，社会的稳定。对此，各级党委、政府除认真抓好外，作为政协组织，也应积极主动地协助党委、政府多做宣传解释工作，多做理顺关系，化解矛盾的工作，多做有益于增进共识，加强团结的工作，以增强凝聚力和向心力，齐心协力，团结一致，确保各项改革措施落到实处。

三、高举爱国主义、社会主义的伟大旗帜，巩固和发展最广泛的爱国统一战线

坚定不移地高举爱国主义和社会主义两面旗帜，全面贯彻大团结、大统一的精神，调动一切积极因素，为祖国的统一、民族的振兴服务，是新时期人民政协的重要任务。最近，江泽民同志发表了《为促进祖国统一大业的完成而继续奋斗》的重要讲话，就发展两岸关系，促进祖国统一大业，提出了一系列政策主张。政协组织、各民主党派和各人民团体，要把宣传贯彻讲话精神，作为当前的一项重要任务，切实抓好。要领会讲话的精神实质，结合我县的实际，加强同各界人士的密切联系，及时反映各界委员的意见和呼声。政协委员中的共产党员，要同民主党派人士平等相处，相互尊重，满腔热情地同非共产党人士交朋友，努力做合作共事的模范，廉洁奉公的模范，发扬民主的模范。总之，通过卓有成效的工作，进一步巩固和扩大最广泛的爱国统一战线。

四、加强和改善党对政协工作的领导，放手支持政协开展工作

人民政协是发扬社会主义民主的重要渠道，是各界代表人士参政议政的重要场所，是中国共产党领导的多党合作和政治协商的重要组织形成，人民政协的这种性质决定其地位之重要

和任务之光荣。各级党委都应从建设社会主义民主政治的高度去认识政协工作的地位和作用，坚决消除种种忽视或轻视政协工作的思想倾向和模糊认识，切实把政协工作摆上重要的议事日程，加强和改善对政协工作的领导。

作为政协组织，也要切实加强自身的建设。努力做好思想政治工作，不断提高机关工作人员的政治思想水平和业务素质，增强统战观念和服务意识，努力提高协商监督和参政议政的质量。政协党组和政协委员中的共产党员，都必须身体力行地贯彻执行党的各项方针政策，真心实意地搞好同党外朋友的合作共事，同心同德，开拓进取，不断把政协工作提高到一个新水平。为实现“富民强县”的宏伟目标，做出积极贡献！

在政协故城县第五届委员会第五次全体会议上的讲话

（1997年3月26日）

中共故城县委书记　徐殿仓

各位委员、同志们：

政协故城县第五届委员会第五次全体会议，经过与会全体委员和同志们的共同努力，圆满地完成了预定的各项议程，今天上午就要闭幕了。会议期间，各位委员以高度的事业心和责任感，紧紧围绕我县富民强县战略的深入实施、改革开放、两个文明建设和群众普遍关心的热点、难点等问题，畅所欲言，积极献计献策，提出了许多宝贵的意见和建议。这次会议开得很好，开成了一个共商我县建设大计，共谋我县未来发展的大会，开成了一个民主、团结、求实、鼓劲的大会。在此，我代表中共故城县委对会议的圆满成功，表示热烈的祝贺！

1996年全县人民坚持邓小平建设中国特色社会主义理论和党的基本路线为指导，团结奋斗，强力争先，战胜了38年不遇的旱灾和几十年不遇的特大洪涝灾害。在大灾之年实现了国民经济和各项社会事业的全面发展，国民经济始终保持了高速运行的良好态势，人均国内生产总值、人均财政收入、农民人均纯收入等几项主要经济指标在全市位于上游，粮食生产再创历史最高水平。在这一年里，我们还进行了并乡扩镇和机构改革，取得了两个文明建设的丰硕成果。所有这些变化和成就，都是全县人民在县委的领导下，同心同德、团结奋斗的结果，也是与政协和广大政协委员的共同努力和勤奋工作分不开的。过去的一年，政协紧紧围绕县委、县政府的中心工作，突出重点，注重实效，认真履行主要职能，努力提高参政议政质量，在积极促进党政领导机关决策的民主化和科学化上做了大量工作，取得了很大成绩。在此，我代表中共故城县委向全县广大政协委员、向各民主党派、各人民团体和各族、各界人士表示衷心感谢！

1997年是我国发展历史上极其重要的一年。我国将恢复对香港行使主权和召开党的十五次全国代表大会，这两件大事举世瞩目、意义深远。对1997年全县的工作县委全委扩大会议已经做了全面部署，提出了具体要求，总的指导思想是：坚持以邓小平建设中国特色的社会主义理论为指导，全面贯彻党的基本路线和基本方针，认真落实党的十四届五中、六中全会精神，按照稳中求进的总原则，加快实施农业立县、工业富县、科教兴县、开放强县、流通活县五大工程，促进全县国民经济持续、快速、健康发展，并推动社会全面进步。实现县委提出的这一光荣而艰巨的任务，需要团结动员全县各方面的力量，调动一切积极因素，万众一心，开拓进取。人民政协在这方面有着不可替代的作用。借此机会，我代表县委对政协工作提几点希望和要求：

一、紧紧围绕富民强县这个中心，积极履行政协职能，当好党委、政府的参谋助手

人民政协作为共产党领导的多党合作和政治协商组织，历来是把党的总任务作为自己的根本任务，把党的中心工作作为自己的中心工作，把党的奋斗目标作为自己的奋斗目标。到20世纪末，实现富民强县的宏伟蓝图，把我县两个文明建设提高到一个新水平，把一个经济繁荣、社会文明的新故城带入21世纪，是全县人民矢志不渝的奋斗目标，是各级党委、政府工作的任务，也是政协工作的主旋律。

政协要把推进富民强县战略，作为履行职能的中心任务来抓。要围绕解决富民强县战略实施中的重点、热点、难点问题，参政议政，献计献策。要切实增强责任感和使命感，深入调查，悉心研究，找准问题的症结，寻求发展的良策。通过建议案、调查报告、提案等各种形式，提出具有真知灼见的意见和建议，为各级党委、政府正确决策提供科学依据，为加快富民强县步伐做出新的贡献。同时，要发挥人才、智力优势，积极开展智力开发、技术培训、人才培养、科学示范、咨询服务等项活动；要发挥联系面广的优势，开展多种形式的联谊活动。所有政协委员都要利用一切可以利用的机会和渠道，大力宣传故城的开放政策、投资环境、发展优势和前景，广泛吸引资金、技术、人才，促进我县的对内对外开放；要在委员中大力开展建功立业活动，鼓励和支持委员在各自的工作岗位上发挥聪明才智，影响和带动周围的群众为富民强县战略的实施和我县两个文明建设而共同奋斗。

二、把握大局，围绕中心，为富民强县的深入实施献计献策

正确处理改革、发展、稳定的关系，是我国从十多年的改革开放和现代化建设的实践中，得出的一条基本经验，也是把建设中国特色社会主义伟大事业不断推向前进的基本保证。

邓小平同志曾说："新时期统一战线和人民政协的任务，就是要调动一切积极因素，努力化消极因素为积极因素，团结一切可以团结的力量，同心同德，群策群力，维护和发展安定团结的政治局面，为把我国建设成为现代化的社会主义强国而奋斗。"因此，政协要认清形势，把握大局，把积极协助党委、政府正确处理新形势下人民内部矛盾，沟通思想，增进共识，加强团结，维护稳定，作为常抓不懈的重要任务，摆在突出位置，抓紧抓好。要发挥人民政协联系广泛、位置超脱、上下通达、团结凝聚等诸多优势和作用，引导和团结广大人民，深刻认识社会稳定对国家兴旺发达和人民安居乐业的极端重要性，正确处理整体利益与局部利益、国家集体利益与个人利益的关系。既要及时将各个方面、各个层次群众的意见、呼声反馈到党委、政府，以便于各级党委、政府能够及时发现问题，把不稳定因素解决在萌芽状态，又要主动地帮助党委、政府理顺情绪，协调关系，化解矛盾，团结一切可以团结的力量，调动各方面人民群众投身富民强县伟大实践的政治热情。要高举大团结的旗帜，充分发挥人民政协作为中国共产党同民主党派、党外各界代表人士重要联系渠道的作用，坚定不移地贯彻"长期共存、互相监督、肝胆相照、荣辱与共"的方针，密切党同各民主党派、各界人士的广泛联系，经常通报情况，及时反映各界委员的意见和呼声，不断增进共识。

做好团结稳定工作，是政协义不容辞的神圣职责。做好1997年的团结稳定工作更具有特殊重要的意义。今年，我国将恢复对香港行使主权，我党将召开第十五次全国代表大会，这是两件关系祖国统一和振兴中华的具有全局意义的大事。政协和广大政协委员，一定要在党的领导下，尽职尽责，尽心尽意，努力创造一个良好的舆论氛围和稳定的社会政治环境，确保两件大事顺利实施，血洗中华百年耻辱，把建设中国特色社会主义的伟大事业推向新阶段！

三、加强政协自身建设，提高素质，更好地参政议政

在改革开放和发展社会主义市场经济的新形势下，在推进富民强县战略的伟大实践中，人民政协担负着十分繁重的工作任务。要完成党和人民赋予人民政协的历史使命，不负重托，不辱使命，就必须大力加强政协自身建设。政协组织要充分认识加强自身建设的重要性，要按照江泽民同志提出的“讲学习、讲政治、讲正气”的要求，以提高政治思想理论水平为重点，深入学习建设中国特色社会主义理论，尤其是邓小平同志新时期统一战线理论，掌握其立场、观点、方法，学会运用这一基本理论观察形势，分析和解决问题，切实增强合作共事的思想基础。同时还要认真学习市场经济和现代科技知识、法律知识和政治统战工作的有关知识，努力提高做好政协工作的本领。以推动政治协商、民主监督、参政议政工作为重点，不断加强制度建设。要按照精干、高效、务实、廉洁的原则，努力建立和培养一支高素质的适应新时期统战工作需要的政协干部队伍。要注意提高政协委员的参政议政能力，并根据社会经济的发展，不断扩大政协委员队伍，巩固和发展最广泛的爱国统一战线，团结凝聚一切社会力量，为实现富民强县的宏伟目标而共同努力。

四、加强对政协工作的领导，进一步优化中心工作环境

充分发挥人民政协在我国经济生活、政治生活、社会生活中不可替代的重要作用，不仅要靠政协组织自身的努力，而且要靠各级党委不断加强和改善对政协工作的领导。各级党委要从巩固我国基本政治制度的角度，从建设中国特色社会主义的战略高度，充分认识做好新时期人民政协工作的重要性，更加自觉地把政协工作提到应有的位置，切实加强和改善对政协工作的领导。

各级党委要把政协工作作为党的工作的重要组成部分，列入议事日程，经常想在心上，抓在手上。要认真贯彻落实去年省委下发的《关于进一步加强人民政协工作的若干决定》和原地委下发的《关于进一步加强人民政协工作的意见》。各级党委政府的领导同志都要不断熟悉政协工作，坚持实行党委主要负责同志主管政协工作，副书记负责联系政协的领导制度，坚持政协不是党委常委的主席列席同级党委会议和其他有关重要会议，副主席列席同级政府常务会议制度。要把政协工作同全局工作紧密联系起来，统一研究，统一部署，统一检查落实。使政协工作与党委工作、政府工作协调有序，形成合力。要在推进政协履行职能的规范化、制度化建设上发挥主导作用，切实加强民主政治建设，按照《政协章程》规定，就我县的大政方针以及政治、经济、文化和社会生活中的重要问题，主动地同政协进行政治协商，把政治协商纳入决策程序，凡事关国家宪法、法律、法规及地方法规的实施情况，党政机关制定的重大方针政策的贯彻执行情况，国家机关及其工作人员的工作廉洁情况等，都要自觉地接受民主监督，并积极地为政协参政议政，知情出力创造条件。要千方百计扩大人民政协的社会影响，造成全社会都重视、关心、支持政协工作的外部环境。同时，要关心政协的自身建设，积极帮助解决各种实际困难。

各位委员、各位同志，人民政协在巩固和发展共产党领导的统一战线，搞好多党合作和政治协商方面，肩负着重要的历史使命。在新的一年里，我们要更加紧密地团结在以江泽民同志为核心的党中央周围，高举爱国主义和社会主义两面旗帜，在上级党委的领导下，团结一切可以团结的力量，同心同德，调动一切可以调动的积极因素，开拓进取，更好地履行政协协商、民主监督和参政议政职能，扎实有效地做好各项工作，迎接中共十五大的召开，迎接香港的回归！

第五节 县委领导在政协故城县第六届委员会开幕会上的讲话

在政协故城县第六届委员会第一次全体会议上的讲话

（1998年2月15日）

中共故城县委书记 郭金强

各位委员、各位同志：

政协故城县第六届委员会第一次会议今天开幕了。来自全县各个单位、各条战线的委员欢聚一堂，共商我县改革开放和经济建设的大计，研究政协工作，选举产生新一届政协领导班子。这是一次承前启后、继往开来的大会，是全县人民政治生活中的一件大事。我代表中共故城县委、县人民政府，对大会的胜利召开表示热烈祝贺！

过去的五年，县政协五届委员会在中共故城县委的领导下，以邓小平理论和党的基本路线为指针，高举爱国主义和社会主义两面旗帜，牢牢把握团结和民主两大主题，认真履行政治协商、民主监督、参政议政职能，创造性地开展工作，为进一步巩固和发展共产党领导的多党合作和政治协商制度，巩固和发展新时期的爱国统一战线，推动我县改革开放、经济发展社会全面进步发挥了重要作用。五年来，县政协积极组织委员学习马列主义、毛泽东思想和邓小平理论，不断提高参政议政水平，大力推进履行职能的规范化、制度化建设，在各个重要方面的环节逐步建立和完善了一些可操作的规章制度，紧紧围绕县委、县政府的中心工作，想大事、议大事、抓大事，组织委员进行调查研究，开展视察、考察活动，及时反映社情民意，促进党政领导机关决策的民主化、科学化；充分发挥政协人才、智力和联系广泛的优势，大力开展宣传教育、牵线搭桥、咨询服务和联谊活动，为故城县的两个文明建设贡献力量。五年来，各个方面成绩的取得，是县政协五届委员会领导班子正确有力领导的结果，是全体委员和民主党派、人民团体、各族各界人士共同努力的结果。借此机会，我代表县委、县政府向县政协五届委员会的全体委员及民主党派、人民团体、各族各界人士表示衷心的感谢！向在政协工作中做出重大贡献，因年龄关系或工作需要退出县政协的各位主席、常委、委员，表示崇高的敬意。

六届县政协是跨世纪的一届政协。为全面贯彻落实党的十五大精神，实现我县经济和社会发展跨世纪的目标，把我县现代化建设事业全面推向21世纪作出新的贡献，将是摆在新一届政协面前的光荣而艰巨的任务。下面我讲三点意见：

一、从世纪之交的历史高度认识肩负的重任，增强做好政协工作的使命感和紧迫感

我们正处在世纪之交的关键时期，面临着前所未有的机遇，1996年初，县第十一届人大四次会议讨论通过了《故城县国民经济和社会发展“九五”计划和2010年远景目标纲要》（以下简称《纲要》），提出了“九五”及下个世纪前十年全县经济与社会发展的指导思想、

战略目标和重点任务。《纲要》实施两年来，全县上下按照“把握大局、再接再厉、同心同德、开拓前进”的总体要求，正确处理改革、发展、稳定的关系，坚持稳中求进，大力推进两个根本性转变，使国民经济和社会发展保持了“八五”以来的良好势头，农业生产连续获得丰收，农民收入不断增加；整体经济效益逐步好转，消费市场平衡运行，物价涨幅持续回落，财政收支大体平衡，金融形势基本稳定；科技、教育和各项社会事业取得明显进步，政治安定、社会稳定的局面不断巩固和发展。即将召开的县第十二届人大一次会议，将进一步对我县经济和社会事业的发展进行研究部署，动员全县人民，在邓小平理论伟大旗帜的指引下，坚持党在社会主义初级阶段的基本路线和基本纲领，解放思想，实事求是，大力推进经济体制和经济增长方式两个根本性转变，认真实施“科教兴县”和“农业、畜牧”战略，构建具有故城特色的经济格局，提高国民经济的整体素质，促进经济发展和社会全面进步，确保实现“九五”计划和2010年目标的完成。

实现跨世纪发展的目标和任务，需要动员全县社会各界力量，团结一心，共同奋斗。人民政协作为最广泛的爱国统一战线组织，是建设故城一支不可代替的重要力量。县委对政协工作寄予厚望，全县人民对政协工作寄予厚望。政协和政协委员一定要站在世纪之交的历史高度，明确认识自身肩负的历史重任，增强责任感是使命感，切实有效地做好政协工作，为实现我县经济发展和社会全面进步的宏伟目标作出新的贡献。

二、认真履行人民政协的各项重要职能，推进我县社会主义经济、政治、文化建设

江泽民同志在党的十五大报告中提出了建设有中国特色社会主义经济、政治、文化的纲领。县委根据十五大要求，在建设中国特色社会主义经济、政治、文化各个方面提出了具体目标、任务和措施。这次政协会议和县人大一次会议都将就此展开讨论和研究。人民政协要紧紧围绕中心工作，认真履行职能，积极开展活动，全面推进我县社会主义经济、政治、文化建设。

要紧紧围绕经济建设这个中心献计出力。今后一个时期，我们要继续推进农业产业化经营，促进农村经济全面发展；抓好工业结构的优化升级，优化投资结构，加强重点项目建设；调整和完善所有制结构；建立现代企业制度，推动国有企业改革；等等。所有这些，都为政协组织和政协委员履行职能开辟了更为广阔的天地。政协要围绕经济生活中带有全局性的重要问题进行深入调查研究和科学论证，提出有创见的思路和可操作的对策建议；要广泛开展智力开发、技术培训、科技示范、科技扶贫、外引内联等活动，为推进全县的改革开放和经济建设做出积极贡献。

要积极推动民主政治建设。坚持和完善共产党领导的多党合作和政治协商制度，是发展社会主义民主政治的重要内容。人民政协就重大问题进行协商的方式，是我国民主政治建设的一大创造。要真正是人民政协成为各党派、各人民团体、各界人士团结合作、参政议政的重要场所。要切实保障政协委员提出意见和建议的权利，大力支持民主党派和无党派人士开展视察和检查活动。要围绕加强廉政建设这一重要问题，加大民主监督力度，促进反腐败斗争的深入开展。要积极协助党和政府正确处理新形势下人们内部的各种矛盾，沟通思想、理顺关系、化解矛盾、凝聚人心、协助党委、政府及时有效地消除各种不稳定因素，进一步巩固和发展我县政治安定、社会稳定的良好局面。

要在加强文化建设、推动社会事业全面进步中发挥聪明才智。中国特色社会主义的文化是综合国力的重要标志，是凝聚和激励人民群众的重要力量。在建设经济强县中，要始终把社会主义文化建设放到突出的位置。政协委员知识层次较高，阅历丰富，而且在科技、教育、

文化、卫生及宣传理论战线工作的较多，要更好履行职能和义务，多形式、多渠道、多层次地推进社会主义文化建设的发展。要认真学习马列主义、毛泽东思想特别是邓小平理论，带动干部群众形成学习邓小平理论的新高潮，在全社会确立共同理想和精神支柱；要带头加强社会主义思想道德教育，做弘扬民族精神的表率、遵纪守法的表率；要带头参与和推进群众性文明创建活动，把两个文明建设任务落实到各行各业，落实到基层；要立足本职工作，全力推动我县的教育发展，科技进步和文化艺术及卫生体育事业的全面繁荣。

三、切实加强和改善党对政协工作的领导，充分发挥人民政协在建设经济强县中的作用

人民政协是我国最广泛的爱国统一战线组织，是中国共产党领导的多党合作和政治协商的重要机构，是团结各界人士的重要渠道。充分发挥人民政协的作用，对于调动一切积极因素，团结一切可以团结的力量，同心同德，建设经济强县具有重要的意义。各级党委应从发展社会主义民主政治、坚持和完善共产党领导的多党合作和政治协商制度，推进现代建设的高度，充分认识人民政协的重要地位和不可替代的作用，增强做好政协工作的自觉性，切实把人民政协工作提上议事日程，加强和改善对政协工作的领导。要认真学习毛泽东、邓小平和江泽民三代领导核心关于政协工作的论述，学习《政协章程》，增长领导政协工作的知识和才干，并着重在政治原则、政治方向和重大方针政策上加强对政协的政治领导。政协中的党组以及政协委员中的共产党员，要善于同民主党派成员，无党派人士合作共事，把各方面的代表人物团结起来，凝聚起来，为做好政协工作共同努力。

江泽民同志在党的十五大报告中提出："要继续推进人民政协政治协商、民主监督、参政议政的规范化、制度化。"推进政协履行职能的规范化、制度化，是提高政协工作效率和水平的重要保证，也是加强和改善党对政协工作领导的必然要求。要继续抓好省市委制度下发的《关于进一步加强人民政协工作若干问题的决定》和省市委批转的省市《关于政治协商、民主监督、参政议政的若干规定》，要把政治协商纳入党委和政府的决策程序之中，坚持重要问题决策前协商和就决策执行中的重要问题进行协商的制度。凡改革开放和两个文明建设中的重大方针政策、重要部署，经济与社会发展的规划、计划，社会生活方面的重大事项、群众生活的重大问题以及重要人事安排事项等，在决策时都要主动，及时地与政协沟通，听取意见和建议。事关国家法律及地方性法规的实施情况，重大方针政策的贯彻执行情况，国民经济和社会发展计划及财政预算执行情况，国家机关及其工作人员履行职责，遵守法规，勤政廉政方面的重要情况，要及时向政协通报，自觉接受人民政协的民主监督。对于政协组织和委员提出的意见、提案和建议案，要按照有关规定认真办理。党委和政府要关心和帮助解决政协组织在工作中遇到的实际困难，为政协工作创造良好的环境和条件。

各位委员、同志们，新的世纪在召唤我们，新的形势和任务在激励我们。让我们团结在以江泽民同志为核心的党中央周围，在中共故城县委的领导下，把握机遇，振奋精神，艰苦奋斗，同心同德，开拓前进，为建设富强、民主、文明的现代化国家而努力！

在政协故城县第六届委员会第二次全体会议上的讲话

（1999 年 3 月 3 日）

中共故城县委书记　郭金强

各位委员、各位同志：

政协故城县第六届委员会第二次会议今天开幕了。来自全县四面八方、各行各业的 180 多名委员，欢聚一堂，共商我县改革开放、繁荣发展大计，这必将对进一步动员全县各界人士团结一致，扎实奋斗，保持稳定，加快发展，实现二次创业宏伟目标，起到重要的推动作用。在此，我代表中共故城县委、县政府，向大会表示热烈的祝贺！

刚刚过去的 1998 年，是我县全面贯彻中共十五大精神，经受住了内外复杂形势的严峻考验并取得重大胜利的一年，全县政通人和，各项事业都取得了新的进展。成绩的取得是全县人民共同奋斗的结果，当然也凝聚着政协组织、全体政协委员、全县各界人士的心血和汗水。一年来，县政协在市政协的指导和县委的领导下，紧紧围绕县委、县政府的工作中心，全面贯彻六届一次会议确定的工作任务，认真履行政协职能，切实提高了参政议政水平。深入开展调研、视察活动，在重大问题上积极建言献策，促进了党政领导决策的科学化、民主化；充分发挥政协的人才和智力优势，积极开展文化、科技、卫生等服务活动，为推动全县经济发展和社会全面进步做了大量扎实有效的工作；发动各政协委员广泛开展扶贫济困活动，积极协助党委、政府做好化解矛盾、凝聚人心的工作，为维护全县社会政治稳定做出了重要贡献。为此，我代表县委、县政府向全县广大政协委员和全县各界人士表示崇高的敬意和衷心的感谢！

1999 年是我们国家发展史上具有特殊重要意义的一年，共和国要迎来 50 周年大庆，人民政协将迎来 50 华诞，澳门将回归祖国怀抱。对我县来讲，1999 年又是实现跨世纪发展目标的冲刺之年，在这样的形势下，开好政协全会，对于我们广泛、深入地了解民情、体察民意、集中民智，科学、民主地进行决策和组织实施；对于调动一切积极因素，团结和动员全县各界群众与各方面力量，积极投身于实现全县跨世纪发展目标的伟大实践，确保全县经济持续快速健康发展和社会全面进步，意义十分重大。希望与会的各位委员，一定要珍重党和人民赋予的神圣权利，以对党和人民高度负责的态度，坦诚相见，畅所欲言，紧紧围绕全县改革、发展、稳定的大局献计献策，切实发挥人民政协政治协商、民主监督、参政议政的职能作用，努力把这次大会开成一个统一思想、凝聚人心、求真务实、鼓劲奋进的大会。

面对新的形势和任务，如何在新的一年里更加扎实有效地做好政协工作，开创新局面，再上新台阶，在此，我代表中共故城县委讲几点希望和要求：

一、充分认识新形势下政协工作的重要性，切实增强做好政协工作的自觉性、积极性和主动性

人民政协成立 50 年来，我们党高度重视政协工作，始终把政协工作作为党的全局工作的重要组成部分。以毛泽东、邓小平、江泽民为核心的党的三代领导集体，结合不同历史阶段党的中心任务，都分别对人民政协的性质、地位和作用作出了系统的、深刻的阐述，推动了人民政协工作的重大发展。我们要深刻学习和领会党的三代领导集体关于人民政协的论述，

结合新的形势和任务，充分认识政协工作的重要性。

一是做好新形势下人民政协工作，有利于坚持和完善我国的基本政治制度。中国共产党领导的多党合作和政治协商制度，是我国的基本政治制度。这一基本政治制度，集中体现了我国广泛的人民民主，是把马克思主义关于统一战线理论和政党学说与中国实际相结合的一大创造，是我国社会主义民主政治建设的一大特色。人民政协作为实现这一基本政治制度的重要机构，通过组织各团体和各族各界人士参与重大决策的协商，实行对党和政府工作的民主监督，积极参政议政，并使政治协商、民主监督和参政议政经常化、制度化、规范化，就能够使各团体和各族各界人士在国家政治生活中的作用得到切实有效的发挥，从而不断加强共产党与民主党派的亲密合作，更好地坚持和完善我国的基本政治制度，并不断使这一基本政治制度显示出无比的优越性和强大的生命力。

二是做好新形势下人民政协工作，有利于巩固和发展爱国统一战线。统一战线是党的总路线、总政策的重要组成部分。人民政协作为我国爱国统一战线的重要组织，具有组织上最广泛的代表性和政治上最大限度的包容性，其实质就是大团结、大联合。人民政协通过发挥位置超脱、联系广泛的优势，在团结群众、凝聚人心，协调关系、化解矛盾，了解民情、反映民意，集中民智，参政议政，合作共事以及广泛团结“三胞”，促进祖国和平统一等方面，起着非常重要的作用，有力地促进爱国统一战线不断巩固和发展。

三是做好新形势下的人民政协工作，有利于党委、政府决策的科学化、民主化。在由计划经济体制向社会主义市场经济体制转变过程中，由于新旧体制的激烈碰撞、交替，给社会经济的发展带来许多新矛盾、新问题，当前正处于改革攻坚阶段，经济发展面临不少新课题，改革和发展的难点加大；随着现代科学技术日新月异的发展和知识经济的出现，新事物、新情况不断涌现，所有这些都要求各级党委和政府必须善纳群言，广求良策，努力实现决策的科学化、民主化。充分发挥人民政协的作用，是实现科学民主决策的重要途径。人民政协实行的民主协商方式，既能够反映多数人的正确意见，又便于吸纳少数人的合理主张，有利于增强党政决策的科学性和民主性。

四是做好新形势下人民政协工作，有利于维护社会政治的稳定。改革、发展、稳定是全党全国的工作大局。当前，随着深层次改革的推进，物质利益调整力度的加大，热点问题明显增多，社会矛盾相对集中，维护稳定尤为重要，任务更加艰巨。人民政协作为各党派、各团体、各族各界人士参政议政的重要机构，在协调关系、团结人民、维护社会政治稳定方面可以发挥其不可替代的重要作用。

县政协成立以来，我县政协工作有了积极发展，发挥的作用越来越大，各级党委和广大干部群众对人民政协的认识进一步提高。但是，从新形势下充分发挥人民政协重要作用的要求来看，无论在认识上还是在实际工作中，仍然存在不少差距。有的地方的干部包括领导干部对政协工作缺少了解，对人民政协的性质、地位和作用认识不足，思想、工作还没有到位。各级党委、政府和政协组织一定要进一步深入学习党的统一战线理论和政协理论，联系改革开放和现代化建设的新形势、新任务，不断深化对政协工作重要性的认识，切实增强做好政协工作的自觉性、主动性和积极性。

二、增进共识，凝聚力量，努力为故城县加快发展做贡献

改革开放20年来，故城县有了很大的发展，但是，我们还要清醒地看到，与先进市、县相比，我县经济基础仍显薄弱，发展水平还有不小的差距。同时，还面临着不少困难，经济发展中长期积累下来的一些深层次问题和矛盾也明显暴露出来。处在跨世纪的重要历史时刻，我们既不能陶醉于已取得的成就，更不能被眼前的困难和问题所吓倒。要认清形势，知

难而进，抓住机遇，加快发展，不断把我县改革开放和现代化建设事业推向前进。

县政协组织和全体政协委员，要贯彻“抓住机遇，加快发展”这一主题，紧紧围绕实现县委、县政府提出的我县跨世纪发展目标，建言献策，献计出力。要发扬人民政协自我教育的传统，把各党派、各团体和各族各界人士的思想统一到党的十五大精神上来，统一到县委、县政府对当前形势的正确分析上来，统一到县委、县政府的工作部署上来，在抓住机遇、加快发展上、形成共识，为全县快速发展奠定广泛坚实的思想基础。要发挥政协位置超脱、上下通达的优势，密切与基础群众的联系，深入到群众中去，多做宣传教育、解释疑惑工作；多做团结鼓劲、凝聚人心工作，把县委、县政府的决策部署转化为各界群众的实际行动，协助党委、政府把广大群众的力量最大限度地凝聚起来，努力在全县创造一个同心同德，团结一致，埋头苦干，奋发有为的社会氛围。

同时，紧紧围绕县委、县政府提出的“六大工程”（理论换脑工程、经济二次创业起飞工程、三级干部素质工程、文明创建工程、民主法制工程、廉政攻坚工程）实现一个目标（力争建成小康县），围绕一条主线（富民增收），突出一个重点（兴工强县），抓好一个关键（提高干部队伍素质），优化一个环境（社会安定），拓宽参政议政领域，积极参与到依法治县工作中来。政协组织要按照县委的布署，发挥政协的优势，积极协助党委、政府在全县范围内大力推进“村务、政务、厂务、校务”四项公开，通过有组织地开展系统、深入的调查研究，摸清情况，提出意见和建议，促进全县的民主政治建设和依法治县工作。要组织委员围绕推进依法治县步伐进言献策。要加强同各民主党派、人民团体和各族各界人士的联系，及时准确地反映社情民意。要支持和鼓励委员依法行使民主监督的权利，检举揭发各种违纪违法行为，推动依法治县迈出更加坚实的步伐。

三、不断加强和改善党对政协工作的领导

坚持和改善党对人民政协的领导，是人民政协在国家政治生活中发挥重要作用的根本保证。各级党委要不断研究和探索新形势下加强对政协工作的领导、促进政协工作深入发展的措施和办法，逐步建立和健全一套卓有成效的领导工作机制。一是各级党委特别是党委的主要领导和分管政协工作的领导同志，要切实加强对统战和政协理论的学习，不断熟悉政协工作，经常过问政协工作，关心政协工作，加强对政协工作的领导。二是要积极支持政协履行职能，重视发挥政协作用。特别是有关全县政治、经济、文化等领域里的重大问题，要邀请政协组织开展调研和协商，对政协提出的建议或方案，要认真研究并积极采纳。三是为调动和保护政协委员参政议政的积极性，要在党委、政府、政协之间探索建立起政协提案、建议案行之有效的运行机制，加大办理力度，狠抓落实效果，提高解决问题的比率，扩大政协的影响。对承办认真、成效显著的要予以表彰，对敷衍塞责、不负责任的单位和做法要给予批评。四是要重视政协机关干部队伍建设。要按照中央有关规定，搞好干部交流和选拔使用，政协机关干部的培养、任用和交流要与党委政府部门的干部一视同仁。总之，各级党委要真正把政协工作纳入全局之中，列入重要议事日程，经常抓在手上，为全面开创我县政协工作新局面作出不懈的努力。

各位委员、各位同志，作为跨世纪的一届政协组织的成员，大家能够亲自参与谋划故城县跨世纪发展的规划和蓝图，这不仅是一种历史的荣幸，也是一种历史的责任。在创世纪大业中，政协是一个广阔的舞台，各位政协委员大有用武之地。在迈向 21 世纪的今天，让我们高举邓小平理论伟大旗帜，开拓进取，不断创新，为造就故城美好灿烂的明天再做新贡献！预祝大会取得圆满成功！

认清形势　明确任务　为实现我县跨世纪宏伟目标而共同奋斗

在政协故城县第六届委员会第三次全体会议上的讲话

（2000年2月21日）

中共故城县委书记　何同恩

各位委员、各位同志：

在全县人民满怀豪情地跨入新千年之际，故城县第六届委员会第三次会议今天隆重开幕了。来自全县各条战线的200多名政协委员，肩负着全县人民的重托，济济一堂，总结一年来政协工作的经验，共商我县改革开放和现代化建设大计，这对于进一步动员全县各级组织、各人民团体和各族各界人士团结一致，共同建设经济强县和现代化新故城必将起到重要的推动作用。在此，我代表中共故城县委向大会的胜利召开表示热烈的祝贺！向各位委员、各族各界朋友致以亲切的问候和良好的祝愿！

刚刚过去的1999年，是我们搏击风浪，战胜困难，经受国内外复杂政治局势和严峻经济形势的考验，并取得重大成绩的一年。在这极不寻常的年度里，我们与全国人民一道，热烈庆祝中华人民共和国成立50周年，喜迎澳门回归祖国，极大地增强了全县人民建设中国特色社会主义和实现祖国完全统一的坚定信心。我们坚决同党中央保持高度一致，紧跟中央部署，强烈抗议以美国为首的北约对我国驻南斯拉夫使馆的野蛮轰炸，严厉抨击李登辉分裂祖国的“两国论”，深入揭批祸国殃民的“法轮功”邪教组织，为经济建设创造了良好的社会政治环境。我们立足故城实际，坚持加快发展不动摇，大力推进农业结构调整，跑办增上工业项目，依法解决了一大批老大难问题，国民经济保持了健康发展的良好态势，各项改革有序进行并已初见成效，财政收入增加，金融运行平稳，社会供给稳定增长，城乡居民生活进一步改善，科技、教育、文化、卫生等各项社会事业取得新的成果。这些成绩的取得，是全县人民共同奋斗的结果，期间也凝聚着各级政协组织、政协各参加单位和广大委员的心血和汗水。在过去的一年里，县政协高举爱国主义和社会主义两面旗帜，紧紧围绕全县工作中心和大局，认真履行政治协商、民主监督、参政议政职能，加大对重大问题的调研协商力度，搞好宏观献策，加强和改进提案、视察和社情民意信息工作，积极反映改革、发展、稳定中的热点、难点问题；发挥自身优势，广泛开展爱国主义教育和文化、科技、卫生“三下乡”活动，积极促进精神文明建设；深入开展揭批“法轮功”斗争，积极协助党委政府做好协调关系、化解矛盾、解释疑惑工作，为维护稳定做出了新的贡献。借此机会，我代表县委、县政府向全县政协组织和广大政协委员、各人民团体和各族各界人士表示崇高的敬意和衷心的感谢！

2000年是新旧世纪的交替之年，也是完成“九五”计划和20世纪末奋斗目标的最后一年，承前启后，继往开来，改革、发展、稳定的任务十分繁重。为了实现既定的目标，我们必须把全县上下各方面的力量凝聚和动员起来，紧紧依靠包括各团体、各族各界人士在内的全县人民的团结奋斗，其中，人民政协发挥着不可替代的重要作用。为此，我代表中共故城县委就如何进一步做好新形势下人民政协工作，讲四点意见：

一、充分认识政协工作面临的新形势、新任务，进一步增强做好世纪之交政协工作的责任感和使命感

全面准确地把握形势，明确肩负的历史使命，找准在大局中的位置，才能主动有效地做好政协工作。随着改革的深化、发展的加快，出现了许多新矛盾、新问题，需要我们不断地研究新情况，寻找新思路，创造新方法。新的形势对政协工作提出了新任务、新要求。因此，人民政协履行职能的内容更丰富了，工作要求更高了，责任更重了。随着党委、政府面临的决策内容越来越复杂，人民政协建言立论、宏观献策的任务更加艰巨。随着现代科学技术的迅猛发展和知识经济的迎面走来，要求人民政协更加充分地发挥人才智力优势，为经济建设服务。随着“一国两制”理论的成功实践，香港、澳门相继回到祖国怀抱，要求人民政协进一步做好祖国统一和海外联谊工作，促进祖国统一大业的早日完成。总之，面对新的形势，人民政协的任务不是减轻了，而是更加艰巨；发挥作用的领域不是变窄了，而是拓宽了。处在世纪之交，人民政协大有可为。因此，全县各级政协组织和广大政协委员，一定要认清形势，明确任务，进一步增强做好新时期政协工作的责任感和使命感，为建设经济强县和现代化的新故城做出新的贡献。

二、认真贯彻团结和民主两大主题，更加有效地履行职能

团结和民主是人民政协的两大主题，政协工作要富有成效，不断取得新进展，就必须把团结和民主两大主题贯穿于政协的全部工作，按照团结和民主的要求履行职能，发挥优势。要发扬人民政协自我学习、自我教育的优良传统，组织政协各参加单位和广大委员深入学习邓小平理论和中国共产党的基本路线和基本纲领，增进共同政治基础上的团结；要把握大局，明确任务，增强为共同目标而奋斗的责任感。在履行政治协商职能方面，要围绕所协商的课题，开展深入调查研究，了解实情，了解各方面群众的愿望和要求，切实增强政协意见和建议的群众基础；要广泛吸收不同方面的代表参加协商活动，发挥各界别委员的优势，注意听取各层次、各方面、各群体的意见；要不断改进协商形式，引导委员畅所欲言、各抒己见、建言献策。在履行民主监督职能方面，要鼓励委员讲真话、讲实话，敢于提意见、搞批评，切实保护委员参政议政的积极性，努力为委员履行民主监督职能创造一个宽松的环境；要进一步重视和发挥好提案、视察、社情民意信息反馈等已有的民主监督形式的作用，从有利于委员及时地反映问题出发，不断加强和改进这些方面的工作。同时，积极探索民主监督的新形式，不断拓宽民主监督的渠道，为推进社会主义民主政治建设和“依法治县”做出新的贡献。

三、围绕建设富民强县大局，充分发挥人民政协的人才智力优势

人民政协的一大光荣传统，就是始终不渝地把实现党的总路线和总任务作为自己的根本任务。人民政协群英荟萃，人才济济，素有“人才库”“智囊团”之称。因此，全县政协组织应充分运用自身的人才智力优势，努力促进全县富民强县战略的实施和目标任务的完成，在建设经济强县的伟大事业中发挥更大的作用。要围绕深化改革和促进发展发挥好决策咨询作用。对此，咨询要选准题目，找准角度，抓住那些具有战略性的课题，特别是县委、县政府确定的工作重点，组织委员深入研究，提出对策。要围绕利用区位优势，促进对外开放，充分发挥政协联系广泛的特点，不断巩固和加强与海内外各界人士以及“三胞”的沟通和联络，为我县扩大开放、招商引资穿针引线，铺路搭桥。要围绕促进科学技术的普及、推广和应用，多形式、多层次、多渠道地开展智力开发、技术培训、科技示范、科技扶贫等活动，努力提高科学技术对我县经济发展的贡献率。

四、进一步加强和改善党的政协工作的领导，推动我县政协工作不断发展

人民政协事业是建设有中国特色社会主义事业的重要组成部分，人民政协工作是党的全部工作的重要组成部分。江泽民同志在庆祝人民政协成立五十周年大会上的讲话中明确指出："改革开放越深入，经济建设越发展，越需要加强统一战线和人民政协的工作。坚持和发展最广泛的爱国统一战线是一项关系国家和社会主义事业兴旺发达的战略任务。"因此，各级党委必须充分认识做好新形势下人民政协工作的重要意义，切实把政协工作纳入全局工作之中，摆上重要议事日程，经常研究和部署，总结新经验，解决新问题，切实不断加强和改善对政协工作的领导。要认真贯彻省、市政协工作会议精神，认真贯彻落实《中共故城县委关于进一步做好跨世纪人民政协工作的决定》。要注意加强对政协工作的指导，经常给政协出题目、交任务，并注意了解和解决政协工作中存在的实际问题，促进政协工作深入开展。各级党委、政府部门及其工作人员，要尊重政协委员和民主党派的民主权利，自觉接受政协的民主监督，积极支持政协组织的视察、专题调查及其他参政议政活动，认真办理政协提案和建议案。对政协建议案的办理，要像办理提案那样，逐步形成一套规范的办理程序，要有批示、有落实、有反馈。要强化统战意识，与党外人士广交朋友，学会并善于做好统战工作。总之，政协委员中的共产党员特别是领导干部都要努力做合作共事的模范、廉洁奉公的模范、团结民主的模范，以实际行动赢得各民主党派、工商联、各人民团体和广大委员的信赖，推动政协工作不断发展。

各位委员、各位同志，让我们更加紧密地团结在以江泽民同志为核心的党中央周围，高举邓小平理论伟大旗帜，进一步巩固和扩大新时期爱国统一战线，团结全县人民，同心同德，开拓进取，为推进富民强县的伟大事业做出新的贡献。

同心同德　群策群力　为实现新世纪宏伟目标而共同奋斗

在政协故城县第六届委员会第四次全体会议上的讲话

（2001 年 2 月 8 日）

中共故城县委书记　何同恩

各位委员、各位同志：

故城县第六届委员会第四次会议今天隆重开幕了。来自全县各条战线的 200 多名政协委员怀着对新世纪的憧憬和对故城未来发展的企盼，欢聚一堂，共同描绘我县"十五"蓝图。这对于我县更加科学地制订"十五"计划，更加充分体现出 45 万人民的意愿，进一步动员全社会各方面的力量，同舟共济，团结拼搏，推动故城各项事业在新世纪的快速发展，必将产生积极影响和重要作用。在此，我代表中共故城县委向大会召开表示热烈的祝贺！向各位委员、应邀出席这次大会的同志们致以亲切的问候和良好的祝愿！

去年以来，全县人民在县委、县政府的领导下，坚持以邓小平理论和江泽民同志"三个代表"重要思想为指导，深入贯彻中共十五大和十五届五中全会精神，精心谋划大力实施"振兴故城战略"，抢抓机遇，加快发展，开拓进取，扎实工作，胜利完成了"九五"计划提出的各项目标任务。国民经济保持了持续健康

发展的良好态势，精神文明建设硕果累累。可以说，过去的一年，是全县人民经受错综复杂的国内外形势严峻考验，克服困难，埋头苦干，实现了事业大踏步发展和社会全面稳定的一年。这些成绩的取得，是全县上下同心同德、奋力拼搏的结果，其中也倾注了政协组织和各民主党派、工商联、人民团体以及社会各界人士的心血和汗水。在过去的一年里，我县政协组织认真贯彻落实中央和省、市、县委有关加强人民政协工作的精神，高举爱国主义和社会主义两面旗帜，牢牢把握团结、民主两大主题，组织动员政协各参加单位和广大委员，紧紧围绕全县工作的中心和大局，选准角度，发挥优势，认真履行政治协商、民主监督、参政议政职能，为促进全县的改革、发展、稳定，做出了积极贡献。借此机会，我代表中共故城县委，向全县政协组织和政协委员，向各民主党派、工商联、人民团体和社会各界人士，表示衷心的感谢！

各位委员、各位同志，中共十五届五中全会站在实现中华民族伟大复兴的历史高度，审时度势，通过了《关于制定国民经济和社会发展第十个五年计划的建议》，规划了今后五年我国经济和社会发展的壮丽蓝图。县委、县政府认真贯彻中共十五届五中全会和省、市委全会精神，立足故城实际，精心谋划了“振兴故城战略”，制定了提交这次“两会”讨论的《故城县国民经济和社会发展第十个五年计划纲要》，提出了我县未来五年发展的指导思想、奋斗目标和主要任务。全面完成“振兴故城战略”和“十五”计划提出的目标任务，加快故城发展，建设经济强县，推动中华民族在新世纪的腾飞，历史的重任落在了包括各党派、各团体和各族各界人士在内的全县45万人民的肩上。现在，摆在大家面前的一项重要而具体的任务，就是围绕“振兴故城战略”的实施和“十五”计划的制定，积极参政议政。县委相信，各位与会委员一定能够以饱满的政治热情和高度的历史责任感，认真履行职责，积极建言献策，把这次会议真正开创一个共商“十五”计划、同绘世纪蓝图的大会，开成一个统一思想、凝聚力量、团结奋进、继往开来的大会。

下面，我代表中共故城县委就如何进一步做好新形势下人民政协工作，讲四点意见。

一、不断深化对政协工作重要性的认识，切实增强做好政协工作的责任感、使命感

人民政协作为中国共产党领导的多党合作和政治协商的重要机构和爱国统一战线组织，历来在我国政治、经济、社会生活中发挥着重要的作用。进入新世纪，面对新形势、新任务，我们要不断深化对人民政协重要性的认识，以更加积极主动的姿态不断把政协工作推向前进。

首先，做好新形势下的人民政协工作，是贯彻江泽民同志“三个代表”重要思想的需要。“三个代表”重要思想，不仅是中国共产党的立党之本、执政之基、力量之源，也是中国共产党领导的多党合作和政治协商制度的凝聚力之所在，对于新形势下的人民政协工作具有根本性的指导意义，是政协履行职能的动力和源泉。只有按照“三个代表”的要求去做，政协工作才会充满生机和活力，才能在建设有中国特色社会主义的壮丽事业中不断谱写新的篇章。

其次，做好新形势下的人民政协工作，是更好地坚持我国基本政治制度的需要。中国共产党领导的多党合作和政治协商制度，是我国的一项基本政治制度。历史实践表明，这种政治制度完全适合中国国情、具有旺盛生命力。江泽民同志指出：“我们要充分认识这项基本政治制度的优越性，把它坚持好、完善好、落实好。”但是，应当清醒地看到，随着经济全球化的发展，两种意识形态的对立和撞击，现实地摆在了每个社会成员面前。特别是西方敌对势力亡我之心不死，他们打着所谓“民主”“人权”的幌子，不断干涉我国内政，利用经济的、政治的、军事的、文化的等各种手段，加紧对我国实施“西化”“分化”的图谋，妄图使我国的社会主义政治体制格局向西方资本主义多

党制和议会制演变。在这种形势下，进一步做好政协工作，坚定各党派、各团体和各族各界人士坚持基本政治制度的信心和决心，是对各种怀疑甚至否定基本政治制度言论的有力反驳，特别是对西方敌对势力“西化”“分化”图谋的有力回击。

第三，做好新形势下的人民政协工作，是适应经济结构和社会关系新变化的需要。当前，随着改革开放的深入发展，出现了经济成分和经济利益多样化，社会生活方式多样化，社会组织形式多样化，这些新情况带来了经济结构和社会关系的新变化。在这种新的历史条件下，我们要正确处理人民内部矛盾，维护安定团结的政治局面，要在发展社会主义市场经济的同时发展社会主义民主政治，在不断满足人民日益增长的物质文化需求的同时满足其对民主的需求，这就需要人民政协更加突出团结和民主两大主题，更加及时了解和反映来自各个社会阶层的意见和呼声，更加有效地发挥协调关系、化解矛盾的功能。

第四，做好新形势下的人民政协工作，是实现“振兴故城战略”和“十五”计划宏伟目标的迫切要求。完成“十五”计划，实现振兴故城的宏伟目标，需要动员社会各方面的力量，集中各方面的智慧。尤其需要看到，“振兴故城战略”和“十五”计划是在国际国内新的政治经济环境中实施的，面临着许多新情况、新问题、新矛盾，因而更加需要群策群力，全力攻坚，共同奋斗。人民政协作为中国人民爱国统一战线组织和发扬民主的重要组织，在统一思想、凝聚力量，广泛动员包括各党派、各团体和各族各界人士在内的全县人民，积极投身实施“振兴故城战略”和“十五”计划的伟大实践方面，发挥着不可替代的重要作用。

二、坚持团结民主这一工作主题，进一步巩固和发展最广泛的爱国统一战线

统一战线是中国共产党克敌制胜的三大法宝之一，当天更是如此。江泽民同志去年在全国统战工作会议上明确指出，“在新的世纪里，只有坚持发展我们党领导的最广泛的爱国统一战线，团结全体中华儿女共同奋斗，实现中华民族的伟大复兴，才更有成功的把握。”全县政协组织和广大政协委员要认真学习领会江泽民同志的讲话精神，进一步提高对统一战线重要地位和作用的认识，积极发挥人民政协在巩固和发展统一战线中的作用。要巩固和发展最广泛的爱国统一战线，就必须牢牢把握大团结大联合这个主题。大团结大联合是统一战线的根本，并影响党和国家的全局。在新的世纪，无论是抓好我们国家三大任务的落实，还是实现我县新的历史性跨越，都需要高举大团结、大联合的旗帜，团结的面越宽越好，团结的人越多越好，努力使中华儿女为实现新的奋斗目标而达到新的团结和联合。人民政协囊括了中国共产党、各民主党派、无党派民主人士、人民团体、少数民族、社会各界和港澳台胞等方面的代表，这本身就是大团结大联合的象征，为此，政协的各参加单位、各个界别、各位委员要真诚合作，做大团结大联合的表率。要认真研究经济结构和物质利益调整给统一战线带来的影响，及时做好统一战线内各界人士的思想引导工作，使人民政协内部始终保持团结、民主、振奋、活跃的政治局面。要坚持“长期共存、互相监督、肝胆相照、荣辱与共”的方针，充分发挥民主党派在人民政协中参政议政的作用，通过各种形式，广泛听取民主党派的意见、建议。要坚持政协联系委员，委员联系群众的优良传统，积极创造条件，加强政协组织与委员之间、委员与委员之间、委员与群众之间的广泛联系与交流，进一步开辟和畅通各界群众表达意见的渠道，使政协更好地成为中国共产党联系群众、团结各界、反映民意的桥梁和纽带。要大力加强对外联谊，广泛联系和团结海内外故城籍人士，共同为故城的发展添砖加瓦。要充分发挥各民主党派、各团体、各族各界代表人士在争取人心、凝聚力量、维护社会政治稳定方面不可替代的重要作用，多做协调关系、化解矛盾、理顺情绪的工作，以减少阻力，增

加助力，形成建设故城、振兴故城的合力。

三、积极建言献策，为建设故城贡献力量

围绕中心，服务大局，加快发展，努力实现“振兴故城战略”和“十五”计划提出的目标和任务，是全县工作的大局和中心。全县政协组织和政协委员在履行职能的实践中，一定要牢牢把握这个大局和中心，把人民政协事业的发展同故城各项事业的发展高度统一起来，把发挥自身优势、积极履行各自职责，同实现全县发展的宏伟目标有机结合起来，在明确的目标和正确的定位之下，更好地为经济建设服务，为全县改革、发展、稳定服务。

要发挥政协优势，积极参政议政。随着经济全球化趋势的加强，以信息技术为核心新一轮高新技术革命的发展，知识经济的兴起，世界范围内经济结构的调整，国际国内经济竞争的加剧，都迫切要求我们抓紧构建故城经济特色和竞争优势。为此，全县政协组织要从自身实际出发，紧紧围绕与此相关的一系列重大问题，选准角度，深入调研，科学论证，力求提出具有前瞻性、创见性的创意和建议，以进一步完善党委政府的工作思路，促进党委、政府重要决策的落实。要发挥政协联系面广、人才密集等方面的优势，为全面扩大内对外开放穿针引线，铺路搭桥；要广泛开展科技扶贫、智力开放和多种形式的技术培训、咨询服务。要认真贯彻县委、县政府提出分发展非公有制经济振兴地方经济的指导思想，做好宣传引导和示范。作为政协委员的私营企业家要抓住机遇、创大业，不断拓展发展空间，推动企业上规模、上水平，在构建故城经济特色和竞争优势种大展身手。

四、不断加强和改善党对政协工作的领导，积极为政协更好地履行职能创造条件

加强和改善党对政协工作的领导，是人民政协履行职能的根本保证。各级党委要切实把政协工作摆上重要议事日程，真正纳入全局。要认真贯彻省、市政协工作会议精神和中共故城县委《关于进一步做好跨世纪人民政协工作的决定》，狠抓各项措施的落实，推动全县政协工作的开展。党政主要领导干部要带头学习统战和政协理论，熟悉和掌握政协工作，积极研究新形势下加强对政协工作领导的新思路、新方法。要继续推进政协履行职能的制度化、规范化建设，坚持“三在前”“三在先”的原则，做到重大问题的协商必须在党委决策之前、人大通过之前、政府实施之前；制定经济和社会发展规划、出台重大改革措施、决定事关人民生活重大问题及重大建设项目，要先协商后决策；党委提出的重要人事安排，要按规定与政协协商；党委政府制度的关系地方全局的重要政策和法规，要先协商后通过。对政协的重要意见建议处理和反馈工作机制。积极支持政协开展民主监督活动，探索新形势下实施民主监督的有效形式。党委和政府有关部门开展的检查、监督活动，要注意吸收政协委员参加，并认真听取他们的意见和建议。各级各部门要对政协组织开展的调研、视察等活动精心安排，积极配合。要继续帮助政协解决在经费、办公条件等方面的困难，做好党委、政府与政协干部的双向交流，在提拔使用上统筹考虑，同等对待。各级政协要适应新形势新任务的需要，大力加强自身建设。政协党组要坚决贯彻党的路线、方针、政策，自觉地在党委的领导下做好工作。政协中的中共党员要按照“三个代表”的要求，努力实践党的宗旨，大力发扬党的优良传统和作风，全面提高政治、理论、业务素质，努力使自己成为具有坚定的立场、民主的作风、广博的知识、创新的精神，深受党外人士欢迎的合格的统战和政协干部。

各位委员、各位同志，在中共故城县委、县政府的领导下，全县上下勠力同心，政通人和，各项事业如火如荼，方兴未艾。回首中华民族百年沧桑，更加深刻地感受到实现民族复兴的伟大目标，依然任重而道远。回顾历史，展望未来，都要求我们更加坚定地坚持邓小平

同志提出的“发展是硬道理”的思想，紧紧扭住经济建设这个中心永不放松。让我们继续高举邓小平理论伟大旗帜，更加紧密地团结在以江泽民同志为核心的中共中央周围，统一思想，抢抓机遇，同心同德，开拓进取，为在新世纪实现故城经济和社会发展的新跨越而努力奋斗！

坚持以“三个代表”为指导努力开创全县政协工作新局面

在政协故城县第六届委员会第五次全体会议上的讲话

（2002 年 3 月 18 日）

中共故城县委书记　何同恩

各位委员、各位同志：

在我们刚刚步入 2002 年之际，政协故城县第六届委员会第五次会议今天隆重开幕了。今天，来自全县各条战线的政协委员欢聚一堂，共商我县改革开放和现代化建设大计，这对于全县上下进一步统一思想，坚定信心，鼓舞斗志，凝聚力量，共同推进我县经济较快发展和社会全面进步，具有十分重要的意义。在此，我代表中共故城县委对大会的召开表示热烈的祝贺！

去年以来，全县人民在中共故城县委、县政府的领导下，坚持以邓小平理论和江泽民“三个代表”重要思想为指导，同心同德、团结奋斗，全县经济继续保持了健康平稳发展的良好态势，改革开放逐步深化，各项工作都取得新成绩，科技、教育、文化、卫生等各项社会事业进一步发展，人民生活水平不断提高。回顾 2001 年的成绩和进步，是全县人民共同努力的结果，其中也凝聚了政协组织和各民主党派、工商联、人民团体及社会各界人士的心血和汗水。在过去的一年里，政协组织认真学习贯彻江泽民同志“三个代表”重要思想，紧紧围绕全县工作中心和大局，积极组织广大政协委员和政协各参加单位开展调查研究、协商监督、参政议政等活动，为促进全县的改革开放和两个文明建设作出了积极的贡献。借此机会，我代表中共故城县委向全体政协委员，向各民主党派、工商联、人民团体和各族各界人士，表示衷心的感谢！

各位委员、各位同志，2002 年中国共产党将召开第十六次全国代表大会，无论是国际形势还是国内形势，都将决定 2002 年是我们党和国家发展史上具有重要意义的一年。我们如何抓住机遇，应对挑战，乘势而上，实现跨越式发展的奋斗目标，是摆在全县人民面前的战略任务，也是历史地落在了政协组织、广大政协委员和各民主党派、工商联、人民团体及各族各界代表人士的肩上。在此，我代表中共故城县委就做好今年的政协工作，讲三点意见：

一、按照“三个代表”要求，紧紧围绕全县工作中心和大局，积极履行政协职能

江泽民同志的“七一”重要讲话发表已经半年，大家进行了反复认真的学习，“三个代表”的重要思想日益深入人心。但是，由于“三个代表”的内涵博大精深，我们的学习和理解还远远没有止境。新的一年，我们要进一步深化对于“三个代表”重要思想的学习，准确把握精神实质，积极履行政协职能，为全县改革和发展的大局服务。

首先，要坚持与时俱进，推进改革创新。与时俱进是马克思主义的战斗品格，也是“三个代表”最鲜明的理论特征。世间一切事，不论最初怎样完美无缺，一旦僵化了，也就腐朽了。因此，必须随着时间的推移，随着环境和

条件的变化，不断改革创新，放眼今天的世界，在不间断的政治经济危机和此起彼伏的局部战争的硝烟中，唯有中国是一片生意盎然的绿洲。之所以有今天这种局面，一个重要的原因是中国共产党人高举邓小平理论伟大旗帜，不断坚持改革创新，使我们的经济得以发展，人民得以富裕，国家具备了抵御各种风险的能力。一个国家是这样，一个地区也是这样。新中国成立初期的时候，如果用一个字概括当时的情况，那就是“穷”。我们拿什么从当年的贫穷走到今天的初步富裕，靠的就是党的改革开放的政策，如果没有十一届三中全会以来一次次的改革一步步地创新，仍然是计划经济那一套，仍然是“大锅饭磨洋工”，我们就无法解决群众的温饱问题。我们要继续发展，仍然要坚定不移地坚持改革创新。我们现在面临着许多新情况、新问题，应对这些新情况，解决这些新问题根本措施就有一条，那就是向改革要出路，向创新要活力。尤其是面对加入世贸组织和世界经济一体化这样全新的挑战，没有任何轻车熟路可走，更不能梦想旧体制复归。只有牢牢把握“三个代表”的思想，坚定不移地推进改革创新，才能把我们蒸蒸日上的事业不断引领到更加繁荣昌盛的境地。

其次，要坚持发展是硬道理，全力推进经济建设。现在，人民群众对我们的党满意，对我们的国家满意，对我们举足轻重的国际地位满意，无非是因为我们的经济发展了，我们的人民生活水平提高了，我们的综合国力增强了。我们故城县的老百姓对县委、县政府比较满意，对故城的发展变化比较满意，称赞楼房高了、马路宽了、电灯亮了……这背后最根本的原因也是因为故城的经济发展了。同样，我们面临的许多问题有时从表面看起来很复杂，但仔细梳理，追根寻源，又都是一个原因，那就是我们的经济发展还不够，以至于在许多该做的事情面前心有余而力不足。稳定压倒一切，但稳定也需要以发展作为基础。如果经济长期上不去，稳定也无从谈起。因此，不论是巩固我们已经取得的成果，还是继续推进我们的事业，我们都必须咬定发展不放松。县委、县政府始终把加快发展作为全县工作的主题，始终要求把全县人民的注意力吸引到发展上来，把全县人民的精力凝聚到发展上来。全县各级各行业各系统，所有干部群众，都必须牢记以经济建设为中心，必须把工作的着眼点和着力点放在促进故城的发展上。只有形成这样的共识，在县委、县政府的领导下，同心同德，不懈奋斗，故城才真正能够一步一层楼，一步一重天。

人民政协在为改革和发展大局服务的过程中，要密切关注先进生产力的发展趋势，着眼促进我县社会生产力的解放和发展，努力使政协所提意见和建议都能反映生产力的发展规律，反映先进生产力的发展要求。要跟踪把握先进文化的发展方向，着眼于提高全体劳动人民的素质，着眼于繁荣故城的文化事业提高故城的文化品位，大胆探索，积极实践，为经济建设的跨越式发展提供精神动力和智力支持。要及时了解和反映群众的要求和愿望，忠实维护最广大人民群众的根本利益。

二、唱响政协工作团结与民主的主旋律，共同为迎接中共十六大召开营造团结向上、稳定和谐的良好氛围

团结和民主是政协工作的两大主题，是政协工作贯彻“三个代表”的集中体现。进入新世纪，人民政协坚持团结和民主两大主题，面临着新的形势和任务。一方面，无论是要完成全面建设小康社会，加快推进社会主义现代化的战略任务，实现祖国完全统一，还是实现我县经济跨越式发展，建设经济强县的宏伟目标，都需要大团结、大联合，把各方面的力量和智慧凝聚起来；另一方面，随着改革开放的深入发展，我国社会生活发生了并且仍在继续发生广泛而深刻的变化，人们的利益和思想观念在一致性增强的同时，出现了多样化的趋势，从而为团结和民主工作提出了新要求。因此，政协组织要更加自觉地把团结和民主贯穿到政协各项工作中去，进一步唱响政协工作团结与民主的主旋律。当前，要突出围绕迎接中共十六

大的胜利召开，完成我县今年经济和社会发展目标及任务，充分发挥政协优势，努力在全县营造一个昂扬向上、团结奋斗、稳定和谐的良好氛围。为此，要突出做好以下三个方面的工作：

一是要不断巩固和扩大团结，增进共识，凝聚力量。要认真发扬人民政协自我教育的优良传统，在政协委员中广泛深入开展学习活动，组织引导委员把握党和国家的大政方针，了解党委政府重大决策部署，从而使政协各参加单位和广大委员在全局和重大问题上统一思想，坚定信心，增进共识。要进一步深化政协自身的团结工作，坚持肝胆相照、荣辱与共的原则和求同存异、体谅包容的精神，在无碍大局、无妨大目标、坚持共同政治基础的前提下，照顾和协调各方面的利益、意见和要求，妥善平和地处理各种矛盾和问题；要进一步加强与民主党派、工商联和各族各界人士的联系，充分发挥民主党派的参政作用，主动与他们联合开展调研、视察等参政议政活动，积极支持他们建言献策，关心他们的工作生活，及时反映他们的意见和要求。要开辟团结的新领域，着力加强对新的社会阶层人士的团结工作，最大限度地整合、包容和吸纳这些新生的社会能量，引导他们做合格的有中国特色社会主义事业的建设者，努力实现最广泛的团结。

二是要在政协内部形成浓厚的民主气氛，畅通和拓宽民主渠道。当今经济发展越来越依赖于智力资源，创新能力越来越成为经济发展的关键。因此，政协组织要充分发挥民主和人才优势，进一步改进例会、调研、视察、提案等工作，给广大委员创造充分发表意见的机会，努力营造一个畅所欲言、心情舒畅、能够激发委员参政议政积极性和创新精神的良好环境。要强化民主监督，更多地反映委员和群众批评性的意见和建议，帮助政府改进工作，转变作风，促进有关经济发展等各种政策措施的落实。要不断完善和探索履行职能的形式，进一步畅通和拓宽民主渠道，努力把各方面的意见建议充分反映出来，促进党政决策的科学化、民主化。

三是要积极协助党委政府正确处理人民内部矛盾，努力维护社会稳定。稳定压倒一切。这个结论中不仅包含着正反方面的经验，而且浸透着血的教训。没有一个稳定的环境，一切都无从谈起。什么是福？什么是祸？稳定就是福，动乱就是祸。我们一定要像珍惜自己的生命一样，维护社会稳定。政协组织要充分发挥协调关系、化解矛盾的独特功能，认真分析研究新形势下人民内部矛盾的主要内容、表现形式及发展动向，协助党委和政府多做增进理解、理顺情绪、化解矛盾的工作。要充分发挥政协各参加单位和广大政协委员的辐射作用，有针对性地在群众中广泛宣传党的路线方针政策、宣传党委政府的决策部署、宣传我县经济和社会发展取得的成就、奋斗目标和发展前景，多做统一思想、凝聚人心的工作，增强广大群众对党和政府的信任，增强党的凝聚力和向心力。

三、进一步加强和改善党对政协工作的领导

江泽民同志在“七一”讲话中明确指出：“要按照总揽全局、协调各方的原则，进一步加强和完善党的领导体制，改进党的领导方式和执政方式，既保证党委的领导核心作用，又充分发挥人大、政府、政协及人民团体和其他方面的职能作用。”要认真贯彻落实江泽民同志的讲话精神，进一步在全县形成党委重视、政府支持、政协主动、各方配合的政协工作的新格局，当前要着力解决三个方面的问题，一是思想到位。要努力站在“三个代表”的高度，充分认识人民政协的重要性，全面、准确地认识人民政协的性质、地位和作用，不断提高对巩固和发展共产党领导的多党合作和政治协商制度的自觉性。各级党委领导干部特别是主要领导同志要带头学习研究政协工作，熟悉和掌握政协工作的内容和方法，以更好地领导和支持政协工作。二是工作到位。各级党委要不断总结和研究政协工作，通过建立科学化、规范化、制度化的机制，进一步加强对人民政协工作的

领导。要切实把中共故城县委《关于进一步做好跨世纪人民政协工作的决定》（以下简称《决定》）落到实处，根据履行职能中存在的问题，抓紧制定与《决定》相配套的各项规章制度，积极推进政协履行职能的规范化、制度化。要切实把政协协商纳入决策程序，主动并经常地把一些重要问题交给政协协商。对政协主席会议、常委会议所提交的建议案要在决策中认真采纳吸收，并逐步建立落实反馈制度。要从改进自身工作的需要出发，积极支持政协开展民主监督，支持政协对新的民主监督形式的探索，并诚恳接受来自政协的批评建议。三是条件到位。要尽力给政协提供“知情”“知政”机会，尽力为委员活动和政协机关正常运转改善条件、提供保证。四是政协党组及党组成员要认真贯彻党的路线方针政策和党委的决定，认真贯彻民主集中制原则，不断加强自身建设，积极实践“三个代表”的要求，切实发挥好领导核心作用。需要强调的是，2002 年是本届政协的最后一年，政协党组及党组成员务必要继续保持良好的精神状态，积极抓好全年的各项工作，同时要配合党委认真做好换届筹备工作，努力保持政协工作的连续性和稳定性，为下届政协工作的开展奠定坚实的基础。

各位委员、各位同志，2002 年我们将面临新的机遇和挑战。实践证明，在每一次新的机遇和挑战面前，最重要的精神状态，是善于学习。我们一定要精神振奋、学习勤勉，在思想观念和工作决策等方方面面做到与时俱进，以更加优异的成绩迎接中国共产党第十六次全国代表大会的胜利召开。

第六节　县委领导在政协故城县第七届委员会开幕会上的讲话

在政协故城县第七届委员会第一次全体会议上的讲话

（2003 年 4 月 25 日）

中共故城县委副书记　宋英璞

各位委员、各位同志：

政协故城县第七届委员会第一次会议今天隆重开幕了。这次会议是在全县上下深入学习贯彻中共十六大精神，朝着全面建设小康社会目标开拓前进的重要时刻召开的，这是一次群策群力、共谋发展的盛会，是一次承前启后、继往开来的盛会。我代表中共故城县委，对大会的召开表示热烈祝贺！这次大会将回顾总结六届县政协五年来的工作，选举产生新一届县政协领导班子；还将列席十三届人大一次会议，围绕故城县未来发展大计参政议政、建言献策。开好这次会议，对于团结和凝聚全县各方面力量，调动一切积极因素，抓住机遇，加快发展，实现全面建设小康社会的宏伟目标，谱写故城新世纪发展辉煌壮丽的新篇章，必将产生重大而深远的影响，我相信，通过各位委员和同志们的共同努力，这次大会一定能够开成民主求实的大会、团结奋进的大会、鼓舞士气的大会！

过去的五年，是故城跨世纪发展全面推进现代化建设的重要时期，全县人民在县委、县政府的领导下，坚持以邓小平理论和“三个代表”重要思想为指导，认真贯彻党的路线、方针、政策，解放思想，抢抓机遇，开拓进取，扎实工作，国民经济持续快速健康发展，改革开放迈出新步伐，社会主义精神文明建设，民主法制建设和社会各项事业全面发展，城乡面貌发生了很大变化，人民生活水平显著提高，实现了由温饱向小康的跨越。奋斗伴随艰辛，成就来之不易！这些成就的取得，是全县上下团结奋斗，努力拼搏的结果，同时也凝聚着政协组织、政协各参加单位和广大政协委员的智慧、心血和汗水，五年来，六届县政协认真贯彻落实党的十五大、十六大精神，坚持以邓小平理论和“三个代表”重要思想为指导，高举爱国主义和社会主义两面旗帜，牢牢把握团结和民主两大主题，围绕经济建设这个中心，服务改革发展稳定的大局，团结和依靠全体委员、工商联、人民团体、无党派人士以及各族各界人士，切实有效的履行政治协商，巩固和发展新时期的爱国统一战线，推动我县改革开放和现代化建设，发挥了重要作用。成绩的取得，是六届县政协领导班子正确领导的结果，是政协组织和广大政协委员共同努力的结果，借此机会，我代表中共故城县委，向六届县政协全体委员、工商联、人民团体、无党派人士和各族各界人士，表示衷心的感谢！向在政协工作中做出重要贡献，因年龄关系不再担任县政协领导职务的老领导、老同志表示崇高的敬意！

各位委员、各位同志，中共十六大描绘了我们国家未来发展的宏伟蓝图，刚刚闭幕的中共故城县委十届一次全体会议，对我县全面建设小康社会做出了战略部署。从我县实际出发，县委、县政府作出了“以工强县”的战略决策，确定了推进国民经济跨域式发展和社会全面进步的战略目标，即将开幕的县十三届人大一次会议，将对我县今后五年的发展做出部署，所有这些，都为政协工作指明了方向，提出了新的任务和要求，站在新的起点上，广大政协委员和政协组织要认清形势，明确使命，按照“发展要有新思路、改革要有新突破、开放要有新局面、各项工作要有新举措”的要求，唱响加快发展的主旋律，以与时俱进、奋发有为的精神状态，为推进我县跨越式发展、全面建设小康社会，更好地发挥人民政协的重要作用。

一、高举旗帜，与时俱进，坚持以中共十六大精神指导和统领新时期政协工作

中共十六大是中国共产党在新世纪召开的第一次全国代表大会，也是中国共产党在开始实施社会主义现代化建设第三战略部署的新形势下召开的一次十分重要的代表大会。大会提出了新世纪、新阶段党和国家的奋斗目标和行动纲领，从而也为人民政协的发展指明了前进的方向，提供了行动的指南。全县政协要组织广大政协委员和各界人士，深入学习中共十六大精神，深刻领会精神实质，努力在围绕主题，把握灵魂，抓住精髓上下功夫，在持之以恒、常抓不懈、学以致用、用有所成上下功夫，真正用中共十六大精神和“三个代表”重要思想指导和统领政协工作。要牢牢把握正确的政治方向，在“举什么旗、走什么路、实现什么目标”这一重大问题上形成共识，始终坚持中国共产党领导不动摇，不断增强坚持和完善共产党领导的多党合作和政治协商制度的坚定性和自觉性；要牢牢把握贯彻“三个代表”重要思想的根本要求，关键在坚持与时俱进，核心在坚持党的先进性，本质在坚持执政为民，切实把“三个代表”重要思想，落实到政协各项工作中去，努力使履行职能的各项工作都能体现先进生产力和先进文化的发展要求，维护好、实现好和发展好最广大人民群众的根本利益；要坚持解放思想、实事求是、与时俱进的思想路线，充分认识新形势新任务对政协工作提出的新要求，切实把思想认识从那些不合时宜的观念、做法和体制束缚中解放出来，自觉做到在解放思想中统一思想，用发展的马克思主义指导新的实践。要在继承优良传统的基础上，紧跟时代发展的潮流，用发展的眼光去把握经济、政治、文化等各个领域的发展趋势，积极探索政协工作新的形势和方法，努力使政治协商的方法有新突破，民主监督的渠道有新拓展，

参政议政的领域有新拓宽，建言立论的水平有新提高，推动政协工作蓬勃发展。

二、紧紧围绕全面建设小康社会的奋斗目标，积极履行职能，努力促进社会主义物质文明、政治文明和精神文明协调发展

中共十六大提出全面建设小康社会的奋斗目标，是新世纪头二十年我们党和国家的工作大局，也是我们全县的工作中心和全县人民的根本利益之所在，也为政协履行职能指明了方向，政协组织和广大政协委员要牢固树立大局观念，增强中心意识，紧紧围绕全面建设小康社会，推动我县经济跨越式发展和社会全面进步，促进社会主义物质文明、政治文明和精神文明协调发展献计出力。

政协组织要牢固树立发展是硬道理、是执政兴国第一要务的思想，引导广大政协委员和各界人士，聚精会神搞建设，一心一意谋发展。要按照县委、县政府提出的“全党抓经济，重点抓工业，潜力在工业，希望在工业”的基础发展思路和“以工强县”战略，围绕提高我县经济综合竞争力，推进科技进步与创新、发展特殊产业、促进传统产业改造升级、加快农业产业化经营等经济发展中带有全局性、战略性的重大问题，深入调研，科学论证，提出具有宏观性、前瞻性和可操作性的意见和建议，在开展宏观献策的同时，要大力开展多层次、多渠道的技术培训、咨询服务、智力开发、信息交流和引进项目、资金、技术、人才等活动，努力为加快经济发展搞服务、办实事。最近，县委召开了“全县三级干部”动员大会，政协组织和广大政协委员要积极参加到“以工强县”战略的实施中来，立足实际，充分发挥自身优势，为加快我县工业化进程做出应有的贡献。

政协组织要认真贯彻“长期共存、互相监督、肝胆相照、荣辱与共”的方针，充分发挥工商联、人民团体和无党派人士在建设政治文明中的重要作用，要坚持平等议事，民主协商，求同存异，体谅包容，努力营造民主和谐的氛围。要适应新形势的需要，不断探索履行职能的有效形势，积极推进履行职能的制度化、规范化和程序化，更好地为发展社会主义民主政治，建设社会主义政治文明服务。

政协组织要按照代表先进文化前进方向的要求，用建设中国特色社会主义的共同理想宣传教育群众，大力弘扬爱国主义精神，大力弘扬艰苦奋斗精神，不断增强自信心和凝聚力。政协组织要继续以多种形式积极参与全县深入开展的“学《纲要》、讲文明、树新风”活动，努力在以社会公德，职业道德和家庭美德为主要内容的道德教育和实践活动中发挥模范作用，在崇尚科学、反对迷信、勇于同各种社会丑恶现象作斗争中发挥带头作用。要着眼于农民群众的实际需要，发挥自身特点，继续开展科技、文化、卫生“三下乡”活动，要发挥政协文化艺术人才较多的优势，组织开展形式多样的文化艺术活动，挖掘整理我县的文化遗产，鼓励创作，积极推动我县文化事业的繁荣与发展，丰富人民群众的精神生活，努力为故城的文化奠基做出新的贡献。

三、贯彻团结和民主两大主题，努力发展共同目标下的大团结大联合

团结和民主两大主题，是人民政协性质的集中体现，是人民政协产生和发展的历史根据，是人民政协继往开来的方向和使命。政协组织要认真贯彻团结和民主两大主题，围绕全面建设小康社会，团结一切可以团结的力量，充分调动一切积极因素，努力形成聚精会神搞建设、一心一意谋发展的局面，推动我县国民经济跨越式发展和社会全面进步。要坚持广开言路、畅所欲言，努力把政协建设成真诚相待、合作共事的参政议政场所。要进一步加强与参加政协的民主党派、各团体的联系，经常交流思想，及时沟通情况，认真听取和反映他们的意见建议，切实搞好统一战线内部的大团结、大联合，

促进和巩固共产党与民主党派和各族各界代表人士在共同政治基础之上的团结与合作。充分发挥人民政协作为党和政府联系社会各族各界的桥梁纽带作用，及时了解和反映给党委、政府要认真协助党委和政府解决当前经济社会生活中的突出问题，正确处理好局部和全局，眼前和长远的利益关系，更好地理解改革、支持改革、参与改革，努力做好协调关系，切实把社会各界各方面的积极性和创造性引导好、发挥好，巩固和发展我县民主团结、生动活泼、安定和谐的政治局面。

四、适应新形势，不断加强和改进党对政协工作的领导

加强和改进党的领导，是做好新世纪、新阶段政协工作的根本保证。江泽民同志指出："经济建设越发展，越需要加强统一战线和人民政协的工作。"各级党委要站在推进中国特色社会主义事业不断发展、实现中华民族伟大复兴的高度，充分认识新形势下做好政协工作的重要意义，积极主动地加强和改进对政协工作的领导。要按照"总揽全局、协调各方"的原则，进一步规范与政协组织的关系，逐步建立和完善党委领导、支持政协工作的有效机制。要继续坚持"党委重视，政府支持，政协主动，各方配合"的政协工作格局，切实把政协工作作为全局工作的重要组成部分，列入重要议事日程，统筹考虑和部署。要积极支持政协围绕团结和民主两大主题履行职能，保证人民政协发挥好政治协商、民主监督、参政议政的作用。要进一步推进政协履行职能的规范化、制度化和程序化建设，切实将政治协商纳入决策程序，自觉接受政协的民主监督，积极支持政协参政议政，对政协组织和委员提出的意见、提案和建议案，要认真负责地办理。各级党委组织部门、党校，要把统战政协理论列入干部培训计划；新闻宣传部门要切实加强和改进政协理论和政协工作的宣传，提高宣传实效，努力在全社会形成了解、关心和支持政协工作的良好环境。要保障民主党派依照宪法和政协章程享有的民主权利，尊重和支持担任领导职务的党外人士，使他们有职、有责、有权，更好地发挥专长，积极有效地开展工作。要大力支持政协搞好自身建设，切实加强政协组织的领导班子建设和干部队伍建设，重视政协机关干部的选拔、任用、交流，做到同党委、政府部门的干部一视同仁；积极帮助政协解决实际问题，多办实事，为政协更好地开展工作创造良好条件。政协党组要认真践行"三个代表"重要思想，充分发挥在政协中的核心领导作用，自觉贯彻党的路线方针政策和党委的工作意图，主动为党委当好参谋。政协组织中的共产党员要发扬共产党员的先锋模范作用，努力做合作共事的模范，廉洁奉公的模范，发扬民主的模范，带头加强学习，提高素质，扎实工作，努力做一名新时期合格的统战政协干部。

各位委员、各位同志，未来的五年，既是我县加快发展、乘势而上、再铸辉煌的五年，也是我县政协工作与时俱进、开拓创新、大有作为的五年。政协组织和广大政协委员要紧密地团结在以胡锦涛同志为总书记的中共中央周围，高举邓小平理论伟大旗帜，全面贯彻"三个代表"重要思想和中共十六大精神，同心同德、开拓创新、艰苦奋斗、扎实工作，为促进故城的改革、发展和稳定，全面建设小康社会而努力奋斗！

团结各界人士积极参政议政
为促进全县经济发展而努力奋斗

在政协故城县第七届委员会第二次全体会议上的讲话

（2004 年 2 月 16 日）

中共故城县委副书记　宋英璞

各位委员、同志们：

政协故城县第七届委员会第二次会议今天隆重开幕了。这次会议是在全县上下深入学习贯彻党的十六大、十六届三中全会和中共故城县委十届二次全会精神，加力提速再创故城辉煌的关键时刻召开的。在此，我代表中共故城县委，向大会表示热烈的祝贺！向各位委员、同志们致以亲切的问候和诚挚的祝福！

刚刚过去的 2003 年，是我县发展进程中重要而又很不寻常的一年。一年来，新一届县委、县政府团结带领全县人民，突出发展、稳定两大主题，紧紧围绕“富民强县”目标，大力弘扬十六字故城精神，抓住关键，强力攻坚，战胜了一系列的困难和挑战，在许多方面取得了较大的进展和突破，实现了全县工作的良好开局，我县经济建设和社会各项事业呈现出持续健康发展的良好态势。2003 年实现国内生产总值 33.49 亿元，增长 11%；财政收入 12015 万元，增长 10.9%；社会固定资产投资 11.93 亿元，增长 24.1%；实际利用外资 520 万美元，利用内资 3.8 亿元，分别增长 23% 和 72.7%；农民人均纯收入达到 2769 元，增长 5.4%。城镇建设、园区建设和各项改革有序推进，社会各项事业和精神文明建设迈出新步伐，党的建设得到进一步加强。有形的变化有目共睹，无形的变化更为深刻。从深层次看过去一年故城的变化，最突出、最重要、最深刻的是：故城人民的精神面貌改变了，自信心足了，向心力、凝聚力强了；人心思上、人心思治、人心思进已成为全县上下的思想主流，人们的心气更顺了、干劲更足了；故城的环境变了，人们对故城的印象新了，到故城投资创业的多了。所有这些，都为我们今后的发展奠定了坚实的基础。

奋斗伴随艰辛，成绩来之不易。这些成绩的取得，是县委、县政府正确领导的结果，是全县人民团结奋斗、迎难而上、努力拼搏的结果，也是我县政协组织和广大政协委员卓有成效地开展工作的结果。过去的一年，县政协和广大政协委员，紧紧围绕我县工作大局，牢牢把握团结和民主两大主题，创造性地履行政治协商、民主监督、参政议政职能，通过对我县重大问题和人民群众关心的热点难点问题进行协商监督，在推进县委、县政府决策的科学化、民主化方面发挥了积极作用；积极开展深入的调查研究和视察活动，及时反映群众的呼声和愿望，提出许多富有前瞻性、创造性、建设的意见和建议；充分发挥政协组织和政协委员的人才智力优势，为推进全县经济发展和社会全面进步作了大量扎实有效的工作。总之，政协组织和广大政协委员为我县的经济发展、社会稳定和各项事业进步做出了积极的贡献。在此，我代表县委、县政府向政协组织和广大政协委员，向各人民团体和各界人士表示崇高的敬意和衷心的感谢！

各位委员、同志们，故城的昨天是故城人民创造的，故城的明天仍然需要故城人民来创造。伟人的话需要我们谨记：人民，只有人民，才是创造历史的动力。2004 年是非常关键的一年。中共故城县委十届二次全会对我县全面建设小康社会做出了战略部署，并从我县实际出发，围绕加快发展这一大主题，做出了“以工强县、特色富民、产业兴城”的战略决策，确定了加力提速，实现跨越式发展，再创故城辉煌的战略目标。所有这些，都为政协工作指明了方向，提出了新的任务和要求。因此，开好这次政协会议，对于我们广泛、深入的了解民情、体察民意、集中民智，科学、民主的进行决策和组织实施；对于调动一切积极因素，团结和动员全县各界群众和各方面力量，积极投身于实现我县国民经济跨越式发展的战略目标，意义非常重大。希望广大政协委员，一定要珍惜党和人民赋予的神圣权利，以对党和人民高度负责的态度，坦诚相见、畅所欲言，紧紧围绕全县改革、发展、稳定的大局献计献策，切实发挥人民政协政治协商、民主监督、参政议政的职能。努力把这次会议开成一个统一思想、凝聚人心、求真务实、鼓舞奋进的大会。

下面，我代表中共故城县委讲几点意见：

一、要紧紧围绕我县经济建设这个中心，进一步增强服务大局意识

县委十届二次全会把“一年打基础，三年迈大步，五年实现跨越，再创故城辉煌”的战略构想，又细化为“一年起步、二年提速、三年进档、四年冲刺、五年跨越”。可见，加快经济建设实现跨越式发展对我县是多么的迫切。由此看，加快发展是我县当前和今后相当一个时期的紧迫任务和工作中心，希望政协组织和广大政协委员要紧紧围绕这个中心，牢固树立以经济建设为中心的指导思想，紧紧围绕县委、县政府实施的以工强县、特色富民、产业兴城三大战略积极开展工作。政协组织和广大政协委员都要坚持从大处着眼，抓住经济社会发展中带有全局性、战略性和长远性的重大问题，深入开展调研、视察活动，发现问题，理清思路，规划措施，向县委、县政府建言献策。要从小处入手，立足本职，面向社会，围绕县委、县政府一个时期的工作重点，多层次、多渠道地开展咨询服务、智力开发、传递信息、牵线搭桥、扶贫济困等活动。要把议大事、谋大事与办实事结合起来，既要把握大局，登高望远，又要脚踏实地，扎扎实实，不断在实践中有所创新，有所突破，有所前进。

二、政协组织和政协委员要积极履行职能，努力促进我县物质文明、政治文明和精神文明建设的协调发展

一是要认真开展协商讨论，多方建言献策。人民政协群贤荟萃、人才济济，是一个多学科、高水平、综合性的人才库和智囊团，蕴藏着巨大的智力潜能。政协组织要充分发挥这一优势，在县委的领导下，紧紧围绕我县经济和社会发展的重大问题开展协商讨论，建言献策。要善于抓住要害，抓住关键，找出解决问题的新方法、新措施、新途径，为县委、县政府科学决策提供更多、水平更高的提案。要通过多种形式，把蕴藏在委员中的智力和潜能充分发挥出来，把委员们的积极性、创造性最大限度地调动起来，形成齐心协力、共谋发展、争作贡献的良好氛围。二是要搞好民主监督，积极参政议政。人民政协的民主监督是我国整个监督机制的重要组成部分。政协组织要在实践中不断完善民主监督制度，进一步强化政协委员的权利意识和民主意识，增强委员行使监督权利的信心和勇气，使委员既要勇于批评，又要善于提出解决问题、改进工作的意见和建议。要从有利于改革、发展、稳定着眼，选择县委政府关注、人民群众反映强烈的问题，积极开展协商讨论，提出意见、建议，实行民主监督。要善于运用提案、视察、调研、专项检查、反映社情民意等形式，集民智、表民意、献良策，充分发挥民主监督作用，推进社会主义民主政治建设。三是要广泛加强联系，扩大对外交往。政协组织和政协委员要充分发挥联系各界的优势，多形式、多渠道、多层次地加强同港澳台同胞、海外侨胞和外商的联系，多交朋友、广交朋友，牵线搭桥，搞好内引外联，积极推进我县经济、科技、文化的对外交流与合作。同时要以此为基础，积极引进人才、资金、技术等，为加快我县对外开放服务，为经济建设服

务。四是政协委员要充分发挥作用。首先要立足本职工作发挥作用。政协委员有不同的工作岗位，发挥作用最现实的途径，就是做好本职工作，在自己的工作领域发挥模范带头作用；就是要围绕本职工作多动脑筋，多开展调研、多体察民情，不断把自己思考的问题提炼升华，形成成熟的意见建议向县委、县政府反映。其次是围绕中心发挥作用。发展是执政兴国的第一要务，也是政协组织参政议政的第一要务。加快发展是我县的鲜明主题，更是我们执政兴县的第一要务。广大政协委员不论在什么工作岗位，都要坚持以经济建设为中心，关心大局、围绕大局、服务大局。第三是采取多种形式发挥作用。政协委员发挥作用的方式很多，其中最基本的方式主要有提案、社情民意、视察和围绕中心工作开展调研、研讨、座谈。这些方式有着不同的特点，发挥着不同的作用。政协委员要学会使用多种方式发挥作用，主动地履行好职能。总之，政协组织和政协委员要积极履行好多种职能，努力为促进我县物质文明、政治文明和精神文明的健康协调发展做出应有的贡献。

三、进一步加强和改善党对政协工作的领导，努力开创政协工作的新局面

加强和改进党的领导，是做好新时期政协工作的根本保证。江泽民同志指出："经济建设越发展，越需要加强统一战线和人民政协的工作。"各级党委要充分认识新形势下做好政协工作的重要意义，积极主动地加强和改进对政协工作的领导。支持政协组织和政协委员大胆地开展工作。要按照"总揽全局、协调各方"的原则，进一步规范与政协组织的关系，逐步建立和完善党委领导、支持政协工作的有效机制。要继续坚持"党委重视，政府支持，政协主动，各方配合"的政协工作格局，切实把政协工作作为全局工作的重要组成部分，列入重要议事日程，统筹考虑和部署。要积极支持政协围绕团结和民主两大主题履行职能，保证人民政协发挥好政治协商、民主监督、参政议政的作用。要进一步推进政协履行职能的规范化、制度化和程序化建设，切实将政治协商纳入决策程序，自觉接受政协的民主监督，积极支持政协参政议政。对政协组织和委员提出的意见、提案和建议案，要认真负责地办理。组织部门、党校要把统战政协理论列入干部培训计划；新闻宣传部门要切实加强和改进政协理论和政协工作的宣传，提高宣传实效，努力在全社会形成了解、关心和支持政协工作的良好环境。要大力支持政协组织搞好自身建设，切实加强政协组织的干部队伍建设，积极帮助政协解决实际问题，多办实事，为政协更好地开展工作创造良好条件。政协党组要充分发挥在政协中的核心领导作用，自觉贯彻党的路线方针政策和党委的工作意图，主动为党委当好参谋。政协组织中的共产党员要发扬共产党员的先锋模范作用，努力做合作共事的模范，廉洁奉公的模范，发扬民主的模范，带头加强学习，提高素质，扎实工作，努力做一名新时期合格的统战政协干部。

各位委员、同志们，2004 年是故城发展的提速之年，做好 2004 年的工作，意义重大，影响深远。政协组织和广大政协委员要始终坚持以"三个代表"重要思想为指导，牢牢把握发展这个第一要务，以加快发展的责任感和时不待我的紧迫感，同心同德，开拓进取，求真务实，为促进故城经济的发展和社会的全面进步而献计出力！

坚持以“三个代表”为指导树立和落实科学发展观 积极开创全县政协工作新局面

在政协故城县第七届委员会第三次全体会议上的讲话

(2005 年 2 月 26 日)

中共故城县委副书记　宋英璞

各位委员、同志们:

政协故城县第七届委员会第三次会议今天隆重开幕了，这是我县政治生活中的一件大事。在我们刚刚步入 2005 年之际，来自全县各条战线、各个界别的 200 多名政协委员济济一堂，共商改革大计，共谋发展宏图，这对于全县上下统一思想，形成共识，团结和凝聚各方面力量，加速推动全县经济和社会事业全面发展，具有十分重要的意义。在此，我代表中共故城县委，对大会的召开表示热烈的祝贺！向各位委员和应邀出席这次大会的同志们致以亲切的问候和良好祝愿！

过去的一年，全县人民在中共故城县委的领导下，坚持以“三个代表”重要思想为指导，认真学习贯彻中共十六大和十六届三中、四中全会精神，牢固树立和认真落实科学发展观，高扬“树正气、讲团结、求发展”的主旋律，紧紧围绕“以工强县、特色富民、产业兴城”三大战略，抓住关键，强力攻坚，以积极有为的态度落实宏观调控政策，使全县经济保持良好的发展态势，在加快经济发展、壮大特色产业、加快城镇化建设上取得了新突破，主要经济指标都达到了近年来的最好水平。全县生产总值实现 38.7 亿元，财政收入完成 1.17 亿元，分别增长 14.5% 和 13.8%。与此同时，县委十分注重统筹经济社会的协调发展，党的建设、民主法制建设和精神文明建设进一步加强，各项社会事业取得了新的进展。全县呈现出经济发展、政治安定、社会和谐、人民安居乐业、处处生机勃勃的大好局面。这样的大好局面，是全县广大干部群众团结奋斗的结果，也凝聚着来自政协组织、全体政协委员及社会各界人士的智慧和汗水。

一年来，县政协紧紧围绕全县工作中心和大局，创造性地开展工作，在推进全县“三个文明”建设中发挥了重要作用。一是牢牢抓住经济社会发展中的一些带有全局性、战略性的重大问题，充分发挥政治协商、民主监督职能，积极参政议政，提出了大量具有参考价值和可操作性的提案，在参与中发挥了协商和监督的作用。二是充分发挥政协“人才荟萃、智力密集”的优势，通过多种渠道，积极参与“三农”、民营经济、公路建设、县城建设、文化教育等全县重要工作的开展，为我县发展做出了积极的努力。三是密切联系群众，维护了社会大局的稳定。针对新形势下出现的新情况、新问题，运用多种方法，及时了解反映社情民意，积极协助党委、政府做好化解矛盾、凝聚人心的工作，为巩固和发展安定团结的政治局面发挥了独特优势。总之，人民政协工作路子越来越宽广，作用是人所共知的、成效是有目共睹的，受到了全县上下的广泛赞誉，赢得了社会各界的一致信赖和拥护。借此机会，我代表中共故城县委，向县政协和政协委员，向各民主党派、工商联、人民团体和各族各界人士表示衷心的感谢和崇高的敬意！

今年是贯彻落实科学发展观、巩固宏观调控成果、保持经济社会更快、更好发展的关键一年，是我县实现“五年跨越”目标的晋档之年，也是全面实现“十五”计划目标、衔接

“十一五”发展的重要一年。在新的一年里，我们要从故城的实际出发，认真贯彻中共十六大、十六届四中全会精神，贯彻中央、省、市经济工作会议精神和一系列重大决策部署，牢固树立和落实科学发展观，抓住机遇，加快发展，围绕故城更快更好地全面建设小康社会这一目标，进一步在全县上下形成聚精会神搞建设，一心一意谋发展的强大合力。实现这一目标，特别需要全县上下、党内党外及社会各界增强信心，精诚团结，开拓创新，埋头实干。新的形势、新的任务，对人民政协工作提出了新的更高的要求，也为政协组织和政协委员施展才干提供了广阔的舞台，县委对政协工作寄予了厚望。借此机会，我代表中共故城县委提几点希望和要求：

一、充分认识新形势下政协工作的重要性，切实增强做好工作的责任感、使命感

当前，我县已进入加快发展、全面建设小康社会的关键时期，面临的大事多、新事多、难事多，做好政协工作，最大限度地发挥政协的作用，对于维护全县团结稳定的大局、顺利实现故城宏伟发展蓝图非常重要。

第一，做好政协工作，是进一步加强团结、凝心聚力的必然要求。一个地方要想健康快速发展，固然需要多种条件，但加强团结、凝人心、聚人气至关重要。团结是我们战胜艰难险阻、经受风浪考验的坚实基础。人民政协作为最广泛的爱国统一战线组织，对于整合各种各样的社会政治资源，调动方方面面的积极因素具有独特的优势。加强团结、凝聚力量是人民政协的重要职责。这个职责发挥好了，就能够最大限度地把各条战线、各个方面的智慧和力量引导到聚精会神搞建设、一心一意谋发展，全面建设小康社会的宏伟事业上来，在全县形成千军万马共促发展的生动局面。

第二，做好政协工作，是推进党政决策民主化、科学化的重要保证。政治协商、民主监督和参政议政是人民政协的主要职能。实践证明，把共产党领导的多党合作和政治协商制度坚持好、完善好，有利于广开言路、集思广益，使各项决策更加民主、更加科学；有利于发现问题、纠正错误，及时有效地改进工作；有利于求得共识、协调步伐，推动各项事业的健康发展。面对新情况、新问题、新矛盾大量涌现的新形势，迫切需要各级政协切实发挥自身职能，不断拓宽参政议政的渠道，丰富参政议政的内容，努力提高建言献策的水平，在建立民主化、科学化的党政决策机制中发挥应有的作用。

第三，做好政协工作，是维护和促进社会稳定和谐的有效手段。人民政协是沟通上下、反映社情民意的重要渠道，在促进团结、维护稳定中发挥着桥梁和纽带作用。面对县委和群众的双重期盼，迫切需要政协和政协委员牢记职责，始终把了解和反映社情民意作为一项重要的经常性的工作，多倾听群众呼声，体察群众情绪，反映群众愿望，维护群众利益，多做增进了解、加深理解、消除误解、达到谅解的工作，积极为构建社会主义和谐社会做出更大的贡献。

总之，政协组织和政协委员一定要从维护全县安定团结的大局出发，来充分认识新形势下政协工作的重要性，进一步增强做好工作的责任感、使命感，正确行使职能，切实发挥作用，以对县委、对人民高度负责的责任心和为故城更好更快发展建功立业的进取心，勇于拼搏，敢于争先，不断开创政协工作的新局面。

二、紧紧围绕全县工作中心和大局，牢固树立和落实科学发展观，全面履行政协各项职能

围绕中心，服务大局，是人民政协发挥职能的基本要求。新一届党中央站在提高党的执政能力的政治高度、统筹经济社会协调发展的全局高度、促进中国特色社会主义事业长远发展的战略高度提出了牢固树立和落实科学发展观，这是中国共产党对长期发展实践经验的总结和理论升华，是全面建设小康社会和推进现

代化建设始终要坚持的重要指导思想，是指导我们抓住机遇、加快发展的世界观和方法论，当然也是政协工作的重要指导思想。做好新时期政协工作，最重要的就是要以“三个代表”重要思想为指导，以科学发展观统领政协工作全局，并切实贯穿到政协履行职能的各个方面。

一是坚持以经济建设为中心，激发一切积极因素。经济工作是一切工作的中心，也是人民政协参政议政的中心议题。政协组织和广大政协委员要坚持把促进发展作为政协履行职能的第一要务，以促进经济快速、健康、持续发展为己任，认真贯彻落实县委、县政府关于加快发展的一系列决策部署，充分发挥政协委员代表广泛、位置超脱、人才密集、渠道畅通的独特优势，加大履行职能的力度。一方面要紧紧抓住推进工业化、发展县域经济、壮大特色产业、制订“十一五”计划等关系我县经济社会发展全局的重大问题，选准角度，深入实际，认真调查研究，搞好科学论证，提出真知灼见，积极向党委政府提出具有决策参考价值的意见建议，协助党委、政府解决好经济发展中的突出困难和问题。另一方面要充分发挥人民政协“人才库”“智囊团”作用，加强对外交流与合作，努力在引进技术、引进资金、引进项目、引进人才、引进信息等方面下功夫，求突破。同时，要在政协委员中进一步开展建功立业活动，鼓励和支持政协委员在各自的工作岗位上发挥聪明才智，为我县改革开放和经济建设再立新功。

二是坚持以统筹经济社会协调发展为方向，整合一切积极因素。科学发展观的实质是要实现经济社会更快更好的发展，经济发展和社会进步二者协调发展至关重要。随着经济发展和人民群众的物质生活水平日益提高，对精神文化、健康安全等方面的需求日益增长，更加要求经济与社会共同发展。广大政协委员，较多分布于社会事业的各个方面，是促进各项社会事业发展的重要力量。政协组织要把促进经济社会协调发展作为履行职能的一项重要工作，整合好人才资源，紧紧围绕促进社会进步、加强社会管理等问题，选准角度，深入调研，积极建言献策。科技、教育、文化艺术、卫生和新闻宣传等界别的委员，要更好地履行职责和义务，多形式、多渠道、多层次地推进社会主义文化建设的发展。要带头传播社会主义先进文化，带头加强社会主义思想道德教育，带头参与和推动群众性精神文明创建活动，大力弘扬以爱国主义为核心的民族精神和以改革创新为核心的时代精神，弘扬集体主义、社会主义思想，使人民群众始终保持昂扬向上的精神状态；要发扬中华民族的传统美德，在全社会大力倡导爱国守法、明礼诚信、团结友善、勤俭自强、敬业奉献的基本道德规范，让社会主义的新思想、新道德、新风尚占领思想文化阵地。要充分发挥文史资料存史、资政、团结、育人的作用，进一步做好文史资料的征集、整理和出版工作，努力为社会提供健康有益的精神文化产品。

三是坚持以建设和谐社会为目标，凝聚一切积极因素。和谐社会顺乎时代潮流，合乎党心民意。建设一个文明法治、稳定和谐、团结友爱、谅解宽容的人文社会环境是我们当前面临的一个重大课题。对此，人民政协要充分发挥统战功能，最广泛最充分地调动一切积极因素，不断巩固社会主义劳动者之间的团结，切实做好包括新的社会阶层在内的全体社会主义建设者的工作。要引导各党派团体和社会各界人士正确认识和处理好个人利益和集体利益、局部利益和整体利益、当前利益和长远利益的关系，增强主人翁意识和社会责任感。要坚持以人为本，切实把维护人民群众的根本利益作为政协一切工作的出发点和落脚点，及时了解社会生活中的重要情况和群众关注的热点问题，如实反映人民群众的意见和要求，针对改革发展中出现的新问题、新情况，主动开展解疑释惑、宣传引导工作，积极协助党委政府做好协调关系、化解矛盾、理顺情绪的工作，努力维护民主团结、生动活泼、安定和谐的政治局面。

三、全面推进政协自身建设，不断提高政治协商、民主监督和参政议政的能力和水平

在新形势、新任务、新目标面前，政协工作肩负着重大的历史使命，涉及社会深层次的新矛盾、新问题将不断出现，这也给政协工作带来了新的任务和新的挑战，政协组织必须努力适应形势发展的需要，不断加强自身建设，努力提高工作水平。

一是要把思想理论建设放在首要位置，坚持不懈地用邓小平理论和“三个代表”重要思想武装头脑、指导实践、推动工作。要进一步加强对“三个代表”重要思想的学习，深刻领会“三个代表”重要思想的科学内涵，全面把握精神实质，把“三个代表”重要思想贯穿于履行职能的全过程，落实到政协的各项工作中，努力把党的主张转化为政治协商、民主监督和参政议政的共识，转化为全体政协委员及所联系各界群众的共同意志和自觉行动。当前要深入学习和把握十六大以来中央提出的关于人民政协工作发展的重要论述，不断深化对人民政协在我国政治生活中的地位和作用的认识，更好地把握政协工作的特点和规律。要加强对政协委员和各民主党派的思想教育，深入开展党的基本路线、爱国主义和社会主义教育、国情教育，使政协委员始终同中共中央保持高度一致，使政协工作更好地服从和服务于经济建设。

二是要大兴求真务实之风，狠抓各项工作的落实。新时期的政协工作，不仅要有所作为，而且大有可为，关键是要转变观念、转变作风，做到趋实不避“虚”，“虚”功做得实，实事见实效。做好政协工作，也要不断加强和改进作风建设，进一步加大抓落实的力度，把精力和心思放在狠抓落实上。一要求实情。要注重搞好调查研究，多下力气，多吃苦头，通过各种渠道，对社情、县情、民情有一个全面、客观、真实的把握，了解真情况，求得真规律。要把触角延伸到基层和群众中，使群众呼声与党委政府的工作实现对接，确保政协工作落到基层，做到实处。二要务实事。政协工作决不仅是提提建议、出出主意，每个建议、每个提案往往来自基层，反映的是干部群众的呼声，对于做好党和政府工作都是实实在在的事情，因此，要始终以干实事的态度和求真务实的作风来对待政协工作，脚踏实地，真抓实干，多做实在之事，不做虚功，不兴伪事，一步一个脚印地办好每件实事，把各项工作落到实处。三要出实招。在了解实情、把握规律的基础上，要紧紧抓住一些关乎全县改革发展稳定全局、县委工作大局、关乎群众切身利益的重点问题，提出有见解、有分析、有可操作性的意见和建议，以利于改进和推动各项工作的开展。四要重实效。要注重制度创新，努力建立健全科学高效的内部工作机制，使政协工作更加规范化、制度化。对各项工作要抓紧、抓实、抓具体，实行分工负责制，确保事事有人抓、件件有着落。

三是要加强委员队伍建设，通过建立激励机制，充分调动委员参政议政的积极性。要进一步研究新形势下组织委员开展活动的途径和方法，为广大委员经常性地履行职责创造条件，切实有效地发挥委员的主体作用。要按照县委的统一部署，在政协机关认真开展保持共产党员先进性教育活动，切实解决机关干部在思想、作风等方面存在的问题，进一步加强政协机关干部的政治理论和业务知识学习，努力造就一支政治坚定、作风优良、学识丰富、业务熟练的高素质的政协机关工作队伍。

四、切实加强和改进党对人民政协的领导

重视和加强新时期的人民政协工作，是提高党的执政能力的重要内容，也是一级党委的民主作风和总揽全局能力的重要体现。重视和加强并做好政协工作，对我们的工作只有益处、没有害处。各级党组织都要从建设社会主义民主政治的战略高度，从维护改革、发展、稳定的大局出发，充分认识人民政协的重要地位和政协委员的作用，积极加强和改善对政协工作的领导。一是要上日程、勤沟通。要切实把政

协工作纳入党委的重要议事日程，虚心接受政协的民主监督，不断改进自身工作。二是要多帮助、真支持。要支持人民政协围绕团结和民主两大主题履行好政治协商、民主监督、参政议政的职能，支持政协组织加强对委员队伍的管理，积极推进政协履行职能的制度化、规范化、程序化。有关部门对政协组织和政协委员提出的提案、意见和建议，要积极主动地予以办理，及时准确地作出答复，认真负责地抓好落实，努力采纳他们的调研成果，尊重他们的劳动创造。要及时帮助解决政协工作中遇到的实际困难和问题，对政协机关干部的培养、选拔和任用，要做到同党委、政府部门的干部一视同仁，努力为政协和各民主党派、工商联创造良好的工作环境。三是要善指导、尽职能。在积极加强对政协工作领导的同时，要善于发挥政协党组的重要职能和作用。政协的中共党组是党在人民政协的派出机构，对于实现党对政协工作的领导肩负着重大责任，必须坚定不移地把党委的路线、方针、政策和重要工作部署贯彻到人民政协的全部工作中去，使党的主张成为各民主党派、人民团体和社会各界人士的共识。政协委员中的中共党员，要增强政治责任感，不断提高自身修养和能力，努力成为合作共事的模范、发扬民主的模范和廉洁奉公的模范。

各位委员、朋友们，同志们！新的一年已经到来，故城也迎来了一个加快发展的大好时机。新的一年，新的起点，新的目标，新的征程，面对光荣而艰巨的任务，我们比以往任何时候都更加需要调动全县人民的积极性、主动性和创造性，更加需要全县各民主党派、各人民团体和社会各界人士共同努力、携手前行。县委热切希望县政协和广大政协委员，进一步增强使命感和责任感，牢牢把握团结和民主两大主题，再接再厉，扎实工作，要在故城的“三个文明”建设中大有作为、有大作为。让我们高举邓小平理论和“三个代表”重要思想伟大旗帜，解放思想、与时俱进、万众一心、共创伟业，为实现故城全面建设小康社会的宏伟目标做出更大更多的贡献！

凝神聚力　同心同德　为实现我县经济社会更快更好发展而共同奋斗

在政协故城县第七届委员会第五次全体会议上的讲话

（2006 年 4 月 8 日）

中共故城县委常委、组织部部长　赵洪毅

各位委员、同志们：

政协故城县第七届委员会第五次会议今天隆重开幕了，这是全县人民政治生活中的一件大事。来自全县各条战线的 200 多名政协委员聚集一堂，共商改革发展大计，共谋富民强县良策，这对于我县制订和完善“十一五”规划，进一步凝聚人心、凝聚智慧、凝聚力量，推动故城跨越发展、科学发展、和谐发展，必将起到积极的推动作用。在此，我代表中共故城县委，向大会的胜利召开表示热烈的祝贺！向与会的全体委员和应邀出席这次大会的同志们致以亲切的问候和良好的祝愿！

2005 年，是我县在“03 起步”“04 提速”的良好工作基础之上，全县各项事业继续沿着积极、健康、向上的轨道深入推进的一年。一年来，在县委、县政府的领导下，我们认真贯彻落实科学发展观，坚持高扬“树、讲、求”主旋律不动摇，坚持深入实施“以工强县、特色富民、产业兴城”三大战略不动摇，坚持协调推进三个文明建设的基本工作思路不动摇，努力推进各项工作上台阶，重点工作求突破，进一步巩固和发展了全县经济提升、事业进步、社会和谐、风正心齐的良好局面。县域综合实力在全市的排位从上年的第9位升到第5位。全年实现财政收入1.4亿元，同比增长41%，增幅在全市排名第三；其中，国地两税收入1.1亿元，占全部财政收入的80%，收入结构更趋合理，收入质量明显提高。全年完成全社会固定资产投资21.7亿元，增长45%。其他各项经济指标在全市的位次也均有不同程度的提升，圆满实现了年初确定的“主要经济和社会发展指标超过全市平均水平”的“晋档”目标。在今年的“以工强市”大会上，我县获得全市“财政增收一等奖”和“重大项目及前期工作奖”，并做了典型发言。这些成绩的取得是全县广大干部群众团结拼搏、共同奋斗的结果，也是政协组织和广大政协委员出计献策、辛勤工作的结果。

在过去的一年里，县政协团结带领广大政协委员，紧密联系社会各界人士和政协各参加单位，牢牢把握团结、民主两大主题，围绕中心，服务大局，认真履行政治协商、民主监督、参政议政职能，围绕全县经济社会发展中的重大问题建言献策、协商讨论，提出了很多好的意见和建议。进一步促进了党委、政府决策的科学化、民主化；采取灵活多样的形式，反映民意、集中民智，推动了一些社会热点难点问题的解决，进一步促进了党群、政群关系的密切和改善；广泛联系社会各界人士，主动做好协调关系、化解矛盾、凝聚人心的工作，有力地促进了和谐故城建设；政协党组织深入扎实地开展保持共产党员先进行教育活动，组织开展“文明型”政协机关、“和谐型”政协组织创建活动，全面加强自身建设，履行政协职能的水平有了进一步提高。对此，县委是满意的，社会各界给予了较高评价。在此，我代表县委向全体政协委员、政协各参加单位表示衷心的感谢并致以崇高的敬意！

今年是故城发展朝着五年跨越目标奋力“冲刺”的关键一年，也是“十一五”的开局之年。推进故城更快更好发展，圆满完成“冲刺”的目标任务，需要各级各部门共同努力，需要全县人民积极参与，也需要县政协组织、政协各参加单位同心同德、团结奋斗。为此，我代表县委就今年政协工作提几点希望：

一、充分认识政协事业的重要性，进一步增强做好政协工作的责任感和使命感

人民政协是中国共产党把马克思列宁主义统一战线理论、政党理论和民主政治理论同中国具体实践相结合的伟大创造，是中国共产党同各民主党派、人民团体和各族各界人士风雨同舟、团结奋斗的伟大成果。人民政协作为我国最广泛的爱国统一战线组织，在我国不同的历史发展阶段，都肩负着光荣的使命，承担着重要的责任。新年伊始，中共中央政治局召开会议专门研究加强人民政协工作，下发了《关于加强人民政协工作的意见》，充分说明了党中央对人民政协事业的高度重视。当前，新形势新阶段新任务，对我们发展政协事业、做好政协工作提出了新要求。我们必须结合新形势不断深化和提高对人民政协的认识。要充分看到，全面落实科学发展观，顺利实现“冲刺”“跨越”，再创故城辉煌的一系列战略目标，强力推进“十一五”规划的实施，需要人民政协做好大团结、大联合工作，最大限度地把各条战线、各个方面的智慧集中起来，力量凝聚起来，在全县形成千军万马共促发展的生动局面；在对外开放不断深化的形势下，发展社会主义政治制度，需要人民政协切实有效地发挥作用；构建和谐故城，需要人民政协高扬团结和民主两大主题，充分发挥增进共识、协调关系、化解矛盾的功能。因此，各级党委政府和政协组织都要从政治的全局的高度，不断深化对新时期新阶段人民政协重要地位和作用的认识，高度重视、进一步加强政协工作，努力使我县政协工作在新的历史时期发挥更大的作用。

二、围绕中心、服务大局，努力做好新形势下的政协工作

围绕中心，服务大局，是人民政协履行职能必须遵循的重要原则，是做好政协工作的根本要求。努力创建“活力故城”“实力故城”“和谐故城”，推进故城更快更好的发展，再创故城辉煌，是当前和今后一个时期我县工作的中心所在、大局所在，也是人民政协履行职能的出发点和着力点。政协组织和全体委员要牢固树立中心意识、大局意识，认真履行职能，创造性地做好政协各项工作。

一是在参政议政、建言献策上要有新作为。人民政协“揽八方俊杰，集各界精英”，素有“人才库”和“智囊团”之称。希望政协组织紧密配合县委、县政府的工作部署，充分发挥优势，积极以智力参政，努力为党委和政府科学民主决策提供依据。要紧紧抓住带有关键性、全局性、战略性、前瞻性的重大课题，比如，如何从故城实际出发，更好地贯彻和落实科学发展观、加快社会主义新农村建设步伐、建设创新型和节约型社会等等，进行深入调查研究，大胆提出新思路、新建议。要善于抓住经济社会发展中的难点问题建言献策，认真研究当前影响加快发展的制约因素，重点围绕推进改革、转变经济增长方式、优化经济发展环境等课题进行深入研究，提高参政议政实效。要切实抓住城乡就业、社会保障、扶贫解困等热点问题，客观真实地分析和反映各种信息，提出解决问题的意见和建议，努力维护好、实现好、发展好人民群众的根本利益。总之，凡是有利于故城更快更好发展、提高人民生活水平的工作，都希望大家积极关注，尤其要善于在抓大问题、出大思路上献良策、建真言，以创造性的工作，促进全县重大决策的实施和各项工作的落实。

二是在推进民主政治建设上要有新进展。建设社会主义民主政治，是落实科学发展观的一个重要方面，也是实施“十一五”规划、再创故城辉煌的政治保障。人民政协作为发扬社会主义民主的重要组织形式，要适应形势发展的需要，在推进我县社会主义民主政治进程中，不断有新探索、新举措、新作为。要深入贯彻《中共中央关于进一步加强中国共产党领导的多党合作和政治协商制度建设的意见》（以下简称《意见》）和全国政协关于学习贯彻这一《意见》的决定，深入扎实地履行各项职能，进一步增强政治协商的计划性、民主监督的实效性和参政议政的经常性。按照新修订的政协章程，认真研究解决履行职能中存在的问题，不断完善和创新履行职能的形式、方法和途径，拓宽民主渠道，进一步推进履行职能的制度化、规范化、程序化。要通过履行政协职能，积极协助县委做好健全民主制度、丰富民主形式、完善民主决策等工作，使人民群众享有更加广泛的民主权利，更加有序地参与政治生活，努力把我县社会主义民主政治建设不断推向深入。

三是在构建和谐故城上要做出新贡献。人民政协由各党派团体和各族各界人士组成，团结面广，联系面大，在构建和谐故城中具有特殊重要的作用。政协组织既要抓住影响社会和谐的一些重要问题开展调研，向党委、政府提出意见和建议，又要从政协自身实际特点出发，积极做好推进社会和谐的一些实际工作。要在团结各界中促进和谐。充分发挥人民政协联系面广、具有广泛代表性和包容性的优势，团结各方力量，更好地促进不同党派、不同信仰、不同民族、不同界别之间的合作共事和良性互动。同时，要做好海内外联谊工作，广交朋友，增进友谊，积极牵线搭桥，通过多种形式和活动，宣传我县投资环境，扩大招商引资和对外开放成果，提高故城对外知名度和影响力。要在密切联系群众中促进和谐。政协组织要牢固树立群众观点，切实站在群众的立场上想问题、办事情，真正使政协工作顺应民心，符合民意，贴近民生。要坚持深入群众，深入实际，充分了解群众疾苦，倾听群众呼声，反映群众意愿，协助党委、政府做好群众工作，为进一步密切党群、干群关系做出积极努力。要在维护稳定中促进和谐。人民政协知情渠道多、联系广泛，在协调社会矛盾、维护社会稳定方面具有特殊

的作用。要注意听取和反映不同方面的意见，积极协助党委、政府做好统一思想、理顺情绪、协调关系、化解矛盾的工作，努力维护民主团结、生动活泼、安定和谐的政治局面，为故城更快更好发展营造良好的社会环境。

三、加强领导，提高素质，为人民政协履行职能提供有力保证

政协工作是党的全局工作的重要组成部分。加强和改善党对人民政协工作的领导，既是做好政协工作的政治保证，也是提高党的执政能力、执政水平的重要方面。各级党委要认真学习胡锦涛同志在庆祝中国人民政治协商会议成立55周年大会上的重要讲话精神，深入贯彻《中共中央关于进一步加强中国共产党领导的多党合作和政治协商制度建设的意见》《中共中央关于加强人民政协工作的意见》和省委、市委政协工作会议的精神，进一步加强和改进党对政协工作的领导，切实把政协工作作为党委全局工作中的重要内容，作为执政能力建设的重要方面列入议事日程，全盘考虑、统筹兼顾。要主动给政协出题目、交任务，定期听取汇报，加强对政协工作的研究和指导，使政协工作与党委、政府的工作相互衔接，形成合力。要建立健全支持政协履行职能的规章制度，大力推进政协工作的制度化、规范化和程序化，确保政协政治协商、民主监督、参政议政的有效落实。党委、政府要及时向政协通报情况，帮助委员了解新形势、掌握政策、开阔视野，为委员知情议政、参政议政创造条件。要大力支持政协委员提出提案和开展考察视察、专题调研等活动，注意解决一些具体困难和实际问题。要重视和加强政协机关干部队伍建设，关心政协机关干部的成长和进步，做好政协机关干部的选拔、培养、交流和使用工作。要不断加强对政协工作的宣传报道，大力宣传政协工作的好经验、好做法及参政议政重要成果，为政协工作创造良好的舆论环境，努力在全社会进一步形成重视、支持政协工作的良好氛围。

政协要切实搞好自身建设，提高素质，打造一支过硬队伍。政协工作能否在新形势下卓有成效地开展，关键取决于政协委员和政协机关干部队伍的素质。政协组织要严格要求、严格教育、严格管理、严格监督，切实加强自身建设，不断提高履行职能的能力和水平。要深入推进“学习型”政协机关、“和谐型”政协组织创建活动的开展，不断总结经验、完善提高、取得实效。要适应政协工作的新形势、新任务、新要求，进一步建立健全各种议事规则和工作程序，使政协在履行职能中真正体现时代性、把握规律性、富于创造性。要切实转变工作作风，大兴求真务实之风，大力倡导重实绩、鼓实劲、求实效，不图虚名、不务虚功、不搞形式主义、不做表面文章的“三实四不”作风，抓住影响全县经济社会发展的重大问题和关键问题建言献策，切实使履行职能的各项工作取得实实在在的效果。要坚持高扬“树正气、讲团结、求发展”的主旋律，下大力抓好机关干部的思想政治建设，努力造就一支政治素质高、业务素质好、工作作风硬、统战观念强的政协干部队伍，为更好地做好政协工作提供有力保证。

各位委员、同志们，故城今天的喜人局面，得益于全县上下的精诚团结、艰苦实干。故城明天的辉煌，需要我们倍加精诚团结，倍加艰苦实干。今天我们评价历史，将来历史也会评判我们。我们唯有始终带着深厚的感情，神圣的责任和不懈的追求，鞠躬尽瘁、尽心竭力地为故城发展办更多的实事、为故城人民办成更多的好事，才能不愧人民，不愧职责，不愧由我们执笔的这段历史。让我们更加紧密地团结起来，高举邓小平理论和“三个代表”重要思想伟大旗帜，全面落实党的十六届五中全会和县委十届四次会议精神，开拓创新，真抓实干，努力谱写人民政协工作新篇章，为创造故城更加光辉灿烂的未来而努力奋斗！

第七节　县委领导在政协故城县第八届委员会开幕会上的讲话

在政协故城县第八届委员会第一次全体会议上的讲话

（2007年5月30日）

中共故城县委副书记　李增军

各位委员、各位同志：

政协故城县第八届委员会第一次会议今天隆重开幕了。这次会议是在全县上下深入学习贯彻中共十六届六中全会精神，全面实施“十一五”规划的重要时刻召开的，这是一次群策群力、共谋发展的盛会，是一次承前启后、继往开来的盛会。我代表中共故城县委，对大会的召开表示热烈祝贺！这次大会将回顾总结七届县政协四年来的工作，谋划今后五年的政协工作，选举产生新一届县政协领导班子；各位政协委员还将列席十四届人大一次会议，围绕故城县未来发展大计参政议政、建言献策。开好这次会议，对于团结和凝聚全县各方面力量，调动一切积极因素，抓住机遇，加快发展，围绕三大主体战略，实现五年发展目标，必将产生重大而深远的影响。我相信，通过各位委员和同志们的共同努力，这次大会一定能够开成民主求实的大会、团结奋进的大会、鼓舞士气的大会！

过去的四年，是故城跨越发展，全面推进现代化建设的重要时期，全县人民在县委、县政府的领导下，坚持以邓小平理论和“三个代表”重要思想为指导，坚持以科学发展观统领经济社会发展全局，认真贯彻党的路线、方针、政策，解放思想，抢抓机遇，开拓进取，扎实工作，国民经济持续快速健康发展，人民群众生活水平显著提高，改革开放迈出新步伐，社会主义精神文明建设，民主法制建设和社会各项事业全面发展。全县综合实力迈上了一个新台阶——2006年，地区生产总值达到47.6亿元，四年平均增长11.4%，全社会固定资产投资完成22.1亿元，年均增长23.1%。剔除农业税免征和皮毛行业出口退税应调未调等因素，财政入库1.34亿元，比2002年翻一番。奋斗伴随艰辛，成就来之不易！这些成就的取得，是全县上下团结奋斗，努力拼搏的结果，同时也凝聚着全体政协委员和社会各界人士的智慧、心血和汗水。四年来，七届县政协坚持以邓小平理论和“三个代表”重要思想为指导，高举爱国主义和社会主义两面旗帜，牢牢把握团结和民主两大主题，围绕经济建设这个中心，服务改革发展稳定的大局，团结和依靠全体委员、工商联、人民团体、无党派人士以及各族各界人士，切实有效地履行政治协商、民主监督、参政议政职能，创造性地开展工作，为进一步坚持和完善共产党领导的统一战线，推动我县改革开放和现代化建设，发挥了重要作用。成绩的取得，是七届县政协领导班子正确领导的结果，是政协组织和广大政协委员共同努力的结果，借此机会，我代表中共故城县委，向七届县政协全体委员、工商联、人民团体、无党派人士和各族各界人士，表示衷心的感谢！

各位委员、各位同志，县委第十一次党代会对我县全面构建社会主义和谐社会做出了战略部署，即将开幕的县十四届人大一次会议，将对我县今后五年的发展做出全面安排部署。

所有这些，都为政协工作指明了方向，提出了新的任务和要求，站在新的起点上，广大政协委员和政协组织要认清形势，明确使命，按照“发展要有新思路、改革要有新突破、开放要有新局面、各项工作要有新举措”的要求，唱响加快发展的主旋律，以与时俱进、奋发有为的精神状态，为推进我县跨越式发展、全面建设和谐社会，更好地发挥人民政协的重要作用。

一、深入贯彻落实科学发展观，全面推进新时期的政协工作

落实科学发展观，构建社会主义和谐社会，体现了与时俱进、开拓创新的精神，对发展社会主义民主，建设社会主义政治文明，对统一战线和人民政协工作，对于坚持和完善中国共产党领导的多党合作和政治协商制度，不断推进政协工作向前发展，具有重大指导意义。

全县政协委员都要深入学习中共中央《关于进一步加强政协工作的意见》，深刻领会精神实质，努力在围绕主题、把握灵魂、抓住精髓上下功夫，在持之以恒、常抓不懈、学以致用、用有所成上下功夫，真正用“三个代表”重要思想指导和统领政协工作，真正把科学发展观贯彻落实到具体的工作中；要牢牢把握正确的政治方向，始终坚持中国共产党的领导不动摇，不断增强坚持和完善共产党领导的多党合作和政治协商制度的坚定性和自觉性；牢牢把握科学发展观的深刻内涵，着眼于构建社会主义和谐社会，努力工作，扎实进取，全力打造“实力故城、活力故城、和谐故城”；要坚持解放思想、实事求是、与时俱进，充分认识新形势新任务对政协工作提出的新要求，切实把思想认识从那些不合时宜的观念、做法和体制束缚中解放出来，自觉做到在解放思想中统一思想，用发展的马克思主义指导新的实践；要在继承优良传统的基础上，紧跟时代发展的潮流，用发展的眼光去把握经济、政治、文化等各个领域的发展趋势，积极探索政协工作新的形式和方法，努力使政治协商的方法有新突破，民主监督的渠道有新拓展，参政议政的领域有新拓宽，建言立论的水平有新提高，推动政协工作蓬勃发展。

二、围绕中心，服务大局，努力在故城经济社会发展中有新作为

政协组织要牢固树立发展是硬道理，是振兴故城第一要务的思想，引导广大政协委员和各界人士、聚精会神搞建设，一心一意谋发展。要按照县委、县政府提出的五年发展战略，围绕“工业立县、农业强县、商贸兴县”三大战略，对推进科技进步与创新、发展特色产业、加快农业产业化经营等经济发展中带有全局性、战略性的重大问题，深入调研，科学论证，提出具有宏观性、前瞻性和可操作性的意见和建议。要在开展宏观献策的同时，大力开展技术培训、咨询服务、智力开发、信息交流和引进项目、资金、技术、人才等活动，努力为加快经济发展搞好服务。此外，要充分发挥政协人才多，接触社会各界群众广泛的优势，大力弘扬爱国主要精神和艰苦奋斗的精神，不断增强自信心和凝聚力。要组织开展形式多样的文化艺术活动，挖掘整理我县的文化遗产，鼓励创作，积极推动我县文化事业的繁荣与发展，丰富人民群众的精神生活。

三、弘扬团结和民主两大主题，巩固安定团结的政治局面

团结和民主两大主题，是人民政协性质的集中体现。政协组织要紧紧围绕构建社会主义和谐社会的目标，团结一切可以团结的力量，充分调动一切积极因素，努力营造聚精会神搞建设、一心一意谋发展的局面，推动我县国民经济跨越式发展和社会全面进步。要坚持广开言路、畅所欲言，努力把政协建设成真诚相待、合作共事的参政议政场所。要进一步加强与参加政协的民主党派、各团体的联系，经常交流思想，及时沟通情况，认真听取和反映他们的意见建议，切实搞好统一战线内部的大团结、大联合，促进和巩固共产党与民主党派和各族各界代表人士在共同政治基础之上的团结与合

作。要充分发挥人民政协作为党和政府联系社会各族各界的桥梁纽带作用，及时了解和反映社情民意，把社会各界和广大人民群众的意愿和呼声及时反映给党委、政府。要认真协助党委和政府解决当前经济社会生活中的突出矛盾和人民群众生产生活中遇到的突出问题，正确处理好局部和全局，眼前和长远的利益关系，更好地理解改革、支持改革、参与改革，努力做好协调关系、化解矛盾的工作，以减少阻力，增强动力，形成合力，切实把社会各界各方面的积极性和创造性引导好、发挥好，巩固和发展我县民主团结、生动活泼、安定和谐的政治局面。

四、适应新形势，不断加强和改进党对政协工作的领导

加强和改进党的领导，是做好新世纪、新阶段政协工作的根本保证。各级党委要站在推进中国特色社会主义事业不断发展、实现中华民族伟大复兴的高度，充分认识新形势下做好政协工作的重要意义，积极主动地加强和改进对政协工作的领导。要按照“总揽全局、协调各方”的原则，进一步规范与政协组织的关系，逐步建立和完善党委领导、支持政协工作的有效机制，切实把政协工作作为全局工作的重要组成部分，列入重要议事日程，统筹考虑和部署。要进一步推进政协“三化”建设，切实将政治协商纳入决策程序，自觉接受政协的民主监督，积极支持政协参政议政。对政协组织和委员提出的意见、提案和建议案，要认真负责地办理。各级党委组织部门、党校，要把统战政协理论列入干部培训计划。新闻宣传部门要切实加强和改进政协工作的宣传，提高宣传实效，努力在全社会形成了解、关心和支持政协工作的良好环境。要保障民主党派依照宪法和政协章程享有的民主权利，尊重和支持担任领导职务的党外人士，使他们有职、有责、有权，更好地发挥专长，积极有效地开展工作。要大力支持政协搞好自设建设，切实加强政协组织的领导班子建设和干部队伍建设，重视政协机关干部的选拔、任用、交流，做到同党委、政府部门的干部一视同仁。积极帮助政协解决实际问题，多办实事，为政协更好地开展工作创造良好条件。政协党组要认真践行“三个代表”重要思想，深入落实科学发展观，充分发挥在政协中的核心领导作用，自觉贯彻党的路线方针政策和党委的工作意图，主动为党委当好参谋。政协组织中的共产党员要充分发挥先锋模范作用，努力做合作共事的模范，廉洁奉公的模范，发扬民主的模范，带头加强学习，提高素质，扎实工作，努力做一名新时期合格的政协干部。

各位委员，一年一度的政协全会是全县人民生活中的一件大事，也是人民政协履行职能的最高形式。这次大会要选举新一届政协领导班子，听取并讨论故城县人民政府工作报告等几个重要报告，还要审议政协常委会工作报告及提案工作报告，总结四年来的工作，确定今后五年的工作思路和重点。会议期间，县委、县政府领导将同大家一起共商我县发展大计。希望各位委员要继续以高度的主人翁责任感，认真履行职责，积极参政议政，发扬讲真话、谏诤言、顾大局、求共识的良好会风，充分发挥委员的积极性、主动性和创造性，坦诚相见，畅所欲言，积极向县委、县政府建言献策，认真负责地讨论好各项报告。把这次大会开成发扬民主、增进共识的大会，创新务实、开拓创新的大会，坚定信心、团结奋进的大会。

各位委员，新时期，政协工作必然会面临许多新情况和新问题，新的形势和任务对人民政协提出了新的要求，赋予了新的使命，前景广阔，任重道远。我们要把握时代特征，抓住发展机遇，在中共故城县委的领导下继续坚持以邓小平理论和“三个代表”重要思想为指导，以科学发展观统领经济社会发展全局，继续牢牢把握团结、民主两大主题，围绕中心，服务大局，发挥优势，依靠各界委员，齐心协力，认真履行职能，解放思想，与时俱进，开拓进取，扎实工作，为实现故城经济社会的跨越发展，为创造故城美好的未来做出更大的贡献！

树立和落实科学发展观 积极开创全县政协工作新局面

在政协故城县第八届委员会第二次全体会议上的讲话

(2008年2月21日)

中共故城县委常委、组织部部长 尹占民

各位委员、同志们：

政协故城县第八届委员会第二次会议今天隆重开幕了，这是我县政治生活中的一件大事。今天，来自全县各条战线、各个界别的200多名政协委员济济一堂，共商改革大计，共谋发展宏图，这对于全县上下统一思想，形成共识，团结和凝聚各方面力量，加速推动全县经济和社会事业全面发展，具有十分重要的意义。在此，我代表中共故城县委，对大会的召开表示热烈的祝贺！向各位委员和应邀出席这次大会的同志们致以亲切的问候和良好祝愿！

过去的2007年是我县极不平凡的一年，全县人民在中共故城县委的正确领导下，牢固树立和认真落实科学发展观，高扬“树正气、讲团结、求发展”的主旋律，紧紧围绕“工业立县、农业强县、商贸兴县”三大战略，抓住关键，强力攻坚，以积极有为的态度落实宏观调控政策，使全县经济保持良好的发展态势，在加快经济发展、壮大特色产业、加快城镇化建设上取得了新突破，主要经济指标都达到了近年来的最好水平。全县生产总值实现48.8亿元，财政收入完成1.58亿元，同比增长18.2%。与此同时，县委十分注重统筹经济社会的协调发展，党的建设、民主法制建设和精神文明建设进一步加强，各项社会事业取得了新的进展。特别是在推进政治文明建设上，我们顺利地完成了县乡换届，为今后五年故城经济发展打下了坚实的政治基础，为故城各项事业进步提供了坚强的组织保障。全县呈现出经济发展、政治安定、社会和谐、人民安居乐业、处处生机勃勃的大好局面。这样的大好局面，是全县广大干部群众团结奋斗的结果，也凝聚着来自政协组织、全体政协委员及社会各界人士的智慧和汗水。

换届以来，县政协紧紧围绕全县工作中心和大局，创造性地开展工作，在推进全县“三个文明”建设中发挥了重要作用。一是牢牢抓住经济社会发展中的一些带有全局性、战略性的重大问题，充分发挥政治协商、民主监督职能，积极参政议政，提出了大量具有参考价值和可操作性的建议，在参与中发挥了协商和监督的作用。二是充分发挥政协“人才荟萃、智力密集”的优势，通过多种渠道，积极参与三农、招商引资、民营经济、园区建设、公路建设、县城建设、文化教育等全县重要工作的开展，为我县发展做出了积极的努力。三是密切联系群众，维护了社会大局的稳定。针对新形势下出现的新情况、新问题，运用多种方法，及时了解反映社情民意，积极协助党委、政府做好化解矛盾、凝聚人心的工作，为巩固和发展安定团结的政治局面发挥了独特优势。总之，人民政协工作路子越来越宽广，作用是人所共知的，成效是有目共睹的，受到了全县上下的广泛赞誉，赢得了社会各界的一致信赖和拥护。借此机会，我代表中共故城县委，向县政协和政协委员，向各民主党派、工商联、人民团体和各族各界人士表示衷心的感谢和崇高的敬意！

2008年是深入贯彻落实党的十七大重要会议精神，全面落实科学发展观、保持经济社会更快、更好发展的关键一年，是我县实现五年发展战略的加力提速之年。在新的一年里，我们要从故城的实际出发，认真贯彻中共十七大和县委全会精神，牢固树立和落实科学发展观，抓住机遇，加快发展，围绕故城更快更好地全面建设小康社会这一目标，进一步在全县上下形成聚精会神搞建设，一心一意谋发展的强大合力。实现这一目标，特别需要全县上下、党内党外及社会各界增强信心，精诚团结，开拓创新，埋头实干。新的形势、新的任务，对人民政协工作提出了新的更高的要求，也为政协组织和政协委员施展才干提供了广阔的舞台，县委对政协工作寄予了厚望。借此机会，我代表中共故城县委提几点希望和要求：

一、充分认识新形势下政协工作的重要性，切实增强做好工作的责任感、使命感

当前，我县已进入加快发展、全面建设小康社会的关键时期，面临的大事多、新事多、难事多，做好政协工作，最大限度地发挥政协的作用，对于维护全县团结稳定的大局、顺利实现故城宏伟发展蓝图非常重要。

第一，做好政协工作，是进一步加强团结、凝心聚力的必然要求。一个地方要想健康快速发展，固然需要多种条件，但加强团结、凝人心、聚人气至关重要。团结是我们战胜艰难险阻、经受风浪考验的坚实基础。人民政协作为最广泛的爱国统一战线组织，对于整合各种各样的社会政治资源，调动方方面面的积极因素具有独特的优势。加强团结、凝聚力量是人民政协的重要职责。这个职责发挥好了，就能够最大限度地把各条战线、各个方面的智慧和力量引导到聚精会神搞建设、一心一意谋发展，全面建设小康社会的宏伟事业上来，在全县形成千军万马共促发展的生动局面。

第二，做好政协工作，是推进党政决策民主化、科学化的重要保证。政治协商、民主监督和参政议政是人民政协的主要职能。实践证明，把共产党领导的多党合作和政治协商制度坚持好、完善好，有利于广开言路、集思广益，使各项决策更加民主、更加科学；有利于发现问题、纠正错误，及时有效地改进工作；有利于求得共识、协调步伐，推动各项事业的健康发展。面对新情况、新问题、新矛盾大量涌现的新形势，迫切需要政协自身切实发挥职能，不断拓宽参政议政的渠道，丰富参政议政的内容，努力提高建言献策的水平，在建立民主化、科学化的党政决策机制中发挥应有的作用。

第三，做好政协工作，是维护和促进社会稳定和谐的有效手段。人民政协是沟通上下、反映社情民意的重要渠道，在促进团结、维护稳定中发挥着桥梁和纽带作用。面对县委和群众的双重期盼，迫切需要政协和政协委员牢记职责，始终把了解和反映社情民意作为一项重要的经常性的工作，多倾听群众呼声，体察群众情绪，反映群众愿望，维护群众利益，多做增进了解、加深理解、消除误解、达到谅解的工作，积极为构建社会主义和谐社会做出更大的贡献。

总之，政协组织和政协委员一定要从维护全县安定团结的大局出发，来充分认识新形势下政协工作的重要性，进一步增强做好工作的责任感、使命感，正确行使职能，切实发挥作用，以对县委、对人民高度负责的责任心和为故城更好更快发展建功立业的进取心，勇于拼搏，敢于争先，不断开创政协工作的新局面。

二、紧紧围绕全县工作中心和大局，牢固树立和落实科学发展观，全面履行政协各项职能围绕中心，服务大局，是人民政协发挥职能的基本要求

党中央站在提高党的执政能力的政治高度、统筹经济社会协调发展的全局高度和促进中国特色社会主义事业长远发展的战略高度，提出了牢固树立和落实科学发展观，这是中国共产党对长期发展实践经验的总结和理论升华，是全面建设小康社会和推进现代化建设始终要坚持的重要指导思想，是指导我们抓住机遇、加快发展的世界观和方法论，当然也是政协工作

的重要指导思想。

一是坚持以经济建设为中心，激发一切积极因素。经济工作是一切工作的中心，也是人民政协参政议政的中心议题。政协组织和广大政协委员要坚持把促进发展作为政协履行职能的第一要务，以促进经济快速、健康、持续发展为己任，认真贯彻落实县委、县政府关于加快发展的一系列决策部署，充分发挥政协委员代表广泛、位置超脱、人才密集、渠道畅通的独特优势，加大履行职能的力度。一方面要选准角度，深入实际，认真调查研究，搞好科学论证，提出真知灼见，积极向党委政府提出具有决策参考价值的意见建议，协助党委、政府解决好经济发展中的突出困难和问题。另一方面要充分发挥人民政协“人才库”“智囊团”作用，加强对外交流与合作，努力在引进技术、引进资金、引进项目、引进人才、引进信息等方面下功夫，求突破。同时，要在政协委员中进一步开展建功立业活动，鼓励和支持政协委员在各自的工作岗位上发挥聪明才智，为我县改革开放和经济建设再立新功。

二是坚持以统筹经济社会协调发展为方向，整合一切积极因素。随着经济发展和人民群众的物质生活水平日益提高，对精神文化、健康安全等方面的需求日益增长，更加要求经济与社会共同发展。广大政协委员，较多分布于社会事业的各个方面，是促进各项社会事业发展的重要力量。政协组织要把促进经济社会协调发展作为履行职能的一项重要工作，整合好人才资源，紧紧围绕促进社会进步、加强社会管理等问题，选准角度，深入调研，积极建言献策。

三是坚持以建设和谐社会为目标，凝聚一切积极因素。和谐社会顺乎时代潮流，合乎党心民意。建设一个文明法治、稳定和谐、团结友爱、谅解宽容的人文社会环境是我们当前面临的一个重大课题。对此，人民政协要充分发挥统战功能，最广泛最充分地调动一切积极因素，不断巩固社会主义劳动者之间的团结，切实做好包括新的社会阶层在内的全体社会主义建设者的工作。要引导各党派团体和社会各界人士正确认识和处理好个人利益和集体利益、局部利益和整体利益、当前利益和长远利益的关系，增强主人翁意识和社会责任感。要坚持以人为本，切实把维护人民群众的根本利益作为政协一切工作的出发点和落脚点，及时了解社会生活中的重要情况和群众关注的热点问题，如实反映人民群众的意见和要求，针对改革发展中出现的新问题、新情况，主动开展解疑释惑、宣传引导工作，积极协助党委政府做好协调关系、化解矛盾、理顺情绪的工作，努力维护民主团结、生动活泼、安定和谐的政治局面。

三、全面推进政协自身建设，不断提高政治协商、民主监督和参政议政的能力和水平

一是要把思想理论建设放在首要位置，坚持不懈地用邓小平理论、“三个代表”重要思想和科学发展观武装头脑、指导实践、推动工作。要进一步加强对邓小平理论和“三个代表”重要思想的学习，深刻领会“三个代表”重要思想的科学内涵，全面把握精神实质，把科学发展观贯穿于履行职能的全过程，落实到政协的各项工作中，努力把党的主张转化为政治协商、民主监督和参政议政的共识，转化为全体政协委员及所联系各界群众的共同意志和自觉行动。当前，贯彻落实十七大精神是全党、全民的一项重要工作，我们要以此为契机，发挥政协历来注重学习的传统，开展丰富多彩的学习活动，把履行自身职能同落实十七大精神紧密结合起来。要加强对政协委员和各民主党派的思想教育，深入开展党的基本路线、爱国主义和社会主义教育，使政协委员始终同中共中央保持高度一致，使政协工作更好地服从和服务于经济建设。

二是要大兴求真务实之风，狠抓各项工作的落实。新时期的政协工作，不仅要有所作为，而且大有可为，关键是要转变观念、转变作风，做到趋实不避“虚”，“虚”功做得实，实事见实效。做好政协工作，也要不断加强和改进作

风建设，进一步加大抓落实的力度，把精力和心思放在狠抓落实上。一要求实情。要注重搞好调查研究，通过各种渠道，对社情、县情、民情有一个全面、客观、真实的把握，了解真情况，求得真规律。要把触角延伸到基层和群众中，使群众呼声与党委政府的工作实现对接，确保政协工作落到基层，做到实处。二要务实事。政协工作决不仅是提提建议、出出主意，每个建议、每个提案往往来自基层，反映的是干部群众的呼声，对于做好党和政府工作都是实实在在的事情，因此，要始终以干实事的态度和求真务实的作风来对待政协工作，脚踏实地，真抓实干，多做实在之事，把各项工作落到实处。三要出实招。在了解实情、把握规律的基础上，要紧紧抓住一些关乎全县改革发展稳定，涉及群众切身利益的重点问题，提出有见解、有分析、可操作性的意见和建议，以利于改进和推动各项工作的开展。四要重实效。要注重制度创新，努力建立健全科学高效的内部工作机制，使政协工作更加规范化、制度化。对各项工作要抓紧、抓实、抓具体，实行分工负责制，确保事事有人抓、件件有着落。

四、切实加强和改进党对人民政协的领导

重视和加强新时期的人民政协工作，是提高党的执政能力的重要内容，也是一级党委的民主作风和总揽全局能力的重要体现。重视和加强并做好政协工作，对我们的工作只有益处、没有害处。各级党组织都要从建设社会主义民主政治的战略高度，从维护改革、发展、稳定的大局出发，充分认识人民政协的重要地位和政协委员的作用，积极加强和改善对政协工作的领导。一是要上日程、勤沟通。要切实把政协工作纳入党委的重要议事日程，虚心接受政协的民主监督，不断改进自身工作。二是要多帮助、真支持。要支持人民政协围绕团结和民主两大主题履行好政治协商、民主监督、参政议政的职能，支持政协组织加强对委员队伍的管理，积极推进政协履行职能的制度化、规范化、程序化。有关部门对政协组织和政协委员提出的提案、意见和建议，要积极主动地予以办理，及时准确地作出答复，认真负责地抓好落实，努力采纳他们的调研成果，尊重他们的劳动创造。要及时帮助解决政协工作中遇到的实际困难和问题，对政协机关干部的培养、选拔和任用，要做到同党委、政府部门的干部一视同仁，努力为政协和各民主党派、工商联创造良好的工作环境。三是要善指导、尽职能。在积极加强对政协工作领导的同时，要善于发挥政协党组的重要职能和作用。政协的中共党组是党在人民政协的派出机构，对于实现党对政协工作的领导肩负着重大责任，必须坚定不移地把党委的路线、方针、政策和重要工作部署贯彻到人民政协的全部工作中去。

各位委员、朋友们、同志们！新的一年，新的起点，新的目标，新的征程，面对光荣而艰巨的任务，我们比以往任何时候都更加需要调动全县人民的积极性、主动性和创造性，更加需要全县各民主党派、各人民团体和社会各界人士共同努力、携手前行。县委热切希望县政协和广大政协委员，进一步增强使命感和责任感，牢牢把握团结和民主两大主题，再接再厉，扎实工作，在故城的“三个文明”建设中大有作为、有大作为。让我们高举社会主义伟大旗帜，解放思想、与时俱进、万众一心、共创伟业，为实现故城全面建设小康社会的宏伟目标做出更大更多的贡献！

树立和落实科学发展观　积极开创全县政协工作新局面

在政协故城县第八届委员会第三次全体会议上的讲话

（2009 年 2 月 10 日）

中共故城县委常委、组织部部长　尹占民

各位委员、同志们：

政协故城县第八届委员会第三次会议今天隆重开幕了，在此，我代表中共故城县委，对大会的召开表示热烈的祝贺！向各位委员和应邀出席这次大会的同志们致以亲切的问候和良好祝愿！

2008 年以来，全县人民在中共故城县委的正确领导下，全县上下紧紧围绕“工业立县、农业强县、商贸兴县”三大战略，强力攻坚，以积极有为的态度落实宏观调控政策，使全县经济保持良好的发展态势，在加快经济发展、壮大特色产业、加快城镇化建设等方面取得了新突破，主要经济指标都达到了近年来的最好水平。全县生产总值实现 54.6 亿元，财政收入完成 1.8 亿元，同比增长 13.6%。同时，县委十分注重统筹经济社会的协调发展，党的建设、民主法制建设和精神文明建设进一步加强，特别是在推进政治文明建设上，为今后五年故城经济发展打下了坚实的政治基础，为故城各项事业进步提供了坚强的组织保障。全县呈现出经济发展、政治安定、社会和谐、人民安居乐业、处处生机勃勃的大好局面。上述成绩的取得，是全县各级党组织和广大干部群众负重奋进、努力拼搏的结果，是全县上下抢抓机遇、干事创业的结果，也凝聚着全体政协委员和政协工作者的心血和汗水。一年来，县政协带领和组织广大政协委员牢牢把握团结和民主两大主题，紧紧围绕县委中心工作，充分发挥优势，认真开展调查研究，积极建言献策，在新农村建设、招商引资、发展民营经济、推进教育、卫生事业发展等方面做了大量卓有成效的工作，为县域经济社会又好又快发展做出了积极贡献。借此机会，我代表中共故城县委向县政协组织和广大政协委员表示衷心的感谢！

2009 年是我县实施五年翻番战略、建设和谐新故城的关键之年，县委希望广大政协委员和社会各界人士继续发扬好传统，认真履职尽责，全力开展工作，为推动县域经济社会实现又好又快发展做出新的更大的贡献。在此，我代表县委提几点希望。

一、围绕发展，服务全局，为推动县域经济社会又好又快发展贡献才智

“09 图强奋进”是我们“翻番领先”五步走的第三个奋斗目标，在县委十一届四次全会上，李书记代表县委常委会做了工作报告，明晰了今年的总体工作思路，就是围绕一个目标（富民强县），突出一个主题（图强奋进），强化一个保障（党的建设），加快三项建设（工业和项目建设、城镇建设、新农村建设），实现四个确保（工业增效、城镇增靓、农民增收、财税增长），全力打造实力故城、活力故城、和谐故城。同时还提出用“开放、包容、创新、拼搏、发展”这一新时期“故城魂”来锻造队伍，激发干劲，凝聚合力。蓝图鼓舞人心、伟业催人奋进。县委希望，政协组织和广大政协委员要充分发挥自身优势，正确把握我县经济社会发展趋势，认真学习领会县委全会精神，深入研究经济社会发展面临的重大问题和群众关心的热点、难点问题，准确把握发展趋向，凝心聚力谋发展，建言献策促和谐，更好地履行政协职能。

一要围绕促进县域经济社会发展贡献力量。政协组织和广大委员要紧紧围绕县委工作思路，团结一切能够团结的力量，调动一切可以调动的因素，投身于抓企业、上项目、促民营、建设新农村等项工作中来，凝聚起加快发展的强大合力，推动县域经济社会又好又快发展。尤其要发挥交际面广、联系面宽的优势，进一步明确招商思路，强化招商措施，积极投身于招大商、引大资、上大项目、建大企业的伟大实践中来，着力引进更多科技含量高的大项目、好项目，以个人的努力工作，以自身的有效带动，凝聚各方合力，力促经济发展，加速推进建设经济强县进程。

二要围绕发展环境的全面优化尽心竭力。政协组织和广大政协委员要在进一步加强城乡基础设施建设等方面建直言、献良策，为县委、县政府科学决策提供参考；要着眼于县域经济跨越发展，立足自身优势，选准切入点，围绕促进依法执政、加强诚信体系建设、优化服务等方面进行监督，努力营造宽松的政策环境、公正的法制环境、高效的政务环境、和谐的社会环境、有序的竞争环境，以发展环境的不断优化，不断开创经济社会发展的新局面。

三要围绕维护稳定大局献计出力。政协组织和广大委员要在以往卓有成效的工作基础上，努力研究化解新形势下影响社会稳定的因素，积极化解矛盾困扰，全力维护群众利益，为县域经济进一步发展提供坚实保障。要针对群众反映强烈的热点、难点问题，深入进行调研，积极反映社情民意，并提出切实可行的化解矛盾和问题的意见和建议，促进问题及时妥善解决；要引导群众正确认识和对待利益关系的调整，顾大局、看长远，珍惜和维护改革发展稳定的大好形势，做好情绪疏导和矛盾化解工作；要围绕加强社会治安、安全、信访等工作提出更多建设性意见，着力从源头上化解各种影响社会稳定的因素，全力维护安定稳定的大好局面。

二、全面推进政协自身建设，不断提高政治协商、民主监督和参政议政的能力和水平

新时期的政协工作，不仅要有所作为，而且大有可为，关键是要转变观念、转变作风，做到趋实不避“虚”，“虚”功做得实，实事见实效。做好政协工作，要不断加强和改进作风建设，进一步加大抓落实的力度，把精力和心思放在狠抓落实上。一要求实情。要注重搞好调查研究，通过各种渠道，对社情、县情、民情有一个全面、客观、真实的把握，了解真情况，求得真规律。要把触角延伸到基层和群众中，使群众呼声与党委政府的工作实现对接，确保政协工作落到基层，做到实处。二要务实事。政协工作决不仅是提提建议、出出主意，每个建议、每个提案往往来自基层，反映的是广大人民群众的呼声，因此，要始终以干实事的态度和求真务实的作风来对待政协工作，脚踏实地，真抓实干，多做实在之事，把各项工作落到实处。三要出实招。在了解实情、把握规律的基础上，要紧紧抓住一些关乎全县改革发展稳定，涉及群众切身利益的重点问题，提出有见解、有分析、可操作性的意见和建议，以利于改进和推动各项工作的开展。四要重实效。要注重制度创新，努力建立健全科学高效的内部工作机制，使政协工作更加规范化、制度化。对各项工作要抓紧、抓实、抓具体，实行分工负责制，确保事事有人抓、件件有着落。

三、切实加强和改进党对人民政协的领导

在中共县委正确领导下，各级党组织都要从建设社会主义民主政治的战略高度，从维护改革、发展、稳定的大局出发，充分认识人民政协的重要地位和政协委员的作用，积极加强和改善对政协工作的领导。一是上日程、勤沟通。要切实把政协工作纳入党委的重要议事日程，虚心接受政协的民主监督，不断改进自身工作。二是多帮助、真支持。要支持人民政协围绕团结和民主两大主题履行好政治协商、民

主监督、参政议政的职能，支持政协组织加强对委员队伍的管理，积极推进政协履行职能的“三化”建设。有关部门对政协组织和政协委员提出的提案、意见和建议，要积极主动地予以办理，及时准确地作出答复，认真负责地抓好落实，努力采纳他们的调研成果，尊重他们的劳动创造。三是善指导、尽职能。在积极加强对政协工作领导的同时，要善于发挥政协党组的重要职能和作用，坚定不移地把党委的路线、方针、政策和重要工作部署贯彻到人民政协的全部工作中去，使党的主张成为各民主党派、人民团体和社会各界人士的共识。

各位委员、同志们，面对未来，我们信心百倍，面对新的工作目标，我们干劲十足。让我们在县委正确领导下，进一步增强使命感和责任感，牢牢把握团结和民主两大主题，再接再厉，扎实工作，要在故城的“三个文明”建设中大有作为、有大作为。让我们以县委全会精神为指导，精诚团结，紧密合作，开拓进取，扎实工作，为实现县域经济五年翻番目标而努力奋斗。

勠力同心　合力奋进　鼎力开创全县政协工作新局面

在政协故城县第八届委员会第四次全体会议上的讲话

（2010年3月2日）

中共故城县委常委、组织部部长　尹占民

各位委员、同志们：

在全县上下全面贯彻落实科学发展观、加快推进经济社会超常发展的新形势下，政协故城县第八届委员会第四次会议隆重开幕了。来自全县各条战线的200多名政协委员，肩负众望，汇聚一堂，共商大计，同谋良策，这对于我县进一步凝聚各界智慧，形成发展合力，加速推动经济和社会事业全面发展，必将产生重大而深远的影响。在此，我代表中共故城县委向大会的召开表示热烈的祝贺！向出席会议的各位委员、各位同志致以新春的问候！

刚刚过去的一年，是我县发展史上极不平凡的一年。面对始料未及的金融危机、急转直下的经济环境和难以预判的各种矛盾和问题，全县上下万众一心，勇往直前，在认清形势中沉着应对，在解放思想中攻坚克难，在迎接挑战中激发动力，“09图强奋进”目标圆满实现。主要经济指标达到历史最高水平，全县地区生产总值实现53.3亿元，财政收入完成2.5亿元，同比增长38.9%；城市建设实推快进，城乡面貌发生深刻变化；农业农村经济良性发展，农民人均纯收入达到3979元；民生和社会事业持续改善，社会更加和谐稳定。2009年，故城在科学发展、跨越发展的征程上又迈出了坚实的一步。发展有目共睹，政协功不可没。一年来，县政协组织充分发挥人才荟萃、智力密集、渠道畅通、联系广泛的优势，服务大局有高度、建言献策有深度、民主监督有力度、团结联络有广度、自身建设有强度、工作作风有硬度，真正体现了政治协商有方、民主监督有力、参政议政有为、推进发展有功。在此，我代表中共故城县委，向县政协组织、广大政协委员以及社会各界人士表示崇高的敬意和衷心的感谢！

2010年，是故城五年发展战略的“赶超晋位”之年，也是落实“十一五”规划的收官之年。故城的大发展、快提升离不开全县上下的共同努力，离不开各级各界的鼎力支持，更离不开政协组织及广大委员的深度参与。在此，我代表县委提三点希望：

一、积极融入经济建设，在助推发展上展示新作为

县政协要紧紧围绕县委十一届五次全会确定的工作思路，组织政协委员围绕“重大项目

攻坚年、城镇建设突破年和产业提升年”三大重项工作，广泛开展专题调研和视察考察，向县委、县政府建睿智之言，献务实之策。要充分发挥政协联系广泛的优势，深入开展联谊活动，扩大交往、推介故城，牵线搭桥、促进合作，把故城开放、文明、和谐的新形象宣传出去，把外界的资金、技术、人才和项目吸引进来，为经济社会发展注入新的生机与活力。

二、充分发挥自身优势，在促进和谐上作出新贡献

政协组织和广大委员要努力研究分析新形势下影响社会稳定的因素，针对群众反映强烈的热点、难点问题，深入进行调研，积极反映社情民意，并提出切实可行的化解矛盾和问题的意见和建议，促进问题及时妥善解决；要引导群众正确认识和对待利益关系的调整，顾大局、看长远，珍惜和维护改革发展稳定的大好形势，做好情绪疏导和矛盾化解工作；要围绕加强社会治安、安全、信访等工作提出更多建设性意见，着力从源头上化解各种影响社会稳定的因素，全力维护安定和谐的大好局面。

三、全面加强自身建设，在履行职能上实现新提高

在推进故城科学发展、超常发展的征程中，人民政协使命光荣，大有可为；政协委员责任重大，大有作为。关键是要转变观念、转变作风，做到趋实不避“虚”，“虚”功做得实，实事见实效。一要知实情。要注重搞好调查研究，通过各种渠道，对社情、县情、民情有一个全面、客观、真实的把握，了解真情况，求得真规律。要把触角延伸到基层和群众中，使群众呼声与党委政府的工作实现对接，确保政协工作落到基层，做到实处。二要出实招。在了解实情、把握规律的基础上，要紧紧抓住一些关乎全县改革发展稳定，涉及群众切身利益的重点问题，提出有见解、有分析、可操作性的意见和建议，供党委、政府决策，以利于改进和推动各项工作的开展。三要重实效。要注重制度创新，努力建立健全科学高效的内部工作机制，使政协工作更加规范化、制度化。对各项工作要抓紧、抓实、抓具体，实行分工负责制，确保事事有人抓、件件有着落。

各位委员、同志们，新的一年，新的起点，新的目标，新的征程，面对光荣而艰巨的任务，县委号召政协组织和广大政协委员，进一步增强使命感和责任感，大力弘扬新时期“故城魂”，同心同德、真抓实干，开拓创新，努力进取，不断开创政协工作新局面，为推动故城经济社会又好又快发展做出新的、更大的贡献。

凝心聚力　锐意进取　努力推动故城经济社会发展实现新跨越

在政协故城县第八届委员会第五次全体会议上的讲话

（2011 年 2 月 19 日）

中共故城县委常委、组织部部长　尹占民

各位委员、同志们：

政协故城县第八届委员会第五次会议今天隆重开幕了，来自全县各条战线、各个界别的200多名政协委员齐聚一堂，共商改革发展大计，这对于全县上下统一思想，形成共识，团结和凝聚各方面力量，加速推动全县经济和社会事业全面快速发展，具有十分重要的意义。我代表中共故城县委，对大会的召开表示热烈的祝贺！向各位委员和应邀出席这次大会的同志们致以诚挚的问候和美好的祝愿！

2010年，是全县上下抢抓机遇、攻坚克难的发展之年，也是实施“十一五”规划的收官之年。过去的一年，我们以科学发展观为指导，紧紧抓住加快发展这条主线，坚持工业项目建设主导地位不动摇，全民动员抓招商，合力攻坚上项目，一大批工业项目相继落地、开工、投产，“一城三区”总体规划和基础设施进一步完善，故城经济加速跨越发展的潜力和态势更加巩固；同时我们努力做好城乡统筹大文章，着力保障和改善民生，经济社会各项事业都向前迈出了坚实的一步，主要经济指标达到了近年来最好水平，地区生产总值实现66.4亿元，同比增长13.6%；财政收入完成3.15亿元，同比增长26%，增幅列全市第二。这些成绩的取得，是全县各级党组织和广大干部群众负重奋进、努力拼搏的结果，是全县上下抢抓机遇、干事创业的结果，也凝聚着全体政协委员和政协工作者的心血和汗水。

一年来，县政协带领和组织广大政协委员牢牢把握团结和民主两大主题，紧紧围绕县委中心工作，充分发挥自身优势，认真开展调查研究，积极建言献策，围绕推进故城加快发展，致力项目建设，招商引资、产业提升；围绕统筹城乡发展，积极推进城镇化建设，加快新农村建设以及推进教育、卫生事业发展等方面做了大量卓有成效的工作，为县域经济社会又好又快发展做出了积极贡献。借此机会，我代表中共故城县委向县政协组织和广大政协委员表示衷心的感谢！

各位委员、同志们，2011年是“十二五”规划的开局之年，也是故城加快发展、奋力追赶的重要一年。去年底召开的县委十一届六次全会，在科学分析形势，深刻审视县情的基础上，确立了今年全县工作的总体思路，即以科学发展为统揽，突出加快发展第一要务，以工业项目建设为主抓手，以“四抓四促”（抓工业项目建设，促发展提速；抓特色产业提升，促结构优化；抓城镇建设，促产业聚集；抓农业增效，促农民增收）为着力点，统筹推进各项工作上台阶、重点工作求突破，为顺利实施“十二五”规划，全面建设小康社会奠定坚实基础。县委希望广大政协委员要进一步增强责任感、使命感，切实把思想统一到县委全会要求和工作部署上来，把力量凝聚到“加快发展，富民强县”上来，为实现故城经济社会发展新跨越贡献智慧和力量。

一、深化思想认识，增强做好政协工作的责任感和使命感

在全力推进故城加快发展的伟大实践中，政协组织肩负着光荣而艰巨的使命，要充分发挥政协组织的四大独特政治优势，积极推动发展，参与发展。第一，政协组织具有人才荟萃、智力密集的独特优势，汇集了一大批政治上有影响、经济上有实力、业务上有专长的领导干部、工商企业家和知名人士，能够为故城加快发展提供强大的智力支持。第二，政协组织具有凝聚人心、汇聚力量的独特优势，能够引导各界人士同心同德、共谋发展，形成推动故城加快发展的强大合力。第三，政协组织具有包容各界、联系广泛的独特优势，是党委政府联系各界群众的桥梁和纽带，能够为故城加快发展保驾护航。第四，政协组织具有朋友众多、影响面广的独特优势，是我们招商引资、扩大开放的重要渠道。可以说，加快故城经济社会发展，推动各项事业全面进步，政协组织责无旁贷，大有可为。我们必须站在战略和全局的高度，充分认识政协履行职能的重要作用，切实增强做好政协工作的责任感和使命感，把政协工作自觉融入故城发展大局，融入建设生态宜居运河文化名城的历史进程中，更加奋发有为地做好各项工作，不断开创政协工作新局面。

二、发挥职能优势，努力为加快故城经济社会发展献计出力

在新的一年里，县委希望广大政协委员和政协工作者要紧紧围绕县委中心工作，积极履行职责，以更加高昂的热情和更加务实的工作作风，为实现故城“十二五”规划的良好开局发挥更大作用。一是要充分协商讨论，积极建

言献策。要按照县委十一届六次全会工作部署，紧紧围绕科学发展这个主题，加快转变经济发展方式这条主线，加快发展这个中心任务，积极发挥人才荟萃，智力密集的优势，对事关全县发展大局的重大决策部署、重大项目安排、带有全局性的重大举措以及涉及群众切身利益的热点难点问题，深入调查研究，充分协商论证，为推动我县加快发展努力建言，积极献策。二是要团结社会各界，凝聚发展力量。要始终保持和发扬平等协商、求同存异、合作共事的优良传统，不断加强与社会各界的联系与沟通，切实做好团结人、联系人、凝聚人的工作，切实做好宣传大政、统一思想、增进共识的工作，团结一切社会力量，调动一切积极因素，发挥一切聪明才智，最大限度地把各方面的力量凝聚到推动故城加快发展上来。三是要加强对外联络，拓宽开放渠道。要通过开展各种联谊活动，广泛联络，广交朋友，大力宣传故城独特的区位优势、良好的生态优势、较好的产业基础和宽松的发展环境，在促进我县企业对外联合协作、引进战略投资以及资金、项目、技术、人才和先进管理经验等方面，积极牵线搭桥，献计出力。四是要畅通渠道，促进社会和谐。要主动加强与群众的联系，改进方法，健全机制，延伸触角，拓宽领域，及时了解群众的愿望和要求，通过“社情民意”这一便捷渠道，努力搭建党委政府和人民群众沟通的桥梁。要经常深入基层，体察民情，重点围绕促进就业、增加农民收入、健全社会保障体系等涉及群众切身利益的问题，开展调查研究，提出建设性的意见和建议，使政协工作更加顺应民心，符合民意。

三、加强党的领导，为政协卓有成效地开展工作提供保证

全县各级党委要切实提高对政协工作重要性的认识，进一步加强和改善党对政协工作的领导，不断推动政协工作迈上新台阶。一是要把政协工作摆上重要位置。各级党组织要把政协工作摆在全局工作的重要位置，及时研究并统筹解决政协工作中的重大问题。要加强与政协组织、政协委员以及各界别、各阶层代表人士的联系，鼓励和引导他们围绕党委、政府的中心工作，搞好调查研究和视察考察活动，促进政协工作与县委中心工作的有机衔接。二是要为政协工作创造良好条件。要自觉把政治协商纳入决策程序，进一步规范协商内容、程序和形式，凡是涉及政治、经济、文化和社会生活的重大问题，都要积极听取政协组织和政协委员的意见建议。要加大对政协工作、政协活动以及参政议政成果的宣传，扩大政协的社会影响，努力形成全社会重视、支持政协事业发展的良好局面。三是要支持政协组织加强自身建设。要以当前正在开展的创先争优和作风建设活动为契机，帮助和推动政协组织加强自身建设，不断提高他们围绕中心、服务大局的能力；团结各方、形成合力的能力；以及发扬民主、有效监督的能力。要通过深入实施干部素质工程建设，不断提高政协机关干部的理论水平和实践能力，努力培养一支政治坚定、作风优良、业务熟练、学识丰富的政协干部队伍，为做好新时期政协工作奠定坚实的基础。

各位委员、同志们，站在新的起点，我们信心满怀，肩负新的任务，我们责任重大。让我们高举中国特色社会主义伟大旗帜，坚持以邓小平理论和“三个代表”重要思想为指导，深入贯彻落实科学发展观，在中共故城县委的坚强领导下，解放思想，锐意进取，同心同德，扎实工作，为实现故城经济社会发展新跨越做出新的更大的贡献，以优异的成绩向建党 90 周年献礼！

第八节 县委领导在政协故城县第九届委员会开幕会上的讲话

在政协故城县第九届委员会第一次全体会议上的讲话

（2011年12月31日）

中共故城县委副书记、纪委书记 左俊勇

各位委员、同志们：

在全县上下深入贯彻县委十二次党代会精神，加快我县经济社会跨越发展的重要时刻，政协故城第九届委员会第一次会议，今天隆重开幕了。这次会议将全面回顾总结八届县政协的工作，选举产生新一届政协领导班子，并围绕全县发展大局，确定九届县政协的工作重点和努力方向。今天，来自全县各条战线的政协委员，齐聚一堂，肩负全县人民重托，共商经济社会发展大计，齐谋赶超跨越良策，这对于全县上下进一步统一思想，凝聚力量，推动全县经济又好又快发展，具有十分重要的意义。在此，我代表中共故城县委对大会的胜利召开表示热烈的祝贺！向与会的各位委员和同志们，向全县各民主党派、工商联、无党派人士、人民团体和社会各界朋友，致以亲切的问候和良好的祝愿！

五年来，我们坚持以邓小平理论和“三个代表”重要思想为指导，以科学发展观统领全局，解放思想，抢抓机遇，凝心聚力，加压奋进，各方面工作都取得了显著成绩，圆满完成了“十一五”规划的预定目标。2011年，全县地区生产总值预计完成73.7亿元，同比增长12%，五年间平均增长11%；全社会固定资产投资预计完成68.9亿元，同比增长30%，年均增长25.6%；财政收入预计完成4.23亿元，同比增长34.3%，是2006年3倍多。特别是去年以来，县委、县政府立足新起点，谋求新发展，牢牢抓住发展第一要务，强力实施了一系列富民强县工程，全县经济社会保持了良好的发展态势，县域经济实力明显增强，人民群众幸福指数和满意度大幅提升。

这些成绩的取得，是坚决执行中央、省市和县委、县政府各项决策部署，认真贯彻落实科学发展观的结果，是全县上下齐心协力、共同奋斗的结果，也是县政协、广大政协委员和各界人士积极支持、大力推进的结果。五年来，县政协高举爱国主义、社会主义旗帜，牢牢把握团结、民主两大主题，认真履行政治协商、民主监督、参政议政职能，为促进全县经济社会又好又快发展做出了应有的贡献。县委对八届政协工作是满意的，是充分肯定的。借此机会，我代表中共故城县委，向广大政协委员和政协工作者表示衷心的感谢！

各位委员、同志们，不久前闭幕的县委十二次党代会，确定了我县今后五年的主要奋斗目标和具体任务。新的形势下，要完成这些目标和任务，不仅需要党委、政府的艰苦努力，更需要政协组织的积极参与。同时，这也为县政协和全体委员参政议政，建言献策，履行职能提供了更广阔的空间，提出了更高的要求。借此机会，我代表中共故城县委，对进一步做好政协工作提几点希望和要求：

一、要广聚发展之力，为推动故城经济社会实现跨越发展再建新功

当前和今后一段时期，加快发展、科学发展仍是我们最大的工作任务。县政协必须紧紧

围绕发展这一中心，把促进发展作为履职的第一要务。全力服务发展，积极参与发展。一是要献智献策谋发展。要充分发挥政协组织“人才库”“智囊团”的独特优势，重点在抓项目、兴产业、打基础、惠民生、优环境、强作风等方面，抓住影响发展的难点问题、群众关心的核心问题、社会关注的热点问题，深入调查研究，提出有价值、有份量、有创意的意见和建议，保证做到参政参到点子上，议政议到关键处。二是干事创业促发展。政协委员大多是创业致富的“领头雁”，发展经济的“主力军”，拥有较强的经济实力和良好的社会关系。“十二五”规划的宏伟蓝图，为政协委员提供了广阔的发展平台，大家要进一步解放思想，主动作为，迸发成就事业的激情，释放干事创业的能量，在新的发展进程中干出一番事业，闯出一片新天地。要利用自身人脉优势，积极牵线搭桥，把故城的区位优势、产业基础、发展潜力、优惠政策宣传好、推介好，多介绍客商来我县投资，多引进项目来故城落户。要发挥自身在资金、产业和资源方面的优势，主动投身县域经济发展主战场，争做富民强县的实践者和领路人。三是要深化监督促发展。县政协要紧紧围绕全县发展大局，通过政协提案、委员视察、走访座谈民主评议等方式，进一步深化民主监督，延伸工作触角，使民主监督职能成为促进工作，推动发展的有益过程。

二、要恪尽为民之职，为促进故城社会和谐多添活力

社会和谐稳定是我县经济实现跨越发展的重要基础。人民政协作为最广泛的爱国统一战线组织，要时时处处关注民生民情，多做凝心聚力的工作，为全县经济社会营造大团结、大联合的浓厚氛围。一要服务群众暖民心。县政协要充分发挥“社情民意”这一快捷通道，围绕人民群众最关心、最直接、最现实的热点问题，进行视察调研，为党委政府体察民情，了解民意，集中民智畅通渠道，发挥作用。二要理顺情绪促和谐。当前，我县正处于经济社会发展的关键时期，广大政协委员要站在全局的高度，多讲有利团结、鼓舞人心的话，多做消除消除误解、化解矛盾的事，积极引导群众正确认识和处理改革、发展与稳定的关系，个人利益与全局利益的关系，共同营造有利于发展的良好环境，切实为全县发展稳定减少阻力、增加助力，形成合力。三是增进团结聚合力。政协委员来自于人民群众，又扎根于人民群众之中，要始终牢牢把握团结和民主两大主题，为我县经济社会发展，团结一切可以团结的力量，凝聚一切可以凝聚的智慧，共同谱写全县上下同心、同力、同步，干部群众心齐、气顺、劲足的和谐发展新篇章。

三、要夯实履职之基，为政协更好开展工作创造条件

加强党的领导是做好政协工作的根本保证。全县各级党委要充分认识做好政协工作的重要意义。按照总揽全局、协调各方的原则，加强和改善对政协工作的领导。一是要在思想上重视。要站在全局的战略高度，坚持把政协工作纳入党委工作全局，定期听取政协党组的工作汇报，完善政协班子成员列席党政有关会议、党政领导联系政协工作和出席政协会议等制度，研究政协工作中的重大问题，落实改进政协工作的具体措施。二是要在工作上支持。党政领导要经常过问政协工作，多参加政协的活动，及时听取采纳各方面的意见和建议，对政协报送的调研报告、提案建议、社情民意，党政领导要认真批阅，及时处理，督促落实。要认真贯彻落实中央和省、市县委关于加强政协工作的有关要求，大力支持政协全面履职，为政协组织和政协委员开展调研、视察、座谈等各项活动营造良好的工作环境，提供必要的条件和支持。三是要在能力上提升。政协组织自身也要加强机关“三化”建设，全面提高履行职责的能力和水平，努力造就一支政治坚定、作风优良、学识丰富，业务熟练的高素质政协干部队伍，为做好新时期人民政协工作提供坚强的组织保证。广大政协委员是我县各领域、各行

业的优秀代表，要倍加珍惜全县人民的信赖和期望，不断增强社会责任意识，努力提高履职能力和本领，立足岗位再建新功、再立新业。

各位委员、同志们，新的征程任重道远，新的使命催人奋进，让我们坚定信心，凝神聚力，以更加昂扬向上的进取精神、更加求真务实的工作态度，为建设“冀东南生态宜居运河文化名城”，而努力奋斗！

凝心聚力　开拓创新　携手共创故城跨越发展新篇章

在政协故城县第九届委员会第二次全体会议上的讲话

（2013 年 3 月 11 日）

中共故城县委副书记、纪委书记　左俊勇

各位委员、同志们：

政协故城县第九届委员会第二次全体会议，今天隆重开幕了！来自全县各条战线、各个界别的政协委员齐聚一堂，肩负人民重托，共商发展大计，这对于全县上下进一步统一思想，增进共识，团结和凝聚社会各方力量，加速推进故城“加快发展，富民强县”进程，具有十分重要的意义。在此，我代表中共故城县委，对大会的召开表示热烈的祝贺！向各位委员和应邀出席大会的同志们致以亲切的问候！

刚刚过去的 2012 年，是故城经济社会发展取得显著成绩的一年。一年来，中共故城县委、县政府带领全县人民，深入贯彻落实科学发展观，积极应对各种困难和挑战，努力拼搏，扎实进取，开创了故城经济社会发展新局面，谱写了跨越发展新篇章。特别是项目建设、外贸出口、财政收入增幅名列全市前茅，主要经济指标也达到了近年来最好水平，其中地区生产总值实现 84.5 亿元，同比增长 9.1%；财政收入完成 5.8 亿元，同比增长 32.8%。这些成绩的取得，是全县人民同心同德、开拓进取的结果，是全县上下同心同向、干事创业的结果，也凝聚着广大政协委员和政协工作者的心血和汗水。

一年来，县政协在中共故城县委的正确领导下，团结带领广大政协委员，在助推工业经济转型升级、城镇建设提速突破以及加快农业产业化进程、推进教育卫生等民生事业发展等方面，做了大量卓有成效的工作，为故城经济社会又好又快发展做出了积极贡献。在此，我代表中共故城县委向九届县政协和全体委员表示衷心的感谢！

各位委员、同志们，2013 年是我县深入贯彻落实党的十八大精神，朝着“十二五”规划目标加速迈进的关键一年。在去年年底召开的县委十二届二次全会上，确定了今年全县的工作思路，即以党的十八大精神为指导，以科学发展观为统揽，突出“加快发展、富民强县”主题，坚持“党建是基础、发展是重点、稳定是保障、民生是根本”的工作理念，深入实施“四化同步、三化互动”战略，进一步加大工业和招商引资、城镇交通建设、统筹城乡发展、社会和谐稳定以及党的建设工作力度，为全面建成小康社会不断夯实基础。县委希望广大政协委员要进一步增强大局观念和责任意识，切实把思想和行动统一到县委全会的工作要求和部署上来，把力量凝聚到“加快发展、富民强县”这一核心目标上来，为实现故城经济社会发展新跨越贡献智慧和力量。在此，我代表县委对做好今年政协工作讲三点意见：

一、把推动发展作为第一要务，在服务全县大局上做出更大贡献

加快发展始终是故城立足新起点、迈向新

征程的第一要务。县政协要紧紧围绕县委中心工作，把助推发展当作履职第一选择。一是建言献策要紧扣重点。要充分利用政协全会、常委会、专委会等重要平台，围绕县委重大决策部署和重项工作，精心拟定协商议题，广泛开展协商讨论，提出具有前瞻性、针对性和可操作性的意见和建议，为党政领导科学决策，提供参考。二是视察监督要关注热点、难点。要组织相关界别委员重点围绕医疗卫生、教育就业、社会保障、安全生产等人民群众关注度较高的民生问题，采取视察与督导相结合、评议与建议相结合的形式，积极履行民主监督职能，为缓解社会矛盾，改进部门工作，促进环境优化贡献力量。三是深入调研要抓住亮点。人民政协素有“人才库”“智囊团”之称，县政协要充分发挥人才济济、智力密集的工作优势，紧紧抓住推动我县一城三区两园加快发展、新型城镇化水平提升、裘皮裘革等传统产业转型升级等重大课题，深入开展调查研究，打造建言立论精品，并加强和注重调研成果的采纳与转化，切实提高参政议政水平。

二、把务实尽责作为第一责任，在促进社会和谐上争取更大作为

故城要加快发展，需要和谐稳定的社会环境。人民政协是大团结、大联合的象征，在促进社会和谐稳定，营造良好发展氛围中有着不可替代的政治作用。在新的一年里，一是对内要增进团结，凝聚合力。积极推动与各党派、人民团体和各族各界人士合作共事，巩固和发展最广泛的爱国统一战线。二是对外要扩大交流，深化合作。广大政协委员在全面履职过程中，要充分发挥人脉资源丰富，联系广泛的优势，把对外联谊，与故城招商引资、项目建设以及全民创业等活动有机结合起来，通过加深与各方面的对接合作，争取更多地客商来我县洽谈投资，帮助更多企业牵线搭桥，吸引更多高层次人才来我县创业就业。三是要倾听民声民情，反映社情民意。政协委员要充分发挥身处基层、联系群众紧密的优势，利用政协委员提案和社情民意，如实反映群众的意见和合理要求，提出切实可行的对策和建议，协助党委政府做好协调关系、化解矛盾、理顺情绪的工作。

三、把加强领导作为第一保证，努力开创政协工作新局面

政协工作是党的全局工作的重要组成部分，加强和改善党对人民政协工作的领导，是做好新形势下政协工作的基本保证。全县各级党组织一定要把政协工作摆在全局工作的重要位置，及时研究并统筹解决政协工作中的重大问题，切实加强与政协组织、政协委员以及各界别、各阶层代表人士的联系，鼓励和引导他们围绕党委政府的中心工作，搞好调查研究和视察考察活动，促进政协工作与县委中心工作的有效衔接。各乡镇、各部门要自觉接受政协的民主监督，积极支持和配合政协组织开展的调研、视察和评议活动，认真办理政协委员提案和委员反映的社情民意。政协委员所在单位也要积极为本单位委员履职提供便利和支持。要加大对政协工作的宣传力度，扩大政协组织的社会影响力，努力形成全社会重视、支持政协事业发展的良好局面。同时，政协要加强自身建设。充分发挥委员主体作用，切实提高委员自身素质和履职能力；进一步强化政协机关各专委会的职责和作用，提升机关干部的服务意识和政务性服务能力，为推动各项工作的顺利开展，提供有力保障。

各位委员、同志们，站在新起点，我们信心满怀；肩负新任务，我们责任重大。让我们在中共故城县委的坚强领导下，以党的十八大精神为指导，以科学发展观为统揽，解放思想，开拓进取，同心同德，扎实工作，为推动故城经济社会科学发展、加快发展做出新的更大的贡献！

凝心聚力 开拓进取 为谱写全面建成小康社会新篇章而努力奋斗

在政协故城县第九届委员会第三次全体会议上的讲话

（2014年2月17日）

中共故城县委副书记 闫文举

各位委员、同志们：

政协故城县第九届委员会第三次全体会议，今天隆重开幕了！来自全县各条战线、各个界别的200多名政协委员齐聚一堂，肩负人民重托，共商发展大计，这对于全县上下进一步统一思想，增进共识，团结和凝聚社会各方力量，加快推进故城全面建成小康社会进程，具有十分重要的意义。在此，我代表中共故城县委对大会的召开表示热烈的祝贺！向各位委员和应邀出席大会的同志们致以亲切的问候！

刚刚过去的2013年，是故城经济社会发展取得显著成绩的一年。一年来，中共故城县委、县政府带领全县人民，以党的十八大、十八届二中三中全会精神为指导，深入贯彻落实科学发展观，积极应对各种困难和挑战，努力拼搏，扎实进取，开创了故城经济社会发展新局面，谱写了跨越发展新篇章。项目建设、外贸出口、财政收入增幅均名列全市前茅，主要经济指标也达到了近年来最好水平，其中全县地区生产总值实现85.9亿元，同比增长8.6%；财政收入完成8亿元，同比增长37.9%。这些成绩的取得，是全县人民同心同德、开拓进取的结果，是全县上下抢抓机遇、干事创业的结果，也凝聚着广大政协委员和政协工作者的心血和汗水。

一年来，县政协在中共故城县委的正确领导下，团结带领广大政协委员，紧紧围绕县委、县政府中心工作，就助推工业经济发展提速、加快县城扩容升级、发展现代农业、建言城乡卫生环境整治以及推进教育、卫生、养老、就业等民生事业发展方面，做了大量卓有成效的工作，为推动故城经济社会又好又快发展做出了积极贡献。在此，我代表中共故城县委向县政协、广大政协委员以及全体政协工作者表示衷心的感谢！

各位委员、同志们，2014年是我县深入贯彻落实党的十八大、十八届三中全会精神，为全面建成小康社会夯实基础，实现科学发展、跨越发展的重要一年。在去年年底召开的县委十二届四次全会上，明确了2014年全县经济工作总的指导思想：全面贯彻落实党的十八大、十八届二中三中全会，中央经济工作会议、城镇化工作会议、农村工作会议，省委八届六次全体（扩大）会议和市委三届五次全体（扩大）会议精神，牢牢把握“乘势而上，跨越图强”的总要求，以改革创新为统领，以纵深推进四大攻坚战为战略重点，抓转型促升级、抓重项求突破、抓统筹惠民生、抓环境增活力、抓作风强保障，坚定不移地走全面改革、绿色崛起、富民强县、普惠民生之路，努力把全面建成小康社会各项事业推上新台阶。县委希望广大政协委员要进一步增强大局观念和责任意识，切实把思想和行动统一到县委全会的工作要求和部署上来，把力量凝聚到故城“乘势而上，跨越图强，提前建成小康社会”这一总体目标上来，为实现故城经济社会发展新跨越贡献智慧和力量。在此，我代表县委对做好今年政协工作，再讲四点意见：

一、始终坚持围绕发展第一要务，在推动故城科学发展中奋发有为

当前，加快发展仍然是故城立足新起点、

迈向新征程的第一要务。县政协要紧紧围绕县委中心工作，把助推发展当作履职第一要务，为推动故城经济社会持续健康快速发展贡献力量，发挥作用。在全面开展工作和履行政协职能中，一是要紧扣故城发展大局，扎实搞好协商议政。要充分利用政协全会、常委会、专题座谈会等形式，围绕县委2014年重大决策部署和重点工作安排，精心拟定协商议题，广泛开展协商讨论，提出具有前瞻性、针对性和可操作性的意见和建议，为党政领导科学决策提供参考依据。二是高度关注民生，进一步强化民主监督职能。2014年县政协要组织相关界别委员重点围绕医疗卫生、教育就业、社会保障、安全生产等人民群众关注度较高的民生问题，采取视察与督导相结合、评议与建议相结合的形式，为缓解社会矛盾、改善部门工作，促进环境优化，不断加大监督力度，积极履行民主监督职能。三是做好专题调查研究，不断提升参政议政水平。人民政协素有“人才库”“智囊团”之称，县政协要充分发挥人才济济、智力密集的工作优势，深入实际，走近基层，贴近群众，立足于党政所盼、群众所需、政协所能的一些重大课题，深入开展调查研究，打造建言立论精品，并不断加强和注重调研成果的采纳与转化，积极为故城科学发展、加快发展建言献策。

二、始终坚持以人为本，关注民生，在促进故城社会和谐中凝聚各方力量

故城要实现科学发展、加快发展，需要和谐稳定的社会环境。人民政协是大团结、大联合的象征，在促进社会和谐稳定，营造良好发展氛围中有着不可替代的政治作用。在新的一年里，县政协一是对内要增进团结，凝聚合力，积极推动与各党派、人民团体和各族各界人士的合作共事，巩固和发展最广泛的爱国统一战线。二是对外要扩大交流，深化合作。要充分发挥广大政协委员人脉资源丰富，海内外联系广泛的优势，把积极拓展对外联谊，与故城加快招商引资、项目建设以及产业转型等重点工作有机结合起来，通过加深与各方面的对接合作，争取更多地客商来我县洽谈投资，帮助更多企业牵线搭桥，吸引更多高层次人才来我县创业就业，为服务全县经济发展贡献更大力量。三是要倾听民声民情，积极反映社情民意。政协委员来自社会的各个阶层、各个方面，与人民群众有着密切的联系，要积极利用委员提案和社情民意这一渠道，如实反映群众的意见和合理要求，提出切实可行的对策和建议，协助党委政府做好协调关系、化解矛盾、理顺情绪的工作。

三、始终坚持不断加强领导，强化支持，为政协组织履行职能提供坚强保障

政协工作是党的全局工作的重要组成部分，加强和改善党对人民政协工作的领导，是做好新形势下政协工作的基本保证。全县各级党组织一是要把政协工作摆在全局工作的重要位置，及时研究并统筹解决政协工作中的一些重大问题，切实加强与政协组织、政协委员以及各界别、各阶层代表人士的联系，鼓励和引导他们围绕党委政府的中心工作，搞好调查研究和专题视察活动，促进政协工作与县委中心工作的有机衔接。二是各乡镇、各部门要自觉接受政协的民主监督，积极支持和配合政协组织开展的调研、视察、评议活动，认真办理政协提案和委员反映的社情民意；政协委员所在单位也要积极为本单位委员履职提供便利和支持；要加大对政协工作的宣传力度，扩大政协组织的社会影响力，努力形成全社会重视、支持政协事业发展的良好局面。三是要加强政协自身建设。要充分发挥委员主体作用，切实提高委员履职为民的大局意识和责任意识；进一步强化政协机关各专委会的职责和作用，提升机关干部的服务意识和工作效率，为推动各项工作的顺利开展，提供有力保障。

各位委员、同志们，站在新起点，我们信心满怀；肩负新任务，我们责任重大。让我们

在中共故城县委的坚强领导下，以党的十八大、十八届三中全会精神为指导，紧紧围绕“乘势而上，跨越图强”总要求，坚持以科学发展观为统揽，解放思想，开拓进取，同心同德，扎实工作，为推动故城经济社会科学发展、加快发展，为全面建成小康社会做出新的更大的贡献！

适应新常态把握新机遇 共同谱写故城乘势而上、跨越图强新篇章

在政协故城县第九届委员会第四次全体会议上的讲话

（2015 年 3 月 1 日）

中共故城县委书记 王亚杰

各位委员、同志们：

政协故城县第九届委员会第四次会议，今天隆重开幕了。这是全县人民政治生活中的一件大事，也是群贤毕至、集聚智慧的一次盛会。在此，我代表中共故城县委，向大会的召开表示热烈的祝贺！向各位委员和同志们致以诚挚的问候！

刚刚过去的 2014 年，是我县发展史上不寻常、不平凡的一年。面对严峻复杂的形势和繁重艰巨的任务，县委、县政府团结带领全县干部群众，抢抓机遇，创新实干，攻坚突破，全县经济社会实现持续较快发展。一是经济发展逆势上扬。县委、县政府始终坚持把发展作为第一要务，把握大势、保持定力、主动作为，全县财政收入在连续几年保持高幅增长的基础上，完成 11.4 亿元，同比增长 42.7%，增幅全市排名第一。二是发展后劲不断增强。全年新开工亿元以上项目 26 个，总投资 144 亿元。冀中能源矿用装备制造、香港新潮 3D 布料等一批重点项目加快建设，即将成为新的经济增长点；开门子肥业、奥冠循环经济产业园等一批亿元以上项目竣工投产。三是基础设施建设不断加快。交通工程完成投资 20.7 亿元，是前四年投资额的总和；衡德高速故城支线工程将结束故城不通高速的历史；改造翻修农村公路 110 公里，建设里程全市第一；地下水超采工程投资 4.2 亿元，全市投资额最大。四是城乡面貌变美变靓。坚持一手抓县城攻坚，一手抓新型社区推进，双向用力，互补互动，形成了以城带乡、统筹发展的新格局。五是现代农业快速发展。东大洼现代农业示范区，成功获批“省级农业开发示范区”。建国镇姜圈万亩蔬菜种植基地，被确定为市级“智慧农业”示范点。六是民生实事有效落实。在财力十分紧张的情况下，财政支出重点向民生领域倾斜，办成了一批得民心、顺民意的民生工程。2014 年民生各项财政支出 15.5 亿元，占到公共财政预算支出的 70%。七是生态环境持续好转。大力实施了大气污染、水污染、地下水超采综合治理，提前一年实现“一人一亩林”目标。八是党的建设全面加强。深入开展党的群众路线教育实践活动，党风政风和社会风气明显好转，为民务实清廉成为各级干部的自觉追求。

在经济下行压力加大的背景下，取得这样的成绩着实不易。这是市委、市政府正确领导的结果，是全县广大干部群众团结奋斗、拼搏进取的结果。一年来，县政协和广大政协委员，始终坚持正确的政治方向，突出团结、民主两大主题，扎实履行政治协商、民主监督、参政议政三大职能，做了大量富有成效的工作。特别是围绕重点项目建设、产业转型升级、新型城镇化、现代农业发展、综合配套改革等工作，

深入调查研究、积极建言献策、广泛开展监督、全力促进落实，为全县经济社会发展作出了重要贡献。在此，我代表中共故城县委，向县政协和广大政协委员，向各民主党派、工商联、人民团体和各族各界人士，表示衷心的感谢和崇高的敬意！

各位委员、同志们，2015 年是全面深化改革的关键之年，是实现跨越图强目标的关键一年，也是人民政协大有作为、不断发展进步的重要之年。下面，我代表县委讲三点意见：

一、要认清形势、把握机遇，坚定跨越发展的信心和决心

当前，我县正处于爬坡过坎、加快发展的关键时期。推进故城跨越图强，需要我们对新形势、新要求有一个清醒的认识，进一步形成共识、增强信心，顺势而为、乘势而上。

一要深刻认识新形势、新任务。去年底，中央召开经济工作会议，习近平总书记对经济发展新常态进行深刻阐述。省、市经济工作会议指出，要把创新驱动作为贯穿经济社会发展的一条主线。县委十二届五次全会暨经济工作会议提出，要以“乘势而上、跨越图强，全面建成小康社会”为总要求，主动适应经济发展新常态，牢牢把握“两稳定（稳定增长，稳定民生）、两优化（优化发展环境，优化项目质量效益）”工作主基调，深入推进改革，突出创新驱动，不断推动各项事业再上新台阶。我们召开这次会议，就是要通过大家的审议讨论，把县委、县政府的决策部署转变为全县人民的共同意志，转变为广大人民群众的自觉行动。

二要正确面对新困难、新问题。从外部环境看，国内外发展形势依然错综复杂，经济下行压力依然较大。从我县自身看，近几年经济社会发展虽然取得了长足进步，但发展不足仍是我们最大的问题。经济总量不大、产业层次不高、创新能力不足、项目质量不高、发展环境不优等深层次矛盾和问题尚未有效解决，战略性新兴产业和现代服务业发展相对滞后，新的经济增长点还不够充分。我们必须时刻保持清醒的头脑，对取得的成绩不能估计过高，对存在的问题不能估计过低。同时也要充分认识到，我们面临的困难是成长中的困难，遇到的问题是发展中的问题。只要我们紧紧咬住发展不动摇，变压力为动力，变劣势为优势，就一定能够克服前进中的困难，闯出一片新天地。

三要积极抢抓新机遇、新政策。京津冀协同发展上升为国家战略，无论是技术、资金，还是人才，都将更多地向河北涌流，把这些资源引进来，把这些要素把握好，都是我们跨越图强的重大契机。全市综合配套改革深入推进，相应会出台一系列优惠政策，一些职能也会下放到县，这些将为我县经济社会发展注入新的动力。特别是节前市委召开的全会，在调整产业结构、转变发展方式、推进企业发展等方面，释放了一系列强烈信号，全县上下一定要抢抓机遇、用好政策，积极有为、主动作为，确保在新常态下开创经济社会发展的新局面。

二、要牢记使命、尽职尽责，在跨越发展中实现更大作为

面对新常态、新时期、新要求，县政协和广大政协委员要牢记光荣使命，勇于担当作为，认真履行职能，努力创造无愧于历史、无愧于人民的业绩。

一要进一步凝聚社会各界的智慧力量。要牢牢把握正确的政治方向，深入学习贯彻习近平总书记系列重要讲话和十八届三中、四中全会精神，不断增进思想认同和政治定力，巩固团结合作的思想政治基础。要主动做好各界群众的思想工作，充分凝聚深化改革、依法治县、跨越图强的“正能量”。要深入宣传发动，多鼓发展之劲、多造改革之势，把方方面面的积极性、创造性集中到推动跨越图强上来。

二要进一步发挥政治协商的自身优势。要充分发挥人才荟萃、智力密集的优势，紧紧抓住制约故城改革发展的突出问题，深入开展调查研究和协商议政活动，提出更多具有前瞻性、创造性、建设性的意见和建议。要充分发挥位置超脱的优势，在推动综合配套改革上积极作

为，既要积极建言献策、提供支持，又要切实加强民主监督，促进政府职能转变，优化经济发展环境。要充分发挥联系广泛的优势，积极开展招商引资、招才引智，为创新驱动提供有力的要素保障。广大政协委员要把议大事与干实事结合起来，充分发挥模范带头作用。特别是企业家委员，适应新常态、抢抓新机遇，在转型升级、创新发展上实现更大作为，在做大做强、提质提效上取得更大突破。

三要进一步营造崇尚法治的良好环境。要提升法治思维和依法参政议政的能力，以宪法法律、政协章程和相关政策为依据，把协商形式、内容、程序纳入法治化轨道。要紧紧围绕党委决策的贯彻执行、政府部门依法行政、司法机关公正执法、干部队伍作风建设等，认真开展民主监督。广大政协委员要争做法治故城建设的模范践行者，带动和引领社会各界和广大群众学法、信法、守法、护法。

四要进一步推进民生实事的有效落实。要牢固树立“协商于民、协商为民”的理念，想民众之所想、解民众之所需，使政协工作更加符合民意、顺应民心。要把群众增收、就业创业、教育医疗、环境保护等问题，作为政治协商的重点议题、民主监督的重大事项、参政议政的重要领域，努力为群众办实事、做好事、解难事。要进一步畅通民情渠道，协助党委、政府多做沟通思想、释疑解惑，理顺情绪、化解矛盾的工作。要鼓励引导政协委员自觉践行党的群众路线，关注困难群体，投身公益事业，真诚服务群众，倾力回报社会，争做党和人民满意的好委员。

三、要加强建设、提升能力，凝聚跨越发展的强大力量

面对新形势、新任务，县政协和广大政协委员要不断解放思想、提升能力，着力探索创新政协工作的新思路、新举措。

一要加强思想建设。要进一步强化市场思维、开放思维、创新思维、法治思维，不断增强做好政协工作的科学性、实效性。二要加强能力建设。要着力提高政治把握能力、调查研究能力、联系群众能力、合作共事能力，在推动发展、服务群众中发挥更大作用。三要加强队伍建设。要突出政协委员主体作用，切实尊重和保障委员的民主权利，完善委员联络制度，为委员履职尽责创造更好条件。四要加强作风建设。要巩固和拓展群众路线教育实践活动成果，自觉践行社会主义核心价值观，维护政协组织和政协干部队伍的良好形象。五要加强廉政建设。要强化党性修养，恪守宪法法律，始终保持先进性和纯洁性，更好地肩负起人民政协的光荣使命。政协委员既是一种荣誉，更是一种责任。希望全体委员充分发挥在本职工作中的带头作用、政协工作中的主体作用、界别群众中的代表作用，在履行职能的舞台上更好地施展才华，在实际工作中为人民政协事业增光添彩。

人民政协事业是中国特色社会主义事业和党的工作的重要组成部分。各级各部门要认真学习贯彻习近平总书记在庆祝人民政协成立65周年大会上的重要讲话精神，积极支持政协事业发展，为政协更好地履行职能提供保障。同时，要自觉接受政协的民主监督，对政协提案特别是批评意见，要虚心接纳、认真整改，切实改进工作作风，不断提升工作水平。

各位委员、同志们，在推进故城“乘势而上、跨越图强，全面建成小康社会”进程中，人民政协大有可为，也必将大有作为。让我们更加紧密地团结在以习近平同志为总书记的党中央周围，适应新常态、共谋新发展、共创新辉煌，共同谱写故城乘势而上、跨越图强的新篇章！

在政协故城县第九届委员会第五次全体会议上的讲话

（2016年2月19日）

中共故城县委书记　王亚杰

各位委员、同志们：

政协故城县第九届委员会第五次会议，今天隆重开幕了。这是全县人民政治生活中的一件大事，也是共商如何开启故城“十三五”发展新征程，在新的起点上建设经济强县、美丽故城的一次盛会。在此，我代表中共故城县委，向大会的召开表示热烈的祝贺！向各位委员、与会同志和各界人士致以诚挚的问候！

已经过去的2015年，是我县“十二五”收官之年。在经济形势十分严峻的情况下，我们深入学习贯彻习近平总书记系列重要讲话精神，认真落实中央和省、市决策部署，解放思想、抢抓机遇、迎难而上、奋发作为，全县经济继续保持了增速提效、增比晋位的良好态势，为“十二五”画上了圆满的句号。回顾“十二五”，我县地区生产总值从63.4亿元增长到96.9亿元，全部财政收入从3.1亿元增长到10亿元，公共财政预算收入从1.4亿元增长到5.76亿元，固定资产投资从33.5亿元增长到132.3亿元，城镇居民人均可支配收入从11652元增长到19821元，农民人均纯收入从4269元增长到8447元；更为可喜的是，通过全县上下的共同努力，发展壮大了一批重点企业，引进建设了一批重点项目，打造形成了“一城四区”发展平台（县城，衡德、高新区、营东、东大洼），服装服饰、车辆装备制造、新能源新材料等特色产业逐步成长为主导产业。通过“十二五”的努力，故城已经站到了一个崭新的起点上，积蓄了向更高目标迈进的新动能。

奋斗充满艰辛，成绩来之不易。这是中央和省、市正确领导的结果，是全县人民团结拼搏、苦干实干的结果，也凝聚着县政协和政协委员的智慧与汗水。一年来，县政协和政协委员始终坚持正确的政治方向，突出团结、民主两大主题，扎实履行政治协商、民主监督、参政议政三大职能，紧紧围绕工业经济、项目建设、城乡建设、现代农业、民生改善等重项工作，深入调查研究，积极建言献策，为全县各项事业发展做出了积极贡献。在此，我代表中共故城县委，向县政协和政协委员，向各民主党派、工商联、无党派人士和各人民团体，向关心、支持故城发展的朋友们，表示衷心的感谢和崇高的敬意！

各位委员、同志们，成绩铸就自信，奋斗成就未来。今天的故城已经迈进了全面建成小康社会的崭新阶段。春节前，我们召开了县委十二届六次全会，针对“十三五”发展，作出了扎实推进“13636”工程（“13636”工程，即坚持“加快发展”一个要务，坚守“发展、生态、民生”三条底线，实施“项目立县、工业强县、三产兴县、农业升级、城乡统筹、绿色崛起”六大战略，强化“抓工业上项目、抓改革谋创新、抓四化促融合”三大举措，推进“经济建设、政治建设、文化建设、社会建设、生态文明建设和党的建设”六个建设）的战略部署，明确了“一个高于，两个提前翻番，一个全面建成”的主要目标，描绘了建设“经济强县、美丽故城”的宏伟蓝图。

今年是“十三五”开局之年，决胜全面建成小康社会的大幕已经拉开。全县上下务必要把思想和行动统一到中央和省、市、县委决策部署上来，以“五大发展理念”为引领，努力开创“五个故城”建设的新局面，为建设经济强县、美丽故城奠定坚实的基础。

一、坚定不移抓发展，不断推动全县经济增比进位，着力打造实力新故城

要坚持“加快发展”第一要务不动摇，切实把经济建设摆上中心位置，推动思想向发展统一，心思向发展集中，力量向发展凝聚，在全县上下汇聚强大的发展合力。要深入持久地实施“六大发展战略”（项目立县、工业强县、三产兴县、农业升级城乡统筹、绿色崛起），在提高发展速度上用实劲，在提高发展效益上求突破，推动全县经济跨越发展。要举全县之力开展“项目建设攻坚年”活动，努力在招商引资、项目建设、产业升级、园区建设、现代农业等方面实现新突破，不断增强发展的实力和竞争力。

二、解放思想抓创新，不断增强更好更快发展动力，着力打造活力新故城

党的十八届五中全会提出的“五大发展理念”，第一位的就是“创新发展”，可以说这是“十三五”时期经济结构战略性调整的关键驱动因素。要把创新作为全面建成小康社会的主要动力，认真研究经济发展新常态下故城怎么干、怎么干好的重大课题，科学把握结构优化、动力转换的新特征，摆脱思维定式，转变思维方式，在全面深化改革、加快科技创新、破解要素瓶颈、提升服务水平等方面下功夫、求突破，努力打造思维最活跃、政策最优惠、服务最高端、群众最满意的创新发展之地。

三、全心全意抓民生，不断提升群众的幸福感，着力打造幸福新故城

民生连着民心，民心凝聚民力。在加快发展进程中，必须牢固树立共享发展理念，牢牢守住民生底线，坚持发展依靠人民，发展为了人民，发展成果由人民共享，不断加大民生投入，优化财政支出结构，着力提高人民群众收入和社会保障水平，确保城乡居民收入提前实现翻番。要围绕县委政府安排部署的一系列民生工程，全心全意办好民生实事，给人民群众以更多获得感。要全面打响脱贫攻坚战，坚持精准扶贫，注重工作创新，严格落实责任，用心用力推动扶贫开发，力争今年、确保明年成功摘掉省级贫困县的“帽子”，到“十三五”末与全国全省全市同步建成小康社会。

四、坚持不懈抓生态，不断优化发展环境，着力打造美丽新故城

绿水青山就是金山银山。要把生态文明建设作为重大政治责任，牢牢守住生态底线，不逾越、不突破，坚定不移地走好绿色崛起的发展道路。要不断深化拓展绿化造林工程，确保森林覆盖率持续较快提高。要加大节水治水力度，全面加快城乡污水处理设施建设改造和地下水超采综合治理进程，确保饮用水水源安全、地下水基本实现采补平衡。要坚持发展为环境让路，牢牢守住项目建设绿色门槛，绝不能上一个污染项目，着力构建绿色、低碳、环保的产业新体系，为故城的永续发展奠定基础。要以强烈的政治使命感向大气污染宣战，以最严格的责任、最严厉的举措落实防治大气污染的各项部署，确保空气质量明显好转，还人民群众一个天蓝、地绿、水清、气爽的生活空间。

五、统筹兼顾抓协调，不断构筑平衡发展新格局，着力打造和谐新故城

城乡统筹一体发展、推进公共服务水平均等化，是县委、县政府重点推进的工作之一，也是广大人民群众的现实需要。要按照中等城市建设标准，大力实施“县城建设三年攻坚”行动，进一步完善基础设施建设，挖掘培育城市文化，建立健全精细化管理长效机制，不断推进县城做大做强。要按照“小城镇大战略”的思路，推动各乡镇立足地理方位和产业优势，打造独具特色的小城镇。要把美丽乡村建设和“三区同建”紧紧抓在手上，积极探索、大胆创新，力争在全市率先抓出成效，让农村面貌

更美更亮，让群众生活环境更舒适。

各位委员、同志们，新使命要有新状态、新征程要有新气象。要结合“三严三实”专题教育和解放思想大讨论，深入开展作风大整顿，着力解决“不能为、不想为、不敢为”的突出问题，推动全县上下以“人一之我十之、人十之我百之”的拼命劲头干工作，以奋发有为的精神风貌抓落实求突破。要树立事争一流的工作标准。敢于向先进对标、与强者争先，高标准、严要求推动本职工作显特色、提档次、上水平，推动故城的各项工作在省、市创一流、争先进。要强化敢于担当的责任意识。坚决破除不担责任、循规蹈矩、考虑自己得失、争取部门利益等旧风陋习，旗帜鲜明地为激情工作、干事创业的干部撑腰壮胆作后盾，引导干部以改革创新的思路、攻坚克难的勇气干大事、创大业。要形成干净干事的行动自觉。严格落实“两个责任”，强化落实“一岗双责”，真正把政治纪律和政治规矩刻在脑中、挺在前面，坚持不懈纠“四风”，持而不息转作风，努力锻造一支“想干事、会干事、不出事”的干部队伍。

各位委员、同志们，新的使命、新的征程，为政协事业提供了新的更大的舞台。县政协和政协委员要始终坚持政协工作的正确方向，恪守尽职、扎实工作，努力为建设经济强县、美丽故城作出新贡献。要充分发挥联系面广、包容性强的优势，把不同阶层、不同民族、不同信仰的人们聚集起来，把广大群众和各界人士团结起来。要充分发挥人才荟萃、智力密集的优势，围绕县委、县政府中心工作，深入开展专题调研和协商议政活动，集净言良策，汇真知灼见。要充分发挥贴近群众、联系广泛的优势，带头落实县委、县政府决策部署，积极在各自岗位上建功立业，努力为广大群众树好标杆。

人民政协事业，是中国特色社会主义事业和党的工作的重要组成部分。县委将一如既往地重视和支持政协按照章程履行职能，各级各部门也要关心支持政协工作，对政协组织的视察、调研等活动，要积极协助，密切配合；对政协提出的提案、建议，要高度重视，认真办理。

各位委员、同志们，在全面建成小康社会进程中，人民政协大有可为，也必将大有作为。让我们更加紧密地团结在以习近平同志为核心的党中央周围，激情工作、干事创业，为顺利完成全面建成小康社会任务，为加快建设经济强县、美丽故城而努力奋斗。

第九节　县委领导在政协故城县第十届委员会开幕会上的讲话

在政协故城县第十届委员会第一次会议上的讲话

（2017 年 2 月 18 日）

中共故城县委书记　马玉来

各位委员、同志们：

政协故城县第十届委员会第一次会议隆重开幕了。这是继故城县第十三次党代会闭幕后召开的又一次十分重要的会议。会议将认真总结县政协九届委员会五年来的工作，选举产生新一届政协领导班子，提出新一届政协工作建议，协商、讨论《政府工作报告》等一系列重要报告及重要人事安排。这次会议对于实现我县政协新老交替，政协工作承前启后、继往开来，进一步动员全县人民团结奋进、创新实干，共同走好发展新路、全面建成小康社会，具有十分重要的意义。在此，我代表中共故城县委，对大会的召开表示热烈的祝贺！向全体政协委员和与会同志致以亲切的问候！

过去的五年，是故城发展进程中极不平凡的五年，面对复杂环境和压力挑战，我们深入学习贯彻习近平总书记系列重要讲话精神，认真落实中央和省、市一系列决策部署，主动适应经济发展新常态，解放思想、抢抓机遇、攻坚克难、砥砺前行，开创了各项事业的新局面。五年来，我县经济综合实力显著增强，全部财政收入增长了一倍多、达到9.47亿元，固定资产投资从63亿元增长到141亿元，城镇居民人均可支配收入从13230元增长到21870元，农村居民人均可支配收入从5126元增长到9503元；更为可喜的是，通过全县上下的共同努力，打造形成了“一城四园”发展平台（县城，衡德、高新、营东、东大洼），培育发展了服装服饰、车辆装备制造、新能源新材料、绿色安全食品、现代服务业“五大主导产业”，引进建设了泰国正大、北京博得等一批重点项目，扶持壮大了青竹、奥冠等一批重点企业。通过五年的努力，故城已经站到了一个崭新的起点上，积蓄了向更高目标迈进的新动能。

这些成绩的取得，是中央和省、市正确领导的结果，是全县人民团结拼搏、苦干实干的结果，也凝聚着县政协和政协委员的智慧与汗水。五年来，县政协和政协委员始终坚持正确的政治方向，突出团结、民主两大主题，扎实履行政治协商、民主监督、参政议政三大职能，紧紧围绕工业经济、项目建设、城乡建设、现代农业、民生改善等重项工作，深入调查研究，积极建言献策，为全县各项事业发展做出了积极贡献。县政协这五年卓有成效的工作，得到了社会各界的广泛认可，县委是非常满意、充分肯定的。在此，我代表中共故城县委，向县政协和政协委员，向各民主党派、工商联、无党派人士和各人民团体，向关心、支持故城发展的朋友们，表示衷心的感谢和崇高的敬意！

这次政协换届，由于年龄和工作原因，部分老同志将不再担任政协领导职务。这些同志在任期间，讲政治、讲大局，尽职尽责，务实工作，为故城发展和人民政协事业倾注了大量心血，做出了积极贡献。在此，让我们以热烈的掌声向他们致以崇高的敬意！

未来五年是故城县经济发展的转型期、全面深化改革的攻坚期和全面建成小康社会的决胜期。刚刚闭幕的县第十三次党代会，明确了今后五年工作的指导思想和主要目标，描绘了全面建成小康社会、建设“经济强县、美丽故城”的宏伟蓝图。面对新的发展形势和任务，我们比以往任何时候更加需要增强紧迫感，比以往任何时候更加需要调动起一切积极因素，比以往任何时候更加需要全县上下齐心协力干事创业。希望县政协和广大政协委员围绕大局、发挥优势、履行职责、主动作为，在推动我县新一轮改革发展、跨越提升中发挥更大作用，做出更大贡献。

在此，我代表中共故城县委，提出三点希望：

一、始终坚持正确的政治方向，坚决同以习近平同志为核心的党中央保持高度一致

备受瞩目的中共十八届六中全会，深入研究了全面从严治党重大问题，审议通过了《关于新形势下党内政治生活的若干准则》和《中国共产党党内监督条例》，进一步明确了习近平同志的核心地位，充分体现了中共中央坚定不移推进全面从严治党的坚强决心和历史担当，对统筹推进“五位一体”总体布局和协调推进“四个全面”战略布局意义重大、影响深远。

县政协和全体委员要把学习贯彻中共十八届六中全会精神作为一项重要政治任务，与学习贯彻党中央治国理政的新理念新思想新战略结合起来，与学习贯彻习近平同志系列重要讲话精神结合起来，与学习贯彻省、市、县系列会议精神结合起来，做到学而信、学而思、学

而行，打牢团结奋斗的共同思想政治基础。要深刻认识中国共产党的领导是人民政协事业发展进步的根本保证，进一步增强政治意识、大局意识、核心意识、看齐意识，把拥戴、维护、捍卫核心作为首要的政治纪律，做到以党的旗帜为旗帜，以党的方向为方向，以党的意志为意志，更加坚定地维护以习近平同志为核心的党中央权威，思想上认同核心、政治上维护核心、行动上紧跟核心。

二、努力践行光荣使命，为全面建成小康社会做出积极贡献

实现县第十三次党代会确定的目标任务，确保与全国全省全市一道全面建成小康社会，需要全县上下同心同向、努力拼搏、真抓实干。县政协和广大政协委员要牢记光荣使命，勇于担当作为，努力创造无愧于历史、无愧于人民的业绩。

一要进一步凝聚社会各界的智慧力量。要充分发挥代表性强、联系面广的优势，大力宣传故城的发展思路、发展机遇、发展优势、发展成效，讲好故城故事、树好故城形象，为引进项目、资金、技术和人才牵线搭桥，争取更多外来客商到故城投资创业。要主动做好各界群众的思想工作，充分凝聚走好发展新路、全面争创一流的“正能量”。要深入宣传发动，多鼓发展之劲、多造改革之势，把方方面面的积极性、创造性集中到全面建成小康社会、建设经济强县美丽故城上来。

二要进一步围绕中心工作建言献策。今后五年既是故城加快发展的黄金机遇期，也是故城加快发展的严峻挑战期。县政协要充分发挥人才荟萃、智力密集的优势，主动融入发展大局，找准位置、选准角度、体现作为，紧紧围绕“转型升级走新路、建设现代农业强县、创建国家级园林县城、改革创新、对接京津冀一体化、扶贫脱贫、生态建设、民主法治、宣传思想文化、党的建设”十个方面的重项工作，特别是针对制约发展的矛盾点、事关全局的关键点、未来竞争的制高点和社会各界的关注点，深入开展调查研究和协商议政活动，提出更多具有前瞻性、创造性、建设性的意见和建议。广大政协委员要把议大事与干实事结合起来，充分发挥模范带头作用。特别是企业家委员，要适应新常态、抢抓新机遇，在转型升级、争创一流上实现更大作为，在做大做强、提质提效上取得更大突破。

三要进一步推进民生实事的有效落实。要牢固树立“协商于民、协商为民”的理念，想民众之所想、解民众之所需，使政协工作更加符合民意、顺应民心。要把群众增收、就业创业、教育医疗、环境保护等问题，作为政治协商的重点议题、民主监督的重大事项、参政议政的重要领域，努力为群众办实事、做好事、解难事。要进一步畅通民情渠道，协助党委、政府多做沟通思想、释疑解惑，理顺情绪、化解矛盾的工作。要鼓励引导政协委员自觉践行党的群众路线，关注困难群体，投身公益事业，真诚服务群众，倾力回报社会，争做党和人民满意的好委员。

四要进一步巩固团结和谐的良好局面。要积极营造民主氛围，鼓励委员畅所欲言，把政协建设成为各方面交流、交融的重要平台。要始终与县委政府同步合拍、同频共振，不断巩固和发展民族、宗教等爱国统一战线，努力把各方的力量团结起来、优势发挥出来、潜力挖掘出来，凝聚走好新路、争创一流的强大合力。要主动参与社会治理，发挥政协在沟通思想、理顺情绪、解疑释惑、化解矛盾等方面的作用，充分反映社情民意，最大限度地减少不稳定因素、增加和谐因素，进一步巩固和发展故城安定团结的政治局面。要扎实开展民主监督，紧盯全县重大决策部署的贯彻落实，紧盯各级党员干部的作风建设，明确监督内容、突出监督重点、规范监督流程，提高民主监督的质量和成效。

三、不断加强自身建设，在跨越发展中实现更大作为

加强自身建设是人民政协充分发挥作用的重要基础。面对新形势、新任务，新一届县政

协和政协委员要不断解放思想、提升能力，着力探索创新政协工作的新思路、新举措。一要加强思想建设。坚持用习近平总书记系列讲话精神武装头脑，不断增强做好政协工作的科学性、实效性。二要加强能力建设。着力提高政治把握能力、调查研究能力、联系群众能力、合作共事能力，在推动发展、服务群众中发挥更大作用。三要加强队伍建设。要突出政协委员主体作用，切实尊重和保障委员的民主权利，为委员履职尽责创造更好条件。四要加强作风建设。要巩固和拓展“三严三实”专题教育、“两学一做”学习教育活动成果，维护政协组织和政协干部队伍的良好形象。五要加强廉政建设。要强化党性修养，恪守宪法法律，始终保持先进性和纯洁性，践行好人民政协的光荣使命。政协委员既是一种荣誉，更是一种责任。希望全体委员充分发挥在本职工作中的带头作用、政协工作中的主体作用、界别群众中的代表作用，在履行职能的舞台上更好地施展才华，在实际工作中为人民政协事业增光添彩。

人民政协是党的工作的重要组成部分。加强和改善党对政协工作的领导，是做好新形势下政协工作的根本保证，也是党委的重大政治责任。要按照总揽全局、协调各方的原则，认真贯彻落实中央、省委、市委、县委关于加强人民政协工作的系列文件精神，把政协工作摆在重要位置，做到思想上高度重视、政治上悉心关怀、决策上充分信任、工作上大力支持。全县各级党委（党组）要自觉接受政协的民主监督，积极采纳政协的参政议政成果。要及时帮助解决政协工作中遇到的实际困难和问题，努力为政协组织和广大政协委员履行职责、开展工作创造良好环境。

各位委员、同志们，风正潮平正宜破浪扬帆，任重道远更需策马扬鞭。让我们更加紧密地团结在以习近平同志为核心的党中央周围，进一步解放思想、振奋精神，同心同德、群策群力，锐意进取、奋发有为，为顺利完成全面建成小康社会任务，为加快建设经济强县、美丽故城而努力奋斗。

在政协故城县第十届委员会第二次会议上的讲话

（2018 年 2 月 7 日）

中共故城县委书记　马玉来

各位委员、同志们：

政协故城县第十届委员会第二次会议隆重开幕了。这是全县人民政治生活中的一件大事，也是群贤毕至、集聚智慧，在新时代新起点上建设经济强县、美丽故城的一次盛会。在此，我代表中共故城县委，向大会的召开表示热烈的祝贺！向各位委员、与会同志和各界人士致以诚挚的问候！

刚刚过去的 2017 年，是故城发展史上不平凡的一年，我们深入学习贯彻落实习近平总书记系列重要讲话精神，认真落实中央和省市决策部署，解放思想、抢抓机遇、迎难而上、奋发作为，全县经济社会继续保持了良好的发展态势。经济稳中向好。全部财政收入完成 10.2 亿元，同比增长 7.9%。地区生产总值完成 130.9 亿元，同比增长 6.8%。其他各项经济指标均实现稳中有升。项目建设成效显著。签约落地项目 101 个，总投资 300 多亿元。正大、冀德、崇天等重大项目建设快速推进。总投资 102 亿元的北京绿色印刷、安新三台制鞋、雄县鹏帅乳胶、雄县纸塑包装、北京智能家具等 5 个产业园落地生根，北京、雄安等地 300 多家项目呈现抱团转移、集群落地的良好态势。传统产业技改升级加快步伐，新兴产业集聚提升。青竹、山水、奥冠等骨干企业在转型升级中实现了跨越式发展，税收大幅增长。城乡建设发力提升。总投资70多亿元，启动实施了旧城改造、基础配套、绿化美化等30多项重点工程，推进了城市管理综合体制改革，县城功能不断完善、管理水平进一步提高。现代农业加快发展。总投资超百亿元的泰国正大1亿只肉鸡全产业链项目，核心项目食品加工厂开工建设。依托茂丰、康宏、绿康等重点项目和龙头企业，农业产业化、规模化、组织化、标准化水平不断提高，一二三产加快融合。民生改善持续加快。以人民为中心，着力加大民生投入，加强就业和社会保障，实施集中供暖、县职教中心实训楼新建、县直二幼迁建、县医院病房楼新建、老年公寓建设、省“四好公路”创建、医共体改革等一系列民生工程，办成了一批民生实事好事，解决了一批热点难点问题，人民群众幸福感和满意度进一步提升。生态环境不断优化。严格落实大气治理“1+25”政策体系，落实河长制，431家“散乱污”企业全部整治到位，空气和水质量明显改善。倾力抓好精准脱贫攻坚。整合资金2亿元，持续推进贫困村基础设施建设和产业扶贫“双会战”，51个贫困村、2185户3668人可实现脱贫出列。故城已经站到了一个崭新的起点上，积蓄了向更高目标迈进的新动能。

这些成绩的取得，是中央和省、市正确领导的结果，是全县人民团结拼搏、苦干实干的结果，也凝聚着县政协和广大政协委员的智慧与汗水。换届以来，新一届政协和广大政协委员始终坚持正确的政治方向，突出团结民主两大主题，扎实履行政治协商、民主监督、参政议程三大职能，紧紧围绕工业经济、项目建设、城乡建设、现代农业、民生改善等重项工作，深入调查研究，积极建言献策，为全县各项事业发展做出了积极贡献。县政协这一年卓有成效的工作，县委满意，各界认可。在此，我代表中共故城县委，向县政协和政协委员，向各民主党派、工商联、无党派人士和各人民团体，向关心、支持故城发展的各界朋友，表示衷心的感谢和崇高的敬意！

2018年是贯彻落实十九大精神的开局之年，是改革开放四十周年，也是落实“十三五”规划承上启下的重要一年。刚刚闭幕的县委十三届四次全会，明确了全年工作的指导思想和主要目标，确定了高质量、快速度发展的主题，项目兴县、创新驱动、乡村振兴、绿色发展“四大战略”，项目建设、转型升级、精准脱贫、城乡建设、农业升级、改革创新、生态治理、民生改善“八大攻坚”，以及党的领导和党的建设这个重要保障，吹响了新时代前进的号角。面对新的发展形势和任务，我们比以往任何时候更需要增强紧迫感，比以往任何时候更需要动员一切积极因素，比以往任何时候更需要全县上下齐心协力干事创业。希望县政协和广大政协委员落实好中央和省市县各项决策部署，发挥优势、履行职责、主动作为，在推动全县高质量、快速度发展中发挥更大作用，作出更大贡献。

在此，我代表中共故城县委，提出三点希望：

一、认真学习贯彻党的十九大精神，旗帜鲜明讲政治

党的第十九次代表大会是在决胜全面建成小康社会、中国特色社会主义进入新时代的关键时期召开的一次十分重要的大会，开启了党团结带领全国各族人民奋勇前进的新征程。习近平新时代中国特色社会主义思想，内涵丰富、博大精深，是我们强大的思想武器。县政协和全体委员要把学习贯彻党的十九大精神作为一项重要政治任务，与学习贯彻省、市、县系列会议精神结合起来，做到学而信、学而思、学而行，打牢团结奋斗的共同思想政治基础。要深刻认识中国共产党的领导是人民政协事业发展进步的根本保证，进一步增强政治意识、大局意识、核心意识、看齐意识，把拥戴核心、维护核心、捍卫核心作为首要的政治纪律，做到以党的旗帜为旗帜，以党的方向为方向，以党的意志为意志，更加坚定地维护以习近平同

志为核心的党中央权威，思想上认同核心、政治上维护核心、行动上紧跟核心。要坚持以习近平新时代中国特色社会主义思想武装头脑、指导实践，全面对标对表党的十九大和中央、省委、市委、县委系列会议精神，牢固树立“四个意识”、质量第一、改革开放、市场意识、生态文明、人民至上“六个观念”，牢牢把握发展高质量、增长快速度主基调，提升工作标准、调优工作状态、激发工作热情、增强工作本领，走出一条具有县域特色、故城特点的新路子。

二、践行光荣使命，在服务发展上实现更大作为

新时代、新形势、新任务，给我们提出了新的要求，县政协和广大政协委员要牢记光荣使命，勇于担当作为，认真履行职能，努力开创政协工作新局面。

一要进一步发挥政治协商的自身优势。要充分发挥人才荟萃、智力密集的优势，围绕重项工作，紧紧抓住制约发展的突出问题，深入开展调查研究和协商议政活动，提出更多具有前瞻性、创造性、建设性的意见和建议。要充分发挥位置超脱的优势，既要积极建言献策、提供支持，又要切实加强民主监督，促进政府职能转变，力促营商环境优化。要充分发挥联系广泛的优势，大力宣传故城的发展思路、发展机遇、发展优势、发展成效，讲好故城故事、树好故城形象，为引进项目、资金、技术和人才牵线搭桥，吸聚更多外来客商到故城投资创业。广大政协委员要把议大事与干实事结合起来，充分发挥模范带头作用。特别是企业家委员，要抢抓机遇，在转型升级、创新发展上实现更大作为，在做大做强、提质提效上取得更大突破。

二要进一步推进民生实事的有效落实。要牢固树立“协商于民、协商为民”的理念，想民众之所想、解民众之所需，使政协工作更加符合民意、顺应民心。要把群众增收、就业创业、教育医疗、环境保护等问题，作为政治协商的重点议题、民主监督的重大事项、参政议政的重要领域，努力为群众办实事、做好事、解难事。要进一步畅通民情渠道，协助党委、政府多做沟通思想、释疑解惑，理顺情绪、化解矛盾的工作。要鼓励引导政协委员自觉践行党的群众路线，关注困难群体，投身公益事业，真诚服务群众，倾力回报社会，积极参与“百企帮百村”扶贫助贫行动，争做党和人民满意的好委员。

三要进一步巩固团结和谐的良好局面。要积极营造民主氛围，鼓励委员畅所欲言，把政协建设成为各方面交流、交融的重要平台。要始终与县委政府同步合拍、同频共振，不断巩固和发展民族、宗教等爱国统一战线，努力把各方的力量团结起来、优势发挥出来、潜力挖掘出来，凝聚走好新路、争创一流的强大合力。要主动参与社会治理，发挥政协在联系沟通群众方面的作用，充分反映社情民意，最大限度地减少不稳定因素、增加和谐因素，进一步巩固和发展故城安定团结的政治局面。要扎实开展民主监督，紧盯全县重大决策部署的贯彻落实，紧盯各级党员干部的作风建设，明确监督内容、突出监督重点、规范监督流程，提高民主监督的质量和成效。

三、不断加强自身建设，全力开创新时代政协工作新局面

面对新形势、新任务，县政协和政协委员要不断解放思想、提升能力，着力探索政协工作的新思路、新举措。一要强化理论武装。坚持用习近平新时代中国特色社会主义思想武装头脑，不断增强做好政协工作的科学性、实效性。二要增强履职能力。着力提高政治把握能力、调查研究能力、联系群众能力、合作共事能力，在推动发展、服务群众中发挥更大作用。三要加强队伍建设。突出政协委员主体作用，切实尊重和保障委员的民主权利，为委员履职尽责创造更好条件。四要进一步转变作风。深入推进“两学一做”常态化制度化，以“十查十改”为抓手，进一步纠正“四风”、转变作风，维护政协组织和政协干部队伍的良好形象。

政协委员既是一种荣誉，更是一种责任。希望全体委员充分发挥在本职工作中的带头作用、政协工作中的主体作用、界别群众中的代表作用，在履行职能的舞台上更好地施展才华，在实际工作中为人民政协事业增光添彩。

人民政协是党的工作的重要组成部分。加强和改善党对政协工作的领导，是做好新形势下政协工作的根本保证，也是党委的重大政治责任。要按照总揽全局、协调各方的原则，认真贯彻落实中央、省委、市委、县委关于加强人民政协工作的系列文件精神，把政协工作摆在重要位置，做到思想上高度重视、政治上悉心关怀、决策上充分信任、工作上大力支持。全县各级党委（党组）要自觉接受政协的民主监督，积极采纳政协的参政议政成果。要及时帮助解决政协工作中遇到的实际困难和问题，努力为政协组织和广大政协委员履行职责、开展工作创造良好环境。

各位委员、同志们，新时代、新征程，人民政协大有可为，也必将大有作为。让我们更加紧密地团结在以习近平同志为核心的党中央周围，深入贯彻党的十九大精神以及中央和省委、市委、县委系列会议精神，锐意进取、奋发作为，为决胜全面建成小康社会，开创新时代全面建设经济强县、美丽故城新局面做出新的更大贡献。

在政协故城县第十届委员会第三次会议上的讲话

（2019 年 1 月 28 日）

中共故城县委书记　彭晓明

各位委员、同志们：

在全县上下深入学习习近平新时代中国特色社会主义思想和党的十九大精神，认真贯彻落实中央和省委市委系列重大决策部署，为实现故城发展“一年起步开局，三年大见成效，五年跨越图强，重返全市前列，再创故城辉煌”的宏伟目标秣马厉兵的关键时刻，政协故城县第十届委员会第三次会议今天隆重开幕了。这是全县人民政治生活中的一件大事。在此，我代表中共故城县委，向大会的胜利召开表示热烈的祝贺！向出席会议的全体政协委员、各位同志致以诚挚的问候！

刚刚过去的 2018 年，是我县发展史上极不平凡的一年。全县上下在习近平新时代中国特色社会主义思想的光辉指引下，认真贯彻落实中央和省市党委政府决策部署，克服了一个又一个困难，经历了一个又一个考验，推进故城经济社会发展迈上了新台阶。脱贫攻坚工作一度比较被动的局面在较短时间内得以扭转，顺利完成了省考核验收和国家脱贫成效考核。经济高质量快速发展的战略布局全面铺开，招商引资和项目建设成效显著，现有产业和骨干企业在转型升级中增势强劲，各项经济指标稳中有升。乡村振兴战略开局良好，农业结构进一步优化，现代农业呈现强劲发展态势，农村改革深入推进，人居环境显著改善。发展环境持续优化提升，生态环境明显改善，营商环境进一步优化，社会环境显著好转。各项社会事业健康发展，住房、学校、医院、电力、交通建设等一大批民生工程投用惠民，人民群众的获得感、幸福感进一步增强。一年来，在凝心聚力脱贫攻坚的同时，全县各级各单位立足本职、争先创优，争得了国家义务教育发展基本均衡县、河北省中医药强县、河北省农村集体产权改革试点县、河北省农村人居环境整治全域完成示范县等 17 个省级以上荣誉称号。每个故城人都应为当前来之不易的工作局面和这些荣誉而感到欣慰和自豪！

成绩来之不易，荣誉饱含艰辛。这些成绩和荣誉的取得，是以习近平同志为核心的党中央正确领导、把舵领航和省委市委正确领导、鼎力支持的结果，是全县人民团结拼搏、苦干实干的结果，其间也凝聚着广大政协委员、各民主党派、工商联和无党派人士、各人民团体和各族各界人士的智慧与汗水。一年来，县政协和广大政协委员坚持不忘初心、牢记使命、跟党前行，献计出力，团结各界，主动作为。特别是组织全体政协委员和社会各界人士，深入学习贯彻习近平新时代中国特色社会主义思想和党的十九大精神，围绕团结、民主两大主题，围绕县委、县政府中心工作，聚焦大事政治协商，紧盯要事民主监督，关注实事参政议政，形成了一批高质量的调研报告和建议案，促进了全县一批改革事项和惠民举措落地实施，特别是在助力助推脱贫攻坚、重大项目建设、生态环保、文化建设、民生事业发展等方面发挥了重要作用，做出了积极贡献。在此，我代表中共故城县委，向县政协和全体政协委员，向各民主党派、工商联和无党派人士，表示衷心的感谢和崇高的敬意！

今年是新中国成立70周年，人民政协成立70周年。新的一年，县政协和广大政协委员要坚持以习近平新时代中国特色社会主义思想统揽政协工作，切实把思想和行动统一到中共中央和省市党委政府的决策部署上来，把智慧和力量凝聚到落实县委、县政府各项工作要求上来，发挥优势，主动作为，在推动故城经济社会高质量快速发展的生动实践中，发挥更大作用，做出更大贡献。在此，我代表中共故城县委讲五点意见：

一、把政治建设摆在首位，确保坚定正确的政治方向

政协是党领导下的政治组织，旗帜鲜明讲政治是第一位的要求。要增强政治自觉，牢固树立“四个意识”，持续增强“四个自信”，自觉践行“两个维护”，不断增强对中国特色社会主义的政治认同、思想认同、理论认同、情感认同，夯实团结奋斗的共同思想政治基础。要增强思想自觉，深学笃用习近平新时代中国特色社会主义思想，深刻把握这一重要思想的科学体系和丰富内涵，把握贯穿其中的马克思主义立场观点方法，做到学思用融会、知信行贯通，坚定自觉地用党的创新理论武装头脑、指导实践、推动工作。要增强行动自觉，全面落实习近平总书记关于加强和改进人民政协工作的重要论述，认真学习贯彻省委全会、市委全会、省市“两会”和县委十三届六次全会精神，更加积极主动地融入大局、服务大局，创造性地推动党中央和省委、市委、县委决策部署落地见效、开花结果。

二、始终围绕中心、服务大局，把故城经济社会高质量快速发展推上新水平

当前，故城正处在非常难得的历史性窗口期和战略性机遇期。前不久召开的县委十三届六次全会，围绕推进故城经济社会高质量快速发展，描绘了“一年起步开局，三年大见成效，五年跨越图强，重返全市前列，再创故城辉煌”的宏伟蓝图，明确了打造四大发展新引擎、打好七大攻坚战的重点任务。县政协和广大政协委员要坚持在大局下思考、在大局下行动，充分发挥代表性强、联系面广、包容性大的优势，找准履职尽责切入点，在建言资政和凝聚共识上双向发力，汇聚拼搏竞进、奋发作为、追梦圆梦的磅礴力量。要聚焦高质量快速发展协商议政，围绕精准招商、项目建设、产业转型升级、衡德园区产业生态城建设、西北新城区建设、大运河文化产业带建设，统一思想、集思广益、凝聚共识。要聚焦乡村振兴战略实施资政建言，围绕脱贫三年攻坚、打造现代农业强县、农村人居环境整治、农村改革和建设，研究重大问题，多建睿智之言，多献务实之策。要聚焦改善民生献计出力，围绕生态文明建设和群众关心的就业、教育、医疗、养老、社会保障等热点难点问题，加强民主监督，提出意见建议，着力提升人民群众的幸福指数。要聚

焦维护稳定凝心聚力，围绕防范重大风险、创新社会治理、深化扫黑除恶、化解信访积案、加强安全生产等，多做理顺情绪、化解矛盾的工作，把首都政治“护城河”筑得更牢。

三、牢牢把握人民政协的新方位，努力开创社会主义协商民主的新境界

人民政协是具有中国特色的制度安排，是党的群众路线在政治领域的重要体现。县政协和广大政协委员要围绕团结和民主两大主题，拓展协商内容，丰富协商形式，更好发挥人民政协作为社会主义协商民主重要渠道和专门协商机构的重要作用。要推进协商民主深入发展，认真落实中央和省委、市委、县委关于政治协商民主建设的部署要求，把协商民主贯穿履职尽责全过程，巩固和发展以政协全体会议为龙头，以常委会会议协商、专题协商为重点，以提案办理协商、对口协商、界别协商等为常态的协商议政格局。要科学选择协商议题，拓展丰富协商形式，提高协商民主实效，努力营造政协协商民主的良好氛围，真正在协商中增进了解、增进团结、消除误解、取得谅解，在协商中出办法、出共识、出感情、出团结。要不断完善推进协商民主的制度性规定和工作机制，探索健全政协同县委、县政府重点协商议题会商等制度，真正把习近平总书记“有事多商量、有事好商量、有事会商量”的要求落到实处。

四、切实加强党的全面领导，推动政协工作在新时代焕发新的生机

人民政协是在党的领导下建立起来、发展起来的，必须把坚持和加强党的全面领导这个根本政治原则认准抓牢。各级党委要切实担负起领导政协工作的政治责任，把政协工作纳入总体部署和重要议程，把政治协商纳入党委政府决策程序，支持政协组织依照宪法法律和政协章程独立负责、协调一致地开展工作。巩固和发展最广泛的爱国统一战线，统筹解决政协工作中的重大问题，推动形成党委重视、政府支持、政协主动、各方配合、社会关注的良好政治局面。要狠抓政协组织党的建设，按照新时代党的建设总要求，进一步发挥政协党组把方向、管大局、保落实的领导作用，进一步发挥基层党组织的战斗堡垒作用，进一步发挥共产党员的模范带头作用，形成上下贯通的组织体系和工作机制，真正做到哪里有党员哪里就有党的组织，哪里有政协委员哪里就有党的工作。

五、强化政协委员履职能力建设，真正使政协委员成为民主监督、参政议政的行家里手

政协委员不仅仅是一种荣誉，更多的是沉甸甸的使命。政协委员是社会各个界别的优秀分子、骨干精英，要么是本单位的先进典型，要么是本行业的领军专家，政治过硬、作风优良、学识丰富、创新有为。一定要强化履职能力建设，按照习近平总书记在全国政协新年茶话会上提出的“崇尚学习、加强学习，崇尚创新、勇于创新，崇尚团结、增进团结”的要求，主动适应新形势新任务，全面增强履职本领。要深入学习习近平新时代中国特色社会主义思想和党的十九大精神，树牢委员意识、牢记委员责任、扛起委员担当，始终保持理论上清醒、政治上坚定、方向上明确。要注重调查研究，切实做到说得对、说得好、说得实，提出建议切中要害、有的放矢、有更多的含金量，为县委、县政府提供有价值的决策参考，做到既“懂政协、会协商、善议政”，又“守纪律、讲规矩、重品行”，既政治过硬，也本领高强。要切实加强民主监督，紧紧围绕县委、县政府中心工作和人民群众普遍关心的热点难点，直面问题、直陈观点、直指痛处，多提高质量的意见建议，帮助支持县委、县政府把工作做得更好，切实把人民政协和政协委员的独特优势发挥出来。

各位委员、同志们，在故城跨越图强、再创辉煌的宏伟事业中，人民政协大有可为，也必将大有作为。让我们更加紧密地团结在以习近平同志为核心的中共中央周围，不忘初心、牢记使命，锐意进取、埋头苦干，不断开创故

城经济社会高质量快速发展新局面，以优异成绩向新中国成立70周年和人民政协成立70周年献礼！

最后，预祝县政协十届三次会议圆满成功！预祝大家新春快乐、身体健康、工作顺利、万事如意！

在政协故城县第十届委员会第四次会议上的讲话

（2020年1月9日）

中共故城县委书记　彭晓明

各位委员、同志们：

今天，县政协十届四次会议隆重开幕了。这是全县人民政治生活中的一件大事，也是在决胜“十三五”，决胜脱贫攻坚，决胜全面建成小康社会的关键时期，共商全县发展大计的一次盛会。在此，我代表中共故城县委，向大会的召开表示热烈祝贺！向各位委员、与会同志和各界人士致以诚挚的问候！

刚刚过去的2019年，是故城发展史上极不平凡的一年，我们坚持以习近平新时代中国特色社会主义思想为引领，认真落实中央和省市决策部署，以“不忘初心、牢记使命”主题教育为抓手，以“四大发展新引擎”建设为爆发点，坚决打好“七大攻坚战”，各项工作成果丰硕、成效显著。经济稳中向好。预计：全年地区生产总值完成128亿元，同比增长7%。全部财政收入完成13.38亿元，同比增长16.9%。一般公共预算收入完成7.73亿元，同比增长16%，高于全市9.9个百分点，全市排名第2，非税占比为31.8%。固定资产投资完成76.3亿元，同比增长8%。规模以上工业增加值同比增长8%。外贸进出口总额完成41.6亿元。利用外资完成2362.6万美元，同比增长17%。社会消费品零售总额完成77.5亿元，同比增长9%。城乡居民人均可支配收入同比分别增长10%和12%。绝大多数经济指标年度增幅在全市区县中排名前列。“稳”的支撑更加牢固，“进”的动力更加强劲。项目建设成效显著。以岭中医药产业园、北京科信能产业园、泰博包装等16个大项目签约，计划总投资近120亿元。正大食品加工厂、鳄鱼厂和2个养殖场、全利软包装产业园一期、沃嘉工业机器人、神华风力发电等一大批项目开工建设、进展顺利。产业转型提速推进，服装服饰、装备制造、新能源新材料三大主导产业税收同比分别增长10.2%、8.3%、11.5%，骨干企业发展壮大，进档升级。脱贫攻坚牢牢锁定全面胜利。在圆满实现脱贫摘帽的基础上，持续巩固脱贫成果。全县高质量减贫926户、2012人，超出年度减贫计划408人，并取得了142个贫困村全部脱贫的历史性阶段性战果，顺利通过了省脱贫成效考核和第三方评估。百企帮百村助推村企共建、六大扶贫组合拳、扶贫擂台赛等好的经验做法在国家和省市层面推广。县城建设管理晋档升级。启动实施了60多项重点工程，省级园林县城顺利通过复检，成功创建省级洁净城市，荣获全省人居环境奖。西北新城建设扎实推进，颐高新经济产业园、红星美凯龙商业综合体、上亿万向广场、国奥综合体育场馆等大好项目荟萃云集。乡村振兴稳步推进。现代农业势头强劲，农业农村改革深入实施，农村人居环境呈现新面貌。营商环境持续优化。以“三深化三提升”行动为抓手，着力推进“放管服”改革，“标准地+承诺制”“一会三书一证”等好的机制和做法助推“五最”营商环境进一步形成。民生福祉不断增加。不断加大民生投入，以水系景观改造、学校医院建设等30项民生工程为重点，办成了一批民生实事，解决了一批热点难点问题，人民群众幸福感和获得感不断增强。

成绩的取得，是中央和省市正确领导的结果，是全县人民攻坚克难、勠力奋斗的结果，也凝聚着县政协和广大政协委员的智慧和汗水。一年来，县政协和广大政协委员始终坚持正确的政治方向，突出团结、民主两大主题，扎实履行政治协商、民主监督、参政议政职能，紧紧围绕产业转型、城乡建设、现代农业、民生改善等重点工作，深入调查研究，积极建言献策，为全县各项事业发展做出了积极贡献。在此，我代表县委、县政府，向县政协和政协委员，向各民主党派、工商联、无党派人士和各人民团体，向关心支持故城发展的各界朋友，表示衷心的感谢！

2020年是全面建成小康社会的决战决胜之年，是两个“一百年”交汇之年，也是故城跨越发展的重要一年。“十三五”圆满收官、胜利实现脱贫攻坚目标、全面建成小康社会三件大事是重大政治任务，实现高质量快速发展是全县人民的共同期待。我们必须统一思想、坚定信心，切实发挥中国共产党领导的政治优势和中国特色社会主义的制度优势，把各方面智慧和力量凝聚起来，动员一切积极因素，团结全县上下凝神聚力干事创业。刚刚闭幕的县委十三届八次全会，贯彻落实中央经济工作会议精神和党的十九届四中全会精神，发出了动员令，吹响了冲锋号。希望县政协和广大政协委员落实好中央和省委、市委、县委的各项决策部署，发挥优势、履行职责、主动作为，在故城高质量快速发展的伟大进程中发挥更大作用，作出更大贡献。

在此，我代表县委，提出三点希望：

一、增强政治意识，把思想和行动统一到习近平新时代中国特色社会主义思想上来

习近平新时代中国特色社会主义思想是当代的马克思主义，是指引和统揽各项工作的总纲。中共十九届四中全会、中央经济工作会议，以及省委、市委全会，为我们下一步工作指明了前进方向。中央政协工作会议暨庆祝中国人民政治协商会议成立70周年大会，习近平总书记作了重要讲话，提出了新时代加强和改进人民政协工作的总体要求。全省政协工作会议、全市人大政协工作会议相继召开，就贯彻落实作了安排部署。一要全面抓好学习。要自觉用习近平新时代中国特色社会主义思想这一马克思主义中国化的最新理论成果武装头脑、指导实践、推动工作。学习贯彻落实党的十九大和十九届二中、三中、四中全会精神，学习贯彻落实习近平总书记关于政协工作重要讲话以及中央和省、市、县系列会议精神，不断增强对中国特色社会主义的政治认同和思想认同，不断增强走中国特色社会主义道路的政治自觉和行动自觉，筑牢共同思想政治基础。二要坚定政治方向。要把坚持党的领导作为最根本的政治原则，牢固树立“四个意识”，始终坚定“四个自信”，坚决做到“两个维护”，认真履行政治领导责任，团结带领全体政协委员在政治立场、政治方向、政治原则、政治道路上同以习近平同志为核心的党中央保持高度一致。三要抓好贯彻落实。要全面对标对表党的十九大，十九届二中、三中、四中全会精神和习近平总书记对新时代政协工作的要求，对标中央、省、市、县委系列会议精神，抓好贯彻落实，以实际行动担当应尽的政治责任，不断提升政协工作水平。

二、履职担当尽责，在围绕中心、服务大局上实现更大作为

人民政协是中国共产党领导的最广泛的爱国统一战线组织，有着联系广泛、人才荟萃、智力密集的独特优势。县政协和广大政协委员要立足本职，发挥优势，积极为发展出谋划策、献计出力，展现新时代人民政协的风采和作为。

一要当好“智囊团”，积极建言献策。坚持党委政府的工作推进到哪里，政协工作就跟进到哪里，着眼于提出办法、解决问题，努力在参大政、议大事、办实事、求实效上下功夫，当好县委政府的参谋。要围绕全面建成小康社

会“三大攻坚战”，围绕开展“六年六发展”(再夯基础年、项目建设年、推进落实年、全面创优年、团结奋进年、成效成果年，创新发展、协调发展、绿色发展、高质量发展、快速度发展、跨越式发展）活动，围绕产业生态城建设、西北新城建设、大运河文化带建设、都市现代特色农业示范县“四大发展新引擎”，围绕招商引资和项目建设、营商环境优化、瓶颈制约破解等关键领域和突出问题，深入开展调查研究和协商议政活动，提出更多具有前瞻性、创造性、建设性的意见和建议。要大力宣传故城、推介故城，积极开展招商引资、招才引智，积极提供线索、主动牵线搭桥，为故城持续发展提供有力支撑。广大政协委员要把议大事和干实事结合起来，充分发挥模范带头作用。特别是企业家委员，要抢抓发展机遇，在转型升级、创新发展上实现更大作为，在做大做强、提质提效上取得更大突破。

二要凝聚“正能量”，形成发展合力。要积极营造民主氛围，鼓励委员畅所欲言，把政协建设成为各方面交流、交融的重要平台。要坚持大团结大联合，始终围绕促进、保障、服务全县发展大局，与县委政府同步同拍、同频共振，不断巩固和发展民族、宗教等爱国统一战线，加强同党外知识分子、非公有制经济人士的沟通联络，找到最大公约数、画出最大同心圆，把各方的力量团结起来、优势发挥出来、潜力挖掘出来，凝聚强大合力。要积极参与社会治理，完善在联系沟通群众方面的制度机制，充分反映社情民意，在界别群众中多做春风化雨、解疑释惑的工作，多做理顺情绪、化解矛盾的工作，最大限度减少不稳定因素、增加和谐因素，巩固和发展故城安定团结的政治局面。

三要搭建“连心桥”，落实协商为民。人民政协为人民，要把不断满足人民对美好生活的需要、促进民生改善作为重要着力点。要经常深入群众、深入基层，围绕人民群众关注的热点、难点问题，听取群众的意见建议，及时向党委、政府传递和反馈民心民意，为有效改善民生建净言，谋良策。要聚焦全县重点民生工程，开展调研视察，加强民主监督，强化跟踪问效，协助党委、政府把民生实事办实、好事办好。要鼓励引导委员自觉践行初心和使命，积极参与慈善事业、“百企帮百村”扶贫助贫，关注困难群众，投身公益事业，真诚服务群众，倾力回报社会。要积极参与脱贫攻坚、乡村振兴、社会保障、教育卫生等涉及群众切身利益的工作，解决好事关百姓生存发展的“头等大事”和影响百姓日常生活的“关键小事”，促进民生“最后一公里”落实，让改革发展成果更好地惠及全县人民。

三、加强自身建设，全面开创政协工作新局面

新时代有新方位，新使命有新要求，政协工作的任务更加艰巨、责任更加重大。县委决定开展“六个年”活动，对我们抓作风求实效提出了新的要求，全县各级政协组织和广大政协委员要积极响应，抓好落实。要切实增强“一线意识”，树立“一流标准”，全面加强自身建设，提高工作水平，全面开创政协工作新局面。一是加强政治建设。要以不忘初心、牢记使命主题教育常态化制度化为抓手，深入学习贯彻习近平新时代中国特色社会主义思想，进一步增强“四个意识”、坚定“四个自信”、做到“两个维护”。要进一步准确把握人民政协工作的重要地位、使命任务、总体要求、着力重点，保持政治定力，坚持正确方向，增强贯彻落实的政治自觉、思想自觉、行动自觉。二是加强制度建设。要适应新形势、把握新要求，以政协章程为重要遵循，结合故城实际，不断健全完善各项工作制度，构建科学的制度体系，不断提升工作实效。三是加强队伍建设。要坚持改革创新，着力增强政治把握能力、调查研究能力、联系群众能力、合作共事能力。全体政协委员要勤于学习、善于思考、勇于创新，做到懂政协、会协商、善议政；自觉保持良好形象，做到守纪律、讲规矩、重品行，努力成为履职尽责的实干者、改革发展的促进派、界别群众的贴心人。四是加强作风建设。要从

严要求、从严教育、从严管理，建设让组织放心、人民满意的模范机关。广大政协委员要严守法律法规和中央八项规定，坚决杜绝形式主义、官僚主义，敢担当、敢负责、敢作为，切实提高履职能力和办事成效，树立良好形象。

各位委员、同志们，党的领导是人民政协事业发展进步的根本保证，要把坚持党的领导贯穿到政协全部工作之中，切实落实党中央对人民政协工作的各项要求，将政协工作纳入重要议事日程，及时研究、统筹解决政协工作中的突出问题和具体困难。全县各级各部门要高度重视和支持人民政协事业发展，认真听取政协的意见和建议，自觉接受政协的民主监督，支持政协委员履行职责，形成党委重视、政府支持、政协主动、各方配合的工作格局，确保人民政协和政协委员政治有地位、建言有机会、干事有舞台、工作有作为，共同把政协事业推上新的台阶。

各位委员、同志们！事业是实干出来的，幸福是奋斗出来的。让我们更加紧密地团结在以习近平同志为核心的党中央周围，高举习近平新时代中国特色社会主义思想伟大旗帜，坚定信心、锐意进取，同心协力、团结奋进，为故城实现全面小康，为故城跨越发展做出新的贡献！

在政协故城县第十届委员会第五次会议上的讲话

（2021年2月5日）

中共故城县委书记　彭晓明

各位委员、同志们：

今天，政协故城县第十届委员会第五次会议隆重开幕了。这是全县人民政治生活中的一件大事，是回顾2020、总结“十三五”，谋划2021、展望“十四五”的一次盛会。首先，我代表中共故城县委，对大会的召开表示热烈的祝贺！向全体政协委员和与会同志致以诚挚的问候！

刚刚过去的2020年是故城发展进程中极不平凡的一年。面对极其严峻复杂的国内外形势和前所未有的困难挑战，全县上下坚持以习近平新时代中国特色社会主义思想为指导，认真落实党中央和省、市决策部署，不忘初心、牢记使命，开拓进取、拼搏奋斗，在大战大考中交出了一份让党放心、人民满意的优异答卷！

回顾2020年，我们夺取了疫情防控阻击战的重大胜利。面对百年不遇的新冠肺炎疫情，我们坚持人民至上、生命至上，同时间赛跑、与病魔较量，迅速形成了全面部署、统一指挥、立体防控的战略布局，建立了最严密的群防群控体系，用最短时间复工复产复耕复学，为守护人民群众身体健康和正常生产生活秩序筑起了坚固防线！

回顾2020年，我们夺取了县域经济高质量快速发展攻坚战的重大胜利。面对疫情给经济发展带来的严重冲击，我们大力推进重点项目建设激发投资活力，以“留住青山、赢得未来”的定力利企惠企激发转型活力，举办市第四届旅发大会和县惠民旅游促消费季活动激发消费活力，地区生产总值、一般公共预算收入、规上工业增加值、固定资产投资、实际利用外资等5项主要经济指标增速在全市夺冠，极大提振了全县广大党员干部群众的自豪感和自信心！

回顾2020年，我们夺取了脱贫攻坚决胜战的重大胜利。在决胜脱贫攻坚的最后时刻，全县上下尽锐出战，以不畏艰苦、永不懈怠的精神状态，不断巩固既有脱贫成果，向绝对贫困发起全面总攻，全县剩余贫困人口全部脱贫，实现了由基本温饱到“两不愁三保障”的巨大跨越，彻底解决了困扰千百年的绝对贫困问题，书写了中国减贫奇迹的故城精彩篇章！

回顾2020年，我们夺取了“十三五”规划收官战的重大胜利。我们坚持系统观念，咬定目标任务、全面查漏补缺，实现了“十三五”规划顺利收官。五年来，全县经济发展、改革开放、新型城镇化建设、农业农村、生态治理、民生福祉、社会治理等事业大踏步前进，各方面工作风风火火、风生水起，即将与全国同步全面建成小康社会，开创了故城增比晋位、跨越图强的崭新局面！

征途充满艰辛，奋斗成果显著。这是以习近平同志为核心的党中央举旗定向、领航掌舵的结果，是省、市坚强领导、关心支持的结果，是全县上下团结一心、奋力拼搏的结果，也是县政协、民主党派、工商联和无党派人士等辛勤付出的结果。一年来，县政协和广大政协委员积极履行政治协商、民主监督、参政议政职能，围绕中心、服务大局，全力投身疫情防控、脱贫攻坚、招商引资等工作，创新推进县总商会和行业商协会建设，为全县战疫、战贫和经济社会发展作出了突出贡献。在此，我代表中共故城县委，向县政协和广大政协委员，向各民主党派、工商联、无党派人士、各人民团体和各族各界人士，表示衷心感谢和崇高敬意！

各位委员，同志们！已经到来的2021年是一个具有重大里程碑意义的时间节点，“两个大局”在此交织，“两个百年”在此交汇，“两个五年”在此交接，中国共产党迎来百岁华诞，所有工作都要围绕开好局、起好步来展开。我们要坚持以习近平新时代中国特色社会主义思想为指导，深入学习贯彻党的十九届五中全会、中央经济工作会议、中央农村工作会议及省市系列全会精神，按照县委十三届十次全会部署，坚定不移围绕“一二五五五七”的总体思路推进故城各项工作，拿出“开局即决战，起步就冲刺”的奋发姿态，以优异成绩庆祝建党100周年！

确保开好局、起好步，必须以高质量快速发展统揽全局，全力保持良好的发展势头。“十四五”时期以高质量快速发展统揽全局，这是县委牢牢把握新发展阶段、新发展理念、新发展格局，从故城发展实际出发作出的重大决策。全县上下要进一步统一思想认识，不折不扣把高质量快速发展要求贯穿各项工作全过程，着力提升发展质量和效益。要奋力推进“产业大突破”，以现代产业体系建设为重点，狠抓招商引资和项目建设，推动产业向园区集聚，推动数字经济与实体经济、科技创新与传统产业深度融合，促进产业高端化、绿色化、集约化发展。要奋力推进“城镇大提升”，坚定不移把新型城镇化作为必由之路，着力构筑“一主一副四组团”“一带两轴一枢纽”，蓝绿交织、多点支撑的国土空间保护开发总体格局，推动县城、各乡镇和“3+2”工业农业园区功能面貌全面提升，经济内核全面做实，人口承载力、内需带动力、发展竞争力全面增强。要奋力推进“生态大保护”，深入打好污染防治攻坚战，写好绿水青山就是金山银山这篇大文章。要奋力推进“人才大汇聚”，坚定不移把人才作为推动高质量发展的第一资源，以人才驱动创新、以创新驱动发展，真正让故城“聚天下英才而用之”！

确保今年开好局、起好步，必须把人民群众放在心中最高位置，做好巩固拓展脱贫攻坚成果同乡村振兴有效衔接。打赢脱贫攻坚战不是终点，而是新生活、新奋斗的起点。全县上下要把巩固拓展脱贫攻坚成果作为重大政治任务，坚持县乡村三级书记一起抓，用好五年过渡期政策，对脱贫村、脱贫人口扶上马、送一程。要全面推开乡村振兴，把农业结构调整作为关键抓手，大力发展规模农业、科技农业、绿色农业、质量农业，推进一二三产融合发展，努力把农业做成高附加值的产业，带动广大农民群众增收致富。要全力保障和改善民生，落实好就业优先政策，促进教育发展更加公平更高质量，全面推进卫生强县、健康故城建设，发展普惠性养老服务，完善公共文化服务体系，提高社会保障水平，千方百计让弱势群体、困难群体、低收入群体的收入增长得更快一些，努力让人民群众过上更加美好的生活！

确保今年开好局、起好步，必须统筹发展和安全，有效防范化解重大风险。今年大事喜事多，敏感时间节点也多，必须牢固树立底线思维，把困难估计得更充分一些，把风险思考得更深入一些，有效防范化解各类风险挑战。要坚定不移维护政治安全，增强政治敏锐性和政治鉴别力，坚决同一切违背、歪曲、否定党的政治路线和否定党的领导、社会主义制度的言行作斗争。坚定不移维护经济安全，有效防范化解政府债务、金融、数据安全等领域风险。坚定不移维护人民生命安全，抓好常态化疫情防控，时刻绷紧安全生产这根弦，坚决防范各类重特大安全事故发生。坚定不移维护社会稳定安全，有效防范化解社会矛盾，常态化推进扫黑除恶专项斗争，建设更高水平的平安故城、法治故城，确保社会大局安定和谐！

确保今年开好局、起好步，必须加强党的全面领导，保持风清气正的政治生态。办好故城的事情，关键在党。要全面落实新时代党的建设总要求，把党的领导贯穿工作各方面、全过程，落实全面从严治党政治责任，把负责、守责、尽责体现在每个党组织、每个岗位上。要坚持习近平总书记提出的“四个铁一般”要求，坚持“五能型”基层好干部标准，让那些想干事、肯干事、能干成事的干部有更好用武之地。要驰而不息正风肃纪，坚决整治“四不两无”形式主义、官僚主义，持续向群众身边的不正之风和腐败问题亮剑，让全县政治生态更加清明、更加清朗。要隆重举办建党 100 周年庆祝活动，教育引导广大党员干部永远保持建党时中国共产党人的奋斗精神，永远保持对人民的赤子之心。

新征程要有新气象，新时代要有新作为。习近平总书记强调，要以党的政治建设为统领全面推进政协党的各项建设。希望县政协和各位委员深入学习贯彻习近平总书记重要指示精神，旗帜鲜明讲政治，进一步把人民政协制度坚持好、把人民政协事业发展好、把人民政协作用发挥好，为故城实现“十四五”良好开局作出新的贡献。要把坚持党的领导贯穿政协工作全过程，善于通过民主协商程序把党的主张转化为社会各界的高度共识和自觉行动，确保党中央和省、市、县委重大决策部署落到实处、见到实效，确保政协事业始终沿着正确的政治方向前进。要围绕落实县委十三届十次全会和县“两会”部署，聚焦“一三五”战略目标、“一二五五五七”工作思路，聚焦推动经济社会高质量快速发展，深入调查研究、积极建言献策，在招商引资、招才引智、发展民营经济、改革创新、扩大开放等方面主动作为，当好全县“十四五”规划实施的积极参与者、坚定支持者、重要监督者和有力推动者。要坚持人民政协为人民的理念，扎根基层、深入一线，洞察人民群众的急难愁盼，围绕办好最紧迫的事情、保证最基本的需求、关注最弱势的群体、力争最广泛的受益，积极开展视察监督、提案督办等活动，协助县委县政府更加精准地办好民生实事、解决民生难题。要更加密切同各党派、各团体和各族各界人士的团结联系，协助县委、县政府做好解疑释惑、理顺情绪、化解矛盾、凝聚共识的工作，为故城发展广泛凝聚智慧和力量。要强化自身建设，牢牢把握政治组织的定位，加强委员队伍建设，做到“懂政协、会协商、善议政、守纪律、讲规矩、重品行”，不断增强政治把握能力、调查研究能力、联系群众能力、合作共事能力，更好地为党和人民履职尽责。政协工作是党的工作的重要组成部分。全县各级党组织要毫无保留地支持政协工作，主动为县政协和政协委员履职尽责搭建平台、提供便利，努力为政协事业高质量快速发展创造良好的环境和氛围。

各位委员、同志们，征途漫漫，唯有奋斗！希望大家以高度的政治责任感和历史使命感，集中精力开会，认真履职尽责，共同把今年的县“两会”开成一次凝心聚力、民主团结、求真务实、催人奋进的大会。让我们更加紧密地团结在以习近平同志为核心的党中央周围，牢记嘱托、砥砺奋进，大力弘扬迎难而上、事争一流的奋斗精神，敢闯敢试、敢为人先的创新精神，担当尽责、埋头苦干的实干精神，万众一心、众志成城的团结精神，为开启社会主义现代化建设新征程，开创全面建设新时代经济强县、美丽故城新局面而不懈奋斗！

第十节　县委领导在政协故城县第十一届委员会开幕会上的讲话

在政协故城县第十一届委员会第一次全体会议上的讲话

（2021 年 7 月 26 日）

中共故城县委书记　王立峰

各位委员、同志们：

今天，县政协十一届一次全会隆重开幕了。大会将选举产生新一届县政协领导班子，审议通过县政协常委会工作报告和县政协提案工作报告，对开创县政协工作新局面，对开创故城“高质量发展、高品质生活”的美好未来，都具有十分重要的意义。在此，我代表县委，对大会的召开表示热烈的祝贺，向全体政协委员和与会同志致以诚挚的问候！

浮云一别后，流水五年间。这五年，是困难最多、挑战最大、任务最重的五年，也是探索中前进、实干中收获、奋斗中崛起的五年。五年来，我们坚持发展第一要务，大抓招商、大上项目，县域经济实现了从全市中游水平到第一方阵的巨大跨越。累计建成重点产业项目 34 个，完成投资 164 亿元。雄安—故城产业生态城、北部新城规划建设拉开框架，“2+5”现代农业体系蓬勃发展，大运河文旅产业带初步塑造成型。各项主要经济指标增速稳居全市前列，2020 年“五项第一”，取得历史最好成绩；今年上半年，“开门红”顺利实现，“双过半”圆满完成，保持了领跑全市的强劲增长态势。我们可以自豪地说，故城经济发展已经稳居全市第一方阵，随着以岭中医药产业园、正大肉鸡全产业链等重大项目的满产达效，我们完全有望成为全市发展的领头雁！五年来，我们聚力打赢脱贫攻坚战，上下同心、苦干实干，贫困群众生活实现了从基本温饱到全面小康的巨大跨越。142 个贫困村、4441 个贫困户全部高质量脱贫，贫困人口人均纯收入翻了 6 倍多，过上了吃得好、穿得暖，义务教育、基本医疗、住房安全、饮水安全有保障的幸福生活，满怀希望地踏上了通向富裕的康庄大道。经过艰苦努力，我们彻底解决了绝对贫困问题，在故城大地上全面建成了小康社会，县委、县扶贫办分别荣获全省、全国脱贫攻坚先进集体奖。这些，是全县人民的无上荣光！五年来，我们倾情兴办民生实事，尽力而为、量力而行，公共服务实现了从“有”到“好”的巨大跨越。教育质量显著提升，“大班额”问题基本解决。医疗卫生服务更加优质普惠，就业质量和收入水平持续提高。扫黑除恶胜利收官，信访积案全部清零，防范化解风险隐患卓有成效。生态治理修复和城乡建设发展协调互促，天更蓝了，水更清了，家乡更美了。特别难忘的是，我们万众一心打赢了疫情防控阻击战，至今保持了“零确诊”，筑牢了守护人民生命安全和身体健康的巩固防线。群众给了我们很多点赞和笑脸，这是我们收获的最宝贵的奖章！

五年来，县政协和全体政协委员，始终把

"围绕中心、服务大局"作为政协工作的主线，协商议政的质量和实效不断提升；始终把人民利益作为根本出发点，积极推动各项惠民举措落地落实；始终牢牢把握团结、民主两大主题，广泛凝聚共识、凝聚人心、凝聚智慧、凝聚力量，有效促进了全县经济社会高质量发展。在此，我代表县委，向各位政协委员表示诚挚的问候和衷心的感谢！

今天，满载荣誉的故城又站在了新的历史起点上；未来五年，是故城全面开创"高质量发展、高品质生活"美好未来的五年，我们比历史上任何时期都更需凝聚团结的力量。县政协和全体政协委员要把学习宣传贯彻县第十四次党代会精神作为重要政治任务，更加紧密地团结在新一届县委周围，发挥优势、履职尽责，努力做好新时期人民政协各项工作，在社会主义现代化建设中再立新功。下面，我讲四点意见。

一、坚持党的全面领导，练就坚如磐石的政治定力

要在思想上筑牢政治基础，深入学习习近平新时代中国特色社会主义思想、学习总书记关于加强和改进人民政协工作的重要指示精神，学习党中央和省委、市委关于政协工作的重要会议精神，不断增强"四个意识"，坚定"四个自信"，做到"两个维护"，进一步明确新时代人民政协的新方位、新使命。要在情感上坚定政治认同，以党史学习教育为载体，深入学习党史、新中国史、改革开放史、社会主义发展史，在历史和现实的相互映照中，深刻认识故城近年来面临的复杂形势和取得的历史成就，深入分析原因、总结成功经验，不断增强对县委领导的政治认同和故城高质量发展的必胜信心。要在行动上践行政治自觉，自觉接受党对政协工作的领导，坚决落实党对政协工作的制度规定，严格执行重大问题请示报告制度，确保县委决策部署不折不扣地贯彻落实到县政协全部工作之中。

二、围绕中心服务大局，绽放百花齐放的履职活力

要凝心聚力推动故城高质量发展，重点围绕建设七大体系、塑造九大发展新优势、实现七个新突破，提出更多富有针对性、创新性的意见建议。要紧紧扭住招商引资和项目建设这个"牛鼻子"，围绕打造服装服饰、装备制造、新能源新材料等产业集群，抢抓机遇、主动求变，在招大引强、转型升级上展现更大作为，做出更大贡献。要牢固树立"协商于民、协商为民"的理念，围绕就业创业、公共教育、医疗卫生、住房保障、文化体育、慈善救助等民生事业，取计于民、传递民声，推动问题解决、工作落实，努力创造故城人民高品质生活。要善于传承历史、放眼当代，充分挖掘故城改革发展进程中的优秀文化素材，凝练出新时代故城文化、故城精神，讲好故城故事、传递故城名片，不断增强故城人民的文化自信。

三、增进共识促进团结，汇聚万流归海的磅礴合力

人心向背是决定党和人民事业成败的关键。人民政协作为统一战线组织，处于团结合作、凝心聚力的第一线，要深刻领会"团结就是力量"的精神实质，带头倡导"五湖四海"的大团结，积极引导社会各团体围绕县委决策凝聚共识，汇聚合力。要充分发挥人民政协大团结大联合的政治优势，积极探索社会各界的团结联谊工作，寻求最大公约数、画好最大同心圆。要着力营造良好协商氛围，发扬"团结—批评—团结"的优良传统，促进社会各界不同思想观点充分表达和深入交流，在畅所欲言中求同存异，在求同存异中发扬民主，在发扬民主中增进共识，在增进共识中促进团结。

四、加强政协自身建设，焕发与时俱进的强大生命力

面对新形势、新任务，新一届县政协和政协委员要传承优良作风，不断解放思想、勇于

自我革命，着力探索政协工作的新思路、新举措，与时俱进、开拓创新，更好地发挥政协效能。要以“懂政协、会协商、善议政，守纪律、讲规矩、重品行”为目标，加强理论学习，强化思想建设，着力提高政治把握能力、调查研究能力、联系群众能力、合作共事能力，在履行政协职责中发挥更大作用。要增强政协委员的荣誉感和使命感，反对形式主义和官僚主义，务真求实开展调查研究，真正把群众关心关切反映到县委来，真正当好故城发展的“智囊团”、传递民声的“扩音器”。

各位委员，同志们！历史的海岸线是由奋进者标定的，我们生活在一个伟大的时代，努力奋斗定能梦想成真。让我们高举习近平新时代中国特色社会主义思想，在党中央和省市的坚强领导下，保持昂扬斗志、激发进取精神，咬定青山不放松，齐心协力破万难，推动故城“高质量发展、高品质生活”的航船破浪前行，直至抵达胜利的彼岸！

在政协故城县第十一届委员会第二次会议上的讲话

（2022年1月27日）

中共故城县委书记　王立峰

各位委员、同志们：

今天，县政协十一届二次会议隆重开幕，这是全县人民政治生活中的一件大事。我代表中共故城县委，向大会的召开表示热烈祝贺！向全体政协委员、各民主党派和无党派代表人士、各人民团体和各族各界人士，致以诚挚的问候！

回顾2021年，意义非凡。这是见证历史、继往开来的一年。我们打赢了脱贫攻坚战，脱贫群众年人均纯收入达到14670元，是2012年的7倍多，实现了从基本温饱到“两不愁　三保障”的巨大跨越。全国、全省脱贫攻坚先进集体奖花落故城。我们自豪地宣告，故城人民同全国人民一道，全面建成了小康社会，意气风发踏上了社会主义现代化建设的新征程！

这是重温初心、砥砺前行的一年。我们回望百年路、聚焦新时代，隆重庆祝中国共产党百年华诞，至真至诚“学党史”，笃信笃行“悟思想”，用心用情“办实事”，唯干唯实“开新局”，从党的百年奋斗重大成就和历史经验中汲取智慧和力量，在走好新的赶考路上扛牢职责和使命。

这是夯基谋远、开拓奋进的一年。县第十四次党代会、县“两会”胜利召开，新一届县委、县政府高扬“高质量发展、高品质生活”主题，以“信访问题大起底、遗留问题大化解、招商引资大突破、城市建设大提升、思想作风大锤炼”活动开局破题，进行了热火朝天的创业奋斗。全县一般公共预算收入首次历史性突破10亿元大关，主要经济指标增速继续领跑全市。48个省市重点项目加速推进，雄安—故城产业生态城、北部新城、大运河文旅产业带、“2+5”现代农业产业体系、里老空港物流园区等重大战略深入实施，“八个三”农业农村工作思路、农业“五位一体”新型经营模式等重要创新初见成效。我们又摘获了全省优化营商环境推动高质量发展先进县、省级卫生县城、省级森林城市等一批金字招牌，故城越来越走近全市发展的舞台中央。

这是为民造福、满载收获的一年。我们始终把千家万户的事挂在心上，大运河历史文化街区盛装亮相，城乡人居环境持续改善，老旧小区改造、“四好农村公路”提升、智慧平安社区等一批民生实事落地落实，教育医疗容量质量又有了新提升，国际儒联“国学与大学德育”研讨会、“庆祝重阳节暨飞马嘉年华活动”等文化盛会成功举办。我们着力让安全为幸福护航，继续保持了全年无重大安全事故发生，新冠肺炎疫苗接种97万剂，群体免疫屏障初步建立，常态化防控机制更加完善，守住了没有疫情的一方净土。

回望这一年，挑战多重叠加，发展走在前列，拼搏赢得精彩，成绩来之不易。一年来，广大政协委员以习近平新时代中国特色社会主义思想为指导，坚持加强党的全面领导，坚持团结和民主两大主题，坚持建言资政和凝聚共识双向发力，为推进故城高质量发展、创造人民高品质生活作出了重要贡献。在此，我代表县委、县政府，向广大政协委员，各民主党派、工商联和各族各界人士，表示衷心感谢，致以崇高敬意！

各位委员，同志们！过去一年，我们以“牛”的实干精神，埋头耕耘、硕果累累。新的一年，我们要以“虎”的冲劲闯劲，勇毅前行、再续精彩。今年是党的二十大召开之年，是实施“十四五”规划的关键之年。做好今年工作，必须以只争朝夕的精神加快赶超步伐，以“人一我十”的劲头做出更大努力。我们要站稳立场、对党忠诚，坚持以党的创新理论武装头脑、指导实践，常态化长效化推进党史学习教育，坚定不移拥护“两个确立”、做到“两个维护”。我们要“稳”字当头、重点突破，深入实施项目带动战略，全面扩大改革开放和优化营商环境，扎实推进城乡融合发展，绘好沿运河勃兴的人文图景，以更加全面的“稳”保障更高质量的“进”，努力推动故城发展迈上一个新的更大台阶。我们要永葆初心、造福群众，毫不放松抓好常态化疫情防控，守牢安全底线，推进生态优先、绿色发展，巩固拓展脱贫攻坚成果，全面推进乡村振兴，服务好千家万户人民群众和市场主体，在高质量发展中稳步推进共同富裕。

各位委员，同志们！人民政协是社会主义协商民主的重要渠道和专门协商机构，是发展全过程人民民主的重要力量。县政协和广大政协委员要以习近平新时代中国特色社会主义思想为指导，紧紧围绕全县经济社会发展大局，更好建言资政，积极引导预期，广泛凝聚共识，为营造平稳健康的经济环境、安定和谐的社会环境、风清气正的政治环境凝心聚力，为故城高质量发展贡献更大智慧和力量。

要在坚持“两个确立”、做到“两个维护”上坚定自觉。深入学习贯彻党的十九届六中全会精神，以迎接、学习、宣传、贯彻党的二十大为主题主线，坚持“两个确立”，做到“两个维护”，自觉在思想上政治上行动上同以习近平同志为核心的党中央保持高度一致，自觉把中共中央重大决策部署和省委、市委、县委工作要求通过民主程序转化为政协组织和政协委员的履职行动，转化为社会共识，牢牢把握人民政协事业发展的正确方向。

要在谱写“六个故城”历史新篇章上献计出力。贯彻全过程人民民主理念，发挥人民政协智力密集、人才荟萃独特优势，紧扣招商引资、项目建设、构建现代产业体系、优化营商环境、乡村振兴等重点工作，建睿智之言、献务实之策、聚同向之力。

要在助推民生改善上用心用情。坚持“人民政协为人民”理念，发挥好“重要阵地”“重要平台”“重要渠道”作用，在推进协商民主建设中反映民意、汇集民智、维护民利、凝聚民心，聚焦教育、医疗、生态治理、育幼养老等领域，协助县委、县政府解决好群众“急难愁盼”问题，让人民群众更多更公平共享改革发展成果。

要在提升专门协商机构效能上持续发力。加强专门协商机构建设，提高政治协商、民主监督、参政议政水平，增强政治把握能力、联系群众能力、调查研究能力、合作共事能力，以模范行动展现新时代政协委员的风采，努力创造新时代人民政协工作的出彩新业绩。

人民政协工作是党的全局工作的重要组成部分。各级党委要把政协工作纳入重要议事日程，及时研究解决政协工作的重大问题，支持政协组织履行职责，形成加强和改进人民政协工作的强大合力。

各位委员，同志们！力量生于团结，幸福源自奋斗。让我们更加紧密地团结在以习近平同志为核心的党中央周围，在省委、市委的坚强领导下，踔厉奋发、笃行不怠，同心同德、拼搏奋进，聚力谱写伟大中国梦的精彩故城篇章，以优异成绩迎接党的二十大胜利召开！

祝县政协十一届二次会议圆满成功！

在政协故城县第十一届委员会第三次会议上的讲话

（2023 年 1 月 14 日）

中共故城县委书记　王立峰

各位委员、同志们：

今天，政协故城县第十一届委员会第三次会议隆重开幕了，这是全县人民政治生活中的一件大事。我代表中共故城县委，向大会的召开表示热烈祝贺！向全体政协委员、各民主党派和无党派代表人士、各人民团体和各族各界人士，致以诚挚的问候！

时间是最忠实的记录者，也是最客观的见证者。去年以来，我们以学习宣传贯彻党的二十大精神为主线，深入谋划推进中国式现代化的美好故城场景。全县经济运行稳中向好，主要经济指标增速保持全市前列，经济发展绩效、疫情防控、平安建设三个专项考核均居全市第一。改革开放力度不断加大，营商环境持续改善。一批重点项目批次签约落地、建成投产，骨干企业茁壮成长，“四个三”产业集群培育壮大，高质量发展呈现强劲势头。新型城镇化和乡村振兴战略深入实施，城乡融合发展焕发新气象。生态文明建设成效显著，“绿水青山就是金山银山”的理念深入人心。科学精准防控疫情，有效守护了人民生命安全和身体健康。保障改善民生全面加强，社会大局保持和谐稳定。全面从严治党向纵深发展，政治生态持续优化净化，全县上下精气神全面提振，形成了拼搏奋斗、争先出彩的生动局面。成绩来之不易，是党中央和省委、市委坚强领导的结果，是全县广大干部群众共同努力的结果，凝结着县政协和广大政协委员的智慧和汗水。在此，向大家表示衷心的感谢！

新故相推，日生不滞。回望过去，我们全面加快新旧动能转换、着力破解发展瓶颈问题，每一次攻坚突破都让实力更加强劲；我们和衷共济抗击新冠疫情、不畏艰险战胜困难挑战，每一次经风历雨都让信念更加坚定；我们锚定一流矢志拼搏进取、解放思想推动改革创新，每一次自我超越都让斗志更加昂扬。这些深层次、全局性变化，让我们深刻体会到，团结就是力量、奋斗成就梦想。展望未来，建设产业兴旺的富强故城、创新驱动的活力故城、协调发展的繁荣故城、生态秀美的美丽故城、崇德向善的文明故城、平安善治的幸福故城，仍然需要全县上下鼓足“众人拾柴”的心劲，汇聚万壑归流的力量。刚刚闭幕的县委十四届五次全会，明确了今年全县工作的奋斗目标和重点任务。蓝图不会一蹴而就，梦想不能一夜成真，未来越是美好，越需要付出艰苦卓绝的努力。全县上下必须同心同向、继往开来，以更加昂扬的精神状态、更加饱满的工作热情，深入谋划推进中国式现代化的美好故城场景，在团结奋斗中开创更加美好的未来。

深入谋划推进中国式现代化的美好故城场景，必须凝聚坚定拥护党的领导的强大合力。近年来故城发展实现的每一次进步、取得的每一项成就，根本在于有以习近平同志为核心的党中央坚强领导，在于有习近平新时代中国特色社会主义思想科学指引。全县上下要自觉把“两个确立”“两个维护”作为第一立场、第一原则、第一要求和第一检验，始终坚决捍卫核心地位、维护核心权威、紧跟核心奋斗，让忠诚核心成为故城党员干部最鲜明的政治品格，成为故城政治生态最鲜明的政治底色。要深入学习宣传贯彻党的二十大精神，深刻领悟习近平总书记强调的“国之大者”，深刻把握党中央和省委、市委部署要求，全县每一个领域、每一个方面、每一项工作，都要自觉主动与习近平新时代中国特色社会主义思想、与党的路线方针政策对标对表，确保党的二十大精神在故城落地生根、结出累累硕果！

深入谋划推进中国式现代化的美好故城场景，必须凝聚推进高质量发展的强大合力。实现美好梦想、满足人民企盼、解决现实问题，唯有依靠高质量发展。人民政协是宝贵的“人才库”和“智囊团”，要自觉在大局下思考、在发展中服务。要围绕落实县委十四届五次全会部署的重点任务，拿出更多有分量、见实效的协商成果，为高质量发展减阻力、添动力、增活力。各位政协委员要立足各自岗位，全心全意为高质量发展献计出力、发光发热。各位企业家委员要胸怀大局、站位全局，带头弘扬企业家精神和工匠精神，心无旁骛攻主业、一心一意谋发展，争做创新创业的开拓者、高质量发展的排头兵；全社会要积极营造尊重企业家、关爱企业家、支持企业家的良好氛围，尽心竭力为企业发展提供最优质、最高效的服务，让厚重运河文化孕育的重商崇商特质焕发出新的时代光华！

深入谋划推进中国式现代化的美好故城场景，必须凝聚争先进位、走在前列的强大合力。争先进位、走在前列是省委、市委提出的重要要求，体现了对故城的高度重视和殷切期望。过往的实践充分证明，故城有优势、有潜力，故城人民有志气、有能力，别的地方能做到的，我们也能做到。只要充分激发起全县人民的必胜信念和冲天干劲，就能够所向披靡、无往不胜。县委将更加鲜明地树立起重实干实绩实效的用人导向，让那些大刀阔斧、冲锋陷阵、敢于担当的干部脱颖而出，让那些投机取巧、不思进取、无所作为的庸官懒官太平官没有市场。广大政协委员是各条战线、各个领域的佼佼者，发挥着重要的示范引领作用。要跳出故城看故城，站在省市大局、历史大势中看故城，力求谋划先人一步、创新快人一拍、举措高人一筹，争当勇立潮头的时代先锋，带动形成大干快上、千帆竞进的火热场面！

深入谋划推进中国式现代化的美好故城场景，必须凝聚人民至上、为民造福的强大合力。人民是历史的创造者，人民是真正的英雄。前进路上，我们必须坚持把群众的事当成天大的事，尽心竭力解决民生难题、补齐民生短板、增进民生福祉，让广大群众共享改革发展成果，不断增强获得感、幸福感和安全感。只要我们始终同人民群众想在一起、干在一起，有盐同咸、无盐同淡，就没有战胜不了的困难，就没有到达不了的彼岸！政协委员凝聚着群众的信任和期待，代表着群众的利益和意愿，沟通着群众的思想和情感，要带着责任、带着问题深入群众，从群众关心关注的事情入手，切实履行好民主监督、建言议政职责，帮助县委政府把民情民意了解得更全面，把政策制定得更准确，把群众急难愁盼问题解决得更到位。

各位委员、同志们！故城不只屹立于这方天地中，更存在于每个人心中；代表的不只是这片水土，更是她所哺育的人民。我们都是故城的一分子，你我是怎样，故城就是怎样。希望大家珍惜故城声誉、爱护故城形象，多做理顺情绪、化解矛盾的工作，多讲增进信心、鼓舞斗志的话语，多提客观理性、中肯可行的建议，把对家乡的一片赤诚体现到热爱故城、服务故城、建设故城、维护故城的实际行动上，让故城大地朝气蓬勃、正气充盈！

众志乘长风，同心万里行。县委将一如既往重视和支持政协工作，多为政协解难题、办实事。各级各部门要自觉接受政协民主监督，对政协委员提出的提案、反映的社情民意，做到主动办理、及时答复，为政协开展工作创造良好条件。县政协要把加强政协委员和机关干部队伍建设摆在突出位置，提升工作标杆，拿出创新办法，着力在深耕特色、彰显亮色上下功夫，努力打造更多在全省、全市叫得响的“金字招牌”，促进协商民主广泛多层制度化发展。

各位委员、同志们！新时代的故城是奋斗的故城，每个人都是参与者、建设者。53万故城人民，凝聚起来就是坚不可摧的长城，团结起来就有改天换地的力量。让我们更加紧密地团结在以习近平同志为核心的党中央周围，在省委市委的坚强领导下，解放思想、团结奋斗，同心同向、继往开来，为全面建成经济强县、美丽故城而努力奋斗！

在政协故城县第十一届委员会第四次会议上的讲话

（2024年1月24日）

中共故城县委书记　王立峰

各位委员、同志们：

政协故城县第十一届委员会第四次会议，今天隆重开幕了，这是全县人民政治生活中的一件大事。在此，我代表中共故城县委，向大会的召开表示热烈祝贺！向各位委员和同志们致以诚挚问候！

刚刚过去的2023年，是全面贯彻党的二十大精神的开局之年，也是故城发展史上具有特殊重要意义的一年。习近平总书记两次视察河北，发表重要讲话，作出重要指示，为我们做好工作提供了强大政治引领和科学行动指南。省委倪岳峰书记到故城调研，给予我们亲切关怀和具体指导。全县广大干部群众牢记嘱托、感恩奋进，顽强拼搏、攻坚克难，扎实推动经济社会高质量发展，许多方面发生令人鼓舞的可喜变化。

政治生态呈现新气象。各级党组织深入开展第二批主题教育，入脑入心“学思想”，笃信笃行“强党性”，唯实唯干“重实践”，善作善成“建新功”，形成了思想上政治上行动上的高度团结统一。坚持强化“六个观念”、践行“四敢”要求，全县上下干事创业的精气神全面提振，马上就办、真抓实干蔚然成风。经济发展厚积新动能。新签约项目30个、总投资94亿元，40个重点省市项目完成投资39.6亿元，新增规上企业16家，新认定高新技术企业18家、省级专精特新中小企业11家。3家央企子公司落户故城，城投集团获得主体信用“2A”评级。去年全年，大部分主要经济指标增速继续保持全市前列，三项指标增速全市第一。改革创新释放新活力。推广“模拟审批”“分阶段核发施工许可”“标准地+承诺制”2.0、“双证合发”“双盲”评审等标志性改革举措，工程建设领域审批时限全省最短。用好农业“五位一体”新型经营模式，538个村集体收入全部超过10万元。持续加大谋跑争促力度，争取上级资金22亿元，居全市第一。城乡建设展现新风貌。县城区建成“四化”样板街3条、“口袋公园”8个、街区游园27个，大运河历史文化街区获评“省级旅游休闲街区”。172个村完成“五化”工程，“四好”农村路里程达到1223公里，打造省级和美乡村22个。城乡风貌各美其美、美美与共。人民群众获得新福祉。20件民生实事高质量完成，教育工作受到省政府表扬奖励，郝希山院士工作站挂牌成立，“免费发放‘两病’用药”“免费吃预防性中药”惠及群众10多万人，空气质量综合指数全市第一，新增造林全市第一，地下水超采综合治理典型经验被央视《焦点访谈》报道。平安建设专项考核全市第一，较大安全事故连续6年“零发生”。信访工作法治化建设受到国家和省有关领导充分肯定。成功举办“清风竹韵·曲水流觞”等盛大文化活动，旅游热度持续升温。

令人振奋的是，我们获评全国信访工作示范县、全省农业产业化创新先行县，入围全国乡村振兴示范县创建名单，入列全国信访工作法治化试点县、全国生物育种产业化试点县、河北省宜居宜业和美乡村建设试点县，全省信访工作法治化现场会、农村人居环境集中整治现场会、发展适度规模经营壮大农村集体经济现场会等重量级会议在故城举办。经统计，全县共入列、获评国家级试点、荣誉5项，省级试点、荣誉6项，举办省级会议活动10次，在故城发展史上书写了不平凡的一页。

成绩的取得，是党中央和省委、市委坚强领导的结果，是全县广大干部群众共同努力的结果，凝结着县政协和广大政协委员的智慧和汗水。一年来，县政协团结带领广大政协委员，坚持团结和民主两大主题，认真履行政治协商、民主监督、参政议政职能，积极为全县改革发展稳定大局寻求最大公约数、画出最大同心圆。一是在政治建设上展现了“政协担当”。坚持把党对政协工作的领导作为根本保证，严格执行重大事项请示报告制度，全面推进政协党的建设各项工作，确保了政协事业始终沿着正确方向稳步发展。二是在建言资政上贡献了“政协力量”。紧扣十六个现代化场景建设，提出了一批有分量、有深度、有实效的政协提案，实现了与全县中心工作同频共振。三是在为民服务上彰显了“政协作为”。聚焦教育优质均衡发展、医疗资源扩容提质、社区物业管理、基层社会治理等重点领域，深入开展民主监督，有力推动解决了一批群众“急难愁盼”问题。在此，我代表县委，向大家表示衷心的感谢！

各位委员、同志们！寒暑相推、一元复始。2024年，是人民政协成立75周年，也是实施“十四五”规划的关键之年。我们要坚持稳中求进、以进促稳、先立后破，聚焦打造十六个现代化场景，一体推动全面高质量发展、高品质生活、高效能治理，加快建设经济强县、美丽故城。希望县政协和广大政协委员，继承和发扬人民政协光荣传统，更加坚定自觉地把思想和行动统一到县委决策部署上来，更加奋发有为地把政协的优势彰显好、作用发挥好。

一要强化政治引领，始终与党委同向。要把准政治方向，经常对标对表，主动跟紧跟上，始终在政治立场、政治方向、政治原则、政治道路上同以习近平同志为核心的中共中央保持高度一致。要深入学习贯彻习近平总书记视察河北重要讲话精神和省委倪岳峰书记调研故城指示精神，切实将党中央决策部署和省市县委工作要求转化为履职行动，做到党的工作部署到哪里，政协履职就跟进到哪里、作用就发挥到哪里。

二要服务中心大局，始终与发展同行。要聚焦加快构建现代化产业体系、统筹发展和安全、优化营商环境等重大课题，深入调查研究，多谋创新之举、多建睿智之言、多献务实之策，不断提高建言“靶向性”、资政“含金量”。要紧盯政策落实中的“中梗阻”、工作推进中的“老大难”，敢于监督、善于监督，助推县委决策部署落实落地。要积极宣传县委的决策部署，扎实做好强信心、聚人心、筑同心的工作。

三要践行为民宗旨，始终与群众同心。要深入基层察民情，完善政协委员联系界别群众的制度机制，把政协履职触角延伸到基层群众中去，把群众的意见诉求反映好，当好各界群众的“代言人”。要履职尽责解民忧，聚焦就业、教育、医疗等群众“急难愁盼”问题，充分运用调研、监督等多种形式，协助县委、县政府更好解决民生难题、增进民生福祉。要倾心尽力惠民生，积极投身扶危济困、捐资助学、志愿服务、关爱残障儿童等活动，带动全社会关注民生、服务民生。

四要加强自身建设，始终与时代同进。要强化责任担当，始终把事业放在心上、把责任扛在肩上。要提升履职能力，突出抓好“两支队伍”建设，着力打造一支“懂政协、会协商、善议政，守纪律、讲规矩、重品行”的过硬队伍。要锻造优良作风，大兴务实之风、弘扬清廉之风、养成俭朴之风，巩固发展风清气正的良好政治生态。广大政协委员要自觉遵守宪法法律和政协章程，涵养道德品行，严格廉洁自律，共同维护好人民政协的良好形象。

政协工作是党的全局工作的重要组成部分，县委将一如既往高度重视、全力支持政协工作，努力为人民政协履行职能创造条件。要大力支持政协参政议政，自觉接受政协民主监督，积极采纳政协意见建议，认真办理政协提案，推动全县上下形成重视政协工作、支持政协事业的良好氛围。

各位委员，同志们！团结凝聚力量，奋斗铸就伟业。让我们更加紧密地团结在以习近平同志为核心的党中央周围，凝心聚力、齐心协力，不断开创故城政协事业发展新局面，为建设经济强县、美丽故城而团结奋斗！

第二章　政协领导在政协全会闭幕会上的讲话

县政协领导在政协全体会议闭幕会上的讲话，确定了县政协新一阶段工作的目标要求和履职措施，是落实政协工作的再部署、再安排，也是对政协委员履职活动地再督促、再动员。摘录历届县政协领导闭幕会讲话，对政协工作有更深刻的认识，对履职尽责有更明确的方向。

第一节　政协领导在政协故城县第二届委员会闭幕会上的讲话

在政协故城县第二届委员会第一次全体会议闭幕会上的讲话

（1984 年 3 月 7 日）

县政协主席　田宝庭

各位委员、各位同志：

中国人民政治协商会议故城县第二届委员会第一次会议，历时四天，在县委的亲切关怀和全体委员的共同努力下，已经圆满地完成了各项议程，今天就要闭幕了。

这次会议听取了县委领导同志的讲话，选举产生了本届委员会主席、副主席和常务委员，通过了政协二届一次会议政治决议。会议期间，列席了县人大七届五次会议。与会委员认真学习讨论了会议有关文件，对我县和政协的各项工作进行了讨论，并提出了很好的意见和建议。通过讨论，对进一步做好故城县的各项工作增强了信心，与会委员一致表示，要为“四化”建设和实现统一祖国的大业积极贡献力量。这次会议是一次民主的会议、团结的会议、改革的会议、奋发向上的会议。

我县政协是恢复新建组织机构，党和人民对我们寄托着很大希望。因此，我们一定不辜负党和人民的重托，勤奋工作，为完成八十年代的三大任务贡献力量。

现在，我根据《中国人民政治协商会议章程》和与会委员提出的一些建议，就今后的工作再讲几点意见：

一、认真学习大会有关文件，充分认识人民政协的性质、地位和任务

在这次会议上，与会委员通过学习讨论，对人民政协的性质、地位和任务有了一个比较明确的认识。但是，要深刻领会精神实质还有很大距离。今后我们要在深入学习十二大文件精神的基础上，学习政协章程，学习六届人大、六届政协有关文件，同时还要学习《邓小平文选》《陈云文稿选编》和《三中全会以来重要文献选编》等，通过学习武装头脑，提高觉悟，以便适应“四化”建设的需要，中国人民政治协商会议是中国人民爱国统一战线的组织。是在中国共产党的领导下，由各民主党派、无党派人士、人民团体、少数民族人士和各界爱国人士参加的，由全体社会主义劳动者、拥护社会主义的爱国者和拥护祖国统一的爱国者组成的，包括台湾同胞、港澳同胞和海外侨胞在内的最广泛的爱国统一战线。胡耀邦同志在十二大报告中指出：“在社会主义建设时期，他仍然发挥着十分重大的作用。”所以人民政协在新的历史时期，在国家政治生活中的地位和作用还是非常重要的，是大有可为的、前程远大，工作任务艰巨而光荣。我们要在各自的工作岗位上，及时向党政领导机关提出有益的建议和必要的批评，发挥民主监督的作用，为全面开创我县社会主义现代化建设的新局面而努力工作。

二、充分发挥政治协商和民主监督作用，努力为“四化”建设做贡献

我们要在政协章程规定的范围内，积极开展民主协商工作。要不断丰富协商内容，改进协商方式，使协商活动做到经常化、制度化、多样化。要主动加强与县委、县人大、县政府和有关部门的联系，及时提出协商议题。对我县大政方针和“四化”建设中的重要问题，以及各民主党派和人民团体需要协商的问题，都可拿到政协来协商。此外，要经常组织小型专题座谈会，就国家法律、法令、地方法规的实施，政府某方面的规划、计划方案、重要措施的决定和执行，以及工农业生产和群众普遍关心的文教、卫生、计划生育等方面的问题，开展讨论，提出意见和建议。

在新的历史时期，政协工作的重点已转移到为“四化”建设服务的轨道上来。我们必须解放思想，开阔视野，在政协工作的广度、深度和效益上下功夫。要抓住迫切需要解决的问题，深入调查研究，发现弊端和问题，提出解决和改进的办法，协助有关部门认真处理，当前要积极协助党委搞好整党，为清理和抵制精神污染贡献力量。

三、加强政协自身革命化建设，努力完成各项工作任务

我县政协第二届委员会组成后，要立即把机关建设和各项工作日程安排好。制定必要的工作制度，实行岗位责任制，建立良好的工作秩序，使全体工作人员真正实现自身革命化。要协助有关部门认认真真、善始善终地做好知识分子、民族、宗教、侨务、在台人员亲属及起义投诚人员等各项政策的落实工作。要加强向各兄弟县政协工作的联系，及时沟通情况、交流经验，以利于工作的开展。政协机关的干部，都要勤奋工作，提高工作效率，克服官僚主义，振作革命精神，经常深入基层，接触群众和了解情况。增长见识，开创第一流的工作，为实现我县“四化”建设作出更大的贡献。

各位委员、各位同志，政协故城县第二届委员会选举我为主席，我和各位副主席、政协常务委员受各位委员的重托和信任，深感责任重大，任务艰巨，我决心和大家一起，共同努力，把政协工作做好。让我们响应胡耀邦同志发出的“勿忘团结奋斗、致力振兴中华”的号召，在县委的领导下，满怀信心的奋发努力，夺取新的更大胜利。

这次会议，在县委的领导下，经过与会委员、大会工作人员的共同努力，会议开得圆满成功，我代表大会表示感谢。

现在宣布：中国人民政治协商会议故城县第二届委员会第一次会议胜利闭幕！

在政协故城县第二届委员会第二次全体会议闭幕会上的讲话

（1984年12月12日）

县政协副主席　国秀梅

各位委员：

中国人民政治协商会议故城县第二届委员会第二次会议，在中共故城县委的亲切关怀下，通过全体委员的共同努力，已经圆满地完成了各项预定的议程，今天就要闭幕了。

这次会议开得生动活泼，自始至终充满了民主团结的气氛。全体委员，畅所欲言、各抒己见，正确评价了九个多月来政协工作的开展情况，并就我县政治经济及其他重大问题展开了热烈讨论，一致同意二届常务委员会的工作报告和提案处理情况的报告。与会全体委员列席了故城县人大第八届第一次会议，听取了县人大和“一府两院”的工作报告以及其他报告。经过认真、热烈地讨论，大家表示完全赞同，一致拥护我县第八届第一次会议选举产生的县人大、县政府领导人，并坚决相信新的领导机构成员，必将把我县的各项工作推向一个新的阶段，开创出新的局面。

会议期间，委员们通过广泛交流工作情况，互相学习，取长补短，学到了经验，看到了差距，从而进一步提高了对政协工作性质、地位、作用的认识，坚定了做好政协工作的信心和决心。会议在分组讨论中，委员们联系我县各项建设事业和政协工作的实际，积极热情地提出了许多宝贵的意见和建议，所有这些对推动我县社会主义建设事业的蓬勃发展，加速经济体制改革的步伐将起到积极作用。可以说，这次会议开得是成功的。

会议期间全体委员认真学习讨论了《中共中央关于经济体制改革的决定》（以下简称《决定》），一致拥护这一重大决定，认真贯彻执行这一重大决定。并一致通过了关于认真学习贯彻《决定》的决议和其他决议。

各位委员，当前摆在我们面前的重要任务是：继续学习贯彻好十二届三中全会《决定》，加快全面开创社会主义现代化建设新局面的步伐。人民政协作为爱国统一战线的重要组织，在开创社会主义现代化建设新局面的各项工作中，肩负着重大的使命。我们要高举爱国旗帜，加强统一战线各方面的大团结，调动一切积极因素，充分发挥各方面人士的智慧和专长，为促进现代化建设的发展，振兴经济贡献力量。我们要充分发挥人民政协的职能作用，把政协工作的重点迅速转移到为“四化”建设服务的轨道上来。在对内搞活经济、对外实行开放政策、在以城市为重点的整个经济体制改革的新形势下，全体委员必须进一步解放思想，开阔视野、锐意改革。我们要围绕“四化”建设这个中心，扩大政协工作的范围和方面，充分发挥政协聚集着各方面知识人才和技术力量的优势，紧密配合县委和政府的中心任务，抓住物质文明和精神文明建设中迫切需要解决的问题，特别是落实各项统战政策、知识分子政策和经济体制改革等问题，深入调查研究，总结经验，找出存在的弊端，提出改进的办法，协同有关部门认真加以解决。同时，各位委员要发挥自己的专长，开展技术和知识的传授，开展经济方面的咨询活动，以及多种形式的有益的社会服务活动，全体委员要致力于做好本职工作，为振兴故城经济“进一言、献一策”，努力扩大政协为“四化”建设服务的领域。

各位委员，我们要响应胡耀邦总书记发出“勿忘团结奋斗、致力振兴中华”的号召，满怀信心地夺取新的更大的胜利！

现在，我宣布，中国人民政治协商会议故城县第二届委员会第二次全体会议胜利闭幕。

在政协故城县第二届委员会第四次全体会议闭幕会上的讲话

（1986年5月17日）

县政协副主席　石万山

各位委员：

中国人民政治协商会议故城县第二届委员会第四次会议，圆满完成了各项议程。总的看这次会议开得是好的、是成功的。

会议期间，委员们列席了故城县人大八届三次会议，听取和审议了人大和“一府两院”的工作报告及1985年财政决算和1986年财政预算的报告，酝酿协商了政府县长。本着“肝胆相照、荣辱与共”的精神，共商我县大计，对会议的各项报告进行了认真热烈的充分讨论，大家认为“六五”期间，我县社会主义现代化建设取得了很大成就，认为“七五”计划的制定和1986年工作计划的实施既符合我县的实际情况，又适应全国经济发展的战略规划，充分体现了坚持改革、搞活、开放的方针。大家对我县“七五”计划的贯彻实施充满了信心。在讨论中，委员们对“七五”计划和政府工作提出了许多好的意见和建议，这对充实完善“七五”计划和改进政府工作是大有益处的。

委员们在肯定政协工作一年比一年有所进展的同时，还提出了新的要求。这说明，我县政协正在很好地发挥着“政治协商、民主监督”的职能作用。当然，我们的工作还有很多不足之处，我相信经过全体委员的一致努力，今后一定能够逐步得到改进。

我们的会议就要结束了，希望大家回去以后，要认真贯彻这次会议精神，深入学习赵总理的报告和“七五”计划，结合实际，积极工作，为我县“七五”计划的贯彻实施做出新的贡献。

第二节　政协领导在政协故城县第三届委员会闭幕会上的讲话

在政协故城县第三届委员会第一次全体会议闭幕会上的讲话

（1987年3月24日）

县政协主席　马端榜

各位委员：

中国人民政治协商会议故城县第三届委员会第一次会议，在县委的直接领导下，经过全体委员的共同努力，已经圆满完成了大会的各项议程。

会议期间，听取并讨论了县委副书记张彦恩

同志的讲话；听取并审议了政协副主席尹丕杰同志所做的常务委员会的报告；列席了故城县第九届人民代表大会第一次会议；协商选举了本届委员会主席、副主席和常务委员；通过了提案审查委员会关于提案审查情况的报告；通过了政协故城县第三届委员会第一次会议的政治决议。

会议开得很有生气，自始至终充满了民主、团结和奋发向上的热烈气氛，大家济济一堂、情绪饱满、精神振奋，以高度的国家主人翁的责任感，畅所欲言、各抒己见，共同协商改革和“四化”建设大计。这对于加快我县改革的步伐、促进两个文明建设、改进政协工作必将产生重大的影响。因此，我们这次会议开得很好、很成功，是加强团结的大会，是发扬民主的大会，也是进一步促进改革的大会。我们相信，这次会议对于加快我县经济体制改革的步伐，促进两个文明建设，实现我县“七五”计划的奋斗目标必将起到积极的推动作用。

现在，我根据县委1987年的工作安排和委员们所提出的建议和意见，就今后的政协工作讲几点意见。

一、认真组织并倡导政协委员学习全国人大常委会《关于加强法制教育维护安定团结的决定》；学习中共中央《关于社会主义精神文明指导方针的决议》，做社会主义精神文明建设的促进派

1987年，县政协将把中共中央《关于社会主义精神文明指导方针的决议》、全国人大常委会《关于加强法制教育维护安定团结的决定》等重要文件作为全体委员的主要学习内容贯穿始终。并通过召开学习会、座谈会、经验交流会、采取集中和分散相结合的方法，进一步提高委员们的思想认识，促使大家在提高素质更新观念等方面有一个明显的转变。一是要提高思想素质，拓宽政协工作的新领域。牢固树立政协工作作为推动“一国两制”的方针服务、为两个文明建设服务、为维护和完善社会主义民主与法制服务的思想；二是提高业务素质，做到以情会友、以服务为荣，使政协工作逐步由政治领域扩展到经济领域；三是政协机关要做精神文明建设的表率，通过不断地加强自身的思想建设和组织建设，努力提高机关干部的政治素质和思想素质，坚定树立共产主义思想，克服官僚主义，提高工作效率，积极向县委反映情况，提出意见和建议，以促进我县两个文明建设的顺利发展。

二、充分发挥“政治协商、民主监督”的职能作用，为我县两个文明建设服务

为使政协的主要职能作用充分体现在两个文明建设之中，我们要坚持做到：1. 进一步探索和建立“政治协商、民主监督”的制度，除定期向县委汇报工作取得县委领导的重视和支持外，并通过列席县委、县政府有关部门和人大常委会议，参与县内重大决策的协商；根据会议的不同内容吸收有关界别的政协委员列席县、乡、村三级干部会议，参与党的重大方针政策的学习和讨论等，逐步使协商的形式制度化、协商的内容具体化。2. 认真开好政协例会。每年一次的政协全委会和每季一次的常委会的制度要坚持下去，并力求做到内容充实、形式多样，使每次会议都要解决一两个实质性的问题。为此，除要求县委、县政府经常通报我县的政治、经济形势和重大工作的战略决策外，我们将有计划、有目的地选择全县人民最关心的政治、生活中的重大问题，邀请县委、县政府的有关部门向政协常委会通报工作情况，真正使政协全委会和政协常委会形成抓大事、议大事的一种政治协商、民主监督的形式。3. 要抓好政协委员的提案办理和协商反馈工作。对政协委员的提案和平时来信来访提出的意见和建议，要确定专人负责登记、传递、催办和答复，并形成制度。对委员提案集中、影响较大而又涉及部门较多的意见，将通过召开意见听取会的办法，邀请有关部门的领导参加，实行面对面的协商，使问题尽快得到解决。

三、充分发挥政协“人才库”的功能作用，为我县“四化”建设多做贡献

政协汇集了各方面的众多人才，这是我们为“四化”建设做贡献的一大优势。为了充分发挥这一优势，更好地调动政协委员为“四化”建设和两个文明建设服务的积极性，我们计划从以下三个方面做起：一是搞好咨询服务。根据每个政协委员的某项技术专长和业务特点，确定咨询项目，拟确定为发展我县教育事业搞好语文教学咨询服务，围绕发展我县商品生产搞好种植业、养殖业、畜牧业的咨询服务，做到项目落实到委员，分头撰写资料，交有关部门负责传授和推广。二是通过推广政协委员中的“双文明户”的典型，在全体委员中开展“学典型、见行动”的活动，争做致富模范和精神文明建设的模范，逐步使政协委员中“双文明户”有一个较大的发展。三是围绕发展我县经济，在政协委员中开展“为脱贫致富进一言、献一策”活动，充分发挥政协委员联系面广的优势，通过多种渠道和不同形式，积极出主意、想办法，献计献策，为引进人才、技术、资金、设备，促进经济横向联合多做贡献。

四、集中精力，继续抓好文史资料工作

文史资料工作是政协工作的重要组成部分，继1986年完成《商震传略》的撰写任务之后，计划在1987年内完成《冯治安传》的最后定稿任务，在抓好重点征集和专题研究的同时，要求全体政协委员都要积极投入抢救文史资料工作中来，为不断充实和拓展文史资料的征集范围，广征博采，普遍联系，为征集到更多更好的文史资料贡献力量。

五、继续加强对外联系，为促进祖国统一大业做贡献

要进一步宣传党和国家关于统一祖国的方针和政策。加强与我县侨眷、台属的联系，及时了解他们的意见、要求和建议，鼓励和支持他们同海外亲人的通信联系，配合有关部门认真做好来我县参观、访问和探亲的“三胞”的接待工作，协助有关部门落实台胞、台属政策。发动和鼓励我县的侨眷、台属和海外亲属加强联系，介绍祖国对外开放的政策，动员亲属为祖国引进技术、引进外资，为振兴家乡经济多做贡献。

各位委员，政协故城县第三届委员会选举我为主席，我和各位副主席、政协常委受各位委员的重托和信任，深感责任重大。我决心和大家一起共同努力，把政协工作做好。让我们在党中央的领导下，自觉地坚持四项基本原则，坚定地执行改革、开放、搞活的方针，广泛开展增收节支运动，进一步加强精神文明建设，珍惜和维护安定团结的局面，调动一切积极因素，团结一切可以团结的力量，进一步巩固和发展爱国统一战线，为开创我县政协工作的新局面，为推进我县经济建设和各项改革的顺利进行，为完成祖国统一大业而努力奋斗。

最后，我提议，向热情支持我们这次大会的单位、辛勤为大会服务的全体工作人员和县供销旅馆的全体同志表示衷心的感谢！

在政协故城县第三届委员会第二次全体会议闭幕会上的讲话

（1988年3月27日）

县政协主席　马端榜

各位委员：

中国人民政治协商会议故城县第三届委员会第二次全体会议，在县委的关怀和支持下，经过大家的共同努力，圆满完成了大会的各项

议程，达到了预期目的。

会议期间，大家以认真负责的精神，在团结、民主的气氛中，审议通过了常务委员会的工作报告，政协故城县三届委员会提案工作委员会关于三届二次会议提案情况和审查意见的报告，政协三届二次会议政治决议，政协故城县委员会 1988 年工作要点。委员们一致表示：对县政协 1987 年的工作深感满意，对县政协 1988 年的工作要点，完全赞同和支持。同时，在列席故城县第九届人民代表大会第二次会议中，大家还以高度负责的精神，情绪饱满的热情，畅所欲言、各抒己见，对政府的工作既肯定了所取得的巨大成就，又提出了许多宝贵的意见和建议。

大会之后，我们一定要在十三大精神的指导下，认真坚持“一个中心、两个基本点”，按照政协确定的工作要点，围绕县委当前的中心任务，充分发挥政治协商、民主监督的职能作用，在发展故城经济、服务于两个文明建设中作出更大的贡献。

各位委员，当前我县的形势很好，经济在发展，改革在深入，各行各业都在为创造新的成就而积极努力。我相信，我县的政协工作，有县委的重视和支持，经过全体委员的积极努力，也一定能够取得更大的成绩。

现在宣布：中国人民政治协商会议故城县第三届委员会第二次会议胜利闭幕！

在政协故城县第三届委员会第三次全体会议闭幕会上的讲话

（1989 年 3 月 20 日）

县政协副主席　尹丕杰

各位委员：

中国人民政治协商会议故城县第三届委员会第三次会议，在县委的关怀和支持下，经过大家的共同努力，圆满完成了大会的各项议程。

这次大会自始至终充满团结、民主的气氛，委员们本着知无不言的精神，直抒胸怀、各抒己见，认真审议并通过了常务委员会的工作报告；政协故城县三届委员会提案工作委员会关于三届二次会议以来提案工作情况的报告；政协故城县三届委员会提案工作委员会关于三届三次会议提案情况和审查意见的报告；政协故城县三届三次会议政治决议。委员们普遍认为：政协常委会的工作报告，既讲了成绩，也讲了存在的问题和不足，报告是切合实际的，对此表示满意。会议之后，全体委员将列席故城县第九届人民代表大会第三次会议，希望大家以主人翁的精神，对政府工作报告以及其他各项报告进行深入的讨论并提出中肯的意见和建议。

今后，我们一定要在十三届三中全会精神指导下，紧紧围绕县委当前治理整顿、深化改革的中心任务，充分发挥政治协商、民主监督的职能作用，积极协助县委、县政府认真治理经济环境、整顿经济秩序，避免和减少工作中的失误，为促进我县经济建设和深化改革作出积极贡献。

各位委员，当前我县的形势很好，经济在发展，改革在深入，各行各业都在为创造新的成就而积极努力。我相信，我县政协工作在县委的重视和支持，经过全体委员的积极努力，一定能够取得更大的成绩。

现在宣布：中国人民政治协商会议故城县第三届委员会第三次会议胜利闭幕！

第三节　政协领导在政协故城县第四届委员会闭幕会上的讲话

在政协故城县第四届委员会第一次全体会议闭幕会上的讲话

（1990 年 3 月 9 日）

县政协副主席　姚义珍

各位委员：

政协故城县第四届委员会第一次会议，历时五天，圆满完成了各项预定议程，现在就要闭幕了。

会议期间，县委、县人大、县政府领导对这次会议十分重视，亲临大会祝贺、指导。县委副书记刘石营同志作了重要讲话，对政协上一届的工作给予了充分的肯定和赞扬，这是对我们的鼓舞和鞭策。

在会议过程中，各位委员遵照“长期共存、互相监督、肝胆相照、荣辱与共”的方针，畅所欲言、各抒己见，对《政府工作报告》《财政预决算的报告》《政协常委会工作报告》以及其他报告进行了认真讨论，充分肯定了所取得的成绩，也提出了许多宝贵的意见和建议。同时经过酝酿、协商选举产生了政协故城县第四届委员会主席、副主席、秘书长和常务委员；审议并通过了政协故城县第四届委员会第一次会议的政治决议和提案审查报告。会议开得很好，很成功，达到了预期目的。

大会之后，我们要遵循党的十三届四中全会和五中全会精神，坚持四项基本原则，紧紧围绕我县的中心任务，深入学习、贯彻执行党的改革开放政策，落实好《中共中央关于坚持和完善中国共产党领导的多党合作和政治协商制度的意见》，在治理整顿和深化改革工作中，要紧密联系实际，不断探索进取，以提高我们的政治素质和业务素质，把我县政协工作提高到一个新的水平。

各位委员，这次会议就要结束了。大家回去以后，让我们在各自的工作岗位上加倍努力，勤奋工作，为统一祖国、振兴中华而努力奋斗。

最后，我提议：向热情支持我们这次大会的单位，辛勤为大会服务的工作人员表示衷心的感谢！

在政协故城县第四届委员会第二次全体会议闭幕会上的讲话

（1991 年 4 月 9 日）

县政协副主席　姚义珍

各位委员：

政协故城县第四届委员会第二次会议，经过与会委员的共同努力，历时两天，圆满完成了各项议程，今天就要闭幕了。

这次会议在党的十三届七中全会精神指引下，在中共故城县委的领导下，开得很好，很成功，会议自始至终充满着民主、团结、和谐的气氛。全体委员遵照“长期共存、互相监督、肝胆相照、荣辱与共”的方针，畅所欲言、各抒己见，共同探讨政协工作，共商我县大计，对《政府工作报告》《财政预决算的报告》《政协常委会工作报告》以及其他报告进行了认真的讨论，充分肯定了所取得的成绩，也提出了许多宝贵的意见和建议。充分体现了我县统一战线的空前活跃和发展，体现了我县各民主党派、各界人士高度的责任感和为我县经济建设献计出力的高度热情，这对于促进我县各项事业的发展、搞好我县“经济建设大合唱”将起到重要的推动作用。

各位委员，这次会议就要结束了。大会之后，让我们在不同的工作岗位上，认真贯彻落实党的十三届七中全会精神，紧紧围绕我县制定的十年规划和“八五”计划的奋斗目标积极开展工作，本着“议大事、抓重点、办实事、讲实效”的原则，切实履行政治协商、民主监督的职能，积极配合县委和政府把各项工作做好，为故城县的政治稳定、经济发展做出新的更大的贡献。

最后，我提议向热情支持我们这次大会的单位，辛勤为大会服务的工作人员表示衷心的感谢！

在政协故城县第四届委员会第三次全体会议闭幕会上的讲话

（1992年3月26日）

县政协副主席　姚义珍

各位委员：

政协故城县第四届委员会第三次会议，经过与会委员的共同努力，历时三天，圆满完成了各项议程，今天就要闭幕了。

这次会议在党的十三届八中全会精神指引下，在中共故城县委的领导下，开得很好，很成功，会议自始至终充满着民主、团结、和谐的气氛。全体与会委员认真听取并审议了政协常委会的工作报告和二次会议以来提案办理情况的报告，听取了县委领导同志的重要讲话，通过了四届三次会议政治决议和提案审查报告；列席了故城县第十届人民代表大会第三次会议，听取并讨论了《政府工作报告》和其他报告。

与会委员以饱满的政治热情和高度的主人翁姿态，畅所欲言、各抒己见，进行了认真热烈的讨论，讨论中大家充分肯定了县政协一年来的工作，总结了新时期开展政协工作的经验，对今后的任务和进一步改进政协工作提出了很好的建议，充分说明了委员团结一致、群策群力，共同搞好政协工作的决心和愿望，对我县改革建设和人民群众普遍关心的重大问题提出了许多宝贵的意见和建议。所有这些，都体现了我县统一战线的空前活跃和发展。体现了我县各民主党派、各界人士高度的责任感，较强的参政议政能力和为我县经济建设献计出力的高度热情。这对于促进我县各项事业的发展加快我县改革开放的步伐，必将起到重要的推动作用。

各位委员，这次会议就要结束了。大会之后，让我们在不同的工作岗位上，认真贯彻落实党的十三届八中全会精神，紧紧围绕我县制定的十年规划和“八五”计划的奋斗目标，充分发挥政治协商、民主监督的职能，出主意、想办法、提意见、搞调研，支持和协助政府做好工作，为故城县的政治稳定、经济发展做出新的更大的贡献。

现在我宣布：中国人民政治协商会议故城县第四届委员会第三次会议胜利闭幕！

第四节　政协领导在政协故城县第五届委员会闭幕会上的讲话

在政协故城县第五届委员会第一次全体会议闭幕会上的讲话

（1993 年 1 月 13 日）

县政协副主席　王增义

各位委员、各位同志：

政协故城县第五届委员会第一次会议，历时四天，圆满完成了各项预定议程，现在就要闭幕了。

会议期间，县委、县人大、县政府领导对这次会议十分重视，亲临大会祝贺、指导，县委副书记刘石营同志作了重要讲话，对政协上一届的工作给予了充分肯定和赞扬，同时还提出了更高的要求和希望。这是对我们的鼓舞和鞭策。

在会议过程中，各位委员遵照“长期共存、互相监督、肝胆相照、荣辱与共”的方针，畅所欲言、各抒己见，对《政府工作报告》《政协常务委员会工作报告》以及其他报告进行了认真讨论，充分肯定了所取得的成绩，也提出了许多宝贵的意见和建议。同时经过全体政协委员的充分酝酿协商，选举产生了政协故城县第五届委员会主席、副主席、秘书长和常务委员，审议并通过了政协故城县第五届委员会第一次会议政治决议和提案审查报告的决议。会议开得很好，很成功，达到了预期的目的。

大会之后，我们要遵循中共十四大会议精神，牢牢把握邓小平同志建设中国特色社会主义的理论，坚持“一个中心、两个基本点”的基本路线，坚持和完善共产党领导的多党合作和政治协商制度，坚持“长期共存、互相监督、肝胆相照、荣辱与共”的方针，巩固和发展新时期的爱国统一战线，要在社会主义和爱国主义旗帜下，团结一切可以团结的力量，调动一切积极因素，紧紧围绕我县经济建设和改革开放，解放思想，振奋精神，更好地履行政治协商和民主监督职能，为推动我县两个文明建设，加快改革开放和现代化建设步伐，夺取中国特色社会主义事业的更大胜利，做出积极贡献。

各位委员，这次会议就要结束了。借此我提议：向热情支持我们这次大会的单位，向辛勤为大会服务的工作人员表示衷心的感谢！

在政协故城县第五届委员会第二次全体会议闭幕会上的讲话

（1994年3月17日）

各位委员、各位同志：

政协故城县第五届委员会第二次会议，历时三天，圆满完成了各项预定议程，现在就要闭幕了。

会议期间，县委、县人大、县政府领导对这次会议十分重视，亲临大会祝贺、指导，县委副书记刘石营同志作了重要讲话，对本届一次会议的工作给予了充分肯定和赞扬，同时还提出了更高的要求和希望。这是对我们的鼓舞和鞭策。

会议期间，大家以邓小平同志建设中国特色社会主义理论和中共十四届三中全会精神为指导，对《政府工作报告》《政协常务委员会工作报告》以及其他报告进行了认真讨论，充分肯定了所取得的成绩。同时，围绕我县经济建设的中心任务，以饱满的政治热情和高度负责的态度，对我县的大政方针和政协工作，提出了许多中肯的意见和建议，充分体现中国共产党与各民主党派、无党派爱国人士肝胆相照、荣辱与共的亲密关系，发挥了民主党派参政议政和民主监督作用。

会议增选了梁春民、邓志英为县政协五届委员会常务委员，审议和通过了县政协五届二次会议决议。总之，会议开得很好，达到了预期的目的。

在当前形势下，政协面临的任务既光荣又艰巨。我们要遵循中共十四届三中全会精神，牢牢掌握邓小平同志建设中国特色社会主义的理论，坚持“一个中心、两个基本点”的基本路线，坚持和完善共产党领导的多党合作和政治协商制度，在社会主义和爱国主义旗帜下，努力加强自身思想、组织和作风建设，发挥自身优势，紧紧围绕我县经济建设，选准角度，抓住当前经济建设和群众关心的热点、难点及带倾向性的问题，深入开展调查研究，反映民意，努力把政协工作做得卓有成效，为推动我县两个文明建设，加快改革开放和现代化建设步伐做出积极贡献。

在政协故城县第五届委员会第三次全体会议闭幕会上的讲话

（1995年3月22日）

县政协副主席　王增义

各位委员、各位同志：

政协故城县第五届委员会第三次会议，是一次议改革、谋发展、鼓实劲、参政议政大会，是一次保持稳定、促进团结、增强共识的群策群力、同心同德的大会。大会圆满完成了各项预定议程，现在就要闭幕了。

会议期间，县委、县政府领导对这次会议十分重视，亲临大会祝贺、指导，县委书记徐殿仓、副书记刘石营同志作了重要讲话，对政协组织、政协委员和各界人士在全县政治生活和经济建设中所起的重要作用，给予了充分肯定和赞扬，并就更好地发挥人民政协在建设中国特色的社会主义事业中的作用讲了重要意见，对于进一步推动全县政协工作具有很好的指导意义。

会议期间，大家以邓小平同志建设中国特色社会主义理论和中共十四届四中全会精神为指导，对《政府工作报告》《政协常务委员会工作报告》以及其他报告进行了认真讨论，充分肯定了所取得的成绩。同时，围绕我县经济建设的中心任务，以饱满的政治热情和高度负责的态度，对我县的大政方针和政协工作，提出了许多中肯的意见和建议，充分体现了人民政协积极参政议政，紧紧围绕改革开放、富民强县这个主题，对涉及改革开放和广大人民群众切身利益的重大问题，提建议、献良策、披肝沥胆、竭忠尽智，表现了对党、对人民高度负责的精神，发挥了民主党派参政议政和民主监督作用。

会议增选了李金栋同志为县政协五届委员会常务委员，审议和通过了县政协五届三次会议决议。总之，会议开得很好，达到了预期的目的。

在当前形势下，政协面临的任务既光荣又艰巨。我们要想大事、议大事、抓大事。县委、县政府的任务就是人们政协的根本任务。当前，“抓住机遇，深化改革，扩大开放，促进发展，保持稳定”是全党全国各族的大局。我们要遵循中共十四届四中全会精神，牢牢掌握邓小平同志建设中国特色社会主义的理论，坚持党的基本路线，坚持和完善共产党领导的多党合作和政治协商制度，在社会主义和爱国主义旗帜下，努力加强自身思想、组织和作风建设，发挥自身优势，紧紧围绕我县经济建设，选准角度，抓住当前经济建设和群众关心的热点、难点及带倾向性的问题，深入开展调查研究，反映民意，努力把政协工作做得卓有成效，为推动我县两个文明建设，加快改革开放和现代化建设步伐做出积极贡献。

在政协故城县第五届委员会第五次全体会议闭幕会上的讲话

（1997 年 3 月 26 日）

各位委员、各位同志：

中国人民政治协商会议故城县第五届委员会第五次会议，历时三天，在县委的领导下，经过全体政协委员和与会同志的共同努力，圆满完成了各项预定议程，现在就要闭幕了。

会议期间，县委、县人大、县政府、县纪检、县武装部、县公、检、法领导对这次会议十分重视，并亲临大会祝贺、指导。县委书记徐殿仓同志作了重要讲话，对政协组织、政协委员和各界人士在全县政治生活和经济建设中所起的重要作用，给予了充分肯定和赞扬，并就更好地发挥人民政协在建设有中国特色的社会主义事业中的作用讲了重要意见。

会议增选了徐乃起同志为县政协五届委员会副主席，为政协增添了新生力量。

会议期间，政协委员们以邓小平同志建设有中国特色社会主义理论和中共十四届六中全会精神为指导，听取并协商了石金义县长所作的《政府工作报告》，听取并审议了县政协主席张彦恩代表常务委员会所作的《政协常务委员会工作报告》和黄凤忠副主席代表提案委员会所作的《政协五届四次会议以来提案工作情况的报告》，以及其他报告并进行了认真讨论，充分肯定了所取得的成绩。同时，围绕我县经济建设的中心任务，以饱满的政治热情和高度负责的态度，对我县的大政方针和政协工作，提出了许多中肯的意见和建议，取得了参政议政的新效果，在建设经济强县的伟大征程中，再一次展示了政协委员应该具有的时代精神风貌。这次大会是一次民主、求实、团结、鼓劲的大会，会议取得了圆满成功。充分体现了人民政协积极参政议政，紧紧围绕改革开放，富民强县这个主题，对涉及改革开放和广大人民群众切身利益的重大问题、热点问题，提建议、献良策，披肝沥胆，竭忠尽智，表现了对党，对人民高度负责的精神，发挥了各界人士参政议政和民主监督作用。总之，会议开得很好，达到了预期的目的。

各位委员、各位同志，在当前形势下，政协面临的任务既光荣又艰巨。我们要想大事、议大事、抓大事。坚持以邓小平建设中国特色社会主义理论为指导，全面贯彻党的基本路线和基本方针，紧紧围绕富民强县战略的实施，大力推进精神文明建设，加快实施五大工程，着力推进两个转变，保持国民经济持续、快速、健康发展和社会全面进步。坚持和完善共产党领导的多党合作和政治协商制度，在社会主义和爱国主义旗帜下，努力加强自身思想、组织和作风建设，发挥自身优势，紧紧围绕我县经济建设，选准角度抓住当前经济建设和群众关心的热点、难点及带倾向性的问题，深入开展调查研究，反映民意，努力把政协工作做得卓有成效，把握机遇，大胆探索，开拓前进，认真履行政治协商、民主监督、参政议政职能，充分发挥政协自身优势，积极配合党委、政府做好各方面的工作，为推动我县两个文明建设，加快改革开放和现代化建设步伐做出积极贡献。

第五节　政协领导在政协故城县第六届委员会闭幕会上的讲话

在政协故城县第六届委员会第一次全体会议闭幕会上的讲话

（1998 年 2 月 17 日）

县政协副主席　张彦秀

各位委员、各位同志：

中国人民政治协商会议故城县第六届委员会第一次会议，历时三天，在县委的领导下，经过全体政协委员和与会同志的共同努力，圆满完成了预定的各项议程，现在就要闭幕了。

会议期间，县委领导对这次会议十分重视，并亲临大会祝贺指导。县委书记郭金强同志作了重要讲话，对政协组织、政协委员和各界人士在全县政治生活和经济建设中所起的重要作用，给予了充分肯定和赞扬，并就更好地发挥人民政协在建设中国特色社会主义事业中的作用讲了重要意见。

大会经过充分酝酿和民主协商，选举张彦恩同志为政协故城县第六届委员会主席，李庆云、黄凤忠、徐乃起、张彦秀、张德恩、翟占禹为副主席。选举产生了秘书长和县政协六届委员会常务委员，为新的一届政协增添了新的力量。

会议期间，政协委员以邓小平同志建设中国特色社会主义理论和中共十五大全会精神为指导，听取并协商讨论了故城县代县长王辉同志所作的《政府工作报告》，听取并审议了县政协主席张彦恩同志代表政协五届常务委员会所作的《政协常委会工作报告》和黄风忠同志代表提案委员会所作的《政协五届五次会议以来提案工作情况的报告》以及其他报告，并进行了认真讨论，充分肯定了所取得的成绩。同时，以主人翁的精神和高度的热情，畅所欲言，各抒己见，就全县人民关心的重大问题和政协工作，提出了很多中肯的意见和建议。会议自始至终充满了民主协商的气氛，是一次民主、求实、团结、鼓劲的大会，会议取得了圆满成功。本次会议紧紧围绕改革开放和富民强县这个主题，对涉及改革开放和广大人民群众切身利益的重大问题、热点问题，提建议、献良策，披肝沥胆，竭忠尽智，表现了对党、对人民高度负责的精神，发挥了各界人士参政议政和民主监督作用。

总之，会议开得很好，达到了预期的目的。

各位委员、各位同志，在当前形势下，政协面临的任务既光荣又艰巨。我们要想大事，议大事，抓大事。要坚持以邓小平建设中国特色社会主义和党的基本路线为指导，紧紧围绕富民强县目标的实现，大力推进精神文明建设，加快实施五大工程，着力推进两个转变，保持国民经济持续、快速、健康发展和社会全面进步。坚持和完善共产党领导的多党合作和政治协商制度，在社会主义和爱国主义旗帜下，努力加强自身的思想、组织和作风建设，发挥自身优势，紧紧围绕我县经济建设，选准角度，抓住当前经济建设和群众关心的热点、难点及带倾向性的问题，深入开展调查研究，反映民意，努力把政协工作做得卓有成效。认真履行政治协商、民主监督、参政议政职能，充分发挥政协自身优势，在中共故城县委的领导下，以经济建设为中心，以团结、民主为主题，同心同德，群策群力，扎实工作，为我县改革开放和两个文明建设做出更大贡献！

在政协故城县第六届委员会第二次全体会议闭幕会上的讲话

（1999 年 3 月 4 日）

县政协副主席　徐乃起

各位委员、各位同志：

中国人民政治协商会议故城县第六届委员会第二次会议，历时两天，在县委的领导下，经过全体政协委员和与会同志的共同努力，圆满完成了预定的各项议程，现在就要闭幕了。

会议期间，县级领导对这次会议十分重视，并亲临大会祝贺指导。县委书记郭金强同志作了重要讲话，对政协组织、政协委员和各界人士在全县政治生活和经济建设中所起的重要作用，给予了充分肯定和赞扬，并就更好地发挥人民政协在两个文明建设中的作用讲了重要的意见，全体政协委员和各族各界人士要认真学习贯彻落实。

刚刚过去的 1998 年，是我们六届县政协的开局之年，回顾一年来的工作，我们深切地感到，县政协工作所取得的每一项成绩和进展，无不饱含着全体县政协委员、各人民团体和各族各界人士的汗水和心血，同时也是与中共故城县委的高度重视、县政府的大力支持和社会各方面的密切配合分不开的，县委、县政府对政协工作一贯重视和支持。去年，郭金强书记和其他几位县委领导亲自到县政协机关指导工作，征求意见。之后，几次听取县政协工作汇报，对县政协工作给予了充分的肯定，对工作提出明确要求。在此，我代表县政协，向县委、县政府及所有关心、支持县政协工作的各界朋友表示崇高的敬意和衷心的感谢！

会议期间，政协委员们以中共十五大和十五届三中全会精神为指导，听取了故城县县长王辉同志所作的《政府工作报告》以及其他报告，听取并审议了县政协主席张彦恩同志代表政协六届常务委员会所作的《政协常务委员会工作报告》和翟占禹同志代表提案委员会所作的《政协六届一次会议以来提案工作情况的报告》，并进行了认真讨论，充分肯定了所取得的成绩。同时，以主人翁的精神和高度的热情，畅所欲言，各抒己见，就全县人民关心的重大问题和政协工作，提出了很多中肯的意见和建议。会议自始至终充满了民主协商的气氛，是一次民主、求实、团结、鼓劲的大会，会议取得了圆满成功。充分体现了人民政协积极参政议政，紧紧围绕改革开放、富民强县这个主题，对涉及改革开放和广大人民群众切身利益的重大问题、热点问题，提建议、献良策，披肝沥胆，竭忠尽智，表现了对党、对人民高度负责的精神，发挥了各界人士参政议政和民主监督作用。

总之，会议开得很好，达到了预期的目的。

各位委员、各位同志，1999年，是我国发展史上具有特殊意义的一年。我们将庆祝中华人民共和国成立50周年，迎来人民政协50华诞，我国政府将恢复对澳门行使主权。改革、发展、稳定的任务繁重而又艰巨。人民政协肩负着光荣的使命。政协组织和广大政协委员要始终不渝地以邓小平理论为指导，继续坚持解放思想、实事求是的思想路线，坚持中共十一届三中全会以来的各项正确方针和政策，深入贯彻中共十五大和十五届三中全会精神，以经济建设为中心，服从和服务于党和国家的工作大局。紧紧围绕富民强县目标的实现，大力推进精神文明建设，加快实施“六大工程”，保持国民经济持续、快速、健康发展和社会全面进步。坚持和完善共产党领导的多党合作和政治协商制度，在社会主义和爱国主义旗帜下，努力加强自身思想、组织和作风建设，发挥自身优势，紧紧围绕我县经济建设，选准角度，抓住当前经济建设和群众关心的热点、难点及带倾向性的问题，深入开展调查研究，反映民意，认真履行政治协商、民主监督、参政议政职能，充分发挥政协自身优势，在中共故城县委的领导下，以经济建设为中心，以团结、民主为主题，同心同德、群策群力，扎实工作，为我县两个文明建设做出新贡献！

在政协故城县第六届委员会第三次全体会议闭幕会上的讲话

（2000年2月22日）

县政协副主席　李庆云

各位委员、各位同志：

中国人民政治协商会议故城县第六届委员会第三次会议，历时两天，在县委的领导下，经过全体政协委员和与会同志的共同努力，圆满完成了预定的各项议程，现在就要闭幕了。

会议期间，县委领导对这次会议十分重视，并亲临大会祝贺指导。县委书记何同恩同志作了重要讲话，对政协组织、政协委员和各界人士在全县政治生活和经济建设中所起的重要作用，给予了充分肯定和赞扬，并就更好地发挥人民政协在两个文明建设中的作用讲了重要意见。全体政协委员和各族各界人士要认真学习，抓好贯彻落实。

回顾一年来的工作，我们深切地感到，县政协工作所取得的每一项成绩，无不饱含着全体县政协委员各人民团体和各族各界人士的汗水和心血，同时也是与中共故城县委的高度重视、县政府的大力支持和社会各方面的密切配合分不开的。去年，何同恩书记和其他几位县委领导亲自到县政协机关指导工作，征求意见。之后，几次听取县政协工作汇报，对县政协工作给予了充分的肯定，对工作提出明确要求。在此，我代表县政协，向县委、县政府及所有关心、支持县政协工作的各界朋友表示崇高的敬意和衷心的感谢！

会议期间，政协委员们以中共十五大和十五届三中、四中全会精神为指导，听取了政府县长王辉同志所作的《政府工作报告》以及其他报告，听取并审议了县政协主席张彦恩同志代表政协六届常务委员会所作的《政协常务委员会工作报告》和翟占禹同志代表提案委员会所作的《政协六届二次会议以来提案工作情况的报告》，并进行了认真讨论，充分肯定了所取得的成绩。同时，以主人翁的精神和高度的热情，畅所欲言，各抒己见，就全县人民关心的重大问题和政协工作，提出了很多中肯的意见和建议。会议自始至终充满了民主协商的气氛，是一次团结、民主、求实、奋进的大会，会议取得了圆满成功。充分体现了人民政协积极参政议政，紧紧围绕经济发展，富民强县这个主题，对涉及经济发展和广大人民群众切身利益的重大问题，热点问题，提建议、献良策，披肝沥胆，竭忠尽智，表现了对党、对人民高度负责的精神，发挥了各界人士参政议政和民主监督作用。

总之，会议开得很好，达到了预期的目的。

各位委员、各位同志，今年是世纪交替之年，也是我县经济社会发展非常关键的一年。我们既要全面实现“九五”计划确定的各项发展目标，又要着手谋划、制定“十五”计划，绘制跨世纪发展的宏伟蓝图。同时，我国即将加入世贸组织的新形势，既为我县的经济发展提供了机遇，同时也提出了新的挑战。这就要求我们充分发挥人民政协联系广泛、人才荟萃的优势，围绕经济、社会发展的重大问题积极参政议政，进一步发扬民主，集思广益，献计献策，为实现今年全县的奋斗目标贡献力量。

在政协故城县第六届委员会第四次全体会议闭幕会上的讲话

（2001 年 2 月 9 日）

县政协主席　张彦恩

各位委员、各位同志：

中国人民政治协商会议故城县第六届委员会第四次会议，历时两天，在县委的领导下，经过全体政协委员和与会同志的共同努力，圆满完成了预定的各项议程，现在就要闭幕了。

会议期间，五套班子领导对这次会议十分重视，并亲临大会祝贺指导。县委书记何同恩同志作了重要讲话，对政协组织、政协委员和各界人士在全县政治生活和经济建设中所起的重要作用，给予了充分肯定和赞扬，并就更好地发挥人民政协在两个文明建设中的作用讲了重要的意见，全体政协委员和各族各界人士要认真学习贯彻落实。

回顾一年来的工作，我们深切地感到，县

政协工作所取得的每一项成绩和进展，无不饱含着全体县政协委员各人民团体和各族各界人士的汗水和心血，同时也是与县委的高度重视、县政府的大力支持和社会各方面的密切配合分不开的。在此，我代表县政协，向县委、县政府及所有关心、支持县政协工作的各界朋友表示崇高的敬意和衷心的感谢！

会议期间，委员们听取了县长王辉同志所作的《政府工作报告》以及其他报告，听取并审议了《政协常务委员会工作报告》和《政协提案工作报告》，并进行了认真讨论，委员们畅所欲言，各抒己见，就全县人民关心的重大问题和政协工作，提出了很多中肯的意见和建议。会议自始至终充满了民主协商的气氛，开成了一个集思广益谋大计，万众一心求发展的大会。

各位委员，2001 年是新世纪的第一年，努力做好今年的工作，具有非常重要的意义。下面就如何做好政协工作，讲三点意见：

一、必须始终围绕全县的中心任务履行主要职能

人民政协历来把县委和政府的中心工作作为自己的重要任务，这是由政协的性质所决定的，政协只有围绕中心议大事，善于捕捉关系全局的战略问题，影响深远的重点问题，群众普遍关心的热点难点问题，调查研究，建言献策，参政议政，才能参到点子上，议到根本处，政协工作才会发挥应有的作用。

二、必须始终立足政协特点，发挥政协优势

政协一方面有着自己独特的工作方式，另一方面，又具有人才荟萃、联系面广、位置超脱、渠道畅通的优势。只有立足政协特点，发挥政协优势，才能把政协特有的事情办得更好，把政协与别人共有的事情办得更能体现政协特点，在这方面要抓好“五个利用”：一是要利用好政协具有人才荟萃的特点，既要在履行职能中广泛吸取政协各方面人才的意见，贡献聪明才智，又要在微观服务中调动政协各方面人才的积极性，为全县的现代化建设多办实事。二是要利用好政协联系面广的特点，积极主动开展联谊工作，调动各方面的积极性，为两个文明建设服务。三是要利用好政协上通下达的特点，围绕全县各项中心工作及群众关心的热点、难点问题，深入实际，调查研究，了解民情，反映民意，集中民智，把人民群众的要求和意见及时反映给县委和政府，使政协成为党委和政府联系群众、团结各界的重要渠道。对群众中不稳定因素，要通过宣传党的方针、政策，协助党委政府做好协调关系，化解矛盾，增进共识，凝聚人心的工作，使政协成为县委和政府抓好工作的得力助手。四是利用好政协位置超脱的特点，客观的反映真实情况，使县委和政府了解到不同的意见，以便更好地改进工作。对县委和政府工作中应注意的问题，做到及时发现，及时反映，以利解决在萌芽状态。五是要利用好政协工作比较单一的特点，集中精力围绕县委、县政府的中心工作，想大局，议大事，出精品，当高参。特别是就全县改革开放、经济发展、社会进步等方面的重大问题，有计划、有组织地调查研究，从宏观上献计献策，为党政领导科学决策提供可靠的依据，使政协工作更加富有成效。

三、必须始终坚持县委领导，政府支持，政协主动，各方配合的工作格局

政协工作的范围和内容十分广泛，涉及方方面面，因此政协工作无论任何时候，任何情况下都离不开党的领导，政府的支持和各方面的积极配合，作为政协本身要始终保持良好的精神状态，发挥主观能动作用，积极主动地开展工作，只有形成党委重视，政府支持，政协主动，各方配合的工作新格局，政协工作才能不断发展前进。

各位委员，各位同志，一个世纪在人类历史长河中只是短短的一瞬间。当我们迎来新世纪的曙光，在为恰逢盛世，能够成为跨世纪历史见证人而感到自豪的时候，更要有一种时不

我待，只争朝夕，实现中华民族伟大复兴的强烈的紧迫感和责任感。让我们在中共故城县委的领导下，团结一致，同心同德，抢抓机遇，奋力拼搏，为开创新世纪全县政协工作的新局面而努力奋斗！

在政协故城县第六届委员会第五次全体会议闭幕会上的讲话

（2002年3月19日）

县政协主席　张彦恩

各位委员、各位同志：

政协故城县第六届委员会第五次会议，经过全体委员和与会同志的共同努力，圆满完成了预定的各项议程，今天就要闭幕了。

会议期间，县委领导对会议十分重视，并亲临大会祝贺指导。在开幕式上，县委书记何同恩同志代表县委作了重要讲话，对政协组织、政协委员和各界人士在全县两个文明建设中所起的重要作用，给予了充分肯定，并对今年的政协工作提出了明确要求，我们一定要在实际工作中认真贯彻执行。几天来，委员们审议通过了政协工作报告和提案工作报告，听取和讨论了政府工作报告及其他重要报告，大家对一年来全县各方面工作所取得的成绩给予高度评价，并对发展全县大好形势提了许多很好的意见和建议，委员们对今年的发展目标充满信心。会议还完成了选举任务，取得了圆满成功，这是一次民主、求实、团结、鼓劲的大会，是一次统一思想、坚定信心，凝聚力量的大会。

各位委员、各位同志，2002年将是我国历史上具有重要意义的一年，同时是也本届政协任期的最后一年，努力做好今年的工作，意义非常重大，下面我再讲几点意见：

一、以“三个代表”重要思想为指导，强化五种意识，奋发有为地做好新形势下的政协工作

面对不断变化的形势和任务，坚持用党的理论创新成果指导政协工作，是人民政协与时俱进、不断发展的根本保证。江泽民同志“三个代表”的重要思想是政协工作的总的指导思想。因此，要做好新形势下的政协工作，必须坚持将“三个代表”重要思想贯穿到政协工作的各个方面，使“三个代表”真正成为政治协商的宗旨、民主监督的标准、参政议政的动力。贯彻“三个代表”的要求，结合实际，必须着力强化五种意识。一是强化政治意识。就是要在复杂多变的国际形势下，在对外开放进一步扩大，西方的一些腐朽没落思想文化、价值观念冲击加剧的情况下，我们必须进一步增强政治敏锐性和政治鉴别力，在大是大非的原则问题上，头脑清醒，立场坚定，毫不动摇地坚持共产党的领导。二是强化大局和中心意识。就是要着眼大局，围绕中心，开展工作；站在大局和中心的高度提出意见和建议；努力使政协工作与大局和中心工作贴得更紧、更实。三是强化与时俱进意识。坚持一切从实际出发，解放思想，开拓创新，与时俱进，着力破除因循守旧、不思进取、无所作为的思想，始终保持良好的精神状态、饱满的工作热情和认真负责的工作态度。四是强化责任意识。要着力克服自我减压、怨天尤人、得过且过等消极思想观念的影响，牢固树立自我加压、迎难而上、不懈追求和敬业奉献精神，以强烈的责任感、使命感，兢兢业业、尽职尽责地做好政协工作。五是强化精品意识。要把“三个代表”重要思

想作为衡量履行职能的标准，真正突出理论性、高层次性和实效性。

二、紧紧围绕加快发展的主题，充分发挥自身优势，积极投身全县两个文明建设的伟大实践

县委、县政府明确提出必须始终坚持发展是硬道理不动摇，集中精力推进经济跨越式发展。政协组织和广大政协委员要切实增强紧迫感和责任感，按照县委县政府关于今年经济工作的基本思路，积极履行职能。要选择经济发展中的全局性、关键性的课题，开展调研视察活动，搞好宏观献策，促进县委政府重大决策的深入实施。

推进经济跨越式发展，既需要我们做好直接为经济建设服务的工作，也需要充分重视上层建筑对经济基础的反作用。当前尤其要抓住中共中央下发《公民道德建设实施纲要》的时机，发挥政协优势，努力为加快经济发展创造一个良好的道德环境。道德是人们主动性和积极性的源泉，它能使人民自觉地把个人目标与集体目标、社会目标统一起来，唤起人们的责任感、荣誉感，极大地激发人们的进取意识和奋斗精神，道德可以调节人民之间的利益关系，减少摩擦，增加诚信，通过提供人们的道德水准使人们正确处理公与私、义和利的关系。当前社会上一些领域和一些地方道德失范，一些人见利忘义，拜金主义、享乐主义、极端个人主义有所抬头，这些问题的发生，固然与法律、制度的落实和完善有关，但道德建设滞后也是非常重要的原因。这些问题已直接或间接地阻碍着经济的发展。如果任凭这些消极腐败现象滋生蔓延，再好的发展思路，再好的政策措施，也不可能有效地贯彻下去，因此，要加快经济发展，就必须贯彻以德治国方略，大力实施《公民道德建设实施纲要》，切实加强道德建设。

推进公民道德建设，需要社会各方面的共同努力，人民政协责无旁贷。广大政协委员要不断提高自己的道德水准，努力做道德建设的模范，以实际行动和人格力量影响和带动群众；在社会上做一名好公民，在工作中做一名好建设者，在家庭里做一名好成员。努力在全社会形成弘扬真善美，抵制假恶丑的强烈的舆论氛围，为经济发展创造一个崇尚道德、追求文明的良好环境，促进社会的协调发展和全面进步。

三、坚持与时俱进，努力实现振兴工作的新进展、新突破

与时俱进，是江泽民同志“七一”讲话贯彻始终的一个重要思想。因此，我们必须紧跟时代步伐，不断创新和推进政协工作，今年要突出做好以下两点：一是强化民主监督。要精心研究谋划民主监督的各个环节，加强组织协调，在增强民主监督的针对性、时效性上下功夫，要选择群众普遍关心、党政领导和有关部门需要协助解决、政协有条件做的问题，实施有效监督，切实抓出成效。二是在推进履行职能的规范化、制度化上要有新进展。要结合履行职能的实际，深入研究制度建设方面存在的问题，进一步完善和制定各项制度。今年是本届政协的最后一年，几年来，广大政协委员做了许多工作，付出了大量心血，应该从中得到一些有益的东西，我们应当把总结经验作为一项重要工作来抓，通过总结，使我们的思想更加自觉，通过总结，使我们的工作更加进步，通过总结，使本届政协有一个圆满的结束，为新一届政协做好必要的准备。

创新和推进政协工作，必须坚持共产党的领导，政协工作的范围和内容十分广泛，涉及方方面面。因此政协工作无论在任何时候，任何情况下都离不开党的领导，政府的支持和各方面的积极配合，做为政协本身要始终保持良好的精神状态，发挥主观能动作用，积极主动地开展工作，只有形成党委重视，政府支持，政协主动，各方配合的工作新格局，政协工作才能不断发展前进。

各位委员、各位同志，今年是我国发展史上非常重要的一年。让我们在中共故城县委的领导下，团结一心，真抓实干，为全县的两个

文明建设做出新的更大贡献！

现在我宣布：中国人民政治协商会议故城县第六届委员会第五次会议闭幕！

第六节　政协领导在政协故城县第七届委员会闭幕会上的讲话

在政协故城县第七届委员会第一次全体会议闭幕会上的讲话

（2003 年 4 月 28 日）

县政协主席　郭居娥

各位委员、各位同志：

政协故城县第七届委员会第一次会议，在全体与会委员的共同努力下，圆满完成了各项议程，今天下午就要闭幕了。这次会议是在全县人民认真学习贯彻中共十六大精神，满怀信心，全力实施“以工强县”战略，为全面建设小康社会而共同奋斗的大好形势下召开的。会议期间，大家认真听取并讨论了县委副书记宋英璞同志代表县委所作的重要讲话，审议通过了县政协六届委员会常委会工作报告、提案工作报告和有关决议，选举产生了县政协七届委员会的领导机构，列席了县十三届人大一次会议，认真听取并讨论了李哲民代县长所作的《政府工作报告》和其他重要报告。大家一致认为，宋英璞同志的讲话，高度评价了六届县政协的工作，对七届县政协在新世纪、新阶段深入贯彻中共十六大精神，把握大局，围绕中心，更好地履行职能提出了明确要求，对进一步开创我县政协工作新局面，具有很强的指导意义。李哲民同志所作的《政府工作报告》，总结过去实事求是，谋划未来思路清晰，目标明确，措施有力，是一个求真务实、开拓创新、鼓舞人心的报告，与会委员以中共十六大精神为指导，以饱满的政治热情和强烈的主人翁责任感，就以工强县，加快发展，全面建设小康社会等重大问题和新一届县政协工作，提出了很好的意见和建议，充分展示了各位委员的精神风貌和参政议政热情，这是一次民主团结、求真鼓劲的大会，是一次承前启后、继往开来的大会。这次大会的召开，对于进一步调动全县各族各界人士的积极性，推进政协工作，促进我县的跨越式发展，必将发挥重要作用。

县政协第六届委员会在中共故城县委正确领导和上级政协的指导下，高举邓小平伟大旗帜，以“三个代表”重要思想为指导，坚持共产党领导的多党合作和政治协商制度，突出团结和民主两大主题，紧紧围绕全县工作中心和大局，切实履行政治协商、民主监督、参政议政职能，积极推进各方面工作，取得了显著成绩，为政协工作积累了宝贵经验，奠定了坚实基础。在此，我代表县政协第七届委员会，向为政协工作倾注心血、做出重要贡献的第六届县政协张彦恩主席、各位副主席和全体委员，致以崇高的敬意！向一直关心、支持政协工作的各位领导、各位同志表示衷心的感谢！

在这次会议上，选举产生了政协故城县第七届委员会主席、副主席、秘书长和常务委员，选举我担任县政协主席，是委员们对我们的信任，我代表常务委员会全体同志表示衷心的感谢！同时，我们也深感责任重大，本届政协任期的五年，是全县人民深入贯彻中共十六大精神，在中共故城县委的领导下，开拓创新，加快发展，努力完成“十五”计划，为全面建设小康社会奠定坚实基础的五年。新形势，新任务，为新时期的政协工作提供了新的机遇，展示了广阔的前景，也提出了新的更高要求。因此，我们一定不负重托，不辱使命，以高度的政治责任感和历史使命感，认真履行职责，开拓进取，团结奋斗，扎实工作，努力开创我县政协工作的新局面，为促进我县改革开放和现代化建设做出新的更大的贡献。本届政协工作的指导思想和基本任务是：以邓小平理论和“三个代表”重要思想为指导，认真贯彻中共十六大精神和中共故城县委十届一次全会精神，在中共故城县委领导和上级政协的指导下，把握大局，围绕中心，突出团结和民主两大主题，切实履行政治协商、民主监督、参政议职能，解放思想、与时俱进、开拓创新、真抓实干，努力把我县政协工作提高到一个新水平，为加强我县社会主义物质文明、政治文明和精神文明建设，促进我县国民经济跨越式发展和社会全面进步做出积极贡献。

为实现上述指导思想和基本任务，我们要着力抓好以下几个方面的工作：

一、深入学习贯彻中共十六大精神，切实增强做好新一届政协工作的使命感和责任感

坚持正确的政治方向，是人民政协事业不断发展的根本。政协工作坚持正确的政治方向，就是要把深入学习贯彻中共十六大精神作为首要政治任务，结合学习胡锦涛同志西柏坡重要讲话和省、市、县全会精神，围绕主题，把握灵魂，狠抓落实。要进一步增强贯彻中国共产党基本路线、方针、政策的自觉性和坚定性，进一步把思想和行动统一到中共十六大精神上来，把力量和智慧凝聚到实现中共十六大提出的各项任务上来，要紧密联系政协工作实际，牢固树立五种意识：一是政治意识。就是必须坚定不移坚持中国共产党的领导，坚持和完善共产党领导的多党合作和政治协商制度，在政治上与中共中央保持高度一致。在日常工作中，就是要坚持在中共故城县委的领导下积极开展工作，围绕县委、县政府的中心工作献策出力。二是为民意识。就是要密切联系群众，坚持参政为民，始终把维护人民群众的根本利益作为参政议政的出发点，以人民群众的愿望要求作为建言献策的基本依据。三是大局意识。就是坚持围绕中心，服务大局，准确把握党委、政府的决策意图，找准结合点，做到与县委、县政府工作思路同心，工作目标同向。四是责任意识。就是要始终牢记作为一名县政协委员的光荣职责，振奋精神、开拓进取、有所作为、不辱使命。五是创新求实意识。政协工作要顺应时代要求，坚持与时俱进，在继承中发展，在发展中创新，求真务实。扎扎实实，努力做到“尽职而不越位，帮忙而不添乱，切实而不表面”。总之，不断开创我县政协工作的新局面。

二、把握主题，发挥优势，积极为全面建设小康社会献计出力

改革开放20多年来，经过全县人民的团结奋斗，顽强拼搏，我们已经实现了从温饱到小康的历史性跨越。但我们达到小康还是低水平的、不全面的、发展不平衡的小康。我们要按照中共十六大提出的要求，紧紧抓住本世纪头20年这一重要的战略机遇期，全面建设惠及四十多万人民的更高水平的小康社会，这是全县人民的共同愿望和根本利益所在。今后一个时期，政协工作就要围绕这个中心，服务这个大局，就要紧紧围绕全面建设小康社会这一宏伟目标，牢牢把握发展这个第一要务，认真履行职能。特别是围绕县委、县政府确定的“以工强县、开放兴县”战略深入实施，选准角度，体现特色。组织精干力量，深入调查研究，严密科学论证，积极提出具有创见性和可操作性的意见建议；充分发挥政协联系广泛的优势，多渠道、多形式引进项目资金、技术和人才，为我县经济跨越式发展多做贡献；县政协组织

要及时了解和反映经济界委员的意见和建议，帮助他们解决生产经营中遇到的困难和问题，为我县经济的大发展、快发展献策出力；要围绕进一步优化经济环境，充分发挥政协提案、视察、民主评议等监督形式的综合效能，加大对“三乱”“四风”的民主监督力度，努力为全县经济发展创造更加优良的环境。在紧紧抓住经济发展这个第一要务的同时，要着眼于全面推动社会主义物质文明、政治文明和精神文明的协调发展，在中共故城县委的统一领导下，积极稳妥地推进政治体制改革，扩大社会主义民主，健全社会主义法制，大力加强社会主义精神文明建设，发展教育、文化和科学事业，为提高全县人民的道德水平和科学文明素质献计出力。

三、突出团结和民主两大主题，凝聚力量，同心同德，努力为全县改革发展稳定服务

中共十六大报告一个鲜明的特点，就是站在全面建设小康社会、实现中华民族伟大复兴的高度，十分强调加强全党和全国各族人民的团结。江泽民同志在十六大报告中指出：“团结就是力量，团结就是胜利”，并明确要求“倍加顾全大局，倍加珍惜团结，倍加维护稳定。”中共河北省委也明确提出，要唱响“树正气、讲团结、求发展”主旋律。人民政协工作的主题就是团结和民主，工作的出发点和落脚点就是最大限度地团结各界，凝聚人心，齐心协力谋发展，聚精会神搞建设。因此，我们要深刻领会中共十六大精神，紧紧围绕实现全面建设小康社会的宏伟目标，维护全县改革发展稳定大局，认真按照团结和民主的要求，履行职能，开展工作。要坚持在根本目标一致基础上的大团结，在维护各族各界人民大团结的前提下，充分发扬民主，坚持求同存异，体谅包容，努力为政协委员营造宽松、和谐、融洽的参政议政环境，为各位委员参政议政搭建更宽阔的平台。要进一步加强同民主党派、各人民团体和各族各界人士的联系，重视发挥他们在政协中的参政议政作用，经常与他们沟通思想，交流工作，增进感情。要经常组织和引导广大政协委员深入民众、倾听民声、体察民意、广集民智、反映民情，特别要关注弱势群体，重视反映困难群众的要求和呼声，积极协助党委和政府正确处理新形势下的人民内部矛盾，通过政协委员卓有成效的工作，积极推动全县经济的健康发展和社会的长期稳定，要加强海外联谊，为促进祖国完全统一做出积极努力。

四、坚持与时俱进、开拓创新，不断把我县政协工作推向前进

江泽民同志在中共十六大报告中指出：“坚持党的思想路线，解放思想、实事求是、与时俱进，是我们党坚持先进性和增强创造力的决定性因素”，并指出“实践没有止境，创新也没有止境”。面对新的形势和任务，新时期的政协工作必须解放思想，与时俱进，开拓创新，努力提高履行职能的质量和实效。要更新观念，努力从一切不合时宜的思想观念、思维方式和工作方式的束缚中解脱出来，从实际出发，大胆探索，积极进行实践创新。要深化专题调研工作，提高调研质量，更好地发挥政协建言献策的作用；从有利于委员知情参政出发，不断提高全体会议特别是常委会议的议事质量，在提高例会效果上下功夫；切实加大民主监督的力度，积极探索民主监督的新形势、新方法；要建立健全政协委员反映社情民意的有效机制，高度重视提案工作，充分发挥提案和社情民意在参政议政中的作用。总之，要适应社会主义民主政治发展和需要，不断丰富政协组织和政协委员履行职能的形式，拓宽政协委员参政议政的渠道，努力使政治协商更加经常有序，民主监督更加其实有力，参政议政更加富有成效。同时，要进一步加强对政协理论的学习研究，不断总结新经验，积极探索做好政协工作的新思路、新举措。要积极进行探索和创新，努力使政协工作逐步制度化、规范化和程序化。

各位委员、各位同志，我们这一届县政协受命于改革、发展、稳定的关键时期，面临的

任务光荣而且艰巨，站在新的历史起点上，完成新时期的历史使命，需要我们锐意进取、开拓创新、埋头苦干、扎实工作。让我们紧紧团结在以胡锦涛同志为总书记的中共中央周围，在中共故城县委的坚强领导下，高举邓小平理论伟大旗帜，全面贯彻“三个代表”重要思想，沿着中共十六大指引的方向，同心同德，团结奋斗，为实现我县全面建设小康社会的宏伟目标，为再创故城辉煌而努力奋斗！

在政协故城县第七届委员会第二次全体会议闭幕会上的讲话

（2004年2月18日）

县政协副主席　翟占禹

各位委员、各位同志：

政协故城县第七届委员会第二次会议，经过与会委员和同志们的共同努力，圆满地完成了各项议程，今天上午就要闭幕了。这次会议是在全县人民深入贯彻县委十届二次全会精神，满怀信心，为全面建设小康社会、再创故城辉煌而共同奋斗的大好形势下召开的。

会议期间，委员们坚持以“三个代表”重要思想为指导，认真学习党的十六届三中全会精神和中共故城县委十届二次全会精神，认真听取并讨论了县委副书记宋英璞同志代表县委所做的重要讲话；审议通过了县政协七届委员会常务委员会工作报告和关于提案工作情况的报告，列席了故城县第十三届人民代表大会第二次会议，认真听取并讨论了李哲民县长所作的《政府工作报告》及其他部门的工作报告。大家围绕县委、县政府的工作中心，结合自身工作实际，畅所欲言，坦诚相见，就我县新形势下政治、经济等方面的重大发展问题以及如何进一步做好政协工作展开了热烈的讨论，提出了许多宝贵的意见和建议，表现了高度的政治责任感和强烈的参政议政意识。这是一次民主、求实、团结、鼓劲的大会。这次大会的召开，使全县思想更加统一，精神更加振奋，对于进一步调动全县各族各界人士的积极性，推动政协工作，促进我县的经济实现追赶式、跨越式发展，必将发挥重要的作用。

县政协七届一次全会以来，在上级政协组织的指导和中共故城县委的领导下，我们以“三个代表”重要思想为指导，坚持中国共产党领导的多党合作和政治协商制度，高举爱国主义和社会主义的旗帜，把握团结和民主两大主题，以奋发有为、与时俱进的精神状态，求真务实、开拓创新的工作作风，紧紧围绕县委、县政府的中心工作，开拓创新、锐意进取，认真履行政治协商、民主监督、参政议政职能，不断提高政协工作的质量和水平，为今后政协工作的开展打下了坚实的基础。在此，我代表七届常委会对全体委员的支持和努力表示衷心的感谢！对一直关心、支持政协工作的各位领导、各位同志表示衷心的感谢！

各位委员、同志们，新形势、新任务对政协工作提出了更高的要求。因此，我们必须坚持以“三个代表”重要思想和党的十六大、十六届三中全会精神为指针，全面落实县委十届二次全会提出的各项目标任务以及县委的各项重要工作部署，充分发挥优势，履行政协职能，与时俱进，开拓创新，求真务实，为故城经济的腾飞积极献计出力。

下面，就县政协今年的工作讲几点意见：

一、加强学习、努力提高委员整体素质

要通过举办委员培训、组织委员外出参观、印发学习参考资料等多种形式，把政协的学习不断推向深入。这是我们适应新的形势要求、提高政协工作水平的根本条件。我们要深入学习党的十六届三中全会精神、县委十届二次全会精神和其他重要会议精神，新时期统一战线、人民政协理论、法律法规和其他专业知识。要紧密联系政协实际，牢固树立五种意识：一是政治意识。就是在中共故城县委的领导下积极开展工作，围绕县委、县政府的中心工作献计出力。二是为民意识。就是要把维护人民群众的根本利益作为参政议政的出发点，以人民群众的愿望要求为建言献策的基本依据。三是大局意识。就是坚持围绕中心，服务大局，准确把握党委、政府的决策意图，找准结合点，做到与县委、县政府工作思路同心、工作同力。四是责任意识。就是牢记一名政协委员的光荣职责，时刻不忘人民群众的重托，振奋精神，开拓进取，有所作为。五是创新意识。就是要坚持与时俱进，在发展中创新，努力做到“尽职而不越位，帮忙而不添乱，切实而不表面”。推进各项工作扎实有效的开展。

二、把握主题，发挥优势，积极为全面建设小康社会献计出力

今后一个时期，要紧紧围绕实现全面建设小康社会、再创故城辉煌的宏伟目标，牢牢把握发展这个第一要务，认真履行职能。要围绕县委、县政府确定的“以工强县、特色富民、产业兴城”三大战略以及招商引资、重点项目、改革改制、整合产业、基础建设、特色农业等六项重点工作的实施，发挥政协人才库、智囊团作用，选准角度，体现特色，组织精干力量，深入调查研究，严密科学论证，积极提出具有创见性和可操作性的意见和建议；要充分发挥政协的优势，多渠道、多形式引进项目、资金、技术和人才，为我县经济跨越式发展多做贡献；要及时了解和反映委员的意见和建议，帮助他们解决生产生活中遇到的问题和困难；要围绕进一步优化经济环境，充分发挥政协提案、视察、民主评议等监督形式的综合效能，努力为全县经济快速发展创造更加优良的环境。

三、坚持与时俱进、开拓创新，不断把我县政协工作推向前进

面对新形势新任务，政协工作必须坚持以“三个代表”重要思想为指导，努力提高履行职能的质量和实效。创新和推进政协工作，要从实际出发，善于抓住制约政协工作发展的关键问题和薄弱环节，探索解决问题的新思路、新举措，努力使政协工作不断取得突破性进展。

一要强化民主监督。要进一步提高和端正对民主监督的认识。要加强组织协调，在增强民主监督的针对性、实效性上下功夫，选择群众普遍关心而政协有条件做的问题，实施有效监督。同时，还要不断探索民主监督的新形式。

二要在发挥委员的主体作用上有新举措。首先要密切与委员的联系。政协委员绝大多数是兼职，且又分散在各个工作岗位，如果长时间缺乏有效的联系，很容易使委员淡化责任意识，削弱政协整体作用的发挥。因此，要拓宽渠道，加强与委员的联系沟通；要围绕全县工作中心，在委员中深入开展“三个一”活动，就是“每人每年至少撰写一件提案、反映一条社情民意和参加一次参政议政活动”。要加强督促调度，把这项活动搞扎实；要加强委员队伍的教育管理。逐步建立健全例会、重大活动出席情况通报制度，提案、反映社情民意等参政议政工作实绩考评制度，委员届中调整制度等，逐步实现委员队伍管理工作的制度化、规范化。进一步调动委员参政议政的积极性和主动性。

三要建立政协委员反映社情民意的有效机制，高度重视提案工作。2004 年是我县政协提案工作的调研年、质量年。我们要切实选准提案的内容，提高提案质量，增强提案办理效果，充分发挥提案对经济发展的促进作用。及时为党委政府科学决策当好参谋。要高度重视反映

社情民意工作。千方百计地引导好、发挥好、保护好委员反映社情民意的积极性。要充分运用政协各种会议、视察、调研、提案、刊物、信息等方式收集和反映社情民意，及时、准确的向县委、县政府反映群众的呼声和愿望，协助党委政府正确处理好人民内部矛盾，维护安定团结的社会政治局面。总之，要适应形势发展的需要，不断丰富政协组织和政协委员履行职能的形式，拓宽政协委员参政议政的渠道，努力使政治协商更加经常有序，民主监督更加切实有力，参政议政更加富有成效。同时，要不断总结新经验，积极探索做好政协工作的新思路、新举措。努力加强政协工作的制度化、规范化和科学化建设。

各位委员、各位同志，今年是我县经济发展的提速之年，是全面建设小康社会的关键年。形势的发展和我们肩负的历史使命，都要求我们在新的一年里，思想要有新突破，作风要有新变化，工作要有新进展，不断开创政协工作的新局面。在今后的工作中，让我们在中共故城县委的正确领导下，牢牢把握发展这个中心，以加快发展的责任感和时不待我的紧迫感，与时俱进、开拓进取、真抓实干、奋力争先，为实现全面建设小康社会、再创故城辉煌的宏伟目标做出新的更大的贡献！

在政协故城县第七届委员会第三次全体会议闭幕会上的讲话

（2005 年 2 月 28 日）

县政协副主席　翟占禹

各位委员、各位同志：

政协故城县第七届委员会第三次会议，经过与会委员和同志们的共同努力，圆满地完成了各项议程，今天上午就要闭幕了。这次会议是在全县人民深入贯彻县委十届三次全会精神，满怀信心，为实现我县五年发展战略，全面建设小康社会、再创故城辉煌而共同奋斗的大好形势下召开的。

会议期间，委员们坚持以“三个代表”重要思想为指导，以高度的政治责任感，认真听取并讨论了县委副书记宋英璞同志代表县委所做的重要讲话；审议通过了县政协七届委员会常务委员会工作报告和关于提案工作情况的报告，列席了故城县第十三届人民代表大会第三次会议，认真听取并讨论了李哲民县长所作的《政府工作报告》及其他部门的工作报告。大家围绕县委、县政府的工作中心，结合自身工作实际，畅所欲言，坦诚相见，就我县新形势下政治、经济等方面的重大发展问题以及如何进一步做好政协工作展开了热烈的讨论，提出了许多宝贵的意见和建议，表现了高度的政治责任感和强烈的参政议政意识。这是一次民主、求实、团结、鼓劲的大会。这次大会的召开，使全县思想更加统一，精神更加振奋，对于进一步调动全县各族各界人士的积极性，推动政协工作，促进我县的经济实现跨越式发展，必将发挥重要的作用。

县政协七届二次全会以来，在中共故城县委的领导和上级政协组织的指导下，我们以“三个代表”重要思想为指导，坚持中国共产党领导的多党合作和政治协商制度，高举爱国主义和社会主义的旗帜，高扬团结和民主两大主题，以奋发有为、与时俱进的精神状态，紧紧围绕县委、县政府的中心工作，开拓创新、锐意进取，认真履行政治协商、民主监督、参政议政职能，不断提高政协工作的质量和水平，为今后政协工作的开展打下了坚实的基础。在此，我代表政协七届常委会对全体委员的支持和努力表示衷心的感谢！对一直关心、支持政协工作的各位领导、各位同志表示衷心的感谢！

各位委员、同志们，新形势、新任务对政协工作提出了更高的要求。因此，我们必须坚持以“三个代表”重要思想和党的十六大、十六届四中全会精神为指针，全面落实县委十届三次全会提出的各项目标任务以及县委的各项重要工作部署，充分发挥优势，履行政协职能，与时俱进，开拓创新，求真务实，为故城经济的腾飞积极献计出力。

各位委员、各位同志，今年是我县经济发展的晋档升级之年，是全面建设小康社会的关键年。形势的发展和我们肩负的历史使命，都要求我们在新的一年里，思想要有新突破，作风要有新变化，工作要有新进展，不断开创政协工作的新局面。在今后的工作中，让我们在中共故城县委的正确领导下，牢牢把握发展这个中心，以加快发展的责任感和时不待我的紧迫感，与时俱进、开拓进取、真抓实干、奋力争先，为实现全面建设小康社会、再创故城辉煌的宏伟目标做出新的更大的贡献！

在政协故城县第七届委员会第四次全体会议闭幕会上的讲话

（2005年4月15日）

县政协主席　郭居娥

各位委员：

政协七届四次全会是继七届三次全会刚刚闭幕以后，在全县上下实现五年发展战略，全面建设小康社会，再创故城辉煌而共同奋斗的大好形势下召开的，通过大家的共同努力，圆满地完成了大会的各项议程。今天上午，整个会议始终保持了团结民主的良好氛围，开得很成功。按照《政协章程》和《选举办法》，会议接受了夏建民同志辞去政协七届委员会副主席职务的请求，选举通过了史立朝同志为政协七届委员会副主席。一会儿，我还将代表政协常委会向各位委员报告三次会议以来的工作，并就委员学习工作讲具体意见。县委、县人大、县政府的领导同志莅临大会，大会工作人员恪尽职守，扎实工作，保证了本次大会顺利召开。在此，我代表政协常委会表示衷心的感谢！

政协七届三次会议闭幕后，我们按照政协三次会议确定的指导思想和工作思路，一是抓紧制定了2005年的工作要点，并细化量化了工作目标，责任到人。二是认真做好政协七届三次会议以来委员提案的办理工作。对收到的87件委员提案，经政协提案委员会梳理归纳，共立案交办65件，3月29日，县委召开了提案交办会，并按照提案工作条例进行了安排部署。三是扎实有效地开展了保持共产党员先进性教育活动。四是文史委员会已初步完成了《冀南运河中学》一书的发行工作，关于“四·二九突围战”和“高才战役”的史料整理工作正在进行，年底前有望出版。五是4月14日，我们就全县卫生工作和筹备本次会议召开了政协七届十次常委会议，通过紧张筹备运作，确保了两次会议高质量的召开。

下面，我代表政协故城县常务委员会，按照政协七届三次全会确定的各项工作目标要求，讲以下几点意见：

一、始终把学习放在政协一切工作的首位，用正确的理论指导工作，保证政协工作不偏离正确的方向

学习是人民政协的优良传统，加强学习是

做好各项工作的基础。政协委员是政协的主体，委员履行职能的高低反映政协工作的水平，委员自身素质的优劣反映政协组织的社会形象。政协委员来自不同界别，社会不同层面，可以说，在某一行业、某一领域是精英，但汇集到政协组织之内，要摆正政协委员在社会政治生活中的位置，发挥自身更大的作用，解决怎样用全局的眼光和政治的高度审视一些社会存在的问题，还需要加强学习，提高个人的素质。特别是本届政协中还有相当一部分是新委员，要在本届任期内发挥作用，还有一个适应的问题。因此，我们的学习工作显得尤为重要，个人学习抓好了，就能很快地进入角色，才能做到不辱使命，不辜负人民的重托。去年，我们就三次下发文件，并印发了相关的学习资料，9、10 月份，我们还开展了委员学习月活动，都收到了很好的效果。政协机关始终坚持了周二集中学习制度，并开展了政协“是什么、做什么、怎么做”的大讨论，机关全体干部职工加深了服务委员、推进政协工作的主观能动性，保持了高效运转的工作格局和良好的精神风貌。回顾过去的工作，政协组织之所以在发挥作用、推进全县“三个文明”建设、树立良好的社会形象上受到县委的重视和社会的广泛赞誉，我们最大的感受是得益于加强了自身的学习。今年，我们将继续深入开展创建“学习型”政协组织活动，努力实现学习工作经常化、制度化。根据当前形势和任务的需要，我们要重点学好三个方面的内容：一是认真学习贯彻全国“两会”精神。刚刚闭幕的十届全国人大三次会议和全国政协十届二次会议，是在我国经济和社会发展处在关键阶段召开的重要会议，认真学习贯彻“两会”精神，对于指导我们做好全县政协工作具有十分重要的意义。要以学习科学发展观、构建社会主义和谐社会和《反分裂国家法》为重点内容，并结合实际，深刻领会和把握“两会”精神实质。要通过学习，加深对我们国家面临的宏观形势的认识，加深对上级和县委一系列重大战略决策和重要工作部署的理解，加深对做好新形势下政协工作重要性的认识。二是深入学习贯彻《中共中央关于进一步加强中国共产党领导的多党合作和政治协商制度建设的意见》。最近，中共中央颁布了《关于进一步加强中国共产党领导的多党合作和政治协商制度建设的意见》（以下简称《意见》）。《意见》以邓小平理论和“三个代表”重要思想为指导，全面总结了过去 15 年来多党合作、政治协商的理论成果和成功经验，深刻分析了多党合作面临的新形势和新任务，提出了一些新的思路观点、政策思想和具体措施，是指导新的历史时期我国多党合作事业的纲领性文件。《意见》对人民政协在加强基本政治制度建设中的作用专门做了阐述。对此，我们要认真学习、深刻领会。要把学习《意见》精神与学习新一代中央领导集体关于人民政协的一系列论述结合起来，融会贯通，学以致用。既要在思想上加深对坚持共产党领导的多党合作和政治协商制度重要性的认识，搞清楚人民政协在坚持这一基本政治制度中所承担的责任和任务，又要把文件精神认真贯彻到实际工作中去，努力做好履行职能的各项工作。三是扎实有效地开展保持共产党员先进性教育活动，要严格按照县委的统一部署和要求，扎实搞好每个阶段的教育活动。政协机关和政协委员中的共产党员，要自觉地在教育活动中增强党性，把新时期对共产党员的党性先进性要求与做好政协工作有机地结合起来，把先进性充分体现在为巩固和发展共产党领导的多党合作和政治协商制度上，体现在为政协各参加单位、广大政协委员履行职能提供高效优质的服务上。

二、进一步增强使命感和责任感，切实提高政协委员的政治素养和参政议政水平

大家知道，现在的社会是知识爆炸的社会，是学习的社会，每一个人都要争分夺秒地学习，不断补充新知识，这是当今社会的需要。不学习就会落伍，就会被迅猛发展的形势所淘汰。因此，要结合实际加强学习，深入思考，尤其要注重对政协工作规律特点、履行职能的方式

方法的了解和把握。政协委员只有不断学习，使自己具备应有的智慧、才干和技能，具备良好的业务素质，提出的意见和建议才能更有深度和层次，才能增强针对性和有效性，提高参政议政水平。具体来讲，就是要通过学习增强三种意识：一是形象意识。做一名政协委员，要时刻牢记自己的身份，严格要求自己的言行，力求无愧于政协委员的光荣称号，以自身的实际行动维护政协组织的形象。这是一名政协委员应具备的基本素质，也是对政协委员提出的基本要求。我们要珍惜荣誉，以模范的行为树立自己的良好形象，努力做学习的模范、团结的模范、参政议政的模范、奉献的模范，身体力行地为政协争光，为政协争取荣誉。二是大局意识。要关心国家和故城的大事。这既是全国的大局，也是我们作为故城人要把握的大局。只有把国家和故城的大事装在心里，才能站得高、看得远。根据全面建设小康社会的要求，县委提出了五年发展的总体战略和经济强县富民的总体目标，特别是今年是全县晋档升级的关键一年，需要我们要坚定不移地把思想统一到县委县政府确定的重点工作中来，把力量凝聚到健康快速发展的目标上来。通过履行政协职能和做好自己的本职工作，更好地服务大局。三是责任意识。政协委员是地位、是荣誉，更是责任，一定要以政协七届三次会议确定的工作指导方针、工作思路和目标任务，紧紧围绕县委政府的中心，利用提案、社情民意等有效形式，积极履行职能。

三、着力做好三项工作，确保全年各项任务全面完成

去年，县政协在履行职能方面取得了显著成效，得到了县委、县政府领导的高度重视和社会各界的广泛好评。今年，我们一定要在认真总结和充分发扬成绩的基础上，拓宽思路，求真务实，把履行职能的各项工作做得更好。

一要着力做好政协委员活动组的工作。去年10月，我们启动了政协委员参政议政情况档案工作，出台了《关于实行政协委员参政议政情况档案的实施意见》，并在全县政协系统内建立了20个政协委员活动组。加强活动组建设和建立委员档案，是实现政协“三化”建设的一个重要内容，也是保证政协委员充分履行职能，激发广大委员积极参政议政的需要。当前，各活动组，特别是活动组的组长，要切实负起责任，积极探索做好活动组工作的新形式、新方法，把委员活动开展好，坚持经常，务求实效。一是紧紧围绕县委政府的中心工作，牢牢抓住学习这条主线，根据活动组委员的自身特点，搞好调查研究，拿出精品，当好“外脑”、参谋，提供智力支持。二是活动要丰富多彩，不拘泥于固定形式，特别是县直活动组，都是按照相同界别进行划分的，在有条件、有必要的情况下，可以“以活动组为单位”组织一些学习、参观和视察活动，加强横向的联系沟通，促进工作。

二要继续高度重视和认真做好社情民意工作。拓宽社情民意的反映渠道，是构建社会主义和谐社会的一个重要方面；积极了解和反映社情民意，是活跃政协工作，实现委员参政议政经常化的需要。经过大家的共同努力，我县的社情民意工作已经进入了良性发展轨道，取得了一定成绩，但仍存在着认识不高、参与面小、数量少的问题。因此，当前在坚持已有的好做法的同时，要在挖潜力、加大力度上求突破。要继续做好发动工作，进一步提高政协委员、政协各参加单位对社情民意工作重要性的认识，增强做好这项工作的积极性和主动性。政协常委要发挥带头作用，每个常委每年至少要反映一条社情民意；要注意在委员中发现和培养一批反映社情民意的骨干，充分发挥政协各委室、政协参加单位反映社情民意的重要作用，逐步建立了解和反映社情民意的网络；要建立健全奖惩制度，使反映社情民意逐步成为自觉行动。

三要发挥委员提案在履行职能的重要作用。去年是县政协确定的“提案质量年”，广大政协委员以高度的政治责任感，积极撰写提案，提案的数量和质量有了较大幅度的提高，仅在

政协七届三次会议期间我们就收到了87件提案，这是历年来收到数量最多的一次。由此可见，我县政协的提案工作已经有了一个很好的基础，广大委员对提案工作的认识程度和参政议政的热情达到了一个新的高度。大家知道，政协的主要职能是政治协商、民主监督、参政议政，提案工作作为人民政协工作的重要组成部分，是人民政协履行职能最直接最有效的方式之一，是坚持和完善中国共产党领导的多党合作和政治协商制度的重要体现，是为全县各项事业发展献计出力的重要形式和渠道。这就要求我们进一步明确提案工作与政协工作的关系，充分认识提案工作的特殊地位和重要作用。对于我县政协的提案工作，借本次会议，我主要提两点要求和希望：一是提案必须讲究质量。因为提案质量是提案工作的龙头，是生命线。提案质量如何，既体现了我们的水平，也关系到人民政协履行职能的效果。当然，数量和质量是相辅相成的两个方面，没有数量，就谈不上质量，没有质量，数量就会失去意义。这就要求我们全体委员加强学习，勤动笔，善观察，多动脑，重分析。二是必须讲求提案办理质量。提案的最后阶段就是办理，最终目的就是解决问题。从近年来的情况看，县委政府十分关注委员提案工作，提案办理单位也十分重视。虽然提案办理的主体是县委或政府的有关部门，但政协常委会也将按照提案工作条例的规定，认真地进行操作，保证委员提案件件有回音，案案有结果。

各位委员、同志们，政协七届四次全会马上就要闭幕了，希望大家继续保持旺盛的精神状态，在中共故城县委的正确领导下，紧紧围绕党政的中心，按照七届三次会议确定的各项任务，奋力拼搏，扎实工作，为全县各项事业的全面进步献计出力，竭诚尽职。

在政协故城县第七届委员会第五次全体会议闭幕会上的讲话

（2006年4月10日）

县政协副主席　翟占禹

各位委员：

中国人民政治协商会议故城县七届委员会第五次会议，经过全体委员和与会同志的共同努力，圆满完成了预定的各项议程，今天就要闭幕了。这次会议自始至终得到了县委、县政府的高度重视和关心，县委常委、组织部部长赵洪毅同志代表县委作了重要讲话，对过去一年的政协工作给予了充分肯定和鼓励，对今后的政协工作提出了新的更高的要求。会议期间，委员们以高度的政治责任感和主人翁精神，围绕实现全县“十一五”期间及2006年经济和社会发展、全面建设小康社会的大局以及开创新一年政协工作新局面，提出了许多很好的建议。这次会议对于进一步动员全体政协委员和各界人士，齐心协力，奋发进取，努力实现全县各项工作目标，做好政协工作将起到积极的推动和促进作用。大会要求并希望大家把会议所体现的团结、奋进、求实、创新精神和为改革发展稳定服务的积极性，贯彻到各方面工作中去。

人民政协事业始终是中国共产党领导的伟大革命和建设事业中的重要组成部分，人民政协事业的发展始终与党和国家事业的发展息息相关。在新的一年里，我们要认清形势，把握方向，努力把政协工作纳入促进故城更快更好发展事业中来。一是要结合创建“学习型”政协组织活动，继续认真学习中共十六届五中全会和县委十届四次会议精神。深刻认识“十一五”规划对于全面建设小康社会、实现国家繁荣富强和人民生活富裕、不断推进中国特色社会主义伟大事业的重要性；深刻认识我国特别是我县2006年经济社会发展的指导方针、奋斗目标、主要任务和重大举措，广大政协委员一定要把握时代脉搏，充分发挥职能作用，为我县改革、发展、稳定、和谐做出积极的贡献。二是继续认真落实科学发展观。履行政协职能的一切活动都要贯彻科学发展观，在促进转变发展观念，创新发展模式，提高发展质量，把经济社会发展转入以人为本，全面协调可持续发展的轨道上竭智尽力。三是继续发扬传统，发挥优势，为构建和谐故城多做贡献。要加强人民政协与广大人民群众的联系。广大政协委员要深入群众中去，体察民情，反映民意，协助党委政府做好协调关系、化解矛盾、理顺情绪维护稳定的工作，积极创造和谐的社会政治环境。要坚持履职为民，时刻把人民群众的安危冷暖挂在心上，尤其要关注和维护困难群众的利益，提倡政协各参加单位和政协委员多做扶危济困的工作，鼓励有条件的党派、团体和政协委员开展为民造福、回馈社会的慈善活动，用政协委员的实际行动，为构建和谐故城增光添彩。要发挥政协组织联系广泛的优势，多做内引外联的工作，积极引进资金、项目、技术和先进管理经验，引导民营经济界委员扩大企业规模，提升企业质量，促进非公有制经济的快速发展。积极引导广大政协委员为我县以工强县、产业结构调整、特色经济发展以及社会主义新农村建设等项工作献计出力。全体政协委员要立足本职多做贡献，在全县各项急难险重工作中勇挑重担，在经济社会发展主战场建功立业，争当行业的领头雁和排头兵，展现良好风采。

人民政协是中国共产党领导的多党合作和政治协商的重要机构，人民政协事业的发展，政协工作的顺利开展离不开党的领导，政协工作只有在党的领导下，才能保持正确的方向和蓬勃生机。在新的一年里，我们要更加奋发进取，扎实工作，努力开创政协工作新局面。党中央和各级党委对统一战线和人民政协工作十分重视，赋予了重要使命，寄予殷切期望。一是进一步强化对人民政协地位、作用的认识。党的十六大和《中共中央关于加强政协工作的意见》，强调中国共产党领导的多党合作和政治协商制度将长期存在和发展。我国宪法将这一制度确立为基本政治制度。政协委员是受组织委托和安排参加政协组织，在体现国家基本政治制度的重要结构里行使职责，在较高层面上参与国家和地方的政治生活，应充分认识政协委员的义务，增强光荣感和责任感，从而更加自觉地为人民政协事业而奋斗。二是要围绕中心，突出重点，把促进发展作为履行职能的第一要务。运用提案、社情民意、大会发言等有效方式，以更加饱满的政治热情，更加严谨的科学态度，更加扎实的工作作风，关注全县发展大局，在参与和服务中求得人民政协事业的发展和提高。三是充分发挥主观能动性，全面履行政治协商、民主监督、参政议政的职能。政治协商要增强主动性，民主监督要加大力度，参政议政要进一步提高水平。广大政协委员要按照故城县政协《委员管理办法》的要求，在促进经济发展、民主政治建设、构建活力故城、实力故城、和谐故城的伟大征程上，充分发挥主体作用。注重加强制度化、规范化、程序化建设，使委员参政议政工作更加经常化，更加切实有效。四是继续保持昂扬向上的精神状态，发扬励精图治、事争一流的优良工作作风。在各项工作中，要坚持高标准、严要求。要大力弘扬团结民主之风，同心同德同荣辱，形成合力，坦诚以待，求同存异。要大力弘扬求真务实之风，将全会提出的各项任务、要求进一步细化落实到具体工作中。要坚持深入调查研究，摸实情、讲实话、办实事、求实效。要大力弘扬开拓创新精神，不断研究新情况、发现新问题、拿出新举措、创造新成绩。

各位委员，面向未来，我们正站在新的历史起点上，前景光辉灿烂，任务更加艰巨。热爱故城这片土地是我们共同的传统，建设故城是我们共同的责任，创造故城辉煌是我们共同的心愿。让我们高举邓小平理论、“三个代表”重要思想伟大旗帜；让我们在中共故城县委正确领导下，团结一致，锐意进取，扎实苦干，为实现全面建设小康社会、富民强县的宏伟目标，开创政协工作新局面而努力奋斗！

第七节 政协领导在政协故城县第八届委员会闭幕会上的讲话

在政协故城县第八届委员会第一次全体会议闭幕会上的讲话

（2007年6月1日）

县政协主席 张海英

各位委员、各位同志：

政协故城县第八届委员会第一次全体会议，在全体与会委员的共同努力下，圆满完成了各项议程，今天就要闭幕了。这次会议是在全县上下，全面贯彻落实科学发展观和构建社会主要和谐社会重大战略部署，深入贯彻县委十一次党代会精神，实施“十一五”规划的新形势下召开的一次重要会议。会议期间，委员们以高度负责的精神，认真听取了并讨论了县委李增军副书记代表县委做的讲话，审议并通过了县政协七届委员会常委会工作报告以及提案工作报告和有关决议，认真听取并讨论了陈登泉县长所作的《政府工作报告》和其他重要报告。大家一致认为，李增军同志的讲话，高度评价了七届县政协的工作，对八届县政协提出了新要求，指明了新方向，对我们八届政协今后做好工作，具有很强的指导意义。陈登泉同志所作的《政府工作报告》，总结过去实事求是，谋划未来思路清晰，目标明确，措施有力，是一个求真务实、开拓创新、鼓舞人心的报告。在分组讨论中委员们对故城的发展提出了一些很好的建议，充分展示了各位委员的精神风貌和参政议政热情。这是一次求真务实的大会、民主团结的大会，是一次承前启后、继往开来的大会。这次大会的召开，必将对进一步调动全县各族各界人士的积极性，推进政协工作，促进我县跨越式发展，发挥重要作用。

首先，感谢大家的信任，选举产生了故城县政协第八届常务委员会，并选举我为县政协第八届委员会主席。在此，我代表新当选的政协常务委员会的组成人员对委员们的信任表示衷心感谢。

信任实质是责任，重托饱含着期盼。我们将以此作为激励自己履行好职责的强大动力，在县委的正确领导下，坚持以邓小平理论和“三个代表”重要思想为指导，全面贯彻党的十六届六中全会和《中共中央关于加强人民政协工作的意见》精神，切实履行政治协商、民主监督和参政议政职能，同心同德谋和谐、群策群力促发展，为故城经济社会又好又快发展做出新业绩、新贡献。

中国共产党领导的多党合作和政治协商制度是我国的一项基本政治制度。充分发挥人民政协的重要作用，是坚持和完善中国共产党领导的多党合作和政治协商制度的必然要求，也是建设中国特色社会主义和构建社会主义和谐社会的必然要求。《中共中央关于加强人民政协工作的意见》的出台，对进一步加强和改进政协工作，推进政协事业的发展做出了全面部署。《中共中央关于构建社会主义和谐社会若干重大问题的决定》，对人民政协为和谐社会服务提出了更高要求。所有这些，都为政协事业的发展创造了机遇和条件。在新的形势和任务面前，新一届政协要以邓小平理论和“三个代表”重要思想为指导，认真贯彻中共十六大和十六届六中全会精神，全面落实科学发展观和构建社会主义和谐社会重大战略思想，高举爱国主义和社会主义两面旗帜，牢牢把握团结和民主两大主题，围绕中心、服务大局、与时俱进、开拓创新、求真务实、扎实工作，努力使政协履行政治协商、民主监督、参政议政三项职能的水平进一步提高，委员主体作用、政协界别作用和专委会基础作用进一步发挥，不断开创故城县政协工作新局面。

今后五年，县政协八届委员会将努力从以下四个方面做好工作：

一、坚持依靠党的领导，始终保持正确的政治方向

用邓小平理论、“三个代表”重要思想和科学发展观统领政协工作，自觉接受县委的正确领导，围绕县委的中心工作履行职能、积极发挥政协作用，积极主动向县委请示、汇报工作；不断增强政治敏锐性和洞察力，准确理解县委决策意图，努力把县委工作方略转化成政协委员和各界人士的自觉行动，营造同心协力、和衷共济、奋发进取的和谐发展局面，为实现市十二次党代会第一次会议确定的各项奋斗目标奠定坚实的思想政治基础。

二、坚持以发展为第一要务，认真履行政协三大职能

紧密结合故城实际，围绕中心、服务大局，充分发挥人民政协人才荟萃、智力密集的特点和优势，动员全体政协委员认真履行委员职能，建言献策出实力，干事创业求实效。紧紧围绕实施经济建设、中等城市建设和新农村建设三大主体任务，根据市委、市政府不同时期的工作重点，精心选定议题，深入开展调研，努力做到政治协商有方，民主监督有力，参政议政有为。

三、坚持团结、民主两大主题，努力促进和谐社会建设

坚持以人为本，发挥政协联系面广的优势，最大限度地团结一切可以团结的人，凝聚一切可以凝聚的力量，调动一切积极因素，聚合发展之力，激发人和之气，成就宏伟事业。要坚持“长期共存、互相监督、肝胆相照、荣辱与共”的方针，广开言路、集思广益，求同存异、团结包容。要把维护团结稳定和谐的政治局面摆在政协工作的突出位置，积极协助市委、市政府协调关系、化解矛盾，为我市改革发展减少阻力，增加助力，增强合力，为构建和谐社会做出应有贡献。

四、坚持自加压力、奋发有为，促进政协工作再上新台阶

要加强理论学习，着力在思想建设、作风建设、制度建设、组织建设、队伍建设等方面下功夫，不断提高委员素质和履职能力。要适应新形势，探索新问题，总结新经验，开拓新思路，不断推进政协工作的制度化、规范化、程序化，努力在促进发展上有新贡献，在凝聚人心上有新作为，在协商监督上有新特色，在参政议政上有新成果。

各位委员、同志们，八届一次全会就要闭幕了。希望大家回去以后，认真贯彻大会精神，落实大会决议，把大会形成的共识变成履行职能的自觉行动，为推进人民政协事业的进步和我县各项事业的发展贡献力量。新形势、新任务、新机遇为人民政协事业开辟了广阔的前景，人民政协大有可为。

我相信，在县委的正确领导下，新一届政协常委会，将会认真履行工作职责，团结全体委员，与时俱进，扎实工作，不辜负大家的期望和重托。我恳请各级、各部门和社会各界一如既往地关心支持政协工作，共同开创“县委

重视、政府支持、政协主动、各界配合”的政协工作新局面。

最后，我代表县政协八届常委会，祝各位委员、各界朋友，身体健康，事业进步。谢谢大家！

在政协故城县第八届委员会第二次全体会议闭幕会上的讲话

（2008 年 2 月 23 日）

县政协主席　张海英

各位委员、各位同志：

中国人民政治协商会议故城县第八届委员会第二次会议圆满完成了预定的各项议程，今天就要闭幕了。

会议认真听取了县委常委、组织部部长尹占民同志代表县委所做的重要讲话；审议通过了县政协八届委员会常务委员会工作报告和关于提案工作情况的报告，列席了故城县第十四届人民代表大会第二次会议，认真听取并讨论了陈登泉县长所作的《政府工作报告》及其他重要报告。会议期间，委员们以强烈的政治责任感和饱满的参政议政热情，对关系我县改革、发展、稳定大局和人民群众切身利益的问题，提出了许多宝贵的意见和建议。这次大会开得很成功，是一次民主、求实、团结、鼓劲的大会。这次大会的召开，必将使全县思想更加统一，精神更加振奋，对于进一步调动全县各族各界人士的积极性，投身“四大主战场”，实现“加力提速”之年各项奋斗目标，发挥重要的作用。

政协故城县第八届委员会自换届以来，县政协常委会在中共故城县委的领导下，带领全体县政协委员，坚持以科学发展观统领政协工作全局，牢牢把握团结和民主两大主题，紧紧围绕“工业立县、农业强县、商贸兴县”的发展战略，按照县委关于创建“活力故城、实力故城、和谐故城”的总体要求，务实、勤勉、创造性地开展各项工作，尽心尽力履行政治协商、民主监督、参政议政职能，不断提高政协工作的质量和水平，为政协工作的顺利开展打下了坚实的基础。在此，我代表县政协八届常委会对全体委员的支持和努力表示衷心的感谢！对一直关心、支持政协工作的各位领导、各位同志表示衷心的感谢！

各位委员、同志们，2008 年，是我县实施“加力提速”发展战略、实现“五年翻番领先”目标的关键一年。新形势、新任务对我们政协工作提出了更高的要求。因此，我们必须坚持以党的十七大精神为指针，全面、认真的贯彻落实县委全会提出的各项目标任务，充分发挥自身优势，履行政协职能，与时俱进，开拓创新，求真务实，为故城经济的快速发展积极献计出力。

下面，就县政协今年的工作讲几点意见：

一、加强民主政治意识、服务大局，为故城经济加力提速作贡献

促进发展是人民政协履职的第一要务。政协要牢牢把握促进故城跨越发展这一根本任务，充分发挥政协人才荟萃、智力雄厚、位置超脱的优势，要围绕我县“三大战略”和五年奋斗目标，想发展、谋发展、议发展，形成加快发展的强大合力，促进战略的深入实施；要围绕县委关于“加力提速”之年的工作部署，建诤言、献良策、干实事，促进我县全民创业热潮的进一步提升。

二、增强服务观念，提高责任意识，切实加强委员管理

深入学习党的“十七大”精神、县委全会精神和其他重要会议精神，新时期人民政协理论、法律法规和其他专业知识，是我们适应新的形势要求、提高政协工作水平的根本条件。要紧密联系政协实际，牢固树立五种意识：一是政治意识。就是在中共故城县委的领导下积极开展工作，围绕县委、县政府的中心工作献计出力。二是为民意识。就是要把维护人民群众的根本利益作为参政议政的出发点，以人民群众的愿望要求为建言献策的基本依据，关注民生、倾听民声、反映民意。三是大局意识。就是坚持围绕中心，服务大局，准确把握党委、政府的决策意图，找准结合点，做到与县委、县政府工作思路同心、工作同力。四是责任意识。就是牢记一名政协委员的光荣职责，时刻不忘人民群众的重托，振奋精神，开拓进取，有所作为。五是创新意识。就是要坚持与时俱进，在发展中创新。以创新为动力，推进各项工作扎实有效的开展。政协委员绝大多数是兼职，且又分散在各个工作岗位，如果长时间缺乏有效的联系，很容易使委员淡化责任意识，削弱政协整体作用的发挥。因此，要拓宽渠道，加强与委员的联系沟通；认真落实县政协《关于加强委员管理，发挥委员主体作用的办法》的有关规定，加强对委员队伍的管理；要建立健全例会、重大活动出席情况通报制度、提案和反映社情民意等参政议政工作实绩考评制度、委员届中调整制度等，逐步实现委员队伍管理工作的制度化、规范化，进一步调动委员参政议政的积极性和主动性。

三、坚持与时俱进、开拓创新，不断把我县政协工作推向前进

面对新形势新任务，政协工作必须坚持以中共十七大精神为指针，努力提高履行职能的质量和实效。创新和推进政协工作，要从实际出发，善于抓住制约政协工作发展的关键问题和薄弱环节，探索解决问题的新思路、新举措，努力使政协工作不断取得突破性进展。

一要强化民主监督，不断探索民主监督的新形式。要进一步提高和端正对民主监督的认识。要加强组织协调，在增强民主监督的针对性、实效性上下功夫，选择群众普遍关心而政协有条件做的问题，实施有效监督。

二要扎实有效地开展调研工作。调查研究是一个很重要的工作方法，也是人民政协工作的一项基本功。一是坚持贴近中心、贴近群众、贴近政协职能，力求选题准确，提高调研成果的时效性。二是本着“精干、高效”的原则，优化调研队伍，注意人员智力的密集性，知识结构的合理性。三是做到“三忌”，促进调研深入。即一忌调查表面化，不走马观花；二忌研究简单化，不仅要重调查、摸实情，更要重研究，求共识；三忌讲官话，只求实、不违心，尊重事实。四是科学论证，调研报告内容是成果转化的载体，所提观点、建议必须经得住考验，得出的结论、提出的建议要做到有针对性和可操作性。

三要高度重视提案工作，逐步完善政协委员反映社情民意的有效机制。一是切实选准提案的内容，提高提案质量，增强提案办理效果，充分发挥提案对经济发展的促进作用。要及时为党委政府科学决策当好参谋。二是高度重视反映社情民意工作，千方百计地引导好、发挥好、保护好委员反映社情民意的积极性。三是充分运用政协各种会议、视察、调研、提案、刊物、信息等方式收集和反映社情民意，及时、准确地向县委、县政府反映群众的呼声和愿望，协助党委政府正确处理好人民内部矛盾，维护安定团结的社会政治局面。总之，要适应形势发展的需要，不断丰富政协组织和政协委员履行职能的形式，拓宽政协委员参政议政的渠道，努力使政治协商更加经常有序，民主监督更加切实有力，参政议政更加富有成效。同时，要不断总结新经验，积极探索做好政协工作的新思路、新举措，努力加强政协工作的制度化、规范化和科学化建设。

四、要始终加强自身建设，为提高工作水平打下坚实基础

要进一步加强常务委员会建设，按照《政协章程》要求，切实发挥好常委会在政协工作中的龙头作用。要进一步加强政协机关建设，提高素质，强化效能，优化服务，把机关建设成“委员之家”。要进一步体现政协特色，充分发挥活动组优势。各活动组要切实做到“五个一”，即每年至少组织一次学习、开展一次调研、进行一次视察，撰写一件有分量的提案和一篇大会发言。要进一步增强委员责任意识，充分发挥委员主体作用，各位委员要切实做到“四个一”，即每年至少要提交一件较高质量的提案、报送一条社情民意、撰写一篇调研文章、做一件好事、善事。

各位委员、同志们，今年是我县经济发展的“加力提速”之年，是全面建设小康社会的关键一年。让我们更加紧密地团结起来，在中共故城县委的正确领导下，高举中国特色社会主义伟大旗帜，以科学发展观为统领，振奋精神，和衷共济，积极进取，奋发有为，为建设繁荣、文明、和谐的新故城而努力奋斗！

在政协故城县第八届委员会第三次全体会议闭幕会上的讲话

（2009 年 2 月 12 日）

县政协主席　张海英

各位委员、各位同志：

中国人民政治协商会议故城县第八届委员会第三次会议，圆满完成了预定的各项议程，今天就要闭幕了。

会议认真听取了县委常委、组织部部长尹占民同志代表县委所做的重要讲话，审议通过了县政协八届委员会常务委员会工作报告和八届二次会议以来提案工作情况的报告，列席了故城县第十四届人民代表大会第三次会议，认真听取并讨论了陈登泉县长所作的《政府工作报告》及其他重要报告。会议期间，委员们以强烈的政治责任感和饱满的参政议政热情，对关系我县改革、发展、稳定大局和人民群众切身利益的问题，提出了许多宝贵的意见和建议。这次大会开得很成功，是一次民主、求实、团结、鼓劲的大会。这次大会的召开，必将使全县思想更加统一，精神更加振奋，对于进一步调动全县各族各界人士的积极性，实现“图强奋进”之年各项奋斗目标，发挥重要的作用。

一年来，县政协常委会在中共故城县委的领导下，带领全体县政协委员，坚持以科学发展观统领政协工作全局，牢牢把握团结和民主两大主题，紧紧围绕县委“五年发展战略”的总体部署，按照县委关于创建“实力故城、活力故城、和谐故城”的总体要求，务实、勤勉、创造性地开展各项工作，尽心尽力履行政治协商、民主监督、参政议政职能，不断提高政协工作的质量和水平，为政协工作的顺利开展打下了坚实的基础。在此，我代表县政协八届常委会对一直关心、支持政协工作的各位领导、各位同志表示衷心的感谢！对全体委员的支持和努力表示衷心的感谢！

各位委员、同志们，2009 年是我县经济建设的“图强奋进”之年，也是实现科学发展、翻番领先目标的关键一年。县委十一届四次全会对我县今年的经济和社会各项事业发展确定了思路，明确了目标任务，制定了措施。现在，既是抢抓机遇的关键时刻，更是考验我们的非

常时期。我们要认真学习和贯彻县委全会精神，坚定攻坚克难的信心，以全面建设小康社会，构建和谐故城为目标，扎扎实实抓落实，全面推进我县经济社会持续跨越发展。下面，就县政协今年的工作讲几点意见：

一、紧紧围绕中心努力工作，为实现故城经济的跨越发展作贡献

围绕中心、服务大局，是政协开展工作必须把握的重要原则，县委明确提出了今年的总体工作思路，就是围绕一个目标（富民强县），突出一个主题（图强奋进），强化一个保障（党的建设），加快三项建设（工业和项目建设、城镇建设、新农村建设），实现四个确保（工业增效、城镇增靓、农民增收、财税增长），全力打造实力故城、活力故城、和谐故城。政协工作必须紧紧围绕这个思路来展开。要注意找准发挥政协优势和服务全县大局的结合点，精选课题，深入调研，科学论证，进一步增强建言立论的预见性、针对性和可行性。要牢牢把握促进故城跨越发展这一根本任务，充分发挥政协人才荟萃、智力雄厚、位置超脱的优势，要围绕我县五年奋斗目标，想发展、谋发展、议发展，形成加快发展的强大合力，促进发展战略的深入实施。

二、提高履职能力，完善各项制度

适应新的形势要求是提高政协工作水平的根本条件。要紧密联系政协实际，牢固树立五种意识：一是政治意识。就是在中共故城县委的领导下积极开展工作，围绕县委、县政府的中心工作献计出力。二是为民意识。就是要把维护人民群众的根本利益作为参政议政的出发点，以人民群众的愿望要求为建言献策的基本依据，关注民生、倾听民声、反映民意。三是大局意识。就是坚持围绕中心，服务大局，准确把握党委、政府的决策意图，找准结合点，做到与县委、县政府工作思路同心、工作同力。四是责任意识。就是牢记一名政协委员的光荣职责，时刻不忘人民群众的重托，振奋精神，开拓进取，有所作为。五是创新意识。就是要坚持与时俱进，在发展中创新。以创新为动力，推进各项工作扎实有效的开展。政协委员绝大多数是兼职，且又分散在各个工作岗位，如果长时间缺乏有效的联系，很容易使委员淡化责任意识，削弱政协整体作用的发挥。因此，要拓宽渠道，加强与委员的联系沟通；认真落实县政协《关于加强委员管理，发挥委员主体作用的办法》和《政协常委、委员参加会议、活动纪律的通知》的有关规定，加强对委员队伍的管理；要建立健全例会、重大活动出席情况通报制度、提案和反映社情民意等参政议政工作实绩考评制度、委员届中调整制度等，逐步实现委员队伍管理工作的制度化、规范化，进一步调动委员参政议政的积极性和主动性。

三、发挥政协优势、开拓创新，不断把我县政协工作推向前进

面对新形势新任务，政协工作必须坚持以科学发展观为指导，努力提高履行职能的质量和实效。创新和推进政协工作，要从实际出发，善于抓住制约政协工作发展的关键问题和薄弱环节，探索解决问题的新思路、新举措，努力使政协工作不断取得突破性进展。

一要重视研究民主监督的新措施，积极探索民主监督的新形式。要进一步提高各种意见、建议的质量，增强民主监督的实效性。

二要扎实有效地开展调研工作。要充分发挥好专题调研和反映社情民意的基本作用，不断丰富参政议政的新内容，使参政议政更加富有成效。一是坚持贴近中心、贴近群众、贴近政协职能，力求选题准确，提高调研成果的时效性。二是本着“精干、高效”的原则，优化调研队伍，注意人员智力的密集性，知识结构的合理性。三是科学论证，调研报告内容是成果转化的载体，所提观点、建议必须经得住考验，得出的结论、提出的建议要做到有针对性和可操作性。

三要高度重视提案工作，逐步完善政协委员反映社情民意的有效机制。一是切实选准提案的内容，提高提案质量，增强提案办理效果，

充分发挥提案对经济发展的促进作用。要及时为党委政府科学决策当好参谋。二是高度重视反映社情民意工作，千方百计地引导好、发挥好、保护好委员反映社情民意的积极性。三是充分运用政协各种会议、视察、调研、提案、刊物、信息等方式收集和反映社情民意，及时、准确的向县委、县政府反映群众的呼声和愿望，协助党委政府正确处理好人民内部矛盾，维护安定团结的社会政治局面。总之，要适应形势发展的需要，不断丰富政协组织和政协委员履行职能的形式，拓宽政协委员参政议政的渠道，努力使政治协商更加经常有序，民主监督更加切实有力，参政议政更加富有成效。同时，要不断总结新经验，积极探索做好政协工作的新思路、新举措，努力加强政协工作的制度化、规范化和科学化建设。

四、加强政协组织建设

要进一步加强常务委员会建设，按照《政协章程》要求，切实发挥好常委会在政协工作中的龙头作用。要进一步加强政协机关建设，提高素质，强化效能，优化服务，把机关建设成“委员之家”。要进一步体现政协特色，充分发挥活动组优势。各活动组要切实做到“四个一”，即每年至少组织一次学习、开展一次调研、进行一次视察，撰写一件有分量的提案。要进一步增强委员责任意识，充分发挥委员主体作用，各位委员要切实做到“三个一”，即每年至少要提交一件较高质量的提案、报送一条社情民意、撰写一篇调研文章。

各位委员、同志们，发展政协事业，履行政协职能，是我们共同的责任，加快故城发展，实现富民强县，是我们共同的追求，让我们紧密地团结起来，在中共故城县委的正确领导下，振奋精神，和衷共济，积极进取，奋发有为，为建设繁荣、文明、和谐的新故城做出新的更大的贡献！

在政协故城县第八届委员会第四次全体会议闭幕会上的讲话

（2010年3月4日）

县政协主席　张海英

各位委员、各位同志：

经过全体委员和与会同志的共同努力，县政协八届四次会议圆满完成了各项议程，即将胜利闭幕。

会议认真听取了县委常委、组织部部长尹占民同志代表县委所做的重要讲话；审议通过了县政协八届委员会常务委员会工作报告和八届三次会议以来提案工作情况的报告，列席了故城县第十四届人民代表大会第四次会议，认真听取并讨论了陈登泉县长所作的《政府工作报告》及其他重要报告。会议期间，委员们以强烈的政治责任感和饱满的参政议政热情，围绕我县经济社会发展中的重大问题和政协工作，畅所欲言，坦诚已见，提出了很多宝贵的意见和建议。会议开得隆重热烈、生动活泼、富有成效。可以说，这是一次凝聚共识、共谋发展的大会，是一次民主求实、团结鼓劲的大会，也是一次与时俱进、开拓创新的大会。这次大会的召开，必将使全县思想更加统一，精神更加振奋，对于进一步调动全县各族各界人士的积极性，实现“赶超晋位”之年的各项奋斗目标，将发挥极为重要的作用。

会议期间，县委、县政府的领导同志亲切看望委员、听取大会发言、参加分组讨论，与委员们共商我县改革发展大计，给委员们很大的鼓舞和鞭策。尹占民部长代表县委在大会开幕时的讲话，指导性强，为我们做好政协工作指明了方向。陈登泉县长所作的《政府工作报告》，总结工作令人信服，部署任务积极可行，为政协工作融入发展大局提供了遵循。为深入贯彻落实县委十一届五次全会精神和《政府工作报告》及政协两个报告的要求，卓有成效地做好我县今年的政协工作，讲三点意见和要求：

一、把促进发展作为做好政协工作的履职之要

推进科学超常发展，建设“魅力故城”，是县委、县政府重锤擂响鼓、浓笔谱画卷的大手笔，是顺应发展大势、造福故城人民的一项宏伟大业。我们必须自觉服从、服务于这一重大战略决策的实施，以发展为重、发展为先，找准发挥政协优势和服务发展大局的结合点和着力点，切实做到关键时刻顶得上去、帮得上忙、管的上用。一要发挥政协智力密集的优势，围绕重大项目攻坚年、城镇建设突破年和产业提升年三大重项工作，精选课题，深入调研，大事议透，建言建准，争当“智囊团”，出好“大主意”；二要发挥政协老同志多、工作经历长的优势，主动承担党委政府交办的重点任务，整合力量，鼎力抓重，当好“建设者”，做成“大事情”；三要发挥政协联系渠道广、人脉关系多的优势，锲而不舍地寻找战略投资者，当好“牵线人”，服务“大引进”；四要发挥政协人才荟萃、文化人多的优势，深挖故城厚重的文化底蕴，当好“创意者”，打造“大品牌”。广大政协委员要立足本职岗位，积极建言献策，投入全民创业，发挥表率作用，为“魅力故城”建设增砖添瓦，在火热的社会实践中一展身手。

二、把凝心聚力作为政协工作的履职之重

同心山成玉，协力土变金。推进科学超常发展，建设魅力故城，需要唤起全社会的力量团结奋斗。人民政协作为最广泛的爱国统一战线组织，汇集了社会各界的代表人物，本身就是大团结、大联合的象征。要充分发挥政协多党派合作、多形式参政、多界别组成的优势，多做凝聚人心、团结鼓劲的工作；多做集中民智、集思广益的工作；多做活血化瘀、理顺情绪的工作，成为党委政府联系群众、团结各界的桥梁和纽带。要努力把县委十一届五次全会精神准确有效地传达到社会各个阶层、各界人士之中，用共同的目标统一思想，用美好的前景聚集人气，用既定的大政方针统一步调，努力把县委、县政府的发展理念和工作部署转化为全县上下的自觉行动，营造同频共振、合拍共鸣的浓厚氛围，形成社会各界、方方面面参与和支持故城科学超常发展的强大合力。

三、把关注民生作为做好政协工作的履职之本

民生事大，民事为天。要秉承“人民政协为人民”的理念，紧紧抓住民生之本、民意所求、民心所向，以公心、民心和良心多做沟通思想、交流情感的工作，多做排忧解难、雪中送炭的工作，多做问需于民、问计于民的工作，特别要多做关注农村、关爱农民的工作。充分发挥社情民意“直通车”的作用，及时了解民情、反映民意，倾情竭力地助推党委政府各项惠民政策的落实，促进社会的公平正义。广大政协委员要善于结“穷亲戚”，交“穷朋友”，“设身处地”，“感同身受”地体味困难群体的苦衷，反映他们的合理诉求，力所能及地帮他们做点事情。在这方面我们做得再多也不过分。

各位委员、各位同志，加快故城发展，实现富民强县，是时代赋予我们的庄严使命和大好机遇。让我们紧密地团结起来，在中共故城县委的正确领导下，振奋精神，和衷共济，积极进取，奋发有为，为建设繁荣、文明、和谐的新故城做出新的更大的贡献！

在政协故城县第八届委员会第五次全体会议闭幕会上的讲话

（2011年2月21日）

县政协主席　张海英

各位委员、同志们：

中国人民政治协商会议故城县第八届委员会第五次会议圆满地完成了预定的各项议程，今天就要闭幕了。

会议认真听取了县委常委、组织部部长尹占民同志代表县委所做的重要讲话；审议通过了县政协八届委员会常务委员会工作报告和八届四次会议以来提案工作情况的报告；列席了故城县第十四届人民代表大会第五次会议；认真听取并讨论了左俊勇常务副县长所作的《政府工作报告》及其他重要报告。会议期间，委员们以强烈的政治责任感和饱满的参政议政热情，对关系我县改革、发展、稳定大局和人民群众切身利益的问题，提出了许多宝贵的意见和建议。这次大会开得很成功，既是一次总结经验、发扬成绩的大会，又是一次认清形势，明确任务的大会，更是一次共谋发展、建言献策的“群英会”。这次大会的召开，必将使全县思想更加统一，精神更加振奋，对于进一步调动全县各族各界人士的积极性，圆满完成县委十一届六次全会确定的各项目标任务，起到巨大的推动作用。

各位委员、同志们，2011是实现我县“十二五”规划开好局、起好步的关键一年。当前，既是抢抓机遇的关键时刻，更是考验我们的非常时期。我们要认真学习和贯彻县委全会精神，坚定攻坚克难的信心，以全面建设小康社会，构建和谐故城为目标，扎扎实实抓落实，全面推进我县经济社会持续跨越发展。下面，我就县政协今年的工作讲几点意见：

一、围绕中心，服务大局，在促进经济社会发展上要有新作为

围绕中心，服务大局是政协开展工作必须把握的重要原则。县委十一届六次全会提出了今年的总体工作思路，就是以科学发展为统揽，以党的十七届五中全会、河北省委七届六次全会和衡水市委二届五次全会精神为指导，突出加快发展第一要务，以工业项目建设为主抓手，以“四抓四促”（抓工业项目建设，促发展提速；抓特色产业提升，促结构优化；抓城镇建设，促产业聚集；抓农业增效，促农民增收）为着力点，统筹推进各项工作上台阶、重点工作求突破，为顺利实施“十二五”规划，全面建设小康社会奠定坚实基础。政协工作必须紧紧围绕这个思路来展开，全体政协委员要按照县委全会精神和工作部署，积极投身于全县招商引资、大上项目、全民创业的主战场。在全面推进政协履职过程中，要努力推进三个“一线”：一要广泛联谊交友，招商引资在“一线”。全体政协委员要充分发挥联系广泛、凝聚各方的优势，积极开展招商引资，抢抓项目上来，为全县经济社会发展献计出力，贡献力量。二要身体力行，协调服务在“一线”。全体政协委员要立足岗位实际，结合自身工作特点，协助县委、县政府在推进重大决策、重点工作中，竭力搞好协调服务、化解矛盾，促进发展的工作。三要积极参与，兴业实干在“一线”。充分发挥政协人才济济，群英荟萃的优势，特别是来自企业的委员，要把自己的事业融入全县经济社会发展的大局之中，抢抓机遇，找准

位置，建功立业。

二、与时俱进，开拓创新，在推进全面履职中要有新成效

面对新形势新任务，政协工作必须坚持以科学发展观为指导，努力提高履行职能的质量和实效。创新和推进政协工作，要从实际出发，着力改善制约政协工作发展的关键问题和薄弱环节，探索解决问题的新思路、新举措，努力使政协工作不断取得突破性进展。一是创新形式，注重政治协商成果转化。常委会要进一步创新形式，转变观念，进一步探索政协工作的规律性和创新性。要分别通过发挥专委会作用，实现对口协商；通过发挥界别众多、智力雄厚的优势，开展专题协商，努力实现政治协商的多样化、规范化，实现政治协商成果的有效转化。二是深入调研，为科学发展建言献策。要充分发挥好专题调研和反映社情民意的基本作用，不断丰富参政议政的新内容，使参政议政更加富有成效。一是坚持贴近中心、贴近群众、贴近政协职能，力求选题准确，提高调研成果的时效性。二是本着“精干、高效”的原则，优化调研队伍，注意人员智力的密集性，知识结构的合理性。三是科学论证，调研报告内容是成果转化的载体，所提观点、建议必须经得住考验，得出的结论、提出的建议要做到有针对性和可操作性。三是加大力度，强化民主监督实效。要注重探索民主监督的新模式、新措施，不断推进民主监督的制度化和规范化。坚持把优化全民创业环境和改善民生作为履行民主监督职能的重点，把民主监督纳入提案、调研、视察、反映社情民意等经常性工作之中，要重点在知情、沟通、反馈环节上下功夫，努力优化我县发展环境，不断开创经济社会发展的新局面。

三、维护团结、关注民生，在构建和谐社会中要有新贡献

人民政协是构建社会主义和谐社会的重要力量，我们要充分发挥政协组织的政治优势，努力为构建和谐故城尽职责、做贡献。政协之前冠以“人民”二字，充分表明了人民政协的人民属性。我们要把政协工作同人民群众的愿望和期盼紧密结合起来，把维护好、实现好、发展好最广大人民群众的根本利益，作为政协开展工作的出发点和落脚点。要树立群众观念，坚持群众立场，眼往下看，脚朝下走，常接“地气”，“感同身受”地体味群众的苦衷，多听来自基层的呼声，多建反映民情的真言，多献改善民生的良策，多办回应民意的实事，真正做到人民政协为人民。同时，要充分发挥人民政协位置超脱、渠道畅通的优势，协助党委、政府做好凝聚人心、团结鼓劲的工作，做好集中民智、集思广益的工作，做好“活血化瘀”、理顺情绪的工作，真正成为党委、政府联系群众的桥梁和纽带。

四、强化管理，提升效能，在政协自身建设上要有新举措

要继续把加强政协自身建设放到更加突出的位置。强化机关管理，提升机关工作效能，打造“务实政协、亲民政协、活力政协”新风貌。一是加强专委会建设，发挥基础作用。各专委会要强化主体意识、责任意识、协作意识和质量意识，按照政协工作要点，认真开展高质量的调研、视察、座谈、联谊等活动，努力使专委会的工作开展富有实效，更具特色、更具活力、更有影响力。二是加强委员队伍建设，充分发挥委员主体作用。以“履职、争先、惠民”为目标，对委员履行职能、发挥作用提出新要求。通过积极开展创先争优活动，进一步激发委员履职热情，提高委员参政议政水平。以打造“精品提案”“先进委员活动组”“优秀政协委员”等活动为内容，创新委员履职新载体，丰富委员履职新内容，把发挥委员作用体现到招商引资上来，把委员关注热点引导到惠民生、促和谐上来，切实把发挥委员主体作用，融入全县经济和社会发展的各个领域、各个环节，使广大政协委员成为促进我县加快发展、科学发展的一支重要力量。三是加强政协机关

建设，发挥服务保障作用。按照政治坚定、作风优良、业务熟练、服务热情的要求，进一步加强政协机关干部队伍建设，努力创建学习型、效能型、服务型、和谐型机关。政协机关工作人员要以满腔的热情、虚心的态度、良好的形象、严谨的作风，认真细致为委员和群众做好服务工作，努力营造民主、和谐、宽松、活跃的良好氛围。

各位委员、同志们，目前，我县“十二五”时期的大政方针已经确定，开局之年的工作任务已经明确。实现宏伟蓝图，需要我们坚定信念和勇气；完成艰巨任务，需要我们贡献智慧和力量。让我们在中共故城县委的领导下，凝心聚力，锐意进取，为全面完成“十二五”规划目标任务、推动故城加快发展、建设生态宜居运河文化名城而努力奋斗！

第八节　政协领导在政协故城县第九届委员会闭幕会上的讲话

在政协故城县第九届委员会第一次全体会议闭幕会上的讲话

（2012 年 1 月 2 日）

县政协主席　张海英

各位委员、同志们：

政协故城县第九届委员会第一次全体会议，在中共故城县委的正确领导下，通过全体委员和与会同志的共同努力，圆满地完成了各项会议议程，今天就要胜利闭幕了。本次会议是在全县上下深入学习贯彻科学发展观和中共十七届六中全会精神，着力推进故城实现跨越发展的新形势下召开的。县委副书记左俊勇同志在大会开幕式上做了重要讲话，全面客观地总结了五年来我县发展的可喜成果，充分肯定了八届县政协的工作，明确提出了今后政协组织和全体政协委员的努力方向。会议期间，委员们认真听取并审议了政协常委会工作报告和提案工作报告；列席了故城县第十五届人民代表大会第一次会议；听取并协商讨论了政府工作报告和其他报告，并围绕推进全县经济社会跨越发展，提出了许多富有建设性的意见和建议。大会期间，县委主要领导同志还参加了政协活动组会议讨论，面对面听取委员的建议和意见，与大家共商改革发展大计，并对政协委员寄予了殷切期望，这充分表明了县委对政协工作和政协委员的高度重视，也充分体现了县委领导同志民主、开明、开放、务实的工作作风。我们一定要把县委领导同志的重要讲话精神，转化为推动政协事业发展的强大动力，认真贯彻落实到今后的实际工作中去。这次大会开得隆重热烈，富有成效，是一次承前启后、继往开来的大会，是一次团结鼓劲、共谋发展的大会。会议选举产生了政协故城县第九届委员会主席、副主席和常务委员。在这里，我代表新当选的各位主席和政协常委，对县委、县政府的关心重视和各位委员的信任支持，表示衷心的感谢！

各位委员、同志们，2012 年是“十二五”规划的承启之年，拓展之年，也是深入贯彻县委十二次党代会精神，全力打造“冀东南生态宜居运河文化名城”，实现故城跨越发展的关键之年。因此，全体政协委员要进一步认清形势，牢记使命，不负重托，紧紧围绕故城重大发展战略，积极履职尽责，为开创我县经济社会发展新局面，促进故城科学发展，加快发展再做新贡献。

今后五年，围绕建设“冀东南生态宜居运河文化名城”目标，我们县政协九届委员会将努力从以下几个方面做好工作：

一、必须要有更坚定的政治信仰

中国共产党是中国特色社会主义事业的领导核心。坚持中国共产党的领导，是人民的选择，历史的必然，也是人民政协开展工作必须始终遵循的根本原则。历史经验表明，只有坚持中国共产党的领导，爱国统一战线才能蓬勃发展，基本政治制度才能有序推进。我们要自觉接受党的领导，坚定正确的政治方向，维护党的团结和统一，认真贯彻执行党的路线、方针、政策，在政治上、思想上、行动上与党中央保持高度一致。要坚定不移地用科学发展观统领政协工作，坚定不移地贯彻落实《中共中央关于加强人民政协工作的意见》，坚定不移地用发展着的马克思主义指导人民政协的新实践，使我们的政协事业永远保持旺盛的生命力。要一如既往地维护县委领导核心，坚决贯彻落实县委的决策和主张，紧扣党政中心确定议题，通过履行政协职能服务大局，无论是协商监督，还是参政议政，都要有利于县委重大决策的实施，有利于凝聚人心、形成合力，使政协开展的各项工作与县委工作中心同步、合拍。

二、必须要有更强烈的发展意识

围绕中心，服务大局，是人民政协必须遵循和牢固确立的第一要务。县政协要紧紧围绕县委中心工作，积极履行政治协商，民主监督，参政议政三大职能，从故城经济社会发展大局出发，积极组织委员深入开展调研，谋发展大计，献务实之策，为党委政府科学决策提供具有前瞻性、可操作性、建设性的意见和建议，为推进科学发展发挥作用，贡献力量。

三、必须要有更加团结和谐的生动局面

我们要牢牢把握民主和团结两大主题，充分运用人民政协发扬社会主义民主这一重要形式，调动民主党派、工商联、人民团体和各族各界人士的积极性、主动性和创造性，积极营造平等相处、求同存异、广开言路、畅所欲言、融洽和谐的民主氛围。要充分发挥政协委员在群众中的影响力，积极宣传党委、政府的决策和主张，围绕群众认识上的“困惑点”和矛盾的“易发点”，多做协调关系、化解矛盾、理顺情绪、凝心聚力的工作，共同营造团结和谐、充满活力的社会环境。

四、必须要有更深厚的民生情结

要牢固树立“人民政协为人民”的基本理念，坚持以人为本，把维护人民群众的根本利益作为政协工作的出发点和落脚点。要时刻关心群众的安危冷暖，经常深入基层，倾听群众呼声，把握群众愿望，反映群众诉求，积极协助党委、政府做好体察民意、集中民智、凝聚民心的工作。从当前来看，收入分配最敏感，社会保障最关键，扩大就业最重要，医疗卫生最直接，教育公平最现实，环境资源最突出，社会治安最基础。政协组织和政协委员要高度重视诸如此类的问题，通过切实履行职能，最大限度地促使人民群众最关心、最直接、最现实的利益问题得到反映和化解。

五、必须要有更大的追求和作为

在实现故城新跨越、新发展的征途上，广大政协委员是我县经济建设大军中不可忽视的一支中坚力量。特别来自经济界的政协委员，他们所创办的企业横跨服装产业、摩擦制动材料、裘皮裘革、美术颜料、农林畜牧等多个行业和领域，他们不仅仅是我县经济主战场上的生力军，更是政协组织中引领全民创业高潮的先锋队。这些企业的壮大和成长对于发展我县主导产业，扩增经济总量，加快新农村建设等

多个方面，起到了巨大的推动作用。作为政协大家庭的一分子，这些优秀委员企业家，既展现了政协委员的时代风貌，又体现了政协委员一肩双责，扎根故城，回报家乡的一腔热情。“十二五”规划的宏伟蓝图，为政协委员建功立业，助推发展提供了更为广阔的发展空间，我们要乘这次大会的东风，扬帆起航，乘势而上，在推动故城经济健康快速发展的舞台上，大显身手，主动作为，大有作为，奋力而为。

六、必须要有更坚强有力的委员队伍

政协工作的主体是委员，政协的活力在委员，潜力也在委员。因此，打造一支代表性更广、参政议政水平更高、建言献策能力更强的委员队伍尤为重要。在新一届政协委员的管理中，我们要更加注重对政协委员的业绩管理，对委员参会记录、撰写提案数量、履职尽责情况等方面都要建立委员档案，实施动态管理。使“政协委员是荣誉，更是责任”体现得更为细致化、精细化，从而最大限度地调动委员履职的积极性、主动性、创造性，努力使广大政协委员在促进发展上有新贡献，在凝聚人心上有新作为，在协商监督上有新特色，在参政议政上有新成果。

各位委员、同志们，宏伟的目标激发人民的创造，壮丽的事业凝聚奋斗的豪情。让我们在中共县委的坚强领导下，以开创大业的志气、攻坚克难的勇气、蓬勃向上的朝气，以战无不胜的信心、锲而不舍的恒心，把握时代脉搏，抢抓发展机遇，勇担历史重任，为不断开创政协工作新局面、为推动全县经济社会跨越发展而努力奋斗！

扬帆奋进　务实创新　努力推动故城经济社会发展实现新跨越

在政协故城县第九届委员会第二次全体会议闭幕会上的讲话

（2013年3月13日）

县政协主席　张海英

各位委员、同志们：

中国人民政治协商会议故城县第九届委员会第二次全体会议，在中共故城县委的正确领导下，经过全体委员和与会同志们的共同努力，圆满完成了各项会议议程，今天就要胜利闭幕了。

这次大会是在全县人民深入学习贯彻十八大精神，为全面建成小康社会而共同努力奋斗的新形势下召开的一次重要会议，也是我县人民政协事业立足新起点、迈向新征程的重要时期的一次盛会。会议期间，我们认真听取了中共故城县委副书记、纪委书记左俊勇同志代表县委所做的重要讲话；审议通过了九届县政协常委会工作报告和九届一次会议以来提案工作情况的报告以及有关会议决议；列席了故城县第十五届人民代表大会第二次会议；认真听取并讨论了故城县人民政府县长刘勇同志所作的政府工作报告和其他重要报告；广大政协委员也以强烈的政治责任感和饱满的参政议政热情，围绕我县经济建设、政治建设、社会建设、文化建设以及生态文明建设等方面，广泛协商讨论，积极建言献策，提出了许多宝贵的意见和建议。大会开得隆重热烈、富有成效，自始至终洋溢着坦陈己见、畅所欲言的浓厚氛围，充分体现了人民政协平等议事，民主协商的鲜明特点，全面展示了新一届政协委员情系发展，

不辱使命的崭新风貌。这是一次高举旗帜，继往开来的大会，是一次凝聚力量、共谋发展的大会，也是一次民主求实、团结鼓劲的大会。这次大会的召开，对于进一步调动全县各族各界人士的积极性，圆满完成县委十二届二次全会确定的各项目标任务，必将起到巨大的推动作用。

各位委员、同志们，2013 年是全面贯彻落实十八大精神的开局之年，也是我县强势开局、跨越赶超的重要一年。做好今年的工作，意义十分重大。面对新形势、新任务，九届县政协要团结和带领广大政协委员紧紧围绕县委、县政府“加快发展，富民强县”这一核心目标，坚定信心，振奋精神，团结一致，扎实进取，为推进我县经济社会又好又快发展，做出积极贡献。下面，我就做好今年的政协工作，再讲四点意见：

一、更加注重强化政治意识，深入学习贯彻十八大精神

重视学习历来是人民政协的优良传统。全体政协委员和政协工作者要把学习好、贯彻好、落实好党的十八大精神作为当前和今后一个时期的首要政治任务来抓实抓好。一是要做学习的表率。县政协领导班子、机关全体干部、广大政协委员要积极组织多形式、多方位、多层次的学习实践活动，认真学习和深刻领会十八大报告的精神实质和丰富内涵，不断提升自身政治理论水平；二是要做贯彻落实的表率。广大政协委员来自全县各条战线，是各行各业的精英人士、杰出代表，在全面贯彻落实十八大精神中，我们要秉承“学有深度，做有力度”的学习理念，充分认识人民政协在新时期所肩负的新使命、新责任，结合自身工作实际，以身作则，身体力行，树立榜样，做好表率，切实把思想和行动统一到十八大精神上来，统一到县委、县政府 2013 年工作目标任务上来，确保与党委政府保持思想同心、目标同向、工作同步。

二、更加注重围绕中心献计出力，全面提升政协履职水平

2013 年我们在全面开展政协工作中，一是要提升协商议政的高度。要进一步转变观念，创新形式，围绕县委、县政府重大决策部署、重点工作安排，选准角度，精心拟题，切实提高政协全会、常委会的协商实效和成果转化，努力实现政治协商的制度化、规范化和程序化。二加强民主监督的力度。两个环境建设是故城实现“加快发展，富民强县”目标的重要保障。在新的一年里，县政协要把着力服务和改善发展环境、生态环境作为加强民主监督工作力度的重项工作之一，充分利用委员提案、委员视察等有效手段提出意见，参与行评，努力优化我县发展环境，助推经济快速发展。三是要加大参政议政的深度。要紧紧抓住我县传统产业改造升级，发展壮大新兴立县产业、提升新型城镇化水平、构建现代农业发展体系等重大课题，组织相关界别委员、职能部门，本着“精干、高效”的工作原则，优化调研队伍，注意人员智力的密集性、知识结构的合理性，深入调研，广泛论证，力求调研报告所提观点、建议科学正确；得出的结论、成果经得住考验推敲。

三、更加注重把握主题凝心聚力，着力促进社会和谐稳定

人民政协是构建社会主义和谐社会的重要力量。在新的一年里，县政协要牢牢把握团结和民主两大主题，努力在增强共识中汇聚力量，在促进和谐中主动作为。一是要大力营造和谐发展氛围。人民政协有着包容各界，联系广泛的工作优势，广大政协委员在履职过程中要不断增强发展意识，广泛联络联谊，宣传我县经济社会发展的大好形势，为故城科学发展、加快发展营造安定团结的社会环境和良好氛围。二是充分发挥社情民意“直通车”作用。关注民生，体察民情是政协履职的根本出发点和落脚点，广大政协委员代表着不同界别、不同层

面的利益，要坚持经常深入基层，深入群众，倾听民声民情，积极主动地反映他们的意愿和合理诉求，多做凝聚力量、扩大共识，构建合力的工作，多做协调关系、化解矛盾、促进和谐的工作，真正成为党委政府联系群众的桥梁和纽带。

四、更加注重改进工作作风，切实加强政协自身建设

新的一年里，要继续把加强政协自身建设放到更加突出的位置。进一步强化机关效能管理，完善各项规章制度，切实改作风、转文风，正会风，努力打造求真务实，奋发进取的政协新风貌。一是强化各专委会职能和作用。政协机关各委室要按照县政协工作要点安排，结合自身工作职责，制订计划，明确目标，不断强化责任意识和协作意识，密切同联系部门和各界别委员的互动交流，努力使各专委会工作开展得更富有实效、更具特色、更具活力和影响力。二是充分调动广大政协委员履职积极性。要坚持“委员有为才有位”的指导思想，不断完善委员激励机制、考评办法，使广大政协委员成为促进我县科学发展、加快发展的一支重要力量。三是大力提升机关工作人员自身素质和政务性服务能力。要进一步推进和深化“五型”机关创建，着力增强政协机关全体干部的大局观念、服务意识，着力加强思想、作风、制度建设，确保政协工作务实、有序、高效运行，更好地发挥政协机关的服务保障作用。

各位委员、同志们，众志成城兴伟业，继往开来铸辉煌。让我们在中共故城县委的正确领导下，在故城加快发展，富民强县的新征程上，以党的十八大精神为指导，与时俱进，开拓创新，同心同德，奋勇争先，为不断开创我县政协工作新局面，为建设冀东南生态宜居运河文化名城做出新的更大的贡献！

群策群力　锐意进取　在推动全面建成小康社会的伟大实践中再立新功

在政协故城县第九届委员会第三次全体会议闭幕会上的讲话

（2014 年 2 月 18 日）

县政协主席　张海英

各位委员、同志们：

中国人民政治协商会议故城县第九届委员会第三次全体会议，在中共故城县委的正确领导下，经过全体委员和与会同志们的共同努力，圆满完成了各项会议议程，今天就要胜利闭幕了。

这次大会是在全县上下深入贯彻落实党的十八大、十八届三中全会精神，为全面建成小康社会而努力奋斗的新形势下召开的一次重要会议，也是我县人民政协事业立足新起点、迈向新征程的重要时期的一次盛会。会议期间，我们认真听取了县委副书记闫文举同志代表县委所作的重要讲话，审议通过了政协故城县第九届委员会常委会工作报告和九届二次会议以来提案工作情况的报告及有关会议决议，列席了故城县第十五届人民代表大会第三次会议，认真听取并讨论了刘勇县长所作的政府工作报告和其他重要报告，广大政协委员也以强烈的政治责任感和饱满的参政议政热情，紧紧围绕故城经济社会发展中的重大问题，广泛协商讨论，积极建言献策，提出了许多宝贵的意见和建议。大会开得隆重热烈、富有成效，自始至终洋溢着坦陈己见、畅所欲言的浓厚氛围，充分体现了人民政协平等议事，民主协商的鲜明

特点，全面展示了政协委员情系发展，不辱使命的崭新风貌。这是一次高举旗帜，继往开来的大会，是一次凝聚力量，共谋发展的大会，也是一次民主求实，团结鼓劲的大会。这次大会的召开，对于进一步调动全县各族各界人士的积极性，圆满完成县委十二届四次全会确定的各项目标任务，必将起到巨大的推动作用。

各位委员、同志们，2014 年是全面贯彻落实党的十八届三中全会精神的开局之年，也是为我县全面建成小康社会夯实基础，实现科学发展、跨越发展的重要一年。做好今年的工作，意义十分重大。面对新形势、新任务，县政协要在中共故城县委的正确领导下，团结和带领广大政协委员紧紧围绕县委、县政府“乘势而上，跨越图强，提前建成小康社会”这一总体目标，坚定信心，振奋精神，团结一致，扎实进取，为促进我县经济社会又好又快发展做出新贡献。下面，我就做好当前和今后一个时期的政协工作，再讲四点意见：

一、把贯彻落实党的十八届三中全会精神作为首要任务，牢牢把握工作方向

2014 年，全体政协委员及政协工作者，要把学习贯彻党的十八届三中全会精神作为首要政治任务，努力学深学透，抓好落实。一是要系统学习原文，深刻领会精神实质。在具体学习过程中，我们要认真学习党的十八届三中全会的公报、决议、决定等，原原本本地领会精神实质，并与学习十八大报告、习近平总书记系列重要讲话结合起来，力争学有所获，不断提升和夯实自身政治理论基础。二是理论联系实际，紧密结合县委、县政府中心工作。在全面准确学习和深刻把握十八届三中全会精神的基础上，要学会融会贯通，紧密结合故城实际，切实把思想和行动统一到县委、县政府 2014 年重大决策部署和工作目标上来，确保与党委政府保持思想同心、目标同向、工作同步。三是坚持学以致用，全面推动政协创新履职。与时俱进，改革创新是做好政协工作的不竭动力，在新的一年里，我们要进一步强化创新改革精神，增强进取意识，充分认识人民政协在新时期肩负的新使命、新任务，自觉地把贯彻党的十八届三中全会精神以及省委、市委、县委全会精神落实到政治协商、民主监督、参政议政的全过程，最广泛地凝聚各党派、各团体、各族各界人士的智慧和力量，积极为我县全面深化改革建言献策，努力为推动故城科学发展、加快发展献计出力。

二、把服务和推动故城科学发展作为履职重点，全力服务中心工作

促进科学发展是政协组织履行职能的第一要务。2014 年，在全面开展政协履职的过程中，我们一是要本着“讲大局、促发展、重实效”的工作原则，扎实搞好政治协商。要紧紧围绕县委、县政府重大决策部署和 2014 年重点工作安排，选择一些具有综合性、全局性、前瞻性的重大课题，通过开展专题协商、对口协商、界别协商等形式，积极为推动故城经济社会又好又快发展广聚民言、广纳民智，并努力推动政治协商成果纳入县委、县政府决策程序。二是要本着“转作风、解疑难、惠民生”的工作原则，深入开展民主监督。充分运用委员视察、专题座谈以及民主评议等有效形式，重点围绕各职能部门依法行政、执法公正、转变作风、提升效能以及促进相关工作广泛开展民主监督活动，并就促进我县教育、卫生、养老、就业等社会事业的发展，履职尽责，发挥作用。三是本着“少而精、深而实、透而专”的工作原则，深入开展专题调研，不断提升参政议政水平。2014 年，我们要尽量选取一些在故城经济社会发展中党政所思、发展所需、群众所盼、政协所能的调研课题，从大处着眼，小处入手，深入基层掌握第一手资料，努力形成一批高质量的调研报告。同时，要进一步加强成果转化和跟踪反馈，使调研成果真正起到实实在在的促进发展的作用。

三、把着力增强民生福祉作为不懈追求，大力营造和谐氛围

人民政协是构建社会主义和谐社会的重要力量。在新的一年里，县政协要牢牢把握团结和民主两大主题，努力在增强共识中汇聚力量，在促进和谐中主动作为。一是要紧密联系群众，大力营造和谐氛围。人民政协有着包容各界，联系广泛的工作优势，广大政协委员在履职过程中要不断增强发展意识，广泛联络联谊，宣传我县经济社会发展的大好形势，为故城科学发展、加快发展营造安定团结的社会环境和良好氛围。二是积极为民建言，反映民声民情。关注民生、体察民情是政协履职的根本出发点和落脚点，广大政协委员代表着不同界别、不同层面的利益，要坚持经常深入基层，深入群众，倾听民声民情，积极主动地反映他们的意愿和合理诉求，多做凝聚力量、扩大共识，构建合力的工作，多做协调关系、化解矛盾、促进和谐的工作，真正成为党委政府联系群众的桥梁和纽带。

四、把加强政协自身建设作为重要基础，不断提升工作水平

加强自身建设是政协工作的重要内容，也是政协履职的重要基础。在新的一年里，我们一是要注重完善各项规章制度和工作机制建设。在深入探索政治协商议题遴选、民主监督形式的创新以及参政议政成果的有效转化上下功夫，要积极借鉴对标单位和先进政协组织的好经验、好做法，完善和创建一批新的规章制度和工作保障机制，以期通过建章立制、完善机制促进政治协商、民主监督、参政议政三大职能的制度化、规范化和程序化建设。二是注重发挥委员主体作用。要进一步完善委员履职的考评管理，积极为委员发挥作用搭建平台，创造条件，努力培育一批敢言、善谋、实干的优秀政协委员起到模范带头作用，使广大政协委员在参与故城发展、服务故城发展中展现风采，建功立业。三是注重发挥各专委会作用。进一步加强各专委会与各界别、政府对口部门的联系，完善联合调研、对口协商等工作机制，经常性地开展主题鲜明、丰富多彩的履职活动，并努力提升工作成效。四是注重加强机关效能建设。要严格贯彻落实中央“八项规定”“六条禁令”等相关规定，不断提升政协机关办文、办会、办事工作水平，确保机关各项工作务实高效、有序运作，为政协开展工作及委员履职打好基础。

各位委员、同志们，众志成城兴伟业，继往开来铸辉煌。让我们在中共故城县委的正确领导下，在故城科学发展、加快发展的新征程上，以党的十八大、十八届三中全会和省委、市委、县委全会精神为指导，与时俱进，开拓创新，为不断开创我县政协工作新局面，为努力推动故城全面建成小康社会再上新台阶做出新的更大的贡献！

群策群力　锐意进取　在推动全面建成小康社会的伟大实践中再立新功

在政协故城县第九届委员会第四次全体会议闭幕会上的讲话

（2015 年 3 月 2 日）

县政协主席　张海英

各位委员、同志们：

中国人民政治协商会议故城县第九届委员会第四次全体会议，在中共故城县委的正确领导下，经过全体委员和与会同志们的共同努力，

圆满完成了各项会议议程，今天就要胜利闭幕了。

这次大会是在全县上下深入贯彻落实党的十八大、十八届三中、四中全会精神，为全面建成小康社会而努力奋斗的新形势下召开的一次重要会议，也是我县人民政协事业立足新起点、迈向新征程的重要时期的一次盛会。会议期间，我们认真听取了县委书记王亚杰同志代表县委所做的重要讲话；审议通过了政协故城县第九届委员会常委会工作报告和九届三次会议以来提案工作情况的报告及有关会议决议；列席了故城县第十五届人民代表大会第四次会议，认真听取并讨论了刘勇县长所作的政府工作报告和其他重要报告；广大政协委员也以强烈的政治责任感和饱满的参政议政热情，紧紧围绕故城经济社会发展中的重大问题，广泛协商讨论，积极建言献策，提出了许多宝贵的意见和建议。大会开得隆重热烈、富有成效，自始至终洋溢着坦陈己见、畅所欲言的浓厚氛围，充分体现了人民政协平等议事，民主协商的鲜明特点，全面展示了政协委员情系发展、不辱使命的崭新风貌。这是一次高举旗帜、继往开来的大会，是一次凝聚力量、共谋发展的大会，也是一次民主求实、团结鼓劲的大会。这次大会的召开，对于进一步调动全县各族各界人士的积极性，圆满完成县委十二届五次全会确定的各项目标任务，必将起到巨大的推动作用。

各位委员、同志们，2015年是全面深化改革的关键之年，是全面推进依法治国的开局之年，也是全面完成“十二五”规划的收官之年。做好今年的工作，意义十分重大。面对新形势、新任务，县政协要在中共故城县委的正确领导下，团结和带领广大政协委员紧紧围绕县委、县政府“乘势而上，跨越图强，全面建成小康社会”这一总体目标，坚定信心，振奋精神，团结一致，扎实进取，为促进我县经济社会又好又快发展做出新贡献。下面，我就做好当前和今后一个时期的政协工作，再讲四点意见：

一、紧扣发展大局，积极参政议政

发展是永恒的主题，服务发展是政协工作的主旋律。政协要充分发挥人才荟萃、智力密集、联系广泛的独特优势，尽力把各方面的思想、智慧和力量凝聚到推动加快发展、科学发展上来，切实做到政治协商从发展着眼、民主监督为发展助力、参政议政为发展服务。2015年，政协要主动适应经济发展新常态，紧紧围绕推动工业升级、创建园林县城有前瞻性地建言立论；紧紧围绕发展现代农业、壮大商贸发展有针对性地调查研究；紧紧围绕创优发展环境、持续改善民生卓有成效地开展专题协商。在全面建设小康社会的征程上，全体政协委员要积极参与，主动作为，每当遇到许多意想不到的困难和问题的时候，要挺身而出，献计献策，迎难而上，形成干事创业的良好氛围，形成克难制胜的强大动力。

二、紧扣工作落实，开展民主监督

落实是一种观念、一种责任，更是一种意志。政协要充分发挥职能作用，广泛凝聚不同阶层、不同界别、不同利益群体的力量和智慧，加强民主监督，助推县委、县政府各项工作部署的落实。要把握监督重点促落实。紧紧围绕提升执行力、改进作风、服务群众“三个切入点”开展民主监督，通过加强重点环节、重点部位、重点内容的监督，促进工作环环落到实处。要创新监督机制促落实。着眼于新的实践和新的发展，不断探索民主监督的新途径、新方法，把参与、支持、服务和监督有机统一起来，做到在参与中支持、在支持中服务、在服务中监督，保障和推动各项工作任务的落实。要提升监督水平促落实。充分发挥政协委员的主体作用、界别的专业作用、专委会的基础作用和基层政协组织的能动作用，全方位搭建委员履职平台，提高民主监督能力，助推科学发展。

三、紧扣民生改善，营造和谐环境

民生是最大的政治、最紧迫的任务，是做

好一切工作的出发点和落脚点。人民政协作为党和政府联系群众的桥梁纽带，要始终把关注、保障和改善民生作为重要职责，全力支持和协助县委、县政府维护和发展好群众的切身利益，在履职尽责中更好地造福群众。要把群众意愿作为建言献策的重要依据。充分利用各种渠道，倾听群众呼声，体察群众意愿，反映群众诉求，做好保障民生的“观察员”、社情民意的“传达员”，使县委、县政府的各项决策更加顺应民意、维护民利、保障民生。要把理顺群众情绪作为社会和谐的稳定基石。围绕群众思想认识上的困惑点、利益冲突上的交织点、现实矛盾的多发点，积极协助县委、县政府做好关系协调、矛盾化解等工作。要把解决民生问题作为重要职责。经常深入基层、深入群众，看老百姓的“身边事”，算老百姓的“生活账”，更加关注教育、医疗卫生、就业保障、住房等人民群众最关心、最直接、最现实的利益问题。鼓励和引导政协委员广泛开展送医助学、扶贫帮困、社区服务等社会公益活动，集聚社会各界的正能量，让人民群众切实感受到党和政府的关怀和温暖。

四、紧扣自身建设，提高履职水平

要积极探索新形势下政协工作的特点和规律，继续发扬优良传统，与时俱进加强自身建设，不断提高履职能力和工作水平。要进一步改进作风。政协委员要带头改作风，要坚持求真务实，不做表面文章，克服形式主义；要坚持密切联系群众，深入基层了解民意，克服官僚主义；要坚持艰苦奋斗，克服享乐主义；要坚持勤俭节约，反对奢靡之风。要进一步提升能力。政协就是要讲政治、会协商。政协委员作为政协工作的主体，要全面提高调查研究的能力、联系群众的能力、建言献策的能力，不断增强政治意识、大局意识和责任意识。要进一步创新机制。不断健全完善政治协商的制度，拓展参政议政的内容、选题和形式，积极探索民主监督的有效途径和措施，扎实推进履职制度化、规范化和程序化，使政协工作更多地体现时代性、把握规律性、富于创造性。要进一步发挥作用。引导全体政协委员始终保持奋发有为的精神状态和昂扬向上的工作激情，努力争做服务大局、维护团结、带头创业的表率，积极为人民群众办实事，为故城发展做贡献，为政协事业添光彩。

各位委员、同志们，众志成城兴伟业，继往开来铸辉煌。让我们在中共故城县委的正确领导下，在故城科学发展、加快发展的新征程上，以党的十八大、十八届三中、四中全会和省委、市委、县委全会精神为指导，与时俱进，开拓创新，为不断开创我县政协工作新局面，为努力推动故城全面建成小康社会做出新的更大的贡献！

群策群力　锐意进取　在推动全面建成小康社会的伟大实践中再立新功

在政协故城县第九届委员会第五次全体会议闭幕会上的讲话

（2016 年 2 月 20 日）

县政协主席　张海英

县政协九届五次全体会议在全体委员和与会同志的共同努力下，圆满完成各项议程，就要胜利闭幕了。

这次全会是在全面开启“十三五”发展新征程，推动故城在更高起点上跨越发展的关键时刻召开的一次重要会议。会议开幕时，中共故城县委书记王亚杰同志作了重要讲话，充分肯定了县政协九届四次会议以来所做的工作和取得的成绩，对做好政协今年及今后一段时间各项工作提出明确要求和殷切期望。县政协和全体委员要不负厚望、不辱使命，为大局服务，为发展献计，努力把我县政协工作推上一个新的台阶。

会议期间，县委、县人大、县政府各位领导应邀出席会议，与委员们一道共谋发展大计。委员们以尽心竭力履行职责的态度，以讲真话、建诤言的作风，紧紧围绕政府工作报告等相关报告，通过大会发言、小组讨论、提交提案、反映社情民意等形式，就全县改革发展中的重大问题和涉及人民群众切身利益的实际问题提出真知灼见，充分体现了政协组织民主协商、平等议事的优良传统，生动展现了政协委员助推改革发展、情牵民生民利的时代风采。会议始终洋溢着积极向上、求真务实的良好氛围，是一次发扬民主聚共识、加强团结鼓干劲的大会，是一次坚定信心谋发展、群策群力促和谐的大会。

各位委员、同志们，新常态下谋求政协新作为，必须始终坚持党的领导，始终保持坚强的政治定力。政协组织和广大委员要深入学习贯彻中共十八届三中、四中、五中全会和习近平总书记系列重要讲话精神，全面贯彻落实县委十二届六次全会精神，坚持正确政治方向，坚定道路自信、理论自信和制度自信，打牢团结奋斗的共同政治基础。充分发挥政协党组的核心领导作用，认真落实从严治党主体责任，在县委总揽全局、协调各方的工作格局中明确责任、找准位置，紧紧围绕县委的重大决策和工作部署履行职责、开展工作。下面，就做好今年的政协工作，讲几点意见。

一、以更加广阔的视野谋划政协工作

“不审天下之势，难应天下之务。”宽广的视野是提升政协工作境界的内在要求。要加强学习知政情，胸怀全局知国情，拓宽视野知世情，深刻认识党委政府的决策和部署，有效发挥政协的作用与优势，自觉把政协工作放到经济社会发展的国际国内大背景下去思考，放到党委政府的全局工作中去谋划，真正跳出一己局限，实现更大作为。要把政协工作的着力点放在对经济社会发展趋势的科学把握上，放在对改革发展稳定深层次问题的准确分析上，放在对党政关注、群众关心热点问题的深入研究上，多在推进思路上建言，多在改进工作上献策，多在发展实践中尽力。要根据创新、协调、绿色、开放、共享发展的理念要求，把主要精力和工作重点放在建设新故城的目标任务上来，围绕产业转型升级、现代农业发展、生态文明建设、脱贫攻坚等重点工作，多做综合性、战略性、前瞻性的调查研究，努力为推动全县各项事业发展献科学之策、尽精诚之力。

二、以更加优良的作风推进政协工作

卓越的事业离不开优良的作风。要以实事求是的作风和求真务实的精神，深入开展调研视察工作，积极回应人民群众的期盼和社会发展的要求。遵循问题导向，深入工作一线，深入基层群众，努力传达真实可靠的政情社情，形成有理有据的情况分析，提出务实可行的意见建议，力争在故城发展中做出更大的贡献。要始终保有对人民群众的深厚感情，常怀服务群众的满腔热情，践行群众路线，坚持履职为民，落实政协领导和委员联系人民群众的各项制度要求，开展定期走访、结对联系、委员接访等活动，当好人民群众的知心人和代言人，展现政协委员心系人民、为民谋利的良好风貌。要主动作为、勇于担当，扎实开展民主监督。聚焦事关发展大局和群众切身利益的问题，关注部门党风廉政建设和依法行政情况，结合政协提案办理情况，敢于直面矛盾，善于化解矛盾，有效提升民主监督工作实效。

三、以更加开拓的精神创新政协工作

新形势下，人民群众多元性、平等性、包容性政治参与需求日益高涨，对发展协商民主提出了新的要求。我们必须不断解放思想、更新观念，切实把开拓创新贯穿于政协工作全过程。要敢于探索，深入研究政协事业发展规律，认真落实关于加强政协协商民主建设的最新要求，探索协商民主发展的新路径，不断创新工作机制，努力提高创造性开展工作的能力。要与时俱进，上接天线，下接地气，既参透党政意图和精神，又摸清基层实际和期盼，找准政协工作与经济社会发展的最佳结合点，使政协工作更加符合时代要求，迸发新的活力。要在制度建设上求创新，本着对人民政协事业负责的态度，认真梳理总结实践经验，不断把成功经验制度化，逐步加以规范完善，确保故城政协工作在继承中不断发展，在创新中不断前进。

四、以更加负责的态度做好政协工作

责任感是做好政协工作的重要保证。政协委员身份不仅仅是政治荣誉，更意味着社会责任。希望大家始终保有强烈的政治责任感和历史使命感，自觉把理想事业和委员职责结合起来，既要积极投身经济建设主战场，建功立业、勇创佳绩，又要认真参加政协活动，建言献策、发挥作用，更要自觉践行社会主义核心价值观，身体力行、率先垂范。今年是本届政协的最后一年。政协事业是薪火相传、永续发展的事业。希望广大委员始终保持昂扬向上的精神状态，树立“心忧天下，敢为人先”的担当精神，更加珍惜委员荣誉，更加牢记神圣使命，善始善终、善作善成，在政协舞台上彰显个人价值，以卓有成效的工作为本届政协画上圆满的句号！

各位委员、同志们，2016 年是“十三五”开局之年，站在两个五年规划的历史交汇点上，我们深感责任重大、使命光荣。和衷共济创伟业，团结合作谱新篇。让我们紧密团结在以习近平同志为核心的党中央周围，在中共故城县委的坚强领导下，以深入贯彻落实中共十八大和十八届三中、四中、五中全会精神为动力，同心同德，和衷共济，奋力谱写政协工作新篇章，为助推全县经济社会发展再作新贡献！衷心祝愿各位委员、各位同志在新的一年里身体健康，工作顺利，万事如意！

第九节　政协领导在政协故城县第十届委员会闭幕会上的讲话

在政协故城县第十届委员会第一次会议闭幕会上的讲话

（2017 年 2 月 19 日）

县政协主席　史立朝

各位委员、同志们：

政协故城县第十届委员会第一次会议，在县委的正确领导下，通过全体委员和与会同志的共同努力，圆满完成了各项议程，今天就要闭幕了。

这次全会是在全面贯彻落实习近平总书记系列讲话精神，着力推进建设经济强县、美丽故城的新形势下召开的。县委书记马玉来同志作了重要讲话，全面客观地总结了五年来我县发展的可喜成果，充分肯定了九届政协的工作，明确提出了今后政协工作的努力方向。这充分表明县委对政协工作的高度重视，也充分体现了县委民主、开明、开放、务实的工作作风。我们一定要认真学习领会，全面贯彻落实。

会议期间，委员们认真听取并审议了政协常委会工作报告和提案工作报告。列席了故城县第十六届人民代表大会第一次会议。听取并协商讨论了政府工作报告和其他报告，围绕实现故城跨越发展，提出了许多富有建设性的意见和建议。可以说，这次大会隆重热烈，富有成效，是一次承前启后、继往开来的大会，是一次团结鼓劲、共谋发展的大会。

政协事业的不断发展，离不开历届政协的接力传承和创新。我县九届政协在张海英主席的带领下，围绕中心，服务大局，履职尽责，开拓创新，取得了新成绩、创造了新经验、开创了新局面，为政协事业和故城发展做出了积极的贡献。在此，让我们以热烈的掌声向九届政协和历届老领导表示衷心的感谢和崇高的敬意！

这次大会选举我担任第十届县政协主席，这是县委对我的信任，也是全体政协委员对我的信赖。此时此刻，我为融入人民政协这个大家庭而感到高兴，又深感责任重大、任务艰巨、使命光荣。我一定与各位副主席和各位常委一道，团结带领广大政协委员和政协工作者，不忘初心，不辱使命，不负众望，同心同德，把组织的重托转变为履职的动力，把委员的信赖转化为干事创业的激情，谦虚谨慎、勤勉敬业，勇于担当、真抓实干，在新的起点上奋力开创政协工作的新局面。

今后五年，是我县加快转型升级，实现科学发展、跨越发展的关键时期。前不久闭幕的县第十三次党的代表大会描绘了我县发展的宏伟蓝图，为政协工作指明了努力方向，为我们履职尽责提出了新要求。希望县政协和广大政协委员继续保持与时俱进的锐气，继续满怀干事创业的激情，继续凝聚团结奋进的力量，认真履行政协职能，全面完成这次会议确定的各项任务，不断提升政协工作新水平，为我县经济跨越发展再立新功。我们努力从以下四个方面做好工作：

一、围绕中心，服务大局，全力助推跨越发展

围绕中心、服务大局，是人民政协履行职能必须遵循的原则。一要坚持党的政治领导，树立政治意识和大局意识，紧紧围绕县委、县政府的重大决策部署，发挥优势、努力工作，始终与党委、政府保持思想上同心、目标上同向、工作上同步；二要进一步强化政治协商职能，完善协商方式，提高协商质量，促进党委、政府决策的科学化、民主化；三要进一步拓宽民主监督渠道，讲求监督方式，加大监督力度，促进党委、政府重大决策更加顺应民意、更加符合科学发展的要求；四要进一步提高参政议政水平，围绕全县改革发展稳定中的重大问题，重点在园区建设、社会事业发展、城乡基础设施建设、重大项目实施、维护社会和谐稳定等方面，深入调研、认真研究，及时提出具有全局性、战略性和前瞻性的意见和建议，不断提高政治协商、参政议政的质量和水平，帮助党委、政府做好各项工作。

二、尽心尽力，履职为民，增进民生幸福和谐

高度关注民生，积极协助党委、政府解决民生问题，是人民政协的优良传统。一是牢固树立人民政协为人民的理念，当前重点围绕经济发展、教育事业、医疗卫生、社会保障、食品安全、环境保护、安全生产等热点难点问题，多进利民之言，多献利民之策，多办利民之事；二是充分发挥人民政协的桥梁纽带作用，真实反映群众愿望，多做理顺情绪、化解矛盾、凝聚民心的工作，为全县改革发展减阻力、增动力、聚合力；三是充分发挥人民政协联系面广、包容性强的优势，积极倡导和开展社会公益活动，关心关注弱势群体，帮助群众解决现实生活中的困难和切身利益问题。

三、探索创新，完善机制，持续加强政协工作

我们要深入研究政协工作的新情况和新问

题，充分发挥人才荟萃、代表性强的优势，突出团结民主两大主题，更好地履行政治协商、民主监督、参政议政职能，积极探索提案办理、调研视察、反映社情民意、文史资料征集等工作的新措施，进一步提高政协工作的制度化、规范化水平；要积极探索开展界别活动的新办法，突出界别特色，发挥界别优势，为各党派团体和各族各界人士平等议事、民主协商创造更好条件；要积极探索发挥政协委员作用的新途径，进一步调动和激发广大委员的积极性、主动性和创造性，使政协的工作效能、工作水平、工作活力和社会政治影响力得到新的提升。

四、加强学习，增强素质，努力提高履职水平

加强自身建设、提高履职能力，是政协工作的永恒主题。一是加强思想政治工作，建设学习型政协机关，提升机关干部理论修养、作风纪律修养和品德品行修养，做有思想、有能力、有作为、守纪律、能干事的政协干部；二是加强政协委员队伍建设，建立完善切实管用、符合实际的学习培训、联络联系、调研视察、协商监督、参政议政、对外交流协作等制度和办法，完善委员的管理服务和履职尽责机制，充分发挥政协委员在本职工作中的带头作用、在政协工作中的主体作用、在界别群众中的表率作用；三是加强政协机关的思想作风建设，建设一支政治坚定、作风过硬、业务熟练、运行良好的高素质干部队伍，努力把政协机关建设成政协委员之家、党外各界人士之家和凝聚社会积极因素的和谐之家。

各位委员、同志们！团结民主献良策，凝心聚力谋发展。让我们在县委坚强领导下，协力同心，开拓进取，奋力谱写政协事业新篇章，为全面建成小康社会，建设经济强县、美丽故城做出新的更大的贡献！

在政协故城县第十届委员会第二次会议闭幕会上的讲话

（2018 年 2 月 8 日）

县政协主席　史立朝

各位委员、同志们：

政协故城县第十届委员会第二次全体会议，经过与会委员和同志们的共同努力，圆满完成了各项议程，今天，就要闭幕了。

这次全会是在学习贯彻党的十九大、习近平总书记系列重要讲话精神，着力推进全面建设经济强县、美丽故城的新形势下召开的。会议开幕时，中共故城县委书记马玉来同志作了重要讲话，全面客观地总结了一年来我县发展的可喜成果，充分肯定了县政协的工作，明确提出了今后政协工作的努力方向。我们要把马书记的重要讲话认真的学习好、贯彻好、落实好。

会议期间，县委、县政府主要领导还参加了政协委员小组讨论，与委员们一道共商故城发展大计。充分体现了对我县政协工作的高度重视。与会委员以饱满的政治热情、高度的政治责任感，协商讨论了《政府工作报告》及其他各项报告，对我县各项事业发展取得的成就倍感振奋，对新时代故城发展前景充满了信心。会议开的隆重简朴，富有成效，是一次承前启后、继往开来的大会，是一次团结民主、共谋发展的大会！

各位委员、同志们，2018 年，是全面建成小康社会的关键一年，也是故城经济社会高质量、快速度发展的重要一年。做好今年的政协工作意义重大。广大政协委员要以习近平新时代中国特色社会主义思想为指导，围绕县委、

县政府的总体部署，不忘初心，牢记使命，以更加强烈的责任意识建言献策，以更加扎实的工作作风履行职能，努力开创我县政协工作新局面。

一、坚定政治方向

坚定政治方向始终是政协工作的第一遵循。坚持党的领导是做好政协工作的根本保证。一是要把学习贯彻党的十九大精神作为首要政治任务，深刻领会十九大的重要内容、精神实质和社会主义协商民主的新要求、新任务。二是要把学习宣传十九大精神与贯彻落实县委决策部署结合起来，把县委工作取向作为政协工作指向，把县委工作目标作为政协工作定位，不断推动政协工作理论创新、方式创新、制度创新，让政协工作更加体现时代性、富有创造性。

二、服务发展大局

服务发展大局始终是政协工作的第一要务。政协工作是党的全局工作的重要内容。一是县政协要牢固树立“四个意识”，坚持着眼全县大局谋划工作，立足本职开展工作，做到县委想什么、政协就议什么；政府干什么、政协就帮什么，始终与县委、县政府工作步调一致。二是广大政协委员要明确肩负的责任，做到心中有大局、工作谋大局、履职为大局，在推进故城经济社会发展中创造新业绩、作出新贡献。

三、致力凝心聚力

致力凝心聚力始终是政协工作的第一职责。团结和民主是政协工作的两大主题。一是要充分发挥政协代表性强、联系面广的优势，广泛宣传党的思想理论、方针政策，不断凝聚智慧和力量，按照县委、县政府的工作部署，积极开展履职活动。二是要加强与各界别群众的联系与交流，积极协助党委、政府做好凝聚共识、凝聚智慧、凝聚力量、凝聚人心的工作，努力汇聚全县团结奋斗的正能量。三是要把政治协商的重点放在事关发展全局的重大问题上，把民主监督的重点放在优化社会发展环境上，把参政议政的重点放在解决社会热点、难点问题上。为促进我县各项事业更好的发展献计出力。

四、加强自身建设

加强自身建设始终是政协工作的第一需要。“打铁必须自身硬”是政协工作的根本要求。一是进一步完善政协工作机制。要深入学习贯彻党的十九大对政协工作的新要求、新部署，要把协商民主贯穿于政治协商、民主监督、参政议政的全过程，以创新的理念、务实的举措，完善工作机制，不断提高政协履职水平。二是进一步提高委员履职能力。要坚持以新时代中国特色社会主义思想为指导、深入学习人民政协的理论知识，打牢履行职能的基础。广大政协委员要增强责任意识，更好的发挥在本职工作中的带头作用、在政协工作中的主体作用、在界别群众中的表率作用，自觉维护人民政协和委员的良好形象。三是进一步强化机关作风建设。全体机关工作人员，要继续深入开展学习教育活动，不断增强工作能力，改进工作作风，更好地发挥参谋助手、综合协调作用，努力把政协机关建设成为“委员之家”。

政协委员是一种政治荣誉，也是一份沉甸甸的责任，更是难得的人生经历。各位委员要进一步强化政治意识、牢记政治责任，热情工作、真情履职、深情为民，努力成为组织放心、群众信任、社会尊重的政协委员，谱写出无愧于组织、无愧于时代、无愧于人民的“政协人生”篇章！

各位委员，新时代开启新征程，新征程提出新任务。让我们在中共故城县委的坚强领导下，不忘初心、砥砺奋进，在全面建设经济强县、美丽故城的新征程中，做出新的更大的贡献！

在政协故城县第十届委员会第三次会议闭幕会上的讲话

（2019 年 1 月 29 日）

县政协主席 史立朝

各位委员、同志们：

政协故城县第十届委员会第三次会议，经过全体政协委员和与会同志们的共同努力，圆满完成了各项议程，今天就要闭幕了。

这次会议，是在全县上下深入学习贯彻习近平新时代中国特色社会主义思想，决胜全面建成小康社会关键之年召开的一次重要会议。会议洋溢着团结、民主、和谐、务实的氛围，开得圆满、成功，是一次高举旗帜、凝心聚力的大会、是一次团结鼓劲、共谋发展的大会。

中共故城县委对这次会议高度重视，会议开幕时，县委书记彭晓明同志代表县委作了重要讲话，对县政协过去一年的工作给予了充分肯定和高度评价，对做好今后的政协工作提出了殷切希望和更高的要求。我们一定要认真学习领会，抓好贯彻落实。

会议期间，县几大班子领导同志、离退休老领导出席开幕会和闭幕会；县委书记彭晓明同志参加小组讨论，与委员们共商发展大计，全体政协委员深受鼓舞，倍感振奋。

会议听取并审议了《政协常委会工作报告》《政协常委会提案工作报告》，通过了有关会议决议，听取和讨论了《政府工作报告》和其他报告。

全体政协委员以饱满的政治热情、高度的政治责任感，认真学习讨论，扎实协商议政，积极建言献策，提出了许多具有前瞻性、可操作性的意见建议。刚才，政协委员宣平侠、王拥军、王洁华、李志勇、朱红梅、郑学峰、冯章起围绕全县中心工作，进行了大会发言。体现了政协委员胸怀大局、心系发展的使命担当，展示了人民政协团结民主、务实创新的精神风貌。

各位委员、同志们，新时代赋予了人民政协新使命。县委十三届六次全会确定了全县的工作思路。这次“两会”，明确了今年的工作重点。我们要坚定信心、顺势而为；以更加强烈的责任意识建言献策，以更加扎实的工作作风履行职能，不断谱写新时代人民政协事业的新篇章！

一、坚持党的领导，旗帜鲜明讲政治

坚持党的领导是做好新时代政协工作的根本保障。人民政协是政治组织，必须旗帜鲜明讲政治。广大政协委员要毫不动摇地坚持中国共产党的领导，始终在政治立场、政治方向、政治原则、政治道路上同以习近平同志为核心的党中央保持高度一致。要始终坚持党对政协工作的领导，提高政治站位，加强政协系统党的建设。认真落实县委全会精神，坚持把县委工作取向作为政协工作指向，把县委奋斗目标作为政协工作定位，确保政协工作正确的政治方向。

二、围绕中心工作，履职尽责谋发展

围绕中心，服务大局，是做好新时代政协工作的重要原则。广大政协委员要紧紧围绕全县中心工作，在服务发展上贡献政协力量。一是围绕产业发展、乡村振兴战略实施、扶贫脱贫攻坚、优化发展环境等课题，深入开展调查研究，积极建言献策，为县委、县政府科学决策提供参考依据；二是围绕人民群众普遍关注的热点、难点问题，开展多种形式的民主监督活动，切实发挥民主监督作用、提高民主监督实效。

三、关注民生改善，服务群众惠民生

关注民生改善是做好新时代政协工作的出发点和落脚点。广大政协委员要牢固树立以人民为中心的理念，扎实做好服务群众的工作，使县委政府的惠民举措落到实处。一是充分发挥桥梁和纽带作用，围绕事关人民群众切身利益的问题，做好化解矛盾、理顺情绪的工作，为高质量快速发展营造良好的社会环境；二是积极开展调研视察、专题座谈、反映社情民意等活动，协助县委、县政府做好民生实事工程的落实，让广大人民群众共享发展成果。

四、坚持团结民主，汇聚力量促和谐

坚持团结、民主是做好新时代政协工作的根本要求。广大政协委员要坚持团结、民主两大主题，切实发挥好协商民主重要渠道和专门协商机构的作用。一是全面贯彻落实县委、县政府决策部署，充分发挥政协联系面广的优势，深化思想共识、凝聚全县力量，推动经济社会高质量快速发展；二是坚持把协商民主贯穿政治协商、民主监督、参政议政的全过程，创新协商形式，拓展协商内容，增强协商实效，通过协商讨论凝聚共识、凝聚智慧、凝聚力量。

五、加强自身建设，勇于担当强队伍

加强自身建设是做好新时代政协工作的重要保证。广大政协委员要珍惜委员荣誉，模范遵守宪法法律、政协章程和规章制度，切实发挥好政协委员在本职工作中的带头作用、在政协工作中的主体作用、在界别群众中的表率作用，树立政协委员的良好形象。要持续加强政协委员的学习培训，不断提高政治把握能力、调查研究能力、联系群众能力、合作共事能力，努力建设一支“懂政协、会协商、善议政”的政协委员队伍。

各位委员、同志们，在推进故城经济社会高质量快速发展的征程中，人民政协使命光荣、大有作为。让我们更加紧密团结在以习近平同志为核心的党中央周围，在中共故城县委的坚强领导下，不忘初心、砥砺前行，努力开创新时代政协工作新局面，为推动故城经济社会高质量快速发展做出新的更大的贡献！

在政协故城县第十届委员会第四次会议闭幕会上的讲话

（2020 年 1 月 10 日）

县政协主席　史立朝

各位委员、同志们：

政协故城县第十届委员会第四次会议，通过大家的共同努力，圆满完成各项议程，今天就要闭幕了。

这次会议，是在全县上下学习贯彻党的十九大和十九届二中、三中、四中全会精神，贯彻落实县委十三届八次全会精神，扎实推进全面建成小康社会的重要时刻，召开的一次重要会议。会议始终充满了团结、民主、务实、和谐的氛围，开得富有成效、圆满成功。是一次

求真务实、团结奋进的大会，是一次凝聚共识、共谋发展的大会。

县委、县政府对这次会议高度重视，县委书记彭晓明同志在开幕会上做了重要讲话，充分肯定了县政协工作取得的成绩，为做好2020年工作提出了新的更高的要求。我们要认真学习领会，抓好贯彻落实。县几大班子领导同志、离退休老领导出席开幕会和闭幕会，使我们深受鼓舞，倍感振奋。

会议听取并审议通过了《政协常委会工作报告》《政协常委会提案工作报告》，听取和讨论了《政府工作报告》和其他报告。会议高度评价了我县过去一年取得的成就，赞同《政府工作报告》提出的发展目标和工作任务。落实了县委意图，按照《政协章程》的有关规定，补选了县政协十届委员会常务委员。表决通过了政协有关会议决议。

会议期间，广大政协委员认真学习贯彻习近平新时代中国特色社会主义思想，以高度的政治责任感和饱满的政治热情，围绕县委、县政府的决策部署和人民群众普遍关注的热点、难点问题，通过大会发言、小组讨论、提交提案、反映社情民意信息等多种形式，用心协商议政，用情履职建言，充分展示了新时代政协委员的责任担当和良好形象。

各位委员、同志们，2020年是全面建成小康社会和“十三五”规划的圆满收官之年。县委十三届八次全会和这次“两会”，进一步明确了今年我县的工作中心和目标任务，广大政协委员要立足人民政协的新方位、新使命，充分发挥专门协商机构作用，坚持建言资政和凝聚共识双向发力，紧紧围绕县委和县政府工作的重点、群众生产生活的难点、社会治理的焦点，认真履职尽责，积极担当作为，奋力开创新时代政协工作新局面。

一、坚持党的领导，在思想政治建设上实现新提高

坚持党的领导是做好新时代政协工作的根本保证。广大政协委员要毫不动摇地坚持中国共产党的领导，深入贯彻落实习近平总书记关于加强和改进人民政协工作的重要思想，增强“四个意识”，坚定“四个自信”，做到“两个维护”。要坚持在县委的坚强领导下开展工作，严守政治纪律和政治规矩，切实把思想和行动统一到县委的决策部署上来，自觉与县委、县政府同频共振、同心同德、同向同行，做到党政中心工作部署到哪里，政协工作就跟进到哪里。要全面贯彻落实新时代党的建设总要求，切实加强政协党的建设，强化思想政治引领，确保政协正确的政治方向。

二、坚持围绕中心，在服务发展上做出新贡献

围绕中心，服务大局，是做好新时代政协工作的重要原则。广大政协委员要自觉融入发展大局，聚焦中心任务，充分发挥专门协商机构的作用，紧紧围绕县委确定的目标任务，就事关全县发展大局的重点工作和群众关心的热点、难点问题，开展协商议政活动，重点围绕民营经济发展、民生工程建设、乡村振兴战略实施、生态环境保护、城市品位提升、运河文化带建设等方面的议题，深入调查研究，认真撰写提案和会议发言、反映社情民意信息，积极协商议政，为党委、政府科学决策提出有见解、有价值、有分量的意见建议。

三、保障民生改善，在履职为民上展现新作为

保障民生改善是做好新时代政协工作的出发点和落脚点。一要坚持以人民为中心的发展理念，围绕事关群众切身利益的实际问题，认真开展民主监督、民主评议、视察调研等活动，积极建言献策，推动工作落实，保障民生改善，不断提高人民群众的获得感、幸福感、安全感。二要充分利用各种渠道，倾听群众呼声，反映群众愿望，主动履职尽责，帮助群众解决现实困难和问题，彰显人民政协为人民的真挚情怀。

四、坚持团结民主，在凝聚共识上实现新突破

坚持团结、民主是做好新时代政协工作的根本要求。一要充分发挥政协联系面广、代表性强的优势，积极贯彻落实县委全会确定的目标任务和这次“两会”精神，把县委的决策部署转化为广大政协委员的思想共识和自觉行动。二要广泛凝聚共识，要协助党和政府多做宣传政策、解疑释惑、化解矛盾的工作，要把凝聚共识贯穿在政治协商、民主监督、参政议政的全过程。三要加强联谊交流，积极宣传故城、推介故城，为招商引资、发展经济牵线搭桥，为推动全县社会各项事业发展凝聚人心、凝聚智慧、凝聚力量。

五、加强自身建设，在履职尽责中呈现新气象

加强自身建设是做好新时代政协工作的重要保证。一要加强制度建设。要全面贯彻落实党的十九届四中全会精神，按照中央和省、市、县委关于加强和改进人民政协工作的意见要求，进一步完善政协常委履职制度、委员履职档案。建立健全委员联络制度、委员履职考评机制等，形成科学规范、运行有效的制度体系，切实把政协制度优势转化为治理效能。二要加强委员队伍建设。广大政协委员要珍惜政治荣誉，提高履职能力，体现委员价值。要按照“懂政协、会协商、善议政”的总要求，不断加强理论学习，提高政治素质，深入调查研究，真正做到建言建在需要时、议政议在点子上、监督监在关键处，为实现“五年跨越图强、再创故城辉煌”贡献政协的智慧和力量。

各位委员、同志们，唯有不忘初心、牢记使命，方能逐梦前行、再谱新篇。让我们更加紧密的团结在以习近平同志为核心的党中央周围，在中共故城县委的坚强领导下，以更加饱满的热情、更加务实的作风、更加扎实的工作，找准新方位，担当新使命，不断开创政协工作新局面，为全面建成小康社会、推动故城经济社会高质量快速发展做出新的更大贡献！

在政协故城县第十届委员会第五次会议闭幕会上的讲话

（2021 年 2 月 5 日）

县政协主席　史立朝

各位委员、同志们：

政协故城县第十届委员会第五次全体会议，通过大家的共同努力，圆满完成各项议程，今天就要闭幕了。

这次会议，是在全县上下深入学习贯彻习近平新时代中国特色社会主义思想，全面落实中共故城县委全会精神的重要时期，召开的一次重要会议。

县委、县政府对这次会议高度重视，县委书记彭晓明同志在开幕会上作了重要讲话，站位高远、内涵丰富，具有很强的政治性、针对性和指导性，充分体现了县委对政协工作的高度重视和关心支持。彭书记的讲话高度评价了县政协一年来的工作，对今后政协工作提出了殷切期望和明确要求。我们要认真学习领会，切实抓好贯彻落实。

几大班子领导出席政协开幕会和闭幕会，同委员们共商改革发展大计，充分体现了对政协工作的高度重视和对政协委员的充分尊重，使全体政协委员深受鼓舞，倍感振奋。

会议听取并审议通过了《政协常委会工作报告》《政协常委会提案工作报告》，听取和讨论了《政府工作报告》和其他报告，赞同《政府工作报告》提出的发展目标和工作任务。按照《政协章程》有关规定，补选了县政协十届委员会副主席、秘书长、常务委员。表决通过了政协十届五次会议的有关决议。

会议期间，广大政协委员以求真务实的态度、担当尽责的精神，围绕县委、县政府的决策部署和人民群众普遍关注的热点、难点问题，通过大会发言、小组讨论、提交提案、反映社情民意信息等多种形式，建真言、献良策、出实招，充分彰显了政协委员心系大局、为民履职的担当和情怀。

大会始终洋溢着团结、民主、和谐、务实的气氛，开得圆满成功，是一次求真务实、团结奋进的大会，是一次凝聚共识、共谋发展的大会。

各位委员、同志们，2021 年是“十四五”规划的开局之年，也是“三年大见成效”之年。前不久召开的县委全会和这次两会，明确了我县今后五年，特别是 2021 年的工作思路和目标任务，广大政协委员要准确把握人民政协的性质定位，坚持党对政协工作的全面领导，坚持围绕中心、服务大局，坚持建言资政和凝聚共识双向发力，围绕县委、县政府的工作中心，履职尽责，担当作为，为推动我县“十四五”开局、起步贡献政协的智慧和力量。

一、坚持党的领导，在强化思想政治引领上下功夫

坚持党的领导，是做好政协工作的根本保证。广大政协委员要毫不动摇坚持党的领导，不断强化理论武装，提高政治站位，进一步增强“四个意识”，坚定“四个自信”，做到“两个维护”，在思想上、政治上、行动上同以习近平同志为核心的党中央保持高度一致。要全面贯彻落实新时代党的建设总要求，加强政协党的建设。坚持重要工作、重大事项及时主动地向县委请示报告，切实把县委、县政府的决策部署贯彻落实到政协工作的全过程，确保政协正确的政治方向。

二、坚持围绕中心，在服务发展大局上下功夫

围绕中心、服务大局，是做好政协工作的重要原则。广大政协委员要自觉融入发展大局，紧紧围绕县委全会确定的“一三五”战略目标和“一二五五五七”的发展思路，聚焦协商主责主业，把凝聚共识作为工作重点，把凝聚正能量、聚焦“十四五”作为工作主线，围绕全县重大项目建设、产业结构调整、民营经济发展、乡村振兴战略等事关经济社会发展的重点问题，通过撰写提案、会议发言、反映社情民意信息等，扎实开展协商议政活动，为党委、政府科学决策提出有见解、有价值、有分量的意见建议，为实现三年大见成效，助推“十四五”开局起步做出新的贡献。

三、坚持为民履职，在增进人民福祉上下功夫

坚持为民履职，是做好政协工作的出发点和落脚点。广大政协委员要践行履职为民的宗旨，围绕事关人民群众切身利益的就业、教育、医疗、环境等社会事业，开展视察调研、民主监督等活动，为推动民生工程落实，增进人民福祉积极献计出力。要牢记委员职责、坚守为民初心，多做雪中送炭、扶贫济困的工作，多做春风化雨、解疑释惑的工作，多做理顺情绪、化解矛盾的工作，让改革发展的成果更多、更公平地惠及全县人民。

四、坚持团结民主，在凝聚思想共识上下功夫

坚持团结民主，是做好政协工作的根本要求。广大政协委员要坚持大团结大联合，充分发挥政协联系面广的优势，积极宣传贯彻县委全会精神和这次“两会”精神，切实把县委的决策部署转化为社会各界的思想共识和自觉行动。要围绕全县改革发展大局，结合本职工作，

积极开展联谊交流，进一步唱响主旋律，发出好声音、汇聚正能量。

五、加强自身建设，在提升履职能力上下功夫

加强自身建设，是做好政协工作的重要保证。广大政协委员要按照习近平总书记提出的“懂政协、会协商、善议政”的要求，不断加强学习培训，强化理论武装，提高业务素质，切实提高政治把握能力、调查研究能力、联系群众能力和合作共事能力，真正做到建言建在需要时、议政议到点子上、监督监在关键处。要建立健全制度体系，进一步完善委员履职档案，落实委员履职评价机制，以更高的标准、更严的要求、更宽的渠道，为政协委员履行职能搭建更好的平台，创造更好的条件。广大政协委员要强化责任担当，扎实开展协商议政、民主监督、视察调研、联谊交流等工作，切实发挥好政协委员在本职工作中的带头作用、在政协工作中的主体作用、在界别群众中的表率作用，彰显新时代政协委员新风采。

各位委员、同志们，站在新起点，要有新作为。让我们更加紧密的团结在以习近平同志为核心的党中央周围，在中共故城县委的坚强领导下，勇担使命、奋发作为、扎实履职，为全面建设新时代经济强县、美丽故城做出新的更大贡献！

第十节　政协领导在政协故城县第十一届委员会闭幕会上的讲话

在政协故城县第十一届委员会第一次会议闭幕会上的讲话

（2021 年 7 月 27 日）

县政协主席　史立朝

各位委员、同志们：

政协故城县第十一届委员会第一次会议，经过全体委员和与会同志们的共同努力，圆满完成了各项议程，今天就要闭幕了。

会议开幕时，县委书记王立峰同志代表县委作了重要讲话，对十届县政协的工作给予了充分肯定和高度评价，对新一届政协工作提出了殷切期望和更高要求，为做好新时代政协工作指明了方向。我们要认真学习领会，抓好贯彻落实。

会议期间，县几大班子领导、离退休老领导出席开幕会和闭幕会。县委、县政府主要领导亲切看望委员，参加小组讨论，与委员们一道共商我县发展大计，充分体现了县委、县政府对政协工作的高度重视，使广大政协委员深受鼓舞、倍感振奋。

会议期间，委员们以高度的政治责任感和饱满的履职热情，认真听取县委书记王立峰同志所作的重要讲话，深入讨论《政府工作报告》及其他各项报告，审议通过了十届县政协常委会工作报告、提案工作报告。围绕我县经济社会发展的重点问题以及人民群众普遍关心的热点、难点问题，通过提案、分组讨论等形式认真履行职责，积极建言献策，提出了许多宝贵的意见建议。会议开得隆重简朴、富有成效，是一次集思广益、共谋发展的大会，是一次承前启后、继往开来的大会。

几年来，在中共故城县委的坚强领导下，十届县政协围绕全县工作大局，牢牢把握团结和民主两大主题，不断增强进取意识、责任意识，担当作为、奋发进取，为全县经济社会发展贡献了智慧和力量。这次换届，由于年龄界限和工作需要等原因，部分政协领导、常委和委员离开了政协，他们在任职期间，恪尽职守，勤奋工作，为故城经济社会发展、政协事业进步做出了积极贡献。在此，让我们以热烈的掌声，向他们表示衷心的感谢、致以崇高的敬意！

这次大会在充分酝酿、认真协商的基础上，选举产生了新一届县政协领导班子和政协常委，这是广大政协委员们对我们的信任和重托。我们将不负众望，在中共故城县委的坚强领导下，发扬历届政协的优良传统，以满腔的工作热情，崭新的精神面貌，开启新征程，谱写新篇章。

各位委员、同志们，今后五年，是我县全面实施“十四五”的关键时期。广大政协委员要深入贯彻落实县第十四次党代会精神，立足新起点、担当新使命、展现新作为，以更加奋发有为的精神、更加求真务实的作风、更加扎实有效的工作，奋力开创政协工作的新局面。

一、始终把坚持党的领导作为政协工作的根本原则

认真落实新时代党的建设总要求，坚持党对人民政协工作的全面领导，确保政协工作正确的政治方向。一要深入学习贯彻习近平总书记关于加强和改进人民政协工作的重要论述，真正做到“懂政协、会协商、善议政”和守纪律、讲规矩、重品行。二要自觉坚持县委的领导，维护县委权威、支持政府工作，做到县委想什么、政协就议什么，政府做什么、政协就帮什么。三要发挥好政协党组“把方向、管大局、保落实”的领导核心作用，实现党的组织对党员委员的全覆盖、党的工作对政协委员的全覆盖，推动政协工作高质量发展。

二、始终把围绕中心、服务大局，作为政协工作的基本遵循

政协工作是党的全局工作的重要组成部分，必须围绕全县发展大局去谋划、去部署、去落实。一要全面贯彻落实县委、县政府决策部署，围绕“高质量发展、高品质生活”这一主题召开专题协商会议，建睿智之言、献务实之策、谋创新之举。二要紧紧围绕全县改革发展中的全局性问题和社会关注的热点、难点问题，组织开展视察调研、民主监督等协商议政活动，提出真知灼见，改进部门工作，推动工作落实。三要聚焦“十四五”，围绕“全面塑造九大发展新优势”“努力实现七个新突破”，积极建言献策、认真履行职责、通过撰写提案、民主监督等形式开展协商议政活动，服务我县经济社会发展大局。

三、始终把推进民生改善，作为政协工作的出发点和落脚点

牢固树立履职为民的理念，围绕事关人民群众切身利益的热点、难点问题献计出力。一是重点围绕全县保障和改善民生的目标任务，就医疗卫生、教育文化、养老服务、食品安全等热点难点问题，深入开展调查研究，积极建言献策，让发展成果更多更公平的惠及全县人民。二是深入基层、深入一线，察民情、访民意，积极反映社情民意信息，广泛开展送温暖、送爱心等公益活动，积极为人民群众办好事、办实事、解难事。三是积极协助党委政府多做雪中送炭、排忧济困的工作，多做春风化雨、解疑释惑的工作，切实发挥好政协委员联系群众的桥梁纽带作用。

四、始终把广泛凝聚共识，作为政协工作的第一职责

坚持建言资政与凝聚共识双向发力，把凝聚共识贯穿政协履职的全过程。一是广泛宣传党的思想理论和县委、县政府的重大决策部署，加强与社会各界的沟通联系，做好协调关系、

理顺情绪、化解矛盾等工作。二是积极做好团结联谊工作，在凝聚共识上彰显新作为，积极为全县改革发展汇聚强大正能量。三是把政治协商的重点放在事关发展全局的重大问题上、把民主监督的重点放在优化发展环境上，把参政议政的重点放在解决社会热点难点问题上，切实做到凝聚共识、凝聚智慧、凝聚力量。

五、始终把加强自身建设，作为政协工作的重要前提

适应新形势、新任务、新要求，要不断加强自身建设，提升履职能力和水平。一是要进一步丰富协商形式，搭建协商平台，完善协商体系，着力推进政协履职的制度化、规范化、程序化建设。二是要强化理论学习，提高委员素质，着力提高政协委员的政治把握能力、调查研究能力、联系群众能力、合作共事能力。三是要带头讲政治顾大局、带头转作风提效能，确保政协机关高效、规范、协调运转，达到服务更加高效，运行更加顺畅，管理更加规范的目标。

各位委员，政协委员是一种政治荣誉，更是一份沉甸甸的社会责任。广大政协委员要增强委员意识、珍惜委员荣誉、维护委员形象。每一位政协委员都要进一步提高政治意识、责任意识和大局意识，自觉把社会荣誉同社会责任统一起来，在本职岗位上建功立业的同时，积极参加政协组织的各项会议和活动，履行好委员职责、发挥好委员作用，树立新时代政协委员的良好形象。

各位委员、同志们，肩负新使命、开启新征程。让我们在中共故城县委的坚强领导下，同心同德、群策群力、求真务实、奋发作为，为开创政协工作新局面，为推动全县经济社会高质量发展而努力奋斗！

在政协故城县第十一届委员会第二次会议闭幕会上的讲话

（2022 年 1 月 27 日）

县政协主席　史立朝

各位委员、同志们：

政协故城县十一届二次会议，在中共故城县委的坚强领导下，经过全体委员和与会同志的共同努力，圆满完成了各项议程，现在就要闭幕了。

会议开幕时，县委书记王立峰同志在开幕会上作了重要讲话，站位高远、内涵丰富，具有很强的政治性、针对性和指导性，充分体现了县委对政协工作的高度重视和关心支持。对今后政协工作提出了殷切期望和明确要求。我们要认真学习领会，切实抓好贯彻落实。

会议期间，县几大班子领导出席开幕会和闭幕会；县委、县政府主要领导参加委员小组讨论，与大家共商发展大计，使全体政协委员深受鼓舞、倍感振奋。

会议期间，各位委员以高度的政治自觉、强烈的责任担当、严肃的会风会纪，认真听取县委书记王立峰同志所作的重要讲话，深入讨论《县政府工作报告》及其他各项报告，审议通过县政协常委会工作报告、提案工作情况的报告。围绕我县经济社会发展的重大问题以及人民群众普遍关心的热点、难点问题，深入协商交流、积极建言献策，高质量完成了各项目标任务，展现了政协委员心系故城发展、情系民生改善的担当和风采。会议开得隆重简朴、富有成效、圆满成功。是一次团结鼓劲、催人奋进的

大会，是一次凝心聚力、共谋发展的大会。

各位委员、同志们，过去一年，全县“高质量发展、高品质生活”的主题鲜明、亮点纷呈、成果丰硕，实现了“十四五”强势开局。新的一年，谱写“六个故城”新篇章的目标更加明确、思路更加清晰、措施更加有力。新征程需要我们共同奋斗，新篇章需要我们共同谱写。在此，希望广大政协委员：紧扣中心大局、紧跟发展步伐，开拓创新、锐意进取，广泛凝聚思想共识，汇聚起全县上下共建“六个故城”的强大正能量，为实现故城“高质量发展、高品质生活”做出新的贡献。

一、坚持党的领导，在强化政治引领上有新提高

坚持党的领导是做好政协工作的根本保证。一要贯彻落实十九届六中全会精神，跟进学习党的二十大精神，引导广大政协委员衷心拥护“两个确立”，增强“四个意识”、坚定“四个自信”、做到“两个维护”。二要全面提升新时代政协党建工作质量，巩固拓展党史学习教育成果，落实县政协党建工作“四联系”办法，以党建工作高质量引领政协履职的高质量。三要自觉接受县委领导，严格落实请示报告制度，坚持县委中心工作推进到哪里，政协工作就跟进到哪里，始终与县委保持目标一致、方向一致、步调一致。

二、坚持围绕中心，在服务发展大局上有新作为

围绕中心、服务大局是做好政协工作的重要原则。一要在凝聚共识上下功夫，积极协助党委、政府多做协调关系、化解矛盾、理顺情绪、增进团结的工作。二要在建言资政上下功夫，围绕项目建设、招商引资、乡村振兴、城市品质提升、生态环境建设等方面，积极开展协商座谈，努力形成高质量的参政议政成果。三要在强化监督上下功夫，运用调研视察、专题民主监督等方式，切实加强对重要部署、重点项目落实情况的监督力度，促进工作落地落实。

三、坚持履职为民，在增进民生福祉上有新成效

履职为民是做好政协工作的出发点和落脚点。一要深入基层、深入一线，倾听群众呼声，反映群众意愿，更好地发挥党委、政府联系服务群众的桥梁纽带作用。二要聚焦教育、医疗、就业、养老等民生热点问题，积极履行政协职能，协助党委、政府办好人民群众牵肠挂肚的大事、天天有感的小事。三要认真开展视察调研、民主监督、提交提案、反映社情民意信息等，脚踏实地地为群众办实事，真心实意地为群众解难事，更加满足人民群众对美好生活的新期盼，不断提高群众的生活品质、提升群众的幸福感、获得感、安全感。

四、加强自身建设，在增强履职本领上有新进步

加强自身建设是做好政协工作的重要保证。一要不断提高政协委员的政治把握能力、调查研究能力、联系群众能力、合作共事能力，努力做到政治协商更加有序、民主监督更加有力、参政议政更加有为、凝聚共识更加有效。二要牢记委员职责、珍惜委员荣誉，锤炼道德品行，提高履职本领。广大政协委员要发挥好模范带头作用，认真履行一岗双责，用实际行动和履职成果，展现新时代政协委员的新风采。三要强化委员学习培训，优化委员服务管理，深化“委员协商议政室”建设，为委员履职尽责创造良好条件。四要继续推进“学习型”机关建设，加强干部能力建设，发挥政协机关综合枢纽作用，推动政协工作更具特色、更富活力、更有成效。

各位委员、同志们，责任在肩、使命必达，让我们更加紧密的团结在以习近平同志为核心的中共中央周围，在中共故城县委的坚强领导下，以更好的状态、更实的担当、更优的作风，履职尽责、主动作为，以优异的成绩迎接党的二十大胜利召开！

在政协故城县第十一届委员会第三次会议闭幕会上的讲话

（2023 年 1 月 14 日）

县政协主席　史立朝

各位委员、同志们：

政协故城县第十一届委员会第三次会议，在中共故城县委的坚强领导下，经过全体委员和与会同志们的共同努力，圆满完成了各项议程，就要闭幕了。

这次会议是在全县上下认真学习贯彻党的二十大精神、全面落实县委十四届五次全会精神的重要时刻召开的一次重要会议。

县委对这次会议高度重视，中共故城县委书记王立峰同志在开幕会上作了重要讲话，对县政协一年来的工作给予充分肯定和高度评价，对做好今后的政协工作也提出了殷切期望和明确要求。立峰书记的讲话情真意切、内涵丰富，充满了鼓励、鞭策和期望，具有很强的政治性、针对性和指导性，我们要认真学习领会，切实抓好贯彻落实。

几大班子的领导同志亲临会议，出席大会开幕会和闭幕会；县委、县政府主要领导参加委员小组讨论，与大家共商发展大计，充分体现了县委、县政府对政协工作的高度重视和大力支持，使全体政协委员深受鼓舞、倍感振奋。

会议期间，委员们认真聆听了县委王书记的讲话，听取并审议了县政协十一届委员会常委会工作报告及提案工作情况的报告，听取并讨论了县政府工作报告和其他报告。广大政协委员肩负光荣使命，广泛协商议政，积极建言献策，提出了许多真知灼见。

这次大会开得隆重简朴、务实高效，是一次坚定信心、凝心聚力的大会，是一次发扬民主、团结鼓劲的大会。

各位委员、同志们，站在新起点，奋斗新征程。刚刚闭幕的县委十四届五次全会，确定了全县发展的工作思路和目标任务，主题更加鲜明、目标更加明确、措施更加得力。广大政协委员要坚持以习近平新时代中国特色社会主义思想为指导，深入学习贯彻党的二十大精神，紧紧围绕县委的各项决策部署，坚持“高质量发展、高品质生活”这一主题，认真履行政协职能，为全面建成经济强县、美丽故城贡献智慧和力量。

一、坚持党的领导，旗帜鲜明讲政治

坚持党的领导是做好政协工作的根本保证。广大政协委员要把学习贯彻党的二十大精神作为首要政治任务，全面系统学、深入思考学、联系实际学，在学懂弄通上下功夫，在学思践悟上做表率，在学以致用上见实效，切实把理论学习成果转化为推动政协高质量发展的强大动力。要自觉接受县委的领导，认真贯彻落实县委各项决策部署，主动把政协工作纳入县委全局工作中去谋划、去推进，始终与县委在思想上同心、目标上同向、行动上同步。

二、坚持围绕中心，服务大局担职责

围绕中心，服务大局，是做好政协工作的重要原则。广大政协委员要紧紧围绕县委中心、服务发展大局，不断强化委员意识、提升履职本领，聚焦“高质量发展、高品质生活”这一主题，选择事关经济发展、乡村振兴、招商引资、社会治理、生态文明、民生福祉等县委、县政府重点工作，运用视察调研、撰写提案、协商座谈、会议发言、民主监督等方式，建睿智之言、献务实之策、出有用之招，为推动全县各项工作落实献计出力。

三、坚持开拓创新，求真务实抓协商

开拓创新是做好政协工作的动力之源。要充分发挥人民政协专门协商机构的作用，创新协商方式、拓宽协商渠道、丰富协商内容，坚持建言资政与凝聚共识双向发力，以“高质量发展、高品质生活”为主题，以建设“十个强县”、打造“六个故城”为重点，广开言路，集思广益，做到建言建在点子上、议政议到关键处。要加强专门协商机构建设，提高政协委员素质能力，拓展深化“双周协商”工作机制，不断提高协商议政的质量和水平。

四、坚持履职为民，凝心聚力促发展

履职为民是做好政协工作的基本理念。广大政协委员要贯彻落实以人民为中心的发展理念，围绕人民群众普遍关心、关注的热点、难点问题开展视察调研、民主监督活动，促进民生改善。要当好党委、政府和人民群众之间的“连心桥”，多做雪中送炭、扶贫济困的工作，多做春风化雨、解疑释惑的工作，多做理顺情绪、化解矛盾的工作，不断凝聚思想共识、汇聚发展合力，为建设新时代经济强县、美丽故城做出新的贡献。

五、加强自身建设，提升能力树形象

加强自身建设是做好政协工作的重要保证。要贯彻落实中央和省、市、县委关于加强和改进人民政协工作的部署要求，优化委员服务管理，深化“委员协商议政室”建设，通过举办学习培训、交流座谈、政情通报，不断提高委员的政治把握能力、调查研究能力、联系群众能力、合作共事能力，使政治协商更加有序、民主监督更加有力、参政议政更加有为、凝聚共识更加有效。广大政协委员要切实增强政治责任感，身体力行，率先垂范，在政协工作中主动作为，在本职岗位上建功立业，在界别群众中示范引领，树立政协委员担当作为的良好形象！

各位委员、同志们，团结就是力量，奋斗开创未来。让我们更加紧密地团结在以习近平同志为核心的中共中央周围，在中共故城县委的坚强领导下，以更加饱满的精神状态、更加昂扬的奋斗姿态、更加务实的工作作风，心往一处想、劲往一处使，同舟共济、团结奋斗、担当作为，为全面建成经济强县、美丽故城做出新的更大的贡献！

在政协故城县第十一届委员会第四次会议闭幕会上的讲话

（2024 年 1 月 24 日）

县政协主席　史立朝

各位委员、同志们：

政协故城县第十一届委员会第四次会议，在中共故城县委的坚强领导下，经过全体委员和与会同志的共同努力，圆满完成了各项议程。

这次会议是在全面落实县委十四届七次全会精神的重要时刻召开的一次重要会议，县委对这次会议高度重视，县委书记王立峰同志在开幕会作了讲话，对县政协一年来的工作给予

了充分肯定和高度评价，对做好今后的政协工作提出了具体要求和殷切希望。王书记的讲话统揽全局、凝心聚力、催人奋进，具有很强的政治性、针对性和指导性，我们要认真学习领会，抓好贯彻落实。

县几大班子领导出席开幕会和闭幕会，与政协委员共商改革发展大计，充分体现了对政协工作的重视支持，广大政协委员深受鼓舞、倍感振奋。

会议期间，与会委员以高度的政治责任感和饱满的政治热情，深入学习王书记的讲话精神，听取并讨论了《政府工作报告》及其他报告，审议通过了县政协常委会工作报告、提案工作报告和有关决议，并通过大会发言、分组讨论、提交提案等形式，积极建言献策，广泛凝聚共识，展现了新时代政协委员风采。

这次会议开的圆满成功，是一次坚定信心、凝聚共识的大会，是一次团结民主、共谋发展、务实高效的大会。

各位委员、同志们，今年是中华人民共和国成立75周年，也是实施“十四五”规划的关键一年。广大政协委员要坚持以习近平新时代中国特色社会主义思想为指导，认真贯彻落实县委全会精神，紧紧围绕县委中心工作，服务发展大局，发挥主体作用、加强政治引领、认真履职尽责，不断开创新时代政协工作的新局面。

一、坚持党的领导，把牢正确的政治方向

坚持党的领导是人民政协事业发展进步的根本保证。一是深入学习领会习近平总书记关于加强和改进人民政协工作的重要思想，努力提高政治素质、理论水平和履职能力，真正做到“懂政协、会协商、善议政，守纪律、讲规矩、重品行”。二是加强思想政治引领，深刻领悟“两个确立”的决定性意义，增强“四个意识”、坚定“四个自信”、做到“两个维护”。三是自觉在县委的坚强领导下履行职能，拥护县委决定、落实县委部署，始终与县委保持目标一致、方向一致、步调一致，确保政协工作的正确政治方向。

二、坚持围绕中心、服务大局，贡献政协的智慧力量

围绕中心，服务大局，是做好政协工作的重要原则。一是紧扣“高质量发展、高品质生活”这一主题，聚焦全县经济社会发展的重大问题、人民群众关注的民生问题，坚持建言资政与凝聚共识双向发力，努力形成一批服务发展大局、推动民生改善的履职成果。二是主动融入全县发展大局，积极参与招商引资、项目建设、城乡融合发展、和美乡村建设等工作，为实现高质量发展、高品质生活贡献智慧和力量。三是广大政协委员要紧紧围绕县委中心工作、政府重点工作，运用视察调研、协商座谈、会议发言、民主监督等方式，建诤言、献良策、出实招，为打造十六个现代化故城场景发出更多的“政协声音”、贡献更大的“政协力量”。

三、坚持两大主题，汇聚发展的强大合力

团结、民主是政协工作的两大主题。一是坚持以人民为中心的发展理念，围绕事关人民群众切身利益的民生实事，开展视察调研、民主监督等活动，促进民生改善。二是深入践行全过程人民民主，搭建起党委、政府与人民群众的“连心桥”，积极协助党委政府做好团结鼓劲、凝聚人心的工作，做好宣传政策、沟通思想的工作，做好解疑释惑、理顺情绪的工作，为促进故城和谐稳定汇聚强大正能量。三是发挥自身优势，加强与社会各界人士的联系交流，团结一切可以团结的力量、调动一切可以调动的积极因素，推介故城优势、讲好故城故事，广泛凝聚思想共识、汇聚发展合力。

四、坚持强基固本，树立政协的良好形象

加强自身建设是做好政协工作的重要保证。一是坚持内强过硬素质、外树优秀形象，切实

提高政治把握能力、调查研究能力、联系群众能力、合作共事能力。二是把作风建设作为提高委员履职实效、树立政协良好形象的重要途径，进一步完善委员履职档案，建立委员考评机制，切实把政协制度优势转化为治理效能。三是广大政协委员要珍惜荣誉、扛起责任，履行职能，积极投身改革发展主战场、服务群众最前沿，以实干实绩展现委员风采。

各位委员、同志们，新征程、新使命，让我们更加紧密的团结在以习近平同志为核心的党中央周围，在中共故城县委的坚强领导下，奋发进取、凝心聚力，为加快建设经济强县、美丽故城做出新的更大的贡献！

第三章　县政协领导在上级政协会议上的发言

多年来，历届县政协在服务大局、履职尽责方面成绩斐然，积累了诸多宝贵经验和做法，赢得上级政协认可与好评。由于时间久远、资料难寻，但县政协过往的辉煌成就依然熠熠生辉，那些未能完整呈现的智慧火花，虽隐没在历史长河中，却仍然体现县政协在不同时期为推动故城发展所做出的不懈努力和卓越贡献。现主要辑录如下经验选编。

市政协三届三次常委会发言材料

关于优化经济发展环境的建议

（2003 年 9 月）

故城县政协主席　郭居娥

按照市政协关于如何开好三届三次常委会议的精神要求，围绕“以工强市”这个中心议题，就优化经济发展环境进行了深入的调查研究。下面就调研情况报告如下：

一、我县经济发展环境现状

1. 实施园区拉动，增创发展优势。为把工业园区建成全县经济发展的龙头，对外开放的窗口和招商引资的基地，县委、县政府把工业园区作为一号工程，成立了工业园区建设指挥部，并举全县之力，加快建设步伐。目前，西苑工业园区基础设施建设已全部完工，实现了“六通一平”。已有 8 家企业在园区开工建设。夏庄经济开发区新引进的济南山水集团水泥和德州晶华集团粉煤灰砖两个投资超亿元的项目正在紧张施工。

2. 加快项目建设，提升经济总量。为确保主要精力集中到抓工业、上项目上来，县委、县政府出台了《“双带”工程实施意见》，鼓励全县干部职工带头创办企业、带头跑办项目，并对投资 1000 万元以上的市级重点项目分包在县级干部名下，从始至终，一包到底。

3. 制定优惠政策、加快招商引资。县委、县政府相继出台了《关于重点建设和招商引资的奖励办法》《关于西苑工业园区、夏庄经济开发区建设若干问题的决定》等一系列招商引资优惠政策，有力地推动了全县招商引资工作的顺利开展。

二、我县经济发展环境中存在的主要问题

1. 思想观念陈旧，思想不解放。我们的步子没有别人迈的快，同先进地区的差距太大，一个很重要的因素就是思想观念跟不上时代发展的步伐，“小富即安”“小进即满”，不能与时俱进。我们总是习惯于吃透红头文件再动，而先进地区却是不等、不靠，敢于创新，敢为人先，善打“擦边球”。另一个是有的企业界老板害怕船大难掌舵，患得患失，缩手缩脚，开拓意识不强，守摊思想严重，对开准了的有发展前景的项目犹豫不决，怕担风险，不敢大干快上，尤其是企业的科技投入不到位，出现专业人才、管理人才断档，竞争后劲不足的局面。

2. 发展民营经济的政策措施不够。在政策的倾斜扶持上，我们制定了比原来更加优惠的具体政策，但放眼周边所有兄弟市县，他们在土地征用、税费征收、财政贴息、职能服务等方面都比我们优惠的多，我们的优惠力度和可操作性在很大程度和很多方面与他们都有很大差距。

3. 有关职能部门服务中心，顾全大局的意识不强。有的部门开展各项工作的出发点和落脚点未能紧紧围绕“以工强县”这一中心，服务地方经济发展的意识不牢。在对上级政策文件的执行中，部门自身利益考虑多，对企业发展和承受能力考虑少，服务不到位。有些部门服务意识差，办事程序烦琐，对企业的干扰多、服务少，还没有完全转到一切为企业服务的大局上来。

4. “三乱”现象依然不同程度的存在。除好的重点保护企业外，其他企业仍然觉得应付较多，负担过重。有的部门还不同程度的存在吃、拿、卡、要现象；个别执法人员执法素质低、品德差的问题，不是为工作，而是带着个人成见大要威风，造成很坏影响；社会环境依然不尽如人意，地霸、村霸依然存在，他们强包工程，强买强卖，敲诈勒索、巧立名目乱收费，使企业疲于应付大伤脑筋。

三、关于优化我县经济发展环境的意见和建议

1. 进一步解放思想，更新观念。一是下大力解决怕这怕那、患得患失、怕担风险的问题。改革创新必然与风险共存。我们必须以科学的态度看待风险，以积极的姿态迎战风险，以细致的工作化解风险，在克服风险中加快发展。二是努力在全社会积极营造有利于解放思想、改革创新的大环境。继续深入开展故城“怎么办、怎么干、怎么进一步加快发展”大讨论，比照先进，解剖自身，查找差距，深挖根源，着力解决影响企业发展的思想观念、体制机制、领导方式和工作作风等方面的问题，牢固树立超常规、高速度、跨越式发展的观念，让争先创新、干事创业的理念融入到每个人的思想意识中，成为每个人的思维方式和社会风尚。三是为敢于创新、敢于开拓的人撑腰壮胆，当好后盾。县委、县政府要支持改革者，鼓励创业者，帮助失误者，重用实干者，排斥空谈者；允许改革创新有失误，不允许不思进取丧机遇。

2. 进一步放宽发展民营经济政策。今年以来，县委、县政府已先后制定出台了一系列优惠扶持政策，但与先进地区相比还有一定差距，迫切需要进一步放宽，并狠抓落实。要进一步完善制定更加宽松的政策，积极鼓励各种社会力量投资兴企，支持民营资本参与国有集体企业改革，尤其要在用地、资金、税收政策等方面最大限度地满足民营经济的发展需求，打消人们的思想顾虑，真正把民间投资的热情调动起来、活力激发出来、潜力挖掘出来。

3. 进一步增强服务中心、顾全大局意识。一是在开展工作中要紧紧围绕“以工强县”这一中心，站在长远利益、全局利益的高度，切实增强服务地方经济发展的意识，提高工作效率，改进服务水平，真正做到“企业有事我来办，一切围绕企业转”。二是深化行政审批制度改革，按照“合法、合理、效能、责任、监督”的原则，对现有行政审批项目进行清理，该取消的坚决取消，确需保留的，要规范操作、

公开透明，制定严格的监督制约措施。同时，加强对行政事业性收费的管理，对现有收费项目要重新申报，重新审批，可不收的坚决不收，可高可低的按低限收。

4. 加大治理“三乱”的力度。一是设立经济“110”。针对“三乱”现象的隐蔽性、突发行、复杂性、实效性，设立24小时举报投诉电话。二是对一些典型事件在调查清楚、证据确凿的基础上，严厉处理一批违法乱纪人员。三是加大依法打击力度。依法严厉打击街霸、市霸、村霸、路霸、地痞流氓等黑恶势力，切实营造让投资者和经营者“安心、顺心、省心、放心”的良好环境。

市政协构建和谐衡水座谈会发言材料

加强诚信教育提高全社会思想道德水平

（2006年）

故城县政协主席　郭居娥

党中央颁布的《公民道德建设实施纲要》，将公民道德建设的内容高度概括为“爱国守法，明礼诚信，团结友善，勤俭自强，敬业奉献”二十字，它既是新时期我国公民的基本道德要求，也是加强群众性的社会主义精神文明建设，全面提高公民的道德水平的重大决策；今年，又提出把构建社会主义和谐社会作为党执政兴国、以德治国的重要任务。胡锦涛同志在阐述构建社会主义和谐社会的问题上指出：“我们所要建设的社会主义和谐社会，应该是民主法治、诚信友爱、充满活力、安定有序、人与自然和谐相处的社会。”由此可见，加强公民的诚信教育不仅是构建和谐社会重要内容，是对每个公民的一项基本要求；同时也是摆在我们面前的一项重要工作，它需要全社会普遍关注和认真解决。公民的道德建设千头万绪，构建社会主义和谐社会内容广泛，在当前的情况下，加强公民的诚信教育是提高全社会思想道德水平，创建和谐社会的关键，是一个突破口。

一、诚信是立市之本，强市之策

我们衡水撤地建市不久，底子薄，资源匮乏，在区位、政策优势上较先进地区比有一定差距，但风土淳厚，人民群众诚恳朴实，自古以来有诚实守信的优良传统。特别是近年来，在市委、市政府的正确领导下，发挥我市人文优势，以人为本，克艰攻难，经济与社会各项事业都得到了长足的发展。从我市的发展历程看，这些成绩的取得，与衡水人“讲诚守信”密不可分。同时，在总结我市近几年来的发展，诚信作为社会无形的资产，在生产力发展中的作用日显重要。尤其在我国加入WTO，人均GDP超过1000美元之后，一方面受市场经济规律和法则的影响，道德成为社会健康发展的重要支撑；另一方面社会主义市场经济日臻完善，道德约束成为维系人与人融洽和谐相处的根本。我们知道：在村里，没有一个诚信的户主就不会有一个诚信的家庭。生活中，人们便与之不相往来；在一个单位，一个人不讲诚信，工作就举步维艰；一个政府不讲诚信，就会政令不通；一个企业不讲诚信，就会走向灭亡。由此可见，诚信不仅是一种品行，一种道义，更是一种准则；不仅是一种声誉，更是一种资源。诚信是发展生产力的“助推器”，是生产力的发展要求；诚信也是传统文化的精髓，先进文化的重要内容；它是构建和谐社会的法宝。我认为加强我市的诚信教育，是以工强市、开放兴市、特色立市，建设和谐衡水的重要砝码。贪一时之利，见利忘义，不讲诚信，我们的工业就违背了市场基本法则，失去生命力、竞争力，最终被优胜劣汰的经济规律淘汰出局。没有一个“衡水诚信”的招牌，招商引资将成为无本之木、无源之水；讲特色立市，如果我们不讲诚信，不加强公民诚信教育，也就会失去了衡水的本质特色。

二、我市诚信教育面临的严峻挑战

近年来，随着我市精神文明建设不断进步，社会呈现出积极向上的良好态势，社会道德风尚出现了可喜的变化。但是，应该承认，在道德建设特别是公民的诚信教育方面仍存在着一些问题。由于社会主义市场经济的逐步建立、发展和运行，人们的生活方式、伦理道德、思维模式、生存环境、人际关系等也相应地发生了变化，这些变化必然促使人们意识形态、行为规范的变革，反之就会被社会所淘汰。尤其是当前我们正处于与世界接轨时期，经济环境还不够规范，造成社会政治、经济、道德规范、价值观念以及人生观、世界观等难免出现摩擦和碰撞，甚至出现混乱和错位。当前，我市“诚信”面临的挑战主要表现在：一是公民作为社会的主体受市场经济利益驱动的影响，在思想观念上忽视了个人诚信。市场的等价交换性导致一些人只讲索取，不讲奉献，有利就干，无利就散，对个人利益斤斤计较；市场经济的激烈竞争性导致一些人把“优胜劣汰”的经济规律视为人际关系的准则，当面握手，背后踢脚；市场经济的“效益性”导致一些人见利忘义，假冒伪劣产品上市，缺斤短两，以次充好，以假乱真，产生“拜金主义”思想，甚至搞坑蒙诈骗；等等。此外，信用缺失引发的市场矛盾在现实生活中也时有发生。如：商标侵权、合同欺诈、骗税逃税、恶意拖欠、变相传销等等。这些消极因素和不良现象，虽然不是我市的主流，但不同程度地冲击着人们的心灵，冲淡了诚实守信的优良传统道德，破坏着社会和谐的氛围和我市市场经济的“软环境”。二是政府诚信面临着严峻的挑战。政府诚信一方面在社会诚信中起到了“指挥棒”的作用凸显。例如：前几年，我省的海狸鼠问题，开始就是一个企业的个人行为，由于在企业的运行过程中，用一些方式误导养殖户，搭政府的车。在履约时，由于讲不起诚信，使养殖户蒙受损失，群众上访不断，给社会造成了不安定因素，最后政府只能协调，筹措资金让养殖户的损失降到最低限度。这一事件给我们的警示就是如果政府不讲诚信，所造成的社会影响，远比一个人、一个企业造成的后果严重得多，这一点已成为大家的共识；另一方面少数素质不高的公务员对上对下不讲诚信，甚至严重失信于民，不仅有悖于为人民服务的宗旨，而且败坏了政府的威望，损害了党群干群关系。三是与经济高速发展相比，对公民的诚信教育相对滞后。进入20世纪90年代以来，工业文明的发展如同一把“双刃剑”，一方面斩断了贫穷、愚昧；另一方面则撕裂着人与人之间的和谐关系，对中华民族优良传统观念形成冲击，使人民的传统道德、价值取向面临着严峻的挑战。而诚信教育属于道德范畴，看不见、摸不着，我们还缺乏对其深层次的探索。四是社会诚信体系建设不健全，特别是“信用”问题还没有形成一套系统的、可操作的完整的体系。如：金融部门的支持是企业膨胀发展的关键，由于历史原因，我市某县被金融部门列为贷款高危险区，据统计，金融在一年内仅注入资金1400多万元，且多数为短期贷款累加，不及邻县的十分之一。这显然与当前招商引资，发展壮大县域经济的大趋势不合拍。在调查中我们发现，在承受诚信引来的巨大惨痛之后，有的新兴行业、企业发展势头很好，诚信资质很好，有借有还，而金融部门却因责任问题不敢放贷了。五是人与人之间的诚信仍存在着与当前构建和谐社会的不合谐音。由于当前诚信惩治还没有形成一套有效的机制，个别不讲诚信的现象仍在扰乱着一个区域的社会诚信。

三、加强诚信教育，提高我市全体公民思想道德水平的具体措施与建议

当前，我市在市委、市政府的正确领导下，打造衡水诚信，构建和谐衡水，已形成了社会的共识，这也是市委高瞻远瞩，用历史的、长远的眼光推动衡水科学发展的重要举措。根据创建和谐社会的要求和我市的实际，具体应做到五个结合：一是加强诚信教育要与爱国主义教育相结合。爱国主义是中华民族凝聚力的核心。我国的爱国主义传统源远流长，从屈原的“上下求索”忧国忧民思想，到范仲淹的“先天下之忧而忧，后天下之乐而乐”，再到顾炎武的“天下兴亡，匹夫有责”，无不闪耀着爱国主义光芒。在新的历史时期，只有强化诚信教育，才能更进一步激发人民的爱国热情，而激发人民的爱国热情，需要公民自觉加强诚信。二是加强诚信教育要与敬老爱幼教育相结合。敬老爱幼其特点是重视人伦关系，提倡人伦价值，中国传统道德最重视“父慈子孝”“兄友弟恭”等人伦关系，在此基础上，要达到“老吾老以及人之老，幼吾幼以及人之幼”的境界，为健康的家庭教育营造氛围。三是加强诚信教育要和廉洁奉公教育相结合。在中国传统的伦理道德中一直主张重“义”轻“利”、“见利思义”的价值观，特别提倡“以身殉道”“舍生取义”“公正无私”的浩然正气。在今天市场经济的大潮中，把诚信教育与廉洁奉公的教育有机结合起来，才能树立良好的“衡水人”的形象，有利于推动开放兴市的战略实施。四是加强诚信教育要与严于律己教育相结合。严于律己就是重视自我修养，言行一致，身体力行，主张“知行合一”和“己所不欲、勿施于人”的良好行为准则，自觉履行诚信规范。五是加强诚信教育要与文明礼貌教育相结合。文明礼貌是一种美德，中华民族是礼仪之邦著称于世，人和人的关系讲“礼尚往来”，待人处事讲“非礼勿言”“非礼勿动”，“礼仪”是最高的行为规范，待人以诚是历来人民所称道的行为准则。一个虚伪不讲诚实不讲信用的人，最终会因失去他人的信任和尊重，而成为一个没有健康人格和高尚灵魂的人。

四、主要建议

1. 突出抓好政府诚信。如果没有诚信政府，就不可能有诚信商业，也就不可能有诚信企业，诚信学校，整个诚信建设工程也会受到影响。共产党员必须发挥先锋模范作用，重操守，讲诚信，言行一致，表里如一，以自己的表率作用，带动群众投身于诚信建设之中。

2. 建立诚信教育的立体网络。随着社会主义市场经济体制的建立和完善，随着改革开放的深入发展，四面八方的意识流对每一位公民进行全方位的渗透，因此，必须加强诚信教育组织机构，从上至下，建立起诚信教育立体网络，形成上下左右多维的教育空间。要制定诚信规范，制作诚信卡。要运用评选诚信家庭、诚信企业的活动，采取舆论、教育等多种有效手段，建立起完善的单位和个人诚信档案，以此来强化单位和个人的诚信教育。

3. 加强文化建设。发挥文化馆（站）、图书室、俱乐部、下乡宣传队等作用，在通俗文化中赋予健康积极民族化的内容。增强各团体各企事业单位的文化感染力、吸引力，形成传统道德与现代文化有机结合的强烈氛围。

4. 搞好检查总结，奖优惩劣。把诚信教育纳入本单位检查考核内容，每半年搞一次总结，大力宣传和表彰诚信，守信用、重承诺的先进单位，先进个人的事迹，让人民学有榜样，赶有目标，大兴诚信之风。同时，采取有效的制度，得力的措施遏制各种无诚无信的欺诈作弊行为，让其付出应有的代价。

市政协提案工作交流会发言材料

多措并举　双向互动　努力提高政协提案质量与办理效果

（2012 年 5 月）

县政协副主席　周德全

今天市政协召开这次全市提案工作交流座谈会，充分体现了市政协领导对做好提案工作的重视以及对各县市区提高委员提案质量与办理效果的大力支持。提案作为政协委参政议政、履职尽责的重要方式，在反映民意，关注民生，促进党政领导科学决策以及解决社会热点、难点问题等方面，发挥着极为重要而又不可取代的重要作用。中共中央办公厅《关于进一步加强人民政协提案办理工作的意见》以文件下发的形式，对各级政协进一步做好提案工作又提出了新的要求。下面，根据会议安排，我就学习贯彻该件的体会以及故城政协在做好提案工作的方法思路、具体举措等方面，向各位领导做一简要汇报。

一、学习体会

自接到文件以来，故城县政协立即召开了主席办公会，组织政协机关各委室对该文件进行了认真学习。县政协提案委还分别召开了委员小组组长会议，并通过各政协活动小组把这一文件精神认真贯彻落实下去。通过认真学习和培训，与会的各位同志及政协委员进一步深化了对人民政协提案工作的认识和理解，增强了做好新形势下提案工作的责任感和使命感。大家一致表示，要以此为契机，充分认识提案工作的时代性、进步性、创新性和实践性，努力探索提案工作的新方式、新途径，不断推动提案工作创新发展，更好地发挥政协提案在促进经济社会发展中的重要作用。

二、工作思路

故城政协把提高委员提案与督办效果作为全面推动政协工作的重要抓手，在具体开展提案工作中，体现以下几个方面：

1. 领导重视，建章立制，加强自身建设。首先，故城政协把提案工作作为政协履行职能的重要形式，摆到突出位置，使它与政治协商、民主监督、参政议政等紧密结合起来，以整体工作带动提案工作，以抓委员提案带动政协全面履职，发挥作用。其次我们以政协提案委为中心，逐步完善了政协县直、乡镇共计 15 个委员活动小组，并评选出了小组长，具体协调、管理委员提案的征集、撰写、调研等工作。在体制上形成了有效的管理模式，自身建设得到进一步完善。

2. 拓宽提案选题征集渠道、开阔提案选题视野。在抓委员提案的选题上，我们注重“围绕中心、服务大局、关注民生、反映民意”四个主题，从围绕助推县委、县政府发展战略出发，从老百姓衣食住行的民生热点和细节出发，不断拓宽委员选题视野，创新提案工作思路，注重提案质量，使委员提案真正成为连接党政领导与老百姓密切沟通的一道桥梁，使提案工作成为政协组织全面履职的一重要亮点。

3. 实事求是，量力而行，注重调查研究。在委员撰写提案过程中，我们坚持以“实事求是，量力而行，注重调查研究”为原则，对委员所提提案内容进行严格把关，对委员提案中所提的建议是具有操作性、可行性要进行科学的论证和研究，对委员是否深入一线摸实情，访民意要进行深入的调查和询问，以确保委员提案的真实性、合理性、严肃性。在每年提高委员提案数量的基础上，严格保证委员提案的质量。

三、具体做法

抓好委员提案，办好提案落实，故城政协在具体工作中，坚持和创新了以下几种工作方法：

1. 公开提案征集邮箱。随着无纸化办公的推进，县政协通过公开政协机关公共信箱、建立故城政协委员 QQ 群等方式，扩大委员提案的征集渠道，节约和缩短了委员在递交提案的时间和路程。

2. 利用政协全会、常委会等各项会议进行统一收集。故城政协充分利用全会期间委员汇集的有利时机，要求每一位委员都要撰写一篇有深度、有分量、有建议的提案进行统一收集。并与政府办相关负责人召开委员提案交办会。另外，在常委会期间，我们分别在 6 月、10 月召开两次委员提案督办会，由政府办负责人具体汇报委员提案的办理情况。

3. 建立健全委员“优秀提案”制度。在全面创新委员提案工作中，故城政协建立并健全了“优秀提案”制度。政协提案委对征集上来的各个委员提案，按照九大指标进行评选，即：公共性、准确性、说服力、原则程度、创新性、可操作性、规范性、指向性和协商性进行全面的评价和考核。由此，在调动委员撰写提案的积极性的同时，也涌现了一批优秀提案、重点提案。如“关于加快我县农村危桥改造的建议”一案，已经由县委、县政府纳入了我县“十二五”规划之中。这些优秀委员提案，在全面推动故城经济社会又好又快发展中，发挥了积极的助推作用。

4. 增强双向互动，促进委员提案落实。委员提案在递交县政协后，我们对每一份提案都要进行填报委员提案登记卡片，尤其是要注明提案者的固话、手机等联系方式及提案承办单位。在具体推进提案落实过程中，我们坚持“双向互动”原则，不断加强同提案者、承办单位的交流和沟通，分析在办理过程中出现的困难和问题，共同寻求解决对策和具体措施，对当时不能解决的委员提案，由政府办对提案者以回执的形式进行书面说明和通知。

各位领导，以上就是我们故城政协在抓好委员提案，进一步学习贯彻落实中央文件精神，全面提高政协提案水平方面的几点体会和做法，还有很多需要完善和改进的地方和不足，请各位市政协领导及各市县政协同人给予指导和帮助，促进我们的政协提案工作再上新台阶，再上新水平。

省政协系统党建工作交流会发言材料

加强党的建设、提升政协工作水平

（2018 年 6 月）

故城县政协主席　史立朝

故城县政协党组在中共故城县委的坚强领导下，坚持以习近平新时代中国特色社会主义思想为指导，充分发挥党组织的战斗堡垒作用和共产党员的先锋模范作用，紧紧围绕全县工作全局和政协工作大局，以加强党的基层组织建设为着力点，以实践党的全心全意为人民服务的宗旨为落脚点，进一步提高号召力、增强凝聚力，全面推进政协机关党的思想建设、作风建设、组织建设、制度建设，为县政协完成各项工作任务和构建和谐社会的目标提供了坚强的保障。

一、提高政治站位，旗帜鲜明讲政治

全国政协主席汪洋同志指出："旗帜鲜明讲政治是人民政协的本质要求，中国共产党领导是人民政协事业发展进步的根本政治保证，也是新时代人民政协必须恪守的根本政治原则。"首先，坚持深入学习贯彻党的十九大和习近平总书记系列重要讲话精神、坚持把政治建设摆在首位、牢固树立"抓好党建就是最大政绩"的工作理念，切实增强做好机关党建和党风廉政建设工作的责任感和使命感。其次，坚持用党章党规规范党员行为，用习近平总书记系列重要讲话精神武装头脑、指导实践、推动工作，不断增强"四个意识"，做到"四个合格"。

二、提升思想觉悟，理论学习见成效

注重不断强化理论学习，提高党员干部的思想觉悟和整体素质。一是通过组织机关全体干部职工扎实开展"不忘初心、牢记使命、缅怀先烈、共创未来"主题教育实践活动，重温入党誓词。以铿锵有力的宣誓声，表达不忘初心、共创未来的信念和决心。二是通过机关集中学习、自学、撰写体会文章等，筑牢"学"这个基础。三是进一步推进县政协"两学一做"学习教育常态化制度化，充分运用"三会一课"、民主生活会、组织生活会等，把党员的思想教育贯穿于日常行为和生活规范之中，转变党员的思想、提高党员的觉悟、塑造党员的心灵，激发党员的创新能力和服务热情。

三、明确目标任务，党建工作更扎实

故城政协始终把党的建设列入政协工作要点和重要议事日程，严格落实意识形态工作责任制。年初召开全体党员干部会议，对党建工作进行了安排部署，明确了全年党建工作的目标和任务。组织广大党员认真学习《中国共产党纪律处分条例》《廉洁自律准则》等法律法规，做到每位党员人手一本小册子。通过各种形式的学习辅导，干部职工遵纪守法的意识明显增强。同时，进一步健全了党组抓党建工作目标责任制、绩效考核制，形成了上下贯通的责任体系，构建起了上下同心共抓党建的良好运行机制。

四、严格组织建设，核心作用更突出

一是进一步加强了政协党组自身建设，推动党组成员不断提高政治素质和理论修养，模范遵守党章和政协章程，严格按党的制度和规矩办事，为政协组织中的共产党员以及广大政协委员做出示范。二是要坚持民主集中制原则，建立和完善党员访谈制度，就政协重大事项、重要工作等充分讨论，通过开展支部成员和党员、党员和党员之间的谈心活动，努力营造民主求实、团结和谐、干事创业的良好氛围。三是严格贯彻落实县委的决策部署，围绕经济社会发展重大问题和人民群众关注的热点难点问题，理清思路，谋划工作，切实把党的路线方针政策贯彻到政协各项工作中去。

五、提升保障能力，制度建设上水平

制度建设是一项管长远、管根本的基础性工作，是党建工作的关键。通过完善创新工作制度，不断提升党的建设工作科学化水平。认真落实"三会一课"制度，领导干部带头上党课，促使党内组织生活经常化、规范化、有效化。严格执行中央八项规定和省委、市委、县委有关规定，按照民主集中制的根本组织原则，逐步建立和完善党内情况通报制度、重大决策征求意见制度，推行党务公开，增强党组织工作的透明度，充分保障广大党员的知情权、参与权、监督权，使党员更好地了解和参与党内事务，形成生动活泼的党内政治生活。

市政协学习研讨会议发言材料

在学习习近平总书记加强和改进人民政协工作重要思想学习研讨会上发言材料

（2018 年 6 月）

故城县政协主席　史立朝

习近平总书记关于加强和改进人民政协工作的重要思想，科学地回答了人民政协事业发展面临的一系列方向性、全局性、战略性重大问题，是习近平新时代中国特色社会主义思想的重要组成部分，为新时代人民政协事业发展提供了科学理论指导和行动指南。深入学习贯彻习近平总书记关于加强和改进人民政协工作的重要思想，是人民政协的重要政治任务。我们要坚持以习近平新时代中国特色社会主义思想为指导，切实把协商民主贯穿政治协商、民主监督、参政议政全过程。

一、加强思想建设，坚定正确政治方向

习近平总书记在庆祝人民政协成立 65 周年大会上的讲话中指出："做好人民政协工作，必须坚持中国共产党的领导。"人民政协是党领导下的政治组织，要沿着正确方向前进，就必须毫不动摇地坚持中国共产党的领导，必须坚定不移地听党的话、跟着党走。学习贯彻习近平总书记关于加强和改进人民政协工作重要思想，是学习贯彻习近平新时代中国特色社会主义思想和党的十九大精神的实际行动，也是推动新时代政协事业在继承中发展、在发展中创新的现实需要。一是要深入学习习近平总书记关于加强和改进人民政协工作的重要思想，重点学习领会习近平总书记关于坚持党对人民政协的领导、坚持人民政协性质定位、聚焦党和国家中心任务履职尽责、紧扣保障和改善民生献计出力、发挥人民政协作为社会主义协商民主重要渠道和专门协商机构的作用、加强和改进政协民主监督工作、广泛凝聚实现中华民族伟大复兴的正能量、大力加强履职能力建设等 8 个方面的重要论述，真正把这些重要内容学懂弄通做实，并贯穿到政协工作的方方面面。二是要紧紧围绕习近平总书记关于加强和改进人民政协工作的重要思想，坚持先学一步、学深一层，原原本本认真学，联系实际深入学，真正做到学有所思、学有所悟、学有所为，努力把学习成果转化为促进各项工作落实的强大动力。三是要牢固树立"四个意识"，自觉接受中国共产党领导，自觉维护习近平总书记的核心地位，自觉维护中共中央权威和集中统一领导，始终在政治立场、政治方向、政治原则、政治道路上同以习近平同志为核心的党中央保持高度一致，确保人民政协事业正确的政治方向。

二、加强能力建设，全面提升履职水平

汪洋主席在全国政协十三届一次会议闭幕

会上指出："人民政协是社会主义协商民主的重要渠道和专门协商机构。政协不是权力机关，参政不行政、建言不决策、监督不强制，主要通过协商发挥作用。这种作用不是靠说了算，而是靠说得对。说得对就是能够提出符合客观事物发展规律的意见建议，这就需要求真务实的能力水平。"也就是说，政协发挥作用，不是靠权力，而是靠能力，不是靠说了算，而是靠说得对，靠所提意见建议是否有前瞻性、针对性和可行性。政协的意见和建议是否建在需要时，议到点子上，提在关键处，需要我们深入了解真实情况，掌握第一手资料，弘扬求真务实的精神，做足"绣花"功夫，认真开展调查研究。使政协求真务实的意见得到重视，求真务实的建议得到采纳，求真务实的成果得到转化。一是增强服务大局的能力。服务大局是做好政协工作必须遵循的基本原则。在履行职能过程中，要始终着眼大局、紧贴大局、服务大局，立足本职开展工作，做到党委想什么、政协就议什么；政府干什么、政协就帮什么。聚焦党政中心任务履职尽责，组织委员围绕事关地方经济社会发展的重大问题和人民群众普遍关心的热点、难点问题开展协商议政活动，切实把思想和行动统一到党委、政府的重大决策上来，始终与党委、政府工作步调保持高度一致。二是增强协商议政的能力。按照习近平总书记提出的"懂政协、会协商、善议政"的要求，切实增强委员议政能力建设。首先，提高调研实效。习近平总书记在庆祝人民政协成立65周年大会上的讲话中指出："要提高调查研究能力，坚持问题导向，深入实际摸清真实情况，集合众智提出解决办法，努力使对策建议有的放矢、切中要害。"这就要求我们必须紧扣党委政府的重大决策部署，围绕党政关心、群众关注的热点难点问题，精心选择课题，深入基层、深入群众、深入一线，扎实开展调研，确保提出的对策建议符合客观实际、具有可操作性，确保调研成果的转化。其次，提高协商实效。叶冬松主席在衡水调研时指出：推进政协协商民主新发展，必须不断提高协商的能力和水平，增强协商意识，扩大协商范围，搭建协商平台，营造协商氛围，提升协商质量，提高协商实效。在履职过程中，要充分发挥政协全体会议全面协商、常委会议专题协商、专题会议对口协商等平台作用，广泛开展协商议政活动。要在协商选题、会前调研，意见建议质量等方面用真心、动真情、下真功，力求形成一批有价值的协商成果，直接融入党政决策过程之中。最后，提高监督实效。要准确把握政协民主监督的性质定位。明确人民政协开展民主监督工作，是我国社会主义民主政治的独特创造和一项重要制度安排，在国家政治生活中发挥着不可替代的重要作用。要运用会议协商监督、专项民主监督、反映社情民意监督、提案监督等形式，活跃有序地开展民主监督。达到协助党委政府解决问题、改进工作、增进团结、凝心聚力的目的，提高民主监督的成效。三是增强凝聚人心的能力。习近平总书记在庆祝人民政协成立65周年大会上的讲话中指出："在中国社会主义制度下，有事好商量，众人的事情由众人商量，找到全社会意愿和要求的最大公约数，是人民民主的真谛。"人民政协作为社会主义协商民主的重要渠道和专门协商机构。要牢牢把握团结和民主两大主题，把凝聚人心、凝聚力量作为政协工作的一项重要任务和职能。充分发挥政协联系广泛的优势，在协调关系、化解矛盾、沟通意见、理顺情绪、维护稳定等方面积极开展工作，形成最大凝聚力，汇集强大正能量，增强社会和谐度。

三、加强自身建设，夯实协商议政基础

近日，叶冬松主席在邯郸调研时强调："习近平总书记关于加强和改进人民政协工作的重要思想，是新时代政协事业发展的根本遵循，要着力加强自身建设，坚定理想信念，加强委员队伍建设，加强专委会建设，加强政协机关建设，努力提升政协履职能力和水平。"加强政协自身建设，是人民政协充分发挥作用的重要基础和保障。一是坚定理想信念。坚持把理论

大学习、思想大武装当作一种政治责任、一种精神追求，促进工作质量大提升。进一步强化理论学习，特别是习近平总书记关于加强和改进人民政协工作重要思想，切实做到真学真懂真信真用，进一步坚定理想信念，坚持不忘初心、牢记宗旨使命，在思想和行动上与党中央保持高度一致，坚持以人民为中心，坚决贯彻党委政府各项重大决策部署，自觉把政协工作融入全局工作中去。二是加强委员队伍建设。通过委员培训，使广大政协委员真正明白政协是什么、干什么、怎么干，引导委员坚持用习近平新时代中国特色社会主义思想武装头脑、指导实践、推动工作，提高政治把握能力、调查研究能力、合作共事能力、联系群众能力，全面增强委员履职本领。三是加强政协机关建设。政协机关是政协工作的枢纽，起着承上启下、联系内外、协调左右的作用。要扎实推进“两学一做”学习教育常态化制度化，全面加强机关思想、组织、作风和制度建设。进一步增强“四个意识”，坚定“四个自信”，切实增强服务意识，提高工作效率，树立政协良好形象。

省政协协商民主
发展理论研讨会

关于加强政协协商民主工作的几点认识

（2018 年 7 月）

故城县政协主席　史立朝

党的十八大以来，习近平总书记高度重视人民政协事业发展，对充分发挥人民政协作为社会主义协商民主的重要渠道和专门协商机构的作用发表一系列重要讲话，对加强社会主义协商民主建设作出一系列战略部署，科学回答了人民政协协商民主建设的一系列重大理论和实践问题，构成了习近平新时代中国特色社会主义思想的重要组成部分。面对新形势、新任务，我们要深入学习贯彻习近平总书记关于人民政协协商民主建设的重要思想，切实履行政协职能，推进政协协商民主建设，在服务经济社会发展中做出更大的贡献。

一、坚持党的领导，确保政协协商民主正确方向

习近平总书记在庆祝人民政协成立 65 周年大会上的讲话中强调：“做好人民政协工作，必须坚持中国共产党的领导”“在党的领导下，以经济社会发展重大问题和涉及群众切身利益的实际问题为内容在全社会开展广泛协商，坚持协商于决策之前和决策实施之中”。这些重要论述和部署，为社会主义协商民主发展指明了方向，也为我们加强政协协商民主建设提供了根本政治保证。

1. 强化理论学习，提高政治站位。通过举办委员培训、举行专题学习会、政协知识测试、发放书籍刊物等多种方式，强化委员学习，深入学习领会习近平总书记关于加强和改进人民政协工作的一系列重要论述，真正把这些重要内容学懂弄通做实，并落实到政协工作的全过程和各方面。

2. 把握性质定位，坚守政治定力。习近平总书记指出：“做好人民政协工作，必须坚持人民政协的性质定位。人民政协是统一战线的组织、是多党合作和政治协商的机构、人民民主的重要实现形式，体现了中国特色社会主义制

度的鲜明特点。”这就要求我们必须要牢牢把握政协性质定位，强化思想政治引领，引导委员增强政治敏锐性和鉴别力，坚守政治定力，坚定不移走中国特色社会主义政治发展道路，把新时代人民政协事业不断推向前进。

3. 提高思想认识，确保政治方向。习近平总书记十九大上的报告指出：“中国特色社会主义最本质的特征是中国共产党领导，中国特色社会主义制度最大的优势是中国共产党领导。”这就需要我们，坚持以习近平新时代中国特色社会主义思想统揽政协工作，进一步增进政治认同、思想认同、理论认同、情感认同，夯实团结奋斗的共同思想政治基础，自觉接受中国共产党的领导。始终与党同心同德、同向同行。

二、强化能力建设，提升政协协商民主实效

汪洋主席指出：“人民政协是社会主义协商民主的重要渠道和专门协商机构。政协不是权力机关，参政不行政、建言不决策、监督不强制，主要通过协商发挥作用。这种作用不是靠说了算，而是靠说得对。”也就是说，政协发挥作用，不是靠权力，而是靠能力，不是靠说了算，而是靠说得对。委员是协商的主体，是协商议政的力量源泉和基石。委员能力的高低直接关系到协商议政的质量和成效。提升协商民主实效，就必须提高政协委员的素质和能力。

1. 增强服务大局的能力。服务发展大局是人民政协发挥职能优势的第一要务。推进政协协商民主，必须紧扣党委、政府的中心工作，紧紧围绕事关经济社会发展的重大问题和人民群众普遍关心的热点、难点问题，及时组织委员开展民主监督、专题协商等活动，切实把思想和行动统一到党委、政府的重大决策上来，始终与党委、政府工作步调保持高度一致。

2. 增强协商议政的能力。按照习近平总书记提出的“懂政协、会协商、善议政”的要求，切实增强委员议政能力建设。政协协商的内容事关党委政府的中心工作、涉及人民群众切身利益，反映的情况、提出的意见和建议不仅要符合政策，具有全局观念和长远眼光，还要切合实际，具有较强的针对性和可操作性，真正做到建言建在需要时、议政议到点子上、监督监在关键处。首先，提高调研实效。调查研究是人民政协协商议政的基础环节，开展协商，提出意见、批评、建议都应建立在调查研究工作之上。要组织引导广大委员扑下身子、沉到一线，贴近群众、贴近实践，深入调研。既要到工作局面好和先进的地方去总结经验，又要到困难较多、局面复杂的地方去研究问题，切实把调查研究做深、做细、做实，提出符合政策、切合实际的对策建议。其次，提高协商实效。习近平总书记指出：“坚持协商就要真协商。真协商就要协商于决策之前和决策之中。”推进政协协商民主新发展，就要增强主体意识、搭建履职平台、提高协商实效。在履职过程中，注重发挥好政协全体会议协商、常委会议协商、专题会议协商等平台作用，通过建立委员履职档案、搭建委员之家、制定委员会议发言制度、联系群众制度等，组织引导委员开展协商议政活动。同时，提前谋划协商选题、制定调研方案、明确调研内容，用真心、动真情、下真功，形成一批重要的协商成果，为党委、政府决策提供有力参考，助推经济社会发展。第三，提高监督实效。要准确把握政协民主监督的性质定位。明确人民政协开展民主监督工作，是我国社会主义民主政治的独特创造和一项重要制度安排，在国家政治生活中发挥着不可替代的重要作用。要运用会议协商监督、专项民主监督、反映社情民意监督、提案监督等形式，活跃有序地开展民主监督。达到协助党委政府解决问题、改进工作、增进团结、凝心聚力的目的，提高民主监督的成效。

3. 增强凝聚人心的能力。人民政协作为社会主义协商民主的重要渠道和专门协商机构。要牢牢把握团结和民主两大主题，充分发挥政协委员代表性强、联系面广的优势，广泛宣传党的思想理论、方针政策，积极协助党委、政府做好凝聚共识、凝聚智慧、凝聚力量、凝聚人心的工作，要在协调关系、化解矛盾、沟通

意见、理顺情绪、维护稳定等方面积极开展工作，形成最大凝聚力，汇集强大正能量，增强社会和谐度。为促进县域经济更好的发展献计出力。

三、加强自身建设，夯实政协协商民主基础

加强自身建设是政协工作的重要组成部分，也是政协协商民主的前提和基础。习近平总书记在全国政协十二届三次会议期间，提出了关于“懂政协、会协商、善议政”的重要思想，进一步明确了人民政协的方向、目标、原则和方式方法，为人民政协事业创新发展提出了更高标准和更高要求，是新时期指导人民政协工作的重要指针。要紧紧围绕习近平总书记提出的这一重要思想，进一步加强政协制度化建设、委员队伍建设、机关建设，推动协商民主更有序、更规范、更有效。

1. 加强制度建设。习近平总书记强调，人民政协要把协商民主贯穿履行职能全过程，推进政治协商、民主监督、参政议政制度建设，不断提高人民政协协商民主制度化、规范化、程序化水平。作为县级政协组织，要积极主动地加强与党委、政府的沟通交流，争取制定支持政协履行职能的相关工作制度。同时，政协组织也要对协商民主内容进行具体细化和科学规划，不断健全和完善协商民主程序。通过制度建设，使政协协商民主成为各界发扬民主、反映民意、集中民智和增进共识的平台，成为民主化决策的重要环节。

2. 加强队伍建设。习近平总书记高度重视政协委员队伍建设，一再强调人民政协要提高政治把握能力、调查研究能力、联系群众能力、合作共事能力，强调政协委员是政协工作的主体，要尊重和保障委员民主权利，完善委员联络制度，健全委员联络机构，为委员履职尽责创造良好条件。一要加强对政协委员学习培训，组织政协委员学习履职所需的各方面知识，使广大委员掌握人民政协工作规律特点和方式方法。二要安排委员参加政府及部门单位的情况通报会，畅通委员知情明政、参政议政的渠道，增强委员研究问题、分析问题的水平，切实提高履职能力。三要充分发挥政协参加单位、专门委员会、机关、活动小组等联络服务委员的作用，加强委员队伍管理，建立健全委员履职评价、激励和约束机制，增强委员的履职意识和履职责任，切实发挥委员在开展协商民主工作中的主体作用。

3. 加强机关建设。政协机关是政协工作的枢纽，起着承上启下、联系内外的作用。要扎实推进“两学一做”学习教育常态化制度化，全面加强机关思想、组织、作风和制度建设。进一步增强做好新形势下政协工作的责任感和使命感，强化“四个意识”，坚定“四个自信”，积极做好委员联络、服务和管理工作，为发挥委员主体作用创造条件。

市政协专题协商
会议发言材料

在市政协座谈会上的发言材料

（2019 年 5 月）

故城县政协主席　史立朝

城市环境是一个城市的窗口，不仅反映了城市的形象，而且是一个地方经济发达程度和

现代文明的外在体现。开展城市环境的有效治理，大力整顿市容市貌，对于我们围绕市委、市政府提出的建设“国际范”的新衡水及生态宜居滨湖园林城市，有着非常重要的作用。近日，在市政协组织的“城市市容市貌治乱攻坚”专题协商活动中，通过到甘肃嘉峪关、敦煌市和新疆吐鲁番、哈密市的参观考察，使我感触很深，受益颇多。下面，结合这次考察学习情况，谈几点感受，不妥之处，请领导和同志们批评指正。

一、对城市环境治理的几点认识

1. 开展城市环境治理是营造良好发展环境的需要。随着经济社会的发展，加强城市管理，改善城市环境，已成为一个地区优化经济发展环境的关键因素。在这次的学习考察中，我们看到，无论是甘肃的嘉峪关、敦煌市还是新疆的吐鲁番、哈密市，他们无论是对外开放还是开展招商引资，都把城市环境的管理和市容市貌的整治作为工作的重中之重，坚持以城市环境的优化带动经济发展环境的优化。可以说，城市作为对外开放的主要窗口，对投资者的影响至关重要。城市环境越好、文明程度越高，就越能凝聚人心、凝聚人气，形成招商引资、加快发展的洼地效应。

2. 开展城市环境治理是顺应民意、改善民生的需要。城市的发展和进步，群众的体会是最深切的，受益是最直接的。随着社会的发展进步，生活水平的不断提高，广大群众对城市环境也提出了新的更高的要求。今年，市委市政府提出把我市打造成为生态宜居滨湖园林城市，对衡水未来的发展指明了方向，我们只有不断改善城市环境，提升城市品位，打造良好的生活环境和发展环境，才能让人民群众有更多、更直接、更实在的幸福感、获得感。

3. 开展城市环境治理是打造城市名片、树立城市形象的需要。城市管理的水平，体现着市民的素质，是一个地区文明进步的标志。改善城市环境、打造城市品牌、擦亮城市名片、提高城市知名度，不仅能加快经济社会的全面发展，也能够构筑区域竞争的新优势。我们只有通过不断完善城市的软硬件设施，营造国际化的营商环境、人文环境，才能提升衡水的国际知名度和美誉度。

二、学习考察的几点收获

1. 强化社会参与，营造浓厚氛围。坚持共建共享理念，激发市民主人翁意识，让随手文明、爱城护城成为广大市民的自觉行动，形成“人民城市人民建”的浓厚氛围。比如，针对交通秩序混乱的问题，嘉峪关市通过加强对重点路段、重点时段、重特大交通事故管控力度，持续开展文明交通劝导志愿服务活动，扩大劝导活动参与面；同时，加大文明交通法律法规宣传力度，常态化曝光批评不文明交通行为，营造了文明礼让、秩序畅通的交通环境。

2. 严格日常管理，规范市容秩序。通过整合地区信息化资源，建成大数据中心，推进新型智慧城市建设。实现社会治安综合治理、市容卫生、环境保护、安全生产和食品安全网格化管理服务全覆盖。针对城市日常管理维护，市容市貌整治顽疾，敦煌市通过制定了《全市市容市貌集中整治实施方案》，按照“网格管理、全面覆盖、部门联动、综合整治，限时整改、推动工作，立足巩固、形成常态”的原则，对城市市容市貌乱象进行综合治理；强化城市日常清扫保洁，不间断对重要节点道路开展清扫保洁工作，确保了城市环境干净整洁；集中开展城区整治活动，重点清理店外经营、流动摊点、落地广告和店外经营摊点等，保障了城市环境干净整洁，市容秩序井然有序。

3. 完善城市设施，提升城市形象。城市基础设施是城市正常运行和健康发展的物质基础，对于改善人居环境、增强城市综合承载能力具有重要作用。要把完善城市基础设施建设作为塑造城市形象、凸显城市特色的一项重要措施。比如，嘉峪关市结合创建全国文明城市，建成了核心价值观主题广场、主题公园、诚信街、好人街和一批道德长廊。敦煌市通过拓宽和改造主要道路及巷道，建设一批城市停车场，有效解决了行车难、停车难问题，既提高了城市承载能力，又提升了城市形象。

三、治理城市环境的几点建议

1. 提高群众参与意识。要充分利用广播、电视、报纸等新闻媒体广泛宣传政府城市管理的重要举措，反映城市管理的有益成果，强化“人民城市人民管，管好城市为人民”的观念，有关部门要组织和引导社会志愿者、热心群众配合做好城市管理，使群众自觉维护城市的文明、整洁，形成全社会支持城市管理的舆论导向；要充分发挥数字城管平台作用，加强对公园、广场、车站以及繁华路段等地段管理整治，对一些不文明行为和损害市容行为进行公开曝光，通过社会舆论压力使人们遵守城市管理的各项规章制度。

2. 改善城区市容环境。要进一步规范沿街门店，对私自搭建的商业门店，按照集中整治违法用地和违法建设相关政策，限期拆除。要对架空线缆混乱（即城市“蜘蛛网”）情况进行综合整治，全面清理居民、商户及企事业单位的私拉线路，将架空的通讯线、有线电视线、电力线等入地、入管，逐步消除跨街连接、废弃线缆残留等问题。要科学设置停车场点，完善交通标志标识，制定市内公交车、载客三轮摩托车的文明服务规范办法，加强对司机的教育和培训，防止乱停乱放现象的发生。要规范整治马路市场、占道经营等乱象，按照以疏为主、以堵为辅、先疏后堵、疏堵结合的原则，分区域、分类别、分层次规划建设用于批发、零售的农贸市场，引导商户入室经营。要强化环卫保洁管理，增加城区环卫保洁的覆盖面，加强环卫作业的监督检查。

3. 加强城市管理监督。要建立政府主导、社会参与的城市管理机制，对重大的城市建设和改造项目实行市民听证制度，增加全民的城市管理使命感。同时广泛吸纳专家学者、人大代表、政协委员、市民代表等社会各方面意见，实现城市管理社会化。要把城市管理绩效作为考评相关单位和部门责任人的主要指标，邀请人大代表、政协委员定期评议、指导城管工作，并通过设立城市管理服务热线和城市管理群众接待日等形式，随时接受群众监督。

市政协党建工作交流会发言材料

坚持党建引领　推动政协工作提质增效

（2021 年 11 月）

故城县政协主席　史立朝

加强政协党的建设是有力推进政协各项工作的根本政治保障。故城县政协坚持以习近平新时代中国特色社会主义思想为指导，认真贯彻新时代党的建设总要求，紧紧围绕政协工作的新要求、新使命，通过抓党建，扛起新时代政协党建工作的政治责任；通过抓党建，凝聚起全体政协委员的政治共识、思想共识；通过抓党建，始终站稳政治立场，把准政治方向，提高政治站位，确保政协各项工作沿着正确的政治方向，开创新境界、推动新发展、取得新成效。

一、坚持思想引领，确保正确政治方向

一是强化理论学习。坚持把学习摆在突出

位置，创新学习方式、拓宽学习渠道、丰富学习内容，不断增强学习实效。严格落实政协党组中心组学习制度、机关学习制度、委员培训制度等，通过网络议政平台、微信公众号向广大政协委员推送政协理论知识，通过邀请市政协专家开展专题辅导，不断提升政协委员的学习热情和业务素质，做到了委员学习有资料、有兴趣、有效果。使广大政协委员和机关干部不断增强“四个意识”，坚定“四个自信”，做到“两个维护”，自觉在思想上、政治上、行动上同以习近平同志为核心的党中央保持高度一致，进一步明确政协履职方向，自觉把思想和行动统一到县委的重大决策部署上来。

二是强化活动效应。扎实开展“不忘初心、牢记使命”、党史学习教育等主题教育，严格执行“三会一课”制度、积极开展主题党日活动。同时，组织开展参观烈士陵园、重温入党誓词、党员干部带头讲党课、戴党徽亮身份等活动，进一步增强党性认识和党性修养，进一步坚定理想信念和发展信心。

三是强化委员管理。认真贯彻落实习近平总书记关于“懂政协、会协商、善议政，守纪律、讲规矩、重品行”的指示精神，引导委员坚定理想信念、增强大局观念和责任意识。按照《县政协委员管理办法》的规定，通过完善委员履职档案，落实政协常委履职发言制度，对委员撰写提案、参加政协活动、委员发言等情况实行量化考核。进一步增强委员履职尽责的主动性、积极性，有效激发了委员的履职动力和工作热情。

二、坚持组织引领，主动融入发展大局

一是发挥党组引领作用。认真贯彻落实《关于加强新时代人民政协党的建设工作的若干意见》，更好发挥政协党组的政治引领作用，确保政协始终在党的领导下开展工作。形成了由政协党组、机关党支部组成的上下衔接、职责明确的机关组织体系。自觉接受县委的领导，切实发挥政协党组把方向、管大局、保落实的重要作用，坚持党的中心工作推进到哪里，政协工作就跟进到哪里。坚持政协年度工作计划报县委审定，重要工作、重大事项向县委请示，重要会议、重大活动邀请党政领导出席，始终与县委保持目标一致、方向一致、步调一致。

二是党的领导实现全覆盖。贯彻落实中央和省、市、县委政协工作会议精神，进一步加强了政协党的组织建设。完善党组联系党支部、党内主席联系党外主席、党支部联系党员委员、党员委员联系党外委员的制度，制定开展履职活动建立临时党支部的规定，实现了党的组织对党员委员的全覆盖、党的工作对政协委员的全覆盖。

三是增强能力做好模范表率。发挥县政协党组成员和党员委员表率作用，坚持在建言资政与凝聚共识上双向发力，不断加强政协履职能力建设。紧贴全县中心工作和政协性质定位，充分发挥党员委员模范带头作用，扎实开展协商议政活动。党员委员带头遵守规章制度、带头参加公益活动、带头履行委员职责，积极投身全县经济建设、疫情防控、民生改善等全县重项工作，贡献了政协的力量，促进了社会的发展。2020 年，围绕我县大运河文化带建设，政协组织中的党员委员主动作为，履职尽责、积极奉献，带动广大政协委员为推动故城文化旅游产业发展、促进故城旅发大会顺利召开做出了积极的贡献，得到了县委、县政府主要领导的肯定和赞扬。经验做法在全市政协工作会议上作了典型发言。

三、坚持作风引领，不断提升党建水平

一是加强作风建设。县政协始终把作风建设摆在重要位置，坚持把党章党规作为规范自己言行的准则，严格执行中央八项规定和省、市、县委相关规定，坚持把纪律和规矩挺在前面，始终以党性原则为标尺，不断加强党性锻炼，强化责任担当，切实增强政治把握能力、调查研究能力、联系群众能力、合作共事能力，真正做到主动担当，敢于担当，善于担当，树

立政协良好形象。

二是加强制度建设。县政协坚持把制度建设贯穿于党的建设的全过程，不断提高党的建设制度化、规范化、科学化水平，制定完善了《县政协党组工作规则》《县政协党组民主生活会制度》等8项规章制度。在日常工作中，自觉做到维护制度、学习制度，严格按制度办事，严格执行民主评议党员、民主生活会等制度，以落实党建促进提升党建水平，推动协商活动有序开展。

三是加强党风廉政建设。严格落实县政协党组书记第一责任人责任和班子成员“一岗双责”责任，坚持每半年召开一次党风廉政建设专题会议，听取班子成员情况汇报，部署下一步党建工作。班子成员带头遵守反腐倡廉各项规定、带头执行廉政准则，带头上廉政党课，推动党风廉政建设工作全面落地，营造了风清气正的政治生态，用党建工作新成效推动了政协履职新局面，为促进故城经济社会高质量发展做出了积极的贡献。

市政协双月专题
协商会发言材料

故城县政协关于开发区能级提升情况的发言材料

（2022年5月）

故城县政协主席　史立朝

近年来，特别是2021年换届以来，故城县委、县政府坚持把开发区建设作为推动高质量发展的主引擎、招商引资的主战场、项目落地实施的承载地，紧紧围绕开发区能及提升，不断完善开发区基础设施和功能配套，进一步增强了开发区的吸聚力、承载力。现将有关情况汇报如下。

一、故城开发区概况

河北故城经济开发区是在原夏庄经济开发区的基础上发展起来的，规划面积16.32平方公里。地处冀鲁两省四县交界处，区位优势明显，与山东省德州市主城区“零距离”。经过多年的发展，现已形成了先进能源、先进材料、中医药、装备制造、轻工、化工主导的产业体系。目前入驻企业220家，总投资490亿元，有中国500强投资企业3家，上市公司投资企业4家，规上企业68家，高新企业30家，省著名商标2个，中国驰名商标4个。

2021年全年税收完成5.6亿元，工业总产值完成161亿元，营业收入完成156亿元，固定资产投资完成67亿元，外贸出口完成17.6亿元，利用外资3092万美元。

今年一季度税收完成1.98亿元，同比增长3.7%；工业总产值完成42亿元，同比增长3.9%；营业收入完成38亿元，同比增长3%；固定资产投资完成11.5亿元，同比增长4.5%，利用外资完成604万美元，同比增长10.1%；外贸出口完成1.42亿元，同比下降64%。

二、提高开发区承载力、促进园区能级提升

1. 完善基础设施，提升承载能力。目前，开发区路、水、电、气、讯、暖、蒸汽等基础设施同步配套，绿化、亮化、美化、净化水平不断提升，学校、医院、商业住宅等公共服务

设施完善。借助德州市优势，实现冀鲁双网供电。中铁冀德物流、衡德商贸城、德州九达物流、中盛物流四大物流企业为企业提供强有力的物流支撑，开发区承载力进一步增强。特别是去年以来：①完成了投资2.26亿元的工业污水处理厂建设，(原污水处理厂改为居民生活污水处理厂)，设计处理能力2万立方米，目前日处理1.3万立方米，按照黑龙港及运东流域排放标准达标排放。②完成了投资4.2亿元的垃圾焚烧发电厂建设，日处理垃圾640吨。③完成了投资4.6亿元的固危废处理厂建设，设计年处理能力10.5万吨。④天然气实现中燃、昆仑、华宁、港华四家企业联网同时供气，最大供气量可达60万立方米/天。⑤投资1亿元，引入德州华能电厂工业蒸汽，铺设管道11.3千米，蒸汽管线设计可输送3000吨/天。⑥园区已完成3.16平方公里的化工园的认定，待工信厅组织专家评审。⑦投资1.2亿元，完成了以岭衡德医院的建设。通过基础配套设施的不断建设和完善，大大提升了开发区的吸聚力、承载力。

2. 提升审批效率，优化营商环境。创新实施“模拟审批”制度，凡符合我县土地利用总体规划的项目，在项目会审、规委会通过后、土地出让前，各部门提前审核并出具盖蓝章的审核通过文件，待拿到土地证后以最短时间到各部门换取红章正式批复文件，在拿到土地证后尽快开工建设。大大提高了审批效率，实现了项目审批零等待、拿地即开工，破解了“项目等手续”这一难题，确保了早开工、早建设、早达效。

3. 提高项目质量，提升土地利用率。一是在全市率先推行产业项目“标准地+承诺制”，被河北省商务厅、衡水市商务局以内部信息推行，2021年标准地完成2565.7亩，位列全市第一。二是提高入园项目的准入门槛，要求入园项目投资强度达到250万元/亩以上，项目投产之日起，年税收贡献率达10万元/亩以上，建筑容积率不低于1.1%。三是大力开展闲置土地清理工作，共盘活闲置土地1441亩，盘活闲置车间28.9万平方米。连续三年参与开发区土地集约利用评价，均居全省开发区前三分之二。

三、存在的问题及建议

1. 土地资源方面：随着园区多年的建设发展，原规划土地基本建设完毕。我县经开区省核准面积8.3平方公里，市县批复规划面积16.43平方公里，实际建成区面积达到10.8平方公里。土地指标短缺，园区发展空间受限，迫切需要扩大开发区规模，拓展发展空间。建议：市级自然资源部门加大对园区土地指标的倾斜力度，提高园区产业承载力。

2. 管理权限方面：目前，开发区没有行政审批权、执法权，但实际工作中承担的安全生产、环境保护、食药品监管、城市管理等任务，开发区管理有责任没权利，不利于规范化管理和发展。建议：一是下放审批权限，做到职权明确、权责统一；二是安全生产、环境保护、食药品监管等相关执法单位设置分支机构，解决园区执法权限的问题。

3. 镇区融合发展方面：目前，我县开发区内建成社区9个，但各个社区都没有成立居委会、业委会等机构，园区管委会没有社会事务管理职能，代管社区工作，体制机制不通畅，管理工作难度大。建议：探索“镇区合一”管理新模式，进一步理顺管理体制，推动开发区能级提升。

4. 与德州融合发展方面。与德城区合作的广度和深度上还需要进一步提高。为加快推进两地融合发展，我们成立了发展专班，建立了沟通会商机制。目前，就华鲁恒升项目落户、县城区供暖、105国道规划（德州西外环）等几项工作正在积极谋划推进。恳请市领导和有关部门领导给予大力支持。

扎实开展委员读书活动　切实提高政协工作质量

（2022 年 6 月）

故城县政协副主席　苑颖康

按照市政协的部署安排和《关于加强和改进全市政协委员学习工作的实施办法》的工作要求，故城县政协着眼新时代人民政协的新使命，坚持把开展委员读书活动作为政协委员增长知识、增长智慧、增强本领的重要途径，作为政协事业高质量发展的重要举措，努力把读书收获转化为履职尽责的过硬本领，积极推动故城政协工作提质增效。我们的主要做法是：

一、强化认识，营造浓厚的读书氛围

一是强化组织保障。成立县政协读书活动领导小组，“一把手”任组长、班子成员为副组长，统筹安排读书活动的各项工作，制定了读书活动方案、读书计划，完善读书制度建设，明确读书的目的和要求，为读书活动提供保障。同时，以委员活动组为单位，成立读书活动小组，由小组组长、副组长带头引导委员开展读书活动。二是发出倡议号召。向委员发出《政协故城县委员会关于在全县政协委员中深入开展“三读书”活动的倡议书》，倡导委员“多读书、读好书、善读书”。三是发挥带头作用。政协常委会组成人员坚持学在前、作表率，切实发挥好示范带头作用，以突出的学习成效，引领广大政协委员学有所思、学有所悟、学有所得。营造了政协委员争做勤奋学习的表率，争当全民阅读的楷模的浓厚氛围。

二、搭建平台，拓展丰富的读书内容

一是订阅报刊书籍。为了丰富委员个人学习内容，县政协为全体政协常委和委员订购《人民政协报》《中国政协》《乡音》《文史精华》等报纸刊物 700 余份，政协委员手册做到人手一份。二是发挥网络作用。依托学习强国、河北干部网络学院、县政协微信公众号、综合信息化平台等线上学习平台，积极开展线上学习活动，及时推送习近平总书记重要指示批示精神和党的路线方针政策、关于加强和改进新时代政协工作的重要文件等，转发全国、省、市政协优秀学习篇目。目前，共向广大政协委员推送和转发学习篇目 56 篇。三是拓宽委员视野。县政协积极与故城县图书馆、新华书店等图书机构沟通，为全体政协委员办理了图书借阅卡，拓展委员读书的广度和深度，使委员进一步拓宽了视野，增加了知识面，提高了阅读能力。

三、精心组织，开展多样的读书活动

一是坚持自主阅读。根据县政协学习安排，引导委员制订个人学习计划，撰写学习笔记和心得体会。同时，在委员中开展荐读活动，把自己读过的和正在读的优秀书刊、优秀作品通过微信、短信等推荐给广大政协委员、社会公众。二是坚持交流共读。以机关全体会、政协常委会、协商座谈会为载体，组织政协委员和机关干部开展读书活动，及时学习传达党中央和省委、市委、县委重要会议精神，引导委员交流心得、畅谈体会，凝聚共识。通过会前学习、会中交流、会后总结，进一步提升学习效果，巩固读书活动成效。截至目前，依托各类会议开展读书活动36次，收到了良好的效果。三是坚持带头领读。根据党员委员联系党外委员的联系制度安排，充分发挥党员委员引领作用，带头阅读优秀篇目、带头分享读书体会，形成党员委员联系党外委员，委员带动群众参与读书活动的良好局面。

四、学用结合，聚焦高效的读书实践

一是把牢政治方向。旗帜鲜明讲政治，坚持把读书活动与学习习近平新时代中国特色社会主义思想结合起来，不断巩固拓展党史学习教育成果，在读书学习中把稳思想之舵，始终在思想上、政治上、行动上同以习近平同志为核心的党中央保持高度一致。紧贴县委工作中心、贯彻落实县委决策部署，确保政协工作正确的政治方向。二是提高协商水平。结合读书活动，积极通过提案、会议发言、反映社情民意信息等形式，积极反映读书活动中形成的意见建议，全面提升履职能力。截至目前，围绕优化营商环境、重点项目建设、城乡融合发展、人居环境改善、疫情防控等方面，提出合理化、高质量的意见建议65条，反映社情民意信息近百条，提高了建言资政的质量、推动了部门工作的落实。三是凝聚发展共识。切实把读书的过程变成凝聚共识的过程。积极协助党委、政府做好协调关系、化解矛盾、理顺情绪、增进团结的工作，凝聚起高质量发展、高品质生活的发展共识。

唯有读者知其味，唯有书香沁人心。通过读书活动，使广大政协委员进一步增强了依法依章履职的意识，提高了围绕中心献计出力的能力，真正在政治上得到洗礼、思想上得到升华、能力上得到提升。

下一步故城县政协持续推进“书香政协”建设，推动委员读书活动高质量开展：第一，进一步提高政治站位。把深化委员读书活动作为贯彻落实习近平总书记重要指示精神的政治任务、提升委员能力素养的重要途径、加强专门协商机构建设的重要举措，认真抓好贯彻落实，不断深化思想认识，切实增强委员读书的主动性、自觉性。第二，科学确定读书主题。丰富创新读书方式，用好用活读书阵地，推动委员读书活动走深走实。第三，强化委员读书活动引领。促使委员读书从“要我读”转变为“我要读”，营造大学习、大讨论、大调研的浓厚氛围，以读书成效提升履职实效，以优异成绩迎接党的二十大胜利召开。

市政协提高提案办理质量双月专题协商会

市政协“提高提案办理质量”双月专题协商会发言材料

（2022年8月）

故城县政协副主席　马春章

故城县政协在提案工作中，坚持从实际出发，认真总结实践经验，积极探索开展提案工作的新方法、新途径，引导广大政协委员运用提案履行职责，为推动我县实现“高质量发展、高品质生活”做出了积极的贡献。借此机会，我就故城政协提案工作情况做一简要汇报。

一、故城提案工作开展情况

自去年换届以来，故城县政协坚持以习近平新时代中国特色社会主义思想为指导，在市政协领导的关心指导下，在县委、县政府的大力支持下，坚持“围绕中心，服务大局，提高质量，讲求实效”的方针，紧紧围绕县委、县政府中心工作和人民群众关注的热点、难点问题，运用政协提案参政议政，建言献策。提案质量不断提高、办理实效不断增强，推动了提案工作的创新发展。

今年年初召开的县政协十一届二次全会期间，共收到委员提案 198 件，经提案委审查立案 189 件，为历年来数量之最，同时，提案质量也有了大幅提升，所提意见建议更贴合我县民生实际、更符合社会发展需要。因受疫情影响，经与政府办沟通，由政府办以网络形式转交 33 个承办单位，截至目前，办复率 100%，委员满意率 100%，一些群众广泛关注、社会反映强烈的问题得到重视和及时有效解决。

二、提案工作的主要做法

1. 提高认识，在提高提案质量上下功夫。质量是提案工作的生命。我们努力在提高提案质量、注重实效上下功夫，坚持围绕中心、服务大局，坚持一流标准，严格把关，真正使委员提案有的放矢、意见建议中肯务实。

一是加强委员培训辅导。自去年换届以来，县政协通过视频辅导、专家授课、会前学习等形式开展提案知识培训 600 多人次。结合县政协“三读书”活动，依托微信群、公众号向委员推送提案知识篇目 22 篇，发放学习资料 230 余册，通过学习培训，使广大政协委员，特别是新政协委员进一步增强对提案工作的认识，掌握撰写提案要领，为提交高质量提案奠定了坚实的理论基础。

二是帮助委员知情明政。我们坚持把支持和鼓励委员多提提案，多提高质量的提案作为工作的落脚点。邀请县政府领导通报经济运行情况，组织委员开展视察调研、参与民主评议等，让委员充分了解社情民意，真正把党委、政府关心，人民群众迫切需要解决的问题，了解清楚，撰写出论据充实，建议切实可行的提案。

三是抓好提案征集工作。每次全会前，给委员印发《致委员的一封信》《提案参考题目》等材料，要求委员深入基层一线开展调研，提出高质量的提案；同时，抓好由大会发言转化为提案的工作。政协会议发言材料是政协委员经过深入、细致和艰苦的调研所形成的真知灼见，在政协全会闭幕后，我们征求发言人的意见，将能作为提案的直接作为提案，按办理程序及时转交有关部门办理。

2. 加强督办，在提高提案办理质量上下功夫。提案办理工作是整个提案工作的重中之重，也是党委政府发展经济、关注民生、体察民情、密切党群关系、改进和推动工作的重要举措。

一是加大跟踪督办力度。为促进提案的落实，我们每年都组织相关委员深入到各承办单位检查督办提案工作，听取承办单位办理提案情况的汇报，对办理提案中存在的问题交换意见，共同商量解决问题的办法。对一些初次办理结果不满意的提案，及时告知承办单位，提供平台让提案者与承办单位面对面沟通协商，最终达到“提”“办”均满意的办理效果。

二是做好重点提案的办理。每年选择 3～5 件影响大、可操作性强的提案作为重点提案，由主席、副主席、秘书长领衔督办，提高了提案的督办层次和效果。如：关于“在学校门口安装橡胶减速带及减速让行标志”的提案，由一名副主席督办，通过组织委员视察、召开座谈会、听取汇报等形式进行督促办理，交警部门采纳了委员的建议，对县城所有学校门口进行了实地调研，根据实际情况安装了减速震荡带和让行标识，提案办理取得了较好的效果，在社会上产生了较大影响。

三是坚持双周协商与督办提案相结合。双周协商座谈会是故城县政协履行职能、提高协商实效的一项创新举措，是党政领导、部门与政协委员、社会群众面对面协商的一个新平台，其特点就是解决问题快、协商效率高。我们探索把提案督办与双周协商相结合，在各专委会制订工作计划时，与重点提案结合起来，与督办提案结合起来，取得了较好的效果。今年，我们组织委员对重点项目建设、校圈交通拥堵、城市基础设施建设等方面的提案，分类分界别进行了梳理归纳，分别召开双周协商座谈会，县委书记及主管县长和有关部门与提案者面对面协商交流，促进了提案得到快速落地落实。通过双周协商，既帮助委员了解了情况，又有效地督办了提案。

3. 强化服务，在提高提案满意度上下功夫。提案委作为政协承担提案服务的职能机构，坚持把满意率作为衡量政协提案工作的标准，坚持把提案服务工作贯穿于提案工作的全过程，努力提高提案工作的服务水平。

一是增强服务意识。充分发挥桥梁和纽带作用，通过召开会议、组织视察、参观学习、实地走访等形式，切实加强与政协委员的联系沟通，为委员知情明政、撰写提案提供有利条件。

二是完善提案制度。依据全国政协和省市政协关于提案工作的有关文件精神，结合故城政协实际，进一步修改完善了《故城县政协提案工作条例》，使提案工作有章可循、有规可依。

三是注重沟通交流。提案交办后，我们组织提案委员会成员走访承办提案大户，沟通情况，帮助承办单位解决办理中的有关问题；提案办复后，逐件对提案的办理答复内容进行审阅；同时，通过个别走访或电话联系的方式，征求提案人对办理答复提案的意见，对不满意的答复，商请承办单位重新办理，力争把征求委员意见覆盖面达到100%。

三、加强提案工作的几点建议

1. 做好宣传工作。通过宣传，增进社会各界对提案工作的了解，激发政协委员和政协各参加单位关注政情、社情、民情和撰写提案的热情，为政协提案作用的发挥营造良好的舆论氛围，创造更好的社会环境。

2. 提高提案质量。通过视察调研、常委会、座谈会等形式为委员们知情明政创造更好的条件，从而不断提高委员撰写提案的质量和水平，使委员们能够提出更多有深度、针对性和可操作性强的提案，进一步提高提案质量。

3. 提高提案办理质量。进一步加强对各承办单位的指导，帮助他们提高思想认识，创新办理思路，提高办理水平。

故城县政协在提案工作方面虽然做了一些探索，但与委员的希望相比，还有一定的差距和不足，我们将继续探索，不断实践，加强创新，积极学习和借鉴兄弟市县政协提案工作的好经验、好做法，促进我们的政协提案工作再上新台阶，再上新水平。

全省政协刊网宣传信息工作座谈会发言材料

搭建学习平台　提升委员素质

（2022年10月）

故城县政协副主席　苑颖康

自去年换届以来，故城县政协积极搭建学习平台，帮助委员提升业务素质和履职能力，收到了良好的效果。

一、高度重视，抓好征订工作

我县坚持把委员学习作为县政协一项基础性工作，把搭建学习平台，征订《乡音》《文史精华》刊物作为县政协一项重要工作，召开主席会议专题研究，制定了征订方案，申请专项资金，为委员订购杂志460余册，确保委员人手一册。同时，县政协坚持把委员学刊用刊情况纳入委员履职档案，常委会组成人员和各活动组长，带头做好学习笔记，撰写心得体会，营造了委员学刊用刊的良好氛围。

二、加强引导，搞好读书学刊活动

一是开展“会前学习”，依托常委会议、座谈会议，组织委员谈读书学刊心得、谈委员责任、谈履职收获。截至目前，共有36名委员在各类会议作了交流。二是推送学习篇目。通过微信群、综合信息化平台等向委员推送《乡音》刊物的重点篇目90多篇，引导委员扎实有效地开展学习活动。三是组织集中学习。依托17个委员协商议政室，由各活动组长召集，每月召开一次学习活动，通过学习，使大家开阔了视野、丰富了知识、坚定了理想信念、提升了素质能力。

三、学用结合，提升履职实效

县政协组织广大政协委员自觉把学刊用刊同实际结合，向履职聚焦，不断从《乡音》《文史精华》中学典型、找差距、促提升，努力培养懂政协、会协商、善议政，守纪律、懂规矩、重品行的委员队伍。大家紧紧围绕全县中心工作和人民群众关心关注的热点、难点问题，积极通过提案、会议发言、社情民意信息等形式，积极建言献策，履职能力全面提升。截至目前，围绕优化营商环境、重点项目建设、城乡融合发展、人居环境改善、疫情防控等方面，提出合理化意见建议65条，反映社情民意信息近百条，并积极协助党委政府做好宣传政策、理顺情绪、化解矛盾、增进共识的工作，受到县委充分肯定。使委员通过学刊用刊，提升了能力素质，凝聚了思想共识，汇聚了发展合力，为推动实现故城高质量发展、高品质生活做出了政协贡献。

2023年，我们将把学刊用刊作为搞好委员学习，拓宽视野，增强素质，提高参政议政意识和能力的重要措施来抓，以扎实的作风、更高的标准，做好《乡音》《文史精华》杂志订阅工作，并加强与省政协的宣传工作互动，利用这块阵地宣传政协工作，展现委员风采，推动县政协工作再上新台阶。

市政协工作创新经验交流会

开好“直通车”　架好“连心桥”　创新协商形式　提升协商实效

（2022年11月）

故城县政协主席　史立朝

创新是第一动力，也是政协工作的活力之源。故城县政协充分发挥人民政协专门协商机构作用，坚持把创新协商形式作为提升履职实效的重要抓手，创新开展了“书记亲自参与、部门及时参与、委员全员参与、群众有序参与”的协商新模式，形成了“党委重视、政府支持、政协主导、群众参与”的民主协商新格局，为提升协商实效注入了动力、增添了活力、凝聚了合力。我们的主要做法是：

一、党委重视、政府支持为提升协商实效注入新动力

一是强化制度保障。按照《中国共产党政治协商工作条例》《关于加强和改进新时代市县政协工作的意见》的要求，县委坚持把政协年度协商计划作为县委常委会议题进行专题研究，对每次协商方案进行审核把关。专门制定出台了《故城县委关于建立双周协商制度的实施意见》，把双周协商座谈会以制度的形式确定下来，为政协协商活动提供了制度保障。

二是党政领导亲自参与。每次组织召开双周协商座谈会，县委主要领导坚持逢会必到，亲自参加协商活动，面对面听取与会人员反映的社情民意信息、提出的意见建议，政府主管领导、部门负责人现场与参会人员沟通交流，对当时能办理的当场办理、当时不能办理的限时办结、因政策原因不能办理的说明情况。在民主、平等、真诚的协商讨论中增进共识、凝聚人心、推进工作。

三是解决问题及时有效。每次双周协商活动后，县委主要领导都会亲自带队到现场了解情况，拿出解决方案，使问题得到及时、有效解决。比如：有委员反映，中小学上学、放学期间交通拥堵的问题，第二天书记、县长就带领有关部门负责人到校门口“摸情况、找原因、定方案”，很快，就形成了“学校+交警+城管+家长”的“四位一体”交通治理模式。根据这一模式，在治理商圈、医圈交通拥堵、维护交通秩序等方面，也得到了创新应用。

二、政协科学组织，为提升协商实效激发新活力

一是围绕中心定议题。我们坚持“县委想什么，政协就议什么，政府做什么，政协就帮什么”，紧紧围绕县委全会确定的目标任务，聚焦全县中心工作和社会各界关心关注的热点、难点问题，拟订双周协商计划，或者根据县委临时交办的议题，有针对性地开展协商活动，做到建言建到需要时、议政议到点子上。

二是引导委员建净言。加强学习，提高建言水平。积极开展政协委员“三读书”活动，通过学习培训、专题辅导、研讨交流等，使广大政协委员的政治素质、履职水平明显提升。强化引导，提高建言质量。每次协商座谈会前，我们都通过提前向委员下发通知，开展视察调研，让与会人员明白座谈会要协商什么、怎么协商、与谁协商，通过开展有针对性地调研活动，撰写出高质量的发言材料，提出具体可行的意见建议。

三是完善机制促规范。强化制度建设，制定出台了《政协故城县委员会双周协商座谈会工作细则》，进一步提高协商民主的制度化、规范化、程序化水平。强化目标责任，坚持把双周协商作为年度工作要点的一项主要内容，围绕县委中心工作、政府重点工作制订双周协商工作计划，明确班子成员牵头，组织政协委员分界别、分行业、有序开展协商活动，确保年度内每位政协委员至少参加 1 次协商座谈。强化协商成果转化。由县委、县政府督查室对协商成果的转化应用进行督办，落实情况向政协办公室反馈，真正将政协的良策、实招转化为党政决策和部门行动。

三、群众有序参与，为提升协商实效凝聚新合力

一是坚持“请进来”，提高群众的参与热情。根据协商议题，邀请专家学者、社会群众参与协商活动。通过组织群众参与协商，引导群众正确依法表达利益诉求，达到反映民意，集中民智、共谋发展的目的。比如：围绕乡村卫生服务体系建设，邀请了 8 名不是政协委员的乡村卫生院负责人参加协商会，听到了来自基层的声音。也得到了群众的认可，提高了群众的参与热情。

二是坚持“走出去”，扩大群众的参与范围。我们坚持让协商贴近群众、走进群众，努力做到协商于民、协商为民、协商有民，通过走访座谈、实地查看、调查问卷、研讨交流等多种形式，力争让更多的群众参与协商活动。比如：针对群众反映的“城区学生营养餐配给不合理的问题”，我们通过多种形式，广泛开展了调

查研究，同时，邀请群众代表、专家学者参加协商座谈会，就相关问题与党政领导、部门负责人面对面进行了协商沟通。形成的协商成果报县委常委会审议后实施，促进了城区学生营养均衡，达到了学生、家长、学校三方满意。

截至目前，故城政协围绕“高质量发展、高品质生活”这一主题，通过双周协商座谈会，提出意见建议360多条，交通拥堵、车辆乱停、农村污水、师资优化、医共体建设等一大批群众关心关注的热点、难点问题得到了及时、有效的解决或完善。可以说，县委的高度重视、县政府的大力支持，委员的积极作为、群众的有序参与使政协双周协商会程序更加完善、成效更加明显，也更接地气、更贴民意、更有温度，凝聚了发展的合力，促进了社会的和谐、推动了经济的发展。8月12日，《人民政协报》在头版刊发了“‘中国式商量’的故城样本”一文，对故城政协的创新举措给予了报道。

今后，我们将进一步完善协商机制、规范协商程序、丰富协商内容，不断提高协商的实效性，真正落实好习近平总书记关于加强和改进人民政协工作的重要思想；真正践行好新时代人民政协作为专门协商机构的新使命；真正发挥好政协委员在全县“高质量发展、高品质生活”大潮中的主体作用，最大限度地凝聚智慧和力量，提高协商议政的质量和水平，推动政协事业不断迈上新的台阶。

市政协提案工作创新座谈会发言材料

提案工作创新座谈会发言材料

（2023年4月）

故城县政协副主席　马春章

故城县政协在市政协的精心指导下，在县委、县政府的大力支持下，坚持从实际出发，认真总结实践经验，创新提案工作方式，利用县政协“双周协商座谈会”，积极引导广大政协委员运用提案履行职责，为推动我县实现“高质量发展、高品质生活”做出了积极的贡献。借此机会，我就故城政协提案工作情况做一简要汇报。

一、主要做法

故城县政协坚持以习近平新时代中国特色社会主义思想为指导，全面贯彻落实中央和省、市、县委的决策部署，以“双周协商会”为重要平台，不断增强委员能力素质、推动提案办理进程、提高提案办理效果，开创了故城政协提案工作的新局面。县政协十一届三次会议期间，共提出提案98件，经审查立案89件，这些提案凝结了政协委员的智慧和心血，承载了办理单位的责任和担当，对促进全县经济社会各项事业发展起到了重要作用。

1. 把“双周协商会”开成“培训会”，提高委员政治理论水平和参政议政意识，确保提案质量。我们坚持在提高提案质量、注重实效上下功夫，坚持围绕中心、服务大局，坚持一流标准，严格把关，真正使委员提案有的放矢、意见建议中肯务实。去年以来，我们结合“三读书”活动，利用“双周协商会”这一平台，开展提案知识培训600多人次，编印、发放提案知识资料800余册，使广大政协委员进一步增强对提案工作的认识，掌握撰写提案要领，为提交高质量提案奠定了坚实的理论基础。每次召开“双周协商会”，我们都邀请党政领导和部门通报工作情况，让委员充分了解社情民意，变“旁观者”为“亲历者”“参与者”“建设者”，真正把党委政府关心、人民群众迫切需要解决的问题，了解清楚，撰写出论据充实，建议切实可行的提案。

2. 把“双周协商会”开成“见面会”，加强委员和承办单位的沟通交流，推动提案办理进程。双周协商座谈会是政协履行职能、提高协商实效的一项创新举措，是党政领导、部门与政协委员、社会群众面对面协商的一个新平台，其特点就是解决问题快、协商效率高。我们每季度选择2~3件影响大、可操作性强的提案作为协商主题，由主席、副主席、秘书长主持召开专题“双周协商会”，组织相关委员和各承办单位、协办单位负责人参加，提供交流平台，让提案者与承办单位面对面沟通协商。提案者阐明意见和要求，承办单位提出措施和方案，双方就办理提案中存在的问题充分交换意见，共同商量解决问题的办法，提高了提案的督办层次和效果。比如：我们围绕政协委员提出的关于“推进乡村振兴持续协调发展”提案，召开了“双周协商座谈会”，形成了协商报告，得到了县委、县政府的高度重视和大力支持，制定了河湖水系连通治理规划并积极争取到故城县水系连通及水美乡村建设试点项目，最终将实现地表水全覆盖，摆脱农业灌溉对地下水的依赖，提案办理取得了较好的效果，在社会上产生了较大影响。去年8月12日，《人民政协报》头版刊登了题为“‘中国式商量’的故城样本”一文，对我县这一协商新模式进行了专题报道。今年，我们多次组织委员对重点项目建设、校圈交通拥堵、城市基础设施建设等方面的提案，分类分界别进行了梳理归纳，分别召开了双周协商座谈会，县委书记及主管县长和有关部门与提案者面对面协商交流，促进了提案得到快速落地落实。通过双周协商，既帮助委员了解了情况，又有效地督办了提案。

3. 把“双周协商会”开成“测评会”，征求各方的意见建议，提高提案办理效果满意度。提案委作为政协承担提案服务的职能机构，以“双周协商”为主抓手，提高提案办理成效、提高提案办理满意度作为提案工作的落脚点，坚持把满意率作为衡量政协提案工作的标准。提案交办后，我们组织提案委员会成员走访承办提案大户，沟通情况，帮助承办单位解决办理中的有关问题；提案办复后，逐件对提案的办理答复内容进行审阅；并组织相关委员召开“双周协商会”，就提案办理情况进行测评，对初次办理结果不满意的提案，及时告知承办单位，商请承办单位重新办理，对不能解决问题的做出情况说明，最终达到“提”“办”均满意的办理效果。为促进提案的落实，我们还通过发放调查问卷，个别座谈或电话联系的方式，征求大家对提案答复的意见。如关于“县城交通信号灯设置和优化管理”提案和关于“居民小区设立充电桩”“禁止电动车上楼”的提案，通过会议问卷调查，满意度测评达到100%。

二、2023年提案工作谋划情况

1. 以调动提案人提出提案的积极性和承办单位办理提案的主动性为出发点，建立提案工作激励制度。委员是社会职务，承办单位在办理提案时还有本身大量的业务工作，要采取精神和物质相结合的鼓励形式，进行定期表彰。

2. 以提高提案质量为切入点，建立质量保证制度。在征集提案线索、撰写提案、撰写高质量提案等环节上下功夫，为提案工作整体质量提升创造条件。

3. 以增强提案办理实效为着重点和落脚点，建立提案办理分层促办督办制度。对事关全局的重大问题或人民群众切身利益的重要提案，由主席会议会同党委、政府提案主管部门实行建档跟踪，滚动式促办；对其他提案，商请有关部门通过检查、走访、通报等有效形式进行整体促办。

三、对市政协和市政协提案工作的意见、建议

1. 引导政协委员牢固树立质量意识和精品意识，始终把提高提案质量放在首位，做到提

案选题聚焦、反映情况准确、分析问题深入、提出建议可行。

2. 强化市县提案工作上下协调联动，搭建提案创新工作学习交流平台。

市政协七届十一次常委会议发言材料

打造一流营商环境　赋能特色产业高质量发展

（2023 年 6 月）

故城县政协副主席　苑颖康

近年来，故城县委、县政府深入贯彻落实中央及省、市决策部署，坚持把打造一流营商环境作为推进县域特色产业高质量发展的关键抓手，政务服务更加标准化、规范化、便捷化，企业和群众的获得感、满意度不断提升，全省政务中心绩效考核一档、全市政务服务考核第一、“三最”行政审批制度改革位列全市前茅，营造了“政府重商、政策惠商、服务亲商、法治安商”的良好氛围。

一流的营商环境实现县域经济高质量发展的重要基础和有力保障。2022 年，故城县多项主要经济指标保持了良好增长态势，经济发展专项考核全市第一，创造了经济高质量发展的故城样板。其中，四个特色产业集群：故城县汽车零部件产业集群、故城县服装服饰产业集群、故城县食品医药产业集群、新培育打造的故城县印刷软包装产业集群，共有生产企业 1287 家，完成营业收入 212. 1 亿元，实缴税金 2. 99 亿元。

一、主要做法与成效

1. 优化政策环境，增强“引导力”。为提升县域特色产业集群核心竞争力，促进全县特色产业集群高质量快速发展，发挥县域特色产业集群在经济发展中的中流砥柱作用，制定出台了《故城县特色产业集群发展激励办法》等三个文件，对特色产业集群内企业在检验检测、新上先进设备、科技创新等方面在享受其他政策激励的同时再进一步加大奖励激励力度，力促特色产业集群快速健康发展；为大力培育创新卓越的“领跑者”企业，推动县域经济高质量发展，出台印发了《故城县县域特色产业集群“领跑者”企业培育实施方案》，着力强化科技赋能、加强上市培训指导，推进产业升级，开展强链补链，聚焦头部企业做大做强，推动县域特色产业提质升级。

2. 优化政务环境，强化“执行力”。一是率先推行“模拟审批”。创新推行重点项目模拟审批制度，被评为河北省深化“放管服”改革创新典型案例，打造全省“一大亮点”。二是创新打造“审批套餐”。推行“一件事一次办”套餐服务、“跑一次集成办”打包审批，行政许可审批平均提速 70%，被省政府办公厅专题信息和省优化营商环境工作简报刊发，获省领导肯定性批示，被评为 2022 年度河北省政府系统“政策宣传解读工作创新案例”。三是率先颁发“全市首张”地基处理施工许可证。解决了施工许可证前置审批手续烦琐、耗时长造成项目无法及时开工的问题。四是诚信体系建设取得扎实成效，被确定为社会信用体系建设典型城市县级试点。

3. 优化市场环境，凝聚“整合力”。一是抓好品牌标准，提高产业对外影响力。通过协会健全质量检测体系，打造地域标识，按照标准完善准入制度，筛选地域品牌使用企业，确定为政府重点扶持对象，以多种形式在国内外重要市场进行推介，并在特色产业政策中对区域品牌宣传推广进行支持。二是推动产业链协同发展，打造产业发展新优势。通过强化产业发展链条，打造形成新优势。通过延伸产业链条，推进产业协同创新发展。通过补充产业发展链条，增强企业竞争力。三是推动特色产业科技创新，塑造创新发展强大引擎。积极引导企业申报高新技术企业，培育省级技术创新中心两个，培育特色产业集群“专精特新”中小企业 13 家；推进研发机构建设，对特色产业集群里的重点骨干企业申报各级研发机构，现已申报成功特色产业研发机构 6 家。四是实施数字化转型，助力特色产业提质升级。培育同业、正大食品公司申报省级工业互联网创新发展重点项目，鼓励引导同心公司、星月公司等企业推进数字化改造，实现快速升级。加强与京东、阿里等国内知名互联网企业合作，引导更多企业实现上云及商务模式创新，以数字化转型助力特色产业提质升级。五是支持企业家素质提升和集群企业走出去，提高特色产业发展内生动力。通过请进来、走出去等方式，分产业集群、分类别、分批次开展多种培训活动，不断提高企业家的创新意识和能力。大力发展扶持职业培训、“校企合作”项目，为企业精准培育急需的专业人才、技术人才。

4. 优化法治环境，增加“亲和力”。一是加强交易平台建设。以信息化建优交易平台，标准化设优交易流程，精细化做优交易服务，所有项目实现电子交易、全程网办、视频监督，网上登记，一表申请。二是加强行政执法监管，严格涉企检查报批，创新“首违不罚”机制，改进环保展停办法，切实减轻企业负担。三是创新扫码监督机制，发动群众扫码举报破坏营离环境的问题线索。四是加强社会综合治理。深入开展打黑除恶专项斗争，保护企业合法权益。

二、几点建议

一个地区持续地繁荣和发展，前期靠项目，中期靠政策，长期还是要靠好的营商环境，改善营商环境没有最好只有更好，营商环境提升永远在路上。与经济发达地区相比，我们在优化营商环境方面还存在一些短板和弱项，需要进一步加大力度、强化措施，以更加务实的工作作风、更加优质的高效服务、以更加一流的营商环境，持续推动县域特色产业高质量发展。

1. 招大引强，实现特色产业强链补链。加大招商引资力度，提升园区承载力和吸引力，持续优化营商环境，推动惠企政策落实，实行产业链招商，做精做优现有链条，打造更多上下游衔接、大中小企业协作的产业链条。

2. 突出抓好产业帮扶和金融支持。持续优化营商环境，深入开展“三重四创五优化”等活动，全面落实各项帮扶指导政策，最大程度帮助企业，持续激发企业发展活力。加大宣传力度，形成推动县域特色产业高质量发展的强大合力。

3. 建立“领跑者”“小巨人”企业培育库。确立阶段性工作目标任务，实行重点跟踪监测和动态管理。积极对接优质企业，服务企业，助力企业长远发展，壮大特色产业集群。

市政协工作创新经验交流会发言材料

创新协商方式　广聚协商英才　在政协协商“四度”上实现新突破

（2023 年 11 月）

故城县政协主席　史立朝

今年以来，故城县政协深入贯彻落实习近平总书记重要讲话精神和党的二十大精神，充分发挥专门协商机构作用，把开展政协协商作为主要工作，着力创新协商方式、搭建协商平台、广聚协商英才，构建了党政重视、政协搭台、多方参与的新格局，政协协商在“力度、广度、深度、高度”上实现了新的突破。近期，人民政协网、人民政协报以及河北政协相继刊发文章，扩大协商参与面，在协商“四度”上实现新突破，就我县政协的创新做法进行了宣传报道。我们的主要做法和成效是：

一、党政高度重视，支持政协协商有“力度”

故城县委、县政府高度重视政协工作，在协商活动、协商成果转化、政协建设等方面，不断加大支持政协协商的“力度”。一是县委专门制定出台了《关于加强人民政协协商民主建设的意见》等文件，促进了政协协商制度化、规范化、程序化建设。二是县乡党政领导亲自参加政协协商座谈会活动，加速了协商成果的转化落实。三是乡镇部门大力支持，建成 17 个委员协商议政室，为创新开展协商入社区、进乡村，邀请多方参与政协协商搭建了新的平台。

二、广聚协商英才，让政协协商有“广度”

故城县政协坚持把大团结、大联合贯穿履职的全过程，广泛凝聚共识，广聚社会英才，探索建立了协商人才信息库，鼓励和引导社会各界精英人士参与政协协商活动，推动协商民主建设向纵深发展。因提名政协委员受区域、年龄、连任届数、比例结构、人数限制等因素的影响，为推进协商民主广泛多层发展，让更多的社会人才参与协商活动，我们从政协委员以外的专家学者、离退休老干部、乡贤人士、群众代表中，吸纳了 120 多名代表性强、热心政协工作、善于协商的人才组建了政协协商人才信息库，为多方有序参与政协协商储备了人才力量。根据全县发展需要，按照行业类别，划分了经济发展、城市建设、乡村振兴、医疗教育等 16 个界别。根据协商议题，邀请人才信息库中相关界别的人员参与协商，不断扩大协商的“广度”。县政协围绕“三城同创”（创建国家园林城市、国家卫生县城、省级文明县城）这一中心工作，邀请人才库中相关行业的专家学者、社会精英召开专题协商会 20 多次，为提升城市品位、优化人居环境把脉问诊，许多意见和建议被吸收并落实到党政相关决策、发展规划和部门工作中。有效促进了口袋公园建设、街道绿化、水系连通等一大批“创城”项目建成投用，人民群众的幸福感、获得感、安全感进一步增强。

三、坚持一线协商，让政协协商有“深度”

故城县政协按照“协商于民、协商为民”的要求，坚持协商在一线，让政协走进群众，让群众走进政协，使政协协商活动更有温度、更接地气、更有成效。我们依托“委员协商议政室”这一平台，紧紧围绕事关人民群众切身利益的热点、难点问题，深入社区、乡村开展协商活动，不断加强与人民群众的协商交流，通过宣传党的政策方针和县委的决策部署，解答群众疑惑，倾听民众意愿等，广纳群言、广集众智、广谋良策，提高深度协商互动、意见充分表达、广泛凝聚共识的水平，不断拓展协商的“深度”。我们坚持把政协工作与乡村振兴工作深度融合，坚持在基层一线发挥作用、在田间地头履行职能。围绕“和美乡村建设”，邀请“土专家”“田秀才”参与协商活动30多场次，汇聚80多位乡贤力量参与家乡建设，在做好“和”“美”文章，参与乡村治理，推广“五位一体”生产经营模式等方面发挥了积极作用、展现了政协作为。故城县入选河北省宜居宜业和美乡村建设试点县，是衡水市唯一上榜县。2023年，我县被评为国家级乡村振兴示范县。

四、提升主体素养，让政协协商有“高度”

政协发挥作用，不是靠说了算，而是靠说得对、说得准、说得及时。故城政协通过加强学习交流、拓宽知情明政渠道，不断提升协商主体的能力素养，让协商更有针对性和实效性。今年以来，我们组织开展学习交流活动26次、视察调研16次，听取部门汇报12场次、召开协商会议68次，所提意见建议及时、准确、有效，真正做到“议政议在关键处、建言建在点子上”，不断提升协商的“高度”。围绕大运河文化带建设，我们邀请人才信息库中的考古专家、文化遗产保护专家和文史研学专家就大运河文化保护传承利用工作开展了协商交流，提出了很多有前瞻性、建设性和可操作性的意见建议，这些协商成果得到了有效转化落实，促进了大运河文化的保护、传承、利用工作，提高了大运河（故城段）的知名度和美誉度，营造社会各界积极支持参与大运河文化带建设的浓厚氛围，使大运河再现了水清岸绿的生态美景。今年8月，河北省大运河文化保护传承利用工作现场推进会在我县召开，并收到了良好效果。

市政协提案工作交流会发言材料

在市政协提案工作座谈会的发言

（2024年6月）

故城县政协副主席　马春章

故城县政协十一届四次会议以来，共提出提案101件，经审查立案96件，这些提案服务经济发展、推动民生改善、助力和美乡村建设、提升城市品位，凝结了政协委员的智慧和心血，承载了办理单位的责任和担当，对促进全县经济社会各项事业发展起到了重要作用。

一、提案工作主要做法

一年来，县政协提案工作在市政协的精心指导和县委、县政府的大力支持下，坚持在继承中创新，切实提高服务水平，使提案工作得以稳步推进，健康发展。

1. 调动委员积极性为出发点，提高委员撰写提案的热情。一是开阔视野、拓展思路。组织不同界别政协委员外出学习，深入企业、乡村调研，通过学习先进经验、感受家乡变化，激发了他们干事创业的热情，凝聚了发展共识。二是联系群众、服务群众。加强委员与界别群众、基层群众的联系，问计于民、问策于民，依托委员议政室、委员议政日，政协委员亮身份活动，形成了“委员主动联系群众，群众有事咨询委员”的良好格局。三是建言献策、有理有据。通过各种形式，让委员了解县委、县政府决策部署和全县发展情况，增强政协委员撰写提案的针对性和实效性，提高委员撰写提案、反映社情民意信息的积极性和主动性。

2. 确保提案质量为切入点，完善质量保障体系。一是提升理论基础。通过采取“会前学史”、专题培训等方式，开展提案知识培训，广大政协委员进一步掌握了撰写提案要领，为提交高质量提案奠定了坚实的理论基础。二是抓好委员提案的选题。从助推县委、县政府发展战略出发，从老百姓衣食住行的民生热点和细节出发，注重提案选题，使委员提案真正成为连接党政领导与老百姓密切沟通的桥梁。三是严把提案立案关。对提案内容进行严格把关，真正使委员提案有的放矢、意见建议中肯务实，对需要修改完善的提案进行补充完善，不能立案的与提案人说明情况，或以意见信息的形式报县委。

3. 增强提案办理实效为着重点和落脚点，提高提案办理效果满意度。一是加强互动交流。着力在调动承办单位办理提案的主动性上下功夫。多次组织提案办理交流会、调度会，让提案人与承办单位面对面沟通协商。提案人阐明要求和期望值，承办单位提出措施和方案，双方充分交换意见，共同商量解决问题的办法。二是加强跟踪督办。对重点提案，由班子成员会同党委、政府提案主管部门实行建档跟踪；对其他提案，商请有关部门通过检查、走访、通报等有效形式进行整体促办。三是提升提案办理满意度。提案交办后，我们走访承办提案大户，帮助承办单位解决办理中的有关问题；提案办复后，逐件对提案的办理答复内容进行审阅；并通过发放调查问卷、个别座谈或电话联系的方式，就提案办理情况进行测评。对初次办理结果不满意的提案，及时告知承办单位，商请承办单位重新办理，对不能解决问题的做出情况说明，最终达到“提”“办”均满意的办理效果。

二、提案工作亮点

我们坚持从实际出发，认真总结实践经验，创新提案工作方式，把提案工作与双周协商会相结合，不断提高提案工作质量和水平。依托县政协“双周协商会”平台，积极引导广大政协委员运用提案履行职责，为推动我县实现“高质量发展、高品质生活”作出了积极的贡献。

1. 把“双周协商会”开成“培训会”，确保提案质量。利用“双周协商会”这一平台，开展提案知识培训200多人次，使广大政协委员进一步增强对提案工作的认识，掌握撰写提案要领。每次召开“双周协商会”，我们都邀请党政领导和部门通报工作情况，让委员充分了解县情、民意，变“旁观者”为“亲历者”“参与者”“推动者”，真正把问题了解清楚，撰写出论据充实，建议切实可行的提案。

2. 把“双周协商会”开成“见面会”，推动提案办理进程。“双周协商会”是政协履行职能、提高协商实效的一项创新举措，是党政领导、部门与政协委员、社会群众面对面协商的一个新平台，其特点就是解决问题快、协商效率高。我们每季度选择2~3件影响大、可操作性强的提案作为协商主题，由班子成员主持召开专题“双周协商座谈会”，组织相关委员和各承办单位、协办单位负责人参加，提供交流平台，让提案者与承办单位面对面沟通协商。今年，我们多次组织委员对重点项目建设、养老机构高质量发展、城市基础设施建设、和美乡村建设等方面的提案，分类分界别进行了梳理归纳，分别召开了双周协商会，县委书记及主管县长和有关部门与提案者面对面协商交流，促进了提案得到快速落地落实。通过双周协商，既帮助委员了解了情况，又有效地督办了提案。

3. 把“双周协商座谈会”开成“测评会”，确保提案办理效果。以“双周协商会”为主抓手，坚持把满意率作为衡量政协提案工作的标准。提案办复后，逐件对提案的办理答复内容进行审阅；并组织相关委员召开“双周协商座谈会”，就提案办理情况进行测评，进一步提升提案办理的效果。

后　记

历史是最好的教科书，为了更好地总结历史，存史资政，开拓创新，推动故城县政协事业不断发展，2024 年 7 月，经县政协主席会议研究决定，编纂出版《故城县政协志》，以纪念故城县政协机关成立 40 周年，并以此庆祝中华人民共和国成立 75 周年、人民政协成立 75 周年！

《故城县政协志》编纂过程中，坚持以马克思列宁主义、毛泽东思想、邓小平理论、“三个代表”重要思想、科学发展观和习近平新时代中国特色社会主义思想为指导，以《中国人民政治协商会议章程》为依据，坚持实事求是的原则，在大量档案文稿中披沙拣金，严谨考证，反复推敲和修改，力求全面、系统、准确、真实，做到思想性、科学性和资料性相统一。志书全面翔实地记录了故城县政协机构沿革、履职工作、政协会议、自身建设等。全方位展示了 1984 年 3 月县政协机关成立 40 年来，故城县政协在县委的领导下，认真履行政治协商、民主监督、参政议政职能，在助推经济发展、促进民生改善、维护和谐稳定中做出的无私奉献和艰辛努力；集中展示了广大县政协委员的魅力风采和履职成果。为县政协事业的发展积存经验、为政协委员更好地围绕县委、县政府中心工作建言资政和凝聚共识提供了有价值的借鉴和参考。

本志书编纂工作，得到了县委、县政府的高度重视和关心支持以及县委组织部、县工会、县档案馆等部门的鼎力相助。县政协老领导、老同志也毫无保留地提供相关照片和资料。

县政协主席史立朝多次调度志书编纂工作，亲自审定编纂纲目、参与商讨研究、指导修改文稿，推动编纂工作的顺利开展。县政协各副主席认真审阅稿件，参加评审会议，提出意见建议。陈砚祥、刘炳才两位同志，对志书编辑工作也给予了热情的指导帮助。机关全体人员承担了搜集、整理、编辑和校对等工作任务。竭诚尽力、不辞劳苦、夜以继日、潜心编修、密切配合，反复修正、数易其稿，为志书编纂工作付出了极大的心血和汗水。在此，向所有支持、关心、参与本志书编纂工作的各位领导、各界人士、有关单位表示衷心的感谢！

《故城县政协志》共九编、四十八章，90 余万字。“序言”由县政协主席史立朝撰写；“大事记”由孙胜岗、刘炳才、史鸣钰负责整理编写；“机构沿革”“政协委员”由刁海松、任宝霞、孙丽萍、秦明阳负责整理编写；“履职工作”“自身建设”“调研报告”由陈砚祥、刘洪勇、钱立平、邵沛雨负责整理编写；“政协会议”“工作报告”由胡玉林、贾玉绪、李海明、王华军负责整理编写；“人物篇”“附录”由段志诚、陈学强、胡永峰、张金金、王英军、褚宗岩负责整理编写；“凡例”“概述”“后记”由刘洪勇负责编写。张彦恩、郭居娥、张海英等县政协老领导对书稿进行了审阅，并提出了宝贵的修改意见建议。同时还收录了部分重要人物、重要会议、重要活动的照片资料。

由于档案资料欠全、编纂时间有限、编者经验不足，我们对本志书中的谬误遗漏偏差深表歉意，敬请各位领导、政协委员、社会各界人士和广大读者谅解！

编委会

2024 年 10 月